SUSANNE FORMANEK

DENN DEM ALTER KANN KEINER ENTFLIEHEN
ALTERN UND ALTER IM JAPAN DER NARA- UND HEIAN-ZEIT

ÖSTERREICHISCHE AKADEMIE DER WISSENSCHAFTEN
PHILOSOPHISCH-HISTORISCHE KLASSE
SITZUNGSBERICHTE, 618. BAND

Beiträge zur Kultur- und Geistesgeschichte Asiens
Nr. 13

ÖSTERREICHISCHE AKADEMIE DER WISSENSCHAFTEN
PHILOSOPHISCH-HISTORISCHE KLASSE
SITZUNGSBERICHTE, 618. BAND

SUSANNE FORMANEK

Denn dem Alter kann keiner entfliehen

Altern und Alter
im Japan der Nara- und Heian-Zeit

VERLAG
DER ÖSTERREICHISCHEN AKADEMIE DER WISSENSCHAFTEN
WIEN 1994

Vorgelegt von w. M. Gerhard Oberhammer in der Sitzung
am 13. Oktober 1993

Gedruckt mit Unterstützung
durch den Fonds zur Förderung der wissenschaftlichen Forschung

Umschlagbild:

Das Umschlagbild zeigt einen Ausschnitt aus einem Holzschnitt mit dem Titel *Ubasute no tsuki* von Tsukioka Yoshitoshi aus der Serie *Tsuki no hyaku sugata,* erschienen im Jahr 1891. Zum Sagenkreis um den Obasuteyama, den ‚Berg, auf dem man die Alten aussetzt', siehe den Abschnitt 4.3.3.

Alle Rechte vorbehalten
ISBN 3-7001-2166-0
Copyright © 1994 by
Österreichische Akademie der Wissenschaften
Wien
Druck: Ferdinand Berger & Söhne Ges.m.b.H., 3580 Horn

INHALTSVERZEICHNIS

Tabellenverzeichnis xii
Technische Vorbemerkungen xiii
Vorwort xv

1. EINLEITUNG 1

2. ALLGEMEINE VORSTELLUNGEN ÜBER DAS ALTER
   IN DER NARA- UND HEIAN-ZEIT 11

3. STEREOTYPE IN BEZUG AUF ALTE MENSCHEN UND
   DAS HOHE ALTER 97

4. ALLGEMEINER STATUS UND FUNKTION DER ALTEN
   MENSCHEN IN DER GESELLSCHAFT 163

5. DIE ALTEN MENSCHEN IN IHREN FAMILIEN 237

6. GESCHLECHTERBEZIEHUNGEN IM ALTER 333

7. POLITISCHE ROLLEN ALTER MENSCHEN 391

8. RELIGIÖSE ROLLEN ALTER MENSCHEN 453

9. ZUSAMMENFASSUNG 521

Literaturverzeichnis 531
Index 547

DETAILLIERTES INHALTSVERZEICHNIS

1. EINLEITUNG 1
   1.1. Zur Bedeutung des ‚japanischen Modells'
        im Rahmen einer Geschichte des Alters 1
   1.2. Allgemeine Theorien zur Stellung des Alters
        in der japanischen Gesellschaft 2
   1.3. Stand der Forschung 4
   1.4. Ziel und Methode 5

2. ALLGEMEINE VORSTELLUNGEN ÜBER DAS ALTER
   IN DER NARA- UND HEIAN-ZEIT 11
   2.1. Demographische Bedeutung des Alters 11
   2.2. Beginn der Altersphase 15
        2.2.1. Für den Staatsbürger relevante
               kalendarische Alter 15
        2.2.2. Allgemeine Vorstellungen vom Beginn
               der Altersphase 17
   2.3. Vorstellungen von der Länge des menschlichen Lebens ... 23
        2.3.1. Einschätzungen der ‚durchschnittlichen
               maximalen Dauer' des menschlichen Lebens 23
        2.3.2. Die Möglichkeit methusalemischer Alter 26
   2.4. Allgemeine Bewertungen eines langen Lebens 30
        2.4.1. Langes Leben als ersehntes Gut 30
               2.4.1.1. Magisch-religiöse Beschwörungen
                        eines langen Lebens 32
               2.4.1.2. Langes Leben als Geschenk der Götter ... 37
               2.4.1.3. Langes Leben als Belohnung für
                        vergangene gute Taten im Buddhismus ... 38
               2.4.1.4. Taoistische Langlebigkeit 46
        2.4.2. *Eikyō shisō:* Die Besten sterben jung 50
   2.5. Allgemeine Bewertungen des Alterungsprozesses
        und des Alters 54
        2.5.1. Die negative Bewertung des Alterungsprozesses ... 54
               2.5.1.1. Der Fluch der Vergänglichkeit 54
               2.5.1.2. Das existentielle Leid
                        des Alterns im Buddhismus 56
               2.5.1.3. Die Sehnsucht nach Umkehrung oder
                        Aufhebung des Alterungsprozesses
                        und Jungbrunnenmotive 58

Inhaltsverzeichnis   vii

   2.5.1.4. Allgemeine negative Bewertungen des
      menschlichen Alterungsprozesses 66
  2.5.2. Allgemeine Bewertungen der Altersphase 71
   2.5.2.1. Nostalgisches Rückerinnern der Jugend ... 71
   2.5.2.2. Klagen über das Alter 73
   2.5.2.3. Die positive Bewertung des Alterungs-
      prozesses und des Alters
      im Konfuzianismus 92
 2.6. Zusammenfassung 95

3. STEREOTYPE IN BEZUG AUF ALTE MENSCHEN UND
 DAS HOHE ALTER 97
 3.1. Aussehen 100
  3.1. 1. Weiße Haare und Kahlköpfigkeit 100
  3.1. 2. Zahnlücken, Falten und krummer Rücken 111
  3.1. 3. Allgemeine physische Häßlichkeit 117
 3.2. Verminderte oder gestörte Körperfunktionen 122
  3.2. 1. Alter und Krankheit 122
  3.2. 2. Verdauungsstörungen und Darminkontinenz 123
  3.2. 3. Schwerhörigkeit und Sehschwäche 125
  3.2. 4. Gehschwierigkeiten und allgemeine
     Bewegungsminderung 127
  3.2. 5. Zittrige, rauhe Stimme und häufiges Hüsteln 129
  3.2. 6. Schläfrigkeit und Schnarchen 131
 3.3. Psychische Charakteristika 133
  3.3. 1. Antriebslosigkeit 133
  3.3. 2. Ungeschicklichkeit in den verschiedensten
     Künsten 134
  3.3. 3. Allgemeine Abnahme der geistigen Fähigkeiten .. 136
  3.3. 4. Melancholie 139
  3.3. 5. Klagen und Nörgeln 140
  3.3. 6. Vorsicht und Überängstlichkeit 142
  3.3. 7. Weinerlichkeit und Rührseligkeit 143
  3.3. 8. Wieder-zum-Kind-Werden 147
  3.3. 9. Redseligkeit bis Geschwätzigkeit 148
  3.3.10. Festhalten an der Vergangenheit 153
  3.3.11. Erfahrenheit, Weisheit und Rechthaberei 155
 3.4. Zusammenfassung 160

4. ALLGEMEINER STATUS UND FUNKTION DER ALTEN
   MENSCHEN IN DER GESELLSCHAFT 163
   4.1. Die wichtige Rolle alter Menschen bei der
        Überlieferung von Wissen 163
   4.2. Aspekte der Hochachtung vor dem Alter 174
        4.2.1. Die konfuzianische Tugend, die Alten zu ehren .. 174
        4.2.2. Die Tugend, auf den Rat der Alten zu hören 176
        4.2.3. Die Tugend, die Wünsche der alten
               Menschen zu erfüllen 180
        4.2.4. Feste zu Ehren alter Menschen und des Alters ... 183
        4.2.5. Staatliche Sorge um das materielle Wohl
               der Betagten 187
        4.2.6. Nachsicht bei Fehlverhalten alter Menschen 195
   4.3. Formen der Geringschätzung alter Menschen 199
        4.3.1. Alte Menschen als Zielscheibe des Spottes 200
        4.3.2. Ausgrenzung der alten Menschen und gesell-
               schaftlicher Druck zu zurückhaltendem Verhalten . 205
        4.3.3. Das Obasuteyama-Motiv: Die Alten aussetzen? .. 215
        4.3.4. Alte Menschen als Bettler 228
   4.4. Zusammenfassung 235

5. DIE ALTEN MENSCHEN IN IHREN FAMILIEN 237
   5.1. Gesellschaftspolitische und ideologische Grundlagen 239
        5.1.1. Gesetzlich verankerte Vormachtstellung der
               älteren Generationen in den Familien 239
        5.1.2. Gesetzlich verankerte Fürsorgepflicht der jüngeren
               Verwandten für die älteren Familienmitglieder .. 243
        5.1.3. Das konfuzianische Ideal der kindlichen Pietät ... 246
               5.1.3.1. Die staatliche Förderung des Ideals
                        der kindlichen Pietät 246
               5.1.3.2. Rezeption der chinesischen „Muster-
                        beispiele kindlicher Pietät" 248
        5.1.4. Einschränkung und Ausweitung des Ideals der
               kindlichen Pietät durch buddhistisches
               Gedankengut 257
        5.1.5. Grenzen in der rechtlichen Bevorzugung der
               älteren Familienmitglieder 261
   5.2. Die Schilderung der aktuellen Generationenbeziehungen
        in den Familien 263

5.2.1. Kindliche Liebe und Zuneigung
zu den alten Eltern 263
5.2.2. Das Gefühl der Verantwortung für das
materielle Wohl der betagten Eltern 273
5.2.3. Der Wunsch, den alten Eltern beizustehen
und für sie zu sorgen 275
5.2.4. Der Versuch, den alten Eltern Freude zu
bereiten und ihre Wünsche zu erfüllen 291
    5.2.4.1. *Sanga* und andere Feierlichkeiten
    zu Ehren und zur Erbauung der
    betagten Familienmitglieder 279
    5.2.4.2. Wünsche erfüllen 284
5.2.5. Generationenkonflikte in den Familien?
Das Beispiel des *Ochikubo monogatari* 290
5.2.6. Machtablöse in den Familien und
Bevormundung der alten Eltern
durch die erwachsenen Kinder 298
5.2.7. Wirtschaftliche Interessenskonflikte 305
5.2.8. Distanz zwischen Eltern und Kindern 309
5.2.9. Die Rolle der Großeltern 312
5.3. Die Stellung betagter nichtverwandter
Haushaltsmitglieder 326
5.4. Zusammenfassung 330

6. GESCHLECHTERBEZIEHUNGEN IM ALTER 333
6.1. Sehnsucht und Norm, bis ins hohe Alter mit dem
Partner vereint zu bleiben 333
6.2. Das Verblassen der Gefühle im Alter und die
Entfremdung alter Liebender 337
6.3. Die Diskriminierung von Kindern alter Eltern 343
6.4. Die Altersphase an den Antipoden der Liebe 346
6.5. Ideal eines Transzendierens des Alters in Liebesdingen .. 354
6.6. Ungleiche Paare 360
    6.6.1. Ungleiche Paare I: der lächerliche alte Freier 360
    6.6.2. Ungleiche Paare II: von der interessanten
    ältlichen Geliebten zur gefährlichen
    mannstollen Alten 380
6.7. Zusammenfassung 389

7. POLITISCHE ROLLEN ALTER MENSCHEN 391
　7.1. In der Vor-Nara-Zeit 392
　　7.1.1. Alte Männer als Legitimatoren der Herrscher ... 392
　　7.1.2. Alte Menschen als Berater der Herrscher
　　　　　 in den frühen halbmythischen Berichten 394
　　7.1.3. Betagte Männer als wichtige Staatsmänner 398
　7.2. Seniorität und Macht im *Ritsuryō*-Staat 400
　　7.2.1. Die Nara-Zeit 400
　　7.2.2. Seniorität und Hierarchie 407
　　7.2.3. Die Heian-Zeit 409
　　　　7.2.3.1. Betagte Staatsmänner als Verkörperung
　　　　　　　　der guten Tradition in den
　　　　　　　　Staatsgeschäften 409
　　　　7.2.3.2 Zunehmende Altersindifferenz bei der
　　　　　　　　Vergabe hoher und höchster Ämter 418
　　7.2.4. Rücktritte betagter Beamter 428
　　7.2.5. Drohender Verlust von Einfluß und
　　　　　 Macht im Alter 447
　7.3. Zusammenfassung 451

8. RELIGIÖSE ROLLEN ALTER MENSCHEN 453
　8.1. Die Gottesnähe der alten Menschen 453
　　8.1.1. Alte Menschen als *kami* in der einheimischen
　　　　　 Religion 453
　　　　8.1.1.1. Götter in Gestalt alter Menschen in den
　　　　　　　　frühen Mythen und deren Verbindung
　　　　　　　　zu einzelnen Riten der Volksreligion 453
　　　　8.1.1.2. *Kamusabu*: Altwerden als Gottähnlich-
　　　　　　　　Werden und die Nähe der alten
　　　　　　　　Menschen zu den Totenseelen 461
　　　　8.1.1.3. Schamanische Rollen alter Menschen ... 462
　　　　8.1.1.4. Die Ambivalenz der Gottesnähe der
　　　　　　　　Alten in der einheimischen Religion 468
　　8.1.2. Gottesnähe alter Männer im japanischen
　　　　　 Buddhismus 472
　　　　8.1.2.1. Alte Menschen als einheimische Offen-
　　　　　　　　barungen buddhistischer Gottheiten 472
　　　　8.1.2.2. Buddha-gleiches Wissen alter Männer ... 484
　　8.1.3. Die taoistische Vorstellung der Heiligkeit
　　　　　 der Langlebigkeit 488

8.2. Die alten Menschen in der Geistlichkeit 490
    8.2.1. Ansätze zu einer Hierarchie nach dem Senioritäts-
         prinzip in den buddhistischen Klöstern 490
    8.2.2. Besondere geistige Kraft alter Priester 493
    8.2.3. Der wunderliche alte Mönch 496
    8.2.4. Verachtung des bresthaften Mönchs im
         buddhistischen Kloster 501
    8.2.5. Altersindifferenz vor dem Glauben
         im Buddhismus 503
8.3. Altersreligiosität der Laien im Buddhismus 505
    8.3.1. Religiöse Einsicht im Alter und
         zunehmende Sorge um das Seelenheil 505
    8.3.2. Mönchsgelübde und Rückzug ins Kloster 510
8.4. Zusammenfassung 519

9. ZUSAMMENFASSUNG 521

TABELLENVERZEICHNIS

Tab. 1 Bevölkerung ausgewählter Regionen, nach Geschlecht und Alter, nach Bevölkerungsregistern des 8. Jh.s 13
Tab. 2 Durchschnittliche verbleibende Lebensjahre von Mitgliedern des Nara- und Heian-zeitlichen Adels ... 14
Tab. 3 Minister zur Linken, 701–784, nach Alter bei Amtsantritt 404
Tab. 4 Minister zur Rechten, 701–784, nach Alter bei Amtsantritt 404
Tab. 5 Dainagon, 701–784, nach Alter bei Amtsantritt 405
Tab. 6 Minister zur Linken, Periode des späten Absolutismus, nach Alter bei Amtsantritt 420
Tab. 7 Minister zur Rechten, Periode des späten Absolutismus, nach Alter bei Amtsantritt 420
Tab. 8 Naidaijin, Heian-Zeit, nach Alter bei Amtsantritt 423
Tab. 9 Kanzler, Heian-Zeit, nach Alter bei Amtsantritt 424
Tab. 10 Regenten, Heian-Zeit, nach Alter bei Amtsantritt 425

TECHNISCHE VORBEMERKUNGEN

Für die Transkription der japanischen Ausdrücke und Namen, mit Ausnahme der Postposition *wo*, wurde das Hepburn-System verwendet. Da dieses auf modernen Lautformen basiert, ist es zwar für die älteren Sprachstadien, in denen die meisten der als Quellen verwendeten Werke verfaßt sind, nur ein in gewisser Weise willkürlicher Notbehelf, doch schien es der Autorin nur verwirrend zu sein, in einer Studie, die sich nicht primär als linguistisch versteht, das jeweilige Lautbild möglichst adäquat reproduzieren zu wollen. Für die Transkription chinesischer Ausdrücke, Namen und Werktitel wurde die Pin-Yin-Umschrift verwendet. Bei Zitaten aus japanischer Primärliteratur wurde, sofern vorhanden, immer auch auf die entsprechenden Stellen in Übersetzungen in westliche Sprachen verwiesen, unabhängig davon, ob meine deutsche Übersetzung im Text diesen völlig entspricht oder nicht. Im allgemeinen weichen meine Übersetzungen auch bei jenen Werken, von denen es bereits deutsche Übersetzungen gibt, von diesen etwas ab, da sie sich um eine möglichst genaue Wiedergabe insbesondere der Ausdrücke zum Alter bemühen. Anmerkungen in den als Primärliteratur verwendeten Reihen *Nihon koten bungaku taikei* und *Nihon shisō taikei* wurden wie Primärliteratur mit der auch im Literaturverzeichnis verwendeten Abkürzung des jeweiligen Werktitels zitiert und mit der Abkürzung A. gekennzeichnet. Ein Index erschließt die in der Untersuchung angeführten Werke sowie Personen samt ihren Lebensdaten. Dieser Index gibt bei chinesischen Werken auch ihren japanischen Namen an, da dieser Japanologen manchmal geläufiger ist, sowie bei buddhistischen Sutren, die im Text grundsätzlich in ihrem japanischen Titel angeführt wurden, den Sanskrit-Titel bzw. den Titel der chinesischen Übersetzung an. Jene Werke, die als Quellenmaterial verwendet wurden, werden in der Einleitung kurz vorgestellt. Alle anderen Werke, die im Text angesprochen werden, wurden bei ihrem ersten Vorkommen kurz erläutert.

VORWORT

„Denn... dem Alter kann keiner entfliehen!" Zu diesem Ausspruch sieht sich der strahlende Held jenes Werks, das oft als der erste Roman der Weltliteratur bezeichnet wurde, des *Genji monogatari*, eines Tages einem jüngeren Mann gegenüber bemüßigt, um sich dafür zu entschuldigen, daß man im Alter leicht rührselig wird, und seinen Gesprächspartner darauf aufmerksam zu machen, daß dieses Schicksal schließlich und endlich niemandem erspart bleibt[1]. Er macht mit diesem Ausspruch deutlich, daß er und seine Zeitgenossen dem Alter keineswegs nur freudig entgegenblickten, wiewohl sie doch hofften, es zu erleben. Einige meiner Kollegen am Institut für Kultur- und Geistesgeschichte Asiens der Österreichischen Akademie der Wissenschaften, denen ich an dieser Stelle für so manchen Kommentar, Rat und Kritik danken möchte, quittierten meinen Entschluß, diesem Buch diesen Satz zum Titel zu geben, mit der Bemerkung, er sei eine Binsenweisheit, eine Platitüde, die man so zu jeder Zeit und an jedem Ort der Erde genauso hätte formulieren können. Es mag dahingestellt bleiben, ob dem tatsächlich so ist, ob, wie Simone de Beauvoir meinte, alle Gesellschaften das Alter bis zu einem gewissen Grad fürchteten[2]. Daß uns dieser Ausspruch einer Romanfigur aus dem Japan des frühen 11. Jahrhunderts aber über den großen Zeitraum und die kulturelle Distanz, die uns von ihm trennen, hinweg so selbstverständlich und naheliegend erscheint, schien mir hingegen der beste Grund, einem Werk über das Altern und Alter in dieser Periode der japanischen Geschichte als Leitmotiv vorzustehen. Denn Ziel dieses Buchs ist letztlich nicht, das ‚Exotische' an der Gestaltung dieser Lebensphase in Japan gegenüber all jenem, was vielleicht nicht so wesentlich anders als in anderen Kulturen verläuft, hervorzuheben, sondern einen möglichst umfassenden Überblick über die verschiedenen Formen zu geben, wie das Alter in Japan erlebt wurde.

Dies steht nicht zuletzt auch in der Tradition der Forschung am Institut für Japanologie der Universität Wien, dessen Mitarbeiter seit Jahren im Rahmen eines Forschungsschwerpunktes zum Alter in Japan, allerdings vorwiegend im modernen Japan, Untersuchungen zu den konkreten Le-

---

[1] GM III:415, vgl. S. 145.
[2] Beauvoir 1977:47.

benssituationen alter Menschen und den Einstellungen zum Alter vorlegten[3], auf deren Ergebnisse ich für diese Arbeit auch zurückgreifen konnte. Ebenfalls in der Tradition der japanologischen Forschung an der Universität Wien steht der Versuch, mit dieser Studie nicht nur Japanologen anzusprechen, sondern auch an verwandten Fragestellungen arbeitende Vertreter anderer, übergreifender Disziplinen, in diesem Fall aber auch ganz allgemein an sozialgerontologischen Fragen Interessierte. Dies erklärt zum Teil den Umfang dieses Buches, da nicht allen erhofften Lesern die Lektüre japanischer Werke, und sei es nur in Übersetzung, zuzumuten war, und daher extensiv aus den Quellen zitiert wurde. Es birgt auch die Problematik, daß den einen vielleicht manche Erklärungen zuviel, den anderen vielleicht zu wenig sein werden, doch hoffe ich, einen gangbaren Mittelweg gefunden zu haben.

An dieser Stelle möchte ich meinem Lehrer, Prof. Dr. Sepp Linhart, danken, der die ursprüngliche Idee zu dem für mich so faszinierenden Forschungsprojekt einer Sozial- und Kulturgeschichte des Alters in Japan hatte, aus dem dieses Buch hervorgeht. Er leitete das im Herbst 1987 gestartete und zunächst zwei Jahre lang vom Fonds zur Förderung der wissenschaftlichen Forschung[4] finanzierte Projekt, das ich später im Rahmen meiner Anstellung am Institut für Kultur- und Geistesgeschichte Asiens fortführen konnte, und fand stets Zeit für klärende Gespräche ebenso wie für aufmunternde Worte. Dem Direktor des Instituts für Kultur- und Geistesgeschichte Asiens, Prof. Dr. Gerhard Oberhammer, sowie den Mitgliedern des Kuratoriums des Instituts gilt mein Dank für das Vertrauen, das sie in mich setzten, um mir die nötige Zeit zu geben, meinen Vorstellungen nachzugehen, auch wenn diese das Erscheinen dieses Buches verzögerten. Die sich nun schon über mehrere Jahre hinziehenden Arbeiten an dem Manuskript veranlaßten immerhin einige, mich davor zu warnen, ich möge über der Arbeit nicht selbst alt werden oder mir gar weiße Haare wachsen lassen. Prof. Dr. Josef Kreiner und Prof. Dr. Johannes Laube danke ich dafür, daß sie sich der philosophisch-historischen Klasse der Österreichischen Akademie gegenüber gutachterlich für die Drucklegung dieses Forschungsberichts positiv äußerten.

---

[3] Eine Besprechung dieses Forschungsschwerpunkts enthält Sepp Linhart, *Japanologie heute. Zustände — Umstände*. Wien: Institut für Japanologie 1993 (= Beiträge zur Japanologie 31), 44—48.

[4] Projektnummer P 6579G.

Nennen möchte ich auch Mag. Beatrix Kromp und Mag. Harald Suppanschitsch, die als zeitweilige Mitarbeiter an dem Projekt einzelne Quellen bearbeiteten und von denen ich einzelne Übersetzungen und Hinweise in diese Studie aufnahm.

Auch möchte ich meinem Lebensgefährten, meiner Mutter und meiner kleinen Tochter Maud für das Verständnis danken, daß sie dafür hatten, daß sie auf einiges an der Zuwendung verzichten mußten, die diesem ‚geistigen Kind' zuging, wie mein Kollege Mag. Bernd Scheid das vorliegende Buch nannte, mit dem ich in seiner Eigenschaft als Bearbeiter eines zweiten Projektteils zur Kamakura- und Muromachi-Zeit besonders viel und ausgiebig Fragen der Quelleninterpretation diskutieren konnte, wofür ich ihm an dieser Stelle meinen Dank sagen will.

Schließlich sei der Österreichischen Akademie der Wissenschaften, dem Fonds zur Förderung der wissenschaftlichen Forschung sowie dessen unbekannten Gutachtern gedankt, die das Erscheinen dieses Buches ermöglichten.

Wien, im Juni 1994

1. EINLEITUNG
1.1. Zur Bedeutung des ‚japanischen Modells' im Rahmen einer Geschichte des Alters

Aufgrund der raschen Alterung der Bevölkerung in den westlichen Industriestaaten ist in den letzten Jahren die Problematik des menschlichen Alterungsprozesses und des sozialen Umgangs mit diesem verstärkt ins Bewußtsein gerückt. Im Zusammenhang mit den Problemen, mit denen alte Menschen selbst und die Gesellschaft in bezug auf sie sich heute konfrontiert sehen — wie zunehmender Rollenverlust und Isolation auf der einen Seite und steigende Schwierigkeiten bei der Finanzierung der Alterspensionen angesichts einer sich dramatisch verwerfenden Altersstruktur auf der anderen —, ist das Bewußtsein von der gesellschaftlichen Formbarkeit der menschlichen Altersphase und damit auch das Interesse an historischen Gestaltungsformen des Lebensabends gewachsen. Dies hat zu einer Reihe von Untersuchungen zur Lage der alten Menschen in der Geschichte der westlichen Industriestaaten geführt[1], während andererseits auch außereuropäische Kulturen und ihre Behandlung der alten Menschen ins Blickfeld gerückt sind.[2] Hier wie dort stand dabei, angesichts eines in den heutigen Industriegesellschaften georteten und als zivilisatorischen Rückschritt empfundenen Verlustes an Respekt vor den alten Menschen und ihrer zunehmenden Ausgliederung aus dem sozialen Leben, oft die Suche nach besseren Lebensbedingungen für alte Menschen in früheren Zeiten oder anderen Kulturen Pate.[3] Während die auf die europäischen Kulturen ausgerichtete Forschung allmählich immer deutlicher ans Licht brachte, daß auch die eine Zeit lang viel gelobte ‚Großfamilie' mit ihren angeblich für die alten Menschen so förderlichen Strukturen den Alten nicht immer nur einen glücklichen, von liebenden Nachkommen umgebenen Lebensabend, sondern mitunter auch viele Erniedrigungen bescheren konnte, sofern sie nicht überhaupt eine Fiktion ist und sich auch in historischen Epochen Not

---

[1] Vgl. dazu etwa Conrad 1982.

[2] Vgl. dazu etwa Condominas (1983) oder die Zeitschrift *Saeculum*, die ihre Nummer 30 ganz dem Thema „Alte Menschen in der Geschichte" widmete, dabei auch Indien (Sprockhoff 1979) und Tibet (Sperling 1979) und kurz darauf China (Linck-Kesting 1981) berücksichtigte.

[3] Siehe dazu Borscheid 1987:8—9.

und Vereinsamung als soziale Bürden durchaus den Leiden der Bresthaftigkeit zugesellen konnten[4], es also ein ‚Goldenes Zeitalter' für die Alten in der europäischen Geschichte nie gegeben haben dürfte, scheint sich eine gewisse Sehnsucht nach einem solchen historisch wie geographisch in außereuropäische Regionen, besonders den Fernen Osten, und hier wiederum Japan, da dieses als moderner, den westlichen Industriestaaten ebenbürtiger Industriestaat sich am ehesten für vergleichende Studien anbot, verlagert zu haben. So erschienen besonders in bezug auf Japan Publikationen, die einen traditionellen Respekt vor dem Alter in Japan hervorhoben, einen im Vergleich zu westlichen Ländern höheren Status der alten Menschen auch im heutigen Japan betonten und Japan und die Art seines Umgangs mit den alten Menschen den westlichen Industriestaaten als nachahmungswürdiges Modell ans Herz legten.[5]

1.2. Allgemeine Theorien zur Stellung des Alters in der japanischen Gesellschaft

Das bekannteste Buch dieser Art ist wohl das des amerikanischen Sozialgerontologen Erdman Palmore, *Otoshiyori – The Honorable Elders*, dessen Thesen auch Eingang in zahlreiche andere Werke allgemeinerer Natur zur Geschichte des Alters gefunden haben. Dabei geht Palmore weniger von empirischen Untersuchungen zur Geschichte des Alters in Japan als von allgemeinen Theorien über die japanische Gesellschaft an sich aus. Er rückt etwa das Konzept der vertikalen Gesellschaft Japans sowie den Begriff der kindlichen Pietät, der sich sowohl auf den Konfuzianismus als auch auf die Ahnenverehrung stützt, in den Vordergrund.[6]

In einer vertikalen Gesellschaft, wie sie laut Nakane Chie Japan darstellt, käme den vertikalen Beziehungen, also Beziehungen zwischen über- und untergeordneten Personen, eine wichtigere Rolle zu als den horizontalen zwischen Gleichen, wobei auch in den horizontalen Beziehungen die Tendenz zu beobachten wäre, hierarchische Abstufungen einzuführen und sie somit in vertikale umzuwandeln. Seniorität und Ancienität wären dabei in Japan wesentliche Faktoren der Bestimmung der relativen Hierarchie, was zwangsläufig zu einer besonders hohen Stellung der Alten in der Gesellschaft allgemein und in den verschiedenen Lebensbereichen führe.

---

[4] Vgl. etwa Mitterauer 1982:12ff.

[5] Vgl. etwa das Buch des Schweizer Journalisten Lorenz Stucki (Stucki 1980); zur amerikanischen Idealisierung des Alters in Japan siehe Tobin 1987.

[6] Palmore 1975:21–25.

Hinzu kommt, daß im Shintoismus und im in seiner japanischen Form stark von diesem beeinflußten Buddhismus die Ahnenverehrung eine prominente Stellung einnimmt. Da die alten Menschen den Ahnen am nächsten stehen, ja selbst bald zu Ahnen werden, ergäbe sich aus der Ahnenverehrung auch eine hohe Stellung der alten Menschen. Dabei kann im Zusammenhang mit dem kulturbestimmenden Reisbau die enge Verbindung zwischen Ahnenverehrung und Hochachtung vor den Älteren im Rahmen des Konzepts der ‚hydraulischen Kulturen' Max Webers auch mit umgekehrter Kausalität gesehen werden.[7]

Der Konfuzianismus als Produkt einer solchen Kultur lieferte dabei nicht nur in China, sondern eben auch in Japan die geistigen Grundlagen für eine strenge Gesellschaftsordnung, in der die Alten als natürliche Autoritäten gelten. Die generelle Dominanz der Älteren über die Jüngeren, die sich vor allem aus dem Prinzip der kindlichen Pietät, der Pflichterfüllung und des absoluten Gehorsams der Kinder gegenüber den Eltern ergibt, wäre dabei Voraussetzung für eine hohe Stellung der alten Menschen in einer konfuzianisch geprägten Gesellschaft.

Darüber hinaus hätten sowohl Konfuzianismus als auch Buddhismus in Japan zu einem hehren Bild der alten Menschen geführt, indem sie, im Gegensatz zur christlichen Tradition, keine Theorie eines passiven Rückzugs (*disengagement*) enthielten, sondern, unabhängig von ihrer unterschiedlichen Bewertung der letzten Werte beziehungsweise der weltlichen Belange, die Betonung auf das Konzept einer aktiven, konzentrierten Erlösung im Alter legten, für die Studium und Übung, Training und eine Rückkehr zum wahren Selbst die Voraussetzungen waren. So sieht der Buddhismus im meditierenden Bettler, dessen Seele alle weltlichen Sorgen überwunden hat, das geistige Ideal der Erlösung der Alten, das für alle anderen Altersgruppen Vorbildcharakter besitzt, während der Konfuzianismus im Alter jene Lebensphase *par excellence* sieht, in der der Mensch durch lebenslanges Training zu seinem wahren Selbst zurückfindet und in dieser damit zum Vorbild der Menschlichkeit schlechthin wird[8].

Demgegenüber gibt es in der Volksüberlieferung zahlreiche Hinweise auf *obasuteyama*, „Berge, auf denen man die Alten aussetzt". Danach galten Menschen ab einem gewissen Alter als unproduktiv und unnütz, sie stellten für die Gemeinschaft lediglich eine Belastung dar und würden daher abgeschoben und ausgesetzt. Es ist bis heute nicht eindeutig geklärt,

---

[7] Amann 1989:61.

[8] Vgl. etwa Rosenmayr 1982:61—62.

ob ein solches Brauchtum jemals in der Realität vorhanden war, wichtig scheint aber, daß diese Überlieferung allgemein verbreitet ist, denn daraus kann darauf geschlossen werden, daß sie die Einstellungen zu den alten Menschen doch in einem gewissen Ausmaß widerspiegelt, bzw. diese Einstellungen beeinflußt hat. Diese Volksüberlieferung stellt somit gewissermaßen den negativen Gegenpol zur positiven Bewertung der alten Menschen in Shintoismus und Konfuzianismus dar.

All diese Argumentationen beruhen auf allgemeinen Aussagen über jene Geistesströmungen, die die japanische Kultur sicherlich grundlegend geprägt haben, legen aber kaum empirisches Material vor, das die daraus abgeleiteten Positionen und Einstellungen zum Alter in zeitgenössischen Quellen festmachen ließen.

1.3. Stand der Forschung

So viel über die japanische Tradition der Altenverehrung auch geschrieben worden ist, Arbeiten, die tatsächliche Einstellungen zum Alter und Lebensumstände der alten Menschen in früheren Epochen der japanischen Geschichte anhand zeitgenössischer Quellen untersuchen, sind verhältnismäßig spärlich gesät.[9] Vereinzelte kurze Aufsätze, wie etwa von dem berühmten Buddhologen Nakamura Hajime (1979) oder den Beiträgen von Soeda und Linhart (1986) in dem fünfbändigen Sammelwerk *Oi no hakken* {Die Entdeckung des Alters}, den Artikeln in einem Sonderforschungsbericht der Shinshū daigaku zu Fragen des Alters in der japanischen Geschichte (Shinshū daigaku jinbungaku-bu 1987), von Bolitho (1989) und anderen in Yokoyama und Fujii (1989), von Iinuma und Ōtake (1990) in einem Band über das Alter aus der Sicht der vergleichenden Familiengeschichtsforschung (Ōtō u.a. 1990), ziehen nur wenige, mehr oder minder zufällig ausgewählte, dem jeweiligen Autor aufgrund seiner sonstigen Forschungsinteressen bekannte Quellen heran, werfen somit interessante Streiflichter auf die Geschichte der alten Menschen in Japan, aus denen wichtige Ansatzpunkte für die Breite der historischen Möglichkeiten der Gestaltung dieser Lebensphase gewonnen werden können, sich aber kein geschlossenes Bild der Einstellungen zum Alter und der Lebensumstände alter Menschen in einer bestimmten Periode der japanischen Geschichte ergibt. Einigen großzügigen Essays postmoderner Prägung wie Kamata (1988) mangelt es an empirischer Nachvollziehbarkeit, während eine Reihe

---

[9] Siehe dazu die Bibliographien Linhart und Wöss (1984) und Maderdonner (1987).

anderer Werke wie etwa Fujii (1980), Tachibana (1975) oder Takano (1980) sich nicht so sehr als wissenschaftliche Arbeiten zur Geschichte des Alters verstehen, sondern eher als Anleitungen im Sinne einer zum Teil eben auch aus historischen Quellen gewonnenen konkreten Lebenshilfe für einen erfüllten Lebensabend, wie etwa in dem Titel des letztgenannten Werkes „Weisheit des Alters, wie man sie aus der Geschichte lernen kann" anklingt. Bedeutende Studien zu Teilaspekten der Bedeutung alter Menschen in der Vergangenheit wie die Aufsätze und Bücher von Yamaori (1984, 1986, 1990) über die Erscheinungsformen der Figur des *okina* in Mythen und Legenden behandeln so spezielle Themenkreise, daß sie nicht dazu angetan sind, Aufschluß über die allgemeine Situation der alten Menschen und die Bewertungen des Alters in der japanischen Geschichte zu geben.

1.4. Ziel und Methode

Ziel der vorliegenden Arbeit ist es, die gängigen Theorien in bezug auf den traditionellen Respekt für die alten Menschen und ihre hohe Stellung in der Gesellschaft für eine bestimmte Periode der japanischen Geschichte zu testen, nämlich das Altertum oder Zeitalter des Absolutismus vom Beginn der Taika-Reformen Mitte des 7. Jh.s bis zum Beginn des japanischen Feudalismus im ausgehenden 12. Jh., das heißt anhand der aus dieser Zeit überlieferten Quellen zu untersuchen, inwieweit sie für diese Periode Gültigkeit hatten beziehungsweise ob sie auch tatsächlich zu der postulierten Hochachtung vor dem Alter und zu der angenommenen hohen Stellung der alten Menschen in den verschiedensten Lebensbereichen geführt haben. Die Untersuchung steht im Rahmen eines größeren Projektes, dessen Ziel eine umfassende kultur- und sozialhistorische Darstellung jener Werte ist, wie sie in der japanischen Gesellschaft und Geistesgeschichte in bezug auf das Altern und die Personen in einem höheren Lebensalter in der vorindustriellen Gesellschaft existierten, also vor der massiven Auseinandersetzung mit der westlichen Kultur in der zweiten Hälfte des 19. Jh.s. Es soll dabei Fragen nachgegangen werden, wie danach, ob das höhere Lebensalter überhaupt als ein eigener, deutlich abgegrenzter Lebensabschnitt angesehen wurde und seit wann dies der Fall war; wie das höhere Lebensalter zu welcher Zeit bewertet wurde und ob dabei Unterschiede zwischen den verschiedenen gesellschaftlichen Schichten (Hofadel, Militäradel, Bauern, Städter) bestanden; wie der Alterungsprozeß selbst bewertet wurde, ob der Abbau von Rollen und andere mit dem Altern einhergehende Defizite hervorgehoben oder positive Aspekte des Alters betont wurden, wie etwa eine Zunahme an Weisheit, ein ständiges Wachstum und Fortschreiten; welche Rolle die alten Menschen in der Familie, in der Gemeinschaft, in der Gesellschaft überhaupt, in Religion, Politik und Wirtschaft spielten und welche Charakteristika die jeweiligen Beziehungen zwischen der jüngeren und der älteren Generation aufwiesen. Die für die vorliegende Arbeit benutzte Materialsammlung wurde im Rahmen eines ersten Teiles[10] dieses Gesamtprojektes erarbeitet, und weitere Bände, die sich mit der gleichen Problematik für das Japan der Kamakura- und Muromachi-Zeit einerseits sowie der Edo-Zeit andererseits befassen, sollen folgen. Die hier behandelte Zeit, für die schriftliche Quellen erst ab der Nara- (710–794) und Heian-Zeit (794–1185) vorliegen, deckt dabei einige der für die Stellung der alten Menschen in Japan im allgemeinen als wesentlich erachtete Momente ab, wie die Einführung des Buddhismus und des Konfuzianismus bei gleichzeitigem Fortleben des einheimischen Götterglaubens. Einige für diese Periode charakteristische Merkmale wie die Reichseinigung unter einem Herrscherhaus und die Errichtung eines Beamtenstaates nach chinesischem Muster könnten dabei die aus diesen Geistesströmungen abgeleitete Hochachtung vor dem Alter noch verstärkt haben, während andere Elemente wie etwa ein Familiensystem mit Resten von Matrilokalität und eingeschränkter Macht des Familienoberhauptes dazu angetan scheinen, sie etwas zu relativieren. Sie bildet insofern ein in sich geschlossenes Ganzes als die Hauptträger der Kultur, wie sie in den Quellen zum Ausdruck kommt, von einer sozialen Schicht gebildet werden, dem Hofadel, wobei nur vereinzelt auch Aussagen von oder über andere Schichten getroffen werden.

Um ein möglichst umfassendes Bild von den alten Menschen in dieser frühen Periode der japanischen Geschichte zu erhalten, sollten Schriftdenkmäler der verschiedensten Gattungen wie Geschichtswerke, Gesetzessammlungen, Romane, Tagebücher, Miszellenliteratur, Lyrik, Dramen, aber auch Volksüberlieferungen wie Märchen, Sagen, Sprichwörter und Redewendungen und aus dem religiösen Bereich kanonische Schriften auf für die Fragestellung relevante Textpassagen durchgesehen werden. Hierfür wurden für diesen Zeitraum die beiden japanischen Quellensammlungen *Nihon koten bungaku taikei* und *Nihon shisō taikei* ausgewählt, da diese zwar einerseits ein solches breites Spektrum an verschiedenartigen Quellen enthalten, gleichzeitig aber durch die Auswahl, die sie treffen, eine notwendige Be-

---

[10] Finanziert vom Fonds zur Förderung der wissenschaftlichen Forschung (Projektnummer P 6579G).

schränkung einführen, die nicht auf das subjektive Urteil der Bearbeiterin gestützt ist, sondern von der japanischen Tradition vorweggenommen wird. Für diese Studie wurden entsprechend folgende Werke herangezogen:
1.) Nara-zeitliche Quellen:
die beiden ältesten tradierten offiziellen Geschichtswerke *Kojiki* (712) und *Nihon shoki* (720), von welchen ersteres, das mit Kosmogonie und Theogonie, der Erdenfahrt des Enkels der Sonnengöttin, dem Eroberungszug des mythischen ersten Tenno Jinmu durch Japan und der Reichsgründung beginnt und dann in Form sagenhafter Genealogien vom Leben der ersten Tenno bis zum Tod der Kaiserin Suiko im Jahre 628 berichtet, narrative Züge trägt und vorwiegend mythologischen und genealogischen Inhalts ist, und das zweite, das außer in den beiden ersten Büchern, die mythologischen Inhalts sind, bereits als echte Historiographie anzusprechen ist, die Regierungsperioden der ersten Tenno bis zum 41., der Kaiserin Jitō in annalistischer Form aufzeichnet;[11]
die *Norito*, die ältesten tradierten Ritualgebete, die sich auf den Kult der kaiserlichen Ahnengottheiten, Erntebitten und Erntedank, Schutz vor Naturkatastrophen und ähnliches beziehen, schriftlich erst in dem 928 abgeschlossenen Zeremonialwerk *Engishiki* überliefert sind, einer Sammlung von Durchführungsbestimmungen und Geschäftsordnungsvorschriften zur vorhergehenden Gesetzgebung, die aber wohl noch auf die Vor-Nara-Zeit zurückgehen;
die *Fudoki*, Topographien der einzelnen Provinzen des Landes, deren Kompilation auf einen Kaiserlichen Erlaß des Jahres 713 zurückgeht, deren tatsächliche Entstehungszeit für die im ursprünglichen Text erhaltenen zwischen 713 und 737 fällt, und die neben geographischen, ethnographischen und ökonomischen Daten mythologische Erzählungen sowie Lokalsagen enthalten[12];
der Gesetzeskodex der *Ritsuryō*, in seiner revidierten Fassung von 718 des älteren, nicht erhaltenen und nur in Teilen rekonstruierbaren Taihō-Kodex (701), der unter starkem chinesischem Einfluß steht, Strafbestimmungen (*ritsu*) sowie Regeln (*ryō*) für Beamtenschaft, Geistlichkeit, Haushaltungen, Steuern, etc. enthält und 757 in Kraft trat[13];
das 751 kompilierte *Kaifūsō*, die älteste Anthologie von in Japan entstandener *kanshi* (Gedichte in Chinesisch), deren Verfasser Adelige und Geistliche sind und die neben buddhistischen auch konfuzianische und taoistische Einflüsse zeigen;

---

[11] Daneben wurde auch das *Shoku Nihongi*, nach dem *Nihon shoki* die zweite der sogenannten „Sechs Reichsgeschichten" (*Rikkokushi*), das in annalistischer Form die Zeit von 697 bis 791, also im wesentlichen die Nara-Zeit, erfaßt, als wichtige Quelle für das Alter in der politischen Geschichte der Zeit bearbeitet, obwohl es nicht in die ursprünglich zur Durchsicht vorgesehenen Reihen aufgenommen ist. Ebenso wurde das *Kugyō bunin*, das Verzeichnis der Beamten am Hof des Tennō, das anhand verschiedenster Aufzeichnungen chronologisch über die Besetzung der wichtigsten Ämter im Staat seit Jinmu Tennō berichtet und wohl erstmals in der zweiten Hälfte des 10. Jh.s entstanden ist, in bezug auf Altersangaben der wichtigsten Nara- und Heian-zeitlichen Staatsmänner ausgewertet.

[12] Aufgenommen wurden auch Fragmente anhand von Zitaten in späteren Werken, die sog. *Fudoki itsubun*.

[13] Wo für ein besseres Verständnis der Auslegungspraxis vonnöten, wurden auch das 833 offizielle Kommentarwerk zu den *Ritsuryō* in ihrer Fassung der Yōrō-Ära, das *Ryō no gige* von 833, sowie das *Ryō no shūge*, ein zwischen 859 und 877 entstandenes inoffizielles Kommentarwerk, in dem der Verfasser Koremune Naomoto frühere Kommentare mit eigenen Erklärungen versieht, dabei auch aus einem älteren Kommentar (*Koki*) zu den *Ritsuryō* in ihrer Fassung der Taihō-Ära berichtet.

das *Manyōshū* (um 760), die älteste Anthologie japanischer Gedichte (*waka*), die den Glossen zufolge in die Zeit vom beginnenden 5. Jh. bis 759 fallen und zum Teil noch liedartig sind, wobei sich unter den Verfassern außer Adeligen auch Vertreter der anderen Volksschichten finden;

eine Sammlung von Schriften von und über den Kronprinzen und Regenten Shōtoku Taishi, der durch sein Streben nach Übernahme der Festlandkultur und Bildung eines zentralisierten Staates nach chinesischem Vorbild den Grundstein für die Taika-Reform (645) legte und den Buddhismus zur Staatsreligion erhob, darunter seine konfuzianisch beeinflußte „17-Artikel-Verfassung" (*Kenpō jūshichi-jō*) und der Sutrenkommentar *Shōmangyō gisho*; sowie kleinere in einem Sammelband zusammengefaßte Nara-zeitliche Schriften zu Politik und Gesellschaft wie die *Muchimaro-den*, die um 760 entstandene Biographie des Staatsmannes Fujiwara no Muchimaro oder das *Shikyō ruijū*, Hausregeln des Gelehrten und Staatsmannes Kibi no Makibi;

2.) an Heian-zeitlichen Quellen:

die Gedichtsammlung *Kokinshū* (905), die älteste auf Kaiserlichen Befehl kompilierte Anthologie japanischer Gedichte, die zum Teil noch solche enthält, die in die Zeit des *Manyōshū* zurückreichen, vorwiegend aber solche aus dem 9. Jh., deren Verfasser überwiegend aus dem Adel und der Geistlichkeit stammen und die häufig stark ästhetizierend sowie rational verklausuliert sind; Heian-zeitliche Sammlungen von Gedichten bei *utaawase* (Gedichtwettstreiten); Anthologien chinesischer Gedichte und Essays wie das 818 von Nakao no Ō, Sugawara no Kiyotada, Shigeno no Sadanushi, Isayama no Fumitsugu, Kuwabara no Haraaka u.a. auf kaiserlichen Befehl kompilierte *Bunka shūreishū*, in dem als wesentliche Dichter Saga Tennō, Nakao no Ō und Kose no Shikihito auftreten und das einen starken Einfluß des chinesischen *Wen xuan* aufweist; *Kanke monsō* und *Kanke kōsō* (um 900) des Gelehrten und Staatsmannes Sugawara no Michizane; das 1013 von Fujiwara no Kintō kompilierte *Wakan rōeishū*, das neben *waka* eine Sammlung von *kanshi* chinesischer und japanischer Herkunft enthält, welche nach verschiedenen Melodien während der Heian-Zeit insbesondere bei höfischen Festlichkeiten auch mit Musikbegleitung gesungen wurden, sowie die von Go-Shirakawa kompilierte Liedsammlung *Ryōjin hishō*; Auszüge aus dem *Honchō monzui*, einer um die Mitte des 11. Jh.s von dem Gelehrten Fujiwara no Akihira kompilierte Anthologie Heian-zeitlicher chinesischer Gedichte und Essays; Liedtexte wie die der *Saibara*, Ende der Nara-Zeit entstandene „Lieder der Pferdeknechte" mit zum Teil volksliedartigem Charakter, die seit der Heian-Zeit Bestandteil der Hofmusik waren und Themen wie Liebe, Arbeit, Jagd, Reisen etc. besingen, und der *Kagurauta*, jener Gesangsmusik, die das seit 1002 am Kaiserhof aufgeführte *mikagura* begleitete, einen Ritualtanz, durch den die Götter angerufen wurden;

die drei *uta-monogatari*, Sammlungen thematisch nur lose verbundener Kurzerzählungen, die jeweils in einem oder mehreren Kurzgedichten (*tanka*) gipfeln, *Ise monogatari* aus der Mitte des 10. Jh.s, das im höfischen Milieu spielt und zum Teil Züge einer Biographie des Ariwara no Narihira, von dem auch viele der Gedichte stammen, trägt, *Yamato monogatari*, das ebenfalls Mitte des 10. Jh.s entstanden sein dürfte, von dessen 170 Kurzerzählungen aber nur die ersten 130 um Szenen aus dem Leben des Hofes und des Adels kreisen, die letzten 40 eher volkstümlichen Legenden-, Sagen- und Märchenstoffen gewidmet sind, und *Heichū monogatari* (wohl um 959–965 entstanden) unbekannter Autorenschaft, das aus 38 Episoden besteht, die sich um die Liebesabenteuer des Taira no Sadabumi ranken;

das *Taketori monogatari*, das obwohl in manchen Teilen wohl auf einer älteren Fassung beruhende, wahrscheinlich um das Ende des 9. Jh.s entstandene märchenhafte Erzählung vom alten Bambussammler und der Mondfrau Kaguyahime, die am Anfang der japanischen Prosa als literarischer Gattung steht;

die in ihrer Langform zum Roman ausladenden Werke realistischen Inhalts (*shajitsuteki monogatari*), wie die beiden Ende des 10. Jh.s von männlichen Verfassern geschriebenen *Utsuho monogatari*, das als älteste Werk dieser Gruppe noch einige eher phantastische, legendenhafte Züge trägt und das Leben mehrerer Generationen von Familien des Hofadels schildert, wobei allerdings die Hauptpersonen als idealtypisch zu betrachten sind, und *Ochikubo monogatari*, das in vergleichsweise deftiger Manier eine Stiefkindgeschichte in adeligem Milieu behandelt; das *Genji monogatari*, nach 1010 von der Hofdame Murasaki Shikibu verfaßt, das umfangreichste und bedeutendste Werk dieser Gruppe, das das schillernde Liebes- und prunkvolle Gesellschaftsleben des Prinzen Genji, einer fiktiven Person, in der aber Ideal und Wirklichkeit der Zeit verschmelzen, und seines angeblichen Sohnes Kaoru schildert, dabei aber von der buddhistischen Idee der Vergänglichkeit alles Irdischen und Erlösungssehnsucht durchzogen ist; sowie die diesem Werk nacheifernden Romane *Hamamatsu chūnagon monogatari*, ein um 1060 von der Tochter des Sugawara no Takasue verfaßter Roman um das wechselvolle Liebesleben eines männlichen Helden, in dem traumhafte Elemente sowie die buddhistische Vorstellung der Wiedergeburten eine wichtige Rolle spielen, *Yoru no nezame*, ebenfalls 11. Jh., der die wechselvolle Lebensgeschichte der fiktiven Hofdame Nezame erzählt, und *Sagoromo monogatari*, ein um 1070 entstandener Liebesroman einer unbekannten weiblichen Autorin des Hofadels, der in enger Anlehnung an das *Genji monogatari* das Liebesleid eines männlichen Helden zum Inhalt hat;

Werke der Miszellenliteratur (*zuihitsu*), wie das 995—1000 von der Hofdame Sei Shōnagon verfaßte *Makura no sōshi*, in dem die Autorin in skizzenhafter und oft pointierter, kritischer Form ihre Erlebnisse und Eindrücke vom Leben am Hof als Notizen zu einzelnen Stichwörtern wiedergibt;

Werke der Tagebuchliteratur, deren ältestes Werk, das 935 von Ki no Tsurayuki verfaßte *Tosa nikki*, das über eine Reise aus der Provinz Tosa nach Kyōto berichtet und dabei wie die späteren Werke dieses Genres stark mit Kurzgedichten durchsetzt ist, wie das *Kagerō nikki*, das nach 974 entstandene Tagebuch der Mutter des Fujiwara no Michitsuna, in dem die Autorin, die um 936 geboren sein dürfte und 995 starb, über einen Zeitraum von 21 Jahren ihr Eheleben mit dem bedeutenden Staatsmann Fujiwara no Kaneie, ihre Eifersucht, Langeweile und Einsamkeit sowie ihre Sorge um ihren einzigen Sohn Michitsuna beschreibt; das 1010 abgeschlossene *Murasaki shikibu nikki* der Hofdame Murasaki Shikibu, in dem die Autorin wichtige Ereignisse des höfischen Lebens aus den Jahren 1008—1010 schildert, wobei auch Gefühlsschilderungen und Überlegungen breiten Raum einnehmen; das *Sarashina nikki*, das wohl um 1060 abgeschlossene Tagebuch der Tochter des Sugawara no Takasue, eines Provinzbeamten, das das Leben der Autorin von ihrem 13. Lebensjahr (1020), in dem ihr Vater aus der Provinz in die Hauptstadt zurückkehrt, über ihren Hofdienst, den Tod ihres Ehemannes Tachibana no Toshimichi bis zu ihrem 52. Lebensjahr (1059) schildert und in dessen Vordergrund die Bewunderung für den Hochadel und die Schwierigkeit, sich mit dem eigenen Mittelmaß abzufinden, steht;

inoffizielle Erzählungen geschichtlichen Inhalts (*rekishi monogatari*), wie das wohl noch im 11. Jh. von einer dem Hof nahestehenden Frau verfaßte *Eiga monogatari*, einer Chronik der Jahre 887—1092, in deren Mittelpunkt die Figur des mächtigen und bedeutendsten der Fujiwara-Regenten, Fujiwara no Michinaga steht, und das zwischen 1040 und 1140 entstandene *Ōkagami*, das, teilweise die gleichen Ereignisse wie das *Eiga monogatari* behandelnd, vom Autor vielleicht als ‚wissenschaftliche' Ergänzung zu diesem Roman konzipiert wurde und in dem als fiktive Erzähler zwei überaus betagte Männer auftreten;

kleinere in einem Sammelband zusammengefaßte Heian-zeitliche Schriften zu Politik und Gesellschaft wie *Fujiwara no Yasunori-den*, die 907 von dem konfuzianischen Gelehrten Miyoshi no Kiyoyuki verfaßte Biographie des Fujiwara no Yasunori, der als Provinzbeamter berühmt wurde, *Kujō ushōjō ikai*, die Hausregeln des Staatsmannes Fujiwara no Morosuke, *Shin sarugaku-ki*, das als Spätwerk des Fujiwara no Akihira gilt und neben der Schilderung von Darbietungen der *sarugaku*, volkstümlichen Tanzspielen, eine humorvolle Beschreibung einer Familie aus dem Publikum liefert;

religiöse und literarische Schriften wichtiger buddhistischer Sektengründer, wie das 797 von Kūkai, dem Gründer der Shingon-Schule, verfaßte *Sangō shiiki*, in dem der Autor die drei

Lehrsysteme des Konfuzianismus, Taoismus und Buddhismus vergleicht, indem er sie personifiziert auftreten und jeweils vom Standpunkt des anderen kritisieren läßt, um letztendlich die Überlegenheit des Buddhismus zu beweisen, und das *Seireishū*, eine Sammlung von Gedichten und Essays des gleichen Autors; das *Kenkairon*, eine 820 vom Gründer der Tendai-Sekte Saichō verfaßte Schrift, in der er die grundlegenden Eigenarten der Tendai-Schule verdeutlicht; das *Ōjō yōshū* (985) von Genshin, das den Amida-Glauben in den Mittelpunkt stellt und sich neben Beschreibungen der verschiedenen Höllen als Anleitung für eine Wiedergeburt im buddhistischen Paradies versteht;

Sammlungen buddhistischer Legenden, wie das 823 verfaßte *Nihon ryōiki*, das inhaltlich noch in die Nara-Zeit zurückreicht, das *Nihon ōjō gokuraku-ki* (985) von Yoshishige no Yasutane, eine im Sinne der im *Ōjō yōshū* verlangten erbaulichen Lektüre verfaßte Sammlung von Biographien ins buddhistische Paradies Hinübergeborener unter verschiedenen Rubriken wie Mönche, Laienpriester, Nonnen etc., und das in dessen Nachfolge stehende *Shūi ōjōden* (um 1111) von Miyoshi no Tameyasu, das *Dainihonkoku Hokekyō kenki*, in dem die Wunderwirksamkeit des *Hokekyō* (Lotos-Sutra) im Vordergrund steht, das 1110 von Ōe no Masafusa verfaßte *Honchō shinsenden*, das in Anlehnung an die chinesische Vorstellung taoistischer Unsterblicher 31 kurze Biographien japanischer, teils den Mythen des *Nihon shoki* entnommener, teils dem esoterischen Buddhismus nahestehender Persönlichkeiten auflistet, die die Unsterblichkeit erlangt haben sollen, sowie schließlich das Ende der Heian-Zeit entstandene *Konjaku monogatari-shū*, das als besonders umfangreiches Werk der *setsuwa*-Literatur neben zahlreichen buddhistischen Sagen und Legenden aus Indien, China und Japan auch Erzählungen aus dem Alltag aller Schichten des japanischen Volkes.

Als relevante Textstellen wurden dabei solche festgehalten und in die Studie aufgenommen, die entweder eine direkte Aussage zum Alter oder zum Alterungsprozeß, zur Länge des menschlichen Lebens, zu Anciennität oder Seniorität enthielten oder in denen eine Person als alt bezeichnet wird beziehungsweise von ihrem kalendarischen Alter her als alt eingestuft werden kann. Schon aufgrund dieser Quellenauswahl steht die Untersuchung vorwiegend im Rahmen einer Mentalitätsgeschichte, bei der Status, Wahrnehmung und normative Beschreibungen des Alters im Vordergrund stehen. Eingehende quantitative Untersuchungen über die grundlegenden demographischen und sozialen Determinanten des Lebenslaufes, wie Sterblichkeit, Lebenserwartung und Altersaufbau der Bevölkerung oder die zeitliche Abfolge der wichtigsten Ereignisse im Familienzyklus oder gar zu Besitz- und Vermögensverteilung, die wesentliche Aufschlüsse über die konkreten Lebenssituationen alter Menschen geben könnten, wurden nicht durchgeführt, weil sie aufgrund der Quellenlage etwa in Form der erhaltenen Haushaltsregister aus der Nara-Zeit im Verhältnis zu den daraus zu erwartenden Resultaten zu aufwendig erschienen. Entsprechende Sekundärliteratur wurde natürlich herangezogen, ebenso wie versucht wurde, aus den in den literarischen Quellen getroffenen Aussagen Aufschlüsse zu diesen Fragen zu erhalten, doch steht der Diskurs über das Alter im Vordergrund.

2. ALLGEMEINE VORSTELLUNGEN ÜBER DAS ALTER IN DER NARA- UND HEIAN-ZEIT
2.1. Demographische Bedeutung des Alters

Jede Untersuchung, die sich mit dem Alter als gesellschaftlichem Phänomen in frühen Kulturen oder Epochen beschäftigt, sieht sich zunächst mit der Frage konfrontiert, ob angesichts der für solche Gesellschaften anzunehmenden hohen Sterblichkeitsraten überhaupt genügend Menschen ein hohes Alter erreichten, um von einer menschlichen Altersphase als gesellschaftlich relevantem Lebensabschnitt sprechen zu können. Versucht man, sich eine Vorstellung davon zu machen, welche Bedeutung Alter in der Vor-Nara-Zeit hatte, so zeigt sich, daß Personen, die ein relativ fortgeschrittenes Alter erreichten, überaus selten waren. In der Jäger- und Sammlerkultur der Jōmon-Zeit (7500 v.u.Z.–300 v.u.Z.) lag die durchschnittliche Lebenserwartung bei der Geburt für Männer und Frauen bei nur 14,6 Jahren, mit 15 bei knapp über 16 Jahren, und selbst von jenen Menschen, die bereits ein Alter von 15 Jahren erreicht hatten, erlebten nur rund 5% ein Alter von 50 Jahren oder mehr[1]. Im Rahmen einer solchen Bevölkerungsstruktur dürfte die Altersphase für das einzelne Individuum wohl von geringer Bedeutung gewesen sein.[2] Umgekehrt könnte diesen wenigen Alten, insbesondere den alten Frauen – auf eine Horde von 50 bis 100 Menschen kam wohl gerade eine über 45jährige Frau[3] – gerade aufgrund ihrer Seltenheit eine ihrer Zahl umgekehrt proportionale Bedeutung zugekommen sein, da sie ja wohl auch die besonders robusten waren und aufgrund dessen sowie der schlichten Tatsache ihres Überlebens als eine Art Übermenschen betrachtet worden sein könnten.

In der Yayoi-Zeit (300 v.u.Z.–300 n.u.Z.) fand dann mit dem Übergang zu einer Agrargesellschaft auch eine demographische Revolution statt, in

---

[1] Kitō 1983:34–36. Aufstellungen bei Ōmi und Sasaki (1987:47–50, Tab. 5, 6) weisen auf nur unwesentlich höhere Prozentsätze hin: von 486,5 Funden von Schambeinen gehörten 38,5 Personen, die in einem Alter von über 45 Jahren gestorben waren, das sind 7,9%.

[2] Ōmi und Sasaki (1987:43, A.4) neigen zur etwas extremen Ansicht, von ‚Alter‘ als gesellschaftlichem Phänomen könne in Japan sinnvollerweise erst ab dem 2.Jt.u.Z. gesprochen werden, da die durchschnittliche Lebenserwartung in den Altersgruppen zwischen 5 und 15 Jahren ihres Erachtens bis in die Kofun-Zeit nicht viel über 20 Jahren lag.

[3] Ōmi und Sasaki 1987:42.

deren Rahmen die durchschnittliche Lebenserwartung im Alter von 15 Jahren auf rund 30 Jahre für beide Geschlechter anstieg, in der Kofun-Zeit (300–600 u.Z.) wahrscheinlich sogar auf 31 bis 35 Jahre[4].

Eine ähnliche Bevölkerungsstruktur mit leicht verbesserten allgemeinen Sterblichkeitsraten wurde offenbar bis in die Nara-Zeit beibehalten, in der wir mit den ersten Bevölkerungsregistern, den *koseki*, sichereren demographischen Boden betreten.[5] Diesen *koseki* zufolge stellten Personen über 50 inzwischen rund 10% der Bevölkerung (über 60jährige noch 5%), eine immer noch geringe, aber nicht zu unterschätzende Zahl, da rund 40% der Bevölkerung Kinder unter 15 Jahren ausmachten (siehe Tab. 1), sodaß der Anteil der Alten an der Erwachsenenbevölkerung nicht so klein war. Darüber hinaus waren die Chancen, noch 10 oder 20 Jahre zu leben, hatte man erst ein Alter von 40 oder 50 Jahren erreicht, durchaus gut waren, wie Bevölkerungspyramiden mit nur langsam abnehmenden Prozentsätzen für alle Altersklassen zwischen 40 und 70 Jahren nahelegen.[6]

Um auch ein ungefähres Bild von den durchschnittlichen Sterbealtern der Adeligen der Nara- und Heian-Zeit zu erhalten, die ja in die für die bisher genannten Zahlen ausgewerteten *koseki* nicht aufgenommen sind, wurde eine zufällige, 10%ige Stichprobe des *Jinbutsu referensu jiten. Kodai, chūsei-hen*[7] in dieser Hinsicht ausgewertet. Die 82 Personen, deren Le-

---

[4] Kitō 1983:59.

[5] Landesweit erstmals 670, ab 690 regelmäßig erstellt, sind einzelne dieser Register, die im Regelfall bei der Erstellung des nächsten vernichtet wurden, für bestimmte Provinzen aus den Jahren 702 und 724–728 erhalten. Sie geben, getrennt nach Haushalten, die Haushaltsmitglieder und ihr (Verwandtschafts-)Verhältnis zum Haushaltsvorstand, ihr Alter sowie die sich daraus ergebende Steuerkategorie an. Das System der Erstellung der *koseki* erlebte ziemlich rasch einen Niedergang, landesweit wurden sie zum letzten Mal 824 erstellt, und ab dem 9. Jh. weisen sie so viele Ungereimtheiten auf, daß anzunehmen ist, daß oft falsche Angaben zu Alter und Geschlecht der Personen gemacht wurden, und sie kaum gültige Aussagen über das demographische Verhalten der Bevölkerung mehr erlauben. Die frühen *koseki* gelten als relativ zuverlässig, dienten aber vornehmlich der Registrierung der steuer- und wehrdienstpflichtigen Bevölkerung und erfaßten daher jene Gruppen, die von diesen Pflichten ausgenommen waren, etwa die Adeligen, nicht.

[6] Farris 1985:165–167. Für diesen Trend könnte möglicherweise die hohe auf Epidemien zurückzuführende Sterblichkeit verantwortlich gewesen sein, die Personen in den älteren Jahrgängen, die bereits in früheren Jahren eine Immunität gegen die jeweilige Infektionskrankheit entwickelt haben konnten, begünstigte.

[7] Nichigai asoshiētsu 1983. Diese Stichprobe besteht aus jenen Personen, die auf den Seiten 200–260 dieses 600 Seiten umfassenden Werkes aufgeführt sind und deren Lebensdaten in das 7. bis 12. Jh. fallen. Freilich ist das Bild, das sich aus dieser Untersuchung ergibt, notwendigerweise verzerrt, da ja in dieses Werk nur wichtige Persönlichkeiten aus Politik, Literatur, Kunst und Religion aufgenommen sind, die jene wichtigen Ämter und

Tab. 1 Bevölkerung ausgewählter Regionen, nach Geschlecht und Alter, nach Bevölkerungsregistern des 8. Jh.s[8]

Alter	Alle	Prozent	Männer	Frauen
1–5	603	15,5%	309	294
6–10	431	11,1	206	225
11–15	459	11,8	226	233
1–15	1493	38,4		
16–20	458	11,8	214	244
21–25	350	9,0	182	168
26–30	292	7,5	154	138
31–35	297	7,7	116	181
36–40	230	5,9	118	112
41–45	199	5,1	84	115
46–50	152	3,9	61	91
16–50	1978	50,9		
51–55	117	3,0	45	72
56–60	93	2,4	44	49
61–65	78	2,0	23	55
66–70	62	1,6	16	46
51–70	350	9,0		
71–75	33	0,9	10	23
76–80	15	0,4	10	5
81 und mehr	11	0,3	3	8
51 und mehr	409	10,6		
61 und mehr	199	5,1		
71 und mehr	59	1,5		
Insgesamt	3880	100	1821	2059

bensdaten gesichert genug sind, um nicht in den Bereich der Legende zu gehören, starben in einem Alter von durchschnittlich 59,9 Jahren (mittlerer Wert: 65). Von ihnen waren 18,3% in einem Alter von 40 Jahren und darunter gestorben, zwischen 41 und 50 nur 3,7%, zwischen 51 und 60 19,5%, zwischen 61 und 70 24,4%, zwischen 71 und 80 18,3%, zwischen 81 und 90 14,6% und über 90 1,2%. In einem Alter von über 60 Jahren gestorben waren demnach 58,5%, also weit über die Hälfte. Über 70 Jahre alt geworden waren auch noch immerhin 34,1%, also mehr als ein Drittel. Mit über 80 Jahren Verstorbene machen noch immerhin 15,8% der Stichprobe aus.

Eine ähnliche Aufstellung der zur Sippe der Fujiwara, die über Jahrhunderte hinweg die Inhaber der wichtigsten staatspolitischen Ämter stell-

---

herausragenden Fertigkeiten, die ihre Aufnahme in das Lexikon bedingten, erst in fortgeschrittenerem Alter erreichten, sodaß sich in dieser Stichprobe sicherlich mehr langlebige Personen befinden als im Heian-zeitlichen Adel insgesamt.

[8] Nach Taeuber 1958:10, Tab. 1.

Tab. 2 Durchschnittliche verbleibende Lebensjahre von Mitgliedern des Nara- und Heian-zeitlichen Adels

Alter	Jahre			
	Adelige insgesamt	Fujiwara insgesamt	Fujiwara Männer	Fujiwara Frauen
30	36,5 (N=72)	29,8 (N=207)	30,3 (N=177)	26,5 (N=30)
40	28,8 (N=67)	22,8 (N=183)	22,2 (N=164)	29,3 (N=19)
50	19,9 (N=64)	15,9 (N=159)	15,3 (N=141)	20,8 (N=18)
60	13,5 (N=51)	11,2 (N=105)	10,9 (N=89)	12,5 (N=16)
70	10,0 (N=29)	7,6 (N=55)	8,7 (N=47)	11,5 (N=8)
80	6,2 (N=15)	5,8 (N=16)	5,4 (N=12)	7,0 (N=4)

te, gehörenden Personen in diesem Personenlexikon ergibt ein ähnliches, wenn auch etwas zu niederen Sterbealtern hin verschobenes Bild.[9] Während sonst nur wenige Frauen in diesem Personenlexikon aufscheinen, sind gerade von den Fujiwara-Frauen verhältnismäßig viele aufgenommen, da ja viele Gemahlinnen der Tenno wurden, sodaß sich hier auch die Chance ergibt, die obigen Aussagen geschlechtsspezifisch etwas zu relativieren. Betrachtet man die Lebensdaten der in dieses Lexikon aufgenommenen Fujiwara-Frauen, so zeigt sich, daß von diesen insgesamt 40 Frauen 55%, also über die Hälfte, mit 40 Jahren oder jünger gestorben waren, im Vergleich zu nur 8,9% der männlichen Angehörigen dieser Familie; zwischen 41 und 50 Jahren keine, zwischen 51 und 60 12,5% (im Vergleich zu 27,8% bei den Männern), zwischen 61 und 70 12,5% (gegenüber 25,5%), zwischen 71 und 80 10% (gegenüber 16,1%), zwischen 81 und 90 7,5% (gegenüber 6,7%) und über 90 wiederum 1 (2,5% gegenüber 0%). Mit über 60 Jahren waren von den Frauen der Fujiwara somit 32,5% (gegenüber 48,3%) gestorben, ein Alter von über 70 hatten immerhin genau ein Fünftel (gegenüber 28,3%) erreicht. Obwohl diese Feststellung einer gewissen Einschränkung bedarf, weil die Frauen der Fujiwara durch die illustren Ehen, die sie meist sehr jung eingingen, ihren Platz in diesem Personenlexikon in jüngeren Jahren bekamen, zeigt sich im Vergleich, daß wesentlich mehr Frauen unter 40 starben als Männer. Diese vergleichsweise höhere Sterblichkeit der Frauen in dieser Altersgruppe ist sicherlich auf die hohe Ge-

---

[9] Mit 40 Jahren und weniger gestorben waren von diesen insgesamt 220 Personen 17,3%. 12,3% waren zwischen 41 und 50 Jahren gestorben, 25% zwischen 51 und 60, 23,2% zwischen 61 und 70, 15% zwischen 71 und 80, 6,8% zwischen 81 und 90 und über 90 0,4%. In einem Alter von über 60 Jahren waren demnach 100 Personen der Fujiwara, also 45,4% und damit nur knapp weniger als die Hälfte gestorben. Ein Alter von über 70 Jahren hatten aber auch noch immerhin 22,3% oder knapp ein Viertel erreicht. Über 80 Jahre waren allerdings nur mehr 7,7% geworden.

fährdung der Frauen durch Schwangerschaft und Geburt zurückzuführen, während sich in den höheren Altersgruppen das Bild bei Frauen und Männern immer mehr angleicht und die Frauen bei der Lebenserwartung ab 40 sogar leichte Vorteile hatten (siehe Tab. 2, S. 14).

2.2. Beginn der Altersphase

Berechnungen, die den Altenanteil der Bevölkerung in Prozentsätzen der über 50- oder über 60jährigen messen, sind aber insofern arbiträr, als sie von heute üblichen Einteilungen der Bevölkerung in Altersklassen ausgehen, ohne zu berücksichtigen, ab wann die solcherart eingeteilten Menschen sich selbst und nach der Meinung ihrer Zeitgenossen zu den Alten zählten. Es soll daher in der Folge darauf eingegangen werden, welche kalendarische Alter oder andere Kriterien in den Nara- und Heian-zeitlichen Quellen für den Beginn der menschlichen Altersphase angegeben werden.

Es ist anzunehmen, daß vor der Nara-Zeit das Wissen um und die Bedeutung von jemandes genauem kalendarischen Alter eher gering war und daß die Tatsache, daß jemand als alt betrachtet wurde, weniger von seinem kalendarischen Alter als von seiner Zugehörigkeit zur älteren Generation abhing. Dafür sprechen schon allein die altjapanischen Ausdrücke für alter Mann und alte Frau, *okina* und *omina*, die auf ein System von Altersgruppen hindeuten und dabei gleichzeitig den Vorrang der Älteren zu beinhalten scheinen, stehen sie doch dem ähnlich gebildeten Wortpaar *wokina* und *womina* für junger Mann/junge Frau gegenüber, wobei die Silbe *wo* wohl ‚klein' im Gegensatz zum *o* von *okina* und *omina* ‚groß' bedeutet[10].

2.2.1. Für den Staatsbürger relevante kalendarische Alter

Verschiedene kalendarische Alter für den Eintritt in die Altersphase und die Differenzierung innerhalb der Gruppe der Alten wurden dann aber zumindest seit der Nara-Zeit mit der Errichtung eines Beamtenstaates nach chinesischem Muster wichtig, als die *Ritsuryō* zu Zwecken der Steuereintreibung und ähnlichem ein komplettes Altersklassensystem aufstellten:

---

[10] Takano 1980:24. Die japanische Volkskunde hat verschiedenen Systemen von Altersgruppenverbänden wie sie in Japan historisch wie regional differenziert existierten, viel Augenmerk geschenkt, wobei sich allerdings zeigte, daß den Altenverbänden eine eher weniger wichtige und passivere Rolle zukam als etwa den Burschenverbänden (Linhart 1983:21–22). Matsuoka Shizuo hat die Existenz von gemeinschaftlich agierenden Altersklassen auch für das japanische Altertum postuliert, doch muß dies aufgrund der Quellenlage Spekulation bleiben (Tsuchihashi 1971:209 A.28).

Für Männer und Frauen gilt: Unter 3jährige werden ‚Gelbe' (ō) genannt, unter 16jährige ‚Kleine' (shō), unter 20jährige ‚Halbwüchsige' (chū). Männer ab 21 Jahren werden chō, 61jährige ‚Alte' (rō), 66jährige ‚Greise' (ki) genannt. Die ohne Ehemann ‚verwitwete Frauen' oder ‚[verwitwete] Konkubinen'.[11] Diese Einteilung, der zufolge die Altersphase mit dem 61. Lebensjahr begann, war in Anlehnung an chinesische Vorbilder entstanden, wobei dieses Alter aber zunächst ein Jahr höher lag als üblicherweise in China und auch die Einführung einer Untergruppe der Alten in Form der ki von den sonst als Vorlage dienenden Sui- und Tang-Gesetzen abwich, was auf eine Erweiterung der steuerpflichtigen Bevölkerung hinauslief.[12] Daß die Bezeichnungen chō, rō und ki, die auch für Erstellung der Haushaltsregister verwendet werden sollten, laut Ritsuryō ausdrücklich nur für Männer gelten sollten, hängt damit zusammen, daß nur diese steuerpflichtig waren, bedeutet aber nicht, daß für Frauen grundsätzlich andere Altersgrenzen zu gelten gehabt hätten. In den erhaltenen Haushaltsregistern gibt es denn auch Eintragungen wie chōjo, ‚vollsteuerpflichtige Frau', rōjo, ‚alte Frau', und kijo, ‚Greisin' für Frauen in den entsprechenden Altersgruppen, die zeigen, daß man das gleiche System auch auf sie anwandte.

---

[11] RR (Koryō 6 [Über die unter 3jährigen, etc.]):226. Alle Altersangaben entsprechen der japanischen Zählweise und sind nach westlicher Zählweise daher jeweils um ein Jahr herunterzusetzen.

[12] Dort, wo wie hier das Hauptziel die Bestimmung der Träger der Steuer- und Fronlast war, unterschieden die chinesischen Gesetze der Kaiserzeit im allgemeinen nur zwischen drei Altersklassen, den im staatsbürgerlichen Sinne Erwachsenen ding, die zur Kopf- und Bodensteuer veranschlagt waren, den Heranwachsenden you und den Alten lao, die beide von diesen Leistungen ausgenommen waren. Das Alter, ab dem man in die Gruppe der lao eingestuft wurde, lag dabei meist bei 60 Jahren, wenngleich diese Altersgrenze aus bevölkerungspolitischen Gründen auch leicht variieren konnte (Linck-Kesting 1981:382). Das Nara-zeitliche Japan übernahm dieses System der Einteilung der Bevölkerung in nach Alterskriterien definierte Gruppen von Steuerpflichtigen und Nichtsteuerpflichtigen, aber bereits im Taihō-Kodex war der ‚Halbwüchsige' der Sui- und Tang-Gesetze zum shōchō, der lao bzw. ein Teil dieser Altersgruppe zum rōchō geworden und die zusätzliche Gruppe der ki, ‚Greise' geschaffen worden, wobei das chō der Worte shōchō und rōchō darauf verweist, daß es sich um Steuerpflichtige handelt. Dieses System der Ritsuryō hat allerdings Parallelen in den Gesetzen der Jin (3.–4. Jh.u.Z.), nach denen 16–21jährige Männer und Frauen voll steuerpflichtig, 13–15jährige und 61–65jährige begrenzt steuerpflichtig und nur unter 12jährige sowie über 66jährige ganz von der Steuer befreit waren. Dieses System wurde in China von den südlichen Dynastien weitergeführt, und so könnte hier der Einfluß über Korea gelaufen sein, für das Silla-Urkunden im Shōsōin ein ähnliches System belegen. Während die laut Taihō-Kodex noch begrenzt steuerpflichtige Gruppe der Halbwüchsigen im Laufe des 8. Jh.s allmählich von Kopfsteuer und Frondienst befreit wurde, blieb die Einteilung der Alten in teilweise steuerpflichtige rō und ganz von der Steuer befreite ki erhalten (vgl. S. 187), nur wurde laut Sandaikyaku, der Sammlung der Gesetzesrevisionen der Kōnin- (810–824), Jōgan- (859–898) und Engi-Ära (901–923), das Alter der rōchō und kirō im Jahr 750 um je ein Jahr gesenkt (RR:551–552 A).

Wie wenig festgelegt diese Form der Einteilung der Altenbevölkerung in *rō* und *ki* war, die hauptsächlich der Ausweitung der Steuerbasis diente, geht nicht nur daraus hervor, daß die Altersgrenzen, ab denen ein Staatsbürger in die eine oder andere Kategorie fiel, bei Bedarf leicht verändert werden konnten, sondern auch daraus, daß die *Ritsuryō*-Kodizes selbst für alle anderen Regelungen den Akzent auf andere Altersgrenzen legten, und zwar die von 70, 80 und 90 Jahren.[13]

2.2.2. Allgemeine Vorstellungen vom Beginn der Altersphase

Im allgemeinen Bewußtsein dürfte allerdings der Beginn der Altersphase früher angesetzt worden sein, und zwar mit Erreichen des 40. Lebensjahres. Dafür spricht zum einen, daß Feierlichkeiten zu Ehren von Personen, die ein bestimmtes Lebensalter erreicht hatten, die *sanga*[14], erst ab diesem kritischen Alter abgehalten wurden. Jene beiden Gedichte des *Kaifūsō*, die anläßlich einer solchen Feier des 40. Lebensjahres entstanden, weisen in der Art, wie sie Rückblick halten auf die Jahre der Jugend und Bilder des Alters heraufbeschwören, recht deutlich auf den Übergangscharakter dieser Lebensphase hin:

Die Tage der Jugend aus vollem Herzen preisend,
geloben wir gemeinsam die Jahre der weißen Haare zu erleben.
In tausend Jahren bringen die Flüsse nur einen Heiligen wie Euch hervor,
in fünfhundert Jahren entsteht in den Bergen nur ein Weiser wie Ihr.
In Eurem dem des freigebigen Dangshi[15] gleichen Haus zum Fest geladen zu sein,
tun sich die Wolken auf und man erblickt den klaren Himmel wie beim Anblick Yue Guangs[16].
Alle hier Versammelten sind reinen Herzens,
wozu brauchte man da noch das *gen*[17] des Shiun.[18]

---

[13] So galten für etwaige Pensionierungen von Staatsdienern und Beamten Altersgrenzen von 60 oder 70 Jahren (vgl. S. 428ff.), für das Strafrecht waren die von 70, 80 oder 90 Jahren ausschlaggebend (vgl. 195ff.), für Regelungen, die sich auf die Versorgung und Pflege der Altenbevölkerung bezogen, die von 80, 90 und 100 Jahren (vgl. S. 187ff. und S. 243).

[14] Vgl. S. 279.

[15] Zheng Dangshi war ein Mann der frühen Han-Zeit, der dafür berühmt war, zahlreich zu Festen zu laden (KFS:127 A).

[16] Von Yue Guang heißt es im Kommentar zum *Shi shuo xin yu*, einer chin. Sammlung von Biographien Adeliger und Gelehrter aus der 1. Hälfte des 5. Jh.s u.Z., jedesmal wenn man ihn sähe, würden Wolken und Nebel vergehen und man könne den klaren Himmel erblicken (KFS:127 A).

[17] Gemeint ist das chin. *Tai xuan jing*, ein Orakeldeutungsbuch der 2. Hälfte des 1.Jh.s v.u.Z. auf der Grundlage taoistischen Gedankenguts. In diesem Werk war der Spruch „*gen no nao shiroshi*" geprägt worden, der in den Kommentaren zum *Wen xuan*, einer in Japan

Etwas weniger deutlich als in diesem Gedicht, in dem das Alter von 40 Jahren, in dem man einerseits an die Jugend nur mehr zurückdenken kann, sie also vergangen ist, und andererseits das hohe Alter noch nicht erreicht hat, dadurch als die Übergangsphase zwischen Jugend und Alter ausgewiesen wird, klingt eine ähnliche Vorstellung auch in dem zweiten Gedicht des *Kaifūsō* an, das zu demselben Anlaß verfaßt worden sein dürfte:

Möget Ihr, mein Herr, so edler Herkunft, zehntausend Herbste überleben,
Euer Alter von fünf-mal-acht Jahren (*gohachi*) ein Omen Eurer Langlebigkeit sein.
In schlichter Aufrichtigkeit macht Ihr keinen Unterschied zwischen erstem und letztem,
zu Eurem Bankett habt Ihr, wie Vögel rufen, Eure Freunde, ob weise oder einfältig, geladen.
Die schöne Jahreszeit ordnet die Dinge dieser Welt,
der kalte Wind wird lau und fegt den Himmel rein.
Eurem Haus ist die zahlreiche Nachkommenschaft, wie sie das Omen der Zikaden ankündigt, schon beschieden worden,
wozu sollte man da noch nach dem Ursprung der Dinge[19] fragen.[20]

Daß man den Beginn des Alters so früh ansetzte, dürfte einerseits ebenfalls auf chinesische Einflüsse zurückzuführen sein; so ist das Alter von 40 Jahren in beiden Gedichten mit den chinesischen Zeichen für 5 und 8 wiedergegeben, also im Sinne von 5 mal 8 Jahren interpretiert. Eine solche Einteilung des menschlichen Lebens in Abschnitte von 8 Jahren ist ihrerseits in chinesischen Vorbildern zu finden, in denen es ebenfalls das Alter von 5 mal 8 Jahren für Männer beziehungsweise von 5 mal 7 Jahren für Frauen ist, ab dem eine allmählich Abnahme der körperlichen Kräfte und das Auftreten der ersten Anzeichen der Seneszenz postuliert wurden.[21]

---

einflußreichen chin. Gedichtanthologie der 1. Hälfte des 6. Jh.s, so erklärt wird: *Gen* bedeutet den Weg, das *dao*, weiß wird als Vergleich für die Sitten der Menschen gebraucht: Wenn die Menschen ihre Sitten verändern und zum Weg zurückfinden, ist es, als ob der weiße Rohstoff schwarz gefärbt wird, ist er noch weiß, so hat man den Weg noch nicht gefunden (KKJ 2:1120). In dem Gebrauch des Wortes *gen*, das ja auch ‚dunkel, schwarz' bedeutet, könnte ein Wortspiel zu sehen sein, das einen Gegensatz zum Weiß der Haare in der zweiten Zeile herstellt (KFS:460 A).

[18] KFS (64: Glückwunschgedicht zum Alter der fünf-mal-acht Jahre (*yosoji no mitoshi wo hoku*) von Torino no Nobuyoshi):127. Es handelt sich wahrscheinlich um die Feier zum 40. Lebensjahr des Prinzen Nagaya no Ō (KFS:127 A). Das Gedicht müßte demnach um das Jahr 724 entstanden sein.

[19] Wörtl. ‚das *Tai xuan* überdenken'. Gemeint ist wieder das *Tai xuan jing*, vgl. S. 17, FN 17. Da beide *Kaifūsō*-Gedichte anläßlich einer Feier zum 40. Lebensjahr auf dieses Werk anspielen, war es vielleicht üblich, dieses Werk bei solchen Anlässen zu konsultieren und nach dem weiteren Schicksal des Gefeierten zu befragen.

[20] KFS (107: „Das Bankett zu Ehren des 40. Lebensjahres" vom Gouverneur der Provinz Kamitsufusa, Iki no Komaro):171.

[21] Das *Huang di nei jing su wen* etwa, ein zwischen dem 2. und 8. Jh.u.Z. kompilierter Klassiker der chinesischen Medizin, führt folgende, für Männer und Frauen respektive auf

Anderseits mag dieses verhältnismäßig frühe Ansetzen der Altersphase auch eng mit den tatsächlichen demographischen Verhältnissen in Zusammenhang gestanden haben, verhältnismäßig schlechten Lebensbedingungen, unter denen die Menschen wohl rasch alterten, auf der einen Seite, und der Tatsache, daß angesichts der erwähnten hohen Sterblichkeit in den frühen Lebensjahren das Erreichen eines Alters von 40 Jahren wohl tatsächlich als das Tor zu den höheren Lebensaltern betrachtet werden konnte. War in obigem *Kaifūsō*-Gedicht das Alter von 40 Jahren als Omen für ein langes Leben bezeichnet worden, so dürfte dies auch zu einem gewissen Grad bewußt gewesen sein.

Einen Begriff japanischer Prägung, für den es offenbar keine chinesischen Vorbilder gab (eine diesbezügliche Eintragung im *Kōkanwa jiten*[22] enthält, wie sonst unüblich, nur japanische Quellen für diesen Ausdruck), dürfte hingegen die Bezeichnung *shorō* ‚erstes, beginnendes Alter' für das Alter von 40 Jahren darstellen. Mehrmals etwa im *Kanke monsō* erwähnt, weist er manchmal einfach auf das beginnende Alter hin[23], bezieht sich aber dort, wo sich dies entweder aus den Gedichten selbst oder aus den Umständen ihrer Entstehung schließen läßt, auf Alter knapp über 40[24].

---

den Zahlen 8 und 7 basierende physiologische Entwicklung des Menschen von seiner Geburt bis zu seinem Tod an: „Wenn ein Mädchen sieben Jahre alt ist, ... wandeln sich die Zähne, und das Haar gewinnt an Länge. Mit zweimal sieben Jahren erreicht es die Geschlechtsreife... Die Monatsregel geht zur rechten Zeit ab und (das Mädchen) vermag nun Kinder zu bekommen. Mit dreimal sieben Jahren... treten die Weisheitszähne hervor und der Körperwuchs erreicht seine Höchstgrenze. Mit vier mal sieben Jahren sind die Muskeln und die Knochen gefestigt. Das Haar ist nun in seiner vollen Länge ausgewachsen; der Körper ist voll und kräftig. Mit fünf mal sieben Jahren... beginnt das Gesicht zu vertrocknen; die Haare beginnen auszufallen. Mit sechs mal sieben Jahren... ist das Gesicht gänzlich ausgetrocknet; die Haare werden nun weiß. Mit sieben mal sieben Jahren... ist die Geschlechtsreife erschöpft... Daher verfällt die Gestalt, und Kinder bleiben aus.

Wenn ein Mann acht Jahre alt ist, ... wächst das Haar und die Zähne wandeln sich. Mit zweimal acht Jahren... stellt sich die Geschlechtsreife ein... Mit dreimal acht Jahren... sind die Muskeln und Knochen fest und kräftig. Daher treten nun die Weisheitszähne hervor und der Körperwuchs erreicht seine Höchstgrenze. Mit vier mal acht Jahren sind die Muskeln und Knochen im Vollbesitz aller Kräfte; Fülle und Stärke kennzeichnen Sehnen und Fleisch. Mit fünf mal acht Jahren fällt das Haar aus und die Zähne verkümmern. Mit sechs mal acht Jahren... trocknet das Gesicht aus, und das Schläfenhaar ergraut. Mit sieben mal acht Jahren vermögen die Muskeln sich nicht mehr zu regen und die Geschlechtsreife ist erschöpft... Mit acht mal acht Jahren fallen die Zähne und die Haare aus... Die Muskeln und die Knochen zerfallen; die Geschlechtsreife ist erschöpft. Daher ergrauen die Schläfenhaare und der Körper wird schwer. Beim Gehen hält man sich nicht mehr gerade und Kinder kann man nicht mehr zeugen" (Linck-Kesting 1981:377—378).

[22] KKJ 1:346.

[23] Z.B. KKMS (2/125):209.

[24] So etwa in KKMS (5/357):386: „Warum er Euch hierher bat, von Euch Abschied zu nehmen, wißt Ihr's oder wißt Ihr's nicht?/ Hört mir nur gut zu, ich will es Euch erklären./

Allgemeine Vorstellungen über das Alter

Die Vorstellung, die menschliche Altersphase beginne mit dem 40. Lebensjahr, läßt sich auch anhand der einzigen mir aus diesen Epochen der japanischen Geschichte bekannten Einteilung des Menschenlebens in 10-Jahres-Abschnitte, nämlich dem *ei*, dem gesungenen oder gesprochenen Teil, des seit der frühen Heian-Zeit aufgeführten *Saisōrō*-Tanzes, belegen:

Mit 30 in voller Entfaltung/ mit 40 allmählich abnimmt die Kraft/ mit 50 ins Alter man eintritt/ mit 60 gerade noch gehen man kann/ mit 70 auf einen Stock gestützt/ mit 80 ehrwürdig hohes Alter/ mit 90 bresthaft und krank/ mit 100 der sichere Tod

oder in einer anderen etwas milderen Version

Mit 30 ruhig und fest/ mit 40 allmählich erschöpft sich die Kraft/ mit 50 das Alter beginnt/ mit 60 man stützt sich beim Gehen/ mit 70 die Haare weiß/ mit 80 ehrwürdig hoch[25]

Dieselbe Vorstellung ist auch in der *monogatari*-Literatur nachweisbar. So deutet alles, was die Autorin Murasaki Shikibu dem Helden des *Genji monogatari* in den Mund legt, als Besucher ihm Geschenke bringen, um ihm zu seinem Erreichen des 40. Lebensjahres zu gratulieren, in diese Richtung. Etwa der jungen Tamakazura gegenüber gibt er sich betrübt, auf diese Weise darauf aufmerksam gemacht worden zu sein, daß er nun zu den Alten gehört:

Da sagte Genji: „In meinem Herzen spüre ich nichts davon, wie die Jahre vergehen und ich älter werde (*suguru yowai*), und eigentlich hat sich an meinem Lebenswandel auch nichts geändert seit der Zeit, als ich noch jung war. Doch nun, da mir Enkel geboren werden, wird mir allmählich schmerzlich bewußt, daß auch für mich die Zeit nicht stehenbleibt... Daß mir nun an diesem Tag der Ratte von anderen vorgerechnet wird [, wie alt ich nun tatsächlich schon geworden bin,] erfüllt mich ob der Aufmerksamkeit, die mir so zuteil wird, zwar mit Freude, doch hätt' ich andererseits [ohne diese Feier] vielleicht noch eine Zeitlang mein fortgeschrittenes Alter vergessen (*oi wo wasurete mo*) können!"[26]

Daß Genji sich hier mit einer gesellschaftlichen Norm konfrontiert sieht, geht dabei schon daraus hervor, daß er sein subjektives Empfinden – er selbst hätte noch nichts davon gemerkt, daß er allmählich alt wird – in Gegensatz zu einer scheinbar von außen an ihn herangetragenen Norm stellt,

---

Auf einen Weg von 1000 und 500 Meilen zu schicken einen Menschen von 46 Jahren/ der Mensch im ersten Alter (*shorō*), warum so weit der Weg?..."

[25] Der Text ist im *Kyōkunshō*, einem Werk zur Hofmusik (*gagaku*) von 1233, überliefert (Hayashiya 1973:73). In der zweiten Fassung ist der Sinn der Zeile, die das Alter von 40 Jahren beschreibt, nicht eindeutig, da das hier verwendete Zeichen KKJ Nr. 18639 so unterschiedliche Bedeutungen wie *tsuku*, ‚sich erschöpfen', ‚ausgehen', aber auch *hanayaka*, ‚glanzvoll', oder *ogoru*, ‚verschwenderisch gebrauchen', abdeckt, sodaß Harich-Schneider 1973:155–156 und Eckardt 1956:153 die Zeile im Sinn von ‚mit 40 voll Lebenskraft' übertragen und der Beginn des Alters in dieser Passage möglicherweise erst mit 50 angesetzt wurde. Der Tanz selbst ist ein Tanz in Greisenmaske und weißem Haar, bei dem der Tänzer einen Taubenstock (*hatozue*), ein Symbol des hohen Alters, in Händen hält.

[26] GM III:242, s.a. Benl 1966b:34–35.

der zufolge er sich in seinen Jahren zu den Alten zu rechnen hätte.[27] Ähnlich wie die fiktive Figur des Genji wird auch die historische Persönlichkeit eines Fujiwara no Kaneie im *Kagerō nikki* beschrieben, wie er mit knapp über 40 immer wieder sein fortgeschrittenes Alter hervorkehrt, sich als alt bezeichnet[28]. Allerdings konnte der Beginn des Alters zwischen 40 und 50 Jahren schwanken. Auch dies bringt Genji zum Ausdruck, wenn er meint, man möge ihn doch erst dann feiern, wenn er mit 50 so richtig das Alter erreicht habe:

„Soviel ich weiß, gibt es nicht viele, die noch lange gelebt hätten, nachdem man die Feier zu ihrem 40. Lebensjahr (*yosoji no ga*) abgehalten hatte. Laßt es diesmal ohne viel Aufhebens bewenden, und zwingt mich erst dann, meine Jahre zu zählen, wenn ich später [mit 50] ein rundes Alter erreicht haben werde (*taran koto wo kazoesasetamae*)", meinte Genji zwar, doch nach dem Wunsch des Tenno wurde die Feier überaus prächtig.[29]

Für Frauen setzte das Alter allem Anschein nach zu einem noch früheren Zeitpunkt ein. So sprechen die Autorinnen der Heian-zeitlichen Tagebücher von sich selbst als alt zu Zeiten, in denen sie gerade 30 Jahre oder knapp darüber waren. Die Autorin des *Kagerō nikki*, bekannt als Michitsuna no haha, etwa beginnt um Mitte 30 immer wieder davon zu schreiben, daß sie allmählich alt werde oder sich alt fühle. Das erste Mal ist dies der Fall, als man das Jahr 971 schreibt und sie, demnach um die 35 Jahre alt, in einem Gedicht auf ihr allmähliches Altwerden anspielt[30]. Besonders zu Jahresanfang, als ob sie gerade zu dieser Zeit die Jahre zählte, die sie schon durchlebt hat, betont sie ab diesem Zeitpunkt, sie fühle sich alt, wie etwa in der folgenden Passage, die den Jahresanfang des darauffolgenden Jahres behandelt:

---

[27] Wie um diese Diskrepanz zwischen subjektivem Empfinden und gesellschaftlicher Norm hervorzuheben läßt Murasaki Shikibu ihn einen ähnlichen Ausspruch nochmals wiederholen, als Tamakazura von ihrem Besuch bei ihm aufbricht, GM III:245; vgl. S. 208.

[28] KN:286; vgl. S. 87.

[29] GM III:270–276, s.a. Benl 1966b:61–65. Tatsächlich war etwa Ninmyō Tennō ein Jahr nach der Feier zu seinem 40. Lebensjahr gestorben, Murakami Tennō im zweiten Jahr nach dieser Feier. Der General zur Rechten Fujiwara no Sadakuni war noch im selben Jahr verstorben. Ähnliche Beispiele sind durchaus nicht selten, aber natürlich gab es auch langlebigere Figuren. Fujiwara no Tadahira zum Beispiel, der Regent und Kanzler, hatte im Jahr 919 die Feier zu seinem 40. Lebensjahr begangen und war erst 949 in seinem 70. Lebensjahr gestorben (GM III:453, A.354). Daß das menschliche Leben 50 Jahre währt, ist ein Gedanke, dem man vor allem in chinesischen Quellen begegnet, wie etwa im *Fa yuan zhu lin*, einem Tang-zeitlichen buddhistischen Nachschlagewerk, in dem es heißt: „Das Menschenleben währt 50 Jahre, doch für die Himmelskönige ist es nur wie ein Tag und eine Nacht" (GM III:452, A.355).

[30] KN:250; vgl. S. 71.

Am 23. Tag, noch bevor die Fensterverschläge hochgeklappt worden waren, öffnete eine meiner Damen die Tür am Ende des Ganges und verkündete, daß Schnee gefallen war. Da hörten wir zum ersten Mal in diesem Jahr die Stimme der Nachtigall, doch ich fühlte mich in diesem Jahr schon gar zu alt und verbraucht (*kokochi oisugite*), um die üblichen Verse nun allein vor mich hin zu sagen.[31]

Im Jahr darauf schildert sie gleich noch einmal, wie ähnliche Gefühle sich ihrer bemächtigen[32]. Zu einem noch früheren Zeitpunkt, mit um die 30, beginnt Murasaki Shikibu sich in ihrem Tagebuch als alt zu bezeichnen. Zunächst scheint ihr dieses ihr fortgeschritteneres Alter nur als Vorwand zu dienen, ihr Unliebsames unterlassen zu können:

Die jungen Herren Söhne des Kanzlers mit seiner Frau aus dem Hause Takamatsu haben, seit der Rückkehr der Kaiserin in den Palast, die Erlaubnis erhalten, in die Frauengemächer zu kommen, und ihr ständiges Kommen und Gehen bereitet uns so manches Ungemach. Unter dem Vorwand, daß ich über meine Blütezeit schon hinaus bin (*sadasuginuru wo*), halte ich mich abseits...[33]

Doch einen Monat später finden wir sie bereits, wie sie in einem Gedicht für sich selbst darüber klagt, daß sie altert[34]. Ähnlich dürfte sich auch Sei Shōnagon ab einem Alter von knapp über 30 als alt oder zumindest nicht mehr jung empfunden haben, wenn sie ab diesem Zeitpunkt ein gottesfürchtiges Verhalten für sich für angebracht hält[35]. Die Autorin des *Eiga monogatari* argumentiert ähnlich über eine Dame in eben diesem Alter:

Zu jener Zeit lebte im Palast des Haushofmeisters des Kronprinzen eine Hofdame, die etwas über 30 Jahre alt war. Sie war so wunderschön, daß man sich seiner selbst in ihrer Gesellschaft nur schämen konnte. Wenn man bedenkt, wie viele Jahre sie schon zählte (*mitoshi iitatsuru ni wa*), so war sie natürlich längst über ihre Blütezeit hinaus (*nebitaru sama naredo*), doch wenn man sie betrachtete, so konnte keine Rede davon sein, daß sie gar schon alt gewesen wäre (*oitamaubeki koto ka wa*).[36]

Auf ziemlich unverblümte Weise bringt ein Lied aus dem *Ryōjin hishō* zum Ausdruck, wie Frauen spätestens ab Mitte 30 als alt betrachtet wurden:

Der Mädchen Blütezeit,
sie geht von 14, 15, 16 bis 23, 24 Jahr,
sind sie erst 34, 35 Jahre alt,
sind sie so unscheinbar wie des Ahorns untere Blätter.[37]

---

[31] KN:256, s.a. Seidensticker 1973:122.

[32] KN:286; vgl. S. 68.

[33] MSN (1008.11.26):482, s.a. Sieffert 1978:52.

[34] MSN (1008.12.29):484; vgl. S. 71.

[35] MS (33):73–74; vgl. S. 507.

[36] EM II:492.

[37] RH (394):414. Die unteren Blätter des Ahorns galten als unansehnlich, weil sie keine ausgeprägte Farbe haben, und daher als leicht übersehbar. So heißt es etwa im *Senzaishū* 18, der 7. offiziellen Anthologie japanischer Gedichte von 1188, in einem Gedicht aus dem

Die Autorin des *Kagerō nikki* schildert, wie sie mit 36 Jahren beschloß, ein junges Mädchen zu adoptieren, weil sie in diesem Alter nicht mehr damit rechnen konnte, selbst noch ein Kind zu bekommen:

> So standen nun die Dinge, und doch dachte ich voll Sorge an meine Zukunft: ich hatte ja nur einen einzigen Sohn und obwohl ich jahrelang von einem Tempel zum anderen gepilgert war und [um ein weiteres Kind] gebetet hatte, war ich nun in ein Alter gekommen (*toshiyowai ni nariyuku wo*), in dem diese meine Gebete wohl kaum noch erhört werden würden. So begann ich daran zu denken, ein junges Mädchen von nicht zu niedrigem Stand zu adoptieren.[38]

Dies scheint darauf hinzudeuten, daß der Beginn des Alters für Frauen mit der Menopause in Zusammenhang gebracht wurde. Es entspricht in etwa auch dem Alter von 5 mal 7 Jahren, ab dem chinesischen Vorstellungen zufolge die physischen Kräfte der Frauen abzunehmen begannen.

Wie hierin bereits anklingt, gab es neben dem kalendarischen Alter noch eine Reihe weiterer, im Physiologischen oder im sozialen Leben begründeter Kriterien für den Beginn der Altersphase, wie etwa das Auftreten bestimmter Alterserscheinungen, zum Beispiel der ersten weißen Haare[39], oder die Geburt von Enkelkindern[40].

2.3. Vorstellungen von der Länge des menschlichen Lebens
2.3.1. Einschätzungen der ‚durchschnittlichen maximalen Dauer' des menschlichen Lebens

Wurde der Beginn der menschlichen Altersphase den ausgewerteten Quellen zufolge im Vergleich zu unserem heutigen Verständnis relativ früh angesetzt, so stellt sich die Frage, ob parallel dazu, wie man aus heutiger Sicht und aufgrund der erwähnten hohen Sterblichkeitsraten vielleicht vermuten könnte, dem Menschen allgemein eine nur sehr kurze Lebensspanne zubemessen wurde. Tatsächlich scheint genau das Gegenteil der Fall zu sein. So vertritt zum Beispiel der Nara-zeitliche Dichter Yamanoe no Okura gar die Meinung, den buddhistischen Sutren zufolge währe das menschliche Leben 120 Jahre.[41] Bemerkenswerterweise spricht der buddhistische

---

Jahr 1160: „*iro fukakarade, wasurenishi momiji no shitaba nokoru ya to*" (matt ihre Farbe, die ich vergessen, die unteren Blätter des Ahorns, ob es sie noch gibt?) (RH:529 A).

[38] KN:261–262, s.a. Seidensticker 1973:126.

[39] Vgl. S. 100ff.

[40] Vgl. S. 312.

[41] MYS II (5/*China jiaimon*):109; vgl. S. 42. Dieselbe Vorstellung eines 120 Jahre dauernden menschlichen Lebens teilt ein Heian-zeitlicher Autor, Ōe no Asatsuna, im *Honchō monzui* und auch er leitet sie vom Buddhismus her: „Daß die Lebensspanne 120 Jahre betragen soll, geht auf das zurück, was der Shaka Nyorai uns vormachte" (HCMZ b:609).

Sutrenkanon, auf den sich der Autor beruft, häufiger von 100 Jahren als der Länge des Menschenlebens[42]. Daß Yamanoe no Okura dennoch die unüblichere Vorstellung von 120 Jahren wählte, die eher im Taoismus geläufig war[43], zeugt wohl von einem allgemeinen Streben nach möglichst langem Leben, das sicherlich insgesamt zur begeisterten Aufnahme taoistischen Gedankenguts im Nara-zeitlichen Japan beitrug.

Verbreiteter war aber auch in Japan die Vorstellung, das menschliche Leben währe grundsätzlich 100 Jahre.[44] Auf diese Zeitspanne festgelegt sah z.B. der Autor des *Ōkagami* die maximale Dauer des Menschenlebens:

Die Dauer des menschlichen Lebens [...] lag bei 100 Jahren, als Buddha erschien. Doch um den Menschen zu zeigen, daß das Menschenleben unbestimmt ist, nahm er noch 20 Jahre davon weg und ging schon mit 80 ins Nirwana ein. Durch Buddhas Beispiel kann man ein Leben von 80 Jahren als normal ansehen, aber da er damit ja nur zeigen wollte, daß das Leben unsicher ist, kann man auch heute noch gelegentlich von 90- und 100jährigen hören.[45]

Interessant ist, wie diese Stelle differenziert zwischen theoretisch möglicher Lebensspanne, 90 bis 100 Jahre, und einer Art statistischer maximaler Wert von 80 Jahren. Man ging also prinzipiell davon aus, daß das Menschenleben an sich mit 100 Jahren begrenzt war, ein einzelner Mensch aber damit rechnen durfte, rund 80 Jahre leben zu können. Diese Anschauung steht

---

[42] So etwa das *Konkōmyō saishōō-kyō*, das in Japan als Sutra zum Schutz des Landes sehr geschätzt war, im Kap. *Nyorai juryō-hon*. Nur das *Daibibasharon*, ein im 2. Jh. entstandenes, nur in chinesischer Übersetzung aus dem 7. Jh. erhaltenes Kommentarwerk des Hinayana-Buddhismus, merkt an, ein Sutra, dessen Name es nicht nennt, gäbe folgende Theorie an: Der Buddha ging mit 80 Jahren ins Nirvana ein, in einem Alter, in dem die Spanne des menschlichen Lebens eigentlich noch nicht vollendet war, und zwar um den Menschen vor Augen zu führen, wie hinfällig sie seien und daß sie jederzeit sterben können und nicht erst, wenn sie die ihnen zubemessenen Jahre erschöpft haben. Je nachdem, ob man annehme, bei Buddhas Tod sei noch ein Fünftel oder ein Drittel der theoretisch möglichen Dauer übrig gewesen sei, betrage die Dauer des menschlichen Lebens daher 120 oder 100 Jahre (MYS II:429–30 A, 440 A).

[43] Sie ist etwa dem Bericht des *Shen xian chuan*, einer Sammlung von Viten taoistischer Unsterblicher aus dem 3. Jh.u.Z., über Peng Zu, den Methusalem des chinesischen Altertums zu entnehmen: „P'eng-tsu sprach: Der Mensch erreicht mit seiner Lebenskraft, selbst wenn er keinerlei magische Mittel kennt, bei richtiger Pflege regelmäßig ein Alter von 120 Jahren, wenn nicht, dann hat er sie irgendwie (mutwillig) verletzt. Besitzt er auch nur die geringste Ahnung vom Weg, so kann er 240 Jahre alt werden, und wenn er etwas mehr weiß, 480 Jahre" (Eberhard 1987:220). Yamanoe no Okura war ja, wie aus seinen zahlreichen Zitaten daraus hervorgeht, ein eifriger und begeisterter Leser taoistischer Werke.

[44] Selbst Yamanoe no Okura huldigt an anderer Stelle diesem Gedanken, MYS II:63; vgl. S. 73.

[45] ŌK:278, s.a. McCullough 1980:235. Die Argumentation, die die maximale Dauer des menschlichen Lebens mithilfe des Alters, in dem der Buddha ins Nirwana einging, mißt, ist hier die gleiche wie im *Daibibasharon*, vgl. oben, FN 42.

in deutlichem Gegensatz zu jener berühmten, aus späteren Zeiten belegten Auffassung, die im allgemeinen als beherrschend für die japanischen Einstellung zum Leben betrachtet wird, das menschliche Leben betrage nur rund 50 Jahre (*jinsei wazuka gojūnen*)[46]. Sie kommt aber nicht nur in den theoretischen Spekulationen über die allgemeine Dauer des menschlichen Lebens und deren Ursachen zum Ausdruck, sie läßt sich in der Heian-zeitlichen Literatur in ziemlich konsistenter Form auch dort nachweisen, wo Vorstellungen über den verfrühten oder zeitgerechten Tod eines bestimmten Menschen ausgesprochen werden. So ist sowohl in den Chroniken und den *rekishi monogatari* als auch in den Werken reiner Fiktion über im Alter von knapp über 50 Jahren Verstorbene immer wieder zu lesen, ihr Tod sei auch deswegen besonders schmerzlich gewesen, weil er in einem Alter eintrat, in dem man üblicherweise noch nicht damit rechnet bzw. in dem noch ein längerer Lebensweg bevorgestanden hätte. So schreibt das *Eiga monogatari* über die letzten Lebenstage des Fujiwara no Morosuke:

Am 2. des 5. Monats des Jahres 960 wurde er Mönch und am 4. starb er. Er war 53. Da dies kein Alter ist, in dem man mit dem Tod rechnet, gab es niemanden, der nicht trauerte und klagte.[47]

Ähnlich verfrüht wird dort auch der Tod des Regenten Fujiwara no Kaneie geschildert, der immerhin erst im Alter von 61 Jahren erkrankte, aufgrund dessen von seinem Amt als Regent zurücktrat, die geistlichen Gelübde ablegte, dann aber doch noch im gleichen Jahr verstarb:

---

[46] Bolitho 1989:138; Hayami 1986:164. Die in diesem Zusammenhang berühmteste Quelle stellt das Nō-Stück *Atsumori* von Zeami dar, in dem es heißt: „*Ningen gojūnen tenka no uchi wo kurabureba, mugen no gotoku nari* (Der Mensch lebt 50 Jahre, und vergleicht man dieses sein Leben mit den Dingen dieser Welt, so ist es nichts als ein Traum, eine Illusion.)" Die Vorstellung von einer 80 Jahre währenden Länge des menschlichen Lebens geht sogar noch über die zweite, in diesem Zusammenhang in Japan gut bekannte Vorstellung eines 70 Jahre dauernden Lebens hinaus, wie sie nach einem Wort des chin. Dichters Du Fu (*jinsei shichijū korai mare nari*, ‚Daß ein Mensch 70 Jahre lebt, ist seit alters her überaus selten') Verbreitung fand (Hayami 1986:164–165).

[47] EM I:39, s.a. McCullough und McCullough 1980:82. Ähnliche Worte findet auch das Ōkagami zum Tod desselben Mannes: „Da er noch unter 60 war (*mitoshi mada rokujū ni mo tarasetamawaneba*), hätte er noch eine lange Zukunft gehabt, und es muß viele Dinge gegeben haben, auf die er sich freute" (ŌK:115, s.a. McCullough 1980:127). Ähnlich beschrieben wird im *Eiga monogatari* der Tod Fujiwara no Yukinaris, der mit 55 einer Krankheit erlag: „Sein Tod war besonders traurig, weil er ohne Warnung starb, als er noch im blühenden Leben stand. Im Fall von Michinaga erschien der Tod natürlicher, da er älter war (*mitoshi mo yorite*) und viele Jahre lang Erfolg hatte, aber Yukinaris Tod hielt jeder für eine Tragödie" (EM II:332, s.a. McCullough und McCullough 1980:769). Auch von der Kaiserin Fujiwara no Jōshi, die der Tod mit 53 Jahren ereilte, schreibt dasselbe Werk: „Da sie noch nicht das Alter erreicht hatte, in dem man mit dem Tod rechnen muß, war die Trauer und Verzweiflung groß" (EM II:188, s.a. McCullough und McCullough 1980:659).

Inzwischen konnte das Leiden Kaneies nicht geheilt werden, und er starb am 2. Tag des 7. Monats. Die Trauer aller war grenzenlos. In diesem Jahr war er 62 Jahre alt geworden, aber weil es Menschen gibt, die auch 70 oder 80 Jahre alt werden, war dies eine sehr traurige Sache.[48]

Deutlich wird daraus folgendes: der Tod, so dachten die Menschen der Heian-Zeit, lauerte zu jeder Zeit auf den Menschen[49], doch sofern es ihm gelang, möglichen Unglücksfällen zu entgehen, war ihm im allgemeinen ein Leben von 80 Jahren beschieden.[50]

2.3.2. Die Möglichkeit methusalemischer Alter

Ähnlich wie in anderen frühen Kulturen[51] bestand daneben auch im Japan der Nara- und Heian-Zeit die Vorstellung, einzelne Menschen könnten um ein Vielfaches länger leben, als das Leben gemeinhin dauert. Aus den alten Schriften treten zahlreiche Figuren entgegen, von denen angenommen wurde, sie hätten tatsächlich bis zu methusalemischen Altern gelebt. Obwohl sie, was die von ihnen erreichten Alter betrifft, etwa mit den Gründerfürsten des sumerischen Königreichs nicht Schritt halten können, die es auf Lebensalter von bis zu Zehntausenden von Jahren brachten[52], gehörten insbesondere die ersten Tenno der japanischen Geschichte zu jenen als überaus langlebig erachteten Personen. *Kojiki* und *Nihon shoki*, die auch bei den noch als mythisch zu bezeichnenden Tennos nie darauf verzichten, ihr Alter bei ihrem Tod anzugeben, beziffern dieses, besonders im Fall der wichtigsten unter ihnen, häufig mit dreistelligen Zahlen: von den ersten 22 Tennos, deren Leben und Wirken sie überliefern, erreichten demnach neun ein Alter von über 100 Jahren. So wäre Jinmu Tennō 137 Jahre alt geworden, Kōan 123, Kōrei 106, Sujin 168 (120 nach *Nihon shoki*), Suinin 153 (140), Keikō 137, Jingū kōgō 100, ihr Sohn Ōjin 130 und schließlich Yūryaku 124. Obwohl es sich bei diesen Altersangaben des *Kojiki* und *Nihon shoki* um reine Konstrukte bar jeglicher historischer Authenti-

---

[48] EM I:122, s.a. McCullough und McCullough 1980:154.

[49] Siehe etwa MYS II (5/*China jiaimon*), vgl. S. 41. Dies wurde in Form des *rōshō fujō*, der Tatsache, daß für die Menschen die Dauer des Lebens letztlich unbestimmt ist und die älteren nicht unbedingt vor den jüngeren sterben, häufig beklagt, etwa GM III:229, s.a. Benl 1966b:23, oder YN:330.

[50] Dies ist vielleicht nicht so verwunderlich, wie es auf den ersten Blick scheint. So meint etwa Imhof (1988:47), trotz gestiegener Lebenserwartung bei der Geburt habe sich die durchschnittliche maximale Lebensdauer in den letzten drei Jahrhunderten der europäischen Geschichte nicht wesentlich verändert, sondern sei konstant bei 80 bis 85 Jahren gelegen.

[51] Wie etwa in Mesopotamien oder in der hebräischen Welt, Minois 1987:35, 51.

[52] Minois 1987:35.

zität⁵³ handelt, muß doch davon ausgegangen werden, daß man es in der Nara-Zeit zumindest für möglich hielt, solch ein hohes Alter zu erreichen, wenngleich oder möglicherweise gerade weil es seinem Träger eine gewisse Sonderstellung verlieh.

In der Figur des Takeshiuchi no sukune formten die Japaner einen eigenen Methusalem. Es gibt zwar keine eindeutige Überlieferung von Todesjahr und Alter des Takeshiuchi no sukune, und Berichte, die sein Alter zur Zeit seines Todes mit 360 Jahren angeben und aus ihm eine Art taoistischen Unsterblichen machen⁵⁴, lassen sich nicht weiter als bis zum Beginn der Kamakura-Zeit zurückverfolgen, doch wird er bereits in *Kojiki* wie *Nihon shoki* als überaus langlebiger Mann angesprochen⁵⁵, und während laut *Kojiki* sein Dienst bei Hof immerhin mindestens 39 Jahre gewährt haben müßte⁵⁶, berechnet das *Nihon shoki*, dem zufolge er im Jahr Keikō 3 (73) geboren ist und demnach zu dem Zeitpunkt, zu dem es ihn zum letzten Mal als Lebenden erwähnt (Nintoku 50, also 362)⁵⁷, zumindest 289

---

⁵³ Es wird sogar die Ansicht vertreten, bei der Kompilation des *Kojiki* aus älteren Quellen seien die Zeichen *mitoshi* irrtümlicherweise in der Bedeutung „Jahre" verstanden worden, obwohl sie in Wirklichkeit ‚Reisernte' bedeutet hätten und die Zahlen ursprünglich Maße für das Privateigentum des jeweiligen Tenno an bebautem Land darstellten (Philippi 1977: 209, A.10). Wie dem auch sei, *Kojiki* und *Nihon shoki* verwenden diese Zahlen im Sinne von Altersangaben und geben sie kommentarlos und ohne ihre Richtigkeit in Frage zu stellen an. Dort, wo sich das *Nihon shoki* außerstande sieht, eine genaue Angabe zu treffen, schreibt es im allgemeinen nur: „Er zählte viele Jahre", und gibt damit zu verstehen, daß seinem Verständnis nach die japanischen Herrscher insgesamt Menschen waren, die ein hohes Alter erreichten, und dies ihnen auch Besonderheit verlieh.

⁵⁴ Etwa jener im *Manyōi*, einem Kommentarwerk zu literarischen Werken des Altertums von Imai Jikan aus dem Jahr 1717, ohne Angabe von Quellen als Zitat aus dem Nara-zeitlichen *Inaba no kuni no fudoki* wiedergegebene, dessen erster Teil auch im *Shinmyōchō tōchū*, einer Schrift über Shintō-Gottheiten aus der späten Muromachi-Zeit, zu finden ist: „Im 3. Monat des 55. Jahres der Herrschaft des Tenno, der im Palast von Takatsu zu Naniwa regierte [Nintoku Tennō], begab sich der Ōomi Takeshiuchi no sukune im Alter von über 360 Jahren in dieses Land. In Kamekane ließ er zwei Schuhe zurück und [seitdem] weiß niemand, wo er sich aufhält. Fragt man nach, [so heißt es], daß es am Fuß des Berges Ubeyama im Distrikt Hofumi in der Provinz Inaba den Schrein dieses Gottes gibt. Er heißt Schrein des Gottes von Ube. Dies ist der Geist des Takeshiuchi no sukune" (FDK:479). Der genannte Schrein ist der im *Engishiki* erwähnte Ube jinja (Präfektur Tottori), mit dessen Errichtung 648 begonnen wurde (FDK:479, A.24–25, NKD 3:9) und bei dem die zwei Schuhe, die er zurückgelassen haben soll und die ihn als taoistischen Unterblichen ausweisen (vgl. S. 488), noch heute in Form von zwei Felsblöcken zu bewundern sind.

⁵⁵ NS I (Nintoku 50.3.5):410; vgl. S. 395.

⁵⁶ Diese Zahl ergibt sich daraus, daß es seine Ernennung zum ersten Omi unter Seimu Tennō, seine Rolle in der Eroberung Koreas unter Jingū kōgō und seinen Dienst unter Ōjin und Nintoku Tennō aufzeichnet und es den Tod von Seimu Tennō im Jahr 355 und den von Ōjin Tennō im Jahr 394 angibt (Philippi 1977:603).

⁵⁷ In einer Eintragung für das Jahr Ingyō 5 wird der Ort seines Grabes erwähnt. Mit Nintoku 55 (367) setzt das *Mizukagami*, eine inoffizielle Chronik der Zeit von Jinmu Tennō

Jahre alt gewesen sein müßte, den Zeitraum seiner offiziellen Tätigkeit unter fünf Tennos (Keikō, Seimu, Chūai, Ōjin und Nintoku) gar mit mehr als 240 Jahren.

Solche überaus langlebige und aufgrund dessen besonders geschätzte Figuren begegnen nicht nur in den noch halb-mythischen Berichten eines *Kojiki* oder *Nihon shoki* oder in den Viten buddhistisch-taoistischer Heiliger[58], sondern auch in den späteren Heian-zeitlichen Chroniken, etwa in Gestalt der beiden an die 200 Jahre alten Erzähler des *Ōkagami*:

Als ich unlängst bei einer Lesung des Lotussutra im Urinin Tempel war, sah ich zwei alte Männer und eine alte Frau am selben Ort stehen, die viel älter als normale Menschen waren (*reihito yori wa koyonau toshioi, utatekenaru okina futari, ōna to ikiaite*)... Einer von ihnen, Yotsugi, sagte: „Vor kurzem dachte ich mir, ich möchte jemanden aus der alten Zeit treffen, Gedanken darüber, was man auf der Welt gesehen und gehört hat, austauschen... Nicht darüber zu sprechen, was man denkt, ist eine Last für unsere Herzen. Nun aber kann ich leichten Herzens ins Reich der Nacht eingehen... Wie glücklich bin ich über dieses Treffen! Doch, wie alt seid Ihr?" Shigeki, der andere Alte, sagte: „Ich erinnere mich nicht, wie alt ich bin. Aber ich bin Ōinumaro, der Teishinkō, dem späteren Kanzler, als er noch Niederer General war und im kaiserlichen Archiv arbeitete, als Page diente. Und Ihr müßt der berühmte Ōyake no Yotsugi sein, der damals Ihrer Hoheit, der Mutter Daigo Tennōs, diente. Dann müßt Ihr ja um einiges älter sein als ich (*nushi no mitoshi wa, onore ni wa koyonaku masaritamaerankashi*). Als ich jung war, müßt Ihr ein Erwachsener mit 25, 26 Jahren gewesen sein." Und Yotsugi sagte: „Ja, das ist richtig. Und wie heißt Ihr?" „Als mich der Kanzler bei der Feier des Erwachsenwerdens fragte, wie mein Familienname laute, sagte ich ‚Ich heiße Natsuyama', und er gab mir gleich den Namen Shigeki."
Dieses Gespräch war sehr erstaunlich. Jeder, der auch nur ein bißchen gebildet war, schaute zu ihnen und kam näher. Ein etwa 30jähriger Diener eines Adeligen kam zu einem näheren Platz und sagte: „Ihr seid alte Männer (*rōsa*), die interessante Sachen erzählen. Aber wer kann das glauben!" Die zwei Alten (*okina futari*) sahen sich an und lachten ihn aus. Er sah den, der Shigeki hieß, an und sagte: „Ihr habt gesagt, Ihr wüßtet nicht, wie alt Ihr seid. Weiß der andere alte Herr (*kono okinadomo*), wie alt er ist?" Und Yotsugi sagte: „Sicherlich. Ich bin dieses Jahr 190 Jahre alt geworden. Wenn das so ist, dann ist Shigeki 180, aber aus Bescheidenheit hat er es nicht gesagt. Ich wurde am 15. Tag des 1. Monats jenes Jahres geboren, in dem der Tenno von Minoo abdankte und habe die Regierung von 13 Tennos erlebt. Das ist wohl kein schlechtes Alter (*keshiu wa saburawanu toshi nari na*)! Es mag Leute geben, die glauben, daß ich nicht die Wahrheit sage, aber mein Vater diente einem jungen Studenten, und es war ein Fall von ‚Niedrig, aber nahe bei der Hauptstadt'. Er konnte lesen und schrieb mein Geburtsdatum auf meine Babywäsche, die es noch heute gibt. Es war ein *hinoesaru*-Jahr." Es klang sehr wahrscheinlich. Der Diener wandte sich den anderen: „Alter Herr (*waokina*), ich möchte auch Ihr Alter wissen. Kennt Ihr Euer Geburtsjahr? Dann können wir es leicht errechnen!" „Ich wurde nicht von meinen Eltern aufgezogen. Andere sorgten für mich, bis ich 12 oder 13 war, aber sie sagten mir nie mein genaues Alter... Ich trat in Tadahiras Dienste, als ich 13 war." [...]
Shigeki sagte: „Bitte rechnet mir mein Alter aus! Bis jetzt dachte ich nicht darüber nach, aber nun finde ich es schade, nicht zu wissen, wie alt ich bin." „Also", sagte der Diener,

---

bis 850 aus der 2. Hälfte des 12. Jh.s, sein Todesjahr an, während *Kugyō bunin* und *Teiō hennenki*, ein Geschichtswerk des 14.Jh.s, es mit Nintoku 78 (390) angeben (FDK:479, A.23).

[58] Vgl. S. 64f. und 488.

„mit 13 tratet Ihr in Tadahiras Dienste, sagtet Ihr, dann wart Ihr etwa zehn, als Yōzei abdankte, und wenn man das bedenkt, und da Ihr etwa zehn Jahre jünger seid als Yotsugi, seid Ihr über 170, fast 180."[59] Wenngleich in der Berechnung der hohen Alter der beiden Yotsugi und Shigeki einige Ungereimtheiten zu bemerken sind – sie müßten ihren eigenen Aussagen zufolge etwas jünger sein als sie vorgeben[60] – müssen ihre Altersangaben doch glaubwürdig genug gewesen sein, um ihre weiteren Ausführungen nicht von vorneherein zu diskreditieren. Im Gegenteil war die Anziehungskraft eines solch hohen Alters offenbar eher dazu angetan, Zweifel hintanzuhalten. Die Frau des Yotsugi wird gar als an die 200 Jahre alt geschildert, was ihr ebenfalls besondere Glaubwürdigkeit verleihen soll, wenngleich auch ihre Altersangaben nicht ganz stimmig sind:

> Yotsugi sagte: „Diese meine alte Gattin hier (*kono okina no onna no hito*) hat ein sehr gutes Gedächtnis. Sie ist einen ganzen Jahreszyklus älter als ich, und sie weiß auch Dinge, die ich nicht erlebt habe. Sie war das Bademädchen der Somedono-Kaiserin. Dank ihrer Mutter, die Zofe der Kaiserin war, hatte sie auch Zugang zum Palast der Kaiserin, während sie noch klein war. Sie sah sogar Fujiwara no Yoshifusa. Sie dürfte wohl nicht gerade schlecht ausgesehen haben, denn sie fiel einer Reihe von hochgestellten Persönlichkeiten auf. Sie hat sogar Liebesbriefe vom Mittleren Rat Kanesuke und vom Rat Yoshimine no Moroki." ... „Diese Frau und ich müssen wohl durch Bindungen aus einer früheren Welt verbunden sein. Sie ist nun etwa 200 Jahre alt. Der Chūnagon Kanesuke oder der Rat Moroki haben keine Nachkommen, wie würde sie nun dastehen (wenn sie sie geheiratet hätte)? Auch ich würde mich nicht mehr mit einer jungen Frau verbinden." „Wenn zwei so langlebige Leute (*kakaru inochinaga*) sich nicht gefunden hätten, wäre das schlimm!", meinte Shigeki und lachte vergnügt.[61]

---

[59] ŌK:35–37 und 279, s.a. McCullough 1980:65–67 und 236.

[60] Wäre Shigeki tatsächlich Page des späteren Kanzlers Fujiwara no Tadahira gewesen, als dieser gleichzeitig *kurōdo* und *shōshō* war, so wäre dies um das Jahr 895 gewesen, also ca. 130 Jahre vor der Erzählzeit des *Ōkagami*, das im Jahr 1025 spielt; wäre er 1025 wirklich 180 Jahre alt, so wäre er noch mit 50 Page gewesen, ein für diesen Dienst entschieden zu hohes Alter. In anderen Texten wird Shigeki ein Alter von 140 Jahren zugeschrieben, was damit eher zusammenzupassen scheint und auch der Zahl näher kommt, die sich ergäbe, wenn er tatsächlich in dem Jahr der Abdankung Yōzei Tennōs, 884, zehn gewesen wäre. Ähnliches gilt für das Alter des Yotsugi. Wäre er tatsächlich in dem Jahr geboren, in dem der Tennō von Minoo (Seiwa Tennō) abdankte, also 876, so wäre er im Jahr 1025 nach japanischer Zählweise 150 Jahre alt gewesen, ein Alter, das ihm in anderen Texten des *Ōkagami* auch tatsächlich zugeschrieben wird. Der Autor scheint weniger daran interessiert gewesen zu sein, das Alter der beiden hieb- und stichfest zu belegen, als daran, sie als alt genug zu präsentieren, um Zeugen der beschriebenen Ereignisse sein zu können (McCullough 1980:65–66, A.4, 6).

[61] ŌK:262, 264, s.a. McCullough 1980:224, 226. Die Altersangaben für Yotsugis Frau lassen sich nur schwer mit dem vereinen, was sonst über sie ausgesagt wird. Fujiwara no Kanesuke soll 877 geboren sein, Yoshimine no Moroki 862. Nimmt man ihr Alter im Jahr 1025 mit 200 Jahren an, so trennt sie von Kanesuke ein Altersunterschied von rund 50 Jahren, von Moroki von 35. Hätte Kanesuke ihr also etwa 20jährig Liebesbriefe geschickt,

Auch das *Ochikubo monogatari*, das mit der Aufzählung der weiteren glänzenden Karrieren seiner wichtigsten Protagonisten endet, zeichnet dort die Figur der treuen Dienerin Akogi durch ein 200 Jahre langes Leben aus:
Und jene, die da einst Akogi genannt wurde, wurde zur Naishi no Suke ernannt. Sie lebte bis ins Alter von 200 Jahren (*futamomo made ikeru to nari*).[62]

2.4. Allgemeine Bewertungen eines langen Lebens
2.4.1. Langes Leben als ersehntes Gut

Bereits die beschriebenen Vorstellungen von einer außerordentlich langen Lebensspanne und die Existenz von herausragenden Persönlichkeiten, die ein sehr hohes Alter erreicht haben sollen, weisen darauf, daß ein langes Leben offenbar ein überaus erstrebenswertes Ziel war. Davon legen auch die zahlreichen zum Teil gebetsähnlichen Gedichte etwa eines *Manyōshū*[63] beredtes Zeugnis ab, in denen Autoren für sich[63] oder andere ein langes Leben erhoffen.[64] Dabei wird der Wunsch nach einem langen Leben mitunter mit dem Bewußtsein kontrastiert, daß der Mensch vergänglich ist und ihm daher insbesondere an der Schwelle zum Alter nur eine begrenzte Zeitspanne zubemessen ist:

---

so wäre sie zu diesem Zeitpunkt an die 70 gewesen, was etwas unnatürlich wirkt. Auch der Jahreszyklus, um den sie älter sein soll als ihr Mann und mit dem angedeutet werden soll, daß sie auch über Dinge Bescheid weiß, die noch weiter zurückliegen, bereitet Probleme. Je nachdem, ob man den Jahreszyklus mit 60 oder mit 12 Jahren annimmt, ergibt sich für Yotsugi ein Alter von 140–150 oder den von ihm angegebenen 180–190 (ŌK:438, A.6).

[62] OM:248, s.a. Whitehouse und Yanagisawa 1970:275.

[63] So z.B.: „Wie viele Generationen hat es wohl überdauert/ das Feld mit den Kiefern/ auf der Insel Nagato, deren Name/ an meinen Wunsch erinnert, lange zu leben,/ daß es so göttlich aussieht! (*Wa ga inochi wo/ Nagato no shima no/ omatsuhara/ ikuyo wo hete ka/ kamusabiwataru*)" (MYS IV (15/3621):65). *Wa ga inochi* wird hier *makurakotoba*-ähnlich vor Nagato gestellt, dessen Silbe *naga* z.B. an *inochi wo nagaku hori* (‚sich ein langes Leben wünschen') erinnert und so die Assoziation zu ‚lang leben' weckt (MYS IV:65 A).

[64] So wünscht Ōtomo no Yakamochi, der freundschaftliche Beziehungen zum Clan der Tachibana unterhielt, dem Minister zur Linken Tachibana no Moroe, er möge lange genug leben, um gar sieben Generationen von Herrschern dienen zu können: „In alter Zeit/ diente einer/ drei Generationen von Herrschern./ Möget ihr selbst, mein Fürst,/ sieben Generationen dienen! (*Inishie ni/ kimi ga miyo hete/ tsukaekeri/ wa ga ōnushi wa/ nanayo maosane*)" (MYS IV (19/4256):373). Da Moroe 743 zum Minister zur Linken ernannt wurde, dürfte das Gedicht zwischen 743 und 757 entstanden sein. Bei der angesprochenen Figur, die drei Herrschern gedient haben soll, könnte es sich um Takeshiuchi no sukune handeln, der allerdings den Eintragungen im *Kojiki* zufolge, vgl. oben, mindestens vier Tennos diente. Es könnte auch die Mutter Moroes, Agatainukai no Tachibana no Michiyo, gemeint sein, die unter Genmei, Genshō und Seimu Tennō diente (MYS IV:373 A).

Ein ein langes Leben erbittend verfaßtes Gedicht:
Wie Schaum auf dem Wasser   *Mitsubo nasu*
so vergänglich ist mein Körper,   *kareru mi so to wa*
ich weiß es wohl,   *shireredomo*
und doch erbitte ich   *nao shi negaitsu*
ein tausendjähriges Leben.   *chitose no inochi wo*[65]

Daß dieser Wunsch nach einem langen Leben nicht nur triviales Anliegen war, sondern von zentraler Bedeutung im gesamten Lebensbild der vor-Nara- und Nara-Zeit, zeigt sich daran, daß auch die Ritualgebete der *Norito* mehrfach die Bitte um ein langes Leben für den Herrscher enthalten:

> [...] Auf den feierlichen Befehl des Kaisers,
> bitte ich Euch, [Ihr Götter], daß sein Leben ein langes sein möge (*ōmiinochi wo tanaga no ōmiinochi to*),
> seine Herrschaft eine blühende,
> so ewig und unveränderlich wie die Felsen, [...][66]

Auch das *mikagura* im Naishidokoro, das als ältester japanischer Ritualtanz seit 1002 als Zeremonie zu Ehren der Gottheit Amaterasu-ōmikami am Hofe aufgeführt wurde, enthält an prominenter Stelle eine Anrufung oder Beschwörung eines langen Lebens, das *Senzai no hō*[67], das aus einer ständigen Wiederholung der Wörter *senzai*, *manzai*, *chitose* und *yorozuyo*, also den sino-japanischen bzw. rein-japanischen Ausdrücken für ‚tausend Jahre‘ respektive ‚zehntausend Jahre‘ besteht.

Neben diesen Gebeten und Beschwörungen aus dem religiösen Bereich sind im *Manyōshū* zahlreiche Gedichte überliefert, die gebetsähnlich in vergleichbarer Weise ein langes Leben beschwören. Chinesischem taoisti-

---

[65] MYS IV (20/4470):463, s.a. MYS 1965:180, Nr.543. Laut Glosse soll Ōtomo no Yakamochi dieses Gedicht am 17. Tag des 6. Monats [des Jahres Tenpyō Shōhō 8 (756)] verfaßt haben, also im Alter von 39 Jahren nach japanischer Zählweise.

[66] NO (*Minazuki no tsukinami no matsuri* [Fest im Sechsten Monat im Großen Schrein von Ise]):441, s.a. Philippi 1959:60, bzw. in gleicher Formulierung auch NO (*Kamu nie no matsuri* [Fest im Sechsten Monat im Großen Schrein von Ise, Bankett der Göttlichen Ersten Früchte]):444, s.a. Philippi 1959:64.

[67] KU:331—332. Das *mikagura* wurde in der Nacht abgehalten, begann daher mit dem Entzünden der Feuer und entsprechenden Liedern (*niwabi*), auf die das *Achime no waza* folgte, eine Art Beschwörungsformel, mit der das Herabsteigen der Götter angerufen wurde, von der anzunehmen ist, daß der Sinn der Wörter bereits in der Heian-Zeit nicht mehr verstanden wurde, sowie die *torimono*-Lieder, die die Gegenstände besingen, die der Haupttänzer trug. Mit dem darauffolgenden *Senzai no hō*, das ebenso wie das *Achime no waza* eine Beschwörung, eine Anrufung darstellt, endete das nächtliche Kagura. Das *Ryōjin koshō*, ein Kommentarwerk zu *Kagurauta* und *Saibara* aus dem 19. Jh., merkt an, die Wortfolge sei von einer Senzai genannten Figur vorgetragen worden, die ein Vorläufer des *sanbasō* im der späteren *sarugaku* sein könnte, auf den wiederum das spätere Nō-Stück *Okina* zurückgehen könnte (KU:332 A, KNKB 4:267—268).

schen Gedankengut verwandt und wohl von diesem beeinflußt dürften Gedichte sein, die die Vorstellung einer Langlebigkeit beschwören, die nur in geologischen Gezeiten zu messen ist[68]. Chinesischen Ursprungs ist auch jene magische Pflanze namens *shisō*, deren lebensverlängernde Wirkung in mehreren Nara- und Heian-zeitlichen Werken betont wird[69]. Andere Quellen dürften hingegen auf verschiedene einheimische Bräuche anspielen, deren Ziel wohl in der Beschwörung eines langen Lebens lag.

2.4.1.1. Magisch-religiöse Beschwörungen eines langen Lebens

So deutet das folgende Gedicht, mit dem dem Herrscher ein tausendjähriges Leben gewünscht wird, auf die Existenz eines Brauchs hin, nach dem die Seile, mit denen die Firstbalken, Balken, Pfeiler etc. des Palastes zusammengebunden wurden, an manchen Stellen lang herausgezogen wurden, um damit dem Tenno ein langes Leben zu sichern[70]:

An der Decke des Palastes	*Ama ni wa mo*
sind fünfhundert Seile gespannt.	*iotsu tsuna hau*
Damit der Kaiser noch tausend Jahre	*chitose ni*
über das Land herrschen möge,	*kuni shiramu to*
sind fünfhundert Seile gespannt.	*iotsu tsuna hau*[71]

---

[68] Wie etwa MYS III (14/3448):431: „Bis der gegenüberliegende/ Ona-Gipfel,/ auf den die Blüten herabfallen,/ wie eine Insel im See liegt,/ so lange mögest du leben! (*Hanajirau/ kono mukatsu o no/ Ona no o no/ hiji ni tsuku made/ kimi ga yo mo ga mo)*". Dieses Gedicht scheint auf jene chinesische Legende zurückzugehen, nach der es drei Taoisten gab, „die ihr Alter nicht mehr nach Jahren zählten, sondern nach geologischen Gezeiten; jedesmal, wenn das Meer sich in eine Maulbeerplantage verwandelte, legten sie einen Zählstab nieder und wenn das Land wieder überspült wurde, ebenso" (Eberhard 1987:163).

[69] *Shisō*, Chin. *zhi* oder *ling zhi* gehört zu jenen Pflanzen, die als glücksbringende Omina betrachtet wurden, und galt in China als Zauberkraut, das ein endlos langes Leben verleiht; es wird entweder als Wassergras mit lanzettenförmigen Blättern oder als Pilz dargestellt (Eberhard 1987:288). Das *Nihon shoki* berichtet, wie ein Mann und sein Kind zufällig *shisō* fanden, es für einen Pilz hielten, davon aßen und daraufhin frei von Krankheit außerordentlich lang lebten (NS II (Kōgyoku 3.3.):256, s.a. Aston 1956/2:186). Auch das Heian-zeitliche *Engishiki* führt das *shisō* als kleineres glücksbringendes Omen an und sagt: „Seine Form ähnelt der Koralle, ... seine Farbe ist zinnoberrot, lila, schwarz oder golden... Wenn man es ißt, wird man sehr alt *(biju)*" (NS II:256–257, A.14).

[70] MYS I:341–342 A.

[71] MYS IV (19/4274):383. Dieses dem Shikibe no Ishikawa no Toshitari zugeschriebene Gedicht wurde laut Glosse auf Kaiserlichen Befehl nach dem Bankett nach dem Erntefest am 25. Tag des 11. Monats des Jahres 752 verfaßt. Das Wort *ama*, das noch heute in vielen regionalen Dialekten ‚Plafond' bedeutet, dürfte auch hier in diesem Sinn verwendet sein (MYS IV:382 A). Das *Manyōshū* enthält noch ein weiteres Gedicht, in dem der gleiche Brauch angesprochen sein dürfte, MYS I (2/147):89 (s.a. MYS 1965:7, Nr.16), das laut

Magisch-religiöse Beschwörungen eines langen Lebens

Besonders deutlich wird der Brauch an einer Stelle des *Nihon shoki*, in der Kenzō Tennō ein neu errichtetes Haus segnet und unter anderem auch das lange Leben des Hausvorstandes anhand der zur Konstruktion verwendeten Seile beschwört:

Dann stand der Tenno seinerseits auf, richtete sein Gewand und seinen Gürtel und sprach zum Segen des Hauses (*murohoki*):
Die Grundfesten und die Pfeiler des erbauten Hauses,
mögen sie der Friede im Herzen seines Herren sein.
Der First und die Balken, die er aufgestellt,
mögen sie den Sinn des Herrn erheben.
Die Dachbalken, die er angebracht,
mögen sie die große Ordnung im Herzen des Herren sein.
Die Latten, die angebracht,
mögen sie die Ruhe im Herzen des Herren sein.
Die Seile, die er fest geschlungen hat,
mögen sie die Dauerhaftigkeit seines Lebens sein (*miinochi no katame nari*).
Die Blätter, mit denen er das Dach gedeckt,
mögen sie die Fülle seines Reichtums sein...
...den süßen Wein,
wie er am Markt zu Eka
zu keinem Preis zu kaufen,
in die Hände klatschend
laßt ihn uns trinken,
o Ihr Langlebigen[72]![73]

Glosse die Kaiserin (wohl Yamatohime-no-mikoto) verfaßte, als der Tenno (wohl Tenji Tennō) schwer krank war und das daher, da im *Nihon shoki*, Tenji 10, von einer schweren Krankheit des Tenno berichtet wird, wohl mit 671 zu datieren ist (MYS I:88, A.3): „*Ama no hara / furisakemireba / ōkimi no / miinochi wa nagaku / ama tarashitari*". Versteht man im Zusammenhang mit dem obenerwähnten Gedicht *ama no hara* als Plafond des Palastes und *ama tarasu* im Sinn von *tareru*, ‚herunterhängen lassen', so ergibt sich als mögliche Übersetzung: Blickt man von unten / zur Decke des Palastes empor / so hängt das Leben / des Herrschers / von dort lange herunter.

[72] *A ga tokoyotachi*. Könnte sowohl ‚o Ihr Ewigen!' bedeuten, in dem Sinn, daß den dem Fest Beiwohnenden ein langes Leben gewünscht wird (Aston 1956/1:381), als auch ‚o Ihr Alten', und somit, daß mit diesem Ausspruch die dem Fest beiwohnenden Ältesten angerufen werden sollten (NKBT 3:180).

[73] NS II (Kenzō):512, NKBT 3:179—180; s.a. Aston 1956/1:381. Damit in Zusammenhang stehen dürfte auch die häufige Metapher für ein langes Leben, *takunawa*, ‚Papiermaulbeerbaumseile', wie sie etwa in MYS I (4/704):301 Verwendung findet: „Ein Leben so lang / wie Papiermaulbeerbaumseile / wünschte ich mir, / ohne Ende / meinen Geliebten zu sehen (*Takunawa no / nagaki inochi wo / horishiku wa / taezute hito wo / mimaku hore koso*)". Der gleichen Metapher bedient sich auch Yamanoe no Okura in MYS II (5/902):119 (s.a. MYS 1965:209, Nr.636): „Daß mein wie Schaum auf dem Wasser / vergängliches Leben / wie des Papiermaulbeerbaumseils / 1000 Klafter lang sein möge, / hoffend, verbringe ich meine Tage (*Minawa nasu / moroki inochi mo / takunawa no / chihiro ni mo ga to / negaikurashitsu*)".

Ein ähnlicher magisch-religiöser Brauch zur Beschwörung eines langen Lebens, der zu den gebräuchlichsten Formen analoger Magie des japanischen Altertums überhaupt zählte[74], dürfte in dem verschiedentlich erwähnten Zusammenbinden von Kiefernästen zu sehen sein, dessen Funktion etwa in dem folgenden Gedicht explizit wird:

Wir wissen nicht um unser Leben.	*Tamakiwaru*
Daß wir die Zweige	*inochi wa shirazu*
der Kiefern zusammenbinden,	*matsu ga e wo*
entspringt unserem Wunsch,	*musubu kokoro wa*
es möge lang sein.	*nagaku to so omou*[75]

Eine weitere offenbar häufig geübte Handlung analoger Magie bestand darin, sich Blätter verschiedener, meist immergrüner Pflanzen ins Haar zu stecken, um ein langes Leben herbeizuwünschen:

Wenn Mistelzweige	*Ashihiki no*
von den Wipfeln der Bäume	*yama no konure no*
in den Bergen wir brechen	*hoyo torite*
und ins Haar uns stecken,	*kazashitsuraku wa*
tausendjähriges Leben zu erbitten, ist's.	*chitose hoku to so*[76]
Daß wir von den grünen Weiden	*Aoyagi no*
das Ende der Äste zu uns ziehen und abreißen	*hatsue yojitori*
und uns als Kopfschmuck ins Haar stecken,	*kazuraku wa*
dir und deinem Haus	*kimi ga yado ni shi*
tausend Jahre zu wünschen, geschieht es!	*chitose hoku to so*[77]

---

[74] Keene 1965:xli.

[75] MYS II (6/1043):185, von Ōtomo no Yakamochi. Dabei wurde dieser Brauch zum Teil an bestimmte Gegenden gebunden, wie etwa an Iwashiro, in der heutigen Präfektur Wakayama, Hidaka-gun, Minabe-chō, in dessen Gemeindegebiet noch heute eine Musubi genannte Örtlichkeit existiert, von der es heißt, sie stelle die Überreste jener *musubimatsu* des Altertums dar (MYS I:86 A). Ein Gedicht des Arima no miko, der sich am Soga-Aufstand von 658 beteiligte und gehängt wurde (MYS I:86 A) im *Manyōshū* spricht in Zusammenhang mit Iwashiro und den erwähnten Brauch an: „Die Zweige der Kiefern/ am Strand von Iwashiro/ binde ich zusammen,/ sollte ich wirklich wohlbehalten bleiben,/ will ich wiederkommen, sie zu sehen (*Iwashiro no/ hamamatsu ga e wo/ hikimusubi/ masakiku araba/ mata kaerimimu*" (MYS I (2/141):87, s.a. MYS 1965:8, Nr.21). Nach diesem Gedicht wurde der Ausdruck *Iwashiro no matsu* (die Kiefern von Iwashiro) zu einer *makurakotoba*-ähnlich gebrauchten Redewendung, etwa in MYS 2/146 (NKD 2:432).

[76] MYS IV (18/4136):307. Von Ōtomo no Yakamochi. Die Mistel als immergrüne Pflanze, die auf großen Laubbäumen wächst und besonders im Winter, wenn das Laub abgefallen ist, auffällt, ist wohl aufgrund dieser Eigenschaften besonders geeignet, als Zauber für ein langes Leben zu dienen.

[77] MYS IV (19/4289):387. Laut Glosse am 29.Tag des 2. Monats [des Jahres 753] von Ōtomo no Yakamochi verfaßt. In diesem Sinn könnte auch das folgende Lied des *Kojiki* (KJ (2/87):221, s.a. Philippi 1977:248) zu verstehen sein, in dem der Tradition und dem Kontext zufolge Yamatotakeru seinen Gefolgsleuten, die wohlbehalten sind, nach ihrer

Auch rituelle Waschungen in Flüssen werden gelegentlich in Zusammenhang mit einer möglichen Verlängerung des Lebens gesehen:

Das lange Leben,	*Tamakuse no*
das ich erflehe,	*kiyoki kawara ni*
im reinen Wasser des Flusses	*misogi shite*
die Waschung zu vollziehen,	*iwau inochi wa*
nur für meine Geliebte ist's.	*imo ga tame koso*[78]

Ähnliches Brauchtum mit dem Ziel, das Leben der Menschen zu verlängern, läßt sich auch in der Heian-zeitlichen Gesellschaft beobachten. So werden etwa im *Genji monogatari* eine Reihe von magisch-religiösen Handlungen erwähnt, wie sie zu Beginn des Jahres gesetzt wurden, um ein langes Leben zu beschwören:

[Die Zofen] standen da und dort zusammen, gingen den Neujahrsbräuchen nach, indem sie *hagatame*-Bitten sprachen, Spiegelkuchen herbeibrachten und das Lied vom „Schatten der Tausend Jahren" sangen... Die Pagenmädchen und niederen Dienerinnen vergnügten sich gerade damit, auf dem Gartenhügel kleine Kiefern auszuziehen.[79]

Zu diesen zählte demnach das *hagatame*, wörtlich ‚Härten, Stärken des Zahnes', wobei *ha* ‚Zahn' für das Alter steht, dessen lebensverlängernde Funktion einerseits aus den dazu gesprochenen Gedichten hervorgeht, auf

---

Rückkehr in die Heimat die Vergnügungen des Lebens wünscht: „Ihr, die ihr/ wohlbehalten sein wollt,/ steckt euch Blätter der großen Eiche/ des Heguri-Berges/ (von der Strohmatte)/ als Kopfschmuck ins Haar,/ o ihr! (*Inochi no/ matakemu hito wa/ tatami komo/ Heguri no yama no/ kumakashi ga ha wo/ uzu ni sase/ sono ko*)". Ähnlich lautet die Version des *Nihon shoki* (NS I (Keikō 17.3):292, s.a. Aston 1956/1:197), bei der nur *matakemu* durch *masokemu* und *kumakashi ga ha* durch *shirakashi ga e* ersetzt sind. Der Sinn des Liedes ist umstritten, da insbesondere die Bedeutung des Ausdrucks *inochi no matakemu hito* unklar ist. Einige Autoren übersetzen im Sinne von ‚Menschen, deren Lebenskraft ganz ist', also junge Menschen, die voll Lebenskraft sind. Das Lied wird dann als eines interpretiert, das bei den *noasobi* (Vergnügungen im Freien, Jagden) der Jungen im Frühling von den Alten gesungen wurde, die damit die Jungen, die voll Leben sind, ehrend anrufen und gleichzeitig bedauern, daß sie selber nun schon dem Alter nahe sind (NS I:599, A.17 und NKBT 3:57). *Matakemu* leitet sich von *matashi* her, einem *keiyōshi* der *ku*-Flexion, der altjapanischen *mizenkei* auf *-ke* vor dem Verbalsuffix *-mu*, sodaß auch ‚Menschen, die ihr Leben vollenden werden/ wollen' eine mögliche Übersetzung ist, die auch auf die Manyōshū-Gedichte 595 (*wa ga inochi no matakemu kagiri*) (MYS I:275) und 3741 (*inochi wo shi mataku shi araba*) (MYS IV:99), wo es um Beteuerung geht, etwas tun zu wollen, sofern man überlebt, passen könnte. Als von der Erzählung unabhängiges Lied, könnte man es daher auch als Volkslied interpretieren, in dem durch eine Handlung analoger Magie um ein langes Leben gebetet wird, indem man sich Blätter der immergrünen Eiche ins Haar steckte (KJ:221, A.18—19).

[78] MYS III (11/2403):169. Laut Glosse aus der Kakinomoto no Hitomaro-Sammlung.

[79] GM II:377—379, s.a. Benl 1966a:681—683. Mithilfe der erwähnten Spiegelkuchen (*mochikagami*), die den heutigen *kagamimochi*, flachen, runden Mochi, entsprechen, sollte ein langes Leben beschworen werden (MS:89, A.20, GM II:468, A.341, NKD 16:150).

die in der zitierten Passage angespielt wird und die ein tausendjähriges Leben beschwören[80], die aber auch ausdrücklich etwa bei Sei Shōnagon angesprochen wird[81]. Häufig geübt wurde auch das im *Genji monogatari* ebenfalls erwähnte Pflücken junger Kiefern an Neujahrstagen (*ne no hi no matsu*), das mit den *musubimatsu* der Nara-Zeit verwandt sein dürfte. Die lebensverlängernde Wirkung auch dieser Handlung, besonders wenn sie an einem Neujahrstag gesetzt wird, wird in mehreren Werken betont.[82]

Daneben scheint es auch vorgekommen zu sein, daß ein Neugeborenes ‚alter Mann' (*okina*) genannt wurde, um sein langes Leben zu beschwören, wie etwa die folgende Episode aus dem *Utsuho monogatari* nahelegt[83]:

[Die Erste Prinzessin hat ihr zweites Kind zur Welt gebracht.]
Minister Masayori sagte zur Obersten Hofdame: „Wie schön! Laßt es nur ausruhen. Ihr müßt auch müde sein. Aber badet es zuerst. Was ist es denn, ein Junge oder ein Mädchen?"
„Ein alter Mann (*okina*)!", antwortete sie entzückt.
[Etwas später sagt Nakatadas Mutter zur Ersten Prinzessin, indem sie den gleichen Gedanken weiterspinnt:]
„Wenn Ihr Euch wieder besser fühlt, solltet Ihr im Palast des zurückgetretenen Tenno einen Besuch abstatten. Die Dame Jijūden ist wohl schon bald dorthin gegangen. Ich werde den kleinen alten Mann (*okina*) zu mir nehmen, er wird mir in meiner Einsamkeit Gesellschaft leisten. Wann immer Ihr ihn sehen wollt, will ich ihn gern zu Euch bringen."[84]

Schließlich sind es natürlich auch die Götter, in deren Macht es liegt, dem Menschen ein langes Leben zu gewähren:

Dieses Leben,	*Chihayaburu*
das die Götter in ihrer Wildheit	*kami no motaseru*
mit sich nehmen können,	*inochi wo ba*

---

[80] Es handelt sich um zwei Gedichte des *Kokinshū*, das eine von Mönch Sosei (KKS (7/356):172): „Um ein zehntausendjähriges Leben/ unter der Kiefer/ will für Euch beten/ weil im Schatten der tausendjährigen/ ich wohnen will (*Yorozuyo wo/ matsu ni zo kimi wo/ iwaitsuru/ chitose no kage ni/ suman to omoeba*)" und eines von Ōtomo no Kuronushi (KKS (20/1086):327): „In Ōmi, weil dort/ der Spiegelberg/ sich erhebt/ sind sie vielfach zu sehen/ die tausend Jahre, die Euer Leben soll währen! (*Ōmi no ya/ kagami no yama wo/ tatetareba/ kanete zo miyuru/ kimi no chitose wa*)" (GM II:468, A.342).

[81] „Die *yuzuriha* [Blätter der Daphniphylle] [...] werden auch verwendet, um auf ihnen die lebensverlängernden *hagatame*-Speisen (*yowai wo noburu hagatame*) zu reichen" (MS:89).

[82] GM II:468, A.343.

[83] UM III:341, A.27.

[84] UM III:340, 342, s.a. Uraki 1984:431. Ähnliche Vornamen sind bei einer Reihe von historischen Persönlichkeiten zu beobachten, so etwa bei Hozumi no Oyu, dem *Manyōshū*-Dichter, Tsukimoto no Oyu, einem Nara-zeitlichen Beamten, Tsuki no Imiki Okina, einem Nara-zeitlichen Konfuzianer, und anderen mehr, bei denen angenommen werden kann, daß mit der Verleihung dieser Vornamen ein ähnlicher Zweck erfüllt werden sollte.

| für wen wohl hoffe ich, | ta ga tame ni ka mo |
| es möge lang sein? | nagaku horisemu[85] |

2.4.1.2. Langes Leben als Geschenk der Götter

So verwundert es nicht, daß in den frühesten Quellen die Tatsache eines langen Lebens zunächst als ein Geschenk der Götter erscheint[86], das sie dem Menschen zuteil werden lassen, wenn sie ihnen richtig dienen, wie dies in der folgenden Passage des *Nihon shoki* zum Ausdruck kommt, in der der Gott Yamato-no-ōkami einem Tenno ein langes Lebens als Lohn für die Opfer, die dieser ihm darbringt, verspricht:

Zu dieser Zeit ergriff Yamato-no-ōkami von Ōmikuchi no sukune, dem Vorfahren der Omi von Hozumi, Besitz und sprach durch ihn: „Am Anfang aller Dinge sprachen Izanagi und Izanami, daß Amaterasu-ōkami über Takamanohara herrschen sollte, ihre himmlischen Nachkommen über die 80 geistigen Wesen des Ashi-hara-no-naka-tsu-kuni [Yamato] herrschen sollten und ich selbst über die Erdgottheiten herrschen sollte, und damit endete ihre Rede. Aber der letzte Tenno Mimaki [Sujin Tennō] hat zwar die himmlischen und die irdischen Götter verehrt, nicht aber nach der eigentlichen Wurzel gesucht, sondern sich bei den unwesentlichen Blättern und Zweigen aufgehalten. Deswegen war das Leben dieses Tenno kurz (*miinochi mijikashi*). Wenn du nun deswegen die Mängel des vorigen Tenno bereust und aufrichtig opferst, wird dein Leben lang (*inochi nagaku*) sein und im Reich großer Friede herrschen."[87]

Ähnlich verheißt in einer Stelle eines *Fudoki* eine Gottheit durch ein Medium ein langes Leben als Gegenleistung dafür, daß ein Priester für den Dienst an ihr abgestellt wird:

Im *Owari no kuni no fudoki* (zweiter Band) heißt es: ... Zur Zeit des Tenno, der im Palast von Tamaki zu Makimuku herrschte [Suinin Tennō], [ereignete es sich, daß] der Prinz

---

[85] MYS III (11/2416):173. Laut Glosse aus der Kakinomoto no Hitomaro-Sammlung. *Chihayaburu* ist ein *makurakotoba* für *kami*, Gott. Wird entweder als am Beginn gekürzte Form von *ichihayaburu*, ‚sich wild bewegen', verstanden, oder im Sinn von ‚mit ihrer magischen Kraft tausend (*chi*) Steine brechen (*yaburu*)' (MYS III:172 A). Ebenso wird in verschiedenen Gedichten die Absicht zum Ausdruck gebracht, zu den Göttern für ein langes Leben beten zu wollen, etwa in MYS IV (20/4499):475: „Wenn Ihr es so befiehlt,/ will ich zu den himmlischen/ und zu den irdischen Göttern beten,/ und versuchen,/ lange zu leben (*Wa ga seko shi / kaku shi kikosaba / amatsuchi no / kami wo koinomi / nagaku to so mou*)".

[86] Auf noch ursprünglichere Weise sind es, wie Naumann (1986) gezeigt hat, die Göttinnen des Takamanohara, die vom Verhalten der Menschen unbeeinflußt, den Lebensfaden weben, weswegen auch eine Reihe von *makurakotoba* wie *tama no o*, ‚Perlenschnur', für die Länge des menschlichen Lebens das Bild eines Fadens oder einer Schnur enthalten.

[87] NS I (Suinin 25.3):270, s.a. Aston 1956/1:177. Der Abschnitt Sujin 7 berichtet, Sujin Tennō habe dem Ōmono-nushi-no-kami von Miwa geopfert und nur sekundär dem Ōkunitama-no-kami, also Yamato-no-ōkami; seine darauf zurückgeführte Kurzlebigkeit steht allerdings in Widerspruch zu Sujin 68.12, wo es heißt, er sei im Alter von 120 Jahren verstorben (NS I:271, A.27, 29).

Homutsuwake, obwohl er schon sieben Jahre alt war, kein Wort sprach, und man fragte alle kaiserlichen Beamten [um Rat], doch keiner wußte, was zu sagen. Später erschien eine Gottheit im Traum der Kaiserin, seiner Mutter, und sprach: „Ich bin die Göttin des Landes Taku [zentrales Gebiet der Shimane-Halbinsel], mein Name ist Amanomikatsuhime. Ich habe bis jetzt keinen Priester. Wenn mir ein Priester gegeben wird, so wird der Prinz sprechen und außerdem ein langes Leben haben (*miinochi nagakaramu*)."[88]

2.4.1.3. Langes Leben als Belohnung für vergangene gute Taten im Buddhismus

Mit der Übernahme des Buddhismus blieb diese Vorstellung von einem langen Leben als Belohnung für von dem betreffenden Menschen gesetzte Taten zwar prinzipiell erhalten, doch verschoben sich die Akzente. Grundsätzlich galt die Länge des Lebens eines Menschen im Buddhismus als vorherbestimmt.

Wie der Adel der Heian-Zeit allgemein von dem *mappō*-Gedanken erfüllt war, von der Vorstellung also, in einer Art Endzeit zu leben, in der das buddhistische Gesetz immer schwächer wurde und die Lebensbedingungen sich allgemein immer mehr verschlechterten, sodaß es immer schwerer wurde, Erlösung aus dem Kreislauf der Wiedergeburten zu erlangen, ebenso nahm er an, daß den Menschen seiner Zeit aufgrund des gleichen Mechanismus' nur mehr kürzer zu leben gegönnt war als noch ihren Vorfahren.[89] Gegen Ende der Heian-Zeit war der Gedanke verbreitet genug, um im *Ōkagami* in vereinfachter, gewissermaßen volkstümlicher Form wiedergegeben zu werden:

---

[88] FDK:442–443; die Stelle aus dem *Shaku Nihongi*, einem Werk des Urabe Kanekata aus dem 3. Viertel des 13. Jh.s, wurde von Imai Jikan als Fragment des nicht vollständig erhaltenen *Owari no kuni no fudoki* ausgewählt und entspricht mit größter Wahrscheinlichkeit dem Nara-zeitlichen Text.

[89] Einem im ganzen Buddhismus verbreiteten Gedanken zufolge war die Welt von den *gojoku*, den ‚fünf Verschmutzungen', gekennzeichnet, jenen fünf Dingen, die sich in der Welt seit Buddhas Erscheinen in ihr immer mehr verschlechtert hatten, nämlich *kōjoku*, der Umstand, daß die allgemeinen Verhältnisse im öffentlichen Leben immer mehr durcheinander gerieten, *bonnōjoku*, wonach die Menschen sich immer stärker in ihre Leidenschaften verstrickten, *shujōjoku*, dem zufolge die Menschen ein immer schlechteres Karma hätten, *kenjoku*, das sich auf die immer stärkere Verbreitung häretischer Gedanken bezieht, und schließlich das obenangesprochene *myōjoku*, der Umstand, daß den Menschen ein immer kürzeres Leben beschieden sei. In gelehrter Manier griff bereits die *Hoke gisho*, ein Kommentarwerk zur *Hokkekyō*, das auf Shōtoku Taishi zurückgehen soll, wohl aber etwas späteren Datums ist, diesen Gedanken auf und führte die *gojoku* in obiger Reihenfolge an (NKD 8:174, Stichwort *gojoku*). Auch das *Nihon ōjō gokuraku-ki* erwähnt den Begriff der *gojoku*, indem es Shōtoku Taishi sagen läßt, es verlange ihn nicht danach, lang in dieser Welt der Fünf Verschmutzungen auszuharren (NŌG:15).

Das Menschenleben dauerte 80.000 Jahre (*hito no inochi wa hachimansai nari*). Es wurde langsam reduziert und lag bei 100 Jahren, als Buddha erschien... Bis heute sind seitdem 1973 Jahre vergangen... Das lange Leben von uns beiden Alten (*kono okinadomo no inochi*) ist sehr selten, und Bemerkungen wie „Extrem bedeutend" und „Seltene Seltenheit" scheinen wie geschaffen, uns zu beschreiben. Außer in sehr alter Zeit sind kaum Menschen wie wir zu finden; früher aber, in den ersten 20 Regierungszeiten, von Jinmu Tennō angefangen, gab es etwa zehn Tenno, die 100 oder über 100 Jahre alt wurden, doch in den letzten Generationen sind Greise mit so langem Leben (*inochi mochite haberu okina*) sehr selten. Ich denke, [daß wir so lange lebten,] liegt daran, daß wir uns in der früheren Welt an die Regeln gehalten haben, und ich will auch diese jetzige verlassen, ohne jene verletzt zu haben. Die Geister und Buddhas, die heute in dieser Halle erscheinen, mögen mich hören!"[90]

Dem *mappō*-Gedanken entsprechend sind Schriften buddhistischer Gelehrter, denen es darauf ankommt, den Verfall der Zeiten anzuprangern, pessimistischer in der Einschätzung der dem Menschen beschiedenen Lebensdauer als die Werke literarischer Fiktion. So glaubt etwa Saichō in seiner programmatischen Schrift *Kenkairon* nur an eine Lebensdauer von 60 Jahren, zumindest für Männer:

Wenn dieses Zeitalter[91] sich dem Ende zuneigt, werden Tage und Monde extrem kurz, gute, rechtschaffene Menschen sind nur mehr überaus selten anzutreffen, vielleicht ein, zwei Mal. Das menschliche Leben wird immer kürzer (*jinmei tansoku ni shite*), mit 40 ist das Haupt bereits ergraut (*yonjū ni shite kashira shiroku*); die Männer sind voller Wollust und verausgaben ihre Lebenskräfte, so daß sie früh sterben (*inochi wo yōshi*), und auch die, die ihr Leben vollenden (*nenju aru mo*), gerade 60 werden. Das Leben, das den Frauen zubemessen ist, währt 70, 80, 90, ja sogar 100 Jahre. Doch treten Überschwemmungen und andere Katastrophen auf, sodaß der Tod keine Stunde kennt.[92]

Spricht Saichō hier einerseits von einer allgemeinen Verkürzung des menschlichen Lebens, die vom Einzelnen nicht beeinflußt werden kann, deutet er aber damit, daß sich seiner Meinung nach die Männer ihr Leben durch ihre Wollust noch mehr verkürzen, auch auf die Existenz der Vorstellung einer gewissen persönlichen Verantwortung für die Dauer des eigenen Lebens hin. In diesem Zusammenhang ist zunächst die Vorstellung von Bedeutung, die Länge des Lebens eines Menschen in einer bestimmten Wiedergeburt richte sich nach seinem Verhalten in früheren Existenzen.

Solches Gedankengut offenbart sich dort, wo wie etwa bei Yamanoe no Okura eine Eintragung im Buch des Lebens, *shōroku*, angesprochen

---

[90] ŌK:278, s.a. McCullough 1980:235—236. Dieselbe Vorstellung, in früheren Zeiten seien die Menschen älter geworden, tritt manchmal auch nur beiläufig zutage, so etwa wenn die weise alte Frau aus KM II (10/36):335 (vgl. S. 178) erzählt, ihr Vater sei mit 120 gestorben, ihr Großvater mit 130, dessen Vater und Großvater aber mit über 200 Jahren.

[91] *Jūkō*, das zweite von vier Zeitaltern, die die Welten von ihrem Entstehen bis zu ihrem Ende durchlaufen; es leitet in das dritte über, in dem die *gojoku* (s. oben, FN 89) eintreten und das menschliche Leben von unendlich bis auf 10 Jahre schrumpft (KKR:116 A).

[92] KKR:116.

wird, die sich nach den guten oder bösen Taten richtet, die man im vorherigen Leben begangen hat und bei der ein kurzes oder langes Leben Bestrafung respektive Belohnung für die in früheren Leben gesetzten Handlungen sind.[93] Deutlicher kommt die gleiche Vorstellung im *Ōkagami* zum Ausdruck, wenn die beiden Erzähler der Rahmenhandlung, deren Alter sich auf an die 200 Jahre belaufen soll, sich dieser Tatsache rühmen und sie auf ihr gesetzestreues Verhalten in früheren Existenzen zurückführen[94], besonders häufig auch in den in Indien spielenden Legenden des *Konjaku monogatari*, so etwa in jener, die das Leben Vakkulas, eines Schülers Buddhas, zum Inhalt hat und schildert, wie dessen mitleidvolles Verhalten in einem früheren Leben ihm den Anfeindungen durch seine Stiefmutter zum Trotz ein langes Leben sicherte:

Er lebte bis ins Alter von 160 Jahren, ohne auch nur ein einziges Gebrechen zu haben. Der Buddha erklärte, daß dies nur deswegen geschah, weil er einst in einem früheren Leben jenem Mönch ein Heilmittel gegen seine starken Kopfschmerzen gegeben hatte...[95]

In einzelnen Legenden wird das lange Leben auch als Wunsch angesprochen, den die betreffende Person für ihre nächsten Leben äußert, wenn sie vermeint, durch eine Tat eine Art Anrecht darauf erhalten zu haben:

[Vom Sohn eines Ministers heißt es, er sei in einem früheren Leben ein Minister gewesen, der einem Mann, den der König zum Tode verurteilt hatte, das Leben rettete. Dieser von ihm errettete Mann erwies sich darauf als selbstleuchteter Buddha.]
Als der Minister das alles gesehen hatte, sprach er: „Dank meiner Hilfe ist es ihm möglich gewesen, sein Leben zu bewahren. Generation für Generation will ich darum mit Reichtümern, Glück und langem Leben (*chōmei*) mehr als andere gesegnet sein und den Menschen ein Erlöser sein wie Buddha!" Jener Minister, der dem einen Mann das Leben gerettet hatte, ist jener von jetzt. Aufgrund des Karmas seiner früheren Leben starb er in seinen Wiedergeburten nie eines frühen Todes, sondern lernte die Lehre und erlangte bald die Erleuchtung."[96]

---

[93] MYS II (5/*China jiaimon*):109; vgl. S. 42.

[94] ŌK:278–279; vgl. S. 38.

[95] KM I (2/20):156, s.a. Jones 1959:4. In der Geschichte von Soman ist es eine einzige von tiefem Glauben zeugende Handlung, nämlich, daß sie in einem früheren Leben als alte Frau mithilfe von zehn jungen Burschen eine verfallende Pagode mit Reliquien des Bibashi Buddha wieder instandsetzte, die ihr in den nächsten Wiedergeburten zu einem langen Leben verhilft, das ausdrücklich als Belohnung dafür bezeichnet wird: „... Aufgrund dieser ihrer guten Tat ... haben sie auch die drei höchsten Belohnungen erhalten: erstens ein schönes Aussehen, zweitens von anderen Menschen geliebt zu werden und drittens ein langes Leben (*inochi nagashi*)... "(KM I (2/15):148, s.a. Dykstra 1986a:184).

[96] KM I (2/25):166, s.a. Dykstra 1986a:205. Quellen für diese Legende stellen die buddhistischen Sutren des *Kengukyō* und *Senjū hyakuengyō* dar. Vielfach genügt der Glaube an die Macht Buddhas und ein entsprechendes Gelübde, das die fromme Tat begleitet, um in den nächsten Leben mit einem langen Leben gesegnet zu sein, wie in der Geschichte von Zenkōnyo, einer Königstochter, die ihr Vater, verärgert über ihre Arroganz, einem

Doch die Taten der vorangegangenen Leben bestimmen nicht allein die Dauer des diesmaligen, auch jene, die ein Mensch während seines Lebens setzt, sind unter Umständen dazu angetan, sein Leben noch in dieser Wiedergeburt zu verlängern. Ergreifend ringen in dem bereits erwähnten Essay des Yamanoe no Okura die Vorstellungen von der Vorherbestimmtheit der Länge des menschlichen Lebens und der ihrer Beeinflußbarkeit durch den rechten Lebenswandel miteinander und lassen den Autor angesichts seiner Krankheit die verschiedensten überirdischen Mächte anrufen und die scheinbare Ungerechtigkeit anprangern, die für ihn darin besteht, daß sein Leben sich allem Anschein nach dem Ende zuneigt, obwohl er es doch nie am rechten Glauben hat fehlen lassen:

Wenn ich so bei mir selbst überlege, so sehe ich, daß sogar solche, die von morgens bis abends in den Bergen und Tälern jagen, ohne Mißgeschicke lange leben können (*yo wo wataru*)[97]... Auch solche, die mittags und abends in Flüssen und Meeren Fische fangen, sind von Glück gesegnet und vollenden ihren Lebensweg... Wie dann erst ich, der ich mich von der Stunde meiner Geburt an bis zum heutigen Tag immer bemüht habe, das Gute zu tun, und nie den Willen zum Bösen hatte...

Es gibt keinen Tag, an dem ich die buddhistischen Riten vernachlässigt hätte, das heißt, ich lese jeden Tag die Sutren und bekenne meine Sünden.

und es vergeht kaum eine Nacht, in der ich es an Verehrung für die hundert Gottheiten mangeln ließe.

Das heißt, ich verehre die himmlischen und irdischen Götter [des Shinto]. Ach, welche Schande! Welche Sünde habe ich nur begangen, daß ich an dieser schweren Krankheit erkranken mußte.

Das heißt, ich weiß nicht, ist es eine Schuld, die ich in der Vergangenheit beging, oder eine, die ich jetzt begehe. Denn ohne daß ich eine Schuld auf mich geladen hätte, weshalb sollte mich diese Krankheit befallen haben? [...]

Wenn die Wurzel des Lebens (*meikon*) bereits aufgebraucht ist, die vom Himmel erhaltenen Jahre (*tennen*) zu Ende gehen, ist dies sehr betrüblich. [...] Wieviel trauriger aber noch, vor dem im Lebensbuch (*shōroku*) eingetragenen Alter von einem Dämon getötet zu werden

---

Bettler zur Frau gibt, der aber binnen kürzester Zeit einen Schatz findet und so reich wird, daß ihr Haus dem des Königs in nichts nachsteht. Als ihr Vater den Buddha fragt, wie das denn möglich sei, antwortet dieser: ‚"... Vor 91 Kalpas, als der Bibashi Butsu ins Nirwana eingegangen war, da lebte ein König namens Banzuma, der nahm die sieben Sorten Edelsteine und erbaute daraus eine Pagode für die Reliquien des Buddha. Auch die Frau jenes Königs gab zu dieser Zeit einen Mani-Edelstein in ihre Krone und legte diese in die Pagode, indem sie folgendes Gelübde tat: ‚Aufgrund dieses Verdienstes will ich in meinen Wiedergeburten nie einem frühen Tod (*chūyō*) begegnen, auch nicht in die drei Üblen Welten der Höllen, der Hungergeister oder der Tiere fallen, noch den Acht Schwierigkeiten begegnen.' Aufgrund dessen ist die Königin von damals die Zenkōnyo von heute..." (KM I (2/24):162, s.a. Dykstra 1986a:200).

[97] Wörtl.: ‚die Welt durchqueren'. Bedeutet hier nicht nur ‚überleben', ‚seinen Unterhalt finden', sondern ‚lange leben', wie in einer Stelle des *Bao pu zi*, einem chin. taoistischen Werk des 3. Jh.s u.Z., das sich mit der Kunst, die Unsterblichkeit zu erlangen, beschäftigt und aus dem Yamanoe no Okura häufig zitiert (MYS II:105, A.6).

oder in seiner Jugendblüte von einer Krankheit dahingerafft zu werden. Welches Übel auf dieser Welt könnte größer sein als dieses?

Im *Zhi guai ji*[98] heißt es: „Die Tochter von Yu Xuanfang von Beihai, dem früheren Gouverneur von Guangping, starb im Alter von 18 Jahren. Ihr Geist erschien Feng Mazi und sagte: ,Nach meiner Eintragung im Buch des Lebens (*shōroku*) sollte mein Leben (*ju*) 80 Jahre währen. Nun wurde ich aber von einem Dämon getötet und seither sind schon vier Jahre vergangen.' Da traf ihr Geist Mazi und sie konnte wieder zum Leben erwachen." In den buddhistischen Sutren heißt es: „Die Menschen in Senbushū haben ein Leben (*ju*) von 120 Jahren." Bedenkt man dies recht, so bedeutet dies nicht, daß man diese Zahl unter keinen Umständen übertreffen könnte. So heißt es im *Juenkyō*[99]: „Es gab einmal einen Mönch, sein Name war Nanda. Als er spürte, daß das Ende seines Lebens (*meishū*) gekommen war, ging er zu Buddha, bat um ein langes Leben (*ju*) und es wurde ihm um 18 Jahre verlängert." Nur jene, die Gutes tun, enden gemeinsam mit Himmel und Erde. Langes Leben oder früher Tod (*juyō*) sind Belohnung oder Bestrafung für frühere Taten und was dem entspricht, nennt man die Bestimmung (*nakaba*). Es kommt aber auch vor, daß Menschen plötzlich sterben, bevor sie diese Zahl [an Jahren] erreicht haben. Dies nennt man dann *nakaba narazu*, wenn es nicht die Bestimmung ist.[100]

Deutlicher wird die Vorstellung von der Beeinflußbarkeit der Länge des menschlichen Lebens durch in diesem Leben gesetzte Taten in einem von Yoshida no Yoroshi an seinen Freund Yamanoe no Okura gerichteten Schreiben, in dem er diesen zu einer Verhaltensweise auffordert, die ihm ein besonders langes Leben bescheren möge:

Doch der vollendete Mensch überläßt sich dem Lauf der Dinge und es ist ihm nicht Anlaß, quälende Gedanken daran zu verschwenden. Voll Ehrfurcht bitte ich Euch, übt morgens guten Einfluß, wie Lu Gong, der den Fasan streichelte, und abends Mildtätigkeit, wie Kong Yu, der die Schildkröte befreite. So soll Euer Name wie der von Zhang Chang und Zhao Guanghan[101] die Jahrhunderte überdauern und Ihr möget tausend Jahre lang leben wie die beiden Shōkyō.[102]

---

[98] Eine heute verlorene Erzählung aus der Zeit der Sechs Dynastien, die nur in Fragmenten in verschiedenen Werken überliefert ist. Die Stelle, die Okura zitiert, hat Ähnlichkeit mit einer Stelle des *Sou shen hou ji*, einer chin. Sammlung von buddhistisch beeinflußten Geistergeschichten, wonach Feng Mazi aus Dongping, der Gouverneur von Guangdong, eines Nachts im Traum besagte junge Frau sah, die ihn bat, sie wieder zum Leben zu erwecken, was ihm auch gelang. Daß Okura von Guangping spricht, dürfte auf einem Irrtum seinerseits beruhen, der vielleicht auf dem gleichzeitigen Vorhandensein von Guang (aus Guangdong) und Ping (aus Dongping) beruht (MYS II:108—109, A.7).

[99] Eine der buddhistischen *Enjumyōkyō*, ein apokryphes Sutra. In der *Enjumyōkyō* des Dun-Huang-Höhlen-Buddhismus gibt es eine Stelle, die der von Okura angeführten sehr ähnlich ist (MYS II:109, A.10).

[100] MYS II (5/*China jiaimon*):105—109, s.a. Pierson 1938:187—190.

[101] Zwei berühmte Beamte der Han-Zeit (MYS II:87, A.16).

[102] MYS II (5/864):87. Shōkyō bezeichnet zusammenfassend Sekishōshi (Chi Songzi) und Ōshikyō (Wang Ziqiao), die zwei legendären altchinesischen taoistischen Einsiedler und Genii, deren Erwähnung den Wunsch nach langem Leben ausdrückt (NKD 10:489).

Die hier angesprochenen Tugenden, die dazu angetan sind, einem das Leben zu verlängern, sind zum Teil buddhistisch geprägt, wie das Freilassen der Schildkröte. So ist das Gebot des Mitleids mit den Tieren und die Tugend, sie freizukaufen und ihnen die Freiheit und das Leben zu schenken, im japanischen Buddhismus allgemein verbreitet, und in zahlreichen Legenden des *Nihon ryōiki* erscheint ein überdurchschnittlich langes Leben als Belohnung für eben eine solche gute Tat, wie etwa dort, wo die von ihm einst erretteten Tiere einem Menschen in einer unerwarteten Notlage beistehen, ihm das Leben retten und es ihm so ermöglichen, bis in ein hohes Alter zu leben[103]. Als moralischen Lehrsatz, dem Buddha selbst in den Mund gelegt, formuliert es eine aus Indien übernommene Legende des *Konjaku monogatari*:

> Da fragte Ōmu den Buddha: „... Warum gibt es reiche Leute und andere, die arm sind? Warum sind manche mit Nachkommenschaft und Reichtum gesegnet, während andere allein und arm bleiben? Warum durchleben einige ihre 100jährige Lebensspanne ohne Zwischenfälle *(hyakunen heizei naru mono)*, während andere jung sterben? Warum sind manche schön und andere häßlich?..."
>
> Buddha antwortete auf jede einzelne seiner Fragen und sprach: „Hör mir gut zu... Die Reichen sind jene, die in früheren Leben Opfer dargebracht haben. Die Armen sind jene, die solches nicht getan haben. Die, die mit reicher Nachkommenschaft gesegnet sind, sind jene, die in früheren Leben ihre Mitmenschen wie ihre eigenen Kinder behandelt haben. Die, die alleinstehend bleiben, sind jene, die in früheren Leben anderen Unrecht angetan haben. Die, die ein langes Leben haben *(chōmei naru mono)*, sind jene, die in früheren Leben Lebewesen freigelassen haben, während die, die ein kurzes Leben haben, jene sind, die in früheren Leben Lebewesen getötet haben..."[104]

Besonders eindrucksvoll kommt die gleiche Vorstellung da zum Ausdruck, wo die gute Tat, die mit einem langen erfüllten Leben belohnt wird, darin besteht, daß jemand sein Leben für einen anderen hingeben will[105]. Mit-

---

[103] So etwa NR (1/7):92—93 (s.a. Bohner 1934:76), in der Mönch Gusai von Schildkröten, die er freigekauft hat, vor dem Ertrinken errettet wird und danach bis in ein Alter von über 80 Jahren lebt. Ähnliches Geschehen schildert NR (2/5):188—189 (s.a. Bohner 1934:114): Ein reicher Mann opfert jährlich einen Ochsen, bereut dies aber dann und tut Buße, indem er alle Lebewesen, von denen er hört, daß sie getötet werden sollen, loskauft. Als er stirbt, erretten ihn die vielen Lebewesen, die er freigekauft hat, in der Totenwelt vor den Ochsen, die ihn aus Rache zerhacken wollen. Er erwacht wieder zum Leben und lebt daraufhin ohne Krankheit bis in ein Alter von über 90 Jahren. Ähnlich auch KM IV (20/15):173, s.a. Hammitzsch 1965:22).

[104] KM II (3/20):238, s.a. Dykstra 1986b:43.

[105] So etwa in KM IV (19/24):112—113 (s.a. Ury 1979:126), in der ein unbedeutender Mönch sich für einen hochgeachteten Priester opfern will, dem ein baldiger Tod vorausgesagt wird, sofern niemand bereit ist, an seiner Statt zu sterben, und die Mächte der Totenwelt davon so gerührt sind, daß sie beider Leben verschonen, und sie zusammen ein hohes Alter erreichen. Dieser Thematik ist auch eine stärker im weltlichen Bereich spielende

unter gelingt es dem Rechtgläugiben sogar, vom Tod wieder zu erwachen und dann ein hohes Alter zu erreichen:

[Das *en* erzählt zunächst wie der Muraji Ōtomo no Yasunoko sich gegen die Anfeindungen der Mononobe um die Verbreitung des Buddhismus in Japan verdient macht. Im Jahr Suiko 33 stirbt er, doch erwacht er nach drei Tagen wieder zum Leben und erreicht schließlich ein Alter von 90 Jahren.]
...In dem Lobgesang heißt es:
Heil fürwahr, Dir, Ōtomo, der den Buddha geehrt, das Gesetz geliebt, sein Wesen geläutert und Treue bewiesen; der Leben und Glück bewahrte, seine ganze Lebensspanne durchlief und nicht frühen Todes starb *(nakanawa ni narinuru koto nashi)*[106]...
Wahrlich ist zu wissen der drei Schätze erhabene Wirkung, der guten Götter schirmender Schutz...[107]

Der Rechtgläubige steht unter dem Schutz der Götter, und nur dieser erlaubt es ihm, sein Leben zu bewahren, auch wenn ihm aufgrund guter Taten in vorherigen Leben ein langes Leben vorherbestimmt war. Dieser besondere Schutz, den die Götter dem tiefgläubigen Menschen angedeihen lassen, vermag auch dann den betreffenden bis zu einem fortgeschrittenen Alter am Leben zu erhalten, wenn ihm eigentlich nur ein kurzes Leben bestimmt war:

[Dem Mönch Zōman war vorhergesagt worden, daß er nicht über das 40. Lebensjahr hinaus leben würde. Er zieht sich daraufhin in die Bergeinsamkeit zurück und ruft jeden Morgen den Jizō Bosatsu an. Als aus der Hölle Boten geschickt werden, um ihn zu holen, erscheint Jizō als kleiner Mönch und rettet ihn.]
Danach ging Zōman seinen religiösen Übungen mit noch größerem Eifer nach als zuvor. Schließlich erreichte Zōman das 90. Lebensjahr *(tsui ni toshi kokonosoji ni michite)*, und obwohl er sich weiterhin bester Gesundheit erfreute und leichtfüßig war wie eh und je, da wußte er, daß sein Lebensende nahte und seine Zeit gekommen war. Da rief er Buddhas Namen an, betete zu Jizō und verschied, nach Westen gewandt sitzend und mit zum Gebet gefalteten Händen...[108]

Legende des *Konjaku monogatari* gewidmet, nach der Fujiwara no Nakahira, General zur Linken, obwohl ein Orakel verkündet, das Leben der Generäle der kaiserlichen Leibwache sei in Gefahr, nichts zu seinem Schutz unternimmt, weil er meint, er sei alt und ohne Vorzüge, und das Leben des Generals zur Rechten, Fujiwara no Saneyori, sei daher viel wertvoller als seines. Ein Bischof, der davon hört, meint, Nakahiras edle Gesinnung sei viel eher dazu angetan, ihn zu beschützen, als alle Vorsichtsmaßnahmen, die er treffen könnte. Und tatsächlich soll Nakahira ohne auch nur die Spur einer Krankheit bis zu einem Alter von über 70 Jahren *(toshi nanasoji amari made)* gelebt haben (KM IV (20/43):211—212).

[106] Die Bedeutung des Wortes *nakanawa* ist nicht geklärt, dürfte aber so etwas wie ‚unterwegs in Not geraten' bedeuten (NKD 15:191), daher möglicherweise auch wie Bohner übersetzt, ‚früh sterben'.

[107] NR (1/5):84—87, s.a. Bohner 1934:71—74.

[108] KM III (17/17):525, s.a. Tyler 1987:263. Mitunter läßt sich mit den Mächten der Totenwelt sogar handeln, sind sie durch gute Taten dazu zu bewegen, einen Menschen, der aus dieser Welt schon abberufen werden sollte, doch noch länger in ihr verweilen zu lassen, wie dies eine Legende aus dem *Nihon ryōiki* zeigt, in der ein Mann die Boten des Königs des Totenreichs, Enra, die gekommen sind, ihn zu holen, reich bewirtet, worauf sie von

Die Verbreitung dieses Gedankenguts war nicht auf religiöse Quellen beschränkt, es läßt sich auch in Schriften von Laien nachweisen. So fordert etwa Fujiwara no Morosuke im *Kujō ushōjō ikai* seine Nachkommen auf, frühzeitig den Weg des Buddhismus einzuschlagen und glaubensstark zu sein, weil nur so ein langes Leben zu bewahren sei:

So bald wie möglich wählt Euch Euren Schutzbuddha, wascht Euch die Hände in einem Weihbecken, ruft den erhabenen Namen Buddhas an und sprecht die Wahren Worte. Wieviele der heiligen Schriften der Shingon-Lehre jeder einzelne studiert, muß sich nach der jeweiligen natürlichen Begabung richten. Doch daß die Ungläubigen nur ein außerordentliches kurzes Leben haben, zeigen naheliegende Beispiele.

Teishinkō pflegte zu erzählen: „Als am 26. Tag des 6. Monats des 8. Jahres der Ära Engi im Seiryōden der Blitz einschlug, gab es für mich wirklich keinen Grund zu erschrecken, obwohl alle anderen Höflinge die Farbe wechselten. Denn ich vertraute von ganzem Herzen auf die Drei Schätze." Der Dainagon Kiyotsura und der Uchūben Mareyo verehrten das buddhistische Gesetz im gewöhnlichen Leben nicht. Diese beiden traf denn auch das Unglück, daß ihnen nur ein kurzes Leben beschieden war. Daher läßt sich sagen: durch die Kraft des Glaubens kann man dem Unglück entgehen.[109]

Auch der fiktive betagte Erzähler des *Ōkagami* vermeint die Gründe für seine Langlebigkeit nicht nur in seinen vergangenen Leben, sondern auch in seiner Gesetzestreue im jetzigen finden zu können:

Junge Leute, die nicht Euer Verständnis der Dinge haben, mögen mich einen alten Lügner (*soramonogatari suru okina*) nennen, doch solltet Ihr glauben, daß ich absichtlich auch nur eine einzige Unwahrheit hinzugefügt habe, so mögen die Buddhas und Boddhisattvas, die bei der heutigen Zeremonie angerufen wurden, meine Zeugen sein. Von den zehn Geboten ist es das gegen das Aussprechen von Unwahrheiten, das ich seit meiner Jugend am getreulichsten befolgt habe; schließlich war es mir ja wohl gerade deswegen möglich, so lange zu leben (*kaku inochi wo ba tamotaretesōrae*)."[110]

Insbesondere was das Ablegen der religiösen Gelübde betrifft, spricht die Heian-zeitliche Belletristik häufig den Wunsch, sich durch diese gute Tat nicht nur eine Wiedergeburt im buddhistischen Paradies, sondern auch die Verlängerung des diesseitigen Lebens zu ‚erkaufen', als Motiv an:

Ōigimi hatte sich entschlossen, in jedem Falle, ob sie nun genesen würde oder nicht, Nonne zu werden... So sagte sie zu ihrer Schwester: „Ich glaube, daß ich nie wieder genesen werde. Da es nun aber heißt, es sei sehr verdienstvoll, die Gelübde abzulegen und es verlängere das Leben (*inochi noboru koto*), so laß' bitte den Azari wissen, daß ich mich dazu entschlossen habe."[111]

---

ihm ablassen, nicht ohne ihm aufgetragen zu haben, 100 Rollen des *Kongō hannya-kyō*-Sutras lesen zu lassen, und er bis ins Alter von über 90 Jahren lebt (NR (2/24):250—251, s.a. Bohner 1934:141).

[109] KUI:117—118, s.a. Kluge 1953:183. Teishinkō, auf den sich Morosuke beruft, ist der postume Ehrenname seines Vaters Fujiwara no Tadahira. Von Kiyotsura, dem vierten Sohn von Fujiwara no Yasunori, und Taira no Mareyo, einem Sohn von Masamochiō, sind keine genauen Lebensdaten bekannt.

[110] ŌK:277, s.a. McCullough 1980:235.

[111] GM IV:459, s.a. Benl 1966b:589.

Stammte die Vorstellung von einem langen Leben als Belohnung für gute Taten ursprünglich aus dem religiösen Bereich, so war sie in der Heian-Zeit verbreitet genug, um auch losgelöst von jedem religiösen Kontext aufzutauchen. So ist im *Eiga monogatari* über den Tod des Fujiwara no Yukinari zu lesen:

Die Familie des Ichijō-Regenten war insgesamt sehr kurzlebig, aber Yukinari hatte immerhin ein Alter von über 50 Jahren erreicht. Vielleicht hatte er deswegen so lange gelebt, weil er einen so bewundernswerten Charakter hatte.[112]

2.4.1.4. Taoistische Langlebigkeit

Auch die begeisterte Aufnahme des Taoismus in Japan erklärt sich im wesentlichen durch das Versprechen der Unsterblichkeit beziehungsweise einer dieser nahekommenden Langlebigkeit, das dieser in sich birgt[113]. Im *Sangō shiiki* etwa wird der Auftritt des taoistischen Weisen Große Leere von den Anwesenden deshalb besonders begrüßt, weil sie hoffen, nun von ihm in die Geheimnisse der Langlebigkeit eingeweiht zu werden, die zu kennen sie sich sehnlichst wünschen:

„Vor langer Zeit trug der Kaiser der Han, der den Wunsch gefaßt hatte, ein Unsterblicher zu werden, seine Bitte aufrichtigen Herzens Xi wang mu[114] vor. Er kam in den Genuß der Techniken Fei Changfangs, und studierte bei dem alten Mann mit dem Topf[115]. Da uns nun das Glück beschieden war, Euch zu treffen, ist es nicht mehr notwendig, daß wir eine Reise von tausend Meilen wie Ping Yuan unternehmen, um eine Langlebigkeit (*banshi no inochi*) wie die des Peng Zu[116] zu erlangen. Ah, wie könnten wir darüber nicht überglücklich sein?!"[117]

---

[112] EM II:332, s.a. McCullough und McCullough 1980:769.

[113] Auf die zahlreichen Anleihen etwa eines Yamanoe no Okura aus den verschiedensten taoistischen Schriften wurde in anderem Zusammenhang bereits verwiesen. Das obenerwähnte Schreiben des Yoshida no Yoroshi (vgl. S. 42) zeigt deutlich die synkretistische Verbindung von Buddhismus und Taoismus in diesem Zusammenhang, wenn vom buddhistischen Standpunkt gute Taten dem Menschen zu einem Leben verhelfen sollen, das so lang ist wie das der legendären taoistischen Einsiedler Sekishōshi und Ōshikyō.

[114] Die ‚Königinmutter des Westens' wird in der chin. Geisteswelt etwa durch den Pfirsich oder das Unsterblichkeitskraut, die sie besitzt, häufig mit Unsterblichkeit oder einem langen Leben in Zusammenhang gebracht (Eberhard 1987:137), vgl. S. 59.

[115] Im *Hou han shu*, dem offiziellen chin. Geschichtswerk über die späte Han-Zeit, wird von diesem erzählt, wie er von einem alten Mann lernte, alle Krankheiten zu heilen (SS:483, A.72).

[116] Der chinesische Methusalem schlechthin, vgl. S. 24, FN 43. Er soll 800 Jahre alt geworden sein und mit 70 Jahren noch wie ein Baby ausgesehen haben (Eberhard 1987:220).

[117] SS:106, s.a. Grapard 1985:57. Auch der Weise selbst rühmt seine Lehre mit der ihr eigenen Tugend, das Leben des Menschen ins Unermeßliche zu verlängern: „Nun denn, Ihr Herren, höret. So will ich Euch zunächst die Heiligen Techniken, die es erlauben, nicht

So wurde aus dem Taoismus eine Reihe von Vorstellungen übernommen, wie der Mensch sich sein Leben verlängern könne, deren wohl wichtigste in einem maßvollen Leben in durch Zügeln der Begierden zu erwerbender Ruhe und Gelassenheit bestand, das der taoistische Gelehrte im *Sangō shiiki* allen ans Herz legt, die sich ein langes Leben ersehnen:

Mit einem Fußtritt entledigt euch der Reichtümer, wie man einen Schiefer entfernt. Angesichts der Ehren des Ranges habt die Einstellung, die man hat, wenn man ein Paar gebrauchte Strohsandalen wegwirft. Die Blicke, die ihr auf die Schönen mit den schlanken Hüften richtet, mögen sein wie jene, die ihr für Dämonen übrighabt; Einkommen und Amt und Würde betrachtet wie eine tote Ratte, die verfault. Seid ruhig und ohne zu handeln; friedlich und ohne Gelüste; reduziert die Zahl eurer Handlungen. [...] Die fünf Getreide sind Gift für den Magen, die fünf Gewürze rauben das Augenlicht. Wein und Schnäpse sind Schwerter, die die Eingeweide zerschneiden, Fleisch und Fisch sind Lanzen, die das Leben verkürzen (*inochi wo tsuzumuru hoko*). Die Frauen mit duftigem Haar und fein geschwungenen Brauen sind eine Axt, die des Lebens Länge abschneiden (*mei wo kiru ono*), Musik und Tanz sind das Beil, das die Langlebigkeit raubt (*ki wo ubau masakari*). Lauthals lachen und große Freuden empfinden schadet ebenso wie extremer Ärger und Schmerz. Zahlreich sind diese und ähnliche Feinde in uns. Doch wer ihrer nicht Herr wird, dem wird auch nicht langes Leben und Ewigkeit (*chōsei kyūson*) zuteil werden.[118]

Paradigmatisch personifiziert erscheint das maßvolle Leben ohne Ehrgeiz und Begierden und das Ideal des Nicht-Handelns, das im Taoismus dem Menschen ein langes Leben ermöglichen soll, in der Idealfigur der Langlebigkeit des *sanraku no okina*, des ‚Alten der drei Freuden', dessen Geschichte in das *Konjaku monogatari* aufgenommen wurde:

Es ist nun schon lange her, da hielt sich Konfuzius in China auf einem Hügel inmitten eines Waldes auf. Konfuzius selbst spielte die Koto, und seine zehn Schüler, die ihn begleitet hatten, ließ er aus den Schriften lesen. Da kam ihnen auf dem Meer ein alter Mann (*okina*) mit Hut in einem kleinen Boot entgegen, ruderte auf sie zu, machte dann sein Boot im Schilf fest, stieg an Land, ging auf einen Stock gestützt (*tsue wo tsukite*) auf sie zu und hörte dem Konfuzius die Koto spielen zu, bis jener seine Melodie zu Ende gespielt hatte...
Konfuzius sprach zu dem alten Mann und sagte: „Wer seid Ihr?", und der alte Mann antwortete: „Ich bin niemand besonderes. Ich bin nur ein alter Mann, der um seine Seele zu erfreuen in einem Boot umherfährt. Und was für ein Ziel verfolgt Ihr?" Da sprach Konfuzius: „Ich bin ein Mann, der umherwandert, um die öffentlichen Angelegenheiten in Ordnung zu bringen, Dinge, die von Übel sind, abzustellen, und das Gute zu befördern", und

---

zu sterben, erläutern und die Geheimnisse der Langlebigkeit (*chōsei no kibitsu*) erklären. Euer so kurzes Leben wie das der Eintagsfliege wird sich in seiner Länge mit dem der Schildkröte und des Kranichs messen können... Unveränderlich wie die drei Gestirne werdet Ihr die Acht Unsterblichen treffen, des Tags werdet Ihr Euch in den Silberpalästen der drei Inseln der Unsterblichkeit vergnügen, und des Nachts werdet Ihr die goldenen Gefilde der Fünf Berge erreichen und in ihnen lustwandeln" (SS:106, s.a. Grapard 1985:57).

[118] SS:110, s.a. Grapard 1985:60. Das Gebot sexueller Zurückhaltung, wollte man seine Lebenskräfte nicht vergeuden, war auch in der obenerwähnten Passage des *Kenkairon*, vgl. S. 39, angeklungen, allerdings in buddhistischem Kontext, wo sie auf umso fruchtbareren Boden fallen mußte, als sie sich mit dem buddhistischen Keuschheitsgebot überschnitt und daher auch als Bestandteil einer frommen Lebensführung aufgefaßt werden konnte.

der alte Mann erwiderte: „Das ist aber wirklich sehr dumm von Euch. Es gibt Menschen in dieser Welt, die den Schatten verabscheuen. Sie gehen dorthin, wo die Sonne scheint, doch wie sie sich so abhetzen, um dem Schatten zu entfliehen, da kommen sie doch nicht aus dem Schatten heraus. Würden sie sich gelassen dem Schatten nähern, gelänge es ihnen auch, aus dem Schatten herauszukommen, doch sie tun es nicht, sondern gehen in die Sonne, und wie sie sich so abmühen, vom Schatten wegzukommen, da verbrauchen sie alle ihre Kräfte, und es gelingt ihnen doch nicht... Drum ist ein solches Verhalten wahrhaftig völlig sinnlos. Drum sollte ein jeder sich an dem Platz, der ihm zusteht, niederlassen und dort in aller Ruhe sein Leben zubringen. Das ist alles, was man sich in diesem Leben wünschen kann. Hingegen ist es überaus dumm, dies nicht zu bedenken und sich vom Strudel des Weltgeschehens mitreißen und aus der Ruhe bringen zu lassen. Ich selbst habe drei Freuden. Ich bin als Mensch geboren: dies ist die erste meiner Freuden. Unter den Menschen gibt es Mann und Frau, doch ich bin als Mann geboren: dies ist die zweite meiner Freuden. Zudem bin ich nun schon 95 Jahre alt: dies ist die dritte meiner Freuden." Sprach's, und ohne eine Antwort abzuwarten, machte er kehrt, stieg wieder in sein Boot und ruderte davon.

Konfuzius blickte dem alten Mann nach, wie er davonruderte, und verneigte sich zweimal. Dann blieb er verbeugt stehen, bis man das Geräusch der Ruder des Bootes nicht mehr hören konnte. Erst als das Geräusch völlig verklungen war, stieg er in seinen Wagen und kehrte heim. Der Name des alten Mannes war Yōkeigo. So ist es erzählt und überliefert worden.[119]

Verbindungen zum Taoismus und der Yin-Yang-Lehre in der Person des legendären Gelben Kaisers weist auch die folgende Passage aus dem *Kujō ushōjō ikai* des Fujiwara no Morosuke auf, die sehr schön zeigt, welch vitales Interesse auch dieser sonst stark vom Konfuzianismus geprägte Staatsmann an der Verlängerung des Lebens hatte:

Danach wählt einen Tag für das Haarewaschen und das heiße Bad. (Alle fünf Tage einmal.) Beachtet die Glücks- und die Unglückstage für das Baden. (In den Überlieferungen des Gelben Kaisers steht geschrieben: Wenn man stets am Ersten Tag eines jeden Monats badet und die Haare wäscht, wird man ein kurzes Leben haben. Badet man hingegen jeweils am Achten Tag des Monats, so wird man ein langes Leben (*inochi nagashi*) haben.)[120]

---

[119] KM II (10/10):291—292. Der taoistische Einfluß zeigt sich an den Quellen für diese Legende, die etwa im großen chin. taoistischen Klassiker des 4. Jh.u.Z., *Zhuang zi* 10/31, zu finden sind. Auch Kūkai führt den *sanraku no okina* als Beispiel grenzenloser Genügsamkeit an (SS:118, s.a. Grapard 1985:67). Das Ideal der Ruhe und Gelassenheit, der Selbstbescheidung, das in dieser Sicht ein langes Leben begünstigt, war nicht nur in Gelehrtenkreisen ein Thema, auch Murasaki Shikibu läßt es im *Genji monogatari* ihrem Helden Genji seiner Frau Murasaki ans Herz legen: „Es hängt doch alles von der Einstellung ab, die der Mensch zum Leben hat. Dem Vertrauensvollen und Weitherzigen mehrt sich ständig das Glück, dem Engherzigen aber mangelt es an dem großzügigen Blick, und so verliert er in seiner Ungeduld bald wieder alles, selbst wenn er es dank irgendwelcher Fügungen aus dem früheren Dasein zu Rang und Vermögen gebracht hat. Die gelassenen, die heiter zuversichtlichen Menschen sind es, wie man immer sieht, welche ein langes Leben haben (*nagaki tameshi*)" (GM III:365, s.a. Benl 1966b:144).

[120] KUI:116, s.a. Kluge 1953:182. Der Gelbe Kaiser, Huang Di, legendärer erster Kaiser von China, ist dafür bekannt, daß er, zeitlebens von Todesfurcht geplagt, ganze Expeditionen ausrüstete, die das Kraut der Unsterblichkeit und die Wunderpilze des Langen Lebens für ihn suchen sollten (Eberhard 1987:149).

Schließlich lieferte der chinesische Taoismus in dem Glauben an die *sanshichū*, drei Tierchen, die im Körper eines jeden Menschen wohnen und seine Handlungen und Gedanken überwachen, eine zusätzliche Begründung für die Annahme, nur die Guten lebten lang. Diese *sanshichū*, so glaubte man, würden in der Nacht der *kanoe-tora-*(oder *kōshin-*)Tage während des Schlafs aus dem Körper entweichen, zum Himmel emporsteigen und dem Himmelskönig von den jeweiligen Missetaten berichten. Diesen entsprechend verkürzten sie dann, wenn sie in den Körper des Menschen zurückkehren, dessen Leben.[121] Um dies zu verhindern, blieb man in China in dieser Nacht wach. Der Glaube an diese *sanshichū* war auch in Japan verbreitet, und die als *kōshin-e* oder *kōshin-machi* bezeichnete Sitte des Durchwachens der *kanoe-tora-*Nächte wurde eifrig geübt[122]. So lieferte der Glaube an diese *sanshi* eine anschauliche Erklärung dafür, wie die schlechten Taten, die ein Mensch beging, ihm das Leben verkürzten, sofern er nicht genügend Durchhaltekraft besaß, sämtliche *kanoe-tora-*Nächte, und das sind immerhin sechs pro Jahr, zu durchwachen. Daß diese ursprünglich in China beheimatete Sitte in Japan so bereitwillige Aufnahme fand, lag wohl einerseits daran, daß die Kultur der Muße des Heian-zeitlichen Adels ihn für durchwachte Nächte, die mit den verschiedensten schöngeistigen Unterhaltungen verbracht werden konnten, von vorneherein einnahm; andererseits zeigt auch sie deutlich, von welch vitalem Interesse die Dauer

---

[121] Ausführlich beschreibt das *Bao pu zi* den Vorgang und erläutert, daß bei schweren Vergehen 300 Tage abgezogen werden, bei kleineren 3. Weiter entwickelt wurde die Vorstellung in der Tang- und Sung-Zeit. Demnach lebt eines dieser Tierchen im Kopf des Menschen und ist verantwortlich für Augenkrankheiten, Glatze, Mundgeruch, Falten im Gesicht und das Ausfallen der Zähne. Das zweite lebt im Bauch des Menschen und ist verantwortlich für körperliche Schwäche, Vorliebe für Fleischgenuß und Vergeßlichkeit. Das dritte lebt in den Beinen und ist verantwortlich für die Verwirrung der Sinne (KKJ 1:1193, GM V:454—456, A.187).

[122] Bereits das *Shoku Nihongi* erwähnt in der Eintragung für Jinki 1.11.4 (734) — es handelte sich um einen *kōshin-*Tag — eine Feier, bei der es sich wahrscheinlich um ein *kōshin-e* handelt. Zu Beginn der Heian-Zeit war die Sitte bereits fest eingebürgert, schreibt doch Jikaku Daishi in dem Bericht über seine China-Reise in den Jahren 838—847, *Nittō guhō junrei kōki* in der Eintragung für Shōwa 5.11.26 (838): „In dieser Nacht gibt es niemanden, der schlafen würde. Es ist wie bei uns in der Nacht des *kōshin* zu Neujahr." Weitere Erwähnungen von *kōshin-e* finden sich etwa in *Kanke monsō* (KKMS (3/211):266), *Shoku Nihon kōki*, der 4. der „Sechs Reichsgeschichten" über die Regierung Nimmyō Tennōs (833—850) von 869, Eintragung Shōwa 3.1.12. (836) und *Taiki*, dem Tagebuch des Fujiwara no Yorinaga über die Jahre 1136—1155 (NKD 9:237, 241, Stichwörter *sanshi, sanshichū*). In der Heian-Zeit war die Sitte soweit eingebürgert, daß sie wie etwa in GM V:14 als Metapher für eine mit den verschiedensten Unterhaltungen durchwachte Nacht verwendet wurde (GM V:454—456, A.187).

des Menschenlebens und seine Verlängerung für die Menschen der Zeit waren.

Während also eine Reihe von Vorstellungen nachweisbar sind, in denen ein besonders langes Leben als Lohn für den rechten Lebenswandel und somit als überaus erstrebenswertes Ziel erscheint, läßt sich insbesondere in der realistischen Erzählliteratur der Heian-Zeit aber auch ein diesem Komplex völlig entgegengesetztes Phänomen häufig beobachten.

2.4.2. *Eikyo shisō:* Die Besten sterben jung

Angst erfaßt beispielsweise den Helden des *Genji monogatari,* als er sich wieder einmal der Vollkommenheit seiner 36jährigen Gefährtin Murasaki bewußt wird: wie lange noch wird es ihm gegönnt sein, sie an seiner Seite zu haben? Prädestiniert nicht gerade ihre Vollkommenheit sie dazu, früh zu sterben?:

> Es gab auch daran, wie Murasaki sich nun, wie es ältere Menschen (*otonaotonashiku*) zu tun pflegen, um die musikalische Erziehung von Genjis Nachkommen bemühte, wahrhaftig nichts auszusetzen. In allen Dingen war sie ohne Fehl und Tadel. Es gab in der ganzen Welt nicht ihresgleichen. „Wahrhaftig", dachte Genji, „wer in allem überragend ist, wird kein langes Leben haben, so sagt man." Er verspürte plötzlich Angst um sie. Wenn er sich der vielen Frauen erinnerte, die er während seines Lebens schon kennengelernt hatte, war er fest davon überzeugt, daß es eine in allem so vollkomme Frau wie sie nirgendwo mehr geben könne. Murasaki war nun in ihrem 37. Lebensjahr. Gerührt gedachte er der vielen Jahren, die er nun schon zusammen mit ihr verbracht hatte und sagte: „Ihr solltet in diesem Jahr noch mehr und inbrünstiger als sonst [um ein langes Leben] beten..."[123]

Mit dieser Vorahnung, der in allen Dingen so vollkommenen Murasaki könnte nur ein kurzes Leben beschieden sein, steht Genji nicht allein. Im gleichen Werk läßt die Autorin Kondolenzbesucher nach dem tatsächlich verhältnismäßig frühen Tod Murasakis denselben Gedanken zum Ausdruck bringen, wenn sie darüber sinnieren, daß so vollkommene Menschen eben im allgemeinen nicht lange leben:

> „Vielleicht regnet es heute gar deswegen so stark, weil das Leben dieser so glücklichen Frau zu Ende ging!", meinte einer der hohen Würdenträger auf dem Rückweg. Ein anderer sagte mit leiser Stimme: „Jaja, Menschen, an denen nichts unvollkommen ist, leben bestimmt nicht lange!" „Wie heißt es doch in jenem Gedichte: ‚Würden sie auf uns hören, wenn wir sie beschwören, ach verweilet doch, die Kirschblüten, und nicht abfallen, kaum sind sie erblüht, was würden wir dann an ihnen so besonderes finden!" „Hätte diese Frau noch länger auf Erden geweilt und alles Glück des Daseins in sich vereinigt, so wäre dies für die gewöhnlichen Menschen eine gar bedrückende Last gewesen..."[124]

---

[123] GM III:357, s.a. Benl 1966b:137.

[124] GM III:383, s.a. Benl 1966b:160.

Andere Autoren teilen die gleiche Vorstellung. Das *Yoru no nezame* folgt auch in dieser Hinsicht dem Vorbild des *Genji monogatari*, wenn den Gemahl der Heldin beim Anblick seiner Frau die gleiche Sorge erfaßt, es könnte ihr gerade aufgrund ihrer Vollkommenheit kein langes Leben beschieden sein, und das obwohl sie gerade eine Geburt glücklich überstanden hat und daher eigentlich nichts dazu veranlaßt, mit Bösem zu rechnen:

„Wie berührend", dachte er, „sie ist so hervorragend und edel, vielleicht wird sie nicht mehr lange leben."[125]

Ein Echo dieser Angst, zu viel Schönheit und Talent seien nicht mit einem langen Leben zu vereinbaren, findet sich auch im *Ōkagami*, wenn die Gründe für Fujiwara no Koremasas frühen Tod – er war mit nicht ganz 50 verstorben – kommentiert werden:

Wahrscheinlich lag der Grund dafür darin, daß er zu gut aussehend und begabt war, und deshalb nicht sehr lange leben konnte.[126]

Ein ähnliches Motiv klingt im *Kagerō nikki* an. Als der Autorin geweissagt wird, sie würde im 8. Monat des Jahres sterben und sie zunächst auch an diese Weissagung glaubt, kommt sie schließlich, als dieser kritische Monat vorübergeht, ohne daß sie in Gefahr gekommen wäre, zu der Einsicht, daß jemand, dem im allgemeinen so viel Unglück widerfährt wie ihr, ja eigentlich nur damit rechnen könne, lange zu leben, denn früh verstürben ja bekanntlich nur die sonst Glücklichen:

So wartete ich Tag für Tag darauf, daß dieser mein letzter sein würde, aber die Tage vergingen und der Monat neigte sich seinem Ende zu, ohne daß etwas passiert war. Wie ich so bei mir dachte, daß es eben tatsächlich so war, daß nur den glücklichen Menschen das Leben verkürzt wird (*inochi wa tsuzumure*), da war schließlich unversehens auch der Neunte Monat vorüber.[127]

---

[125] YN:389.

[126] ŌK:133, s.a. McCullough 1980:139f. Mit umgekehrten Vorzeichen kommt der gleiche Gedanke auch dort zum Ausdruck, wo Autoren sich wundern, daß einer Person, der eine glänzende politische Karriere beschieden war, auch noch das Glück eines langen Lebens zuteil geworden war, wie etwa in der folgenden Passage anläßlich des Todes Fujiwara no Yorimichis im Alter von 83 Jahren: „Wie viele Menschen gibt es, die die Gnade haben, mehr als 80 Jahre in der Welt als erster zu leben?" (EM II:509). Auch die folgende Stelle aus dem *Utsuho monogatari* dürfte in diesem Zusammenhang zu verstehen sein, wenn die Tochter des hervorragenden, verhältnismäßig früh verstorbenen Toshikage bedauert, es sei eben selten, daß jemandem Glück und ein langes Leben beschieden ist: „...Wem, vom Tenno bis zu den unbedeutendsten Menschen, ist es schon beschieden, bis 80 oder 90 zu leben (*yaso kusojiyo made no inochi arite*) und einen glücklichen Lebensabend (*medetaki sue no yo*) zu genießen?" (UM III:462), wobei hier die Herausgeber allerdings der Meinung sind, es ginge einfach darum, ein hohes Alter zu erreichen und so zufrieden das Gedeihen der nachfolgenden Generationen miterleben zu können (UM III:462, A.4).

[127] KN:285, s.a. Seidensticker 1973:140.

Die Vorstellung, die in diesen Passagen zum Ausdruck kommt, wird im allgemeinen unter dem Begriff des *eikyo shisō* subsumiert, wonach Fülle beim einen Gut einen Mangel beim anderen heraufbeschwört und Reichtum, Glück, Talent, Karriere und eben ein langes Leben Geschenke sind, die einem nicht alle gleichzeitig zuteil werden. Man fühlt sich an Schillers „Ring des Polykrates" erinnert, wie hier ein allzu großes Maß an Glück Angst vor einer auch als Rache einer numinosen Macht zu begreifenden ausgleichenden Gerechtigkeit schafft, die man nur unter Verzicht auf einen Teil des allzu großen Glücks abzuwenden vermag. Solches Gedankengut läßt sich zum Teil auf chinesische Quellen zurückführen, doch scheint in der japanischen Ausprägung des Gedankens die Betonung stärker auf der wesensmäßigen Vollkommenheit der Person, welche ein langes Leben ausschließt, zu liegen.[128]

---

[128] Bei den chin. Quellen für diesen Gedanken handelt es sich vor allem um eine Stelle des *Lun yu*, der „Analekten des Konfuzius", die beschreibt, wie ein Schüler des Konfuzius das Studium liebte, aber glücklos war und früh starb; eine Passage des *Hou han shu*, die lautet: „Wer einen hohen Rang innehat, dessen Leben ist in Gefahr, wer viele Besitztümer hat, dessen Leben wird kurz sein"; sowie einen Absatz des *Yan shi jia xun* (‚Familienvorschriften des Klans der Yan'), in dem festgelegt wird: „Wünsche sollten nicht völlig in Erfüllung gehen. Was man erstrebt, sollte man nicht ganz erreichen... Die Begierden kennen kein Ende. Man sollte nur wenig erwünschen und sich zu bescheiden wissen, und so die Lebensgrenze hinausschieben... Dem Weg des Himmels und der Erde, der Götter und Dämonen, ist die Fülle verhaßt. Drum sollte man durch Bescheidenheit allzu große Höhenflüge bremsen und so Schaden vermeiden." Diese Stellen dürften einen prägenden Einfluß auf die Ausbildung des *eikyo shisō* in Japan gehabt haben, der besonders in der Heian-Zeit beherrschend wurde (GM II:185, A.23, 457, A.198). Während sich die Formulierung der Unvereinbarkeit von Talent für das Studium mit Glück und einem langen Leben in der ersten der genannten Vorlagen offenbar auf die Feststellung eines Sachverhalts im Leben eines bestimmten Mannes beschränkte, hat sie im *Hou han shu* bereits eine an eine Maxime gemahnende Form. Fertig ausgeprägt erscheint dieser Maximencharakter dann in der letzten der erwähnten Quellen, die den Verzicht auf allzu umfassende Wunscherfüllung zum Gebot erhebt, bei dessen Einhaltung ein langes Leben als Belohnung winkt. Aktive Selbstbeschränkung wird zum Mittel der Abwehr des Zorns der transzendenten Mächte, den allzu großes Glück heraufbeschwören könnte. Ähnlich verhält es sich mit einer von Genji seinem Vater in den Mund gelegten Ermahnung: „Da ich von frühester Jugend an die Wissenschaften liebte, dachte mein Vater wohl, ich würde mein Talent darin schon einmal entfalten, und so sprach er eines Tages: ‚Die Wissenschaften werden bei uns im allgemeinen so hoch bewertet, daß viele sich ihnen eifrig widmen wollen. Aber es ist überaus selten, daß einer, der darin begabt ist, sich gleichzeitig eines langen Lebens und des Glücks erfreut. Wer hohen Standes ist, wird auch ohne das Studium hinter anderen nicht zurückstehen, und so sollte er nicht durch zu eifriges Lernen gar sein Leben in Gefahr bringen' " (GM II:185, s.a. Benl 1966a:521). Auch hier geht es um das bewußte Vermeiden einer Art von Vollkommenheit, die, weil mit der Gabe eines langes Lebens nicht zu vereinbaren, besser zu scheuen ist. Häufiger jedoch als um Vorteile, die sich der Mensch durch sein eigenes Zutun verschaffen kann, handelt es sich in den japanischen Ausformungen des Gedankens, wie sie in den besprochenen Stellen zum Ausdruck kommen, um eine Form der Vollkommenheit der Person,

Dieser *eikyo shisō* scheint auf den ersten Blick der eingangs beschriebenen Vorstellung, wonach nur die Guten lange leben, diametral entgegengesetzt zu sein. Tatsächlich schließen sich die beiden Vorstellungen nicht grundsätzlich gegenseitig aus. Im japanischen Buddhismus erscheint ein langes Leben zum Teil als eine Art Unterpfand, das es den willigen, aber unvollkommenen Menschen erlauben soll, endlich doch noch genügend gutes Karma anzuhäufen, um erlöst und ins Paradies hinübergeboren zu werden. Einen solchen Gedanken legt etwa Murasaki Shikibu der Figur des Exkaisers aus dem *Genji monogatari* in den Mund, wenn sie ihn sagen läßt, Buddha hätte ihm wohl das Leben verlängert, um ihm Gelegenheit zu geben, sich noch den religiösen Übungen zu widmen[129]. Auch in den buddhistischen Legenden sind es häufig jene Menschen, die Unrecht begangen haben, aber willens sind, es wieder gut zu machen, denen von den Mächten der Totenwelt ein langes Leben geschenkt wird.[130] Insofern ist ein langes Leben auch Ausdruck von Unvollkommenheit, und der wahre Glaube offenbart sich für den Buddhisten oft dort, wo Menschen es vorziehen, früh und unbelastet zu sterben, anstatt in einem langen Leben als schwache Menschen schlechtes Karma anzuhäufen[131]. In der folgenden *Konjaku monogatari*-Legende zieht eine gläubige Frau es vor, früh zu sterben, als ihren Glauben zu verraten, nur um alt und häßlich zu werden:

---

die außerhalb deren Einflußmöglichkeiten liegt. Murasaki hat zwar natürlich, vor allem dank Genji selber, eine hervorragende Ausbildung genossen, die einen Teil ihrer allseits bewunderten Vollkommenheit ausmacht. Doch ist sie in einer Art vollkommen, die über das hinausgeht, was ein Mensch lernen kann, durch ihre angeborene Schönheit und feine Wesensart. Ähnlich sind es in der Passage des *Ōkagami* das Übermaß an Schönheit des Koremasa und sein überragendes Talent, die für seinen frühen Tod verantwortlich gemacht werden.

[129] GM III:234–235; vgl. S. 517.

[130] Dies ist der Fall in der obenangeführten Legende des *Nihon ryōiki* von dem Mann, der wegen der Ochsen, die er getötet hat, zur Hölle verdammt scheint, wegen der guten Taten, die er andererseits auch gesetzt hat, aber errettet wird und in ein langes, rechtgläubiges Leben zurück entlassen wird. Noch deutlicher wird es dort, wo Menschen vergleichbar nochmals ins Leben zurückgeschickt werden, um ein Gelübde, das sie einmal ablegten, endlich doch noch zu erfüllen. So erzählt das *Konjaku monogatari* von einem Mann, der zwar einen überaus schlechten Lebenswandel hat, vor der Hölle aber aufgrund eines Gelübdes, das Kegon-Sutra zu kopieren, errettet wird und danach, als er dieses Gelübde erfüllt hat, mit einem 85 Jahre langen Leben gesegnet ist (KM II (6/35):104, s.a. Ury 1979:62).

[131] So berichtet eine beliebte Legende, wie Shinkei sich vergiften will, weil er denkt: „Verweile ich noch viel länger in dieser Welt (*yo ni hisashiku araba*), so werde ich Schuld auf mich laden und ohne Zweifel werde ich dann dem Kreislauf der Wiedergeburten unterworfen sein. Sterbe ich hingegen früh (*toku shinite*), so werde ich auch kein schlechtes Karma auf mich laden!". Sein Plan mißlingt jedoch, im Gegenteil erweckt er seine Eltern vom Tod (KM III (12/37):197). Ähnlich DNHK (3/87):167, s.a. Dykstra 1983:110–111.

[Die Frau eines Mannes, der die buddhistische Lehre verachtet, ist gläubig und erlernt gegen seinen Willen ein paar Zeilen des Lotos-Sutra. Aus Rache für ihren Ungehorsam will er ihr die Augen ausreißen. Sie findet sich mit folgenden Worten mit ihrem Schicksal ab:]
„Dieser mein Körper ist letztendlich doch vergänglich. Ich mag zwar an ihm hängen, doch muß ich früher oder später doch sterben. So ist es noch besser, anstatt sinnlos alt und welk zu werden (kyūson semu), für das Gesetz zu sterben."
[Der Mann reißt ihr tatsächlich die Augen aus und wirft sie auf die Straße. Ein Priester nimmt sich ihrer an, und schließlich kann sie sogar Dinge, die nicht von dieser Welt sind, sehen.][132]

So dürfte die Vorstellung, wonach die Besten jung sterben, auch mit dem scheinbar ewig menschlichen Dilemma in Zusammenhang stehen, daß man sich zwar einerseits ein langes Leben wünschte, nur um festzustellen, daß das Alter selbst so manches Ungemach bereit hält.

2.5. Allgemeine Bewertungen des Alterungsprozesses und des Alters
2.5.1. Die negative Bewertung des Alterungsprozesses
2.5.1.1. Der Fluch der Vergänglichkeit

Der Alterungsprozeß, dem der Mensch unterworfen ist, wurde sowohl in den einheimischen Mythen als auch im ‚importierten' Buddhismus als existentielles Leid des Menschen aufgefaßt. So wird die Vergänglichkeit des Menschen in einer zentralen Mythe als Fluch einer Gottheit interpretiert:

[Der Himmlische Enkel Ho-no-ninigi-no-mikoto bekommt von der Gottheit Ōyama-tsumi-no-kami seine zwei Töchter Ko-no-hana-no-sakuya-hime und Iwanaga-hime zur Frau. Er schickt aber die ältere zurück, weil sie sehr häßlich ist.]
Da empfand Iwanaga-hime dies als große Schmach und sprach folgenden Fluch: „Hätte der himmlische Enkel mich nicht zurückgewiesen, sondern zur Frau genommen, wäre das Leben der ihm geborenen Kinder lang gewesen (miinochi nagaku shite) und so ewig und unvergänglich wie ein Felsen. Da er dies aber nicht getan hat, sondern nur meine jüngere Schwester geheiratet hat, sollen die ihm geborenen Kinder vergehen wie die Blüten der Bäume."
An einer Stelle heißt es: Aus Scham und Zorn spuckte Iwanaga-hime aus, weinte und sprach: „Die Menschen, die in dieser Welt leben, sollen sich so rasch verändern und verfallen wie die Blüten der Bäume."
Das ist der Grund, warum das Leben der Menschen so kurz und vergänglich (inochi moroki) ist.[133]

---

[132] KM I (4/22):305, s.a. Dykstra 1986b:127.

[133] NS II (Zeitalter der Götter 2):154, s.a. Aston 1956/1:84—85. Die Kojiki-Version der selben Mythe sieht den Fluch als den des Ōyama-tsumi-no-kami und als mythische Erklärung dafür, daß die Tenno, ihrer himmlischen Abstammung zum Trotz, sterblich sind (KJ: 130—133, s.a. Philippi 1977:144—145). Die Mythe selbst wurde wohl als Volksüberlieferung tradiert, bevor sie Teil der Hofmythologie wurde. Sie kann in zwei Teile unterschiedlicher Herkunft geteilt werden, die Heirat von Ninigi-no-mikoto, die wohl von regionalpolitischer

Die Mythe erklärt freilich hauptsächlich, wie der Tod in die Welt kam, und weniger, warum die Menschen altern. Allerdings legt der darin getroffene Vergleich des menschlichen Lebens mit der Blüte von Bäumen nahe, daß mit ihm auch die Vorstellung von einem einmaligen Aufblühen und darauffolgenden Verwelken innerhalb eines Menschenlebens verbunden und auf die Abfolge von Jugend und Alter angespielt wurde.[134]

Bedeutung war, und eine alte Mythe, die die Kürze des menschlichen Lebens erklärt und ursprünglich nicht mit Ninigi-no-mikoto verknüpft ist. Ähnliche Mythen finden sich auf Celebes, wo das Konzept des Ephemeren von einem Bananen-Mädchen, das des Dauerhaften von einem Fels-Mädchen verkörpert wird (Philippi 1977:145, A.12,13).

[134] Felsengleiche Unveränderlichkeit, wie sie in der mythischen Gestalt der Iwa-no-hime verkörpert ist, sehnt auch Yamanoe no Okura herbei, wenn er beklagt, daß der Mensch sich im Laufe der Zeit verändert, anstatt unveränderlich wie ein Felsen zu sein: „Obwohl auf ewig unveränderlich/ wie ein Felsen/ man möchte sein,/ die Zeit, sie läßt sich nicht aufhalten,/ ist das doch der Lauf der Welt (*Tokiwa nasu/ kaku shi mo ga mo to/ omoedomo/ yo no koto nareba/ todomikanetsu mo*)" (MYS II (5/805):65). Auch der Gegensatz zwischen den Blumen, die zwar erblühen, aber dann auch wieder verwelken müssen, als Metapher für das menschliche Leben und den ewig unveränderlichen Felsen tritt in Gedichten in Erscheinung, wie etwa in dem folgenden, in dem Ichihara no Ōkimi seinem Vater felsengleiche Unvergänglichkeit wünscht: „Frühlingsblüten/ verwelken./ Mögest Du, die mächtigen Felsen/ so ewig unveränderlich sein,/ mein werter Gebieter! (*Harukusa wa/ ato wa utsurou/ iwao nasu/ tokiwa ni imase/ tōtoki wa ga kimi*)" (MYS II (6/988):163, s.a. MYS 1965:89, Nr.258). Als allgemeine Sehnsucht der Menschen drückt ein anonymer Autor den gleichen Wunsch in einem weiteren Gedicht aus: „Die hohen Berge/ und die Meere,/ als Berge bestehen sie/ in dieser Welt,/ als Meere sind sie/ real und wirklich./ Doch die Menschen,/ sie vergehen wie Blumen,/ o Menschen dieser Welt (*Takayama to/ umi koso wa/ yama nagara/ kaku mo utsushiku/ umi nagara/ shika makoto narame/ hito wa hanamono so/ utsusemi no yohito*)" (MYS III (13/3332):395, s.a. MYS 1965:312, Nr.993). Daß die felsengleiche Unveränderlichkeit aber nicht nur im Sinne ewigen Lebens, sondern vor allem im Sinne ewiger Jugendlichkeit verstanden wurde, legen zahlreichen Gedichte des *Manyōshū* nahe, so jenes, das laut Glosse Fufuki no toji verfaßte, wie sie, als Tōchi no Himemiko (Tochter von Tenmu Tennō) zum Ise-Schrein pilgerte, die Felsen eines hingestreckten Berges in Hata sah: „Auf den reinen,/ von Wachstumskraft erfüllten/ Felsen am Fluß wächst kein Gras./ O mögest du auf ewig unveränderlich/ eine junge Frau bleiben! (*Kawa no e no/ yu tsu iwamura ni/ kusa musazu/ tsune ni mo ga mo na/ tokootome ni te*)" (MYS I (1/22):23, s.a. MYS 1965:66, Nr.202). Den gleichen Wunsch nach Unveränderlichkeit, der sich natürlich vorwiegend gegen sein Schicksal, sterben zu müssen, aber in geringerem Maße wohl auch gegen den natürlichen Alterungsprozeß richtet, drückt auch jene Wendung aus, die in den *Manyōshū*-Gedichten häufig in Zusammenhang etwa mit der Hoffnung verwendet wird, ein Mensch möge heil und unverändert von einer Reise zurückkehren (z.B. in MYS III (12/3217):329), nämlich *omogawari sezu*, wörtl. ‚ohne daß dein Gesicht sich verändert haben möge'. Es bleibt zwar offen, wodurch sich dieses verändert, doch dürfte dort, wo dieser Ausdruck in einer Art beschwörendem Gebet der Mutter zu Ehren verwendet wird, vor allem das Altern gemeint sein: „Wie das Haus, /dessen Holzpfeiler/ unter Beschwörungen errichtet,/ so unerschütterlich und unveränderlich,/ mögest du, o Mutter und Gebieterin, für immer sein! (*Makehashira/ homete tsukureru/ dono no goto/ imase haha toji/ omogawari sezu*)" (MYS IV (20/4342):417). Dieses Gedicht ist natürlich in Zusammen-

2.5.1.2. Das existentielle Leid des Alterns im Buddhismus

Im Buddhismus stellt die Tatsache des menschlichen Alterns grundsätzlich eines jener unausweichlichen Leiden dar, denen zu entkommen die Motivation für ein Ausbrechen aus dem Kreislauf der Wiedergeburten und eine Abkehr von allem Weltlichen darstellt.[135] So schildert denn auch das *Konjaku monogatari* ausführlich das Zusammentreffen des Buddha mit einem alten Mann, seine Abscheu, als er erkennt, daß der Mensch einem solchen Verfallsprozeß unterworfen ist, und wie er darauf beschließt, aus dem Kreislauf der Wiedergeburten auszubrechen:

[Die Legende erzählt von der behüteten Jugend des Prinzen Siddhartha, die dieser im Palast seines Vaters zubringt, ohne je die Schattenseiten des Lebens kennenzulernen. Eines Tages beschließt der Prinz, sich einmal außerhalb des Palastes umzusehen.]
Zu dieser Stunde verwandelte sich der Gott Jōgoten in einen betagten Greis (*oitaru okina*). Er hatte weiße Haare (*kashira shiroku*), einen krummen Rücken (*senaka tagusenishite*) und ging mühsam auf einen Stock gestützt (*tsue ni kakarite*) einher. Da fragte der Prinz seinen Begleiter: „Was ist das für ein Mensch?", und jener antwortete: „Das ist ein alter Mensch (*oitaru hito*)." Und wieder fragte der Prinz: „Und was nennt Ihr alt?", und jener antwortete: „Früher, vor langer Zeit, war dieser Mensch jung und erlebte seine Blütezeit, doch nun, wo sich seine Jahre angehäuft haben (*yowai tsumorite*), ist er ganz verfallen (*katachi otoroetaru*). Das ist es, was man einen alten Menschen (*oitaru hito*) nennt." Und wieder fragte der Prinz: „Ja, wird denn nur dieser Mensch hier alt, oder ist es bei allen Menschen so?", und jener zu antworten: „Bei allen ist es so." Da drehte der Prinz seinen Wagen um und kehrte zurück in den Palast.

---

hang mit den magisch-religiösen Bräuchen zur Beschwörung eines langen Lebens zu sehen, wodurch sich zeigt, daß eben dieser Wunsch nach einem langen Leben wohl zum Teil aufs engste mit der Sehnsucht, nicht zu altern, also unverändert jugendlich zu bleiben, verknüpft war.

[135] Deutlich wird dies etwa in der ersten Predigt, die Buddha am Benares hielt: „Die erste edle Wahrheit ist, daß Leben Leiden ist. Die edle Wahrheit über das Leiden lautet: Geboren zu werden, bedeutet Leid, zu altern bedeutet Leid, Krankheit bedeutet Leid, zu sterben bedeutet Leid, mit dem, was unangenehm ist, in Berührung zu kommen, bedeutet Leid, die Trennung von dem, was einem angenehm ist, bedeutet Leid, jede Sehnsucht, die unerfüllt bleibt, bedeutet Leid. Kurzum, die fünf Zustände, die die menschliche Existenz ausmachen, bedeuten Leid." So war die Erfahrung des menschlichen Alterns nicht zufällig eines jener Schlüsselerlebnisse im Leben des Gautama Buddha selbst, die ihn dazu bewegten, seine künftige Stellung als Herrscher aufzugeben und sich der Religion zu widmen. Es wird berichtet, er hätte in späteren Jahren, über seine Jugend befragt, geantwortet: „Ich war reich und lebte im Überfluß, doch dann kam mir der folgende Gedanke: ...obwohl er selbst dem Altern unterworfen ist und ihm nicht entrinnen kann, fühlt ein ungebildeter gewöhnlicher Mensch, wenn er das Altern an anderen beobachtet, Unbehagen, Scham und Abscheu. Ich selbst bin auch dem Altern unterworfen und kann ihm nicht entrinnen; und dennoch, obwohl ich dem Altern unterworfen bin und ihm nicht entrinnen kann, fühlte ich, wenn ich das Alter an anderen wahrnahm, Unbehagen, Scham und Abscheu, und dachte, daß mir das Altern nicht gebühre. Und als ich dies bemerkte, da schwand all die Kraft meiner Jugend" (Nakamura 1979:19—20).

[Bei einer zweiten und dritten Ausfahrt macht Prinz durch den Gott Jōgoten Bekanntschaft mit Krankheit und Tod. Als der Prinz zum vierten Mal ausgehen will, beschwört der König die Minister, sie mögen Sorge tragen, daß wenigstens diesmal den Prinzen nichts verdrieße.] Der Prinz verließ den Palast durch das nördliche Tor und als er im Garten angelangt war, stieg er vom Pferd, setzte sich unter einen Baum und schickte alle seine Gefolgsleute weg. Gesammelten Herzens meditierte er über die Leiden des Altwerdens (oi), der Krankheit und des Todes.
[Der Gott Jōgoten erscheint ihm in Gestalt eines Priesters und erklärt, er habe sich von dieser Welt, in der alles vergänglich ist, gelöst und die Erleuchtung erfahren, die ihn von neuerlichen Wiedergeburten befreien wird. Damit ist das Schicksal des Prinzen besiegelt, der beschließt, selbst der Welt den Rücken zu kehren und Buddha zu werden.][136]

Entsprechend wird der Terminus shōrōbyōshi (Geborenwerden, Alter, Krankheit und Tod)[137] in den Legenden rund um das Leben Buddhas, aber nicht nur dort, zum Synonym für das unausweichliche existentielle Leid des Menschen, dem zu entkommen dieser versuchen kann und soll, wie die Legenden es Buddha selbst sagen lassen:

... Und der Prinz tat folgendes Gelöbnis: „Solange ich nicht den vier Leiden des Geborenwerdens, des Altwerdens, der Krankheit und des Todes (shōrōbyōshi) ein Ende gesetzt habe, will ich nicht wieder in diesen Palast zurückkehren. Solange ich nicht die Buddha-

---

[136] KM I (1/3):57, s.a. Dykstra 1986a:68. Die Legende folgt im wesentlichen dem *Kako genzai inga-kyō*, einer Vita Buddhas in chinesischer Übersetzung aus dem 5.Jh.

[137] Mit diesem Begriff verwandt ist der *terminus technicus* der ‚acht existentiellen Plagen' (jap. *hakku*), zu denen gehören: das Leiden bei der Geburt (*jāti-duḥkam*), das Leiden des Alter(n)s (*jarā-duḥkam*), das Leiden an Krankheiten (*vyādhi-duḥkam*), das Leiden des Todes (*maraṇa-duḥkam*), das Leiden an der Trennung, von dem was man liebt (*priya-viprayoge duḥkam*), daran, das nicht zu bekommen, wonach man strebt (*yad apīcchayā paryeṣamāṇo na labhate tad api duḥkam*), mit dem verbunden zu sein, was man haßt (*apriya-samprayoge-duḥkam*), und der Schmerz bzw. das Leiden daran, mit den fünf Aggregatzuständen, die den Körper, den Geist und die Umwelt bilden, verbunden zu sein (Iwano 1979:97, MYS II:62, A.4). Verschiedentlich wie etwa bei Yamanoe no Okura auch in nicht ausschließlich religiösem Kontext verwendet, vgl. S. 73, FN 184, fand der Begriff besonders in religiösen Schriften Verwendung, so im *Sangō shiiki*: „Die fünf Zustände, aus denen die Wesen bestehen, sind leer und bar einer letzten Wahrhaftigkeit, gleich der täuschenden Illusion des Widerscheins des Mondes auf dem Wasser... Die zwei mal sechs Ursachen unseren einem Affen gleichen Geist, und die vier mal zwei Leiden, sie fügen unserem Herzen unaufhörlich Leid über Leid zu" (SS:131, s.a. Grapard 1985:78). Auch zu dem hier erwähnten, für den Buddhismus wichtigen Begriff der zwölf Ursachen (*dvādaśāṅga-pratītya-samutpēda*, jap. *jūninnen*) allen existentiellen Leids zählt das Alter(n), wenn diese sind: 1. *avidyā* (*mumyō*), die Unwissenheit, die Ursache für jegliche Illusion ist; 2. *saṃskāra* (*gyō*), Handlungen, die aus der Unwissenheit resultieren; 3. *vijñāna* (*shiki*), das Bewußtsein, wie es vom Moment der Empfängnis an existiert; 4. *nāma-rūpa* (*myōshiki*), mentale Funktionen und die Sache; 5. *saḍ-āyatana* (*rokunyū*), die fünf Organe und der Geist; 6. *sparśa* (*soku*), der Kontakt; 7. *vedanā* (*ju*), die Wahrnehmung; 8. *tṛṣṇā* (*ai*), die Sehnsucht; 9. *upādāna* (*shu*), die Verbundenheit; 10. *bhava* (*u*), die Existenz; 11. *jāti* (*shō*), die Geburt und 12. *jarā-maraṇa* (*rōshi*), Alter und Tod (Iwano 1979:151). Während verschiedene Schriften diese zwölf Ursachen mitunter verschieden verknüpfen, so zählt die Tatsache des menschlichen Alter(n)s doch immer zu den grundsätzlichen Ursachen menschlichen Leids.

schaft erlangt und die Lehre verbreitet habe wie ein sich drehendes Rad, solange will ich nicht zurückkehren und meinen Vater, den König, wiedersehen!"[138]

So war die Übernahme des Buddhismus dazu angetan, die in der erwähnten Mythe verschlüsselt zum Ausdruck kommende Vorstellung des Alter(n)s als existentiellem Leid in der Nara- und Heian-zeitlichen Gesellschaft weiter zu verstärken.

2.5.1.3. Die Sehnsucht nach Umkehrung oder Aufhebung des Alterungsprozesses und Jungbrunnenmotive

Eine negative Haltung dem Altern gegenüber läßt sich auch an dem häufig angesprochenen Wunsch nach Umkehr bzw. Negation des Alterungsprozesses überhaupt festmachen. Verschlüsselt auch dort zu erkennen, wo Autoren sich nostalgisch nach den Landschaften ihrer Jugend zurücksehnen[139], kommt der Wunsch, wieder jung zu werden, oft auch unmißverständlich zum Ausdruck:

Ob ich wohl die Blüte meiner Jugend wiedergewinnen kann? Wohl kaum werde ich Nara, die Hauptstadt, wiedersehen.	*Wa ga sakari mata ochime ya mo hotohoto ni Nara no miyako mizu ka narinamu*[140]

---

[138] KM I (1/4):63, s.a. Dykstra 1986a:76. Ähnlich auch KM I (1/5):66—67, s.a. Dykstra 1986a:80—81): „[Buddha Gautama trifft den Asketen Arara.] Da sagte der Prinz: ‚...Ich bitte Euch, sagt mir, auf welche Weise ich den vier Leiden des Geborenwerdens, des Altwerdens, der Krankheit und des Todes (*shōrōbyōshi*) ein Ende zu setzen vermag!' Da sagte der Heilige Mann: ‚Alle Lebewesen beginnen mit einem unabhängigen Selbst. Daraus entsteht das Selbstbewußtsein. Aus diesem erwächst Unwissenheit, und daraus wiederum Begierde. Aus der Begierde entstehen die fünf Sinne, aus diesen die fünf Elemente. Diese bringen Gier und Zorn hervor. Auf diese Art und Weise wiederholen wir immer und immer wieder den Zyklus der vier Leiden des Geborenwerdens, des Altwerdens, der Krankheit und des Todes (*shōrōbyōshi*). Dies, mein Prinz, mag Euch in aller Kürze als Erklärung dienen...' " Auch diese Legenden orientieren sich im wesentlichen an der obengenannten Vita Buddhas.

[139] So etwa in MYS I (3/332):175: „Wäre doch mein Leben/ unvergänglich,/ den Kisa-Bach/ vergangener Tage/ nochmals zu sehen! (*Wa ga inochi mo/ toko ni aranu ka/ inishie mishi/ Kisa no ogawa wo/ yukite minu tame*)". Von Ōtomo no Tabito, wohl in seiner Zeit als Generalgouverneur des Dazaifu (728—730), also 63—65jährig, verfaßt.

[140] MYS I (3/331):175, s.a. MYS 1965:116, Nr.356. Laut Glosse das erste aus derselben Serie von fünf Gedichten des Ōtomo no Tabito. Daß es sich dabei tatsächlich um ein Wieder-jung-Werden handelt, geht dabei aus der Verwendung des Zeitwortes *otsu* hervor, ein Verb der oberen 2-stufigen Flexion, das ‚sich verjüngen' bedeutet, ist sein Wortstamm *ot* doch der gleiche wie in *otoko, otome*, ‚junger Mann', ‚junge Frau' (MYS I:174 A). Mitunter erfährt diese dem Zeitwort *otsu* innewohnende Bedeutung einer Rückkehr zu einem früheren Zustand besondere Betonung dadurch, daß es in einer zusammengesetzten Form mit dem Verb *kaeru*, ‚zurückkehren', verwendet wird, wie in MYS II (6/1046):187, laut Glosse

Noch deutlicher wird er dort, wo die Menschen sich angesichts des Niedergangs, den Altern für sie offenbar bedeutet, Jugendelixiere herbeiwünschen, die auf chinesische Vorstellungen zurückgehen dürften:

Wie habe ich seit meinen Blütejahren	Wa ga sakari
doch abgebaut.	itaku kutachinu
Selbst wenn ich das Mittel,	kumo ni tobu
zu den Wolken zu fliegen, einzunehmen suchte,	kusuri wa mu to mo
ob es mir gelänge, wieder jung zu werden?	mata ochime ya mo[141]

Ausdrücklich von einem Verjüngungselixier oder einem Elixier ewiger Jugend (*ochimizu*), das sie für ihren Geliebten vom Mondgott erbitten wolle, spricht eine Frau in dem folgenden Gedicht:

Ich wünschte, die Himmelsleiter	Amahashi mo
wäre länger;	nagaku mo ga mo
die hohen Berge	takayama mo
höher:	takaku mo ga mo
dann könnte ich das Verjüngungselixier,	tsukuyomi no
das der Mondgott besitzt,	moteru ochimizu
holen und	itorikite
es dir geben,	kimi ni matsurite
damit du wieder jung würdest.	ochieshimu mono[142]

Während der Mond einerseits in der chin. Geisteswelt häufig mit ewiger Jugend assoziiert wurde[143], dürfte es aber auch endogen japanische Vor-

---

das letzte von drei Gedichten über das Bedauern des Verfalls der Hauptstadt Nara, anonym: „Ob ich wohl,/ wie Efeu zum Ausgangspunkt zurückwächst,/ wieder jung werden/ und die Hauptstadt Nara/ nochmals sehen werde? (*Iwatsuna no/ mata ochikaeri/ aoniyoshi/ Nara no miyako wo/ mata minamu ka mo*)", wobei die Hoffnung auf Verjüngung durch das *makurakotoba* zu *ochikaeru*, *iwatsuna*, verstärkt ist, das gleichbedeutend mit *iwatsuta*, ‚Efeu, der auf Steinen wächst' ist und die Assoziation zu ‚wieder jung werden' dadurch weckt, daß Efeu zunächst in eine Richtung und dann wieder in umgekehrter Richtung zum Ausgangspunkt zurück wächst (NKD 2:434).

[141] MYS II (5/847):81, s.a. MYS 1965:242, Nr.736. Laut Glosse erstes von zwei Gedichten über die Sehnsucht nach der Heimat, die in die Gruppe der 32 Pflaumenblütengedichte aufgenommen wurden, die anläßlich des Banketts im Hause des Ōtomo no Tabito am 13. Tag des 1. Monats des Jahres Tenpyō 2 (730) verfaßt wurden. Das Mittel, zu den Wolken zu fliegen, ist im chinesischen Kontext ein Unsterblichkeitselixier. Laut *Shen xian chuan* leckten einst ein Hahn und ein Hund ein Unsterblichkeitsmittel auf und stiegen zum Himmel empor, wo sie seither krähen und bellen. Auch Legenden rund um den Gelben Kaiser, Huang di, von dem es im *Bao pu zi* mehrfach heißt, er habe das magische Elixier, das Altern und Tod verhindert, eingenommen und könne seither fliegen und lebe lang, könnten als Vorlage gedient haben (MYS II:80 A).

[142] MYS III (13/3245):349, s.a. MYS 1965:306, Nr.970.

[143] Die chinesische Mondgöttin Chang E etwa besitzt in doppelter Hinsicht das Verjüngungselixier: sie war die Frau des Bogenschützen Hou I, hatte in dessen Abwesenheit das Kraut der Unsterblichkeit, das er von Xi wang mu erhalten hatte, gegessen, wurde unsterblich und stieg zum Mond auf, wo sie im ‚Palast der weiten Kälte' bis heute lebt. Ihr ist

stellungen gegeben haben, wonach ein Elixier ewiger Jugend zu bestimmten Zeiten und an bestimmten Orten auf Erden hervorsprudeln könne[144]. Auf dieser Vorstellung dürfte das folgende *Norito* basieren, in dem dem Tenno ein langes Leben in ewiger, sich ständig erneuernder Jugendlichkeit gewünscht wird:

Wie der weißen Edelsteine
möget Euch der weißen Haare [des Alters] erfreuen (*shiratama no ōmishiraga mashi*)[145],
wie der roten Edelsteine
möget Euch der roten Wangen der Gesundheit erfreuen,
[...]
wie die jungen Teiche,
die an diesem alten Flußufer, an jenem alten Flußufer hervorsprudeln,
möget Ihr jung der frischen Jugend sein (*iya wakae ni miwakaemashi*),
wie stillstehendes Wasser plötzlich sprudelnd zu strömen beginnt[146],
möget Ihr Euch verjüngend immer weiter verjüngen (*iya ochi ni miochimashi*),
wie man einen hellen, klaren Spiegel putzt und

---

ein Hase zugesellt, der mit einem phallusähnlichen Stößel die Rinde des Kassia- oder Zimtbaumes pulverisiert, die ebenfalls Unsterblichkeit gewährt (Eberhard 1987:52).

[144] So ist aus Miyakojima die folgende Legende überliefert: Einst wollten Mond und Sonne dem Menschen ein langes Leben schenken, und so schickten sie einen Mann als Boten mit zwei Fässern, eines mit *shijimizu* (Verjüngungswasser), das andere mit *shinimizu* (Sterbewasser), auf die Erde und befahlen ihm: „Laß die Menschen in dem Verjüngungswasser baden und schenke ihnen so ein langes Leben, und laß die Schlangen in dem Sterbewasser baden." Doch der Mann stellte unterwegs die Fässer ab und da kam eine Schlange des Wegs, die in dem Verjüngungswasser badete. Seitdem häuten sich die Schlangen und werden so neu geboren und leben lang, während die Menschen, die in dem Sterbewasser baden mußten, sterben. Zur Strafe muß dieser Mann nun für alle Ewigkeit im Mond stehen und die Fässer auf den Schultern tragen. Jedes Jahr, vor dem Shitsu-Fest, gießt er aber etwas Verjüngungswasser auf die Erde und so begann der Brauch, vor diesem Fest Wasser vom Brunnen zu schöpfen und alle im Haus darin baden zu lassen. Auch in den japanischen Zentralgebieten ist ein solcher als *wakamizumukae* bezeichneter Brauch des Wasserschöpfens zu Neujahr seit der Heian-Zeit am Hof des Tenno und in der Volkskultur nachweisbar ebenso wie die allgemeine Vorstellung, zu bestimmten Zeiten sprudle ein Wasser, das den Menschen, wenn er darin badet, neu geboren wieder erstehen lassen könne, am Meeresufer, an Flüssen, in Brunnen plötzlich hervor, auf der wohl auch Märchen wie das vom *wakagaerimizu* gründen, in dem ein Alter in den Bergen eine Quelle findet und dadurch wieder jung wird (Matsumae 1983:124, 126, 142–143).

[145] Er erbittet also den Segen eines langen Lebens.

[146] *Susugifuru odomi no mizu no*. Diese Zeile ist nicht ganz eindeutig zu übersetzen. Kurano und Takeda übertragen einfach mit ‚sprudelndes, fließendes Wasser' (NO:457, A.10). Allerdings bedeutet *odomi* allein ‚stillstehendes Wasser', sodaß mit dieser Übertragung der Sinn nicht völlig ausgeschöpft erscheint. Weswegen Philippi (1959:75) mit „as the waters run in the pool where purification ablutions are made" übersetzt, konnte ich nicht nachvollziehen. Bock versucht der offenbaren Vielschichtigkeit des Ausdrucks und dem Zusammenhang mit der nächsten Zeile dadurch gerecht zu werden, daß sie mit „as the water of ponds may be turned back to flow uphill" übersetzt (Bock 1972:104–105).

und in ihn schaut,
so möget Ihr, eine verkörperte Gottheit, über das große Acht-Insel-Land
zusammen mit Himmel und Erde, Sonne und Mond,
in Ruhe und Frieden herrschen...[147]

Schrieb man den Wassern überhaupt die magische Wirkung einer möglichen Verjüngung zu, so gab es auch bestimmte Orte, die in besonderem Maße mit dieser Sehnsucht verknüpft waren. Bereits einzelne Stellen in den *Fudoki* scheinen auf solche privilegierten Plätze hinzuweisen[148], doch ist das Motiv eines Jungbrunnens vor allem in den Legenden, die sich um den später im Zusammenhang mit einer Parabel der kindlichen Pietät berühmt gewordenen Wasserfall *yōrō no taki* in der Provinz Mino[149] ranken, seit der Nara-Zeit ausgeprägt. Ausführlich wird seine verjüngende Wirkung im *Shoku Nihongi* beschrieben:

---

[147] NO (*Izumo no kuni no miyatsuko no kamuyogoto* [Göttliche Glückwunschworte des Provinzstatthalters von Izumo]):455–457, s.a. Philippi 1959:74–75, Bock 1972:104–105. In diesem vom Statthalter der Provinz Izumo, der nach seinem Amtsantritt ein Jahr lang rituelle Enthaltsamkeit übte, bevor er an den Hof zurückkehrte und diese Glückwunschworte sprach (NO:452, A.1, Philippi 1959:12), gesprochenen Gebet, heißt es zunächst wie der göttliche Ahne der Izumo, Ame-no-ho-hi-no-mikoto, das Land für den Himmlischen Enkel befriedete und wie ihn die Götter aufforderten, das Reich als ein ewiges und wohlhabendes zu segnen. Er bekundet daraufhin, nun diese Segensworte seinerseits zu sprechen.

[148] Bei verschiedenen in den *Fudoki* erwähnten Quellen läßt sich nicht entscheiden, ob es sich in der damaligen Vorstellung einfach um Heilquellen oder um Jungbrunnen handelte, so etwa beim Teich Numao beim Kashima-Schrein, von dem es im alten *Hitachi Fudoki* nur heißt, wer von dem Lotos, der dort wächst, ißt, würde von allen Krankheiten geheilt (FDK:71), während erst das *Fubokushū*, eine um 1310 kompilierte Privatanthologie japanischer Gedichte, berichtet, der Genuß dieses Lotos' bringe ewige Jugend (FDK:457). Ähnlich sagt auch das *Izumo Fudoki* über den noch heute als Badeort berühmten Tamazukuri Onsen, die, die in seinem Wasser badeten, würden von allen Krankheiten geheilt, und ihr Aussehen würde verschönt (FDK:111). Erwähnenswert ist in diesem Zusammenhang eine weitere Stelle der *Fudoki*-Fragmente, die von einem ewig jugendlichen Paar spricht, auf das der Name der Provinz Wakasa zurückginge: „In dem Fudoki heißt es: In alter Zeit gab es in dieser Provinz einen Mann und eine Frau. Sie wurden ein Ehepaar und gemeinsam lebten sie lange (*chōju ni shite*). Die Leute kannten ihr Alter (*nenrei*) nicht. Ihr Aussehen war so jugendlich (*wakaki*), als wären sie junge Leute gewesen. Später wurden sie Götter. Heute sind sie die Götter eines bestimmten Schreins. Deswegen nennt man die Provinz Wakasa („Jugend')" (FDK:464–465). Die Stelle, die aus dem *Wakan sansai zue* (1712) des Terashima Ryōan stammt, dürfte zwar nicht dem Text eines Nara-zeitlichen *Fudoki* entsprechen, doch handelt es sich bei dem Schrein um den bereits im *Engishiki* angeführten Wakasa-hiko-jinja in Obama (Präfektur Fukui), zu dem der Tradition zufolge die Wasserquelle des *wakasai*, „Jungbrunnen', des Tōdaiji in Nara führt. Bei der dortigen *omizutori*-Zeremonie, die oft als buddhistische Umformung der alten Vorstellung, bestimmte Wasser könnten wieder jung machen, gesehen wird (Matsumae 1983:133), wird aus diesem Brunnen Wasser geschöpft, und es heißt, davon zu trinken, würde alle Krankheiten heilen (NKD 4:46).

[149] Heute Präfektur Gifu, Yōrō-gun, Yōrō-chō.

Der Tenno war gehobener Stimmung und erließ folgendes Dekret: Wir sind im Neunten Monat dieses Jahres im Palast von Fuwa zu Mino eingetroffen. Nach einigen Tagen der Muße sind Wir aufgebrochen, die schöne Quelle am Berg Tado im Distrikt Toki zu sehen. Als Wir unsere Hände in ihrem Wasser wuschen, wurde Unsere Haut ganz glatt und als Wir verletzte Stellen wuschen, da blieb keine zurück, die nicht verheilt wäre. An Unserem eigenen Körper haben Wir ihre Wirkung erfahren, und als Wir andere davon trinken und darin baden ließen, da wurden ihre weißen Haare (*shiraga*) wieder schwarz, ausgefallenes Haar (*hagekami*) wuchs wieder nach, trübe Augen wurden wieder klar, und so heilten alle Krankheiten. In alter Zeit, so heißt es, zur Zeit des Guangwu der Späten Han, da quoll eine süße Quelle hervor. Die davon tranken, wurden allesamt geheilt. Im Buch der Guten Vorzeichen heißt es: Süße Quellen sind erhabene Quellen. Damit sollen Alte gelabt werden (*rō wo yashinau*). Bedenken wir die Reinheit dieses Wassers, so ist die schöne Quelle ein besonders gutes Omen. Trotz Unserer Talentlosigkeit, wie könnten Wir Uns gegen dieses Geschenk des Himmels stellen! So soll im Reich eine große Amnestie gewährt werden, und das Jahr Reiki 3 zum ersten Jahr der Devise Yōrō gemacht werden.
[Es folgt eine Aufzählung verschiedener Spenden und Ehrerweisungen an alte Leute.][150]

Die Sehnsucht nach Verjüngung, nach der Umkehr des Alterungsprozesses kommt schließlich auch im Zusammenhang mit dem mythischen Land Tokoyo im *Nihon shoki* zum Ausdruck, in dem eine Stelle davon berichtet, wie in Zeiten des politischen Umbruchs unter Kōgyoku Tennō von Vertretern des einheimischen Glaubens eine wahre Hysterie losgebrochen wird, indem die Menschen zur Anbetung eines Insekts, angeblich Gott von Tokoyo, verleitet werden, der neben sagenhaftem Reichtum verspricht, die Alten wieder jung werden zu lassen:

Ein Mann aus der Gegend des Flusses Fuji im Land Azuma, Ōfube no Ō, hielt die Dorfbewohner dazu an, ein Insekt zu verehren und sagte: „Das ist der Gott von Tokoyo. Wer diesen Gott verehrt, wird reich werden und ein langes Leben (*inochi*) haben." Auch die Schamanen betrogen die Menschen und, eine göttliche Eingebung vortäuschend, sagten sie: „Wenn ihr den Gott von Tokoyo anbetet, werden die, die arm sind, reich werden, die, die alt sind (*oitaru hito*), werden wieder jung werden." So redeten sie ihnen zu und brachten die Untertanen dazu, ihre Besitztümer aus ihren Häusern zu werfen, Sake, Gemüse und die sechs Haustiere an den Rand der Straßen zu stellen und ließen sie rufen: „Der neue Reichtum ist gekommen." In der Hauptstadt und auf dem Land nahmen die Leute das Insekt von Tokoyo, legten es an reine Orte, sangen und tanzten und baten um Glück. Sie warfen ihre Schätze weg, doch es nützte ihnen nichts. Der Verlust und Schaden war groß. Darauf war der Kadono no Hada no miyatsuko, Kawakatsu, sehr erzürnt darüber, daß das Volk so betrogen wurde, und verprügelte Ōfube no Ō. Die Schamaninnen und Schamanen waren eingeschüchtert und hörten auf, die Menschen zu dieser Verehrung zu veranlassen.[151]

---

[150] SNG (Yōrō 1.11.17) (717):70—71. Auch im *Manyōshū* preist ein Gedicht, laut Glosse von Ōtomo no Azumahito im temporären Palast von Tagi in der Provinz Mino verfaßt, den Wasserfall ob seiner verjüngenden Wirkung: „Wahrlich, dies ist das Wasser,/ von dem es seit alters her heißt,/ es mache die Alten/ wieder jung,/ die berühmte Stromschnelle zu Tagi (*Inishie yu/ hito no iikeru/ oihito no/ otsu to iu mizu so/ na ni ou tagi no se*)" (MYS II (6/1034):183, s.a. MYS 1965:184, Nr.556).

[151] NS II (Kōgyoku 3.7):258—259, s.a. Aston 1956/2:188—189. Kawakatsu wird im Abschnitt über Suiko Tennō mehrfach, u.a. im Zusammenhang mit der Errichtung eines

Die gleiche Sehnsucht nach Verjüngung und ewiger Jugendlichkeit, wie sie mit großer Häufigkeit in Nara-zeitlichen Texten zu beobachten ist, findet sich in stärker literarisch umgearbeiteter Form auch in der Heian-zeitlichen Lyrik. Zum Teil klingt darin noch ein ähnlicher Glaube an die verjüngende Wirkung mancher Wasser an, wie etwa in dem Gedicht des Mibu no Tadamine aus dem *Kokinshū*, in dem dieser vom Otowa-Wasserfall und der ihm nachgesagten Wirkung spricht, Alter und Tod zu verhindern[152]. Sie fand in der höfischen Gesellschaft der Heian-Zeit ihren Niederschlag aber auch in einer Reihe vom Taoismus beeinflußter Feste und Feierlichkeiten, allen voran das Chrysanthemenfest (*kiku no en*, auch *kiku no sekku* oder *chōyō no sekku*) am 9. Tag des 9. Monats, das zu den fünf großen Festen der höfischen Gesellschaft (*gosekku*) zählte und bei dem man mit Chrysanthemensake (*kiku no sazaki*) langes Leben und Nicht-Altern beschwor.[153] Auch Murasaki Shikibu sehnt am 9. Tag des 9. Monats des Jahres 1008

Tempels erwähnt, und daß er Ōfube no Ō schlägt, könnte bedeuten, daß er als Vertreter des Buddhismus den Volksglauben zurückdrängt. In die Zeit Kōgyokus wurde die Episode wohl verlegt, um den Umbruchcharakter dieser Epoche zu betonen (KNKB 2:181). Dafür, daß das Land Tokoyo im japanischen Altertum nicht nur als das Land des ewigen Lebens galt, wie in der Legende von Urashima Tarō (vgl. S. 268), sondern auch für die Sehnsucht des Menschen stand, wieder zu jung werden, spricht auch ein Gedicht des Ōtomo no Miyori über die Freude, sich nach einer Trennung wiederzutreffen: „Es scheint, meine Geliebte/ hat im Lande Tokoyo/ sich aufgehalten:/ sie sieht nun jünger aus/ denn einst, als zuletzt ich sie sah (*Wagimoko wa/ Tokoyo no kuni ni/ sumikerashi/ mukashi mishiyori/ ochimashinikeri*)" (MYS I (4/650):289, s.a. MYS 1965:187, Nr.566).

[152] KKS (17/1003):310; vgl. S. 416. Noch stärker an einen wie oben beschriebenen Ritus erinnert das folgende Gedicht aus dem *Utsuho monogatari*, in dem der Held Nakatada anläßlich einer rituellen Waschung in einem Fluß die Götter anruft, sie mögen ihn und seine Begleiter auf ewig jung und unveränderlich sein lassen: „Hört mich an, ihr Götter!/ Tausende und abertausende Jahre lang/ laßt uns unter Gleichgesinnten/ die Waschung vollziehen,/ ohne uns je altern zu lassen! (*Kami mo kike/ omogawari sezu/ yaoyorozu/ yo ni misogitsutsu/ omou dochi hen*)" (UM III:202). Zum Ausdruck *omogawari sezu*, vgl. S. 55, FN 134.

[153] So mag Ki no Tomonori besonders an das *kiku no sekku* gedacht haben, als er sich durch Chrysanthemen im Haar erhoffte, nicht zu altern: „Noch von Tau bedeckt,/ laßt sie uns brechen und ins Haar stecken,/ die Chrysanthemenblüten,/ auf daß er lange währe, der Herbst,/ in dem wir nicht altern! (*Tsuyu nagara/ orite kazasamu/ kiku no hana/ oi senu aki no/ hisashikarubeku*)" (KKS (5/272):155, s.a. Rodd und Henkenius 1984:125). Die Chrysantheme war ja in der chin. Geisteswelt aufs engste mit dem Wunsch nach ewigem Leben verbunden. Das *Tai ping yu lan*, die bedeutende Enzyklopädie des 10. Jh.s, etwa berichtete im Kapitel „Chrysantheme" von einem Tal, in dem die Menschen ein besonders langes Leben genossen, weil ihr Fluß an seinem Oberlauf durch Chrysanthemenfelder floß (KKJ 1: 458), und in Anlehnung daran schrieb Fujiwara no Norikane in seinem *Waka dōmōshō* um die Mitte des 12. Jh.s: „Im Distrikt Tsuru [‚Kranich'] gibt es einen Berg, auf dem Chrysanthemen wachsen. Das Wasser, das aus dem Tal dieses Berges fließt, wäscht diese Chrysanthemen. Deswegen haben die Menschen, die dieses Wasser trinken, ein langes Leben (*inochi nagaku shite*) wie die Kraniche" (FDK:450).

Verjüngung herbei und macht uns gleichzeitig mit einem weiteren Artefakt bekannt, dem die magische Fähigkeit zuerkannt wurde, das verhaßte Alter fernzuhalten, der Chrysanthemen-Baumwolle *kiku no wata*, die man mit Chrysanthemen bedeckte und von der man glaubte, man könne das Alter vertreiben, wenn man sich am Tag des *chōyō*-Festes damit den Körper abrieb[154], wenn sie in ihrem Tagebuch schreibt:

Am Neunten bringt mir Hyōbu no Omoto Chrysanthemen-Baumwolle (*kiku no wata*): „Dies ist eine besondere Aufmerksamkeit der Dame des Hauses und sie läßt Euch ausrichten, Ihr möget es verwenden, um das Alter (*oi*) wegzureiben", sagt sie zu mir.

„Mit Chrysanthementau	Kiku no tsuyu
mich zu verjüngen	wakayu bakari
den Ärmel benetze,	sode nurete
der Spenderin der Blumen aber	hana no aruji ni
die tausend Jahr will lassen"	chiyo wa yuzuramu

will ich als Antwort schicken, doch da heißt es: „Die Botin ist schon wieder gegangen", und so lasse ich es sein.[155]

Allgemein ist der Anblick von Chrysanthemen häufig willkommener Anlaß, die Sehnsucht, das Alter fernhalten zu können, zu thematisieren:

Überall sucht man nach den schönsten Chrysanthemenstöcken und gräbt sie aus. Es sind solche darunter, die durch den Tau eine rötliche Färbung angenommen haben, aber auch gelbe in voller Pracht, und wie man sie so in mannigfaltiger Pracht hier und da wieder eingepflanzt, sie durch Morgennebelschwaden hindurch zu erblicken, erweckt wirklich das Gefühl, sie könnten das Alter (*oi*) vertreiben.[156]

Der Wunsch, lange zu leben, doch ohne die unerwünschten Alterserscheinungen, kommt auch in jenen buddhistischen Legenden zum Ausdruck, in denen die Kraft der religiösen Übungen dem Übenden dazu verhilft, bis in methusalemische Alter die Kraft und das blühende Aussehen der Jugend zu bewahren:

[Der Mönch Giei hat sich in den Bergen verirrt und ist hoch erfreut, als er zu einer Klause kommt, in der ein etwa 20 Jahre alter Mönch Sutren liest.]
Er fragte den heiligen Mann: „Heiliger Mann, seit wann lebt Ihr denn schon hier an diesem Orte? Und wie kommt es, daß Ihr an nichts Mangel leidet?" Da antwortete der heilige Mann: „Ich lebe hier nun schon über 80 Jahre. Früher war ich Mönch auf dem Berg Hiei. Ich war ein Schüler des Meisters Sanmai von der östlichen Pagode. Leider gab es einige

---

[154] MSN:446, A.12.

[155] MSN (1008.9.9):446, s.a. Sieffert 1978:7—8.

[156] MSN (1008.10.2.Dekade):461, s.a. Sieffert 1978:26. In trivialerer Form klingt die Sehnsucht, wieder jung zu werden, auch häufig dort an, wo besonders hervorragende Ereignisse durch ihre verjüngende Wirkung ausgezeichnet werden, so etwa das wunderbare Koto-Spiel von Toshikages Tochter im *Utsuho monogatari*, von dem es heißt: „Schon als diese noch klein war, konnte man von der Residenz her von morgens bis abends eine süße, wie unirdische Melodie erklingen hören. Jeder, der sie hörte, fühlte sich erfrischt, Kranke wurden geheilt, Alte wurden wieder jung, und so kamen Tag für Tag viele Menschen rund um die Residenz zusammen" (UM II:256, s.a. Uraki 1984:256).

kleine Schwierigkeiten zwischen uns, und so verließ ich den Hiei-Berg und wanderte einher... Als ich dann aber alt geworden war (*toshi oite nochi wa*), ließ ich mich auf diesem Berg nieder und nun warte ich hier schon lange auf den Tod." Giei hörte ihm voll Erstaunen zu... Dann fragte Giei: „Ihr sagt, Ihr seid schon sehr alt (*rōmō nari*), und doch seht Ihr jugendlich und blühend aus. Ist denn auch das die Wahrheit?", und wieder antwortete der heilige Mann: „Im Sutra steht geschrieben: Der, der das Lotos-Sutra hört, wird von allen Krankheiten geheilt werden und er wird weder das Alter noch den Tod kennen (*furō fushi*). Was sollte daran Lüge sein?"...[157]

Auch in dieser Hinsicht zeigt sich eine synkretistische Verbindung von Taoismus und Buddhismus, wenn etwa im *Honchō shinsenden* der buddhistische Glaube einen heiligen Mann zu einer Art taoistischen Unsterblichen macht, der trotz hohen Alters immer noch jugendlich aussieht:

... Er war ebenso hervorragend im *shōmyō* wie im Flöten- und Saitenspiel, und obgleich sein Alter in die 100 Jahre ging (*toshi kii ni oyobite*), hatte er ein jugendliches Aussehen. Die Menschen bezweifelten darum sogar, daß er tatsächlich ein Mann von mehreren 100 Jahren sein sollte...[158]

Ist es schon nicht möglich, wieder jung zu werden, so will man wenigstens nicht daran denken müssen, daß keiner dem Altern entrinnen kann. Formelhaft findet sich dieser Gedanke in mehreren Nara- wie Heian-zeitlichen *kanshi*, wenn Autoren meinen, sie wollten trinken und sich vergnügen, um zu vergessen, daß das Alter unweigerlich naht:

Ich bin ein wunderlicher Mensch in diesem Zeitalter. Wind und Mond sind mir zur zweiten Natur geworden, mit Fischen und Vögeln unterhalte ich mich. Nach Ruhm und Gewinn zu streben, liegt meinem unbefangenen Herzen fern. Mich dem Wein zuzuwenden und ihn zu besingen, entspricht meinem ureigensten Wunsch. [...] Die Sonne geht langsam unter, der Garten ist rein, und wir leeren die Fässer. In diesem glorreichen Rausch vergesse ich, daß das Alter bald kommen wird (*oi no masa ni itaramu*)...[159]

---

[157] KM III (13/1):206—208, s.a. Tyler 1987:141—143. Ähnlich auch DNHK (1/11):67, s.a. Dykstra 1983:41). Die Stelle, auf die sich der Mönch beruft, ist eine Passage des *Hokekyō*, Abschnitt *Gakuō bosatsu honji-hon* (KM III:207, A.27), die allerdings wohl im übertragenen Sinn gemeint ist. Ähnliches wird von dem heiligen Mann Kitō berichtet, der auf die Kraft desselben Sutra baute: „Er hatte ein ungemein langes Leben (*jumyō kiwamete nagaku shite*), und noch mit 140 Jahren war sein Rücken nicht ein bißchen krumm (*koshi kagamarazu*), er hatte keinerlei Schwierigkeiten, sich auf- und niederzusetzen, und sein Gesicht war so jugendlich und frisch wie das eines 30jährigen Mannes... Die Leiden von Alter und Krankheit (*rōbyō no kurushibi*) hatte er weit hinter sich gelassen..." (DNHK (2/69):137—138, s.a. Dykstra 1983:91). Ähnlich KM III (13/25):241—242.

[158] HSD (29):274—275, s.a. Bohner 1957:151. Der Ausdruck *kii* für ‚hundert Jahre' stammt aus dem *Li ji* („Buch der Sitten"), dem in der Han-Zeit entstandenen konfuzianischen Werk, das alte Bräuche und Sitten erklärt und kommentiert (HSD:274 A).

[159] KFS (Einleitung zu 94 von Fujiwara no Maro):156—157. Die Formulierung *oi no masa ni itaramu* stellt ein Zitat aus dem *Lun yu* dar: „Konfuzius sprach: ‚So ist der Mensch; erregt er sich, vergißt er aufs Essen; vergnügt er sich, vergißt er den Kummer und denkt nicht daran, daß das Alter bald kommen wird' " (KFS:83 A). Die gleiche Formulierung wiederholt ein Gedicht mit dem Titel „An einem Frühlingstag Pflaumenblüte und Nachtigall genie-

Der gleiche Gedanke taucht auch im Diskurs verschiedener Figuren der *monogatari*-Literatur auf. So gibt sich der Held des *Genji monogatari* gleich mehrmals betrübt, wegen all der Feierlichkeiten, die zu Ehren seines Erreichens des 40. Lebensjahres gegeben worden sind, zum Rechnen gezwungen worden zu sein und sich so, ganz im Gegensatz zu seinen Wünschen, seines fortgeschrittenen Alters bewußt geworden zu sein[160]. Von den Chrysanthemen, die das Alter ja allgemein vertreiben sollen, erhofft man, daß sie es einen wenigstens vergessen machen sollen[161], und ebenso wie sie fürchten, unglückliche Ereignisse ließen sie vorzeitig altern, hoffen die Menschen, glückliche oder schöne Begebenheiten könnten das Altern aufhalten:

Die wunderschöne Gestalt des Mittleren Rates, der die Neujahrsbesuche absolvierte, und der edle Duft waren derartig, daß man seine Sorgen vergaß und dem Alter entfloh (*oi mo shizoku*).[162]

2.5.1.4. Allgemeine negative Bewertungen des menschlichen Alterungsprozesses

Daß die Tatsache des menschlichen Alterns an sich als schmerzlich empfunden wurde, geht dabei aber nicht nur aus dem häufig angesprochenen Wunsch nach Unveränderlichkeit oder Aufhebung des Alterungsprozesses hervor, sondern wird auch vom Beginn der japanischen Literatur an offen angesprochen, wie etwa in einer Reihe von *Manyōshū*-Gedichten von Frauen an ihre Geliebten, in denen sie beklagen mitansehen zu müssen, wie jene, die ihnen so lieb und teuer, altern.[163] Allgemein beklagt auch Ōtomo no Yakamochi in dem folgenden berühmten Gedicht die Vergänglichkeit alles Irdischen, wobei er den menschlichen Alterungsprozeß

ßen" von Kadono no miko: „Flüchtig die Muße nützend,/ betrete ich den Garten und betrachte das Frühlingsgrün./ Die weißen Pflaumen erblühen in einem Lächeln,/ die lieblichen Nachtigallen lassen ihre bezaubernden Stimmen erklingen./ Meine Seele diesem Anblick zu öffnen, genügt,/ mein Herz wie von selbst von seinem Kummer zu befreien./ Nicht daran zu denken, daß das Alter bald kommen wird (*oi no masa ni itaramu*),/ will ich den Frühlingsbecher leeren" (KFS (10):83). Später greift auch ein Autor des *Honchō monzui* diese Formulierung auf: „Mein Haus liegt am Fuß eines Berges, es schaut auf einen Fluß. Man hört die Wellen klappern, den Wind in den Kiefern, und von morgens bis abends ist es schön kühl. So vergeß' ich, daß das Alter naht (*oi no itaramu koto wo wasure*), und sehne mich nach Ruhe. Habe ich Zeit, halte ich die Angelrute ins Wasser" (HCMZ a:353).

[160] GM III:242, 245; vgl. S. 20 und S. 208.

[161] *Oi wo wasurunu kiku*, etwa GM IV:226, s.a. Benl 1966b:385.

[162] YN:88f.

[163] MYS III (13/3246 und 3247):349; vgl. S. 346.

parallel zu dem ständigen Auf und Ab in der Natur setzt, ihn mit dem Abnehmen des Mondes, kaum hat er zugenommen, oder mit dem Verwelken der Blumen, kaum sind sie erblüht, gleichsetzt:

Ein Gedicht, das die Vergänglichkeit des Lebens in dieser Welt beklagt:

Seit dem fernen Anbeginn	Amatsuchi no
des Himmels und der Erde,	tōki hajime yo
daß das Leben auf dieser Welt	yo no naka wa
vergänglich sei,	toko naki mono to
so hieß es und	kataritsugi
so ist es überliefert worden;	nagaraekitare
doch blickt man von Ferne	ama no hara
zum Himmelsfeld empor,	furisakemireba
so nimmt auch der	teru tsuki mo
dort erstrahlende Mond zu,	michikakeshikeri
nur um wieder abzunehmen;	ashihiki no
die Wipfel der Bäume	yama no konure mo
in den Bergen,	haru sareba
im Frühling erblühen sie,	hana sakinioi
nur um im Herbst,	aki zukeba
wenn Tau und Reif sich auf sie legt,	tsuyushimo oite
und der Wind über sie hinwegfegt,	kaze majie
ihre roten Blätter wieder zu verlieren.	momichi chirikeri
So ist anscheinend auch	utsusemi mo
das Leben der Menschen in dieser Welt.	kaku nomi narashi
Das hübsche Rot der Jugend	kurenai no
verblaßt allmählich,	iro mo utsuroi
die vormals tiefschwarzen Haare	nubatama no
verfärben sich,	kurokami kawari
das Lächeln des Morgens,	asa no emi
abends ist es schon verändert.	yūbe kawarai
Wie man den blasenden Wind	fuku kaze no
nicht sehen kann,	mienu ga gotoku
wie fließendes Wasser	yuku mizu no
niemals stillesteht,	tomaranu gotoku
so ist alles vergänglich,	toko mo naku
und angesichts dies steten Verblassens	utsurou mireba
da stürzen mir Tränen	niwatazumi
wie Wildbäche über die Wangen	nagaruru namida
und ich kann sie nimmermehr unterdrücken.	todomikanetsu mo[164]

Häufiger empfindet der Mensch umgekehrt gerade zu Jahresbeginn, im Frühling, angesichts einer Natur, die sich Jahr für Jahr aus sich selbst heraus erneuert, sein Schicksal, das ihm diese ständige Erneuerung verwehrt und ihn altern läßt, als schändlich:

Wenn der Winter vorübergeht	Fuyu sugite
und oh! der Frühling endlich kommt,	haru shi kitareba
da beginnt ein Jahr von neuem.	toshitsuki wa

---

[164] MYS IV (19/4160):327, s.a. MYS 1965:163, Nr.499.

Immer nur älter hingegen	*arata naredomo*
wird der Mensch.	*hito wa furiyuku*[165]

Dieses somit seit der Nara-Zeit nachweisbare Motiv vom Unglück des Menschen, der innerhalb einer sich erneuernden Natur dazu verurteilt ist, von diesem Erneuerungsprozeß ausgeschlossen zu sein, fand in der Heian-Zeit zahlreiche Nachfolge. Einen Vertreter dieser Art der Klagen über das menschliche Altern stellt das folgende Gedicht aus dem *Kokinshū* dar:

Die vielen, vielen kleinen Vögel,	*Momochidori*
hör, wie sie fröhlich zwitschern	*saezuru haru wa*
im Frühling, der alle Dinge	*monogoto ni*
wie neu erscheinen läßt,	*aratamaredomo*
doch ich, ach, werde immer nur älter!	*ware zo furiyuku*[166]

Dabei mag es der letzte Schnee sein, der zu dieser Jahreszeit fällt, der die Autoren zu einem Wortspiel zwischen *furu*, ‚fallen (von Schnee, Regen, etc.)‘, und *furu*, ‚alt werden‘, anregt und sie mit dessen Hilfe auf ihr nun wieder um ein Jahr weiter vorgerücktes Alter anspielen läßt.[167] Vor allem sind es aber die Boten des Frühlings und somit eines neuen Jahres, die Schaudern davor hervorrufen, daß der Mensch wieder ein Jahr älter geworden ist, während sich die Natur ringsum erneuert. Besonders im Zusammenhang mit den Kirschblüten, die jedes Jahr aufs neue in gleicher Pracht erblühen, dauert die Menschen, die sich an ihrer Schönheit erfreuen, daß sich ihre eigene Schönheit nicht ebenso erneuert, sondern nach und nach dem Alter weichen muß:

---

[165] MYS III (10/1884: Das Alter (*furinishi koto*) beklagen:):67, s.a. MYS 1965:294, Nr.913.

[166] KKS (1/28):110, s.a. Rodd und Henkenius 1984:57. Autor und Titel unbekannt. Das Gedicht und die in ihm zum Ausdruck kommende Geisteshaltung war so beliebt, daß es in der Heian-zeitlichen Literatur immer wieder zitiert wurde, insbesondere dann, wenn das unaufhaltsame Fortschreiten der Zeit und das Älterwerden eines Menschen hervorgehoben und bedauert werden sollte, so etwa wiederholt im *Kagerō nikki*: „Es kam der Frühling, und mit ihm der Tag, da man sich des Gedichts erinnert, das da heißt: ‚Alle Dinge werden wieder neu (*aratamaredomo*), nur wir Menschen werden immer nur älter‘, und während ich dem Gesang der Nachtigall lauschte, flossen mir unaufhörlich die Tränen über die Wangen" (KN:212, s.a. Seidensticker 1973:95). Zwei Jahre später quälen die inzwischen 36jährige Autorin im Frühling wieder ähnliche Gedanken: „Das alte Jahr ging zu Ende und ein neues begann mit den üblichen Trubel und den Festlichkeiten, doch ich hatte auch nach drei, vier Tagen nicht den Eindruck, daß sich auch nur irgendetwas erneuert hätte, sondern fühlte nur, wie ich immer älter wurde (*aratamareru kokochi mo sezu*)" (KN:286, s.a. Seidensticker 1973:141).

[167] So z.B. in einem „am Jahresende verfaßten" Gedicht von Ariwara no Motokata: „Immer wenn das Jahr/ sich zu Ende neigt,/ fällt Schnee, so tief,/ wie Jahr auf Jahr sich häuft/ und älter ich werde (*Aratama no/ toshi no owari ni/ naru goto ni/ yuki mo wa ga mi mo/ furimasaritsutsu*)" (KKS (6/339):167, s.a. Rodd und Henkenius 1984:143).

Negative Bewertung des Alterungsprozesses 69

Ein Gedicht, das er beim Anblick von Kirschblüten, das Altern (*toshi no oinuru koto*)
beklagend, verfaßte   von Ki no Tomonori
Die Blüten, sie mögen Jahr für Jahr   *Iro mo ka mo*
immer wieder wie ehedem   *onaji mukashi ni*
in voller Pracht erblühen,   *sakuramedo*
doch der Mensch, der altert,   *toshi furu hito zo*
verändert sich immer mehr.   *aratamarikeru*[168]

Auch andere Boten der sich erneuernden Natur gemahnen den Menschen seines Schicksals, daß er mit den Jahren immer älter wird, so zum Beispiel der erste Ruf des Kuckucks im Frühjahr, wie bereits die Autorin des *Kagerō nikki*:

Fürwahr, den Ruf des jungen Kuckucks hören!
Ja seine Stimme, sie ist wieder neu, allein der Mensch wird immer nur älter (*furu*)...[169]

War der Mond schon in der Nara-zeitlichen Lyrik durch sein ewiges Zu- und Abnehmen zur Metapher für die Vergänglichkeit des menschlichen Lebens geworden, so wird er nun auch für das menschliche Altern verantwortlich gemacht. So wundert sich Ariwara no Narihira, daß die Menschen sich aus ästhetischem Genuß dazu hinreißen lassen, den Mond zu preisen, müßten sie doch bei ernsthafter Überlegung erkennen, daß sie mit jedem Mal, da er seinen Kreislauf vollzieht, wieder älter werden:

In Wahrheit will ich   *Ōkata wa*
ihn nicht mehr preisen,   *tsuki wo mo medeji*
den schönen Mond.   *kore zo kono*
Sooft er seinen Kreislauf vollzieht,   *tsumoreba hito no*
macht er uns Menschen wieder ein Stückchen älter.   *oi to naru mono*[170]

---

[168] KKS (1/57):115, s.a. Rodd und Henkenius 1984:65. *Aratamaru*, ‚sich erneuern', meint hier die altersbedingten Veränderungen, wie das Wachsen weißer Haare, die Falten, die sich bilden und nicht eine Erneuerung im Sinne einer Wiederherstellung eines früheren Zustandes (KKS:115 A). Von der gleichen Stimmung getragen ist auch ein Gedicht aus dem *Utsuho monogatari*: „Die Blüten, Jahr für Jahr,/ erblühen in der gleichen Farbenpracht,/ doch jeder dieser Lenze/ ein Stückchen älter/ wohl wieder mich wird machen (*Hana no iro wa/ sakari ni miete/ toshigoto ni/ haru no ikutabi/ oi wo shitsuran*)" (UM III:354). Dasselbe Motiv von der sich im Frühling erneuernden Vegetation und dem Menschen, der sich zwar an ihr erfreut, an dieser allgemeinen Erneuerung aber zu seinem Bedauern nicht teilhaben kann, findet sich auch in den *kanshi* der Zeit: „Sollt' sagen ich, was Schönes gibt's zu sehen, an Frühlingstagen in der Bucht,/ die frischen grünen Gräser sind's, nur sie!/ Alles ringsum in lauer Luft und warmem Sonnenschein ist voll neuer Lebenskraft,/ doch der Mensch, der's sieht, Jahr um Jahr, wird er immer nur älter (*oyu*)" (BSS (2/98):278) oder: „Jahr für Jahr erblühen die Blüten in gleicher Pracht,/ nur der Mensch gleicht sich von einem Jahr aufs andere nicht" (WR (791):254).

[169] BSS (3/116, von Ono no Minemori):288.

[170] KKS (17/879):279, s.a. Rodd und Henkenius 1984:302. Das Gedicht entspricht dem in *Ise monogatari* 88, wo es mit den Worten: „Einmal versammelten sich ein paar Freunde — sie waren nicht mehr eben jung (*ito wakaki ni wa aranu*) — und gemeinsam betrachteten

Beliebt ist in diesem Zusammenhang auch das Wortspiel zwischen den Homonymen *toshi*, ‚Jahr', und *toshi*, ‚schnell', das häufig verwendet wird, um zu beklagen, wie rasch die Jahre vergehen und den Menschen altern lassen. In personifizierter Form werden im *Kokinshū* die Jahre, die wie im Flug vergehen, mithilfe dieses Wortspiels angeklagt, erbarmungslos für das fortschreitende Alter des Menschen verantwortlich zu sein:

Die um nichts in der Welt	*Todomeaezu*
man aufhalten kann,	*mube mo toshi to wa*
zu Recht nennt man euch	*iwarekeri*
die Jahre, die Eiligen.	*shika mo tsurenaku*
Wie vergeht ihr so mitleidlos!	*suguru yowai ka*[171]

Die Jahre, die zu rasch vergehen und so das Alter mit sich bringen, gerne aufhalten würde auch der Autor des *Ise monogatari*, wenn er in einem Gedicht bedauert, die Jahre würden zu den Dingen gehören, die einen nicht erhören, wenn man sie um Einhalt bittet:

Fließendes Wasser,	*Yuku mizu to*
verfliegende Jahre,	*suguru yowai to*
fallende Blüten,	*chiru hana to*
nichts von alledem erhört den,	*izure mate tefu*
der da „Verweile!" ruft.	*koto wo kikuran*[172]

Auch Sei Shōnagon fällt unter den Dingen, die schnell – zu schnell – vorüberziehen (*tada sugi ni suguru mono*), das Alter des Menschen ein:

Ein Boot mit gehißten Segeln. Das Alter des Menschen (*hito no yowai*). Frühling, Sommer, Herbst und Winter.[173]

In manchen Gedichten taucht das Alter gar in personifizierter Form auf, und wie ungelegen es den Menschen kommt, zeigt sich daran, daß man hofft, es möge seinen Weg, die Menschen heimzusuchen, nicht finden:

Fallet in Wolken,	*Sakurabana*
ihr Kirschblüten,	*chirikaikumore*
auf daß das Alter den Weg,	*oiraku no*
auf dem es kommen soll,	*komu to iunaru*
nicht erkennen möge!	*michi magau ga ni*[174]

---

sie den Mond" (IM:165, s.a. McCullough 1968:132, Schaarschmidt 1981:85) eingeleitet wird. Auch in die Heian-zeitliche Privatanthologie der 2. Hälfte des 10. Jh.s *Kokin waka rokujō* aufgenommen. Dasselbe Motiv existiert auch in *kanshi*-Version: „[...] Während aber der Mond Jahr für Jahr in neuem Glanz erstrahlt,/ wachsen den Menschen, die ihn betrachten, Jahr um Jahr mehr weiße Haare (*shiraga ou*)" (BSS (2/137, von Saga Tennō):307).

[171] KKS (17/898):282, s.a. Rodd und Henkenius 1984:307.

[172] IM (50):139–140, s.a. McCullough 1968:104, Schaarschmidt 1981:50–52.

[173] MS (260: Was schnell vorüberzieht):273, s.a. Watanabe 1952:258.

[174] KKS (7/349):170, s.a. Rodd und Henkenius 1984:147. Laut Glosse anläßlich der Feier zum 40. Lebensjahr (*yosoji no ga*) des Fujiwara no Mototsune von Ariwara no Narihira ver-

Noch drastischer formuliert es ein anderer Autor, wenn er dem Alter die
Tür versperren will, wenn es nach Einlaß bei einem Menschen verlangt:

Hörte ich,	Oiraku no
daß das Alter naht,	komu to shiriseba
ich wollte das Tor fest verriegeln,	kado sashite
antworten, ich sei nicht zu Haus,	nashi to kotaete
und müßte ihm so nie begegnen!	awazaramashi wo[175]

Auch ohne Wortspiele und Findigkeiten im Ausdruck vermittelt die Vorstellung vom Altern allgemein den Eindruck des Ungemachs, beginnt man erst darüber nachzudenken, wie es Murasaki Shikibu in ihrem Tagebuch tut:

Wie das Jahr sich zu Ende neigt,	Toshi kurete
in dieser Nacht	wa ga yo fukeyuku
so fortgeschritten wie mein Alter	kaze no ne ni
dem Wind zu lauschen,	kokoro no uchi no
mein Herz sich mit Ungemach erfüllt.	susamajiki kana[176]

Und auch die Autorin des *Kagerō nikki* kann nicht anders, als bei dem Gedanken, daß sie zu allem Unglück, das ihr widerfährt, nun auch noch altert, zu erschrecken:

Es war eine Zeit, da bedauerte ich,	Sode hizuru
daß naß von Tränen meine Ärmel waren,	toki wo da ni koso
doch was nun, da nur Herbstregen mehr	nagekishika
mich durchnäßt und unter seinen Schauern	mi sae shigure no
allmählich alt ich werde!	furi mo yuku kana[177]

2.5.2. Allgemeine Bewertungen der Altersphase
2.5.2.1. Nostalgisches Rückerinnern der Jugend

War der Alterungsprozeß an sich etwas so Erschreckendes und Unerwünschtes, so nimmt es nicht wunder, daß auch der Altersphase selbst offenbar nur wenig Erfreuliches abzuringen war. Dies zeigt sich zunächst auf negative Weise daran, wie nostalgisch man sich der vergangenen Jugendtage erinnert und sie sich zurückwünscht. So beschwört ein Nara-zeitlicher

---

faßt, also um 875. Entspricht dem Gedicht in IM (97):169, s.a. McCullough 1968:137, Schaarschmidt 1981:91. Es könnte auf der Vorlage zu *Kokinshū* 17/895, vgl. unten, beruhen. *Oiraku*, eine abgewandelte Form von *oyuraku*, der *ku*-Flexion von *oyuru*, die meist einen vollendeten Sachverhalt, einen Zustand, ausdrückt, wird hier für die Personifizierung des Alters verwendet.

[175] KKS (17/895):282, s.a. Rodd und Henkenius 1984:307.

[176] MSN (1008.11.22):484, s.a. Sieffert 1978:53.

[177] KN:250, s.a. Seidensticker 1973:118. Man schreibt das Jahr 971; die Autorin müßte also zu dem Zeitpunkt, als sie dieses Gedicht abfaßte, um die 35 Jahre alt gewesen sein.

Autor den Anblick einer Brücke herauf, die er in seiner Jugendzeit überquert hat, und wünscht sich sehnlichst in diese Tage zurück:

Einer Leiter gleich,	Hashitate no
o du Steinbrücke	Kurahashigawa no
über den Kurahashi-Fluß,	iwa no hashi wa mo
ich überquerte dich,	ozakari ni
einst in meiner Jugendblüte Zeit	wa ga watariteshi
Ach, wohin bist du entschwunden!	iwa no hashi wa mo[178]

Daß es allgemein das Los des Menschen ist, sich im Alter nach der Jugend zurückzusehnen, weiß auch Yoshida no Yoroshi, wenn er versucht, seinen Freund Ōtomo no Tabito damit zu trösten, daß dies eben der Lauf der Welt ist:

Ihr seid nun zum Dazaifu gereist, und, Euch nach den alten Dingen sehnend, leidet Ihr; den Pfeil der Zeit nicht aufhalten könnend, denkt Ihr an Eure Jugend (*heizei*)[179] und vergießt Tränen. Doch der vollendete Mensch überläßt sich dem Lauf der Dinge und es ist ihm nicht Anlaß, quälende Gedanken daran zu verschwenden.[180]

Auch in einem *kanshi* erscheint die Sehnsucht nach der vergangenen Jugend gewissermaßen als Leitmotiv des Alters:

Die Fackeln drehen wir zur Wand,
und erfreuen uns gemeinsam am nächtlichen Mondenschein.
Über abgefall'ne Blüten wandeln wir,
und sehnen gleichermaßen den Lenz unser Jugend zurück.[181]

In die klassische *waka*-Form bringen den gleichen Gedanken zahlreiche Gedichte, in denen aufbauend auf vielfältiger Homonymie die Sehnsucht alter Menschen nach der „Jugend Bucht' *Wakanoura* ausgedrückt wird[182]. Schließlich läßt sich der Wunsch, die Zeit zurückzudrehen, um wieder jung zu werden, auch in abstrakterer, intellektuellerer Form in einigen Gedichten des *Kokinshū* wiedererkennen:

Wollten doch die Jahre rückwärts gehen!	Sakasama ni
Meine eigenen — so rasch	toshi mo yukanan

---

[178] MYS II (7/1283):241. Laut Glosse aus der Kakinomoto no Hitomaro-Sammlung. *Hashitate* ist ein *makurakotoba* für *kura*, ‚Speicher', die im Altertum so hoch über der Erde gebaut wurden, daß man eine Leiter (*hashi*) aufstellen (*tateru*) mußte, um hinaufzugelangen; *wa mo* wird häufig gebraucht, wenn eine heftige Sehnsucht nach etwas, was gegenwärtig nicht präsent ist, ausgedrückt werden soll (MYS II:241 A).

[179] Beinhaltet zwar auch den Sinn von ‚alltäglichem Leben', bedeutet hier aber die Zeit, als man jung war, wie häufig in chin. Quellen (MYS II:86, A.10).

[180] MYS II (5/Vorspann zu Nr. 864):87.

[181] WR (27):53; nach dem chin. *Bo shi wen ji*, einer Sammlung von Gedichten des Tangzeitlichen Dichters Bo Juyi, die in Japan besonders in der Heian-Zeit insgesamt einen starken Einfluß auf die Lyrik ausübte.

[182] RH (490):429; vgl. S. 112.

sind sie vergangen,	tori mo aezu
wie hätt' aufhalten ich sie können —	suguru yowai ya
ich wollt' sie gern zurück begleiten.	tomo ni kaeru to[183]

2.5.2.2. Klagen über das Alter

Darüber hinaus wird aber seit dem *Manyōshū* viel allgemeiner das ewige Dilemma des Menschen thematisiert, der sich zwar wünscht, lange zu leben, um dann aber entdecken zu müssen, daß das, was ihn im Alter erwartet, höchst unerquicklich ist, wie in dem folgenden berühmten Gedicht des Yamanoe no Okura:

Ein Gedicht, das beklagt, wie schwer es in dieser Welt zu leben ist:
Leicht anzusammeln und schwer zu beseitigen sind die acht Plagen[184]. Schwer zu erreichen, doch leicht aufzubrauchen, ist der Segen der 100 Jahre[185]. Wie die Alten dies beklagten, so tue ich es nun. Deswegen schreibe ich ein Gedicht, mir die Traurigkeit über meine graumelierten Haare (*nimō*)[186] von der Seele zu reden.

Nicht zu ändern	Yo no naka no
am Leben in dieser Welt, ist,	sube naki mono ha
daß es verrinnt,	toshitsuki wa
wie Jahre und Monde verfliegen.	nagaruru gotoshi
Was danach	toritsutsuki
kommt,	oikuru mono wa
bedrängt uns	momokusa ni
in mannigfacher Weise:	semeyorikitaru
die jungen Frauen,	otomera ga
sich fraulich zu gebärden,	otomesabisu to
werden sich wohl Perlen	karatama wo
um die Hände gebunden haben	tamoto ni makashi
und Hand in Hand	yochikora to
mit den Gleichaltrigen	te tazusawarite
vergnügt haben.	asobikemu
oder: (sie werden sich gegenseitig	(shirotae no
mit weißen Ärmeln gewunken	sode furikawashi
und rote Schleppen	kurenai no
hinter sich her gezogen haben.)	akamosuso hiki)

---

[183] KKS (17/896):282, s.a. Rodd und Henkenius 1984:307. *Tori mo aezu* bedeutet sowohl ‚so schnell, daß man Dinge, die mitzunehmen wären, nicht mitnehmen kann', ‚auf der Stelle' als auch resigniert ‚da kann man nichts machen' (NKD 15:88). Daß die Jahre der Jugend unwiederbringlich verloren sind, wenn sie einmal vorüber sind, wird auch in einem *kanshi* bedauert: „Wind und Wolken,/ sie ziehen leicht an den Menschen vorbei;/ Jahre und Monde, sind sie erst vergangen,/ nie kehren sie aus den Tiefen des Alters zurück (*saigetsu wa oi no soko yori kaerigatashi*)" (WR (360):139).

[184] *Hachidaisaiku*. Zu den acht Plagen vgl. S. 57, FN 137.

[185] Also die mögliche Spanne des menschlichen Lebens, vgl. S. 24.

[186] Wörtl.: ‚zwei Haare'. Zu diesem Ausdruck vgl. S. 105, FN 30.

Diese ihre besten Jahre,	toki no sakari wo
sie konnten sie nicht festhalten,	todomikane
und wie sie vergangen, eh sie sich's versahen,	sugushiyaritsure
da fragt sich eine jede, wann sich denn wohl	mina no wata
auf ihr ehemals wie die Eingeweide der Schnecke	ka kuroki kami ni
so schwarzes Haar,	itsu no ma ka
der Reif gelegt hat,	shimo no furikemu
woher nur	omote no ue ni
die Falten im Gesicht	izuku yu ka
gekommen sein mögen.	shiwa ga kitarishi
oder: (Das immer fröhliche Gesicht	(tsune narishi
mit den nachgezogenen Brauen,	emai mayu hiki
es vergeht,	saku hana no
wie Blumen verblühen.	utsuroinikeri
So muß scheinbar	yo no naka wa
das menschliche Leben sein.)	kaku nomi narashi)
Die jungen Männer,	masurao no
sich männlich zu gebärden,	otokosabisu to
trugen das Schwert	tsurugitachi
um die Hüfte gegürtet,	koshi ni torihaki
hielten den Jagdbogen	satsuyumi wo
fest in der Hand,	tanigirimochite
und, die Rotfüchse	akagoma ni
mit gewebten Satteln	shitsukura uchioki
aufzäumend,	hainorite
ritten sie, sich vergnügend, umher.	asobi arukishi
Ist denn irgendetwas in diesem Leben	yo no naka ya
von Dauer?	tsune ni arikeru
Sind erst gezählt,	otomera ga
die Nächte, die der Mann,	sanasu itado wo
die Tür, hinter der die Mädchen schlafen,	oshihiraki
öffnend,	itadoriyorite
sich ihnen nähernd,	matamate no
seine Hände mit denen der Schönen	tamate sashikae
verschlungen,	saneshi yo no
verbrachte,	ikuda mo araneba
und er, auf seinen Stock gestützt,	tatsukazue
einhergehen muß,	koshi ni taganete
so wird er, geht er dorthin,	ka yukeba
verschmäht,	hito ni itowae
wendet er sich dahin,	kaku yukeba
verachtet.	hito ni nikumae
Nur so ergeht es	oyoshio wa
dem alten Mann.	kaku nomi narashi
Wir hängen zwar am Leben,	tamakiwaru
doch ach, diesem Schicksal	inochi oshikedo
entgehen wir nicht.	semu sube mo nashi[187]

---

[187] MYS II (5/804):63—65, s.a. MYS 1965:201, Nr.615. Laut Glosse im Jahr 728 im Distrikt Kamano vom Gouverneur der Provinz Chikuzen Yamanoe no Okura verfaßt (MYS II:65, A), also wohl 68jährig.

Klagen über das Alter   75

So wie hier Yamanoe no Okura legt auch der anonyme Autor des berühmten Gedichtes vom alten Bambussammler die Emphase auf die Zeit der Jugend, während das Alter scheinbar nur einen fahlen Abglanz der früheren Persönlichkeit überläßt und nur Ernüchterungen bereithält:

Als Baby hielt	*Midoriko no*
meine Milch spendende	*wakugo ga mi ni wa*
Mutter mich zärtlich	*tarachishi*
im Arm;	*omo ni udakae*
als kleines Kind,	*himutsuki no*
ward ich prächtig	*hafuko ga mi ni wa*
in ein allseits gleich gefärbtes	*yufukataginu*
Kleid gewandet;	*hitsura ni nuiki*
als, etwas größer dann,	*kubitsuki no*
mein Haar lose	*warawa ga mi ni wa*
auf meinen Kragen fiel,	*yuihata no*
da trug ich	*sodetsukegoromo*
ein prächtig gefärbtes	*kishi ware wo*
Kleidchen mit Ärmeln;	*nioiyoru*
als ich dann in dem gleichen Alter war,	*kora ga yochi ni wa*
wie ihr Schönen, die ihr hier	*mina no wata*
so lieblich versammelt seid,	*kaguroshi kami wo*
da kämmte ich	*makushi mochi*
mein tiefschwarzes Haar	*koko ni kakitari*
mit einem prächtigen Kamm,	*toritsukane*
daß es bis hierher herabfiel,	*agete mo makimi*
bald versuchte ich,	*toki midari*
es damit zusammenzuraffen	*warawa ni nashimi*
und hochzuwickeln,	*sani tsukau*
bald ließ ich es herabfallen,	*iro natsukashiki*
wie ein Kind.	*murasaki no*
Auf wunderschön rot	*ōaya no kinu*
oder herrlich	*Suminoe no*
lila gefärbten	*Tōsato Ono no*
geköperten Gewändern,	*mawari mochi*
auf nach den Haseln	*nioshi shi kinu*
von Suminoe	*Koma nishiki*
duftenden	*himo ni nuitsuke*
Kleidern,	*sasau kasanau*
hatte ich Schnüre	*nami kasaneki*
aus Koma-Brokat genäht,	*utsuso yashi*
und trug sie,	*omi no kora*
eins über dem anderen.	*ari kinu no*
Darüber zog ich	*takara no kora ga*
von Hanfpflückerinnen	*uchitae wa*
und -weberinnen glänzend	*hete oru nuno*
geklopften Maulbeerbaumstoff,	*hisarashi no*
aus handgewebtem,	*asatezukuri wo*
an der Sonne herrlich	*hiremo nasu*
gebleichtem Hanf	*hashiki ni torishiki*
zog ich festliche Schleppen	*ie ni furu*

hinter mir her.
All dies kleidete mich
ganz prächtig.
Über die zweifärbigen Socken
aus fernen Ländern,
die mir die junge Frau Inaki
als Brautgabe
geschenkt hatte,
zog ich die schwarzen Lackschuhe,
die die Männer
in Asuka,
die Feuchtigkeit regnerischer Tage
vermeidend, herstellen,
so lustwandelte ich
in den Gärten,
den blaßblauen seidenen Gürtel,
den mir ein Mädchen geschenkt hatte,
ihrer „Geh nach Hause,
steh da nicht herum" mahnenden Mutter
nur zerstreut zuhörend,
schlang ich mir wie einen Kara-Obi
als Hängegürtel
und schmückte damit meine Taille,
so schmal,
wie die der Wespen,
die über dem Dach
des Palastes des Meergottes
umherschwirren.
Spiegel hängte ich nebeneinander auf,
und wurde nicht müde,
mich in ihnen zu betrachten.
Wenn ich im Frühling
in den Feldern umherging,
kamen die Vögel der Ebenen
und, ob es wohl war,
weil sie mich liebreizend fanden,
umschwirrten mich singend.
Wenn ich im Herbst
in den Bergen spazierte,
kamen die Wolken des Himmels,
und, ob es wohl war,
weil sie mich so lieblich fanden,
schwebten um mich her.
Auf dem Weg zurück
durch die Stadt
drehten sich
die Hofdamen
und die Gefolgsleute
bewundernd nach mir um
und fragten sich:
„Wer mag das wohl sein?"

Inaki omina ga
tsumadou to
ware ni okoseshi
ochitaka no
futaaya shitakutsu
tobu tori no
Asuka otoko ga
inagame imi
nuishi kurokutsu
sashihakite
niwa ni tatazume
makari na tachi to
sauru otome ga
honokikite
ware ni okoseshi
mihanada no
kinu no obi wo
hikiobi nasu
karaobi ni torashi
Watatsumi no
tono no iraka ni
tobikakeru
sugaru no gotoki
koshiboso ni
torikazarai
masokagami
torinamekakete
ono ga kao
kaerai mitsutsu
haru sarite
nobe wo megureba
omoshiromi
ware wo omoe ka
sano tsu tori
kinaki kakerau
aki sarite
yamabe wo yukeba
natsukashi to
ware wo omoe ka
amakumo mo
yukitanabikeru
kaeritachi
michi wo kureba
uchi hi sasu
miya omina
sasu take no
toneri otoko mo
shinoburai
kaerai mitsutsu
ta ga ko so to ya
omowaete aru

Ja, so erging es mir damals,	*kaku no goto*
und da war ich glücklich.	*serareshi yue ni*
Oh, aber heute	*inishie*
behandelt ihr mich	*sazakishi ware ya*
mit Ablehnung und Zurückhaltung.	*hashiki ya shi*
Aus diesem Grund	*kyō ya mo kora ni*
hat der Weise früherer Zeiten	*isa ni to ya*
als Vorbild	*omowaete aru*
für die kommenden Generationen	*kaku no goto*
den Wagen,	*serareshi yue ni*
mit dem der Alte ausgesetzt worden war,	*inishie no*
wieder zurückgebracht,	*sakashiki hito mo*
o ja, wieder zurückgebracht	*ato no yo no*
	kagami ni semu to
	oihito wo
	okurishi kuruma
	mochikaerikoshi
	mochikaerikoshi[188]

Beide Gedichte sehen zwar das menschliche Alter einerseits als Verfall, aber vorwiegend in erotischem Zusammenhang. Das Negative an der Altersphase entpuppt sich somit in diesen Nara-zeitlichen Gedichten, die auch die einzigen aus dieser Zeit sind, die konkret Nachteile des Alters beschreiben, im wesentlichen als sexuelle Unattraktivität.[189]

Waren Gedichte, in denen das Alter beklagt wird, somit in der Narazeitlichen Lyrik als Typus auszumachen, so avancierten sie in der Heian-Zeit zu einer Art lyrischem Genre. Allein das 17. Buch des *Kokinshū* enthält an die 20 solcher Gedichte, verstreut über die anderen Bücher kennt die Anthologie aber wesentlich mehr Vertreter dieses Genres, in so großer Zahl, daß es, um mit den Worten Origuchi Shinobus zu sprechen, schon nachgerade „lästig" ist[190]. Einzelne dieser Gedichte scheinen an einer ähnlichen Stimmung teilzuhaben wie das des alten Bambussammlers, wenn die jugendliche Manneskraft in Gegensatz zu dem gestellt wird, was das Alter aus dem Menschen macht:

Ja, jetzt bin ich nur noch das,	*Ima koso are*
was ihr hier seht,	*ware mo mukashi wa*
doch einst, in meinen Blütejahren,	*Otokoyama*

---

[188] MYS III (16/3791):121, s.a. MYS 1965:74–76, Nr.223. Die Anspielung am Ende bezieht sich auf die Überlieferung von Genkoku, der so seinen Vater veranlaßte, den Großvater, den er gerade in den Bergen ausgesetzt hatte, zurückzuholen, vgl. dazu ausführlich S. 249f.

[189] Dies hat dazu geführt, daß sie von einigen Autoren in Zusammenhang mit den *utagaki* gebracht wurden, bei denen sie den Zweck gehabt hätten, die Jungen zum Heiraten zu ermuntern, solange sie dazu noch in der Lage sind, vgl. dazu ausführlich S. 348.

[190] Origuchi 1965:372.

habe auch ich	*sakayuku toki mo*
den steilen Mannesberg erklommen.	*arikoshi mono wo*[191]

Ähnlich wie es hier vornehmlich darum zu gehen scheint, den Menschen vor Augen zu halten, daß für alle nach der Jugend einmal das Alter kommt, erinnert auch das folgende Gedicht an eine Art *memento senectudinis*:

So schäbig wie die Garnknäuel	*Inishie no*
der alten Stoffe oder noch so prächtig	*shitsu no odamaki*
mögen sie heute sein:	*iyashiki mo*
für alle ist die Blütezeit	*yoki mo sakari wa*
doch einmal Vergangenheit.	*arishi mono nari*[192]

In einer Reihe solcher Gedichte scheinen die Autoren einfach darüber zu staunen, wie alt sie schon geworden sind, und neben der Resignation darüber, daß an dieser Tatsache nichts mehr zu ändern ist, schwingt auch ein gewisser Stolz darüber mit, schon so viele Jahre zu zählen.[193] In diesem Zusammenhang erfreute sich besonders die Erwähnung der Nagara-Brücke, einer Brücke über einen Nebenfluß des Yodogawa, aufgrund ihrer Homonymie mit dem gleichlautenden *nagaraeru* ‚überleben', ‚lange leben', besonderer Beliebtheit; als *kakekotoba* zu diesem *nagaraeru*[194] oder auch allein, diente sie dazu, die Länge der verstrichenen Zeit besonders hervorzuheben:

Wirklich alter Dinge in dieser Welt	*Yo no naka ni*
sind ihrer zwei:	*furinuru mono wa*
Die Brücke von Nagara –	*Tsu no kuni no*
und ich, der ich nun schon so lange lebe,	*Nagara no hashi to*
wie ihr Name sagt.	*ware to narikeri*[195]

Ähnlich wie dieser Autor sein fortgeschrittenes Alter einfach für besonders betonenswert zu halten scheint, spricht auch Ōshikōchi no Mitsune in dem folgenden Langgedicht über den Winter von den vielen Jahren, die er schon durchlebt hat, mit einer Mischung aus Entsetzen und Stolz:

---

[191] KKS (17/889):281, s.a. Rodd und Henkenius 1984:305. Otokoyama hieß der Berg, auf dem sich der Iwashimizu Hachiman-Schrein befand. So mußten die Gläubigen einen Hügel hinansteigen, also *sakayuku*, das auch ‚eine Blütezeit erleben' bedeutet (KKS:281 A).

[192] KKS (17/888):281, s.a. Rodd und Henkenius 1984:304. *Shitsu* bezeichnet einen Stoff, den es in Japan seit alters gab und der bereits zur Zeit der Niederschrift altmodisch und das Symbol des Veralteten schlechthin war (MYS II:119 A). Seine Erwähnung dient des öfteren dazu, *iyashi* oder Worte ähnlicher Bedeutung wie schäbig, altmodisch einzuleiten, so zum Beispiel auch in *Manyōshū* 5/903, vgl. S. 83.

[193] Vgl. dazu auch S. 212, FN 146, und S. 468, FN 44.

[194] KKS:264 A., siehe etwa *Kokinshū* 17/1003, vgl. S. 416.

[195] KKS (17/890):281, s.a. Rodd und Henkenius 1984:305.

...Eiskristalle frieren
auf dem wie zu Stein
gewordenen Boden des Gartens,
gescheckt von Büscheln
vertrockneten Grases,
darauf der weiße Schnee
fällt und fällt...
Wie er sich häuft,
da denk ich an die Jahre,
die vielen,
die ich nun schon durchlebt.

...shimo kōri
iya katamareru
niwa no omo ni
muramura miyuru
fuyukusa no
ue ni furishiku
shirayuki no
tsumori tsumorite
aratama no
toshi wo amata mo
sugushitsuru kana[196]

Auch das folgende Gedicht des Fujiwara no Nakafumi scheint an der gleichen Stimmung teilzuhaben:

Wie, während auf das fahle Licht
des Mondes am Morgen
man wartet, die Nacht vorrückt,
dermaßen entsetzlich vorgerückt
nun endlich auch mein Alter!

Ariake no
tsuki no hikari wo
matsu hodo ni
wa ga yo no itaku
fukenikeru kana[197]

Das erwähnte Wortspiel zwischen *toshi*, ‚schnell‘, und *toshi*, „Jahr", findet auch in diesem Zusammenhang Verwendung, wenn ein Autor dem raschen Vorbeiziehen der Jahre vorwirft, daß er so entsetzlich alt geworden ist:

Zähl' ich sie heuer, ach,
die niemals stillestehen,
die Jahre, die Eiligen, heißen sie zu Recht:
wie schrecklich alt bin ich
heuer doch schon geworden!

Kazoureba
tomaranu mono wo
toshi to iite
kotoshi wa itaku
oi zo shinikeru[198]

An sich selbst wie an anderen machen die Heian-zeitlichen Autoren den Verfall im Alter fest, wobei das, wie man einst war, den jämmerlichen Resten im Alter gegenübergestellt wird:

Einst so kraftvoller
Wächter der Brücke von Uji,
wie von Herzen dauert es mich,
zu sehen, was die Jahre
im Vorübergehen aus Dir gemacht!

Chihayaburu
Uji no hashimori
nare wo shi zo
aware to wa omou
toshi no henureba[199]

Beliebt war dabei die Vorstellung, die wohl schon in diesem Gedicht über den Wachtposten an der Uji-Brücke mitschwingt, auch die Grenzwächter, deren Aufgabe es war, Unbefugten den Durchgang zu verwehren, müßten

---

[196] KKS (19/1005):311, s.a. Rodd und Henkenius 1984:345–346.

[197] UAS (10/19):143. Ähnliche Gedichte auch in der 3., um 1005 kompilierten offiziellen Anthologie japanischer Gedichte, dem *Shūi wakashū*, sowie in einer Reihe Heian-zeitlicher Privatanthologien des frühen 11. Jh.s wie *Shinsō hishō* und *Kingyokushū*.

[198] KKS (17/893):281, s.a. Rodd und Henkenius 1984:306.

[199] KKS (17/904):284, s.a. Rodd und Henkenius 1984:309. Verfasser und Titel unbekannt.

daran, die als personifiziert gedachten Jahre am ‚Vorübergehen' zu hindern, scheitern und somit ebenso wie alle anderen Menschen altern:

An der Grenze zu Tsukushi	*Tsukushi no moji no seki*
der Wachtposten, wie ist er doch alt geworden:	*seki no sekimori oinikeri*
Weiße Haare hat er gar schon!	*bin shiroshi*
Wo es doch heißt, er könnte allem und jedem	*nani to te suetaru seki no*
den Durchgang verwehren, sollte es sein, daß	*sekiya no sekimori nareba*
er gerade die Jahre	*toshi no yuku wo ba*
nicht aufzuhalten vermöcht'!	*todomezaruran*[200]

Deutlich wird die negative Bewertung des Alters im allgemeinen aber an den Metaphern, die dafür verwendet werden. Einmal ist es die Schärfe des Salzes, *karashi*, dessen Homonymie zu *karaku mo*, ‚bitter', bemüht wird, um die Bitternis des Alters hervorzuheben:

Am Hafen	*Oshiteru*
des strahlenden Naniwa	*Naniwa no mitsu ni*
gebrannten Salzes Bitterkeit,	*yaku shio no*
koste ich sie aus,	*karaku mo ware wa*
so alt geworden zu sein?	*oinikeru kana*[201]

Auch wird der Niedergang, der Abbau im Alter immer wieder betont:

Auf Bambusgras fallend,	*Sasa no ha ni*
der Schnee,	*furitsumu yuki no*
schwer lastet in den Wipfeln,	*ure wo omomi*
der Stamm selbst beugt sich zu Boden,	*moto kudachiyuku*
so habe ich seit meinen Blütejahren abgebaut!	*wa ga sakari wa mo*[202]

Auffällig ist, daß derlei Gedichte sehr häufig gerade zu Neujahr beziehungsweise am Frühlingsbeginn rezitiert wurden. So bedient sich aus solchem Anlaß Ki no Tsurayuki in einem Gedicht des Wortspiels zwischen *yuku toshi*, das eigentlich *kurete yuku toshi*, ‚das Jahr, das zu Ende geht',

---

[200] RH (328):403. Ein ähnliches Gedicht findet sich auch in der Privatanthologie *Minamoto no Shigeyuki-shū*: „Die ich einst kannte,/ die Grenzwachen,/ nun sind auch sie alle alt:/ sollte es sein, daß sie gerade die Jahre/ nicht aufzuhalten vermochten? (*Mukashi mishi/ sekimori mo mina/ oinikeri/ toshi no yuku wo ba/ e ya wa todomuru*)" (RH:522 A).

[201] KKS (17/894):282, s.a. Rodd und Henkenius 1984:306. Die ersten drei Zeilen des Gedichtes stehen in keinem semantischen Zusammenhang zu den zwei letzten, und dienen nur dazu, eine Einleitung zu *karaku* zu bilden, das vom *karashi*, ‚scharf', des Salzes zum *karaku mo* überleitet, das auf die Unannehmlichkeiten (des Alters) verweist (KKS:282 A).

[202] KKS (17/891):281, s.a. Rodd und Henkenius 1984:305. *Kudachiyuku* steht hier sowohl für ‚der Stamm beugt sich nach unten' als auch für *sakari ga otoroete yuku*, also ‚die Blüte verblaßt', ‚abbauen', sodaß die Zeilen bis *moto* als Einleitung fungieren (KKS:281 A), allerdings könnte auch die Metapher vom Schnee, der sich einem im Alter aufs Haupt legt, mit intendiert sein. Auf jeden Fall wird der Abbau im Alter ähnlich wie in MYS 5/847 (*wa ga sakari itaku kutachinu*, vgl. S. 59) betont.

meint, und *kuru*, das ‚dem Lebensende nahen', ‚altern' bedeutet und somit das später in der letzten Zeile gebrauchte *kurenu* vorwegnimmt²⁰³:

Wie dauert mich doch das Jahr,	*Yuku toshi no*
das sich zu Ende neigt,	*oshiku mo aru kana*
denn auch im Spiegel,	*masukagami*
dem blanken,	*miru kage sae ni*
sehe ich nichts als den Verfall der Zeit.	*kurenu to omoeba*²⁰⁴

Verwundert zeigt sich auch ein Autor darüber, warum die Menschen nur so geschäftig das alte Jahr verabschieden und das neue willkommen heißen, wo sie doch nur die vielen Jahre zusammenzählen müßten, in denen sie dies schon getan haben, um zu merken, daß sie dabei alt geworden sind und es lieber nicht mehr tun wollten:

Zähl' ich sie	*Kazoureba*
die Jahre, die ich	*waga mi ni tsumoru*
nun schon am Buckel hab,	*toshitsuki wo*
wozu sollt' dann ich mich noch eilen,	*okurimukau to*
ein neues zu begrüßen?	*nani isoguramu*²⁰⁵

In den von chinesischen Gedichten beeinflußten *kanshi* wird die Altersphase oft mit dem Herbst in der Natur verglichen, wobei die Autoren auch keinen Zweifel daran lassen, daß sie nicht sehr darüber erfreut sind, in diese Jahreszeit ihres Lebens eingetreten zu sein:

Natürlich, es freut uns,
daß nun die sommerliche Hitze vorbei;
doch eh wir's uns versehen,
da bringt der Herbst auch schon die ersten weißen Haare (*jibō*).²⁰⁶

In längeren Gedichten wird das Welken ringsum in der Natur noch deutlicher mit dem körperlichen Verfall des Menschen im Alter, der ihm zum Klagen gereicht, in Zusammenhang gebracht, wobei auch der nahende Winter mit dem Absterben in der Natur den Menschen seines nahenden Todes gemahnt:

Unter dem herbstlich klaren Himmel wird der Tau allmählich zu Reif,
das Laub der Bäume im Wäldchen ist schon ganz gelb.
Die fallenden Blätter überlassen sich dem Wind, wirbeln umher und füllen den wolkigen
    Himmel.

---

²⁰³ NKD 7:10.

²⁰⁴ KKS (6/342):168, s.a. Rodd und Henkenius 1984:144. Das Gedicht ist auch ins *Wakan rōeishū* unter dem Abschnitt „Zum Jahreswechsel" (WR (361):139) aufgenommen.

²⁰⁵ UAS (10/27):144. Von Taira no Kanemori. Ein gleichlautendes Gedicht wurde auch in die spätere Sammlung *Wakan rōeishū* aufgenommen (WR (396):148) sowie u.a. in *Shūi wakashū*, *Shinsō hishō* und *Kingyokushū*, was die Beliebtheit des Gedichts und des darin zum Ausdruck kommenden Motivs unterstreicht.

²⁰⁶ WR (208):99; nach dem *Bo shi wen ji*.

Von morgens bis abends fliegen sie herum, von Norden nach Süden und wieder zurück,
kommen sie denn nie zur Ruh?
Jahre und Monde folgen unaufhörlich eins aufs andere,
Flüsse und Teiche, sie fließen, schwellen an, um wieder abzuflauen.
Kaum hat sich das Herz am zarten Frühling zu erfreuen begonnen,
schon muß es sich entgegenstellen dem Trübsal des Herbstes.
Wirbelstürme fegen über den See, und es raschelt das abgefallene Laub unter ihren Böen.
Unter dem kalten Hauch erheben sich Wellen, hin und her tragen sie die Blätter, die auf
ihnen schaukeln.
Am Ufer mit seinen kahlen Ahornbäumen, im Lotusteich mit seinen vom Reif durchbrochenen Blättern,
wacht der Ehemann über das Land, allein im Haus zurückgeblieben grämt sich die Frau.
Geschwunden ist im Herbst die schöne Gestalt, viel Schmerz bringt mit sich, wie alle Dinge
nun anders, als man sie gedacht.
Beim Anblick der fallenden Blätter zerschneidet es dem Menschen das Herz.
Wildenten tummeln sich im abgefallenen Laub, da beklagt man sein Alter (*chōnen*) und
zahllos sind die quälenden Gedanken.
Ach, Hangakus Gedicht über den Herbst zu lesen, Tränen der Trauer stürzen aus den
Augen.
Bald geht auch der Herbst zu Ende, einsam liegt die Welt,
und im kalten Hain sieht man nichts als umherwirbelndes Laub.[207]

Zum Teil wird die negative Bewertung des Alters in der Heian-Zeit bereits so stark, daß einzelne Autoren ihren Wunsch nach einem langen Leben über Bord werfen und sich nach einem Tod sehnen, der sie auf dem Gipfel ihrer Pracht hinwegraffte und ihnen das verhaßte Alter ersparte. So beklagt Mönch Sōku, daß er als Mensch nicht wie die Kirschblüten am Höhepunkt seiner Schönheit vergeht, sondern im Alter einen häßlichen Anblick zur Schau stellen muß:

O Kirschblüten, könnte ich	*Iza sakura*
wie ihr auf dem Höhepunkt	*ware mo chirinamu*
meiner Schönheit vergehen!	*hitosakari*
Denn ist die Zeit der Blüte erst vorüber,	*arinaba hito ni*
welch häßlichen Anblick muß zur Schau man stellen!	*ukime mienan*[208]

---

[207] BSS (3/139):310. Ähnliche Zeilen finden sich auch in dem von Kose no Shikihito zum gleichen Anlaß verfaßten Gedicht: „[...] Der vier Jahreszeiten Kälte, die Hitze auch, kaum merkt man, sie sind da, schon sind sie wieder vergangen,/ so vollzieht sich Erblühen und Absterben eines Jahres in Frühling und Herbst./ Es klagt Liu An, der einsam leidet an seinem hohen Alter (*chōnen*),/ immer noch zu nimmt der Schmerz Qu Pings an seinem Lebensabend (*chibo*)..." (BSS (3/140):312. Die Anspielungen beziehen sich auf Liu An, einen Enkel des 1. Han-Kaisers, der im *Wen xuan* über sein Alter klagte, und auf Qu Yuan, einen Beamten, der an seinem Lebensabend verbannt wurde und sich daraufhin das Leben nahm (KKJ 1:1050–1051).

[208] KKS (2/77):118, s.a. Rodd und Henkenius 1984:71. Entspricht mit leichten Abweichungen dem Gedicht in *Ise monogatari* 139 (IM:185–186), *Kokin waka rokujō* (als Nr. 35041 in *Zoku kokka taikan* aufgenommen) von Mönch Sosei (McCullough 1968:258). Ähnlich klagt ein weiterer anonymer Autor: „Ohne daß etwas von euch übrigbleibt,/ fallt ihr,

Während aufgrund der Disparität der Quellen Vergleiche nur schwer möglich sind, scheint es doch in dieser Hinsicht zu einer gewissen Verschiebung der Akzente von der Nara-Zeit zur Heian-Zeit in der Bewertung des Alters gekommen zu sein. Die Autoren sind sich wohl zu beiden Zeiten des Widerspruchs zwischen ihrem Wunsch, so lange wie möglich leben zu wollen, und der bitteren Erkenntnis, daß das hohe Alter so manches Ungemach für sie bereithält, bewußt. Doch während die Nara-zeitlichen Autoren allesamt bereit sind, die von ihnen angeführten Unannehmlichkeiten des Alters, wenn auch klagend, auf sich zu nehmen[209], beginnen einige Heianzeitliche Autoren einen frühen Tod, der ihnen den Niedergang im Alter ersparen würde, zumindest im öffentlichen Diskurs herbeizusehnen. Dies geht nicht nur aus den angeführten Gedichten hervor, auch einzelne Ro-

---

ist eure Zeit vorüber:/ wie gut, ihr Kirschblüten!/ Denn Sein, das lange währt in dieser Welt,/ wie häßlich ist sein Ende! (*Nokori naku/ chiru zo medetaki/ sakurabana/ arite yo no naka/ hate no ukereba*)" (KKS (2/71):117, s.a. Rodd und Henkenius 1984:69). Eine Anspielung darauf, daß man lieber sterben möchte als zu altern, enthält auch ein Gedicht aus dem *Kagerō nikki*, wenngleich die Todessehnsucht hier nicht überschätzt werden sollte, sondern eher als Metapher für die tiefe Verzweiflung der Autorin ob der Untreue ihres Gemahls zu sehen ist: „Als im Frostmonat die Erde unter einer dicken Schneedecke verschwand, da kamen für mich Tage, in denen ich, ich weiß eigentlich nicht so recht warum, in tiefe Melancholie versank und auch mein Groll gegen meinen Gemahl mich nur noch trauriger stimmte. Wie ich so auf die in Weiß gehüllte Landschaft blickte, da dachte ich: Es häuft sich der fallende Schnee/ wie Jahr auf Jahr sich häuft,/ die Ähnlichkeit, ich seh sie wohl,/ kann nur beklagen, daß zu keiner Zeit/ es mir vergönnt, hinweg wie dieser Schnee zu schmelzen! (*Furu yuki ni/ tsumoru toshi wo ba/ yosoetsutsu/ kienu go mo naki/ mi wo zo uramuru*" (KN:186, s.a. Seidensticker 1973:79). Das Gedicht enthält wohl auch eine Anspielung darauf, daß man bei der Anrufung von Buddhas Namen darum betete, die Sünden eines Jahres mögen hinwegschmelzen wie Schnee (KN:186, A.1).

[209] Dies zeigt sich in den beiden Langgedichten (vgl. S. 73), in denen die Autoren betonen, daß sie trotz allem am Leben hängen bzw. daß auch das Leben im Alter lebenswert ist. Deutlich machen dies auch zwei weitere Gedichte des *Manyōshū*, etwa der folgende Envoi zu dem Langgedicht (vgl. S. 265), in dem Yamanoe no Okura beklagt, im Alter, das ihm an sich schon eine Last ist, noch von einer Krankheit heimgesucht worden zu sein: „Obwohl altmodisch,/ wie ich bin,/ ich nicht der Rede wert bin,/ hoffe ich doch,/ tausend Jahre zu leben (*Shitsu tamaki/ kazu ni mo aranu/ mi ni wa aredo/ chitose ni mo ga to/ omōyuru ka mo*)" (MYS II (5/903):119, s.a. MYS 1965:209, Nr.637). Zu *shitsu* vgl. S. 78. Auch der 73jährige Mittlere Rat Abe no Hironiwa (seit 727 *chūnagon*) betont, noch lange leben zu wollen: „So zu verweilen/ ist wunderbar./ Wie sehr wünschte ich darum,/ mein kurzes Leben/ möge noch lange währen (*Kaku shitsutsu/ araku wo yomi zo/ tamakiwaru/ mijikaki inochi wo/ nagaku horisuru*)" (MYS II (6/975):161). Nach Nakanishi wäre dieses Gedicht Hironiwas am Ende einer Gruppe von Gedichten aus dem Jahr 732 aufgenommen worden, weil dieser im 2. Monat dieses Jahres verstarb, und es erwecke den Eindruck, als sei es am Krankenbett Hironiwas verfaßt worden, als Antwort an einen Besucher, etwa einen Gesandten vom Hof, dem er zu verstehen hätte geben wollen, er sterbe voll Dankbarkeit ob seiner Langlebigkeit (KNKB 3:174–175).

manfiguren fühlen sich bemüßigt, ihren Gesprächspartnern gegenüber zu betonen, daß sie in ihrem Alter nicht mehr am Leben hängen, wie der fiktive alte Saga-In aus dem *Sagoromo monogatari*:

„Sorge Dich nicht um mich. Ich bin nicht mehr in einem Alter, in dem man um das Leben klagt (*ima wa oshimitamaubeki hodo ni mo arazu*). Nach meinem Tod kümmere Dich bitte nur um die Frauen, die zurückbleiben."[210]

Andere sprechen deutlich aus, daß ihnen ihr langes Leben im Alter verhaßt ist, so z.B. die alte Ben no Kimi aus dem *Genji monogatari*:

[Ben no Kimi soll mit Naka no Kimi zu Prinz Niou in die Hauptstadt übersiedeln.]
Nur Ben no Kimi zauderte. „Mir ist es ja selbst schon verhaßt, wie unerwartet lang ich nun schon lebe (*nagaki inochi ito tsuraku oboehaberu wo*), aber wie unheilvoll muß es erst die anderen dünken, wenn jemand wie ich sie beim Umzug begleitet! So möchte ich am liebsten, daß keiner erfährt, daß ich noch immer von dieser Welt bin!", dachte sie, und so hatte sie die Nonnentracht angelegt.
[Kaoru ruft sie zu sich und dankt ihr dafür, daß sie allein in dem Haus in Uji bleiben will.]
Da sagte Ben no Kimi: „Wie hassenswert ist mir doch dieses Leben, das mir immer mehr verlängert wird, je weniger ich weiterzuleben wünsche (*itou ni haete nobihaberu inochi no tsuraku*)! Ich grolle Ōigimi, daß sie mich so ganz allein zurückgelassen hat, und wie sehr ich mit der ganzen Welt hadere, wird sicherlich ein schweres Sündenhindernis für meine Hinübergeburt ins Paradies sein!", sagte Ben no Kimi, und wie sie ihm so ihr Herz ausschüttete und jammerte, war ja wirklich eher unschön, doch Kaoru tröstete sie dennoch.[211]

Freilich ist nicht eindeutig, ob ihr ihr langes Leben an sich verhaßt ist oder nur all das Bittere, das sie an ihrem Lebensabend erleben muß. Doch ist eine solche Trennung nicht unbedingt notwendig, wird doch in der Heianzeitlichen Literatur das Alter als jener Lebensabschnitt *par excellence* empfunden, in dem einem derlei Unerquickliches widerfährt. Als die Zeit der bitteren Erfahrungen schlechthin wird das Alter etwa in Gedichten des *Heichū monogatari* faßbar:

Als der Mann am 1. Tag des 1. Monats den fallenden Regen betrachtete, kam von einem Freund ein Gedicht:

Wenn wieder die Frühlingsregen kommen,	*Harusame ni*
hat ein neues Jahr begonnen,	*furikawariyuku*
wie sie so kommen und gehen,	*toshitsuki no*
die Monde und Jahre,	*toshi no tsumori ya*
da werden wir wohl allmählich alt!	*oi ni naruramu*

Und da er von diesem Freund lange nichts gehört hatte, schrieb der Mann:
Teilen sie ihre Gedanken nun auf so viele Leute auf, daß für mich nicht viel übrig bleibt?
Die Antwort:

Von Jahr zu Jahr	*Toshigoto ni*
nimmt im Alter	*nageki no kazu wa*
die Zahl meiner Klagen immer nur zu.	*souredomo*

---

[210] SM:463.

[211] GM V:21–22, s.a. Benl 1966b:612–613.

Mit wem als Euch sollt' ich sie teilen,   *tare ni ka wakemu*
hab' ich doch nicht zwei Herzen!   *futagokoro nashi*[212]

Ebenso deutlich macht es ein Autor eines *Kokinshū*-Gedichtes:

Je älter ich werde,   *Yo ni fureba*
die Verdrießlichkeiten,   *usa koso masare*
sie nehmen immer nur zu.   *Miyoshino no*
Ob ich lieber auf dem steilen Bergpfad   *iwa no kakemichi*
von Yoshino wandeln sollte?   *fuminarashiten*[213]

Auch im *Utsuho monogatari* erscheint die wichtigste Lehre, die ein Mensch im Alter durchzumachen hat, als die bis dahin noch ungekannten Leids:

[Nachdem Tadamasa eine ganze Nacht lang vergeblich auf seine Frau gewartet hat, die ihn eines Gerüchtes wegen verlassen hat, schreibt er ihr:]
„Wie merkwürdig, gerade die Erfahrung noch ungekannten Leids ist wohl der Lehrmeister des guten Menschen.
Wie bitter das Leben,/ ich wußt' es nicht,/ bis ich heut' morgen/ den Abendtau sich heben sah/ und's endlich lernte!
Die Lehre des Alters (*oi no gakumon*), nun habe ich sie wirklich durchgemacht. Bitte, kommt doch bald wieder zu mir zurück. Ich will Euch holen lassen."[214]

Dabei gehört besonders die Tatsache, immer häufiger den Tod geliebter Menschen miterleben zu müssen, bis man schließlich niemanden mehr hat, der mit einem auf einen gemeinsam zurückgelegtenebensweg zurückblicken könnte, zu den bitteren Erfahrungen, die einem das Alter vergällen. Entsprechend äußert sich die alte Ben no Kimi aus dem *Genji monogatari*:

„... und so kam es, daß ich nun [...] hier [in Uji] diene und so nutzlos und von der Welt vergessen wie ein vertrockneter Baum (*kuchiki*) tief in den Bergen bin. Wann wohl Kojijū gestorben sein mag? Ach, viele sind nicht mehr übriggeblieben von denen, die damals mit mir jung waren! Wie traurig dünkt mich doch dieses mein Dasein im Alter (*sue no yo ni*), da mir so viele liebe Menschen dahingestorben sind und mich allein zurückgelassen haben, und doch lebe und lebe ich immer noch weiter!"[215]

---

[212] HM:59—60, s.a. Sieffert 1979a:133.

[213] KKS (18/951):294. Verfasser und Titel unbekannt. Drückt wohl den Wunsch des Verfassers aus, sich in die Einsamkeit der Berge zurückzuziehen, um den Unannehmlichkeiten des Lebens zu entgehen.

[214] UM III:263. Dem hier verwendeten *oi no gakumon* verwandte Ausdrücke wie *oiiri no gakumon* oder *oi tenarai* bezeichnen normalerweise das Lernen im Alter im eigentlichen Sinn und drücken dann die Zuversicht aus, daß es nie zu spät ist, etwas zu lernen, siehe dazu Linhart (1986:274—275). In diesem Sinn wurden ähnliche Ausdrücke auch in Heian-zeitlichen Quellen gebraucht, z.B. im *Ōkagami*, vgl. S. 171, wobei aber auch pessimistischere Töne vorkommen, vgl. S. 139.

[215] GM IV:333, s.a. Benl 1966b:481. Einen ähnlichen Gedanken bringt dieselbe Ben no Kimi noch ein weiteres Mal zum Ausdruck, wenn sie hofft, lieber selbst zu sterben als in ihrem Alter noch den Tod eines geliebten jungen Menschen miterleben zu müssen: „[Ōigimi ist schwer erkrankt.] Ich habe in meinem Leben nun schon so viel Leid erfahren, und bei dem Gedanken, ich könnte am Ende meines langen Lebens (*inochi no nagasa ni te*) womög-

Auf den allgemeinen Niedergang und die vermehrten Schwierigkeiten im Alter spielt dementsprechend auch der häufig verwendete idiomatische Ausdruck *sue no yo* beziehungsweise *yo no sue* an. In seiner ursprünglichen, dem Buddhismus entstammenden Bedeutung bezieht er sich vor allem auf die dem *mappō*-Gedanken entspringende Vorstellung einer Endzeit, in der das buddhistische Gesetz immer schwächer wird, Moral und Menschlichkeit immer mehr abnehmen und daher Erlösung für die Menschen immer schwerer zu erlangen ist. Gerade dieser Ausdruck, in dem das Negative dieser Vorstellung einer ‚Endzeit' mitschwingt, wurde in der Heian-Zeit auch für das Lebensende, das Alter verwendet[216]. Eine Passage, in der sich diese beiden Bedeutungen von *sue no yo* überschneiden und in der die Verwunderung darüber auf elegante Weise zum Ausdruck kommt, in dieser Zeit (im Alter), über das man sonst nur immer geklagt hat, könne sich doch allem Gegenteiligen zum Trotz noch Wunderbares und Beglückendes ereignen, stellt die folgende Stelle aus dem *Utsuho monogatari* dar:

[Das Fest anläßlich der Beendigung des Koto-Studiums von Prinzessin Inumiya neigt sich dem Ende zu. Alle Anwesenden sind vom Spiel der jungen Prinzessin tief beeindruckt.] Dann sagte der Exkaiser Saga voll Freude: „Nie hätte ich mein hohes Alter beklagen sollen (*oi wa itoumajikarikeri*). [Bin ich doch am Leben] und konnte jenen Händen die Koto spielen lauschen, nach deren Spiel ich mich in der Vergangenheit so sehr gesehnt. Solch Wunderbarem in meinen alten Tagen (*sue no yo*) noch zu begegnen!"[217]

Die alten Menschen beklagen nicht nur, so alt geworden zu sein, sie bringen auch immer wieder zum Ausdruck, wie es ihnen anderen gegenüber peinlich ist. So versucht man, sein Alter womöglich zu verbergen:

---

lich auch noch ihren Tod mitansehen müssen, kann ich nur darum flehen, man möge mich doch wenigstens vor ihr sterben lassen!' " (GM IV:453, s.a. Benl 1966b:584).

[216] So z.B. in der Passage des *Utsuho monogatari*, in der der fiktive Tenno sich fragt, ob seine Frauen ihm im Alter die kalte Schulter zeigen wollen (UM II:372–373; vgl. S. 341). Ebenso wie im *Genji monogatari* bei allem Hervorragenden immer wieder betont wird, wie unerwartet ein solches Ereignis in einer Endzeit wie der, in der die Menschen sich zu befinden vermeinen, in Wahrheit ist, ebenso betonen betagte Figuren bei den wenigen frohen Ereignissen, die ihnen zuteil werden, wie unverhofft ihnen dies in ihrer ganz persönlichen ‚Endzeit' erscheint. So ergeht es etwa dem alten Laienmönch, der an seinem Lebensabend wider alles Erwarten in Genji einen hochstehenden Gemahl für seine Tochter Akashi gefunden hat: „Wir haben uns, da ich mich von den weltlichen Dingen abgewendet habe, hierher in die Stille zurückgezogen, doch nun hat sich an unserem Lebensabend (*sue no yo ni*) ein völlig unerwartetes Glück eingestellt" (GM II:192, s.a. Benl 1966a:526).

[217] UM III:523, s.a. Uraki 1984:495. Saga-In ist der inneren Chronologie des Romans zufolge zu diesem Zeitpunkt 71 Jahre alt. In einem ähnlichen Zusammenhang wird schließlich der sicherlich von *yo no sue* abgeleitete oder zumindest Assoziationen zu diesem weckende Ausdruck *yowai no sue* verwendet (GM II:321; vgl. S. 283).

Die Nachtigallen	*Uguisu no*
auf Strohhüte binden,	*kasa ni nuu te fu*
die Pflaumenblüten,	*mume no hana*
will ich brechen und ins Haar mir stecken,	*orite kazasamu*
dahinter mein Alter zu verbergen?	*oi kakuru ya to*[218]

Auch der Autor des folgenden *kanshi* äußert als Teilnehmer an einer *shōshikai* den Wunsch, die Blüten mögen ein zweites Mal im Jahr erblühen, damit er sich im Alter daraus ein Gewand machen könnte, hinter dessen Jugendlichkeit er sein fortgeschrittenes Alter verbergen könnte:

Niemals kehrt das Wasser zur Quelle zurück,
o Tränen, die wir vergießen ob der vielen Jahre, die verflossen;
kein zweites Mal erblühen die Bäume im selben Jahr,
mir ein Kleid für meinen Lebensabend (*boshi no yosōi*) daraus zu machen![219]

Allgemein klagt ein Autor des *Wakan rōeishū*, daß es auf der Welt wohl niemanden gibt, der das Alter nicht haßt:

Ach, wohin soll ich	*Izuko ni ka*
mich nur wenden?	*mi wo ba yosemashi*
Gibt es doch niemanden	*yo no naka ni*
auf dieser Welt,	*oi wo itowanu*
dem das Alter nicht verhaßt!	*hito shi nakereba*[220]

Die Peinlichkeit, so alt geworden zu sein, kommt auch dort zum Ausdruck, wo die Figuren ihr Alter zwar nicht direkt beklagen, sie aber ein unangenehmes Gefühl bei der Vorstellung beschleicht, was die anderen wohl davon halten mögen. Dies trifft etwa auf die Figur des Kaneie zu, wie ihn seine Gemahlin im *Kagerō nikki* schildert:

[Von der Autorin zur Rede gestellt, warum er bei einem festlichen Umzug sein Gesicht hinter einem Fächer verbarg, als er sie sah, obwohl sein Auftreten insgesamt als sehr prunkvoll eingeschätzt wurde, antwortet er:]
„Ganz im Gegenteil, aus Scham über mein Alter (*oi no hazukashisa*) geschah es! Und es war wahrhaftig nicht nett von den Leuten, wenn sie mein Auftreten als besonders protzig bezeichneten!"[221]

---

[218] KKS (1/36):111, s.a. Rodd und Henkenius 1984:59. Da der Verfasser, Minamoto no Tokiwa, mit 42 bzw. wie im *Kokinshū* nach japanischer Zählweise angegeben, mit 44 Jahren starb, konnte er, als er das Gedicht verfaßte, noch nicht sehr alt gewesen sein. Das Bild von Nachtigallen, die Pflaumenblüten auf Strohhüte stecken, taucht auch im Gedicht *Kokinshū* 1081 auf, seine Herkunft und Bedeutung ist nicht geklärt.

[219] WR (729):238.

[220] WR (733):239.

[221] KN:288, s.a. Seidensticker 1973:143. Kaneie müßte zu dieser Zeit 44 Jahre alt gewesen sein. Noch ein weiteres Mal schildert die Autorin, wie ihr Mann sich für sein Alter schämt: „Am zweiten oder dritten Tag erschien mein Herr Gemahl. ‚Ich bin nun alt geworden und mein Anblick erfüllt mich mit Scham (*oite hazukashiu naritaru ni*); ich leide darunter, und doch, was soll ich tun!', ließ er mir nur sagen, und bald entsann er sich, daß mein Haus

Mag in diesen Passagen das angesprochene Schamgefühl darüber, jemand könnte einem sein fortgeschrittenes Alter anmerken, sich zum Teil nur auf das Aussehen der Person beziehen, die sich daher nicht gerne zur Schau stellen möchte, so erscheint es in anderen Passagen direkt aus dem Altsein abgeleitet zu sein. Es mag den als personifiziert gedachten Jahren gelten, die man schon durchlebt hat, wie in dem folgenden Gedicht:

Was habe ich nur getan,	*Nani wo shite*
in all den Jahren, in denen	*mi no itazura ni*
so furchtbar alt geworden bin?	*oinuran*
Was mögen diese meine Jahre	*toshi no omowan*
nur von mir halten, welch Schande!	*koto zo yasashiki*[222]

Genauso schämt sich Genjis Großmutter aus dem *Genji monogatari*, so alt geworden zu sein:

„Dieses mein langes Leben (*inochi nagasa*), wie könnte ich es nicht als schwere Last empfinden, und weil ich mich schon schäme, wenn ich mir überlege, ,was die alte Kiefer von mir denken mag', scheue ich mich erst recht, den Palast zu betreten..."[223]

Das Zitat spielt auf ein Gedicht des *Kokin waka rokujō* 5 an:

Daß ich noch immer lebe,	*Ika de nao*
laßt es sie ja nicht wissen,	*ari to shiraseji*
die Kiefer von Takasago,	*Takasago no*
was sie sonst von mir denken möchte,	*matsu no omowamu*
es beschämt mich allzu sehr!	*koto mo hazukashi*[224]

Durch das Zitieren dieses Gedichts soll also die Schande, so lange gelebt zu haben und so alt geworden zu sein, nochmals betont werden. Worin diese Schande eigentlich besteht, ist schwer festzustellen. Zum einen dürfte es darum gehen, wie sehr der Mensch im Alter verfällt, im Gegensatz zur angesprochenen Kiefer von Takasago, die zwar unermeßlich alt ist, aber nach wie vor im alten Grün erstrahlt[225]. Gleichzeitig dürfte sich hierbei

---

zur Zeit in einer für ihn unheilvollen Richtung lag..." (KN:286, s.a. Seidensticker 1973:141). Die Herausgeber deuten diesen Ausspruch als einen Kaneies (KN:286, A.10), Seidensticker übersetzt, als handelte es sich um einen Vorwand der zu diesem Zeitpunkt 36jährigen Autorin, sich ihrem Gemahl nicht zeigen zu müssen (Seidensticker 1973:141).

[222] KKS (19/1063):322; s.a. Rodd und Henkenius 1984:362. Von der Beliebtheit dieses Gedichtes zeugt die Tatsache, daß es mit geringfügigen Abweichungen auch in das *Wakan rōeishū* aufgenommen wurde, vgl. WR (763):247.

[223] GM I:36, s.a. Benl 1966a:13–14.

[224] GM I:424, A.39.

[225] Entsprechend will man, wie im folgenden Gedicht des *Wakan rōeishū* von der Kiefer lernen, wie man unermeßlich lange lebt, ohne sich zu verändern: „Dem Kiefernbaum sich nähern/ und an ihm den Rücken reiben,/ wie Wind und Frost einem nichts anhaben kann,/ wollen wir so von ihm lernen" (WR (29: „Tag der Ratte"):53). Das Gedicht ist insofern für den Tag der Ratte passend, als an diesem Tag ja auch die sieben Jungen Kräuter (*waka-*

auch der Einfluß des im chin. *Zhuang zi* festgehaltenen Wortes *inochi nagakereba haji ōshi*, „wenn der Mensch lange lebt, so wird ihm auch viel Schande widerfahren"[226], bemerkbar machen. So spricht etwa der Held des *Genji monogatari*, diesen Satz paraphrasierend, über die Schande, die einem im Alter nur allzu leicht widerfährt:

[Genji versucht, Asagao zu umwerben, doch diese geht darauf nicht ein.]
„Ich war heute wohl allzu verliebter Laune", meinte Genji schließlich, seufzte bekümmert auf und erhob sich. „Jaja, es ist schon so, je älter man wird (*yowai no tsumori ni wa*), desto häufiger gerät man in Situationen, derer man sich schämen muß. So wie Ihr mich behandelt habt, wage ich es nun nicht einmal mehr, Euch zu bitten, mir und meiner ganz ausgemergelten Gestalt (*yatsure*) zum Abschied wenigstens ein wenig nachzublicken..."[227]

Scheint sich der Held Genji aber mehr für das zu schämen, was ihm im Alter passiert, nämlich immer häufiger von Frauen abgewiesen zu werden, bringt eine weibliche Figur desselben Romans wieder zum Ausdruck, sich für ihr Alter an sich zu schämen:

[Ukon trifft nach langen Jahren eine der früheren Dienerinnen Yūgaos wieder.]
Ukon mußte bei ihrem Anblick unvermittelt daran denken, wie alt sie selber inzwischen geworden war (*wa ga yowai mo ... hazukashikeredo*), und fühlte sich dadurch äußerst peinlich berührt.[228]

Auch die alte Ben no Kimi aus dem gleichen Roman erfüllt die Tatsache, so lange gelebt und so alt geworden zu sein, mit Scham:

Daß ich Euch nun an meinem Lebensabend (*yo no sue ni*), da ich so alt geworden, wie ich es nie gedacht hätte, sehen darf, es muß wohl der Lohn dafür sein, daß ich Kashiwagi so treu gedient habe, und es erfüllt mich gleichzeitig mit Freude und Schmerz. In diesem meinem langen Leben habe ich schon so manch Bitteres erleben müssen, und so schäme ich mich, so lange auf dieser Erde ausgeharrt zu haben. Naka no Kimi hat mir des öfteren geschrieben, ich solle sie doch einmal in der Hauptstadt besuchen kommen, und ob ich sie, zurückgezogen wie ich hier lebte, denn ganz vergessen hätte. Aber als Nonne bringe ich ja doch nur Unheil, und so dachte ich, es sei besser, wenn mich nur der Buddha selbst sieht."[229]

Wie sehr aber eine solche Schande, alt geworden zu sein, während andere jung gestorben sind, nicht nur die Individuen selber quälte, sondern gewissermaßen auch von den Außenstehenden an sie herangetragen wurde, legt die folgende Passage aus dem *Eiga monogatari* nahe, in der sich zu der Trauer um den Verlust des geliebten Sohnes noch die Schande mischt, daß

---

na) gesammelt und verspeist wurden, die dazu dienen sollten, die Lebensgeister in Harmonie zu halten und ein langes Leben ohne Krankheit zu beschwören.

[226] KKJ 1:567.
[227] GM II:254, s.a. Benl 1966a:583. Genji ist in seinem 32. Lebensjahr.
[228] GM II:346, s.a. Benl 1966a:657.
[229] GM V:97—98, s.a. Benl 1966b:678—679.

die Menschen wohl denken werden, so etwas passiere einem eben, wenn man zu lange auf Erden ausharrt:

Am Abend des 18. starb Go-Suzaku Tennō plötzlich, und alle beklagten dies zutiefst. Besonders Jōtōmonins Trauer war so groß, daß sie jeder Beschreibung spottet. Hinzu kam noch, daß die Menschen wohl denken würden: „Jaja, wenn man zu lange lebt, dann erlebt man eben solche Dinge (*inochi nagakute kakaru onkoto wo miru koto*)", und das verschlimmerte ihre Trauer und Ratlosigkeit nur noch mehr.[230]

So könnte die Scham, alt geworden zu sein, mit dem beschriebenen *eikyo shisō* in Zusammenhang stehen, der sich auch darin äußern könnte, daß man sich schämt, so lange gelebt zu haben, während würdigere früh starben. Tatsächlich schildert die *monogatari*-Literatur wiederholt, wie einzelne Personen angesichts von Menschen, die besonders alt geworden sind, an ihnen nahestehende, früh Verstorbene erinnert werden und sich eines Gefühls der Ungerechtigkeit nicht erwehren können, daß jene, an denen scheinbar niemandem besonders viel gelegen war, so lange lebten, während die in ihren Augen makellosen Geliebten viel zu früh verstarben.[231]

Nur einzelne besonders glückliche Erfahrungen und Fügungen vermögen die Menschen über die ansonsten beklagenswerte Erfahrung ihres eigenen Alterns oder Alters hinwegzutrösten, wie etwa eine innige Beziehung zu einem Enkelkind. Dies läßt zumindest die Autorin Murasaki Shikibu die alte Dame Ōmiya von sich sagen:

„Seit dem Tod meiner Tochter", klagte sie, „ist durch dieses Kind so viel Freude in mein einsames Leben gekommen. Ich habe es sorgsam umhegt, und es war mir immer, als würde es mich ‚über all das Weh des Alters hinwegtrösten' (*oi no mutsukashisa mo nagusamen*)."[232]

---

[230] EM II:432. Jōtōmonin, Gemahlin von Ichijō und Mutter von Go-Suzaku Tennō, war zur Zeit des Todes von Go-Suzaku (1045) 57 Jahre alt.

[231] So ergeht es Genji, als er nach Jahren die inzwischen 70jährige Naishi no Suke wiedertrifft, mit der ihn rund zehn Jahre zuvor eine ungleiche Liebesbeziehung verband (GM II:261; vgl. S. 384). Ähnliche Gefühle ruft im selben Roman das Zusammentreffen mit der über 80jährigen Mutter des Bischofs in dem früheren Gemahl ihrer Enkelin wach, die ihm in ihrer Jugendblüte hinweggestorben ist: „ ‚Was war das nur für ein merkwürdiger Ort, daß diese alte Nonne hier noch immer lebte. Und was war dies doch für eine unberechenbare Welt, in der die einen so früh starben wie seine geliebte Frau, und andere so lange lebten', dachte er" (GM V:374–375, s.a. Benl 1966b:917–919).

[232] GM II:300. s.a. Benl 1966a:619. Ähnlich eine andere weibliche Figur des *Genji monogatari*: „[Ukon trifft mit der alten Amme Tamakazuras zusammen.] Als man den Wandschirm, der die beiden Frauen voneinander trennte, entfernte, brachen sie, außerstande zu sprechen, in Tränen aus. Nach einer Weile fragte dann die alte Frau (*oihito*): ‚Was ist aus meiner Herrin denn nur geworden? Viele lange Jahre hindurch habe ich mir verzweifelt gewünscht, sie wiederzusehen, und sei's auch nur im Traum, die Götter und Buddhas habe ich um ihre Hilfe angefleht, doch dann verschlug es mich in jene abgelegene Provinz, in der zu meinem Schmerz noch nicht einmal der Wind mir Nachricht von ihr bringen konnte.

Zu den wenigen Ausnahmen, in denen Bejahrte lange gelebt zu haben als besonderes Glück ansprechen, zählt die folgende Passage aus dem *Eiga monogatari*, in der dies allerdings durch eine Frau geschieht, der in ihrem Leben eigentlich alles Wesentliche nach Wunsch gelaufen ist und die nun an ihrem Lebensabend ihre Enkelin als Gemahlin des Tenno sieht:

Damals sagte die Nonne von Ichijō Bokushi: „Weil ich die Kinder der Kaiserin Shōshi gesehen habe, habe ich so lange gelebt (*wa ga inochi wa koyonau nobinitari*). Wenn ich nur Kenshis Tochter, die kleine Prinzessin, sehen könnte!"
[Rinshi bringt das Kind zur Urgroßmutter. Diese sagt:]
„Ein langes Leben (*inochi wa nagaku*) ist ein Glück. Wie sie sich umarmen läßt! Man sagt, daß niemand den mag, von dem sich ein Kind nicht umarmen läßt. Ich wünschte, ich könnte alle deine Töchter so (mit kaiserlichen Kindern) sehen!"[233]

Häufiger sind solche Stellen, in denen sich Menschen wundern, daß ihnen im Alter etwas Angenehmes widerfährt, und sie angesichts einer besonderen Ehre oder Freude meinen, nun nicht mehr zu bedauern, daß sie alt geworden sind, wie Fujiwara no Yoshifusa:

Wie die Jahre vergehen	*Toshi fureba*
ist mein Alter vorangeschritten,	*yowai wa oinu*
nicht zu ändern ist dies, und doch,	*shika wa aredo*
solche Blüten zu sehen,	*hana wo shi mireba*
kenn' ich kein Bedauern!	*monoomoi mo nashi*[234]

Was für ein Jammer, dachte ich, daß ich in meinem Alter (*oi no mi*) noch immer lebe! Doch die Liebe und Sorge für Tamakazura, die so ganz allein auf dieser Welt zurückgeblieben war, band mich ganz fest an dieses Leben, und so konnte ich nicht scheiden!' " (GM II:347, s.a. Benl 1966a:658).

[233] EM I:356, s.a. McCullough 1980:359.

[234] KKS (1/52):114, s.a. Rodd und Henkenius 1984:63. Vom Regenten Fujiwara no Yoshifusa verfaßt, als Somedono, seine Tochter und Gemahlin von Montoku Tennō, ihm Kirschblüten in einer Vase zeigte. Er war 866 zum Regenten ernannt worden, müßte also, als er dieses Gedicht verfaßte, mindestens 62 Jahre alt gewesen sein. Der Hinweis auf die Blüten bezieht sich nicht nur auf die gegenständlichen in der Vase, sondern im übertragenen Sinn auch auf seine Tochter (KKS:114 A). Wie beliebt dieses Gedicht war, davon legt Sei Shōnagon beredtes Zeugnis ab: „[Der Bruder der Kaiserin hat die anwesenden Hofdamen aufgefordert, aus dem Gedächtnis ein Gedicht niederzuschreiben.] Als die Reihe an mir war, da fiel mir jenes alte Gedicht ein: ‚Wie die Jahre vergehen/ ist mein Alter vorangeschritten,/ nicht zu ändern ist dies, und doch,/ diese Blüten zu sehen,/ kenn' ich kein Bedauern.' Ich ersetzte beim Niederschreiben den Vers ‚diese Blüten zu sehen' durch ‚bei Eurem Anblick, mein Fürst', und als er das sah, da meinte er: ‚Ja, das ist genau jener Scharfsinn, den ich erwartet habe!' " (MS (23):60, s.a. Watanabe 1952:60—61.). Ähnlich verhielt sich, der Schilderung des *Ōkagami* zufolge, die Schreinjungfrau von Kamo, die angesichts der Ehre, die ihr durch einen kaiserlichen Besuch zuteil geworden ist, so erfreut ist, daß sie nun bereit ist, sich sogar darüber zu freuen, daß sie alt geworden ist: „Nun, ich habe das Bild der Sonne,/ die Licht ausstrahlt,/ gesehen habe,/ wie bin ich glücklich,/ auch wenn ich schon viele Jahre zähle! (*Hikari izuru/ au hi no kage wo/ miteshi yori/ toshi tsumikeru mo/ ureshikarikeri*)" (ŌK:124, s.a. McCullough 1980:133).

Klingt hier das allgemeine Bedauern der Autoren über ihr eigenes Alter nur insofern an, als bestimmte besonders ehrenvolle und glückhafte Ereignisse sie darüber hinwegtrösten, bereut Fujiwara no Toshiyuki ausdrücklich, sich je darüber beklagt zu haben, alt geworden zu sein, ist er doch durch ein prunkvolles Fest eines besseren belehrt worden und zu der Einsicht gekommen, daß an einem langen Leben doch etwas Gutes dran sein muß, wenn es einem ermöglicht, derlei Herrlichkeiten zu erleben:

Zur Zeit des gleichen Tenno im Palast Dienst tuend, als den Höflingen Wein kredenzt worden war und man Musik machte und Gedichte rezitierte, verfaßt

Daß ich alt geworden bin,	*Oinu to te*
warum nur habe ich	*nado ka wa ga mi wo*
darüber je geklagt?	*semegiken*
Wär ich nicht alt geworden, hätt' ich	*oizu wa kyō ni*
den heut'gen Tag doch nicht erleben können!	*awamashi mono ka*[235]

Den gleichen Gedanken bringt auch der alte Vater der Heldin im *Ochikubo monogatari* zum Ausdruck:

[Ochikubos Gemahl hat sich mit ihrem Vater nun ganz versöhnt und jenem gesagt, sie wollten von nun an alles für ihn tun, was sie nur könnten.]
Als der Mittlere Rat sich dann schon ziemlich betrunken zum Aufbruch anschickte, da sagte er: „Ich habe es lange bedauert, noch immer am Leben zu sein, doch nun begreife ich, daß das mein gutes Karma war!"[236]

In den allgemeinen Aussagen über das menschliche Alter steht also dem körperlichen Verfall, der in den Klagen über das Alter als wesentliches Merkmal dieser Lebensphase erscheint, und sozialen Nachteilen, wie etwa einer verminderten erotischen Anziehungskraft, auch gewisse Vorteile gesellschaftlicher Natur, wie den eigenen politischen Aufstieg oder den der Nachkommen miterleben, an besonderen Feiern teilnehmen zu dürfen oder besonderer Ehren teilhaftig zu werden, gegenüber. In diesem Zusammenhang muß auf die positive Sicht des Konfuzianismus vom Alterungsprozeß als sozialem Reifungsprozeß eingegangen werden, die in Japan zumindest seit der Nara-Zeit als bekannt vorausgesetzt werden muß und dieser Sicht diametral entgegengesetzt erscheint.

2.5.2.3.   Die positive Bewertung des Alterungsprozesses und des Alters im Konfuzianismus

Dieses konfuzianische Konzept eines allmählichen Reifungsprozesses der sozialen Persönlichkeit kommt besonders eindrucksvoll in Konfuzius'

---

[235] KKS (17/903):284, s.a. Rodd und Henkenius 1984:309.

[236] OM:190, s.a. Whitehouse und Yanagisawa 1970:198.

berühmter Darstellung seiner eigenen Persönlichkeitsentwicklung zum Ausdruck:

Ich war 15, und mein Wille war aufs Lernen gerichtet; mit 30 stand ich fest; mit 40 hatte ich keine Zweifel mehr; mit 50 war mir das Gesetz des Himmels kund; mit 60 waren mir meine Ohren aufgetan [d.h. er wußte auf die tiefere Bedeutung der Worte anderer zu achten]; mit 70 konnte ich meines Herzens Wünschen folgen, ohne das Maß zu überschreiten.[237]

Diesem Ausspruch des Konfuzius folgend wurden entsprechende Bezeichnungen für die von ihm angeführten Altersstufen gebildet, *fuwaku* für das Alter von 40, *chimei* für das von 50, *jijun* für das von 60 und *jūshin* für das von 70 Jahren. Sowohl diese Ausdrücke als auch die dahinterliegende Vorstellung von einem Reifungsprozeß mit zunehmendem Alter waren natürlich auch in Japan bekannt[238], doch weisen die meisten Erwähnungen daraufhin, daß sie im wesentlichen als lexikalische Bereicherung verstanden wurden, also im allgemeinen nur als Synonyme für die jeweiligen Alter verwendet wurden. Auch dort, wo ihr ursprünglicher Sinn mit gemeint war, scheint dies eher die Sehnsucht nach einem Ideal auszudrücken als eine Realität. So spricht etwa Sugawara no Michizane vom Alter von 50 Jahren zwar als von dem, in dem man das Gesetz des Himmels erkannte, doch rückt er diesen Zustand in eine ferne, ideale Vergangenheit:

Der 50jährige (*chimei*) einst las die Kapitel der Orakelschrift, der, dessen Antlitz gealtert ist (*suigan*), wie wollte er sich unter die Jungen mischen.

---

[237] Linck-Kesting 1981:385. Von Konfuzius stammen auch die ersten allgemeinen Stufeneinteilungen der Entwicklung der sozialen Persönlichkeit. Dem *Lun yu* zufolge teilte er das menschliche Leben in drei Phasen ein: *shao* der junge, *zhuang* der Mensch ‚im besten Mannesalter' und *lao* der alte Mensch, wobei sich hinter dieser Terminologie ein ganzes Programm der stufenweisen Selbstverwirklichung verbarg, die in dem *ren shou*, dem ‚Heranreifen der Menschlichkeit', bestand. Dem jungen Menschen wurde dabei die Dichtkunst zugeordnet, und zwar deren zum Lernen und Sich-Bilden stimulierende Wirkung; dem mittleren Lebensalter das Ritual *li*, das ein moralisches Gefestigtsein symbolisiert, und dem alten Menschen die Musik *yue*, die Vollendung *cheng* bedeutet. Der von Konfuzius formulierten Dreistufigkeit in der Herausbildung einer moralischen Persönlichkeit entsprach eine Dreigliederung in der Aneignung des dafür notwendigen Wissens: der junge Mensch beginnt mit der bloßen Anhäufung von Kenntnissen *zhi*; dem folgt ein Suchen und Forschen ‚aus innerem Antrieb' *hao*, bis er sich schließlich im Alter als ein *le* ‚heiter (Erkennender)' erweist (Linck-Kesting 1981:384—385).

[238] Der letzte Ausdruck etwa ist bereits im *Shoku Nihongi* belegbar, wo er in der Verordnung über die Pensionierung der Distrikt- und Vizedistriktvorsteher (SNG (Wadō 6.5.7): 54, vgl. S. 446) in eben dieser Bedeutung in der Formulierung *yowai jūshin ni oyobi* verwendet wurde. Gewisse Unsicherheiten dürften allerdings in Bezug auf diesen Terminus in Japan bestanden haben, ist das Wort *jūshin* in dieser Stelle des *Shoku Nihongi* doch mit einem anderen Zeichen für *jū* als sonst üblich geschrieben. Besonders gebräuchlich dürfte er allerdings in Japan nie gewesen sein, ist er doch nicht einmal als Stichwort in das große 20bändige *Nihon kokugo daijiten* (NKD) aufgenommen. Zu *chimei* vgl. S. 509, FN 144.

Geholfen hat uns in der Vergangenheit, daß am gleichen Strang wir zogen,
drum laßt uns auch jetzt gleich und gleich gesellen und heut' abend beisammen sein.[239]

Auch Kūkai führt in einem Essay des *Seireishū* die den Reifungsprozeß andeutenden Ausdrücke an, meint aber, die Erkenntnis, die ihm zuteil wird, nicht seinem Alter, das er eher beklagt, sondern der Weisheit der buddhistischen Schriften zu verdanken:

Über das mittlere Lebensalter (*chūju*)[240]   Samt einer Einleitung
Ewig währt der lichte Tag der Erkenntnis des Buddha, der Irrtum hingegen kommt und geht. Die Zeit der Jugend erscheint mir, als wäre sie gestern erst gewesen, und habe doch schon das Alter von 40 Jahren, in dem man nicht mehr schwankt, erreicht (*fuwaku wa moyōsu*). Was will man beklagen: Die Zeit vergeht wie im Flug (*jitten ya no gotoku hakomude*) und raubt den Menschen das jugendliche Antlitz (*hito no tōgan wo ubau*). Wie schnell doch die Monde kommen und gehen und den Menschen mehr und mehr verändern. Dem Studierten wird für diesen Tag seine Beamtung geweissagt, der Brahmane zieht in diesem Jahr in die Wälder, um sich der Askese zu widmen. Jene, die die Mönchsgelübde nicht abgelegt haben, feiern diesen Tag und versammeln sich beim Sake.[241] Ach Priester, welches Gebet mag an diesem Tag wohl passend sein? Die Augen will ich schließen, in Meditationspose mich setzen und mir Buddhas Tugend vor Augen halten. Da habe ich die 40 Zeilen der Hymne an den Monju Bosatsu. Der Text ist einfach und klar und gut zu verstehen. Die Sätze reihen sich aneinander wie goldene Perlen, kein Zeichen ist zuviel, und ein jedes enthüllt genau seinen Sinn. Wie heißt es doch in den alten Schriften: „Wer mit 50 Jahren, da einem der Wille des Himmels offenbar (*chimei ni shite*), das *Yī jing* liest, der wird seinen Inhalt leicht verstehen. Wie sollte ich mich dann nicht freuen, daß es mir mit 40 Jahren (*shunensai ni shite*) vergönnt, jenen Text der fünf mal acht Zeilen zu lesen. Oft und oft habe ich sie nun schon gelesen, und allmählich wächst mein Verständnis. Der Text ist einfach, doch sein tiefer Sinn ist schwer zu begreifen. [...] Da ist die Zeit bereits tief in den traurigen Herbst vorgerückt, und auch mein Lebensalter ist bereits dort angelangt. [...]
Goldenes Herbstlaub hat Berg und Tal überzogen,
vorbei ist's wohl mit den klaren sommerlichen Himmeln.
Ach, im Alter von fünf mal acht Jahren (*gohachi no toshi*) ist es mir gegönnt, dank der fünf mal acht Zeilen die Einheit aller Dinge zu erkennen...[242]

In keiner der von mir durchgesehenen Quellen findet sich allerdings ein Abschnitt, in dem der Alterungsprozeß oder das Alter selbst der konfuzia-

---

[239] KKMS (5/421):433.

[240] Bezeichnet das Alter von 40 Jahren (SRS:214 A).

[241] Das Alter von 40 Jahren als dem der Beamtung entspricht der Einteilung des menschlichen Lebens in 10-Jahres-Abschnitte des *Li ji* (Couvreur 1950:8—9), der Rückzug in die Wälder des Brahmanen auf das 3. der insgesamt 4 *aśramas* (Stadien), die ein Angehöriger der drei oberen Stände Indiens im Laufe seines Lebens durchmessen sollte, das er als Waldeinsiedler (*vānaprastha*) verbringen sollte. Während die entsprechenden kalendarischen Alter in Indien erst verhältnismäßig spät festgelegt worden sein dürften, entspricht das Alter für den Eintritt in das *vānaprastha*-Dasein in etwa dem von 40 Jahren oder etwas mehr (Sprockhoff 1979:374—375, 410). Mit dem Hinweis auf die Feiern, die bei Erreichen dieses Alters abgehalten werden, sind die *sanga* (vgl. S. 279) gemeint.

[242] SRS (15):214—215.

nischen Sicht entsprechend als positiv angesprochen wird. Eine Ausnahme stellt vielleicht das folgende Gedicht aus dem *Manyōshū* dar, in dem der Autor meint, im Laufe des Alterungsprozesses werde der Mensch immer besser. Doch die Tatsache, daß dieses Gedicht als eines eingereiht wurde, in dem man über das Alter klagt, legt die Vermutung nahe, worin auch immer dieses Besser-Werden des Menschen im Alter bestanden haben mag, es nicht etwas war, das ihm selbst zur Freude gereichte:

Bei allen Dingen gilt:	*Mono mina wa*
sind sie neu,	*aratashiki yoshi*
so sind sie gut.	*tadashikumo*
Nur der Mensch soll besser sein,	*hito wa furuki shi*
ist er erst alt.	*yoroshikarubeshi*[243]

2.6. Zusammenfassung

Das höhere Lebensalter wurde bereits im Nara- und Heian-zeitlichen Japan als von den anderen deutlich abgegrenzter Lebensabschnitt aufgefaßt[244], wobei dieser sozialen Definition einer Altersphase auch demographische Grundlagen entsprechen: die Gruppe der über 50jährigen machte zwar insgesamt nur rund 10% der Bevölkerung aus, stellte aber in Anbetracht des großen Prozentsatzes unter 15jähriger einen nicht unbeträchtlichen Teil der Erwachsenen, und hatte man das 40. Lebensjahr erreicht, so waren die Chancen verhältnismäßig gut, noch wesentlich länger zu leben. Langlebige Personen, die über die 80 oder auch 90 Jahre hinaus lebten, waren, insbesondere im Adel, durchaus anzutreffen. Dem entsprachen verbreitete Vorstellungen, die den Beginn des Alters mit 40 Jahren, für Frauen früher, ab 30, ansetzen, die gewöhnliche Dauer des menschlichen Lebens aber gleichzeitig mit 80, 90, 100 und noch mehr Jahren beziffern. Seiner relativen Seltenheit entsprechend galt ein langes Leben als überaus erstrebenswertes Gut, dem auf die verschiedensten Arten nachgeeifert wurde.

Gleichzeitig wurde aber das Altern über das reife Erwachsenenalter hinaus in allen literarischen Genres als Verfallsprozeß gedeutet, und auch das Leben im höheren Alter wurde sowohl in der Lyrik als auch im Diskurs der betagten Figuren der erzählenden Literatur beklagt, mitunter gar

---

[243] MYS III (10/1885): „Das Alter beklagen":67, s.a. MYS 1965:294, Nr.914.

[244] Sei Shōnagon hatte dies gewohnt prägnant so formuliert: „Was zu verschieden, um es zu vergleichen: Sommer und Winter. Tag und Nacht... Alter und Jugend (*oitaru to wakaki to*)" (MS (71):107).

als Schmach empfunden. Dies hing auch mit der verbreiteten Vorstellung zusammen, ein langes Leben sei mit anderen Talenten und Gaben nicht zu vereinbaren, weswegen nur jene ein sehr hohes Alter zu erreichen vermöchten, die in anderen Dingen nicht vollkommen seien. Auswege aus dem Dilemma zwischen dem Wunsch, lange zu leben, und der Einsicht in das Ungemach des Alters fand man teils im Taoismus, teils in Jungbrunnenglauben und anderen Artefakten, die das Versprechen eines langen Lebens in ewiger Jugendlichkeit in sich bargen.

Kam dieses Ideal der Jugendlichkeit in den Nara-zeitlichen Quellen neben vereinzelten Klagen über das Alter, die besonders den körperlichen Verfall und sexuelle Unattraktivität betonen, und Mythen, die das Altern als Fluch deuten, noch im wesentlichen in einer vielbeschworenen Sehnsucht nach ewiger Jugend und Verjüngung zum Ausdruck, so avancierte das Klagen über das Alter in der Heian-Zeit insgesamt zu einem lyrischen Genre. Zwar dürfte vieles an diesen Klagen Rhetorik gewesen sein, mit deren Hilfe die Zuhörer darauf aufmerksam gemacht werden sollten, daß sie es mit einem in Würde gealterten Menschen zu tun hatten. Auch spricht die Tatsache, daß besonders in der Lyrik so viel und so häufig das Alter beklagt wurde, dafür, daß darin auch ein spezieller ästhetischer Reiz lag. Dieser bestand wohl in der Diskrepanz zwischen der Tatsache, daß ein Mensch, der ein hohes Alter erreicht hatte, darob sicherlich glücklich geschätzt wurde, und der Einsicht in die Schattenseiten dieses seines Glücks, die er durch seine Klagen gab. Dennoch zeigten sich manche Heian-zeitliche Autoren gar bereit, auf ein langes Leben zu verzichten, um dem verhaßten Alter zu entgehen. Daran konnte auch die Übernahme konfuzianischen Gedankenguts nichts ändern, das eine mit dem Alter einhergehende Zunahme an Weisheit postulierte. Dabei schien das Beklagenswerte am Alter vorwiegend im Physiologischen zu liegen, während das soziale Leben zumindest unter Umständen auch für den Alten noch Freuden bereit halten konnte. Es soll daher in der Folge zunächst jenen Charakteristika nachgegangen werden, die konkret mit dem Alterungsprozeß in Verbindung gebracht wurden, bevor auf soziale Rollen der Alten eingegangen wird.

3. STEREOTYPE IN BEZUG AUF ALTE MENSCHEN UND DAS HOHE ALTER

Nach den allgemeinen Aussagen und Bewertungen in bezug auf den Alterungsprozeß und die Altersphase scheint es nun nützlich, sich mit jenen Eigenschaften und Merkmalen zu befassen, die in der Nara- und Heianzeitlichen Literatur mit genügend großer Häufigkeit und Beständigkeit in Zusammenhang mit alten Menschen erwähnt werden, um die Annahme zu rechtfertigen, es handle sich um gängige Stereotype dieser Epochen über ihre Alten. Dabei sollen an dieser Stelle nur solche Passagen berücksichtigt werden, in denen entweder explizit eine Feststellung darüber getroffen wird, wie alte Menschen im allgemeinen sind, bzw. in denen alte Menschen mit ebensolchen Merkmalen geschildert werden, wie sie nachweislich an anderer Stelle als charakteristisch für alte Menschen genannt werden. Konkretere Verhaltensweisen alter Menschen, wie sie ihren spezifischen Rollen in den verschiedensten gesellschaftlichen und kulturellen Bereichen entsprechen, werden hier zunächst unberücksichtigt gelassen und erst später behandelt. Diese Vorgangsweise birgt freilich zumindest eine Gefahr. So ist denkbar, daß allgemeine Aussagen darüber, wie alte Menschen sind, im Widerspruch zu dem stehen, wie die meisten aktuell beschriebenen, konkreten Persönlichkeiten in anderen, aber auch denselben Quellen erscheinen und agieren. Insofern könnte ein Kapitel, das sich ausschließlich explizit ausgesprochenen Stereotypen über alte Menschen widmet, das Bild, das man sich von diesen machte, erheblich verzerren. Doch gerade die Diskrepanz zwischen einem bestehenden Stereotyp und gleichzeitig denkbarem oder auch aktuell realisiertem Verhalten mag zusätzliche Aufschlüsse über die Bewertung des Alters an sich geben. Wo eine solche Diskrepanz zu Tage tritt, wird sie daher aufgezeigt werden müssen.

War in allgemeinen Aussagen das Alter selbst überwiegend negativ bewertet und der Alterungsprozeß als Verfall, als Niedergang dargestellt worden, so nähme es nicht wunder, wenn sich auch in den einzelnen Merkmalen, die mit dem Alter und alten Leuten assoziiert wurden, deren physischer und/oder psychischer Verfall manifestierte. Ein frühes Beispiel für die Sicht des Alterns als steter Abnahme der physischen und psychischen Kräfte des Menschen bis zu ihrem völligen Erlöschen im Tod stellt die im *Nihon shoki* wiedergegebene Sterberede des Yūryaku Tennō dar, in der dieser Krankheit und Erschöpfung als natürliche Folge seines fortgeschrittenen Alters beschreibt, das als jene Lebensphase erscheint, in der der Mensch die bei seiner Geburt erhaltenen physischen und psychischen Kräfte allmählich aufgebraucht hat und nur mehr dem Tod entgegenneigt:

„...Doch die Krankheit wurde immer schlimmer, mein Geist ist von Fieber umnachtet und ich werde bald ins Land Tokoyo eingehen. Das ist das übliche Los des Menschen und nicht wert, darüber Worte zu verlieren... Es sind viele Jahre vergangen (*toshi sokora ni koenu*) und man kann nicht sagen, daß ich vor der Zeit sterbe (*inochi mijikashi to iubekarazu*). Meine körperlichen und geistigen Kräfte sind beide abgenutzt...“[1]

Zitiert diese Stelle ein chinesisches Vorbild, sodaß ihr Inhalt unter Umständen weniger den wahren Gefühlen der Verfasser entspricht als dem, was sich für eine offizielle Reichschronik geziemte, entwerfen auch die anderen Nara-zeitlichen Quellen von alten Menschen ein Bild, das besonders die körperlichen, in geringerem Maße aber auch die geistigen Verfallserscheinungen betont. Besonders herausgestrichen wird der allgemeine physische Verfall im Alter etwa in der Episode um Hiketa no Akaiko im *Kojiki*, die 80jährig und damit zu spät den Tenno seines ihr Jahre zuvor gegebenen, aber nie eingelösten Heiratsversprechens mahnt und angesichts ihres welken, abgezehrten Körpers ihre Unfähigkeit zur Liebe beklagt.[2] Eine Bestandsaufnahme der für das Alter charakteristischen körperlichen Verfallserscheinungen lieferte auch Yamanoe no Okura in seinem Gedicht über das Alter, in dem er die weißen Haare, Falten im Gesicht und das Gehen am Stock beklagte.[3] In dem Erlaß, in dem Genshō Tennō aufzählte, von welchen vielerlei Beschwerden der *yōrō no taki*, die japanische Jungbrunnenversion, zu heilen vermag[4], gab auch sie mit den Falten, weißen bzw. schütteren Haaren und den getrübten Augen einen ähnlichen Katalog der wichtigsten ungeliebten physischen Merkmale, die im japanischen Altertum mit der Seneszenz assoziiert wurden. Die Falten und die weißen Haare erscheinen auch in dem berühmten Gedicht über Urashima Tarō als wesentliche Alterserscheinung, wenn dessen geraffter Alterungsprozeß durch das plötzliche Auftreten eben dieser Erscheinungen dargestellt wird[5]. Die wesentlichen physischen Merkmale, die mit dem Alter assoziiert

---

[1] NS I (Yūryaku 23.8.7):498–499, s.a. Aston 1956/1:370. Die Rede lehnt sich eng an die Sterberede des Begründers der Sui-Dynastie im *Sui shu* an, dem offiziellen chin. Geschichtswerk von 636 zur Geschichte dieser Zeit, in der dieser 64jährig sagt, er sei nun schon über 60 Jahre alt und man könne nicht sagen, er sterbe vor der Zeit (NS I:498–499, A.11).

[2] Vgl. S. 349.

[3] Vgl. S. 73.

[4] Vgl. S. 61.

[5] MYS II (9/1740):383–387; vgl. S. 268.

wurden, blieben dabei auch beim Übergang zur Heian-Zeit unverändert. Was weiterhin zum typischen Anblick eines alten Menschen gehörte, mag aus der Beschreibung des Bambussammlers aus dem *Taketori monogatari* geschlossen werden, den der Kummer darüber, daß die wunderbare Kaguyahime ihn wieder verlassen soll, plötzlich schrecklich altern lassen habe:

Vor Kummer war sein Bart weiß geworden (*hige mo shiroku*), sein Rücken war nun gebeugt (*koshi mo kagamari*) und seine Augen waren ganz entzündet (*me mo tadarenikeri*). Der alte Mann (*okina*) war in diesem Jahr gerade erst 50 Jahre alt geworden, doch nun schien ihn der Kummer ganz plötzlich schrecklich altern haben zu lassen (*oi ni narinikeru*).[6]

Die weißen Haare, der krumme Rücken wie allgemeine physische Erschöpfung als typische Merkmale eines alten Menschen finden sich am zeitlich entgegengesetzten Ende der Heian-zeitlichen Literatur auch im *Konjaku monogatari* wieder, wenn der Gott Jogōten sich in einen alten Mann verwandelt, um dem künftigen Buddha vor Augen zu führen, was Alter bedeutet[7]. Diese Erzählung steht natürlich in einem religiösen Kontext, in dem die Vergänglichkeit alles Irdischen hervorgehoben werden soll, und betont schon deshalb die altersbedingten Verfallserscheinungen. Ebenso verhält es sich mit der Schilderung des plötzlichen Alterungsprozesses, den die Töchter des Tenma zur Strafe dafür durchlaufen, daß sie versucht haben, Buddha zu verführen und ihn so vom rechten Weg abzubringen:

Da begannen die drei himmlischen Frauen sich ganz plötzlich zu verwandeln und im Nu waren sie alt und verbraucht (*rōmō shinu*). Ihre Haare wurden weiß (*kashira shiroku*), ihr Gesicht überzog sich mit Falten (*omo shiwami*), die Zähne fielen ihnen aus (*ha ochite*), sodaß ihnen der Speichel aus den Mündern rann (*yotari wo taru*). Ihr Rücken wurde krumm (*koshi magarite*) und ihre Bäuche so dick wie Trommeln. Selbst auf Stöcke gestützt (*tsue ni kakarite*) konnten sie vor Schwäche kaum gehen.[8]

Beinahe dieselben physischen Merkmale charakterisieren in einer weiteren Erzählung des *Konjaku monogatari* das typische Aussehen eines alten Menschen, wenn der *sennin* Ikkaku, durch seine Liebe zu einer jungen Frau seiner übernatürlichen Fähigkeiten beraubt, plötzlich in jener Gestalt zu sehen ist, die seinem kalendarischen Alter schon längst entsprochen hätte:

Wie man ihn so vorangehen sah, da war sein Haupt wie von Schnee bedeckt (*kashira wa yuki wo itadakitaru gotoshi*), sein Gesicht von Wellen durchfurcht (*omo wa nami wo tatami-*

---

[6] TM:61, s.a. Keene 1955:350—351. Am Anfang der Erzählung war der Bambussammler als über 70 Jahre alt vorgestellt worden, doch dürfte dem Autor diese zu einer älteren Fassung der Legende gehörende Angabe nicht immer präsent gewesen sein, als ob er eine mythische Figur zum Leben erweckte, ohne besonders viel Sorge darauf zu verwenden, sie und konkret ihr Alter den jeweiligen Situationen bzw. dem Hergang der Geschichte anzupassen. Überhaupt erfüllt der Alte im wesentlichen die Funktion eines *kyōgen-mawashi*, einer Art in die Handlung eingebauten Erzählers (TM:19—20 A).

[7] KM I (1/3):57; vgl. S. 56.

[8] KM I (1/6):69, s.a. Dykstra 1986a:84.

te), auf seiner Stirn wuchs ihm ein Horn, sein Rücken war wie in zwei gefaltet so krumm (*koshi ha futae ni kagamarite*) und er trug ein Gewand aus Moos.[9] Scheint sich das typische Bild, das man sich von einem alten Menschen machte, von der Nara- bis zur ausgehenden Heian-Zeit kaum verändert zu haben, so sollen nun die in den zitierten Textpassagen wiederholt angeführten physischen Merkmale im einzelnen besprochen und daraufhin untersucht werden, wie sie von den Zeitgenossen bewertet wurden, wobei natürlich die Einschränkung zu treffen ist, daß es sich im wesentlichen um Autoren aus dem höfischen Milieu handelt, die unter Umständen eine stark schichtspezifische Betrachtungsweise an den Tag legen.

3.1. Aussehen

3.1.1. Weiße Haare und Kahlköpfigkeit

Die weißen Haare sind sicherlich jenes physische Merkmal, das am häufigsten mit dem Alter assoziiert wurde. So genügt es, um die Unausweichlichkeit des Alterns auszudrücken, von den weißen Haaren zu sprechen, die einem dann wachsen:

Nur wenn ihr vor der Zeit sterbt,	*Shinaba koso*
kann es anders sein;	*aimizu arame*
doch lebt ihr,	*ikite araba*
werden euch dann nicht auch	*shirokami kora ni*
weiße Haare wachsen?	*oizarame ya mo*[10]

So galten die ersten weißen Haare als eines der ersten und wichtigsten Anzeichen für das beginnende Alter, sie hatten für die Definition des Alters an sich unter Umständen gar einen bestimmenderen Charakter als etwa das kalendarische Alter. Bereits das zitierte Gedicht aus dem *Kaifūsō* über das 40. Lebensjahr spricht vom Alter als der Zeit der weißen Haare[11], ebenso das folgende Gedicht des Heian-zeitlichen *Wakan rōeishū*:

Ach Bäumchen, wenn ich daran denke, wann du das erste Mal in roter Blütenpracht erstrahlen wirst;
bestimmt ist dann die Zeit, da ich schon weiße Haare habe (*wa ga bin no shirokaramu toki ni atareri*).[12]

Im *Manyōshū* sind Gedichte häufig, in denen Autoren sich wundern, im Alter, da sie schon weiße Haare haben, noch zu lieben, oder den Wunsch, mit ihrem Partner bis ins hohe Alter vereint zu bleiben, mit den weißen

---

[9] KM I (5/4):349–352, s.a. Frank 1968:70–74.

[10] MYS IV (16/3792):125, s.a. MYS 1965:76, Nr. 224.

[11] Vgl. S. 17.

[12] WR (297):123..

Haaren umschreiben, die sie dann haben werden.[13] Will eine Autorin ausdrücken, daß sie bereit ist, in ihrer Liebe bis ins Alter auszuharren, sollte sie auch in ihren Erwartungen enttäuscht werden, so bedient sie sich der Metapher, sie wolle warten, bis sich Reif auf ihre Haare gelegt habe.[14] Das gleiche Bild beschwor auch Yamanoe no Okura in seinem Gedicht über die Vergänglichkeit der menschlichen Schönheit, um den Gegensatz zwischen den weißen Haaren als altersbedingter Verfallserscheinung und den als besonders schön empfundenen und auch kulturell allgemein hoch bewerteten langen schwarzen Haaren der Jugend zu veranschaulichen.[15] Auch die Heian-zeitliche Lyrik machte von der Metapher des Reifes, der sich auf die Haare legt, eifrig Gebrauch:

Was läßt der Herbst,	Kurete yuku
der sich zu Ende neigt,	aki no katami ni
als Andenken uns zurück:	oku mono wa
der Rauhreif ist's, wie er	wa ga motoyui no
auf unseren Haarknoten sich legt!	shimo ni zo arikeru[16]

Überhaupt fällt den Heian-zeitlichen Autoren zum Thema „weiß" auf jeden Fall auch ein weißhaariger Alter ein:

Weiß, weiß,	Shira shirashi
weißhaarig der Alte	shiraketaru toshi
im gleißenden Mondenschein	tsukikage ni
stapft durch den Schnee	yuki kakiwakete
die Pflaumenblüten zu brechen!	mume no hana oru[17]

Dem Bild von den weißen Blüten, die, wenn sie dem Menschen aufs Haupt fallen, ihm den Anblick eines Alten vor Augen führen, ist eine Reihe von

---

[13] Vgl. dazu S. 333ff. und S. 354.

[14] Vgl. S. 355.

[15] Vgl. S. 73.

[16] WR (278):118. Von Minamoto no Kanemori. Nach dem *Sōshō shoin kaishō* handelt es sich um eine Antwort auf einen Brief des Minamoto no Shigeyuki, in dem dieser in Zusammenhang mit dem zu Ende gehenden Herbst sein fortschreitendes Alter beklagt hatte (WR:118 A). Vgl. auch den modern-japanischen Ausdruck *atama ni shimo wo oku* für ‚graumeliert'. Entsprechend darf auch zum Thema „Rauhreif" ein Gedicht über die weißen Haare der Alten nicht fehlen: „Dem Kranich, wenn es Nacht wird, erstirbt die Stimme im Hals,/ die Alten (*rōō*), wenn das Jahr sich zu Ende neigt, sie wundern sich, wie [weiß] ihre Haare schon geworden (*bin aiodoroku*)!" (WR (370):142). Dafür lieferten auch chinesische Vorbilder Anlaß, wie bei dem *Bo shi wen ji* nachempfundenen Gedicht, das die Auswirkungen des Reifes auf das menschliche Haar denen des Frostes auf die Chrysanthemenblüten gegenüberstellt: „Wie von Frost verwelkter Beifuß, mein altes Haar,/ zu einem Drittel ist es weiß (*sōhō no rōbin wa sanbun shiroshi*),/ die junge Chrysanthemenblüte, auch sie hat Frost erlebt,/ und ist zur Hälfte gelb" (WR (266):115).

[17] WR (804):257.

Gedichten im *Utsuho monogatari* gewidmet, die allesamt das Thema „Alter im Frühling" abhandeln:

Träfen wir uns nicht,	*Uchimurete*
Blüten zu brechen,	*hana wo shi orite*
ins Haar uns zu stecken,	*kazazazu wa*
wie könnten wir im Frühling	*nani ni ka haru no*
das Alter je erkennen?	*oi mo shiramashi*
Schnell, schnell, laßt sie uns pflücken,	*Chirinu to te*
die Kirschblüten, bevor sie welken und fallen,	*tegoto ni oreba*
heißt's allerorten, und brechen die Zweige,	*sakurabana*
doch siehe: so weiß wie im Alter	*kami sae shiroku*
wird dabei alsbald unser Haupt!	*narimasaru kana*[18]

So tief verwurzelt war dabei die gedankliche Assoziation zwischen dem Anblick eines alten Menschen und seinen weißen Strähnen, daß bald jeder Gegenstand mit weißen Linien einem Vergleich mit dem Altern unterzogen wurde. So fragt sich Mibu no Tadamine in einem Gedicht, ob die weißen Strudel eines Wasserfalls wohl so zu deuten sind, daß auch dieser im Laufe der Jahre alt geworden ist:

O ihr Strudel über dem zu Tal	*Ochitagitsu*
stürzenden Wasserfall,	*taki no minakami*
solltet ihr im Laufe der Jahre	*toshi tsumori*
gealtert sein:	*oinikerashi na*
nicht eine schwarze Strähne ist zu sehen!	*kuroki suji mo nashi*[19]

Und wenn ein betagter Exkaiser aus dem *Utsuho monogatari* auf sein fortgeschrittenes Alter anspielen will, so kann er voraussetzen, daß der Empfänger in den silbernen Haaren von Bartkästchen, die er als Geschenk schickt, die weißen Haare, die er im Alter bekommen hat, erkennen wird:

[Exkaiser Suzaku schickt der Ersten Prinzessin bei ihrer Übersiedlung Geschenke, darunter auch silberne Bartkästchen, und schreibt ihr folgenden Brief:]
„Bitte verzeiht, daß ich nun schon so lange nicht mehr geschrieben habe. Ist die Übersiedlung erst vorüber, will ich unbedingt kommen, um Inumiya das Koto-Spiel erlernen zu sehen. Wie traurig, daß die Bartkästchen auch schon ganz weiße Haare bekommen haben *(shiraga ni narinikeru hodo mo aware ni nan)*."[20]

Entsprechend war eine weitere Metapher für das Weißwerden der Haare im Alter die des Schnees, der auf das Haupt gefallen ist. Auch dieses Bild ist vereinzelt bereits im *Manyōshū* anzutreffen:

Bis wie fallender Schnee	*Furu yuki no*
so weiß mein Haar geworden,	*shirokami made ni*

---

[18] UM III:352, 353.

[19] KKS (17/928):289, s.a. Rodd und Henkenius 1984:316.

[20] UM III:434. Bartkästchen *(higeko)* waren Kästchen aus feinstem Bambus, die so geflochten waren, daß das seitliche Flechtwerk oben wegstand und dort zu bartähnlichen Gebilden zusammengefaßt wurde.

ich euch, mein Fürst,	ōkimi ni
dienen durfte,	tsukaematsureba
welch' Gnade dünkt es mich!	tattoku mo aru ka²¹

Während der Autor sich hier seiner weißen Haare als Symbol dafür, wie lange er dem Herrscher hat dienen können, zufrieden erweist, klingt anderwärts an, daß dieses physische Merkmal an sich keineswegs positiv bewertet wurde. In der Lyrik ist die Metapher zwar oft einfach Anlaß zu eleganten Wortspielen, die auf der gedanklichen Überschneidung zwischen dem materiellen Schnee und seiner metaphorischen Bedeutung basieren:

Verändert sich mein	*Mubatama no*
einst wie dunkle Beeren	*wa ga kurokami ya*
so schwarzes Haar?	*kawaruran*
Ist es der Schnee des Alters,	*kagami no kage ni*
den auf mein Bild im Spiegel ich fallen sehe?	*fureru shirayuki*²²

So wie Gegenstände mit weißen Linien Gedanken an das Alter hervorrufen, weckt auch jeder Berg mit schneebedecktem Gipfel die Assoziation zum weißen Haupt eines gealterten Menschen²³, wobei mitunter auch dort, wo ein entsprechendes Wortspiel wohl im Vordergrund steht, leichtes Bedauern darüber, daß die Haare im Alter weiß geworden sind, anklingt²⁴. In einem der obenerwähnten Gedichte über das „Alter im Früh-

---

²¹ MYS IV (16/3922):185, s.a. MYS 1965:240, Nr.726. Laut Glosse 746 von dem zu diesem Zeitpunkt 62jährigen Tachibana no Moroe bei einem Schnee-Schau-Bankett verfaßt.

²² KKS (10/460):197, s.a. Rodd und Henkenius 1984:180. Von Ki no Tsurayuki. Das Gedicht bezieht sich auf den Kamiyagawa, einen Fluß in Kyōto, indem die Silben seines Namens darin vorkommen (2. und 3. Zeile) (KKS:197 A). Auch in einem dem Frühlingsschnee gewidmeten Essay von Ki no Haseo heißt es von diesem, er führe dem Menschen das Bild des Alters vor Augen: „[...] Er begräbt unter sich die zarten Pflanzen im Garten, deckt zu die hervorbrechenden Sprosse. Fällt er auf die Weiden nahe am Haus, wundert man sich über ihre alten Kätzchen. Er unterstützt die abendlichen Lichter in den Schreibstuben und läßt das Papier wie von selbst hell leuchten. Er tanzt fröhlich des Morgens in die Gemächer der sich schminkenden Damen, mischt sich in den Schminkkästchen unter das weiße Puder. Wie er im lauen Lüftchen herumwirbelt und vor Nebel und Dunst auffliegt! Fällt er auf die Haare der Menschen, führt er ihnen, ob sie es wollen oder nicht, die Zeit der ersten weißen Haare vor Augen (*nimō no toshi wo moyōshi*)" (HCMZ a:325).

²³ Etwa: „O Weißer Berg von Koshi,/ du von Wolken umgebener,/ auch du bist gar arg gealtert:/ der Schnee von Jahren über Jahren/ häuft nun auf deinem Gipfel sich an! (*Kumo no iru/ Koshi no Shirayama/ oinikeri/ ōku no toshi no/ yuki tsumoritsutsu*)" (WR (497):177).

²⁴ So z.B.: „Weißer Schnee, Schicht um Schicht,/ hat dich bedeckt,/ o Kaeru-Berg!/ So ist nichts mehr daran zu ändern,/ daß ich so alt geworden! (*Shirayuki no/ yae furishikeru/ Kaeruyama/ kaerugaeru/ oinikeru kana*)" (KKS (17/902):283, s.a. Rodd und Henkenius 1984:308–309). Die ersten drei Zeilen des Gedichtes, das bei einem Gedichtwettstreit im Palast der Kaiseringemahlin Uda Tennōs während der Kanpyō-Ära (889–898) von Ariwara no Muneyama verfaßt wurde, dienen als Einleitung zum nachfolgenden homonymen *kaerugaeru*. Der Kaeruyama ist ein Berg in Fukui im Bereich der Stadt Imajō-chō.

ling" aus dem *Utsuho monogatari* verwahrt sich eine der anwesenden Figuren dagegen, die anderen könnten die Pflaumenblüten, die ihr aufs Haupt gefallen sind, gar für den Schnee des Alters halten:

Vom Winde zerzaust,	*Kaze wo itami*
auf mich herabgefallen, die Blüten,	*wa ga mi ni fureru*
haltet sie nur ja nicht für den Schnee	*hana wo sae*
des Alters auf meinem Haupt,	*kashira no yuki to*
o ihr Höflinge!	*miru na miyabito*[25]

Der Metapher, mit deren Hilfe im *Manyōshū* ein Autor noch seiner Freude über die lange Zeit Ausdruck verliehen hatte, die er dem Herrscher dienen durfte, bedient sich nun Funya no Yasuhide, um zu beklagen, daß auch die Gunst der Kaiserin nichts an der bedauerlichen Tatsache zu ändern vermag, daß er im Alter weiße Haare bekommen hat:

Ein Gedicht, das er bei einer Audienz am 3. Tag des Ersten Monats auf den Wunsch der Kaiserin vom Nijō-Bezirk, Miyasundokoro, hin über den Schnee, der auf sein Haupt fiel, während gleichzeitig die Sonne schien, verfaßte von Funya Yasuhide

Im Lichte	*Haru no hi no*
der Frühlingssonne	*hikari ni ataru*
stehe ich, und doch,	*ware naredo*
mit Schnee bedeckt	*kashira no yuki to*
ist mein Haupt, wie traurig!	*naru zo wabishiki*[26]

Vielfach zeigt sich, daß dieses Merkmal des Alters nicht gerade freudig begrüßt wurde, so etwa dort, wo ein Autor meint, der Herbst, der die ersten weißen Haare mit sich bringe, ließe einen die Freude darüber, daß die sommerliche Hitze vorbei, schnell wieder vergessen[27]. Auch Sugawara no Michizane spricht von dem Schrecken, der ihn erfaßte, als er an den ersten weißen Haaren feststellen mußte, daß er alt geworden war:

Über eine weiße Chrysanthemenblüte
So eine herbstliche Blume zu ziehen ist gelungen mir einfachem Konfuzianer,
Wie schön sie nach kurzem Regen ihr Köpfchen in den weißen Sand legen zu sehen
Vor kurzem noch ein Schößling auf den Höhen des Tendai-Berges,

---

[25] UM III:352.

[26] KKS (1/8):106, s.a. Rodd und Henkenius 1984:51. Der Kronprinz (*tōgū*) wurde auch Haru no miya (,Frühlingsprinz') genannt, sodaß das Licht der Frühlingssonne wohl gleichzeitig die von der Mutter des Kronprinzen dem Verfasser des Gedichts erwiesene Ehre meint (KKS:106 A). Das Gedicht, das in die Zeit des Sohnes von Miyasundokoro, des späteren Yōzei Tennō, als Kronprinz fällt, müßte zwischen 868 und 876 entstanden sein. Derselben Metapher, daß im Alter leider nichts mehr vermag, den Schnee, der sich einem aufs Haupt gelegt hat, zum Schmelzen zu bringen, bedient sich auch ein alter weißhaariger Mönch (*kashira shiroki oihōshi*) aus dem *Eiga monogatari*: „Sogar an der Sonne/ dieses heißen und so strahlenden/ Sommertages/ schmilzt der Schnee/ auf meinem Haupte nicht! (*Kaku bakari/ sayakeku teruru/ natsu no hi ni/ wa ga itadaki no/ yuki zo kiesenu*)" (EM II:61, s.a. McCullough 1980:545).

[27] WR (208):99; vgl. S. 81.

treibt sie jetzt Blüten im Garten eines Offizials.
Am Kinnbart so weiß wie Reif (*shimo no gotoki no hige*) erfaßt mich eines Herbstabends der Schrecken: war dies das beginnende Alter (*shorō*)?[28]

Deutlicher noch bringt das folgende Gedicht des *Wakan rōeishū* zum Ausdruck, wie wenig begeistert man über dieses Merkmal des Alters war:

Kranich auf weißem Reif, Möwe auf weißem Sand, wie seid ihr doch allerliebst, und doch wie hassenswert, daß nun auch meine Haare mit den Jahren weiß geworden (*nenbin no yōyaku ni hanzen taru koto*)[29]

Im *Honchō monzui* ist ein weiterer Heian-zeitlicher Autor bemüht, mit den ersten weißen Haaren, die sich unter die schwarzen mischen, als Anzeichen für das beginnende Alter mit Anstand fertig zu werden:

Als ich sah, daß mir schon weiße Haare gewachsen waren (*nimō o miru*)[30]
Ich bin nun in meinem 35. Lebensjahr und spüre eigentlich noch nichts davon, daß meine körperlichen Kräfte nachlassen könnten. Und doch, als ich heute morgen in den klaren Spiegel blickte, was mußte ich da sehen: die ersten weißen Haare (*nimō no sugata*). Zunächst wollte ich dem Spiegel nicht trauen, konnt' es nicht glauben; ich rieb mir die Augen und strich durch meinen Bart, ob dort auch schon weiße Haare zu finden wären. Und tatsächlich, wie schrecklich, mit der silbernen Pinzette konnt' gleich mehrere weiße Haare mir ausreißen. Wenn der Herbst naht, gibt es so manchen Anlaß zur Klage, und daß ich nun da angelangt bin, macht mich nur noch trauriger. Doch dann ließ ich das Jammern sein und dachte über alles nach, und da begriff ich denn auch, wie die Dinge eigentlich lagen. Mit 16 erhielt ich den 4. Hofrang verliehen, mit 17 wurde ich *jijū*. Während der Enchō-Ära diente ich im Palast, dessen Gärten wie mit weißen Perlen ausgelegt sind, während der friedvollen Shōhei-Ära trug ich die Fahnen der kaiserlichen Garde. Ich bin von kaiserlichem Geblüt und vermochte Amt und Würden zu behalten. Yan Hui[31] war ein großer Gelehrter der Zhou, weiße Haare bekam er, da war er noch keine 30. Pan Yue[32] war ein berühmter Literat der Jin und hatte in diesem Alter sein berühmtes Gedicht über die weißen Haare schon verfaßt. Alle waren sie noch jünger als ich, und so muß ich mich wohl freuen, daß ich meine ersten Haare erst viel später als sie entdeckt.[33]

---

[28] KKMS (2/125):209.

[29] WR (803: Zu „weiß"):257.

[30] Wörtl.: ‚zwei Haare'; bezeichnet nach den *Li ji*-Kommentaren des Zheng Xuan, eines Konfuzianers der späten Han-Zeit, und den *Wen xuan*-Kommentaren die Tatsache, daß jemandem schon einige weiße Haare gewachsen sind, er also graumeliert ist, und somit in fortgeschrittenem Alter, aber noch kein Greis (KKJ 1:110, MYS II:63, A.8).

[31] Schüler des Konfuzius. Das *Lun yu* erwähnt, wie weise und tugendhaft er war, und das *Shi ji*, das offizielle chin. Geschichtswerk der frühen Han-Zeit, das die chin. Geschichte seit dem legendären Gelben Kaiser behandelt, berichtet, er habe bereits mit 29 Jahren weiße Haare bekommen und sei bald darauf gestorben (HCMZ a:347 A, KKJ 3:1224).

[32] Ist für Gedichte über den Herbst berühmt und klagte in einem Vorwort zu einem ins *Wen xuan* aufgenommenen Gedicht darüber, bereits in seinem 32. Lebensjahr weiße Haare bekommen zu haben (KKJ 2:969, HCMZ a:347 A).

[33] HCMZ a:347. Von Minamoto no Fusaakira. Der erwähnte Pan Yue, Jap. eigentlich Han Gaku, manchmal aber auch Hanrō genannt, mit seinem Bedauern darüber, weiße Haare bekommen zu haben, war dabei ein beliebtes literarisches Vorbild, wie auch das fol-

Allerdings dürfte der Anblick im Alter weiß gewordener Haare nicht nur negative Gefühle beim Betrachter ausgelöst haben, sondern unter Umständen auch eine Mischung aus Mitleid und Respekt, wie etwa in jener Episode aus dem *Konjaku monogatari*, in der ein Provinzgouverneur davon absieht, einen nachlässigen Provinzbeamten zu bestrafen, als er gewahr wird, daß es sich bei diesem um einen weißhäuptigen Alten handelt und jener auch geschickt mithilfe der gängigen Metapher des Schnees, der sich einem aufs Haupt gelegt hat, auf seine weißen Haare anspielt.[34] Mit einer Mischung aus Mitleid und Ehrfurcht reagiert auch Genji aus dem *Genji monogatari* auf den Anblick eines alten Mannes mit schneeweißen Haaren:

Das Tor, durch das sein Wagen hinausfahren sollte, war noch nicht geöffnet, und so mußte der Diener gerufen werden, der den Schlüssel dazu verwahrte. Als jener endlich erschien, war es ein überaus alter Mann (*okina*)... Da sagte Genji:

Seh ich das Haupt	*Furinikeru*
des Alten so weiß	*kashira no yuki wo*
als wär' Schnee drauf gefallen,	*miru hito no*
sind meine Ärmel von Tränen	*otorazu nurasu*
nicht weniger naß als die seinen vom Schnee!	*asa no sode kana*[35]

Das Phänomen, daß im Alter die Haare der Augenbrauen dazu neigen, länger zu werden, das in der chinesischen Kultur zu im allgemeinen positiv belegten Umschreibungen des Greisenalters oder alter Menschen durch das Wort für Augenbrauen (sinojapanisch *bi*) geführt hatte,[36] scheint die Japaner der Nara- und Heian-Zeit weder im Positiven noch im Negativen besonders berührt zu haben, wiewohl davon abgeleitete Begriffe wie *biju*, das besondere Langlebigkeit meint, bekannt waren.[37]

Anders verhält es sich mit dem Schütterwerden der Haare, das, wie in einer Kultur, in der das füllige Haar zu den besonderen Reizen zählte,

---

gende Gedicht über den Regen zeigt: „Manchmal hängen seine Tropfen von den Blüten herab,/ dann trauert Bokushi noch mehr als einst der Stoff beim Färben fleckig ihr wurde;/ andernmals tanzt er zwischen den Haaren,/ dann erweckt er die Erinnerung an Hanrō, der über seine ersten weißen Haare klagte" (WR (80):67).

[34] Vgl. S. 197.

[35] GM I:259, s.a. Benl 1966a:209.

[36] KKJ 2:1315.

[37] Vgl. S. 32, FN 69. In einer der wenigen Ausnahmen, einem Essay des *Honchō monzui* von Minamoto no Shitagō, dürfte die Anspielung auf die weißen Augenbrauen eines alten Mönchs allerdings dessen Würde unterstreichen: „Einsam liegt die Residenz, kein Nachbar ist zugegen, von selbst hat sie sich von dem Staub der Welt entfernt./ [...]/ Womit gewappnet wollt hierher man gelangen, wenn nicht mit einem gebogenen Krückstock;/ an wen sich wenden, um über die Vergangenheit zu sprechen, wenn nicht an den einen oder anderen Mönch mit weißer Augenbraue (*hakubi no hōshi*)" (HCMZ a:331).

nicht verwundert, in der Heian-Zeit zu den gefürchtetsten Alterserscheinungen zählte. In von chinesischen Vorlagen beeinflußten *kanshi* führt die dort häufige Assoziation des Alters mit dem Herbst zu Vergleichen zwischen den abfallenden Blättern und den schütteren Haaren alter Menschen:

> Das düstere Rascheln der Gräser im Herbstwind,
> und wie er durch meine schütt'ren ergrauten Haare (*suibin*) streicht:
> wer mag es sich nur ausgedacht haben, daß es gleichzeitig
> auf Erden und in meinem Leben Herbst geworden?[38]

Wie bei keinem anderen Anzeichen für das Älterwerden beobachtet man dessen Fortschreiten genau bei sich wie bei den anderen. Überrascht sieht sich zum Beispiel Murasaki Shikibu bei einem feierlichen Anlaß um und stellt fest, daß man an diesem Tag die schütteren Haare der älteren Damen nicht so bemerkt, weil sich alle so prächtig herausgeputzt haben:

> In der Menge entdecke ich auch solche, die bei weniger feierlichen Anlässen nicht gerade durch Schönheit bestechen, doch [an einem Tag wie heute] haben sich alle fein herausgeputzt und sorgfältig geschminkt, keine will einer anderen in irgendeiner Weise nachstehen... Einen Unterschied zwischen denen, die schon recht alt sind (*toshi no hodo no otonabi*), und den sehr jungen, oder zwischen denen, deren Haar schon etwas licht geworden ist und jenen in ihrer Blüte (*sakari*), bei denen es in prächtiger Fülle fällt, vermag ich nur bei denen auszumachen, die ganz knapp vor mir stehen...[39]

Erschreckend fällt hingegen im *Genji monogatari* der Vergleich zwischen dem schönen Haar der jungen Ukifune und dem der sie in ihrem neuen Zuhause umgebenden alten Nonnen aus:

> Ihr Haar war während ihrer langen Krankheit so gut es ging zusammengebunden worden, doch war es nicht besonders verwirrt, und als die Schwester des Bischofs es kämmte, da wurde es gleich wieder wundervoll weich und schimmerte. In einem solchen Haus mit seinen vielen [alten Nonnen,] bei denen ‚auf hundert Jahre nur mehr eines fehlte und deren Haare weiß und schütter waren' (*hitotose taranu tsukumogami*), mußte ein solcher Anblick geradezu blenden, und es war ihr, als hätte sie einen geradewegs vom Himmel herabgestiegenen Engel vor sich.[40]

---

[38] WR (204):98. Nach *Bo shi wen ji*. Eine vergleichbare Metapher bemüht auch das folgende Gedicht derselben Sammlung: „Vom frühen Morgen an, säuselt der Wind in den Blättern, bis die Wipfel ausgefranst und kahl wie der Kopf eines alten Mannes (*ointari*),/ gegen Abend klappern über Steine und Geröll die Bäche, und in den Tälern wird es eisig kalt" (WR (495):176).

[39] MSN (1008.10.16):464, s.a. Sieffert 1978:30.

[40] GM V:357, s.a. Benl 1966b:902. Auffällig ist in dieser Passage der eigentümliche Ausdruck *tsukumogami* für das schüttere, weiße Haar der alten Nonnen. Bedeutung und Etymologie dieses Ausdrucks sind umstritten: Einzelne Autoren neigen zu der Ansicht, es handle sich bei *tsukumo* um den Namen eines Seegrases (*futoi*), und der Ausdruck *tsukumogami* beziehe sich darauf, daß das Haar einer alten Frau kurz geworden ist und so dem *tsukumo* ähnelt. Es gibt auch die These, daß das Wort richtig *tsutsumogami* lauten müßte, dabei *tsu-*

Die schütteren Haare galten aber nicht nur bei alten Frauen, sondern auch bei Männern als häßlich anzusehen. So fällt Sei Shōnagon, wenn sie sich in ihrem Kopfkissenbuch alle möglichen Dinge vor Augen hält, deren Anblick einen ob des Verfalls, der sich in ihnen offenbart, verdrießlich stimmt, auch der eines alten Mannes ohne Kopfbedeckung ein:

Ein großes Boot, das bei Ebbe im Trockenen liegt [...] Ein alter Mann (*okina*), der keine Kopfbedeckung trägt...[41]

Zwar dürfte in einer Zeit, in der es allgemein als unhöflich galt, ohne Kopfbedeckung zu erscheinen, ein alter, kahlköpfiger Mann ohne Hut wohl als besonders armselig empfunden worden sein, doch könnte Sei Shōnagon, als sie diese Bemerkung niederschrieb, noch an etwas anderes gedacht haben[42]. Das *Konjaku monogatari* erzählt ausführlich, wie Sei Shōnagons Vater, Kiyohara no Motosuke, als Bote beim Kamo-Fest vom Pferd fiel, dabei seine Kopfbedeckung verlor und sich so der Lächerlichkeit preisgab:

... Während die adeligen Zuschauer noch von großem Mitleid erfüllt waren, da ein so bejahrter Greis vom Pferde gestürzt war, erhob sich Motosuke sehr rasch. Weil seine Kappe herabgefallen war, sah man, daß von seinem Haarknoten kein einziges Haar übriggeblieben war, weshalb er aussah, als ob er einen Topf aufgesetzt hätte. Sein Pferdeknecht griff mit fliegenden Händen nach der Kappe und reichte sie Motosuke, der aber setzte sie nicht auf, sondern machte eine abwehrende Handbewegung und sprach: „Nein, was bist du aufgeregt! Nur gemach. Ich habe den Herren einiges zu sagen." Damit näherte er sich den Wagen der Höflinge. Im Schein der Abendsonne funkelte und gleißte sein Schädel, daß es ein grenzenlos erbärmlicher Anblick war. Alle, die auf der Straße waren, liefen durcheinander. In den Wagen und auf den Schaugerüsten stellten sich alle auf die Zehen und lachten lauthals.

Unterdessen war Motosuke an die Wagen der Höflinge herangetreten und sprach: „Ihr Herren haltet wohl den Motosuke für einen einfältigen Tropf, weil er vom Pferd gefallen ist und seine Kappe verloren hat. Das solltet ihr aber keineswegs. Denn es ist doch schon eine alltägliche Tatsache, daß selbst vorsichtige Leute über etwas stolpern und hinfallen. Wie sollte es da bei einem Pferd anders sein, das diese Vorsicht nicht haben kann? Außer-

---

tsu als ‚neun' zu verstehen sei, *tsutsumo* gleichzeitig eine Pflanze bezeichnen würde, und *tsutsumogami* somit ein *kakekotoba* sei, das sowohl die Pflanze als auch ‚99 Jahre' meint (YM:198, A.66). Für diese These spricht, daß in den beiden Heian-zeitlichen Stellen, in denen dieser Ausdruck vorkommt, nämlich in der soeben angeführten und in dem Gedicht aus *Ise monogatari* 63 (IM:145–146; vgl. S. 380), in dem Ariwara no Narihira das Aussehen seiner ältlichen Geliebten beschreibt und das auch jenes ist, welches in der *Genji monogatari*-Passage zitiert wird, dem Wort *tsukumogami* die Wendung *hitotose taranu* (‚ein Jahr fehlt'), in der Version des *Ise monogatari* sogar ausdrücklich *momotose ni hitotose taranu* ‚ein Jahr, das auf hundert fehlt'), vorangestellt ist. Der Zusammenhang zwischen der Zahl 99 und den weißen Haaren einer alten Frau ergibt sich dabei daraus, daß das Zeichen für 100 weniger den Strich für ‚eins' das Zeichen für ‚weiß' ergibt, und somit die Zahl 99 (100–1) allmählich zur Bezeichnung der weißen Haare einer alten Frau verwendet wurde, und da diese weißen Haare der Pflanze *tsukumo* ähnlich sehen, die Zahl 99 mit der Zeit auch *tsukumo* gelesen werden konnte (GM V:488, A.539).

[41] MS (125: Was verdrießlich aussieht):180.

[42] Kaneko 1935:624.

dem stehen die Steine auf dieser Straße stark hervor. Und dann wird das Pferd am Maul gezogen, so daß es nicht dahin gehen kann, wohin es gehen möchte, mal wird es hier, mal da herumgezogen. Also darf man nur mich, nicht aber das stürzende Roß tadeln. Wenn aber nun das Roß über die Steine stolpert und stürzt, was kann ich da machen? Mein chinesischer Sattel ist sehr flach, da ist wirklich nichts zu machen. Nun ist das Pferd heftig gestrauchelt, und deshalb bin ich heruntergefallen. Auch das ist also nicht zu tadeln. Und daß meine Kappe herunterfiel – nun, sie war ja schließlich nicht angebunden! Sie hält nur, wenn recht viel Haar in ihren Haarbeutel hineingestopft wird. Aber nun ist mein Haar ausgegangen und kein einziges Haar mehr übrig. Also darf man der herunterfallenden Kappe nicht zürnen..."[43]

Vielleicht wurde Sei Shōnagon durch dieses persönliche Erlebnis, das sie möglicherweise selbst zur Zielscheibe des Spottes machte, zu ihrer allgemein formulierten Feststellung veranlaßt. Deutlich wird daraus auch, daß sie sicher nicht die einzige war, die diesen Anblick für höchst beschämend hielt. Die allgemeine Beliebtheit, derer sich die Vorstellung vom gealterten Beamten erfreute, dessen Haar schon so schütter geworden ist, daß die Amtskappe nicht mehr richtig hält und daher gerade ihm das Mißgeschick passiert, sie zu verlieren und damit seinen Makel erst recht zur Schau zu stellen, sowie die stete Bereitschaft des Heian-zeitlichen Adels, sich ausgiebig darüber lustig zu machen, illustriert auch die Tatsache, daß dieses Motiv in das anläßlich der *Kagura*-Zeremonie gesungene Scherzlied *Sōka* Eingang gefunden hat:

	moto:
Am Yōmeimon[44] hat er	*Konoe no mikado ni*
den Hut[45] verloren, heißt's	*koji otsu to*
	sue:
Ja, weil er keine Haare mehr hat[46]	*kami no ne no nakereba*[47]

Wie sehr die Glatzköpfigkeit alter Männer als Makel empfunden wurde, zeigt sich auch in der Episode des *Ochikubo monogatari*, in der dem alten Tenyaku no suke die Kappe vom Kopf geschlagen wird[48]: obwohl er ins-

---

[43] KM V (28/6):67–68, s.a. Naumann 1973:18–19.

[44] Ein Tor im östlichen Teil des Kaiserpalastes in Kyōto.

[45] *Koji* bezeichnet eigentlich nicht die Kopfbedeckung an sich, sondern einen Teil der Amtskappe, in den der Haarknoten gesteckt wurde. In späteren Zeiten waren Amtskappe und *koji* aus einem einzigen Stück gefertigt, doch in der Heian-Zeit waren es getrennte Teile, sodaß offenbar vorkommen konnte, daß man den *koji* verlor (KU:336 A).

[46] Wörtl.: ‚weil die Haarwurzel fehlt'.

[47] KU (*Sōka*):335. Das Lied besteht aus zahlreichen, zum Teil witzigen, scheinbar zusammenhanglosen Strophen, wobei die einzelnen Verse jeweils abwechselnd von der einen (*moto*) und der anderen Seite (*sue*) gesungen wurden.

[48] OM:164; vgl. S. 296. Natürlich ist diese Figur des Tenyaku no suke an sich sehr negativ, und daß sich die Leute über ihn lustig machen, gehört gewissermaßen auch zu seiner Be-

gesamt in Gefahr ist, versucht er instinktiv, wenigstens seine kahle Stirn mit dem Ärmel seines Gewandes zu bedecken, während alle Zeugen über den Anblick seiner Glatze in schallendes Gelächter ausbrechen. Dies ist Teil der Rache, die der Gemahl der Heldin für deren versuchte Entführung an ihm nimmt, und sein Mißgeschick erfährt denn auch eine höchst dramatische Wende, bedeutet es doch zunächst seinen sozialen und in der Folge, aufgrund der Prügel, die er gleichzeitig bezieht, auch seinen physischen Tod. Mit weniger tragischem Ausgang spielt dasselbe Motiv in einer weiteren Erzählung des *Konjaku monogatari* eine wichtige Rolle: jungen Höflingen, die sich über einen Provinzgouverneur lustig machen wollen, dienen dessen schüttere Haare als Vorwand, den dieser auch sogleich für bare Münze nimmt, für einen Streich, der eigentlich seiner Provinzialität und Unkenntnis der Sitten bei Hof gilt[49]. Wie in der obenangeführten Erzählung um Kiyohara no Motosuke ergibt sich auch hier eine zusätzliche Komik daraus, daß diese kahlköpfigen Alten nicht einsehen wollen, wie häßlich und gleichzeitig lächerlich der Anblick ihrer Glatze ist, mag sie für ihr Alter auch noch so natürlich sein. Auf köstlich ironisierende Weise kämpft ein anderer Heian-zeitlicher Autor, Kaneakira Shinnō, um den richtigen Umgang mit dieser unliebsamen Alterserscheinung, er widmet ihr einen ganzen Aufsatz:

Über das Ausfallen der Haare
Im Anschluß an eine Krankheit, da wurden alle meine Haare weiß (*binpatsu kotogotoku ni shiroku shite*), und sie begannen mir auszufallen. Da fiel mir Bo Juyis Gedicht über das Ausfallen der Zähne ein, und ich gedachte, mich zu trösten, indem ich ein solches über das Ausfallen der Haare verfaßte. Es lautete wie folgt:
Ich frage euch, ihr Haare, warum habt ihr euer gewohntes Aussehen verändert? Einst wart ihr dunklen Wolken gleich, jetzt seid ihr weiß wie Schnee (*hakusetsu to narinu*). Warum macht ihr's nicht wie die Kiefer, deren Grün sich nicht verändert, fällt auch Reif im Herbst auf sie nieder. Warum macht ihr's nicht wie die Edelsteine, die, auch Feuer ausgesetzt, ihren Glanz nicht verlieren? Nicht gegen mich wolltet ihr sein, warum also vergeßt ihr nun euer Versprechen. Ist nicht ein langes Leben euch beschieden, daß ihr mich nun verlassen wollt? Faul strahlt der Reif am Morgen, auf nichts ist doch Verlaß.
Da antworteten die Haare mir:
Als du jung warst, da waren deine Adern mit Blut gefüllt und die Haare lang und schwarz. Doch als du alt und verbraucht wurdest (*rōran no yowai ni itarite wa*), da leerte sich deine Haut und um deine Haare war's geschehen. Das ist der Lauf der Dinge, worüber wolltest du dich beklagen. Ermüdet der Fisch, wird sein Schwanz rot. Wird der Baum schwach, färben sich seine Blätter herbstlich. Leidet der Rappe, wird er zum Falben. Trauert die Krähe, wird weiß ihr Kopf. Zahlreich waren die Gäste bei Fürst Mong Changs Mahl, und

---

strafung, doch die Art und Weise, wie er sofort instinktiv versucht, zumindest seine kahle Stirn mit dem Ärmel seines Gewandes zu bedecken, obwohl er ja überhaupt in Gefahr ist, zeigt doch deutlich, daß die Glatzköpfigkeit an sich als Makel empfunden wurde.

[49] Vgl. dazu ausführlich S. 203.

doch blieb schließlich nur noch Feng Huan an seiner Seite. General Wei Qing verließen Freunde und Vasallen, und nur Ren An harrte bei ihm aus. Schwindet die Macht, verlassen die Gäste das Haus. Wirst du schwächer und schwächer, fallen die Haare dir aus, bis du keines mehr hast. Das ist der Lauf der Dinge, worüber wolltest du dich beklagen. Da antwortete ich und sprach:
Recht habt ihr, mit dem, was ihr da sagt. Wie wollte ich noch länger daran zweifeln? Sind die Haare erst ganz weiß geworden und schließlich alle ausgefallen, zu Ende ist die Plage mit dem Befestigen der Amtskappe, nähern will ich mich dem steinernen Tor der Lehre, die uns da zeigt, wie null und nichtig die Dinge dieser Welt.[50]

Um so bewundernswerter ist es, wenn sich eine Person ihre schönen dichten Haare bis ins hohe Alter zu bewahren verstanden hat, was dann auch nicht hervorzuheben versäumt wird:

Sie war schon über 70 Jahre alt (*nanasoji ni amarasetamaedo*), aber ihr Haar fiel dicht herunter und wenn es wunderbares Haar gibt, dann gehört dieses dazu.[51]

3.1.2. Zahnlücken, Falten und krummer Rücken

Weit weniger häufig als das Weiß- oder Schütterwerden der Haare, dafür aber unter nicht minderer Betonung der Häßlichkeit dieser Alterserscheinung, werden in den Heian-zeitlichen Quellen die wackligen Zähne und Zahnlücken der alten Menschen erwähnt. Schwierigkeiten im Alter mit dem Gebiß waren offenbar im allgemeinen Bewußtsein so präsent, daß eine Anspielung darauf sich sogar in einer floskelähnlichen Formulierung in einem Brief wiederfinden kann, so in dem Begleitbrief zu Geschenken der Figur des Masayori aus dem *Utsuho monogatari*:

„Den gebratenen Reis habe ich Alter, den die Zähne schmerzen (*ōna no ha itakute*)[52], nicht kauen können. Gebt ihn bitte den jungen Leuten."[53]

Es galt nicht nur als selbstverständlich, daß man im Alter Schwierigkeiten bekam, Härteres zu kauen, besonders häßlich machen sich im Alter auch Zahnlücken bemerkbar. Bereits im Nara-zeitlichen *Manyōshū* erscheint diese Verfallserscheinung als so innig mit dem Alter verbunden, daß Ōtomo no Yakamochi in einem Gedicht, in dem er die physischen Defizite im Alter mit seiner Sehnsucht kontrastiert, ihrer zum Trotz auf die Liebe nicht verzichten zu wollen, gar von einer ‚Alterszunge' (*oijita*) spricht, wie sie

---

[50] HCMZ a:402—403.

[51] EM II:382. Die Rede ist von der 73jährigen Minamoto no Rinshi, der Frau Fujiwara no Michinagas.

[52] Der inneren Chronologie des Romans zufolge müßte Masayori zu diesem Zeitpunkt rund 54 Jahre alt sein. Daß in dem Brief von *ōna*, einer alten Frau, die Rede ist, ergibt keinen Sinn; es dürfte sich wohl um einen Schreibfehler für *okina*, ‚alter Mann' handeln.

[53] UM III:229—230.

aus dem zahnlosen Mund eines Alten hervorschaut.[54] Was bei jungen Frauen ein glückseliges Lächeln wäre, erstarrt daher bei alten zur häßlichen Fratze, wie bei jenen alten Dienerinnen aus dem *Genji monogatari*:

> Und so sagten erst recht die alten Dienerinnen (*oihitodomo*), die ja nur das Bergdorf kannten, wobei sie vor lauter freudigem Lachen ihre häßlichen Zahnlücken zeigten (*kuchitsuki nikuge ni uchiemitsutsu*): „Wie wunderbar sie aussieht!"[55]

Machen sich die Zahnlücken schon bei den gutsituierten Zofen in adeligen Häusern häßlich bemerkbar, ist dies bei alten Frauen aus dem Volk aus der Sicht der Adeligen natürlich noch umso eher der Fall:

> [Alte Weiber] niederen Standes mit zahnlosem, eingefallenem Mund (*kuchi uchisugemite*), die Haare schlampig unter das Obergewand gepfropft, hielten die gefalteten Hände zur Stirn erhoben und starrten Genji verzückt an.[56]

Wie unangenehm überrascht der Betrachter ist, wenn er einen alten Menschen sieht, der gerade seinen Mund aufmacht, und so mit dem Anblick dessen häßlicher Zahnlücken konfrontiert wird, kann man auch aus der folgenden Passage des *Makura no sōshi* heraushören:

> Was irgendwie ungereimt wirkt: ... Eine zahnlose Alte (*ha mo naki onna*), die eingelegte Pflaumen ißt und dabei den Mund verzieht, weil sie so sauer sind...[57]

Als zahnlos und verschrumpelt und somit extrem unattraktiv wird auch der ältliche Vorstand der Medizinalbehörde aus einer Erzählung des *Konjaku monogatari* beschrieben, der versucht, sich an eine Dame heranzumachen, die sich einer mysteriösen Krankheit wegen zu ihm geflüchtet hat[58].

Wie in diesem Porträt gehörten natürlich auch Falten zum typischen Bild eines Alten. Dabei wurden die vielen kleinen Runzeln, die das Gesicht eines alten Menschen überziehen, häufig mit den Wellen verglichen, die sich übers Meer kräuseln, so in der obenerwähnten Beschreibung des *sennin* Ikkaku, in der die Metapher der sich auf seinem Gesicht aneinanderreihenden Wellen (*omo wa nami wo tatamite*) genügt, um vor dem geistigen Auge des Lesers das Bild seines runzligen Gesichts entstehen zu lassen. Dieselbe Metapher bemüht der Autor des folgenden beliebten Gedichtes; zusätzlich dient sie ihm dazu dient, seine Sehnsucht nach der vergangenen Jugend zum Ausdruck zu bringen, weckt doch das Wort *nami*, ‚Wellen', Assoziationen zu der Bucht Wakanoura, die ihrerseits durch die Homonymie mit *wakashi*, ‚jung', die Erinnerung an die Jugend wachruft:

---

[54] Vgl. S. 357.

[55] GM IV:426, s.a. Benl 1966b:559.

[56] GM I:323, s.a. Benl 1966a:269.

[57] MS (45):93, s.a. Watanabe 1952:107, Kaneko 1935:257–258.

[58] KM IV (24/8):288; vgl. S. 371.

Im Alter wie Wellen	Oi no nami
zurollen auf den Strand	iso hitai ni zo
zerfurchen Falten meine Stirn,	yorinikeru
ach, wie sehn' ich mich zurück	aware koishiki
nach meiner Jugend Bucht!	Wakanoura kana[59]

Die Assoziation zwischen dem fortgeschrittenen Lebensalter und den Falten und Runzeln war derart bestimmend, daß der an sich völlig neutrale Ausdruck *oi no nami*, der ursprünglich nichts anderes bedeutete als einfach ‚im Alter' in der Heian-zeitlichen Belletristik sehr häufig statt mit dem Zeichen KKJ 50 mit dem Zeichen KKJ 8693, ‚Welle', geschrieben wurde.[60] Bisweilen schlachtete man diese Metapher bis zur letzten Konsequenz aus, so in einem Gedicht des Mibu no Tadamine, in dem dieser meint, er müsse unter der Flut an Falten, die seine Stirn zerfurchen, gar ertrinken[61]. Von der faltigen Haut alter Menschen abgestoßen zeigt sich die Hofdame Sei Shōnagon, wenn sie bedauert, daß gerade diese Alten sich so benehmen, daß ihrem Gegenüber ihre Falten besonders auffallen müssen:

Was einen schlechten Eindruck macht
[...] Oder sich die Hände am Feuer oder am Kohlenbecken zu wärmen und sie dabei ständig zu reiben und darüber zu streichen, als wolle man sie glätten[62]. Würden denn junge Leute so etwas je tun? Nein, aber gerade den runzligen Alten (*oibamitaru mono koso*)[63] fällt

---

[59] RH (490):429. Unterstützt wird die Metapher noch durch die Tatsache, daß *iso* neben der Bedeutung ‚Strand' auch den Rand des *kanmuri* bezeichnet, während *hitai* nicht nur die Stirn ist, sondern auch der auf der Stirn aufliegende Teil desselben ist (NKD 2:84 und 16:704). Es überschneiden sich zudem in *waka* die Bedeutungen ‚jung' und ‚japanisches Gedicht'. Wie beliebt die Metapher in der Lyrik war, bezeugt die Existenz des folgenden, in die 4., 1096 fertiggestellte offizielle Anthologie japanischer Gedichte, das *Goshūishū*, als Nr.19/5 aufgenommenen verwandten Gedichtes: „Daß wie Strandes Wellen/ Falten nicht zerfurchen mögen/ ihre Stirn, hoffen die Menschen,/ doch wo sie gerne warten/ ist an ihrer Jugend Bucht (*Oi no nami/ yoseji to hito wa/ itou to mo/ matsuramu mono wo/ waka no ura ni wa*)" (RH:538 A).

[60] Beispiele für diesen Gebrauch stellen Passagen aus dem *Genji monogatari* dar, wie jene, in der Genji einer alten Frau Freude bereiten will, auf daß sich ihre Runzeln glätten (GM III:330; vgl. S. 301) oder jene, in der dieselbe alte Frau in einem Gedicht, das ähnliche Wortspiele enthält, auf ihr Alter anspielt (GM III:281; vgl. S. 300). Während hier der Zusammenhang mit den Wellen sich wegen der dadurch möglichen Assoziationen anzubieten scheint, wird der Ausdruck aber verschiedentlich auch völlig unabhängig davon verwendet, zum Beispiel in *Genji monogatari* (GM III:286), oder *Konjaku monogatari* 28/30 (KM V: 102, vgl. S. 448) und 28/36 (KM V:114, vgl. S. 492).

[61] KKS (17/1003):310; vgl. S. 416.

[62] Ältere Ausgaben haben an dieser Stelle manchmal *shiwa oshinobe nado shite*, also ‚als wollte man seine Falten glätten' (Kaneko 1935:131).

[63] Der Ausdruck *oibamu* beinhaltet zwar an sich nicht die Vorstellung von Falten, er bedeutet einfach nur ‚alt aussehen', doch dürfte aus dem Zusammenhang mit dem kurz

nichts Besseres ein, als auch noch die Füße auf das Becken zu heben und sie sich zu reiben, während sie sich mit einem unterhalten.[64]

In enger Anlehnung an chinesische Wortbildungen wurde neben den Falten mitunter auch die dunkle, fleckige Haut alter Menschen betont.[65] Auch der krumme Rücken gehörte zu dem allgemeinen Bild, das man sich von alten Leuten machte. Dabei durchzieht dieses Merkmal Heianzeitliche Beschreibungen alter Menschen aus den verschiedensten Schichten der Bevölkerung. So ist es etwa ein wesentliches Charakteristikum von alten Dienerinnen im *Genji monogatari*:

> Die Dienerinnen waren es alle höchst zufrieden, [mit ihrer Herrin in die Hauptstadt ziehen zu können], sie nähten eifrig dies und jenes und, ohne sich bewußt zu werden, wie alt und krumm sie schon waren (*oiyugameru katachi*), bereiteten sie geschäftig ihre Ausstattung [für den Umzug] vor.[66]

Aber auch wenn ein chinesischer Tengu sich auf Anraten seines japanischen Gegenparts in einen alten Mönch verwandelt, um unerkannt und ungestraft seinen Unfug treiben zu können, achtet er darauf, einen krummen Rücken zu haben, um auch echt zu wirken[67]. Dabei gilt der Rücken der alten Leute als so stark gebeugt, daß ihr Gehen wie ein Auf-allen-vieren-Kriechen aussieht. Der Gang der beiden Alten aus dem Volk, die Nakatada im *Utsuho monogatari* vor den Gefahren warnen, die in der alten Residenz seiner Mutter auf ihn lauern, wird mit *hai ni haikite* umschrieben[68], wobei das Zeitwort *hau*, ,auf allen Vieren kriechen' veranschaulichen soll,

---

zuvor von ihr erwähnten Glattstreichen deutlich hervorgehen, daß Sei Shōnagon dabei an diese Alterserscheinung denkt.

[64] MS (28):69, s.a. Watanabe 1952:79.

[65] Das *Shi ming*, ein chin. Lexikon des 2.Jh.s u.Z., führte in dem Kapitel „Erläuterungen zu Alter und Jugend" unter anderen folgende Begriffe, die jeweils auch für alte Menschen im allgemeinen verwendet werden konnten, zur Differenzierung der Altersgruppen im höheren Lebensalter an (Linck-Kesting 1981:329): *die* (sino-japanisch *tetsu*), für das Alter von 80 Jahren, das ,Eisen' meint und sich darauf bezieht, daß die Haut eines solchen alten Menschen allmählich schwarz wird und die Farbe von Eisen annimmt (KKJ 3:293), *tai bei* (Jap. *taihai*, Kugelfischrücken) oder *dong li* (Jap. *tōri*, erfrorene Birne) für das Alter von 90 Jahren, die davon ausgehen, daß die Haut im Alter fleckig wird (KKJ 1:318). Diese Bezeichnungen wurden auch in Japan verwendet, so zum Beispiel *tōri* im *Honchō monzui* (HCMZ b:172) oder japanisierter Form bei Fujiwara no Kiyosuke (vgl. S. 186), *taihai* bei Sugawara no Michizane (KKMS:398, vgl. S. 174, FN 32) und *tetsu* in der Zusammensetzung *kitetsu* im *Bunka shūreishū* (BSS (1/20):213).

[66] GM V:22, s.a. Benl 1966b:614.

[67] KM IV (20/2):146; vgl. S. 503.

[68] UM II:256; vgl. S. 173. Der gleiche Ausdruck begegnet im selben Roman noch einmal in einem ähnlichen Kontext, als der Gang einer alten Bettlerin beschrieben wird (UM I:384–386; vgl. S. 231).

wie die beiden, die, krumm wie sie sind, kaum gehen können, sich beeilen voranzukommen.[69] Ein weiterer Ausdruck, der vermitteln soll, wie krumm die alten Leute mit der Zeit werden können, ist *futae ni naru*, ‚in zwei gefaltet', wie er uns bereits in der obenerwähnten Beschreibung des *sennin* Ikkaku begegnet ist. Ähnlicher Formulierungen, *futae ni te itari* bzw. *koshi wa futae ni te* als Umschreibung für den krummen Rücken der alten Leute bedienen sich auch die Obasuteyama-Erzählungen in *Yamato monogatari* und *Konjaku monogatari*, in denen gerade dieses Merkmal der alten Tante sie der Frau ihres Neffen so verhaßt macht, daß sie versucht, ihren Mann dazu zu bringen, die alte Frau auszusetzen[70]. Wohl nicht zufällig sprechen die Texte bei betagten Adligen nur von der buckligen Haltung, während das In-zwei-gefaltet-Sein im Zusammenhang mit alten Leuten aus dem einfachen Volk verwendet wird. Es ist ja anzunehmen, daß die harte Arbeit in den Naßreisfeldern, die noch dazu oft in stark nach unten gebeugter Haltung erfolgte, die Ausbildung solcher schwerer Haltungsschäden in der bäuerlichen Bevölkerung begünstigte. Auch die alte Frau, die vergebens vor nur ihr bekannten Gefahren warnt und die auch zum Landvolk gehört, aus einer *Konjaku monogatari*-Erzählung wird mit dieser Eigenschaft (*koshi wa futae naru*) beschrieben[71].

Mit dem krummen Rücken der alten Leute könnte schließlich auch ein eigentümlicher Ausdruck in Zusammenhang stehen, der in der Heian-zeitlichen Literatur mitunter verwendet wird, um das Aussehen alter Menschen zu beschreiben, und zwar das Wort *mizuwakumu* bzw. *mizuwasasu*[72]. Die früheste bekannte Erwähnung ist die folgende im *Yamato monogatari*, in dessen Erzählzusammenhang er besonders gut paßt:

Die Kurtisane Higaki no go, die in Tsukushi lebte, war eine Frau von Geist und sie führte ein elegantes Leben. So vergingen Monde und Jahre, doch im Laufe der Wirren, die

---

[69] UM II:256, A.9.

[70] YM (156):327 und KM V (30/9):236; vgl. S. 215.

[71] KM II (10/36):334; vgl. S. 178.

[72] Eine verhältnismäßig späte Erwähnung dieses Ausdrucks findet sich in KM III (12/33): 183—184 (vgl. S. 500), wo er sich auf nicht näher zu definierende Weise auf den Zustand eines 80jährigen bezieht. Häufiger tritt der Ausdruck in der Heian-zeitlichen Literatur in der Form *mizuwakumu* auf, so auch in einer Passage des *Genji monogatari*, in der er sich in einer aus dem Kontext nicht näher zu erschließenden Weise darauf bezieht, wie eine Frau ihre alten Tage im Kloster verlebt (GM I:154; vgl. S. 517). Eine längere Abhandlung über das Wort *mizuwagumu* findet sich in Ban Nobutomos *Hikobae 7*, ein 1847—1861 erschienenes Werk der *zuihitsu*-Literatur, in dem dieser Überlegungen zu den japanischen Klassikern und zu Gesellschaft und Sprache des Altertums darlegt (GM I:430, A.166).

Sumitomo hervorgerufen hatte[73], wurde ihr Haus in Brand gesteckt und ihr Hab und Gut geplündert, sodaß sie sich im Elend wiederfand. In Unkenntnis dieser Begebenheiten, kam der Vizegeneralgouverneur Ono, der die Strafexpedition leitete, in die Gegend, wo sich ihr Haus befunden hatte, und sagte: „Ich möchte zu gern die treffen, die da Higaki no go heißt. Wo kann sie nur wohnen?" ... Gerade als er solches sprach, kam eine Frau mit weißem Haupt (kashira shiroki ōna) vom Wasserschöpfen vor ihm vorbei und verschwand in eine armselige Hütte. Da sagte jemand: „Genau jene ist Higaki no go." Tief bewegt ließ er sie rufen, doch aus Scham erschien sie nicht, sondern sagte statt dessen:

Da meine wie dunkle Beeren	Mubatama no
einst so schwarzen Haare	wa ga kurokami wa
weiß geworden am Weißen Fluß,	shirakaha no
sein Wasser zu schöpfen,	mitsu wa kumu made
wurde mein Rücken krumm.	narinikeru kana

Davon war er tief berührt, legte sein Untergewand ab und schenkte es ihr.[74]

Mitsu wa kumu weist hier einerseits auf *mizu wa kumu*, ‚Wasser schöpfen‘, eine Handlung, die Higaki no go in dieser Erzählung ausübt, dürfte aber gleichzeitig das Erscheinungsbild eines sehr alten Menschen ausdrücken[75]. Der Ausdruck könnte sich a) von dem krummen Rücken der Alten und ihrem dadurch bedingten Gang mit stark abgewinkelten Knien und nach vorne hängendem Kopf herleiten, welche ihnen die Gestalt von drei ineinander verschlungenen Kreisen verleihen würden, und ursprünglich *mitsu no* (‚drei‘) *ha ga* (‚Kreise‘) *irikumu* (‚sind ineinander verschlungen‘) gelautet haben; oder es könnte b) gemeint sein, daß den Menschen im Alter die

---

[73] Der Aufstand des Fujiwara no Sumitomo von 939 (YM:233, A.32).

[74] YM (126):297, s.a. Sieffert 1979a:82. Higaki no go ist eine legendäre Dichterin der mittleren Heian-Zeit, auch Shirabyōshi von Tsukushi genannt. Ein Zusammentreffen mit Fujiwara no Okinori und Ono no Yoshifuru sowie Kiyohara no Motosuke wird auch im *Gosenshū*, der 2., um 956 fertiggestellten offiziellen Anthologie japanischer Gedichte, erwähnt, erstrecken sich aber über einen so großen Zeitraum, daß ihre tatsächlichen Lebensdaten unklar sind. Vielleicht wurden auch verschiedene Frauen, die die Wanderkünste aus Kyūshū überlieferten, unter diesem einen bekannten Namen zusammengefaßt. Es gibt eine Privatanthologie, die angeblich Gedichte von ihrer Hand enthält, die *Higaki no ōna-shū*. Sie ist die Heldin des Nō-Stückes *Higaki*. Ihr Gedicht drückt mithilfe zweier in der Übersetzung nicht wiederzugebender Wortspiele gleichzeitig den Zustand des Altgewordenseins und die Tatsache aus, daß die alte Frau Wasser schöpft. So überlagern sich in *shirakawa no* die zwei Bedeutungen von *shiraga*, ‚weiße Haare‘, und Shirakawa, einem Fluß in der heutigen Präfektur Kumamoto, der vom Berg Aso fließt und milchiges, weißes Wasser führt.

[75] Daß eine Alterserscheinung gemeint gewesen sein dürfte, ergibt sich auch daraus, daß in mit dieser Erzählung verwandten späteren Gedichten, die sich ähnlicher Wortspiele bedienen, eindeutig das Alter angesprochen wird, z.B. in der 2., 956 fertiggestellte offizielle Anthologie japanischer Gedichte, dem *Gosenshū* 17: „*Toshi fureba/ wa ga kurokami mo/ shirakawa no/ mizuwagumu made/ oinikeru kana* (Wie die Jahre vergingen/ meine schwarzen Haare/ so weiß geworden wie das Wasser des Shirakawa,/ das ich schöpfe/ bin ich alt geworden" oder im *Higaki no ōna-shū*, in dem die ersten beiden Zeilen lauten: „*Oihatete/ kashira no kami wa* (Alt geworden/ weiß das Haar...)" (YM:371, A.106).

Zähne (*ha*) ausfallen und nur drei am Ober- und Unterkiefer verblieben sind, sodaß sie ineinandergreifen; oder c) *mitsuha* könnte ‚die dritten Zähne' bedeuten, und es gäbe die Vorstellung, daß den Menschen im Alter nochmals Zähne wachsen[76].

3.1.3. Allgemeine physische Häßlichkeit

Waren bereits die einzelnen Merkmale, die stereotyp mit dem Aussehen alter Menschen assoziiert wurden, überwiegend negativ belegt, so nimmt es nicht wunder, daß das Bild des Alten für die höfische Gesellschaft der Heian-Zeit mit ihrer starken Betonung der physischen Schönheit häufig die Verkörperung des Häßlichen schlechthin darstellte. Der physische Verfall im Alter, die zunehmende Häßlichkeit beschäftigt dabei Frauen und Männer gleichermaßen. Angst schwingt mit, wenn der Autor des folgenden Gedichts meint, er wolle im Spiegel nachsehen, ob er schon sehr gealtert ist:

Dem Spiegelberg	*Kagamiyama*
will ich mich nähern	*iza tachiyorite*
und sehen:	*mite yukan*
Jahre sind vergangen,	*toshi henuru mi wa*
ob ich sehr gealtert bin?	*oi ya shinuru to*[77]

Was er dort zu sehen fürchtet, darauf mag das folgende Gedicht eine Antwort geben:

Blick ich in den Spiegel,	*Masukagami*
den blanken,	*soko naru kage ni*
von seinem Grund	*mukaiite*
wer tritt mir da entgegen:	*miru toki ni koso*
ein mir bis dahin	*shiranu okina ni*
unbekannter Greis!	*au kokochi sure*[78]

An sich selbst wie an anderen werden die Zeichen des Alters ausgemacht und sofort negativ belegt. Das trifft nun in besonderem Maße auf Frauen

---

[76] YM:371, A.106. Danach wäre b) am wahrscheinlichsten, wenn auch nicht gesichert. Möglich wäre natürlich ferner auch, daß in der Erzählung des *Yamato monogatari* ursprünglich nur die aktuelle Handlung des Wasserschöpfens gemeint war, und die späteren Erwähnungen des Ausdrucks einfach Zitate dieser Stelle darstellen, mit deren Hilfe dann sekundär auf nicht näher definierte Alterserscheinungen angespielt wurde, ein in der Heian-zeitlichen Belletristik ja durchaus nicht ungewöhnlicher Vorgang.

[77] KKS (17/899):282, s.a. Rodd und Henkenius 1984:308. Laut Glosse handelt es sich möglicherweise um ein Gedicht des Ōtomo no Kuronushi (Lebensdaten unbekannt). Einen Berg namens Kagamiyama gibt es tatsächlich in der heutigen Präfektur Shiga, Gamō-gun.

[78] WR (732):239.

zu, und zwar sowohl in ihrer Beurteilung durch Vertreterinnen des eigenen Geschlechts als auch wenn sie durch die Augen von Männern gesehen werden. So kann etwa die 50jährige Witwe Tadatsunes aus dem *Utsuho monogatari*, die sich an den um 20 Jahre jüngeren Chikage heranmacht, im Vergleich zu dessen junger, früh verstorbener Frau nur häßlich wirken.[79] Wenn derselbe Roman die verschiedenen fiktiven Frauen des Kronprinzen aufzählt, so ist es die, wenn nicht unbedingt greise, so doch älteste, die auch besonders häßlich und von schlechtem Charakter ist:

In den Diensten des Kronprinzen standen die Fünfte Prinzessin, ebenso eine Tochter der Kaiserin wie Ōmiya; die älteste Tochter des Ministers zur Linken Minamoto no Sueakira; die älteste Tochter des Ministers zur Rechten Kanemasa; eine Tochter des Kanzlers Masaaki. Während die Fünfte Prinzessin und Nashitsubo in der Gunst des Kronprinzen standen und er sie von Zeit zu Zeit besuchte, war die Tochter des Ministers zur Linken alt (*toshi oi*) und häßlich, und der Kronprinz erschien nie bei ihr. Sie war von so schlechter Natur wie keine zweite.[80]

Während bei diesen Figuren, die zum Teil, wie Tadatsunes Witwe, negative Gestalten sind, nicht deutlich ist, ob sie an und für sich häßlich sind oder nur wegen ihres Alters, so zeigt sich an anderen, daß auch Frauen, die in ihrer Jugend als Schönheiten galten, im Alter als häßlich empfunden wurden. So stellt der Liebhaber der Heldin des *Ochikubo monogatari* überrascht fest, daß deren Stiefmutter, der gegenüber er aufgrund ihrer Einstellung zu seiner Geliebten negativ eingestellt ist, eine durchaus hübsche Frau sein könnte, wären da nicht die ersten häßlichen Krähenfüße:

Der Generalmajor, der neugierig war, wie jene wohl aussehen mochte, lugte durch den Schlitz des Vorhanges hervor, und so sah er, daß sie, wenn auch nicht sehr elegant, doch mehrere Gewänder aus weißem Seidendamast übereinander trug; sie hatte ein etwas flaches Gesicht, doch die Form ihrer Lippen war eigentlich recht bezaubernd, wie überhaupt ihre ganze Erscheinung durchaus reizvoll und hübsch war. Nur um die Augenlider herum machte sich das Alter schon etwas häßlich bemerkbar (*oyozuke no ashigesa mo sukoshi ideitari to miru*).[81]

Als Kanemasa aus dem *Utsuho monogatari* aus gesellschaftlichen Gründen seine früheren Konkubinen wieder zu sich holt, fürchtet er sich geradezu vor einem Zusammentreffen, denn selbst von denen, die er hübsch in Erinnerung hat, kann er nur annehmen, daß sie inzwischen aufgrund ihres fortgeschrittenen Alters erschreckend häßlich geworden sein müssen:

---

[79] Vgl. S. 386.

[80] UM II:99, s.a. Uraki 1984:216.

[81] OM:79, s.a. Whitehouse und Yanagisawa 1970:49. *Oyozuke* ist dabei die substantivierte Form der Konjunktionalform von *oyozuku*, einem Verb der unteren 2stufigen Flexion, das ‚erwachsen werden', ‚alt werden' bedeutet (OM:262, A.180).

„Es ist schon merkwürdig. Was soll daraus nur werden? Ihre Haare müssen doch schon schrecklich weiß geworden sein[82]. Früher war sie ja sehr schön, aber was für ein Leben mag sie nur geführt haben!"[83]

Geradezu unerträglich wird aber der Anblick von alten Frauen, die bereits in ihrer Jugend nicht besonders schön gewesen waren, wie etwa die bemitleidenswerte Hanachirusato aus dem *Genji monogatari*:

> Auch bei einem nur flüchtigen Blick in ihr Gesicht erschrak Yūgiri freilich, wie wenig schön sie doch war, und er wunderte sich, daß sein Vater sie nicht aufgegeben hatte. [...] Yūgiri war gewohnt, wo immer er auch weilte, nur mit schönen Menschen Umgang zu haben; sie aber, Hanachirusato, war schon seit jeher keine besondere Schönheit gewesen, doch nun, da man ihr ansah, daß sie ihre Blütejahre längst überschritten hatte (*sadasugitaru kokochi shite*), ihre Gestalt abgezehrt und ihr Haar schütter geworden war, bot sie einen höchst unansehnlichen Anblick.[84]

Und Genji selbst ist gar so entsetzt darüber, wie häßlich Suetsumuhana, die auch schon in ihrer Jugend beileibe keine Schönheit gewesen war, im Alter geworden ist, daß er sie gar nicht mehr ansehen kann:

> Mit Suetsumuhana, der Tochter des Prinzen Hitachi, fühlte Genji ihrer hohen Abkunft wegen großes Mitleid, und er behandelte sie vor anderen mit besonderer Achtung. Ihr Haar, das einst herrlich füllig ausgesehen hatte, war im Lauf der Jahre dünn geworden, und jetzt waren ihre Strähnen auch noch [weiß] geworden wie das Wasser eines schäumenden Wasserfalls[85], sodaß Genji ihr peinlicher Anblick gar zu entsetzlich dünkte, und so vermied er es, sie direkt anzusehen.[86]

Auch bei zufälligen Zusammentreffen mit unbekannten Alten werden Männer als entsetzt über deren Häßlichkeit geschildert:

> Dort war eine etwa 50 Jahre alte Frau, die nicht sehr anziehend aussah. Sie zündete ein helleres Feuer an und sagte: „Ah, wart Ihr bis jetzt nicht da? Hat sich der Wagen verspätet? Ist Euch Taifu no kimi nicht entgegengekommen?" Ihre vom Feuer beleuchtete Gestalt war einmalig häßlich, und Sagoromo war das sehr unangenehm.[87]

Der Anblick alter Dienerinnen wiederum, wie sie in geschenkten Gewändern einherstolzieren, ohne sich bewußt zu sein, wie alt und häßlich sie sind, veranlaßt eine Heldin des *Genji monogatari* darüber nachzudenken, wie schmerzlich vergänglich die weibliche Schönheit ist:

> Ōigimi betrachtete die Dienerinnen, wie sie, die schon längst über ihre Blütejahre hinaus waren (*sakarisugitaru samadomo*), sich nun mit Gewändern aus den von Kaoru geschenkten

---

[82] Wörtl.: ‚Ihr Kopf muß schon ganz schrecklich geworden sein!'. Der Satz bezieht sich wohl darauf, daß die Dame Saishō schon weiße Haare bekommen hat (UM III:379, A.23).

[83] UM III:378, s.a. Uraki 1984:439.

[84] GM II:314, s.a. Benl 1966a:631.

[85] *Taki no yodomi*. Wohl eine Anspielung auf das *Kokinshū*-Gedicht 928 (GM II:469, A.355), vgl. S. 102.

[86] GM II:385, s.a. Benl 1966a:689.

[87] SM:68–69.

prächtigen, hellen Stoffen herausgeputzt hatten, die doch gar nicht zu ihnen paßten, und sie konnte keine unter ihnen entdecken, die genug Würde oder Anmut besessen hätte, um ihre sonstigen Mängel vergessen zu machen. Da dachte sie, daß sie ja selber allmählich über ihre Jugendblüte hinaus war (*sakarisuginuru mi*) und daran, wie sie, wenn sie sich im Spiegel betrachtete, sah, wie sie von Tag zu Tag magerer und unansehnlicher wurde. Auch unter den Dienerinnen war ja sicherlich keine, der bewußt war, wie häßlich sie in Wirklichkeit war. Keine sorgte sich darum, wie ihr Haar wohl von hinten aussehen mochte. Sie machten ihr Haar an der Stirn zurecht, schminkten sich sorgfältig das Gesicht, und das genügte ihnen wohl. Ob sie wohl so sehr von sich selbst eingenommen war, daß sie, Ōigimi, nicht einmal merkte, daß sie selbst schon genauso häßlich war, und glauben konnte, bei ihr säßen Augen und Nase richtig? Dies war ihr durch den Kopf gegangen, während sie die anderen musterte; dann legte sie sich zur Ruhe, streckte ihre schlanken und geradezu rührend zarten Hände aus dem Ärmel, betrachtete sie nachdenklich und sann weiter über das Leben nach. Wenn ich jetzt schon so unansehnlich aussehe, dachte sie, wie sollte ich da die Frau eines so edlen und feinen Mannes wie Kaoru werden: sind erst ein, zwei Jahre vorüber, werde ich ja nur noch verwelkter aussehen als jetzt. Wie vergänglich doch die Schönheit ist![88]

Wenn es vereinzelt von älteren Frauen heißt, sie seien dennoch schön und sie erregten Bewunderung, so geschieht dies mit einem Unterton der Verwunderung und um hervorzuheben, wie weit sie oder das Haus, dem sie angehören, über den gewöhnlichen Menschen stehen:

Unter den Damen im Gefolge von Nakatadas Mutter waren auch einige, die vom Alter schon etwas gezeichnet waren (*sukoshi nebitaru ga*), doch auch sie waren von überragender Schönheit, und ihr Anblick erregte Bewunderung.[89]

Für Frauen begann die Altersphase ja verhältnismäßig früh, und dementsprechend kann es vorkommen, daß sie noch eine Zeit lang darüber hinaus einen Nachklang ihrer einstigen Schönheit bewahren, vor allem dann, wenn einen gemeinsame Erinnerungen mit ihr verbinden, wie dies etwa bei der Dame Reikeiden und Genji im *Genji monogatari* der Fall ist:

Während er zunächst mit der Dame Reikeiden über vergangene Zeiten plauderte, schritt die Nacht rasch voran. Als der Mond dieser zwanzigsten Nacht aufging, sahen die hohen Bäume noch düsterer aus als sonst, und der Duft der nahen Tachibana-Blüten stimmte ihn weich und traurig. Reikeiden war nun schon ein wenig zu Jahren gekommen (*nebinitaredo*), sah aber noch immer sorgfältig gepflegt, fein und anmutig aus. Zwar hatte der Exkaiser, so überlegte er, sie nicht leidenschaftlich geliebt, aber sie war ihm stets eine vertraute und liebenswerte Partnerin gewesen. In gemeinsamer Erinnerung an ihn stiegen nun vor ihnen die alten Zeiten wieder auf, und Genji weinte.[90]

Meist löst es Erstaunen aus, wenn eine Frau sich auch noch im Alter einen Rest ihrer früheren Schönheit bewahrt hat, wie im Fall der Tamakazura aus dem *Genji monogatari*:

Tamakazura, die ja schon ein Alter erreicht hatte, in dem sie die Mutter erwachsener Söhne war (*kaku otonashiki hito no oya ni naritamau toshi no hodo*), sah viel jünger und hübscher

---

[88] GM IV:426—427, s.a. Benl 1966b:559.

[89] UM III:424.

[90] GM I:419, s.a. Benl 1966a:360.

aus, als man erwartet hätte, und wenn man sie betrachtete, so mußte man denken, daß sie noch immer das gleiche Gesicht wie in ihren Blütejahren hatte.[91]

Entsprechend blieben Figuren alter Frauen, die trotz ihres fortgeschrittenen Alters noch eine ansehnliche Erscheinung boten, Einzelfälle, während andererseits für Frauen im allgemeinen Alter gleichbedeutend mit Häßlichkeit war. Wenn Fujitsubos kleiner Sohn fürchtet, seine Mutter, die Nonne werden will, könnte dann genauso häßlich werden wie eine alte Nonne, die er kennt, kann sie ihn leicht trösten, denn häßlich ist jene ja nur deswegen, weil sie alt ist:

Der Junge blickte sie fest an. „Siehst du dann wie die Shikibu aus? Aber wie könntest du das denn?", meinte er lächelnd. Da war Fujitsubo erschüttert und wußte kaum, wie sie weiter zu ihm sprechen sollte. „Shikibu sieht nur so häßlich aus, weil sie alt ist (*oite habereba*). So wird es bei mir nicht sein. Nur meine Haare sind dann kürzer und mein Gewand ist schwarz."[92]

Nicht nur Frauen macht das Alter häßlich, Männer nicht minder. Dem alten Tenno aus dem *Utsuho monogatari* ist es höchst peinlich, seine vom Alter gezeichnete Gestalt dem jungen Nakatada, dem Gemahl seiner Tochter, zu präsentieren, er fürchtet gar, seiner Tochter dadurch Schande zu bereiten und beeilt sich, sich zuvor nochmals kräftig zu schminken, um die Zeichen seiner Senilität zu übertünchen:

„Es ist mir höchst peinlich, von Euch, Fürst, gesehen zu werden. Zwar fühle ich mich von Eurer edlen Art höchst angezogen, doch fürchte ich, der Anblick eines solch greisen Alten (*kamisabitaru okina*) wie mir könnte den Kindern der Ersten Prinzessin zur Schande gereichen" sagte der Tenno und trug nochmals Schminke auf, bevor er sich auf seinem Sitz niederließ und Nakatada näher rief.[93]

Vereinzelt begegnen zwar auch männliche Figuren, von denen es trotz ihres fortgeschrittenen Alters heißt, sie sähen schön und würdevoll aus. Allerdings ist dies meist dann der Fall, wenn man ihnen ihr eigentliches Alter nicht ansieht, wie bei der Figur des Exkaisers Saga aus dem *Utsuho monogatari*:

Der Exkaiser Saga war inzwischen 71 Jahre alt, aber sehr vornehm und von jugendlichem Äußeren, und so sah er aus, als wäre er gerade erst 50. Sein Haar war noch nicht ganz weiß (*migushi shirokarazu*), sein Rücken nur leicht gebeugt (*mikoshi sukoshi utsubushi*).[94]

---

[91] GM IV:266, s.a. Benl 1966b:417.

[92] GM I:389, s.a. Benl 1966a:332—333.

[93] UM II:349.

[94] UM III:500, s.a. Uraki 1984:482. Ähnlich auch etwas früher im Roman: „Der Exkaiser Saga war vornehm und elegant; man sah ihm nicht an, daß er schon hochbetagt war (*toshi takau narasetamaeru yō narazu*). Seine ganze Erscheinung war von würdiger Anmut" (UM III:412, s.a. Uraki 1984:448).

Dem Gouverneur von Iyo aus dem *Genji monogatari* bewahrt seine edle Herkunft auch im Alter eine würdige Erscheinung, wobei dies wieder als eher ungewöhnlich dargestellt wird[95]. Das gleiche gilt für die Figur des Exkaisers Reizei in demselben Roman, von dem jemand sagt:

„Da Reizei ja der Herrscherwürde entsagt hat, scheint es natürlich, als sei die Blütezeit seines Lebens vorüber (*sakarisugitaru kokochi*), aber seine wahrhaft seltene Schönheit ist keineswegs verblaßt und er sieht noch immer so jugendlich aus, als könne ihm das Alter überhaupt nichts anhaben (*furigataku*). Hätte ich eine hübsche Tochter, ich würde sie ihm liebend gern zur Frau geben..."[96]

Auch der Held selbst ist erleichtert, als er im Spiegel erkennt, daß man ihm sein Alter noch nicht ansieht:

Genji blickte in den Spiegel und flüsterte Murasaki leise zu: „Yūgiri wirkt in der Morgendämmerung wahrhaft bezaubernd, findet Ihr nicht auch? Er ist zwar noch ein halbes Kind, aber er sieht gar nicht mehr irgendwie nachlässig oder ungepflegt aus." Dann betrachtete er sein eigenes Gesicht im Spiegel und muß wohl zufrieden festgestellt haben, daß er trotz seines Alters noch immer sehr jugendlich (*furigataku*) aussah.[97]

Alles in allem erscheint es in der Heian-zeitlichen Belletristik als das übliche Los der Menschen, daß sie im Alter recht unansehnlich oder gar ausgesprochen häßlich werden, und nur einigen wenigen Ausnahmeerscheinungen wurde zugebilligt, diesen Zeitpunkt hinauszögern zu können.

3.2. Verminderte oder gestörte Körperfunktionen
3.2.1. Alter und Krankheit

Der körperliche Verfall, den man im Alter zu gegenwärtigen hatte, zog nicht nur den Niedergang einstiger Schönheit nach sich, er äußerte sich auch in einer Reihe von geminderten oder gestörten Körperfunktionen, die regelmäßig mit dem Alter assoziiert wurden. So klagt der 73jährige Yamanoe no Okura im *Manyōshū* über seine Bresthaftigkeit im Alter:

Ich zähle jetzt 74 Jahre, mein Haar ist graumeliert (*binpatsu hanpaku*), meine körperlichen Kräfte sind geschwunden (*kinryoku ōrui*)[98]. Aber es ist nicht nur mein Alter (*toshi no oitaru*), hinzu kommt noch diese Krankheit. Es ist wie das Sprichwort sagt: „In eine schmerzende Wunde wird noch Salz gegossen und das zu kurze Holz wird am Ende noch abgeschnitten". Ich kann meine Gliedmaßen nicht bewegen, die hundert Gelenke schmerzen alle, mein Körper ist so schwer, als ob ich ein Gewicht auf meine Schultern geladen hätte.

---

[95] GM I:130; vgl. S. 377.

[96] GM IV:256–257, s.a. Benl 1966b:408.

[97] GM III:55, s.a. Benl 1966a:767. Genji ist der Chronologie des Romans zufolge zu diesem Zeitpunkt in seinem 36. Lebensjahr.

[98] Diese Stelle imitiert eine Passage des *Bao pu zi*, Buch „Weitblick", in der ein 80jähriger ähnlich beschrieben wird (MYS II:106 A).

Wenn ich versuche, mich an einem Stoff emporziehend, aufzustehen, bin ich wie ein Vogel, der sich die Flügel gebrochen hat. Wenn ich auf einen Stock gestützt umhergehen will, bin ich wie ein lahmender Esel. Mein Körper ist in weltlichen Dingen gefangen, und auch mein Herz liegt im Staub der Welt.[99]

Diese Störungen können sich allgemein in einem ständigen Kränkeln äußern, das für alte Menschen offenbar als natürlich betrachtet wurde, wie etwa in der folgenden Passage des *Genji monogatari* zum Ausdruck kommt:

Wohl wegen seines fortgeschrittenen Alters (*oi no tsumori ni ya*) war der Gouverneur zu dieser Zeit ständig leidend; er fühlte sich sehr bedrückt und sprach daher mit seinen Söhnen nur immer über das Schicksal seiner Frau Utsusemi [nach seinem Tode].[100]

Auch dem alten Vater Nezames aus dem *Yoru no nezame* erscheint es nur natürlich, daß er nun im Alter ständig krank darniederliegt:

„Ach, nun da ich alt bin (*oi no tsumori no*), ist es für mich schon eine ganz normale Sache geworden, krank zu sein; mir erschiene es auch ganz recht, wenn es niemanden gäbe, der sich deswegen sorgte und mich besuchen käme, doch daß nun sogar Ihr gekommen seid, ist mir eine solche Ehre, daß es mich nachgerade beschämt."[101]

Die alte Mutter des Bischofs aus dem *Genji monogatari* identifiziert ihre dauernden Beschwerden sogar eindeutig als das ‚Kränkeln des Alters':

„Ach, diese Altersbeschwerden (*oi no yamai*), wollen sie denn gar kein Ende nehmen! Wie ich darunter leide", stöhnte die Mutter, die von der Reise noch sehr mitgenommen war, doch allmählich besserte sich ihr Zustand.[102]

Und auch die alte Ōmiya aus demselben Roman meint zu spüren, daß ihre Leiden wohl nicht mehr heilbar sind, handelt es sich doch um die Beschwerden des Alters:

„Viele Monate liege ich nun schon darnieder und weiß, es sind die ‚Krankheiten des Alters' (*toshi no tsumori no nayami*). Seit heuer spüre ich deutlich, daß ich nie wieder genesen werde, und war daher ganz traurig, vielleicht sterben zu müssen, ohne Euch ein letztes Mal gesehen zu haben, doch nun, da Ihr erschienen seid, ist mir, als verlängerte sich mein Leben doch noch etwas (*sukoshi nobinuru kokochi shi habere*)."[103]

3.2.2. Verdauungsstörungen und Darminkontinenz

Welcher Art diese Beschwerden waren, die man mit dem Alter assoziierte, geht aus den Quellen nicht eindeutig hervor, doch einige wie die verstärkte Neigung alter Menschen zu Verdauungsstörungen und zu Darmin-

---

[99] MYS II (5/*China jiaimon*):105—113.

[100] GM II:166, s.a. Benl 1966a:504.

[101] YN:314—315, s.a. Hochstedler 1979:146.

[102] GM V:351, s.a. Benl 1966b:897.

[103] GM III:74, s.a. Benl 1966a:781.

kontinenz werden konkret immer wieder angeführt. Das *Konjaku monogatari* enthält eine Reihe von Erzählungen, in denen alte Menschen an Durchfall leidend geschildert und diese Beschwerden zumindest implizit mit ihrem Alter in Zusammenhang gebracht werden, so etwa die über den allerdings häufig als sich recht sonderbar benehmend beschriebenen Mönch Zōga, dem als alten Mann sein Durchfall ausgerechnet dann zu schaffen macht, als man ihn in den Palast gerufen hat, um der Kaiserin die geistlichen Gelübde abzunehmen[104]. Auch von einem anderen Mönch, einem Adeligen, der im Alter die Gelübde abgelegt hat, erwähnt eine Erzählung des *Konjaku monogatari*, wie er an Durchfall leidet[105]. Daß aber die Verdauungsschwierigkeiten und damit einhergehende Darminkontinenz, die ja an und für sich jedem zu schaffen machen können, zum Teil als typische Beschwerden alter Menschen betrachtet wurden, wird an der Episode des *Ochikubo monogatari* deutlich, in der der alte Tenyaku no Suke sich beim langen Warten im Freien vor der Tür der jungen Heldin verkühlt und schließlich einen derartigen Durchfall bekommt, daß er sich noch an Ort und Stelle anmacht[106]. Nicht genug damit, daß dieses sein Mißgeschick des langen und breiten geschildert wird, es wird im Roman auch von den verschiedensten Personen weitererzählt und zum Gegenstand der Erheiterung[107]. Schließlich, und das ist in diesem Zusammenhang wohl noch wichtiger, rechtfertigt sich der alte Mann auch noch selbst damit, daß derlei Beschwerden im Alter eben normal seien:

[Nachdem Ochikubo von ihrem Geliebten entführt worden ist, beschimpft ihre Stiefmutter beschimpft den Tenyaku no suke, weil es ihm nicht gelungen ist, Ochikubo zu verführen.]
„Es war ganz sinnlos, sie Euch anzuvertrauen. Sie ist uns dennoch entwischt. Habt Ihr Euch ihr denn nicht genähert?", sagte sie, und der Tenyaku no Suke antwortete: „Was redet Ihr denn für einen Unsinn! An dem Abend, als sie solche Schmerzen in der Brust hatte und entsetzlich litt, da wollte sie mich noch nicht einmal in ihre Nähe lassen, und auch Akogi war da, die sagte immerzu, es sei ein Meidungstag und ich solle auf den nächsten Tag warten, und auch Ochikubo sagte das. Sie hatte solche Schmerzen, daß ich mich nur so nah wie möglich zu ihr legen konnte. Am nächsten Abend beschloß ich, sie nötigenfalls zu zwingen, aber als ich zu ihr gehen wollte, da war die Tür von innen verschlossen, sodaß ich sie nicht öffnen konnte, und so verbrachte ich die halbe Nacht auf der Veranda. Während ich noch versuchte, die Tür aufzubekommen, verkühlte ich mich aber und in meinem Bauch begann es zu rumoren. Die ersten paar Mal achtete ich nicht besonders darauf, aber als ich wieder und wieder versuchte, die Tür aufzumachen, da ist es mir dann passiert, und ganz verwirrt ging ich in mein Zimmer zurück. Als ich mein Gewand, das ganz

---

[104] KM IV (19/18):99—101; vgl. S. 499.

[105] KM IV (19/3):63; vgl. S. 499.

[106] OM:117; vgl. S. 368.

[107] OM:118; vgl. S. 369.

voll war, endlich gewaschen hatte, da dämmerte schon der Morgen. Aber dafür kann doch ich alter Mann (*okina*) nichts!"
Ochikubos Stiefmutter war schrecklich zornig und beschimpfte ihn, konnte sich aber das Lachen doch nicht ganz verkneifen. Um wieviel komischer aber war das alles noch für die jungen Dienerinnen, die aus einiger Entfernung dieses Gespräch mitanhörten: sie lachten sich halb tot!
„Nun gut, geht nur. Es ist wirklich zu dumm. Ich hätte sie jemandem anderen zur Frau geben sollen", sagte die Stiefmutter, doch da wurde der Tenyaku no Suke nun seinerseits wütend: „Ihr seid schrecklich ungerecht! Ich wollte ja doch unbedingt, aber das sind eben die Gebrechen des Alters (*oi no tsutanakarikeru koto*), daß man sich manchmal nicht zurückhalten kann und sich anmacht. Was hätte ich denn tun sollen? Dabei habe ich Alter (*okina*) es doch so sehr versucht, diese Tür aufzubekommen!" Damit verließ er den Raum und überließ die anderen ihrem schallenden Gelächter.[108]

3.2.3. Schwerhörigkeit und Sehschwäche

Zu den weiteren physischen Defiziten alter Menschen, die die Heianzeitliche Belletristik immer wieder hervorhebt, zählt die Schwerhörigkeit. So ist etwa die alte Großmutter der Dame Akashi aus dem *Genji monogatari* nicht in der Lage, adäquat auf die Aufforderung, sich korrekt zu verhalten, zu reagieren, weil sie sie wegen ihrer Schwerhörigkeit gar nicht richtig versteht und sich daher noch mehr danebenbenimmt.[109] Im *Kagerō nikki* wird ein alter schwerhöriger Mann gleichsam zum Symbol des Menschen, der sich über weite Strecken des Fortgangs der Zeit nicht bewußt wird, bis er plötzlich erkennen muß, wie hilflos er ihm gegenübersteht:

Die Zikaden zirpten laut, da bemerkte ich einen alten Mann (*okina*), der wohl schon etwas schwerhörig war und nichts von dem Lärm, den sie machten, gehört zu haben schien. Er war damit beschäftigt, den Garten zu säubern, und trug deswegen einen Rechen in der Hand. Er stand gerade unter einem Baum, als plötzlich eine Zikade wohl besonders laut gezirpt hatte, und er überrascht auf sie aufmerksam geworden war. Er blickte empor und sagte: „Yoi-zo, Yoi-zo, so zirpt und zirpt ihr, ihr großen Zikaden. Ja, sogar ihr Insekten kennt die Jahreszeiten!" Und die Zikaden zirpten weiter im gleichen Rhythmus mit ihm, als ob sie ihm zustimmen wollten. Wie interessant und gleichzeitig wie traurig muß es ihm erschienen sein[, wie die Jahreszeiten einander abwechselten], und auch ich fühlte, wie hilflos ich dem gegenüberstand.[110]

Schwerhörigkeit alter Leute als Motiv war verbreitet genug, um auch dann wie beiläufig in den Erzählstrang eingebaut zu werden, wenn es für den Fortgang der Handlung nicht wesentlich war, wie etwa wenn der alte Erzähler des *Ōkagami* in seine Erläuterungen einfließen läßt, er sei sich in

---

[108] OM:122–123, s.a. Whitehouse und Yanagisawa 1970:107.

[109] GM III:280; vgl. S. 300.

[110] KN:280–281, s.a. Seidensticker 1973:138.

Anbetracht seines fortgeschrittenen Alters nicht sicher, ob er denn auch richtig gehört hätte:

[Masanobu singt beim Kamo-Fest ein Lied auf andere Art als üblich.]
„Ich war weit weg und dachte, meine alten Ohren täuschten mich (*oi no higamimi ni koso wa*), aber der Dainagon Kintō soll dasselbe gehört haben."[111]

Ebenso wie die Schwerhörigkeit konnte auch schwache Sehkraft als typische Eigenschaft alter Menschen mitunter sehr elegant in den Erzählstrang einer Geschichte eingebaut werden, wie etwa in der folgenden Episode aus dem *Ise monogatari*, deren Reiz wohl unter anderem darin besteht, daß die optische Täuschung, der ein ‚alter Mann' unterliegt, in Wahrheit eine von Bildung zeugende literarische Anspielung enthält, und die konkrete Verwechslung, wie sie einem alten Mann aufgrund seiner schlechten Augen unterlaufen kann, mit der Verwechslung als lyrischem Stilmittel[112] in Beziehung gesetzt bzw. von ihr überlagert wird:

[Bei der Totenfeier für Takakiko, eine Gemahlin Montoku Tennōs, werden so viele Opfer an Zweigen befestigt dargebracht, daß es aussieht, als wären ganze Berge herbeigewandert. Nach Schluß der Sutrenlesung wird die herrschende Stimmung in Verse gefaßt.]
Ein alter Mann (*okina*), der Marstallverwalter zur Rechten, den seine Augen wohl täuschten (*me wa tagainagara*), dichtete:

Die Berge, all,	*Yama no mina*
sie bewegten sich	*utsurite kyō ni*
und trafen zur heutigen Feier ein.	*au koto wa*
Solchen Abschied im Frühling	*haru no wakare wo*
zu betrauern, taten sie's wohl.	*tou to narubeshi*[113]

Ebenfalls mehr als Allüre ist es zu verstehen, wenn der noch verhältnismäßig junge Kanemasa im *Utsuho monogatari* seine altersbedingte schlechte Sicht ins Treffen führt, um einer früheren Konkubine nahezulegen, doch wieder in sein Haus zu ziehen:

„Obwohl ich immer an Euch gedacht, müßt Ihr wohl meinen, nur Ihr allein werdet so kühl behandelt. Nun da [ich schon so alt bin, daß] sich meine Augen getrübt haben (*me mo tado-*

---

[111] ŌK:268, s.a. McCullough 1980:229.

[112] In der Lyrik der Sechs Dynastien und der Tang-Zeit ebenso wie in den Heian-zeitlichen *shi* trifft man häufig auf Zeitwörter wie ‚verwechseln' oder ‚täuschen', etwa: „Ich verwechselte den Schnee mit Kirschblüten", „der Schnee täuschte mir vor, Mondlicht zu sein", etc., die dazu dienen sollten, die Stärke des Eindrucks auf die Gefühle des Dichters hervorzuheben. Die Japaner bewunderten diese Art der ‚eleganten Verwechslung' und gebrauchten sie auch in den *waka* im Rahmen von Metaphern häufig (McCullough 1968:33).

[113] IM (77):155, s.a. McCullough 1968:121, Schaarschmidt 1981:72—73. Tatsächlich sollen dem buddhistischen Sutra *Daihatsunehangyō* zufolge beim Tod des Shakyamuni die Berge zusammengestürzt sein (IM:155, A.35). Der Marstallverwalter zur Rechten wird oft mit Ariwara no Narihira identifiziert, der aber erst 863, also 5 Jahre nach dieser Totenfeier, dieses Amt antrat (IM:155, A.33) und zu dieser Zeit erst 33 Jahre alt gewesen wäre, was Fragen bezüglich des Gebrauchs des Wortes *okina*, ‚alter Mann', aufwirft.

tadoshiku), wollt Ihr nicht so nah wie früher bei mir sein, [auf daß ich Euch dennoch sehen kann?"][114]
Nicht nur im Sinne eines eleganten Kunstgriffes, sondern wirklich schlecht sieht hingegen der alte Mittlere Rat aus dem *Ochikubo monogatari*, was seine Umgebung auch sofort dazu verleitet, ihn unter Ausnutzung dieses seines Gebrechens aufs gröblichste zu hintergehen:

[Nach der Hochzeit seiner vierten Tochter ist der für den Morgen nach der ersten Brautnacht übliche Brief im Haus des Mittleren Rates eingetroffen und enthält die für einen solchen Brief unerhörte Aussage, der Bräutigam liebe seine Braut nicht.]
Auch der Mittlere Rat schnappte sich den Brief, doch wie sehr er ihn auch abwechselnd weit von sich weg oder ganz nah vors Gesicht hielt, seine Augen waren so schlecht, daß er ihn nicht entziffern konnte. „Müssen denn diese liebestollen Männer immer so dünn schreiben? Ich kann das nicht lesen. Lest doch Ihr mir den Brief vor!", sagte er. [Und prompt wird ihm von seiner Frau ein wesentlich günstigerer Inhalt des Briefs als der tatsächliche vorgegaukelt.][115]

Erfüllt die schwache Sehkraft der bejahrten Figuren in der Fiktion, wie hier im *Ochikubo monogatari*, eine nicht unwichtige Funktion für den Ablauf der Handlung, so war die Angst vor einer verminderten Sehkraft im Alter offenbar im allgemeinen Bewußtsein der Menschen der Heian-Zeit so verankert, daß Murasaki Shikibu sie in ihrem Tagebuch als einen Hauptgrund dafür anführt, warum sie sich möglichst bald, so lange sie noch dazu imstande ist, ihren religiösen Studien widmen will[116]. Auch in *kanshi* wird das Bild von den alten Augen, die leicht getäuscht werden können, verwendet:

Leicht kann das alte Auge im trüben Licht nach einem Regen getäuscht werden, schwer trennt sich das Herz von seiner Sehnsucht nach dem Frühling, wenn abends die Sonne untergeht.[117]

3.2.4. Gehschwierigkeiten und allgemeine Bewegungsminderung

Zu Schwerhörigkeit und verminderter Sehkraft gesellen sich in den Beschreibungen der Alten häufig noch allgemeine Unbeweglichkeit und Gehschwierigkeiten. Bereits bei der Figur der alten Okime omina aus dem *Nihon shoki*, die dem späteren Kenzō Tennō hilft, die Gebeine seines ermor-

---

[114] UM III:386. Kanemasa müßte der inneren Chronologie des Romans nach um die 45 sein.

[115] OM:133, s.a. Whitehouse und Yanagisawa 1970:120. Der Mittlere Rat wurde bereits des öfteren im Verlauf der Handlung als alt und senil charakterisiert.

[116] MSN (1009.1.1.–3):501–502; vgl. S. 511.

[117] WR (629):211. Von Fujiwara no Atsushige.

deten Vaters zu finden und ihn in der Folge immer wieder berät, spricht der Tenno ihre Schwierigkeiten beim Gehen als das wesentliche Merkmal ihres vorgerückten Alters an:

„Alte Frau (*omina*), du bist gebrechlich und gehen fällt dir sehr schwer. Daher soll ein Seil gespannt werden, an dem du dich beim Kommen und Gehen festhalten kannst. Am Ende des Seils soll eine Glocke aufgehängt werden, sodaß dich niemand anmelden muß. Wenn du kommst, läute die Glocke. So werde ich wissen, daß du kommst."
[...] Okime, vom Alter gebeugt (*oikurushibite*), bat in ihre Heimat zurückkehren zu dürfen und sagte: „Meine Kräfte sind geschwunden, ich bin alt, senil, abgezehrt und schwach (*oihore utsuketsukaretari*). Auch mit Hilfe des Seils kann ich nicht gehen. Ich bitte, laß mich in meine Heimat zurückkehren und dort meine letzten Tage verbringen."[118]

Wie unbeweglich und damit hilflos das Alter manche Menschen machen kann, vergißt auch die Chronistin des *Eiga monogatari* nicht aufzuzeichnen, wenn etwa ein alter Adeliger sich als so bresthaft erweist, daß er nicht imstande ist, das Begräbnis seiner Tochter auszurichten:

Inzwischen, nicht lang nach dem 20. des Monats, starb Korechikas Mutter in der Hauptstadt, und die Trauer war sehr groß. Es ist traurig, daß ihr Vater, der Fürst des zweiten Ranges, so lange lebte. Aber er war schon so vom Alter geplagt (*muge ni oihatete*), und weil er sich nicht leicht bewegen konnte, mußten sich Akinobu, Michinobu und Sanenobu um das Begräbnis kümmern.[119]

Thematisiert wird die zunehmende Unbeweglichkeit im Alter nicht nur dort, wo sie einer mehr oder weniger geschichtlichen Begebenheit entspricht, sondern auch in der Fiktion. Wie so oft im *Utsuho monogatari* kann auch sie die Gestalt einer Allüre annehmen, wenn sich etwa Kanemasa gegen den Vorwurf wehrt, er würde seine Nebenfrauen nicht oft genug aufsuchen, indem er darauf verweist, daß ihm in seinem Alter so viel Bewegung nicht mehr zuzumuten sei[120]. Des verbreiteten Stereotyps von zunehmender Schwerfälligkeit und Unbeweglichkeit im Alter bedient sich auch der fiktive betagte Erzähler des *Ōkagami*, wenn er beklagt, daß es ihm aufgrund seines fortgeschrittenen Alters immer schwerer fällt, zu religiösen Zeremonien zu gehen:

Auch als ich noch jung war, ging ich nie zu buddhistischen Veranstaltungen, außer, wenn es große Ereignisse waren, über die alle Welt sprach. Nun, da ich alt bin (*toshi tsumorite wa*), ist es für mich schwerer hinzugehen, aber bei dem Fest zum Abschied des nach China reisenden Mönchs Mikawa hörte ich die Vorlesung des erhabenen Meisters Seishō.[121]

---

[118] NS I (Kenzō 1.2. und 2.9.):520, 524, s.a. Aston 1956/1:387, 391. Der erste Teil ihres Ausspruchs bis ‚nicht gehen' folgt einer Stelle des *Konkōmyō saishōō-kyō*, Kapitel „Über die Beseitigung von Krankheiten" (NS I:524, A.3).

[119] EM I:179, s.a. McCullough 1980:201. Die Rede ist vom 71jährigen Takashina no Naritada (EM I:179, A.29).

[120] UM III:388; vgl. S. 302.

[121] ŌK:271, s.a. McCullough 1980:230f.

Die Gehschwierigkeiten der alten Leute wurden aber nicht nur beiläufig erwähnt, sie standen mitunter auch im Mittelpunkt einzelner Erzählungen. So meint der alte Yoshishige no Yasutane aus dem *Konjaku monogatari*, nachdem er Mönch geworden ist, er sei nun eben in einem Alter, in dem man Schwierigkeiten beim Gehen habe und darum müsse er auf die Dienste eines Pferdes zurückgreifen, doch keineswegs dürfe man das arme Tier deswegen schlagen, wenn es sich nicht fortbewegen will, und bringt damit die Komik, die seinem allzu rigorosen Festhalten an allen Glaubenssätzen innewohnt, so richtig zur Geltung[122]. Am häufigsten dienen die Gehschwierigkeiten im Alter aber als Entschuldigung, die die verschiedensten Romanfiguren bei den verschiedensten Anlässen gebrauchen, um ihre Versäumnisse zu rechtfertigen, so daß man den Eindruck erhält, es hätte sich dabei um eine Art Floskel gehandelt, die auch im allgemeinen Sprachgebrauch der Zeit durchaus verbreitet gewesen sein mag.

Es fällt im Alter zusehends schwerer sich zu bewegen, und zwar nicht nur, irgendwohin zu gehen, sondern ganz allgemein. So sorgt sich zum Beispiel Nakatadas Mutter im *Utsuho monogatari*, daß ihre mit dem Alter abnehmenden Fähigkeiten es ihr über kurz oder lang unmöglich machen könnten, ihrer Enkelin das Koto-Spiel beibringen zu können:

[Nakatada wird bei einem Besuch bei Exkaiser Suzaku nach den Gründen der Bautätigkeit in der Residenz von Kyōgoku befragt. Er antwortet darauf:]
„Es gibt keinen besonderen Grund. Ich dachte, Kyōgoku sei ein ruhiger Ort und es wäre gut, Inumiya dort das Koto-Spiel beizubringen; überdies habe die Große Hofdame mir gesagt, daß sie spüre, wie sie allmählich unbeweglicher werde (*yōyō mi atsushiku haberu ni*), und ihre einzige Sorge sei, die Geheimnisse unseres Koto-Spiels der Nachwelt zu überliefern."[123]

3.2.5. Zittrige, rauhe Stimme und häufiges Hüsteln

War bei den bisher genannten gestörten Körperfunktionen und Gebrechen bemerkenswert, daß durch ihre Erwähnung der bresthafte Charakter des Alters besonders hervorgehoben wird, so ist auffällig, daß alte Menschen gleichzeitig noch mit anderen physischen Eigenschaften ausgestattet wurden, die auf Anhieb nicht vergleichbar negativ erscheinen, aber dennoch ziemlich unliebsam bewertet erscheinen. Zu diesen zählt zunächst die zittrige, rauhe Stimme, die, wie in der folgenden Passage des *Genji monogatari*, den jüngeren Gesprächspartnern sofort auffällt:

---

[122] KM IV (19/3):62; vgl. S. 498.

[123] UM III:406, s.a. Uraki 1984:446. Die Große Hofdame, Nakatadas Mutter, müßte der inneren Chronologie des Romans zufolge inzwischen um die 45 Jahre alt sein.

[Koremitsu, ein Diener Genjis, ist auf das Haus Suetsumuhanas aufmerksam geworden.] Wohnt also doch jemand hier, dachte er, fast ein wenig unheimlich berührt, trat etwas näher und räusperte sich, um sich bemerkbar zu machen. Da hörte er plötzlich nach einem kurzen Hüsteln eine überaus alte Stimme (*ito monofuritaru koe*) rufen: „Wer ist da? Wer seid Ihr?" Koremitsu sagte, wer er sei und fügte hinzu: „Ich hätte gern die Zofe Jijū gesprochen!" „Ach, die ist woandershin gezogen. Aber mit mir könnt Ihr genauso sprechen." Die Stimme, die das sagte, klang sehr alt (*nebisugitaredo*), doch Koremitsu erkannte sie als die einer betagten Dienerin (*oihito*), die er schon früher gehört hatte.[124]

Ähnlich gehört auch bei einer anderen Figur des *Genji monogatari*, der ältlichen Prinzessin Onna Go no Miya, das Hüsteln und die belegte rauhe Stimme zu den Zeichen ihres fortgeschrittenen Alters und berührt scheinbar nicht minder unangenehm als ihre allgemeine Unansehnlichkeit[125]. Nicht minder abstoßend macht sich dasselbe dauernde Hüsteln bei einer anderen Figur desselben Romans, der alten Naishi no suke, bemerkbar[126]. Dieses Hüsteln und Sichräuspern, das die Sprechweise alter Menschen kennzeichnet, kann in manchen Fällen auch von einer gewissen Würde zeugen, die das Alter verleiht:

Da die unaufhörlich Sutren rezitierenden Priester sich gegen Morgen abgelöst hatten, und nunmehr eine besonders ehrfurchterregende Stimme zu vernehmen war, wachte der Azari, der die Nachtwache übernommen hatte, aber unversehens eingenickt war, auf und begann, Dharanis zu lesen. Seine Stimme war infolge seines hohen Alters schon recht brüchig geworden (*oikarenitaredo*), doch spürte man in ihr das Verdienst der langjährigen frommen Übungen (*kūzukite*), und so lauschten ihm alle voll Vertrauen auf seine Kraft.[127]

Doch ist eine solche positive Bewertung dieses Zeichens der Seneszenz eigentlich nur im Falle von Priestern zu beobachten ist, bei denen Alterserscheinungen allgemein besser bewertet wurden als bei anderen Menschen[128]. Bei Laien erregt es hingegen Erstaunen und verlangt nach bewundernder Hervorhebung, wenn einer es trotz seines fortgeschrittenen Alters vermeiden kann, mit zittriger Stimme zu sprechen. So betont das *Utsuho monogatari* in Zusammenhang mit dem 70jährigen Exkaiser Saga:

Noch über viele andere bewegende alte Dinge sprach er, und mit fester, gar nicht greiser (*hokehokeshikarazu*) Stimme.[129]

---

[124] GM II:153, s.a. Benl 1966a:492.

[125] GM II:249; vgl. S. 205.

[126] GM II:260; vgl. S. 384.

[127] GM IV:456, s.a. Benl 1966b:587. Ähnliches ist auch an der Figur eines anderen bejahrten Geistlichen aus dem *Genji monogatari* festzustellen, GM II:232; vgl. S. 152.

[128] Vgl. dazu S. 495.

[129] UM III:411. So hervorhebenswert ist diese Tatsache, daß der Autor es nicht dabei bewenden läßt, selbst auf sie hinzuweisen, sondern sie in der Folge auch noch eine seiner Romanfiguren, Nakatada, bewundernd hervorheben läßt: „Es ist wirklich ganz erstaunlich,

Wie heiser und rauh die Stimme der alten Mesnchen wird, kommt auch in dem folgenden *kanshi* des *Wakan rōeishū* zum Ausdruck, in dem sie mit der interessanterweise ‚Altersstimme' genannten rauhen Stimme des Kuckucks im Spätsommer und Herbst verglichen wird:

An diesem Frühlingsende im nebeligen Wald der Kuckuck schlägt mit heis'rer Stimme,
im Vergleich zu uns jedoch wirkt er beileibe noch nicht alt;
sanft schaukeln die Weidenzweige in der Brise,
doch im Vergleich zu uns wirken sie nachgerade stark.[130]

3.2.6. Schläfrigkeit und Schnarchen

Fiel bereits die zittrige, rauhe Stimme der alten Menschen den jüngeren unangenehm auf, so wurde eine weitere des öfteren mit dem Alter assoziierte Eigenschaft, die auf halbem Weg zwischen rein physischen Merkmalen und psychischen liegt, die Schläfrigkeit, noch wesentlich durchgehender negativ bewertet. Dies braucht im Heian-zeitlichen höfischen Milieu, in dem den mit den verschiedensten, auch schöngeistigen Vergnügungen durchwachten Nächten ein hoher Stellenwert innerhalb der sozialen Kontakte insgesamt zukam, auch nicht weiter zu verwundern. Wie verbreitet die Vorstellung von der Schläfrigkeit und raschen Ermüdbarkeit der alten Leute war, äußert sich zum Beispiel, wenn es im *Genji monogatari* von älteren Dienerinnen heißt, sie hätten sich schon längst zur Ruhe gelegt, während die jüngeren noch auf sind, und dies gewissermaßen als Zeitangabe verwendet wird:

Es war um die Zeit, zu der die älteren Dienerinnen (*oihito*), wie etwa die Amme, sich bereits in ihren Räumen zur Ruhe gelegt hatten und schläfrig vor sich hin dösten. Zwei, drei junge Zofen waren aber noch auf, sie wollten Genji, von dessen Schönheit ja alle Welt schwärmte, unbedingt sehen und waren außer sich vor Erregung.[131]

Charakteristisch ist dabei für alte Menschen, daß sie auch dann einschlafen, wenn sie sich gerade noch angeregt über etwas unterhalten haben und dann zu schnarchen beginnen, wie die Dienerinnen der Töchter Hachi no miyas in der folgenden Episode aus dem *Genji monogatari*:

[Die alten Dienerinnen haben versucht, Ōigimi eine Falle zu stellen, um sie doch noch mit Kaoru zusammenzubringen. Sie aber hat sich eingeschlossen, und Kaoru wird die Nacht schließlich in Gesellschaft ihrer jüngeren Schwester verbringen.]

---

man merkt ihm sein tatsächliches Alter nicht an, wie er voll Selbstvertrauen seine Meinung sagt. Wer ihm dient, kann ihn nur dafür verehren, wie gewandt er sich in allem ausdrückt" (UM III:414).

[130] WR (730):238. Von Sugawara no Fumitoki bei einer *shōshikai*.

[131] GM I:248, s.a. Benl 1966a:198.

Die alten Dienerinnen (*oihitodomo*) merkten schließlich, daß ihr Plan fehlgeschlagen war, und fragten sich gegenseitig: „Ja, wo mag denn nur Naka no Kimi sein?" „Wie merkwürdig!" „Nun, es wird schon nichts allzu Schlimmes geschehen sein!", meinte eine andere.
[Sie kommentieren erregt die Vorzüge Kaorus und wie sinnlos es ihnen erscheint, daß Ōigimi ihn ständig zurückweist.]
So unterhielten sie sich miteinander, doch bald waren sie eingeschlafen, und die eine um die andere ließ ein höchst unangenehmes Schnarchen vernehmen.[132]

Handelt es sich bei diesen Figuren um Dienerinnen, so läßt die Autorin des *Yoru no nezame* sogar eine Großkaiserin darüber klagen, daß sie sich in ihrer Senilität des Schlafs einfach nicht mehr zu erwehren vermag, selbst wenn es sie eigentlich dazu drängt, zuvor noch etwas zu erledigen:

Die Großkaiserin schrieb: „Gestern abend hatte ich etwas Wichtiges mit dem Taifu zu besprechen, und obwohl mich dies doch beschäftigte, schlief ich früh ein. Ich weiß gar nicht, wann Ihr gegangen seid. Ihr müßt mein Verhalten wohl für sehr unpassend gehalten haben! Wie man es auch drehen und wenden mag, daß sich die Verkalkung im Alter (*oi no tsumori no hokehokeshisa*) auf diese Art und Weise zeigt, ist doch wirklich zu bedauerlich!"[133]

Auch das *Genji monogatari* kennt durchaus hochstehende Personen, die es mit der gleichen Eigenschaft der Schläfrigkeit ausstattet, unvermittelt noch mitten im Gespräch einschlafen und schnarchen läßt:

[Genji besucht die alte Prinzessin Onna Go no Miya, um Asagao zu sehen.]
Genji lauschte höflich den Erzählungen der Prinzessin, doch es waren lauter alte, unzusammenhängende Geschichten, die er längst kannte und die ihn nicht mehr berührten. Er wurde langsam schläfrig. Da gähnte sie aber selber schon und meinte: „Ich kann vor Müdigkeit kaum noch erzählen, ich lege mich neuerdings am Abend schon früh zur Ruhe!" Und schon vernahm Genji ein furchtbar lautes Schnarchen.[134]

Diese Schläfrigkeit bzw. das allgemeine Verschlafensein, das demnach alte Menschen kennzeichnet, führt dazu, daß sie dieses auch dann nicht abschütteln können, wenn es nun wirklich unpassend ist. So dürfte Sei Shōnagon, wenn sie im *Makura no sōshi* den Anblick eines verschlafenen alten Mannes für ungereimt hält:

[...] Ein alter Mann (*oitaru otoko*), der ganz verschlafen herumtrödelt...[135]

eine Situation meinen, in der dieses sein Verschlafensein unangenehm auffällt. Watanabe sieht denn auch den Satz in erotischem Zusammenhang, wenn er in seiner Übersetzung von der „Aufregung eines ältlichen Liebhabers, wenn er den rechten Augenblick, sich zu entfernen, verschlafen hat",

---

[132] GM IV:405–406, s.a. Benl 1966b:540–541.

[133] YN:232, s.a. Hochstedler 1979:60.

[134] GM II:259–260, s.a. Benl 1966a:588.

[135] MS (45: Was irgendwie ungereimt wirkt):93, s.a. Watanabe 1952:107, Kaneko 1935: 257–258.

spricht¹³⁶. Das Motiv der Abscheu, die ein alter oder ältlicher Liebhaber nach einer gemeinsam verbrachten Nacht durch seine Verschlafenheit erweckt, wird im *Ochikubo monogatari* breiter ausgeführt. Als der alte Tenyaku no Suke versucht, die Heldin Ochikubo zu verführen, wird er während der Nacht, die er mit ihr verbringt, von dieser und deren Dienerin Akogi so lange hingehalten, bis er schließlich einschläft; auch er schnarcht und bietet einen höchst unerfreulichen Anblick, als er am Morgen kaum wach zu werden vermag¹³⁷. Wie unschön die Verschlafenheit und das Schnarchen der alten Menschen empfunden wurde, erfährt schließlich mitunter eine drastische Steigerung, etwa wenn Ukifune im *Genji monogatari* beim Ton des Schnarchens der alten Nonnen, bei denen sie haust, vermeint, demnächst gar von Dämonen verschlungen zu werden:

> Ukifune hatte sich inzwischen neben der alten Nonne (*oihito*), von der sie immer nur gehört hatte, wie wenig umgänglich und unangenehm sie war, auf den Boden gelegt; aber so sehr sie sich auch bemühte einzuschlafen, es gelang ihr nicht. Die alte Nonne, die schon am frühen Abend sehr müde gewesen war, schnarchte fürchterlich, und neben ihr lagen zwei weitere bejahrte Nonnen, die mit ihr um die Wette schnarchten. Ob sie mich in dieser Nacht wohl verschlingen werden, dachte Ukifune voller Angst.¹³⁸

Auch klagt man, wie hier in Anlehnung an den chinesischen Dichter Bo Juyi nicht nur über Schläfrigkeit im Alter, sondern auch über für diesen Lebensabschnitt charakteristische Durchschlafschwierigkeiten:

> Früh erwach' ich aus meinem Greisenschlaf (*oi no neburi*), muß lange warten bis endlich die Nacht zu Ende,
> geschwächt bin ich von Krankheit vor der Zeit.¹³⁹

3.3. Psychische Charakteristika
3.3.1. Antriebslosigkeit

Mit der erwähnten Schläfrigkeit mag ein anderes der häufig angesprochenen stereotypen Merkmale alter Menschen in ursächlichem Zusammenhang stehen, der Mangel an Willenskraft. Eben vor einem solchen Abnehmen der Willenskraft im Alter fürchtet sich zum Beispiel Murasaki Shikibu in ihrem Tagebuch, wenn sie schreibt, sie wolle sich rasch dem

---

[136] Watanabe 1952:107.

[137] OM:112—114; vgl. S. 367. Derselben Figur des alten Tenyaku no Suke ergeht es sogar noch ein weiteres Mal so, daß ihn mitten in seinem Vorhaben, die Dame Ochikubo zu verführen, der Schlaf übermannt (OM:119; vgl. S. 369).

[138] GM V:382—383, s.a. Benl 1966b:925—926.

[139] WR (724):237.

Studium der Sutren widmen, bevor im Alter ihr Geist zu abgestumpft dazu sei[140]. Auch Kanemasa aus dem *Utsuho monogatari* macht sein fortschreitendes Alter für seine Antriebslosigkeit verantwortlich, wenngleich dies bei ihm wieder eher einer eleganten Allüre als der Realität entspricht:

[Kanemasa, der seine frühere Frau, die Dritte Prinzessin, wieder zu sich zu holen will, gibt Nakatada einen Brief für sie mit, der lautet:]
„Lange habe ich mich nicht nach Euch erkundigt, darf ich Euch nun fragen, wie es Euch geht. Wie merkwürdig, wie war das alles nur möglich. Es ist nicht mehr wie früher, ich gehe nicht mehr umher und bin faul geworden. Ob ich vielleicht zu gar nichts mehr nutze bin? Ich glaube gar, ich bin schon ganz senil geworden (*oihoretaru*). Wohl deswegen habe ich den Weg zu Euch nicht mehr gefunden..."[141]

In Anlehnung an Bo Juyi beklagt auch ein *kanshi* des *Wakan rōeishū*, daß man im Alter nur mehr schwer heftig zu rühren sei:

Wahrhaftig, ist man erst alt geworden (*oimote inde*),
vermag nur mehr wenig, einen heftig zu bewegen;
und doch, seh' ich diese Weiden,
wie wollt ich's unterlassen, wenigstens in einem Gedicht sie zu besingen?[142]

3.3.2. Ungeschicklichkeit in den verschiedensten Künsten

Wurden die meisten der genannten physischen Merkmale im allgemeinen bereits an und für sich als unangenehm und wenig erbaulich empfunden, so störten einzelne von ihnen darüber hinaus auch den adäquaten Ausdruck der Persönlichkeit des von ihnen gezeichneten. Deutlich wird dies etwa an dem Bedauern, das in vielen Romanen die Zeitgenossen beim Anblick der zittrigen Schrift eines alten Menschen erfaßt. Galt eine schöne Schrift als Ausdruck der Perfektion des Charakters und der Wesensart der Person, so kann ihr ihre durch das Zittern zerstörte Schrift im Alter zur Schande gereichen. Murasaki Shikibu etwa läßt ihren Helden Genji auf den Anblick der zitternden Handschrift seiner Schwiegermutter Ōmiya mit einer Mischung aus peinlicher Berührtheit und Bedauern über den Niedergang dieser einst so schönen Schrift reagieren:

Der Brief war in altertümlicher Art (*furumekashiu*) und mit zittriger Hand geschrieben. Genji [...] las den Brief und bemerkte dazu: „Er ist zwar in einem sehr altmodischen (*kotai naru*) Stil geschrieben, aber die Handschrift ist wirklich erstaunlich. Früher hatte Ōmiya sogar eine ganz außerordentlich gute Handschrift, aber mit den Jahren, wie sie allmählich

---

[140] MSN (1009.1.1.–3.):501–502; vgl. S. 511.

[141] UM II:388, s.a. Uraki 1984:303. Kanemasa müßte der inneren Chronologie des Romans zufolge zu diesem Zeitpunkt etwa 40 Jahre alt sein.

[142] WR (105):73. Dies steht im Gegensatz zu einem anderen häufig erwähnten Stereotyp von der Rührseligkeit der alten Menschen, vgl. unten, S. 143f.

älter wurde (*oiyuku mono ni koso arikere*), hat sich das wohl verloren. Wie ihre Hand zitterte, als sie das schrieb!"[143]

Der bewundernden Hervorhebung wert ist es hingegen, wie auch schon bei anderen der für alte Menschen als typisch erachteten negativ belegten Merkmale, wenn sich dieses Handicap nicht bemerkbar macht:

[Genji liest den Brief, den der alte Laienmönch in die Hauptstadt geschickt hat.]
„Es ist wirklich ganz erstaunlich. Der Mönch zeigt doch tatsächlich noch gar keine Anzeichen von Altersschwäche (*horeboreshikarazu*)! Sowohl was seine Handschrift als auch vieles andere mehr betrifft, scheint er sich wirklich auf alles vorbildlich zu verstehen..."[144]

Nicht nur die Schrift eines Menschen neigt dazu, im Alter unansehnlich zu werden, ein ähnlicher Abbau von Fertigkeiten läßt sich auch bei der Ausübung anderer Künste feststellen, etwa dem Koto-Spiel, bei dem offenbar eine zunehmende Ungeschicklichkeit im Alter angenommen wurde, was der jugendliche Held Nakatada aus dem *Utsuho monogatari* wie folgt zum Ausdruck bringt:

„Wenn ich es recht bedenke, wie vergänglich das Leben ist, so muß ich mir wohl eingestehen, ich hätt' mein Leben wohl umsonst gelebt, sollt' ich heute sterben und wollt' es weiter scheuen, die Musik, die ihr alle von mir zu hören begehrt, zu spielen. Schließlich ist's in allen Künsten so, wird der Mensch erst alt (*toshi oinureba*), so nehmen seine Fertigkeiten ab, er vergißt, [was früher er gekonnt]. Drum will ich hinuntersteigen und für Euch alle, den Tenno und meine Eltern auch, [die Koto] spielen."[145]

Die gleiche Meinung teilte ja in demselben Roman offenbar auch Nakatadas Mutter, wenn sie sich, wie erwähnt, beeilen will, ihrer Enkelin ihre Fertigkeiten weiterzugeben, bevor die zunehmende Unbeweglichkeit im Alter sie endgültig daran hindere. In einem Gedicht des *Utaawase-shū* klingt darüber hinaus an, im Alter verlöre auch die Dichtkunst an Lebendigkeit:

Ist's weil auf mein ergrauendes Haupt	*Shirakeyuku*
der Rauhreif sich legt	*kami ni wa shimo ya*
wie auf das Greisengras,	*okinagusa*
daß wie dessen Blätter	*koto no ha mo mina*
auch meine Worte ganz welk?!	*karehatenikeri*[146]

---

[143] GM III:86, s.a. Benl 1966a:792.

[144] GM III:297, s.a. Benl 1966b:86. Im *Eiga monogatari* wird das gleiche von der realen Gestalt der Gemahlin des Fujiwara no Tadanobu festgehalten: „Dann schrieb die Mutter des Chūnagon und Haushofmeisters der Kaiserin. Sie war schon über 90, aber auf dem Bild, das sie sorgfältig gezeichnet hatte, war kein Tropfen Tusche verspritzt, was wirklich erstaunlich ist" (EM II:464).

[145] UM II:412, s.a. Uraki 1984:311–312.

[146] UAS (5/31):114. Das Gedicht entstand bei einem Gedichtwettstreit zwischen Hofdamen und Schülern Shitagōs, bei dem der 62jährige Minamoto no Shitagō wegen seiner Liebesgedichte von den anderen geneckt wird. Das Gedicht basiert auf mehreren Wortspielen. So überlagern sich in der Silbe *oki* die Bedeutungen von *shimo ya oki* (Reif fällt) und *okina*-

3.3.3. Allgemeine Abnahme der geistigen Fähigkeiten

Allgemein kommt in vielen Passagen zum Ausdruck, daß es in den Augen ihrer Zeitgenossen um die geistigen Fähigkeiten der alten Menschen nicht viel besser bestellt war als um ihre körperlichen Reize. Alte Menschen verkalken und finden sich mit der Welt nicht mehr so gut zurecht wie die Jungen. Vereinzelt dürfte bereits in Gedichten des *Manyōshū* die geistige Senilität alter Menschen angesprochen sein, so in dem folgenden Envoi zu einem Gedicht des Ōtomo no Yakamochi, in dem dieser den Verlust seines Lieblingsfalkens beklagt und dafür scheinbar die Verkalkung seines alten Falkners verantwortlich macht:

Ob es wohl daran lag,	*Matsugaeri*
daß der alte Yamada	*shihinite are ka mo*
schon ganz senil ist,	*sa Yamada no*
daß er an jenem Tag	*oji ga sono hi ni*
die Falken nicht finden konnte?	*motomeawazukemu*[147]

Auf die gleiche Verkalkung und damit einhergehende Vergeßlichkeit im Alter dürfte auch das folgende *Manyōshū*-Gedicht anspielen:

Ist er denn schon	*Matsugaeri*
völlig verkalkt,	*shihite are ya wa*
dieser Maro,	*mitsuguri no*
der zwar zur Hauptstadt geht,	*nakanobori konu*
bei mir aber nicht vorbeikommt!	*Maro to iu yatsu*[148]

Als von einer allgemein gültigen Tatsache sollte später auch Murasaki Shikibu ihren Helden Genji von der zunehmenden Verkalkung der alternden Eltern sprechen lassen[149]. Dieses Nachlassen der geistigen Kräfte

---

gusa (‚Greisengras', ein Gras, dessen Haare wie weiße Haare aussehen). *Ha* (Blatt), das verdorren kann (*kare*), steht im Sinne von *koto no ha* auch für ‚Wort'. Gerade was das Dichten betrifft, ist aber verschiedentlich auch das gegenteilige Stereotyp, die Alten verstünden sich besonders gut darauf, belegbar, vgl. unten, S. 146, FN 184.

[147] MYS IV (17/4014):241, s.a. MYS 1965:149, Nr. 464. *Matsugaeri* ist ein *makurakotoba* für *shihi*. Der Zusammenhang ist nicht geklärt (MYS IV:240 A). *Shihinite* dürfte wohl ‚die Erinnerung, den Sinn verloren haben' bedeuten, und das modernjapanische Wort *shibireru*, ‚gelähmt, taub', stammt vielleicht von diesem *shihiru* ab (MYS II:404–405 A). Die gleiche Bildung *matsugaeri shihi* ist auch in *Manyōshū* 9/1783 zu sehen, und in beiden Fällen dürfte Senilität gemeint sein.

[148] MYS II (9/1783):405. Laut Glosse ein Gedicht als Antwort der Ehefrau auf ein Gedicht des Ehemannes, in dem er sich fragt, ob sie ihn nicht mehr liebt. In der Heian-Zeit war es üblich, daß die Provinzgouverneure (*kunimori*) einmal während ihrer Amtszeit in die Hauptstadt kamen. Wie an mehreren Stellen im *Konjaku monogatari* belegt, wurde dies, wie wohl hier, *nakanobori* genannt (MYS II:405 A).

[149] GM II:28; vgl. S. 303.

kann darin bestehen, daß der alte Mensch es nicht mehr wie zuvor vermag, sich über die Vorfälle um ihn herum am laufenden zu halten:

„...Erzähle doch einer von euch ein Geschehnis, das sich in der letzten Zeit zugetragen, irgend etwas Merkwürdiges, das uns die Schläfrigkeit vertreibt. Mir selbst ist, als sei ich schon ein richtiger Greis geworden (*okinasabitaru kokochi shite*); ich weiß kaum noch etwas von dem, was in der Welt so vor sich geht!"[150]

Diese Senilität ist aber auch durch eine fortschreitende Vergeßlichkeit gekennzeichnet. Alte Menschen berichten zwar vorzugsweise von der Vergangenheit, doch ist ihren Berichten deswegen noch lange nicht unbedingt zu trauen. So kann in der Einleitung zum 44. Kapitel des *Genji monogatari* die abweichende Meinung über den (fiktiv) wahren Hergang der Dinge, die alte Gesellschafterinnen vertreten, dadurch disqualifiziert werden, daß diese aufgrund ihrer Senilität sich wohl nicht richtig erinnern können:

In diesem Kapitel ist aufgezeichnet, was die spitzzüngigen Dienerinnen, die im Hause des späteren Großministers Higekuro, das ja nicht mehr direkt zu Genjis Familie gehörte, aufgewartet hatten, später ungefragt erzählten. Es mag zwar in einigem nicht mit dem übereinstimmen, was die Dienerinnen Murasakis zu berichten wissen, doch dazu meinen jene wiederum: „Die erzählen aber auch viel Falsches über Genjis Nachkommen!" „Vielleicht irren sie sich nur deswegen, weil sie so viel älter sind (*toshi no kazu tsumori*) als wir und schon ganz senil geworden sind (*hoketarikeru hito*)!" So bleibt manches ungeklärt, doch wer will entscheiden, welche der Darstellungen am ehesten der Wahrheit entspricht?[151]

Auch die alte Kaiserinmutter aus dem *Genji monogatari* betont, daß sie in ihrem Alter schon sehr vergeßlich geworden ist:

Obgleich es schon spät geworden war, fand es der Tenno ein wenig unhöflich, die Großkaiserin nicht doch noch aufzusuchen, und so sprach er auf dem Rückweg bei ihr vor. „Nun, da ich so alt geworden bin (*kaku furinuru yowai ni*)", seufzte sie, „habe ich beinahe alles vergessen. Doch jetzt, da Ihr mich mit Eurem Besuche ehrt, steigt mit einem Mal wieder eine Fülle von Erinnerungen an die früheren Zeiten in mir auf." Und sie weinte.[152]

Und der alte Mittlere Rat aus dem *Ochikubo monogatari* muß zugeben, daß sein Gedächtnis nachläßt und er nicht mehr in der Lage ist, mit Sicherheit zu sagen, was in der Vergangenheit wohl vorgefallen sein mag[153]. Sogar der betagte Erzähler des *Ōkagami* fühlt sich bemüßigt, darauf hinzuweisen, daß er in seinem Alter ja schon sehr vergeßlich geworden ist, und das obwohl er der viel bewunderte Erzähler weit zurückliegender Begebenheiten ist:

---

[150] GM III:11—12, s.a. Benl 1966a:734.

[151] GM IV:251, s.a. Benl 1966b:403.

[152] GM II:319, s.a. Benl 1966a:635.

[153] OM:147; vgl. S. 426.

Die Leute, die zuhörten, sagten: „Wirklich, wie belesen sie sind! Die Leute von heute sind nicht so!" Yotsugi: „Nun, da ich alt bin (*oi no ke no hanahadashiki toki*), habe ich alle Gedichte vergessen. Das ist das bißchen, was ich mir gemerkt habe."[154]

Mit fortschreitendem Alter kann die geistige Verwirrtheit, mit der alte Menschen gezeichnet werden, aber auch weit erschreckendere Ausmaße erreichen. Die alten Menschen tun dann in den Romanen Dinge, die für alle anderen völlig unverständlich sind und einer Katastrophe gleichkommen, so zum Beispiel wenn die alte Mutter des Bischofs von Yokawa der verzweifelten Ukifune gestattet, Nonne zu werden, obwohl alle anderen genau diesen Schritt zu verhindern suchen:

[Der Bischof hat sich für einen Besuch im Haus seiner Schwester angesagt.]
Da kam Ukifune trotz ihrer Scheu der Gedanke, die günstige Gelegenheit, zumal keine lästigen Dritten anwesend waren, die sich eingemischt hätten, zu nutzen und den Bischof zu bitten, sie zur Nonne zu machen. Sie erhob sich und wandte sich an die Mutter des Bischofs: „Ich fühle mich unbeschreiblich elend, und ich möchte vor dem Bischof, wenn er von seinem Berge herabsteigt, die Gelübde ablegen. Bittet doch Ihr ihn darum!" In ihrer Senilität (*hokehokeshiu*) stimmte jene zu.[155]

Bei derselben Figur geht die geistige Verwirrtheit so weit, daß sie ihr nahestehende Personen unter Umständen gar nicht mehr erkennt:

[Der frühere Schwiegersohn spielt im Hause der Schwester des Bischofs Flöte.]
Undeutlich hatte auch die Mutter des Bischofs sein Flötenspiel vernommen; es gefiel ihr und so erschien auch sie. Immer wieder unterbrach sie sich, um sich zu räuspern, und ihre Stimme war ganz außerordentlich zittrig. Von den vergangenen Zeiten sagte sie allerdings kein Wort. Vielleicht hatte sie gar nicht begriffen, wer dieser Gast eigentlich war.[156]

Wenig später im Roman ist ihre Senilität so weit fortgeschritten, daß sie, sehr zu dessen Entsetzen, offenbar nicht mehr in der Lage ist, mit ihrem Enkel ein sinnvolles Gespräch zu führen und auf seine Fragen einzugehen:

Der Statthalter von Kii, der Enkel der Mutter des Bischofs, kam um diese Zeit aus seiner Provinz in die Hauptstadt. [...] „Hat sich im letzten oder vorletzten Jahre irgend etwas Besonderes zugetragen?", fragte er, und weil er [seine Großmutter] in schon ganz senilem Zustand (*bokebokeshiki sama*) vorfand, begab er sich zur Schwester des Bischofs und sagte zu ihr: „Meine Großmutter ist ja schon schrecklich verkalkt (*ito koyonaku koso higamitamainikere*)! Was für ein Jammer! Sie hat wohl kaum mehr lange zu leben, doch für mich ist es sehr schwer, sie aufzusuchen, und so vergingen die Jahre und Monde, während ich in der Ferne weilte. Seit meine Eltern nicht mehr sind, habe ich sie wie jene geliebt. Kommt die Frau des Statthalters von Hitachi gelegentlich zu Besuch?"[157]

Im selben Roman erscheint die Senilität und geistige Verwirrtheit eines alten Menschen ein weiteres Mal als so selbstverständlich, daß sie als Entschuldigung für eine Beleidigung dienen kann:

---

[154] ŌK:75, s.a. McCullough 1980:99.

[155] GM V:385, s.a. Benl 1966b:928.

[156] GM V:374, s.a. Benl 1966b:917.

[157] GM V:404, s.a. Benl 1966b:945.

[Einem Freier gegenüber, den sie als Gemahl für ihren Schützling Tamakazura ablehnt, hofft sie doch auf eine Heirat mit einem Adeligen aus der Hauptstadt, äußert eine alte Amme, sie müßte den Göttern grollen, wollten sie die Hoffnungen zunichte machen, die sie für Tamakazura hegt, worauf dieser in Wut gerät.]
Ihre Töchter nötigten sich bei aller Angst ein gezwungenes Lächeln ab und erklärten: „Nun ja, ihr müßt wissen, diese arme Tamakazura ist in Wirklichkeit verkrüppelt. Unsere Mutter wollte nur sagen, wie verzweifelt sie wäre, wenn die Götter ihrer armen Tochter das Glück [, Euch heiraten zu können,] vereiteln wollten. Vor Sorge rief sie deswegen die Götter an und so hat sie Euch, senil wie sie ist (*bokebokeshiki hito*), aus Versehen [über Tamakazuras Makel] in Kenntnis gesetzt!"[158]

Die historische Persönlichkeit des Akimitsu wird im *Eiga monogatari* ebenfalls als so senil beschrieben, daß sie um sich herum nichts mehr richtig wahrnehmen kann[159]. Eine Abnahme der geistigen Fähigkeiten im Alter postuliert sogar ein konfuzianischer Gelehrter wie Kibi no Makibi in seinem *Shikyō ruijū*, wenn er schreibt:

Wenn der Mensch jung ist, dann funktioniert sein Geist gut. Ist er erst älter, sind seine Gedanken leicht zerstreut. In der Jugend zu lernen ist wie das Licht der aufgehenden Sonne; im Alter zu lernen hingegen, als ginge man des Nachts im Schein einer Lampe.[160]

Ließen sich die bisher besprochenen psychischen Eigenschaften, mit denen alte Menschen in der Heian-zeitlichen Belletristik ausgestattet wurden, großteils auf ihre physische Konstitution zurückführen, so ist auch eine Reihe davon unabhängiger, aber im großen und ganzen nicht weniger negativ belegter Stereotype in bezug auf die Charaktereigenschaften alter Menschen zu erkennen. Zu diesen gehört die Griesgrämigkeit, die in Raunzereien, ewigem Unzufriedensein und Jammern zum Ausdruck kommt.

3.3.4. Melancholie

Zum Teil erscheint diese Griesgrämigkeit einfach als eine allgemeine Traurigkeit, gepaart mit der eingeschränkten Fähigkeit zur Kontaktaufnahme, die die alten Menschen kennzeichnet:

Der Chūnagon war inzwischen schon recht alt und senil geworden (*oihoketamaeru ue ni*) und so hing er meist melancholischen Gedanken nach und ging nicht mehr unter Leute, sondern blieb ständig in seinen eigenen vier Wänden.[161]

---

[158] GM II:336—338, s.a. Benl 1966a:648—650.

[159] EM II:31; vgl. S. 303.

[160] Zitiert im *Seiji yōryaku*, einem um 1008 entstandenen juridischen Werk; SKRJ:47. Diese Sicht steht im Gegensatz zu den in späteren Zeiten belegbaren Sprichwörtern, die die Möglichkeit sinnvollen Lernens im Alter betonen, eine Möglichkeit, die anderen Quellen zufolge auch in der Heian-Zeit den Bejahrten nicht ganz abgesprochen wurde (vgl. S. 85, FN 214), hier aber doch sehr relativiert wird.

[161] OM:162, s.a. Whitehouse und Yanagisawa 1970:161.

Entsprechend ist es Anlaß zur Verwunderung, wenn sich ein Mensch einen umgänglichen und fröhlichen Charakter auch im Alter zu bewahren vermochte, wie der ehemalige Großkanzler aus dem *Genji monogatari*, dem erst die unvermutete Krankheit seines Sohnes Kashiwagi sein auch im fortgeschrittenen Alter ungetrübt heiteres Gemüt zu verdunkeln vermag:

> Der hohe Herr, der zwar schon recht bejahrt (*otonabitamaeredo*), aber im allgemeinen von heiter umgänglicher Art war und gern lachte, saß nun dem Priester gegenüber, sprach nur von Kashiwagis Leiden, wie es begonnen hatte und wie es sich manchmal zu bessern schien nur um anschließend noch schlimmer zu werden, und flehte ihn an, er möge beten, daß sich der Mononoke-Geist[, der seinen Sohn so quälte,] doch endlich offenbaren möge.[162]

Umgekehrt muß sich der junge Yūgiri, der sich niedergeschlagen und mutlos zeigt, vorwerfen lassen, er benehme sich schon wie ein alter Mann:

> [Ōmiya, Yūgiris Großmutter, bereitet prachtvolle Gewänder für Yūgiris Auftritt im Palast vor, doch dieser will sie nicht einmal ansehen, da er doch nicht in den Palast gehen will].
> „Wie könnt Ihr nur so reden!", erwiderte Ōmiya. „Ihr redet ja, als wärt Ihr ein seniler, alter Mann (*oikuzuhoretaramu hito*)!" „Ja, alt bin ich zwar noch nicht (*oinedo*), und doch fühle ich mich nutzlos und niedergeschlagen."[163]

3.3.5. Klagen und Nörgeln

Alte Menschen werden nicht nur als melancholisch dargestellt, sondern auch und vor allem als ewige Nörgler. Eine solche ewig jammernde Figur stellt zum Beispiel die Dienerin dar, die im *Utsuho monogatari* als erste beauftragt wird, für den alten Shigeno no Masuge um Atemiya zu freien, wobei die ebenfalls alte Frau, die ihr diesen Auftrag übermitteln soll, ihr in ihrer Unzufriedenheit mit allem und jedem in nichts nachsteht:

> [Eine alte Nachbarin des Shigeno no Masuge hat die ihr bekannte alte Amme im Haus von Atemiyas Vater aufgesucht, und zwischen den beiden findet folgendes Gespräch statt.]
> „Schon seit längerer Zeit wollte ich Euch besuchen kommen, doch es hat so stark geregnet, daß man es nicht einmal wagte, den Kopf vor die Tür zu strecken."
> „Oh, ja! So lange regnet es nun schon, daß mir schon nichts mehr Neues einfiel, die Kinder zu unterhalten. Und wie ergeht es Euch in letzter Zeit, ehrwürdige alte Freundin?"
> „Ach, es gibt kaum Erfreuliches zu berichten."
> „Ja, auch mir ist alles lästig, und nichts gereicht mir zur Freude."
> „Es scheint, als hättet Ihr etwas Muße, so könnte ich Euch vielleicht mein Heim zeigen. Gerade heute habe ich Korn sähen lassen, für das ich gestern die Leute zusammengerufen habe. Ich habe Euch etwas Mehl mitgebracht, nehmt doch bitte etwas davon, obwohl es beileibe nur eine winzige Kleinigkeit ist. Wir könnten etwas plaudern. Wie schön ist es doch, sich mit jemandem zu unterhalten, mit dem man so übereinstimmt wie wir."

---

[162] GM IV:15, s.a. Benl 1966b:195.

[163] GM II:315, s.a. Benl 1966a:631. So verdrossen ist Yūgiri deswegen, weil sein Vater ihn zunächst einmal eifrig studieren lassen will und ihn nicht wie viele seiner Altersgenossen schon früh einen höheren Rang bekleiden läßt und weil er zu allem Überdruß auch noch glaubt, man wolle ihm deswegen Kumoi no Kari nicht zur Frau geben.

„Es ist, wie Ihr sagt. Gerade in der letzten Zeit wünschte ich mir solch einen Gesprächspartner sehr. Hier im Haus leben zwar viele Menschen, doch keiner, der mein Freund sein könnte. Sogar die Ammen will man jetzt jung und so sind sie es auch. Nur ich allein bin elend und vom Alter gezeichnet (*oishirenitaru*)".
„Welchem der Kinder habt Ihr gedient?"
„Dem ältesten Sohn, dem Sadaiben."
„Nun, wenn Ihr dem ältesten Sohn die Amme gewesen seid, ist es doch nur natürlich, daß Ihr nun in fortgeschrittenem Alter seid (*oitamainikere*)!"
Damit machten sie sich gemeinsam auf den Weg.[164]

Klingt das Nörgeln und ewige Unzufriedensein hier nur aus Form und Inhalt des Gesprächs der beiden Dienerinnen an, so kann es mitunter auch explizit als Eigenschaft alter Menschen gedeutet werden, wie im Zusammenhang mit der alten Großkaiserin aus dem *Genji monogatari*:

Immer, wenn der Tenno ihr einen Besuch abstattete, hatte die Großkaiserin ihm irgendein Leid zu klagen, etwa weil ihr bei den vom Hof zur Verfügung gestellten Tsukasa und Kōburi wieder einmal irgend etwas nicht nach Wunsch gegangen war und stets seufzte sie dann: „Ach, was für einen entsetzlichen Niedergang muß ich am Ende dieses meines langen Lebens (*inochi nagakute*) noch erleben!" Sie sehnte sich nach den vergangenen Zeiten zurück, in denen es ihr besser ergangen war, und war wahrhaftig in allem sehr schwierig und quengelig. Je älter sie wurde (*oimoteowasuru mama ni*), desto nörglerischer und weniger umgänglich wurde sie. Auch Exkaiser Suzaku, ihr Sohn, fand, daß sie in ihrer ungenehmen Art kaum ihresgleichen hatte und daß der Umgang mit ihr nur schwer erträglich war.[165]

Mehr Grund zu klagen hat eine andere Figur des *Genji monogatari*, die ältliche Prinzessin Onna Go no Miya, die immerhin gerade ihren Bruder und Beschützer verloren hat, doch läßt die Autorin Murasaki Shikibu in der Art und Weise, wie sie deren Klagen als nicht ganz aufrichtig entlarvt, keine Zweifel daran, daß sie auch in dieser Figur das ewige Klagen des Alters ausgestaltet[166]. Besonders deutlich wird dieses dort, wo ein alter Mensch über Unannehmlichkeiten, die nicht nur ihn selbst, sondern alle gleichermaßen treffen, jammert, als ob es sich um ein ihm ganz persönlich zugefügtes Unrecht handelte:

In einem Eckraum sah Genji eine furchtbar fröstelnde Dienerin, die zu einem arg verrußten Gewand, das wohl einmal weiß gewesen war, ein schmutziges Shibira um die Hüften gebunden trug und überaus plump wirkte. Wie sie in ihre herabhängenden Haare einen Kamm gesteckt hatte, so etwas konnte es, dachte er belustigt, doch nur im Naikyōbō und Naishidokoro geben. Nie hätte er sich träumen lassen, daß er je ein solches Auftreten in seiner näheren Umgebung zu Gesicht bekommen würde. „Oh, wie kalt es in diesem Jahr ist! Was man nicht alles erleben muß, wenn man alt wird (*inochi nagakereba*)!", rief sie weinend aus.[167]

---

[164] UM I:202—204, s.a. Uraki 1984:89.

[165] GM II:319—320, s.a. Benl 1966a:636.

[166] GM II:249—251; vgl. S. 205.

[167] GM I:254—255, s.a. Benl 1966a:204—205.

Zu den vielen Dingen, über die die Heian-zeitlichen Autoren die alten Menschen jammern lassen, gehören natürlich auch ihre physischen Gebrechen. Fast fühlt man sich, liest man die folgende Passage aus dem *Genji monogatari*, an das heute geläufige Stereotyp erinnert, alte Menschen würden über nichts so gerne reden wie über ihre zahlreichen kleinen und größeren körperlichen Beschwerden:

[Beim Aufbruch aus dem Haus seiner Angebeteten, Utsusemi, wird Genji von einer alten Dienerin überrascht, die ihn in der Dunkelheit für eine andere Dienerin hält und ihn in folgendes Gespräch verwickelt.]

„Habt Ihr heute nacht bei der Herrin gewacht? Ich habe seit vorgestern scheußliche Bauchschmerzen und habe mich daher ganz nach unten in den Dienerinnenraum zurückgezogen. Dann aber hieß es, es seien zu wenig Leute zur Bedienung da, und so kam ich wieder nach oben. Meine Schmerzen sind noch immer unerträglich..." So jammerte sie vor sich hin. Ohne eine Antwort abzuwarten, fuhr sie fort: „Oh, mein Bauch, wie weh er tut! Wie schrecklich weh!... Nun also dann, bis nachher!" Damit verschwand sie, und Genji konnte endlich aus seinem Versteck hervortreten.[168]

Diese Art, seine Beschwerden des langen und breiten auszuwalzen, steht im Gegensatz dazu, wie junge, vornehme Menschen mit diesen Dingen umzugehen pflegen, ruhig und die Beschwerden eher herunterspielend, und dürfte auch der Norm widersprochen haben, den gelangweilten bis peinlich berührten Zuhörer nicht mit unangenehmen Eröffnungen zu belästigen.

3.3.6. Vorsicht und Überängstlichkeit

Alte Menschen werden auch als entsprechend ängstlich in bezug auf noch zu erwartende unangenehme oder unheilvolle Ereignisse gezeichnet. Bitter beklagt sich etwa die Autorin des *Sarashina nikki* über ihre alte Mutter, die sie in Vorausahnung aller möglichen Katastrophen aus Überängstlichkeit daran hindert, eine Wallfahrt zu unternehmen:

Während wir so müßig und in Langeweile versunken vor uns her lebten, da begann ich mich zu fragen, ob wir nicht eine Wallfahrt irgendwohin unternehmen könnten. Aber meine Mutter war eine ungemein altmodische Person (*haha imijikarishi kodai no hito ni te*) und sie meinte nur immerfort: „Ach, nach Hatsuse zu pilgern wäre ja wirklich gar zu schrecklich. Was soll nur werden, wenn dich am Narazaka womöglich sogar jemand entführte. Auch die Vorstellung, daß du den Ishiyama und den Sekiyama überqueren müßtest, versetzt mich auch in Angst und Schrecken. Oder wie entsetzlich, man würde dich auf den Kurama-Berg entführen! Nein, nein, erst muß dein Vater wieder in der Hauptstadt zurück sein." So ärgerte sie mich mit immer neuen Einwänden, und ich konnte gerade noch in den Kiyomizu-Tempel pilgern und dort in Klausur gehen.[169]

---

[168] GM I:118, s.a. Benl 1966a:85.

[169] SN:507, s.a. Hammitzsch 1966:50.

Etwas später schildert sie, wie es wieder ihre überängstlichen alten Eltern sind, die sie daran hindern wollen, in den Hofdienst einzutreten, weil sie befürchten, dies könnte sie unglücklich machen[170]. Ähnlich ängstlich und mit von Aberglauben durchsetzten bösen Vorahnungen wird auch die alte Mutter des Helden im *Sagoromo monogatari* geschildert, und ebenso fühlt sich ihr Sohn davon belästigt und unangenehm berührt:

[Sagoromo, der fürchtet, nicht mehr lange zu leben, ist bei seiner Mutter zu Besuch und rezitiert in der Nacht Sutren und melancholische Gedichte.]
Seine Mutter war aufgewacht und hörte der Rezitation zu, dabei konnte die alte Frau (*oi no namida*) ihre Tränen kaum zurückhalten. Sie rutschte auf den Knien ein wenig in die Richtung von Sagoromo und sagte mit belegter Stimme: „Bis spät in die Nacht bist Du noch auf. In der Luft des 5. Monats soll es schreckliche Dinge geben. Und lies nicht mit lauter Stimme! He, ich meine es ernst!" sagte sie, doch Sagoromo sagte: „Das ist das Ryōbyaku-yujunnai-Sutra, was sollte ich Erschreckendes tun!" und lachte bei sich.[171]

3.3.7. Weinerlichkeit und Rührseligkeit

Zu der beschriebenen Melancholie und Griesgrämigkeit alter Menschen paßt auch ihr Hang zur Weinerlichkeit, wie ihn etwa der Minister zur Linken im *Genji monogatari* nach dem Tod seiner Tochter anspricht:

Der Minister konnte eine Weile überhaupt nicht sprechen, dann sagte er: „Ist man einmal alt geworden (*yowai no tsumori ni wa*), weint man oft auch bei geringfügigem Anlaß. Um so verständlicher muß es sein, daß mir Tag und Nacht die Tränen fließen und mich in meiner Verzweiflung nichts zu trösten vermag. Ich weiß, es ist beschämend, man wird mich der Schwäche zeihen, und eben aus diesem Grunde kann ich auch nicht vor dem Exkaiser erscheinen..."[172]

Besonders nach einem argen Schicksalsschlag bleibt den alten Menschen nichts mehr als Trauer und Tränen, wie dies die Frau des Ministers zur Linken in einem Gedicht wenig später zum Ausdruck bringt:

Hat auch ein neues	*Atarashiki*
Jahr nun begonnen,	*toshi to mo iwazu*
so fällt doch nichts	*furu mono wa*
als die Tränen	*furinuru hito no*
einer alten, hinfälligen Frau.	*namida narikeri*[173]

Auch in Anlehnung an chinesische Vorbilder werden die Tränen, die alte Menschen vergießen, als charakteristisch für das Alter dargestellt, in dem man auch aufgrund des Todes geliebter Menschen, den man in diesem Le-

---

[170] SN:510; vgl. S. 299.
[171] SM:53.
[172] GM I:351, s.a. Benl 1966a:297.
[173] GM I:364, s.a. Benl 1966a:309.

bensabschnitt immer häufiger miterleben muß, genügend Anlaß zum Traurigsein hat:

Wer mag mich wohl kennen, im Totenreich an der gelben Quelle,
wo ich nun, weißhäuptig (*hakutō ni shite*), deiner gedenke?
Nur die Tränen des Alters (*rōnen no namida*) verbleiben mir noch,
über die Briefe der Verstorbenen zu vergießen![174]

Deutlich wird dieses Stereotyp der weinerlichen Alten in der besonders in Gedichten häufig verwendeten Redewendung von den ‚Tränen des Alters‘, *oi no namida*. Diese spricht in einem Gedicht etwa der alte Laienmönch und Vater der Dame Akashi aus dem *Genji monogatari* an, als diese in die Hauptstadt zu Genji aufbricht und er als alter Mann seine Tränen nicht zurückhalten kann, obwohl ihm wohl bewußt ist, wie unheilbringend diese vor Antritt einer Reise sind:

Bei diesem Abschied, da	*Yuku saki wo*
für deinen weiteren Weg	*haruka ni inoru*
aus der Ferne ich bete,	*wakareji ni*
die Tränen kann ich nicht zurückhalten,	*taenu wa oi no*
bin ich doch ein alter Mann.	*namida narikeri*

„Oh, das könnte Unheil bringen", rief er dann und wischte sich die Tränen aus den Augen.[175]

Auch in der obenangeführten Passage des *Sagoromo monogatari* bricht die alte Mutter des Helden ja in die für ihr Alter typischen Tränen aus[176]. Charakteristisch für alte Menschen ist aber, daß sie eben nicht nur dann in Tränen ausbrechen, wenn sie tatsächlich allen Grund zur Trauer haben, sondern auch bei geringfügigen Anlässen, wo ihre Tränen auf Unverständnis seitens der Jungen stoßen. So ist der junge Yūgiri aus dem *Genji monogatari* verstört, wie wenig seine alte Großmutter Ōmiya sich mehr des Weinens zu erwehren vermag:

„Nun, wie war es? Ōmiya hat wohl gestern abend schon auf Euch gewartet und sich sicher über Euren Besuch sehr gefreut!", sagte Genji. „Ja, das schon", erwiderte Yūgiri, „aber sie bricht ja schon beim geringsten Anlaß in Tränen aus, und das ist wirklich zu bedauerlich!" Da lächelte Genji zustimmend und meinte: „Es bleibt ihr wohl nicht mehr allzu lange zu leben. Sorgt also nur gut für sie und besucht sie, so oft Ihr könnt."[177]

Besonders auffällig wird der Hang der Alten zum Weinen dort, wo sie auch dann in Tränen ausbrechen, wenn eigentlich Anlaß zur Freude besteht, wie in jener Episode des *Genji monogatari*, in der die alte Großmutter der Dame Akashi sich unpassenderweise der Tränen der Rührung angesichts

---

[174] WR (741):241.
[175] GM II:196, s.a. Benl 1966a:530.
[176] Vgl. S. 143.
[177] GM III:52, s.a. Benl 1966a:764.

Weinerlichkeit und Rührseligkeit   145

der Schwangerschaft der Enkelin nicht erwehren kann[178]. Wie peinlich und allgemein negativ besetzt diese ihre ewige Weinerlichkeit sein konnte, geht deutlich daraus hervor, daß diesen rührseligen, verweinten Alten zu ihrer Entschuldigung oft nur bleibt, daß dieses Schicksal immerhin früher oder später jeden ereilt:

> Die alten hohen Würdenträger (*oitamaeru kandachimetachi*) vergossen Tränen der Rührung. Prinz Shikibu no Kyō war bei dem Gedanken an seinen Enkel so tief ergriffen, daß er vor lauter Weinen eine ganz rote Nase bekam. Der Hausherr Genji bemerkte: „Jaja, je älter man wird (*suguru yowai ni soete*), desto schwerer fällt es einem, sich der Tränen zu erwehren, wenn man etwas Wein getrunken hat. Wie peinlich, daß Kashiwagi nun gar über meinen Anblick lächelt! Aber auch für Euch wird [die Jugend] einmal vorüber sein. Denn niemals laufen die Jahre rückwärts (*sakasama ni yukanu toshitsuki yo*)[179] und dem Alter kann keiner entfliehen (*oi wa enogarenu waza nari*)!"[180]

Das Weinen alter Menschen erscheint den Betrachtern oft als so grundlos, daß sie es nur als Beweis dafür werten können, daß die betreffende Person eben doch schon ziemlich alt geworden ist:

> „Erstaunlich, wie ähnlich Kaoru dem verstorbenen Dainagon Kashiwagi sieht. Und auch der Klang seines Koto-Spiels erinnert stark an jenen!", sagte Tamakazura, und wie zum Beweis dafür, daß sie schon alt geworden war (*furumeitamau*), quollen ihr die Tränen aus den Augen.[181]

Oft ist es wie eben die Rührung bei der Erinnerung an vergangene Ereignisse, die alte Menschen in Tränen ausbrechen läßt, wie im Fall jenes bejahrten Hofadeligen, der sich bei einem Fest in die Reihe derer einordnen will, die aus diesem Anlaß ein Gedicht rezitieren, dem aber bald das Schluchzen die Stimme versagen läßt:

> Und der Haushofmeister der Kaiserin dichtete: „Ungeduldigen Herzens kriecht/ in die Steinmauer des Hauses,/ da der uns einst so liebe Prinz,/ der nun unter uns nicht mehr weilt,/ gewohnt, die Nessel hinein!", doch da er schon alt und senil war (*oishiraite*), brach er mittendrin in Tränen aus.[182]

Mitunter kann diese Rührseligkeit der alten Menschen auch positiv belegt sein, indem sie Ausdruck der heftigen Gefühlsbewegung ist, derer sie fähig sind[183], oder, wie etwa im *Genji monogatari* recht häufig, auch von ihrem

---

[178] GM III:280—281; vgl. S. 300.

[179] Anspielung auf das Gedicht KKS (17/896):282; vgl. S. 72.

[180] GM III:415, s.a. Benl 1966b:188.

[181] GM IV:261, s.a. Benl 1966b:412.

[182] GM IV:438, s.a. Benl 1966b:571.

[183] So wird etwa im *Ise monogatari* die Gefühlstiefe eines jungen Mannes lobend mit der alter Menschen in einem Kontext verglichen, der verdeutlicht, von diesen sei eine solche Tiefe der Empfindung allgemein eher anzunehmen als von den Jungen: „[Ein junger Mann aus gutem Haus verliebt sich in eine Dienerin. Als die Leidenschaft der beiden zueinander immer heftiger wird, entlassen die Eltern das Mädchen. Der junge Mann verfaßt weinend

ästhetischen Verständnis zeugt, wie in der folgenden Passage, in der der alte Laienmönch in Genjis Exil in Akashi von dessen Koto-Spiel so ergriffen ist, daß er sich der Tränen nicht erwehren kann:

Genji dachte an seine Freunde und daran, wie prächtig er gelebt hatte, ihm war, als träumte er, und so klang das, was er spielte, unsagbar traurig. Der alte Mann (*furuhito*) vermochte nicht, die Tränen der Rührung zurückzuhalten, [und läßt weitere Instrumente holen, um seinerseits zu spielen].[184]

So unverständlich erscheint den Jungen aber oft das Weinen der Alten, daß sie es sich häufig nur mit der ‚bekannten Tatsache' erklären können, alte Menschen vergössen eben ständig Tränen, so Kaoru im *Genji monogatari* angesichts der Flut an Tränen einer alten Dienerin bei ihrem Zusammentreffen mit ihm:

Die alte Dienerin (*oihito*) begann zu schluchzen. [...] Wie sie am ganzen Körper dabei zitterte, verriet deutlich ihre Erregung. Kaoru war es zwar durchaus geläufig, daß „alte Leute eben leicht zum Weinen neigen" („*sadasugitaru hito wa namida moro naru mono*"), aber er wunderte sich doch, daß jemand derart ergriffen sein konnte.[185]

Die Zeichen für die direkte Rede, in denen der Ausdruck *sadasugitaru hito wa namida moro naru mono* steht, deuten darauf hin, daß es sich hierbei um eine Art sprichwörtlicher Redewendung handelt, die die Verbreitung der Vorstellung von den weinerlichen Alten weiter unterstreicht. Das gleiche Wort sagt sich im Geist auch eine junge Begleiterin Ukifunes im *Genji monogatari* vor, um sich über ihren Ärger hinwegzutrösten, daß die alte Ben no Kimi bei einem glücklichen Anlaß ihrer Meinung nach grundlos und unheilvoll weint:

[Kaoru entführt Ukifune nach Uji.]
Da man in dem Wagen nur dünne Seide als Vorhang gespannt hatte, schämte sich Ben no Kimi, daß man ihr Gesicht sehen konnte. Ach, überlegte sie traurig, wäre es doch möglich, in Begleitung Ōigimis so zu reisen! Immer neue häßliche Dinge geschehen, während ich immer weiter so sinnlos dahinlebe! Sie versuchte ihren Kummer zu verbergen; aber ihr

---

ein Gedicht und verliert für einen Tag lang die Besinnung.] Ja, mit solcher Inbrunst liebten einst die jungen Leute. Ob heute wenigstens noch die Alten so tief empfinden könnten? (*ima no okina masa ni shinamu ya)?"* (IM (40):135, s.a McCullough 1968:98, Schaarschmidt 1981:44).

[184] GM II:71, s.a. Benl 1966a:421—422. Mit dieser besonderen Gefühlstiefe der alten Menschen hängt wohl auch zusammen, daß man von ihnen annahm, im Gegensatz zu anderen Künsten, die eine mehr physische Geschicklichkeit erfordern, sie verstünden sich besonders gut aufs Dichten, wie in einer Passage des *Tosa nikki* anklingt: „[Ein Kind hat ein Gedicht verfaßt, und Ki no Tsurayuki ist davon ganz begeistert.] ‚Aber schließlich war es ja nur das Gedicht eines Kindes, wie hätte man darauf ein Antwortgedicht verfassen sollen? Allerdings wäre es einer alten Frau oder eines alten Mannes würdig gewesen (*onna okina, teoshitsubeki*). Wie auch immer, in einem Brief wäre es gut zu gebrauchen', dachte er, schrieb es nieder und bewahrte es auf" (TN:34, s.a. Bosse 1923:17—18).

[185] GM IV:318—319, s.a. Benl 1966b:469.

Gesicht verzog sich ganz von selbst zu einem Weinen, und es liefen ihr die Tränen über die Wangen. Wie ärgerlich, dachte Jijū. Es ist schon Unheil genug, daß am Beginn einer Ehe eine Nonne im gleichen Wagen sitzt; aber daß sie nun auch noch weint! Sie war verstimmt und fand es allzu töricht; doch dann fiel ihr ein, daß alte Leute eben immer leicht zum Weinen neigten (*oitaru mono wa... namida moro ni aru mono zo*).[186]

3.3.8. Wieder-zum-Kind-Werden

Mit diesem ständigen Zu-Tränen-gerührt-Sein hängt wohl auch die in moderneren Redewendungen vielfach belegbare Vorstellung zusammen, die Alten würden wieder zu Kindern[187], die schon in der Nara- und Heian-Zeit ausgebildet war. Explizit stellt diesen Zusammenhang die folgende Passage her, wenn das Weinen der alten Ben no Kimi mit dem Schluchzen eines kleinen Kindes verglichen wird:

Die [alte] Ben no Kimi schluchzte laut wie ein Kind, das nach seiner Mutter schreit; sie konnte sich überhaupt nicht mehr beruhigen und war wie von Sinnen.[188]

Bereits im *Manyōshū* klingt das Wieder-zum-Kind-Werden als ein für alte Menschen typischer, für die Betroffenen aber unangenehmer geistiger Verfall an. Die alten Leute reden nicht nur viel, sondern mitunter auch recht wirres, kindisches Zeug, wie ein anonymer Autor an sich feststellen muß und darüber nur hilflos klagen kann:

Ach, was kann ich denn tun!	*Azukinaku*
Ein alter Mann	*nani no tawakoto*
bin ich geworden,	*ima sara ni*
rede wirres Zeug wieder	*warawakoto suru*
wie ein kleines Kind!	*oihito ni shite*[189]

Als allgemein verbreitetes Stereotyp erscheint die Vorstellung, im Alter würde man wieder zum Kind, dann im *Genji monogatari*:

[Yūgiri meint zu Genji, er wolle zu Ōmiya gehen, weil ein heftiger Sturm im Anzug sei und sie sich sicher sehr ängstige.]
„Ja, beeilt Euch", ermunterte ihn Genji. „Im Grunde ist es ja zwar nicht zu begreifen, warum man, je älter man wird (*oimote ikite*), immer mehr wieder zum Kind wird, aber so ist es nun einmal!"[190]

---

[186] GM V:193, s.a. Benl 1966b:762.

[187] Etwa *oite wa futatabi chigo to naru* (‚Im Alter wird man wieder zum Kind') oder *hachijū no mitsuko* (‚ein 3jähriges Kind von 80 Jahren') (Ehmann 1897:242, 474; Fujii 1909:167, 803), die damit auch auf den geistigen Verfall im Alter anspielen (Linhart 1986:271).

[188] GM V:23, s.a. Benl 1966b:615.

[189] MYS III (9/2582):203. *Azukinaku* wird verwendet, wenn man eine Lage als ausweglos einschätzt und teils dies bedauert, teils sich damit abfindet (MYS III:470 A).

[190] GM III:48, s.a. Benl 1966a:761.

Dabei bezieht sich die Ähnlichkeit dieser senilen Alten mit Kindern zum Teil auf ihre Hilfslosigkeit, die sie, wie Kleinkinder, für alles und jedes auf die Hilfe anderer angewiesen macht. Sogar bei einer so hochrangigen Persönlichkeit wie Fujiwara no Akimitsu, der bereits hoch betagt nach dem Tod seiner Tochter einen Senilitätsschub durchmacht, scheut daher das *Eiga monogatari* den Vergleich mit einem Kind nicht[191].

3.3.9. Redseligkeit bis Geschwätzigkeit

Zu den wenigen Charaktermerkmalen, mit denen alte Menschen bereits in den frühen Nara-zeitlichen Quellen ausgestattet wurden, gehört auch der Hang zur Vielrednerei und zum Erzählen endloser Geschichten, den man vor allem aus dem folgenden Gedichtdialog des *Manyōshū* zwischen einem Tenno und der alten Frau von Shii heraushören kann:

Nein, ich will sie nicht hören,	*Ina to iedo*
sagt' ich, die endlosen Geschichten	*shiuru Shii no ga*
der Aufdringlichen von Shii,	*shiigatari*
doch wie, jetzt da ich sie nicht mehr höre,	*kono koro kikazute*
sehne ich mich nun danach?	*ware koinikeri*
Was, obwohl sie selbst nicht will,	*Ina to iedo*
nur weil „Erzähl, erzähl",	*katare katare to*
Ihr sagtet und sie bedrängtet,	*norase koso*
die von Shii euch erzählt,	*Shii i wa maose*
aufgezwungen wollt Ihr es nun nennen!	*shiigatari to noru*[192]

Der hier angesprochene Hang zur Geschwätzigkeit erscheint dabei als Charakterzug, der die jüngeren Gesprächspartner einerseits irritierte, andererseits aber auch als durchaus liebenswert empfunden werden konnte. Die Heian-zeitliche Romanliteratur bot reichlich Platz für Variationen dieses Themas. Eine Facette dieser Redseligkeit alter Menschen ist das häufige Tratschen, dem sie sich mit Vorliebe widmen, das ständige Kommentieren aller Handlungen, deren Zeugen sie werden, welches mitunter verheerende Folgen haben kann:

---

[191] EM II:27—28; vgl. S. 450.

[192] MYS I (3/236 und 237):145, s.a. MYS 1965:19, Nr.45 und 46. Laut Glosse ein Gedicht des Tenno, möglicherweise Jitō Tennō für die alte Frau (*omina*) der Shii, wohl im Sinne von ‚der Clan der Shii', und Antwortgedicht der alten Frau. *Shii* könnte allerdings auch einfach von *shiigoto*, ‚aufdringliches Gerede' hergeleitet sein, im Sinne von ‚aufdringliche, geschwätzige Alte'. Die attributive Postposition *ga* nach Personennamen oder persönlichen Fürwörtern kann sowohl Zuneigung zu dieser Person ausdrücken als auch erniedrigend, verächtlich verwendet werden (MYS I:145 A).

[Yūgiri ist hinzugekommen, wie Kumoi no Kari gerade gemeinsam mit ihrem Vater, dem Naidaijin, musiziert. Dieser schickt das junge Mädchen, das Vater unbedingt von Yūgiri fernhalten will, in ihr Gemach zurück.]
„Das wird noch ein schlimmes Ende nehmen", tuschelten die alten Dienerinnen (*nebihitodomo*) Ōmiyas untereinander. Der Naidaijin tat, als wolle er aufbrechen, kam aber dann heimlich wieder zurück, um eine der Dienerinnen Ōmiyas, mit der er vertraut war, aufzusuchen. Durch das, was [die alten Dienerinnen] einander zugeflüstert hatten, neugierig gemacht, spitzte er die Ohren und erkannte sofort, daß diese noch immer über ihn redeten:
„Ja, da halten sie sich immer für so klug, die Eltern, und doch..."
„Daraus wird sicher Unheil entstehen!"
„Da heißt es immer, allein die Eltern verstünden ihre Kinder, aber in Wirklichkeit...!"
Der Naidaijin erschrak. Verhielt es sich wirklich so? Es war ihm bei den beiden schon manches aufgefallen, aber er hatte dem, weil sie ja noch Kinder waren, leider zu wenig Beachtung geschenkt.
[Zu spät bemerken die Dienerinnen, daß der Naidaijin ihnen gelauscht hat, und können nicht mehr verhindern, daß er seine Tochter Kumoi no Kari aus der Obhus ihrer Großmutter Ōmiya entreißt und zu sich holt.][193]

In einer weiteren Passage des *Genji monogatari* arbeitet Murasaki Shikibu den Unterschied in den Verhaltensweisen von jungen und alten Dienerinnen heraus: während die jüngeren die Schönheit der Stunde schweigend genießen wollen, müssen die alten ununterbrochen ihre Kommentare dazu abgeben, bis sie aufgefordert werden, doch endlich den Mund zu halten:

[Naka no Kimi unterhält sich mit ihrem Mann, Prinz Niou, und sie musizieren gemeinsam.]
Die [älteren (*otonashiki*)[194]] Dienerinnen rückten so nahe wie möglich heran und lauschten hingebungsvoll lächelnd.
„Zu schade, daß Prinz Niou seine Liebe nach zwei Seiten hin verteilt!"
„Aber eigentlich ist es ja verständlich, und so muß man unsere Herrin eben doch glücklich schätzen."
„Früher hat sie doch ein so einsames und trauriges Leben geführt, daß ohnehin niemand mit solch einem Aufstieg gerechnet hätte!"
„Es ist wirklich unbegreiflich, daß sie jetzt dorthin zurückkehren möchte!", so gab jede ihre Meinung ab, einfach aus Lust am Reden, und die jungen Dienerinnen baten: „Jetzt seid doch bitte endlich einmal ruhig!"[195]

Wer aber so sehr dazu neigt, alles und jedes bereden zu müssen, wie es zahlreiche männliche wie weibliche betagte Romanfigur der Heian-Zeit tun, von dem verwundert es auch nicht, daß er aus lauter Lust am Reden zu übertreiben oder gar die Unwahrheit zu sagen beginnt. Daß alte Menschen in ihren Erzählungen gern zu Übertreibungen greifen, um sie auszuschmücken, war ein scheinbar so allgemein akzeptiertes Stereotyp, daß die

---

[193] GM II:290—291, s.a. Benl 1966a:612—613.

[194] Nur in der Glosse angegeben. Daß es sich um ältere Dienerinnen handelt, geht aber auch daraus hervor, daß später von den jungen die Rede ist, die sie bitten, endlich still zu sein.

[195] GM V:105, s.a. Benl 1966b:685.

Betroffenen sich häufig bemüßigt fühlten, sich gegen eine solche Annahme zu verwahren. So wehrt sich im *Utsuho monogatari* eine über 60jährige alte Hofdame gleich vorsorglich gegen einen etwaigen Vorwurf, sie als alte Frau könnte in ihrem Lob vielleicht übertreiben:

[Nakatada und seine Frau, die Erste Prinzessin, unterhalten sich mit der Hofdame über die Schönheit der Dame Fujitsubo.]
Da sagte die Hofdame: „Die Erste Prinzessin steht ihr wirklich in nichts nach, und das sind keine Altweibergeschichten (*onna ga tsukurigoto*), die ich da erzähle..."[196]

Auch der hochbetagte fiktive Erzähler des *Ōkagami* sieht sich bemüßigt, den Vorwurf, er spräche die Unwahrheit, den ihm die Jungen in Anbetracht seines fortgeschrittenen Alters machen könnten, eiligst von sich zu weisen[197]. Gleichzeitig gibt er aber von sich aus zu bedenken, man müsse bei seinen Erzählungen immer im Auge behalten, daß er eben ein alter Mann sei und, wie es für sein Alter typisch sei, daher unter Umständen auch übertreibe:

„Aber es mag sein, daß ich übertreibe, wie es im Alter (*oi no nami ni*) typisch ist."[198]

Ebenso wie der Hang zum Übertreiben haftet auch die Neigung, sich im Alter immer weniger zurückhalten zu können, das auszusprechen, was man denkt, nicht nur weiblichen Figuren an, sondern auch männlichen, wie etwa dem Minister zur Rechten aus dem *Genji monogatari*:

[Genji hat heimlich der Obersten Naishi Oborozukuyo einen Besuch abgestattet und ist dabei von ihrem Vater, dem Minister zur Rechten, ertappt worden. Dieser ist dabei ohne Rücksicht auf die Scham, die dies seiner Tochter einflößt, vorgegangen und ist nun wütend.]
Der Minister war schon von seinem Wesen her nie imstande gewesen, für sich zu behalten, was er dachte, und nun, da sich auch noch die Verschrobenheit des Alters (*oi no mihigami*) hinzugesellt hatte, was sollte ihn da noch zügeln können, und so erzählte er den ganzen Vorfall vorbehaltlos der Kaiserinmutter Kokiden, seiner Tochter.[199]

Diese Eigenschaft, im Alter immer weniger seine Zunge im Zaum halten zu können, zeigt sich nicht nur mit großer Häufigkeit an einzelnen Romanfiguren, sondern wird auch als allgemeine, charakteristische Eigenschaft alter Menschen angesprochen:

„Ich werde heute abend aufpassen, daß ich nicht zuviel von dem Wein zu mir nehme. Leute, die wie ich schon über ihre Blütejahre hinaus sind (*sakarisugitaru hito*), geraten, wenn sie etwas beschwipst sind, allzuleicht in rührselige Stimmung und plappern dann sorglos aus, was sie besser für sich behielten", sagte Genji.[200]

---

[196] UM II:315.

[197] ŌK:277; vgl. S. 45.

[198] ŌK:186, s.a. McCullough 1980:173.

[199] GM I:411–412, s.a. Benl 1966a:355.

[200] GM III:42, s.a. Benl 1966a:757. Genji ist zu diesem Zeitpunkt 35 Jahre alt.

Aber auch ohne zuviel Wein getrunken zu haben, eignet es alten Menschen an, drauflos zu erzählen, ohne danach zu fragen, ob das, was sie zu erzählen haben, überhaupt jemanden interessiert. Selbst die alte Ben no Kimi aus dem *Genji monogatari*, die dem Helden Kaoru alles andere als unwichtige Dinge zu erzählen hat und deren Erzählungen letztendlich auch durchaus gefragt sind, wird als ungefragt Geschichten erzählende alte Frau apostrophiert:

Nachdem sich der Prinz zum Gebet zurückgezogen hatte, rief Kaoru jene alte Dienerin, die ihm neulich ungefragt so viel erzählt hatte (*towazugatari no furuhito*), zu sich und ließ sich von ihr so manches, das ihm noch nicht ganz klar war, auseinandersetzen.[201]

Und derselbe Kaoru, dem die alte Ben no Kimi nur gute Dienste erwiesen hat, fürchtet sogleich, ob das Geheimnis seiner Abstammung bei ihr denn auch gut aufgehoben sei, wisse man doch, wie sehr alte Menschen es liebten, Dinge auszuplaudern:

Obwohl Ben no Kimi selbst den beiden Töchtern Hachi no Miyas, denen sie ja vertraut aufwartete, nicht das geringste von Kashiwagis Geheimnis anvertraut hatte, sondern es sorgsam in ihrem Herzen hütete, überlegte Kaoru doch, sie könnte es, weil doch alte Leute alle gerne schwatzen (*furubito no towazugatari*), wenn sie es auch sonst nicht leichtfertig überall herumerzählte, zumindest den beiden Schwestern verraten haben.[202]

Dieser offenbar allgemein akzeptierten Tatsache der Geschwätzigkeit alter Leute bedient sich auch das *Konjaku monogatari*, wenn es immer wieder betont, die von ihm geschilderten, für die Protagonisten peinlichen Vorfälle, seien nur dadurch bekannt geworden, daß jene im Alter sich wohl nicht zurückhalten hätten können, sie zu erzählen.[203] Insofern ist es nicht ver-

---

[201] GM IV:349, s.a. Benl 1966b:494.

[202] GM IV:364, s.a. Benl 1966b:507.

[203] Etwa KM IV (27/16):499 (s.a. Hammitzsch 1965:45): „[Ein junger Mann verbringt mit seiner Geliebten eine Nacht in einem alten Tempel. In Gestalt einer Hofdame erscheint ihnen ein Dämon, der über ihr Eindringen erbost ist. Als Folge davon stirbt seine Geliebte in den darauffolgenden Tagen.] Es heißt, der Assistent der Amtstelle für kaiserliche Blutsverwandte habe die Geschichte weitererzählt, als er alt geworden war (*toshi oite*). So ist es erzählt und überliefert worden", oder KM V (28/26):94: „[Die Geschichte erzählt von Funya no Kiyotada und Ōe no Tokimune, die beide angeblich äußerst häßlich und lächerlich anzusehen waren, und denen zur Zeit, als sie beide kaiserliche Sekretäre waren, auch noch das Mißgeschick passierte, daß der eine dem anderen bei einer Zeremonie aus Versehen die Kappe vom Kopf warf.] Weil sowohl Kiyotada als auch Tokimune lebten, bis sie sehr alt geworden waren (*toshi oyuru made*), ist diese Geschichte erzählt und überliefert worden", oder KM V (30/5):226 (s.a. Tsukakoshi 1956:223): „[Ein Ehepaar, das seit Jahren in Armut lebt, beschließt, sich zu trennen, um jeder für sich sein Glück zu versuchen. Die Frau wird danach die Gemahlin eines Provinzgouverneurs, während der Mann weiter arm bleibt. Sie treffen sich einmal kurz wieder, doch läuft der Mann aus Scham davon.] Die Frau hat damals niemandem etwas davon erzählt. Alles ist aus früheren Leben vorherbestimmt, doch die beiden hatten das nicht erkannt und sich sinnlos gequält. All dies wird die Frau

wunderlich, daß es in den Heian-zeitlichen Romanen meist alte Menschen sind, die ihren Gesprächspartnern Enthüllungen über Begebenheiten machen, die diese von anderen wohl nie erfahren hätten. So ist es im *Genji monogatari* die alte Großmutter der Dame Akashi, die sich in ihrer Senilität nicht zurückhalten kann, ihr von den Umständen ihrer Geburt zu berichten[204]. Im selben Roman wird auch der Herrscher von einem alten Priester über seine wahre, von allen Betroffenen als strenges Geheimnis gehütete Abstammung aufgeklärt:

[Kaiserin Fujitsubo ist verstorben und ihr Sohn, der Tenno, ist darüber zutiefst betrübt.] Nun war da ein Bischof, der schon seit der Zeit der Mutter der verstorbenen Kaiserin als Beschwörungspriester am Hofe tätig war und den auch die verstorbene Kaiserin selbst sehr geschätzt hatte... Der Bischof war nun etwa 70 Jahre alt. [...] In einer stillen Morgendämmerungsstunde, als sich gerade niemand bei dem Herrscher befand und auch die Nachtwache sich schon zurückgezogen hatte, sprach er zu jenem mit der von häufigem Hüsteln unterbrochenen, würdigen Stimme eines alten Mannes (*kotai ni uchishiwabukitsutsu*): „Es fällt mir sehr schwer, es Euch zu sagen, und vielleicht ist es sogar unrecht, daß ich es überhaupt versuche, und so scheute ich bisher, zu Euch davon zu reden. Andererseits wäre es aber ein schweres Sündenhindernis, falls Ihr nichts davon wüßtet. Welchen Sinn sollte es denn haben — zumal es ja eine sehr tiefe Schuld ist und ich das Auge des Himmels fürchte — wenn ich mein Wissen so lange in meinem Herzen verschlossen halte, bis ich sterbe? Auch Buddha würde dann mein Herz unrein nennen!" Mehr brachte er aber dennoch nicht über die Lippen. [Der Tenno vermutet daraufhin, der Priester habe sich etwas Schwerwiegendes zuschulden kommen lassen, was dieser empört zurückweist, bevor er fortfährt.] „Was ich Euch sagen muß, hat eine Bedeutung, die aus der Vergangenheit bis in die Zukunft reicht. Und ich fürchte, es könnte andernfalls in einer Weise bekannt werden, die dem Ansehen des verstorbenen Herrschers, der Kaiserin und auch Genjis, der doch jetzt das Land regiert, schadet. Selbst wenn ich dadurch Unheil für mich selbst heraufbeschwören sollte, was könnte es für einen so alten Mönch (*kakaru oihōshi no mi*) wie mich schon zu bereuen geben. So will ich zu Euch sprechen, wie Buddha mich angewiesen hat." [Er eröffnet dem Tenno, daß jener in Wahrheit der Sohn Genjis und nicht des verstorbenen Exkaisers ist und daß er ihm dies offenbare, weil er fürchte, die Naturkatastrophen und anderen schlimmen Dinge, die sich in der letzten Zeit zugetragen hatten, seien auf des Tennos Unwissenheit über seine wahre Abstammung zurückzuführen.][205]

Nicht nur ist es ein alter Priester, der es wagt, dem Herrscher diese ungeheuerlichen Eröffnungen zu machen, es ist darüber hinaus interessant, daß er betont, er könne sich das gerade aufgrund seines hohen Alters leisten. Dabei kann die Nähe zum Tod und die Angst, die wichtigen Dinge, die sie wissen, am Ende mit ins Grab zu nehmen, zum Motor für die Enthül-

---

dann wohl später erzählt haben, vielleicht als sie schon alt geworden war (*toshi nado oite nochi ni*). So ist es von Generation zu Generation weitergegeben worden und wird wohl bis ans Ende der Welt weitererzählt werden."

[204] GM III:278; vgl. S. 315.

[205] GM II:232—233, s.a. Benl 1966a:563—564.

lungen werden, wie im Fall der Ben no Kimi aus dem *Genji monogatari*, die die Geschichte von Kaorus wahrer Abstammung kennt und sie ihm auch erzählen wird:

[Aufgrund ihrer Andeutungen fordert Kaoru die alte Ben no Kimi auf, ihm doch ihre Geschichte zu erzählen.]
„Ihr habt recht, wer weiß, ob sich solch eine günstige Gelegenheit je wieder ergibt. Zudem bin ich [so alt, daß ich] mich nicht darauf verlassen kann, ob ich die nächste Nacht überhaupt noch überlebe. Und Ihr wüßtet dann nichts weiter von mir, als daß es einmal eine sehr alte Frau (*kakaru furumono*) gegeben hat..."
[Sie deutet daraufhin Kaoru seine wahre Abstammung an.][206]

3.3.10. Festhalten an der Vergangenheit

Eine weitere Eigenschaft, mit der alte Menschen häufig ausgestattet werden, ist die, bei den verschiedensten Anlässen allgemein weniger die Gegenwart im Auge zu haben, als sich vielmehr der Vergangenheit zu entsinnen. Dies kann gepaart mit der Redseligkeit dieser Alten dazu führen, daß sie die immer gleichen und schon längst bekannten Geschichten bis zum Überdruß wiederholen, was ihre Gesprächspartner auch entsprechend langweilt, wie im Fall von Genji und der alten Onna Go no Miya aus dem *Genji monogatari*[207]. Bemerkenswerterweise formuliert gerade das *Ōkagami*, dessen Rahmenhandlung ja alles in ihm erzählte als den Bericht zweier betagter Männer ausgibt, allgemein, was alte Menschen zu erzählen hätten, sei normalerweise ja ziemlich langweilig[208].

In ihren Gedichten der Vergangenheit zu gedenken, ist häufig den bejahrten Teilnehmern bei Festgesellschaften vorbehalten, so im *Genji monogatari* :

[Genji begibt sich mit Gefolgsleuten in sein Haus in Katsura. Dort geraten alle in gefühlvolle Stimmung und verfassen Gedichte.]
Der Udaiben war schon etwas bejahrter (*sukoshi otonabite*), hatte er doch bereits dem schon längst verstorbenen Exkaiser Kiritsubo hingebungsvoll gedient, und so dichtete er: „Der Mond jener Nacht,/ der seine Wohnstatt/ hoch über den Wolken aufgab,/ in welchem tiefen Tale/ verbirgt er nun seinen Glanz?"[209]

---

[206] GM IV:318–319, s.a. Benl 1966b:469.

[207] GM II:259–260; vgl. S. 132.

[208] ŌK:284; vgl. S. 172.

[209] GM II:209–210, s.a. Benl 1966a:544. Die Wohnstatt über den Wolken meint die Kaiserwürde, die der Exkaiser bei seinem Rücktritt aufgab. Der Udaiben als bejahrter Mann erinnert sich somit in diesem Gedicht an den Herren, dem er in früheren Jahren diente.

Auch bei der Hochzeit Kumoi no Karis und Yūgiris sind es die alten Gesellschaftsdamen, die es dazu drängt, von der Vergangenheit zu erzählen:

> Yūgiri und Kumoi no Kari waren ein Paar, das wirklich trefflich zueinander paßte, allein, es gab auch anderswo noch Frauen, die nicht weniger anmutig waren als Kumoi no Kari. Yūgiris Schönheit hingegen konnte mit nichts verglichen werden. Die alten Dienerinnen (*furuhitodomo*) traten voll Stolz vor die beiden hin und erzählten altehrwürdige Geschichten (*kamisabitaru kotodomo*).[210]

Das Festhalten an der Vergangenheit, das die alten Menschen demnach charakterisiert, kann auch dazu führen, daß sie Vergleiche zwischen dieser und der Gegenwart anstellen, wobei für sie kein Zweifel daran besteht, daß in der Vergangenheit so manches großartiger und besser war als in der Gegenwart, wie etwa in jenem kurzen Streitgespräch zwischen jungen und alten Gesellschaftsdamen aus dem *Genji monogatari*:

> Die Dienerinnen betrachteten Yūgiri durch die Spalten der Vorhänge, rückten aneinander und flüsterten sich zu: „Solch ein Antlitz und solche Gestalt gibt es wohl kein zweites Mal auf Erden!" „Wie wunderschön er doch ist!" Doch die anderen, die alten senilen (*oishiraeru wa*), wandten ein: „Nun ja, das mag ja sein, aber so gut wie früher Genji im gleichen Alter sieht er nicht aus!" „Jener war so schön, daß man seinen Augen nicht traute!"[211]

Ähnlich schlecht fällt ein Vergleich zwischen Gegenwart und Vergangenheit, wenn er von alten Leuten angestellt wird, auch im *Ōkagami* aus:

> [Atsusada, der allgemein als hervorragender Musiker bekannt war, ist verstorben. Der Tenno ruft daher immer Hiromasa vom 3. Rang zum Konzert.]
> Die alten Leute (*furuki hitobito*) sagten: „Wir sind in einer Endzeit. Als der Mittlere General Atsusada noch am Leben war, hätte niemand, vom Tenno angefangen, daran gedacht, daß man vom Spiel dieses Hiromasa so beeindruckt sein könnte."[212]

Diese Eigenschaft, die Vergangenheit stets präsent zu haben, kann mitunter durchaus positiv belegt sein, wenn es durch sie möglich wird, dem gegenwärtigen Geschehen historische Tiefe zu verleihen, wie etwa wenn im *Utsuho monogatari* der alte Exkaiser Saga und der ebenfalls betagte Prinz Kanemi die wesentliche Funktion erfüllen, als Augenzeugen des früheren Zustandes der von Nakatada wieder neu instand gesetzten Residenz seines Großvaters aufzutreten und damit die erwünschte Kontinuität herstellen[213]:

---

[210] GM III:203, s.a. Benl 1966a:891.

[211] GM III:217, s.a. Benl 1966b:14.

[212] ŌK:77, s.a. McCullough 1980:101.

[213] Sie ist für den glücklichen Ausgang des *Utsuho monogatari* insofern von unabdingbarer Notwendigkeit, als die wesentlichsten Figuren des Romans in ihrem Schicksal ganz wesentlich von dem zu Beginn der Erzählung Toshikage angetanen Unrecht bestimmt sind und die Dinge erst durch eine Wiedergutmachung dieses Unrechts an seinen Nachkommen wieder ins rechte Lot kommen können.

Lächelnd sagte Exkaiser Saga: „Welch wunderschöner Ort? Wiederzusehen, was ich von früher kannte, kam ich her. Der Angelpavillon neben dem Teich ist zwar ein bißchen höher als in früheren Tagen, aber alles andere scheint genauso geblieben zu sein wie es vormals war. Aber wahrscheinlich ist niemand hier, der die Residenz so kennt, wie ich sie einst gesehen. Oh, aber ja, natürlich! Hier ist ja der kaiserliche Haushofmeister Kanemi. Könnt Ihr Euch an die Residenz erinnern?" „Es ist schon so, wie Ihr sagt. Es hat sich tatsächlich kaum etwas verändert, mir scheint nur, die Bäume auf dem künstlichen Hügel sind höher geworden", antwortete dieser.[214]
[Die Festgesellschaft besichtigt weiter das Anwesen.]
Der kaiserliche Haushofmeister [Kanemi], der inzwischen 70 Jahre alt war, sagte: „Oh, wenn ich der früheren Zeiten gedenke, so muß die Kiefer da neben dem Felsen wohl von dem Berg dort stammen, und als Steckling ausgegraben und an diese Stelle gepflanzt worden sein." Über zwei Meter war sie hoch, die Kiefer, und von der Form eines Schirmes. Da dichtete Kanemi bei ihrem Anblick:

Am Tag der Ratte ausgegraben	*Hikiueshi*
und hierher verpflanzt, die Kiefer,	*ne no hi no matsu mo*
auch sie ist alt geworden.	*oinikeri*
Welch Freude,	*chiyo no sue ni mo*
sie am Ende wiederzusehen!	*aimitsuru kana*

Exkaiser Saga war von diesem Gedicht tief gerührt und sagte zu Exkaiser Suzaku: „Ich bitte Euch, anstatt eines Antwortgedichtes ernennt Kanemi als Belohnung zum Bevölkerungsminister. Denn er ist wahrlich einer, der bis ins ehrwürdige Alter gelebt (*furuhito no tomaritaru*)!"[215]

Zu der besonderen Beziehung der alten Menschen zur Vergangenheit gehört auch die ihnen oft zugeschriebene Neigung zum Festhalten am Althergebrachten, das dann als altmodisch bezeichnet wird, wie etwa in der folgenden Passage des *Eiga monogatari*:
[Seishi, die Frau des Kronprinzen, bringt einen Knaben zur Welt, und der Kronprinz will das Kind bald sehen.]
„Sicher könnte man ihm das Kind bald zeigen. Aber früher fand das erste Treffen erst statt, wenn das Kind fünf oder sieben Jahre alt war", sagte der Großvater Naritoki, der sehr altmodisch (*ito kotai ni*) war, aber im Palast bestand man darauf, ihn schnell zu bringen.[216]

3.3.11. Erfahrenheit, Weisheit und Rechthaberei

Entsprechend wird den alten Menschen mitunter auch Lebenserfahrung und Lebensweisheit zugebilligt. So beginnt die junge Ōigimi aus dem *Genji monogatari* nach langem Widerstand allmählich einzusehen, daß die alten Dienerinnen, die ihr eine Verbindung ihrer jüngerer Schwester mit Prinz

---

[214] UM III:500, s.a. Uraki 1984:482.

[215] UM III:529—530, s.a. Uraki 1984:501. Auch dem alten Laienmönch aus dem *Genji monogatari* ist man geneigt, seine Altersverschrobenheit zu verzeihen, weiß er doch über Vergangenes zu berichten (GM II:69; vgl. S. 160).

[216] EM I:141, s.a. McCullough 1980:169. Gemeint ist Fujiwara no Naritoki.

Niou einzureden suchen, aufgrund ihrer langen Erfahrung mit den Dingen des Lebens doch recht haben könnten, wenn sie zu dieser sagt:

„... Nun suchen jene mir aber so unentwegt, daß es schon geradezu lästig ist, einzureden, daß eine Ehe zwischen Euch und Prinz Niou das Allerbeste sei, und es mag ja vielleicht wirklich sein, daß sie in ihrer langen Lebenserfahrung (*toshi hetaru kokorodomo*) in diesen Dingen besser Bescheid wissen und recht haben. Und so möchte ich nun nicht länger eigensinnig erscheinen und womöglich Schuld daran tragen, daß Ihr Euer ganzes Leben lang allein bleibt."[217]

Wenig zuvor hatte sie die Ratschläge der alten Dienerinnen noch unter Hinweis darauf von sich gewiesen, daß sich diese aufgrund ihres fortgeschrittenen Alters wohl für sehr klug hielten, vielleicht aber nicht gerade eine sehr edle Gesinnung an den Tag legten:

„Die Dienerinnen hier sind alt (*toshi tsumori*) und halten sich für sehr klug (*sakashige ni*): was eine jede denkt, hält sie gleich für das Beste, und so wollen sie mir einreden, daß Kaoru ein durchaus passender Gemahl für mich wäre. Aber darf man ihnen denn wirklich Glauben schenken? Ihre Gesinnung ist wohl kaum die eines wirklich vornehmen Menschen, und was sie reden ist wahrscheinlich nur einfach so dahergesagt..."[218]

Dabei ist die Verwendung des Wortes *sakashige ni* besonders aufschlußreich. Das Eigenschaftswort *sakashi* bedeutet einerseits ‚weise, klug, mit Urteilskraft ausgestattet', kennzeichnet aber häufig insbesondere eine Form der Klugheit, die zwar von Urteilskraft zeugt, der es aber an Feingefühl, an Einfühlungsvermögen in die jeweilige Situation und die Gefühle der Betroffenen mangelt[219], etwa im Sinne von wichtigtuerisch. Eben in einem Zusammenhang, in dem dieser zweite Sinn deutlich zum Tragen kommt, läßt die Autorin diese Eigenschaft als charakteristisch für die alten Dienerinnen verwenden, und es scheint, als ob gerade diese Art der ‚Besserwisserei' überhaupt recht häufig mit alten Menschen in Zusammenhang gebracht wurde. Tatsächlich kennt allein das *Genji monogatari* noch mehrere andere Stellen, in denen einzelne alte Menschen als *sakashi* beschrieben werden, wobei der erwähnte negative Unterton meist ebenfalls mitzuschwingen scheint. Dies ist etwa der Fall, als die alte Dienerin Ben no Kimi einem heimlich von Prinz Niou zu Naka no Kimi gesandten Boten prächtige Geschenke mit auf den Weg zurück gibt; zwar zeugt es natürlich einerseits von einer gewissen Weltgewandtheit, einem Boten Geschenke zu überreichen, in der Situation, in der diese alte Frau dies aber tut, erweist sich ihre Handlungsweise eher als unangebracht:

Da ihn [diese prachtvollen Geschenke] in Verlegenheit brachten, ließ er sie von seinem Begleiter feinsäuberlich einpacken und dann von diesem mitnehmen. Er war ja selber kein

---

[217] GM IV:420, s.a. Benl 1966b:553.

[218] GM IV:400, s.a. Benl 1966b:535.

[219] NKD 8:631.

feierlicher Abgesandter, sondern nur der Page, der seinen Herrn nach Uji zu begleiten pflegte. Da dieser stets darauf achtete, daß seine Besuche dort möglichst kein Aufsehen erregten, nahm er nun mißmutig zur Kenntnis, daß die auffälligen Geschenke, wie der Bote meinte, wohl der aufdringlichen Alten (*sakashigarishi oihito*), die sich dabei wohl sehr klug vorgekommen sein dürfte, zu verdanken seien.[220]

Ebenso bezeichnet werden die gleichen alten Dienerinnen wieder, als Ōigimi stirbt und ihre jüngere Schwester darüber völlig verzweifelt ist. Zwar verhalten sie sich vernünftig, doch wiederum mangelt es ihnen an Einfühlungsvermögen für die an sich so verständlichen Empfindungen der jüngeren Schwester:

Als Naka no Kimi erkannte, daß ihre Schwester gestorben war, war sie natürlich bei dem Gedanken, daß sie nun ganz allein von ihrer Schwester auf Erden zurückgelassen worden war, völlig verzweifelt. Die [alten] Dienerinnen, die wie üblich zu allem erfahrene Gesichter machten und sich wichtig machten (*rei no sakashiki onnabara*), zogen sie, die mehr tot als lebendig aussah, vom Leichnam ihrer Schwester fort. „Es bringt Unglück, wenn Ihr hier bleibt", sagten sie.[221]

Auch die Geschichte des betagten Kiyohara no Yoshizumi aus dem *Konjaku monogatari*, in der dieser ansonsten als weise beschriebene alte Rechtsgelehrte sich Räubern gegenüber so aufgeblasen benimmt, daß diese ihn schließlich töten[222], mag die spezifische Form der Weisheit der alten

---

[220] GM IV:419, s.a. Benl 1966b:552—553.

[221] GM IV:463, s.a. Benl 1966b:593. Der gleiche Mangel an Einfühlungsvermögen, den sie bei diesen voraussetzt, ist es wohl auch, der Naka no Kimi später daran hindert, sich bei ihren alten Dienerinnen auszusprechen und zu bedauern, daß ihr ihre jungen Dienerinnen, bei denen sie ein solches Verständnis annehmen würde, dazu wiederum nicht vertraut genug sind: „So sann sie bekümmert nach, aber die jungen Dienerinnen, die verständig waren und bei denen es sich gelohnt hätte, sich mit ihnen auszusprechen und zu beraten, waren erst seit kurzem bei ihr in Diensten, während die einzigen, die ihr vertraut waren, nur eben jene alten Dienerinnen (*furunyobō*) waren, die mit ihr aus dem Bergdorf gekommen waren. So hatte sie niemanden, dem sie ihr Herz ausschütten konnte und wollte" (GM V:85, s.a. Benl 1966b:668).

[222] „Es ist nun schon lange her, da lebte ein *myōhō hakase* namens Kiyohara no Yoshizumi. Er war von unvergleichlichem Wissen und stand auch den Doktoren der früheren Zeiten in nichts nach. Er war über 70 Jahre alt, und wurde doch in der Welt viel gebraucht (*toshi nanasoji ni amarite, yo no naka ni mochiirarete namu arikeru*). Weil er aber aus einer armen Familie kam, verging die Zeit, ohne daß er etwas besonderes zuwege gebracht hätte. [Eines Tages dringen Räuber in sein Haus ein, und er versteckt sich unter der Veranda, bis sie davonlaufen. Empört ruft ihnen Yoshizumi nach, er habe sie erkannt und werde sie anzeigen. Sie kehren zurück, töten ihn und entkommen.] So war Yoshizumi zwar ein überaus gebildeter Mann, doch da er auch nicht die Spur von Yamato-Geist in sich trug, sagte er so etwas Dummes und starb. Die Leute, die davon hörten, fanden das erbärmlich, und so ist es erzählt und überliefert worden" (KM V (29/20):172). Laut *Nihon kiryaku*, einem Geschichtswerk der späten Heian-Zeit, wurde Yoshizumi im Jahr 1010 67jährig tatsächlich von Räubern getötet, das *Midō kanpaku-ki*, das Tagebuch des Fujiwara no Michinaga über den Zeitraum von 995—1021, berichtet, er hätte sich anläßlich des Lehrstreits von 1007 äußerst komisch benommen, sodaß man ihn für verrückt hielt (KM V:171, A.2).

Menschen illustrieren, der es aber an der nötigen Anpassung an die jeweilige Situation gebricht. Dabei ist diese ‚Klugheit' oft gepaart mit Aufdringlichkeit und Wichtigtuerei:

[Genji hat sich des Nachts in das Haus der Utsusemi geschlichen. Er weckt nun ihren jüngeren Bruder, der ihm dabei geholfen hat, um mit ihm nach Hause aufzubrechen.] Da vernahmen sie plötzlich die Stimme einer alten Dienerin (*oitaru gotachi*), die überrascht rief: „He, wer ist denn da?"
„Ich bin's doch", erwiderte der Junge in ärgerlichem Ton.
„Was lauft Ihr denn mitten in der Nacht spazieren?", so mischte sie sich lästig ein (*sakashigarite*) und kam nach draußen. Dem Jungen war das alles sehr unangenehm.[223]

Das gleiche rechthaberische Verhalten wird alten Menschen auch dort unterstellt, wo es, wie etwa im *Genji monogatari*, heißt, spontanes Musizieren sei nur dort möglich, wo diese lästigen Alten fehlten[224]. Auch Sei Shōnagon illustriert den negativen Gehalt des Wortes *sakashi* am Beispiel einer alten Frau, die durch magische Handlungen Kindersegen heraufbeschwört, wenngleich hierbei deren fortgeschrittenes Alter nicht im Vordergrund steht und auch kein direkter Zusammenhang zwischen diesem und ihrer Neunmalklugheit hergestellt wird[225]. Die spezifische Form der Klugheit, die immer wieder in Zusammenhang mit alten Menschen gebracht wird, äußert sich auch darin, daß sie im Gegensatz zu jüngeren Menschen häufig mehr an der praktischen Seite der Dinge interessiert sind:

Auch über die Geschenke, die anläßlich Naka no Kimis Umzugs verteilt werden mußten, machte Kaoru sich, ohne dabei zu übertreiben, sorgfältig Gedanken, damit jedermanns Rang genau berücksichtigt werde. „Daß einer so wie der Chūnagon niemals die Vergangenheit vergißt und für alles in einem solchen Ausmaß sorgt, das gibt es bestimmt nirgendwo mehr auf Erden. Selbst Geschwister bemühen sich nicht so freundlich um einander!" So sprachen die Dienerinnen zueinander, und die alten und gesetzten unter ihnen (*azayaka naranu furubitodomo*), die diese seine[226] Fürsorge zu schätzen wußten, waren ihm zutiefst dankbar dafür und sagten auch Naka no Kimi, was für ein guter Mensch er doch sei.[227]

Ähnlich preist auch die Figur des Miharu no Takamoto den Shigeno no Masuge als würdigen Ehemann für Atemiya, der zwar schon alt, aber dafür sparsam und von gefestigtem Charakter sein soll:

[Miharu no Takamoto beklagt in einem Gespräch, Masayoris Schwiegersöhne seien alles Verschwender, die sich nur aufs Bestechen verstünden. Es sei endlich an der Zeit, einen verläßlichen Schwiegersohn zu wählen.]
„Und was solch einen guten Schwiegersohn betrifft, da gäbe es doch gerade jenen Shigeno no Masuge. Er ist zwar vielleicht schon etwas alt (*mitoshi ya sukoshi oitamaeran*), doch

---

[223] GM I:117–118, s.a. Benl 1966a:84–85.

[224] GM IV:261; vgl. S. 207.

[225] MS (259):272; vgl. S. 463.

[226] [Den praktischen Dingen des Lebens zugewandte] (GM V:17, A.20).

[227] GM V:17, s.a. Benl 1966b:609.

dürfte er immerhin noch nicht über 70 sein. Er wäre eine gute Wahl. Er ist von gefestigtem Charakter, nicht verschwenderisch und versteht es, zu sparen, und ist überhaupt ein Mensch, mit dem es keine Probleme gibt..."[228]

Geradezu zwangsläufig scheint sich aus der Erfahrung und der mit dieser zusammenhängenden Wichtigtuerei der alten Menschen und ihrer obenerwähnten Neigung, die Dinge schwärzer zu sehen als sie sind, die Vorstellung zu ergeben, alte Menschen würden an anderen immer alles mögliche zu bekritteln haben. Diese klingt etwa im Ōkagami an, wenn es dort heißt, an Michinaga hätten selbst alte Menschen, die sonst immer ein Haar in der Suppe fänden, nichts auszusetzen gehabt:

Auch mit dem sehr pedantischen Auge eines alten Mannes (okinara ga saganame ni mo) erscheint Michinaga nicht als gewöhnlicher Mensch.[229]

Einen ähnlichen Zusammenhang stellt dasselbe Ōkagami noch ein weiteres Mal her, wenn es hervorhebt, daß der alte Erzähler der Rahmenhandlung in seiner mit dem Alter einhergehenden Rechthaberei wohl doch zu weit geht, wenn er sich zu guter Letzt gar anmaßt, das Verhalten eines Tennō zu bekritteln:

[Der alte Shigeki erzählt, wie unter Daigo Tennō das Kokinshū kompiliert wurde und wie dieser mehrmals Dichter zu sich rief, um sich von ihnen Gedichte vortragen zu lassen.] „Es war nicht ganz passend für einen Tennō, jemanden so nah zu sich zu rufen und ihm ein Geschenk zu geben, doch niemand äußerte sich kritisch dazu. Ich nehme an, das lag daran, daß die Persönlichkeit des Herrschers Respekt einflößte; außerdem erkannten alle Mitsune als großen Meister an. Für Exkaiser Uda war es schon ganz in Ordnung, daß er das Gedicht rühmte, denn schließlich hatte er ja schon auf den Thron verzichtet und alles spielte sich an einem weit von der Hauptstadt entfernten Ort ab." So sprach er, wohl aufgrund seines fortgeschrittenen Alters etwas zu rechthaberisch (amari ni oyosuketare).[230]

Interessant ist die Formulierung, die wörtlich nur von einer unschönen Alterserscheinung (oyosuku) spricht, die der alte Shigeki an den Tag lege. Noch deutlicher tritt der Wesenszug alter Menschen, durch ihre Erfahrung und ihr Wissen derart restriktiv zu wirken, daß sie unangenehm sind, in der Beschreibung zutage, die das Eiga monogatari vom zu dieser Zeit wohl 66jährigen Takashina no Naritada gibt:

An Michitakas Regierung gab es nichts Spezielles auszusetzen, und er selbst war in Charakter und Benehmen nobel. Sein Schwiegervater Naritada, der in den 2. Rang erhoben worden

---

[228] UM I:424.

[229] ŌK:240, s.a. McCullough 1980:208. Der Ausdruck saganame ist etymologisch zusammengesetzt aus dem Wortstamm von saganashi und me, ‚Auge'. Saganashi selbst bedeutet ‚bösartig sein', ‚eine spitze Zunge haben' und ähnliches, und saganame entsprechend ‚der Blick eines Menschen, der ein Haar in jeder Suppe findet', ‚ein bösartiger Blick' und enthält somit eine weit negativere Wertung als die Übersetzung McCulloughs „the censorious eye of old age" vermuten ließe.

[230] ŌK:282, s.a. McCullough 1980:239.

war und nun Takashina genannt wurde, war ein alter Mann (*toshi oitaru hito*) mit grenzenlosem Wissen, aber sein Wesen war so unangenehm, daß jeder ihn fürchtete.[231]

Ähnliches klingt auch im *Genji monogatari* an, wenn Genji, nachdem er lange auf seine junge Frau Onna San no Miya eingeredet und ihr dabei, durchaus aus gegebenem Anlaß, dies und jenes vorgeworfen hat, meint, sie müsse ihn wohl auch schon für einen dieser wichtigtuerischen, ständig Moralpredigten haltenden Alten halten:

„Jetzt halte ich alter Mann (*furuhito no sakashira yo*) selbst schon so endlose und ewig gleiche Moralpredigten, die zu hören ich einst kaum ertragen hätte. Was für ein lästiger Greis (*utate no okina*) ist das doch, werdet Ihr denken!"[232]

So anders kann sich aber die Klugheit der Alten von der der jungen gestalten, daß die Ideen der Alten den Jungen verschroben erscheinen, wie etwa im *Genji monogatari*:

[Ukifune möchte auf Anraten ihrer Amme eine Wallfahrt zum Ishiyama-Tempel unternehmen. Da in der Zwischenzeit aber der Besuch eines ihrer Freier, Kaoru, angekündigt wurde, versuchen einige Zofen, sie zu überreden, doch in Uji zu bleiben.]

„Warum nur habt Ihr sie denn nicht hier in Uji aufgehalten? Ach, alte Leute (*oinuru hito*) kommen doch wirklich auf die absonderlichsten und unpassendsten Ideen!", ärgerte sich Ukon über die Amme und ihresgleichen.[233]

Als verschroben wird auch der alte Laienmönch, der Vater der Dame Akashi und späteren Frau Genjis, gezeichnet. Zwar kann Genji ihm auch durchaus gute Seiten abgewinnen, doch ändert dies nichts an seiner Verschrobenheit, die auf sein Alter zurückgeführt wird:

Der Laienmönch war zwar schon etwa 60 Jahre alt (*toshi wa musoji bakari ni naritaredo*), doch bemühte er sich um ein gepflegtes Äußeres, die strengen religiösen Fastenübungen hatten ihn abmagern lassen, und wohl weil er an sich edler Natur war, konnte er zwar einerseits recht eigenwillig sein (*uchihigami*), bisweilen sogar eine gewisse Altersverschrobenheit an den Tag legen (*horeboreshiki koto wa aredo*), doch wußte er andererseits gut über die Dinge der Vergangenheit Bescheid, hatte nichts Abstoßendes an sich und verfügte zudem über einen erlesenen Geschmack, sodaß Genji, wenn er ihn in Mußestunden aus der Vergangenheit erzählen ließ, viel Zerstreuung bei ihm fand.[234]

3.4. Zusammenfassung

Die mit alten Menschen assoziierten Stereotype betonten also nicht nur den physischen Verfall einstiger Schönheit und die Bresthaftigkeit, die man im Alter gegenwärtigen muß, sondern sie konnten darüberhinaus den mei-

---

[231] EM I:124, s.a. McCullough 1980:155.

[232] GM III:408, s.a. Benl 1966b:182.

[233] GM V:214, s.a. Benl 1966b:779.

[234] GM II:69, s.a. Benl 1966a:419.

sten der in diesem Lebensabschnitt auftretenden körperlichen Veränderungen auch keinen positiven Nebeneffekt abringen, etwa in dem Sinn, daß sie sie als Ausdruck einer geistigen Reife gewertet hätten. Dies geschah nur in außergewöhnlichen Fällen bzw. dann, wenn es sich bei den Alten um Priester oder Mönche handelte, die der Welt entsagt hatten. Darüber hinaus ist es aber beinahe verwunderlich, wie selten in der Nara- und Heian-zeitlichen Belletristik auch ausdrückliche Erwähnungen positiver charakterlicher Eigenschaften sind, die man mit zunehmendem Alter erwerben könnte. Etwas ambivalente Ausnahmen stellen eine Lebensklugheit, die aber nicht nur in einem positiven Licht gesehen wurde, und ein Hang zur Rührung dar, der den jüngeren zwar oft unverständlich erscheint, sie aber doch auch als bewundernswert beeindruckt.

Dies soll nicht bedeuten, daß die Menschen der Nara- und Heian-Zeit sich durchweg ein negatives Bild von ihren Alten machten. Wenn in den verschiedensten Quellen der Zeit häufig, wie in späteren Kapiteln noch zu zeigen sein wird, die Rede von alten Menschen ist, die, weil sie über eine Erfahrung und ein Wissen verfügen, das sonst niemand mit ihnen teilt, der Gemeinschaft mitunter überaus wertvolle Dienste erweisen, wenn darüber hinaus auch Götter sehr häufig in der Gestalt alter Menschen in den Mythen auftauchen, so kann dies nur bedeuten, daß einzelne alte Menschen als sehr erfahren, weise und außergewöhnlich betrachtet wurden. Dennoch scheint dies nicht zur Ausbildung von positiven, mit dem Alter und alten Menschen assoziierten Stereotypen geführt zu haben. Im Gegenteil, wenn das Alter als solches thematisiert wird, überwiegen die negativen Erscheinungen, die mit dem Alter einhergehen können, und sogar jene Eigenschaften, die im Zusammenhang mit sicherlich wichtigen Funktionen stehen, die die alten Menschen erfüllten, wie ihre Gesprächigkeit, ihr Festhalten an der Vergangenheit, ihre Lebenserfahrung, wurden in den Quellen von ihren jüngeren Zeitgenossen bekrittelt und ihnen mitunter übel angerechnet, was auf eine allgemeine Irritation gegenüber dem Alter und eine zumindest psychologisch schlechte Situation der alten Menschen hinzuweisen scheint.

Dabei ist auffällig, daß viele dieser Stereotype, sofern sie nicht überhaupt den körperlichen oder geistigen Verfall, die Bresthaftigkeit im Alter betonen, sich großteils unter einer verminderten Fähigkeit, seine Gefühle und Neigungen zu unterdrücken, subsumieren lassen. Dies gilt für die beschriebene Weinerlichkeit, mit der alte Menschen so häufig charakterisiert werden, ebenso wie für ihre Gesprächigkeit, die bis zur Geschwätzigkeit reicht, für ihr Nörgeln, für ihren Hang, sich überall einmischen zu müssen ebenso wie für die Erinnerungen an die Vergangenheit, die sie nicht unterdrücken können. Es ist interessant, daß diese Stereotype, wie sie aus den Nara- und Heian-zeitlichen Quellen zu erschließen sind, im Gegensatz zu der im Zusammenhang mit japanischen Altersstereotypen oft erwähnten Weisheit des Alters stehen, wie sie etwa Soeda umschreibt:

...In einem Kontext, in dem man die Begierden als störend für die Vernunft ansieht und sie als auslösendes Moment für unsoziale Handlungen ansieht, wird das Alter zur Befreiung von diesen lästigen Begierden und erhält einen zusätzlichen Wert. Vom Alter wird erwartet, daß es einsichtig ist und den anderen Menschen ihren Willen läßt. Diese Art von Altsein wird in Japan mit dem Ausdruck *kareru* oder *kareta*, also ‚verdorrt‘, bezeichnet. Doch diese gängige Vorstellung von der Abnahme der Begierden im Alter entspricht nicht der Realität. Medizinischen und psychologischen Studien zufolge, gibt es nicht nur Begierden, die im Alter nicht abnehmen, sondern auch solche, die im Alter sogar zunehmen... Der Zustand des *kareru* ist also nicht einer der sich von selbst im Laufe des Alterungsprozesses einstellt, sondern eine Forderung, die von außen an die Alten herangetragen wird. [...] In der Realität ist das Alter im Gegenteil begleitet von einer Abnahme der geistigen Fähigkeiten, durch eine Neigung, Begierden und Gefühle weniger leicht unterdrücken zu können, zunehmendem Egozentrismus und Rückkehr zu längst aufgegebenen Verhaltensmustern und Gewohnheiten. Diese Realität wurde im Volk früh erkannt. In dieser Sicht gelten die Alten eher als die Verrückten. Dieses Verrücktsein der Alten gilt innerhalb der Gesellschaft als etwas zu Erlaubendes. Als Grund dafür wurde im allgemeinen angenommen, daß die Alten eben wieder zu Kindern wurden und man dagegen eben nichts machen könne.[235]

Um mit den Worten Soedas zu sprechen, scheinen die Nara- und Heianzeitlichen Quellen ein eher realistisches Bild von alten Menschen zu entwerfen, in dem nichts oder kaum etwas von dem für Japan gern postulierten Bild der ‚weisen, abgeklärten‘ Alten zu entdecken ist, sondern im Gegenteil ein für diesen Lebensabschnitt als typisch betrachteter Mangel an Zurückhaltungsfähigkeit hervorgehoben wird.

---

[235] Soeda 1986:83—85.

4. ALLGEMEINER STATUS UND FUNKTION DER ALTEN MENSCHEN IN DER GESELLSCHAFT

Mit der Tenno-Familie an der Spitze, gefolgt vom Adel, der sich wiederum in die abgehobene Schicht des Hofadels und die Schicht des Provinzadels unterteilte, den Gemeinen, im wesentlichen Bauern, und den Unfreien stellte die japanische Gesellschaft der Nara- und Heian-Zeit eine partikularistische, geschichtete Gesellschaft dar, bei der auf der Hand liegt, daß viele wesentliche soziale Rollen aufgrund der Schichtzugehörigkeit und nicht aufgrund des Alters zugewiesen wurden. Altersunterschiede und das Kriterium des hohen Lebensalters erfüllen aber im allgemeinen auch in solchen Gesellschaften Funktionen, die über das bloße Festlegen der Rangordnung „zwischen jenen, die in jeder Hinsicht gleich sind", hinausgehen[1]. Es soll daher in der Folge der Frage nachgegangen werden, inwieweit Status im Japan der Nara- und Heian-Zeit überwiegend aufgrund des höheren Lebensalters zugewiesen wurde und welche Normen allgemein die sozialen Beziehungen zwischen den Generationen regeln.

4.1. Die wichtige Rolle alter Menschen bei der Überlieferung von Wissen

In den frühen Jahrhunderten der japanischen Geschichte spielten alte Menschen besonders bei der Vermittlung von Wissen über die Vergangenheit eine wesentliche Rolle, die in den Berichten, die *Kojiki* und *Nihon shoki* von den Regierungen der ersten Tennos geben, eindrucksvoll dokumentiert ist. So ist es diesen beiden Werken zufolge eine alte Frau, die Kenzō Tennō dazu verhilft, die sterblichen Überreste seines ermordeten Vaters zu finden, ein Dienst, der weder trivial noch nebensächlich ist, da ja die Existenz des väterlichen Grabes in gewisser Weise ein Garant für die dynastische Kontinuität war und auch nie vergessen wird, dessen Lage zu erwähnen. Tritt die alte Frau im *Kojiki* von sich aus an den Tenno heran[2],

---

[1] Thomas 1988:38.

[2] KJ:329–330, s.a. Philippi 1977:377–378: „Als dieser Tenno die sterblichen Überreste seines Vaters Ichi-no-be-no-miko suchte, kam eine alte Frau (*omina*) niederen Standes aus dem Land Ōmi hervor und sagte: ‚Wo die sterblichen Überreste des Prinzen vergraben sind, weiß nur ich allein...'"

so ruft dieser in der *Nihon shoki*-Version der gleichen Begebenheit in quasi institutionalisierter Form die Alten zu sich, um sie zu befragen, weil er sich von ihnen und von niemandem anderen Auskunft erhofft:

In diesem Monat rief er die Alten (*furuokina*) zusammen und befragte sie einen nach dem anderen. Da trat eine alte Frau (*omina*) vor und sagte: „Okime weiß, wo die sterblichen Überreste begraben sind und bittet, die Stelle zeigen zu dürfen."
Darauf begaben sich der Tenno und der kaiserliche Prinz Ōke mit der alten Frau (*omina*) in die Ebene von Kayano in Kutawata im Land Ōmi, gruben [die sterblichen Überreste] aus und sahen, daß es wirklich so war, wie die alte Frau gesagt hatte.[3]

Bezeichnenderweise begegnet hier zum ersten Mal der Ausdruck *furuokina*[4], der in der Folge immer wieder dann verwendet werden sollte, wenn alte Menschen spezifisch in ihrer Funktion als Überliefernde angesprochen wurden. Dabei überschneidet sich im *Kojiki* die Rolle der Alten als Überlieferer mit der ihnen zugeschriebenen Fertigkeit des richtigen Zählens:

[Yamatotakeru ist vom Tenno zur Befriedung in den Osten geschickt worden, um die Emishi zu unterwerfen. Auf dem Rückweg singt er folgendes Lied:]

Wieviele Nächte haben wir geschlafen	*Niibari*
seitdem wir Niibari	*Tsukuba wo sugite*
und Tsukuba hinter uns ließen?	*ikuyo ka netsuru*

Darauf setzte der alte Mann, dessen Aufgabe es war, das Feuer zu unterhalten (*sono mihitaki no okina*), sein Lied fort:

Alle Tage zusammen	*Kaga nabete*
sind es an Nächten neun	*yo ni wa kokonoyo*
und an Tagen zehn.	*hi ni wa tōka wo*

Dafür belohnte er den alten Mann und machte ihn zum *kuni no miyatsuko* des Landes Azuma [oder eines östlichen Landes].[5]

---

[3] NS I (Kenzō 1.2.):518—519, s.a. Aston 1956/1:386—387. Aufgrund dieses Verdienstes sollte der Tenno die alte Frau als Beraterin bei sich behalten, vgl. S. 394. Kenzō war nach der Ermordung seines Vaters Ichi-no-be-no-miko, eines Sohnes von Richū Tennō, der möglicherweise kurze Zeit nach der Ermordung von Ankō und vor dem Aufstieg von Yūryaku regiert hatte, durch den späteren Yūryaku Tennō erst Tenno geworden, nachdem Seinei gestorben war, ohne Kinder zu hinterlassen (Philippi 1977:479—480).

[4] Die Lesung *furuokina* ist den *Nihongi shiki*, den Heian-zeitlichen Kommentaren zum *Nihon shoki*, zu entnehmen (FDK:34, A.3).

[5] KJ:217, s.a. Philippi 1977:242—243. Das Wort *kaga* im Lied des alten Mannes wird üblicherweise als die verdoppelte Form des Zählwortes für Tage *ka* interpretiert (NKBT 3:54), könnte aber auch von der Wurzel des Wortes *kagameru* her zu erklären sein und etwa ‚an den Fingern abzählen' bedeuten (NS I:601—602, A.30). Belohnt wird der alte Mann der Tradition nach für seine Geschicklichkeit im Stegreif-Dichten: er antwortete in der gleichen metrischen Form wie sie im Frage-Lied vorkam, in der *kata-uta*-Form. Die Kunst des *renga*-Dichtens wurde in Anspielung auf diese Episode auch *Tsukuba no michi* genannt (Philippi 1977:243, A.9). Vielleicht ging es ursprünglich aber eher darum, daß nur der alte Mann imstande war, etwas zu errechnen. Die Aufgabe, mit der er hier betraut ist, ein lichtspendendes Feuer zu unterhalten (KJ:216, A.5), erfüllten oft auch als *hitakiwarawa* bezeichnete Kinder bzw. junge Leute (NKBT 3:104 A). In der *Nihon shoki*-Version derselben Episode (NS I:306) wird etwa nicht erwähnt, daß es sich um einen alten Mann handelt.

In der Funktion der Überlieferer treten betagte Menschen im *Nihon shoki* mehrfach auf. Als etwa unter Keikō Tennō ein umgestürzter Riesenbaum allgemeine Verwirrung auslöst, tritt ein alter Mann auf den Plan, der dessen Herkunft kennt und dessen besondere Bedeutung zu vermitteln vermag:

> Der Tenno fragte: „Was ist das für ein Baum?" Da war ein alter Mann (*okina*) und sagte: „Dieser Baum ist eine Spitzeiche. Früher, bevor er umstürzte, reichte sein Schatten, wenn die Morgensonne auf ihn fiel, bis über den Berg Kishima. Und wenn die Abendsonne auf ihn fiel, bedeckte er den Berg Aso." Der Tenno sagte: „Dieser Baum ist ein göttlicher Baum. Deswegen soll dieses Land Mike heißen."[6]

Wie hier ein alter Mann über vergangene, lokale Begebenheiten zu berichten weiß, sodaß dem Ort von der Zentralgewalt ein seiner Geschichte und Bedeutung angemessener Name verliehen werden kann, weist in eine andere Richtung, in der alte Männer häufig als Überlieferer von Wissen um eine bestimmte Region fungierten: Als man zu Beginn des 8. Jh.s daranging, die alten Überlieferungen der verschiedenen Provinzen in der Form der *Fudoki* aufzuzeichnen, waren es wiederum diese *furuokina*, die vorrangig darüber befragt werden sollten und wurden.[7] So blieb den alten Men-

---

[6] NS I (Keikō 18.7.4):296, s.a. Aston 1956/1:199.

[7] So lautete die Anordnung für die Kompilation der *Fudoki* von 713 wie folgt: „Die Namen der Provinzen, Distrikte und Gemeinden in den sieben Provinzen und den Inneren Landen sollen mit treffenden chinesischen Zeichen wiedergegeben werden. Was in den einzelnen Distrikten produziert wird, die verschiedenen Metalle, Färbstoffe, Bäume und Pflanzen, das Wild, Meerestiere, Insekten und ähnliches, soll detailliert aufgeführt werden. Die Fruchtbarkeit der Böden, der Ursprung der Namen der Flüsse, Berge und Täler sowie die alten und außergewöhnlichen Dinge, wie sie unter den Alten (*furuokina*) überliefert sind, sollen aufgezeichnet und nach oben weitergeleitet werden" (SNG (Wadō 6.5.2):52, s.a. Snellen 1937:257). Das *Hitachi Fudoki* übernahm in seinem Titel diese Formulierung beinahe wörtlich, schränkte den Bericht zumindest formell aber sogar auf den letzten Satz der Anordnung ein: „Die Beamten der Provinz Hitachi teilen mit: Wie die alten Dinge, die unter den Alten überliefert sind, lauten (*furuokina no aitsutauru furukoto wo maosu koto*)" (FDK: 35). Dasselbe *Fudoki* beruft sich in seiner Einleitung ein weiteres Mal darauf, sein Bericht entspräche dem, was die Alten auf Befragung zu sagen hätten, wobei interessant ist, daß diese hier die politische Geschichte der Provinz bis zur Zeit Shōtoku Taishis und weiter zurück, also zumindest ein Jahrhundert früher, erzählen, obwohl sie sie selber eigentlich gar nicht erlebt haben können: „Wenn man nach den alten Überlieferungen der Provinz und der Distrikte fragt, so antworten die Alten (*furuokina*), indem sie sagen, daß in alter Zeit die verschiedenen *agata* des Landes Sagamu östlich des Berges Ashigara alle zusammen Land Azuma hießen... Danach, zur Zeit des Tenno des großen Palastes von Toyosaki zu Nagara in Naniwa wurden Takamuko-no-omi und Nakatomi-no-hatorida-no-muraji und die anderen bestellt und die Lande östlich des Berges [Ashigara] der Zentralverwaltung unterstellt. Zu dieser Zeit wurde das Land Azuma in acht Provinzen geteilt, und Hitachi ist eine davon" (FDK:35). In der Einleitung des *Izumo no kuni no fudoki* bezeichnet sich der Kompilator, Miyake-no-omi Matatari, der sonst nirgends schriftlich erwähnt wird (FDK:255, A.5) selber als alten Mann: „Ich Alter (*okina*) habe alle Details genau überlegt und den Ur-

schen die wichtige Funktion des Tradierens von Wissen um Vergangenes, die ursprünglich wohl darauf zurückzuführen gewesen war, daß in einer schriftlosen Kultur die Existenz solcher ‚lebender Thesauri‘ eine wesentliche Rolle für eine notwendige Kontinuität spielte, noch lange Zeit nach Einführung der Schrift erhalten, um so mehr als diese einerseits den gehobenen Schichten vorbehalten blieb, der Konfuzianismus aber gleichzeitig das Befragen alter Menschen nach den alten Sitten zur besonderen Tugend erhob.[8] Die Redewendung *furuokina no aitsutauru koto*, ‚was die Alten untereinander überliefern‘, diente nicht nur stereotyp als Einleitung für die Darstellung der verschiedensten vergangenen Ereignisse, sondern häufig auch solcher, die das Wirken der Götter in der jeweiligen Gegend zum Inhalt haben[9], sodaß die alten Menschen wohl auch als Überlieferer der örtlichen Mythen betrachtet werden müssen. Dieses Wissen um göttliche Dinge, das die alten Menschen, wie sie uns aus diesen frühen schriftlichen Quellen entgegentreten, auszeichnet, kann sich dabei mitunter als lebensnotwendig erweisen. So ist es nach dem *Nihon shoki* wiederum ein alter Mann, der, als unter Jingū Kōgō das Überleben der Menschheit durch eine lang andauernde Sonnenfinsternis bedroht ist, die okkulten Gründe dafür nennen kann, so daß deren Ursache beseitigt werden kann:

Zu dieser Zeit geschah es, daß die Tage so dunkel waren wie die Nacht. So vergingen viele Tage, und die Menschen dieser Zeit sagten: „Das ist die ewige Nacht." Die Kaiserin fragte Toyomimi, den Vorfahren der Atai von Kii: „Was ist der Grund für dieses Omen?" Da war ein alter Mann (*okina*), der sagte: „Der Überlieferung nach nennt man dieses Omen Azunai no tsumi[10]." Sie fragte: „Was bedeutet das?" Er antwortete: „Die Priester der beiden Schreine sind zusammen begraben."

---

sprung der Namen nach kritischer Überprüfung festgelegt" (FDK:95, s.a. Yamaguchi 1971: 79—80), wobei es sich bei dem Wort *okina* um eine verächtliche Bezeichnung, die der Verfasser für sich selbst wählt, handeln könnte (Yamaguchi 1971:79, A.6).

[8] Vgl. S. 176ff.

[9] So leitet die Formel *furuokina no ieraku* etwa im *Hitachi Fudoki* jene Mythe ein, wonach zur Zeit, als die Bäume und Gräser noch sprachen, ein Gott vom Himmel herabgestiegen sei und die verschiedenen Berg- und Flußgeister besänftigt hätte (FDK:43—44). Auch in dem folgenden Abschnitt des *Manyōshū* wird eine ähnliche Formulierung verwendet, wenn alte Menschen die lokale Überlieferung von halb historischem, halb mythischem Wissen weitergeben, in diesem Fall um die Steine, die es Jingū Kōgō erlaubt haben sollen, die Geburt des Ōjin auf die Zeit nach ihrem Eroberungszug nach Silla zu verschieben: „Die Alten überliefern (*furuokina aitsutaete iwaku*), daß Jingū kōgō, als sie auszog, Silla zu unterwerfen, diese beiden Steine nahm, sie in ihre Ärmel steckte und so ihr Herz beruhigte. Deswegen verehren die Menschen, die vorbeikommen, diese Steine" (MYS II (5/813: Vorspann):71, s.a. MYS 1965:202, Nr.617).

[10] Die Bedeutung dieses Wortes ist unklar. Nach Aston „calamity of there being no sun" (Aston 1956:238).

[Es erweist sich, daß der alte Mann Recht hat, und als die beiden Priester getrennt begraben werden, scheint die Sonne wieder.][11]

In dieser ihrer Funktion als Überlieferer von okkultem Wissen überschneidet sich die Rolle alter Menschen vielfach mit ihrer religiösen Rolle als schamanische Figuren, als deren Vertreter etwa Takeshiuchi no sukune betrachtet werden kann[12]. Entsprechend sind in den alten Chroniken auch Stellen zu finden, in denen es die Alten sind, die die verschiedensten Ereignisse hinsichtlich ihrer Bedeutung für die Zukunft deuten, so zum Beispiel in der folgenden Passage des *Nihon shoki*:

> In diesem Monat brachen die Schamanen und Schamaninnen beblätterte Zweige, behängten sie mit Baumfibern, warteten darauf, daß der Großminister eine Brücke überquerte und wetteiferten, ihm subtile Interpretationen göttlicher Worte anzudeuten. Es waren ihrer viele, sodaß man sie nicht genau verstehen konnte. Die alten Leute (*oihitora*) sagten: „Dies ist ein Vorzeichen, daß die Zeiten sich ändern werden."[13]

Auch die Tatsache, daß diese Deutungen von Ereignissen als Omina oft erst im nachhinein und in enger Anlehnung an chinesische Vorbilder erfolgen[14], vermag nicht, solche Eintragungen als trivial erscheinen zu lassen; vielmehr scheint gerade in der Deutung von Geschehnissen, ob diese einen praktischen Nutzen hat oder nicht, ob sie eine unmittelbare Anweisung für zu setzende Handlungen in sich birgt oder nicht, eine der wesentlichen Funktionen alter Menschen gewesen zu sein, die dadurch Ordnung in eine sonst vielleicht gar zu undurchschaubare und erschreckende Welt brachten. So nimmt es nicht Wunder, daß die alten Menschen in ihrer Funktion als Deuter von Ereignissen ganz besonders dann in Aktion treten, wenn es sich um Naturkatastrophen oder deren Ausbleiben handelt[15].

---

[11] NS I (Jingū, Vorspann):344—346, s.a. Aston 1956/1:238.

[12] Vgl. S. 464.

[13] NS II (Kōgyoku 3.6.):257—258, s.a. Aston 1956/2:187—188.

[14] So weist das *Nihon shoki* mehrere Passagen auf, in denen alte Menschen Rattenwanderungen in Anlehnung an das *Bei shi*, der offiziellen chin. Geschichte der nördlichen Dynastien von 659, in dem eine Rattenwanderung als Omen für die Verlegung der Hauptstadt gewertet wird (NS II:279, A.27) *a posteriori* als Vorzeichen für bestimmte herausragende Ereignisse deuten, so NS II (Taika 1.12.9):279 (s.a. Aston 1956/2:205): „Der Tenno verlegte die Hauptstadt nach Toyosaki in Nagara in Naniwa. Die alten Leute (*okinara*) sprachen darüber miteinander und sagten: ‚Daß die Ratten von Frühling bis Herbst in Richtung Naniwa zogen, war ein Omen für die Verlegung der Hauptstadt' " oder analog im Zusammenhang mit der Erbauung einer Wallsiedlung NS II (Taika 3.4.29):305, s.a. Aston 1956/2:230, oder der Verlegung der Residenz des Tenno nach Kawara in Yamato, NS II (Hakuchi 5.12.8):323—324, s.a. Aston 1956/2:247.

[15] So bedarf es bei einem Erdbeben der Meinung der alten Menschen, um dessen Tragweite einzuschätzen: „Die alten Leute (*oihito*) sagten: ‚So ein Erdbeben hat es in der Vergangenheit noch nie gegeben' " (NS II (Tenmu 13.10.14):464, s.a. Aston 1956/2:365). Sō-

Diese wesentliche Funktion des Deutens und Interpretierens von Ereignissen behielten die alten Menschen auch in der Heian-Zeit bei. Insbesondere in den volkstümlicheren Legenden eines *Konjaku monogatari* treten sie in dieser Rolle weiter häufig in Erscheinung. Immer noch spielt dabei keine Rolle, ob das Wissen der alten Menschen direkt anwendbar ist oder einen unmittelbaren Nutzen hat, oft genügt es, daß sie durch ihre Erfahrung und das im Laufe eines langen Lebens angehäufte Wissen in der Lage sind, Ereignisse zu deuten, sie ins rechte Licht zu rücken. Dies ist etwa der Fall in der folgenden Erzählung aus dem *Konjaku monogatari*, in der es, als Leute aus Kyūshū erzählen, wie sie vor den Einwohnern einer unbekannten Insel geflohen sind, ein alter Mann ist, der sie darüber aufklärt, daß sie auf diese Weise mit knapper Not Kannibalen entkommen sind, und ihrer Handlung, die zunächst rein intuitiv erfolgte, Sinn verleiht:

... Als sie wieder zurück in Kyūshū waren, erzählten sie jedem, der es hören wollte, von ihrem Erlebnis. Darunter war auch ein alter Mann (*toshi oitarikeru mono*), und dieser sprach, als er ihre Geschichte gehört hatte: „Das war ja die Tora-Insel, wo ihr da wart. Die Einwohner dieser Insel sehen zwar aus wie Menschen, aber in Wirklichkeit sind es Kannibalen, die Menschen fressen. Wenn Leute, die das nicht wissen, zu ihrer Insel kommen, umzingeln sie sie, fangen sie, töten sie und verzehren sie dann. Das ist zumindest, was ich gehört habe. Es war sehr weise von euch, ihnen nicht nahe zu kommen und stattdessen eiligst zu fliehen. Hättet ihr sie an euch herangelassen, sie hätten euch sicher getötet, und hättet ihr noch so viele Pfeile und Bögen gehabt!" Als die Leute, die mit von der Expedition auf dem Schiff gewesen waren, das hörten, da wurden sie noch im nachhinein von Angst und Schrecken erfaßt...[16]

---

min, der nach China zum Studium des Buddhismus geschickt worden und nach seiner Rückkehr nach Japan im Bereich der Divination tätig war (NS II:193, A.26), zitiert, anläßlich des Auftretens eines weißen Fasans nach dessen Bedeutung befragt, eine Stelle des *Yi wen lei ju*, der chin. Anthologie des 7.Jh.s u.Z. (NS II:313, A.32, die Alten sind dort die ‚Gelbhaare' (*kōhatsu*), wodurch sich die eher unübliche Schreibweise für *oihito* hier erklärt), in der die Alten vergleichbar als Deuter von Naturereignissen auftreten: „Dies ist ein glückliches Omen, das der Himmel schickt und etwas außerordentlich Seltenes. Mit Respekt habe ich gehört, daß... zur Zeit des Kaisers Cheng Wang der Zhou die Familie Yueshang dem Kaiser einen weißen Fasan brachte und sagte: ‚Wir haben gehört, daß die Alten (*oihito*) in unserem Land sagen: ‚Wie lange schon gab es keine Stürme und keine langanhaltenden Regenfälle und keine Überschwemmungen! Wir glauben, es muß im Land der Mitte einen Weisen geben. Warum geht ihr nicht und erweist ihm an seinem Hof euren Respekt?' Deswegen sind wir von weither gekommen.' Das ist ein gutes Omen. Eine allgemeine Amnestie sollte gewährt werden" (NS II (Hakuchi 1.2.):312—313, s.a. Aston 1956/2:237). Später, im *Shoku Nihongi*, sind es wieder die Alten, die das außergewöhnliche Naturschauspiel großer Fische, die an Land geschwemmt werden, aufklären müssen: „Aus der Provinz Awa wurde gemeldet: Am 19. Tag dieses Monats wurden an der Küste des Amtsbereiches mehr als 500 große Fische angetrieben. Sie waren alle zwischen 1 *jō* 5 *shaku* und 1 *jō* 3 *shaku* lang. Die alten Leute (*furuokina*) sagen nach der Überlieferung, daß es Shohaku-Fische seien" (SNG (Enryaku 4.1.22):506, s.a. MOAG 43:154).

[16] KM V (31/12):269, s.a. Tyler 1987:281.

Überhaupt scheint die wichtigste Aufgabe alter Menschen weiterhin die des Erkennens übernatürlicher Dinge gewesen zu sein. So enthält das *Konjaku monogatari* eine recht seltsame Legende, in der ein alter Mann als einziger zu erkennen vermag, daß der neue Statthalter in Wirklichkeit kein Mensch, sondern ein Bandwurm ist, während alle anderen Anwesenden, trotz gewisser merkwürdiger Anzeichen, offenbar von dessen weltlicher Macht zu sehr verblendet sind, um das Augenscheinliche zu erkennen:

[Der Statthalter wird zum Empfang mit allen möglichen Walnußgerichten bewirtet, da diese ein wesentliches Produkt der Region sind, und er fühlt sich dabei sichtbar schlecht.]

Wie er nun in seiner Qual einen so herzzerreißenden Anblick bot, war da der Vize-Statthalter dieser Provinz, ein alter Mann, der alle Dinge kannte und alles verstand (*toshi oite yorozu no koto shirite mono oboekeru arikeri*). Der sah die Miene des Statthalters und verwunderte sich sehr, so daß er auf den Gedanken kam: „Ob es sein könnte, daß dieser Statthalter ein Bandwurm ist, der als Mensch geboren, zum Statthalter dieser Provinz ernannt wurde und hierher kam? Wenn ich seine Miene betrachte, kommt er mir ganz und gar unbegreiflich vor. Ich will ihn auf die Probe stellen."

[Unerbittlich bietet der alte Mann dem Statthalter eine Schale Sake mit Walnüssen an, bis dieser sich, da er tatsächlich in Wahrheit ein Bandwurm ist, auflöst.][17]

Auf positivere Weise versorgt in einer weiteren Legende des *Konjaku monogatari* ein alter Mann den neu aus der Hauptstadt entsandten Provinzgouverneur mit wichtigen Informationen über die lokale Geschichte:

[Der Provinzgouverneur entdeckt in der ihm unterstehenden Provinz Mutsu einen verfallenen Schrein.]

Als der Gouverneur das sah, fragte er die Leute aus der Gegend, ob sich denn hier irgendein Gott aufhalte; da trat ein alter Beamter (*toshi oite*), der so aussah, als würde er sich an so manche Begebenheit aus alter Zeit erinnern, vor und sprach: „Ja, hier weilt ein Gott und ein sehr mächtiger noch dazu. Doch zu der Zeit, als General Tamura hier Gouverneur war, brach ein heftiger Streit zwischen den Schreinpriestern aus; es wurde so arg, daß sogar dem Hof davon Mitteilung gemacht wurde. Daraufhin wurden die Opfer vernachlässigt und niemand kam mehr, um dem Gott die Reverenz zu erweisen. Der Schrein verfiel immer stärker und es kamen auch keine Pilger mehr. Das ist es, wovon mein Großvater (*ōji*), als er 80 Jahre alt war, mir erzählt hat, er habe es früher einmal gehört. Es muß wohl schon an die 200 Jahre her sein."

[Der Provinzgouverneur läßt den Schrein daraufhin wieder instandsetzen. Als seine Amtszeit vorüber ist, offenbart sich der Gott im Traum dem alten Beamten und verspricht, dem Gouverneur zu helfen, wieder einen guten Posten zu bekommen. Tatsächlich wird dieser Gouverneur von Hitachi, und auch der alte Beamte wird belohnt.][18]

Bemerkenswert ist hier auch, wie der Geschichte des alten Mannes noch weitere Tiefe verliehen wird, indem er seine Geschichte selber von einem alten Mann hat, nämlich von seinem 80jährigen Großvater. Handelt es sich nicht um ausgesprochen übernatürliche Dinge, über die diese Alten einfach

---

[17] KM V (28/39):119—121, s.a. Naumann 1973:197—199.

[18] KM IV (19/32):125—127, s.a. Tyler 1987:40—42.

mehr zu wissen scheinen, so sind sie doch hauptsächlich zuständig für die Überlieferung solcher Begebenheiten, die mit einem tieferen als dem nur aus der Anschauung erkennbaren Sinn behaftet sind:

Es ist nun schon lange her, da gab es im Distrikt Ishikawa in der Provinz Kawachi einen Tempel namens Yatadera. In diesem Tempel befand sich ein gemaltes Buddha-Bildnis. Die Alten des Dorfes (*sono sato no furuokina no hito*) erzählten:
[Sie erzählen wie das Buddha-Bildnis, das eine arme Frau nur unter Aufbringung aller Kräfte hatte malen lassen können, auch bei einer Feuersbrunst unbeschadet davonkam und wie sehr alle davon beeindruckt waren.]
Nach dem, was die Alten (*furuokina*) überlieferten, ist diese Geschichte erzählt worden und bis auf uns gekommen.[19]

Diese Rolle der alten Menschen als Überlieferer und als Erzähler von vergangenen Ereignissen nahm in der Figur des Yotsugi Okina literarische Gestalt an. Diese tritt in der Rahmenhandlung des *Ōkagami* als jener betagte Mann auf, als dessen Erzählungen im Zwiegespräch mit einem weiteren alten Mann und seiner eigenen Frau die in dieser Chronik geschilderten historischen Ereignisse vom Autor des Werks ausgegeben werden. So beginnt denn das Werk mit der Schilderung eines Zusammentreffens in einem Tempel und der Vorstellung zweier überaus betagter Männer, für deren methusalemische Alter die verschiedensten materiellen Beweise angeführt werden[20] und die in der Folge von historischen Begebenheiten berichten:

Wie wir so auf den Prediger warteten, waren wir alle sehr gelangweilt, da sagte Yotsugi, der eine Alte (*okina*) „Also, da wir nichts zu tun haben, was meint ihr — soll ich Geschichten aus der alten Zeit erzählen und die Leute hören lassen, wie die Dinge früher waren?" Und Shigeki sagte: „Ja, das ist eine interessante Sache. Erzähl uns bitte. Manchmal, wenn ich etwas ergänzen will, werde ich auch sprechen." Sie sahen aus, als wollten sie unbedingt erzählen, und ich wartete schon darauf, ihnen zuzuhören. Viele in der Menge wollten auch jedes Wort aufnehmen, und der Diener wollte scheinbar bei der Unterhaltung mitreden. Yotsugi sagte: „Die Welt ist ein faszinierender Ort. Gerade die Alten (*okina*) wissen ein bißchen. In alter Zeit suchten die weisen Herrscher in wichtigen Regierungsfragen die alten Männer und Frauen des Landes (*toshi oitaru okina onna*) auf, befragten sie über die Zustände in alter Zeit, und dem gemäß, was sie auf diese Art und Weise erfahren hatten, regierten sie. Also sind die Alten zu verehren (*oitaru wa ito kashikoki mono ni haberi*). Junge Leute, verachtet sie nicht!" Es war amüsant, wie er sein Gesicht hinter seinem Fächer aus gelbem Papier mit schwarzen Stäbchen versteckte und lachte. [...]
Es schien, als ob er die Dinge bewußt übertrieb, und ich überlegte, was er wohl zu erzählen hätte, aber er sprach sehr faszinierend weiter: „Ich denke, ihr jungen Leute heutzutage glaubt, daß alle Regenten und Minister in der Geschichte so waren wie Michinaga..."[21]

Interessant dabei ist, wie inszeniert dieses Geschehen erscheint. Will der Autor zwar den Anschein erwecken, es handle sich um ein zufälliges Zu-

---

[19] KM III (12/28):154, s.a. Frank 1968:111—112.

[20] ŌK:35ff.; vgl. S. 28.

[21] ŌK:38—140, s.a. McCullough 1980:67—68.

sammentreffen der beiden Alten und als fänden sie ihre Zuhörerschaft wie von ungefähr, so ist auffällig, wie rhetorisch geschickt die beiden Alten das Interesse bei ihrem Publikum schüren. Gleichzeitig dient die lange Aufzählung jener Ereignisse aus ihrem Leben, an die sie sich noch erinnern können, dazu, sie als möglichst betagt erscheinen zu lassen und ihnen daher auch den Anstrich einer besonderen Kompetenz beim darauffolgenden Tradieren weit zurückliegender Ereignisse zu geben. Die bühnenreife Form, in der die beiden Alten sich präsentieren, bleibt nicht auf die Einleitung beschränkt, immer wieder greift der Autor diese Rahmenhandlung neu auf und läßt die beiden Alten ihr Publikum anrufen. Es soll der Eindruck entstehen, als handle es sich um eine mündliche Schilderung der Ereignisse, als würden die beiden Alten all das, was die Chronik enthält, fortlaufend und innerhalb einer begrenzten Zeit den Menschen, die sich für eine religiöse Zeremonie im Tempel eingefunden haben, vortragen, um ihnen die Wartezeit zu verkürzen:

Der alte Spiegel	Suberagi no
ohne etwas zu verbergen,	ato mo tsugitsugi
spiegelt er neu die Taten	kakure naku
der Tenno und Regenten	arata ni miyuru
der Reihe nach wider.	furukagami

Alte Nonnen und Mönche (toshioitaru amahōshi) griffen mit der Hand zur Stirn und hörten ehrfürchtig gläubig zu. Yotsugi sagte: „Ich bin ein erstaunlicher alter Mann (okina). Jeder ehrliche Mensch würde wohl im Vergleich mit mir verlegen sein. Ich bin ein alter Mann, der die Welt beobachtete und sich merkte, was er gesehen hatte... Hört nur alle gut zu! Von den Dingen in der Welt gibt es nichts, was ich nicht gesehen oder gehört habe. Ich denke, daß es viele geben wird, die nicht wissen, was ich erzählen will..."[22]

„Die Leute denken, daß wir zwei Alte (okina) sind, die unzählige interessante Geschichten wissen müssen, sowohl traurige als auch schöne. [Er wendet sich an den Diener:] „Ich würde gerne zu Euch kommen und von Eurem großen Wissen profitieren, denn in all den Jahren habe ich niemanden getroffen, der so wie Ihr auf meine Geschichten reagiert hat. An dem, was Ihr zeitweise ergänzt habt, merkt man, daß Ihr, auch wenn Ihr so jung ausseht wie mein Ururenkel, um Euch zu bilden, in alten Tagebüchern gelesen haben müßt...Ich bin zwar für einen Schüler sehr alt (oi no gakumon), aber ich würde gerne Zweifel durch Fragen an Euch klären." Und Shigeki erklärte: „Das ist richtig. Wenn dies geschieht, möchte ich unbedingt mitmachen, und wenn ich mich auf einem Stock hinschleppen muß, möchte ich unbedingt dabei sein."[23]

Diese Geschichten erscheinen nicht ernst zu sein, aber wir sind alte Männer (okina) von hoher Tugend. Warum sollten wir nicht erzählen dürfen? Bitte, hört zu, denkt euch, auch Personen von niedrigem Rang erleben solche Dinge.[24]

---

[22] ŌK:59—60, s.a. McCullough 1980:86.
[23] ŌK:276—277, s.a. McCullough 1980:234—235.
[24] ŌK:280, s.a. McCullough 1980:236.

Auch endet das *Ōkagami* nach einer nochmaligen Betonung des hohen Alters der Erzähler damit, daß sie ebenso spurlos wieder verschwinden, wie sie aus dem Nichts aufgetreten waren, als wären sie eben von der Bühne abgetreten:

Wenn so alte Frauen und Männer (*kayō naru onna okina*) Geschichten erzählen, ist es meistens sehr langweilig und ärgerlich zuzuhören, aber diese versetzten dich in alte Zeiten und ließen dich hoffen, daß sie weiter und weiter erzählen würden, denn es gab viel zu ergänzen und zu fragen. Aber als die anderen riefen, daß der Prediger gekommen war, gab es eine große Unruhe. Ich war sehr traurig, daß es aus war, und dachte, daß man vielleicht nach der Vorlesung jemanden mit ihnen mitschicken sollte, um zu erfahren, wo sie wohnten, aber während der Veranstaltung gab es aus irgendeinem Grund einen Trubel, und die Menge zerstreute sich. So verlor ich sie aus den Augen.[25]

Die Inszeniertheit und Publikumswirksamkeit der Art und Weise, wie diese beiden Alten ihre Geschichten einleiten und vortragen, legt die Vermutung nahe, es handle sich bei ihnen nicht um irgendwelche beliebigen alten Männer, die sich zufällig getroffen und ein Publikum gefunden haben, sondern um professionelle Erzähler in der Art der späteren *biwa hōshi*, Wanderkünstler, deren Beruf das Erzählen von Historie war. Es ist möglich, daß sie in Wirklichkeit gar nicht besonders alt waren, sondern sich nur den Anstrich von überaus langlebigen Personen gaben. Immerhin war aber das Bedürfnis vorhanden, sich von der Vergangenheit von Alten erzählen zu lassen, auch wenn diese gewissermaßen nur in einer Rolle verkörpert waren. Entsprechend wurde in dieser Figur des Yotsugi-Okina auch der Vorläufer der gleichen Figur im Nō-Stück *Okina* gesehen[26].

Vereinzelt hat dieses Motiv der Alten, die in ihrer Funktion als Überlieferer vergangener Geschehnisse den Jüngeren hilfreich zur Seite stehen, auch in die höfische Romanliteratur Eingang gefunden, wenngleich sie hier eher selten auf so einprägsame Weise wie in den frühen Mythen oder den volkstümlicheren Legenden eines *Konjaku monogatari* zu beobachten ist. Eine für das Geschehen wesentliche Rolle spielen solche Figuren bezeichnenderweise in dem am deutlichsten von märchenhaften Zügen geprägten Werk dieser Gruppe, dem *Utsuho monogatari*. Hier ist es ein altes Ehepaar, das den jungen Helden Nakatada, der das Haus seiner Vorfahren wieder instandsetzen will, vor den Gefahren warnt, die dort auf ihn lauern:

[Bei einem Besuch des Anwesens fällt Nakatada auf, daß rund um den Speicher Skelette liegen, doch beschließt er, ihn zu öffnen, weil er darin wertvolle Bücher vermutet.]
Da kamen ein alter Mann und seine Frau (*onna okina*), beide um die 90 Jahre alt, ihr Haupt wie von Schnee bedeckt so weiß (*yuki wo itadakitaru yō naru*) auf allen Vieren vom

---

[25] ŌK:284, s.a. McCullough 1980:240.

[26] Blau 1966:53 und 395, A.331.

Ufer des Flusses gekrochen (*hai ni haikite*) und riefen: „Ihr Herren, verlaßt schnell diesen Ort!"
„Warum sagt ihr das?", fragte einer der Gefolgsleute.
„Geht nur schnell von hier fort. Dieser Speicher hat schon viele Menschen getötet. Seht doch all diese Leichen! Wenn Ihr nur schnell diesen Ort verlaßt, wollen wir Euch alles genau erzählen", sagten sie. [Sie erzählen, wie einst Toshikage nach China geschickt worden war, seine Eltern starben, bevor er zurückkehrte, und wie seine Tochter, also Nakatadas Mutter, wiewohl von vielen Adeligen umworben, nach dem Tod ihrer Eltern verarmte, bis sie schließlich verschwand; und wie die verfallende Residenz geplündert wurde und viele Menschen beim Versuch starben, den Speicher zu öffnen, bis die ganze Gegend schließlich wie entvölkert dalag.] „Nun des Nachts, da man nichts sehen konnte, schien es uns, als käme ein Edler einhergeritten, den Bogen zur Warnung schnalzend. Da wir beiden Alten bis zu unserem hundertsten Lebensjahr diesen schrecklichen Ort bewachen wollten, wie traurig, dachten wir, [sollte ihm] ein Herr so prächtiger Gestalt, wie man sie hierzulande sonst nicht sieht, [zum Opfer fallen]. Da wollten wir schnell her, um ihn zu warnen, doch wir können nicht mehr so gehen, wie wir wollen, und so sind wir verspätet."
[Nakatada beschenkt die beiden Alten großzügig, und mit dem Erlös eines prunkvollen Gewandes lassen sie ihre Enkel, wie von Nakatada angeordnet, die Leichen wegschaffen.][27]

Im allgemeinen tritt die Funktion des Überliefernd der Vergangenheit in der erzählenden Romanliteratur der Heian-Zeit aber nur in solchen Passagen hervor, in denen es heißt, alte Personen bewahrten die Zuneigung jüngerer Gesprächspartner dadurch, daß sie interessante Dinge aus der Vergangenheit zu berichten wissen. Das trifft im *Genji monogatari* sowohl auf den alten Laienmönch zu, dem Genji gerne zuhört, weil er gut über die Dinge der Vergangenheit Bescheid weiß[28], als auch auf die alte Ben no Kimi, deren Wissen um die Vergangenheit dem jungen Kaoru wert ist, sie immer wieder aufzusuchen. Dabei ist aber auffällig, daß in beiden Fällen die Wertschätzung der Jungen für die Alten als überraschend bzw. eher als Ausnahme denn als die Regel beschrieben wird:

An Ōigimis Stelle — doch was war für ein riesengroßer Unterschied zwischen den beiden Frauen — erschien nun jene alte Dienerin (*oihito*) und erzählte Kaoru die herzzerreißendsten Geschichten aus alter wie auch aus jüngster Zeit. Da sie all diese seltsamen und bewegenden Ereignisse selbst miterlebt hatte, wandte er sich, so unglaublich sie auch abgebaut haben mochte (*ayashiku otoroetaru hito*), nicht von ihr ab, sondern unterhielt sich vertraut mit ihr.[29]

---

[27] UM II:256—258, s.a. Uraki 1984:256—258.

[28] Vgl. S. 155.

[29] GM IV:362, s.a. Benl 1966b:505. In einer späteren Passage betont die Autorin nochmals, daß Kaoru sich einer alten Frau so annehme, liege nur daran, daß sie für ihn nunmehr die einzige Verbindung zur früh verstorbenen Ōigimi und zu seiner eigenen Vergangenheit ist: „Wäre es nicht Ben no Kimi gewesen, so hätte er sich wohl kaum um eine so alte Frau (*kabakari ni sadasugitaramu hito*) so angenommen; so aber ließ er sie während der Nacht nahe bei sich ruhen und Geschichten aus den alten Zeiten erzählen" (GM V: 97—98, s.a. Benl 1966b:678—679).

4.2. Aspekte der Hochachtung vor dem Alter
4.2.1. Die konfuzianische Tugend, die Alten zu ehren

Während diese Funktion des Überlieferns von Wissen aus der Vergangenheit schon dazu angetan war, den alten Menschen einen wichtigen Platz in der Gesellschaft zu sichern, tat die Übernahme des Konfuzianismus, mit seiner Betonung des Vorrangs der Älteren und seiner Wertschätzung der Traditionen, die ja ebenfalls von den Alten überliefert wurden, ein weiteres, diesen zu festigen. Dementsprechend galt es in Anlehnung an chinesische Vorbilder als höchste moralische Tugend, die Alten zu ehren:

[Kaiserin Yamada lehnt die ihr von ihm unter Hinweis auf seine Jugend angetragene Tenno-Würde zugunsten des späteren Kinmei Tennō mit folgenden Worten ab:]
„Deiner Dienerin ist eine Gnade, größer als Berge und Meere, zuteil geworden. Aber die vielfältigen Staatsgeschäfte zu führen, ist eine Aufgabe, die für eine Frau zu schwer ist. Nun ehrt der Prinz die Alten (*okina wo uyamai*) und zeigt Zuneigung für die Jungen. Er behandelt die Weisen mit Hochachtung und harrt ihres Kommens, auch wenn die Sonne schon hoch am Himmel steht, ohne etwas zu sich zu nehmen. Wenngleich er jung ist, zeigt sich sein Talent. Er hat bereits einen guten Ruf, ist von mildem Wesen und übt Mitleid. Ich bitte Euch, Ihr Minister, laßt ihn schnell zu der Würde aufsteigen und strahlend über das Reich herrschen."[30]

Wieder in enger Anlehnung an chinesische Vorbilder wird im *Shoku Nihongi* das Auftreten guter Omina, wie das einer weißen Schildkröte, auf die Tugend des Herrschers zurückgeführt, die Alten zu ehren:

In dem Buch der Guten Omen heißt es: ,Wenn der Herrscher nicht fehlt, sondern die Alten ehrt, wie er es soll (*kirō wo tōtobimochii*), die alten Sitten nicht verlorengehen, und seine Tugend sich weithin erstreckt, dann tauchen wundersame Schildkröten auf...'[31]

Worin sollte sich nun dieses in Ehren Halten der Betagten äußern? Wie chinesische Vorlagen bereits für die angeführten Passagen Pate gestanden hatten, galten hierfür allgemein konfuzianische Vorbilder als verbindliches Ideal, insbesondere das *Li ji*, das genaue Anleitungen zum Verhalten den alten Menschen gegenüber enthielt und auch in Japan zum wesentlichen Bestandteil des Unterrichts etwa an der Hochschule geworden war.[32] Es

---

[30] NS II (Kinmei, Vorspann):63—64, s.a. Aston 1956/2:37. Von ,Nun' bis ,nehmen' fast ident mit einer Stelle des *Shi ji*, Abschnitt ,Über den Beginn der Zhou' (NS II:64, A.2).

[31] SNG (Yōrō 7.10.23) (723):97.

[32] Die diesbezügliche Bedeutung des *Li ji* hebt auch Sugawara no Michizane hervor: „Es raschelt der Herbstwind in den Blättern,/ die weißhaarigen Alten wollen gepfleget sein. (*haha to shiroki hito wo yashinau*/ Die Blüte ihrer Jahre, sie ist verwelkt (*toshi no hana ochimu to suredomo*)/ und doch, ihre Lebensgeister sind noch wach./ Gäb' es die Lehre des *Li ji* nicht,/ auf welche Wohltaten könnten sie, deren Haut fleckig geworden (*taihai*), bauen?" (KKMS (5/370: Das *Li ji* vortragen hören und dann auch ein Gedicht über das Pflegen der Altersschwachen verfassen):398).

legte einen allgemeinen Vorrang der Älteren den Jüngeren gegenüber auf indirekte Weise dadurch fest, daß es die Jüngeren dazu verpflichtete, gegenüber all jenen, die zwei Mal so alt wie sie selber waren, das gleiche Verhalten an den Tag zu legen wie den Eltern gegenüber[33], die ihrerseits Anspruch auf liebevolle Fürsorge und lebenslangen absoluten Gehorsam hatten[34]. Abgesehen von diesen Bestimmungen, die die Vormachtstellung der Älteren über deren Analogie mit dem Vorrang der Eltern vor den Kindern definierten, kam die allgemeine Hochschätzung des Alters im *Li ji* vor allem in der Betonung des Vorbildcharakters der alten Menschen und der daraus erwachsenden Verpflichtung zum Ausdruck, ihrem Rat Folge zu leisten,[35] sowie in der Beschreibung von durch die Herrscher zu Ehren der alten Menschen abgehaltenen Feiern und Zeremonien. Einige von diesen beziehen sich auf die verschiedenen Ausdrucksformen der Hochachtung des Herrschers für betagte Staatsbeamte[36], während jene, die sich auf betagte Untertanen im allgemeinen beziehen, im wesentlichen in detaillierten Beschreibungen der Feste zu Ehren alter Menschen[37] und der verschiedenen Maßnahmen bestehen, in denen sich die Sorge des Staates um das materielle Wohlergehen der betagten Menschen[38] offenbart.

---

[33] *Li ji*, Kapitel *Qu li* 1/2, Couvreur 1950:12.

[34] Vgl. dazu S. 246ff.

[35] Etwa Artikel 2 des Kapitels *Nei ze*: „Indem sie die Alten hegten und pflegten, versuchten die fünf Kaiser des Altertums, deren Tugenden nachzuahmen; mit diesem Ziel baten die Herrscher der drei Dynastien (Hia, In und Chu) sie um gute Ratschläge. Die fünf Kaiser des Altertums, die die Tugenden der Alten nachzuahmen trachteten, nährten ihre Körper und ihre Lebensgeister und baten sie nicht um gute Ratschläge; aber sie ließen ihr gutes Beispiel niederschreiben und so entstanden hervorragende Geschichtswerke. Die Herrscher der drei Dynastien wollten auch die Tugenden der Alten nachahmen; doch zusätzlich, nachdem sie ihnen ein Mahl gespendet hatten, baten sie sie um gute Ratschläge" (Couvreur 1913:654–655).

[36] Vgl. dazu S. 432ff.

[37] Etwa in Artikel 5 des Kapitels *Wang zhi*: „Bei den Festen zu Ehren der Alten, unter der Regierung des Chouen, standen die Getränke im Mittelpunkt. Unter den Hia brachte man Speisen und Getränke dar. Unter den In standen die Speisen im Vordergrund. Unter den Chu wurden diese drei Arten praktiziert. Der Himmelssohn spendete den 50jährigen ein Mahl in den Schulen der Präfekturen in der Nähe seiner Hauptstadt, den 60jährigen in der kleinen Schule der Hauptstadt, den 70jährigen in der großen Schule. Die Feudalfürsten folgten der gleichen Regel. Die 80jährigen [begaben sich nicht zur Schule, sie erhielten die Speisen zu Hause und] bedankten sich beim Fürsten, indem sie niederknieten und dreimal den Kopf bis zum Boden neigten. Das gleiche galt für die Blinden. Die 90jährigen beauftragten weniger alte [an ihrer Stelle die Speisen des Fürsten] entgegenzunehmen [und Dank zu erweisen.]" (Couvreur 1950:312–313).

[38] „Die 50jährigen erhielten Korn bester Qualität; die 60jährigen ständig Fleisch; die 70jährigen erhielten zusätzlich eine delikate Speise, die 80jährigen besondere Leckerbissen.

4.2.2. Die Tugend, auf den Rat der Alten zu hören

Während die alten Menschen schon aufgrund ihrer natürlichen Funktion als Überlieferer des Wissens um Vergangenes wohl auch als die wichtigsten Ratgeber betrachtet wurden, sah der Konfuzianismus darin, die Alten nach ihrem Wissen zu befragen, eine besondere Tugend. Entsprechend war etwa den Verfassern der *Ritsuryō*-Gesetze nicht nur daran gelegen, die kindliche Pietät als einen der wesentlichen Pfeiler ihrer Politik in den einzelnen Familien zu etablieren und damit den Eltern dort eine Vorrangstellung zu sichern, sie suchten auch den alten Menschen allgemein und in ihrer Funktion als Überlieferer der althergebrachten Sitten im besonderen eine hohe Stellung einzuräumen. So machten sie es zum Beispiel den Provinzgouverneuren zur Pflicht, bei ihren jährlichen Rundreisen durch die ihnen unterstehenden Gebiete die betagten Bewohner aufzusuchen, sie zu ehren und sie nach den Sitten der Region zu befragen:

Der Provinzgouverneur soll jedes Jahr einmal die verschiedenen Distrikte seiner Verwaltung bereisen, sich ein Bild von den Sitten machen, die 100jährigen (*hyakunen*) befragen...[39]

Unverrückbare moralische Prinzipien werden im konfuzianischen Kontext eins mit dem, was die Alten sagen, wobei mitunter schwer zu entscheiden ist, ob Menschen der früheren Generationen oder alte Leute gemeint sind. Wenn im *Nihon shoki* der jüngere Oke, der spätere Kenzō Tennō, zunächst zugunsten seines älteren Bruders auf den Thron verzichten will, so tut er es mit Hinweis auf die Tugend des jüngeren Bruders, vor dem älteren zu-

---

Die 90jährigen hatten in ihren Zimmern immer Speis und Trank. Wenn die alten ihre Wohnungen verließen, war der Fürst angehalten, ihnen delikate Speisen und Getränke zukommen zu lassen, wohin sie sich auch begaben... Ein Mann mit 50 war von den Arbeitsdiensten für den Staat befreit; mit 60 war er vom Militärdienst befreit; mit 70 überließ er es [seinem Sohn], Gäste zu empfangen; mit 80 war er von den Abstinenzgeboten und den Trauerriten befreit... Alle Herrscher der drei Dynastien [der Hia, der In und der Chu] erkundigten sich in ihrer Sorge um die Alten nach dem Alter ihrer Untertanen. In den Familien, in denen es einen 80jährigen gab, wurde einer der Söhne von den dem Staat zu leistenden Diensten befreit. Alle Männer waren davon befreit in jenen Familien, in denen es einen 90jährigen gab... Man nannte Waise ein Kind, das seinen Vater verloren hatte, und Alleinstehend einen Alten, der keinen Sohn hatte, Witwer einen Alten, der keine Frau mehr hatte, und Witwe ein alte Frau, die keinen Mann mehr hatte. Diese vier Personengruppen sind die bedürftigsten unter dem Himmel und sie haben niemanden, an den sie sich wenden könnten. Sie erhielten regelmäßig Nahrungsmittel... Mit 60 oder 70 ... aß ein einfacher Beamter oder ein Mann des Volks nicht mehr Reis allein [er hatte Fleisch]." (*Li ji*, Kap. *Wang zhi*, Artikel 5; Couvreur 1950:313–320).

[39] RR (*Koryō* 33 [Über das Bereisen der Provinz durch den Provinzgouverneur]):236. Das *Ryō no shūge* merkt dazu an, „so soll den über 100jährigen Ehre erwiesen werden und sie nach den Sitten und den alten Dingen gefragt werden" (RSG:318).

rückzustehen, und gibt dies gleichzeitig als die Worte der Alten aus, die ihm dies gesagt hätten:

„Es ist ein unveränderliches Gesetz der Moral, daß ein älterer Bruder liebevoll und ein jüngerer Bruder respektvoll sein soll. Das habe ich von den Alten (*furuokina*) gehört. Wie sollte ich es leichtfertig übergehen?"[40]

Alte Menschen in Ehren zu halten wird nicht nur in den offiziellen Reichschroniken als besondere Tugend gepriesen, sondern auch in den idealisierenden Biographien der Nara-Zeit. So heißt es in der um 760 entstandenen Biographie des Fujiwara no Muchimaro, durchaus in Anlehnung an die genannten Dienstpflichten der Provinzgouverneure, über dessen Zeit in dieser Funktion in Ōmi:

In den Dörfern ehrte er die Alten (*furō*), indem er sie aufsuchte, beseitigte die Leiden der Untertanen und brachte die bis dahin schlecht geführten Regierungsgeschäfte der Provinz wieder ins rechte Lot. [...] Er hielt die Alten (*oitaru mono wo tōtobi*) in Ehren, war barmherzig zu den Jungen und wies so jedem seinen ihm angemessenen Platz zu.[41]

Die Norm, die Alten zu befragen und zu Rat zu ziehen, zeigt sich dabei einerseits, wenn es um die Führung der Staatsgeschäfte geht[42], wird aber auch ganz allgemein immer wieder betont. Eindrucksvoll stellt eine in China angesiedelte Legende des *Konjaku monogatari* die spezielle Funktion der alten Menschen beim Erkennen von Gefahren, die sich durch praktische Vernunft gar nicht bemerken lassen, und die daraus abgeleitete Notwendigkeit, ihrem Ratschlag zu vertrauen, mute er auch noch so unverständlich an, unter Beweis:

Es ist nun schon lange her, da gab es in China zur Zeit des Herrschers Soundso in der Provinz Soundso einen hohen Berg. Auf dem Gipfel dieses Berges stand ein Stupa. Am Fuß dieses Berges lag ein Dorf. In diesem Dorf lebte eine alte Frau (*ōna*), die war 80 Jahre alt.

Tag für Tag stieg diese alte Frau hinauf zu dem Stupa, der auf dem Gipfel dieses Berges stand, und erwies ihre Ehrerbietung vor ihm. Da es ein großer, hoher Berg war, war der Weg vom Fuß des Berges bis hinauf zur Spitze sehr steil und lang. Und dennoch, nichts konnte sie daran hindern, ob es nun regnete oder der Wind heftig blies, es donnerte und blitzte, ob es im Winter kalt war und fror oder die Hitze im Sommer schwer zu ertragen war, es verging kein Tag, ohne daß sie auf den Berg gestiegen wäre und dem Stupa ihre Ehrerbietung erwiesen hätte. So ging es viele Jahre lang.

Die Leute sahen das zwar, aber sie wußten absolut nicht, warum sie das tat, und dachten, sie betete wohl einfach den Stupa an, als einmal im Sommer, als es gerade besonders heiß war, einige junge Burschen auf den Berg gestiegen waren und am Fuß des Stupas Abkühlung suchten. Da kam die alte Frau, deren Rücken so krumm war, daß sie wie in

---

[40] NS I (Kenzō, Vorspann):516, s.a. Aston 1956/1:384.

[41] MMD:30. Der letzte Satz dürfte einem Ausspruch im *Meng zi*, dem chin. konfuzianischen Klassiker, nachempfunden sein (MMD:31 A).

[42] Vgl. dazu S. 394ff., 406, 413ff.

zwei gelegt aussah (*koshi wa futae naru*), auf einen Stock gestützt (*tsue ni kakarite*), sich den Schweiß abwischend, zum Stupa hinaufgestiegen; sie ging um ihn herum und betrachtete ihn. Die jungen Burschen dachten: „Nun, sie geht wohl einfach nur so um den Stupa herum", aber weil es ihnen doch merkwürdig vorkam, wie sie so um den Stupa herumging, und sie das auch nicht zum ersten Mal sahen, da sagten sie: „Warum nimmt diese alte Frau eine solche Mühsal auf sich? Wenn sie heute wieder kommt, wollen wir sie fragen!" Solches beschlossen sie, und weil es ja immer so war, kam auch bald die alte Frau mühsam den Berg heraufgestiegen.

Da fragten die jungen Burschen die alte Frau: „Alte Frau, warum nur kommst du hierher? Schon für uns junge Burschen, die wir hierher kommen, um uns Kühlung zu verschaffen, ist es mühsam, hierher zu kommen, und obwohl wir denken, daß du es wohl auch deswegen tust, schleppst du deinen alten Körper (*oitaru mi ni*) Tag für Tag hier herauf, und nie suchst du Erfrischung oder tust sonst irgendetwas. Das ist doch wirklich überaus merkwürdig! Sag uns doch den Grund dafür!" Da sagte die alte Frau: „Euch jungen Burschen von heute mag das ja wirklich seltsam erscheinen! Daß man hier zu diesem Stupa kommt und ihn betrachtet, stammt nicht erst aus dieser Zeit. Seitdem ich den Grund der Dinge kennengelernt habe, diese über 70 Jahre, die es nun schon sind, steige ich Tag für Tag hier herauf und sehe nach." Darauf die jungen Burschen: „Ja, aber wir bitten dich doch gerade, uns den Grund dafür zu sagen!" Und die alte Frau: „Mein Vater ist mit 120 gestorben, mein Großvater mit 130, dessen Vater und Großvater wiederum mit über 200 Jahren. Von diesen wüßte er es, sagte mir mein Vater, daß an dem Tag, an dem auf dem Stupa Blut zu sehen ist, dieser Berg einstürzen und zu einem tiefen Meer werden wird. Und so, weil doch alle, die am Fuß dieses Berges leben, sterben würden, wenn der Berg einstürzt, will ich, wenn Blut an dem Stupa zu sehen ist, rasch fliehen, und drum steige ich Tag für Tag hier herauf und sehe am Stupa nach."

Als die jungen Burschen das hörten, brachen sie in schallendes Gelächter aus und meinten: „Was für eine schreckliche Geschichte! Sag es uns doch bitte auch, wenn es soweit ist, daß der Berg in sich zusammenstürzt!" Wie sie so weiter lachten, da verstand die alte Frau gar nicht, daß sie sich über sie lustig machten, und sie sagte: „Ja, selbstverständlich. Wie könnte ich als einzige überleben wollen und es euch nicht sagen!" Dann ging sie wieder um den Stupa herum und kehrte dann nach Hause zurück.
[Die Burschen beschließen, der alten Frau einen Streich zu spielen und beschmieren den Stupa mit Blut, was im ganzen Dorf für große Heiterkeit sorgt. Als die alte Frau am nächsten Tag das Blut sieht, fordert sie alle auf zu fliehen. Während die meisten noch lachen, beginnt man ein Dröhnen und Krachen zu hören.]

Da bewegte sich der Berg. „Was ist das?", schrien sich alle gegenseitig an, da begann der Berg auch schon in sich zusammenzustürzen. „Die alte Frau hatte doch die Wahrheit gesprochen!", sagten sie da, und es gab wohl auch einige, denen es gelang zu fliehen, doch diese wußten nicht, was aus ihren Eltern geworden war, wohin ihre Kinder geflohen waren. Um so weniger wußten sie, was aus ihren Besitztümern geworden war, und so schrien sie verzweifelt. Nur der alten Frau, die ihre Kinder und Enkel mit sich genommen hatte, war es gelungen, rechtzeitig zu fliehen, ohne auch nur eine einzige ihrer Habseligkeiten zurückzulassen, und wohlbehalten in ein anderes Dorf zu gelangen. Denjenigen aber, die über sie gelacht hatten, war es nicht gelungen, zu fliehen, und sie starben alle.

Drum soll man dem Glauben schenken, was alte Leute (*toshi oitaru hito*) einem erzählen. So war der Berg zusammengestürzt und zu einem tiefen Meer geworden. Es war wahrhaftig ein sehr merkwürdiges Geschehnis. So ist es erzählt und überliefert worden.[43]

---

[43] KM II (10/36):334—336, s.a. Frank 1968:94—96. Ähnliche Legenden finden sich in verschiedenen chin. Quellen wie *Huai nan zi* 2, dem Werk des Liu An der Han-Zeit, das taoi-

In einzelnen Beispielen geben alte Menschen Ratschläge, auf die es sich zu hören lohnt, einfach weil sie sich als richtig erweisen, so in einer der *Konjaku monogatari*-Erzählungen, die von den kriegerischen Taten des Schwertadels handeln, in der ein alter Krieger recht behält:

[Sawamata hat Yogo überraschend in seinem Haus überfallen und ist überzeugt, daß er dabei den Tod gefunden hat.]
Der Große Prinz hörte ihm zu und sagte dann: „Nun ja, Ihr scheint ja wirklich zu glauben, daß es so sein muß. Ich alter Mann (*okina*) aber denke, wenn Ihr Yogos Kopf an Euren Sattel gebunden hättet, um ganz sicher zu sein, daß er nicht mehr lebt, dann könntet Ihr jetzt beruhigt sein. So aber wißt Ihr es nicht genau und müßt Euch ständig Sorgen machen, ob er nicht doch noch lebt. Ich sage das, weil ich als alter Mann den Charakter dieses Mannes nur allzu gut kenne. Haltet Euch hier nicht lange auf, denn es wird Schwierigkeiten geben. Ich für meinen Teil hielte es für sinnlos, wollte ich mich nun an meinem Lebensabend (*oi no hate ni*) eines nichtswürdigen Mannes wegen auf einen Kampf einlassen. Es ist wirklich zu dumm, daß Ihr in Eurem Alter nicht in der Lage wart, weise mit den Menschen umzugehen und es nicht soweit kommen zu lassen. Nun zieht Euch aber rasch von hier zurück!" So wies er ihn entschlossen und unbarmherzig ab, und Sawamata, der es doch gewohnt war, sich von ihm wie von einem Vater führen zu lassen, blieb nichts anderes übrig, als von dannen zu ziehen.
[Tatsächlich hat Yogo überlebt und kehrt zurück, um Sawamata und seine Gefolgsleute niederzumetzeln.][44]

Die Norm, sich nach dem Rat der Alten zu richten, ist vereinzelt auch in der erzählenden Romanliteratur der Heian-Zeit zu beobachten, doch kommt ihr in diesem Genre keine große Bedeutung zu. So überlegt etwa im *Genji monogatari* der Held selbst, in seiner schwierigen Lage sei es wohl am besten, den Rat eines alten Mannes zu befolgen:

[Genji hat in der Verbannung in Suma einen Traum gehabt, in dem sein verstorbener Vater ihn auffordert, diesen Ort mit einem Boot zu verlassen, und der frühere Gouverneur von Harima, ein alter Laienmönch, ist in einem Boot erschienen, ihn abzuholen.]
Genji dachte an die Vergangenheit und daran, was er von der Zukunft erwarten konnte, und überlegte: Fürchte ich, daß man eines Tages einmal streng über mich urteilen könnte und weise daher jetzt die offensichtliche Hilfe der Götter zurück, so wird man meiner vielleicht in der Zukunft nur noch ärger spotten. Und fällt es schon schwer, dem Willen der Zeitgenossen zu trotzen, um wieviel mehr, sich den Göttern zu widersetzen. Zudem scheint es in so bedrängter Lage angebracht, dem Rat eines Mannes zu folgen, der, mir an Jahren überlegen (*ware yori yowai masari*) und von hohem Rang, das Vertrauen der Welt besitzt.[45]

Hier hinein spielt natürlich die Tatsache, daß alte Menschen wahrscheinlich auch in der Praxis, etwa bei der Erziehung der Kinder, häufig die

---

stisches Gedankengut, aber auch andere Geistesströmungen seiner Zeit illustriert, *Tai ping guang ji* 163, einer im 10. Jh. entstandenen Sammlung von Erzählungen, und *Sou shen ji* 13, einer Sammlung von Geistergeschichten mit buddhistischem Einfluß aus dem 4. Jh.u.Z.

[44] KM IV (25/5):376, s.a. Wilson 1973:205.
[45] GM II:65, s.a. Benl 1966a:416.

Unterweisenden waren, die dazu ausersehen waren, Verhaltensnormen weiterzugeben[46] und Fertigkeiten zu vermitteln.[47]

4.2.3. Die Tugend, die Wünsche der alten Menschen zu erfüllen

Es galt aber nicht nur als Norm, sich nach dem Rat der alten Menschen zu richten, sondern auch, ihnen ihre Wünsche zu erfüllen. So hebt der konfuzianische Gelehrte Miyoshi no Kiyoyuki in seiner Biographie des Fujiwara no Yasunori dessen lobenswerte Charaktereigenschaft hervor, nicht gegen die Wünsche der alten Menschen handeln zu wollen:

Im Herbst des Jahres Jōgan 17 (875) wurde er von seinem Amt [in der Provinz Bizen] enthoben und wollte in die Hauptstadt zurückkehren. Die Leute der beiden Provinzen Bizen und Bitchū waren darüber sehr traurig und drängten sich weinend auf den Straßen. Die alten Männer und Frauen der Dörfer (*rirō sonō*) mit ihren von weißen Haaren gekrönten Häuptern (*kashira ni shiraga wo itadakeru wa*) säumten seinen Weg, boten ihm Speis und Trank dar und verneigten sich ehrerbietig vor ihm. „Niemals sollte man gegen den Willen der Alten (*oitaru hito*) handeln", sprach er und blieb noch einige Tage.[48]

Dabei schwingt aber bereits in der folgenden Passage aus dem *Manyōshū*, die davon erzählt, wie ein junger Mann den Tod fand, als er auf den Wunsch eines Alten hin dessen Aufgabe übernahm, leichtes Bedauern mit:

In der Jinki-Periode bestellte das Dazaifu den Beamten Munakatabe no Tsumaro aus dem Distrikt Munakata in der Provinz Chikuzen zum Kapitän des Schiffes, das Lebensmittel nach Tsushima bringen sollte. Da begab sich Tsumaro zum Fischer Arao aus der Gemeinde Shika im Distrikt Kasuya und sagte zu ihm: „Ich hätte eine kleine Bitte, aber ich weiß nicht, ob du sie mir erfüllen willst?" Arao antwortete: „Ich bin zwar aus einem anderen Distrikt, aber viele Jahre sind wir auf dem gleichen Schiff gefahren. Ich stehe dir näher als meinen Brüdern und auch wenn es hieße, dir in den Tod zu folgen, warum sollte ich dir eine Bitte abschlagen." Da sagte Tsumaro: „Das Dazaifu hat mich zum Kapitän des Schiffes bestellt, das Lebensmittel nach Tsushima bringen soll. Aber ich bin alt und schwach (*yōshi suirō*) und kann die Seereise nicht verkraften. So komme ich mit Absicht zu dir. Ich bitte dich, gehe an meiner Stelle." Darauf willigte Arao ein, schiffte sich am Kap Minekura in Matsura

---

[46] So z.B. wenn im *Genji monogatari* die Figur des Tō no Chūjō seine illegitime Tochter, die sich ihrer mangelhaften Erziehung wegen häufig unpassend benimmt, von alten Zofen zurechtweisen läßt: „So sagte er zu seiner Tochter [Kokiden]: ‚Ich möchte das Mädchen zu Euch schicken. Laßt ihr von Euren alten, senilen Dienerinnen (*oishiraeru nyōbō*) frank und frei sagen, was jeweils an ihrem Betragen mißfällt, und sie unterweisen. Achtet aber darauf, daß die jungen Zofen sich nicht über sie lustig machen!'" (GM III:26, s.a. Benl 1966a:746).

[47] Vgl. etwa Murasaki, die sich im *Genji monogatari* in fortgeschrittenerem Alter um die die musikalische Erziehung von Genjis Nachkommen bemüht (GM III:357), vgl. S. 50, oder die Figur der Mutter Nakatadas aus dem *Utsuho monogatari*, der es ein großes Anliegen ist, ihrer Enkelin das Koto-Spiel zu lehren (UM III:406), vgl. S. 129.

[48] FYD:63. Die Stelle ähnelt Passagen über treffliche Beamte in verschiedenen chin. Geschichtswerken (FYD:63 A).

in der Provinz Hizen ein und stach in Richtung Tsushima in See. Da verdunkelte sich plötzlich der Himmel, Regen mischte sich in den stürmischen Wind und ohne daß ein günstiger Wind aufgekommen wäre, versank das Schiff im Meer. Deswegen wurden seine Frau, seine Kinder und Freunde von so tiefer Trauer erfaßt, wie das Kalb, das seine Mutterkuh verloren hat, und machten diese Gedichte.[49]

Auch in der realistischen Erzählliteratur wird mitunter die konfuzianische Tugend, nicht gegen die Wünsche der alten Menschen zu handeln, angesprochen, wobei sie allerdings häufig weniger als ganz natürliche Sache erscheint, sondern als importiertes Gedankengut, dessen Verinnerlichung im wesentlichen nur von gelehrten Männern zu erwarten ist, wie etwa in der folgenden Episode aus dem *Genji monogatari*, in der der ältliche Naidaijin seinen zunächst von ihm abgelehnten künftigen Schwiegersohn dazu ermahnt, doch zuvorkommender zu ihm zu sein:

„Ich halte Euch für einen so großen Gelehrten, daß es in dieser verfallenden Welt fast zu schade um Euch ist; aber ich finde es unbarmherzig, wie abweisend Ihr zu mir altem Manne (*yowai furinuru hito*) seid. Steht denn in den Schriften nichts von kindlicher Pietät (*kerai*) geschrieben? Ich bin überzeugt, Ihr habt die Lehren des Konfuzius wohl verstanden. Allein mir gegenüber laßt Ihr davon nichts merken, und deswegen grolle ich Euch, das muß ich Euch schon sagen!"[50]

Der Versuch, den Wünschen alter Menschen zu entsprechen, entspringt dabei häufig dem Wunsch, den alten Menschen an ihrem Lebensabend noch etwas Freude zu bereiten und dadurch womöglich ihr Leben zu verlängern. So hofft etwa im *Genji monogatari* Prinz Genji der alten Mutter seiner Nebenfrau Akashi dadurch, daß er sie auf eine Wallfahrt mitnimmt, wie sie es möchte, soviel Freude zu bereiten, daß sich ihre Runzeln wieder glätten[51]. Auffällig ist, daß in jenen Passagen, in denen es darum geht, man solle einem alten Menschen doch dessen Wünsche erfüllen, oft die Tatsache, dieser hätte nicht mehr lange zu leben, ins Spiel gebracht wird. So macht der Tenno aus dem *Utsuho monogatari* seinen Sohn, den Kronprinzen, darauf aufmerksam, dieser solle sich doch mehr nach den Wünschen des Exkaisers richten, denn dieser sei alt und habe nicht mehr lange zu leben:

[Der Tenno fordert den Kronprinzen auf, seine Frau, die Fünfte Prinzessin und Tochter des Exkaisers, nicht so sehr zu vernachlässigen.]

„... Irgendwann wird dies auch dem Exkaiser zu Ohren kommen, und wenn er auch, da er nun schon sehr alt geworden ist (*mitoshi takaku narinureba*), wohl nicht mehr lange zu leben

---

[49] MYS IV (16/3869):157–159, s.a. MYS 1965:213–214. Laut Glosse vom Provinzgouverneur von Chikuzen, Yamanoe no Okura, zutiefst berührt von dem Leiden der Frau und der Kinder, an ihrer Stelle ihre Gefühle ausdrückend verfaßt.

[50] GM III:188–189, s.a. Benl 1966a:876.

[51] GM III:330; vgl. S. 301.

hat, so ist ihm diese doch in der Zwischenzeit sehr lieb, und wenn es auch nicht Eurem Sinn entspricht, so solltet Ihr doch auf seine Gefühle Rücksicht nehmen."[52]

War der Zusammenhang hier noch eher negativ formuliert, so kommt es wesentlich häufiger vor, daß jemand die Wünsche eines alten Menschen nicht obwohl, sondern gerade weil dieser bald sterben könnte, erfüllen möchte oder sollte, wie etwa in der folgenden Passage mit ähnlicher Thematik aus demselben *Utsuho monogatari*, einem Schreiben des Kronprinzen an die Dame seines Herzens Fujitsubo:

„...Ich höre, daß der alte Exkaiser meine Nachlässigkeit gegenüber seiner Tochter beklagt, und da es aussieht, als hätte er nicht mehr lange zu leben (*yuku saki sukunage ni mietamau wo*), will ich sie in nächster Zeit aufsuchen. Solltet Ihr allerdings glauben, ich täte es aus Zuneigung zu ihr, so will ich lieber darauf verzichten."[53]

Auch im *Genji monogatari* kommt die Vorstellung zum Ausdruck, die Alten hätten besonders aufgrund ihrer Todesnähe Anspruch, zuvorkommend behandelt und in ihren Hoffnungen nicht enttäuscht zu werden[54]:

[Nachdem er in dessen Heirat mit seiner Tochter Kumoi no Kari eingewilligt hat, will der Naidaijin sich nun ganz mit Yūgiri versöhnen, der ihn aber eher abweisend behandelt.] Der Naidaijin betrachtete Yūgiri eine Weile, doch schließlich konnte er nicht länger an sich halten, zupfte ihn ein wenig an seinem Ärmel und fragte ihn: „Warum machtet Ihr mir nur solche Vorwürfe? Denkt an Eure tiefen Bande einst zu Ōmiya, für die wir heute diese Feier abhalten, und verzeiht mir mein Verhalten. Nun, da ich an meinem Lebensabend angelangt bin und mir nicht mehr lange zu leben bleibt (*nokori sukunaku nariyuku sue no yo ni*), müßte ich Euch wirklich zürnen, wolltet Ihr mich weiter so abweisend behandeln!"[55]

Aber auch allgemein gilt, daß man sich den Wünschen der alten Menschen nicht widersetzen sollte. Auf negative Weise kommt dies etwa auch in jenen Stellen zum Ausdruck, wo sich Betagte darüber beklagen, daß ihnen

---

[52] UM II:370—371. Exkaiser Saga ist der inneren Chronologie des Romans zufolge zu diesem Zeitpunkt 65 Jahre alt.

[53] UM III:94, s.a. Uraki 1984:348. Exkaiser Saga ist der inneren Chronologie des Romans zufolge zu diesem Zeitpunkt 66 Jahre alt. Eine weitere Figur desselben Romans bedient sich der gleichen Argumentation, um seinem Vater nahezulegen, doch die Wünsche des betagten Exkaisers zu erfüllen: „Da erwiderte Nakatada: ‚Auch der Tenno scheint sich darüber ernsthafte Sorgen zu machen. In diesem Zusammenhang hat er auch mir und Euch, meinem Vater, bittere Vorwürfe gemacht. Ihr solltet die Dritte Prinzessin wieder aufsuchen. Nun, da der Exkaiser wohl nicht mehr lange zu leben hat (*miyo ikubaku mo owashimasanu toki*), solltet Ihr ihr folgendes mitteilen...' [Nakatada bittet daraufhin seinen Vater, er möge die Dritte Prinzessin, eine Tochter des Exkaisers, mit der er verheiratet war, bevor er Nakatadas Mutter wiederfand, wieder in seine Residenz holen.]" (UM II:386—387).

[54] Dies hängt wohl auch mit dem Glauben an die *goryō* zusammen, die zürnenden Seelen einflußreicher Verstorbener, die sich an den Lebenden rächen würden, vgl. Naumann 1988: 207—213. Insofern man diese *goryō* fürchtete, fürchtete man wohl besonders bei einflußreichen alten Menschen, die ja bald sterben könnten, sie würden zu solchen *goryō* werden, wenn dringende Wünsche ihnen unerfüllt blieben.

[55] GM III:185, s.a. Benl 1966a:872.

gerade an ihrem Lebensabend, wo dies nicht passieren sollte, Schande widerfahren soll,[56] oder daß man ihnen ihres Alters zum Trotz zuwiderhandeln will, wie der betagte Masayori aus dem *Utsuho monogatari*, als der Kronprinz ihm verwehrt, seine Tochter zur Entbindung zu sich nach Hause zu holen:

„Alter Mann (*okina*), der ich bin, bin ich doch mitten in der Nacht hierher gekommen; soll es nun umsonst gewesen sein?"[57]

Ähnlich empört wird im *Eiga monogatari* auch Takashina no Naritada in einem Gespräch mit seiner Enkelin darüber geschildert, daß man ungeachtet der Vorbehalte eines alten Mannes, wie er einer ist, das Kind des Kronprinzen, seinen Urenkel, noch ganz klein in den Palast zu bringen gedenkt:

„Die Leute sagen, daß du in den Palast gehen solltest, weil der Tenno sich nach dem Kind sehnt. Wozu hast du dich entschlossen? Einem alten Mann (*oi no mi wa*) erzählt nicht einmal der etwas, der einen Rat braucht."[58]

4.2.4. Feste zu Ehren alter Menschen und des Alters

Daneben wurden auch plakativere Formen der Altenverehrung gepflegt. In Anlehnung an chinesische Feierlichkeiten zu Ehren alter Menschen führten die *Ritsuryō* ein Fest ein, das eigens dazu dienen sollte, die Alten zu ehren und ihre Vorrangstellung eindrucksvoll zu dokumentieren:

Im Frühling, am Tag des Festes der Feldgottheiten, sollen sich die Alten (*rōja*) der Gemeinden versammeln und eine gemeinsame Trinkzeremonie abhalten. Damit soll den Menschen gezeigt werden, wie die Älteren zu verehren (*chō wo tōtobi*) und die Alten zu umsorgen (*rō wo yashinau*) sind.

Speis und Trank dafür soll von den Behörden aus dem Steueraufkommen zur Verfügung gestellt werden.[59]

---

[56] Etwa in *Konjaku monogatari* 28/30 (KM V:102, vgl. S. 448) und 28/36 (KM V:114, vgl. S. 492).

[57] UM II:436, s.a. Uraki 1984:318. Der inneren Chronologie des Romans zufolge müßte Masayori zu diesem Zeitpunkt rund 55 Jahre alt sein. Gleichzeitig ist er Minister zur Rechten, und so könnte es sein, daß er damit, daß er sich als alter Mann bezeichnet, auch seine hohe Stellung meint.

[58] EM (5):183, s.a. McCullough 1980:205.

[59] *Giseiryō* 19 (Über das Fest der Feldgottheiten im Frühling); RR:348. Mit diesem Fest ahmte man das chinesische Zha-Fest nach, das, wie aus Tang-zeitlichen Verordnungen hervorgeht, die das *Ryō no shūge* zu diesem Paragraphen auch zitiert, am Ende des Jahres anläßlich der Feiern zu Ehren der Götter abgehalten wurde (RSG:723). In Japan wurde seine Abhaltung auf das Fest der Feldgottheiten im Frühjahr verlegt, wohl um dieses Fest mit dem der Landwirtschaft dienenden Ritual des *toshigoi no matsuri* (Erntebittfest) zu verbinden (RR:632 A). In enger Anlehnung an chinesische Quellen, insbesondere das *Tong diang*, ein Tang-zeitliches Werk, das historische Ereignisse seit dem Altertum nach Sachgebieten gegliedert wiedergibt, schrieb das *Ryō no gige* zum Zeremoniell: „Bei der Gemeinde-

Ob und wie dieser Bestimmung in der Realität entsprochen wurde, ist allerdings unklar, und soweit sich aus den Quellen schließen läßt, dürfte die Ehrung der alten Menschen bei diesen Festen, so sie überhaupt durchgeführt wurden, nicht unbedingt im Mittelpunkt gestanden haben[60].

Hingegen kannte die höfische Kultur der Heian-Zeit eine mehrfach belegte Feier, bei der es ausdrücklich darum ging, die Alten zu ehren, die *shōshikai*. Gemeinsam mit den *sanga*[61] gehörte sie zu jenen wohl dem Adel vorbehaltenen Unterhaltungen und Feiern, in deren Mittelpunkt alte Menschen standen. In Anlehnung an ein chinesisches Vorbild, und zwar die von Bo Juyi im Jahre 845 im Alter von 73 Jahren veranstaltete *shōshikai*, bei der unter neun versammelten alten Männern sieben besonders geehrt wurden, wurden hiefür sieben als *shichisō*, ‚sieben Alte‘, bezeichnete ausgewählte hochbetagte Männer, die der besonderen Ehrung teilhaftig wurden, zu einem Fest geladen, bei dem musiziert, Tänze aufgeführt und chinesische Gedichte rezitiert wurden und bei dem die restlichen jüngeren, *shōban* oder *enga* (,Begleiter') genannten Teilnehmer den Alten gegenüber dienende Funktionen ausübten.[62] In Japan wurde eine solche *shōshikai* erstmals im Jahr 877 durch den *dainagon* Minabuchi no Toshina in Ono veranstaltet[63], weitere 969 durch Fujiwara no Arihira in Awata[64], 1131

Trinkzeremonie sitzen die über 60jährigen, die 50jährigen bedienen sie. Dadurch wird deutlich gemacht, daß die Älteren zu verehren sind. Die über 60jährigen bekommen je drei Festschüsseln, die über 70jährigen je vier, die über 80jährigen je fünf und die über 90jährigen je sechs. Dadurch wird deutlich gemacht, daß die Alten genährt und gepflegt werden müssen. Das Fest soll von den Gemeindemitgliedern selbst veranstaltet werden, die Distriktbeamten überwachen es nur" (RGG:210). Im Gegensatz zur hier getroffenen Bestimmung ist in den erhaltenen Steuerregistern allerdings unter den Ausgaben kein Punkt für dieses Fest vorgesehen (RR:348 A).

[60] So schreibt das *Ryō no shūge* zu diesen Festen, daß in jedes Dorf ein Priester kam (*Koki*) oder in jedem Dorf oder jeder Gemeinde ein Schrein errichtet wurde, die Menschen dort zusammenkamen und die Götter verehrten (*Sekiki*), oder von jedem Haus Reis eingehoben wurde und damit Sake gebraut wurde (*Koki*), oder daß alle Frauen und Männer sich versammelten, ihnen die Gesetze des Staates erläutert wurden, sie dann in der Reihenfolge ihres Alters sitzend plaziert wurden und ihnen Kinder aufwarteten (*Koki*), worauf sich vielleicht auf die Art ihrer Abhaltung im 8. Jh. schließen läßt (RR:632 A, RSG:723).

[61] Vgl. S. 279ff.

[62] Tachibana 1975:89—92.

[63] Erwähnt etwa im *Honchō monzui* 9 (HCMZ b:400—401), im *Kanke monsō* (KKMS (2/78):168), in der Genealogie aus dem 16. Jh. *Kōnendai ryakuki* und im *Ranshōshō* (KR 33:1474—5).

[64] Erwähnt in *Honchō monzui* 9, s. unten, in *Nihon kiryaku, Honchō mudaishi*, einer *kanshi*-Sammlung um 1164) (KR 33:1475—6).

durch Fujiwara no Munetada in Shirakawa[65] und 1172 durch Fujiwara no Kiyosuke in Shirakawa[66]. Die erhaltenen Berichte über diese verschiedenen *shōshikai* zeigen dabei einerseits, daß sie jeweils auf die Initiative einer Persönlichkeit zurückgingen, die dabei die Alten ehren und ihnen Freude bereiten wollte, andererseits aber auch, daß hohe und höchste Regierungsstellen ihr Interesse an der Abhaltung solcher Feierlichkeiten durch verschiedene Hilfestellungen bekundeten:

> Die *shōshikai*, wie lange gibt es sie nun schon! Es begann im Tang-Reich in der Ära Kaishō im Landhaus des Bo Juyi und wurde später in unserem Land in der Ära Jōgan im Landhaus des Minabuchi no Toshina fortgeführt. Viele hunderttausend Meilen ist es zu uns gekommen, doch seither sind 93 Jahre vergangen, ohne daß es eine gab. Doch der edle Fujiwara ist ein Heiliger des Konfuzianismus, er ist der Nestor des Reichs (*kokka no kitoku*). Die alten Vergnügungen, er erkennt sie in der Feier der *shichisō*, die herausragenden Taten der früheren Weisen, er sucht sie in China wie in Japan. Der Kanzler Fujiwara no Saneyori, als er davon hört, läßt ihm Bilder von den beiden Feiern, in China und in Japan, je eins, zukommen. Ihr Aussehen und ihr Schläfenhaar, deutlich erscheint es auf dem Bild, die Gedichte, sie sind dazu angetan, einen die Wahrheit wissen zu lassen. Darüber freut sich der *dainagon* sehr und spricht: „Unter meinen Freunden sind einige, deren Leben sich dem Ende zuneigt. Ihre alten Herzen (*rōshi*) zu erfreuen, wollen wir von den alten Weisen lernen... Die Sitze, sie werden nach der Reihenfolge des Alters vergeben[67], das Gemüt, es wird mit Gedichten und Wein erhellt... Stolz und gelassen laßt uns sein, und vergessen, daß unser Leben bald zu Ende wird sein. Zu dieser Zeit wird der Wille des Herrschers, der aller Beamten darauf gerichtet, die Alten zu ehren (*rōsha wo keisuru ni ari*), wie von selbst scheint ihre Tugend strahlend hervor... Bis jetzt hat mich noch nichts so sehr gestärkt, wie dieses Fest, wo wir alle Rauhreif auf unserem Haupte tragen... Zwar bin ich mit meinen 71 Jahren noch um drei Jahre jünger als Bo Juyi, und bin doch ich in einem Alter, da die Kräfte allmählich schwinden (*otoroetaru yowai*); einen ganzen Tag lang aber an einem solch wunderschönen Ort mich zu vergnügen, sollte das nicht das Glück des Alters sein (*oi no saiwai*)?...[68]

In seinem ausführlichen Essay über die von ihm selbst veranstaltete *shōshikai* betont Fujiwara no Kiyosuke die große Öffentlichkeit, die diese Feierlichkeit genoß, und legt besonderes Augenmerk darauf, daß bei dieser Gelegenheit einmal Alter vor Rang kam und nicht umgekehrt:

> Daß im Frühling des zweiten Jahres der friedvollen Regierung des Herrschers, zur Zeit, als in den Tälern die Gräser sprießen und der Kuckuck sich anschickt, zurückzukehren, nach

---

[65] Erwähnt im *Hyakurenshō*, einem Geschichtswerk der Mitte des 13. Jh.s, und im *Chōshūki*, dem Tagebuch des Minamoto no Morotoki der Jahre 1111—1136 (KR 33:1476—7).

[66] Erwähnt u.a. im *Hyakurenshō* und im *Gumaiki*, dem Tagebuch des Adeligen Sanjō Sanefusa (1147—1225) (KR 33:1478).

[67] Wörtl.: ‚nach den Haaren'.

[68] HCMZ b (9: Ein Gedicht über die *shōshikai* im Landhaus des *dainagon* Fujiwara no Arihira, von Sugawara no Fumitoki):401—403. Auch Minamoto no Morotoki, der dabei selbst als *enga* anwesend war, erzählt über die *shōshikai* von 1131 im *Chōshūki*, daß der Regent materielle Unterstützung der Feierlichkeit zugesagt hatte (KR 33:1477).

Momosegawa gingen und sich dort trafen zum gemeinsamen Gespräch alte Männer, die krumm den Hügel der 80 Jahre bestiegen (*mitsuwagumi yasosaka ni kakarite*) und wie in zwei gebeugt sind (*koshi futae naru dochi*), traurig der vielen Jahre gedachten, die sie schon angehäuft und das hohe Alter ehrten, ist ein Brauch, der im Reich der Tang begann, aber auch in unserem Land ist sie überliefert. Auf unseren Häuptern haben sich zwar Berge von Schnee angehäuft (*atama ni yuki no yama wo itadakedo*), doch unsere Herzen sind nicht erkaltet, und wenn unsere Haut auch fleckig geworden ist wie die einer erfrorenen Birne (*hadae wa kōri no nashi ni narite mo*), so ist doch die Art eines Kakinomoto schwer zu vergessen. So wollen wir den Spuren des Bo Juyi folgen, und sie in die Art der Komachi[69] übertragen. Sieben Alte versammeln sich an einem Ort, um das hohe Alter zu ehren (*oi ga mi no na mutsumajimi*), kommen sie zum Shirakawa-Fluß, betrachten das Wasser und vergnügen sich unter den Blüten...

Im zweiten Jahr Shōan, am 9. Tag des mittleren Frühlings, wurde in der Gegend von Shirakawa die Feier zu Ehren des hohen Alters (*yowai o tōtobunu kai*) durchgeführt. Um die Mittagszeit begibt man sich dorthin. An der südlichen Veranda des östlichen Gebäudes der Halle werden dem Norden entlang 4 Lagen Tatami mit dunklen Brokaträndern ausgelegt, dies sind die Plätze für die sieben Alten (*nana no okina*). Dem Süden entlang, etwas nach unten versetzt, werden ein Tatami mit dunklem Brokatrand und 3 mit einem violetten Rand ausgelegt, dies sind die Sitze für die *enga*. Weil hier ja auch Höflinge anwesend sein werden, wurde dieses eine Tatami mit dunklem Brokatrand ausgelegt... Zwischen 2 und 4 Uhr nachmittags beginnen die Gäste einzutreffen. Zwischen 4 und 6 Uhr nachmittags erhebt sich der stellvertretende Leiter des Amtes der Kaiserin von seinem Sitz, und läßt 7 runde Sitzpolster bei den östlichen Sitzen auslegen. Diener nehmen sie, gehen bis zum Ende der südlichen Veranda, bis sie in die Nähe des Teiches kommen, und legen sie dort einen nach dem anderen auf. Dann kommen die sieben Alten zu den Sitzpölstern. [Es folgt die Beschreibung dessen, wie die ‚sieben Alten', Adelige zwischen 69 und 83 Jahren, jeweils von *enga* unterstützt, in der Reihenfolge ihres Alters, vom ältesten bis zum jüngsten, ihre Plätze einnehmen.] Dann Kiyosuke, 69 Jahre alt. Als Bekleidung trägt er über dem Gewand, das seinem Rang entspricht, kräftig hellblaue *sashinuki*-Überhosen und ein *shitagasane*. Er trägt einen Umhang und hält den Amtsstab in Händen... Fürst Suetsune nimmt seine Schuhe. Der stellvertretende Leiter des Generalgouvernements von Kyūshū nimmt die Schleppe seines Gewandes und legt es am Fuße der Stufen ab. Daß einer im 3. Rang die Schleppe eines Mannes im 4. Rang nimmt, ist eine bis dahin unerhörte Sache. Es geschieht, um das Alter zu ehren (*yowai o tōtobi*) und den Weg hochzuhalten. Die, die es sehen, können ihren Augen nicht trauen. Sie müssen sich die Tränen aus den Augen wischen. [Nachdem alle Platz genommen haben, werden *waka* rezitiert, vor allem solche, in denen das Alter beklagt wird[70].] So rezitieren alle Gedichte. Die zusehen, ob Laien oder Priester, ob hohen oder niederen Standes, sie haben sich überall zusammengefunden, auf den Hügeln, unter den Bäumen und stehen in Gruppen zusammen und können auch nur für kurze Zeit den Blick von diesem Bild nicht abwenden. Es gibt auch Frauen, die in Wagen gekommen sind, und nun zusehen. Auch gibt es eine Reihe Leute, die in die Halle vorgedrungen sind, und nun von dort aus zusehen. Es ist ein unerhörtes, wunderbares Schauspiel in dieser Endzeit...[71]

Führten diese vom Adel veranstalteten *shōshikai* von ihrer Durchführung her gesehen den Teilnehmern und Zuschauern sicherlich eindrucksvoll den

---

[69] Bezeichnet ebenso wie die ‚Art des Kakinomoto' *waka*-Gedichte.

[70] Es handelt sich dabei um die Gedichte *Kokinshū* 17/893 (KKS:281), 17/903 (KKS:284), 17/894, 17/899 und 17/895 (KKS:282), vgl. S. 79, 92, 80, 71 und 117.

[71] KR 33 (*Kiyosuke no Ason shōshikai no ki*):1478—1483.

ideellen Vorrang des Alters und der alten Menschen vor Augen, so handelte es sich doch auch innerhalb des Adels um ganz außergewöhnliche Ereignisse, deren Zahl während der ganzen Nara- und Heian-Zeit sich an den Fingern einer Hand abzählen läßt.

4.2.5. Staatliche Sorge um das materielle Wohl der Betagten

Auch was die Sorge des Staates um das materielle Wohlergehen der alten Menschen betrifft, wollte man in Japan dem chinesischen Vorbild nicht nachstehen; sie spiegelt sich im gesellschaftspolitischen Bereich einerseits in einer Steuergesetzgebung wider, die die Untertanen mit zunehmendem Alter stufenweise steuerlich privilegierte, wie dies bereits im *Li ji* angelegt gewesen war. So hatten laut *Ritsuryō* die über 61jährigen, nach *Koryō* 8 als *shichō* definiert[72], nur mehr die Hälfte an Kopfsteuern und Fronen der gewöhnlichen Erwachsenen zu leisten[73], was allerdings etwas weniger großzügig war als die chinesischen Gesetze, die meist schon diese Gruppe völlig von der Steuer befreiten.[74] Den über 66jährigen, laut *Koryō* 6 als *ki* definiert[75], waren dann auch in Japan sämtliche Abgaben und Fronen erlassen[76]. Daneben enthielten die *Ritsuryō* auch einen Paragraphen, nach dem die öffentliche Hand für den Lebensunterhalt bedürftiger alter Menschen aufzukommen hatte:

Die Witwer und Witwen (*kanka*), die Waisen und Alten ohne Kinder (*kodoku*), die überaus Armen, die Alten und Kranken (*rōshichi*), die allein nicht ihren Lebensunterhalt bestreiten können, sollen von ihren nahen Verwandten betreut werden. Gibt es solche nicht, soll von Distriktbeamten veranlaßt werden, daß sie von der Gemeinde beherbergt und ernährt werden.[77]

---

[72] *Koryō* 8 (Über die über 61jährigen und die leicht Körperbehinderten); RR:227: „Die über 61jährigen (*rō*) und die leicht Körperbehinderten werden *shichō* genannt." Die *rō* waren in *Koryō* 6 als über 61jährige definiert worden, vgl. S. 15.

[73] *Fuyakuryō* 1 (Über die Kopfsteuer) und 4 (Über den jährlichen Frondienst); RR:251, 252.

[74] Vgl. dazu S. 16, FN 12.

[75] Vgl. S. 15.

[76] „Von der Steuer Ausgenommene sind, die Kaiserfamilie, Inhaber des achten Ranges und aufwärts, Männer unter 16 Jahren, Söhne von Beamten im 5. Rang und aufwärts, Enkel von Beamten im 3. Rang und aufwärts, Greise (*ki*), Schwer- und Mittelschwerkörperbehinderte, Ehefrauen, Konkubinen, Töchter, Hauseigene und Sklaven" (*Koryō* 5 (Über den Haushaltsvorstand); RR:226).

[77] RR (*Koryō* 32 [Über die Witwer und Witwen]):235.

Die meisten in diesem Gesetzestext verwendeten Ausdrücke bereiten zwar Probleme hinsichtlich der Interpretation, welche Personengruppen sie im einzelnen einschließen sollten[78], und es ist auch nicht bekannt, ob dieser Regelung in der Realität entsprochen wurde. Die Sitte, daß die Regierungsstellen den bejahrten Untertanen zwar nicht regelmäßig, aber zu den verschiedensten Anlässen als *shingō* bezeichnete Spenden zukommen ließen, ist allerdings seit dem 7. Jh. belegt[79], und die erhaltenen Dokumente bezüglich dieser Spenden, die *shingō rekimyōchō*, die die Empfänger namentlich nennen, sowie die *ōchikara-chō*, die Ausgaben der öffentlichen

---

[78] Die Kommentare des *Ryō no shūge* führen die entsprechenden Definitionen des chin. *Li ji* an. *Kanka* wären demnach über 61jährige Männer ohne Ehefrau (*kan*) und Frauen über 50 ohne Ehemann (*ka*). Der Begriff *kodoku*, zu welchem das *Li ji* zitiert wird, in dem diese Personengruppe als die bedürftigste von allen beschrieben worden war (vgl. S. 176, FN 38), bezeichne zum einen *ko*, vaterlose unter 16jährige und zum anderen *doku*, über 61jährige ohne Kinder. Abweichende Meinungen vertreten die Kommentarwerke bezüglich der Definition des Wortes *rōshichi*, wobei *rō* einmal als 61—79jährige, einmal als über 66- jährige verstanden wird. Einig sind sich die Kommentare nur darüber, daß die über 80jährigen auf jeden Fall aus dieser Gruppe auszuschließen seien, und zwar weil diesen laut *Koryō* 11 ja ein *ji* zuzuteilen war (vgl. S. 243). Problematisch für die Definition der Personengruppen, die für diese Spenden in Frage kam, ist die nachgestellte Formel „die sich nicht selbst erhalten können", von der nicht klar ist, ob sie für sich allein steht oder ob sie die davor angeführten Bedingungen relativiert, sowie die Armen. Je nach Interpretation ergeben sich für die Empfänger sieben, sechs oder nur vier Personengruppen. Einzelne Kommentare meinten, sowohl die *kan*, die *ka*, die *ko*, die *doku*, die Armen, die Alten (*rō*) und die Kranken, seien, eben aufgrund der sozialen Lage, in der sie sich laut Definition befanden, nicht in der Lage, sich selbst zu erhalten und wären daher alle sieben mit dieser Form von Spenden zu bedenken. Die ebenfalls in den Heian-zeitlichen Kommentarwerken vertretene These von sechs Personengruppen, auf die sich das Gesetz beziehe, versteht den Paragraphen so, daß die *kan*, *ka*, *ko* und *doku* deswegen Spenden erhalten sollten, weil sie arm seien, die Alten und Kranken deswegen, weil sie sich nicht selbst erhalten können. Die letzte These, die von vier Personengruppen spricht, meint, den Witwern, Witwen, alleinstehenden Jungen und Alten seien nur dann Spenden zukommen zu lassen, wenn sie alt seien und sich nicht selbst erhalten könnten (Aoki u.a. 1989:369, A.54).

[79] Das *Nihon shoki* enthält für die Regierungszeit Jitō Tennōs eine Reihe von Eintragungen, die die Verteilung von Spenden an Betagte zum Inhalt haben. Bedacht wurden dabei einerseits kinder- oder partnerlose Alte (NS II (Shuchō 1.11.26, Jitō 4.1.17, Jitō 11.1.11):487, 500, 532, s.a. Aston 1956/2:384, 396, 421), doch scheinen Geschenke an Betagte manchmal vorwiegend dem Zweck einer allgemeinen Ehrung des Alters gedient zu haben und nicht primär als Aufbesserung eines ungesicherten Lebensunterhalts gedacht gewesen zu sein, wie etwa daraus hervorgeht, daß unter den Empfängern auch Ranginhaber zu finden sind: „Den über 80jährigen der Hauptstadt und des Kinai wurde Reis aus dem Palast von Shima geschenkt; jeder bekam 20 *tsuka*. Die, die einen offiziellen Rang innehatten, bekamen zusätzlich 2 *tan* Stoff" (NS II (Jitō 4.3.20) (690):502, s.a. Aston 1956/2:397). Ähnliche Eintragungen finden sich noch weitere Male, wobei sich die genannten Motivationen für die Vergabe der Spenden bisweilen überschneiden, z.B. NS II (Jitō 4.4.7 (690), Jitō 6.3.19 (692), Jitō 7.1.16 (693):502, 514, 519, s.a. Aston 1956/2:397, 406, 411).

Hand aufzeichnen, zeugen davon, daß solche Unterstützungen zumindest im 8. Jh. tatsächlich vergeben wurden und dabei im allgemeinen über 80jährige[80], seltener auch über 70jährige[81] mit doch recht substantiellen Mengen von einem oder mehreren *koku* Reis[82] bedacht wurden, jüngere Alte mit weniger und nur, wenn ihre Lebenssituation durch Witwenschaft oder Kinderlosigkeit erschwert wurde[83], wobei zum Teil recht komplizierte Abstufungen in der Menge des verteilten Reises vorgenommen wurden.[84]

Der Anlässe, zu denen den Betagten derlei Unterstützungen zuteil wurden, waren, darf man den zahlreichen entsprechenden Eintragungen aus dem *Shoku Nihongi* glauben, viele. Begab sich der Tenno auf eine Reise,

---

[80] Während die Kommentarwerke gerade diese Gruppe ausgenommen hatten, scheinen in den verschiedensten *ōchikara-chō* vielfach über 80jährige als Empfänger auf, ebenso wie auch die meisten solche Spenden anordnenden kaiserlichen Erlasse etwa im *Shoku Nihongi* von über 80jährigen sprechen. Beispiele sind das *Awaji no kuni ōchikara-chō* (738) (DNK 2:104) und das *Izumi no tsukasa ōchikara-chō* (737), dessen entsprechender Absatz lautet: „Dem kaiserlichen Edikt vom 19. Tag des 5. Monats entsprechend, wurde an Hochbetagte, Witwer und Witwen, alleinstehende Kinder und Alte, insgesamt 1616 Personen, insgesamt 654 *koku* 4 *to* Getreide verteilt: einem Mönch 8 *to*, 7 weiteren je 4 *to*, 2 über 100jährigen je 1 *koku*, 16 über 90jährigen je 8 *to*, 94 über 80jährigen, 174 Witwern, 969 Witwen, 328 Waisen und 25 kinderlosen Alten, also insgesamt 1590 Personen, je 4 *to*" (DNK 2:76).

[81] So z.B. laut *Shoku Nihongi* im Jahr 736 (SNG (Tenpyō 8.7.14):141. Möglicherweise geschah es auf der Grundlage dieses letzteren Erlasses, daß das *Settsu no kuni no ōchikara-chō* (736) als eines der wenigen erhaltenen Dokumente über 70jährige in der Liste der Empfänger führt (DNK 2:9—11).

[82] Ein damaliger *koku* entspricht etwa 4 heutigen *to* (NS II:502, A.3), also etwa 72 Liter, das *to* entsprechend 7,2 Liter.

[83] Bezüglich dieser Personengruppe war man in der Praxis offenbar großzügiger als die Gesetzeskommentare. Als *kan* tauchen im *Izumo no kuni shingō rekimyōchō* (739) 60jährige und ein 58jähriger, unter der Rubrik *ka* 48jährige und je eine 47-, eine 40- und eine 39jährige auf, als *doku* eine 50jährige Frau. Ein Dokument, das Auskunft über die Empfänger der Spenden gibt, die laut *Shoku Nihongi*, Hōki 4.3. (773), in der Hauptstadt verteilt werden sollten, führt als *kan* über 60jährige Männer, als *ka* über 50jährige Frauen und als *doku* über 50jährige an (Aoki u.a. 1989:369).

[84] Das *Suwa no kuni ōchikara-chō* (DNK 2:137) etwa enthält Aufzeichnungen über die Vergabe von Spenden, wie sie 738 angeordnet wurden, wobei sich aus der Summe des verteilten Reises ergibt, daß die Witwer, die außerdem krank und mittellos waren, 6 *to* erhielten, jene Witwer, die entweder krank oder mittellos waren, 5, jene Witwer, auf die die beiden anderen Voraussetzungen nicht zutrafen, 4; die Witwen, die gleichzeitig krank und mittellos waren, 5, wenn sie entweder mittellos oder behindert waren, 4, wenn sie nur einfach Witwen waren, 3; die alleinstehenden Kinder und Alten, wenn sie behindert und mittellos waren, 4, entweder behindert oder mittellos waren, 3, und wenn sonst keine weitere Bedingung auf sie zutraf, 2; weitere Abstufungen betrafen Leute, die behindert, alt und mittellos waren (3 *to*), solche, die behindert und mittellos waren (2 *to*) bzw. alt und mittellos waren (2 *to*) und jene, die nur mittellos waren (1 *to*) (Aoki u.a. 1989:369—370, A.54).

so wurden in aller Regel die Betagten an seinem Reiseziel oder in den Gegenden, durch die er hindurchgekommen war, beschenkt[85]; bei der Ausrufung einer neuen Jahresdevise durfte es an den entsprechenden Spenden für Betagte ebensowenig fehlen[86] wie bei Anlässen wie der Thronbesteigung eines neuen Tennō[87], der Ernennung eines neuen Kronprinzen[88] oder bei dessen Erreichen der Großjährigkeit[89]. Häufig wurden derlei Spenden aber auch dann durchgeführt, wenn die Welt angesichts der verschiedensten Naturkatastrophen in Unordnung geraten zu sein schien. So wird die Verpflichtung des Herrschers, reichlich für die Alten in seinem Land zu sorgen, im Sinne einer Unterbedingung des konfuzianischen Prinzips, wonach sich alle Dinge richtig ordnen, wenn jeder einzelne an seinem Platz der Tugend der Barmherzigkeit und Menschlichkeit genüge tut[90], deutlich, wenn anläßlich einer Mißernte den Betagten milde Gaben gespendet werden, um die Dinge wieder zum Guten zu wenden:

Es erging ein kaiserlicher Erlaß des Wortlautes: „Wir in Unserer Unwürdigkeit regieren gnädig über die Lande. In Betrübnis über das noch ausstehende Wohlergehen allen Volkes bedauern Wir schmerzlich, wenn es auch nur einem Wesen an etwas gebricht. Dies umsomehr, als wiederum die vergangene Ernte keinen guten Ertrag abgeworfen hat. Es gibt immer mehr entleerte Speicher. In diesem Jahre ist eine Seuche ausgebrochen, und junge Leute, die vorzeitig hungers sterben, gibt es nicht wenige. Wir sind dem Volke Vater und Mutter, doch Unsere huldvolle Sorge unterscheidet sich vom Können. Gelassen sprechen Wir dies aus, im Innern hingegen fühlen Wir Gewissensbisse. Ziehen Wir ferner in Betracht, daß das Volk nicht frei von Frevel ist, so tragen Wir selbst die eigentliche Verantwortung. Wollten Wir eine Bereinigung verfehlen, wie könnte man es veranlassen, sich von selbst zu bessern? Im Reiche soll eine große Amnestie ergehen. [...] Witwern und Witwen, Waisen und Kinderlosen, den Armen, Altersschwachen und Kranken (rōshichi), die sich nicht selbst erhalten können, sollen nach Maßen milde Gaben zugeteilt werden."[91]

---

[85] So etwa anläßlich des Eintreffens des Tennō in Muro (SNG (Taihō 1.10.9) (701):13, s.a. Snellen 1934:197), der Rückkehr des Tennō in die Hauptstadt (SNG (Taihō 1.11.4) (701):13, s.a. Snellen 1934:197) oder anläßlich eines Aufenthalts des Tennō in Kii (SNG (Jinki 1.10.16) (724):102).

[86] Z.B. SNG (Keiun 1.5.10) (704):20, (Keiun 4.12.29) (707):33, Jingo keiun 1.8.16:346, Tenō 1.1.1:466, s.a. Snellen 1934:214–215, Snellen 1937:214, MOAG 43:48.

[87] Z.B. SNG (Tenō 1.4.15) (781):470, s.a. MOAG 43:57.

[88] Z.B. SNG (Enryaku 4.11.25) (785):514, s.a. MOAG 43:182.

[89] Z.B. SNG (Enryaku 7.1.15) (788):527, s.a. MOAG 43:210.

[90] Wie es etwa an der Figur des König Xuan der Zhou illustriert werden kann, der durch seine Tugend und seine weise Regierung Regen zum Fallen brachte, als sein Land von Dürre bedroht war (Snellen 1937:273, A.61).

[91] SNG (Tenō 2.6.25) (782):486, s.a. MOAG 43:102–103. Ähnlich auch SNG (Tenpyō 9.5.19) (737):145 und SNG (Keiun 2.8.11) (705):23, s.a. Snellen 1934:221.

Umgekehrt wird in einem weiteren Erlaß der Hoffnung Ausdruck verliehen, eine reiche Ernte würde sich wie von selbst einstellen, sofern nur der Tugend, es den Alten an nichts fehlen zu lassen, genüge getan wird, wobei auch auffällt, daß der Zeitpunkt dieser Spenden an alte Menschen mit dem des oben erwähnten, durch die *Ritsuryō* eingeführten Festes zu Ehren der Betagten[92] zusammenfällt:

Es erging ein kaiserlicher Erlaß des Wortlautes: „Die Pflicht, für die Alten zu sorgen (*oi wo yashinau*), ist selbstverständlich, seit sich die Altvordern [guter Taten] befleißigten. Generationen hindurch haben sich die Herrscher im allgemeinen nach diesem Grundsatz gerichtet. Jetzt ist gerade die Zeit der Frühjahrsbestellung, und die Leute begeben sich auf die Sommerfelder. Nun eben gedenken Wir gnädig Unseres Volkes, und Unser Gefühl ist voll tiefer Anteilnahme. Also schenken Wir den Leuten im linken und rechten Teil der Hauptstadt, in den Fünf Zentralprovinzen und in sämtlichen Provinzen der Sieben Gaue, sofern sie 100 Jahre und älter sind, einem jeden 2 *koku* Getreide, sofern sie 90 Jahre und älter sind, 1 *koku*, sofern sie 80 Jahre und älter sind, 5 *to*; den Witwern, Witwen, Waisen und Kinderlosen sowie den Invaliden, unter Berücksichtigung ihres Alters, 1 bis 3 *to*. Entsprechend erteilen Wir den leitenden Beamten der Heimatprovinzen Weisung, sich persönlich in die Gemeinden zu begeben und teilnahmsvoll die Unterstützung zu gewähren."[93]

Dieses Gedankengut, wonach Spenden an alte Menschen nötig sind, um Glück zu beschwören, fand auch Eingang in die höfische Lyrik, wenn Ōtomo no Yakamochi in einem Gedicht den Tenno zum Goldfund in Michinoku beglückwünscht und dies auf die Mildtätigkeit seiner Regierung sowie darauf zurückführt, daß er es den Alten an nichts fehlen läßt:

... und da herrscht er nun,	... *yasotomo no o wo*
einerseits die Vasallen	*matsuroe no*
zu Treue und Gehorsam aufrufend,	*muke no manima ni*
gleichzeitig aber	*oihito mo*
mit so großer Mildtätigkeit,	*omina warawa mo*
daß auch die Alten,	*shi ga negau*
die Frauen und Kinder,	*kokoro tarai ni*
all ihre Wünsche	*nadetamai*
in Erfüllung gehen sehen...	*osametamaeba...*[94]

Auch der Buddhismus trug dazu bei, die ethischen Grundlagen für die Sorge um die betagten Mitmenschen, die zu schwach waren, um noch selbst für sich zu sorgen, zu festigen. So wurde etwa in das *Konjaku monogatari* auch jene berühmte indische Legende aufgenommen, die davon erzählt, wie ein Hase, um einen alten gebrechlichen Mann zu ernähren und weil er feststellen mußte, daß er zu ungeschickt war, um dies anders zu bewerkstelligen, sich selber briet, um jenem als Nahrung zu dienen:

---

[92] Vgl. S.183ff.
[93] SNG (Enryaku 6.3.20) (787):524, s.a. MOAG 43:200.
[94] MYS IV (17/4094):297, s.a. MYS 1965:150–152, Nr.468.

Es ist nun schon lange her, da lebten in Indien drei Tiere, ein Hase, ein Fuchs und ein Affe. Alle drei trugen in ihren Herzen den aufrichtigen Wunsch nach Erleuchtung und befolgten die Lehre Buddhas. Ein jedes dachte: „Wir haben in früheren Leben große Schuld auf uns geladen, und so sind wir in diesem Leben als niedere Tiere geboren worden. Wir sind in früheren Leben nicht mitleidig mit den Lebewesen gewesen, es war uns leid um unsere Besitztümer, und so gaben wir sie nicht anderen. So haben wir schwere Schuld auf uns geladen, sind der Hölle anheimgefallen und haben dort lange Zeit hindurch Qualen gelitten. Um den Rest unserer Schuld zu tilgen, sind wir in diesem Leben als Tiere wiedergeboren worden. Drum wollen wir uns in diesem Leben für andere aufopfern." Jene, die bedeutend älter waren als sie selbst (*toshi ware yori oitaru wo ba*), ehrten sie wie Vater und Mutter; jene, die nur etwas älter waren als sie selbst, behandelten sie wie ältere Brüder; jene, die etwas jünger waren als sie selbst, behandelten sie wohlwollend und liebevoll wie jüngere Brüder; sie opferten sich selbst auf und räumten allen anderen den Vorrang ein. Als der Gott Indra das sah, da dachte er: „Sie mögen zwar in den Körpern von Tieren stecken, aber ihre Gesinnung ist edel. Unter den Wesen, die als Menschen geboren sind, gibt es welche, die andere Lebewesen töten, welche, die anderer Hab und Gut stehlen, auch solche, die ihre Eltern töten oder ihre Brüder als die schlimmsten Feinde betrachten. Es gibt solche, die nach außen hin lächeln, im Innersten ihres Herzens aber Böses denken, und solche, die hinter liebevollem Gehabe Wut und Zorn verbergen. Wie ist es nur möglich, daß gerade diese Tiere solch eine edle Gesinnung haben sollten? Ich will sie auf die Probe stellen."

Darauf nahm er die Gestalt eines betagten, schwach, erschöpft und hilflos aussehenden Greises (*oitaru okina no muriki ni shite tsukarezutsu nage naru katachi*) an, begab sich dorthin, wo die drei Tiere waren und sagte zu ihnen: „Ich bin alt und müde (*toshi oitsukarete*) und weiß nicht, wie ich mich durchbringen soll. Ihr drei Tiere, ernähret doch ihr mich. Ich bin arm, habe keine Kinder und nichts zu essen. Von euch drei Tieren aber habe ich gehört, daß ihr voll des Mitleids seid." Als die drei Tiere das hörten, da sagten sie: „Das ist genau das, was wir wollten. Er muß rasch etwas zu essen bekommen!" Da kletterte der Affe auf die Bäume und brachte Kastanien, Kaki-Früchte, Birnen, Mandarinen, Orangen, Beeren, Haselnüsse und vieles mehr; er ging in die Felder und brachte Melonen, Auberginen, Sojabohnen, rote Bohnen und verschiedene Sorten Hirse. Der Fuchs ging in die Nähe von Begräbnisplätzen und brachte große Mengen an Reiskuchen, Abalone, getrocknetem Thunfisch und noch anderen Sorten Fisch, die die Menschen dort geopfert hatten, zurück. Sie gaben dem alten Mann (*okina*) so lange und so viel davon, bis er satt war. So vergingen einige Tage, und der alte Mann sagte: „Diese beiden Tiere sind wirklich von tiefem Glauben erfüllt. Sie sind vollkommene Bodhisattvas." Unterdessen war auch in dem Hasen der feste Wille erwacht, dem alten Mann zu helfen, er hatte eine Fackel ergriffen, Weihrauch genommen, er hatte die Ohren aufgestellt, den Rücken gewölbt, seine Augen weit aufgerissen, die Vorderpfoten angezogen und vor Anstrengung seinen Hintern weit aufgemacht, wie er so kreuz und quer, nach Norden, Süden, Osten und Westen gehoppelt war, doch es war ihm nicht gelungen, auch nur das geringste aufzutreiben. Der Affe, der Fuchs und der alte Mann, sie alle hatten ihn beschämt und sich über ihn lustig gemacht; sie hatten ihn weiter angestachelt, doch es ging über seine Kräfte. Da dachte der Hase: „Ich könnte, um für den alten Mann etwas zu essen zu besorgen, über Berg und Tal gehen, doch lauert dort so manche Gefahr auf mich. Es könnte ein Mensch mich erlegen oder ein wildes Tier könnte mich reißen. Umsonst würde ich mein Leben verlieren. Da wäre es doch besser, ich würde mich nun selbst opfern, von dem alten Mann aufgegessen werden und so für lange Zeiten aus diesem Dasein als Tier entkommen." Darauf begab sich zu dem alten Mann und sprach: „Ich will mich jetzt aufmachen und eine ganz besondere Köstlichkeit für Euch holen. Sammelt Ihr inzwischen etwas Holz, macht ein Feuer an und wartet auf mich." So ging der Affe und sammelte Holz. Der Fuchs holte Feuer und entzündete damit das Holz. Wie sie so gespannt darauf warteten, was der Hase denn wohl zurückbringen würde, da tauchte der Hase wieder auf, allerdings ohne das geringste mitzubringen. Als der Affe und der Fuchs das sahen, da sagten sie: „Wir haben uns schon gefragt, was du wohl bringen würdest. Nun ist es so, wie wir es uns gleich gedacht haben. Du schwingst nur große Reden und betrügst damit die Leute. Du hast uns Holz sammeln und ein Feuer anmachen lassen, nur damit du dich daran wärmen kannst. Wie verabscheuungswürdig!" Darauf erwiderte der Hase: „Ich habe nicht die Kraft, etwas zu essen zu finden und es hierher zu bringen. Aber ich werde mich selbst braten, damit er mich essen kann!", sprang ins Feuer und starb in den Flammen. Da nahm der Gott Indra wieder seine ursprüngliche Form an und setzte die Gestalt des Hasen, wie er in dem Feuer lag, in den Mond, auf daß ihn dort alle Lebewesen sehen konnten. Und so ist das, was an der Oberfläche des Mondes wie eine Wolke aussieht, der Rauch des Feuers, in dem sich der Hase selber briet. Und wenn die Menschen vom Hasen im Mond sprechen, so meinen sie die Gestalt dieses Hasen. Ihr vieltausende Menschen, denkt immer an diesen Hasen, wenn ihr den Mond seht.[95]

Allgemein war ja die Ethik des universellen Mitleids, die das Mahayana vertrat, dazu angetan, auch in Japan, wie bereits in China, dazu beizutragen, daß von buddhistischer Seite wohltätige und soziale Institutionen wie Spitäler und Asyle gegründet wurden sowie Speisungen von Armen durchgeführt wurden. So nimmt es denn auch nicht Wunder, daß bereits in einer der ersten buddhistischen Gründungen in Japan, dem Shitennōji des Shōtoku Taishi, ein Hidenin bestand, dessen vorrangige Aufgabe die Pflege von alten Menschen war[96]. Dafür, daß auch über diese eine Institution hinaus in den buddhistischen Tempeln insgesamt häufig Stätten eingerichtet waren, die der Pflege alter Menschen gewidmet waren, spricht auch die Tatsache, daß ein Edikt des Tenmu Tennō aus dem Jahr 680 Auswüchse dieser Praxis hintanstellen wollte, indem die Tempel verpflichtet wurden, für diese Alten eigene Gebäude zu errichten, in denen sie gepflegt werden konnten, ohne den allgemeinen religiösen Betrieb der Tempel zu stören[97].

Daß die Mildtätigkeit den bedürftigen Alten gegenüber durchaus auch vom Staat als buddhistisches Gebot aufgefaßt wurde, dafür spricht schon

---

[95] KM I (5/13):365—367, s.a. Ury 1979:56—58. Als Quelle fungierte wohl das *Da Tang xi yu ji*, ein chin. Bericht über eine Indien-Reise im 7.Jh., der Geschichte und gegenwärtige Lage des Buddhismus in Indien beschreibt.

[96] Tachibana 1975:79. Dabei hatte Shōtoku Taishi die Idee dafür wohl dem buddhistischen Sutra *Shōmangyō* entnommen, zu dem er ja der Tradition nach auch einen Kommentar, das *Shōmangyō gisho*, verfaßte. In diesem hieß es: „Von heute an bis ich Buddhaschaft erlangt habe werde, will ich niemals ohne Sorge oder Verpflegung lassen all jene Unglücklichen, Alleinstehenden (*kodoku*) oder Versklavten, die an Krankheiten leiden oder von den verschiedensten Katastrophen heimgesucht wurden, sondern versuchen, sie zu erretten und zu trösten durch die Wohltat der Unterweisung in den erhabenen Wahrheiten, und sie nicht im Stich lassen, bis sie von allem Unglück erlöst sind", und der Definition der Gesetze entsprechend wurden jene *kodoku* als Kinder ohne Eltern und alte Menschen ohne Kinder interpretiert (SG:77—79).

[97] NS II (Tenmu 8.10.):438; vgl. S. 501.

der obenerwähnte Erlaß aus dem *Shoku Nihongi* von Tenpyō 8.7.14 (736), in dem Spenden an Betagte in einem Atemzug mit religiösen Übungen genannt werden, die im Sinne von Gebeten zur Beförderung der Gesundheit des kränkelnden Exkaisers durchgeführt wurden.[98] Ähnlich zu deuten sind auch die Spenden an alte Menschen, wie sie anläßlich einer Erkrankung der Kaiserin vorgenommen wurden.[99]

So häufig diese Spenden an alte Menschen in der Nara-Zeit allem Anschein nach auch durchgeführt wurden, so substantiell, zumindest für den einzelnen Betroffenen, die dabei vergebenen Mengen auch waren und so sehr sie Ausdruck einer Geisteshaltung gewesen sein mögen, die im materiellen Wohlergehen der betagten Untertanen eine Grundvoraussetzung für den Frieden und die Prosperität im ganzen Land sah, sie blieben Spenden, die zu bestimmten Anlässen huldvoll gegeben wurden, ein Anrecht auf Versorgung durch den Staat, wie es in den *Ritsuryō* für die mittellosen Alten ohne nahe Verwandte vorgesehen gewesen war, bestand offenbar nicht, und da größere Mengen Reis nur den wenigen alten Alten, den über 80jährigen, zugeteilt wurden, dürften diese Spenden gesamtgesellschaftlich keine besondere Bedeutung gehabt haben[100]. Auch scheint die Obrigkeit allmählich mit dem Verfall der Zentralmacht im Laufe der Heian-Zeit bei der Vergabe nachlässiger geworden zu sein. Wurden zu Anfang noch Gesandte in die Provinzen geschickt, um darüber zu wachen, daß die designierten Empfänger auch tatsächlich in den Genuß der ihnen zugedachten Gaben kamen, verkam die Sitte in der Heian-Zeit zu einem formalisierten Fest innerhalb des höfischen Jahresbrauchtums, bei dem alljährlich zu Ende des 5. Monats den Bedürftigen aus der Hauptstadt Reis und Salz gespendet wurde, wodurch natürlich auch der Rahmen der Empfänger mit der Bevölkerung der Hauptstadt äußerst begrenzt war.[101] Den Bemühungen des Nara-zeitlichen Staates zum Trotz, den alten Menschen entweder innerhalb ihrer Familien einen Unterhalt zu sichern oder, falls keine Anverwandten vorhanden, sie aus Mitteln der öffentlichen Hand ausreichend zu versorgen, war oder blieb das Bettlertum doch eine der charakteristischen Daseinsformen, in denen alte Menschen uns aus den Quellen entgegentreten, worauf noch näher einzugehen sein wird[102].

---

[98] Vgl. S.189, FN 81.
[99] SNG (Enryaku 9.3^2.10) (790):544, s.a. MOAG 43:254—255.
[100] Murao 1964:112.
[101] Tachibana 1975:80—81 und NKD 11:158, Stichwort *shingō*.
[102] Vgl. S. 228ff.

4.2.6. Nachsicht bei Fehlverhalten alter Menschen

Eine letzte Facette, in der sich die Hochachtung vor den alten Menschen offenbart, liegt in ihrer rücksichtsvollen Behandlung bei Straftaten, wie sie ebenfalls bereits im *Li ji* angelegt war. Die *Ritsuryō* billigten in Anlehnung an ihre chinesischen Vorbilder den betagten Untertanen eine Sonderstellung in allen strafrechtlichen Fragen zu, die ihnen bei von ihnen begangenen Vergehen eine mildere Behandlung zusicherte als sie jüngeren zuteil wurde. So nahmen sie zum Beispiel über 80jährige auch bei Verbrechen gegen den Tenno und den Staat von der Sippenhaftung aus, die sonst in den Strafgesetzen vorgesehen war:

Jene, die sich eines Verbrechens gegen den Tenno oder gegen den Kaiserhof schuldig gemacht haben, werden ohne Unterschied von Anführer und Mittäter geköpft. Deren Väter und Söhne, ebenso ihre Hauseigenen, ihr Vermögen, Felder und Häuser, fallen an die Regierung. Die über 80jährigen ebenso wie Schwerkörperbehinderte sind davon ausgenommen. Ihre Großeltern und Enkel sowie ihre Brüder werden alle in die weite Verbannung geschickt.[103]

Obwohl der Familienbesitz der Straffälligen allgemein an den Staat fiel, wurde den über 80jährigen darüber hinaus sogar gestattet, den ihnen zustehenden Teil dieses Vermögens zu behalten:

... Jene, die, obwohl sie im gleichen Haushalt lebten, nicht unter die Sippenhaftung fallen, bzw. die Kinder derer, die unter die Sippenhaftung fallen, werden von der Verbannung entbunden und der ihnen zustehende Teil des Vermögens wird ihnen überlassen.
Die, die wegen Alters oder Krankheit (*rōshichi*) ausgenommen sind, erhalten den Teil eines Kindes.
Die über 80jährigen oder Schwerkörperbehinderten bekommen einen Anteil, je nachdem, wie viele Menschen zu ihrem Haushalt gehören; nämlich den eines Sohnes. Zum Beispiel ein über 80jähriger, der drei Söhne und zehn Enkel hat; einer dieser Enkel begeht ein Verbrechen gegen den Tenno oder den Kaiserhof. Wenn zu diesem Zeitpunkt noch mindestens ein Sohn am Leben ist, so wird geteilt nach den Regeln für drei Erben und der alte Mann (*rōja*) bekommt ein Viertel. Sind alle drei Söhne bereits tot, und er hat zehn Enkel, so wird nach gleichen Teilen geteilt zwischen dem alten Mann (*rōjin*) und den zehn Enkeln und der alte Mann bekommt ein Elftel...[104]

Auch bei jenen Verbrechen, bei denen die Sippenhaftung in ferner Verbannung bestand, waren über 80jährige davon ausgenommen[105]. Allge-

---

[103] RR (*Zokutōritsu* 1 [Über Verbrechen gegen den Tennō]):87–88. Nach den Tang-Gesetzen waren zusätzlich über 60jährige Frauen und Mittelschwerkörperbehinderte (*haishichi*) von der Sippenhaftung ausgenommen (RR:87 A).

[104] RR (*Zokutōritsu* 2 [Über die Sippenhaftung]):88.

[105] Etwa RR (*Zokutōritsu* 15 [Über das Vergiften]):95–96, wobei der Grund, warum von dieser Bestrafung abgesehen wurde, laut Kommentar darin bestand, daß sie sich nicht selbst erhalten können und die Verbannung ja Zwangsarbeit am Verbannungsort und spätere Ansiedlung an diesem Ort bedeutete.

mein war das fortgeschrittene Alter Anlaß zu Strafmilderung, deren Ausmaß nach dem kalendarischen Alter der Angeklagten gestaffelt war:

> Bei Personen, die über 70 oder unter 16 Jahre alt sind, oder die mittelschwer körperbehindert sind, werden Strafen wie Verbannung und darunter in Geldstrafen umgewandelt. ... Am Verbannungsort sollen solche Personen zumindest nicht zu Zwangsarbeit herangezogen werden.
> Bei Personen, die über 80 oder unter 10 Jahre alt sind oder die schwer körperbehindert sind, und die sich eines Verbrechens wider den Tenno oder den Kaiserhof oder des Mordes schuldig gemacht haben und die zum Tode verurteilt sind, soll ein Spruch des Tenno erwirkt werden. Bei Raub und Diebstahl und Körperverletzung soll ihre Strafe in eine Geldstrafe umgewandelt werden.
> Bei Personen, die über 90 oder unter 7 Jahre alt sind, soll die Strafe nicht vollzogen werden, auch wenn sie sich einer mit der Todesstrafe zu ahndenden Tat schuldig gemacht haben. Gibt es einen Anstifter, so soll diesem das ganze Strafausmaß angelastet werden.
> Die Alten und die Kinder (*rōshō*) haben nur wenig Urteilskraft, sodaß man sie zu Verbrechen anstiften kann. Was sie für ein Verbrechen begehen, ist dem Anstifter anzulasten. Wenn man zum Beispiel einem 7jährigen Kind einredet, seine Eltern tätlich anzugreifen, oder einem 90jährigen Alten (*rōja*) seine Kinder oder Enkelkinder zu töten, so kommt das dem Verbrechen gleich, einen Menschen tätlich anzugreifen oder ihn zu Tode zu bringen...[106]

Dabei sollte das vorgerückte Alter als strafmildernder Grund auch dann Wirkung haben, wenn es erst zur Zeit der Anklage eingetreten war, und nicht bereits zum Zeitpunkt, als die Tat begangen worden war:

> War jemand zu der Zeit, als er das Verbrechen beging, nicht alt oder krank (*rōshichi*), ist er es aber zur Zeit der Anklageerhebung, so soll er den Bestimmungen über Alte und Körperbehinderte gemäß verurteilt werden. Dies kommt auch zur Anwendung, wenn etwa jemand während des Ableistens der Zwangsarbeit alt oder krank wird, so ist das verbleibende Strafausmaß in Geldstrafe umzuwandeln...[107]

Es ergibt sich daraus zweierlei: Einerseits lag die Motivation dafür, alte Menschen strafrechtlich milder zu behandeln, darin, daß man sie, ähnlich wie Kinder, für offenbar nur beschränkt zurechnungsfähig hielt; andererseits aber auch darin, daß man verhindern wollte, betagte Straffällige mehr als unbedingt nötig zu demütigen oder gar körperlich zu züchtigen. Diesen Zweck verfolgte offenbar auch der folgende Paragraph:

> Werden Straftäter eingekerkert, so sind die, die zur Todesstrafe verurteilt sind, in Halseisen zu legen. Frauen oder Personen, die mit Verbannung oder weniger zu bestrafen sind, sind

---

[106] RR (*Myōreiritsu* 30 [Die über 70jährigen betreffend]):40. Laut *Tang lü shu yi*, dem chin. Kommentarwerk des 7. Jh.s zur bestehenden Gesetzgebung, hätte bereits das *Zhou li*, der konfuzische Klassiker über die Gebräuche der Zhou, bestimmt, über 70jährige dürften nicht zu Sklaven gemacht werden, über 90jährige (*mao*) wären laut *Li ji*, auch wenn sie sich der Todesstrafe schuldig gemacht hatten, nicht zu bestrafen gewesen (RR:39 A).

[107] RR (*Myōreiritsu* 31):41. Ebenso sollte der Täter wie ein Kind bestraft werden, wenn er zum Zeitpunkt der Tat noch minderjährig war, zur Zeit der Anklageerhebung aber schon erwachsen.

in Handfessel zu legen. Personen, die zu Stockschlägen verurteilt sind, sollen nur am Aus- und Eingehen gehindert werden; ebenso über 80jährige, unter 10jährige, Körperbehinderte, Schwangere und Zwerge, auch wenn sie mit dem Tod zu bestrafen sind.[108]
Parallel dazu geht aus einzelnen Passagen auch hervor, daß man geneigt war oder es einer Norm entsprechend zumindest sein sollte, den Alten gerade aufgrund ihres fortgeschrittenen Alters deren Verhalten, und empfindet man es als noch so unpassend, zu verzeihen. Dies klingt zum einen in einer den Gesetzen nahestehenden Form in der folgenden Legende aus dem *Konjaku monogatari* an, in der ein Provinzgouverneur verzweifelt nach einem Ausweg sucht, einen betagten Untergebenen, der sich Schwerwiegendes zuschulden hat kommen lassen, nicht bestrafen zu müssen:

[Der Statthalter von Ōsumi stellt fest, daß sich einer der Distriktbeamten des ihm unterstehenden Gebietes mehrmals grober Pflichtverletzungen schuldig gemacht hat und beschließt, ein Exempel zu statuieren. Der Schuldige wird vorgeführt, und man bereitet sich auf die fälligen Stockschläge vor.]

Der Statthalter sah nun aber einen hochbetagten Greis (*toshi oitaru okina*) vor sich, mit völlig weißem Haar auf seinem Haupte, kein einziges schwarzes war darunter (*kashira no sue kuroki kami mo majiranu, mina shiraga nari*). Als er das sah, fand er es sehr unziemlich, daß jener geschlagen werden sollte, es wandelte ihn plötzlich Reue an und er überlegte, aus welchem Grunde er ihn etwa entlasten könne, er fand aber gleichwohl keinen. Als er seine Umgebung wegen möglicher Irrtümer befragte, bekam er zur Antwort, man könne nur dessen Alter als Entlastungsgrund anführen.

Weil der Anblick des Distriktvorstandes den Statthalter so erbarmte, daß er ihn nicht prügeln lassen wollte, dachte er nach, wie er ihn freilassen könnte; er überlegte hin und her, fand aber keine Lösung, und so sagte er, um jenen zu retten: „Du bist wirklich ein unglaublicher Spitzbube. Aber könntest du vielleicht ein Gedicht verfassen?" Der Alte antwortete: „Nun ja, etwas Brauchbares wird es zwar nicht sein, aber ich will Euch zu Diensten sein." „Nun, dann dichte!", sprach der Statthalter, worauf der Alte (*okina*) nach kurzer Zeit mit zittriger Stimme also anhob:

Die Jahre hindurch	Toshi wo hete
hat auf dem Haupte der Schnee	kashira ni yuki wa
hoch sich angehäuft,	tsumoredomo
doch seh ich den Stock	shimo to miru koso
erstarrt nun vor Kälte mein ganzer Leib.	mi wa hienikere

Als der Statthalter das hörte, war er ungemein bewegt und von Mitleid erfüllt, er ließ ihn frei und schickte ihn heim...[109]

Aber auch dort, wo es nicht um Gesetze und entsprechende Strafen geht, appellieren einzelne betagte Figuren in den Heian-zeitlichen Romanen an diese Norm, um eigene Normverstöße zu rechtfertigen. So meint etwa die alte Ōmiya aus dem *Genji monogatari*, die inzwischen Nonne geworden ist, sie wisse zwar, ein Brief von ihr am Tag der Gewandzeremonie sei unpassend, hofft aber gleichzeitig, man würde ihn ihr aufgrund ihres fortgeschrit-

---

[108] RR (*Gokuryō* 39 [Über das Einkerkern]):467.

[109] KM IV (24/55):352–353, s.a. Naumann 1973:175–176.

tenen Alters schon nachsehen[110]. Ähnlich verhält sich die alte Großmutter der Dame Akashi aus demselben Roman. Auch sie benimmt sich etwas unpassend, meint aber, sich dies aufgrund ihres fortgeschrittenen Alters wohl erlauben zu dürfen, und macht ihre Tochter darauf aufmerksam, in früheren Zeiten hätte man jemand so Altem derlei sicherlich nachgesehen[111]. Symptomatisch erscheint in diesem Zusammenhang jene Szene aus demselben Roman, in der eine Gesellschaft Jüngerer die alte Mutter des Bischofs auffordert, die Koto zu spielen. In Wirklichkeit ist ihnen die Gesellschaft der alten Frau eher lästig, und auch ihr Spiel empfinden sie als desillusionierend häßlich. Dennoch bestehen alle darauf, sie solle nur spielen und loben sie überschwenglich. Was aus dieser Passage hervorzugehen scheint, ist weniger eine allgemeine Hochachtung und Wertschätzung den alten Menschen gegenüber als eine Art Narrenfreiheit, die man ihnen dort, wo es leicht geht, einräumt:

[Der frühere Schwiegersohn der Schwester des Bischofs musiziert in deren Haus, und die alte Mutter hat sich zu ihnen gesellt. Durch das Spiel der Anwesenden angeregt, sagt sie:]
„Früher habe ich alte Frau (ōna) die Azuma-Koto sehr gut beherrscht. Aber vielleicht spielt man heute ja anders, auf jeden Fall hat mich der Bischof, mein Sohn, gescholten, es höre sich gar unangenehm an und außerdem gezieme es sich für jemanden wie mich nicht, etwas anderes zu tun, als Buddhas Namen anzurufen. Da ist mir die Lust am Musizieren vergangen, und ich ließ es sein. Aber eine Koto, die einen herrlichen Klang hat, besitze ich trotzdem noch immer!"
So redete sie in einem fort. Weil sie offenbar Lust hatte zu spielen, lächelte der Chūjō verstohlen in sich hinein und sagte: „Das ist aber merkwürdig, was Euch der Bischof da gesagt hat. Und erst daß er Euch das Musizieren untersagt hat! Ist es denn vielleicht nicht so, daß auch im Paradiese die Boddhisattvas auf den verschiedensten Instrumenten musizieren und die Himmelswesen dazu tanzen, fürwahr, ein höchst ehrwürdiges Geschehen! Wie könnte einen denn die Freude an der Musik von Buddhas Weg abbringen, wie könnte sie Sünde sein? Laßt uns doch heute abend Euer Spiel hören!"
Wie er sie so ermunterte, da verspürte sie immer mehr Lust zu spielen, und sie rief: „He, Tonomori, bring mir die Azuma-Koto!" Immer wieder mußte sie zwischendurch hüsteln, und alle fanden ihr Spiel ausgesprochen häßlich, aber weil dem Chūjō ihr Leid geklagt hatte, wie sehr sie dem Bischof grollte, daß er ihr das Musizieren untersagt hatte, ließen sie sie gewähren. Sie griff nach der Koto, und ohne sich darum zu kümmern, es auf die Flöte einzustimmen, spielte sie nach Herzenslust eine Azuma-Melodie. Alle anderen Instrumente, die ja anders gestimmt waren, verstummten daraufhin, aber sie glaubte, dies geschähe nur, weil alle ihr verzückt lauschten. Wie sie so auf der Koto eine heitere Melodie spielte, klang wirklich gar zu altmodisch (furumekitaru).
„Wie wundervoll", lobte sie der Chūjō. „Ein Lied, wie man es heute kaum noch hört, tragt Ihr uns da vor!"
Sie war etwas schwerhörig und fragte eine Dienerin, die in ihrer Nähe saß, was der Chūjō denn gesagt hatte, und erwiderte dann: „Jaja, die jungen Leute heutzutage haben gar keinen

---

[110] GM III:85; vgl. S. 513.

[111] GM III:280—281; vgl. S. 300.

Sinn mehr für solche Dinge. Die junge Dame etwa, die seit einigen Monaten in diesem Hause lebt, sieht zwar bezaubernd aus, aber Künste betreibt sie keinerlei und lebt nur ganz in sich gekehrt vor sich hin." Selbstzufrieden machte sie sich auf diese Art und Weise über Ukifune lustig, während sie mit dem Chūjō plauderte. Die Schwester des Bischofs und die anderen Nonnen um sie herum fanden dies höchst unerfreulich, und der Chūjō, der durch das Spiel der alten Nonne auf der Azuma-Koto völlig ernüchtert worden war, brach nun schleunigst nach Hause auf.[112]

4.3. Formen der Geringschätzung alter Menschen

So sind in den Quellen zwar eine Reihe von Attitüden des Respekts gegenüber alten Menschen zu beobachten, doch liegt auf der Hand, daß angesichts der ausgeprägten sozialen Schichtung, wie sie die Nara- und Heian-zeitliche Gesellschaft charakterisierte, das Kriterium des Alters und der Seniorität durch andere hierarchische Prinzipien wie etwa die Zugehörigkeit zu einer bestimmten Schicht durchkreuzt wurde. Wie schon in einigen Passagen anklang, scheint aber Alter und Seniorität nicht nur vor der Zugehörigkeit zur Schicht der Adeligen oder der Gemeinen, sondern auch innerhalb der abgehobenen Schicht des Hofadels vor den innerhalb dieser existierenden, etwa durch die Hofränge veranschaulichten Rangunterschiede stark in den Hintergrund getreten zu sein. Explizit wird dies etwa in der gesetzlichen Bestimmung, die das Verhalten auf den Straßen regelte:

Auf den Landstraßen und Gemeindewegen sollen die Niederen den Edlen Platz machen, die Jungen den Alten, das Leichte dem Schweren.[113]

Wenngleich diese Bestimmung recht allgemein gehalten ist und nichts Genaueres darüber angibt, in welchem Verhältnis die drei angeführten Kriterien von Rang, Alter und Gewicht für die Priorität auf den Straßen und Wegen zueinander standen, so lassen die Kommentarwerke *Ryō no gige* und *Ryō no shūge* kaum Zweifel daran, wie der Paragraph zu verstehen war. Daß die Niederen den Edlen Platz machen sollen, bedeutet laut *Koki* des *Ryō no shūge* zum Beispiel, daß ein gewöhnlicher Mann einem Beamten Platz machen muß, ein Höriger einem Freien, insbesondere aber auch ein alter Gemeiner einem jungen Edlen; laut *Ryō no gige* schließlich auch, daß ein Beamter im 8. Rang einem im 7. Rang den Vortritt lassen muß. Es erklärt weiter, daß der Jüngere dem Älteren Platz zu machen hat, wenn ein Alter mit einer leichten Last einem Jungen mit einer schweren Last begegnet. Die Reihenfolge der drei Absätze des Paragraphen dürfte also

---

[112] GM V:374–375, s.a. Benl 1966b:917–919.

[113] RR (*Giseiryō* 22 [Über die Straßen und Wege]):349.

auch deren Priorität widerspiegeln. Während das *Ryō no gige* den Unterschied zwischen Hoch und Niedrig bereits in den durchaus kleinen Rangunterschieden zwischen Beamten des 7. und 8. Ranges erblickt, erklärt es abschließend unmißverständlich, daß sich die Kriterien von Alter und Gewicht der Last nur auf den Fall bezögen, daß Leute desselben Ranges aufeinanderträfen, aber dort, wo ein höhergestellter auf einen weniger hochstehenden träfe, immer und auf jeden Fall der höhergestellte den Vorrang hätte, gleich wie alt der andere sei oder welche schwere Last auch immer er zu befördern hätte[114]. Kam das Alter einer Person als Kriterium zur Bestimmung der Priorität auf den Wegen zwar gleich nach dem Rang, so wog doch jeder noch so kleine Rangunterschied jedwede Überlegenheit in der Höhe des kalendarischen Alters bei weitem auf.

Mag dies der einem Gesetz inhärenten Notwendigkeit zu genauer Reglementierung entsprechen, so kommt auch in der Belletristik häufig eine kaum verdeckte Verachtung gegenüber Älteren und Alten zum Ausdruck, die nicht gleichzeitig auch ranghöher sind. Diese werden dann nur allzu häufig Zielscheiben mehr oder minder offenen Spottes.

4.3.1. Alte Menschen als Zielscheibe des Spottes

So berichtet Sei Shōnagon in ihrem Kopfkissenbuch, wie die jungen Hofdamen sich hinter deren Rücken über betagte Beamte lustig machen, die sich bei ihnen anbiedern, um die nötige Protektion für eine Ernennung zum Provinzgouverneur von ihnen zu erhalten, und sie nachäffen[115]. Die Irreverenz, die die jungen Hofdamen in bezug auf die alten Beamten an den Tag legen, mag durch die relative Verachtung bedingt sein, die der Hofadel den Mitgliedern dieser Schicht niederer Adeliger entgegenbrachte und die möglicherweise auch von den bei Hof Dienst tuenden jungen Frauen verinnerlicht wurde, die dabei durchaus Töchter aus der gleichen Schicht sein konnten. War es auch nicht das einzige auslösende Moment für die Heiterkeit, so trug deren fortgeschrittenes Alter doch zu dieser bei, geschweige denn, daß sie sie hintanhielt.

Geschieht die Verunglimpfung der Alten hier hinter ihrem Rücken, so schildert die Heian-zeitliche Belletristik aber auch genügend Situationen, in denen das Lächerlich-Machen alter Menschen weniger versteckt vor sich ging. So müßte die ältliche Hofdame der folgenden Passage des *Murasaki*

---

[114] RGG:210–211, RSG:725.

[115] MS:46; vgl. S. 448.

Alte Menschen als Zielscheibe des Spotts 201

Shikibu nikki immerhin recht naiv gewesen sein, um nicht zu merken, daß sie das Opfer eines Scherzes geworden ist, den sich eine Gruppe von jungen Höflingen mit ihr erlaubt:

[Höflinge unterhalten sich über eine Hofdame der früheren Kaiseringemahlin, Sakyō no Muma, und machen sich über ihren gesellschaftlichen Abstieg lustig.]
Um dies nun ganz offenbar werden zu lassen, wählen sie unter den zahlreichen Fächern, die sich in den Appartements Ihrer Majestät befinden, einen, auf dem der Berg Hōrai zu sehen ist. Darin liegt natürlich eine Absicht, ob sie sie wohl verstehen wird?[116] Den Fächer legen sie geöffnet auf den Deckel eines Kästchens, nebst aufgewickelten Hutschnüren, und an den Ecken binden sie gebogene Kämme und Schminke fest. „Jaja, so ist das, für eine, die über ihre Blütejahre schon ein bißchen hinaus ist (*sukoshi sadasugitamainitaru*), sind gebogene Kämme genau das richtige!"[117], sagen die Herren und nehmen solche, wie sie heutzutage in Mode sind, deren Krümmung so stark ist, daß die beiden Enden sich beinahe berühren und schon ziemlich vulgär wirken.
[Das ‚Geschenk' wird Sakyō no Muma von einer Botin überbracht, die sich schnell zurückzieht, bevor jene seinen Inhalt erkennt, und alle sind sehr darüber erheitert, daß Sakyō vielleicht sogar denken könnte, es sei ein Präsent ihrer Herrin.][118]

Daß sich die Verwandten und Parteigänger der Kaiserin über diese ältliche Hofdame lustig machen, hat natürlich nicht nur mit deren Alter zu tun, sondern auch mit politischer Intrige[119], doch ist bemerkenswert, daß für Frauen in höfischen Kreisen das Älterwerden zumindest insofern Nachteile mit sich brachte, als es einen zusätzlichen Angriffspunkt für derlei Verunglimpfungen durch politische oder andere Rivalen darstellte.

In ihrem Tagebuch schildert Murasaki Shikibu eine weitere Episode, in der ein alter Mann zum Gegenstand des Spottes wird, und auch diesem müßte es an Bildung gebrechen, es nicht zu merken:

---

[116] Indem man ihr ein Bild des Berges Hōrai zeigt, auf dem es weder Alter noch Tod gibt, will man ihr zu verstehen geben, wie sehr sie selbst abgebaut hat (MSN:481, A.28).

[117] Diese Bemerkung, mit der auf das Alter der Sakyō no Muma angespielt wird, ist ironisch gemeint, in Wirklichkeit waren solche Kämme offenbar für bereits etwas ältere Damen völlig deplaciert.

[118] MSN (1008.11.22):481, s.a. Sieffert 1978:50—51.

[119] Ähnlich wie bei Murasaki Shikibus verächtlichen Bemerkungen über den alten Minister zur Rechten, Fujiwara no Akimitsu (vgl. S. 209, FN 137), steckt auch hier eine politische Absicht dahinter. Getroffen werden soll durch diese ihre ältliche Hofdame auch die zu diesem Zeitpunkt 44jährige Gishi, eine Tochter Fujiwara no Kinsues, des Onkels von Michinaga, die durch Michinaga und dessen Tochter als Nebenfrau aus der Gunst des Tenno verdrängt worden war, was die Position Michinagas weiter stärkte bzw. Ausdruck seiner erweiterten Macht war, und 1026 Nonne werden sollte. So handelt es sich hier um weit mehr als schlichte Rivalität zwischen zwei Gemahlinnen, von denen die eine eine Position erreicht hat, die die andere nicht mehr zu erschüttern hoffen kann (Sieffert 1978:xviii). Mit dem Scherz, den sich die Anwesenden mit der ältlichen Hofdame erlauben, wurde vielleicht auch auf das schon etwas fortgeschrittenere Alter der Gishi angespielt.

[Anläßlich einer Bußzeremonie für die Kaiserin unternehmen Höflinge eine Bootsfahrt.] Der Mond ist im Nebel aufgegangen, und die jungen Herren haben, modische Lieder singend, in den Booten Platz genommen; beim Schall ihrer jugendlichen, wohltönenden Stimmen kann der Schatzmeister nicht an sich halten und gesellt sich zu ihnen, doch dann wagt er nicht[120], in ihren Gesang miteinzustimmen; wie er so ganz still da sitzt, ist sein Anblick von hinten wirklich zu komisch und die Damen hinter den Bambusvorhängen lachen verstohlen in sich hinein. Wie ich da sage: „Ob er im Boot sitzend gerade sein Alter (*oi*) beklagt?", stimmt der Majordomus, der mich wohl gehört haben muß, elegant ein: „Ja, Xu Fu und Wen Cheng benehmen sich ja oft recht verrückt!"[121]

Ähnlich der vorangegangenen ist auch diese Episode nicht bar jeden machtpolitischen Hintergrundes[122], und auch der Scherz, den sich Murasaki Shikibu und ihr kongenialer Gesprächspartner mit dem alten Mann erlauben, ist recht subtiler Art. In den weltlichen Erzählungen eines *Konjaku monogatari*, insbesondere in dessen Buch 28, erscheinen alte Menschen häufig als Opfer von wesentlich derberem Hohn. Auch sie werden zwar meist nicht unbedingt deswegen verspottet, weil sie alt sind, sondern weil man sie aus irgendeinem anderen Grund verachtet, doch hält ihr Alter die beteiligten Personen nicht im geringsten davon ab, sie gröblichst zu schmähen und sie auch äußerst unsanft zu behandeln, so in der folgenden Erzählung, in der der alte Sone no Yoshitada, als er versucht, sich uneingeladen unter die Teilnehmer eines Dichterfestes zu mischen, brutal hinausgeworfen und zum Gegenstand des allgemeinen Spottes wird:

[Exkaiser Enyū begeht den Tag der Ratte feierlich in Funaoka und hat dazu die Dichterfürsten seiner Zeit geladen.]

---

[120] Er wagt es wohl deswegen nicht, weil er schon ein älterer Mann ist (MSN:503, A.37).

[121] MSN (Abschnitt über den 11. Tag eines unbestimmten Monats des Jahres 1009):503–504, s.a. Sieffert 1978:75. Der Ausspruch *fune no naka ni oyu*, ‚im Boot alt werden', rührt von der im chin. *Shi ji* erzählten Geschichte des Xu Fu her, der dem Befehl des Kaisers folgend auf der Suche nach dem Unsterblichkeitselixier zum Berg Feng Lai übersetzen wollte, es aber, weil er ihn nicht finden konnte, vorzog, mit seinen Gefährten in ihrem Boot alt zu werden anstatt mit leeren Händen zurückzukehren, und war im Heian-zeitlichen Japan in gebildeten Kreisen zu einer stehenden Redewendung dafür geworden (z.B. UM II:73), wie man ob dem Anstreben eines kaum erreichbaren Ziels seine Kräfte verschleißt. Die Ironie besteht darin, daß der alte Schatzmeister zwar, für sein Alter unpassend, wie Xu Fu in einem Boot sitzt, dabei aber keineswegs in Ausübung einer ebenso hehren Aufgabe alt geworden ist. Murasaki Shikibus Gesprächspartner greift mit seiner Bemerkung — sie stellt ein Zitat aus einem Gedicht des *Bo shi wen ji* dar, das Wen Cheng, einen Taoisten der Zeit des Han-Kaisers Wu Di im Zusammenhang mit Xu Fu erwähnt (MSN:504, A.39), dar — diese ironische Metapher auf und macht den Schatzmeister noch lächerlicher, als ihm so durch die Blume mitgeteilt wird, er benehme sich verrückt.

[122] Handelt es sich doch bei dem Schatzmeister um den zu diesem Zeitpunkt 52jährigen Fujiwara no Masamitsu, den Bruder Akimitsus, des direktesten Rivalen von Michinaga, zu dessen Faktion Murasaki Shikibu gehörte, und auch er wird hier vielleicht lächerlich gemacht, um einen politischen Gegner zu verunglimpfen.

Eine kleine Weile nachdem sie bereits Platz genommen hatten und in einer Reihe saßen, kam, mit der schwarzen Lackpapiermütze der Hofbeamten auf dem Kopf, ein alter Mann (*okina*), der eine ärmlich aussehende, gewöhnliche Hose von schwärzlicher Färbung trug, und setzte sich hin. „Wer ist denn das?", fragten sich die Leute, und als sie genauer hinsahen, da erkannten sie Sone no Yoshitada. „Ist dies nicht Sotan, der gekommen ist?", so fragten die Höflinge hinter vorgehaltener Hand. Als Sotan solches gefragt wurde, bestätigte er selbstbewußt: „So ist es."

[Nachdem sich herausgestellt hat, daß niemand Sotan eingeladen hat, wird er aufgefordert zu verschwinden, doch rührt er sich nicht vom Fleck.]

Da hörten auch der Minister des Hōkenin und der General des Kanin und andere von der Sache und befahlen: „Nehmt den Kerl am Kragen und werft ihn hinaus!" Da näherten sich einige junge Knechte und Höflinge, die Mut gefaßt hatten, Sotan von hinten, steckten ihre Hände unter dem Vorhang durch, packten ihn beim Kragen seines Gewandes, warfen ihn rücklings zu Boden und zerrten ihn vor den Vorhang hinaus. Dann versetzte ihm jeder der Höflinge einen Fußtritt, daß er wohl sieben oder acht mal getreten wurde. Nun endlich stand Sotan auf und lief weg, und als er Hals über Kopf davonrannte, erhoben sich die jungen Gefolgsleute und Ochsenknechte der Hofbeamten hinter ihm, verfolgten ihn, klatschten in die Hände und lachten. Sie verfolgten ihn, als gelte es, ein fliehendes Pferd einzufangen, und beschimpften ihn auf die wüsteste Art und Weise. Viele Leute, ob alt oder jung, lachten unbändig, als sie das sahen...

So sind auch Menschen von niedriger Geburt töricht. Zwar war Yoshitada selbst Dichter, aber da er so taktlos war, ohne Einladung zu kommen, als er hörte, daß die Dichter gerufen worden seien, erlebte er solche Schande. Er wird von den Menschen verlacht werden und bis ans Ende der Zeiten wird sein Mißgeschick in Form einer Geschichte überliefert werden.[123]

Ähnlich verhält es sich mit einer weiteren Geschichte aus demselben *Konjaku monogatari*-Band, in der sich Höflinge über einen alten Provinzbeamten lustig machen. Auch dieser wird zwar nicht primär aufgrund seines Alters zum Gegenstand des Spottes, dieser richtet sich zunächst gegen seine Unkenntnis der Sitten bei Hof. Doch auch in diesem Fall hält sein fortgeschrittenes Alter die jungen Höflinge nicht davon ab, sich über ihn zu mokieren, und seine Alterserscheinungen ringen ihnen nicht nur keinen weiteren Respekt oder Mitleid ab, sondern liefern ihnen im Gegenteil den ‚Aufhänger' für die Späße, die sie mit ihm treiben:

[Die Geschichte schildert zunächst, wie es dem Provinzgouverneur von Owari gelungen ist, die Provinz innerhalb weniger Jahre zu großem Reichtum zu bringen und wie er darum zum Veranstalter des Gosechi-Festes bestimmt wurde. Da weder er noch sein Gefolge sich mit den Sitten bei Hof auskennen, herrscht große Aufregung unter ihnen, was die Höflinge

---

[123] KM V (28/3):56—58. Yoshitada, aufgrund seiner Herkunft aus Tango oft Sotan (*Sone aus Tango*) genannt, einer der 36 Dichterheiligen, brachte mit neuer Wortwahl frischen Wind in die Dichtkunst seiner Zeit und wandte sich gegen den Manierismus der konservativen Dichterkreise, wurde dafür aber geschnitten und aus den maßgeblichen Kreisen ausgeschlossen. Obwohl aus einer Eintragung im *Shōyūki*, dem Tagebuch des Fujiwara no Sanesuke der Jahre 978—1037, hervorgeht, daß sich die geschilderte Episode im Jahr Kanna 1 (985) zutrug, läßt sich, da seine Lebensdaten unbekannt sind, nichts Genaueres darüber sagen, wie alt Yoshitada zu diesem Zeitpunkt tatsächlich war.

sehr belustigt und sie dazu animiert, ihm einen Streich zu spielen. Einer von ihnen sagt:] „Ich werde zu den Leuten aus Owari gehen und so tun, als wäre ich sehr vertraut mit ihnen. Dann will ich ihnen folgendes sagen: ‚Die Höflinge machen sich alle fürchterlich über Euch lustig und ich finde, Ihr solltet das wissen. Um Euch zu verspotten, wollen sie Euch einen Streich spielen. Sie haben vor, sich, um Euch zu erschrecken, in einer Reihe vor Eurem Gemach aufzustellen und ein erdichtetes Lied zu singen und dabei die Bänder ihrer Kleider zu lösen und das Oberkleid ihres Naoshi abzustreifen. Das Lied lautet so: „*Bintatara wa/ yukaseba koso/ okaseba koso/ aigyō tsukitare*[124]" Sie wollen das singen, um sich darüber lustig zu machen, daß Ihr, dem Euch ja schon die Haare ausgefallen sind, Euch hier unter die hübschen jungen Gosechi-Tänzerinnen mit den schönen langen Schläfenhaaren mischt, und wie komisch es aussieht, wenn Ihr geht und Euch dabei nach hinten umschaut. Ihr werdet wohl das, was ich eben sagte, auch wenn es die Wahrheit ist, nicht recht glauben wollen, doch wenn morgen um die Stunde von Schaf und Affe die Höflinge kommen und ihr Lied singen werden, während sie sich das Gewand über die Schulter ziehen und sich das Oberkleid ihres Naoshi um die Hüfte wickeln, dann werdet Ihr es doch glauben müssen, daß es wahr war, was ich Euch gesagt habe.‘ Ja, das will ich ihm sagen!" „Wahrhaftig! Geht nur hin und sprecht so geschickt mit ihnen!", sagte ein anderer Höfling. [Tatsächlich tischt der Höfling dem Sohn des Gouverneurs diese Geschichte auf.]

Als der junge Sohn seinem Vater berichtete, was er von dem Höfling erfahren hatte, erzitterte der Gouverneur, kaum hatte er es vernommen, am ganzen Leibe und sprach mit bebender Stimme: „Als ich abends die Höflinge dieses Lied singen hörte, da wunderte ich mich schon, was das wohl für ein Lied sein konnte! Ich Alter (*okina*) war also damit gemeint! Was für einen Fehler mag ich nur begangen haben, daß sie über einen Greis wie mich ein solches Spottlied verfassen? Ist es denn vielleicht verwerflich, daß ich mich bemüht habe, die Provinz Owari, die der frühere Gouverneur verkommen ließ, wieder zum Erblühen zu bringen, nachdem ich vom Tenno dorthin befohlen ward? Und bin ich denn gern oder gar auf meinen Wunsch hin hierher zum Gosechi-Fest gekommen? Meine Teilnahme wurde mir vom Tenno befohlen und schweren Herzens bin ich dieser Pflicht nachgekommen. Und was die Haare betrifft: wenn ein junger Mann in seinen besten Jahren keine Haare mehr hat, so mag das ja vielleicht seltsam sein, aber was soll daran verwunderlich sein, wenn einem 70jährigen die Haare schon ausgefallen sind (*toshi no nanasoji ni naritareba, bin no ochiusetaramu wa*). Warum nur singen sie dieses *Bintatara*-Lied? Wäre ich ein Unmensch, so mögen sie mich schlagen, töten, treten oder auf mir herumtrampeln. Warum aber müssen sie gerade hier am Hofe, wo doch auch der Tenno weilt, dieses Spottlied singen, dabei ihre Bänder lösen und das Gewand von der Schulter streifen? So etwas darf doch nicht sein! Das kommt nur daher, daß du dich hier verkriechst und dich nie zeigst, und deswegen sagte dieser Höfling so einen Unsinn, um uns zu erschrecken. Die jungen Höflinge heutzutage haben gar kein Mitgefühl, und drum veranstalten sie solche Narreteien. Einen anderen können sie damit vielleicht täuschen, aber sie können ja nicht wissen, daß schließlich auch ich, obgleich ich nur von niedrigem Rang bin, so manches über China und den Hof weiß, und so lassen sie sich hinreißen, mich erschrecken zu wollen. Aber wenn sie auch andere damit verunsichern können, ich alter Mann falle nicht auf sie herein. Ah, wie bedauernswert sind doch diese Männer, die, nur um mich zu erschrecken, nicht einmal davor zurückschrecken, die Schuld auf sich zu laden, mitten im Palast ihre Bänder zu lösen und sich wie verrückt zu gebärden!" Während er so sprach, schob er sein Gewand über seine spindeldürre Wade bis zum Oberschenkel hinauf und fächelte sich zornig Luft zu.

---

[124] Es handelt sich um ein Lied, das ohnehin als Probe für das Gosechi-Fest gesungen wird, und zwar genau an dem Ort und in der Aufmachung, wie sie der Höfling schildert. Es soll zum Ausdruck bringen, wie schön der Anblick der beim Tanz flatternden langen Haare der Tänzerinnen ist.

Alte Menschen als Zielscheibe des Spotts   205

[Zur verabredeten Zeit erscheinen dann die jungen Höflinge in der geschilderten Aufmachung, singen das *Bintatara*-Lied und erschrecken so den Gouverneur und sein Gefolge beträchtlich.]
Obwohl seine Vernunft ihm sagte, daß das ja alles eigentlich überhaupt nicht sein konnte, konnte der Gouverneur doch, als die Höflinge tatsächlich erschienen, ihre Oberkleidung über die Schulter herunterstreiften und dieses Lied sangen, nicht anders als zu denken: „Jener Höfling ist zwar noch sehr jung, aber, weil er ein vertrauenswürdiger Mensch ist, hat er offenbar doch die Wahrheit gesagt. Weil es das aber eigentlich unmöglich geben kann, werden sie wohl so betrunken sein, daß sie ganz von Sinnen sind. Jener eine aber hat ein mitleidiges Herz. Möge er tausend, zehntausend Jahre lang in Frieden und glücklich leben!" Und er faltete dabei die Hände. Unter den Höflingen war indes kein einziger ehrlicher Mensch; sie waren alle betrunken und als sie mit heruntergezogenem Oberkleid in das Gemach des Gouverneurs eindrangen, da dachte er: „Jetzt werden sie mich gleich herauszerren und mir meine alten Knochen im Leibe brechen!", und er kroch hinter den Faltschirm, wo er sich zitternd versteckt hielt. Auch die jungen Leute in seinem Gefolge und alle seine Angehörigen ergriffen die Flucht und versteckten sich zitternd wie Espenlaub.
Die Höflinge zogen sich schließlich in ihre Gemächer zurück. Der Gouverneur ließ nachsehen, ob sie noch immer da seien, und erst als man ihm sagte: „Es ist kein einziger mehr hier!", wagte er sich noch immer zitternd hervor und sagte mit bebender Stimme: „Warum nur haben sie sich über einen alten Mann wie mich derartig lustig gemacht? Eine solche Unhöflichkeit vor dem Tennō! So etwas ist seit Anbeginn der Zeiten noch nie dagewesen. Auch in den Chroniken ist etwas Derartiges nirgends aufgezeichnet. Was ist nur aus der Welt geworden?!" Und er hob die Augen zum Himmel empor.
Die Leute, die sich in der Nähe des Gemachs des Gouverneurs aufhielten, fanden das alles sehr komisch, sie erzählten es auch dem Regenten, als dieser einmal die *kurōdo* aufsuchte, und so kam die Geschichte schließlich sogar der kaiserlichen Familie zu Ohren und brachte sie zum Lachen. Wann immer damals zwei, drei Leute zusammenkamen, so unterhielten sie sich sicherlich über diese Geschichte und amüsierten sich königlich. So ist es erzählt und überliefert worden.[125]

4.3.2. Ausgrenzung der alten Menschen und gesellschaftlicher Druck zu zurückhaltendem Verhalten

Während man sich über die Figuren betagter Menschen in den literarischen Quellen natürlich nicht nur lustig macht, spricht aber aus vielen Passagen eine gewisse Verachtung gegenüber den Alten, die nur um des guten Tones willen und solange man sich damit nichts vergibt, mit Höflichkeit und Zuvorkommenheit überdeckt ist, wie etwa in der folgenden Passage des *Genji monogatari*, in der Genji mit einer alten Prinzessin plaudert und innerlich amüsiert bis peinlich berührt über sie geschildert wird:

[Um Asagao wiederzusehen, schützt Genji einen Beileidsbesuch bei ihrer Tante, der Prinzessin Onna Go no Miya, vor. Das Haus macht einen verwahrlosten Eindruck.]
Die Prinzessin empfing Genji, und sie plauderten miteinander. Sie sah schon arg vom Alter gezeichnet aus (*ito furumekitaru mikewai*) und hüstelte und räusperte sich unentwegt (*shiwabukigachi*). Die Frau des verstorbenen Kanzlers, die doch ihre ältere Schwester war, sah

---
[125] KM V (28/4):63.

ja trotz ihres fortgeschrittenen Alters immer noch beneidenswert jugendlich aus (*furigataki miarisama*). Ganz anders Onna Go no Miya: ihre Stimme war rauh, ihre Gestalt eckig und ungeschlacht, ganz so wie die Umgebung, in der sie hauste.

„Seit der Exkaiser für immer von uns gegangen ist", seufzte sie, „bin ich ganz verzweifelt und weine immerfort. Nun ist gar noch Prinz Momozono[126] aus dieser Welt geschieden, und ich bin hier zurückgeblieben, als sei mein eigenes Leben auch schon erloschen. Vielleicht kann ich aber nun, da Ihr hier erschienen seid, mein Leid ein wenig vergessen!"

Wie erschreckend alt sie geworden ist (*furitamaeru kana*), dachte Genji, doch erwiderte er voller Achtung: „Seit mein Vater gestorben ist, scheint mir die ganze Welt wie verwandelt. Außerdem hat man mich völlig unerwartet und schuldlos in eine abgelegene Provinz verbannt. Zu meinem Erstaunen bin ich aber dann plötzlich zurückgerufen und mit so vielen Aufgaben am Hofe betraut worden, daß mir nun keine Zeit mehr für mein Privatleben bleibt. Ich bedauerte es schon immer, daß ich Euch so lange nicht habe besuchen können, um mit Euch über alte Zeiten zu plaudern!"

„Oh!", erwiderte sie, „das Leben ist furchtbar. Wieviel Leid habe ich in diesem meinem langen Leben (*inochi nagasa*), in dem ich immer wieder auf die gleiche beklagenswerte Art und Weise erleben mußte, wie vergänglich das Leben der Menschen in dieser Welt doch ist, nun schon erfahren müssen! Doch die Nachricht von Eurer Rückkehr in die Hauptstadt macht mich endlich wieder glücklich. Wie traurig wäre ich gewesen, wenn ich hätte sterben müssen, während Ihr noch in der Verbannung lebtet!"

Ihre Stimme zitterte. Nach einer Weile fuhr sie fort: „Ihr seid bewundernswert schön geworden! Schon als ich Euch als kleinen Jungen sah, konnte ich es kaum fassen, daß so viel Glanz herunter auf die Erde kam, und es erfüllte mich fast mit Furcht, wie unbegreiflich schön Ihr wart. Es heißt, der jetzige Tenno sähe Euch ähnlich, aber ich glaube nicht, daß er Euch gleichkommt!"

So pries sie ihn überschwenglich. Genji amüsierte es, wie manche Leute es verstanden, einem zu schmeicheln...[127]

Allgemein scheinen alte Menschen nicht gerade jene gewesen zu sein, deren Gesellschaft man sich besonders erträumte. Ein den Alten gegenüber besonders abweisendes Verhalten legt die jugendliche Heldin der letzten Kapitel des *Genji monogatari*, Ukifune, an den Tag. Ihre Abneigung gegen die alten Frauen, die sie in ihrem neuen Zuhause bei der Schwester des Bischofs umgeben, geht so weit, daß sie selbst die Zerstreuung, die ihr diese bieten könnten, lieber von sich weist als länger in ihrer Gesellschaft ausharren zu müssen:

[Eine der alten Nonnen hat Ukifune überredet, mit ihr Go zu spielen, um sich die Zeit zu vertreiben. Sie ist nun ganz außer sich, wie gut Ukifune dieses Spiel beherrscht.]

Wie sie sich so ereiferte, bot sie mit ihrer Stirn einer alten Nonne (*sadasugitaru amabitai*) einen so häßlichen Anblick, daß Ukifune sich davon abgestoßen fühlte, und es bereute, sich aus Freude an dem Spiel etwas so Lästiges eingebrockt zu haben, und unter dem Vorwand, sie fühle sich schlecht, begab sie sich zur Ruhe.[128]

---

[126] Ihr älterer Bruder

[127] GM II:249—251, s.a. Benl 1966a:579—580.

[128] GM V:379, s.a. Benl 1966b:923.

Auch gibt es einzelne Passagen, die darauf hinzudeuten scheinen, daß jüngere Leute lieber unter sich blieben und bei ihren Vergnügungen alte Menschen eher als lästig empfanden, wie etwa die folgende anklingen läßt:

Der Shōshō sang dann mit herrlicher Stimme das Sakigusa-Lied, und da keine betagten Leute (*uchisugushitaru hito*), die sich wichtig gemacht oder eingemischt hätten (*sakashira kokochi tsukite*), zugegen waren, stimmten alle begeistert mit ein.[129]

Als allgemein gültige Tatsache spricht dies der Held desselben Romans an:

Als es Abend wurde, wehte der Wind immer kühler, und die jungen Leute hatten keine rechte Lust heimzukehren. Da sprach Genji: „Ich will mich jetzt drüben behaglich ins Kühle setzen. Ich komme allmählich in ein Alter, in dem einen die jungen Leute nicht mehr besonders mögen (*kayō no naka ni itowarenubeki yowai*)." Und er begab sich, begleitet von den Söhnen des Ministers, in den Westflügel zu Tamakazura.[130]

Daß die Gegenwart alter Menschen, wie in den Romanen anklingt, von den jüngeren vielfach nicht sehr geschätzt wurde, mag zum Teil einfach an ihrer Autorität gelegen haben. Dennoch legen viele betagte Figuren in den Romanen von sich aus eine gewisse Scheu an den Tag, sich allzu lang in der Gesellschaft Jüngerer aufzuhalten. Ein alter Mann etwa zieht sich früher als die anderen von einer in seinem Haus abgehaltenen Feierlichkeit zurück, weil er fürchtet, man würde es ihm, alt wie er ist, schlecht anrechnen, bliebe er bei den Jungen, obwohl er schon etwas betrunken ist:

„Kashiwagi! Sorgt dafür, daß Yūgiri ein Lager erhält. Ich alter Mann (*okina*) aber habe zuviel getrunken, und um nicht unhöflich zu erscheinen, will ich mich nun empfehlen", sagte der Minister des Inneren leichthin und begab sich ins Innere des Hauses.[131]

Doch weder diese Figuren noch ihre Schöpferin Murasaki Shikibu stehen allein mit dem geringen Wert, den sie auf die Gesellschaft alter Menschen legen. Schon Sugawara no Michizane hatte ja geschrieben, die Alten täten gut daran, sich nicht unter die Jungen zu mischen[132], und Sei Shōnagon teilt ähnliche Gefühle, wenn sie die Tatsache, von jemand Altem einen Brief zu erhalten, unter die enttäuschenden Dinge einordnet:

[...] Oder: Ein Alter, der mit der Zeit nicht mehr Schritt halten kann (*uchifurunekitaru hito*), schickt einer Person, die sich der allgemeinen Gunst erfreut und in deren Haus immer viel Trubel herrscht, aus Überdruß, weil ihm die Mußestunden zu lang werden, ein Gedicht, das altmodisch wirkt und auch sonst keinerlei Vorzüge hat.[133]

---

[129] GM IV:261, s.a. Benl 1966b:412.

[130] GM III:14, s.a. Benl 1966a:736. Genji ist der Chronologie des Romans zufolge in seinem 36. Lebensjahr.

[131] GM III:191, s.a. Benl 1966a:191.

[132] KKMS (5/421):433; vgl. S. 93.

[133] MS (25: Enttäuschungen):67, s.a. Watanabe 1952:71.

Zurückhaltendes Verhalten erscheint in einer Reihe von Passagen als den Alten auferlegte Norm. So gibt es Vergnügungen, von denen man im Alter offenbar Abstand zu nehmen hatte, auch wenn man sich physisch noch durchaus in der Lage dazu sah. Der Held des *Genji monogatari* gibt sich frustriert darüber, in seinem Alter nicht mehr an dem lebhaften *kemari*-Spiel teilnehmen zu können, das sich vor seinen Augen abspielt:

„Wenn sogar der Tō no Ben sich dem *kemari*-Spiel so hingibt", meinte hierauf Genji, „wie sollten sich dann erst die jungen Leute vom Efu-zukasa zurückhalten können! Schade, daß ich mich in meinem Alter (*kabakari no yowai ni te wa*) damit begnügen muß zuzusehen. Aber für einen Mann [in meiner Position und in meinen Jahren] ist das *kemari*-Spiel ja überhaupt nicht mehr das Richtige."[134]

Auch scheinen die Bejahrten weniger leicht als früher ihre Häuser verlassen zu haben, sei es nun, daß sie sich zu antriebslos dazu fühlten, oder weil sie es für unschicklich hielten:

Als der Morgen graute, machte sich Tamakazura auf den Heimweg. Genji überreichte ihr einige Geschenke und sagte: „Nun, da ich so von der Welt zurückgezogen meine Tage verbringe, merke ich kaum, wie die Monde und Jahre vergehen. Und so betrübt es mich ein wenig, durch diese Feier zum Nachrechnen gezwungen worden zu sein. Kommt doch von Zeit zu Zeit zu mir, um Euch zu vergewissern, wie ich schon wieder ein Stückchen älter geworden bin (*oi ya masuru*). Ich bedaure es sehr, daß die beschränkte Bewegungsfreiheit im Alter (*furumekashiki mi*) es mir nicht gestattet, Euch so oft zu sehen, wie ich es mir wünschen würde."[135]

Auch die Autorin des *Sarashina nikki* scheint sich einer gesellschaftlichen Norm zu beugen, wenn sie beschreibt, wie sie mit fortschreitendem Alter allmählich zu der Einsicht gekommen sei, größere Vergnügungsreisen schickten sich für sie nicht mehr:

Wie es so geht in der Welt, erschöpfte sich mein Herz an diesem und jenem. Selbst der Hofdienst, dem ich mich zu Anfang ja ganz und gar hingeben wollte, hatte mir nun, da ich nur hie und da einmal Dienst tat, kaum noch etwas zu bieten. Wie ich nun allmählich begann, meine Blütejahre zu überschreiten (*toshi wa yaya sadasugiyuku ni*), da kam ich zu der Einsicht, daß es nicht mehr recht schicklich war, mich wie die Jungen zu gebärden; dann wurde ich auch noch schwer krank, und es war mir nicht mehr länger möglich, wie früher nach Herzenslust auf Pilgerfahrt zu gehen.[136]

Murasaki Shikibu wiederum zeigt sich in ihrem Tagebuch empört darüber – und dies wohl nicht nur aus politischen Gründen –, daß Fujiwara no Akimitsu es verabsäumt, ein seinem fortgeschrittenen Alter entsprechendes zurückhaltendes Benehmen an den Tag zu legen:

---

[134] GM III:305, s.a. Benl 1966b:92.

[135] GM III:245, s.a. Benl 1966b:38.

[136] SN:530–531, s.a. Hammitzsch 1966:80. Aus dem nachfolgenden ergibt sich, daß die Autorin hier die Zeit um 1057 schildert. Sie müßte demnach um die 49 Jahre alt gewesen sein.

[Es wird der 50. Tag nach der Geburt des kaiserlichen Prinzen gefeiert. Die Höflinge werden aufgefordert, der Kaiserin ihre Reverenz zu erweisen.] Der Minister zur Rechten kommt näher und schiebt den Vorhang so heftig beiseite, daß er ihn beinahe zerreißt. Es kümmert ihn nicht im mindesten, daß man ihn in die Seite stößt: „Ihr seid doch zu alt (*sadasugitari*), Euch noch so zu benehmen!", schnappt sich einen Fächer und ergeht sich in nicht gerade geschmackvollen Albernheiten...[137]

Auch Sei Shōnagon scheint in der folgenden Passage ungeschliffenes Verhalten bei alten Menschen noch unangebrachter zu empfinden als bei jüngeren:

Wenn sich Männer oder Frauen ungeschliffen ausdrücken, so ist mir das mehr als alles andere verhaßt. [...] Besonders wenn alte Leute (*oitaru hito*) oder Männer, von denen man das eigentlich nicht erwarten würde, affektiert oder gar provinzlerisch sprechen, so finde ich das verabscheuungswürdig. Natürlich, wenn junge Leute hören, wie ältere (*otona naru wa*) sich ungehobelter oder gar falscher Ausdrucksweisen befleißigen, ohne sich weiter Gedanken darüber zu machen, so schweigen sie nur dazu. [...][138]

Während solche Einschränkungen in dem, was im Alter noch schicklich ist, nur hie und da auszumachen sind, zeigt sich verhältnismäßig häufig, daß alte Menschen zumindest vordergründig ein bescheidenes Verhalten an den Tag legen und sich für ihr Alter gewissermaßen ständig entschuldigen, während solche, die sich autoritär verhalten, eine eher negative Bewertung durch ihre Umwelt erfahren, wie etwa Michitakas Schwiegervater im *Eiga monogatari*[139]. So beteuert Tamakazura aus dem *Genji monogatari*, sie wolle ihren jugendlichen Besucher nicht mit den Sorgen einer alten Frau belästigen:

[Kaoru, der soeben zum Mittleren Rat befördert wurde, stattet Tamakazura einen Besuch ab und entschuldigt sich zunächst dafür, sie so selten aufzusuchen.]
Da entgegnete Tamakazura: „Eigentlich ist ja der heutige Tag keine gute Gelegenheit, Euch mit den Sorgen einer alten Frau (*sadasugitaru mi*) zu belasten und so sollte ich lieber schweigen. Aber es ist ja im allgemeinen schwer für Euch, mich aufzusuchen und so sehe ich Euch nur selten. Außerdem handelt es sich um eine äußerst verzwickte Angelegenheit..."
[Tamakazura schildert Kaoru, wie schwer ihrer Tochter das Leben bei Hof falle.][140]

---

[137] MSN (1008.11.1):470, s.a. Sieffert 1978:37. Akimitsu, zu diesem Zeitpunkt 64 Jahre alt, war der direkteste Rivale von Michinaga, zu dessen Parteigängern Murasaki Shikibu gehörte. Es ist daher „kein reiner Zufall, wenn Murasaki Shikibu sich über die schlechten Manieren des Ministers zur Rechten ... des Langen und Breiten ausläßt. Dasselbe gilt für den ‚schweren Faux-pas', den er nach Murasaki Shikibu am 15. Tag des Ersten Monats in Gegenwart des Tenno begeht [nämlich, Michinagas eigenem Tagebuch zufolge, im Verlauf seiner Tölpeleien den Tisch des Tenno umzuwerfen]. Für die Nachwelt wird daher Akimitsu als Dummkopf und Versager schlechthin dastehen, doch verdankt er diesen zweifelhaften Ruhm hauptsächlich dem, was Michinaga über ihn sagt oder sagen läßt" (Sieffert 1978: xvii–xviii).

[138] MS (195):241.

[139] EM I:124; vgl. S. 159.

[140] GM IV:291, s.a. Benl 1966b:441.

Eine andere Figur aus demselben Roman bezeichnet sich gar als verrotteten alten Baum und gibt vor, sich sehr zu wundern, daß man sich ihrer überhaupt noch entsinnt:

[Bevor Kaoru von Uji wieder in die Hauptstadt aufbricht, bricht er eine Efeuranke ab, die er Naka no Kimi mitbringen will, und verfaßt ein Gedicht dazu.]
Als Ben no Kimi dies hörte, erwiderte sie:

Es rührt mich zutiefst,	*Arehatsuru*
daß Ihr Euch entsinnt,	*kuchigi no moto wo*
einst unter diesem nun verwilderten,	*yadorigi to*
verrotteten, alten Baum	*omoiokikeru*
Euer Nachtlager aufgeschlagen zu haben!	*hodo no kanashisa*

Es war zwar ein überaus altmodisches (*furumekitaredo*) Gedicht, aber es war durchaus nicht ohne Geschmack, und Kaoru fühlte sich irgendwie getröstet.[141]

Auch der alte Vater der Heldin des *Ochikubo monogatari* versichert, die Geschenke, die er von seiner Tochter erhalten hat, seien für ihn alten Mann viel zu prächtig:

Am nächsten Morgen betrachtete der Mittlere Rat seine Geschenke. „Das ist doch alles viel zu prächtig für einen alten Mann (*okina no mi*) wie mich. Diese Farben! Und dieser Gürtel hier ist überhaupt von unschätzbarem Wert. Wie könnte ich ihn nur annehmen? Ich sollte ihn zurückgeben", sagte er.[142]
[In der Zwischenzeit ist ein Brief von Ochikubo und ihrem Gemahl im Haus des Mittleren Rates eingelangt, und dieser antwortet nun:]
„Ich hatte gestern eigentlich gedacht, bei Euch zu bleiben, doch leider lag Euer Haus in einer ungünstigen Richtung. Doch daß Ihr meintet, ich könnte immerzu bei Euch bleiben, macht mich überglücklich, und es wird mein Leben verlängern (*inochi nobitenan*). Was die Urkunden anbelangt, die Ihr mir schickt, so sagte ich Euch bereits, warum ich sie auf keinen Fall annehmen kann, und so fürchte ich, daß Ihr mir noch immer zürnt, wenn Ihr weiter darauf beharrt, sie mir zu überlassen. Auch einen solchen Gürtel einem alten Mann wie mir (*kakaru okina no mi ni wa*) zu schenken ist, als wollte man den feinsten Brokat in finsterster Nacht tragen. So würde ich ihn Euch lieber zurückgeben, doch da ich weiß, daß Ihr es gut meintet, will ich ihn eine Zeit lang behalten."[143]

Sei Shōnagon berichtet gar vom Regenten, der es als solcher natürlich gewöhnt ist, mit ausgesuchter Höflichkeit behandelt zu werden, wie dieser einmal scherzhaft gemeint hätte, das zuvorkommende Verhalten, das die Hofdamen ihm gegenüber an den Tag legen, könne, da es ihm als alten Mann gilt, in Wirklichkeit nur Hohn sein:

Als der Regent den Seiryōden durch die Schwarze Tür verlassen wollte und die vielen Palastdamen sich dicht gedrängt vor ihm aufstellten, um ihm aufzuwarten, da sprach er: „O ihr Schönen! Wollt Euch vielleicht über einen Alten wie mich (*okina*) lustig machen?", und wie er sich einen Weg durch sie hindurch bahnte, da versuchten die, die in der Nähe

---

[141] GM V:101, s.a. Benl 1966b:682. Der Vergleich mit einem verrotteten Baum soll gleichzeitig darauf anspielen, daß Ben no Kimi Nonne und alt ist.

[142] OM:192, s.a. Whitehouse und Yanagisawa 1970:201.

[143] OM:193, s.a. Whitehouse und Yanagisawa 1970:202.

der Tür waren, teils [seine Aufmerksamkeit zu erregen, indem] sie ihre Ärmelaufschläge zur Schau stellten, teils besonders zuvorkommend zu sein und die Bambusvorhänge für ihn emporzuheben, und der Oberkabinettsrat half ihm sogar in die Schuhe. Würdevoll, anmutig und voll höchster Eleganz zog er die lange Schleppe hinter sich her und selbst in einem so engen Raum wurde ihm prachtvoll aufgewartet. Nein wirklich, wie herrlich, von einem Oberkabinettsrat die Schuhe gebracht zu bekommen![144]

Vordergründig dreht sich auch die folgende Episode aus dem *Ise monogatari* darum, wie ein bejahrter Adeliger vermeint, für das Amt des Falkners zu alt zu sein, zumal dieser in farbenprächtigem Gewand aufzutreten hatte, und er sich dagegen verwahrt, dafür getadelt zu werden, wolle er diese Funktion doch nur noch dieses eine letzte Mal ausüben:

Einmal, als sich Kōkō Tennō zum Serikawa-Fluß begab, befahl er einem, der dies früher getan hatte, es nun aber für ihn nicht mehr passend wähnte, ihn als Abrichter bei der Großen Falkenjagd zu begleiten. Darauf erschien dieser mit folgendem Gedicht auf seinem bedruckten Jagdgewand:

Niemand tadle mich dafür,	*Okinasabi*
wie alt ich aussehe;	*hito na togame so*
in meinem Jagdgewand	*karigoromo*
in den Ruf des Kranichs stimm' ich ein:	*kyō bakari to zo*
„Der heutige Tag wird der letzte sein!"	*tazu mo naku naru*

Der Tenno war darob ziemlich verstört. Jener hatte zwar nur an sein eigenes Alter (*ono ga yowai*) gedacht, doch tief getroffen war jeder, der selbst nicht mehr jung war (*wakakaranu hito*).[145]

Dieses ständige und meist herabsetzende Betonen des eigenen Alter in der Rhetorik der Figuren Betagter in den Romanen dürfte wohl gesellschaftlicher Praxis entsprochen haben und ist sicherlich auch im Zusam-

---

[144] MS (129):182—183. Der Regent ist Fujiwara no Michitaka, der 993 in dieses Amt aufgestiegen und in der geschilderten Episode wohl 42 Jahre alt war. Der Oberkabinettsrat ist Fujiwara no Korechika, der dieses Amt 992 19jährig erhielt (MS:182—183 A).

[145] IM (114):176, s.a. McCullough 1968:145, Schaarschmidt 1981:101. Die Episode schildert mit größter Wahrscheinlichkeit die Falkenjagd Kōkō Tennōs von 886, von der das *Sandai jitsuroku*, das offizielle Geschichtswerk aus dem Jahr 901 über die Regierungsperioden von Seiwa, Yōzei und Kōkō Tennō (858—887), berichtet. Die tatsächliche Jagd wurde von einigen berittenen Falknern durchgeführt. Das Gedicht entspricht dem *Gosenshū* Nr. 1077 von Ariwara no Yukihira, sowie *Kokin waka rokujō* (aufgenommen als Nr. 34153 des *Zoku kokka taikan*). Ein lustig bedrucktes Kostüm (*surikariginu*) war die vorgeschriebene Aufmachung für kaiserliche Falkner. Yukihira meint, daß das Gewand zu farbenprächtig für einen Mann seines Alters ist. Er war im Jahr 886 68 Jahre alt, Kōkō Tennō 56 und sollte im Jahr darauf sterben. Das Gedicht ist wie folgt zu interpretieren: „Der vom Falken verfolgte Kranich scheint zu rufen: ‚Heute geht mein Leben zu Ende'. Ich fürchte, Ihr findet mich höchst unpassend gekleidet, aber für mich, ebenso wie für den Kranich, ist dies der Schluß; von jetzt an werde ich nicht mehr als kaiserlicher Falkner dienen. Ich hoffe daher, Ihr werdet mir meinen Aufzug vergeben". Laut *Gosenshū* bat Yukihira am Tag nach der Jagd formell darum, von seinen Pflichten enthoben zu werden (McCullough 1968:250—252, IM:204, A.99).

menhang mit den so häufigen Gedichten, in denen das Alter beklagt wird, zu sehen[146]; nicht zuletzt dürfte es wohl auch dazu gedient haben, die eingangs beschriebenen Attitüden des Respekts gegenüber den Alten einzufordern. Andererseits drückten die Alten dadurch aber wohl auch die Bereitschaft aus, sich den angeführten, ihnen auferlegten Normen der Zurückhaltung zu beugen.

Zu diesen zählte auch, die anderen die Zeichen der fortschreitenden Seneszenz nicht merken zu lassen, sie tunlichst vor ihnen zu verbergen, wollte man sich nicht Hohn und Spott aussetzen. Ähnliches war ja bereits dort angeklungen, wo sich Sei Shōnagon darüber beschwert hatte, daß ausgerechnet die alten Leute sich die Hände am Feuer reiben, sodaß man zwangsläufig ihre Falten sehen mußte[147]. Läßt sich dies nicht anders verhindern, so zeigt man sich eben nicht mehr. Zum Teil mag dies nur als Vorwand formuliert sein, wie in jenen Passagen des *Kagerō nikki*, in denen der Gemahl der Autorin, Fujiwara no Kaneie, vorgibt, sich seines Alters wegen zu schämen und sich deswegen nicht zu zeigen[148]. Im *Genji monogatari* beteuern gleich mehrere Figuren, sich aus Scham über ihr Alter nicht zeigen zu wollen, so Genjis Großmutter[149], aber auch die Figur der alten Ben no Kimi, die sich bis dahin immer sehr vertraut mit Kaoru unterhalten hatte, hält eines Tages den Zeitpunkt für gekommen, sich ihm aufgrund ihrer Seneszenz nicht mehr zu zeigen:

Kaoru rief nach Ben no Kimi, und da stellte diese einen Ständer mit mattblauen Vorhängen an den Eingang der Fusuma und setzte sich dahinter. „Verzeiht", sagte sie, „es tut mir leid,

---

[146] Vgl. dazu S. 73ff. Das *Wakan rōeishū* führt nicht nur verstreut über andere Kapitel eine Reihe solcher Gedichte an, es enthält auch einen eigenen Abschnitt *rōjin*, in dem Klagen über das Alter gesammelt sind und als hervorragendster Ausdruck dessen erscheinen, was alte Menschen zu sagen haben. Auch ist auffällig, daß wie bei der Besprechung der *shōshikai* zu sehen war, sogar dort, wo alte Menschen besonders geehrt werden sollten, sie im wesentlichen solche Klagen über das Alter rezitierten, vgl. S. 186. Origuchi (1966b: 303—333) entwickelt in diesem Zusammenhang den Gedanken des *wabi*. Aus den so beliebten Klagegedichten über das Alter spräche entsprechend nicht nur Wehmut, sondern auch eine ergreifende Würde und Schönheit (*wabi*) des Alters. Daß man in der Heian-Zeit solche *wabiuta*, die natürlich auch mit der Welt des *aware* der japanischen Literatur insgesamt zu tun haben, so schätzte, läge daran, daß man in ihren Liedern die alten Menschen als *wabibito* selbst schätzte. So ginge auch aus den Gedichten ein Gefühl der Befriedigung hervor, als ob die Alten in ihnen jüngeren Gesprächspartnern gegenüber einerseits die Zurückhaltung des Alters, andererseits auch einen gewissen Stolz darüber vermitteln wollten, im Laufe der Jahre so verfeinert geworden zu sein. Vgl. auch S. 468, FN 44.

[147] MS (28):69; vgl. S. 113.

[148] KN:286, 288; vgl. S. 87.

[149] GM I:36; vgl. S. 88.

aber ich bin inzwischen so entsetzlich häßlich geworden, daß ich nicht wage, mich Euch zu zeigen!", und wollte nicht hinter dem Vorhang hervorkommen.[150]

Wenig später lehnt es die gleiche Ben no Kimi überhaupt ab, Kaoru zu empfangen, weil sie meint, sie sei schon zu senil:

Kaoru hätte noch gerne der Nonne [Ben no Kimi] einen Besuch abgestattet, doch da diese sich ihm nicht zeigen wollte und ihm nur bestellen ließ: „Ich bin in Gedanken nur ständig in mein trauriges, unglückseliges Schicksal versunken, und begreife die Dinge weniger denn je. Ich bin völlig vergreist (*horehaberite*) und erhebe mich kaum mehr von meinem Lager", wollte er sich ihr auch nicht aufdrängen.[151]

Mit an die 50 und durch die Trauer um seine verstorbene Frau Murasaki zusätzlich gealtert beschließt auch der Held selbst, sich den Menschen nicht mehr zu zeigen, um seine Greisenhaftigkeit vor ihnen zu verbergen:

Mit anderen Menschen als den ihn täglich umgebenden Dienerinnen, traf Genji nicht mehr zusammen. Die ihm einst nahestehenden hohen Würdenträger und auch seine Brüder, die Prinzen, erschienen zwar noch immer zu Besuch, aber er empfing sie nur selten. Auch wenn ich mich, so dachte er, vor anderen noch so bemühe, mich aufzuraffen und meine Trauer zu unterdrücken, so sehe ich doch aus, als sei ich schon ganz senil (*hokenitaran*), und könnte es wohl auch kaum vermeiden, törichte Dinge zu reden, und der Gedanke, wie man dann noch in späteren Generationen über mich reden würde, ist mir unerträglich! Heißt es hingegen nur, er ist ganz und gar vergreist (*omoihoretenan*) und trifft mit niemandem mehr zusammen, so ist das zwar kaum besser, und doch ist es mir noch lieber, die Leute hören nur gerüchteweise von mir und machen sich dann ihren Reim darauf, mag, was sie dann denken auch noch so unzutreffend sein, als mich den Menschen so unansehnlich wie ich bin zur Schau zu stellen. Aus diesem Grunde unterhielt sich Genji selbst mit Yūgiri nur durch einen Vorhang hindurch.[152]

Einzelne Passagen lassen darauf schließen, daß alten Menschen mit fortschreitendem Alter immer größere Vereinsamung drohte, sofern sie nicht mächtig genug waren, Protektion Suchende anzuziehen. So schildert etwa die Tochter des Takasue in ihrem Tagebuch, wie ihre alten Eltern während ihrer Zeit bei Hof praktisch niemand zu Gesicht bekommen und über diese ihre Vereinsamung durchaus unglücklich sind:

Den ganzen Tag über mußte ich voll Sehnsucht und Trauer an meinen vom Alter geschwächten Vater (*tete no oiotoroete*) denken und daran, wie er, wenn wir uns gegenübersaßen, mich als das Kind betrachtete, auf das er sich ganz und gar verlassen wollte. [...] Als ich so nach zehn Tagen mich vom Hofe zurückzog, erwarteten mich meine Eltern; in der Feuerstätte hatten sie ein Feuer herrichten lassen. Sie hatten mich vom Wagen herabsteigen sehen und klagten weinend: „Als du hier warst, ließ man sich sehen, und es gab auch gefällige Menschen; während dieser Tage ließ niemand von sich hören, nicht den Schatten eines Menschen entdeckten unsere Augen. So fühlten wir uns ganz verzagt und verlassen. Wenn es so weitergeht, kann man wohl fragen, was wir denn nur machen sollen?" Sie so sehend,

---

[150] GM V:94, s.a. Benl 1966b:675.

[151] GM V:306, s.a. Benl 1966b:861.

[152] GM IV:199—200, s.a. Benl 1966b:354.

war ich sehr traurig. Am nächsten Morgen saßen sie mir gegenüber und sprachen: „Da du heute hier bist, ist die Zahl der Leute, die kommen und gehen, groß, und es ist voller Leben!" Mitleidig und zu Tränen gerührt, fragte ich mich, welch besondere Anziehungskraft ich denn schon haben sollte.[153]

Eine zunehmende Vereinsamung sprechen vorrangig Figuren betagter Frauen an, die fürchteten, durch den Verlust der Zuneigung ihrer Männer in ein gesellschaftliches Abseits gedrängt zu werden, wie Dōin no Ue im *Sagoromo monogatari*:

[Dōin no Ue, die zweite Frau von Sagoromos Vater, beklagt sich, daß er sie vernachlässigt. Sie überlegt, welches Schicksal ihre Adoptivtochter nach ihrem Tod haben wird.]
„Während du mit deiner Halbschwester immer eng vertraut bist, hast du dich schon sehr lange nicht um mich gekümmert, und ich denke sehr traurig an Dich. Da ich nun alt werde (*toshi no tsumori haberu mama ni wa*), bin ich in dieser Welt sehr einsam. Auch wenn es unverschämt erscheint, möchte ich dich um etwas bitten, denn ich bin sehr betrübt und warte nur sehnsüchtig auf dich. In dieser Welt muß ich wohl so leben, aber was mich bekümmert, ist, daß ich niemanden habe, der für die nächste Welt meine Totenfeiern veranstalten wird, auch gibt es niemanden, der sich um meine Adoptivtochter kümmert wie ich. So frage ich mich, was aus ihrem Einzug bei Hof werden wird."[154]

Eine ähnliche Vereinsamung im Alter beklagen mitunter aber auch Männer, wie etwa der Gelehrte Sugawara no Fumitoki in einem *rōkankō*, „Über die Muße im Alter", betitelten Essay des *Honchō monzui*, in dem er davon spricht, wie ihn die Schüler nun im Alter vernachlässigen und selbst die alten Freunde seiner überdrüssig geworden sind[155]. Später im *Sarashina nikki* schildert die Autorin, wie sie nach dem Tod ihres Mannes das gleiche Schicksal ereilt, das sie zuvor für ihre Eltern beklagte, und sie von aller Welt verlassen ihr Leben als alte Frau fristet:

Früher hatten meine Neffen im gleichen Haus mit mir gewohnt, und ich hatte sie von morgens bis abends um mich gehabt. Doch seit jenem traurigen Ereignis waren sie hierhin und dorthin gezogen, und kaum je ließ sich einer bei mir blicken. Da, in einer besonders schwarzen Nacht, kam mein sechster Neffe zu mir. Überrascht dichtete ich:

Noch ist der Mond nicht aufgegangen,	*Tsuki mo idede*
im Dunkel liegt der Berg,	*yami ni kuretaru*
da die Tante ausgesetzt:	*obasute ni*
aus welchem Grund in solcher Nacht	*nani to te koyoi*
suchst du ihn auf?	*tazunekitsuramu*

[Es folgen weitere Gedichte, die die Autorin an frühere Freunde, von denen sie sich nun, alt und einsam, vernachlässigt fühlt, schickt, um sich ihnen in Erinnerung zu rufen.][156]

---

[153] SN:511—512, s.a. Hammitzsch 1966:55—56.

[154] SM:230—231.

[155] HCMZ a:405—406; vgl. S. 441.

[156] SN:534, s.a. Hammitzsch 1966:84.

4.3.3. Das Obasuteyama-Motiv: Die Alten aussetzen?

Wenn die zu diesem Zeitpunkt 51jährige Autorin hier, vernachlässigt, wie sie sich fühlt, sich selbst bzw. ihr Heim vergleicht mit dem „Berg, da die alte Tante ausgesetzt", so spielt sie auf ein im japanischen Altertum überaus verbreitetes Motiv an, das nicht nur Ausgrenzung und Vereinsamung wie in ihrem Fall, sondern in letzter Konsequenz das Aussetzen alter Menschen zum Inhalt hat. Ihre Anspielung bezieht sich auf jene Variante dieses Motivs, wie sie im *Yamato monogatari* erzählt wird, in der ein junger Mann auf das Drängen seiner Frau hin seine alte Tante in die Berge bringt, um sie loszuwerden, beim Anblick des über diesen Bergen aufgehenden Mondes aber von Reue über seine Tat erfaßt wird[157] und die alte Frau letztendlich zurückholt:

An einem Ort namens Sarashina in der Provinz Shinano lebte einst ein Mann. Da ihm seine Eltern gestorben waren, als er noch ein Kind war, hatte seine Tante (*oba*) ihn von klein auf wie eine Mutter großgezogen. Seine Frau hatte ein böses Herz und sie verabscheute es, wie diese ihre Schwiegermutter ganz vom Alter gebeugt war (*oikagamarite*), und beklagte sich ständig bei ihrem Mann über deren angebliche Boshaftigkeit, sodaß die alte Tante im Gegensatz zu früher immer nachlässiger behandelt wurde. Die Tante war so schrecklich alt (*ito itau oite*), daß ihr Rücken so krumm war, als hätte man sie in zwei gefaltet (*futae ni te itari*). Darob fand die Schwiegertochter sie nur um so lästiger und unzufrieden, daß jene noch immer nicht verstorben war, wurde sie nicht müde, ständig schlecht von ihr zu sprechen und ihren Mann zu bedrängen: „Trag sie doch fort und setz sie tief in den Bergen aus!", bis dieser allmählich nachgab und sich schließlich dazu entschloß. Eines Nachts, da der Mond besonders hell schien, sagte er zu ihr: „Kommt, Mütterchen (*ōnadomo*)! Im Tempel wird eine feierliche Zeremonie abgehalten, die zu sehen will ich Euch bringen." Sie freute sich darüber über alle Maße und ließ sich tragen. Da sie am Fuß hoher Berge wohnten, ging er weit in diese Berge hinein und an einem hohen Gipfel, von dem nicht anzunehmen war, daß sie davon wieder heruntersteigen könnte, setzte er sie ab und lief davon. „He, he", schrie sie, doch er, ohne auf sie zu hören, lief und lief nur immer weiter, bis er wieder bei seinem Haus anlangte. Dort begann er nachzudenken: als man ihn gegen die Tante aufgebracht hatte, da hatte er seiner Wut nachgegeben und so gehandelt, doch da sie über Jahre hinweg mit ihm gelebt hatte und ihn wie eine Mutter großgezogen hatte, war ihm nun sehr traurig zumute. Während er so den Mond betrachtete, da konnte er die ganze Nacht hindurch kein Auge zutun, und von tiefer Trauer erfaßt, verfaßte er folgendes Gedicht:

Mein Herz, ich kann es nicht trösten,	*Wa ga kokoro*
ach, Sarashina,	*nagusamekanetsu*
wenn über dem Berg,	*Sarashina ya*
da die Tante ausgesetzt,	*obasuteyama ni*
den Mond scheinen sehe!	*teru tsuki wo mite*

---

[157] Insofern ist die Metapher in dem Gedicht des *Sarashina nikki* sehr schlüssig, wenn die Autorin ihren Neffen fragt, was, wenn nicht der Mond, der ja nicht scheint, ihn denn veranlaßt hat, wieder einmal nach ihr zu sehen.

Da ging er wieder an jenen Ort und holte sie zurück. Von da an wurde der Berg ‚Tante-Aussetz-Berg' (Obasuteyama) genannt. Will man Untröstlichkeit ausdrücken, so zitiert man diese Geschichte.[158]

Das nach dieser Sage benannte Obasuteyama-Motiv ist sowohl in Japan als auch zum Teil im westlichen Ausland einer breiteren Öffentlichkeit bekannt, vor allem seitdem der Gitarrist Fukazawa Shichirō 1956 einen volksliedartigen Song darüber komponierte und eine kurze Erzählung zum selben Thema verfaßte, die ihrerseits erstmals 1958 von Kinoshita Keisuke und 1983 von Imamura Shōhei abermals verfilmt wurde.[159] Diese modernen Fassungen betonen die Lebensmittelknappheit in den vormodernen japanischen Dörfern, wohl mit dem unausgesprochenen Ziel, vermeintliche Überbleibsel der daraus erwachsenden Sitten wie des Aussetzens der alten Menschen in der heutigen Überflußgesellschaft, etwa das Abschieben der Alten in Altenheime, anzuprangern. Entsprechend erscheint in diesen Fassungen das Aussetzen der alten Menschen als Notwendigkeit, um angesichts einer allgemeinen Knappheit das Überleben von Familie und Dorfgemeinschaft sicherzustellen, und es wird ein Bild von alten Menschen gezeichnet, die sich nicht nur willig in ihr Schicksal fügen, sondern den Vollzug der Sitte gar selbst verlangen, während die Kinder nur widerwillig und aus Not zu Vollstreckern einer ihnen selbst verhaßten, aber gesellschaftlich geforderten Norm werden. Dieses bekannte Bild weicht aber in einigem von den Versionen des japanischen Altertums ab. Tatsächlich sind Anspielungen auf diesen Obasuteyama bzw. auf den über diesem Berg scheinenden Mond aus der Heian-zeitlichen Lyrik nicht wegzudenken, wobei sie in den meisten Fällen, wie im *Yamato monogatari* selbst angeführt, als *engo* für Untröstlichkeit verwendet wurden, ohne einen anders als im Namen des Berges zum Ausdruck kommenden Zusammenhang mit alten Menschen aufzuweisen[160]. In Form von Zitaten dieser Gedichte über den

---

[158] YM (156):327—328, s.a. Sieffert 1979a:105—106. Manche Manuskripte geben *oba*, Großmutter, an (YM:327, A.15). In ähnlicher Form findet sich die Sage auch im *Konjaku monogatari* (KM V (30/9):236—237, s.a. Tyler 1987:315—316). Es mag kein Zufall sein, daß hier ausgerechnet eine alte Tante ausgesetzt werden soll, stellten doch den *koseki* zufolge kinderlose Tanten des Haushaltsvorstandes in der bäuerlichen Bevölkerung den größten Teil der nicht mit direkten Nachkommen lebenden über 60jährigen (Murai 1984:10).

[159] Fukazawa und Imamura 1983:10—66.

[160] So scheint das Gedicht, wie es im *Yamato monogatari* vorkommt, mit geringfügigen Abweichungen bereits im *Kokinshū* auf (KKS (17/878):278, s.a. Rodd und Henkenius 1984: 302), sowie in den Gedichtsammlungen *Kokin waka rokujō* 1 und *Shinsen wakashū* 4, der Privatanthologie des Ki no Tsurayuki (YM:328, A.8). Weitere typische Beispiele sind *Goshūishū* 15: „Diesen Mond zu sehen,/ keiner kann es trösten,/ sein Herz! Ist es auch nicht am Fuß des Berges,/ da die Alte ausgesetzt (*Tsuki mite wa/ tare mo kokoro zo/ nagusama-*

Obasuteyama sind Anspielungen auch in der *zuihitsu*- und *monogatari*-Literatur häufig, wenn eine Figur mithilfe einer bekannten literarischen Metapher ihre eigene, ganz persönliche Untröstlichkeit zum Ausdruck bringen will, die dann freilich kaum etwas mit der Trauer über verlassene alte Menschen, sondern mit allgemeiner Melancholie[161] oder trivialem Liebeskummer[162] zu tun hat.

Während die Sage, wie sie das *Yamato monogatari* wiedergibt, beredtes Zeugnis davon ablegt, daß alte Menschen mit zunehmender Bresthaftigkeit und Arbeitsunfähigkeit in ihren Mitmenschen Unlust hervorrufen konnten, sie zu ernähren, und den Wunsch, sie loszuwerden, und es ja naheliegt, daß zumindest in den unteren Schichten der Bevölkerung, von denen die Sage handelt und deren Auskommen ja sicherlich nicht so leicht gesichert war, das Durchfüttern arbeitsunfähiger Alter ein Problem gewesen sein könnte, so läßt sich aus der Erzählung selbst doch nicht ohne weiteres auf einen etwaigen verbreiteten Brauch des Aussetzens der alten Menschen schließen. Auch wird die alte Tante unter einem Vorwand in die Berge gebracht, sie weiß keineswegs, was der Neffe mit ihr vorhat, geschweige denn, daß sie sich damit abfindet. Problematischer ist in diesem Zusammenhang allerdings die Existenz eines Berges mit einem solchen Namen[163], die ihrer-

---

nu/ obasuteyama no/ fumoto naranedo)" oder das Gedicht 14/ 1259 der Kamakura-zeitlichen offiziellen Anthologie des *Shinkokinshū*: „Ist's auch nicht des Berges/ in Sarashina der Mond,/ den ich da scheinen sehe,/ zu trösten vermag ich mich dennoch nicht/ blick' ich voll Liebessehnsucht zum Himmel empor" (*Sarashina no/ yama yori soto ni/ teru tsuki mo/ nagusamekanetsu/ kono koro no sora*) (YM:373, A.146).

[161] Wie z.B. im *Makura no sōshi*: „[Die Autorin hat geäußert, wie überdrüssig sie manchmal des Lebens ist, ästhetische Genüsse sie aber dann doch immer wieder trösten.] Da meinte die Kaiserin lächelnd: ‚Du brauchst aber nur wenig, um Dich zu trösten! Wer hat es schon je nötig gehabt, den Mond über dem ‚Berg, wo die Tante ausgesetzt' zu sehen, [um sich trostlos zu fühlen]?' " (MS (277):283, s.a. Watanabe 1952:270–271).

[162] Wie z.B. im *Genji monogatari*: „[Naka no Kimi grämt sich, daß ihr Gemahl Prinz Niou eine zweite Frau genommen hat.] Sie versuchte zwar, sich zu trösten, doch der Mond stieg auf und schien so hell wie über dem ‚Berg, da die alte Tante ausgesetzt'. Da ward Naka no Kimi ebenso untröstlich wie jener einst, und je weiter die Nacht vorrückte, desto verzweifelter wurde sie" (GM V:56, s.a. Benl 1966b:641).

[163] Der Berg, von dem die Sage des *Yamato monogatari* erzählt, ist noch heute unter dem gleichen Namen, aber auch als Ubasuteyama (‚Alte Frau-Aussetz-Berg'), seltener auch Oyasuteyama (‚Eltern-Aussetz-Berg'), bekannt. In der heutigen Provinz Nagano gelegen, handelt es sich um einen dreiecksförmigen Berg von 1252 m Seehöhe; mit dem über die Station Obasute erreichbaren, an der Shinonoi-Bahnlinie gelegenen Chōrakuji-Tempel als Mittelpunkt bildet das Gebiet rund um ihn mit dem herrlichen Blick, den es auf das Nagano-Becken und den Mond, der sich vielfach in den terrassenförmig angelegten Reisfeldern spiegelt (*tagoto no tsuki*), ein beliebtes Mondschau-Gebiet, zu dem zur Herbstsaison auch touristische Sonderzüge geführt werden (*Japonica* 3:611; NKD 4:4).

seits schon in die Richtung einer Sitte weist. Hinzu kommt, daß Sagen dieses Typs in Japan keineswegs regional auf die Gegend von Shinano mit dem gleichnamigen Berg begrenzt sind. So berichtet etwa Inoue Yasushi, der in einem Bergdorf der Izu-Halbinsel aufwuchs, in der Toi-Gegend an der Westküste der Halbinsel seien Erzählungen über das Aussetzen alter Leute seit alters überliefert[164]. Ikeda hat in ihrem Typen- und Motivindex der japanischen Volksliteratur nicht weniger als fünf über ganz Japan verstreute Berge des gleichen Namens, für die eine solche Sage existiert oder auch nicht, gezählt[165], während im lokalen Sagenschatz von Küstengegenden der Berg auch durch eine unbewohnte Insel ersetzt sein kann[166].

Zudem gibt es bereits im japanischen Altertum eine Reihe weiterer Legenden, die mit der lokalen Sage rund um den Obasuteyama in Shinano in dem zentralen Punkt verwandt sind, daß sie das Aussetzen oder Abschieben alter Leute als zentrales Thema haben. Zu diesen gehören zum einen jene Legenden, die davon erzählen, wie es einmal Brauch gewesen sei, alle Betagten ab einem bestimmten Alter zu vertreiben, bis eines Tages ein besonders liebevoller Sohn, der es nicht übers Herz brachte, dasselbe mit seinen alten Eltern zu tun, diese im Keller seines Hauses versteckte, und der Brauch schließlich aufgegeben wurde, weil diese alten Eltern die einzigen waren, die durch ihre Weisheit in der Lage waren, das Land aus arger Not zu erretten. Zu diesem Typus zählt die Legende des Aridōshi myōjin, wie sie Sei Shōnagon im *Makura no sōshi* erzählt:

> Vom Ursprung des [Aridōshi-]Tempels — ob es wahr ist, weiß ich nicht — wird folgendes erzählt: Einst lebte ein Herrscher, der mochte nur junge Leute, und alle, die das 40. Lebensjahr erreicht hatten (*yosoji ni narinuru*), die wollte er forthaben. Alle älteren machten sich daraufhin aufs Land auf, um sich dort zu verstecken, und keiner von ihnen verblieb in der Hauptstadt. Zu dieser Zeit lebte ein Mittlerer Kommandeur, der in hohem Ansehen stand und ein ehrfurchtsvolles Wesen hatte; dessen Eltern waren an die 70 Jahre alt (*nanasoji chikaki oya*) und ganz entsetzt darüber, daß alle über 40jährigen verbannt werden sollten. Ihr Sohn, der voll der kindlichen Pietät war, brachte es nicht übers Herz, sie in die Fremde ziehen zu lassen. „Es geht doch nicht an, daß ich euch nicht wenigstens einmal am Tag sehen können sollte", sagte er, ließ im Geheimen unter seinem Haus einen Keller ausheben und richtete darin ein Zimmer ein, in dem er die Eltern unterbrachte und sie besuchen kam, um für sie zu sorgen. Die Bekannten und bei Hof ließ er wissen, daß seine Eltern verschwunden seien. Nein wirklich, es hätte doch auch genügen müssen, daß sie sich einfach im Haus versteckt hielten und sich nicht zeigten, man hätte doch auch nur so tun können, als wisse man nichts von ihnen. Was für eine schreckliche Zeit muß das doch gewesen sein! Die Eltern dürften übrigens keine Adeligen gewesen sein; wie gut, daß sie immerhin einen Mittleren Kommandeur zum Sohn hatten. Weil er sehr klug war und über tausend Dinge Bescheid wußte, stand er, gleichwohl er noch jung war, in hohem Ansehen

---

[164] Inoue 1965:73.

[165] Ikeda 1971:218.

[166] Plath 1988:510.

und auch der Herrscher hielt große Stücke auf ihn. Gerade zu jener Zeit aber sann der Kaiser von China gerade nach Mitteln und Wegen, unser Land zu erobern; immer wieder versuchte er es, so auch, indem er uns schwierige Rätsel zu lösen aufgab. Einmal sandte er einen schön polierten Holzstab mit der Frage: „Welches ist das obere und welches das untere Ende?"

Der Herrscher war ganz aufgeregt, weil er keine Ahnung hatte, wie das Rätsel zu lösen sei; der Mittlere Kommandeur, der auch nicht ein noch aus wußte, eilte zu seinen Eltern und schilderte ihnen die ganze Sache. Da sagte der Vater: „Wirf den Stab quer zur Strömung in einen reißenden Fluß. Er wird sich drehen, und die Seite, die stromabwärts zeigt, ist das obere Ende." Der Sohn ging zum Herrscher zurück, unterbreitete ihm den Vorschlag als wäre es sein eigener Einfall gewesen, und gesagt getan, da warf er den Stab in einen Fluß und machte an dem Ende, das stromabwärts zeigte, ein Zeichen. Dann wurde der Stab dem Kaiser von China zurückgeschickt, und es stellte sich heraus, daß die Lösung tatsächlich die richtige war.

Als nächstes wurden zwei Schlangen geschickt, die beide genau gleich lang waren, und dieses Mal lautete die Frage: „Welche ist das Männchen und welche das Weibchen?" Wieder wußte es niemand, und wieder bat der Mittlere Kommandeur seinen Vater um Rat. „Legt beide nebeneinander und nähert einen dünnen Zweig ihrem Schwanz. Die, die zuerst den Schwanz bewegt, ist das Weibchen", sagte der Vater. Tatsächlich tat man daraufhin im Palast, wie er geraten hatte, und als man den Zweig näherte, da bewegte sich wirklich eine der Schlangen überhaupt nicht, die andere hingegen schon. Man kennzeichnete sie und schickte sie nach China zurück.

Nach geraumer Zeit wurde ein siebenfach gewundener Edelstein gebracht, der zwei winzige Öffnungen an beiden Enden trug, die durch einen Durchbruch im Stein miteinander verbunden waren. Dieses Mal lautete die Aufgabe: „Zieht einen Faden hindurch. Hierzulande kann dies ein jeder." „Selbst der geschickteste müßte daran scheitern", sagten da alle, von den Adeligen über die Höflinge bis hin zu den einfachen Leuten. Der Mittlere Kommandeur aber suchte wieder seinen Vater auf und erzählte ihm alles. Darauf sagte dieser: „Nehmt zwei große Ameisen und bindet ihnen einen dünnen Faden um die Taille. An diesen wiederum bindet einen etwas dickeren, streicht etwas Honig in die eine Öffnung und seht, was passiert!", riet er. Der Sohn überbrachte dies dem Herrscher, man setzte die Ameisen an den einen Ausgang und vom Duft des Honigs angelockt, bahnten sie sich ganz schnell den Weg bis zum anderen Ende, wo sie wieder herauskamen. Der Edelstein, durch den auf diese Art und Weise der Faden gezogen ward, schickte man zurück nach China. Da meinten die Chinesen: „Die Japaner sind ja wirklich zu klug" und unterließen fortan ihre Versuche, das Land zu erobern.

Da hielt der Herrscher den Mittleren Kommandeur für einen überaus bewunderswerten Mann und sagte zu ihm: „Wünscht Euch, was immer Ihr wollt, Rang und Würde oder was sonst Ihr Euch als Belohnung ausbedingen wollt." „Um Rang und Würde ist es mir nicht getan. Nur die alten Eltern (*oitaru chichihaha*), von denen keiner weiß, wo sie sich versteckt halten, will ich suchen und wieder in der Hauptstadt wohnen lassen dürfen", antwortete dieser. „Die Bitte kann Dir leicht erfüllt werden", sagte der Herrscher. Übergroß war die Freude im ganzen Land, als all die alten verstoßenen Eltern dies hörten. Der Mittlere Kommandeur jedoch wurde ein hoher Beamter und Minister des Reichs.

Ob es wohl dieser Mann war, der zum Gott dieses Tempels wurde? Mir hat man einmal erzählt, er sei einem Besucher des Heiligtums in der Nacht erschienen und hätte zu ihm gesagt:
Weil einst durch einen/ siebenfach gewund'nen Stein/ den Faden sie gezogen,/ Ameisen-Durchgang heißt der Ort,/ die Welt jedoch scheint's nicht zu wissen.[167]

---

[167] MS (244):264–267, s.a. Watanabe 1952:249–253. Der Aridōshi jinja liegt im heutigen Ōsaka-fu, Izumi Sano-shi (NKD 1:504). Als Quelle dürfte eine Legende des *Zappō zōkyō*

Obwohl die Sage indischen Ursprungs sein dürfte, schildert Sei Shōnagon die Begebenheit doch als eine, die sich in einer nicht näher definierten Vergangenheit in Japan selbst zugetragen hätte. Deutlicher noch als in der *Yamato monogatari*-Sage, in der die Reue des Mannes darüber, seine alte Tante ausgesetzt zu haben, betont wird, wird hier der moralisierende Aspekt, wonach ein wohl vorhandener Wunsch, die Alten loszuwerden, unter Berufung auf ihre Weisheit und die großen Dienste, die sie dadurch der Gemeinschaft zu leisten imstande sind, zu unterdrücken ist und nur so Friede und Wohlergehen im Staat aufrechtzuerhalten sind. Gleichzeitig ist

---

1, einer indischen buddhistischen Schrift in chin. Übersetzung, fungiert haben, in der sowohl der Brauch des Vertreibens der Alten als auch die Rätsel des oberen Endes des polierten Holzstabs und des Geschlechts der Schlangen vorkommen (Kaneko 1935:907—908). Mit diesem indischen Ursprung hängt wohl das vergleichsweise junge Alter von 40 Jahren zusammen, ab dem die alten Menschen vertrieben worden wären, entspricht doch dieses dem Alter, in dem der Brahmane dazu angehalten war, den Rückzug aus dem weltlichen Leben anzutreten und im Waldsiedler-Stande zu leben, was in gewisser Weise auch schon als eine Art Exilierung der Alten interpretiert werden kann (Sprockhoff 1979:410, 420). Eine Variante derselben Legende wurde später auch in die Sammlung des *Konjaku monogatari* aufgenommen, wobei die Geschichte selbst aber nicht nach Japan verlegt wurde, sondern in Indien belassen und auch in dem diesem Land gewidmeten Teil der Sammlung aufgeführt wurde (KM I (5/32: Von dem Land, in dem Menschen über 70 verstoßen wurden):399—402, s.a. Jones 1959:28—31). Diese Version unterscheidet sich von der im *Yamato monogatari* dadurch, daß es heißt, die alten Menschen seien ab 70 verstoßen worden und der junge Beamte nur mehr seine alte Mutter hat, die er versteckt, sowie durch zwei der aufgegebenen Rätsel, die darin bestehen, bei zwei gleich aussehenden Stuten die Mutter vom Fohlen zu unterscheiden und das Gewicht eines Elefanten zu bestimmen, und schließlich in dem etwas ausführlicheren Ende: „Da wischte sich der Minister mit seinem Ärmel die Tränen, die ihm aus den Augen stürzten, ab und sagte zu dem König: ‚Es ist in diesem unserem Land seit alters her Brauch, alle über 70jährigen (*nanasoji ni amarinuru*) zu verstoßen. Dies ist keineswegs eine Neuerung, die Ihr eingeführt hättet. Meine eigene Mutter aber ist schon längst über 70 Jahre alt (*nanasoji ni makariamarite*), heuer sind seither schon 8 Jahre vergangen, und um morgens und abends liebevoll für sie sorgen zu können (*kyōyō semu ga tame ni*), habe ich in meinem Haus einen Keller ausheben lassen und sie dort untergebracht. Da ja alte Menschen (*toshi oitaru mono*) oft schon vieles gehört haben, habe ich mich jedes Mal zurückgezogen, um zu hören, ob sie vielleicht etwas darüber wüßte, und alles, was ich Euch gesagt habe, das hatte ich von ihr. Wenn diese alte Frau (*oihito*) nicht gewesen wäre...' Da sprach der König: ‚Was mag wohl der Grund dafür gewesen sein, daß in diesem Land seit alters her die alten Menschen (*oihito*) verstoßen wurden? Wie dem auch sei, nun denke ich, daß im Gegenteil die Alten (*oitaru wo*) in Ehren gehalten werden sollen. Deswegen will ich ein Edikt erlassen, wonach all die alten Leute (*oihitodomo*), die nun in fernen Landen im Exil leben, gleich ob hohen oder niederen Standes, ob Mann ob Frau, zurückgeholt werden sollen. Anstatt ein Land zu sein, das den Ruf hat, daß es die Alten aussetzt (*oi wo sutsu*), soll es von nun an von diesem Land heißen, es sorge gut für seine Alten (*oi wo yashinau*)', und so wurde es proklamiert. Von da an war die Regierung in diesem Land eine friedfertige, die Bevölkerung rechtschaffen, und es herrschte Wohlstand. So ist es erzählt und überliefert worden."

Das Obasuteyama-Motiv: Die Alten aussetzen? 221

aber bemerkenswert, daß Sei Shōnagon zwar empört ist, daß der junge Mann, der seine Eltern im Keller versteckt hält, nicht wagt, irgendjemandem etwas davon zu erzählen, sie aber in gewisser Weise Verständnis dafür zu haben scheint, daß man die Alten nicht sehen wollte.

Noch eine dritte Variante desselben Motivs, in der die moralisierende Absicht sehr deutlich ist, war im japanischen Altertum bekannt und verbreitet, jene chinesische Erzählung, in der das Verhalten des Enkels dem Vater vor Augen führt, daß das, was er seinem alten Vater antut, eines Tages auch ihm selbst droht, und ihn dazu veranlaßt, den Großvater, den er gerade in den Bergen ausgesetzt hat, wieder zurückzuholen.[168]

Die japanische Volkskunde war seit langem bemüht, hinter diesen und ähnlichen Sagen, die das Aussetzen alter Menschen zum Inhalt haben, eine andere Bedeutung zu entdecken, die das Land von dem Makel befreien sollte, ein solcher Brauch könnte jemals existiert haben. Tatsächlich sprechen mehrere Gründe dagegen, daß jene Berge, die als Obasuteyama bezeichnet werden, auch tatsächlich dazu gedient haben sollten, alte Menschen auf ihren Gipfeln auszusetzen. So zeigte etwa Makita Shigeru auf, daß es unter der Voraussetzung, man hätte im japanischen Altertum tatsächlich alte Menschen auf diese Art und Weise verstoßen, verwunderlich sei, warum es zwar Berge mit dem Namen Obasuteyama gibt, also ‚Berg, an dem die Tante/ Großmutter/ alte Frau ausgesetzt wird‘, aber kein einziges Gegenstück in Form eines etwaigen Ojisute- oder Jijisuteyama, also ‚Berg, an dem der Onkel/ Großvater/ alte Mann ausgesetzt wird‘. Er stellte daher die Hypothese auf, der Name Obasuteyama sei nicht so sehr aufgrund der Existenz eines Brauches des Aussetzens alter Menschen entstanden, sondern gehe vielmehr auf die Tatsache zurück, daß es Frauen im Altertum verboten war, bis zum Gipfel der heiligen Berge emporzusteigen. So gäbe es vielerorts auf heiligen Bergen auf dem Weg zum Gipfel eigene Gebäude für Frauen (*nyonindō*) oder Grenzsteine (*kekkaiishi*), die damit in Zusammenhang stehen könnten, daß den Frauen der Aufstieg auf den Berg nur bis zu dieser Markierung gestattet war.[169]

Von dem gleichen Argument, daß es eben nur den Namen Obasute gibt, aber kein ‚männliches‘ Gegenstück, gehen auch jene Theorien aus, die in dem Wort Obasute eine Verballhornung eines älteren Wortes *ohatsuse* sehen. So wies etwa Wakamori Tarō darauf hin, daß im Altjapani-

---

[168] Vgl. dazu ausführlich S. 249f.

[169] Als Beispiel ließe sich etwa der Risshakuji-Tempel in der heutigen Präfektur Yamagata nennen, der seit alters her als heiliger Berg gilt und auf dem noch heute in mittlerer Höhe ein Gebäude namens Ubadō (Altweiberhalle) existiert (Makita 1976:200).

schen *hase* bzw. *ohatsuse* Begräbnisstätten in den Bergen bezeichnen. Das Obasute-Motiv gehe ursprünglich auf die Vorstellung zurück, an unheimlichen Orten in den Bergen hielten sich *yamauba*, ‚alte Bergweiber, -hexen' auf, die Verwandlungen der Seelen von an den *ohatsuse* genannten Begräbnisorten Begrabenen, aber nicht im Paradies Wiedergeborenen wären. Der Name Obasute sei erst entstanden, nachdem der ursprüngliche Sinn von *ohatsuse* nicht mehr verstanden worden sei und man ihn zu *obasute* uminterpretierte[170].

Allerdings könnte diese Vorstellung von alten Berghexen durchaus nicht ganz unabhängig von der in zumindest einer Legende des *Konjaku monogatari* belegbaren Praxis, alte Menschen kurz vor ihrem Tod aus dem Haus zu treiben, entstanden sein. Daß man aus Furcht vor der Verunreinigung durch den bevorstehenden Tod in der Heian-Zeit mitunter durchaus nicht davor zurückschreckte, die Kranken aus dem Haus zu bringen und sie einfach irgendwo liegen zu lassen, wo sie dann auf ihren Tod warteten, ist mehrfach belegt: Einerseits gibt es mehrere Verordnungen, die derlei zu unterbinden trachteten, andererseits enthält das *Konjaku monogatari* eine Erzählung, die davon handelt, wie ein junges Dienstmädchen, als es krank wird und sich auch nach ein paar Tagen keine Zeichen einer Besserung zeigen, von ihrem Dienstherren vor die Tür gesetzt wird, weil er sein Haus nicht durch ihren Tod verunreinigen will, von dem er glaubt, daß er kurz bevorsteht[171]. Daß von einem solchen Schicksal alte Menschen, die durch ihr häufiges Kränkeln wohl oft dem Tode nah geglaubt wurden, sicherlich besonders betroffen waren, ist nicht nur anzunehmen, sondern wird in einer Erzählung desselben *Konjaku monogatari* konkret geschildert:

Es ist nun schon lange her, da lebte ein Provinzgouverneur von Owari, der mit Namen ... hieß. Er hatte eine ...[172], die sich aufs Dichten verstand, eine höchst geistreiche Person war und ohne angetrauten Ehemann lebte.

Der Provinzgouverneur von Owari hatte sie ins Herz geschlossen und ihr so manche Ländereien in seiner Provinz anvertraut, sodaß sie durchaus nicht unvermögend war. Die zwei, drei Kinder, die sie hatte, hatten mit ihrer Mutter allerdings überhaupt keine Ähnlichkeit, sie waren von zerfahrener Natur und so hatte sich ihre Spur in fremden Provinzen verloren. Nachdem die Mutter aber, weil sie alt und schwach geworden war (*toshi oite otoroekereba*), Nonne geworden war, hatte der Provinzgouverneur allerdings aufgehört, sich um sie zu kümmern. Wie sie so von dem älteren Bruder abhängig dahinlebte, da kam es zwar häufig zu eher unerträglichen Situationen, doch da sie eine von Grund auf gebildete und

---

[170] Wakamori 1972:71. Die entsprechende Legende wäre erst entstanden, um diesen in den Gedichten so häufig verwendeten Namen zu erklären, vgl. z.B. Nishizawa 1936:92.

[171] KM IV (26/20):468—469.

[172] Fehlt in allen Manuskripten.

geistreiche Person war, tat sie nie etwas Ungebührliches, sondern lebte nur weiter auf ihre feine Art vor sich hin, bis sie eines Tages erkrankte.

Wie so einige Tage vergangen waren und sie in ihrem Krankenbett lag, da schien es, als ob sie das Bewußtsein verloren hätte, und so dachte der ältere Bruder bei sich: „Sie wird mir doch nicht gar hier sterben!" und schaffte sie aus dem Haus. Da überlegte sie, ob es nicht jemanden gäbe, der ihr beistehen wollte, und sie begab sich mit dem Wagen zum Haus einer früheren Bekannten in der Gegend von Kiyomizu, um sie um Beistand zu bitten, doch auch diese sagte ganz unerwartet: „Ihr könnt doch nicht hier sterben!"; da wußte sie nicht, was tun, und ging nach Toribeno, breitete dort Matten aus und setzte sich darauf; weil sie eine äußerst feine Person war, versteckte sie sich außerdem im Schatten eines Grabes, brachte ihr Gewand in Ordnung und blieb dort auf der Matte sitzen. Schließlich schlummerte sie auf der Matte ein, und als das Mädchen, das mit ihr gekommen, das sah, machte es sich auf den Heimweg. Das war eine sehr traurige Angelegenheit, sagten die Menschen damals. ... Ob es die Konkubine, die Schwester oder die Tochter jenes Provinzgouverneurs von Owari war, weiß man nicht.

Wie dem auch sei, daß er sich nicht mehr um sie gekümmert hatte, war sehr schade, urteilten die Leuten, die davon hörten, und so ist es erzählt und überliefert worden.[173]

Die gleiche Legendensammlung enthält eine weitere Erzählung, in der die Angst, alte Menschen könnten durch ihren bevorstehenden Tod Verunreinigung bringen, und ein darauf zurückzuführender Widerwille, solche Alte zu beherbergen, eine gewisse Rolle spielt:

Es ist nun schon lange her, da gab es im Distrikt Sowieso in der Provinz Settsu einen Tempel namens Koyadera. Zu diesem Tempel kam eines Tages ein Mönch, der aussah, als sei er um die 80 Jahre alt (*toshi yasoji bakari wa aramu to miyuru hōshi*) und sagte zu dem Abt des Tempels: „Ich bin auf dem Weg von den westlichen Provinzen in die Hauptstadt, doch bin ich so alt (*toshi oi*) und am Ende meiner Kräfte, daß ich einfach nicht weiter kann. Ich würde mich gern eine Zeitlang hier in der Nähe des Tempels ausruhen. Meint Ihr, es gäbe ein geeignetes Plätzchen für mich?" Da antwortete der Abt: „Nun, so plötzlich fällt mir eigentlich nichts Passendes ein. Wenn Ihr Euch auf der Galerie rund um die Haupthalle aufhieltet, so wäret Ihr Wind und Wetter ausgesetzt und würdet womöglich erkranken." Darauf sagte der alte Mönch (*oitaru hōshi*): „Ja, aber wie wär's mit dem Glockenturm? Der ist ja ganz von Wänden umgeben." „Ja, das ist wirklich ein geeigneter Platz! Dort könnt Ihr Euch aufhalten. Und es wäre nett, wenn Ihr Euch bei der Gelegenheit auch darum kümmern wolltet, die Glocke zu schlagen", stimmte der Abt zu, und der alte Mönch war über alle Maßen beglückt.

[Drei Tage später entdeckt der Abt dann, daß der alte Mann tot ist].

Schnell machte der Abt die Tür wieder zu und teilte den anderen Mönchen mit, was vorgefallen war. Da sagten diese ärgerlich: „Na, wie wunderbar, da haben wir einen alten Mönch aufgenommen und was hat es uns eingebracht: der ganze Tempel ist rituell verunreinigt! Aber jetzt ist es ja nicht mehr zu ändern. Laßt uns die Dorfbewohner um Hilfe bitten, daß sie den Leichnam wegschaffen." Man rief die Dorfbewohner hinzu, doch diese sagten: „Das Schreinfest steht vor der Tür. Wie können wir uns da verunreinigen!"; kein einziger wollte den toten Mann auch nur anfassen, und so wurde es Mittag, während die Mönche noch immer darüber beratschlagten, was denn zu tun sei.

---

[173] KM V (31/30):298—299. Auf die enge Beziehung jener Orte, für die mündliche Überlieferungen eines Aussetzens oder Tötens alter Menschen bestehen, mit ehemaligen Bestattungsplätzen hat Naumann (1971:137—138) hingewiesen.

224   Allgemeiner sozialer Status

Da kamen plötzlich zwei etwa 30jährige Männer in grauen Gewändern, die nach unten zu dunkler wurden; sie hatten ihre Röcke hochgerafft, trugen riesige Schwerter an ihren Hüften und breite, konische Hüte, die sie um den Hals auf ihren Rücken herunterhängen ließen. Sie waren zwar niedrigen Standes, doch sahen sie sympathisch und aufgeweckt aus. Sie begaben sich zum Schlafraum der Mönche und fragten, ob nicht vielleicht zufällig ein alter Mönch an diesem Tempel vorbeigekommen war. Da antworteten die Mönche: „Ja, seit einigen Tagen hat sich ein besonders großer alter Mönch hier bei uns im Glockenturm aufgehalten. Aber nun scheint es so, als sei er heute morgen tot aufgefunden worden." „Ach, nun ist es zu spät!", riefen da die beiden Männer aus und brachen in Tränen aus. „Wer war er denn, daß Ihr über diese Nachricht so bestürzt seid?", fragten die Mönche, und da sagten die Männer: „Dieser alte Mönch war unser Vater. Er war im Alter verschroben und dickköpfig geworden (*oihigamite*). Wenn auch nur die kleinste Kleinigkeit nicht nach seinem Wunsch ging, machte er sich einfach auf und davon. Wir kommen aus dem Distrikt Akashi in der Provinz Harima. Als wir merkten, daß er weg war, haben wir uns getrennt auf den Weg gemacht, um ihn zu suchen. Wir sind nicht ganz unvermögend, müßt ihr wissen. Wir besitzen eine Menge Reisfelder und sogar in den benachbarten Distrikten haben wir zahlreiche Untergebene. Wir werden selber nachsehen, ob es wirklich ist, und ihn noch heute abend begraben." Mit diesen Worten begaben sie sich zum Glockenturm.

Der Abt begleitete sie, blieb aber draußen stehen und beobachtete sie. Die beiden Männer zwängten sich hinein, und als sie in das Gesicht des alten Mönches blickten, riefen sie aus: „Ach, Vater, hier seid Ihr also!", warfen sich zu Boden und weinten laut auf. Als der Abt das sah, ward er von Mitleid erfaßt und auch er brach in Tränen aus. „Ach, du bist im Alter so stur geworden (*oihigamite*) und mußtet unbedingt weglaufen, um uns nicht mehr zu sehen, und jetzt bist du hier an diesem nichtswürdigen Ort gestorben! Und wir waren nicht bei dir, als du gestorben bist!", wiederholten sie ständig und konnten sich vor lauter Weinen und Wehklagen gar nicht fassen. Nach geraumer Zeit sagten sie schließlich: „Nun wollen wir aber die Vorbereitungen für das Begräbnis treffen!", öffneten die Tür und traten wieder ins Freie. Als der Abt den anderen Mönchen erzählte, wie sehr die beiden Männer um ihren Vater trauerten, wurden auch sie von unbändigem Mitleid erfaßt, und viele vergossen heiße Tränen.

[Es kommen in Folge zahlreiche Männer, die vorgeben, den Leichnam des Mönchs abzuholen und in einem nahegelegenen Wald die Trauerfeierlichkeiten für ihn abhalten und ihn bestatten zu wollen. Letztendlich stellt sich aber heraus, daß sie es nun darauf angelegt hatten, die Glocke und die in ihr enthaltene Bronze zu stehlen.][174]

Wenngleich sich der ganze Vorfall als inszeniert entpuppt, so bleibt, daß sogar in einem Tempel, von dem anzunehmen wäre, Erbarmen und Mitleid mit dem umherziehenden erschöpften alten Mann müßten besonders hochgehalten worden sein, der Tempelvorsteher, der ihn aufnimmt, sich bittere Vorwürfe von den anderen Mönchen einhandelt, weil er die Gefahr nicht genügend in Betracht gezogen habe, dieser könnte den Tempel verunreinigen. Interessant ist auch, daß die Männer, die den angeblichen Leichnam ihres alten Vaters abholen kommen, vorgeben, der alte Mann habe sich ohne bestimmtes Ziel auf Wanderschaft begeben, weil er in seinem Alter so stur geworden sei und unbedingt die Gesellschaft seiner Söhne meiden

---

[174] KM V (29/17):167–169, s.a. Tyler 1987:203–205.

wollte. Dies muß eine plausible Darstellung gewesen sein, gehörte sie doch auch zu der Inszenierung, die den Diebstahl ermöglichen und daher wohl keine Zweifel erwecken sollte. Daß aber in dieser Darstellung der alte Mann überhaupt auf die Idee gekommen sein sollte, an seinem Lebensabend ohne festen Aufenthaltsort umherzuziehen und wohl auch fortan von der vorübergehenden Unterstützung durch Fremde zu leben, legt doch auch, ebenso wie die Legende der aus dem Haus vertriebenen Frau, die sich dann auf den Begräbnisplatz zurückzieht, um dort auf ihren Tod zu warten, die Vermutung nahe, daß ein solches Aus- bzw. Wegziehen der Alten knapp vor ihrem Tod durchaus eine mögliche Tradition darstellte.

In der *monogatari*-Literatur gibt es zumindest eine Stelle, die auch als eine Anspielung darauf verstanden werden könnte, alte Menschen hätten sich, ab einem bestimmten Alter oder wenn die Zeichen ihrer Senilität oder ihres bevorstehenden Todes allzu offensichtlich geworden waren, von selbst in die Nähe der Bestattungsorte zurückzuziehen und dort auf ihren Tod zu warten. Gemeint ist jene Passage aus dem *Yoru no nezame*, in der eine alte Frau meint, sie sei nun in das Alter gekommen, in der man sich in das einstige Grabwächterhaus zurückziehen sollte (*mukashi ariken tsukaya ni komorite*) und die Menschen einen meiden.[175] Während *tsukaya* wohl die Hütte eines Grabwächters bezeichnen dürfte[176] und somit, wie im Fall der Örtlichkeit von Toribeno, ein Zusammenhang mit einem Bestattungsort besteht, an den man sich demnach im Alter zurückziehen sollte, ist nicht geklärt, welche Überlieferung mit dem Ausdruck *mukashi ariken tsukaya* genau gemeint ist. Sekine und Komatsu haben auf einen möglichen Zusammenhang mit der Sage um den alten weiblichen Dämon von Adachigahara hingewiesen, die wohl schon im Altertum bestand, wie sich aus einem Gedicht im *Yamato monogatari* erschließen läßt.[177] Welche Form diese Sage im Altertum hatte ist zwar nicht bekannt, doch handelt es sich dort, wo sie genauer faßbar wird, um eine Frau, die im Alter zum Dämon geworden ist und die Vorbeireisenden tötet[178].

Angesichts dieser Zusammenhänge fühlt man sich unweigerlich an Keith Thomas' Theorie über die Entstehung der Hexenvorstellung in Eng-

---

[175] YN:204; vgl. S. 506.

[176] YN:441, A.118.

[177] Sekine und Komatsu 1972:377. Das Gedicht lautet: „Im Grab zu Adachi no hara in Michinoku, so heißt es, versteckt sich ein Dämon; ob das wohl wahr ist? (*Michinoku no Adachi no hara no kurotsuka ni oni komoreri to kiku wa makoto ka*)" (YM (58):257).

[178] NKD 7:27 und NKD 1:298, Stichwörter *kurozuka* und *Adachigahara*.

land erinnert: dem Kapitel über Hexerei in Thomas' erstmals 1971 erschienenem Buch *Religion and the Decline of Magic* zufolge war „die häufigste Situation, aus der sich eine Anklage wegen Hexerei ergab, ... folgende: Einer alten Frau wurde die milde Gabe verweigert, so daß sie, Flüche murmelnd, von dannen trottete; dieser Verwünschung erinnerte man sich dann, wenn einige Tage später ein Mensch oder ein Tier im Haushalt erkrankte. In der Tradition der funktionalistischen Ethnologie ... argumentierte Thomas, daß der Hexenglaube der Aufrechterhaltung der traditionellen Barmherzigkeits- und Nachbarschaftspflichten diente"[179].

Wiewohl hierbei ein vielschichtiger Erklärungsansatz vonnöten ist, könnte man in diesem Lichte in jenen alten Frauen, von denen japanische Legenden wie die folgende aus dem *Konjaku monogatari* erzählen, sie lebten in einsamen Gegenden in verfallenen Häusern allein vor sich hin, um sich dann als Dämonen zu entpuppen, als solche verstoßene Alte sehen:

[Eine junge, schwangere Gesellschaftsdame aus vornehmem Haus gelangt auf der Suche nach einem Ort, an dem sie ungesehen ihr Kind zur Welt bringen kann, in den Wald von Awatayama, wo sie ein verfallenes, scheinbar unbewohntes Anwesen entdeckt.]
In den äußeren Räumen gab es ein paar Stellen, wo der Fußboden noch in Ordnung war, und so begab sie sich dorthin und setzte sich nieder, um sich ein wenig auszuruhen. Da hörte sie plötzlich, wie jemand vom Inneren des Hauses auf sie zukam. „Ach, wie schrecklich!", dachte sie, „nun wohnt doch jemand hier." Im selben Augenblick ging eine Schiebetür auf, und sie sah eine weißhaarige alte Frau (*oitaru onna no shiraga oitaru*) hervorkommen. „Sie wird mich sicher fortschicken", dachte die junge Frau, doch die Alte lächelte sie durchaus nicht unfreundlich an und fragte: „Wer ist denn diese unerwartete Besucherin?" Da erzählte sie ihr unter Tränen ihre ganze Geschichte. Da sagte die Alte (*ōna*): „Ach, du armes Ding! Bring nur hier dein Kind zur Welt!" und rief sie zu sich ins Innere des Hauses. Sie war über alle Maßen glücklich und dachte, Buddha selbst sei ihr zu Hilfe gekommen. Ein einfaches Lager wurde für sie hergerichtet, und kurze Zeit später brachte sie ohne Zwischenfälle ein gesundes Kind zur Welt.
Die Alte kam zu ihr und sagte: „Meinen herzlichen Glückwunsch. Ich bin alt (*toshi oite*) und lebe hier abgeschieden am Land, da brauche ich mich um Tabus nicht zu kümmern. Bleib' also ruhig die sieben Tage hier, bis die Zeit der Verunreinigung vorbei ist." Sie veranlaßte, daß die junge Dienerin Wasser erhitzte und das Kind badete. Die junge Mutter war selig. Sie hatte das Kind zwar aussetzen wollen, doch war es ein so reizender kleiner Junge, daß sie es nun unmöglich übers Herz gebracht hätte, ihren Plan auszuführen, und so lag sie nun da und stillte es.
Nachdem so zwei, drei Tage vergangen waren, und sie gerade mit dem Kind neben sich ein Mittagsschläfchen hielt, da hörte sie die Alte ganz leise vor sich hin flüstern: „Nein, wie köstlich er aussieht, ach, nur einen Bissen!" Die junge Mutter wollte kaum ihren Ohren trauen, und jedes Mal, wenn sie danach die Alte sah, wurde sie von Entsetzen gepackt. „Sie muß ein Dämon sein", dachte sie, „und sie wird uns bestimmt auffressen", und sie beschloß, daß sie unter allen Umständen versuchen mußte zu fliehen [was sie auch tut.]

---

[179] Burke 1988:8; Thomas 1991:513–698. In diesem Sinn könnte auch jene Legende aus dem *Konjaku monogatari* interpretiert werden, in der ein bedürftiger alter Mann, dem Packer eine Melone verwehren, sich auf magische Weise an ihnen rächt, vgl. S. 466.

Das Obasuteyama-Motiv: Die Alten aussetzen? 227

Was danach aus der alten Frau wurde, das weiß keiner...
Bedenkt man es recht, so ist es doch so, daß sich in solchen alten, verlassenen Häusern immer irgendjemand herumtreibt. Wie diese Alte „Nein, wie köstlich er aussieht, ach, nur ein Bissen!" gesagt hatte, konnte sie wohl wirklich nur ein Dämon gewesen sein...[180]

Daß man von alten Menschen landläufig annahm, sie könnten sich aufgrund ihres fortgeschrittenen Alters allmählich in Dämonen verwandeln, legt die folgende Erzählung aus dem *Konjaku monogatari* nahe:

[Zwei Brüder sind in der Nacht auf die Jagd gegangen und haben sich auf zwei gegenüberliegenden Bäumen auf die Pirsch gelegt, als der ältere spürt, wie eine ausgemergelte menschliche Hand ihn am Schopf packt. Mit einem Pfeil trennt der jüngere Bruder die Hand des vermeintlichen Dämons ab. Mit dieser treten die Brüder den Heimweg an.]

Ihre Mutter, die so alt war (*toshi oite*), daß sie kaum noch stehen konnte, bewohnte einen Raum zwischen den Häusern der beiden Söhne, und so hörten die beiden Söhne, als sie vom Berg zurückkamen, wie sie stöhnte. „Warum stöhnt Ihr?", fragten die Söhne, doch sie gab ihnen keine Antwort. Da zündeten sie ein Licht an und betrachteten die abgetrennte Hand. Sie sah der ihrer Mutter sehr ähnlich. Sie waren höchst erstaunt, und als sie noch näher hinsahen, da erkannten sie, daß es sich tatsächlich um die Hand ihrer Mutter handelte. Da öffneten sie die Schiebetür zu dem Raum, wo die Mutter lebte, und die Mutter stand auf, sagte: „Ah, ihr seid es!", und wollte sich auf sie stürzen, doch die Söhne sagten nur: „Ist das vielleicht deine Hand?", warfen sie ihr hinein, verschlossen die Schiebetür wieder und gingen weg.

Kurz darauf starb die Mutter. Die Söhne traten an ihre Leiche heran, und da sahen sie, daß der Mutter eine Hand fehlte; sie war am Handgelenk abgetrennt. Da wußten sie, daß es sich tatsächlich um die Hand ihrer Mutter gehandelt hatte. Ihre Mutter war so alt und senil geworden (*oihorete*), daß sie sich in einen Dämon verwandelt und versucht hatte, ihre eigenen Kinder aufzufressen. So war sie ihnen in die Berge gefolgt.

So hatte eine überaus alte Mutter (*hito no oya no toshi itau oitaru wa*) sich tatsächlich in einen Dämon verwandelt und versucht, ihre Kinder aufzufressen. Die beiden Söhne begruben die Mutter. Bedenkt man es recht, so ist dies wirklich eine schreckliche Geschichte. So ist es erzählt und überliefert worden.[181]

Nach Iinuma könnte das Dämonische dieser Alten, wie sie uns aus den Heian-zeitlichen Quellen entgegentreten, der damaligen Interpretation des Phänomens entsprechen, das wir heute senile Demenz nennen würden, und es wäre nur allzu verständlich, daß die Pflege solcher an seniler Demenz oder ähnlichem erkrankter alter Menschen, die ja auch heute noch ein schwer zu lösendes soziales Problem darstellt, in einer Zeit, in der die Produktivität allgemein niedrig war und man solche Phänomene wohl auch noch nicht als Krankheit begriff, äußerst schwierig war und man den betroffenen Alten die Menschlichkeit absprach und sie aus dem Haus vertrieb, sich ihrer entledigte.[182] Daß aber Phänomene wie die senile De-

---

[180] KM IV (27/15):496—498, s.a. Ury 1979:162—163.
[181] KM IV (27/22):507—508, s.a. Tyler 1987:316—317.
[182] Iinuma 1990:166—167.

menz im japanischen Altertum nicht idealisiert wurden, sondern im Gegenteil als Verfall der Menschlichkeit bewertet wurden, wird aus Erzählungen wie der angeführten überdeutlich. Die alte Mutter wird hier zwar nicht verstoßen, doch macht die Erzählung auch deutlich, daß sie eigentlich nicht mehr wie ein menschliches Wesen, sondern eher wie ein Tier behandelt wird, und zwar nicht erst nach dem Zwischenfall im Wald, sondern bereits vorher, wo sie offenbar einen völlig von den anderen abgetrennten Raum behauste.

So ist die Entstehung der Legenden, die ein Aussetzen der Alten zum Inhalt haben, wohl einerseits in engem Zusammenhang mit der Angst vor der Verunreinigung durch den Tod zu sehen, andererseits aber auch mit der Schwierigkeit der materiellen Versorgung der alten Menschen und ihrer Pflege bei fortschreitender Senilität.[183] So könnte man vielleicht, wie es Ōtani aufgrund der offensichtlich geübten Praxis des Aussetzens von Kranken und historischer Aufzeichnungen im Zusammenhang mit dem Obasuteyama in Shinano tat, Altenaussetzung zwar als historische Tatsache betrachten[184], von der wohl vorrangig die besonders Bresthaften und jene Alten, die keine direkten Nachkommen hatten, betroffen waren, nicht aber als allgemein verbreiteten Brauch, dem die meisten Alten zum Opfer gefallen wären.

4.3.4. Alte Menschen als Bettler

Deutlich bleibt auch die häufige Assoziation alter Menschen mit Bettlern, was darauf hinzudeuten scheint, daß zumindest für einen Teil der alten Menschen kein anderer Platz in der menschlichen Gemeinschaft war. Eine Legende des *Nihon ryōiki* erzählt, wie ein alter kinderloser Mann und eine alte kinderlose Frau ihr Leben als Bettler fristen, indem sie besonders in einem Haushalt des Dorfes Almosen erbetteln. Einer der Hausgenossen wird es aber allmählich leid, die beiden Alten durchzufüttern, bis sich alle anderen, bis auf die Hausfrau selbst, auch weigern, ihnen einen Teil ihres Essens zukommen zu lassen. Freilich wird dieser Mann dann für diese seine Weigerung, die beiden Alten zu nähren, bestraft und nur die Tatsache, daß er einmal Tiere freigekauft und so vor dem Tod bewahrt hat, errettet ihn vor der Hölle:

---

[183] Iinuma 1990:164.
[184] Ōtani 1962:49.

Zur erlauchten Zeit der himmlischen Majestät Shōmu lebte im Dorf Sakada, Distrikt Kagawa, Provinz Sanuki, ein reicher Mann. Ehemann und Ehefrau stammten aus derselben Sippe der Aya no Kimi. In der Nähe lebten ein alter Mann (*okina*) und eine alte Frau (*ōna*), respektive ein Witwer (*onokoyamome*) und eine Witwe (*yamome*) und sie hatten beide weder Sohn noch Schwiegersohn. Sie waren äußerst arm, unter ihrer Kleidung schaute die nackte Haut hervor und sie konnten ihren Lebensunterhalt nicht selbst bestreiten. Das Haus der Aya no Kimi war der Ort, wo sie um Nahrung bettelten, und es verging kein Tag, an dem sie sich nicht dort zur Essenszeit einstellten. Als die Herrschaft, die sehen wollte, wie weit das ging, daraufhin immer in der Mitte der Nacht aufstand, das Mahl bereitete und die ganze Hausschaft verköstigte, waren sie erst recht wieder zur Stelle. Alles im Haus war darüber verwundert. Da sprach die Hausfrau zum Hausherrn und sagte: „Diese zwei Alten sind für Arbeit nicht zu gebrauchen. Aus Barmherzigkeit will ich sie in die Zahl der Hauskinder aufnehmen." Der Herr hörte dies und sprach: „Die Speise zu teilen und andere zu nähren, soll von heute an jeder von seinem eigenen Teil etwas wegnehmen und dem alten Mann und der alten Frau spenden. Unter allem tugendhaften Tun ist, vom eigenen Fleisch etwas wegzuschneiden und es anderen zu geben, um ihr Leben zu retten, wohl das hervorragendste Werk. Was wir jetzt tun, soll dieser hohen Tugend entsprechen." Die Hausleute kamen diesen Worten nach und teilten ihr Essensteil und nährten damit jene. Unter ihnen aber war ein Dienstbote, der wollte den Worten des Hausherrn nicht entsprechen und mochte die beiden Alten nicht ausstehen. Nach und nach mochten auch die anderen Dienstboten sie nicht ausstehen, und gaben ihnen nichts mehr ab. Die Frau des Hauses nahm darauf heimlich ihren Essensteil und nährte jene. Der Hausinsasse, der jene nicht mochte, sprach ständig verleumderisch zu dem Hausherrn und sagte: „Weil man den Essensteil der Dienstboten nimmt und die beiden Alten damit nährt, ist, was zu essen da ist, knapp; vor Hunger erschöpft können wir die Feldarbeit nicht ordentlich leisten und der Ertrag sinkt." Doch wiewohl er nicht müde wurde, solch verleumderische Rede zu führen, gab man jenen doch, wovon sich ernähren. [Später kauft der gleiche Mann zehn Austern los und läßt sie frei. Kurz darauf stirbt er, erwacht aber nach sieben Tagen wieder zum Leben und sagt]: „Fünf Priester gingen vor mir her, fünf Laienpriester gingen hinter mir her. Der Weg, den wir gingen, war breit und eben und verlief schnurgerade. Links und rechts des Wegs standen Juwelenbanner, vorn war ein Palast aus Gold. Ich frage: ‚Was ist das für ein Palast?‘ Die Laienpriester zwinkern verstohlen zu und flüstern mir heimlich zu: ‚Das ist der Palast, da deine Hausherrin wiedergeboren werden wird. Sie nährte den alten Mann und die alte Frau. Für dieses Verdienst wurde dieser Palast erbaut. Erkennst du uns?‘ Ich antworte: ‚Nein.‘ Sie belehren mich und sagen: ‚Du solltest uns kennen. Wir zehn Priester und Laienpriester sind die zehn Austern, die du losgekauft hast.‘ Zur Linken und Rechten des Palasttores waren Menschen, denen wuchs ein Horn auf der Stirn; sie hoben große Schwerter empor und wollten mir damit den Kopf abhacken. Die Priester und Laienpriester verwarnten sie und ließen sie nicht zuschlagen. Zur Linken und zur Rechten des Tores bereitete man ein köstlich duftendes leckeres Mahl und alle aßen mit Genuß. Ich stand sieben Tage lang inmitten und hungerte und dürstete; aus meinem Mund schlugen Flammen. Da sagten sie: ‚Das ist die Vergeltung der Schuld, daß du den hungernden Alten nicht gespendet hast und sie nicht ausstehen mochtest.‘ Die Priester und Laienpriester nahmen mich mit zurück und als ich die Augen öffnete, da war ich wieder zum Leben erwacht." Dieser Mann, der solches erlebt hatte, spendete von nun an so freigiebig wie die Quelle den Boden tränkt. Als Vergeltung dafür, daß einer Lebewesen freigelassen und Leben losgekauft hat, wird er seinerseits errettet, als Vergeltung dafür, daß einer nicht spendet, wird er hungern und dürsten gelassen. Nie bleibt des Guten und des Bösen Vergeltung aus.[185]

---

[185] NR (2/16):222—227, s.a. Bohner 1934:129—131.

Während die buddhistische Moral natürlich vorschrieb, die besitzlosen Alten zu ernähren, geht doch andererseits aus dieser Legende deutlich hervor, daß die beiden Alten hier nicht aus einer Position der Stärke heraus agieren, sondern auf die Barmherzigkeit der anderen angewiesen sind. Auch in den ländlichen Schichten scheint es also keineswegs so gewesen zu sein, daß den Betagten unbedingt eine besonders hohe Stellung zufiel, sie konnten auch dort auf die Ebene von Bettlern absinken.[186]

Gestalten von alten Bettlern tauchen aber im *Nihon ryōiki* nicht nur dort auf, wo der Zweck gerade in der moralischen Unterweisung besteht, diesen Alten milde Gaben zu spenden, sondern auch dort, wo dies für die Handlung nicht zwingend notwendig ist. So wird der alte Mann, der der Heldin der Legende *Nihon ryōiki* 2/8 jene Krabbe verkauft, die sie als Dank für die ihr so erwiesene Wohltat dann vor einer Schlange errettet, und von dem sich später erweist, daß er in Wirklichkeit die Inkarnation eines Heiligen ist, zunächst als kinder- und mittellos beschrieben[187]. Gedichte im *Manyōshū* nennen als charakteristische Attribute des *okina* oder alten Mannes das Nadelkissen, mit dem man auf Reisen sein Gewand reparierte, und den *suribukuro*, einen Korb, der ebenfalls zur typischen Reiseausstattung gehörte[188]. Das *Utsuho monogatari* führt in einer Passage Vagierende, Bettler, Spieler, Landstreicher und Waisen in einem Atemzug mit nicht näher bezeichneten alten Männern und Frauen an[189], die somit

---

[186] Legenden dieser Art zeigen doch deutlich, daß die Verordnung, nach der die Gemeinden für mittellose Alte ohne Verwandte sorgen sollten (vgl. S. 187), nicht griff. Die erhaltenen *koseki* zeigen, daß es innerhalb der bäuerlichen Bevölkerung einen verhältnismäßig hohen Prozentsatz von über 60jährigen gab, die ohne direkte Nachkommen lebten, nämlich 23,1% (Murai 1984:8). Sie wurden zwar derselben Verordnung gemäß nicht als alleinstehende geführt, sondern waren in Haushalte integriert, doch ist leicht vorstellbar, daß dies in Wirklichkeit nur auf dem Papier der Fall war und sich aus ihnen vielfach die alten Bettler, wie sie in den Legenden auftreten, rekrutierten.

[187] NR (2/8):200–203; vgl. S. 473.

[188] „Für einen seinen Kopf auf Gras/ bettenden, reisenden Alten/ hieltest du mich und schenktest mir Nadeln./ Nun möchte ich auch etwas zu nähen (*Kusa makura/ tabi no okina to/ omōshite/ hari so tamaeru/ nuwamu mono mo ga*" (MYS IV (18/4128):303) und: „Ein Nadelkissen/ habe ich schon bekommen./ Diesmal möchte ich/ einen Bambuskorb./ Damit will ich so richtig wie ein alter Mann auftreten (*Haribukuro/ kore wa taburinu/ suribukuro/ ima wa eteshi ka/ okinasabisemu*" (MYS IV (18/4133):305).

[189] Es handelt sich um jene Passage, in der Prinz Kantsuke nach geeigneten Mitteln sucht, um Prinzessin Atemiya zu freien: „Da ... ließ [dieser Prinz] Wahrsager, Schamanen, Spieler, die Waisenkinder der Hauptstadt, alte Männer (*okina*) und alte Frauen (*ōna*) zu sich kommen und sprach zu ihnen..." (UM I:179). Zwar ist der Ausdruck *okina* (in geringerem Maße auch das Wort *ōna*) nicht ganz eindeutig, insofern als er nicht nur einen alten Mann an sich meinen kann, sondern sich auf die spezifische Form des *okina*, einer Figur mit der

Alte Menschen als Bettler 231

wohl als zu dieser Gruppe von nicht Seßhaften, Besitzlosen und auf die Einkünfte der Besitzenden Angewiesenen zugehörig betrachtet wurden. Daß das Bild alter Bettler in den Straßen von Kyōto durchaus nichts Ungewöhnliches gewesen sein dürfte, legt eine weitere Episode aus demselben Roman nahe:

Als sich der Ācārya Tadakoso vom Palast wieder zurückzog, traf er außerhalb des Tores eine vom Alter gebeugte Bettlerin (*oikagamaritaru ōna no katai*). Sie trug einen ganz durchlöcherten Strohhut, wie ihn sonst die Straßenhändlerinnen trugen, ihr Kopf war wie von Schnee bedeckt so weiß (*kashira wa yuki wo itadakite*), ihr Gesicht war schwärzer als Tusche (*kao wa sumi yori kuroku*), ihre Füße und Hände so dünn wie Nadeln, ein zerschlissenes, geflicktes Gewand bedeckte nur unzulänglich ihre wie die Beine eines Kranichs so hagere Gestalt. Als sie Tadakoso sah, hob sie die Hände zu ihm empor, flehte ihn an: „O helft, sei's auch nur für heute!" und kroch auf allen Vieren (*haiyuku*) hinter ihm her. „Wer bist du und wer warst du früher? Wie und wann bist du nur so heruntergekommen?" [Es erweist sich, daß es sich bei der alten Bettlerin um die einst wohlhabende adelige Witwe handelt, die Tadakoso 18 Jahre zuvor von seinem Vater entfremdet und ihn so dazu gebracht hatte, Mönch zu werden, vgl. S. 387. Von ihren Schuldgefühlen bewegt und als mitleidvoller Mann stellt Tadakoso der ca. 70jährigen Bettlerin eine kleine Hütte zur Verfügung und kommt für ihren Lebensunterhalt auf.][190]

Im *Makura no sōshi* gibt es mehrere Hinweise darauf, daß unter den Bedürftigen, an die sowohl bei Banketten als auch bei religiösen Zeremonien die als *oroshi* bezeichneten Überreste vom Mahl der Adeligen bzw. der Opferspeisen für die Buddhas verteilt wurden, alte Leute offenbar besonders zahlreich vertreten waren, so jene Episode, in der der Regent Fujiwara no Michitaka – er ist zu diesem Zeitpunkt 42 Jahre alt – sich und seine Frau scherzhaft abwertend als alten Mann und alte Frau bezeichnet, der solche *oroshi* zu erhalten wünscht:

Auch seine Tochter, die Frau des Kronprinzen, nahm in ihren Gemächern gerade ihre Mahlzeit zu sich. [Da sagte der Regent:] „Man könnte neidisch werden, alle sind zur Mahlzeit der Herrschaften erschienen. Nun eßt schnell und gebt dann dem alten Mann (*okina*) und der alten Frau (*onna*) wenigstens ein paar milde Gaben (*oroshi wo dani tamae*)", so machte er Späße tagein tagaus.[191]

Maske eines alten Mannes aus der volkstümlichen Schaustellkunst, beziehen kann, vgl. S. 455. Diese These hat in der japanischen Volkskunde insbesondere Origuchi Shinobu vertreten. Es scheint aber doch übertrieben, alle diese als Vazierende bzw. Bettler auftretenden *okina* unbedingt nur als Darsteller sehen zu wollen, insbesondere in der angeführten Passage des *Utsuho monogatari*. Zwar werden auch hier Schaustellern verwandte Personengruppen angeführt, doch dürfte es sich auch bei den genannten Waisenkindern der Hauptstadt um familien- und besitzlose Bettler handeln, die in der Hauptstadt versuchen, ihr Auslangen zu finden (UM I:179, A.30). Auch wegen der Reihenfolge, in der sie aufgeführt werden, liegt es nahe, in den genannten alten Männern und Frauen tatsächlich solche und nicht Schausteller zu sehen.

[190] UM I:384–386, s.a. Uraki 1984:180–181.

[191] MS (104):162.

Fraglich ist, ob der Scherz einfach darin besteht, daß der Regent, der das natürlich nicht nötig hat, milde Gaben bekommen will und sich unabhängig davon als *okina* bezeichnet, weil er alt ist, oder ob das Wortspiel darauf beruht, daß in den Wörtern *okina* und *onna* zwar einerseits die Bedeutung ‚Alte(r)' steckt, sie aber gleichzeitig automatisch auch die Assoziation zu den Wörtern ‚Bettler' und ‚milde Gaben' wecken, eben weil solche *oroshi* besonders häufig an alte Menschen verteilt wurden, während auf den Regenten eben nur die Eigenschaft des Altseins zutrifft. Auf jeden Fall scheint ein gewisser Zusammenhang zwischen den Begriffen ‚alter Mann/ alte Frau' und ‚Empfänger solcher milder Gaben' zu bestehen.

Das *Makura no sōshi* enthält noch eine Episode, bei der eine alte Frau als Bettlerin, die bei einer religiösen Zeremonie im Palast die übriggebliebenen Opferspeisen erhalten will, prominent in Erscheinung tritt:

Zur Zeit, als die Kaiserin wieder einmal in den Räumen des für ihre Angelegenheiten zuständigen Amtes Wohnung genommen hatte, da fand gerade an der Westseite dieses Gebäudes eine mehrtägige Sutrenlesung statt, und wie nicht anders zu erwarten, hatte man Buddha-Bildnisse und Opfergaben aufgestellt, und die Mönche saßen dicht gedrängt. Nach zwei Tagen konnte man plötzlich an der Veranda die Stimme einer Person niedrigen Standes hören, die da sagte: „Ja, von diesen Opferspeisen will ich doch sicher etwas abbekommen!"
Da fragten sich alle: „Ja, was hat denn das zu bedeuten? Warum denn jetzt schon?", und man ging hinaus, um nachzusehen, wer denn da so gesprochen hatte. Da stellte sich heraus, daß es eine ältliche (*namaoitaru*) Nonne in einem ganz zerschlissenen, schmutzigen Gewand war. Als man sie fragte, warum sie denn das gesagt hatte, da antwortete sie mit wichtigtuerischem Ton: „Weil ich eine Schülerin Buddhas bin, sage ich, daß ich die Opferspeisen bekommen und sie essen will! Aber den Herrn Mönchen ist wohl leid darum?!" Das war witzig und geistreich gesagt. Daß aber eine solche Person von aller Welt verlassen zu sein schien, erregte Mitleid, und um nicht allzuviel Heiterkeit aufkommen zu lassen, fragte man sie: „Ja, ißt du denn nichts anderes und ernährst dich ausschließlich von Opferspeisen? Das ist ja wirklich beachtlich!"
Darauf sie: „Nein, etwas anderes will ich ganz sicher nicht essen. Gerade weil ich nichts anderes zu mir nehme, will ich die Opferspeisen ja unbedingt bekommen!"
Daraufhin gab man ihr Obst, große Reiskuchen und ähnliches; sie steckte sie ein und wurde daraufhin ganz vertraulich und erzählte tausenderlei Dinge.
Die jungen Hofdamen kamen heraus und fragten sie aus: „Hast du denn keinen Mann?", „Wo wohnst du denn?", und sie erzählte die merkwürdigsten Geschichten, darunter viel Unsinniges. „Kannst Du denn auch singen und tanzen?", fragten sie sie und hatten's noch kaum zu Ende gesprochen, da begann sie schon die unglaublichsten Lieder vorzutragen wie: „Mit wem werd' ich heut nacht schlafen? Mit dem stellvertretenden Gouverneur von Hitachi will heut nacht ich schlafen! Wie sanft seine Haut beim Schlafen", und das Lied hatte noch viele andere Strophen.
„Das Herbstlaub am Gipfel des Mannsberg[192], so kommt es zu Ruhm, so kommt es zu Ruhm", so sang sie immer weiter und drehte dabei den Kopf hin und her. Ihr Anblick war wirklich gräßlich, und so verlachten sie alle und wollten sie verjagen.

---

[192] Vgl. dazu S. 350.

„Ach, die Arme", sagte ich da, „wir wollen ihr doch etwas geben."
[Obwohl alle, von der Kaiserin angefangen, das Verhalten der alten Nonne für äußerst unziemlich halten, finden sie es doch auch amüsant, und man schenkt ihr ein Gewand. Sie kommt immer wieder, bis eine andere Bettelnonne auftaucht, die sich im Gegensatz zu dieser richtig zu benehmen weiß, worauf sie sich nicht mehr zeigt.][193]

Manchmal wurde diesen alten Bettlern auch eine segen- oder glücksbringende Funktion zuerkannt, die wohl auch die Spendefreudigkeit unterstützte, wie in jener Episode des *Ise monogatari*, in der ein alter Bettler bei einer Feier im Hause eines Adeligen auftritt, um die Residenz zu preisen:

[Minamoto no Tōru veranstaltet in seiner Residenz ein Fest, bei dem sich Adelige bis zum Morgengrauen vergnügen.]
Indessen war da ein alter Bettler (*kataiokina*), der schlich gebückt unter der Veranda herum, und als die anderen mit ihren Gedichten zu Ende waren, rezitierte er folgendes Gedicht:

Wann kam ich nur	*Shiogama ni*
hierher an den Shiogama-Strand?	*itsu ka kinikemu*
Kämen jetzt auch noch die Boote,	*asanagi ni*

---

[193] MS (87):126–127. Nicht unerwähnt soll in diesem Zusammenhang eines der in die Heian-zeitliche höfische Liedsammlung des *Kinkafu* aufgenommenen *Saibara*-Lieder bleiben, das allerdings so verschiedene Interpretationen zuläßt, daß es auch auf das genaue Gegenteil hinweisen könnte: „*Afushite hirii/ takusawanu mono wo/ umara ni ose/ oba ga kimi/ umara ni ne ya*" (SB:455). Eine Übersetzung, die der gängigen Interpretation entspricht, würde lauten: „Heb' sie auf, die Früchte,/ hat das Mahl auch noch nicht begonnen,/ und laß sie dir schmecken,/ liebes altes Mütterchen,/ und dann schlaf wohl!" Das Lied wirft aber einige Probleme auf, was die Bedeutung einzelner Wörter betrifft, und könnte daher auch einen völlig anderen Sinn haben. Schon die Bedeutung dieses Wortes, das dem Lied den Namen gab, *afushite*, ist nicht geklärt. Aufgrund der Tatsache, daß ‚iß' (*ose*) darauf folgt, könnte es sich um die Frucht irgendeines Baumes handeln, die man aufklauben muß. Es gibt allerdings auch die Hypothese, wonach es sich um ein Zeitwort *abusu* handeln könnte, das soviel wie ‚wegwerfen', ‚übrig lassen' bedeuten würde (NKD 1:375), was auch zu *takusawanu* passen würde. Die Bedeutung auch dieses Wortes ist nicht geklärt, es könnte eine abgewandelte Form des Zeitwortes *tagu*, ‚essen' (*tagu* — *tagusu* — *tagusau*) darstellen (SB: 466 A), ebenso gut könnte es demnach auch heißen ‚was [die anderen] nicht essen'. Entsprechend ergibt das Lied einen völlig anderen Sinn, je nachdem, wie man diese beiden Stellen interpretiert. Im einen Fall würde es dazu auffordern, die alten Weiblein, die nicht mehr ganz so bei bester Gesundheit sind, zu hegen und zu pflegen; im anderen Fall müßte man annehmen, man biete dem alten Mütterchen das an, was die anderen übriggelassen haben: „Was die anderen übriggelassen, heb' es auf,/ was sie nicht essen,/ laß' es dir schmecken,/ altes Mütterchen,/ und dann schlaf wohl!" Gegen eine solche Interpretation spricht natürlich einiges, zum Beispiel, daß *oba ga kimi* eine ehrende und liebevolle Anrede für eine alte Frau ist, und auch das Zeitwort *osu* für ‚essen' ein honoratives Verb ist, wie es überhaupt fraglich ist, ob sich ein Text mit einem doch verhältnismäßig negativen Inhalt gut für ein Lied geeignet hätte. Andererseits gehört das Lied aber zu einer Gattung, die, Ende der Nara-Zeit entstanden, zum Teil volksliedartigen Charakter aufweist, seit der Heian-Zeit aber Bestandteil der Hofmusik geworden war und meist Themen wie Liebe, Arbeit, Jagd, Reisen etc. gewidmet, vorzugsweise bei Festlichkeiten, Banketten und dergleichen gesungen wurde. Es könnte also durchaus bei solchen Anlässen gesungen worden sein, bei denen Bedürftigen, darunter vorrangig alten Leuten, Reste vom Mahl der Adeligen abgegeben wurden.

| in der Morgenstille | *tsuri suru fune wa* |
| zum Fang auszufahren! | *koko ni yoranan* |

Reist man nach Michinoku, so gibt es dort viele ungewöhnliche und reizvolle Plätze, und in den über 60 Provinzen unseres Landes gibt es keinen Ort, der dem Vergleich mit Shiogama standhielte. Drum benutzte jener Alte (*ka no okina*), um die Residenz aufs höchste zu preisen, die Worte „Wann kam ich nur hierher an den Shiogama-Strand".[194]

Dort, wo alte Menschen uns in der Heian-zeitlichen Belletristik nicht direkt als Bettler entgegentreten, erscheinen sie doch häufig als derart bedürftig, daß sie sich zu Handlungen bemüßigt sehen, die den weniger bedürftigen entsetzlich erscheinen, wie etwa in der Erzählung des *Konjaku monogatari*, in der die Armut eine alte Frau dazu treibt, einen Leichnam zu schänden, eine Tat, die nicht nur in den Gesetzen hart bestraft wurde, sondern in Anbetracht des Tabus, das dem Tod und Toten ganz allgemein gegenüber bestand, besonders grauenhaft erscheinen mußte:

[Ein Räuber hat sich im Obergeschoß des Rashō-Tores in der Hauptstadt versteckt.] Als er sich umsah, brannte da schwach ein Licht. Der Räuber fand das seltsam, und als er durch das Fenstergitter spähte, lag da eine junge Frau tot ausgestreckt. An ihrem Kopfende war ein Licht angezündet, und das weiße Haar einer sehr alten Frau stach hell hervor, diese aber befand sich am Kopfende der Toten und riß ihr das Haar aus. Als der Räuber das sah, konnte er es nicht begreifen, daher fürchtete er sich im Gedanken: „Wenn das nun ein Teufel wäre?", dachte indessen wiederum: „Vielleicht ist es auch eine Tote. Ich will versuchen, sie zu erschrecken", und öffnete leise die Tür, zog das Schwert, und wie er mit den Worten: „He du, he du!" hinrannte, ließ die Frau die Haare fahren, rang die Hände und war ganz verwirrt, und als der Räuber fragte: „Was für eine Frau ist das, der du solches antust?", antwortete sie: „Derjenige, welcher ihr Herr war, ist gestorben, und da es niemanden gibt, der sich um sie kümmert, habe ich sie hierher gelegt. Weil ihr Haar gar so lang ist, ziehe ich es aus, um Perücken zu machen. Ach verschone mich!" Und als sie so sprach, nahm der Räuber gewaltsam das Gewand, welches die Tote trug, und das Gewand, welches die Frau trug, und die ausgerissenen Haare, lief nach unten und entfloh...[195]

---

[194] IM (81):158, s.a. McCullough 1968:124, Schaarschmidt 1981:76—77. Das Wort *kataiokina* kann sowohl im wörtlichen als auch im übertragenen Sinn verwendet werden, um sich selbst oder andere herabzusetzen (NKD 4:615). Das Gedicht und der Vergleich mit Shiogama sind nicht so beiläufig, wie es scheint. Die Quellen der Zeit enthalten zahlreiche Hinweise auf Minamoto no Tōrus luxuriöse Residenz, dessen Teich tatsächlich so angelegt worden war, daß er der Bucht von Shiogama glich (McCullough 1968:236—237). In dem Kleidungsstück, dem *kasamino*, das in der im *Nihon shoki* erzählten Episode um Shihinetsuhiko dazu dient, diesen als alten Mann zu verkleiden (vgl. S. 460), der dann beim Sieg Jinmu Tennōs heraufbeschwört, klingt ein ähnliches Motiv an. Denn von diesem *kasamino* heißt es an anderer Stelle im *Nihon shoki*, Susanoo hätte einen solchen getragen, als er, aus den Himmlischen Gefilden verbannt, auf seinem Weg in die Unterwelt auf die Erde niederstieg, und seither sei es so auf dieser Welt, daß allen, die einen solchen *kasamino* trugen, unter Androhung von Strafe der Zutritt zu den Häusern der Menschen verwehrt sein sollte (NS I:118, vgl. S. 461, FN 21).

[195] KM V (29/18):169—170, s.a. Naumann 1973:201—202.

Alte Menschen als Bettler 235

Aber auch in weniger dramatischen Situationen sind es häufig die Alten, die auch die Armen und Bedürftigen sind, wobei deren Armut oft im Sinne einer karmischen Vergeltung gesehen wird.[196]

4.4. Zusammenfassung

Im öffentlichen Diskurs über die Normen, die die allgemeinen sozialen Beziehungen zwischen den Generationen regeln sollten, wurde das konfuzianische Ideal, die Alten in Ehren zu halten und auf ihren Rat zu hören, stark betont. So entwickelte der Nara-zeitliche Staat ein auch auf die buddhistische Philosophie des Mitleids gestütztes hehres Ideal, das im materiellen Wohlergehen der betagten Mitbürger die Garantie für ein harmonisches und gedeihliches Zusammenleben im allgemeinen sah, ein Ideal, dem durch Steuererleichterungen einerseits und regelmäßige Spenden andererseits entsprochen werden sollte. Gleichzeitig wurden zum Teil in enger Anlehnung an chinesische Vorbilder öffentliche Feierlichkeiten abgehalten, bei denen durch ihre freigiebige Bewirtung und zuvorkommende Behandlung dieses In-Ehren-Halten der alten Menschen veranschaulicht werden sollte. Zudem suchte man jedwede Herabwürdigung alter Menschen zu vermeiden, so zum Beispiel dadurch, daß sie dann, wenn sie straffällig geworden waren, milder behandelt werden und ihnen jedenfalls besonders demütigende Formen der Bestrafung erspart bleiben sollten. Der Respekt, der den alten Menschen entgegenzubringen war, schloß gleichzeitig ein, daß sie nach ihrer Meinung gefragt werden sollten und ihrem Rat Folge geleistet werden sollte.

---

[196] Symptomatisch erscheint in diesem Zusammenhang eine Episode des *Konjaku monogatari* (KM IV (26/13):450–452, s.a. Naumann 1973:180–182), in der ein Hofadeliger, der vor einem Gewitter Unterschlupf im Haus einer armen alten Frau gefunden hat, in deren Haus einen von ihr unentdeckt gebliebenen Silberstein findet, der zur Grundlage seines Vermögens wird. Er schenkt ihr dafür zwar ein Gewand, das sie dankbar annimmt, denkt aber nicht im mindesten daran, mit ihr zu teilen, hält er es wohl, wie der Kompilator des *Konjaku monogatari*, für in früheren Leben geschaffene Voraussetzungen, die ihm zu Reichtum verhelfen und ihn der alten Frau ihr ganzes Leben lang vorenthalten haben. Umgekehrt werden alte Leute, die plötzlich doch Wertvolles erhalten, darüber eher verwirrt geschildert, wie etwa im *Utsuho monogatari*: „Der alte Mann und die alte Frau waren eine Zeitlang sehr verwirrt darüber, daß man ihnen auf ihre alten Tage (*oi no yo ni*) eine so prachtvolle Weste aus rotem Damast mit roten Streifen ihnen bis dahin unbekannten Wohlgeruchs gegeben hatte. Ein paar Tage später kaufte sie ein Pilger, ohne auf den Preis zu achten. Da gaben sie das Geld den Enkelsöhnen und ließen sie den Platz um den Speicher räumen" (UM II:258, s.a. Uraki 1984:258).

Allerdings erscheinen in vielen dieser Regelungen und Normen die alten Menschen eher als Objekte der Zuwendung denn als Subjekte von Autorität und Macht, sie sind die Schwachen, die materiell unterstützt werden müssen, und es ist zum Teil die ihnen unterstellte mangelnde Zurechnungsfähigkeit, die sie vor harten Strafen bewahrt. Zudem mußten in einer stark geschichteten Gesellschaft wie der Nara- und Heian-zeitlichen hierarchische Kriterien der Schichtzugehörigkeit und des Ranges mit dem des Alters kollidieren, und die Gesetze geben ausdrücklich Schicht und Rang Vorrang vor dem kalendarischen Alter. Schicht und Rang transzendieren konnten die alten Menschen nur als Überlieferer von Wissen über vergangenes Geschehen, eine Rolle, die ihnen unumstritten zukam und ihnen ein gewisses Maß an Zuhörerschaft sicherte.

In den Schilderungen konkreter Verhaltensweisen gegenüber alten Menschen zeigt sich hingegen häufig, daß man sich in der höfischen Gesellschaft dort, wo man dies ungestraft tun konnte, weil man einen höheren Rang oder Status innehatte als sie, ziemlich unbarmherzig über alte Menschen und ihre Alterserscheinungen lustig machte. Respekt von seiten der jüngeren mußten sich die alten Menschen häufig, so scheint es, durch ein herabsetzendes Betonen des eigenen Alters und durch ein besonders zurückhaltendes Verhalten ‚erkaufen', im Gegensatz zu der von Benedict postulierten großen Freiheit, die den Menschen im Alter in Japan zugestanden worden sei[197].

Abgesehen davon klingt in den Quellen häufig an, daß gerade in der höfischen Schicht die Gesellschaft alter Menschen oftmals als lästig empfunden wurde, sodaß Alter auch eine gewisse Vereinsamung mit sich bringen konnte.

Dieselbe Verachtung für das bresthafte Alter spricht auch aus der Existenz zahlreicher Sagen, die das Aussetzen alter Menschen zum Inhalt haben. Wiewohl in keiner Schicht als gängiger Brauch geübt, dürfte ein solches Aussetzen alter Menschen, oder zumindest extreme Vernachlässigung aber doch vorgekommen sein, bedingt einerseits durch materielle Not, andererseits aber auch durch den allgemeinen Abscheu vor dem Tod, der aufgrund ihrer Todesnähe auf die alten Menschen abfärbte, und die parallele Dämonisierung der Senilität. Die schwache Position alter Menschen, insbesondere, wenn sie kinderlos waren, zeigt sich auch daran, daß sie häufig als vagierende Bettler auftraten.

---

[197] Benedict 1946:254.

5. DIE ALTEN MENSCHEN IN IHREN FAMILIEN

Wenn von der hohen Stellung der alten Menschen in der traditionellen japanischen Gesellschaft die Rede ist, so wird meist zu allererst auf die Ahnenverehrung und die damit einhergehende Pflicht verwiesen, den Eltern, die diesen ja näher stehen als man selbst, unbedingten Gehorsam zu leisten.[1] Diese Auffassung der kindlichen Pietät fügt sich allerdings in den Rahmen eines patriarchalischen Familiensystems, in dem sich alle männlichen Verwandten eines patrilinearen Klans von gemeinsamen Ahnen herleiten und die Lebenden und die Toten eine enge Gruppe mit gemeinsamem Besitz bilden, und daher die Familienmitglieder, die den Ahnen von ihrer Geburt her am nächsten stehen, also die Mitglieder der älteren Generationen, auch die höchststehenden in der Familie sind.

Diese Voraussetzung trifft allerdings für die frühen Jahrhunderte der japanischen Geschichte nur bedingt zu, da einerseits die Ahnenverehrung für diese Zeiten nur begrenzt belegbar ist[2], andererseits auch das Familiensystem nicht so eindeutig zu charakterisieren ist. Schon in den Jahrhunderten vor der Taika-Reform war die Oberschicht zwar in *uji* oder Klans organisiert, deren Oberhaupt das patrilinear erbliche Amt des *uji no kami* bekleidete, welcher dem *ujigami*, dem Klan-Gott, opferte und wohl die gleiche Macht über die *uji*-Mitglieder wie etwa das Oberhaupt einer *gens* im antiken Rom ausübte, einschließlich des *jus vitae ac necis*.[3] Im gewöhnli-

---

[1] Während dieses Konzept der kindlichen Pietät natürlich stark vom chinesischen Konfuzianismus beeinflußt ist, wird in diesem Zusammenhang häufig betont, die Bedingungslosigkeit dieser Pflicht in Japan ginge noch über das chinesische Vorbild hinaus: während in der chinesischen Ethik die Eltern gutherzig ihren Kindern gegenüber zu sein hatten, um Anspruch auf deren respektvolles Verhalten zu haben, sei im traditionellen Japan die kindliche Pietät eine Pflicht gewesen, der man sich zu unterwerfen hatte, auch wenn die Eltern dem eigenen Glück im Wege standen oder sich gar unmoralisch verhielten (Benedict 1946:119, Palmore 1975:24—25).

[2] Vgl. S. 471.

[3] An seiner Statt übte der Haushaltsvorstand der einzelnen Familien des Klans wohl eine ähnliche Macht aus. Entsprechend war es offenbar lange Zeit üblich, daß Väter oder Großväter ihre Kinder und Enkel in die Sklaverei verkauften, wie es ihnen beliebte, ohne daß dies als widerrechtlich empfunden wurde, wie aus Eintragungen in *Nihon shoki* (Jitō 5.3.22 (691), NS II:508, s.a. Aston 1956/2:402) und den *Kōninshiki*, der ab 830 in Kraft getretenen Sammlung von Durchführungsbestimmungen zu den *Ritsuryō*, hervorgeht (RR:487 A). In den *Ritsuryō* wurde der Menschenhandel dann zwar gesetzlich verboten, doch im Gegensatz

chen Volk, das in *be* der jeweiligen *uji* unterteilt war, in deren Herrschaftsgebiet die Menschen lebten und an die sie Abgaben zu entrichten hatten, dürfte bis ins 3. Jh. Matrilinearität vorgeherrscht haben, die erst in den nachfolgenden drei Jahrhunderten kriegerischer Auseinandersetzungen ausgehöhlt wurde. Wie Siedlungsreste bezeugen, waren aus Eltern und Kindern gebildete Kernfamilien eher die Norm als das Leben in erweiterten Großfamilien. Nach der Heirat übersiedelte der Bräutigam meist zunächst zur Familie der Braut, mußte für diese arbeiten und blieb dieser oft sowohl finanziell als auch sozial untergeordnet, da ein Gutteil des Immobilienbesitzes matrilinear vererbt wurde. Auch nach der Taika-Reform behielten sowohl die nun freien Bauern, obgleich zu Registrierungszwecken zu Großfamilien zusammengefaßt, als auch der Adel des *Ritsuryō*-Staates vieles dieses alten Systems bei, wiewohl so manches das Familiensystem betreffend unklar bleibt.[4] Neben den patriarchalisch organisierten *uji*-Verbänden, denen weiterhin im wesentlichen politische und religiöse Funktionen zukamen, scheint kleineren Familieneinheiten im täglichen Leben des einzelnen größere Bedeutung zugekommen zu sein. Diese zeigen auch im Adel bis in die Heian-Zeit Reste von Matrilinearität — Häuser und Liegenschaften wurden oft in der mütterlichen Linie weitergegeben, und die Ehen waren zu Beginn oft uxorilokal, später dann häufig neolokal, niemals aber virilokal — und weisen die Tendenz zur Bildung von um Mutter und Kinder zentrierte Kernfamilien auf, während die Väter häufig vor allem die Rolle politischer Mentoren für ihre Söhne wahrnahmen, die für ihr politisches und finanzielles Fortkommen aber auch wesentlich auf ihre Schwiegerväter angewiesen waren[5].

---

zum Vorbild der chinesischen Gesetze nicht unter die Kapitalverbrechen eingereiht, und die bei einem Zuwiderhandeln vorgesehenen Strafen waren milder, insbesondere wenn es sich um den Verkauf von Kindern und Enkeln durch deren Väter und Großväter handelte, sodaß der Brauch noch längere Zeit bestehen blieb (vgl. RR (*Zokutōritsu* 47 [Über das Verkaufen von jüngeren Familienmitgliedern, die im 2. Grad verwandt sind]):112: „Wer Nachkommen im zweiten Verwandtschaftsgrad bzw. Enkel der Brüder oder Kinder der Töchter verkauft und zu Sklaven macht, wird zu 2 1/2 Jahren Zwangsarbeit verurteilt. Wer seine Kinder oder Enkel verkauft, zu einem Jahr Zwangsarbeit. Geschieht der Verkauf mit Einwilligung des Betroffenen, so wird die Strafe um einen Grad vermindert. Der Verkauf anderer Familienmitglieder wird wie Menschenraub geahndet", worauf nach *Ritsuryō*, *Zokutōritsu* 45 ferne Verbannung stand. Der Kaufende sollte hingegen härter bestraft werden, wenn es sich bei den von ihm Gekauften um Kinder oder Enkel der Verkaufenden handelte, vgl. RR (*Zokutōritsu* 48 [Über den wissentlichen Kauf eines geraubten Menschen]):113).

[4] Vgl. etwa Steenstrup 1991:22–23, 27, 51.

[5] Vgl. etwa McCullough 1967; Nickerson 1993.

Dennoch waren die Bemühungen der Nara-zeitlichen Gesetzgeber, die japanische Gesellschaft zu sinisieren, nirgends deutlicher als im Versuch, das chinesische Verwandtschaftssystem dem japanischen überzustülpen. Es soll daher zunächst darauf eingegangen werden, inwieweit dadurch bereits in der Nara- und Heian-Zeit rechtliche und ideologische Grundlagen für eine Vormachtstellung der älteren Generationen in den Familien geschaffen wurden, bevor versucht werden soll, anhand der Schilderung der Generationenbeziehungen in den Familien in der Belletristik nachzuzeichnen, wie sehr diese auch in der Praxis vorhanden war.

5.1. Gesellschaftspolitische und ideologische Grundlagen
5.1.1. Gesetzlich verankerte Vormachtstellung der älteren Generationen in den Familien

Während also bereits vor der Kodifikation ihrer Stellung im Haushalt einzelne Mitglieder der älteren Generationen einen beträchtlichen Einfluß auf die übrigen Familienmitglieder ausgeübt haben dürften, trugen die *Ritsuryō*-Gesetze zu einer Festigung dieser Vormachtstellung der älteren Generationen in den Familien bei. Dies geschah im wesentlichen durch die Übernahme oder enge Anlehnung an innerfamiliäre Vergehen betreffende Bestimmungen des chinesischen Tang-Kodex, die hauptsächlich auf die Erhaltung des jeweiligen Status' einer Person innerhalb der Familie abzielten, der seinerseits auf einer strikten Generationen- und Altershierarchie beruhte.[6] So waren Vergehen und entsprechende Strafe umso schwerwiegender, als der Geschädigte ein Familienälterer (*sonjō*) war, also ein Angehöriger einer älteren Generation in der Familie oder ein älterer innerhalb derselben Generation, und je näher verwandt er mit dem Schuldigen war.[7] Wie im Tang-Kodex wurden daher in den *Ritsuryō* schwere Vergehen an älteren Familienmitgliedern gegenüber Vergehen an anderen Personengruppen dadurch besonders hervorgehoben, daß sie unter die acht dem Kodex vorangestellten Kapitalverbrechen eingereiht wurden. Drei dieser acht Kapitalverbrechen, von denen die fünf anderen schwere Straftaten gegen den Staat, das Herrscherhaus, staatlich geschützte religiöse Institutionen bzw. hochgestellte Persönlichkeiten wie Aufruhr und Mord zum Inhalt haben, befassen sich hauptsächlich mit gegen ältere Verwandte gerichteten Verbrechen; das sind zunächst das 4. und 5. dieser Kapitalverbrechen:

---

[6] Johnson 1979:31.

[7] Die einzelnen Verwandtschaftsgrade wurden in *Giseiryō* 25 definiert.

240 Die alten Menschen in ihren Familien

Viertens. Das Verbrechen der Ruchlosigkeit.

Nämlich, die Großeltern väterlicherseits oder die Eltern tätlich anzugreifen oder zu planen, sie zu töten, oder einen Onkel oder eine Tante väterlicherseits, einen älteren Bruder, eine ältere Schwester, den Großvater oder die Großmutter mütterlicherseits, den Ehemann oder die Eltern des Ehemannes zu töten.[8]

Fünftens. Das Verbrechen der Morallosigkeit.

Nämlich, drei Personen aus der gleichen Familie, die sich nicht der Todesstrafe schuldig gemacht haben, zu töten, Menschen zu zerstückeln oder zu verbrennen, das Gift von Tieren zu verwenden, jemandem durch Magie Schaden zuzufügen bzw. einen Onkel oder eine Tante väterlicherseits, einen älteren Bruder oder eine ältere Schwester, Großvater oder Großmutter mütterlicherseits, den Ehemann oder die Eltern des Ehemannes tätlich anzugreifen, sie anzuklagen oder zu versuchen, sie zu töten, oder ältere Verwandte (sonjō), die im 4. Grad oder näher verwandt sind, oder die Ehefrau zu töten.[9]

Bemerkenswert ist dabei nicht so sehr, daß die Ermordung älterer Verwandter als Kapitalverbrechen definiert und mit dem Tod geahndet wurde — auch die Ermordung anderer Personen war mit der gleichen Strafe belegt —, sondern die nach Alter und Generation gestaffelte symbolische Hierarchie. Die Unterordnung der jüngeren unter die älteren Familienmitglieder kommt hier darin zum Ausdruck, daß analoge Verbrechen gegen jüngere Verwandte unter den Kapitalverbrechen keine Erwähnung fanden, was insofern von Bedeutung ist, als bei diesen im Unterschied zu gewöhnlichen Verbrechen weder mildernden Umstände geltend gemacht werden konnten noch Strafaufschub gewährt oder die Strafe bei einer etwaigen Generalamnestie aufgehoben werden konnte. Zusätzlich waren, wie etwa bei geplantem Mord vor dem eigentlichen Vollzug der Tat, die Strafen im einen Fall wesentlich härter als im anderen[10]. Kraß wird der Unterschied in der gesetzlichen Behandlung aber dort, wo sich ein jüngeres Familienmitglied bereits eines Kapitalverbrechens schuldig machte, wenn es nur die Hand gegen ein älteres erhob, im umgekehrten Fall aber offenbar überhaupt kein Vergehen vorlag. Schließlich übernahmen die Verfasser der Ritsuryō auch

---

[8] Nach den verschiedenen, diese Verbrechen betreffenden Strafbestimmungen, stand auf alle diese Straftaten Tod durch Köpfen (RR:488 A).

[9] RR (Myōreiritsu 6):16–17.

[10] Während laut Zokutōritsu 6 (Über Mord an Eltern oder Großeltern) jüngere Verwandte, wenn sie des Planes schuldig waren, ein nahe verwandtes älteres Familienmitglied zu töten, in jedem Fall, auch wenn noch niemand verletzt wurde, mit der Todesstrafe in ihrer härtesten Form, dem Köpfen, bestraft werden sollten, mußten ältere Familienmitglieder für denselben gegen nahe verwandte jüngere gerichteten Tatbestand nur 90 Stockschläge gegenwärtigen, solange noch niemand verletzt wurde, bzw. 2 1/2 Jahre Zwangsarbeit wenn doch (RR:90).

Gesetzlich verankerte Vormachtstellung der älteren Generationen   241

das eigens Vergehen gegen ältere Familienangehörige betreffende Kapitalverbrechen des Mangels an kindlicher Pietät aus dem Tang-Kodex:
Siebentens. Das Verbrechen der Pietätlosigkeit (*fukyō*).
Nämlich, die Großeltern oder die Eltern anzuklagen oder anzuzeigen[11], sie zu verfluchen[12], sie von Angesicht zu Angesicht zu beschimpfen[13]; oder solange die Großeltern oder Eltern noch am Leben sind, den Haushalt oder den Besitz zu teilen[14]; oder während der Trauerperiode um die Eltern anders als auf deren ausdrückliche Verfügung hin zu heiraten[15], Musik zu hören, die Trauerkleidung abzulegen oder an Festen teilzunehmen; oder beim Tod eines Großeltern- oder Elternteiles nicht öffentlich die Trauer zu zeien[16]; oder vorzutäuschen, daß Großeltern oder Eltern tot sind[17]; oder sich mit einer Konkubine der männlichen Altvordern einzulassen[18].[19]

---

[11] Nach den in ihrer ursprünglichen Form nicht erhaltenen *Tōshōritsu* (Strafbestimmungen für Straftaten bei Streitigkeiten und Klagen) Par.44, stand darauf Tod durch Erhängen (RR:18 A).

[12] Nach den Erläuterungen handelt es sich hier um das Aussprechen eines mit Zauberkraft geladenen Fluches, nach *Zokutōritsu* (Strafbestimmungen für Straftaten gegen das Leben oder das Vermögen) Par.17, mit 2 Jahren Zwangsarbeit bestraft.

[13] Nach den *Tōshōritsu*, Par.28, standen darauf 3 Jahre Zwangsarbeit (RR:18 A).

[14] Nach den in ihrer ursprünglichen Form nicht erhaltenen *Kokonritsu* (Strafbestimmungen für Straftaten betreffend Registrierung, Heirat, Familie, Grund und Boden, Steuern) Par.6 standen darauf 2 Jahre Zwangsarbeit sowie laut *Myōreiritsu* 18 die Streichung aus den Beamtennamensregistern. Die Teilung des Besitzes während der Trauerperiode um Eltern oder Großeltern hatte laut *Myōreiritsu* 20 die Aberkennung des Ranges zur Folge.

[15] Hatte die Streichung aus dem Beamtennamensregister zur Folge (RR:30 A). Entsprach die Heirat dem Wunsch der Eltern bzw. ging es nur darum, eine Konkubine zu nehmen, kam diese Bestimmung laut Gesetzeskommentar nicht zur Anwendung (RR:18 A), das Vergehen sollte aber laut *Kokonritsu* Par.30 mit einem Jahr Zwangsarbeit bestraft werden. Wurde einem während der Trauerperiode ein Kind geboren, so wurde dies nach den *Kokonritsu*, Par.7 mit 100 Schlägen mit dem dicken Stock (RR:30 A) und laut *Myōreiritsu* 20 mit der Aberkennung des Ranges bestraft.

[16] Die entsprechenden Strafausmaße waren in *Shikiseiritsu* 30 (Über die Trauer beim Tod der Eltern oder des Ehemannes) (RR:73) festgelegt: „Wenn jemand erfährt, daß sein Vater oder seine Mutter oder der Ehemann gestorben ist, und er nicht sofort öffentlich seine Trauer bekundet, so ist er mit 2 Jahren Zwangsarbeit zu bestrafen. Legt er die Trauerkleidung ab, vergißt die Trauer und lauscht Musik, bevor die Trauerperiode zu Ende ist, so ist er mit 1 Jahr Zwangsarbeit zu bestrafen; spielt er Spiele, mit 80 Schlägen mit dem dicken Stock; hört er zufällig Musik oder gerät in ein Fest, mit 60 Schlägen mit dem dicken Stock. Stirbt ein Großelternteil väterlicher- oder mütterlicherseits und wird die Trauer nicht sofort öffentlich bekundet, ist mit 1 Jahr Zwangsarbeit zu bestrafen. Legt er die Trauerkleidung ab, bevor die Trauerperiode zu Ende ist, ist er mit 100 Stockschlägen zu bestrafen. Ist der Verstorbene ein Familienälterer (*sonjō*), aber nur im 2. Grad oder weniger verwandt, sind die Strafen jeweils um 2 Stufen niedriger. Im Fall von jüngeren Familienmitgliedern um jeweils noch 1 Grad."

[17] Nach den in ihrer ursprünglichen Form nicht erhaltenen *Sagiritsu* (Strafbestimmungen für Fälschungen und Betrug) Par.22 wurde dieses Vergehen mit 1 1/2 Jahren Zwangsarbeit bestraft, im Taihō-Kodex waren es noch 2 Jahre gewesen (RR:18 A).

Diese Bestimmung verfolgte offenbar einen doppelten Zweck: Zum einen sollte sie den älteren Familienmitgliedern eine unanfechtbare Vormachtstellung innerhalb der Familie sichern, indem etwa durch das Verbot, die Eltern oder Großeltern zu beschimpfen, jegliche Auflehnung der Nachkommen gegen den Willen der Altvordern unterbunden werden sollte. Auch daß sich die Nachkommen nicht mit Klagen wegen etwaiger Vergehen der älteren Familienmitglieder an die Gerichte wenden durten, war dazu angetan, ihren Handlungsspielraum gegenüber jenen weiter einzuschränken. Zum anderen sollten die Familien besonders zusammengehalten werden, auch und vor allem, um den Lebensunterhalt der betagten Familienmitglieder zu sichern. Das Verbot, zu Lebzeiten der Eltern oder Großeltern den Familienbesitz aufzuteilen oder einen selbständigen Haushalt zu gründen, diente wohl diesem Ziel, das auch andere Bestimmungen des Kodex' verfolgten.

Denn gleichzeitig setzten die *Ritsuryō* als Haushaltsvorstand das Familienoberhaupt (*kechō*) ein[20], das den Kommentaren zu den verschiedenen Paragraphen zufolge wie in den Tang-Gesetzen das höchststehende Familienmitglied (*sonjō*) sein sollte, also der Älteste der Altvordern eines gemeinsamen Hauses mit gemeinsamem Besitz. Der Begriff des *kechō* bezeichnete somit nicht ein Amt, das man nach Belieben irgendjemand übertragen konnte, so wie die Tang-Gesetze die automatische Übernahme der Rolle des Haushaltsvorstandes durch das Familienoberhaupt vorsahen.[21] Das Familienoberhaupt hatte darüber hinaus nach den *Ritsuryō* eine beinahe uneingeschränkte Macht über alle anderen Familienmitglieder in zivilen Angelegenheiten. So durften diese ohne sein Einverständnis keinen Teil des Familienbesitzes auf welche wie immer geartete Weise veräußern:

---

[18] Nach den in ihrer ursprünglichen Form nicht erhaltenen *Zatsuritsu* (Strafbestimmungen für verschiedene Straftaten) Par.25 wurde dieses Vergehen mit 2 1/2 Jahren Zwangsarbeit belegt (RR:18 A).

[19] RR (*Myōreiritsu* 6 [Die acht Kapitalverbrechen]):18. Im Zuge der Reduktion der 10 Kapitalverbrechen der chinesischen Kodizes auf nur acht in den *Ritsuryō* geriet durch das Fortlassen und Umstellen einzelner Tatbestände die hierarchische Gliederung der Kapitalverbrechen etwas durcheinander. So war das Anklagen oder Anzeigen von Onkeln etc. bereits in der Definition des 5. Kapitalverbrechens erwähnt worden, während dasselbe gegen die Eltern gerichtete Verbrechen erst hier im 7. Kapitalverbrechen angeführt wird, was im Widerspruch zum ‚Geist' des Gesetzes steht, das sonst Verbrechen gegen nähere Verwandte immer als schwerwiegender betrachtet als solche gegen entferntere Verwandte.

[20] RR (*Koryō* 5 [Über den Haushaltsvorstand]):226.

[21] RR:550 A.

Ist ein Familienoberhaupt (*kechō*) vorhanden, so dürfen seine Kinder, Enkel, jüngere Brüder oder Neffen nicht Teile des Besitzes wie Sklaven, Tiere, Felder und Häuser und anderes von sich aus verpfänden oder verkaufen. Wer diese Dinge, ohne sich nach dem Einverständnis [des Familienoberhauptes] zu erkundigen, entgegennimmt oder sie kauft, wird nach der entsprechenden Strafbestimmung bestraft.[22]

Da es zudem keinerlei Hinweis auf die Existenz einer dem späteren *inkyo* (Rücktritt des Familienoberhauptes) analogen gesetzlichen Institution gibt[23], konnte das Familienoberhaupt zumindest prinzipiell diese seine Macht ausüben, so lange es lebte.

5.1.2. Gesetzlich verankerte Fürsorgepflicht der jüngeren Verwandten für die älteren Familienmitglieder

Während die *Ritsuryō* also einerseits eine Teilung des Besitzes zu Lebzeiten der Eltern streng verboten und zusätzlich dem ältesten Familienmitglied die Verfügungsgewalt über den Familienbesitz einräumten und damit wohl auch dessen materielle Sicherheit gewährleisteten, legten sie auch insgesamt die Sorge für das materielle Wohl der betagten Menschen zunächst in die Hände ihrer Familien, wobei der Staat allerdings bereit war, dort wo eine solche fehlte, selbst einzuspringen. Ganz besonders wurden dabei die über 80jährigen bedacht:

Den über 80jährigen und Schwerkörperbehinderten[24] wird eine Sorgeperson (*ji*) zugeteilt. Den über 90jährigen werden je zwei, den über 100jährigen je fünf zugeteilt. Diese sollen zunächst unter den Söhnen und Enkeln ausgesucht werden. Gibt es solche nicht, können auch nahe Verwandte genommen werden. Gibt es keine nahen Verwandten, soll ein dem Frondienst unterliegender Mann im Alter zwischen 21 und 60 Jahren (*byakuchō*) genommen werden. Will man einen jungen Mann zwischen 16 und 21 Jahren aus der gleichen Familie nehmen, so ist dies zulässig. Ein Beamter im Rang unter dem des Distriktvorstehers soll sie von Zeit zu Zeit besuchen und nach ihnen sehen. Wenn die Art, wie die Sorgeperson ihrer Pflicht nachkommt, nicht dem Gesetz entspricht, soll dies nach der Meldung geregelt werden...[25]

---

[22] RR (*Zatsuryō* 18 [Über das Familienoberhaupt]):479. Es bestand zwar, was die Person des Haushaltsvorstandes betrifft, eine gewisse Rechtsunsicherheit, wer dessen Stelle beim Tod des früheren einnehmen sollte, vgl. S. 261, doch sollte es sich hier laut Kommentaren in jedem Fall um den Familienältesten handeln.

[23] Zu Formen einer Weitergabe der Stelle des Familienoberhauptes *inter vivos*, wie sie in der Heian-zeitlichen Gesellschaft unter Umständen bestanden, aber eben nicht im Kodex legalisiert waren, vgl. S. 303.

[24] *Tokushichi*. In *Koryō* 7 folgendermaßen definiert: Personen, die zwei Gliedmaßen überhaupt nicht gebrauchen können, Leprakranke, Epileptiker und Wahnsinnige, auf beiden Augen Blinde.

[25] RR (*Koryō* 11 [Über das Gewähren einer Sorgeperson]):228.

Welche Funktion diese *ji* im einzelnen zu erfüllen hatten, geht aus dem Gesetzestext nicht klar hervor[26], doch zielte eine Reihe diese *ji* betreffender Bestimmungen darauf ab, daß sie am Aufenthaltsort der Personen verblieben, für die sie diese Funktion erfüllten, so ihre Freistellung von sämtlichen Fronen[27] sowie vom Dienst als Gardekrieger oder Grenzsoldaten[28]. Nach dem *Ryō no gige* hätten die *ji* auch eine Unterhaltsfunktion für die über 80jährigen erfüllt[29], doch bestand hier Rechtsunsicherheit.

Waren diese Bestimmungen auf steuer- und fronpflichtige Haushalte, also das gewöhnliche Volk, zugeschnitten, so hatte die Sorgepflicht um betagte Verwandte dem Gesetz nach auch in den Adelsfamilien Vorrang vor einer Beamtung, die mit ihr kollidiert hätte. Personen, die Funktion des *ji* für ihre alten Eltern zu übernehmen hatten, war es daher unter Strafandrohung verwehrt, diese Pflicht der Beamtung zuliebe zu vernachlässigen:

> Wenn ein Beamter, dessen Großeltern oder Eltern alt oder krank (*rōshichi*) sind und keinen anderen haben, der ihre Sorgeperson (*ji*) sein könnte, im Stich läßt und seinen Dienst antritt,
> Mit alt sind über 80jährige gemeint, mit krank Schwerstinvalide. Allen diesen steht nach Gesetz eine Sorgeperson zu. Gibt es eine solche nicht, und der Beamte läßt seine Eltern im Stich und tritt sein Amt an, so soll er, wenn er herausragende Fähigkeiten besitzt oder im Dienst unabkömmlich ist, sein Amt behalten und so seiner Sorgepflicht nachkommen und diese Bestimmung betrifft ihn nicht. Aber seine Eltern im Stich zu lassen und sein Amt anzutreten, ist laut Gesetz ein Verbrechen. Läßt einer seine Eltern nicht zurück, bevor er sein Amt antritt, [sondern nimmt sie mit] oder werden sie alt

---

[26] Sansom sieht in ihnen eine Art Diener, die als solche von den Steuern befreit gewesen wären (Sansom 1934:136). Befreit waren die *ji* allerdings nur von den Fronen, nicht von den Steuerabgaben. Dettmer übersetzt mit ‚Pfleger', und die Aufgabe, die dieser bei den Alten zu verrichten hatte, als ‚Pflege', ‚Aufwartung' (Dettmer 1959:82).

[27] RR (*Fuyakuryō* 19 [Über die Befreiung vom Frondienst]):256, s.a. Dettmer 1959:142.

[28] RR (*Gunbōryō* 16 [Über die Gardekrieger]):323. Während mir keine Stelle aus einer anderen Nara- oder Heian-zeitlichen Quelle als den *Ritsuryō* bekannt ist, in der diese *ji* erwähnt wären, dürften es ähnliche Überlegungen gewesen sein, nämlich die alten Eltern nicht allein auf sich gestellt zu lassen, die die Regierung veranlaßten, 716 einer Eingabe des Dazaifu über eine Dienstbegrenzung der Hayahito stattzugeben: „Die Hayahito aus Satsuma und Ōzumi, die oft acht Jahre lang auf sich allein gestellt ohne Nachricht in weit entfernten Orten Dienst tun, bitten, weil ihre Eltern alt oder krank (*rōshichi shi*) werden oder ihre Frauen und Kinder in Not geraten könnten, den Zeitraum mit 6 Jahren zu begrenzen und dann abgelöst zu werden. Dies soll gewährt werden" (SNG (Reiki 2.5.16):66).

[29] Denn es schließt sie unter Hinweis auf die erfolgte Zuteilung eines *ji* davon aus, in den Genuß einer Versorgung durch die Dorfgemeinschaft zu kommen, wie sie *Koryō* 32 regelt (vgl. S. 188). Es ist aber gut möglich, daß dies weniger den ursprünglichen Intentionen der Verfasser der *Ritsuryō* als vielmehr den Auslegungswünschen der Heian-zeitlichen Beamten entspricht. Das ältere *Koki* des *Ryō no shūge* hingegen vertrat die Auffassung, den über 80jährigen sollten sowohl *ji*, die ihrerseits von der Fron zu befreien waren, zur Verfügung gestellt werden, als auch Lebensmittel von der öffentlichen Hand (RR:565 A).

oder krank, nachdem er sein Amt angetreten hat, und er tritt in beiden Fällen nicht vom Dienst zurück, so wird dies als Verstoß gegen die gesetzlichen Bestimmungen bestraft[30]
[...] so wird ihm sein Rang oder Verdienstrang aberkannt.[31]

Der Staat war auch bereit, auf eigene Vorrechte zu verzichten, wenn sie mit der Sorgepflicht für die alten Verwandten unvereinbar waren. So konnten bereits verhängte Todesstrafen aufgeschoben werden, um die alten Menschen nicht der sie unterstützenden Person zu berauben, und zwar unter Bedingungen, die großzügiger gefaßt waren als in den Bestimmungen für die Festsetzung dieser Sorgeperson vorgesehen:

Wenn einer ein Verbrechen begeht, für das er mit dem Tod bestraft werden müßte, das aber nicht zu den acht Kapitalverbrechen gehört, und er Großeltern oder Eltern hat, die alt oder krank (*rōshichi*) sind und daher jemanden brauchen, der für sie sorgt, und in der Familie kein anderer gesunder Mann zwischen 21 und 60 Jahren im ersten oder zweiten Verwandtschaftsgrad[32] vorhanden ist, so soll dies [von einem Provinzbeamten, der die Situation der Familie gut kennt, dem Justizministerium] gemeldet werden [und ein Dekret erwirkt werden]. Bei solchen, die sich der Verbannung strafbar gemacht haben, soll die Vollstreckung einstweilen aufgehoben werden und sie sollen diese Verwandten weiter versorgen... Die steuerliche Behandlung ist die gleiche wie sonst für Sorgepersonen (*ji*). Erreicht ein anderer männlicher Verwandter das 21. Lebensjahr oder stirbt der alte oder kranke Verwandte, für den gesorgt werden muß, so soll der Verurteilte nach Ablauf von drei Monaten in die Verbannung geschickt werden... Auch am Verbannungsort soll der Bestrafte seiner Sorgepflicht nachkommen[33], sterben die Verwandten, so soll die Zwangsarbeit nach drei Monaten wieder aufgenommen werden.[34]

---

[30] Nach den in ihrer ursprünglichen Form nicht erhaltenen *Zatsuritsu* (Strafbestimmungen für verschiedene Vergehen) Par. 61 mit 50 Schlägen mit dünnem Stock bestraft (RR:29—30 A).

[31] RR (*Myōreiritsu* 20 [Über die Aberkennung des Ranges]):29—30. Zusätzlich sollte eine solche Nachlässigkeit bei der Erfüllung der Sorgepflicht durch körperliche Züchtigung — 100 Schläge mit dem dicken Stock — geahndet werden, vgl. RR (*Shikiseiritsu* 31 [Über Beamte, die ihre betagten Eltern im Stich lassen]):74. Ausnahmen bestanden allerdings, wenn dies auf ausdrücklichen Wunsch des Kaiserhauses geschah. Zudem konnten sich die Beamten, die für ihre alten Eltern als *ji* fungieren sollten, zeitweilig beurlauben lassen und nach Erfüllung dieser ihrer Pflicht wieder in ihr ursprüngliches Amt übernommen werden, RR (*Senjoryō* 22 [Über die Entlassung wegen Krankheit]):276.

[32] Der Text spricht von *chō*, in *Koryō* 6 (vgl. S. 15) als 21—60jährige Männer definiert. Nach *Koryō* 11, vgl. S. 243, konnten als Sorgepersonen normalerweise auch weitläufigere Verwandte bzw. Nichtverwandte sowie unter 20jährige herangezogen werden.

[33] Mit anderen Worten, werden seine Großeltern oder Eltern, die sich entweder derselben Tat schuldig gemacht haben wie er selbst oder die unter die Sippenhaftung fallen, am Verbannungsort alt oder krank, so wird er vorübergehend von der bei Verbannung als zusätzliche Strafe verhängten Zwangsarbeit befreit, um für sie zu sorgen.

[34] RR (*Myōreiritsu* 26 [Über Todesstrafen, die nicht wegen eines Kapitalverbrechens verhängt wurden]):35—36.

Zu dem gleichen Zweck sollte die Strafe der Zwangsarbeit in körperliche Züchtigung umgewandelt werden, wobei ein Jahr Zwangsarbeit mit 120 Schlägen mit dem dicken Stock umzurechnen war[35].

Bedenkt man zusammenfassend, daß im Rahmen des Systems der Kopfanteilfelder (*kubunden*) den über 61jährigen zwar einerseits das Nutzungsrecht der ihnen zugeteilten Felder verblieb, sie aber von den Kopfsteuern und Fronen stufenweise bis zur völligen Abgabenbefreiung im Alter von 66 befreit waren[36], so hatte allein dies schon den Effekt, den anderen Haushaltsmitgliedern das Aufkommen für den Unterhalt dieser Alten zu erleichtern, auch wenn diese unter Umständen allmählich arbeitsunfähig wurden, ein Effekt, der durch die Anerkennung oder *de facto* Behandlung eines oder gar mehrerer jüngerer Familienmitglieder als *ji* mit der entsprechenden Befreiung von den Fronen verstärkt wurde. Ebenso legten die Gesetze in den Adelsfamilien die Sorge um das tagtägliche Wohlergehen der betagten Eltern in die Hände der erwachsenen Kinder, die sich nicht von ihnen entfernen sollten. Allerdings war das Alter von 80 Jahren, ab dem diese Sorgepflicht der jüngeren Verwandten einsetzte, so hoch angesetzt, daß die diesbezüglichen Bestimmungen nicht so sehr als gesellschaftspolitisch relevante Maßnahmen zu betrachten sind, sondern ihnen eher symbolischer Wert zugesprochen werden muß.

5.1.3. Das konfuzianische Ideal der kindlichen Pietät
5.1.3.1. Die staatliche Förderung des Ideals der kindlichen Pietät

War die Bedeutung, die die Verfasser der *Ritsuryō* der Wahrung der Vormachtstellung der älteren Generationen beimaßen, schon daraus hervorgegangen, daß sie Verbrechen gegen diese Personengruppe unter die Kapitalverbrechen einreihten und deren Definition den übrigen Gesetzen voranstellten, und waren sie damit dem von den chinesischen Tang-Gesetzen vorgegebenen Modell gefolgt und erfüllten damit wie diese den Zweck, angesichts der vielen Detailregelungen, die zu treffen waren, die großen moralischen Prinzipien, auf die diese sich gründeten, hervorzuheben, so stand bei deren Formulierung der Begriff der kindlichen Pietät, wie er aus China übernommen worden war, ganz offensichtlich Pate. Während die Strafbestimmungen nur die ärgsten Verstöße gegen dieses Ideal ahndeten, war es dem *Ritsuryō*-Staat aber über die Absicherung der gesetzlichen

---

[35] RR (*Myōreiritsu* 27 [Über die Durchführung der Zwangsarbeit]):36—37.
[36] Vgl. S. 187.

Vormachtstellung der älteren Generationen in den Familien im zivilen wie im strafrechtlichen Bereich und der Einführung einer Fürsorgepflicht für die älteren Verwandten hinaus ein Anliegen, das konfuzianische Ideal der kindlichen Pietät gesetzlich zu verankern und zu fördern. Ebenso wie die familiäre Moral mit der kindlichen Pietät als Hauptpfeiler im Mittelpunkt der moralisierenden Maßnahmen der chinesischen Gesetze gestanden hatte, wurde sie auch in den *Ritsuryō* zu einem bestimmenden Faktor, der in einer Reihe von Regelungen Niederschlag fand. So wurde die kindliche Pietät in den Paragraphen über die Dienstpflichten des Bevölkerungsministers und des Provinzgouverneurs angeführt[37], der in *Koryō* 33 auch dazu verpflichtet wurde, bei seiner jährlichen Rundreise durch die ihm unterstehenden Distrikte die Menschen zu kindlicher Pietät zu ermahnen und besonders pietätvolle Personen ausfindig zu machen[38]. Ein zusätzlicher Anreiz für eine liebevolle und der Norm der kindlichen Pietät entsprechende Behandlung der alten Eltern wurde durch die Steuerbefreiung von Personen geschaffen, die sich durch besondere kindliche Pietät auszeichneten, wobei einzelne Eintragungen im *Shoku Nihongi* die Durchführung solcher Steuerbefreiungen belegen:

Wenn den Distriktbehörden ein besonders eindrucksvolles Beispiel kindlicher (*kyōji*) oder enkelkindlicher Pietät (*junson*), der Loyalität eines Untergebenen oder der Treue einer Ehefrau zu Ohren kommt, so soll dies der Obersten Regierungsbehörde gemeldet, dem Tenno mitgeteilt und dann am Eingang darauf hingewiesen werden[39]. Alle in diesem Haushalt Lebenden sollen von der Steuer befreit werden. Wenn sich in diesem wahrhaftigen Tun Göttliches offenbart und sich Wunder ereignen, so sollen sie reich belohnt werden.[40]

---

[37] RR (*Shikiinryō* 21 und 70):170 und 193.

[38] „Gibt es in seinem Gebiet jemanden, der ... von außerordentlicher kindlicher Pietät oder Gehorsam gegenüber dem älteren Bruder (*kyōtai*), Treue oder Reinheit ist, so soll er ihn als Kandidat für einen Beamtenposten vorschlagen. Gibt es Leute, denen es an kindlicher Pietät oder Gehorsam gegenüber dem älteren Bruder mangelt (*fukyōtai*), die die Sitten durcheinanderbringen, der fünf Tugenden vernachlässigen oder die Gesetze nicht befolgen, so soll er sie so ermahnen, daß sie dies nicht mehr tun" (RR:236).

[39] Nach dem *Ryō no gige* ist gemeint, am Eingang des betreffenden Hauses oder Dorfes eine kleine Erhebung zu errichten und darauf ein Schild anzubringen, auf dem dann steht ‚Haus' oder ‚Dorf eines Menschen von hoher kindlicher Pietät' (RR:255 A).

[40] RR (*Fuyakuryō* 17 [Über Gehorsame Kinder und Enkel]):255−256. Erstmals erwähnt wird eine tatsächliche Durchführung des Paragraphen, allerdings auf die eine Tugend der kindlichen Pietät beschränkt, was deren Bedeutung für den Staat weiter unterstreicht, in der Eintragung des *Shoku Nihongi* für Taihō 2.10.21 (702) (SNG:15−16, s.a. Snellen 1934: 204). Ein dem Paragraph in allen Punkten entsprechender Akt der Steuerbefreiung für Personen, die sich besonders tugendhaften Verhaltens befleißigt haben, erscheint dann wenig später unter der Eintragung für Wadō 7.6.28 (714) (SNG:56, s.a. Snellen 1937:266). Eine Zeit lang ging man dann dazu über, die so geehrten Personen namentlich zu erwähnen

Nicht nur Menschen aus dem einfachen Volk wurden so zu kindlicher Pietät angespornt, auch auf der Ebene der Staatsbeamten wurden entsprechende Anreize geschaffen, wenn etwa den besonders pietätvollen Beamten ein Vorrücken in einen höheren Rang winken sollte[41].

5.1.3.2. Rezeption der chinesischen „Musterbeispiele kindlicher Pietät"

An dieser Stelle ist die Frage zu stellen, was die Verfasser der *Ritsuryō* konkret unter der kindlichen Pietät verstanden, die sie solcherart belohnen wollten. Während der Gesetzestext selbst keinerlei Kommentare dazu enthält, wodurch sich Personen auszeichnen mußten, um in den Genuß der als Belohnung der kindlichen Pietät zugestandenen Vergütungen zu kommen, führen die späteren Kommentare des *Ryō no gige* und *Ryō no shūge* eine Reihe von allesamt chinesischen Quellen entnommenen Beispielen besonderer kindlicher Pietät an, nämlich Gao Chai, Yuan Ku, Mong Tsong und Guo Ju.[42] Dabei scheint es bei diesen zu einer ziemlich breiten Rezeption gekommen zu sein: eine ähnliche Auswahl trifft etwa auch Kūkai, wenn er im *Sangō shiiki* den konfuzianischen Gelehrten einem Bösewicht Verhaltensmaßregeln geben und ihn auffordern läßt, in seinem Verhalten gegenüber den Eltern doch den herausragenden Beispielen früherer pietätvoller Personen nachzueifern[43]. Gao Chai (Jap. Kōsai), der beim Tod seines Vaters drei Jahre lang blutige Tränen geweint und während dieser ganzen Zeit kein einziges Mal auch nur so viel gelächelt haben soll, daß man seine Zähne hätte sehen können[44], darf als herausragendes Beispiel

---

(SNG (Reiki 1.3.25) (715):58, s.a. Snellen 1937:270). Ähnliche, gewissermaßen routinemäßige Eintragungen folgen im *Shoku Nihongi* für die Daten Reiki 1.9.2 (715), Tenpyō 14.8.2 (732), Hōki 3.12.6 (772) sowie Tenō 1.1.1 und 1.4.15 (781) (SNG:63, 168, 407, 466 und 470).

[41] Vgl. etwa *Senjoryō* 30 [Über die Verleihung von Rängen je nach Prüfungsergebnis und ähnlichem]: „Wer in der Prüfung über das Aufsatzverfassen oder Erklären der Klassiker eine mittlere obere Bewertung oder mehr erhalten hat, oder wer einen Schattenrang innehat oder als von besonderer kindlicher Pietät oder Gehorsam gegenüber dem älteren Bruder (*kyōtai*) ausgezeichnet wurde, dessen Rang wird um je eine Stufe erhöht" (RR:278).

[42] Z.B. RSG:410–415.

[43] „Blutegelzahn, wenn Ihr dieses Herz aufgäbet, das mit dem Bösen spielt, und Ihr Euch ganz der Ausübung der kindlichen Pietät hingäbet (*kōtoku wo okonawaba*), in der Art jener, die blutige Tränen vergossen haben, einen Goldkessel gefunden haben, mitten im Winter Bambussprossen gefunden haben oder Karpfen aus dem Eis springen haben lassen, so würdet Ihr noch Mong Tsong und Ting Lan übertreffen und würdet dem Ruhm entgegenfliegen" (SS:94, s.a. Grapard 1985:46–47).

[44] SS:95, A.37, s.a. Grapard 1985:106, A.78.

für einen Aspekt der kindlichen Pietät, der Liebe und Treue zu den Eltern über den Tod hinaus, gelten.[45] Für die Definition des Konzepts der kindlichen Pietät spielte also zunächst die Vorstellung vom Dienst, den die Kinder an den Seelen der verstorbenen Vorfahren zu entrichten hatten, und damit der Trauer um die verstorbenen Eltern eine wichtige Rolle.

Alle anderen genannten Beispiele kindlicher Pietät beziehen sich im weitesten Sinn auf die Pflicht der Kinder, die alten Eltern zu ernähren und für sie zu sorgen. Große Verbreitung erfuhr in dieser Hinsicht bereits sehr früh die chinesische Erzählung von Yuan Ku (Jap. Genkoku):

> Es ist nun schon lange her, da lebte in China unter der Regierung des Soundso ein Mann der Zhou mit Namen Genkoku.
>
> Dessen Vater mangelte es an kindlicher Pietät (*fukyō ni shite*) und es ärgerte ihn sehr, daß sein eigener Vater nicht und nicht sterben wollte. Da fertigte Genkokus Vater einen Tragsessel an und setzte seinen alten Vater (*oitaru chichi*) hinein; gemeinsam mit Genkoku schulterte er den Tragsessel, brachte ihn tief in die Berge, setzte dort seinen Vater aus und kehrte dann nach Hause zurück.
>
> Genkoku aber brachte den Tragsessel, in dem sie seinen Großvater (*ōji*) befördert hatten, wieder mit nach Hause zurück. Als sein Vater das sah, sagte er zu Genkoku: „Warum hast du denn den Tragsessel wieder zurückgebracht?" Und Genkoku entgegnete: „Ich habe soeben gelernt, daß die Söhne ihre alten Väter (*oitaru chichi*) in Tragsessel setzen und sie in den Bergen aussetzen. Wenn also du, mein Vater, erst alt geworden sein wirst (*wa ga chichi wo mo oinamu toki ni*), will ich dich in diesen Tragsessel setzen und dich damit in den Bergen aussetzen. Das ist doch besser, als dann wieder einen neuen anfertigen zu müssen!"
>
> Als der Vater das hörte, dachte er: „Ja, da werde ich also dann auch ausgesetzt werden, bin ich erst alt (*ware mo oinamu toki*)!", es ergriff ihn heftige Furcht, und er eilte in die Berge zurück, um seinen Vater wieder mit sich nach Hause zu holen. In der Folge war Genkokus Vater nie wieder nachlässig in der liebevollen Sorge (*kyōyō suru koto*) um seinen alten Vater (*oitaru chichi ni*). Und dies war nur der List des Genkoku zu verdanken. Deswegen preist und bewundert alle Welt Genkoku über alle Maßen. Einer, dem es nicht nur gelingt, das Leben seines Großvaters zu retten, sondern darüber hinaus auch den eigenen Vater zur kindlichen Pietät (*kyōyō*) anzuhalten, verdient wahrhaftig, weise genannt zu werden. So ist es erzählt und überliefert worden.[46]

---

[45] Einen ähnlichen Aspekt kehrt auch Kūkais Anspielung auf Ting Lan (Jap. Teiran) hervor. Die verschiedenen *Xiao zi chuan*, die chin. Biographien pietätvoller Personen, etwa die des Liu Xiang, berichten, er hätte Skulpturen angefertigt, die seine verstorbenen Eltern darstellten. Als jemand diesen Skulpturen nicht den nötigen Respekt entgegenbrachte, hätte er diesen getötet. Als man ihn daraufhin ins Gefängnis bringen wollte, hätten die Skulpturen Tränen vergossen und dem Ting Lan sei seine Strafe erlassen worden. Auch *Konjaku monogatari* 9/3 (KM II:191—193) ist dieser Figur gewidmet.

[46] KM II (9/45):262—263, s.a. Ury 1979:70. Die Geschichte des Yuan Ku scheint bereits in den *Funabashi-hon*- und *Yōmei bunko-bon*-Versionen der *Kyōshiden* („Erzählungen über die kindliche Pietät") auf, die nach den chinesischen Vorlagen der *Xiao zi chuan* angefertigt worden waren und wohl auch als Quellen für die in volkstümlicherem Japanisch im *Konjaku monogatari* enthaltene Version fungierten. Welcher Beliebtheit sich die Geschichte bereits im Japan der Nara-Zeit erfreute, zeigt sich daran, daß schon in einem Gedicht des *Manyō-*

Die Erzählung, die im ganzen ostasiatischen Raum verbreitet war, hat von Aufbau und Motiv her gesehen ihr westliches Pendant in dem Grimmschen Märchen „Der alte Großvater und der Enkel"[47]. Hier wie dort geht es darum, daß der Enkel, indem er das negative Verhalten, das er an seinen Eltern seinem Großvater gegenüber beobachtet, nachahmt und für die Zeit zu erlernen vorgibt, da seine Eltern selbst alt sein werden, diesen bewußt macht, daß auch im Alter auf das Wohlwollen ihrer Kinder angewiesen sein werden und sie so veranlaßt, ihre Einstellung dem alten Vater gegenüber zu revidieren. Die Erzählung von Yuan Ku ist insofern dramatischer als das Grimmsche Märchen, als es hier um nichts weniger als darum geht, daß der alte Vater ausgesetzt werden soll. Während das Grimmsche Märchen offen läßt, ob der Enkel bewußt oder unbewußt seinen Eltern einen Spiegel ihres Verhaltens vorhält, nimmt die ostasiatische Version an, er täte es ganz bewußt und preist ihn gerade deshalb, weil er so weise war, seine Eltern zur kindlichen Pietät zu bekehren.

Ging es hier vordringlich darum, die Unmenschlichkeit eines Vernachlässigens oder gar Aussetzens der alten Eltern vor Augen zu führen[48], reichte in anderen Beispielen der kindlichen Pietät die Pflicht, den Lebensunterhalt der betagten Eltern zu sichern, unter der Voraussetzung einer Knappheit an Ressourcen bisweilen bis zur Selbstaufopferung der Kinder. Beispielhaft für eine solche bedingungslose Aufopferung der Kinder für das Wohlergehen der betagten Eltern stand Guo Ju (Jap. Kakkyo), der seinen Sohn um seiner Mutter willen opfern wollte, dabei allerdings einen Goldkessel fand, der ihn für den Rest seines Lebens jeglicher Geldsorgen enthob. Eine ausführliche Version dieser ebenfalls den chinesischen *Xiao zi chuan* entlehnten Episode findet sich im *Konjaku monogatari*, das sie zu Beginn eines eigenen in China angesiedelten Kapitels über kindliche Pietät zuallererst aufführt:

> Es ist nun schon lange her, da lebte in China zur Zeit der Herrschaft des Soundso an einem Kōchi genannten Ort ein Mann namens Kakkyo. Sein Vater war schon gestorben, nur seine Mutter lebte noch.
> Kakkyo bemühte sich zwar sehr, seine Mutter zu umsorgen, doch war er arm und häufig nahe am Verhungern. Dennoch teilte er das bißchen Essen, das vorhanden war, immer in drei Teile, einen für seine Mutter, einen für sich selbst und einen für seine Frau.

---

shū die vage Andeutung genügt, drum habe einst der weise Mann den Wagen zurückgeholt, mit dem der Alte ausgesetzt worden war, um verständlich zu machen, daß ein abweisendes Verhalten gegenüber alten Menschen einem jeden schlecht ansteht, wird man doch selbst einmal alt (MYS III (16/3791):121; vgl. S. 75).

[47] Wülfing 1986:36—39.

[48] Zur Problematik der Altenaussetzung vgl. S. 215ff.

Während er so Jahre hindurch seine alte Mutter (*oitaru haha*) ernährte, geschah es, daß seine Frau einen Sohn zur Welt brachte. Dieser Sohn wuchs allmählich heran und als er sechs, sieben Jahre alt geworden war, da begann die Familie das Essen statt wie bisher in drei in vier Teile zu teilen. So wurde auch der Anteil der Mutter kleiner. Kakkyo war darüber zutiefst betrübt und sprach zu seiner Frau: „Als wir all die Jahre hindurch das Essen in drei Teile teilten und damit die Mutter ernährten, da war es schon recht wenig. Doch seitdem uns dieser Sohn geboren wurde und wir es in vier Teile teilen, ist ihr Anteil noch kleiner geworden. Ich bin zutiefst von kindlicher Pietät erfüllt (*kyōyō no kokorozashi*) und ich denke, um die alte Mutter zu ernähren (*oitaru haha wo yashinawamu ga tame ni*), sollten wir den Sohn in einem Loch begraben. Ich weiß, derlei kommt zwar selten vor, doch geschieht es der kindlichen Pietät (*kyōyō*) willen. Sei du bitte nicht traurig darüber!"

Als seine Frau dies hörte, da flossen ihre Tränen wie Regen und sie antwortete: „Die Liebe der Eltern für ihre Kinder gilt doch gar als Vergleich für das Mitleid eines Buddhas. Mir ist erst jetzt, da ich an der Schwelle des Alters stehe (*oi ni nozomite*), ein Kind geboren worden. Ihn mir nun vom Herzen zu reißen, ist mir schier unerträglich. Was könnte dem Schmerz gleichkommen, ihn tief in die Berge zu bringen und dort begraben zurückzulassen! Aber da es kindliche Pietät ist, die dich so handeln läßt, würden wir wohl der Strafe des Himmels nicht entgehen, wollte ich dich daran hindern. Drum will ich es deinem Willen überlassen!"

Da weinte der Vater sehr und war sehr bewegt über die Worte seiner Frau, er ließ sie das Kind in die Arme nehmen und machte sich mit einer Schaufel tief in die Berge auf. Dort begann er unter Tränen ein Loch auszuheben, um darin das Kind zu begraben. Als er drei *shaku* tief gegraben hatte, da stieß er mit der Schaufel gegen etwas Hartes. Er dachte, es sei ein Stein, und um diesen herauszuholen, grub er immer tiefer und tiefer. Als er sehr tief gegraben hatte, da sah er in der Grube einen Kessel, auf dem etwas geschrieben stand. Es lautete: „Diesen Kessel aus Gold schenkt der Himmel dem von kindlicher Pietät erfüllten Kakkyo." Als Kakkyo das sah, da dachte er: „Weil ich so zutiefst von kindlicher Pietät erfüllt bin, schenkt mir der Himmel dies!", und freute sich sehr; die Mutter trug das Kind in ihren Armen, der Vater den Kessel, und so kehrten sie gemeinsam nach Hause zurück.

Danach zerbrachen sie den Kessel in Stücke und verkauften ihn und wie sie so weiter die alte Mutter ernährten, da kannten sie nie wieder Armut und wurden reiche Leute. Zu jener Zeit hörte auch der König des Landes davon, wunderte sich sehr darüber und rief Kakkyo zu sich und befragte ihn. Da erzählte dieser ihm seine Geschichte. Als der König das hörte, da verlangte er den Deckel des Kessels zu sehen, und wahrhaftig, darauf stand tatsächlich Besagtes geschrieben.

Da war der König ganz überwältigt und machte Kakkyo zu einem wichtigen Mann im Staate. Die Menschen, die davon hörten, priesen die kindliche Pietät als eine wahrhaft sehr verehrungswürdige Sache. So ist es erzählt und überliefert worden.[49]

Kūkais nächste Anspielung auf die, die Bambussprossen hervorsprießen ließen, bezieht sich auf die denselben Quellen entlehnte Erzählung von Mong Tsong (Jap. Mōsō), die auch das *Konjaku monogatari* gleich als nächstes behandelt:

> Es ist nun schon lange her, da lebte in Koto in China zur Zeit des Kaisers Soundso ein Mann namens Mōsō. Sein Vater war gestorben, nur seine Mutter lebte noch.
>
> Er war von tiefer kindlicher Pietät erfüllt (*kyōyō no kokoro fukaku shite*), und in der Sorge für seine alte Mutter (*oitaru haha wo yashinau ni*) kannte er keinerlei Nachlässigkeit.

---
[49] KM II (9/1):188−189.

Im Laufe der Zeit kam es dazu, daß seine Mutter keinerlei Mahlzeit mehr zu sich nehmen konnte, wenn nicht Bambussprossen dabei waren. So hatte Mōsō ihr Jahre hindurch morgens und abends Bambussprossen besorgt und es ihr nie daran fehlen lassen. Zu den Jahreszeiten, wo die Bambussprossen zahlreich heranreiften, war es ja einfach, welche zu beschaffen, und zu den Zeiten, wo kaum welche wuchsen, da suchte er in allen Himmelsrichtungen, bis er welche ausgraben konnte und sie seiner Mutter bringen konnte.

Da kam aber einmal ein Winter, in dem so viel Schnee fiel und dick die Erde bedeckte und diese so hart gefroren war, daß es schier unmöglich war, Bambussprossen auszugraben, und so konnte er eines Morgens seiner Mutter keine geben. Folglich ging denn auch die Essenszeit vorüber, ohne daß seine Mutter etwas getrunken oder gegessen hätte, und sie nur klagend saß. Als Mōsō das sah, wandte er sich dem Himmel zu und klagte: „Jahr für Jahr habe ich, um meine Mutter wohl zu nähren, ihr morgens und abends Bambussprossen gebracht, nicht ein einziges Mal habe ich es ihr daran fehlen lassen. Nun ist aber heute morgen die Schneedecke so dick und die Erde so hart gefroren, daß es mir unmöglich ist, welche zu beschaffen. So hat meine Mutter denn auch die Essenszeit vorüber gehen lassen, ohne irgendetwas zu sich nehmen. Sie ist aber alt und schwach (*rōran no mi*), und wenn sie weiter nichts ißt und trinkt, wird sie bald sterben. Ach, wie schrecklich, daß ich heute morgen keine Bambussprossen für sie habe!" So weinte er und grämte sich über alle Maßen.

Doch als er dann in den Garten hinaussah, da waren da plötzlich drei violette Bambussprossen ganz von selbst hervorgebrochen. Als Mōsō das sah, da dachte er: „Meine kindliche Pietät muß wohl sogar den Himmel gerührt haben und mir diese beschert haben!" Voll Freude pflückte er die Bambussprossen und brachte sie seiner Mutter. Auch seine Mutter freute sich sehr und aß dann endlich wie sonst auch.

Die Leute, die davon erfuhren, waren tief beeindruckt von so viel kindlicher Pietät und lobten Mōsō über alle Maßen. So ist es erzählt und überliefert worden.[50]

Ähnlich wie in der Legende von Kakkyo, wenn auch auf weniger dramatische Art und Weise, geht es hier darum, wie einem Sohn, der all seinen Eifer daran legt, seine Mutter wohl zu ernähren, auf wundersame Weise genau das zuteil wird, was er dazu braucht.[51]

Mit diesen Figuren, an denen einerseits die Liebe der Kinder zu den alten Eltern über ihren Tod hinaus, andererseits ein aufopferndes Sorgen für den Lebensunterhalt der betagten Eltern exemplifiziert und den Menschen zur Nachahmung ans Herz gelegt werden, erschöpft sich das Repertoire der von den Gesetzeskommentaren angeführten hervorragenden Beispiele kindlicher Pietät. Andere Quellen stellen weitere Figuren vor, so eine Legende aus dem Kapitel über kindliche Pietät des *Konjaku monogatari*, die der chinesischen Vorlagen entnommenen Figur des Yang Xiang

---

[50] KM II (9/2):189—190, s.a. Jones 1959:42—43.

[51] Ähnlich verhält es sich mit dem Muster an kindlicher Pietät, das Kūkai mit dem Satz „die Karpfen aus dem Eis haben springen lassen" anspricht, Wang Xiang (Jap. Ōshō). Dieser lebte dem *Jin shu*, der offiziellen chin. Geschichte der Jin-Dynastie (266—420), zufolge mit seiner armen Mutter, die eines Tages danach verlangte, frischen Fisch zu essen. Er begab sich zu einem zugefrorenen Teich und wollte hineintauchen, als Karpfen von selbst herauszuspringen begannen (SS:95, A.40 und 477, A.29, s.a. Grapard 1985:106, A.81).

(Jap. Yōkō) gewidmet ist, bei der die Sorge der Kinder um den Lebensunterhalt der betagten Eltern als deren zentraler Lebenszweck erscheint:

Es ist nun schon lange her, da lebte im Lande Kaisen ein Mann namens Yōi[52], dessen Vater gestorben war, als er noch ganz klein war.
So lebte er allein mit seiner Mutter, und er erwies ihr grenzenlose kindliche Pietät. Doch Yōi war arm und obwohl er zutiefst von kindlicher Pietät erfüllt war, fiel es ihm daher schwer, gut für seine Mutter zu sorgen. Als Yōi eines Tages in die Berge ging, um für seine Mutter Brennholz zu sammeln, da begegnete er plötzlich in den Bergen einem Tiger. Der Tiger entdeckte ihn und wollte sich auf ihn stürzen, um ihn zu töten.
Da kniete Yōi vor dem Tiger nieder und sprach: „Zu Hause ist noch meine alte Mutter (*oitaru haha*), sie hat nur mich, um sie zu kleiden und zu nähren. Kein anderes Kind ist da, für sie zu sorgen. Bin ich erst nicht mehr da, muß meine Mutter ganz sicherlich Hungers sterben. Drum bitte ich dich, Tiger, hab Mitleid und tu mir kein Leid an."
Als der Tiger hörte, was Yōi zu ihm sagte, da schloß er die Augen, senkte den Kopf, ließ Yōi frei und machte sich davon. Yōi kehrte nach Hause zurück und dachte dabei: „Daß ich heute dem Tiger entronnen bin, liegt sicherlich daran, daß tiefe kindliche Pietät mich erfüllt und ich daher die Hilfe des Himmels erhalten habe." So war er von nun an nur noch emsiger bemüht, seiner Mutter kindlich-liebende Sorge entgegenzubringen.
Da waren die Leute, die davon hörten, voll des Lobs, und meinten voller Ergriffenheit: „Da war sogar ein Tier ergriffen von soviel kindlich-liebender Sorge, daß es ihn freiließ und verschonte!" So ist es erzählt und überliefert worden.[53]

Andere Quellen legen besonderes Gewicht auf den unbedingten Gehorsam, den das konfuzianische Ideal der kindlichen Pietät den Kindern abverlangte. So führt das *Konjaku monogatari*, ebenfalls unter dem der kindlichen Pietät gewidmeten Kapitel, die Geschichte des Han Boyu (Jap. Kan no Hakuyu) an, der als Überhöhung jenes auch in den Gesetzen kodifizierten Ideals gelten mag, wonach ein Kind sich unter keinen Umständen dem Willen der Eltern widersetzen sollte und auch Schläge, seien diese nun gerechtfertigt oder nicht, hinnehmen sollte, ohne sich dagegen aufzulehnen:

Es ist nun schon lange her, da lebte im China der Sung-Kaiser ein Mann namens Kan no Hakuyu. Sein Vater war gestorben, als er noch ganz klein gewesen war.
So lebte er denn zusammen mit seiner Mutter und sorgte für sie, so gut er nur irgend konnte. Doch wenn er auch nur den geringsten Fehler beging, geriet seine Mutter ganz außer sich vor Zorn und schlug ihn mit ihrem Stock und schimpfte ihn aus. Obwohl es Hakuyu schmerzte, wenn seine Mutter ihn mit dem Stock schlug, so ließ er sich doch davon nichts anmerken, und niemals weinte er.

---

[52] Das zweite Zeichen, mit dem sein Name geschrieben ist, weicht von dem sonst üblichen ab, doch handelt es sich mit Sicherheit um dieselbe Figur.

[53] KM II (9/5):194. Die drei letzteren Vorbilder, Mōsō, Ōshō und Yōkō, die gemeinsam auch in den chin. „24 Beispielen von Kindespflicht" (*Er shi si xiao*) (vgl. Hauer 1928) vorkommen, fanden nicht nur Eingang in Gesetzgebung und moralisierende Schriften, sie spielen auch eine wesentliche Rolle im *Utsuho monogatari*, in dem die verarmte und von aller Welt verlassene Tochter Toshikages und ihr kleiner Sohn Nakatada nur dank dreier auf Nakatadas kindliche Pietät zurückzuführende Wunder überleben, die diesen Figuren nachgebildet sind (UM I:76–80).

Als seine Mutter dann aber allmählich alt (*sude ni toshi oite*) und körperlich schwach geworden war, da geschah es schließlich, daß sie ihn wieder einmal schlug, es ihm aber nicht im geringsten weh tat. Dieses Mal weinte Hakuyu. Darüber war denn seine Mutter aufs höchste erstaunt, und sie fragte ihn: „Wann immer ich dich in all diesen Jahren regelmäßig geschlagen habe, da hast du kein einziges Mal geweint. Wie kommt es nur, daß dich meine Stockschläge jetzt zum Weinen bringen?" Da antwortete Hakuyu: „Ja, früher, wenn du mich mit dem Stock geschlagen hast, da tat es weh, aber ich ließ mir nichts anmerken, und nie habe ich geweint. Aber als du mich heute wieder geschlagen hast, da fehlte es deinen Schlägen an Kraft, es war nicht mehr so wie vor Jahren. Da wurde mir bewußt, daß es daran lag, daß du, Mutter, inzwischen alt geworden bist (*toshi oite*), deine Kräfte nachgelassen haben und du schwach bist. Diese Vorstellung hat mich so traurig gemacht, daß ich weinen mußte." Als die Mutter das hörte, da begriff sie, daß, während sie gedacht hatte, er würde aus Schmerz über die Stockschläge weinen, es in Wirklichkeit aus Trauer darüber geschehen war, daß sie alt und schwach geworden war. Da kannte der Mutter Zuneigung zu Hakuyu keine Grenzen. Die Leute, die davon hörten, priesen Hakuyus Gesinnung und waren zutiefst beeindruckt.

So hatte seine kindliche Pietät (*kyōyō no kokoro fukaki ni yorite*) ihn dazu veranlaßt, sich von seinen Schmerzen nichts anmerken zu lassen, aber über die zunehmende Schwäche seiner Mutter zutiefst traurig zu sein. So ist es erzählt und überliefert worden.[54]

Das konfuzianische Ideal der kindlichen Pietät war aber noch wesentlich umfassender. Neben Selbstaufopferung für den Lebensunterhalt der Eltern und unbedingtem Gehorsam verlangte es von den Kindern eine Form der Selbstverleugnung, in deren Rahmen die Kinder sich in ihrer Befindlichkeit ganz nach der der Eltern zu richten hatten. Das Kapitalverbrechen, beim Tod der Eltern oder Großeltern nicht die Trauer zu halten, stellte dabei nur den ärgsten Verstoß gegen dieses umfassende Ideal dar.[55] Im *Sangō shiiki* läßt Kūkai die Figur des konfuzianischen Gelehrten darauf verweisen, wie weitgehend die Gefühle der Kinder hinter denen ihrer Eltern zurückzustehen hatten:

---

[54] KM II (9/11):100—101, s.a. Jones 1959:44. Ein ähnliches Beispiel dafür, was die Oberschicht unter dem Begriff der kindlichen Pietät verstand, liefert das *Shoku Nihongi*: „... ein Mann aus dem Distrikt Sofu no Kami, Nara no Kochimaro, ... wurde bis zu seinem Lebensende von der Steuer befreit, da er kindliche Pietät geübt und edle Gesinnung gezeigt hatte. ... Maros hervorragende Eigenschaft war kindliche Pietät, niemals wurde er zornig. Von seiner Stiefmutter verleumdet, konnte er das Haus seines Vaters nicht mehr betreten, doch wurde er auch darüber nicht zornig und sein Sinn für die Sorge um die Eltern wurde immer ausgeprägter..." (SNG (Wadō 7.11.4) (714):57, s.a. Snellen 1937:267).

[55] So gab es gesetzliche Bestimmungen, wie sich die Kinder einzuschränken hatten, wenn es den Altvordern krankheitsbedingt oder anderer Gründe wegen schlecht erging: „Wenn die Großeltern väterlicherseits oder die Eltern schwer krank oder im Gefängnis sind, ist es nicht erlaubt, zu heiraten. Wenn die Großeltern oder Eltern ihr Einverständnis dazu geben, und die Zeremonie findet statt, so darf kein Bankett abgehalten werden" (RR (*Giseiryō* 16 [Über die Großeltern und Eltern]):348). Entsprechend zählt im *Sangō shiiki* zu den schlechten Eigenschaften des Bösewichts Blutegelzahn, daß er dem Befinden seiner Eltern nicht die geringste Aufmerksamkeit schenkt (SS:87—88, s.a. Grapard 1985:39—40).

Im *Li ji* steht geschrieben: „Wenn Vater oder Mutter krank sind, darf ein Junger sich nicht frisieren, spazierengehen, die Laute spielen, nicht soviel trinken, daß sein Gesicht die Farbe wechselt, oder lauthals lachen." Diese Stelle bedeutet, daß man sich ohne Ansehen der eigenen Person um das Wohlergehen seiner Eltern bemühen muß.[56]

In Form von pragmatischen, auf das Alltagsleben bezogenen Verhaltensmaßregeln nahm dieser Aspekt des Konzepts der kindlichen Pietät auch in anderen moralisierenden Schriften einen wichtigen Platz ein, so in den Hausregeln des Fujiwara no Morosuke (*Kujō ushōjō ikai*):

Auch strengt unbedingt eure inneren Kräfte bis zum äußersten an, in unerschütterlicher Treue dem Fürsten zu dienen, und bemüht euch stets um aufrichtige Verehrung und Achtung der Eltern (*kōkei*) [...] Alles, was ihr gehört oder gesehen habt, erzählt bei der Morgen- und Abendaudienz bestimmt den Eltern. Selbst wenn jemand zu euch persönlich freundlich ist, brecht sofort den Verkehr mit ihm ab, sollte er gegen eure Eltern eine böse Gesinnung zeigen. Steht euch jemand auch fern, so seid doch freundlich zu ihm, wenn er für eure Eltern Zuneigung hegt.

Wenn ihr nicht gerade krank seid, macht den Eltern bestimmt täglich eine Aufwartung. Wenn ihr verhindert seid, so sollt ihr euch durch einen Brief nach dem Befinden der Eltern seit der vergangenen Nacht erkundigen. Das Benehmen des Königs Wen[57] als Thronerbe verdient die größte Hochachtung. [...]

Bei Stürmen, Wolkenbrüchen, Gewittern, Erdbeben, Wasser- und Feuerschäden und in anderen Notzeiten erkundigt euch sogleich nach euren Eltern. Dann geht an den Hof des Kaisers und bemüht euch, Abwehrmaßnahmen für den Bereich, für den ihr zuständig seid, zu ersinnen.[58]

Besonderes Gewicht auf das tagtägliche, untertänige Umsorgen der Eltern als Hauptpfeiler der Erfüllung der Kindespflicht legt auch die folgende Passage aus dem *Sangō shiiki*, in der der kleine Mönch darüber belehrt wird, welches Verhalten von einem pietätvollen Kind erwartet wird:

„Was ist denn nun das, was ihr die kindliche Pietät und die Loyalität gegenüber dem Herrscher nennt?" Da antwortete man ihm folgendes: „An den Tagen, an denen du dich bei deinen Eltern befindest, mußt du ihnen mit freundlichem und zuvorkommendem Gesicht dienen. Aus ganzem Herzen und mit ganzer Kraft mußt du dich um sie bemühen: sie begrüßen, wenn du fortgehst und auch dann, wenn du wiederkommst, im Sommer ihnen Kühlung spenden, im Winter sie wärmen, am Abend ihnen ihre Ruhestatt herrichten und am Morgen dich nach ihrem Wohlbefinden erkundigen, mit immer freundlichem Gesicht[59]. Das ist

---

[56] SS:94, s.a. Grapard 1985:46—47.

[57] Das *Li ji* berichtet von dem pietätvollen Verhalten des Wen Wang, des Begründers der Zhou-Dynastie, seinem Vater, dem König Ji, gegenüber und hält fest, dieser solle sich gleich drei Mal am Tag nach dem Befinden seines Vaters erkundigt haben (SS:487, A.107, KUI:386, s.a. Kluge 1953:18).

[58] KUI:118 und 121, s.a. Kluge 1953:184 und 186.

[59] Entspricht den allgemeinen Anweisungen über die Kindespflicht, wie sie das *Li ji*, Kap. *Qu li* 1 gibt; vgl. Couvreur 1950:10—11.

es, was man kindliche Pietät nennt. Kaiser Yu Shun[60] und König Wen der Zhou[61], indem sie dies in die Tat umsetzten, stiegen zu kaiserlichen Würden auf. Tong Yong[62] und Bo Kiai[63] hielten sich daran und wurden so der Nachwelt berühmt. Wenn man dann mit 40 ein öffentliches Amt übernimmt, überträgt man diese kindliche Pietät auf den Herrscher und widmet ihm sein Leben...[64]

Wie hier bereits anklingt, war man sich auch in Japan bewußt, daß das konfuzianische Konzept der kindlichen Pietät nicht auf den liebevollen und gehorsamen Dienst an den Eltern beschränkt war, sondern sich auf das gesamte auch außerfamiliäre Leben der erwachsenen Kinder erstreckte[65]. So wird diese Form der kindlichen Pietät, die den direkten Dienst an den Eltern auf das Anstreben einer öffentlichen Karriere zum Ruhm der Eltern ausgedehnt sehen will, dem kleinen Mönch des *Sangō shiiki* von Bekannten belehrend ans Herz gelegt:

Da sagte nun einer zu ihm das Folgende: „Ich habe von meinem Lehrer gehört: unter den Dingen, die eine Seele haben, ist doch in Wahrheit der Mensch das hervorragendste. Und

---

[60] Einer der fünf legendären Kaiser des chinesischen Altertums. Wird im *Li ji* als von besonderer kindlicher Pietät erfüllt erwähnt. Das *Shi ji* führt seine kindliche Pietät genauer aus: Sein Vater hätte nach dem Tod seiner Mutter wieder geheiratet, und seitdem sei Yu Shun ständig schlecht behandelt und für kleinste Vergehen hart bestraft worden, doch er sei nie in Zorn darüber geraten und so seiner kindlichen Pietät wegen berühmt geworden, bis er schließlich selbst Kaiser geworden sei. Er wurde auch in die „24 Beispiele von Kindespflicht" aufgenommen (SS:486, A.106, KKJ 3:510 und Hauer 1928:62).

[61] Vgl. S. 255, FN 57.

[62] Dieser soll laut Kommentar zum *Meng qiu*, einem Tang-zeitlichen chin. Lehrbuch, in dem Biographien von berühmten Persönlichkeiten des Altertums gesammelt sind, seine Mutter bereits in jungen Jahren verloren, danach seinem Vater treu gedient und sich, als dieser starb, als Sklave verdingt haben, um ihm ein angemessenes Begräbnis zu verschaffen. Als er sich wieder freikaufen wollte, traf er eine Frau, die seine Gattin werden wollte. Sein Herr beauftragt sie, 300 Bahnen feine Seide zu weben, eine Arbeit, die sie in nur einem Monat beendet. Sie entschwebt, wodurch sich erweist, daß sie eine Fee war, die gekommen war, um ihm zu helfen. Eines der „24 Beispiele von Kindespflicht" (SS:487, A.108 und Hauer 1928:64–65).

[63] Cai Yong, Konfuzianer der späten Han-Zeit. Das *Hou han shu* erzählt von seiner hingebungsvollen Sorge um seine Mutter (SS:487, A.109, KKJ 3:456).

[64] SS:119–120, s.a. Grapard 1985:68–69.

[65] Wie etwa im *Xiao jing* (Sutra der kindlichen Pietät), der von Zeng Zi, einem Schüler des Konfuzius verfaßten Schrift, die die kindliche Pietät zum Grundpfeiler der Moral erhebt, festgehalten worden war: „Der Meister hat gesagt: Die Sohnespietät ist die Wurzel der Tugenden, ist das, woraus [alle] Lehren erwachsen (...) Leib und Glieder, Haut und Haar haben wir von Vater und Mutter erhalten. Nicht wagen, sie zu zerstören oder nur, sie zu verletzen, steht am Anfang der Sohnespietät. Als ausgebildete Persönlichkeit die rechte Bahn zu wandeln und sich in der Nachwelt einen Namen machen, auf daß Vater und Mutter berühmt werden, steht am Ende der Sohnespietät. Wohl! Die Sohnespietät beginnt mit dem Dienst an den Eltern, dient in den mittleren Jahren dem Herrscher und endet mit der Ausbildung der Persönlichkeit" (Debon 1979:78).

das erhabenste Verhalten, das der Mensch an den Tag legen kann, ist die kindliche Pietät und die Treue zu seinem Herren. Während es die mannigfaltigsten Handlungen gibt, so sind diese doch die edelsten. Aus diesem Grund darf man den Körper, den man von seinen Eltern erhalten hat, nicht verletzen, aber auch nicht zögern, ihn zu opfern, wenn irgendeine Gefahr das Leben des Herrschers aufs Spiel setzte. Drum darf man unter keinen Umständen versäumen, sich einen Namen in der Welt zu machen und damit den seiner Vorfahren zu erheben[66]... So war Zi Lu[67] über seinen Reichtum untröstlich, und Zeng Zi[68] stieg bis zu den höchsten Höhen des Ruhms empor und konnte sich nicht daran erfreuen. Doch du, hier und jetzt, hast Eltern und einen Herren. Warum erlaubst du dir, ihnen nicht zu dienen?[69]

In dieser Hinsicht sollte es zu Kollisionen des konfuzianischen Konzepts der kindlichen Pietät mit dem Buddhismus kommen, da dieser ja eine Abwendung von allem Weltlichen als Haupttugend sah.

5.1.4. Einschränkung und Ausweitung des Ideals der kindlichen Pietät durch buddhistisches Gedankengut

Zwar stehen vereinzelt auch Legenden, die von besonderem kindlichen Gehorsam erzählen, in buddhistischem Kontext, wie die folgende, in Indien angesiedelte Legende des *Konjaku monogatari* von einer Frau, deren Sorge für ihre alte Mutter, die sie ohne Ansehen der eigenen Person erfüllt, ihr schließlich dazu verhilft, gar Königin zu werden:

Es ist nun schon lange her, da lebte im Lande Maghada eine arme alte Frau (*mazushiki rōjo*), die war über 80 Jahre alt. Sie hatte eine Tochter, die war 14 und von tiefer kindlicher Pietät für die Mutter erfüllt.

Es begab sich, daß der König dieses Landes eine Ausfahrt machte. Alle Menschen des Landes, ob hoch, ob niedrig, wollten den König bei dieser Gelegenheit sehen. Die alte Mutter (*rōbo*) sprach zu ihrer Tochter: „Ich habe gehört, daß morgen der König hier in

---

[66] In enger Anlehnung an die erwähnte Stelle der *Xiao jing*.

[67] Schüler des Konfuzius, der laut *Kong zi jia yu*, einem konfuzianischen Werk der Mitte des 3. Jh.s u.Z., gesagt haben soll, er sei früher sehr arm gewesen und habe, um seine Eltern ernähren zu können, Geld verdient, indem er Reis über weite Strecken trug; als seine Eltern starben, sei er sehr reich geworden, doch wäre es ihm lieber, weiterhin Reis schleppen zu müssen, wären nur seine Eltern noch am Leben und er könnte ihnen weiter dienen. Einer der „24 Beispiele von Kindespflicht" (SS:486, A.104, KKJ 1:916 und Hauer 1928:63).

[68] Schüler des Konfuzius, der als in der Ausübung der kindlichen Pietät besonders hervorragend gilt und eine wichtige Rolle bei der Überlieferung der Lehren des Konfuzius spielte. Er klagte dem *Han shi wai chuan* zufolge, einem früh-Han-zeitlichen Kommentarwerk zum *Shi jing*, daß die Eltern, sind sie erst einmal tot, unwiederbringlich verloren sind und ebenso wie der Wind, der nicht aufhört zu blasen, auch wenn der Baum Ruhe sucht, der Sohn sie dann liebevoll umsorgen will und es nimmermehr kann; drum könne er trotz allen Reichtums und Ruhm, zu dem er gelangt ist, nun, da seine Eltern nicht mehr sind, nur darüber trauern, sie nicht mehr umsorgen zu können (SS:486, A.105 und KKJ 2:448).

[69] SS:118, s.a. Grapard 1985:67–68.

dieser Gegend einen Besuch abstatten soll, und ich nehme an, du möchtest gehen, um ihn zu sehen. Wenn du aber gehst, dann werde ich hungern müssen." Da sprach die Tochter: „Dann werde ich eben nicht gehen, um ihn zu sehen."
Als der Tag gekommen war, da begab es sich, daß die Tochter, die ausgegangen war, um Gemüse für die Mutter zu sammeln, durch Zufall auf den König traf. Die junge Frau aber sah ihn nicht an, sondern blieb gebückt. Da entdeckte der König die junge Frau und sprach: „Da ist eine Frau niederen Standes. Wo alle Menschen mich sehen wollen, will nur sie allein es nicht. Dafür muß es doch einen Grund geben. Ob sie vielleicht blind ist oder gar besonders häßlich?" Er ließ seine Sänfte anhalten und schickte einen Boten, sie zu befragen. Da antwortete die junge Frau: „Ich bin weder blind noch sonst irgendwie behindert. Auch habe ich große Lust, den König zu sehen. Doch zu Hause habe ich eine arme alte Mutter (*mazushiki rōbo*), und es gibt nur mich, sie zu ernähren. Sie mit kindlicher Pietät zu umsorgen, kenne ich keine Ruhe. Wäre ich ausgegangen, um den König zu sehen, so hätte ich meine kindliche Pflicht ihr gegenüber vernachlässigt. So kam ich nicht, um den König zu sehen. Ich ging nur, um für die Mahlzeit der Mutter Gemüse zu pflücken, und so habe ich zufällig den König getroffen."
Als der König das hörte, da ließ er seine Sänfte anhalten und sprach: „Diese junge Frau hat ein selten gutes Herz. Man rufe sie schnell herbei", doch als er sie mit den Worten: „Du bist von seltener kindlicher Pietät. Folge mir auf der Stelle!" herbeirief, da antwortete sie: „Was der König zu sagen beliebt, freut mich über alle Maßen. Doch habe ich zu Hause eine arme alte Mutter; sie mit kindlicher Pietät zu umsorgen, gibt es nur mich allein, und so habe ich keine freie Zeit. Drum will ich zunächst nach Hause gehen und der Mutter alles erzählen; wenn sie es mir erlaubt, so will ich dann zu Euch zurückkommen. Drum entschuldigt mich für heute." Der König gestattete ihr, nach Hause zurückzukehren und mit der Mutter zu sprechen, und die Frau kehrte nach Hause zurück und sprach zuallererst zur Mutter: „Ihr müßt wohl gefunden haben, daß ich lange nicht zurückgekommen bin!", und die Mutter sagte: „Ja, das fand ich wirklich." Da sagte ihr die junge Frau, was der König zu ihr gesagt hatte, und die Mutter, die es hörte, freute sich sehr und sprach: „Als ich dich zur Welt brachte und dich aufzog, da hoffte ich die ganze Zeit über, du würdest einmal eine Königin werden. Wie bin ich glücklich, daß mein Wunsch in Erfüllung gegangen ist und der König dich zu sich gerufen hat. O ich bitte Euch, Ihr Buddhas, beschützt diese meine Tochter, die mir so viel kindliche Pietät entgegengebracht hat; drum macht, daß der König sie nicht vergißt und zu sich ruft!"
[Tatsächlich läßt der König die junge Frau noch am selben Tag in den Palast holen und bevorzugt sie fortan unter allen seinen Frauen.]
Und nichts anderem als dem Verdienst, das sie sich durch die kindliche Pietät, die sie der Mutter entgegenbrachte, erworben hatte, verdankte sie also, daß sie noch im selben Leben ihrem Stand entrann und Königin ward. So ist es erzählt und überliefert worden.[70]

Häufiger als unbedingten Gehorsam fordern moralisierende buddhistische Legenden, die alten Eltern liebevoll zu ernähren. So beschäftigen sich einige mit der bösen Vergeltung, die jenen Kindern zuteil wird, die sich in ihrer Hartherzigkeit weigern, ihre unbemittelten alten Eltern zu nähren[71], und zeigen wie diese pietätlosen Nachkommen in der Hölle schmachten:

---

[70] KM I (3/16):228—230, s.a. Dykstra 1986b:32—34. Als Quelle für diese Legende fungierte wohl das chin. *Lie nü chuan*, die Sammlung von Viten herausragender Frauen des Liu Xiang.

[71] Vgl. S. 306ff.

Ideal der kindlichen Pietät in buddhistischer Sicht

[Kashiwadebe no Omi Hirokuni stirbt, erwacht aber nach drei Tagen wieder zum Leben. Er berichtet, wie ihm in der Totenwelt sein Vater gezeigt wurde.]
Da sprach der Vater mit dem Sohne und sagte: „Weißt du oder weißt du es nicht, wie es damit ist, daß ich solche Marter erleide? Um Frau und Kind zu ernähren, habe ich Lebewesen getötet, [...] habe für Vater und Mutter nicht liebevoll gesorgt (*kyōyō sezu*), bin Herrn und Meister nicht mit Ehrfurcht und Achtung begegnet [...]. Derartiger Sünden halber stecken in meinem Körper, wiewohl er nicht gerade groß ist, 37 Eisennägel und jeden Tag erhalte ich 900 Eisenpeitschenhiebe..."
[Der Vater bittet seinen Sohn, er möge Buddhas anfertigen und Sutren abschreiben lassen, um seine Schuld abzuzahlen, und dieser tut, wie sein Vater ihn gebeten.][72]

Alles in allem scheinen die buddhistischen Legenden aber nur gerade das Aufkommen für den Lebensunterhalt der betagten Eltern von den Kindern verlangt zu haben, nicht eine völlige Unterwerfung, wie es das konfuzianische Ideal der kindlichen Pietät wollte. Einen neuen Aspekt in den Pflichten der Kinder den betagten Eltern gegenüber brachte der Buddhismus insofern mit sich, als die Kinder auch zunehmend für das Seelenheil ihrer Eltern verantwortlich gemacht wurden und sie ihnen in der Stunde ihres Todes derart beistehen sollten, daß ihnen eine friedliche Hinübergeburt ins Paradies möglich wurde, wobei es natürlich zu Überschneidungen mit dem konfuzianischen Ideal kam, das ja auch den Dienst an den Seelen der verstorbenen Eltern vorsah. Diese Pflicht der Kinder den betagten, ja sterbenden Eltern gegenüber, war gewissermaßen programmatisch in der folgenden Erzählung aus dem Leben Buddhas angelegt:

Es ist nun schon lange her, da war der Vater des Buddha, König Śuddhodana aus dem Lande Kapilavastu, alt geworden (*oi ni nozomite*) und erkrankt... Er dachte, daß nun sein Ende gekommen war, und beklagte, daß er sterben würde, ohne seinen Sohn, den Buddha, Nanda, seinen Enkel Rāhula oder seinen Neffen Ānanda wieder gesehen zu haben. [Der Buddha jedoch weiß, wie es um seinen Vater steht, und in Begleitung der genannten fliegt er zur allgemeinen Verwunderung, von einem Lichtschein umgeben, zu seinem Vater.]
Als das Licht auf den König fiel, da waren seine Schmerzen wie verflogen, und er fühlte unendliche Freude. Kurze Zeit darauf kam Buddha von den Himmeln heruntergestiegen, gefolgt von Nanda, Ānanda und Rāhula. Kaum hatte der König ihn erblickt, da stürzten ihm die Tränen wie Bäche aus den Augen; er faltete die Hände und freute sich über alle Maßen. Der Buddha trat neben seinen Vater und rezitierte ein Sutra, da erlangte der König die Gnade der Wiedergeburt in den Himmeln. Er ergriff des Buddhas Hand und zog sie an seine Brust, da erlangte er den Segen des Arhat-Seins. Bald darauf war das Leben des Königs zu Ende. [...]
Als der König gestorben war, waren Buddha und Nanda bei seinem Kopfkissen, Ānanda und Rāhula zu seinen Füßen gestanden. Und nun, da die Zeit der Bestattung gekommen war, und um alle Nachgeborenen zu ermahnen, sich der liebenden Fürsorge, die sie durch ihre Eltern erfahren, nicht undankbar zu erweisen, schulterte der Buddha selbst den Sarg.[73]

---

[72] NR (1/30):143, s.a. Bohner 1934—5:98.

[73] KM I (2/1):124—125, s.a. Ury 1979:39—40. Die Legende folgt dem chin. enzyklopädischen Werk *Jing lü yi xiang* aus dem frühen 6. Jh.

So ruft auch der kleine Mönch aus dem *Sangō shiiki* Vorbilder für diese spezielle Form der kindlichen Pietät an, nachdem er es abgelehnt hat, dem konfuzianischen Ideal entsprechend zum größeren Ruhm seiner Eltern eine öffentliche Karriere anzustreben:

„Nun habe ich aber gehört: ‚Die kleinere kindliche Pietät verlangt nach physischen Kräften, doch an der größeren kindlichen Pietät wird es mir nicht mangeln.'[74] Drum schor Tai Po sich die Haare und ging zu den Barbaren, um bei ihnen zu bleiben[75], während Prinz Sattva seine Kleider öffnete und sich den hungrigen Tigern zum Fraß vorwarf[76]. Die Eltern dieser beiden werden sich wohl vor Schmerz zu Boden geworfen haben, und ihre Verwandten werden das Gesicht zum Himmel gerichtet und wehgeklagt haben. Bedenkt man diese beiden Fälle, so sieht man, daß auch sie den Körper verloren haben, den sie von ihren Eltern erhalten hatten, und so großes Leid über alle ihre Verwandten, ob nah, ob fern, gebracht haben. Wer hätte wohl eine größere Sünde begehen können? Ja, sie haben sich vergangen gegen die kindliche Pietät, von der Ihr sprecht... Und doch klingt der Name des Tai Po der Nachwelt ruhmvoll, und Prinz Sattva erhielt den Titel des Ehrwürdigen Erleuchteten. Wie sollten diese beiden, die dem Weg gefolgt sind, Eurer Tugend der kleineren kindlichen Pietät nicht entsprechen? Maudgalyāyana[77] errettete seine Mutter aus dem Reich der Hungergeister, und Nasa erlöste seinen Vater von der Hölle[78]: sind das denn nicht Beispiele wahrhaftiger großer kindlicher Pietät, sind denn das keine Weggefährten im Guten?"[79]

Zwar weicht Kūkai in der von ihm anerkannten Form der Erfüllung der kindlichen Pflicht vom konfuzianischen Ideal ab, indem er dessen weltlich ausgerichtete Seite des Strebens nach Ruhm und Gütern zu Ehren und zum Wohl der Eltern vernachlässigt. Doch sieht auch er einen Hauptlebensinhalt darin, für das Wohl der Eltern zu sorgen, was für ihn als Buddhisten vorrangig darin besteht, sie durch ein vorbildliches Leben der Erlösung näher zu bringen bzw. sie aus den Qualen der Hölle zu erretten.

---

[74] Ein solcher Ausspruch findet sich im *Li ji*, das allerdings eine dreifache Unterscheidung von kleiner, mittlerer und großer kindlicher Pietät trifft (Grapard 1985:114, A.179).

[75] Nach dem *Shi ji* begab sich dieser Gelehrte zu den Barbaren, um dort die Schriften und die kindliche Pietät zu lehren (Grapard 1985:114, A.180).

[76] Anspielung auf eine berühmte Anekdote der ind. *Jātaka*, der Erzählungen von den früheren Leben Buddhas (Grapard 1985:114, A.181).

[77] Jap. Mokuren, eigentlich Mokukenren. Einer der zehn Schüler des historischen Buddha. Er soll, um seine Mutter nach ihrem Tod aus der Hölle zu erlösen, ein *segakie* (religiöse Zeremonie mit Opfergaben für die Hungergeister) durchgeführt haben. Die Urabon-Feiern sollen darin ihren Ursprung haben. Wird in chin. Kommentarwerken zur *Hokekyō* erwähnt (KKJ 2:1304 und NKD 19:270).

[78] Die Stelle folgt dem buddhistischen Sutra des *Kanjōgyō*, dem zufolge Nasa seine Eltern aus dem Reich der Hungergeister erlöste (SS:488, A.114).

[79] SS:122–123, s.a. Grapard 1985:69.

5.1.5. Grenzen in der rechtlichen Bevorzugung der älteren Familienmitglieder

Während wie erwähnt im japanischen Kontext in mancher Hinsicht, wie etwa was den Verkauf von jüngeren Familienmitgliedern betrifft, den älteren Familienmitgliedern unter Umständen sogar mehr Rechte eingeräumt wurden als in den chinesischen Gesetzen, läßt sich auch der umgekehrte Fall beobachten, nämlich daß die *Ritsuryō* den Kindern nicht die gleiche Aufopferung für ihre Eltern abverlangten wie ihre chinesischen Vorbilder. Der Tang-Kodex, der ja sonst als das wesentlichste Modell für die *Ritsuryō* fungierte, hatte in seiner Definition des Kapitalverbrechens der kindlichen Pietätlosigkeit nach dem Passus mit dem Verbot, zu Lebzeiten der Eltern oder Großeltern den Besitz zu teilen, auch das Verbrechen angeführt, die Eltern nicht liebevoll zu nähren (*kyōyō sezu*). Die *Ritsuryō* nahmen interessanterweise aber gerade diesen Passus nicht in die Definition dieses Kapitalverbrechens auf und führten ein solches Vergehen auch in keinem anderen der erhaltenen Paragraphen an. Es wird allgemein angenommen, daß dies, ähnlich wie bei anderen nicht übernommenen Verboten, deswegen geschah, weil der Tatbestand in Japan nicht als so wesentlich betrachtet wurde.[80] Der Terminus *kyōyō* hatte allerdings im Tang-Kodex eine sehr weitreichende Bedeutung, in dem Subkommentar zu diesem Absatz führte er ein Zitat aus dem *Li ji* an: „Ein pietätvoller Sohn sucht, indem er für seine Eltern sorgt, ihnen Freude zu bereiten. Er widersetzt sich ihren Wünschen nicht... und kommt treu für ihre Versorgung mit Nahrung und Trank auf". Die Nachlässigkeit beim Aufkommen für den Unterhalt der Eltern und Großeltern war im Tang-Kodex außerdem mit dem Verbot verbunden, sich den Wünschen der Eltern zu widersetzen, und auf beide Straftaten standen zwei Jahre Zwangsarbeit[81]. Es ist daher nicht eindeutig, ob bei der Erstellung der *Ritsuryō* die Nachlässigkeit beim Aufkommen für den Unterhalt der Eltern selbst als nicht so schwerwiegend betrachtet wurde, oder ob nur die Tatsache, sich nicht in allem ihren Wünschen zu beugen, als nicht einem Kapitalverbrechen entsprechend empfunden wurde.

Auch was die allgemeine Machtstellung der älteren Generationen in den Familien betrifft, zeigen sich bei näherer Betrachtung der Gesetzestexte gewisse Einbrüche. Zwar sollte nach *Koryō* 5 der Haushaltsvorstand gleichzeitig das Familienoberhaupt, also das älteste männliche Mitglied der

---

[80] Diese Ansicht wird etwa in RR:487—488 A vertreten.

[81] Johnson 1979:74—76.

ältesten Generation der Familie, sein, doch sollte den Gesetzeskommentaren zufolge diese Position nach dem Tod des früheren Inhabers auf dessen Sohn und Erben übergehen und nicht auf das älteste Familienmitglied[82], womit zumindest die Kommentare eine Situation sanktionierten, in der ein älteres männliches Familienmitglied unter die Kontrolle eines jüngeren kam, was natürlich erst recht für die älteren Frauen innerhalb der Familien zutrifft. Es gibt zwar Hinweise darauf, daß diese Onkel des neuen Haushaltsvorstandes gewisse Vorrechte des Familienoberhauptes auch trotz der Existenz des jüngeren Haushaltsvorstandes ausüben konnten, wie etwa das Vetorecht bei allen das Familienvermögen betreffenden Transaktionen, und daß somit die Weitergabe der Stellung des Haushaltsvorstandes an den Sohn des vormaligen hauptsächlich ein Erbe in direkter Linie garantieren sollte, doch dürfte es zumindest eine gewisse Rechtsunsicherheit in dieser Hinsicht gegeben haben.

Auch der so zentrale Begriff der kindlichen Pietät, der ja aus China übernommen worden war, scheint für die Japaner der Zeit zunächst eher schwer zu verstehen gewesen zu sein. Die *Ryō no shūge*-Kommentare zu jenen Gesetzen, in denen der Terminus verwendet wird, sahen sich zu verhältnismäßig langen Erklärungen genötigt. Insbesondere für jenen Paragraphen, in dem die Steuerbefreiung für Personen von herausragender kindlicher Pietät geregelt wurde, stellt das *Ryō no shūge* alte Überlieferungen

---

[82] Wenngleich dies in den *Ritsuryō* nicht ausdrücklich festgehalten war, enthalten *Ryō no gige* und *Ryō no shūge* lange Diskussionen darüber, wer in die Position des Haushaltsvorstandes nach dem Tod des früheren vorrücken sollte, wobei sie zu dem Schluß kommen, daß es der *chakushi* (legitime Erbe) sein sollte, also ein Nachkomme in direkter Linie, der laut Verordnung über die Erstellung der *koseki* von Yōrō 5 (721) im vorhinein festgesetzt werden sollte, wobei ausdrücklich betont wird, daß dieser zum Haushaltsvorstand gemacht werden sollte, auch wenn noch ältere, höherstehende Familienmitglieder in diesem Haushalt lebten, etwa Brüder des Vaters (RGG:92, RSG:262), die einem reinen Senioritätsprinzip zufolge über diesem stehen müßte. Was das Familienoberhaupt, das diese Position ja theoretisch übernehmen sollte, selbst betrifft, wird nur in negativer Weise erwähnt, daß die Definition dieses Begriffes, wie sie in anderen Paragraphen (z.B. in *Zatsuryō* 18, wo er den Familienältesten meint) vorgenommen wird, hier nicht angewendet werden kann. Daß die Verordnung über die Erstellung der Haushaltsregister von Yōrō 5 eine solche Nachfolge im Status des Haushaltsvorstandes regelte, läßt vermuten, daß die Vorstellung von einem Familienoberhaupt fließend und auf der Ebene des einfachen Volkes sozial noch nicht deutlich definiert war (RR:550–551 A). Murai (1984:10) fand in seiner Untersuchung zum Familienstatus der über 60jährigen bäuerlichen Bevölkerung zwar zu seiner eigenen Überraschung in den erhaltenen *koseki* keinen einzigen über 60jährigen Onkel des Haushaltsvorstands, der mit diesem im selben Haushalt lebte, aber doch Spuren dieser Onkel in Form von deren Gattinnen und Kindern. Auch unter Brüdern hatte sich das Senioritätsprinzip in bezug auf das Amt des Haushaltsvorstands noch nicht durchgesetzt, waren doch die Haushaltsvorstände häufig jüngere Brüder, deren ältere Brüder in den von ihnen geleiteten Haushalten lebten.

kindlicher Pietät, wie sie in den chinesischen Klassikern vorkommen, eingehend vor, zitiert, was die Durchführung betrifft, die Tang-zeitlichen Edikte zu den Durchführungsbestimmungen der Gesetze, ja sogar Sammlungen von Präzedenzfällen, was darauf hinzudeuten scheint, daß die Japaner mit diesen Vorstellungen nicht besonders vertraut waren und die Autoren der Kommentare es für notwendig hielten, die Durchführungsbestimmungen dieses Paragraphen konkret zu erläutern.[83] Es mag kein Zufall sein, daß sie dazu hauptsächlich chinesische Beispiele kindlicher Pietät bemühten, wie ja das Konzept der kindlichen Pietät als ethische Pflicht überhaupt als ausländisches Gedankengut übernommen und auch seine Verbreitung als den *Ritsuryō*-Staat tragender Gedanke als politische Maßnahme geplant worden war; so wurde z.B. im Jahr 757 verfügt, daß alle Familien im Reich das *Xiao jing* (Sutra der kindlichen Pietät) besitzen sollten, damit dieses grundlegende Prinzip auch alle Schichten der Bevölkerung erreiche[84].

Doch unterschied sich das chinesische Familiensystem mit seinen streng patriarchalisch organisierten erweiterten Großfamilien, auf dem diese Gesetze aufbauten, wie erwähnt vom japanischen, sodaß sich die Frage stellt, inwieweit die Gesetze in der Praxis von Bedeutung waren.

5.2. Die Schilderung der aktuellen Generationenbeziehungen in den Familien

5.2.1. Kindliche Liebe und Zuneigung zu den alten Eltern

Es soll daher nun auf das Bild eingegangen werden, das die literarischen Quellen von den Beziehungen zwischen den Generationen innerhalb der Familien und im speziellen vom Verhältnis zwischen betagten Eltern und ihren erwachsenen Kindern, abseits von den aus China übernommenen Idealvorstellungen, zeichnen. Es zeigt sich zunächst, daß Liebe und fürsorgliche Zuwendung den alten Eltern gegenüber den Japanern natürlich nicht fremd waren und keineswegs nur aufgepfropftes chinesisches Gedankengut darstellten. Von einer besonders liebevollen Zuneigung und Anhänglichkeit der Kinder ihren betagten Eltern gegenüber, die allerdings auf einer rein emotionalen Basis zu stehen und nichts von einem sich Beugen einer Autoritätsperson gegenüber zu haben scheinen, zeugen zunächst schon verschiedene Gedichte im *Manyōshū*, unter anderen das folgende Lied eines Grenzwächters:

---

[83] RR:589 A.

[84] SNG (Tenpyō hōji 1.4.):230–231.

Wie ich, meines Herren	Ōkimi no
Auftrag treu,	make no manima ni
die Inseln zu bewachen,	shimamori ni
aufbreche,	wa ga tachikureba
da nimmt	hahasoba no
meine geliebte Mutter	haha no mikoto wa
den Saum ihres Gewandes hoch	mimo no suso
und streichelt mich damit,	tsumiage kakinade
meinem geliebten Vater	chichi no mi no
tropfen Tränen	chichi no mikoto wa
von seinem	takuzuno no
wie Papiermaulbeerbaumseile	shirahige no ue yu
so weißen Bart,	namida tari
und voll Trauer sagt er:	nageki notabaku
„Wie ein Reh	kago jimo no
so allein,	tada hitori shite
bricht er nun des Morgens auf,	asa tode no
mein geliebter Sohn,	kanashiki wa ga ko
und wie ich ihn nun	aratama no
viele Jahre	toshi no o nagaku
nicht sehen werde,	aimizu wa
welch Sehnsucht wird mich erfassen.	koishiku arubeshi
Nur heute noch wenigstens	kyō da ni mo
will ich mit ihm sprechen."	kotodoi semu to
So dauert ihn der Abschied,	oshimitsutsu
und er ist voll Trauer.[...]	kanashibimase...
Bis ich wieder heimkehre,	wa ga kuru made ni
möget ihr, meine Eltern,	tairakeku
wohlbehalten sein,	oya wa imasane
mögest du, meine Frau,	tsutsumi naku
ohne Ärgernisse auf mich warten...	tsuma wa matase to...[85]

Ist die Liebe der Kinder zu ihren alten Eltern, wie sie aus der angeführten Passage spricht, im wesentlichen von der Erinnerung oder aktuellen Wahrnehmung der Zärtlichkeit und Liebe getragen, die umgekehrt die Eltern für ihre Kinder hegen, so entsprechen diese durchaus den Gefühlen, die betagte Eltern in ihren Gedichten in bezug auf ihre Kinder zum Ausdruck bringen. Mütter wie Väter sprechen darin von einer scheinbar völlig uneigennützigen Sorge und tiefen Zuneigung zu den Kindern, die ebenfalls auf einer rein emotionalen Basis zu stehen scheinen und nichts von besonderer Autorität der betagten Eltern ihren Kindern gegenüber spüren läßt. Besonders eindrucksvolle Beispiele für die Liebe eines Vaters zu seinen Kindern hinterließ Yamanoe no Okura, in dessen Gedichten, neben der tiefen Trauer um den Tod eines seiner geliebten Söhne, häufig die Sorge um das Wohl der Kinder und das stete Bemühen zum Ausdruck kommen, es für

---

[85] MYS IV (10/4408):439–441, s.a. MYS 1965:176–177, Nr.533.

diese möglichst gut einzurichten⁸⁶. Wie ihn die Sorge um seine Kinder und seine Zärtlichkeit ihnen gegenüber trotz Krankheit und Altersgebrechen mit neuem Lebensmut erfüllt, schildert er in dem folgenden Gedicht:

Ein Gedicht, in dem er die jahrelangen Leiden wegen seiner Krankheit im Alter (*oitaru mi*) beklagt und seiner Kinder gedenkt:

Ich wünschte,	*Tamakiwaru*
mein Dasein	*uchi no kagiri wa*
auf dieser Welt	*iu kokoro wa*
möge in Ruhe	*tairakeku*
und Frieden verlaufen,	*yasuku mo aramu wo*
ohne Zwischenfälle	*koto mo naku*
noch Verhängnisse,	*mo mo naku aramu wo*
doch das Leben ist bitter,	*ukeku tsurakeku*
ist hart,	*itonokite*
als ob auf eine	*itaku kizu ni wa*
offene, schwärende Wunde	*karashio wo*
noch Salz	*sosoku chiu ga*
gestreut würde,	*gotoku*
als ob auf eine	*masumasu mo*
schwere Last	*omoki umani ni*
noch eine zweite	*uwani utsu to*
gebürdet würde,	*iu koto no goto*
wurde ich,	*oinite aru*
der ich alt bin,	*wa ga mi no ue ni*
noch mit dieser Krankheit	*yamai wo to*
gestraft.	*kuwaete areba*
So stöhn' ich	*hiru wa mo*
tagsüber und verbringe	*nagekai kurashi*
nach Atem ringend,	*yoru wa mo*
schlaflose Nächte;	*ikizuki akashi*
lange Jahre	*toshi nagaku*
bin ich nun schon leidend	*yamishi watareba*
und seufze Monat um Monat	*tsuki kasane*
mit versiegender Stimme,	*uree masayoi*
wollt, geht es so weiter,	*kotokoto wa*
am liebsten sterben,	*shinana to omoedo*
und kann doch meine wie die Fliegen	*sabae nasu*
im Sommer so ausgelassen lärmenden	*sawaku kodomo wo*
umherschwirrenden Kinder	*utsutete wa*
nicht einfach zurücklassen und sterben.	*shini wa shirazu*
Bedenke ich dies,	*mitsutsu areba*
verzehrt sich mein Herz in Flammen.	*kokoro wa moenu*
So überlege ich hin und her	*ka ni kaku ni*
weiß mir keinen Rat	*omoiwazurai*
und kann nur klagen und weinen.	*ne nomi shi nakayu*⁸⁷

---

⁸⁶ Inada 1989:64—65.

⁸⁷ MYS II (5/897):117, s.a. MYS 1965:208, Nr.631. Laut Glosse nach dem letzten Envoi zu diesem Gedicht stammt es aus dem 6. Monat des Jahres Tenpyō 5 (733).

Den Gedichten junger Grenzwächter, die sich nach ihren Eltern, insbesondere nach ihren Müttern, zurücksehnen, stehen zahlreiche andere gegenüber, in denen die Mütter für die gute Rückkehr der Kinder beten, die sich fortbegeben haben. Gedichte, in denen sich Mütter nach ihren fernen Kindern sehnen, sind hingegen zwar eher selten[88]; bemerkenswerte Ausnahmen stellen insbesondere eine Reihe von Gedichten der Ōtomo no Sakanoue no Iratsume an ihre Tochter dar, insbesondere das folgende, in dem die Autorin beklagt, ihr Alter ohne ihre Tochter, die ihrem Mann in eine entfernte Provinz gefolgt ist, verleben zu müssen:

Obwohl du	*Watatsumi no*
mir wertvoller bist,	*kami no mikoto no*
als die wunderschönen Perlen,	*mikushige ni*
von denen es heißt,	*takuwaiokite*
der Gott des Meeres	*itsuku to fu*
bewahre sie ehrfürchtig	*tama ni masarite*
in seinem Schmuckkästchen auf,	*omoerishi*
brachst du,	*a ga ko ni wa aredo*
mein Kind,	*utsusemi no*
dem Lauf der Welt zu folgen,	*yo no kotowari to*
von deinem Ehemann	*masurao no*
mir entrissen	*hiki no manima ni*
gen Koshi,	*shinazakaru*
dem weit entfernten, auf;	*Koshiji o sashite*
seit wir uns also trennten,	*hau tsuta no*
wie Efeu sich ständig weiter verzweigt,	*wakarenishi yori*
seh ich,	*oki tsu nami*
unruhig wie ein schlingerndes Schiff,	*tōmu mayobiki*
deine, wie Wellen	*ōbune no*
geschwung'ne Augenbrauen	*yukurayukura ni*
ständig vor mir	*omokage ni*
in deinem Antlitz stehen.	*mietsutsu*
Sehn' ich mich weiter so nach dir,	*kaku koiba*
jetzt, wo allmählich alt ich werde,	*oizuku a ga mi*
wie soll ich es nur ertragen?	*kedashi aemu ka mo*[89]

Gedichte, in denen junge Autoren die Trauer über die Trennung von ihren geliebten Eltern und die Sehnsucht nach der Heimat zum Ausdruck bringen, sind innerhalb der in Band 20 des *Manyōshū* gesammelten Lieder der

---

[88] Inada 1989:65.

[89] MYS IV (19/4220):355, s.a. MYS 1965:128, Nr.402. Laut Glosse von Ōtomo no Sakanoue no Iratsume aus der Hauptstadt an ihre Tochter im Jahre Tenpyō shōhō 2 [750] gesandt. Sie war die Tochter von Ōtomo no Yasumaro und jüngere Schwester von Tabito, Frau des Fujiwara no Maro, dann ihres Halbbruders Sukunamaro, und Mutter von Sakanoue no Ōiratsume und Futairatsume, die Ōtomo no Yakamochi heiratete, auf den sie sowohl privat als auch dichterisch einen starken Einfluß ausübte (MYS I:186, A.3).

Grenzwächter überhaupt recht häufig, insgesamt werden Vater oder Mutter in 22 von ihnen erwähnt. Dabei stellt sich häufig wie in dem eingangs angeführten Langgedicht für die Kinder dar, daß sie für ihre Eltern die *manako*, die über alles geliebten Kinder, die gehüteten Schätze sind. Und vielfach scheint, wofür das angeführte Gedicht ebenfalls als Beispiel dienen mag, die Liebe und Zärtlichkeit, die man für die Eltern empfindet, zunächst und hauptsächlich durch die Erinnerung an eben die Liebe und Zärtlichkeit genährt, die einem die Eltern entgegenbracht haben, wenn sich der Autor etwa vorwiegend daran erinnert, wie seine weißhaarigen Eltern beim Abschied weinten und ihn liebkosten[90]. Von einer ähnlichen liebevollen Sorge für die alten Eltern sind auch jene Gedichte geprägt, die Yamanoe no Okura einem auf einer Dienstreise verstorbenen jungen Mann in den Mund legte, der vor seinem Tod bedauert, nicht mehr in der Lage gewesen zu sein, seine alten Eltern wiederzusehen, und sich darüber grämt, wie diese sich um ihn Sorgen machen werden, wenn er über den vereinbarten Tag hinaus fern bleibt:

Ōtomo no Kumagori stammte aus der Provinz Higo, Distrikt Mashiki. Im Alter von 18 Jahren, am 17. Tag des 6. Monats des Jahres 731, brach er als Beamter des Sumō-Amtes im Gefolge eines Provinzgouverneurs in die Hauptstadt auf. Doch nach dem Willen des Himmels war das Glück ihm nicht hold, er erkrankte auf dem Weg und starb in der Poststation von Takaniwa im Distrikt Saeki in der Provinz Aki. Als seine letzte Stunde gekommen war, seufzte er und sagte: „Immer habe ich gehört, daß der Körper des Menschen nur eine vorübergehende Mischung aus den Elementen ist und daher leicht vergeht, und daß das Leben, wie Schaum auf dem Wasser, schwer festzuhalten ist. So sind schon tausende Heilige gestorben, hunderte Weise haben diese Welt wieder verlassen. Warum also sollte gerade ich einfacher Mann, der ich zudem niederer Herkunft bin, diesem Schicksal entrinnen. Aber meine alten Eltern (*oitaru oya*) sind beide am Leben, und wenn zu viele Tage vergehen, während sie auf mich warten, werden sie sich grämen und Sorgen machen. Und wenn sich ihr Warten schließlich als umsonst erwiesen haben wird, werden sie sich blind weinen vor Kummer. Ach, armer Vater, ach, unglückliche Mutter! Daß ich nun den Weg des Todes gehen muß, darüber will ich nicht weiter klagen, aber es schmerzt mich zutiefst, daß ich meine Eltern in Trauer zurücklassen soll. Wenn ich nun für immer diese Welt verlasse, in welcher Welt werde ich sie je wiedersehen?" Dann sprach er sechs Gedichte und starb.[91]

Was aus diesen Zeilen spricht, ist eine genuine Sehnsucht nach der Heimat, nach dem Schoß der Familie, nach den alten Eltern eben, um die man sich einerseits Sorgen macht und zu denen einen gleichzeitig eine aufrichtige Liebe und Verbundenheit zieht. Eine verwandte Stimmungslage findet sich auch in jenem *Manyōshū*-Gedicht aus der älteren Mushimaro-Samm-

---

[90] In der Form eines Kurzgedichtes bringt auch das Gedicht *Manyōshū* 20/4346 (MYS IV:419) zum Ausdruck, wie sich ein Grenzwächter vor allem an die Zärtlichkeiten seiner Eltern und ihre liebevollen Worte beim Abschied erinnert, vgl. Inada 1989:66, 69.

[91] MYS II (5/Einleitung zu 886—891):95—97, s.a. MYS 1965:204.

lung, das das Schicksal des Urashima von Mizunoe besingt, der mit der
Tochter des Meergottes ins ewige Land Tokoyo gelangt war:

...Ohne zu altern,	...oi mo sezu
ohne je sterben zu müssen,	shini mo sezu shite
lebten sie dort	nagaki yo ni
eine sehr lange Zeit.	arikeru mono wo
Doch da sagte	yo no naka no
das dumme Kind	orokahito no
dieser Erde eines Tages	wagimoko ni
zu seiner Liebsten:	tsugete kataraku
„Rasch will nach Hause	shimashiku wa
zurück ich kehren,	ie ni kaerite
Vatern und Muttern	chichi haha ni
alles erzählen,	koto mo katarai
doch nicht später als morgen	ashita no goto
will wieder zurück ich sein."	ware wa kinamu to
Da sprach nun	iikereba
auch sie zu ihm:	imo ga ieraku
„Wenn nach Tokoyo	Tokoyo e ni
du zurückkehren und	mata kaerikite
mich so wie jetzt	ima no goto
wieder treffen willst,	awamu to naraba
so nimm dieses Kästchen,	kono kushige
doch keinesfalls darfst du's öffnen."	hiraku na yume to
Wieder und wieder	sokoraku ni
beschwor sie ihn.	katameshi koto wo
Er aber,	Suminoe ni
kaum war er zurück in Suminoe,	kaerikite
hielt Ausschau nach seinem Heim,	ie miredo
und konnt's nicht finden,	ie mikanete
hielt Ausschau nach seinem Dorf,	sato miredo
und konnt's nirgendswo erblicken.	sato mo mikanete
Da befiel ihn Verwunderung	ayashi to
und er dachte:	soko ni omowaku
„Wie kann es sein,	ie yu idete
daß in kaum drei Jahren,	mitose no hoto ni
seit ich mein Haus verließ,	kaki mo naku
bis hin zum Zaun es verschwunden sein soll?	ie useme ya to
Vielleicht wenn ich öffne dies Kästchen	kono hako wo
und sehe hinein,	hirakite mireba
wird alles wie zuvor	moto no goto
und das Haus wieder an seinem Platze sein."	ie wa aramu to
Da öffnete er das Kästchen,	tamakushige
nur ein klein wenig,	sukoshi hiraku ni
doch kaum war's geschehen,	shiragumo no
eine Wolke weiß	hako yori idete
aus dem Kästchen entschwebte	Tokoyo e ni
in Richtung Tokoyo.	tanabikinureba
Da rannte er,	tachihashiri
schrie, schwenkte seine Ärmel;	sakebi sode furi

stolperte und richtete sich auf, koimarobi
nur um wieder zu fallen, ashizuri shitsutsu
bis er schließlich tachimachi ni
das Bewußtsein verlor. kokoro keusenu
Seine gerade noch junge Haut wakakarishi
zerfurchten nun Falten, hada mo shiwaminu
sein vormals schwarzes Haar, kurokarishi
es wurde weiß, kami mo shirakenu
dann hörte sogar yunayuna wa
sein Atem auf iki sae taete
und schließlich wich ato tsui ni
gänzlich das Leben aus ihm. inochi shinikeru
Ich kann die Stelle sehen, Mizunoe no
wo das Haus stand Urashima no ko ga
von Urashima von Mizunoe. iedokoro miyu
Envoi:
Wo er in Tokoyo Tokoyo e ni
hätte leben können, sumubeki mono wo
wie dumm, tsurugitachi
von diesem Mann, na ga kokoro kara
obwohl nach seinem Willen. osoya kono kimi[92]

Hat dieses Gedicht die berühmte Legende von Urashima zum Inhalt, bei der der chinesisch-taoistische Einfluß in der Beschreibung vom ‚Ewigen Land' ohne Alter und Tod unschwer zu entdecken ist[93], so sind besonders die erklärenden Zufügungen interessant, zunächst die Begründung, warum Urashima in sein Dorf zurückkehrt, nämlich um seinen Eltern Mitteilung zu machen, wie es ihm ergangen ist, und zweitens, daß er das Kästchen öffnet, weil er ihm die magische Kraft zutraut, das alte Haus und Dorf wiederherzustellen. Beides läßt sich unter der Liebe zur Familie und zum Heimatdorf subsumieren, einer vom Standpunkt des Konfuzianismus aus lobenswerten Haltung. Er will seine Eltern, die sich wohl Sorgen machen, beruhigen, vergißt seine Heimat nicht und vernachlässigt auch seine Eltern nicht. Urashima hat diese irdischen Gepflogenheiten zu sehr verinnerlicht und muß deswegen sterben, obwohl er für immer in einem Land ohne Alter und Tod glücklich hätte leben können, und dieses Verhaftetsein in den weltlichen Dingen wird für dumm erklärt[94], eben weil es sich als das allzu Menschliche erweist; überhaupt scheint Urashima weniger von einer Norm als von einer tiefen Sehnsucht nach der Heimat und dem Drang geleitet zu sein, seine alten Eltern an seinem Glück teilhaben zu lassen.

---

[92] MYS II (9/1740 und 1741):383—387, s.a. MYS 1965:216—218, Nr.656.

[93] Keene 1965:lxviii.

[94] KNKB 3:219.

Eine ähnliche Liebe und Sehnsucht nach dem alten toten Vater kennzeichnet auch den folgenden Erlaß des Kanmu Tennō:

„In Anbetracht der vordem eingelaufenen Throneingabe aller Minister haben Wir die Landestrauer auf sechs Monate beschränkt. Indessen: ohne einen Beweis Unserer pietätvollen Ergebenheit ist die Beschirmung durch die [väterliche] Liebe dauernd abgewendet. Obgleich Wir betrübt Uns zurücksehnen nach dem bereiften Herbstlaub (sōyō)[95], kehren die Tage nicht wieder, da Wir Uns aus der Miene des [väterlichen] Antlitzes Rat holten. Obgleich Wir nachträglich den innigen Wunsch hegen, den Vater zu umsorgen[96], haben Wir schließlich den Zeitpunkt verfehlt, ihm aufzuwarten. Unablässig vertieft sich Unser lebenslanger Schmerz, und das unermeßliche Leid im Herzen wird immer heftiger. Die frühere Trauerfrist soll abgeändert und auf ein Jahr begrenzt werden. In den übrigen Trauerhandlungen richte man sich gänzlich nach der vorigen Verfügung."[97]

So wünscht man sich denn, die Eltern mögen ewig leben. Gedichte, in denen die Kinder ihren Eltern ein ewiges Leben wünschen, finden sich bereits im *Manyōshū* häufig[98], und das *Ise monogatari* enthält den Dialog zwischen einem Sohn und seiner alten Mutter, in dem dieser meint, er würde sich wünschen, ihren Tod, der für ihn als ihren Sohn doch gar zu schmerzhaft ist, nie erleben zu müssen:

Einmal war da ein junger Mann. Er selbst war nur niedrigen Ranges, seine Mutter aber war eine Prinzessin. Diese lebte in dem Ort Nagaoka. Der Sohn, weil er in der Hauptstadt in Palastdiensten stand, konnte sie nicht so oft besuchen, wie es ihm lieb gewesen wäre. Er war der einzige Sohn[99], und so liebte er sie von ganzem Herzen. Da bekam er eines Tages im 12. Monat eine Botschaft von ihr, von der es hieß, sie sei dringend. So öffnete er diese bestürzt, und fand folgendes Gedicht:

Unausweichliches Scheiden,	*Oinureba*
so heißt es,	*saranu wakare no*
muß im Alter man gegenwärtigen.	*ari to ieba*
Drum wünsche ich um alles,	*iyoiyo mimaku*
Dich noch einmal zu sehen.	*hoshiki kimi kana*

Darauf weinte der Sohn bitterlich und dichtete:

Ach, wäre doch das Leben	*Yo no naka ni*
ohne solch unvermeidlichen Abschied.	*saranu wakare no*
Um der Söhne willen,	*naku mo gana*

---

[95] Wörtl.: ‚die mit Reif bedeckten Blätter'. Poetische Metapher für ‚ergrautes Haupt des Vaters' (MOAG 43:86, A.378).

[96] *Fūshi*, ‚Zweig im Wind' als Metapher für ‚zu späte Reue über versäumte Kindespflicht'; vgl. S. 257, FN 68.

[97] SNG (Tenō 1.12.27) (781):479, s.a. MOAG 43:86.

[98] Sei es nun, daß sie bei feierlichen Anlässen von jungen Adeligen vorgetragen wurden, etwa MYS II (6/988):163, oder in anonymen gebetsähnlichen Liedern des Volkes, etwa MYS IV (20/4342):417; vgl. S. 55, FN 134.

[99] Einer Tradition zufolge war nicht nur Narihira, der hier gemeint ist, sondern auch Yukihira ein Sohn von Prinzessin Ito, einer Tochter Kanmu Tennōs. Deswegen interpretieren einige Kommentatoren hier mit ‚Lieblingssohn' (McCullough 1968:239).

die darum beten,   *chiyo mo to inoru*
es möge tausend Jahre währen.   *hito no ko no tame*[100]

Liebe und Sorge für die alten Eltern spricht auch aus den folgenden Zeilen des *Makura no sōshi*, wenn Sei Shōnagon in ihren Überlegungen zu dem, „was einem die Kehle zusammenschnürt", daran denken muß, ihren Eltern könnte es nicht gut gehen:

> [...] Wenn die Eltern sagen, daß sie sich nicht wohl fühlen und sie auch anders als gewöhnlich aussehen. Besonders wenn gerade eine Epidemie herrscht, weiß man dann vor Sorgen nicht ein noch aus. [...][101]

Eindringlich kommt die Liebe zu den alten Eltern auch in der folgenden Legende zum Ausdruck, in der ein Mann bei der Nachricht vom Tod seiner Mutter vom Schmerz so überwältigt ist, daß er seinen eigenen Schutz vernachlässigt und schließlich den Tod findet:

> [Ein Mann, der von einem Dämon verflucht wurde und sich zum Schutz vor diesem in seinem Haus verbarrikadiert hat, weigert sich zunächst, seinen jüngeren Bruder, der zusammen mit ihrer beider Mutter nach Mutsu gegangen war und ihn nun besuchen will, einzulassen.]
> „Was soll das heißen?", empörte sich da der jüngere Bruder. „Die Sonne ist bereits untergegangen. Ich allein könnte ja noch irgendwo anders hingehen, aber was soll ich mit all den Sachen machen? Überhaupt war es für mich sehr schwierig mich freizumachen, und so bin ich eben heute schnell vorbeigekommen. Die alte Frau (*oihito*), unsere Mutter, ist nämlich gestorben, und das wollte ich dir lieber selber sagen!" Wie der ältere Bruder so seiner Mutter, derer er sich all die Jahre hindurch voller Liebe und Sorge erinnert hatte, gedenken mußte, da zerriß es ihm das Herz und er meinte: „Da mußte ich mich einschließen, nur um so eine schlechte Nachricht zu erhalten!", und unter Tränen ließ er den jüngeren Bruder rasch ein, damit dieser ihm alles erzählen könnte.
> [Der jüngere Bruder entpuppt sich als der Dämon und beißt dem Mann den Kopf ab.][102]

Die Sorge um die alten Eltern und der Wunsch, sie auf keinen Fall zu verlieren, steht auch im Vordergrund von Legenden, die in manchem an die chinesischen Beispiele kindlicher Pietät erinnern. Der chinesischen Legende von Kakkyo nahe verwandt erscheint die folgende Erzählung, in der ein Mönch angesichts der Lebensgefahr, in der beide sich befinden, sein Kind opfert und statt dessen seine betagte Mutter rettet:

> Es ist nun schon lange her, da gab es zur Zeit des Soundso, als wegen einer großen Flut das Wasser im Yodogawa anstieg und die Häuser vieler Menschen an seinen Ufern mit sich fortriß, einen Mönch, der einen fünf-, sechsjährigen Sohn von weißer Haut, wun-

---

[100] IM (84):161—162, s.a. McCullough 1968:128, Schaarschmidt 1981:81—82. Die beiden Gedichte entsprechen mit kleinen Abweichungen den Gedichten *Kokinshū* 17/900, von Prinzessin Ito, und 17/901, von Narihira als Antwort (KKS:283, s.a. Rodd und Henkenius 1984: 308), deren Einleitung hervorhebt, daß der Sohn, weil er in Palastdiensten stand, einige Zeit verhindert war, die alte Mutter zu besuchen.

[101] MS (150):205—206, s.a. Watanabe 1952:214.

[102] KM IV (27/13):494, s.a. Tyler 1987:22.

derschöner Gestalt und liebenswerten Wesens hatte und diesen so sehr liebte, daß er sich auch nur für kurze Zeit nicht von ihm trennen wollte.

Da begab es sich, daß auch das Haus dieses Mönchs von den Wassern fortgerissen wurde. Der Mönch, der weder wußte, wo seine gealterte Mutter (*toshi oitarikeru haha*), die in seinem Haus wohnte, war, noch wo sich sein geliebtes Kind befand, irrte in heller Aufregung umher, als er vor sich ein Kind in den Fluten treiben sah und auch die Mutter, die nur wenige Meter davor in den Wassern trieb. Als der Mönch sah, wie ein Kind von heller Hautfarbe in den Fluten trieb, da dachte er: „Das ist doch mein Kind!", und schwamm aufgeregt zu dem Kind hin; da sah er, daß es wirklich sein Kind war und voller Freude ergriff er es mit einer Hand, während er mit der anderen weiter schwamm, und wollte es so sicher ans Ufer bringen, als er sah, wie die Mutter weiter fortgerissen wurde und schon am Ertrinken war. Wie er so erkannte, daß er wohl kaum beide würde retten können, da dachte der Mönch: „Solange ich am Leben bin, kann ich wieder ein Kind bekommen, doch wenn ich jetzt von meiner Mutter getrennt werde, so ist sie für immer verloren!", ließ das Kind los, schwamm zu seiner Mutter und half ihr ans sichere Ufer.

Während der Mönch der Mutter, die viel Wasser geschluckt hatte und deren Bauch ganz aufgequollen war, zu beatmen versuchte, kam seine Frau dazu und sprach: „Was hast du Entsetzliches getan! Du hast zwar zwei Augen im Kopf, aber dieses unser einziges Kind, das uns so teuer war wie Gold und Juwelen, hast du getötet, und dafür diese wie ein modriger Baumstamm so vertrocknete alte Frau, die ohnehin schon heute oder morgen sterben kann (*kuchiki no yō naru ōna no kyō asu shinubeki wo ba*), gerettet! Was hast du dir nur dabei gedacht?!" Wie sie so unter Tränen zu ihm sprach, da versuchte der Mönch, der Vater, sie zu trösten, indem er sprach: „Du hast ja recht, mit dem, was du sagst, und dennoch, auch wenn sie schon morgen sterben mag, wie könnte ich die Mutter gegen das Kind eintauschen? Solange wir am Leben sind, können wir wieder ein Kind bekommen. Du darfst nicht weinen und traurig sein!", doch konnte sie ihren mütterlichen Schmerz dennoch nicht unterdrücken. Während sie noch laut vor sich hin weinte — war es, daß Buddha selbst davon gerührt worden war, wie da einer seine Mutter errettet hatte? — da erfuhren sie, daß jemand weiter flußabwärts auch das Kind aus den Fluten gerettet hatte und so riefen sie es zu sich, und Vater und Mutter freuten sich über alle Maßen.

In dieser Nacht träumte dem Priester, daß ein ihm unbekannter, überaus ehrwürdiger Mönch zu ihm kam und ihn mit den Worten: „Du bist in der Tat von überaus verehrungswürdigem Wesen!" lobte.

Daß diese Haltung des Priesters wahrhaftig überaus nachahmungswürdig sei, so lobten und priesen ihn alle, die es gesehen und gehört hatten, und so ist es erzählt und überliefert worden.[103]

In dieser erbaulichen Erzählung wird der Entschluß, das Kind zu opfern, um die alte Mutter zu retten, nicht wie im Falle Kakkyos nach reiflicher Überlegung getroffen, sondern in einer momentanen Notlage spontan gefällt. Ähnlich ist die dahinter stehende Motivation, nach der die Eltern deswegen so wertvoll sind, weil sie einzig und damit unersetzlich sind, wohingegen Kinder so sehr als das ‚Produkt' der eigenen Person gesehen werden, daß sie ersetzbar erscheinen.[104]

---

[103] KM IV (19/27):116—117.

[104] Das Motiv ähnelt dem von Vergil beschriebenen Äneas, der seinen greisen Vater Anchises eher als seine eigenen Kinder rettet, weil er in ihm das höchste Gut sieht.

5.2.2. Das Gefühl der Verantwortung für das materielle Wohl der betagten Eltern

Ähnlich sorgt sich auch in einer weiteren Legende ein Distriktbeamter mehr um seine alte Mutter als um seine Frau und sein kleines Kind und sieht in ihr das Unersetzliche. Sein Zugang scheint allerdings pragmatischer, ihm geht es hauptsächlich darum, daß seine alte Mutter nur mehr ihn auf der Welt hat, um für sie zu sorgen, während seine Frau und sein Kind wohl auch ohne ihn ihr Auslangen finden können:

[Ein Provinzgouverneur beauftragt einen Schreiber, Dokumente zu fälschen, um zu vertuschen, wie er in die eigene Tasche gewirtschaftet hat. Nach getaner Arbeit befiehlt er zwei Schergen, den Schreiber zu töten. Dieser bittet sie, ihm einen letzten Wunsch zu erfüllen.] „Was willst du denn?", fragte der Scherge, und der Schreiber sagte: „Nun, ich habe doch meine alte 80jährige Mutter zu Hause, für die ich seit Jahren sorge, und auch mein kleines Kindchen, das gerade erst zehn Jahre alt ist. Diese beiden möchte ich noch ein letztes Mal sehen, drum laßt uns doch bitte an meinem Hause vorübergehen. Dann könnte ich sie herausrufen und noch einmal ihr Gesicht sehen!" Da meinten die Schergen: „Das ist ja wirklich sehr einfach. Wenn es weiter nichts ist!" Sie setzten den Schreiber auf ein Pferd, ließen dieses von zwei Lakaien führen, die ein argloses Gesicht machten, als würden sie einen Kranken eskortieren. Sie selbst folgten ihm in Waffen zu Pferd.

So kamen sie zu dem Haus des Schreibers, und dieser schickte jemanden ins Haus, seiner Mutter mitzuteilen, wie es um ihn stand. Da kam seine Mutter auf jemanden gestützt aus dem Tor. Sie hatte tatsächlich schneeweißes Haar auf ihrem Haupt (*kami wa tōjimi wo itadakitaru yō ni te*) und war eine wirklich überaus alte Greisin (*yoyoshige ni oitaru ōna narikeri*). Auch die Frau des Schreibers stürzte heraus, das zehn Jahre alte Kindchen in den Armen. Der Schreiber hielt sein Pferd an, trat nahe bei seine Mutter heran und sagte zu ihr: „Ich habe zwar nicht das geringste verbrochen, doch wohl aufgrund einer Vorherbestimmung aus einer früheren Existenz bin ich nun gefangen genommen. Ich bitte Euch, seid nicht allzu traurig darüber. Das Kind hier wird schon ganz von selber heranwachsen. Doch wie es Euch, ehrwürdige alte Frau (*ōnadomo*), ergehen wird, dieser Gedanke quält mich mehr als der an meinen bevorstehenden Tod. Geht nur schnell wieder ins Haus hinein! Ich bin nur gekommen, weil ich Euch ein letztes Mal sehen wollte." Als die Schergen das hörten, da konnten sie sich des Weinens nicht erwehren, und auch die Lakaien, die das Pferd führten, brachen in Tränen aus. Die Mutter des Schreibers geriet ganz außer sich, als sie die Worte ihres Sohnes hörte, und verlor die Besinnung.

[Die Schergen, wiewohl gerührt, walten daraufhin ihres Amtes wie befohlen.][105]

Auch in dem folgenden Lied der Schiffer aus dem *Tosa nikki* erscheint die Sorge um das materielle Wohl der alten Eltern als natürliche, tagtägliche Pflicht der Menschen, der diese zwar etwas murrend, aber doch selbstverständlich nachkommen:

Auf der Wiese an diesem Frühlingstag	*Haru no no ni te zo*
laut schrei ich auf:	*ne wo ba naku*
am frischen langen Grase, das da wächst,	*wakasusuki ni*

---

[105] KM V (29/26):182; s.a. Tsukakoshi 1956:198–199.

schnitt die Hand ich mir wieder und wieder.   *te kiru kiru*
So sammle und sammle ich weiter, denn   *tsundaru na wo*
unersättlich sind die Eltern mein,   *oya ya maboruran*
auch die Schwiegermutter will ernähret sein.   *shūtome ya kuuran*
Und komm ich dann heim,   *yonbe no*
will sehen meine Frau und Kinder fein,   *unai mo gana*
will Geld ihnen geben,   *zeni kowan*
will lügen und leihen,   *soragoto wo shite, oginoriwaza wo shite*
denn bring kein Geld ich ihnen heim,   *zeni mo mote kozu*
sie zeigen sich nicht, Frau und Kinder fein.   *onore dani kozu*[106]

Ging es in jenen Passagen, die das Leben des Volkes widerspiegeln, um das bloße Auslangen, das den Eltern in ihrem Alter von den erwachsenen Kindern gesichert werden muß, ist die gleiche Verpflichtung in den Kreisen der Adeligen erweitert im Sinne des konfuzianischen Ideals, wonach der Sohn Karriere zu machen hat, um die Eltern einerseits angemessen zu versorgen und ihnen andererseits zu Ruhm zu verhelfen. In der Gestalt des kleinen Mönchs aus dem *Sangō shiiki* verarbeitet Kūkai wohl seinen eigenen diesbezüglichen Konflikt, wenn er schildert, wie der Mönch darunter leidet, als Mann der Religion dieser Pflicht nicht nachkommen zu können:

[Der Mönch erzählt, wie seine Bekannten und Verwandten ihn dafür tadeln, daß er Mönch geworden ist, anstatt eine Beamtenkarriere anzustreben und seinen Eltern dadurch kindliche Pietät zu erweisen. Er antwortet ihnen:]
„Den Eltern Frieden zu geben und dem Fürsten beizustehen, und solcher Art Loyalität und kindliche Pietät zu üben, dies habe ich wohl verstanden. [Es folgt eine Schilderung, wie sehr er es bedauert, bis jetzt nicht in der Lage gewesen zu sein, ihnen all das Gute, das sie ihm haben angedeihen lassen, zurückzugeben.] Doch ich klage, und so vergeht die Zeit und bald wird es zu spät sein, das Gute zu tun. Meine alten Eltern (*oitaru oya*) haben bereits weiße Haare (*haha to shite*), sie nähern sich dem dunklen Grab. Und ich, armer Narr, bleibe unfähig, ihnen die Nahrung zurückzugeben, die sie mir, einem kleinen Vögelchen gleich, einst gegeben. Tage und Monde vergehen so schnell, wie ein Pfeil fliegt, und bedrohen ihr kurzes Leben. Die Besitzschaften meiner Familie, sie nehmen ständig ab, und ihre Wohnstatt beginnt sich zu senken. Meine beiden älteren Brüder haben diese Welt vorzeitig verlassen, und viele heiße Tränen sind deswegen geflossen. Sehe ich die Armut meiner nahen und fernen Verwandten, so schnürt sich mir die Kehle zusammen. So mache ich mir bittere Vorwürfe, während Tage und Monde vergehen, grenzenlose Trauer bedrückt mich von morgens bis abends. Doch selbst wenn ich in einem öffentlichen Amt dienen wollte, so gibt es doch keinen Herren, der einen so unnützen Menschen wie mich haben wollte. Und wenn ich auch von der Welt zurückgezogen lebe und schweige, so sind doch meine Eltern da, die ein Gehalt von mir erwarten."[107]

Auch Tadatō aus dem *Utsuho monogatari* dürfte mit den folgenden Worten unter Beweis stellen, wie sehr er das konfuzianische Ideal, nach Rang und Würden in einer politischen Karriere zu streben, um den Ruhm der Eltern zu mehren, verinnerlicht hat:

---

[106] TN:36, s.a. Bosse 1923:21.

[107] SS:120–122, s.a. Grapard 1985:69–70.

[Tadatō, der Suefusa früher einmal sehr geholfen hat, nun aber einen niedrigeren Rang bekleidet als dieser, sucht ihn auf und jener verspricht ihm, alles daranzusetzen, daß Tadatō zum kaiserlichen Sekretär ernannt wird. Darauf sagt Tadatō:]
„Ich fühle mich sehr geehrt. Wie glücklich macht Ihr mich, mir einen solchen Dienst erweisen zu wollen. Daß der Hof mich verstoßen hat, ist schon schlimm genug für mich selbst, doch mitansehen zu müssen, wie meine alten Eltern und meine Frau und Kinder sich grämen, darüber weine ich blutige Tränen."[108]

5.2.3. Der Wunsch, den alten Eltern beizustehen und für sie zu sorgen

Ein dem *Manyōshū*-Gedicht über Urashima Tarō verwandtes Motiv von der Liebe zu den alten Eltern und der Sehnsucht, ihnen im Alter beistehen zu können, als den menschlichen Gefühlen schlechthin kommt nicht zuletzt auch im *Taketori monogatari* zum Ausdruck. Als Kaguyahime, die Mondfrau, die strafhalber für ein Jahr auf Erden als Tochter einfacher Leute zubringen mußte, wieder zum Mond zurückgeholt werden soll und der alte Bambussammler vor Kummer darüber nicht ein noch aus weiß, ist es für sie der Ausdruck ihres vorübergehenden Menschseins schlechthin, daß sie es vorziehen würde, für ihre alten (Zieh-)Eltern zu sorgen anstatt wieder ohne Sorgen und menschliche Schwächen im Mond zu leben:

Kaguyahime aber sagte: „.... Es tut mir so leid, daß ich dich verlassen muß, als ob ich die Gefühle, die du für mich hegst, mißachtete. Wie bin ich traurig darüber, daß es uns nicht beschieden ist, zusammenzubleiben und daß ich so bald scheiden muß. Es fällt mir nicht leicht, euch zu verlassen, ohne auch nur ein bißchen für euch sorgen haben zu können. Wann immer ich hinausging, habe ich darum gebeten, wenigstens noch ein Jahr bleiben zu dürfen, doch es wurde mir nicht gewährt. Deswegen war ich die ganze Zeit über so betrübt. Ich kann es kaum ertragen, euch so viel Leid zugefügt zu haben und euch doch zu verlassen. Die dort oben [im Mond] sind alle wunderschön, und sie werden niemals alt (*oi wo sezu*). Sie haben auch keine Sorgen. Dennoch macht es mich nicht glücklich, dorthin zurückzukehren. Nein, wonach ich mich sehne, ist mich Eurer annehmen zu können, wenn ihr alt und gebrechlich (*oiotoroe*) geworden seid!"[109]

Auch in der sogenannten realistischen Erzählliteratur spielt die Sorge um die alten Eltern und der Wunsch, ihnen im Alter beizustehen, mitunter

---

[108] UM II:246, s.a. Uraki 1984:255. Ähnlich äußern sich auch die Söhne des Shigeno no Masuge im selben Roman, wenn sie vorgeben, Amt und Würden im wesentlichen um ihres Vaters willen angestrebt zu haben (UM II:113, vgl. S. 365).

[109] TM:62, s.a. Keene 1955:352. Kaguyahime wehrt sich bis zuletzt gegen ihr Schicksal und erst als sie das Himmlische Federgewand, das Attribut ihres überirdischen Wesens, angelegt hat, verlassen sie die Gefühle der Zuneigung für die alten (Zieh-)Eltern, und sie vergißt jegliche Sorge: „Als der Kommandeur [das Schreiben] entgegengenommen hatte, zog sie das Himmlische Federgewand an und verlor damit jede Erinnerung an ihr Mitleid und ihre Trauer um den alten Mann (*okina*). Denn die, die dieses Gewand tragen, kennen keinen Kummer. [Dann steigt sie zum Himmel empor und ist verschwunden.]" (TM:66, s.a. Keene 1955:354).

eine wichtige Rolle, wobei hier weniger das materielle Wohl, das in den Kreisen des Adels, der ja Gegenstand dieser Literatur ist, im wesentlichen als gesichert gelten kann, als ein Beistand emotionaler Natur im Vordergrund steht. Besonders im *Utsuho monogatari* kommt ihm, auch abgesehen von jenen Episoden, die direkt chinesischen Vorbildern nachgebildet sind[110], eine treibende Funktion für den Gang der Handlung zu. Eine der Hauptfiguren, Toshikage, wird zu Beginn des Romans als Gesandter nach China geschickt, sein Schiff gerät aber in einen Sturm, und es verschlägt ihn in ein unbekanntes Land, aus dem zurückzukehren ihm jahrelang nicht gelingt. Dabei verstößt er gegen den Wunsch seiner Eltern, die ihm vor der Abreise aufgetragen haben, rasch wieder zu ihnen zurückzukehren. Die ganze Zeit seiner Abwesenheit hindurch leidet er unter dieser Vernachlässigung seiner Pflicht gegenüber seinen alten Eltern:

[In dem unbekannten Land, in das es ihn verschlagen hat, trifft Toshikage, dem Geräusch eines gefällten Baumes folgend, den schreckenerregenden Ashura.] Da sprach Toshikage voll Ehrfurcht: „Der Grund, warum ich von meinem Land in diese Berge kam, ist folgender: Ich bin meiner Eltern einziges, geliebtes Kind. Doch habe ich ihr treues Sorgen und tiefes Erbarmen hintangestellt und habe, dem Befehl des Königs folgend, mein Land verlassen. Die Eltern vergossen blutige Tränen und sagten: ,Bist du ein pietätloser Sohn, so laß uns, deine Eltern, nur lange um dich weinen. Bist du aber ein Sohn voll kindlicher Pietät, so mögest du zurückkehren, bevor unsere Trauer um dich zu schmerzlich geworden.' Nun bin ich, Toshikage, aber einem heftigen Sturm begegnet, viele meiner Kameraden gingen zugrunde, allein kam ich in unbekannte Lande, und so sind nun schon viele Jahre vergangen, und aus mir wurde ein pietätloses Kind. Um diese Schuld zu tilgen, will ich aus dem gefällten Baum eine Koto machen und meinen armen Eltern (*toshigoro rōsen chichihaha ni*)[111] darauf vorspielen, um Abbitte zu leisten."[112]

Das Motiv der Schuld, die Toshikage, wenngleich nur sehr zum Teil aus eigenem Verschulden, dadurch auf sich geladen hat, daß er seine alten Eltern im Stich gelassen hat, bzw. in ihrem Alter und auch bei ihrem Tod nicht an ihrer Seite war, ist in dem Roman nicht nur schmückendes Beiwerk, sondern bildet einen Motor des gesamten Geschehens: von Toshika-

---

[110] Vgl. S. 253.

[111] Es ist fraglich, ob *rōsu* hier im Sinn von ‚alt sein' oder ‚sich mühen' zu verstehen ist, da der *kana*-Text kein chinesisches Zeichen angibt (UM I:455, A.40). Etwas später bezeichnet allerdings Toshikage selbst seine Eltern als über 80jährig.

[112] UM I:40, s.a. Uraki 1984:4. Auch als es ihm später gelingt, den Heimweg anzutreten, und er in das Land Hashinoku gerät, wo ihm der König Rang und Würden anbietet, lehnt er ab, um seine Pflicht seinen alten Eltern gegenüber zumindest so weit als zu diesem Zeitpunkt noch möglich zu erfüllen „ ,Ich hatte zu Hause Eltern, die über 80 Jahre alt sind (*toshi yasoji amari naru chichihaha haberishi*), und dennoch habe ich sie verlassen. Nun ist vielleicht nichts mehr von ihnen übrig als Staub und Asche. Doch selbst in diesem Fall will ich wenigstens um ihre Gebeine treu sorgen und auf schnellstem Weg zurückkehren.' Da empfand der König Mitleid mit ihm und ließ ihn ziehen" (UM I:50, s.a. Uraki 1984:11).

ges eigenem Ruin nach seiner Rückkehr nach Japan angefangen bis zu den Schwierigkeiten, denen seine verarmte Tochter begegnet, werden die verschiedensten Mißlichkeiten von den einzelnen Figuren des Romans immer wieder auf diese Schuld zurückgeführt. Auch die Tennos empfinden Schuldgefühle wegen ihrer Beteiligung daran, und ein wichtiger Handlungsstrang des Romans dient der allmählichen Bewältigung des so in die Welt gebrachten mannigfaltigen Unheils und gipfelt im letzten Kapitel in einer allgemeinen Versöhnung, die erst durch die von Toshikage mitgebrachten Kotos und die wunderbare Musik, die seine Nachkommen darauf zu spielen imstande sind, vollzogen werden kann.[113]

Daß es einer der schlimmsten Verstöße gegen die kindliche Pietät war, den alten Eltern in der Stunde ihres Todes nicht beizustehen, legt auch das *Ochikubo monogatari* nahe, wenn die sonst glücklich verheiratete Heldin wiederholt bedauert, ihren alten Vater zu vernachlässigen, aus dessen Haus sie entführt worden war, um sie vor den Nachstellungen ihrer Stiefmutter zu schützen, und der daher nicht weiß, wo sie sich aufhält:

So sagte sie zu ihrem Gemahl: „Nun würde ich aber doch meinen Vater wissen lassen wollen, wo ich bin. Er wird allmählich alt (*oitamaereba*) und könnte plötzlich und unvermittelt sterben[114]. Es macht mich sehr traurig, wenn ich daran denke, daß ich ihn zuvor womöglich nicht wiedersehen könnte." Doch ihr Gatte erwiderte nur: „Es ist nur zu verständlich, daß du so empfindest, und doch möchte ich dich bitten, noch etwas zuzuwarten und einstweilen noch nichts zu sagen... So bald wird wohl der Mittlere Rat noch nicht sterben."[115]

Immer wieder klingt das Motiv an, die alten Eltern insbesondere in der Stunde ihres nahenden Todes nicht im Stich lassen zu wollen, oft auch dort, wo es nur als naheliegende Ausrede dient, wie in der folgenden Episode aus dem *Konjaku monogatari*, in der ein Mann seinem Lehrmeister,

---

[113] Deutlich wird dies etwa gegen Ende des Romans, wenn Exkaiser Saga den regierenden Tenno darum ersucht, Toshikage postum zum Mittleren Rat zu ernennen, um das Unrecht endlich zu tilgen: „... Dem verstorbenen Toshikage, der sich bei Hof manche Verdienste erworben hatte, war befohlen worden, sich der Gesandtschaft nach China anzuschließen, doch er geriet in einen Sturm und als er nach vielen Jahren erst und nach vielen Schwierigkeiten heimkehrte, ohne Vater und Mutter wiedergesehen zu haben, da starb er, ohne es in der Hauptstadt zu Ruhm und Ansehen gebracht zu haben... So bitte ich Euch, ernennt ihn postum zum Mittleren Rat" (UM III:525—526, s.a. Uraki 1984:497).

[114] Wörtl.: ‚Man weiß nicht, ob er nicht noch heute nacht oder morgen früh sterben wird'.

[115] OM:160, s.a. Whitehouse und Yanagisawa 1970:158. Als es später zu einer Aussöhnung zwischen dem alten Mittleren Rat und dem Mann seiner Tochter kommt, betont dieser wiederum, wie sehr jene sich schon lange Zeit danach gesehnt hatte, etwas für ihren Vater tun zu können: „Eure Tochter beklagte es schon immer, nichts für Euch tun zu können, obwohl man doch nicht wissen konnte, ob Ihr nicht schon bald sterben würdet, doch ich, Michiyori, hatte andere Pläne und zwang sie zu warten." (OM:185—186, s.a. Whitehouse und Yanagisawa 1970:192).

den er trotz gegenteiligen Versprechens nicht mehr aufsuchen will, ausrichten läßt:

„Ich habe einen alten Vater (*toshi oitaru oya*), und da man nicht weiß, ob nicht schon heute oder morgen seine letzte Stunde gekommen sein könnte, möchte ich so lange noch hier ausharren und erst dann zu Euch kommen."[116]

Besorgt bemüht sich auch der Bischof von Yokawa aus dem *Genji monogatari* seiner alten Mutter beizustehen, die auf einer Wallfahrt erkrankt ist, obwohl er sich eingestehen muß, daß der Tod in ihrem Alter – sie ist über 80 – nur natürlich wäre. Dem buddhistischen Ideal entsprechend ist er um diesen Beistand auch deswegen bemüht, um die richtigen Gebete sprechen zu können, die sie unter Umständen doch noch am Leben erhielten oder ihr zumindest die Hinübergeburt ins Reine Land ermöglichten:

[Der Bischof] hatte gelobt, sich tief in den Bergen ausschließlich frommen Übungen zu widmen und war entschlossen gewesen, den Berg in diesem Jahr nicht mehr zu verlassen. Allein, jetzt fürchtete er, seine Mutter, die ja am Ende ihres Lebens angelangt war (*kagiri no sama naru oya*), könnte die Reise nicht überleben, und so eilte er nach Uji. [Sie war zwar schon so bejahrt, daß man selbst im schlimmsten Falle] mit dem Schicksal nicht hätte hadern können; gleichwohl vollführten sowohl der Bischof selbst als auch ein besonders wirkungsreicher Mönch unter seinen Schülern eifrig Kaji-Zeremonien.[117]

5.2.4. Der Versuch, den alten Eltern Freude zu bereiten und ihre Wünsche zu erfüllen

Kindliche Pietät äußert sich aber natürlich nicht nur darin, den alten Eltern in der Stunde ihres Todes beizustehen, sondern auch in dem Versuch, ihnen insgesamt möglichst viel Freude zu bereiten und ihre Wünsche zu erfüllen. Gewissermaßen einen Katalog der den Angehörigen des Hochadels zur Erbauung und Unterhaltung ihrer alten Eltern zu Gebote stehenden Mittel liefern die Heldin und ihr Gemahl im *Ochikubo monogatari* in dem folgenden Gespräch:

Zu dieser Zeit sagte der Saemon no Kami zu seiner Frau Ochikubo: „Ach, dein Vater ist nun schon wirklich sehr alt geworden (*itaku oinikere*). Es heißt doch, es gäbe nichts Schöneres als seinen alten Eltern (*oitaru oya*) kindliche Pietät zu erweisen: ihr 60. oder 70. Lebensjahr mit Musik und Tanz zu feiern (*nanasoji ya musoji naru toshi ga to iite*), das Neujahr mit dem Fest der Jungen Gräser zu begehen oder die *hakō*-Zeremonie abzuhalten, bei der Sutren kopiert und Buddha-Bildnisse gefertigt und dargebracht werden. Welcher dieser schönen Sitten sollen wir wohl folgen? Manche lassen noch zu Lebzeiten ihre Totenfeier abhalten, aber es ist wohl nicht recht passend, wenn dies das Kind der betreffenden Person veranlaßt. Sag mir, was von alledem du möchtest, und so soll es geschehen."

---

[116] KM IV (24/22):310.

[117] GM V:339, s.a. Benl 1966b:888. Eine ähnliche Passage mit den gleichen Protagonisten findet sich etwas später im Roman noch einmal (GM V:419–420, s.a. Benl 1966b:955–956).

[Ochikubo wählt die *hakō*-Zeremonie.] „Das denke ich auch. Nun denn, so laß es uns noch im Laufe dieses Jahres tun. Dein Vater sieht ja eher besorgniserregend aus."[118]

5.2.4.1. *Sanga* und andere Feierlichkeiten zu Ehren und zur Erbauung der betagten Familienmitglieder

Betrachten wir zunächst die von Ochikubos Gemahl als erstes erwähnten *ga* oder *sanga*. Diese Feiern bei Erreichen eines bestimmten Lebensalters, die frühestens ab dem 40. Lebensjahr und ab diesem unter Umständen alle weiteren zehn Jahre abgehalten wurden, zählen in der Tat zu jenen Feierlichkeiten, die im Heian-zeitlichen Adel am häufigsten von den jüngeren Familienmitgliedern zu Ehren ihrer betagten Verwandten abgehalten wurden, wenngleich im Falle von besonders bedeutenden Persönlichkeiten auch Familienfremde sie ausrichten konnten. Auch diese *sanga* waren, wie die *shōshikai*, chinesischen Ursprungs und wurden in Japan seit dem 8. Jh. durchgeführt.[119] In der *monogatari*-Literatur nimmt die Beschreibung solcher Feierlichkeiten zu Ehren alter Menschen breiten Platz ein. Das *Utsuho monogatari* etwa widmet der Schilderung der Feierlichkeiten, die deren Tochter Ōmiya zu Ehren der Kaiserinmutter anläßlich ihres Erreichens des 60. Lebensjahres arrangiert, viel Raum und vermittelt einen Eindruck von den prunkvollen Geschenken, die dabei gemacht wurden, und den zahlreichen weltlichen wie religiösen Zeremonien, die sie miteinschlossen:

Zu dieser Zeit geschah es, daß Ōmiya den 60. Geburtstag (*musoji no ga*) der Kaiserinmutter, den diese bald feiern würde, auszurichten gedachte und chinesische Truhen, Stellschirme und ähnliche Accessoires zusammenstellte. Da das Alter, das jene im nächsten Jahr erreichen würde, das von 60 Jahren war (*mitoshi no taritamau wa aken toshi musoji ni naritamau toshi nareba*), wollte sie diese jener schenken. Zu ihrem Mann sagte sie: „Als ich letztlich Prinz Hyōbukyō fragte, ob er in der letzten Zeit im Palast des ehemaligen Tenno Saga einen Besuch abgestattet hatte, sagte er, ja, oft, und dessen Gemahlin hätte ihn bei diesen

---

[118] OM:195, s.a. Whitehouse und Yanagisawa 1970:204. Zur *hakō*-Zeremonie, die letztendlich dem Seelenheil der betagten Eltern dienen sollte, vgl. S. 285, FN 139.

[119] Die früheste überlieferte *sanga* ist die, die der Mönch Rōben anläßlich des 40. Lebensjahres Shōmu Tennōs abhalten ließ und von der das 1134 kompilierte, alte Dokumente des Tōdaiji enthaltende *Tōdaiji yōroku* berichtet (Tachibana 1975:93—94). Zwei Gedichte im *Kaifūsō* könnten allerdings noch früher und zwar bei dem Bankett anläßlich der Feier des 40. Lebensjahres des Prinzen Nagaya no Ō im Jahre 724 entstanden sein (vgl. S. 17). Spätere historische Beispiele für solche Feiern sind die zum 40. Lebensjahr des Vaters von Junna Tennō im Jahr 825, von der das *Ruiju kokushi*, ein von Sugawara no Michizane 892 fertiggestelltes Geschichtswerk, das historische Ereignisse nach Sachgebieten ordnet, Bd. 28 berichtet, analoge Feiern für die Tenno selbst sollen demnach 849 mit der Feier zum 40. Lebensjahr von Ninmyō Tennō begonnen haben (UM II:507, A.13).

Gelegenheiten immer gefragt, warum denn gerade ich nicht käme. Wo nichts in dieser Welt von Dauer ist, und ihr nicht mehr viel vom Leben bleibt (*yukusaki mo sukunaku narinuru*), wolle sie doch die Kinder sehen. Da ich sie nun schon so lange nicht mehr besucht habe, ist es nur verständlich, daß sie so denkt. Drum will ich unbedingt weiter die Vorbereitung für ihre Feier treffen und ihr mit den Kindern einen Besuch abstatten."
„Macht Euch keine Sorgen", sagte ihr Gemahl, „da alle Vorbereitungen getroffen sind, geht sie doch zusätzlich auch für die Zeremonien am Tag der Ratte [mit den Kindern] besuchen, wo sie doch nächstes Jahr das Alter erreichen (*taritamau toshi*) wird."
„Das wäre wirklich wunderbar. Sonst ist bereits alles erledigt, nur die Spenden für die religiösen Zeremonien und die Priester habe ich noch nicht beisammen."
„Ach, das ist doch keine Schwierigkeit. Ich werde das sofort erledigen. Zunächst will ich das Festmahl nach Aufhebung des Fastens[120] und dann die Spenden geben lassen."[121]

In der Folge ist man damit beschäftigt, die verschiedensten Tänze für die Feier einzustudieren[122], darunter den *Saisōrō* und *Manzairaku*. Aus der glücksbringenden Funktion dieses letzteren geht deutlich hervor, daß es bei diesen Feiern nicht nur darum ging, die Betagten zu ehren und zu erfreuen, sondern auch, ein weiteres langes Leben für sie zu erbitten[123], wofür auch Gebete in Auftrag gegeben wurden:

Zu dieser Zeit, um den 20. Tag des 12. Monats, wurden für das lange Leben (*mitoshimi*)[124] der Kaiserinmutter die Sutren gelesen.[125]

---

[120] *Toshimi*, manchmal als verkürzte Form für *toshimichi*, ‚Erreichen der Jahre', betrachtet (vgl. S. 280, FN 124). Nach dem *Tama katsuma*, einem Werk des Motoori Norinaga (1730—1801) zu den japanischen Klassikern, wurde bei jeder Geburtstagsfeierlichkeit für das weitere Leben des Betreffenden gebetet und das schloß ein Fasten mit Fastenspeisen mit ein, das *toshimi* genannt wurde. Auch *Kakaishō*, ein Kommentarwerk zum *Genji monogatari* aus dem 14. Jh., und *Teijō zakki*, ein Zeremonialwerk des 18. Jh.s, führen *toshimi* als Bestandteil von Geburtstagsfeierlichkeiten an. *Toshimi* wäre in diesem Sinn als Beendigung dieses Fastens zu verstehen, als *otoshiimi* oder *shōjin-ochi* (UM II:31, A.30).

[121] UM II:30—31, s.a. Uraki 1984:192—193.

[122] UM II:35.

[123] Auch die ins *Kokinshū* aufgenommenen Gedichte anläßlich solcher Feierlichkeiten spiegeln samt und sonders diesen Wunsch wider, so zum Beispiel jenes, das Kōkō Tennō anläßlich der Feier des 70. Lebensjahres Bischof Henjōs verfaßte: „Immer so fort/ will auch ich/ noch lange leben,/ Eure viel tausend Jahre/ mitzuerleben! (*Kaku shitsutsu/ to no mo kaku ni mo/ nagaraete/ kimi ga yachiyo ni/ au yoshi mo gana*)" (KKS (7/347):170, s.a. Rodd und Henkenius 1984:146).

[124] Nach Kōno hier anders als in UM 9/5 (vgl. FN 120) im Sinne von ‚für ein langes Leben beten' verwendet (UM II:36, A.9).

[125] UM II:36. Schließlich verwendet der Roman einigen Raum auf die Beschreibung des Festes selbst, wobei dem Geschenk eines Stellschirms besondere Aufmerksamkeit zuteil wird; auf ihm sind die 12 Monate des Jahres dargestellt, und er trägt daneben von den verschiedenen Gratulanten verfaßte, zu diesen jeweils passende Gedichte, von denen eines, das für den 11. Monat, dem Alter gewidmet ist: „Wie das Alter/ voranschreitet,/ man merkt es erst,/ wenn allmählich/ Schnee das Haupt bedeckt (*Furinikeru/ yowai mo isa ya/ shirayuki no/ kashira ni tsumoru/ toki ni koso shire*)" (UM II:43). Interessant ist, daß auch im

Auch im *Ochikubo monogatari* lassen es die beiden Helden, Ochikubo und ihr Gemahl, nicht bei der *hakō*-Zeremonie zu Ehren des alten Vaters bewenden, auch sie organisieren ein *sanga* zu seinem 70. Lebensjahr. Einmal mehr besteht dabei die Motivation darin, daß es so aussieht, als hätte dieser nun wirklich nicht mehr lange zu leben:

Als der General hörte, daß der Mittlere Rat in diesem Jahr sein 70. Lebensjahr erreichen würde (*kotoshi namu nanasoji ni naritamaikeru to*), da dachte er: „Hätte er noch lange zu leben, so könnte man in aller Ruhe darüber nachdenken, wie man ihm eine Freude bereiten könnte. Auch wenn die Leute mir vielleicht übertriebene Hast vorwerfen könnten, so will ich doch eine Feier zu seinen 70 Jahren (*nanasoji no ga*) abhalten. Ich will tun, was ich mir schon lange vorgenommen habe. Es ist nur recht und billig, daß gerade ich ihm nun Freude bereite, wo ich ihm solange Anlaß zum Kummer gegeben habe. Was man tut, wenn einer erst tot ist, wer sollte es loben oder gar sich darüber freuen? Alle mir zur Verfügung stehenden Mittel will ich für dieses Fest aufwenden."[126]

Das *Ochikubo monogatari* verwendet dann ebenfalls einigen Raum darauf, die Feier zu beschreiben, wenn auch nicht so ausführlich. Dem Wunsch, der Gefeierte möge noch lange leben, verleiht dabei ein Gedicht Ausdruck, das an dem Gehstock angeheftet ist, der dem alten Mann geschenkt wird:

Möget Ihr gestützt auf diesen Stock,	*Yasozaka wo*
der geschnitzt, Euch den Anstieg	*koeyo to kireru*
der 80 Jahre zu erleichtern,	*tsue nareba*
aufsteigen zu immer höheren	*tsukite wo nobore*
Ehren und Würden!	*kuraiyama ni mo*[127]

Dem Ausmaß des ganzen Romans entsprechend widmet sich das *Genji monogatari* besonders ausführlich den zahlreichen Feierlichkeiten, die die verschiedensten mit ihm verwandten Personen, wie etwa der Tenno, anläßlich des 40. Lebensjahres des Helden Genji veranstalten[128], wobei interes-

---

Ochikubo monogatari dem alten Mittleren Rat anläßlich seines *sanga* ein Wandschirm mit Darstellungen der 12 Monate und entsprechenden Gedichten offeriert wird. Obwohl hier offenbar keines auf die menschlichen Lebensalter anspielt, so scheint dies doch darauf hinzudeuten, daß hier erste Ansätze für die in späteren Zeiten zu beobachtende Assoziation der menschlichen Lebensalter mit den verschiedenen Jahreszeiten vorliegen.

[126] OM:203, s.a. Whitehouse und Yanagisawa 1970:215.

[127] OM:206, s.a. Whitehouse und Yanagisawa 1970:220. Das *Kokinshū* enthält ein Gedicht mit der ähnlichen Metapher, der Gehstock, der der gefeierten Person geschenkt wird, möge ihr beim Aufstieg der noch vor ihr liegenden, hoffentlich zahlreichen Jahre dienen: „Zur Zeit, als der Ninna Tennō noch Prinz war und der 80. Geburtstag (*yasoji no ga*) seiner Großmutter gefeiert wurde, wurde ihr ein Gehstock aus Silber (*shirogane no tsue*) überreicht, und anstelle der Großmutter dichtete er (Bischof Henjō): ‚Ob die Götter in ihrer Stärke/ ihn geschnitzt, diesen Stock?/ Auf ihn gestützt,/ werd' ich ihn wohl erklimmen,/ den Aufstieg der 1000 Jahre (*Chihayaburu/ kami ya kiriken/ tsuku kari ni/ chitose no saka mo/ koenuberanari*)' " (KKS (7/348):170, s.a. Rodd und Henkenius 1984:146—147).

[128] Z.B. GM III:201, 241, s.a. Benl 1966a:888 und 1966b:33.

sant ist, daß gleichzeitig mit der fiktiven *sanga* zu seinen Ehren auch hier ein Fest der Jungen Gräser[129] veranstaltet wird[130]. Es wird im allgemeinen angenommen, daß diese eine Assoziation zur Verjüngung wecken sollten[131], wie auch Haarschmuck aus künstlichen Blüten (*kazashi*) bei diesen Anlässen dargebracht wurde[132], um dahinter das Alter zu verstecken (*oi o kakusu*)[133]. Weiters werden Matten in der Zahl von Genjis Lebensjahren aufgebreitet, wie es offenbar überhaupt üblich war, Dinge in der Anzahl der Lebensjahre der gefeierten Person vorzubereiten. So wurden anläßlich des 40. Lebensjahres Ninmyō Tennōs je vier Buddha-Statuen, vier Pferde, vier Sutrenbände usw. gespendet, anläßlich des 50. Lebensjahres des Regenten Fujiwara no Mototsune je fünf Gegenstände, des 60. Lebensjahres des Regenten Fujiwara no Tadahira an 60 Tempeln und Schreinen Opfer dargebracht usw.[134]

Ebenso wie die Romane den Feierlichkeiten selbst breiten Platz einräumen, schildern sie auch in lebendigen Tönen die Freude der alten Leute, auf diese Art und Weise geehrt zu werden, und den Eindruck, den dies auf die Zeitgenossen machte, so etwa das *Ochikubo monogatari*, in dem die Feierlichkeiten, die zu Ehren des alten Vaters Ochikubos veranstaltet

---

[129] *Wakana-sai*. Im allgemeinen sind es ihrer zwölf (*azami, chisa, seri, warabi, nazuna, aoi, yomogi, tade, suikan, shiba, suzuna* und *wakana*), manchmal auch nur sieben oder fünf.

[130] GM III:242, s.a. Benl 1966b:34–35, so wie es der Gemahl der Heldin im *Ochikubo monogatari* als eine der Möglichkeiten angeführt hatte, dem alten Vater seiner Frau Freude zu bereiten, und es auch beim *sanga* aus dem *Utsuho monogatari* erwähnt worden war. Die gleiche Zeremonie schlägt später Genji im gleichen Roman seiner Frau vor, um das 50. Lebensjahr ihres Vaters, des Exkaisers, feierlich zu begehen: „[Der Exkaiser, der Mönch geworden ist, hat seiner Tochter einen Brief geschrieben, indem er sie bittet, ihn doch vor seinem Tod, den er nahen fühlt, noch einmal zu besuchen, obwohl er weiß, daß eine solche Bitte für ihn, der doch auf alles Weltliche schon verzichtet hat, eher unziemlich ist. Genji redet ihr daraufhin zu, sie solle ihn doch aufsuchen.] ‚Könnte man ihm nicht, da er ja heuer [das 50. Lebensjahr] erreichen wird (*taritamawamu toshi*), zeremoniell Junge Gräser überreichen?', fiel ihm schließlich ein, und er überlegte sorgsam alle Einzelheiten" (GM III:337, s.a. Benl 1966b:120). Eine Kombination aus *sanga* und *wakana-sai* begegnet nicht nur in der Belletristik, dem *Kachō yojō*, einem Kommentarwerk zum *Genji monogatari* aus dem Jahr 1472, zufolge wurden die Jungen Gräser auch Daigo Tennō zum 40. Lebensjahr von seinem Vater Uda dargebracht (GM III:241, A.20 und 450, A.306).

[131] GM III:241, s.a. Benl 1966b:33.

[132] GM III:241, s.a. Benl 1966b:33.

[133] GM III:241, A.32. Einen ähnlichen Wunsch hatte ja auch Ariwara no Narihira in dem Gedicht anläßlich der Feier zum 40. Lebensjahr Fujiwara no Mototsunes zum Ausdruck gebracht, in dem er hoffte, die Kirschblüten mögen den Weg verdecken, auf dem das Alter naht (KKS (7/349):170; vgl. S. 70).

[134] Tachibana 1975:88–89.

werden, in allgemeiner Glückseligkeit gipfeln, wenn Tochter und Schwiegersohn beim Anblick des durch und durch zufriedenen Vaters von seiner Freude mitgerissen werden und begeistert sind, daß es ihnen so hervorragend gelungen sein sollte, ihm Freude zu bereiten:

[Die bei der *hakō*-Zeremonie zu Ehren des alten Mittleren Rates dargebrachten Spenden wurden des langen und breiten beschrieben.]

Dieser Tag war überhaupt der prächtigste von allen, und als die Leute sahen, wie ständig noch weitere Würdenträger mit Spenden kamen, da sagten sie: „Ruhm wird der Mittlere Rat dadurch erlangen, was für ein Glück ihm in seinem Alter (*oi no saiwai*) widerfährt!"[135]

„Wie erhaben und wundervoll die Zeremonie war, davon brauche ich ja erst gar nicht zu sprechen, und es wäre noch untertrieben, wollte ich sagen, daß die Ehre, die mir die Kaiserinmutter und der Minister zur Linken und all die anderen erwiesen haben, mein Leben buchstäblich verlängern wird (*inochi nobite*) und mir zum Ruhm meines Alters (*oi no menboku*) gereichen wird. Für einen Alten (*okina*) wie mich hätte es auch genügt, eine einzige Sutrenrolle zu spenden. Schon das hätte mich mit großer Freude erfüllt. Aber was Ihr alles für mich getan habt!", sagte der Mittlere Rat überglücklich. Seine Tochter und sein Schwiegersohn schwiegen und freuten sich in aller Stille, daß ihnen ihr Vorhaben so gut geglückt war.[136]

---

[135] OM:201, s.a. Whitehouse und Yanagisawa 1970:212.

[136] OM:202, s.a. Whitehouse und Yanagisawa 1970:214. Ähnlich war bereits kurz zuvor die Freude des alten Mannes über die ihm zuteil gewordenen Ehrungen geschildert worden (OM:197—198; vgl. S. 449). Der Roman erzählt schließlich von einer weiteren Feier zu Ehren eines alten Verwandten, nämlich von der, die der Mann der Heldin zum 60. Lebensjahr seines eigenen Vaters abhalten läßt, und geht dabei einerseits auf die Tänze ein, die die Enkel des Gefeierten vollführen, womit es sie in die Nähe der *sanga* aus dem *Utsuho monogatari* rückt, bei dem ja auch Tänze junger Verwandter einen der Programmpunkte darstellten, und andererseits auf die Rührung des alten Vaters ob der ihm so zuteil gewordenen Ehre: „Da sein Vater, der Kanzler, in diesem Jahr sein 60. Lebensjahr erreichen würde, richtete der Minister zur Linken eine Feier zu diesem Anlaß aus. Alles wurde aufs prächtigste arrangiert, der Leser möge es sich nur selbst vorstellen. Die Tänze wurden von den beiden ältesten Söhnen des Ministers vollführt. Beide tanzten gleich wundervoll, und ihr Großvater (*ōji*), der Kanzler, vergoß Tränen der Rührung. So ließ der Minister nichts ungeschehen, was bei einem solchen Anlaß angebracht war, doch trug es nur dazu bei, seinen Ruhm noch zu mehren" (OM:224, s.a. Whitehouse und Yanagisawa 1970:243). Ähnlich freut sich auch im *Genji monogatari* der ältere Bruder Genjis, Prinz Shikibu no Kyō, daß man zu seinem 50. Lebensjahr eine prunkvolle Feier zu arrangieren gedenkt: „Weil Prinz Shikibu no Kyō in diesem Jahr sein 50. Lebensjahr erreichen würde und Murasaki die Vorbereitungen für eine entsprechende Feier (*ga*) betrieb, wollte auch Genji sich nicht allzu unbeteiligt zeigen, und er beschloß, das Fest möglichst schon in seinem neuen Hause zu feiern. [...] [Prinz Shikibu no Kyō] freute sich, daß nun für ihn eine so großartige Feier veranstaltet werden sollte, und es tat ihm wohl, an seinem Lebensabend (*yowai no sue*) auf so unerhoffte Weise bedacht zu werden" (GM II:321, s.a. Benl 1966a:637).

5.2.4.2. Der Versuch, den alten Eltern ihre Wünsche zu erfüllen

Waren solche prunkvollen Feierlichkeiten zu Ehren und zur Freude der betagten Verwandten wohl dem Adel vorbehalten, so konnten einfache Leute ihren alten Eltern im wesentlichen nur dadurch Freude bereiten, daß sie ihnen ihre Wünsche erfüllten. So gibt es Episoden, in denen einzelne Personen wahrhaft Heroisches auf sich nehmen, um den alten Eltern, insbesondere an deren Totenbett, ihren letzten Wunsch zu erfüllen, wie in der folgenden Erzählung aus dem *Konjaku monogatari*, in der ein Mann trotz schlimmer Ängste es auf sich nimmt, für seine alte, im Sterben liegende Mutter den jüngeren Bruder mitten in der Nacht suchen zu gehen:

Es ist nun schon lange her, da gab es einen Mann, der lebte im westlichen Teil der Hauptstadt. Sein Vater war schon gestorben, nur seine alte Mutter (*toshi oitaru haha*) lebte noch. Sie hatte zwar zwei Söhne, doch der ältere von beiden war irgendwo in Diensten, und der jüngere war Mönch am Hieisan.

Da begab es sich, daß die Mutter schwer erkrankte und Tag für Tag leidend darniederlag. Darum kamen die beiden Söhne zu ihr und pflegten sie in dem Haus im westlichen Teil der Hauptstadt. Als es dann so aussah, als ob sich ihr Zustand etwas gebessert hätte, ging der jüngere Sohn, der Mönch, fort, um seinen Lehrer, der bei Sanjō am Rande der Stadt lebte, zu besuchen.

Da verschlimmerte sich aber der Zustand der Mutter aufs Neue und sie hatte den Eindruck, sterben zu müssen, und so sagte sie zu dem älteren Bruder, der bei ihr geblieben war: „Ich werde wohl sterben. Ach könnte ich doch im Beisein meines Sohnes, des Mönchs, sterben!" Der ältere Bruder hörte dies zwar, doch war es bereits Nacht geworden, und er hatte auch keinen Diener dabei. Die Gegend um Sanjō Kyōgyoku war weit entfernt. Was sollte er tun? „Gleich morgen in der Früh will ich jemanden schicken, um ihn herholen zu lassen", sagte er, doch da meinte die Mutter: „Ich glaube nicht, daß ich die heutige Nacht überleben werde. Wie leid täte es mir, müßte ich sterben, ohne ihn nochmals gesehen zu haben!" und wie sie so entkräftet und trostlos aussah und klagte, da sagte der ältere Bruder: „Wenn du meinst, dann werde ich eben ganz einfach, auch wenn es jetzt mitten in der Nacht ist, doch auf mein Leben zu achten, hingehen und ihn herholen!" und machte sich, nur mit drei Pfeilen bewaffnet, allein auf den Weg.
[Er trifft seinen Bruder aber nicht an, und wie er allein nach Hause zurückgeht, widerfährt ihm allerlei Unheimliches, sodaß er schließlich mehrere Tage krank darniederliegt.][137]

Dem buddhistischen Ideal der kindlichen Pietät entsprechend, keine Mühen und Anstrengungen zu scheuen, um die Eltern vor den Qualen der Hölle zu erretten, verändert in der folgende Legende des *Konjaku monogatari* ein Mönch sein ganzes Leben und wird zum allseits verachteten Bettelmönch, um seine verstorbene Mutter aus der Hölle zu erlösen:

[Die Mutter des Mönchs Renen glaubt nicht an das buddhistische Gesetz, und bei ihrem Tod künden böse Zeichen davon, daß sie der Hölle anheimgefallen ist.]
Ihr Sohn Renen, der dies sah, klagte und weinte, und wie er so dachte: „Wie kann ich meiner Mutter in ihrem nächsten Leben nur helfen!", da kam er auf den Gedanken: „Ich

---

[137] KM IV (27/33):523–524.

könnte doch, wie Jōfugyō Bosatsu[138] in Japan umherziehen, ohne auch nur einen einzigen Ort auszulassen, um so meiner Mutter in ihrem nächsten Leben zu helfen", und ging tatsächlich im ganzen Land umher, ohne einen Ort auszulassen und eiferte dem Jōfugyō Bosatsu nach, ganz so, wie er es sich vorgenommen hatte. Bis an die südlichste Spitze Kyūshūs, bis ans nördlichste Ende Michinokus gab es keinen Ort, an den er nicht gekommen wäre, bis er endlich nach vielen Jahren wieder in seine Heimat zurückkam. Danach begab er sich zum Rokuharamitsu-Tempel und ließ die Acht Lesungen des Lotos-Sutra[139] durchführen. Dies geschah, um seiner Mutter in ihrem nächsten Leben beizustehen. Danach kehrte er zum Annichiji zurück.

[Im Traum sieht er dann die Hölle und seine Mutter, die darin unsägliche Qualen erleiden muß, ihn dann aber tröstet, sie sei dank seiner Hilfe nun im Tōriten-Himmel wiedergeboren worden, worüber Renen sehr glücklich ist.][140]

Der Versuch, den Wünschen seiner Mutter gerecht zu werden und ihr gleichzeitig in ihrem Alter und bei ihrem bevorstehenden Tod derart beizustehen, daß sie ins Paradies hinübergeboren werden kann, steht auch im Mittelpunkt einer Legende des *Konjaku monogatari* um die historische Gestalt des Genshin:

Es ist nun schon lange her, da war der Bischof von Yokawa, Genshin, ein Mann aus dem Distrikt Katsuragi no shimo in der Provinz Yamato. Noch in ganz jungen Jahren war er auf den Hiei-san hinaufgestiegen und hatte dort studiert, und da er auf diese Art und Weise ein überaus gelehrter Mann geworden war, war er eines Tages für eine Lesung der Acht Lehren des Lotus-Sutra zur Kaiserinmutter von Sanjō gerufen worden. Als die Lesung vorüber gewesen war, hatte er einen Teil der Opfergaben, die man ihm geschenkt hatte, beiseite getan und sie seiner Mutter, die in der Provinz Yamato weilte, mit folgendem Begleitschreiben gesandt: „Dies hat die Kaiserinmutter mir anläßlich einer Acht-Sutren-Lesung zu schenken geruht. Da dies lauter Dinge sind, die zu erhalten mir zum ersten Mal zuteil geworden ist, erlaube mir, sie Euch zuallererst zu zeigen." Worauf seine Mutter ihm die folgende Antwort geschickt hatte: „Die Dinge, die Ihr mir geschickt habt, ich habe sie mit Freuden erhalten. Daß Ihr ein so überaus gelehrter Mann geworden seid, es erfüllt mich Freude über alle Maßen. Doch war es nicht meine Absicht, daß Ihr zu solchen Lesungen gehen solltet, als ich Euch zum Mönch machte. Ihr mögt dies vielleicht für besonders erfreulich halten, doch ist es durchaus nicht nach meinem Sinn, alte Frau, die ich bin (*ōna*). Was die alte Frau, Eure Mutter, im Sinne hatte, war hingegen jenes: Töchter, so sagte ich mir, habe ich viele, doch Söhne nur einen einzigen. Und wenn ich Euch, noch vor Eurer Mannbarkeitszeremonie, auf den Hiei-Berg steigen ließ, so geschah dies, weil ich dachte, daß Ihr, wenn Ihr studiertet und angesichts Eurer hervorragenden persönlichen Anlagen,

---

[138] Gemeint ist der Bosatsu, wie er im 20. Buch des 7. Bandes der *Hokekyō* erscheint, der, immer wenn er Mönche, Nonnen oder aber auch buddhistische Laien sah, sich vor ihnen verbeugte, sie pries und ihnen sagte, wenn sie auf Bosatsus Weg wandelten, würden sie sicher zu Buddhas werden, und so umherzog, von den Menschen aber mißverstanden und immer wieder vertrieben wurde, aber immer wiederkam und wieder von vorne begann (KM IV:118, A.6).

[139] Erstmals soll eine solche Zeremonie (*hakō*), bei der die acht Rollen der *Hokekyō* von acht verschiedenen Personen rezitiert wurden, für eine Mutter im Jahr Enryaku 15 (796) veranstaltet worden sein (KM III:267, A.28, und KM IV:118, A.9).

[140] KM IV (19/28):117–118.

Eure alte Mutter für ihr nächstes Leben erretten würdet. Daß Ihr nun aber, wie es scheint, auf dem besten Weg seid, als berühmter Mönch in Pracht und Luxus zu leben, das läuft nun meiner Absicht gänzlich zuwider. Mein einziges Sehnen nun denn ist das folgende: Ich bin alt (*toshi oinu*). Solange noch Leben in mir ist, will ich Euch als wahren Heiligen erleben und dann in Frieden sterben."

Als der Bischof den Brief geöffnet hatte und ihn las, da rannen ihm heiße Tränen die Wangen herunter und immer noch weinend sandte er ohne Verzögerung eine Antwort: „Ich, Genshin, habe keineswegs die Absicht, ein berühmter, eitler Mönch zu werden. Nur weil ich noch zu Lebzeiten der Ehrbaren Nonne zu einer Sutrenlesung bei jener so unvergleichlich hochstehenden Nonne gerufen worden war, geschah es, daß ich das tiefe Bedürfnis verspürte, Euch davon so rasch wie möglich in Kenntnis zu setzen; aber da Ihr nun so mit mir sprecht, bin ich zutiefst bestürzt, und es erfüllt mich gleichzeitig Trauer und Freude. So will ich denn, Euren Worten gemäß, mich ganz in die Berge zurückziehen und ein wahrer Heiliger werden; erst wenn Ihr mir sagt: ‚Nun laßt uns uns wiedersehen!', will ich wieder von den Bergen heruntersteigen. Solange dies nicht der Fall sein wird, will ich mich nicht aus den Bergen rühren. Laßt mich Euch nur noch sagen, daß ich Euch, wenngleich ich Euch auch Mutter nenne, für einen ganz hervorragenden Menschen halte." So lautete, was er ihr schrieb und sandte. Auf dies wiederum antwortete die Mutter: „So kann ich denn nun ganz beruhigt sein und auch dem Tod getrost ins Auge blicken. Noch und noch erfüllt mich mit Freude, was von Euch ich jetzt höre. Doch, so beschwöre ich Euch, tut nur ja nichts Unbesonnenes!" Als der Bischof dies las, da wickelte er diese beiden Antwortbriefe in seine heiligen Schriftrollen und nahm sie von da an immer wieder, von Zeit zu Zeit, hervor und las sie weinend.

[Nach sechs Jahren äußert der Bischof den Wunsch, seine Mutter wiederzusehen, doch sie verwehrt es ihm, weil sie trotz ihrer Sehnsucht nach ihm meint, er solle sich nur seinen religiösen Übungen widmen. So vergehen weitere drei Jahre, bis er sich eines Tages so niedergeschlagen fühlt, daß in ihm der Verdacht aufkommt, seine Mutter könnte im Sterben liegen, und er sich daher trotz ihres Verbotes eilends zu ihr aufmacht. Unterwegs trifft er einen Boten mit einem Brief für ihn.]

So begann er zu lesen: „Seit einigen Tagen frage ich mich, obwohl es eigentlich keinen rechten Grund gibt, ob nicht eine Krankheit sich in mir kundtut, oder sollte es nur an meinem fortgeschrittenen Alter liegen (*toshi no takaki ke ni ya aramu*)? Auf jeden Fall fühle ich mich seit zwei, drei Tagen schwach und ohne Kraft. Fest habe ich Euch aufgetragen, daß Ihr nicht kommen dürftet, bevor ich es Euch nicht gesagt hätte, doch wenn ich nun, da mein Ende naht, denke, daß ich vielleicht sterben muß, ohne Euch ein letztes Mal gesehen zu haben, da befällt mich übergroße Sehnsucht nach Euch und so sage ich Euch: Kommt bitte, schnell!" Als er gelesen hatte, was da stand, da dachte er bei sich: „So lag es also daran, daß ich plötzlich so merkwürdig niedergeschlagen war! Wenn schon normalerweise die Bindung zwischen Mutter und Kind zu Herzen geht, so lag es in diesem Fall daran, daß es noch dazu meine Mutter war, die mich so entschieden auf den Weg Buddhas führte, daß ich so empfunden habe!" Wie er so seine Gedanken weiterspann, da fielen seine Tränen wie Regen, und zu den zwei, drei Mönchen, seinen Schülern, die ihn begleiteten, sagte er: „Dies ist geschehen, weil es so steht", und da sie ihre Pferde anspornten, kamen sie bei Tagesende an ihrem Ziel an. Er eilte zu ihr hin und betrachtete sie: sie war schon außerordentlich schwach, und man konnte sehen, daß keine Hoffnung mehr war.

„So bin ich nun zu Euch gekommen", sagte der Bischof mit lauter Stimme, und da sprach die Nonne: „Wie ist es nur möglich, daß Ihr so rasch hier wart? Wo ich doch erst heute morgen jemanden zu Euch habe aufbrechen lassen!" Da sagte der Bischof: „Nun, wahrscheinlich liegt es daran, daß Ihr in solch einem Zustand seid, auf jeden Fall, verspürte ich plötzlich besondere Sehnsucht nach Euch, und wie ich auf dem Weg zu Euch war, da habe ich Euren Boten getroffen." Die Nonne, als sie das vernahm, wie in einem Seufzer, sprach: „Ach, wie macht mich das glücklich! Ich hatte schon gedacht, daß es mir im Augenblick meines Todes wohl nicht vergönnt sein würde, Euch noch einmal wiederzusehen, doch nun seid Ihr doch gekommen und wir können uns sehen: Wie ergreifend tief ist doch das Band, das uns eint!" „Sprecht Ihr auch das *nenbutsu*?", fragte der Bischof, und die Nonne antwortete: „Von Herzen wünsche ich mir, es zu sprechen, aber nicht genug damit, daß ich nicht die Kraft dazu habe, ist auch niemand da, der mich dazu ermuntern würde." Da sprach der Bischof hochheilige Worte zu ihr und ließ sie sie hören und ermunterte sie, das *nenbutsu* zu sprechen, und die Ehrwürdige Nonne faßte in ihrem Herzen den Gedanken des Wegs und rezitierte 100, ja 200 Mal das *nenbutsu*. Worauf sie, als allmählich der Morgen zu dämmern begann, langsam dahinschwand. Da sprach der Bischof: „Wäre ich nicht gekommen, so wären die letzten Augenblicke der Ehrwürdigen Nonne wohl nicht derart gewesen. Aber ich, weil das Band zwischen Mutter und Sohn, das uns einte, so fest war, bin gekommen, und habe sie zum *nenbutsu* ermuntert und in ihr die Sehnsucht nach dem rechten Weg geweckt, und so ist sie das *nenbutsu* rezitierend dahingeschwunden, sodaß kein Zweifel bestehen kann, daß sie ins Paradies hinübergeboren ist. Weil es ihr fester Wille gewesen war, daß ich den Weg eines heiligen Einsiedlers einschlagen sollte, war ihr Tod ein so erhabenes Dahinscheiden. Ach, die Mutter für den Sohn, der Sohn für die Mutter, welch unendliche Freunde des Guten waren wir uns doch!" Unter Tränen kehrte der Bischof nach Yokawa zurück.

Auch die heiligen Einsiedler von Yokawa, als sie dies hörten, meinten: „Welch ergreifende Bande von Mutter zu Sohn das doch waren!" und unter Tränen lobpreisten sie. So ist es erzählt und überliefert worden.[141]

In dieser Legende wird ein eventueller Konflikt zwischen dem konfuzianisch inspirierten Ideal der kindlichen Pietät und dem buddhistisch inspirierten vermieden, indem der Sohn seiner Mutter gehorchen und gleichzeitig eine Loslösung von allem Weltlichen anstreben kann, gerade weil dies genau das ist, worin sie absoluten Gehorsam von ihm verlangt. Wie Kūkai in seinem *Sangō shiiki* eindrucksvoll schilderte, war ein solcher Konflikt nicht immer leicht zu vermeiden.

Wie verhalten sich die erwachsenen Kinder aber den literarischen Quellen zufolge, wenn es doch zu einem Konflikt zwischen ihren eigenen Wünschen oder Interessen und denen ihrer betagten Eltern kommt? Dem konfuzianischen Ideal entsprechend sollte eine solche Frage einfach dahingehend zu beantworten sein, daß sich die Kinder natürlich dem Willen ihrer Eltern unterwerfen. Tatsächlich wird in den Chroniken und Romanen der Gehorsam der Kinder ihren Eltern gegenüber mitunter eingeklagt, so von der Figur einer Kaiserin aus dem *Utsuho monogatari*[142], und sie erzählen denn auch, allerdings relativ selten, wie sich die Kinder den Wünschen der Eltern beugen, obwohl sie ihren eigenen Interessen entgegenstehen. Allerdings geschieht dies oft dann, wenn die Kinder noch sehr jung

---

[141] KM III (15/39):396–399, s.a. Frank 1968:122–125.

[142] UM III:270, vgl. S. 414.

sind[143], oder umgekehrt die Eltern sehr alt, und den Beteiligten bewußt wird, daß diese möglicherweise nicht mehr lange zu leben haben. So hat etwa Ōmiyas Sohn aus dem *Genji monogatari* zwar gegen deren ausdrücklichen Willen seine Tochter Kumoi no Kari aus ihrer Obhut gerissen, um eine Verbindung zwischen ihr und Yūgiri zu verhindern. Doch als später auch der einflußreiche Genji eine solche Heirat zu wünschen scheint, glaubt er, sich ihr nicht mehr länger widersetzen zu können, insbesondere auch deshalb, weil seine Mutter inzwischen schon so alt geworden ist, daß sie nicht mehr lange zu leben hat, und er meint, es sei dadurch zunehmend schwieriger geworden, ihr einen Wunsch abzuschlagen:

> Wenn Ōmiya ihn nun, da sie kaum mehr lange zu leben hatte (*miyo nokori nage ni te*), darum anflehte, die beiden zusammenzugeben, und jetzt auch Genji einer solchen Verbindung wohlwollend gegenüberstand, wäre es wohl für ihn sehr schwer, weiter nein dazu zu sagen.[144]

Betrachtet man die Nara- und Heian-zeitliche Literatur insgesamt, so sind Beispiele für eine völlige Unterwerfung der Kinder unter den Willen ihrer betagten Eltern natürlich insofern vergleichsweise häufig, als ja etwa im *Konjaku monogatari* die ganze Reihe der chinesischen Beispiele kindlicher Pietät aufgenommen wurde.[145] Es mag allerdings nicht zufällig sein, daß diese unter dem Kapitel China belassen und nicht nach Japan übertragen wurden. Bei in Japan spielenden Erzählungen taucht eine solche Unterwerfung vorzugsweise in eben diesen chinesischen Legenden nahestehenden Erzählungen auf. So scheint etwa eine im Milieu des Hofadels angesiedelte Erzählung des *Konjaku monogatari*, die von dem Gehorsam eines er-

---

[143] Um nur ein Beispiel anzuführen, erzählt etwa das *Ōkagami*, wie sich gar ein Tenno, Ichijō, anläßlich des Streits um die Nachfolge des soeben verstorbenen Fujiwara no Michitaka als Regent den Wünschen seiner Mutter Senshi beugt, die sie ihm zuvor allerdings tränenreich unterbreiten muß: „[Michitakas Sohn Korechika versucht, seinen Onkel Michinaga, den Senshi, seine Tante, besonders schätzt, beim Tenno schlecht zu machen, um selbst die Nachfolge seines Vaters anzutreten.] Der Tenno, der sich vielleicht in die Enge gedrängt fühlte, hörte auf, seine Mutter zu besuchen, die daraufhin von den Kaiserlichen Wohnräumen Besitz ergriff. Anstatt ihn zu bitten, sie aufzusuchen, platzte sie in das Schlafgemach, bewaffnet mit tränenreichen Vorhaltungen, während Michinaga in dem Raum wartete, den sie gerade verlassen hatte. Nach einer langen Zeit, die Anlaß zu den schlimmsten Befürchtungen gab, öffnete sie die Tür und kam mit einem triumphierenden Lächeln in ihrem rotangelaufenen, tränenüberströmten Gesicht heraus. ‚Endlich', sagte sie, ‚das Dekret ist erlassen worden!' " (ŌK:225–226, s.a. McCullough 1980:198–199). Man schreibt das Jahr 995, und tatsächlich wurde daraufhin Michinaga vor seinem Neffen Korechika bevorzugt und ihm das Recht auf Vorzensur übertragen. Senshi war zu diesem Zeitpunkt 34 Jahre alt, ihr Sohn Ichijō 15.

[144] GM III:79, s.a. Benl 1966a:786.

[145] Vgl. S. 248ff., insbesondere S. 253.

wachsenen Sohnes seinem alten Vater gegenüber handelt, dem Beispiel des Kan no Hakuyu nachgebildet:

> Es ist nun schon lange her, da waren, als man am Pferdeplatz zur Rechten im Palast einen Schießwettkampf durchführte, eine Menge Offiziere dort zusammengekommen. Ein *toneri* namens Shimotsukeno no Kinsuke, der im Schießen zu Pferd sehr gut war und sonst sehr gut traf, verfehlte an diesem Tag aber aus welchem Grund auch immer dreimal das Ziel.
>
> Kinsukes Vater, Atsuyuki, der an diesem Tag mit der Durchführung des Wettkampfs betraut war, saß auf dem Platz der Offiziere, und als er sah, wie sein über alles geliebter Sohn das Ziel verfehlte, da wurde er ganz blaß und schien wie aufgelöst, und ohne sich auch nur die Zeit zu nehmen, ordentlich in seine Schuhe zu schlüpfen, lief er zum Ende der Pferderennbahn.
>
> Als die versammelten Offiziere das sahen, fragten sie sich, was er da wohl täte, und ließen nachsehen. Da entdeckten sie, daß Atsuyuki dorthin gelaufen war, wo Kinsuke gerade sein Pferd absattelte und nun ein loses Brett der Umzäunung nahm und auf Kinsuke losging, um ihn damit zu schlagen. Dabei war Kinsuke jung und in der Blüte seiner Jahre, sein Vater Atsuyuki hingegen war ein Mann von über 80 Jahren (*yasoji amari no mono*). Hätte Kinsuke davonzulaufen versucht, Atsuyuki hätte ihn wohl kaum einholen können. Während er also leicht davonlaufen hätte können, legte sich Kinsuke aber flach auf den Boden und rührte sich nicht von der Stelle, und Atsuyuki schlug zehn, zwanzig Mal auf ihn ein.
>
> Die Leute, die das sahen, machten sich über sie lustig und sprachen: „Was für ein Dummkopf ist doch dieser Kinsuke! Wird so geschlagen und rührt sich nicht von der Stelle!" Atsuyuki warf schließlich den Stock weg, kehrte zum Sitz der Offiziere zurück und begann, sich im Garten davor vor allen Offizieren auf dem Boden zu wälzen und hemmungslos zu weinen. Die Offiziere mußten daraufhin mit ihm mitweinen, oder aber sie blieben einfach wie angewurzelt stehen, ohne ihm auch nur die Hand zu reichen.
>
> Später riefen sie Kinsuke zu sich und fragten ihn: „Warum hast du denn das Ziel verfehlt?" und „Warum bist du denn nicht weggelaufen, als er dich schlug, sondern bist einfach liegen geblieben und hast dich schlagen lassen?" Da antwortete Kinsuke: „Da mein Vater nun schon über 80 Jahre alt ist (*toshi yasoji ni makariamaritaru wa*), habe ich gedacht, weil er doch so zornig war, wäre er möglich hingefallen, wenn ich versucht hätte davonzulaufen und er mir nachgelaufen wäre", und da mußten alle Offiziere weinen. [...]
>
> Später sagte Kinsuke: „Daß mein Vater mich schlug, geschah schon zurecht. Er schlug mich ja nicht, weil er mich etwa nicht liebt. Wer ihm das vorwirft oder mich dafür verachtet, den wird ganz sicher die Strafe des Himmels ereilen." Als ein sehr erhabener, weiser Mönch davon hörte, da ging er zum Regenten [Fujiwara no Michinaga] und sprach: „Dieser Kinsuke ist kein gewöhnlicher Mensch. Nur Menschen mit einem Herzen wie ein Boddhisattva werfen das eigene Leben weg und üben den vier Wohltätern[146] gegenüber kindliche Pietät (*shion ni wa kyōyō sure*). Unter den *toneri* ist so etwas wohl kaum gang und gäbe." Und auch der Herr fand, daß Kinsuke ein überaus gutes Herz hatte. Von da an wurde Kinsuke immer einflußreicher. Seine Geschichte wurde weithin bekannt, und man lobte und pries ihn...[147]

---

[146] *Shion*. Es gibt verschiedene Theorien darüber, was damit gemeint ist, doch ist die gängigste die, die darin Vater und Mutter, den Herrscher, die Gläubigen und die Drei Schätze sieht, wie es der zweite Teil des buddhistischen Sutras der *Shinjikan-gyō* erläutert (KM IV:116, A.43).

[147] KM IV (19/26):114–116.

Ähnlich wie Kan no Hakuyu läßt auch dieser junge Hofadelige sich von seinem betagten Vater schlagen, ohne sich gegen ihn aufzulehnen, ja sogar ohne ihm die Schläge auch nur übel zu nehmen. Während aber im chinesischen Kontext, wo es offenbar durchaus den Gepflogenheiten entsprach, daß „erwachsene, schon in Amt und Würden befindliche Männer von ihrem Vater geschlagen wurden oder, wenn der Vater schon gestorben war, von ihrer Mutter"[148], das Vorbildliche am Verhalten des Hakuyu nicht darin besteht, daß er sich ohne zu mucken schlagen läßt, wozu er gewissermaßen verpflichtet ist, sondern darin, daß er sich auch noch darüber kränkt, als die Schläge an Kraft zu verlieren beginnen und er daran merkt, daß seine Mutter allmählich alt wird, scheint die Situation nach der angeführten Erzählung im Heian-zeitlichen Japan doch etwas anders gewesen zu sein. Die Umgebung reagiert auf das Verhalten des jungen Adeligen, der sich bereitwillig schlagen läßt, zunächst mit Verwunderung, ja sogar mit einem Anflug von Hohn, was darauf hinzudeuten scheint, daß das Verhalten, das Vater und Sohn hier an den Tag legen, nicht nur eher unüblich gewesen sein, sondern darüber hinaus auf die Zeitgenossen eher lächerlich gewirkt haben dürfte. Hinzu kommt, daß die Augenzeugen des Vorfalls, als sie die Beweggründe des Sohnes kennenlernen, diesen zwar ob seiner Liebe für seinen alten Vater bewundern, das Verhalten des Vaters aber von Anfang an als vielleicht rührend, aber auf jeden Fall unpassend empfunden wird. So scheinen zumindest Schläge im Heian-zeitlichen Adel kein adäquater Ausdruck der Macht, die ein Vater über seinen Sohn natürlich dennoch haben konnte, gewesen zu sein.

5.2.5. Generationenkonflikte in den Familien? Das Beispiel des *Ochikubo monogatari*

Waren aber die Beziehungen zwischen den Generationen innerhalb der Familien tatsächlich so ungetrübt, wie ein vorherrschendes Ideal der kindlichen Pietät und die alle beglückenden Feiern zu Ehren der betagten Eltern vermuten lassen? Eine Sonderstellung in bezug auf diese Frage scheint das *Ochikubo monogatari* einzunehmen. Vordergründig handelt es sich dabei um eine Stiefkindgeschichte, dem europäischen Aschenputtelmotiv verwandt: der von ihrer Stiefmutter ständig gequälten Stieftochter gelingt es, einen Bräutigam zu finden, der sie nicht nur von der Unterdrückung durch die Stiefmutter befreit, sondern sie noch weit über den Status deren leiblicher Töchter hinaushebt, während die Familie der Stiefmutter beschämt

---

[148] Debon 1979:82.

wird. Hinter diesem vordergründigen Hauptstrang der Erzählung brechen aber so viele zum Teil offene, zum Teil mehr verdeckte Spannungen zwischen der älteren und der jüngeren Generation auf, und dies nicht nur innerhalb der Familie der Heldin Ochikubo, daß die Erzählung gleichsam als Parabel für die verschiedenen Möglichkeiten einer mißglückten oder aber auch einer gelungeneren Eltern-Kind- sowie Alt-Jung-Konfrontation und Generationsablöse gedeutet werden kann. Während die ersten Teile des Romans nahezu ausschließlich der Schilderung von Generationenkonflikten gewidmet sind, scheint der letzte mögliche Lösungen anzubieten. Denn der Konflikt zwischen den Generationen tritt beileibe nicht nur in dem gespannten Verhältnis zwischen der Dame Ochikubo und ihrer bösen Stiefmutter zutage. Er kennzeichnet auch die Beziehung zwischen der Dame Ochikubo und ihrem Vater, der in der Erzählung deutlich die Rolle des alten, senilen Familienoberhauptes verkörpert, das zwar formal das Zepter in seinem Haushalt führt, in Wirklichkeit aber aufgrund seiner Senilität von seiner Umwelt gegängelt wird. Gekennzeichnet sind er und seine Verhaltensweise in dieser ersten Phase der Erzählung dadurch, daß er zwar einerseits unumschränkte Macht über die Familienmitglieder ausüben zu dürfen vermeint, diese seine Macht aber mißbraucht wird, weil er zu alt ist, um die wahre Sachlage zu erkennen. Nicht genug damit, daß er sich, eben weil er zu senil ist, um zu begreifen, was in seinem Haushalt tatsächlich vorgeht, gegen die Verbindung seiner Tochter mit einem jungen Adeligen stellt, der seinen Ansprüchen nicht nur durchaus gerecht würde, sondern noch über diese hinausginge; er läßt sich auch, wie das *Ochikubo monogatari* betont, aufgrund der gleichen Senilität zu völlig ungerechtfertigten Wutausbrüchen seiner Tochter gegenüber hinreißen:

[Ochikubos Stiefmutter hat deren Vater erzählt, sie hätte sich mit dem Tachihaki eingelassen, obwohl ihr Geliebter in Wirklichkeit ein hochrangiger Adeliger ist.]
Als sie ihm alles ausführlich geschildert hatte, da geriet er in eine solche Wut, daß er mit einer Kraft mit den Fingern schnippte, die man ihm, alt wie er war (*oitamaeru hodo yori wa*), gar nicht zugetraut hätte.
„Wie konnte sie so etwas Unglaubliches nur tun! Wo sie hier bei uns lebt und wir sie behandeln, als wäre sie unser Kind, wie konnte sie sich da mit einem einlassen, der zwar den 6. Rang bekleidet, aber noch nicht einmal Kurōdo ist, nein, eine einfache Leibwache ist er, gerade erst 20 Jahre alt und noch dazu klein wie ein Zwerg! Wäre es wenigstens ein Provinzgouverneur gewesen, ich hätte gute Miene zum bösen Spiel gemacht und sie ihm zur Frau gegeben, aber das!", empörte er sich.[149]

---

[149] Was den Vater von Ochikubo empört, ist die Unstandesgemäßheit der vermeintlichen Liebschaft Ochikubos. Für eine Tochter des Hofadels — Ochikubos Vater ist Mittlerer Rat — wäre schon eine Heirat mit einem der vom Hofadel verachteten Provinzgouverneure nicht besonders ehrenvoll gewesen.

„Ja, es ist wirklich zu schade", erwiderte seine Gemahlin. „Ich glaube, es wird am besten sein, wenn wir sie, solange sich das ganze noch nicht allzu sehr herumgesprochen hat, in ein Zimmer sperren und sie streng bewachen. Sonst wird sie in ihrer Verliebtheit womöglich noch versuchen, mit ihm durchzubrennen. Wenn erst etwas Gras über die ganze Sache gewachsen ist, könnt Ihr ja noch immer sehen, was Ihr mit Ihr zu tun beliebt."
„Ja, gut, sehr gut. Bring sie nur schnell weg von hier und sperr sie in den Lagerraum im Nordflügel. Und gib ihr nichts zu essen. Verhungern soll sie!", so redete er in seiner Senilität (*oihokete*), ohne recht zu wissen, was er da eigentlich sagte, und seine Gemahlin war entzückt..."[150]

Durch diese seine negative Machtausübung steht er aber den, wie sich, wäre er in seiner Senilität nicht so verblendet, auch ihm erweisen würde, durchaus legitimen Wünschen seiner Tochter und ihres jugendlichen Liebhabers im Weg. Wie sehr die Erzählung aber auf einen allgemeineren Generationenkonflikt angelegt ist, erweist sich an der Tatsache, daß auch das Instrument, dessen sich die böse Stiefmutter in der Person des Tenyaku no Suke bedient, ein Vertreter der älteren Generation ist. Sie wählt ausgerechnet diesen, in ihrem Haushalt lebenden 60 Jahre alten Mann aus, um ihre Stieftochter zu verführen und sie so ihrem jugendlichen Liebhaber zu entfremden[151]. Hinzu kommt, daß all jene Figuren, die den beiden jungen Liebenden hilfreich zur Seite stehen, selbst auch der jüngeren Generation angehören und eben durch ihre Solidarität mit dieser bezeichnenderweise selbst in Konflikt mit der älteren Generation geraten. So brüstet sich der alte Tenyaku no Suke ausgerechnet vor Akogi, einer jungen Zofe, die als einzige Ochikubo treu ergeben ist, damit, daß diese ihm zur Frau gegeben worden ist, und das in einer Art, die ihr deutlich zu verstehen geben soll, daß sie ihn zwar bis jetzt eher geringgeachtet hat, ihn die neue Sachlage nun aber auch ihr gegenüber in eine Machtposition rückt:

Wie sich der Tag allmählich seinem Ende zuneigte, da konnte es der Tenyaku no Suke kaum noch erwarten, und wie er so aufgeregt im Haus umherging, da kam er zu dem Raum, in dem sich Akogi aufhielt, und sagte mit einem Lächeln, bei dem es ihr kalt über den Rücken lief: „Nun werdet Ihr, Akogi, mich alten Mann (*okina*) wohl auch etwas zuvorkommender behandeln!"[152]

Im Gegenzug ist es Akogi, die den alten Mann unmißverständlich darauf verweist, wie abgetakelt er in Wirklichkeit doch ist und wie wenig Chancen er sich eigentlich bei der Dame Ochikubo auszurechnen hat, und die ihn auch recht unliebenswürdig darauf aufmerksam macht, daß er schon mit einem Fuß im Grab steht:

---

[150] OM:97—98, s.a. Whitehouse und Yanagisawa 1970:74.

[151] OM:96; vgl. S. 366.

[152] OM:109—110, s.a. Whitehouse und Yanagisawa 1970:89.

[Tenyaku no Suke hat, wie es sich gehört, der Dame Ochikubo nach der gemeinsam verbrachten Nacht einen Brief geschrieben und ihn Akogi übergeben.]
Es war der Dame widerlich, den Brief des Alten (*okina*) zu lesen; so schrieb sie an dessen Rand: „Akogi, schreib du eine Antwort" und gab ihn zusammen [mit der Antwort auf den Brief des Generalmajors] Akogi, die beide nahm und hinausging.
„Wie furchtbar leid tut es mir doch, daß Ihr die ganze Nacht über Schmerzen hattet. Ich alter Mann habe gar kein gutes Gefühl dabei. Ach, mein Liebling, mein Liebling, mach mich doch wenigstens heute nacht glücklich! Dürfte ich nur in deiner Nähe sein und dir dienen, es verlängerte mein Leben (*inochi nobite*), und ich fühlte mich wieder jung (*kokochi mo wakaku nari haberinubeshi*), mein Liebling!

Für einen alten verdorrten Baum	Oiki zo to
mögen so manche mich halten,	hito wa miru to mo
doch, wie auch immer,	ika de nao
mit dir lieb und traut zu werden,	hana sakiidete
werd' ich wieder erblühen!	kimi ni minaren

Wieder und wieder bitte ich dich, stoß mich nicht kalt zurück!"
So lautete sein Brief. Akogi war es zutiefst zuwider, darauf etwas antworten zu müssen. So schrieb sie: „Die Dame fühlt sich so schlecht, daß sie nicht selber antworten kann.

Ganz verdorrt,	Karehatete
dem Ende nah,	ima wa kagiri no
der alte Baum, wann nur	oiki ni wa
um alles in der Welt sollt' er	itsu ka ureshiki
noch schöne Blüten treiben?	hana wa sakubeki"

Sie fürchtete, er könnte darüber in Zorn geraten, doch als er las, wie sie so ohne sich ein Blatt vor den Mund zu nehmen, ihre Meinung geschrieben hatte, da lächelte der Alte.[153]

Die jugendlichen Helfer der jugendlichen Helden geraten aber nicht nur in Konflikt mit den Kontrahenten der Personen, für die sie Partei ergreifen, sondern auch mit ihren eigenen Eltern. So wird der Konflikt zwischen dem Anspruch des jungen Generalmajors, sich seine Ehepartnerin selbst auszusuchen, und sei es gegen den Widerstand älterer, und dem der älteren Generation, diese Dinge nach eigenem Gutdünken zu regeln, auch in die Familie seines Gefolgsmannes, des Tachihaki, hineingetragen, der nun seinerseits diesen Streit mit seiner alten Mutter auszutragen hat und auch austrägt. Denn auch diese versucht, das Leben der jungen Leute nach ihren Bedürfnissen und gegen deren ausdrücklichen Wunsch zu verplanen, in diesem Fall, indem sie eine Heirat zwischen dem jungen Generalmajor und einer ihr genehmen Partnerin zu arrangieren versucht. Resolut stellt sich ihr Sohn ihr bei diesem Unterfangen entgegen, wobei er nicht mit unliebsamen Worten spart und auch nicht vergißt, auf ihre Senilität anzuspielen:
[Die Amme von Ochikubos Gemahl, Mutter des Tachihaki, hat versucht, eine Heirat zwischen jenem und der Tochter des Ministers zur Linken zu arrangieren. Er hat etwas verärgert dieses Ansinnen ausgeschlagen.]
Der Tachihaki, der dem Gespräch ungeduldig zugehört hatte, schnippte ärgerlich mit den Fingern und sagte: „Warum habt Ihr nur so etwas gesagt? Ihr seid zwar seine Amme, aber

---

[153] OM:113—114, s.a. Whitehouse und Yanagisawa 1970:97.

solltet Ihr nicht trotzdem etwas zurückhaltender mit dem Herren sprechen? Er und seine Gemahlin fühlen sich ganz unzertrennlich, und Ihr versucht, ihn zu dem Vorschlag [des Ministers] zu überreden und ihn mit dieser anderen Dame zu verheiraten! Es geht Euch wohl nur um den eigenen Vorteil? Wie traurig! Könnte jemand, der auch nur einen Funken Anstand besitzt, sich je so etwas ausdenken? Und warum mußtet Ihr das Wort Ochikubo in den Mund nehmen?[154] Ihr seid ja schon völlig verkalkt (*oihigamitamainikeru*). Wenn jene davon erfährt, was soll sie dann nur von Euch halten? Sagt so etwas nie wieder! Wenn ich mir überlege, was der Herr jetzt wohl denkt, bin ich traurig und beschämt. Giert Ihr denn so sehr nach der Gunst des Ministers, daß Ihr solche Pläne ausheckt? Habt Ihr das denn nötig? Schließlich habt Ihr doch mich, Korenari. Ich bin wohl Manns genug, um allein für Euch zu sorgen! So gierig zu sein, ist eine große Sünde. Solltet Ihr die Sache noch einmal erwähnen, dann werde ich Mönch, so wahr ich Korenari heiße! Ach, was für eine Schande! Ist es nicht schrecklich, sich zwischen zwei Liebende stellen zu wollen?"[155]

Allerdings ist auch die Mutter nicht gewillt, so leicht von ihrem Vorhaben abzulassen, und muß sich erst geschlagen geben, als ihr Sohn ihr droht, er würde Mönch werden, wenn sie weiter auf ihrem Vorhaben beharre:

„Ach, du redest doch nur so viel, damit ich selbst kein Wort unterbringen kann", erwiderte die Herrin[156]. „Wer hat denn gesagt, die Dame müsse sein Haus verlassen oder er müsse sich sofort ganz von ihr zurückziehen?"
„Nun, ist es etwa nicht das, worauf es hinausläuft, wenn Ihr ihn mit einer anderen vermählen wollt?"
„Ach, rede doch nicht! Was soll denn daran so schlecht sein, daß ich wiederholt habe, was der Minister zur Rechten wünschte? Warum regst du dich so auf? Wahrscheinlich nur, weil du an deine eigene Frau, Akogi, denkst![157]", sagte sie ärgerlich, aber eigentlich nur, um ihn in seinem Redeschwall zu unterbrechen.
„Gut, gut", sagte Tachihaki lachend, „Ihr wollt ihn scheinbar noch immer davon überzeugen, [die Tochter des Ministers zu heiraten]. Nun, dann werde ich eben Mönch. Ihr ladet eine große Schuld auf Euch und ich als Euer Sohn muß wohl versuchen, sie zu tilgen." Sprach's, nahm eine Rasierklinge und sagte: „Wenn Ihr wieder anfangt, davon zu sprechen, dann rasiere ich mir die Haare ab." Damit schickte er sich an zu gehen. Er war ihr einziger Sohn, und so war die Herrin zutiefst bestürzt über seine Worte.
„Was für entsetzliche Dinge ich nur aus deinem Munde vernehmen muß! Sieh nur zu, ob mein Wille nicht die Klinge zum Bersten bringt", sagte sie, und Tachihaki lächelte verstohlen in sich hinein. Da offenbar keine Hoffnung bestand, den Herren zu einer Heirat

---

[154] Als Ochikubo, also eigentlich ‚unteres Zimmer‘, war die Tochter des Mittleren Rates von ihrer Stiefmutter und deren Verwandten und Bediensteten immer verächtlich bezeichnet worden, und sie hatte sich dieser Bezeichnung wegen entsetzlich geschämt.

[155] OM:156, s.a. Whitehouse und Yanagisawa 1970:152.

[156] *Otodo*. Wird im allgemeinen für den Herren oder die Herrin des Hauses verwendet. *Otodo* wäre eine ehrende Bezeichnung für eine alte Frau und würde an dieser Stelle deswegen verwendet, weil der Autor gewissermaßen an Tachihakis Stelle spricht (OM:156, A.7), für den seine Mutter natürlich eine Respektsperson ist.

[157] Da der Tachihaki Akogis Gatte ist, unterstellt seine Mutter ihm hier, er wolle nur deswegen, daß Ochikubo die einzige Hauptfrau seines Herren bliebe, damit seine eigene Frau ihre jetzige gute Position behalte, also den gleichen Eigennutz, den er ihr vorgehalten hat.

mit der Tochter des Ministers zu bewegen, und nach dem, was ihr Sohn zu ihr gesagt hatte, beschloß sie, dem Minister zu sagen, daß weitere Bemühungen sinnlos wären.[158]

Ihr Sohn droht ihr also letztendlich damit, ihre Mutterschaft ihres Sinnes zu berauben und hat damit ein Druckmittel in der Hand, gegen das sie nicht anzukämpfen vermag.

Damit, daß sich die jüngere Generation also in ihrem Wunsch nach eigenständiger Partnerwahl völlig und bedingungslos durchsetzt, ist es aber noch lange nicht getan. Nachdem dieser erste Konflikt von der jüngeren Generation erfolgreich beendet wurde, geht sie nun daran, jene Vertreter der älteren Generation, die sich ihr dabei feindlich entgegengestellt haben, restlos in die Knie zu zwingen. Interessant dabei ist, wie im Verlauf dieser Entwicklung bei der älteren Generation Phasen der allmählichen Einsicht in die eigenen altersbedingten Schwächen mit solchen der erneuten Selbstüberschätzung abwechseln. Angesichts der wiederholten Schläge, die dem alten Mittleren Rat versetzt werden, gibt er allmählich und zum Teil schon ziemlich kleinlaut zu, wie zum Beispiel seine Vergeßlichkeit ihn daran hindert, die Lage richtig einzuschätzen und ein geeignetes Gegenmittel zu finden, wie er überhaupt die Überlegenheit seines jungen Gegenspielers eingestehen muß[159]. Aber noch gibt sich die ältere Generation nicht geschlagen, der alte Mittlere Rat geht nun daran, sich sogar das rechtmäßige Eigentum seiner Tochter anzueignen, was ihm allerdings schlecht bekommt, da er seinem Schwiegersohn damit erst so recht jene Waffe in die Hände spielt, mit der er ihn endgültig zu Boden zwingen wird:

[Die Familie von Ochikubos Vater will in das Haus, das diese von ihrer Mutter geerbt hat, umziehen und läßt es renovieren. Ochikubos Mann läßt sie zwar weiter daran arbeiten, hindert sie dann aber am Tag der Übersiedlung daran, das Haus zu betreten und gibt vor, selbst der Besitzer zu sein. Einige Männer Ochikubos Vaters berichten diesem davon.]
Der Mittlere Rat, in seiner Senilität (*oigokochi ni*), war fassungslos. „Was für eine schreckliche Geschichte! Ich selbst habe zwar die Besitzurkunden für dieses Haus nicht, aber es gehört doch meinem Kind. Wem sonst sollte es gehören, wenn nicht mir? Wäre Ochikubo noch am Leben, so würde ich glauben, sie hat das veranlaßt. Warum aber tut jener das nur? Und ich kann nichts dagegen tun! Ich werde mit seinem Vater sprechen", sagte er, und da er vor Aufregung unfähig war, sich für den Ausgang herzurichten, machte er sich ohne zeremonielle Kleidung auf den Weg zum Minister zur Rechten.
[Diesem erzählt er unter Tränen, was vorgefallen ist, muß ihn aber unverrichteter Dinge wieder verlassen, weil dieser ihm sagt, er selbst wüßte von der ganzen Angelegenheit nichts, und auch nicht den Eindruck macht, als wolle er etwas dagegen unternehmen.][160]

---

[158] OM:157, s.a. Whitehouse und Yanagisawa 1970:152.

[159] OM:147; vgl. S. 426.

[160] OM:172, s.a. Whitehouse und Yanagisawa 1970:175.

Bevor es aber endgültig so weit ist, wird noch mit einem anderen Beinahe-Vollzieher der elterlichen Macht erbarmungslos abgerechnet. Der Tenyaku no Suke wird, wenn vielleicht physisch nur beinahe, auf jeden Fall aber sozial aus Rache hingerichtet:

[Beim Kamo-Fest sieht Ochikubos Gemahl, daß auf der Straßenseite, die den für ihn reservierten Plätzen gegenüberliegt, bereits Wagen stehen. Er will sie für seine Brüder freimachen lassen und stellt dabei fest, daß es sich um Wagen von Ochikubos Vater handelt. Er läßt sie von seinen Gefolgsleuten in eine Hauseinfahrt schieben.]
„Was für eine Schande! Was sollen wir jetzt nur tun?", sagten die, die in dem Wagen saßen. Auch jener vertrottelte Alte (*shiremono okina*), der Tenyaku no Suke, war dabei. „Sie sollen uns doch Platz machen, wo sie wollen!", sagte er und stieg aus dem Wagen. „Ihr könnt doch nicht so rücksichtslos mit den Leuten umgehen! Wenn wir unsere Wagen dort aufgestellt hätten, wo Ihr Euren Anschlag angebracht hattet, dann wärt Ihr ja im Recht gewesen, aber so, wo wir sie doch auf der gegenüberliegenden Seite untergebracht hatten, könnt Ihr uns doch nicht so behandeln! Denkt an die Folgen Eures Benehmens! Wir werden uns revanchieren", so plusterte sich dieser Trottel auf. Als der Saemon no Jō, Korenari, erkannte, daß es sich um den Tenyaku no Suke handelte, war er ganz begeistert, hatte er sich doch jahrelang danach gesehnt, diesen Kerl einmal zwischen die Finger zu bekommen. Auch der Herr erkannte den Tenyaku no Suke und rief: „Korenari, warum läßt du zu, daß jener dort so redet?" Korenari begriff sofort. Er zwinkerte den angriffslustigsten Gesellen in der Gefolgschaft zu, und diese stürzten herbei. „Wir sollen an die Folgen denken, sagst du, alter Mann? Was willst du unserem Herrn denn tun?", sagte einer und schlug ihm mit dem Fächer die Mütze vom Kopf. Da konnte man sehen seine dünnen Haarknoten sehen und wie sein Schädel von der Stirn weg schon ziemlich kahl war (*hitai wa hageirite*) und glänzte. Da brachen alle Anwesenden in schallendes Gelächter aus. Der Alte wollte seinen Kopf mit dem Ärmel bedecken und versuchte, zu seinem Wagen zurückzugelangen, doch die Männer umzingelten ihn und jeder versetzte ihm einen Tritt. „Nun, was wird denn das für Folgen haben, he?", so mokierten sie sich nach Herzenslust. „Jetzt wird er es wohl begriffen haben, der Alte, oder etwa nicht?", sagten sie drohend, doch der Tenyaku no Suke war so außer Atem, daß er keinen Ton hervorbrachte. „Hört auf, aufhören!", rief der Herr, aber nur zum Schein. Nachdem sie den alten Mann zu Boden geworfen hatten und auf ihm herumgetrampelt waren, hievten sie ihn in den Wagen und zogen diesen noch weiter weg. Seine Gefolgsleute, die aus Schaden klug geworden waren, zitterten vor Angst und wagten es nicht, sich dem Wagen auch nur zu nähern. Sie hielten sich in einiger Entfernung und taten so, als ginge sie das alles gar nichts an. Erst als die anderen den Wagen mitten auf der Straße stehengelassen hatten, kamen sie langsam herzu und nahmen die Deichsel auf. Es war ein wirklich sehr unschönes Bild.
[Die Episode endet damit, daß der Wagen auch noch umfällt und die ganze Familie des alten Mittleren Rates zutiefst beschämt und zum Teil verletzt nach Hause aufbricht.][161]

So stehen die Dinge am Ende des 3. Kapitels. Die ältere Generation, sofern sie sich der jüngeren in den Weg gestellt hat, liegt darnieder, und mit ihr alle, die sich auf sie verlassen haben. Die böse alte Stiefmutter ist in ihrem Stolz verletzt und zutiefst gedemütigt worden: nicht nur, daß man sie bei einer Ausfahrt gröblich geschmäht hat, sie hat auch mitansehen müssen, wie eine ihrer Töchter, deren Wohl ja ihr ganzes Streben galt, die

---

[161] OM:164, s.a. Whitehouse und Yanagisawa 1970:164—165.

Gemahlin eines wegen seines dümmlichen Aussehens allseits verachteten Mannes geworden ist und von diesem obendrein verlassen worden ist. Der alte Tenyaku no Suke ist vor aller Augen lächerlich gemacht worden und hat Schläge einstecken müssen, von denen er sich nie wieder erholen würde. Der alte Mittlere Rat hat den Niedergang seines Haushalts miterleben müssen und einen Großteil seines Vermögens in die Ausgestaltung eines Anwesens gesteckt, von dem er sich nun eingestehen muß, daß er es wohl nie betreten wird können, und er hat diese seine Schwäche aus Ratlosigkeit sogar publik gemacht und kann die Scham darüber kaum ertragen.

An diesem Punkt angelangt erfährt die Erzählung aber eine unerwartete Wendung. Könnte man das *Ochikubo monogatari* in seinen ersten Teilen als die Schilderung einer erfolgreichen Revolte der Jugend gegen eine ältere Generation ansehen, die ihre Macht mißbraucht, so wird es nun geradezu zu einem Lehrstück der kindlichen Pietät. Kaum hat also, mit anderen Worten, die ältere Generation endlich eingesehen, daß sie weder physisch noch psychisch in der Lage ist, sich den Wünschen der jüngeren Generation erfolgreich entgegenzustellen, und somit auch den Anspruch aufgegeben, diese zu gängeln, sondern hat sich ihr eigentlich untergeordnet, erweisen sich die Jungen im Nu als die ergebensten und liebevollsten Kinder, denen kein Opfer zu groß ist, wenn es gilt, den Älteren eine Freude zu bereiten. Die letzten Kapitel des *Ochikubo monogatari* sind fast ausschließlich dieser Kehrtwendung und damit den vielfältigen Festen und Feiern gewidmet, die die jüngere Generation nun zu Ehren der allerdings entmachteten älteren arrangiert. Diese Ehrungen, die die jüngere Generation der älteren zuteil werden läßt, stehen aber in einem Kontext, in dem die Vormachtstellung der jüngeren Generation außer Frage steht. Ab diesem Zeitpunkt werden der älteren von der jüngeren nun auch ihre Wünsche erfüllt, wobei allerdings klar bleibt, daß dies nur aufgrund der Machtstellung der jüngeren Generation möglich ist, wie etwa dort, wo der Schwiegersohn dem Schwiegervater das Amt des Oberkabinettsrates überläßt, um ihm eine Freude zu bereiten[162]. Nicht nur der Gemahl der Heldin hat seinen Schwiegervater in gewisser Weise unterworfen und beschenkt ihn nun, auch die Heldin verzeiht ihrer Stiefmutter großmütig und vergilt ihr die einstige schlechte Behandlung mit Gutem, doch äußert sich dieses Wohlwollen großteils in einer gutgemeinten Bevormundung der alten Frau durch die jüngere, wenn diese sie auffordert, ihrem fortgeschrittenen Alter entsprechend an ihr Seelenheil zu denken, und sie Nonne werden läßt[163]. Von Anfang an harmo-

---

[162] OM:208; vgl. S. 411.
[163] OM:247; vgl. S. 512.

nischer hatten sich die Beziehungen von Ochikubos Gemahl zu seinem eigenen Vater bzw. seinen Eltern überhaupt gestaltet, obwohl dieser Aspekt, vielleicht gerade deswegen, nicht so im Mittelpunkt des Geschehens steht wie die konfliktträchtigere Beziehung Ochikubos zu ihrem Vater und ihrer Stiefmutter. Vollzogen ist aber auch hier der Machtwechsel von der älteren auf die jüngere Generation, wenn etwa ausführlich beschrieben wird, wie der Vater ab einem bestimmten Zeitpunkt beginnt, sich in allem und jedem nach den Wünschen seines Sohnes zu richten[164].

5.2.6. Machtablöse in den Familien und Bewormundung der alten Eltern durch die erwachsenen Kinder

Eine ähnliche Entwicklung wie die in der Beziehung zwischen dem alten Mittleren Rat und seinem Schwiegersohn in der erfundenen Handlung des *Ochikubo monogatari* läßt sich aber auch in der Schilderung des realen Verhältnisses der Tochter des Sugawara no Takasue zu ihren Eltern erkennen, die diese davon verstreut auf den Seiten ihres *Sarashina nikki* gibt, wenngleich diese Beziehung natürlich niemals so problematisch war wie jene. Äußerst irritiert und durchaus unliebenswürdig zeigt sie sich über deren altmodischen Charakter, solange sie sich dadurch ihren eigenen Wünschen entgegenstellen[165]. Kaum haben sich ihre Eltern aber vom gesellschaftlichen Leben beinahe völlig zurückgezogen und ihr die Verantwortung für ihre Handlungen übertragen, erweist sie sich als liebevolle Tochter, die ständig ihrer armen altersschwachen Eltern gedenkt und traurig darüber ist, wie sehr diese abgebaut haben. Nachdem ihre beiden Eltern die geistlichen Gelübde abgelegt haben, nimmt sie offenbar im Verkehr zur Außenwelt sogar die Rolle des Haushaltsvorstandes wahr:

Der 10. Monat kam, und wir zogen wieder in die Hauptstadt um. Meine Mutter wurde Nonne und wohnte zwar innerhalb desselben Anwesens, aber doch von Vater getrennt. Nun setzte mein Vater gar mich an die Stelle des Haushaltsvorstands (*ware otona ni shisuete*), er selbst verkehrte überhaupt nicht mehr mit der Welt draußen; wie ich ihn so sah, wie er wie im Dunkeln versteckt vor sich hin lebte, da fühlte ich mich gar verlassen, und es schnürte mir das Herz zusammen.[166]

Daß der Vater ihr aber die Autorität nicht nur nach außen hin übertragen hat, sondern eine Art Machtwechsel auch innerhalb der Familie selbst stattgefunden hat, zeigt sich, als die Tochter wenig später gegen den Willen

---

[164] OM:221–222; vgl. S. 427.

[165] SN:507; vgl. S. 142.

[166] SN:510, s.a. Hammitzsch 1966:54.

ihrer Eltern in den Hofdienst eintritt. Dort gedenkt sie dafür gerührt ihrer alten Eltern, gegen die sie sich gerade durchgesetzt hat:

Als von alledem eine mit uns vertraute Person hörte, da wurde ich unter dem Motto: „Das ist ja schließlich noch besser als sinnlos in Langeweile die Zeit hinzubringen!" zum Hofdienst eingeladen. Meine altmodischen Eltern (*kodai no oya*) meinten zwar, der Hofdienst mache eine Frau nur unglücklich, und wollten es dabei bewenden lassen, doch viele andere meinten: „Die Leute folgen sonst heute einer solchen Einladung sehr gerne. Dabei ergeben sich im allgemeinen auch gute Gelegenheiten. Versuch es nur einmal!", und so ließen sie mich widerwillig gehen.

[Die Autorin schildert ihren Dienst bei Hof und wie sehr sie sich wegen ihrer bäuerischen Art und weil sie die Sitten bei Hof ja nicht kennt, schämt und sich verloren vorkommt.]

Den ganzen Tag über mußte ich voll Sehnsucht und Trauer an meinen vom Alter geschwächten Vater (*tete no oiotoroete*) denken und daran, wie er, wenn wir uns gegenübersaßen, mich als das Kind betrachtete, auf das er sich ganz und gar verlassen wollte.[167]

Dafür, daß es in den Familien des Hofadels durchaus zu einer gewissen Bevormundung der Eltern durch ihre Kinder kommen konnte, insbesondere dann, wenn sie im Alter geistig nicht mehr so recht agil waren, sprechen nicht nur einzelne Passagen des *Ochikubo monogatari*, das sicherlich hinsichtlich seiner besonders negativen Bewertung alter Menschen innerhalb der Heian-zeitlichen Literatur eine Sonderstellung einnimmt, Hinweise darauf finden sich auch in zahlreichen anderen Werken. Zumindest in der Belletristik hatten insbesondere die alten Mütter gar keinen leichten Stand innerhalb ihrer Familien und werden von Töchtern wie Söhnen immer wieder zurechtgewiesen. Im Konflikt zwischen der alten Ōmiya aus dem *Genji monogatari* und ihrem Sohn, dem Naidaijin, um die Zukunft ihrer Enkelin Kumoi no Kari setzt sich zwar zu guter Letzt die greise Ōmiya durch, aber erst als ihr in der Person des Prinzen Genji ein einflußreicher Beistand erwächst. Zunächst setzt der Sohn auf eher brutale Art seinen Willen durch:

Zwei Tage später erschien der Naidaijin abermals bei Ōmiya, und diese war beglückt, daß er sie so oft besuchen kam. Da er, mochte er auch ihr Sohn sein, nun eine hochgestellte Persönlichkeit geworden war, machte sie ihr Gesicht hübsch zurecht, legte ein prächtiges Kouchigi-Gewand an und sah ihm, als er eintrat, auch nicht direkt ins Gesicht. Der Naidaijin war übel gelaunt und sagte: „Es ist mir peinlich, schon wieder hier zu erscheinen, außerdem werden mich Eure Dienerinnen wohl für ziemlich einfältig halten. Ich habe nun zwar ein wichtiges öffentliches Amt inne, und doch wünschte ich, wir könnten uns immer sehen. Nun bin ich aber heute wegen einer sehr peinlichen Sache bei Euch und muß mich über Euch beklagen. Eigentlich wollte ich Euch deswegen nicht zürnen, doch je mehr ich darüber nachdenke, desto mehr quält mich diese Angelegenheit."

Wie er sich dabei die Tränen aus den Augen wischte, da wurde Ōmiya unter ihrer weißen Schminke ganz rot im Gesicht vor Aufregung, und sie blickte ihn aus großen verwunderten Augen an. „Was kann es nur sein, daß Ihr mir, die ich doch schon an meinem Lebensabend (*yowai no sue ni*) angelangt bin, dermaßen zürnt?"

---

[167] SN:511, s.a. Hammitzsch 1966:55.

[Der Naidaijin beklagt sich daraufhin bitter bei seiner Mutter, daß sie es zu einer Verliebtheit zwischen Kumoi no Kari und Yūgiri hat kommen lassen und beschließt, trotz des Schmerzes, den ihr dies bereitet, Kumoi no Kari zu sich zu holen.][168]
Die jungen Söhne machen ihren alten Müttern aber nicht nur Vorwürfe und setzen sich ihnen gegenüber durch, wenn zwischen ihnen beiden ein Interessenkonflikt aufgebrochen ist, sie machen ihnen mitunter auch einfach Vorschriften, wie sie sich zu verhalten haben, und jene richten sich im wesentlichen auch danach. So liebt es etwa die alte Mutter eines Bischofs aus dem *Genji monogatari*, die Koto zu spielen, doch sieht sie lange Zeit davon ab, weil ihr Sohn ihr nicht nur ziemlich taktlos gesagt hat, ihr Spiel höre sich gar nicht gut an, sondern es ihr auch mit dem Hinweis darauf, dergleichen schicke sich für eine so alte Frau wie sie nicht, verboten hat[169]. Nicht nur die Söhne setzen mitunter ihren alten Müttern recht arg zu, auch die Töchter ziehen mit ihnen zum Teil ziemlich streng ins Gericht, wie etwa die Dame Akashi aus dem *Genji monogatari*, die in der folgenden Passage ihre betagte Mutter fortwährend zurechtweist:

Die Nonne war beim Erzählen in Feuer geraten und hatte ganz dicht bei ihrer Enkelin Platz genommen. „Nein, das ist ja schrecklich!", rief die Dame Akashi aus. „Stellt doch wenigstens einen kleinen Vorhangständer dazwischen! Schon beim leisesten Windhauch kann man Euch von draußen sehen. Was sollen denn die Leute denken, wenn sie Euch sehen, wie Ihr so nahe an sie herantretet, als wärt Ihr ein Arzt bei einem Notfall! Seid Ihr denn schon ganz senil (*ito sakarisugitamaeri ya*)?" Sie war ganz außer sich vor Entsetzen. Die Nonne ihrerseits war zwar durchaus gewillt, sich korrekt zu verhalten, doch war sie in ihrer Greisenhaftigkeit (*mōmō ni*) schon ziemlich schwerhörig geworden und so streckte sie den Kopf vor und sagte nur: „He, was sagt Ihr?" Eigentlich war sie ja noch gar nicht so alt, vielleicht 65, 66 Jahre. Sie war von kleinem Wuchs und durchaus eleganter Erscheinung, doch waren ihre Augen vom vielen Weinen tränennaß und ganz verschwollen und man sah ihr an, daß sie völlig ihren Erinnerungen hingegeben war, und der Dame Akashi schnürte es bei ihrem Anblick die Kehle zusammen. „Sie hat Euch wohl ganz verdrehte alte Geschichten (*kotai no higagotodomo*) erzählt? In ihrem verworrenen Gedächtnis bringt sie sicher die unmöglichsten Dinge durcheinander, und sie muß sich wohl alles sehr wunderlich angehört haben? Mir selber erscheint auch alles, was sich damals zugetragen hat, wie ein Traum!"
[Die Dame Akashi fürchtet, ihre Tochter könnte von den Erzählungen ihrer Großmutter ganz verwirrt sein. Als die Gebete für eine problemlose Geburt vorüber sind, reicht sie ihrer Tochter etwas Obst.]
Die Nonne indessen sah noch immer bewundernd ihre Enkelin an; sie konnte sich über so viel Pracht und Anmut gar nicht fassen, und es liefen ihr unentwegt die Tränen über die Wangen. Ihr Gesicht lächelte freilich, und ihr Mund stand dabei häßlich offen, doch in ihren Augen schimmerte es feucht, und so bot sie ganz das Bild einer weinenden Frau. Die Dame Akashi fand dies ein wenig ungehörig, und sie versuchte, ihr das durch ein Augenzwinkern anzudeuten, allein, die Nonne achtete nicht im mindesten darauf. Sie sagte nur:

---

[168] GM II:293, s.a. Benl 1966a:614.

[169] GM V:374—375; vgl. S. 198.

„Wenn in ihrem Alter   Oi no nami
wieder Lebensfreude sie findet,   kai aru ura ni
wer sollte es ihr verübeln,   tachiidete
der Nonne, daß sie von Tränen so naß   shiotaruru ama wo
wie die Fischerin am Strand?   tare ka togamen
In früheren Zeiten hätte man einer so alten Frau (*furuhito*) wie mir derlei Vergehen wohl nachgesehen!"[170]

Nicht minder bevormundend ihrer alten Mutter gegenüber verhält sich dieselbe Akashi auch, als Genji beschließt, eine Wallfahrt zum Sumiyoshi-Schrein zu unternehmen. Als die alte Frau ihn dorthin begleiten möchte, ein Wunsch, dem gegenüber Genji selbst sich durchaus aufgeschlossen zeigt, verbietet die Tochter es ihr kurzerhand und zwingt sie so, will sie dennoch mitkommen, es zumindest heimlich zu tun:

„Wenn schon alle mitkommen", meinte Genji, „sollten wir eigentlich auch der Nonne die Liebe tun, auf daß vor Freude die Runzeln in ihrem alten Gesicht sich wieder glätten (*oi no nami no shiwa nobu bakari ni*)! Wollen wir sie darum nicht mitnehmen?"
Aber die Dame Akashi war dagegen: „Um diese Wallfahrt wird ohnehin schon zu viel Aufsehen gemacht. Sie kann ja erst die Thronbesteigung des Kronprinzen, die sie so sehr herbeiwünscht, abwarten und dann eine Wallfahrt unternehmen."
Die Nonne jedoch fürchtete, daß sie nicht mehr so lange leben würde, außerdem wollte sie gerade bei dieser Wallfahrt dabei sein, und so kam sie heimlich dennoch mit.[171]

Eine ähnliche Beziehung zwischen Vater und Sohn, wie sie das *Ochikubo monogatari* von Ochikubos Gemahl und seinem Vater, der sich demnach ab einem bestimmten Zeitpunkt in allem und jedem nach dem Rat oder den Wünschen seines Sohnes gerichtet hätte, schildert auch das *Utsuho monogatari* in den Figuren des Kanemasa und seines Sohnes Nakatada. Immer wieder ist zu lesen, wie der Sohn zwar ehrerbietig, aber entschieden, seinem Vater Ratschläge erteilt, etwa indem er ihn ersucht, sich mehr nach den Wünschen des alten Exkaisers zu richten und dessen Tochter wieder aufzusuchen.[172] Natürlich macht der Sohn Nakatada seinem Vater Kanemasa keine Vorschriften im engen Sinn des Wortes, eher sind es gutgemeinte Ratschläge, nach denen sich der Vater richtet, nicht weil er dazu verpflichtet wäre, sondern weil er sie für vernünftig hält und sie auch von höherem Ort an ihn herangetragen werden. Auffällig ist aber doch, daß

---

[170] GM III:280—281, s.a. Benl 1966b:70—71. Das Gedicht enthält mehrere Wortspiele, die sich in der Übersetzung nicht wiedergeben lassen. So meint *ama* gleichzeitig ‚Nonne' und ‚Fischerin', *kai aru* bezieht sich sowohl auf die Lebensfreude (*ikigai*) sowie auf Muscheln, die die Fischerin sucht, in *oi no nami* kommt sowohl das Alter der Nonne zum Ausdruck (vgl. dazu S. 113) als auch die Wellen, die auf den Strand zurollen, an dem die Fischerin naß wird.

[171] GM III:330, s.a. Benl 1966b:113.

[172] UM II:386—387, vgl. S. 182, FN 53.

es immer wieder der Sohn ist, der weiter in ihn dringt, und daß der Vater nachgibt, obwohl er sich ironisch manchmal durch die ständigen Ermahnungen des Sohnes irritiert zeigt:

> [Nakatada hat seinem Vater Kanemasa vorgeworfen, seine früheren Frauen und Konkubinen zwar wieder zu sich geholt zu haben, sie aber zu vernachlässigen, und ersucht ihn, doch mehr Zeit mit ihnen zu verbringen. Darauf antwortet Kanemasa lächelnd:]
> „Ihr wollt nun scheinbar wirklich alles bis ins kleinste Detail regeln. Als ich jung war, da gab es wohl Menschen, die, wenn sie mich einhergehen sahen, dachten, ach, wie gut er doch aussieht, und mich beneideten. Doch nun schwindet meine Macht in dieser Welt (*mi no oboe mo hanayaka narazu*), und der Rücken schmerzt mich, sodaß ich kaum gehen kann. Ihr denkt wohl daran, was die Leute sagen werden, wenn ich mich immer nur an einem Ort aufhalte."[173]

Nicht leicht gegen seine Kinder durchzusetzen vermag sich auch ein alter Vater aus einer *Konjaku monogatari*-Erzählung, als er versucht, ein zugegebenermaßen eher ungeheuerliches Vorhaben in die Tat umzusetzen, und seinen Kindern erst gut zureden muß, bevor sie ihn gewähren lassen:

> [...] Als so die Jahre vergangen waren (*yōyaku toshi tsumorite*) und Shimotsukeno no Atsuyuki alt geworden war (*oi ni nozomu*), da wurde er Mönch und lebte fortan in einem Haus in der Westlichen Stadt, als eines Tages sein Nachbar dort starb. [Den Hinterbliebenen, die nicht wissen, was sie mit dem Leichnam tun sollen, da ihr Haustor in einer für sie gerade verbotenen Richtung liegt, bietet er an, ihn durch sein Haus nach draußen bringen zu lassen. Er geht nach Hause und erzählt seinen Kindern von seinem Vorhaben.]
> Frau und Kinder, als sie das hörten, sagten: „Was sagt er nur für merkwürdige Dinge. Ja würde denn selbst ein Heiliger, der Körnerfrucht meidet und der Welt entsagt hat, je dergleichen sagen?! Meint er, es gäbe auch nur einen einzigen Menschen, der, auch wenn er sich sonst für andere aufopfert, den Leichnam eines Nachbars durch sein eigenes Haus fortschaffen ließe? Wie schrecklich!", so sagten sie eins zum anderen.
> Da sagte der Mönch: „Redet keinen Unsinn. Überlaßt das alles mir. In meiner Liebe zu euch stehe ich ganz gewiß niemandem nach. Drum ist es gut, dem Vater zu folgen, wirkt er auch töricht (*hakanaki oya*). Laßt mich nur machen. Wer sich um derlei Dinge wie die verbotenen Richtungen kümmert, wird ganz gewiß nur ein kurzes Leben und keine Nachkommen haben, während der, der sich um derlei nicht kümmert, sich sein langes Leben bewahren und eine zahlreiche Nachkommenschaft haben wird. Es heißt doch, nur der weiß, wie man eine Schuld zurückzahlt, der es ohne Ansehen der eigenen Person tut. Auch den Himmel rührt dergleichen Verhalten. Der Verstorbene hat mir bei den verschiedensten Dingen geholfen, solange er noch am Leben war. Wie könnte ich diese meine Schuld ihm gegenüber nicht zurückzahlen wollen? Drum redet nicht so gedankenlos daher!" Darauf rief er seine Bediensteten, ließ den Zaun zwischen seinem und des Nachbars Haus niederreißen und den Leichnam durch sein Haus nach draußen bringen.
> [Tatsächlich lebt er bis zum 90. Lebensjahr und seiner Familie wird Wohlstand zuteil.][174]

Zum Teil erscheinen auch in der nicht-fiktiven Literatur der Heian-Zeit solche Figuren gealterter Eltern, die sich aufgrund ihrer fortschreitenden Senilität gegenüber ihren Kindern nicht mehr durchzusetzen vermögen. Be-

---

[173] UM III:388. Kanemasa müßte der inneren Chronologie des Romans zufolge zu diesem Zeitpunkt um die 45 Jahre alt sein.

[174] KM IV (20/44):213–214.

sonders betrifft dies Fujiwara no Akimitsu, der allerdings in der gesamten Heian-zeitlichen Literatur keine besonders gute Figur macht, von dem das *Eiga monogatari* berichtet, er hätte in seiner Senilität jegliche Autorität über seine Tochter verloren:

[Genshi, die Tochter Akimitsus, wird nach dem Tod ihres Gatten Yorisada Nonne.]
Weil Akimitsu um sich nichts mehr wahrnahm, konnte sie alles machen, was sie wollte.[175]

Auf allgemeine Weise ließ auch Murasaki Shikibu ihren Helden Genji eine ähnliche Ablöse innerhalb der Familie ansprechen, wenn er beim Anblick seines immer gebildeter und vernünftiger werdenden Sohnes sagt, es sei ja ein allgemein zu beobachtendes Phänomen, daß die Eltern geistig immer mehr abbauten, während ihre Kinder allmählich zu reifen Persönlichkeiten heranwuchsen:

[Genji hat seinen Sohn Yūgiri in die Universität eintreten lassen, und dieser hat sich schnell sehr umfassendes Wissen angeeignet. Im privaten Rahmen wird er dann aus dem chinesischen *Shi ji* geprüft und glänzt mit seinen Antworten.]
Auch Genji vermochte kaum, an sich zu halten, und sagte: „Da heißt es immer, wie peinlich es ist mitanzusehen, wie die Eltern immer mehr verkalken (*shireyuku*), je erwachsener und reifer ihre Kinder werden, und das trifft wohl wirklich zu. Zwar bin ich selbst ja eigentlich noch nicht so alt (*ikubaku naranu yowai nagara*), und doch ergeht es mir nicht anders."[176]

Alles in allem zeichnen also die Heian-zeitlichen Romane nicht jenes Bild von autoritären und selbstherrlichen Eltern, das man angesichts eines doch immer wieder angesprochenen Ideals der kindlichen Pietät nach chinesischem Muster hätte erwarten können. Im Gegenteil finden sich häufig Hinweise darauf, daß die Norm eher dahinging, die betagten Eltern sollten mit fortschreitendem Alter und damit einhergehender Abnahme ihrer Fähigkeiten zunehmend Kompetenzen an die erwachsenen Kinder abgeben, was natürlich nicht ausschließt, daß sie diesen möglichen Autoritätsverlust gegen eine verstärkte Zuwendung und Fürsorge von seiten ihrer Kinder eintauschten.

Anders als bei der Stellung als Haushaltsvorstand, bei der sich ein gewisser altersbedingter Rückzug von den damit einhergehenden Kompetenzen aus den erwähnten Quellen nur sehr indirekt erschließen läßt, aber weder legal noch institutionell verankert war, ist ein Rücktritt und eine Weitergabe des Amtes *inter vivos* im Rahmen einer ritualisierten Zeremonie von der Funktion als Klanoberhaupt zumindest für den Klan der Fujiwara belegt[177]. Beispielsweise trat Fujiwara no Morozane 1094 52jährig aus

---

[175] EM II:31, s.a. McCullough 1980:521.

[176] GM II:282, s.a. Benl 1966a:606.

[177] Die Übergabe der Funktion des Oberhauptes in diesem Clan war Anlaß für ein großes feierliches Gastmahl, bei dem das scheidende Clanoberhaupt die Symbole dieser Position seinem Nachfolger übergab. Diese umfaßten rote Lackgegenstände (*sugi*) und fünf

Krankheitsgründen von seinem Amt als Klanoberhaupt zugunsten seines 33jährigen Sohnes Moromichi zurück[178], wobei sich ähnlich wie bei der Position des Haushaltsvorstandes zeigt, daß aufgrund der häufigen, wenn auch nicht durchgängigen, Nachfolge durch einen Sohn des scheidenden Oberhauptes immer wieder verhältnismäßig junge Männer in diese Funktion vorrückten, obwohl im Klan noch ältere Männer vorhanden waren, die einem reinen Ancienitätsprinzip zufolge höher stehen hätten müssen, durch die Weitergabe des Amtes an einen Sohn aber einem wesentlich jüngeren Mann zumindest innerhalb des Klans untergeordnet wurden[179]. Natürlich zeigt sich auch hier, ähnlich wie bei den Rücktritten von öffentlichen Ämtern[180], daß das kalendarische Alter einer Person für ihren Entschluß zum Rücktritt oft nur nebensächlich war; so trat etwa Fujiwara no Tadazane, als er bei Exkaiser Shirakawa in Ungnade gefallen und als Regent abgesetzt worden war, von seinem Amt als Klanoberhaupt zugunsten seines Sohnes Tadamichi zurück, was ihn nicht hinderte, als Exkaiser Toba ihn wieder zurückrief und es zu Spannungen zwischen ihm und seinem Sohn kam, diesem das Siegel des Klanoberhauptes ebenso wie die Lackgeräte und -tische, die die Position symbolisierten, wieder zu entziehen und sie einem anderen seiner Söhne, Yorinaga, zu übertragen. So zeigt sich, daß die Autorität des Klanoberhauptes dem Vater noch verblieb, nachdem er offiziell von diesem Amt bereits zurückgetreten war.[181] Jahre später, als er und sein Sohn Yorinaga Exkaiser Tobas Zorn auf sich gezogen hatten, gab der inzwischen 78jährige Tadazane dann endgültig die Verantwortung für die Angelegenheiten des Haushalts auf und zog sich nach Uji zurück. Auch sein Sohn Tadamichi legte 1158 mit 61 formell die Klanoberhauptschaft zugunsten seines zu diesem Zeitpunkt erst 16jährigen Sohnes Motozane zurück, wobei auch in diesem Fall der zurückgetretene Va-

---

rote Lacktische (*taiban*), die bei wichtigen Zeremonien verwendet wurden; das neue Clanoberhaupt bekam auch das Siegel des Clanoberhauptes (*chōja-in*); und etwas später, nach der Zeit von Tadazane im 12. Jh., wurde auch eine *denka no watari-ryō* genannte Gruppe von vier Ländereien zu diesem Zeitpunkt der Kontrolle des neuen Oberhauptes übergeben (Hurst 1976:15–16).

[178] Laut *Gonijō Moromichi-ki*, dem Tagebuch des Fujiwara no Moromichi, Eintragung für Kahō 1.3.9 (1094); nach Hurst 1976:147–148.

[179] Eindrucksvoll zeigt sich dies am Beispiel des Fujiwara no Kunitsune, der seinem jungen Neffen, Sohn des Regenten, politisch wie innerfamiliär unterlegen ist, vgl. KM IV (22/8):239–242, vgl. S. 373f.

[180] Siehe S. 428.

[181] Hurst 1976:168–169, 192.

ter schon aufgrund der Jugend seines Nachfolgers wohl einen Teil seiner Macht über den Klan behielt und der Sohn auf seinen Rat zu hören zweifellos gut beraten war.[182] Allgemein führte sicherlich auch die Tatsache, daß die bejahrten Adeligen nach dem Rücktritt von ihren öffentlichen Ämtern entweder in abgelegenere Residenzen zogen[183] oder überhaupt die Mönchsgelübde ablegten oder sich ins Kloster zurückzogen[184], dazu, daß sie wohl gleichzeitig auf ihre Position als Haushaltsvorstände zugunsten ihrer Söhne verzichteten. So waren im Adel zumindest Vorformen des *inkyo*, des Rücktritts des Haushaltsvorstandes, gegeben, die die Verantwortung für die Führung des Haushalts noch zu Lebzeiten der Eltern in die Hände der erwachsenen Kinder legten. Wieweit dies auch im Volk verbreitet war, geht aus den Quellen nicht hervor[185], doch deuten manche Eintragungen in den Chroniken daraufhin, daß ähnliche Formen zumindest auf der Ebene der niederen Distriktbeamten existierten[186].

5.2.7. Wirtschaftliche Interessenskonflikte

Interessenskonflikte zwischen erwachsenen Kindern und betagten Eltern konnten aber natürlich nicht nur hinsichtlich des vom jeweils anderen erwarteten Verhaltens auftreten, sondern auch in wirtschaftlicher Hinsicht. Hatten die Gesetze einen solchen Interessenskonflikt von vornherein auszuschalten bzw. zugunsten der älteren Generationen zu regeln gesucht, indem sie die Verwaltung des Familienbesitzes ausschließlich in die Hände des Haushaltsvorstandes legten, der gleichzeitig das Familienoberhaupt und somit ein Angehöriger der ältesten Generation sein sollte, so zeigt sich anhand der literarischen Quellen, das eine solche Vormachtstellung der älteren Generationen in wirtschaftlichen Belangen in der Praxis wohl nicht unbestritten war. Einen Konflikt um materielle Besitztümer zwischen einem

---

[182] Hurst 1976:188–189.

[183] Wie dies in den verschiedensten Chroniken im Zusammenhang mit Rücktritten immer wieder erwähnt wird (Hozumi 1978:167–168). Vgl. etwa Kaneakira Shinnō, der sich im Alter an den Kameyama zurückziehen wollte (vgl. S. 441). Siehe auch den Ausdruck *kyūen* für den Ort, an dem man den Ruhestand verbringt (vgl. S. 444, FN 133).

[184] Vgl. S. 510ff., 517.

[185] Murai (1984:10) fand in den von ihm untersuchten 308 in Nara-zeitlichen Haushaltsregistern eingetragenen Haushalten einen einzigen Fall, in dem ein über 60jähriger Mann lebte, während sein Sohn der Haushaltsvorstand war. Bei diesem ist denkbar, daß er ins Ausgedinge gegangen war.

[186] Hozumi 1978:168.

greisen Vater und einer jungen Tochter schildert nicht nur das *Ochikubo monogatari*, wo er zugunsten der jüngeren Generation ausgeht[187], sondern auch das *Eiga monogatari* an der historischen Persönlichkeit des Fujiwara no Akimitsu und seiner Tochter:

Weil Akimitsu schon erbärmlich alt und verkalkt war (*asamashiku oiboretamaite*) und seine Tochter Genshi beschimpfte, stritten sie jetzt darüber, was mit dem Horikawa-Palast geschehen sollte.[188]

Während solche wirtschaftlichen Interessenskonflikte in den Quellen, die das Leben des Hofadels zum Inhalt haben, nur am Rande geschildert werden, sind sie in den Legendensammlungen, die sich auch mit dem Leben des einfachen Volkes beschäftigen, häufiger. Wie im Rahmen der Besprechung des Obasuteyama-Motivs[189] bereits eingehend behandelt, wurde hier der Widerwille der jüngeren Generationen, für die alten Verwandten zu sorgen, insbesondere dann, wenn diese nicht direkt Vater oder Mutter waren, häufig thematisiert, und in den buddhistischen Legendensammlungen fand das Motiv der Weigerung der Kinder, für den Lebensunterhalt der betagten Eltern aufzukommen, verhältnismäßig häufig Verwendung, wie etwa in der folgenden:

Wie eine Frau aus der früheren Hauptstadt ihrer Mutter keine kindliche Pietät entgegenbrachte und dafür sichtbar-gegenwärtig bestraft wurde

Es ist nun schon lange her, zur Zeit der alten Hauptstadt, da lebte eine Frau. Sie kannte keine kindliche Pietät und nährte ihre Mutter nicht (*kyōyō no kokoro naku shite haha wo yashinawazarikeri*).

Die Mutter dieser Frau war Witwe, in ihrem Haushalt mangelte es an Eßbarem, und als sie eines Tages kein Essen bereitet hatte, da dachte sie: „Ich will zum Haus meiner Tochter gehen und sie um Essen anbetteln", ging hin und sagte: „Gibt es etwas zu essen. Ich möchte etwas essen." Da sagte die Tochter: „Wir haben gerade nur etwas für meinen Mann und mich; es ist nichts da, was wir dir zu essen geben könnten", und gab ihr nichts. Die Mutter hatte ein kleines Kind bei sich. Dieses nahm sie in die Arme und ging wieder zu sich nach Hause. Wie sie so zum Straßenrand blickte, da sah sie dort eingewickelt Essen liegen. Sie hob es auf, nahm es mit nach Hause, und als sie es gegessen hatte, da war auch ihr Hunger weg. Wo sie schon gedacht hatte, an diesem Abend nichts mehr zu essen zu bekommen und hungern zu müssen, war sie glücklich, doch noch etwas essen haben zu können und schlief ein.

Als bereits die Hälfte der Nacht vergangen war, da klopfte es an ihrer Tür und jemand rief: „Deine Tochter schreit gerade laut: ‚Ich habe eine Nadel in der Brust! Ich sterbe! Helft mir, bitte!' " Die Mutter hörte dies zwar, doch weil es mitten in der Nacht war, ging sie nicht sofort, und die Tochter starb schließlich. Sie war gestorben, ohne ihre Mutter wiedergesehen zu haben.

Dies ist wirklich in höchstem Maße sinn- und zwecklos. Wer stirbt, ohne seiner Mutter kindliche Pietät entgegengebracht zu haben (*haha ni kyōyō sezu shite shinureba*), fällt sicher

---

[187] Vgl. S. 295.

[188] EM II:33, s.a. McCullough 1980:523.

[189] Vgl. S. 215ff.

im nächsten Leben in eine der Niederen Welten. Wo sie ihren Teil hätte abgeben und der Mutter zu essen hätte geben sollen, aßen sie und ihr Mann alles selber auf und gaben der Mutter nichts; wer so stirbt, handelt sich die Strafe des Himmels ein. Wie es ergreift, daß sie noch am selben Tag die sichtbar-gegenwärtige Vergeltung dafür erfuhr.

Daß alle Menschen dieser Welt ihren Müttern und Vätern kindliche Pietät entgegenbringen sollten (*bumo ni kyōyō subeki nari*), ist erzählt und überliefert worden.[190] Dabei wird ein solches Verhalten dem moralisierenden Zweck dieser Legenden entsprechend natürlich bestraft. Doch ist bemerkenswert, daß die alte Mutter keineswegs das Vermögen ihrer Tochter kontrolliert. Das gleiche gilt für eine weitere Legende, die von einem Studenten berichtet, der sich weigerte, seine mittellose Mutter zu ernähren:

Wie ein böser Mensch unkindlich die Mutter, die ihn gesäugt (*chibusa no haha*), nicht ernährt (*kyōyō sezu shite*) und sichtbar-gegenwärtig schlimmen Todes Vergeltung empfängt
Im Distrikt Sofu no kami in der Provinz Yamato lebte ein böser Mensch. Sein eigentlicher Name ist nicht bekannt geworden. Landläufig nannte man ihn Miyasu. Dieser zählte zur erlauchten Zeit der im Palaste zu Naniwa die Welt regierenden himmlischen Majestät [Kōtoku Tennō] zu den Studierenden. Übereifrig studierte er konfuzianische Bücher und Kommentare und ernährte nicht seine Mutter. Die Mutter borgte des Sohnes Reis, konnte aber nichts dafür geben. Da ward Miyasu plötzlich zornig, setzte ihr zu und forderte ihn von ihr zurück. Die Mutter war auf dem Erdboden, der Sohn saß auf dem erhöhten Platz. Die Gefährten sahen es und konnten die Dinge nicht einfach so auf sich beruhen lassen. Sie redeten mit ihm und sprachen: „Guter Mann! Warum tust du anders, als kindliche Pietät es will (*kyō ni tagau*). Andere bauen für Vater und Mutter Tempel, errichten Pagoden, erstellen Buddhas, schreiben Sutren, bitten die Schar der Priester herbei und bereiten ihnen einen stillen Aufenthalt. Dein Haus ist reich an Gütern; Reiskorn zu leihen, ist reichlich da. Warum tust du anders, als es die Bildung will, und erweisest der eigenen Mutter nicht kindliche Liebe (*kyō sezaru*)?" Miyasu unterwarf sich dem nicht, sondern sagte: „Das geht mich nichts an." Da bezahlten sie an der Mutter Statt alles zurück, brachen gemeinsam auf und gingen rasch davon. Die Mutter zeigte ihre Brüste, weinte und sprach: „Dich zu ernähren, habe ich weder Tag noch Nacht geruht. Nun muß ich sehen, wie andere Leute das dem Sohn angetane Gute vergelten; mein Sohn aber tut, wie er tut, bedrängt mich und tut mir Schande an. Wie sehr ich es auch anders erhoffe, so geschieht es nicht nach meinem Herzenswunsch. Du forderst von mir den Reis, den ich geliehen. So will ich meinerseits den Wert der Milch fordern. Das Verhältnis Mutter und Sohn hat mit dem heutigen Tag geendet. Der Himmel weiß es. Die Erde weiß es! Oh, traurig ist es! Wie tut es weh!" Da sprach Miyasu kein Wort, stand auf, ging ins Haus hinein, nahm die Schuldverschreibungen und vernichtete sie alle im Garten. Danach jedoch ging er in die Berge, irrte umher, wußte nicht, was er tat; mit wirrem Haar, den Körper voll Wunden, lief er verstört nach Osten und nach Westen, kam wieder den Weg zurück, doch blieb nicht im eigenen Haus. Drei Tage danach entstand plötzlich ein Feuer, und die inneren und äußeren Gebäude und Speicher gingen in der einen Stunde bis zum letzten in Flammen auf. Zuletzt konnte er Frau und Kinder nicht mehr ernähren und ohne Platz, wo er hätte hingehen

---

[190] KM IV (20/32):195. Die gleiche Erzählung war früher bereits in das *Nihon ryōiki* aufgenommen worden (NR (1/24):126—129, s.a. Bohner 1934—5:92—93), wobei der einzige wesentliche Unterschied darin besteht, daß die Version des *Konjaku monogatari* die Bedürftigkeit der Mutter stärker betont, indem es davon spricht, die Mutter hätte nichts Eßbares zu Hause gehabt, während die *Nihon ryōiki*-Version nur davon spricht, die Mutter hätte keine Fastenspeise zubereiten können.

können, starb Miyasu schließlich an Hunger und Kälte. Daß die sichtbar-gegenwärtige Vergeltung nicht lange auf sich warten läßt, wie sollte man das nicht glauben? Darum heißt es in der Schrift: „Wer Vater und Mutter keine kindliche Liebe erweist (*fukyō no shusei*), der stürzt gewiß in die Hölle. Wer Vater und Mutter kindliche Liebe erweist (*chichihaha ni kyōyō sureba*), der wird im Reinen Lande wiedergeboren." Das ist klar und deutlich von Nyorai gesagt, ein wahres Wort des Großen Gefährtes.[191]

Der unkindliche Sohn wird natürlich für seinen Mangel an kindlicher Pietät gegenüber seiner alten Mutter bestraft, wie es dem erbaulichen Zweck dieser Art von Erzählungen entspricht. Dabei muß aber gleichzeitig festgehalten werden, daß die Tatsache, sich von den Kindern Dinge zu borgen und nichts dafür zurückzugeben, in zahlreichen Legenden für die Eltern Grund war, schlimme Vergeltung zu empfangen.[192] Sogar unter den *Konjaku monogatari*-Legenden jenes Kapitels, das die Überschrift „kindliche Pietät" trägt, sind solche Erzählungen zahlenmäßig stärker vertreten, als solche, die sich tatsächlich mit kindlicher Pietät auseinandersetzen. Endō und Kasuga meinen, man könnte sich anhand dieser wiederholten Erzählungen, in denen Eltern Dinge von ihren Kindern leihen, ohne dann etwas dafür zurückzugeben und für dieses offensichtliche Vergehen bestraft werden, das Leben des Volkes unter dem *Ritsuryō*-Staat anschaulich vorstellen.[193] Zum zweiten ist auffällig, daß der Sohn von seiner Mutter, die offenbar nichts hat, womit sie für ihren Unterhalt aufkommen könnte, Schuldverschreibungen für den ihr geborgten Reis entgegennimmt. Er wird zwar für seinen Mangel an kindlicher Pietät bestraft, indem er verrückt wird und schließlich stirbt. Doch geschieht dies eher, weil er starrköpfig auf der

---

[191] NR (1/23):124—127, s.a. Bohner 1934—5:91—92. Das Zitat stellt wohl eine Zusammenfassung der Aussagen dar, die in verschiedenen Kapiteln des *Kan-muryōju-kyō* aufscheinen, eines buddhistischen Sutra, das besonders in den japanischen Reinen-Land-Sekten von Bedeutung ist (NR:127, A.14). Eine ähnliche Version der gleichen Legende gibt auch KM IV (20/31):194—195.

[192] Auch in der Legende *Nihon ryōiki* 1/10 (NR:97—101) wird ein Elternteil, das von seinem Kind Reis entlehnt bzw. nimmt, ohne etwas dafür zurückzugeben, dafür im nächsten Leben zum Ochsen. Ähnliche Legenden finden sich bereits im *Ming bao ji*, einer chin. Sammlung buddhistischer Legenden des 7. Jh.s, die vielfach als Vorbild für das *Nihon ryōiki* fungierte, wurden aber auch häufig in japanische Sammlungen aufgenommen, etwa ins *Fusō ryakki* des Kōen, das chronologisch für den Buddhismus wichtige Ereignisse in der Zeit von Jinmu bis Horikawa Tennō behandelt, Abschnitt Saimei (NR:97 A), sowie in KM III (14/37):327—328. Bei der Legende *Nihon ryōiki* 2/15 (NR:219—223) handelt es sich ebenfalls um die Geschichte einer Frau, die Dinge, die ihrem Sohn gehören, stiehlt und dafür im nächsten Leben zur Kuh wird, wobei es auch hier Entsprechungen zu *Sanbō ekotoba* 2/11, einer 984 fertiggestellten Sammlung buddhistischer Legenden (NR:219 A), DNHK (3/106):186—188 sowie KM III (12/25):166—168, gibt.

[193] NR:124, A.10.

Rückzahlung der Schulden besteht, obwohl er selbst vermögend ist, während die Mutter mittellos dasteht; die Tatsache an sich, von seiner Mutter Schuldverschreibungen für Reis zu verlangen, den diese zum Leben notwendig braucht, scheint dabei aber keineswegs so undenkbar gewesen zu sein wie man hätte meinen können.

5.2.8. Distanz zwischen Eltern und Kindern

Es zeigt sich an dieser offenkundigen Trennung des Vermögens und Besitzes eine gewisse Distanz zwischen erwachsenen Kindern und betagten Eltern, die auch sonst in den Quellen zum Teil bestätigt wird. Die Romane schildern nicht nur innerhalb der Familien ausbrechende Generationenkonflikte, mitunter betonen sie einfach eine mögliche Distanz zwischen alternden Eltern und erwachsenen Kindern. Teils werden besonders innige Beziehungen zwischen erwachsenen Kindern und betagten Eltern eher als die Ausnahme denn als die Regel beschrieben, ja es kommt sogar vor, daß derlei enge Beziehungen als ungünstig charakterisiert werden, wie im Fall von Ochiba und ihrer Mutter aus dem *Genji monogatari*:

Mutter und Tochter verstanden einander gut, und es lag nichts Trennendes zwischen ihren Herzen. In den alten Geschichten ist oft die Rede von Menschen, die zwar anderen ihre Geheimnisse anvertrauen, sie aber vor ihren Eltern geheimhalten, doch Ochiba wollte vor ihrer Mutter durchaus nichts verbergen.[194]
[Ochibas Mutter ist verstorben, und Ochiba ist über diesen Verlust verzweifelt.]
Ihre Gesellschaftsdamen, die mitansahen, wie sie litt, dachten: „Natürlich, sie war ihre Mutter, aber zwischen Eltern und Kindern sollte es besser keine so innigen Beziehungen geben!", und ihre maßlose Trauer als höchst unheilvoll erachtend, beklagten sie sie zutiefst.[195]

Zum Teil ist es die besondere Zuneigung der erwachsenen Kinder zu den jeweiligen Ehepartnern, die sie von den Eltern unter Umständen entfremdet, wie etwa die folgende Passage aus dem *Genji monogatari* nahelegt:

[Kashiwagi ist aus Reue über seine Tat — er hat Onna San no Miya, Genjis Frau, geschwängert — schwer erkrankt. Seine Eltern wollen ihn zu sich in ihr Haus holen, doch findet er den Gedanken, seine Frau Onna Ni no Miya allein zu lassen, unerträglich.]
Auch deren Mutter war es schwer ums Herz, und sie sagte zu ihm: „In der Welt ist es doch üblich, daß man die Eltern Eltern sein läßt, und sich von seiner Frau, komme was da wolle, nicht trennt! Es besorgte mich zutiefst, wenn Ihr sie nun verlassen und bis zu Eurer Genesung in das Haus Eurer Eltern ziehen wolltet! Laßt Euch doch hier gesundpflegen!"[196]

---

[194] GM IV:109, s.a. Benl 1966b:275.

[195] GM IV:133, s.a. Benl 1966b:296.

[196] GM III:416, s.a. Benl 1966b:189. Mit der besonderen Nähe der erwachsenen Kinder zu ihren Ehepartnern, die sie ihren betagten Eltern zunehmend entfremdet, argumentiert

Wie die Liebe zu seiner Frau einen Mann gar zum Muttermord verleitet, schildert eine Legende aus dem *Nihon ryōiki*:

Wie ein böse-widerspenstiger Sohn aus Liebe zu seiner Frau plant, seine Mutter zu töten und sichtbar-gegenwärtiger Vergeltung schlimmen Todes betroffen wird
Shiki no Himaro war ein Mann aus dem Ort Kamo im Distrikt Tama in der Provinz Musashi. Himaros Mutter war eine Matoji von Kusakabe. Zu der erlauchten Zeit der himmlischen Majestät Shōmu wurden Himaro und Ōtomo (Name und Titel sind nicht bekannt) zu Grenzwachen in Tsukushi bestimmt. Drei Jahre waren dort zu verbringen. Die Mutter folgte dem Sohne und lebte mit ihm zusammen. Seine Frau aber blieb im Lande und hütete das Haus. Da mußte sich Himaro von seiner eigenen Frau trennen. Da er diese Frau aber über alle Maßen liebte, ersann er einen frevlerischen Plan: ich werde, dachte er, meine Mutter töten, in Trauerkleidern kommen, vom Dienst befreit werden, zurückkehren und mit meiner Frau zusammen leben. Der Mutter Natur war ein Herz, das Gute zu tun. Der Sohn redete zur Mutter und sprach: „In den Bergen im Osten findet für sieben Tage eine große geistliche Versammlung statt, da über das Gesetzesblüten-Sutra gesprochen wird. Wie ist's, Mutter, wollen wir hingehen und hören?" Die Mutter ward betrogen; sie dachte, die Sutren zu hören; glaubensvoll badete sie, machte sich rein und ging mit in die Berge. Da starrte der Sohn die Mutter mit Stieraugen an und sprach: „Knie auf den Boden nieder!" Die Mutter sah des Sohnes Gesicht, antwortete und sprach: „Was ist's, was du da sagst? Bist du am Ende vom Teufel besessen!" Der Sohn zog das Quermesser heraus und wollte die Mutter erschlagen. Da kniete sie vor dem Sohne hin und sprach: „Wer Bäume pflanzt, des Sinnen ist, ihre Früchte zu ernten und in ihrem Schatten geborgen zu sein. Wer ein Kind ernährt, des Sinnen ist, des Kindes Kräfte zu ernten und von dem Kind ernährt zu werden. Warum, mein Sohn, zeigst du, als ob dieser Baum nun doch nicht vor dem Regen schützte, wider alles Erwarten nun ein anderes Herz?" Der Sohn aber hörte letztlich nicht. Da ward die Mutter ganz niedergeschlagen, zog die Kleider aus, die sie trug, legte sie an drei Plätze, kniete vor dem Sohn nieder, tat ihren letzten Willen kund und sprach: „Um meinetwillen hab Geduld! Ehrerbietig sei ein Kleid genommen, du als mein ältester Sohn empfange es! Ein Kleid sei meinem mittleren Sohn zum Geschenk gegeben! Ein Kleid sei meinem jüngsten Sohn zum Geschenk gegeben!" Der widerspenstige Sohn aber schritt vor und wollte der Mutter den Kopf abschlagen, da spaltete sich die Erde und er stürzte hinab. Da fuhr die Mutter auf, schritt vor, ergriff des stürzenden Sohnes Haar, schlug die Augen zum Himmel auf und flehte unter Tränen: „Von etwas besessen, hat mein Sohn das getan! In Wahrheit ist sein Herz nicht so. Ich flehe, vergebt die Schuld!" und packte das Haare und suchte, den Sohn zu halten. Doch am Ende sank der Sohn hinab. Die Haare in den Händen, kehrte die erbarmungsvolle Mutter nach Hause zurück und ließ um des Sohnes willen die Totenfeier vorbereiten, tat die Haare in ein Behältnis und stellte es vor dem Buddha-Bildnis auf. Sorgend ließ sie Gesang und Rezitationen vollbringen. Tief ist der Mutter Erbarmen. Weil tief es ist, wendet es dem widersprenstig bösen Sohne ein

---

auch eine Figur einer Legende des *Konjaku monogatari*, die allerdings in Indien angesiedelt ist: „[Der reiche Manzai fordert seinen Sohn auf, seine Frau fortzuschicken, weil er fürchtet, es drohe ihnen Böses von Buddha, dem sie ursprünglich versprochen gewesen war.] Der Sohn sprach: ‚Es ist doch so in dieser Welt der Vergänglichkeit, daß die Eltern vor den Kindern sterben. Meine Eltern sind zudem schon alt (*toshi oitari*), und sie könnten jeder Zeit sterben. Ich hingegen kann es auch nur kurze Zeit nicht ertragen, meine geliebte Frau nicht zu sehen. Wenn wir schon sterben müssen, so wollen wir Hand in Hand sterben, aber fortschicken will ich sie nicht!' und weigerte sich, sie fortzulassen..." (KM I (1/13):81, s.a. Dykstra 1986a:100—101).

mitleidvolles Herz zu und übt seinethalben gute Werke. Man wisse wahrhaft: Der Sünde des Unkindlichen (*fukyō*) ist die Vergeltung sehr nahe. Des Böse-Widerspenstigen Sünde trifft unweigerlich Vergeltung.[197] Aufschlußreich in dieser Hinsicht mag etwa auch der folgende von Sei Shōnagon im *Makura no sōshi* wiedergegebene Vorfall sein, der von einem auch für den nicht-konfuzianischen Leser wohl übermäßigen Mangel an kindlicher Pietät zeugt:

Ein Offizier der Garde zur Rechten hatte einen völlig unbedeutenden nichtswürdigen Mann zum Vater (*otokooya*) und da er fürchtete, dies könnte ihm in den Augen der Welt Schande bereiten, hatte er ihn, als er aus der Provinz Iyo in die Hauptstadt zurückkehrte, in die Fluten gestürzt. „Wozu ein Mensch fähig sein kann!", entsetzten sich alle, und als er am 15. Tag des 7. Monats zu Obon für die Errettung der Seelen betete, da dichtete der Acārya Dōmei: „Der seinen Vater/ in die Meeresfluten gestürzt,/ ihn nun das Bon-Fest/ halten zu sehen,/ wie erregt es unser Mitleid!"[198]

Die Kommentare unterstreichen natürlich, daß der Offizier ein rauher Provinzsoldat war, von dem dergleichen Fehlverhalten zu erwarten war, und sicherlich handelte es sich dabei um einen überaus seltenen Vorfall. Bemerkenswert ist aber, daß der Mann allen Anscheines nach in Freiheit gelassen wurde, um das Bon-Fest zu begehen, obwohl Elternmord von Gesetzes wegen eines der schwerwiegendsten Verbrechen überhaupt war[199] und im zeitgenössischen China der Offizier zweifellos zu der schmerzhaftesten und beschämendsten Form der Hinrichtung verurteilt worden wäre.[200] Bemerkenswert ist darüber hinaus, daß Sei Shōnagon, die ja sonst mit Kommentaren zu den von ihr vorgetragenen Geschichten nicht spart, zu dem Verhalten des Offiziers offenbar nichts zu sagen hat, ihr kein Wort der Empörung über die Lippen kommt.[201]

---

[197] NR (2/3):178—183, s.a. Bohner 1934—5:109—110.

[198] MS (307):316—317.

[199] Vgl. oben, S. 240f.

[200] Im vorliegenden Fall scheint aber, zumindest soweit wir es wissen können, seine einzige Strafe darin bestanden zu haben, daß der Mönch Dōmei ein Gedicht über ihn verfaßte, das einigen Kommentatoren zufolge obendrein im wesentlichen auf einem Wortspiel mit dem Wort *bon* beruhen soll, das einerseits für das buddhistische Totenfest und andererseits vielleicht lautmalerisch für das Geräusch, das der Vater machte, als er auf das Wasser aufprallte, stehen soll (z.B. Kaneko 1935:1045).

[201] Siehe Morris 1969:96—97, der aus dieser Episode ebenfalls den Schluß zieht, daß obwohl die grundlegenden konfuzianischen Prinzipien den Menschen aus Murasakis Kreisen durchaus geläufig waren und auch als integraler Bestandteil ihrer intellektuellen Ausrüstung von ihnen akzeptiert wurden, die konfuzianischen Gebote sie nicht allzusehr belasteten, wenn es um ihr tatsächliches Verhalten ging.

5.2.9. Die Rolle der Großeltern

Völlig anders geartet als die Schilderung der durchaus spannungsträchtigen Beziehungen zwischen erwachsenen aufstrebenden Kindern und alternden Eltern ist jene, die die Heian-zeitliche Belletristik von denen zwischen Großeltern und Enkeln gibt. Sie ist durch eine besonders zärtliche Liebe der Großeltern zu den Enkelkindern gekennzeichnet, die unter anderem darin ihren Ausdruck findet, daß sie sehr häufig mit ihren Enkeln spielend porträtiert werden, wie etwa im *Genji monogatari* der Held selbst:

[Genjis Tochter Akashi, inzwischen Frau des Kronprinzen, findet sich zur Geburt eines Kindes im Hause ihres Vaters ein.]
Die Kinder, die sie so nach und nach gebar, waren wirklich alle sehr hübsch anzusehen, und Genji war so glücklich darüber, daß es sich derart doch gelohnt hatte, so alt zu werden (*suguru yowai no shirushi*), daß er gar nicht genug davon bekommen konnte, mit ihnen zu spielen.[202]

Von einer kinderliebenden Seite konnte man den Helden zwar auch schon früher im Roman erleben[203], doch weder mit seinem Sohn Yūgiri, der ihm ja relativ früh – Genji war zu jener Zeit der inneren Chronologie des Romans zufolge 22 Jahre alt – geboren worden war, noch später mit seiner Tochter Akashi, der Mutter jener Enkel, die ihm nun so viel Freude zu bereiten scheinen, dürfte Genji in ihrer Kinderzeit ein besonders inniges Verhältnis gehabt haben, seine Zusammentreffen mit ihnen sind nur episodenhaft und rühren gerade deshalb. Nun aber, mit seinen Enkeln, scheint er das längere Beisammensein mit kleinen Kindern eifrig nachzuholen und ist darüber so beglückt, daß er darin gar den Lohn dafür sieht, alt geworden zu sein. Zu diesem Zeitpunkt ist er gerade 46 Jahre alt, in einem kalendarischen Alter also, von dem man ja in der Heian-Zeit nicht unbedingt meinte, es sei außerordentlich hoch. Warum muß Genji ausgerechnet im Zusammenhang mit seinen Enkeln an sein Alter denken und spricht von ihnen als von einem *suguru yowai no shirushi*, in der obigen Übersetzung mit ‚daß es sich derart also doch gelohnt hatte, so alt zu werden' wiederge-

---

[202] GM III:409–410, s.a. Benl 1966b:184.

[203] Seinen kleinen Sohn Yūgiri etwa, der im Haus seines Großvaters mütterlicherseits aufwuchs, hatte er nach dem Tod seiner Frau und dessen Mutter Aoi, gelegentlich besucht, so z.B. vor seiner Verbannung nach Suma, und die Schilderung dieses Zusammentreffens ist in durchaus rührenden Worten gehalten (Benl 1966a:365). Auch bei seinen ersten Begegnungen mit seiner Tochter Akashi, die ja erst mit zwei, drei Jahren zusammen mit ihrer Mutter in die Hauptstadt gekommen war und die er auch erst zu diesem Zeitpunkt kennengelernt hatte, wird Genji als durchaus liebevoller und zärtlicher Vater geschildert (Benl 1966a:539).

Die Rolle der Großeltern 313

geben[204]? Eine andere Passage des gleichen Romans mag darüber Aufschluß geben. Als Tamakazura Genji anläßlich seines Erreichens des 40. Lebensjahres besucht, läßt die Autorin ihn sagen, die Geburt der Enkel und damit die Tatsache, daß auch er nun Großvater geworden ist, bringe ihm erst so recht zu Bewußtsein, daß auch er allmählich älter wird, wiewohl er sonst noch nicht viel davon gemerkt haben will[205], und dies zu einem Zeitpunkt, da er – und das mußte dem Leser auch deutlich bewußt sein, ist doch ständig die Rede von den vielen Vorbereitungen und Feiern anläßlich seines 40. Lebensjahres – gerade 39 Jahre alt ist, also zwar an der Schwelle zum Alter steht, aber deswegen noch lange kein Greis ist. Daß ihm gerade die Tatsache, daß ihm Enkel geboren werden, sein fortschreitendes Alter bewußt werden läßt, legt die Vermutung nahe, daß wir es hier mit einem ähnlichen Phänomen zu tun haben, wie es auch in der europäischen Kultur bekannt ist, daß nämlich Menschen sich von dem Moment an, wo sie Großeltern werden, zu den Alten zu rechnen beginnen, egal wie alt sie tatsächlich auch sein mögen. Analog dazu scheint es, als ob auch für den Heian-zeitlichen Adel der Eintritt in die ‚großelterliche Phase' einen wichtigen Einschnitt im Lebenszyklus des einzelnen darstellte und, neben anderen wie dem kalendarischen Alter, zu jenen wichtigen Kriterien zählte, die das reife Erwachsenenalter vom höheren Alter trennten[206]. Subtil und verschlüsselt klingt eine solche Vorstellung auch in einer Stelle des *Utsuho monogatari* an, in der die Titelheldin, als sie mit der Eifersucht des Tenno, der sie noch immer liebt, auf alle, die mit ihr Umgang haben, konfrontiert wird, in ihrer Eigenschaft als Großmutter von einem ‚Alterswettstreit' (*yowaikurabe*) spricht:

[Anläßlich der Geburt Inumiyas, Tochter Nakatadas und der Ersten Prinzessin, einer Tochter des Tenno, schreibt der Tenno der Großen Hofdame, Nakatadas Mutter und somit

---

[204] Der Begriff *shirushi* ist vieldeutig und seine Bedeutungen reichen von ‚äußerem Zeichen für einen bestimmten Sachverhalt' über ‚Omen' bis zu ‚sichtbarem Beweis einer jenseitigen Kraft' und ‚Resultat, Sinn, Effekt, Lohn einer bestimmten Handlung' reichen (NKD 2:77–78). Da Genji sich in dieser Passage ja über seine Enkel freut, ist zwar sicherlich anzunehmen, daß, wie auch die Übersetzung ins Modernjapanische in der Anmerkung zu dieser Stelle angibt, das Wort *shirushi* hier vornehmlich in der letzteren Bedeutung gemeint ist. Ganz kann aber auch ein Mitschwingen der Bedeutung ‚äußeres Zeichen' nicht ausgeschlossen werden, insbesondere in Anbetracht der Vorliebe für Bedeutungsüberschneidungen, wie sie ja die Literatur dieser Zeit in ihren Gedichten, aber auch sonst, kennzeichnet.

[205] GM III:242; vgl. S. 20.

[206] Entsprechend, daß nämlich die Enkelkinder das ‚Zeichen' dafür sind, daß man alt geworden ist, läßt sich letztendlich auch die in der eingangs erwähnten Passage aus dem *Genji monogatari* gebrauchte Formulierung *suguru yowai no shirushi* deuten.

Inumiyas Großmutter, die er schon immer verehrt hat und auch gern geheiratet hätte, einen Brief, in dem er die Gelegenheit, ihr Glückwünsche zu dem freudigen Anlaß eben der Geburt der Enkelin zukommen zu lassen, dazu benutzt, ihr seine noch immer wache Sehnsucht und Eifersucht zu offenbaren. Auf dieses nun antwortet die Große Hofdame:]
„Voll Ehrfurcht habe ich Euren Brief gelesen. Hier bei der Ersten Prinzessin verläßt Nakatada sich ganz auf mich... Ihr sprecht davon, hier bei mir hätte sich so manches ereignet, worauf Ihr gar eifersüchtig seid, was könnt Ihr damit nur gemeint haben? Ob es Euch wohl darum ging, unser beider Alter messen zu wollen (*yowaikurabe*)? ..."[207]

Geschickt deutet die Große Hofdame die Eifersucht des Tenno in Zusammenhang mit dem vordergründigen Sinn seines Briefes, der sich ja als Glückwunschbrief zur Geburt der Enkelin versteht, und überhört die Zweideutigkeit. „Ihr könnt nur die Geburt meiner Enkeltochter gemeint haben", gibt sie ihm zu verstehen, „Ihr wollt auf unser beider fortgeschrittenes Alter anspielen!" Dabei ergibt sich aber ihr beiderseitiges Altsein vor allem aus der Tatsache, daß sie soeben Großeltern geworden sind, und sie benutzt diesen Sachverhalt dazu, den Tenno darauf aufmerksam zu machen, daß ihnen beiden daher derlei verliebtes Getue nicht mehr so recht zu Gesicht steht. Sowohl die Große Hofdame – sie ist der inneren Chronologie des Romans zufolge in ihrem 38. Lebensjahr – als auch der Tenno – er dürfte nur unbedeutend älter als sie sein – sind natürlich, wenn auch nicht mehr die jüngsten, so doch noch lange keine Greise. Daß ihnen aber nun nichts mehr anderes bleibt, worauf sie einander neidisch oder gar eifersüchtig sein könnten, als wer von ihnen beiden ein höheres Alter bzw. einen deutlicheren Beweis dafür vorzuweisen habe, gründet sich auf nichts anderes als die Geburt der Enkelin.

Auch mit der besonderen Zärtlichkeit für seine Enkel und der vielen Zeit, die er auf das Spielen mit ihnen aufwendet, steht Genji in der Heianzeitlichen Literatur nicht alleine da. Da sind zum einen Großmütter, die in ihren Enkeln die einzige Freude sehen, die ihnen in ihrem Alter noch geblieben ist, so zum Beispiel die alte Ōmiya aus dem *Genji monogatari*, die völlig verzweifelt ist, als ihr Sohn ihre Enkelin ihrer Obhut entzieht[208]. Auch die Mutter des Helden Nakatada aus dem *Utsuho monogatari* sieht in ihren Bemühungen um die Ausbildung ihrer Enkelin Inumiya den wesentlichen Zweck ihres fortgeschrittenen Alters:

Alt wie ich nun bin,	*Oi no yo ni*
meinen Lebensabend zu erfüllen	*nagarete kiyoki*
will sehen, daß der Baum Früchte trägt	*kuretake no*

---

[207] UM II:271.

[208] GM II:300; vgl. S. 90.

und der kaiserlichen Enkelin Koto-Spiel　　　*sue no yo ni koso*
Ruhm erlangt in dieser Welt.　　　　　　　　*musubu na mo tate*"[209]

Beglückt über das Beisammensein mit der Enkelin wird auch die Großmutter Akashis im *Genji monogatari* geschildert:

Ihre Großmutter, die Nonne, war inzwischen sehr vergreist (*hokebito*). Daß sie nun die Schwangerschaft ihrer Enkelin miterleben durfte, machte sie glücklich wie ein schöner Traum. Sie konnte deren Niederkunft kaum noch erwarten und gewöhnte sich an, die Enkelin auch zu den unpassendsten Zeiten zu besuchen. Bisher war bei dieser vor allem ihre Mutter erschienen, doch diese hatte ihr kaum je etwas von der Zeit vor ihrer Geburt erzählt; die Nonne aber konnte vor Freude überhaupt nicht an sich halten, und so schwatzte sie jedes Mal, wenn sie bei ihrer Enkelin war, unter Tränen und mit zittriger Stimme von den alten Tagen (*furumekashiki kotodomo*). Der jungen Akashi war sie zunächst sehr merkwürdig und eher unangenehm erschienen, und sie hatte sie anfangs nur wortlos angestarrt und ihr zerstreut zugehört, und selbst das wohl nur deswegen, weil man ihr gesagt hatte, daß dies ihre Großmutter sei, doch bald gewann sie sie lieb und plauderte vertraut mit ihr.[210]

Auch die historische Figur der Bokushi, der Mutter von Rinshi, der Hauptfrau Fujiwara no Michinagas, wird im *Eiga monogatari* als über die Karriere ihrer Enkel und Urenkel besonders beglückt dargestellt, sie vermeint sogar, diesem ihrem Glück ihr außergewöhnlich langes Leben zu verdanken[211]. Daher drängt es die Großmütter, mit den kleinen Enkeln oder gar Urenkeln beisammen sein zu können, wobei diese ihre Sehnsucht nach den Kleinen oft als typisches Merkmal ihres fortgeschrittenen Alters dargestellt wird:

[Die junge Akashi hat einen Jungen zur Welt gebracht.]
Ihre Großmutter, die altmodische Nonne (*kotai no amagimi*), konnte es kaum ertragen, den kleinen Prinzen nicht nach Herzenslust sehen zu können. Sie hatte ihn nur kurz zu Gesicht bekommen, und verzehrte sich nun vor Sehnsucht nach ihm.[212]

Dabei ist die besondere Zuwendung, die die Großmütter ihren Enkeln angedeihen lassen, keineswegs ein Vorrecht ihres Geschlechts. Im Gegenteil, ältere Männer, die ganz vernarrt in ihre Enkelkinder sind, tauchen in der Heian-zeitlichen Belletristik häufig auf und stellen durchaus eine Art literarischen Typ dar. Ein Vertreter dieses Typs begegnet zum Beispiel in der Gestalt des alten Mittleren Rates aus dem *Ochikubo monogatari*, der ja lange Zeit von seiner Tochter nicht einmal wußte, ob sie überhaupt noch

---

[209] UM III:436, s.a. Uraki 1984:456. Die ersten drei Zeilen des Gedichts dienen als Einleitung für *sue no yo*, wobei *kuretake*, ‚Bambus aus dem Land Kure', ein *makurakotoba* für *yo* ist (UM III:436, A.13). Nakatadas Mutter ist der inneren Chronologie des Romans zufolge zu diesem Zeitpunkt um 45 Jahre alt.

[210] GM III:278, s.a. Benl 1966b:69.

[211] EM I:356; vgl. S. 91.

[212] GM III:284, s.a. Benl 1966b:74.

am Leben war; um so rührender gestaltet der Autor sein erstes Zusammentreffen mit dem Enkel, den sie ihm in der Zwischenzeit geschenkt hat:

Als der Mittlere Rat [das Kind] betrachtete, da fand er es in seiner Greisenhaftigkeit (*oigokochi*) ganz allerliebst, und über sein Gesicht breitete sich ein entzücktes Lächeln. „Komm zu mir, na komm nur her", sagte er, und das Kind fürchtete sich vor so einem Alten (*saru okina*) wie ihm auch tatsächlich nicht, sondern schlang seine kleinen Ärmchen um seinen Hals und ließ sich hätscheln.[213]

Wenn man der Verknüpfung, die diese Stelle zwischen der Greisenhaftigkeit (*oigokochi*) des alten Mittleren Rates und seiner rührenden Freude über den Enkel vornimmt, vielleicht auch nicht allzu große Bedeutung beimessen sollte, ist doch bemerkenswert, daß ein solcher Zusammenhang überhaupt hergestellt wird. Tatsächlich sind die Protagonisten von Szenen, in denen ein erwachsener Mann ein kleines Kind liebkost und mit ihm spielt, in der Heian-zeitlichen Romanliteratur sehr häufig Großvater und Enkel. Besonders der körperliche Kontakt, in den diese beiden in dieser Szene zueinander treten, mit dem kleinen Kind, das seine Arme um den Hals des alten Mannes schlingt, und dem Großvater, der es streichelt, scheint eine Besonderheit dieser Art der Generationenbeziehungen gewesen zu sein.[214] Gegenseitige Zuneigung und Verständnis über den großen Altersunterschied hinweg bescheinigt das *Ochikubo monogatari* diesem Großvater und seinem Enkel auch an anderer Stelle:

„Das hier ist mir altem Mann (*okina*) sehr teuer und seit langem überlege ich, daß ich es jemandem hinterlassen möchte. Als der *chūnagon*[215] noch in mein Haus kam, da bat er mich darum, doch schließlich behielt ich es doch, als ob ich gewußt hätte, daß ich es für Euch aufheben müßte. Gebt dies bitte dem Kleinen!", sagte der Mittlere Rat und gab dem Kind, das lächelte, als ob es ganz genau wußte, [wie wertvoll das Geschenk war,] eine Flöte in einem kostbaren Brokatsäckchen.[216]

Das *Ochikubo monogatari* wartet gleich mit einem weiteren, ähnlich in einen Enkel vernarrten Großvater auf, und zwar in der Gestalt des Vaters

---

[213] OM:189, s.a. Whitehouse und Yanagisawa 1970:189.

[214] Darauf, wie unpassend solche Szenen aufgrund des großen Altersunterschieds der Protagonisten unter Umständen empfunden wurden, spielt möglicherweise eine in verschiedenen Ausgaben des *Makura no sōshi* am Ende des 43. Absatzes enthaltene Passage an: „Wenn in einer Mondnacht unversehens ein Lastenwagen daherkommt. Ein schöner Mann, der eine häßliche Frau hat. Ein häßlicher, bärtiger Alter (*higekuro ni nikuge naru hito no oitaru ga*), der ein kleines brabbelndes Kind hätschelt" (Kaneko 1935:164). Kaneko hält diese Passage für eine erklärende Interpolation für den Absatz „Was nicht recht passend erscheint", der in der gleichen Reihenfolge vom Ochsenwagen und dem ungleichen Liebespaar spricht, und die dortige Erwähnung eines alten Mannes, der Eicheln aufklaubt, der vielleicht deswegen unpassend wirkt, weil er sich dadurch kindisch benimmt (MS:93, A.32).

[215] Ein anderer seiner Schwiegersöhne.

[216] OM:202, s.a. Whitehouse und Yanagisawa 1970:214.

des Gemahls der Heldin, seines Zeichens Minister zur Linken. Dieser nimmt den jüngeren Sohn seines Sohnes von klein auf unter seine Fittiche und zieht ihn auch in seinem Haus groß, wobei er ganz besonders um das Wohl dieses jüngeren Enkels besorgt und bemüht ist, ihm alle seine Wünsche zu erfüllen. Als sich der kleine Bub bei ihm beklagt, im Gegensatz zu seinem älteren Bruder noch nicht an den Hof gebracht worden zu sein, bittet er zunächst seinen Sohn, die beiden doch gleich zu behandeln. Erheiternd wirken seine unverhältnismäßigen Bemühungen, nur ja alles nach den Wünschen seines Enkels einzurichten, als er schließlich sogar an höchster Stelle, beim Tenno selbst, interveniert und außerdem veranlaßt, daß in seinem eigenen Haushalt der jüngere Enkel Ototarō, also ‚zweiter ältester Sohn' genannt wird, ein Name, der den Widerspruch zwischen dem Anspruch, der jüngere Enkel solle so behandelt werden wie der ältere, obwohl er es eben nicht ist, auf die Spitze treibt[217].

Einen gleichermaßen glücksstrahlenden Großvater zeigt auch das *Utsuho monogatari* in der Figur des Kanemasa:

[Die Dame Nashitsubo hat ihr erstes Kind, einen Sohn, zur Welt gebracht. Kanemasa, ihr Vater, besucht sie und ihre Mutter, die Dritte Prinzessin, seither sehr oft. Dabei sagt er zu seiner Gattin:]
„Nun, da mir im Alter (*sue no yo*) so ein lieblicher Enkelsohn geschenkt, ständig will ich ihn sehen, doch fürchte ich, Ihr könntet Euch an diesen Gedanken nicht gewöhnen."
[Seine Frau hat aber nichts dagegen.][218]

Auch Kanemasa stellt in seiner Bemerkung einen Zusammenhang zwischen seinem fortgeschrittenen Alter und der Geburt des Enkels her, obwohl er der inneren Chronologie des Romans zufolge erst in seinem 41. Lebensjahr steht, und auch er bringt nicht nur den Wunsch zum Ausdruck, viel Zeit mit seinem Enkel verbringen zu wollen, sondern setzt ihn allem Anschein nach auch in die Tat um. Es ist allerdings zu bemerken, daß bei ihm die Freude über den Nachwuchs nicht allein den Ausschlag gibt – Kanemasa ist zu diesem Zeitpunkt durch seinen Sohn Nakatada und dessen Tochter Inumiya bereits mehrfacher Groß- und Urgroßvater –, sondern auch politische Gründe mit im Spiel sind. Kanemasa ist zwar von seinem kleinen Enkelsohn offenbar aufrichtig hingerissen, hat dabei aber auch den Hintergedanken, daß dessen Großmutter, seine Hauptfrau, die Lieblingstochter der Kaiserinmutter und des Exkaisers Saga ist, und er hofft, auf diese Art möglicherweise sogar Großvater des neuen Kronprinzen werden zu können. Historisch war es ja gleichzeitig Ausdruck und Ursache der Macht der Fuji-

---

[217] Vgl. OM:223, s.a. Whitehouse und Yanagisawa 1970:242.
[218] UM III:125, s.a. Uraki 1984:360.

wara in der Heian-Zeit, daß es ihnen gelang, Töchter mit dem Tenno zu vermählen und in ihrer Rolle als Großväter auf die Kronprinzen und künftigen Herrscher Einfluß zu nehmen.[219]

Nicht zu unterstellen sind derlei Hintergedanken dem Vater der Heldin des *Yoru no nezame*, der in seiner Beziehung zu seiner Enkelin Himegimi als gleichermaßen liebevoller Großvater gezeichnet wird:

Ihr Vater, der Laienmönch, war so vernarrt in Himegimi, daß er begonnen hatte, seine religiösen Übungen völlig zu vernachlässigen. So bald es morgen wurde, kam er sogleich herbei, um sie im Koto-Spiel zu unterweisen. Masako übte inzwischen auf der Flöte. Der alte Mann vergaß alles übrige über die Freude, die ihm diese Vergnügungen bereiteten.
[Als der Vater der Kinder sieht, wie glücklich der Großvater über die Gesellschaft seiner Enkel ist, nimmt er auch von seiner Absicht Abstand, sie zu sich zu nehmen.][220]

Beispiele solcher in ihre Enkel völlig vernarrter Großväter kennt nicht nur die fiktionale Literatur der Heian-Zeit, auch die Chroniken, die sich mit geschichtlichen Persönlichkeiten und Ereignissen befassen, schildern ähnliche Figuren, so das *Ōkagami* in der Person des Fujiwara no Kinsue:

Nun aber war Kinsue alt geworden (*mitoshi tsumorasetamate*), und er war derart vernarrt in seinen Enkel, den Mittleren Kapitän Kinnari[221], daß er sich sogar weigerte, in den Palast zu gehen, wenn er den Jungen nicht bei sich im Wagen mitnehmen konnte. Wenn aus irgendeinem Grund Kinnari einmal aufgehalten wurde, so stand er [sein Großvater] vor dem Yubadono, seine Vorreiter schreiend, und wartete auf ihn. Einmal fragte ihn jemand, der das sah: „Warum steht Ihr hier so herum?", und da soll Kinsue gar geantwortet haben: „Nun, auf Inu[222] warte ich!" Als Kinsue mit dem Kronprinzen zur Einweihung der Haupthalle des Muryōjuin fuhr, da sagte er den ganzen Weg über ständig: „Und denkt

---

[219] Vgl. dazu etwa Hurst 1976:91—92. So stellt etwa Fujiwara no Kaneie, der seine älteste Tochter Chōshi mit Reizei Tennō vermählt hatte und im *Ōkagami* als ganz vernarrt in die Enkel, die ihm diese schenkt und von denen einer der spätere Sanjō Tennō werden sollte, beschrieben wird, eine historische Parallele zu der fiktiven Figur des Kanemasa im *Utsuho monogatari* dar: „Kaneies älteste Tochter Chōshi war das Kind einer anderen Frau [Tokihime]. Als Gemahlin von Reizei Tennō schenkte sie Sanjō Tennō, Prinz Tametaka und Prinz Atsumichi das Leben. [...] Deren Großvater Kaneie war ganz vernarrt in die drei Prinzen. Wann immer irgendein Aufruhr entstand oder es einen Sturm oder ein Erdbeben gab, rannte er zu den Gemächern des Kronprinzen. ‚Ihr geht zum Tenno. Ich bleibe hier!', sagte er dann zu den Onkeln und den anderen Herren. Er gab dem Prinzen den berühmten Wolkenform genannten Gürtel, und es heißt, er habe sogar höchstpersönlich mit der Spitze seines Dolches ‚Für den Kronprinzen' auf die Rückseite der Schnalle geschrieben" (ŌK:172—173, s.a. McCullough 1980:165).

[220] YN:364—65, s.a. Hochstedler 1979:197.

[221] Fujiwara no Kinnari, Sohn von Sanenari, dessen Vater Kinsue war. Wurde von Kinsue adoptiert (McCullough 1980:159).

[222] Inu, wörtl. ‚Hund', war vermutlich Kinnaris Kindername. Vgl. dazu den Namen Inumiya, den eine der Figuren des *Utsuho monogatari* trägt, und Inuki, eine der jungen Gesellschafterinnen Murasakis im *Genji monogatari*. Es wird vermutet, daß die Absicht hinter solchen Namensgebungen darin bestand, die Aufmerksamkeit böser Kräfte, die nach ihrem Leben trachten könnten, von den so benannten Kindern abzulenken (McCullough 1980:161).

doch bitte an Kinnari!" „Nun ja, rührend war er ja schon, aber auch ein bißchen zum Lachen", meinte dazu seine Hoheit später. [...] Der Mittlere Kapitän Akimoto soll doch einen Sohn haben. Am 50. Tag nach seiner Geburt brachte man diesen nach Shijō, und es war Kinsue, der ihn mit den üblichen Reiskuchen fütterte. Während sein Onkel Sanenari[223] ihn in den Armen hielt, begann der Kleine aber zu schreien, und Sanenari sagte: „Was ist denn nur los mit dir, du bist doch sonst nicht so!" und setzte sich andauernd nieder und stand wieder auf, um ihn zu beruhigen. Da sagte aber Kinsue zu ihm: „Aber, aber, Kinder sind nun einmal so. Ihr wart ja selbst auch nicht anders!", und alle hochstehenden Persönlichkeiten, die zur Feier gekommen waren, lächelten darüber. Der jüngere Bruder Akimotos, Takakuni, soll noch immer über den Zwischenfall lachen. Man kann wohl nicht anders, als Kinsues Verhalten als wirklich sehr altväterisch (*amari kotai ni*) zu bezeichnen.[224]

Das *Ōkagami* schreibt also auch dem Fujiwara no Kinsue die offenbar als für Großväter so typisch erachtete Eigenschaft zu, auf geradezu komische Weise auf das besondere Wohl der Enkel bedacht zu sein, streicht aber zusätzlich noch hervor, wie dieser auf seine alten Tage mit der Welt der Kinder und Kleinkinder vertrauter zu sein scheint als mit der der Erwachsenen. Auf einen Höhepunkt spitzt das *Konjaku monogatari* in einer seiner Erzählungen das Stereotyp vom alten Großvater zu, der sich seines Enkels wegen zu den verstiegensten Dingen hinreißen läßt, um mit der Feststellung zu enden, dies sei schließlich genau das, was von einem Großvater zu erwarten sei:

Es ist nun schon lange her, da war am Tag des Kamo-Festes östlich der großen Ichijō-Straße, beim Tōin, vom Morgengrauen an ein Schild aufgestellt. Auf diesem Schild stand geschrieben: „An dieser Stelle wird der alte Mann der Prozession zusehen. Zutritt verboten!" Als die Leute dieses Schild sahen, da getrauten sie sich nicht, sich auf diesen Platz zu stellen. Alle dachten sie, daß wohl Exkaiser Yōzei höchst persönlich dieses Schild habe aufstellen lassen, um der Prozession beizuwohnen, und die Menge, die gekommen war, hielt Abstand von dem Platz. Während also niemand seinen Wagen auch nur in der Nähe des Schildes abzustellen wagte, und als dann die Prozession allmählich näherrückte, da war ein rundum in hellgelbes Gewand gehüllter alter Mann (*okina*) zu sehen, der ständig auf- und niederblickte, sich mit einem großen Fächer Luft zufächelte, sich dann vor dem Schild aufstellte, in aller Ruhe der Prozession zusah und dann, als alles wieder vorüber war, ebenso gelassen wieder heimging.
[Der Vorfall erregt Aufsehen, und das Gerücht, der alte Mann habe absichtlich vorgetäuscht, Yōzei-In habe das Schild aufstellen lassen, macht die Runde, bis es diesem selbst zu Ohren kommt und er den alten Mann zu sich zitiert.]

---

[223] Akimoto, der in der Gegend um Shijō wohnte, war der Ehemann der jüngeren Tochter Sanenaris, der somit in Wirklichkeit der Großvater dieses Kindes gewesen sein müßte. Entsprechend ist das Wort Onkel in den populären Texten des *Ōkagami* auch durch Großvater ersetzt.

[224] ŌK:164—166, s.a. McCullough 1980:161. Ein weiteres historisches Beispiel eines in einen Enkel vernarrten Großvaters gibt das *Ōkagami* in der Figur des Fujiwara no Michitaka in seiner Beziehung zu dem Sohn Michimasa seines Sohnes Korechika: „Vom Tag seiner Geburt an war der Sohn Michimasa der besondere Liebling seines Großvaters, der ihn mit Geschenken überhäufte, wann immer jener ihn in seinem Haus besuchen kam. Ja sogar die Ammen des Knaben verwöhnte er maßlos" (ŌK:187, s.a. McCullough 1980:174).

Da antwortete der alte Mann: „Ja, es ist schon wahr, daß ich das Schild aufgestellt habe. Aber daß es vom ehemaligen Tenno aufgestellt worden wäre, das habe ich nicht darauf geschrieben. Ich bin nun schon 80 Jahre alt (*sude ni toshi yasoji ni makarinarinitaru*), und normalerweise steht mir der Sinn gar nicht danach, der großen Prozession zuzusehen. Aber mein Enkelsohn ist heuer in das Amt des *kuratsukasa no shōshi* bestellt worden, und ihn wollte ich unbedingt sehen, sodaß ich mir überlegte hinzugehen. Da fiel mir ein, daß ich ja schon ziemlich alt geworden bin (*toshi wa makarioinitari*) und daß ich, hätte ich mitten in der großen Menge von Leuten zugesehen, wohl sicher zu Tode getrampelt worden wäre, was wohl nicht sehr sinnvoll gewesen wäre. So überlegte ich, wie ich wohl von einem Platz aus, wo keine Leute hingehen würden, zusehen könnte, und aus diesem Grund habe ich das Schild aufgestellt." Als Yōzei-In das hörte, da meinte er: „Dieser alte Mann hat es sich genau überlegt, warum er dieses Schild aufgestellt hat. Und daß er seinen Enkelsohn sehen wollte, das ist ja nur natürlich. Dieser Kerl ist ja wirklich außerordentlich klug!" und sprach: „Er soll nur rasch wieder nach Hause gehen!" Da ging der alte Mann mit selbstzufriedener Miene nach Hause, sagte zu seiner alten Frau (*me no ōna*): „Nun, das war wohl nicht schlecht, was ich mir da ausgedacht habe! Daß sogar der ehemalige Tenno so darüber denkt!" und hielt sich selbst für sehr klug.

Die Leute allerdings verstanden nicht, warum es der abgedankte Tenno von dieser Seite her gesehen hatte. Daß es aber nur natürlich ist, daß alte Männer eben gerne ihre Enkelsöhne sehen wollen, sagten die Leute, und so ist es erzählt und überliefert worden.[225]

Bereits Genshin hatte in seinem *Kanjin ryakuyōshū* die besondere Zuneigung zu den Kindern und Enkeln als paradigmatisch für die menschliche Altersphase beschrieben:

In der Zeit des Morgentaus strebt man nach Ehre und Reichtum (*asatsuyu no soko ni meiri o musabori*),
in der Stunde des Sonnenuntergangs gibt man sich der Liebe zu seinen Kindern und Enkeln hin (*yūin no mae ni shison o aisu*)[226]

Das besondere Verhältnis zwischen Enkeln und Großvätern mag zum einen damit zusammenhängen, daß besonders die Kinder der Töchter schon deswegen im Leben eines Mannes des Heian-zeitlichen Adels von besonderer Bedeutung waren, weil sie in einem gesellschaftlichen Kontext, in dem Duolokalität zumindest in den Anfangsstadien der Ehen üblich war, oft die ersten eigenen Nachkommen waren, die auch im eigenen Haus geboren wurden, während die ersten eigenen Kinder häufig im Haus der Schwiegereltern zur Welt kamen und von diesen aufgezogen wurden.[227]

---

[225] KM V (31/6):257.

[226] Nishio 1957:95, A.16. Das *Kanjin ryakuyōshū*, eine Art Glaubensbekenntnis der Tendai-Sekte mit Anleitung zum *nenbutsu*, stammt der Überlieferung nach von Genshin, entstand vielleicht aber erst Ende der Heian-Zeit oder zu Beginn der Kamakura-Zeit.

[227] Dies war etwa der Fall im *Genji monogatari* bei Genjis erstem Sohn Yūgiri, der im Haus der Eltern Aois, Genjis damaliger Hauptfrau, geboren und auch von diesen großgezogen wurde. Dies hing im Falle Genjis zwar auch damit zusammen, daß zum einen seine Frau Aoi relativ früh verstarb, und damit, daß er selber während der Kindheit Yūgiris aus der Hauptstadt ins ferne Akashi verbannt war. Auch seine Tochter Akashi hat Genji erst verhältnismäßig spät kennengelernt, da sie noch im fernen Akashi geboren ist und erst zusammen mit ihrer Mutter in die Hauptstadt kommt, wo Genji sie aber zunächst auch aus Gründen der räumlichen Trennung nicht besonders viel zu Gesicht bekommt. Ähnlich liegen

Auch bei den uxorilokalen Ehen kam den Großeltern mütterlicherseits naturgemäß eine wichtige Rolle bei der Aufzucht der Enkel zu, die sich auch darin widerspiegelt, daß selbst bei den sich im Laufe der Heian-Zeit immer mehr durchsetzenden neolokalen Ehen die Frauen sich zur Geburt ihrer Kinder in das Haus ihrer Eltern zurückzogen und die Kinder dann oft große Teile ihrer Kindheit bei diesen Großeltern mütterlicherseits verbrachten[228]. Zum zweiten haben die Großväter zumeist, wenn ihre Enkel geboren werden, einen höheren Status erreicht als zum Zeitpunkt der Geburt ihrer Kinder, die sie oft sehr jung bekommen, und können daher wesentlich mehr Einfluß auf deren Schicksal nehmen, sind in der Lage, prunkvolle Feiern für sie zu arrangieren, was sie auch tun. Bezeichnenderweise sind es die Großeltern, besonders die mütterlicherseits, die für die Feierlichkeiten anläßlich der Geburt eines Kindes im Hause eines Mitgliedes des Hofadels zuständig waren, so etwa Masayori im *Utsuho monogatari*, der zur Feier anläßlich der Geburt seiner Urenkelin Inumiya[229] lädt:

So hatte man die südlichen Räume des [von Nakatada und seiner Frau bewohnten] mittleren Flügels [von Masayoris Residenz] geöffnet und dort Sitzgelegenheiten für die Gäste bereitgestellt. Masayori hatte bereits seinen vierten Sohn Tsurazumi als Boten zu Kanemasa und den anderen hohen Herren gesandt mit der Nachricht: „Wie einsam wäre der heutige Abend ohne Euch. Dürfte ich Euch untertänigst bitten, mein Haus aufsuchen zu wollen. Bin ich Alter (*okina*) da, ich wollt' für Euch einen Tanz darbieten." Darauf hatten alle gemeint: „Oh, das wird eine wunderbare Darbietung sein!", und waren zahlreich gekommen...[230]

Zu beachten ist, daß Masayori sich in der Botschaft, die er entsendet, um zur Feierlichkeit in seiner Eigenschaft als Urgroßvater einzuladen, ausdrücklich als alten Mann (*okina*) bezeichnet; natürlich kann er sich in dieser Passage schon deshalb so bezeichnen, weil er ja der inneren Chronologie des Romans zufolge bereits in seinem 55. Lebensjahr ist und damit die Schwelle zum Alter auch seinem kalendarischen Alter nach bereits überschritten hat. Er scheint es aber auch deswegen zu tun, weil es sich für ihn als Urgroßvater so schickt. Besonders deutlich wird dies, als er bei

---

die Dinge bei der Figur des Kanemasa aus dem *Utsuho monogatari*, der seinen Sohn Nakatada überhaupt erst kennenlernte, als dieser schon halb erwachsen war, und auch die Kinder aus seinen anderen Ehen kaum kannte, weil sie jeweils in Häusern mit ihren Müttern lebten, in denen er selbst nicht wohnte.

[228] Vgl. McCullough 1967:142–143.

[229] Großeltern mütterlicherseits sind in diesem Fall der Tennō und seine Gemahlin Jijūden, weswegen deren Vater hier offenbar einspringt.

[230] UM II:280. Historische Beispiele dafür, wie die Großeltern mütterlicherseits die Feierlichkeiten am 3. Tag nach der Geburt eines Kindes abhalten, sind die der Kinder von Fujiwara no Norimichi und Fujiwara no Michinaga laut *Eiga monogatari* und von Fujiwara no Tadamichi laut *Chūyūki*, dem Tagebuch des Ministers zur Rechten Fujiwara no Munetada, das den Zeitraum von 1087 bis 1138 behandelt (McCullough 1967:142, 166, A.302).

der Feier selbst einen Tanz vollführt und dabei vom Tanz eines vom Alter gebeugten Greises spricht:

Da erhob sich Prinz Shikibukyō und sagte: „Es heißt, der Beginn der Dinge sei wichtig. Nun, wo ist es denn, dieses Kind?" „Hier ist es!", antwortete Masayori und begann so zu tun, als führe er den Rindai-Tanz vor. Darauf hoben die Musiker und Tänzer den Rindai zu spielen an, sie schlugen die Trommeln und ließen die Flöten dazu erklingen. [...] Da sagte Masayori: „Wollt ihr nur einen vom Alter gebeugten Greis (*koshi kagamaritaru okina*) tanzen lassen und es damit bewenden lassen?"[231]

Nicht genug damit, daß es der Urgroßvater Masayori ist, der die Gäste zur Feier in sein Haus geladen hat, auch ist es wieder er, der das Neugeborene den Gästen vorführt, und nicht etwa dessen Vater Nakatada. Warum aber sollte darüber hinaus der Tanzende wie ein vom Alter gebeugter Greis aussehen, wenn nicht darum, weil gerade das bei einer solchen Gelegenheit, der Geburt eines Kindes, durchaus passend gewesen wäre?[232] Ähnlich waren es im Heian-zeitlichen Adel auch meist Angehörige der Großelterngeneration einer Familie, die die Mannbarkeitszeremonien für die Knaben und die Reifefeiern für die jungen Mädchen leiteten.[233]

---

[231] UM II:284–285, s.a. Uraki 1984:267.

[232] Ähnliches dürfte auch aus einer Episode des *Ise monogatari* hervorgehen, in der der Held Ariwara no Narihira, der zu diesem Zeitpunkt gerade 50 Jahre alt gewesen sein dürfte, in seiner Funktion als Bruder des Großvaters mütterlicherseits eines neugeborenen Prinzen auftritt und in einem Gedicht dem Kind und seiner Familie Glück wünscht: „Einmal wurde in einer Familie der Sippe ein kaiserlicher Prinz geboren. Bei den Feierlichkeiten anläßlich der Geburt verfaßten die Anwesenden Gedichte. Das von dem Alten (*okina*), der ein Verwandter des Großvaters des Kindes (*miōjigata*) war, lautete folgendermaßen: Nun da bei unserem Haus/ ein Bambus gepflanzt,/ der tausend Klafter langen Schatten wirft,/ vor den Unbilden der Jahreszeiten/ werden wohl alle Schutz wir finden (*Wa ga kado ni/ chihiro aru kage wo/ uetsureba/ natsu fuyu tare ka/ kakurezarubeki*). Das Kind war Prinz Sadakazu. Die Mutter war die Tochter dessen älteren Bruders, des Mittleren Rates Yukihira" (IM (79):157, s.a. McCullough 1968:123, Schaarschmidt 1981:75). Die Stelle ist in unserem Zusammenhang in mehrfacher Hinsicht von Interesse. Das *Ise monogatari* trägt ja zum Teil, wenn auch nicht durchgehend, Züge einer Biographie des Narihira, was sich zumindest in der Form äußert, daß Episoden, die den jugendlichen Narihira schildern, sich mehr zu Anfang finden, und solche, die ihn in fortgeschrittenerem Alter behandeln, weiter hinten im Text zu finden sind, bzw. eine solche Gliederung in groben Zügen auch dort zutrifft, wo eine andere Person als Narihira im Zentrum des Geschehens steht. So zum Beispiel endet das *Ise monogatari* mit einer Art *jisei*-Gedicht, also dem Lebensende. Es ist nun interessant, daß eine solche Stelle, in der Narihira ein Glückwunschgedicht zum Wohl eines Neugeborenen und dessen Familie spricht, sich gegen Ende des *Ise monogatari* befindet. Zudem wird der Held hier explizit als *okina*, ‚alter Mann', bezeichnet. Schließlich ist zu unterstreichen, daß das Japanisch der Heian-Zeit bei solchen Anlässen einen speziellen Terminus für Verwandte des Großvaters, nämlich *ōjigata*, kennt. Als Verwandter des Großvaters mütterlicherseits tritt auch Kinsue in der obenerwähnten im *Ōkagami* geschilderten Feier zum 50. Tag nach der Geburt eines Kindes prominent in Erscheinung.

[233] Hierbei spielten häufig besonders die Großeltern väterlicherseits eine wichtige Rolle. So wurden etwa die *hakamagi*-Zeremonien von zwei Enkelinnen des Michinaga, Töchter

Es ist daher auch nicht verwunderlich, wenn etwa Fujiwara no Naritoki gerade in seiner Eigenschaft als Großvater mütterlicherseits besonders verärgert darüber ist, daß seine Ansichten darüber nicht respektiert werden, wann sein kleiner Enkel, der Sohn des Kronprinzen, im Palast präsentiert werden soll[234]. Die besondere Bedeutung, die Enkel und Großeltern gegenseitig füreinander hatten, spiegelt sich auch dort wider, wo eine Frau aus dem Hofadel weniger von ihren Eltern als von ihren Großeltern als den Menschen, die ihren eventuellen Aufstieg zur Kaiserin miterleben sollten spricht, und bedauert, diese könnten dazu aufgrund ihres fortgeschrittenen Alters unter Umständen nicht mehr imstande sein:

[Kenshi, die Frau des Shirakawa Tennō, hat nach der Geburt eines Prinzen eine große Zukunft vor sich, sie hofft, Kaiserin zu werden.]
Es gab Menschen, von denen sie gern gehabt hätte, daß sie dies noch miterleben könnten, aber sie war sehr betrübt, [daß diese dann schon gestorben sein könnten.] Ihre verschiedenen Großmütter (*obaue*) und Großväter (*ōjidono*) waren zwar noch nicht alle sehr alt (*mada ito itau mo oitamawade*), aber die eine war doch schon ziemlich alt und seine Frau Sonshi waren doch schon ziemlich vom Alter gezeichnet (*nebisasetamaeru*). Ihr Großvater, der Minister zur Rechten Takatoshi, war aber noch jung.[235]

Der Zuneigung der Großeltern zu ihren Enkeln steht gegenüber, daß es andererseits häufig die Enkel sind, die sich der Großeltern annehmen, wenn diese im Alter gebrechlich geworden sind. Dies ist etwa der Fall bei Yūgiri aus dem *Genji monogatari*, der, als ein Sturm losbricht, auszieht, um nach seiner Großmutter Ōmiya zu sehen[236]. Und als er nach der

---

seiner Söhne, in seinem Haus durchgeführt (McCullough 1967:143, 166, A.303). In diesem Zusammenhang steht wohl auch die Institution des *yowaibito*, ‚Altersmann', wie er im *Nenchū gyōji utaawase*, einem Gedichtwettstreit des Jahres 1366 zum Thema „Jahresbrauchtum", mit folgendem Gedicht erwähnt wird: „Wieviel mein Fürst/ tausend und abertausend Jahr/ durchleben du mögest/ der Mann des Alters/ in den ersten Zopf flicht er's dir ein! (*Kimi ga yo no/ iku chitose wo ka/ yowaibito no/ hatsumotoyui ni/ musubikomu rashi*)."
Die Funktion dieses *yowaibito*, für den der jeweils älteste unter den im Dienst stehenden Beamten ausgewählt wurde, bestand darin, dem jungen Tenno bei seiner Mannbarkeitszeremonie feierlich Sake zu reichen und ihm zum Segen Glückwunschlieder zu sprechen (NKD 20:239). Diese Stelle, in der der *yowaibito* ausdrücklich erwähnt wird und nähere Angaben zu seiner Person gemacht werden, ist zwar späteren Datums als die uns hier direkt beschäftigende Zeit. Es ist aber, insbesondere im Zusammenhang mit den oben angeführten Stellen, die eine ähnliche Rolle der Großväter bzw. der Männer deren Generation innerhalb der einzelnen Familien belegen, überaus wahrscheinlich, daß die Figur des *yowaibito* nicht erst damals eingeführt wurde, sondern in dieser Funktion wesentlich älter ist.

[234] EM I:141; vgl. S. 155.

[235] EM II:517. Kenshi war die Tochter des Minamoto no Akifusa, des Sohnes des Ministers zur Rechten Morofusa; sie war aber von Fujiwara no Morozane adoptiert worden. Morofusa war zum Zeitpunkt der Erzählung wohl um die 67 Jahre alt, Minamoto no Takatoshi, der Vater ihrer Mutter, 50.

[236] GM III:48; vgl. S. 147.

Sturmnacht seinem Vater Bericht erstattet, ermuntert dieser ihn nochmals, nur immer fleißig nach seiner Großmutter zu sehen und es ihr, solange sie noch am Leben ist, an nichts fehlen zu lassen[237]. Rührend besorgt um seine alte Großmutter ist ein weiterer Enkel aus dem gleichen Roman, der es sehr bedauert, jene aufgrund dienstlicher Verpflichtungen nicht öfter besuchen zu können[238].

Die Großeltern waren aber nicht nur überaus wichtige Bezugspersonen für die Enkel, es kam sogar vor, daß Kinder getrennt von ihren Eltern bei diesen aufwuchsen. Dafür kamen in Anbetracht des beschriebenen Ehe- und Familiensystems, insbesondere dann, wenn die Ehe der Eltern nicht mehr intakt war, meist die Großeltern mütterlicherseits in Betracht[239], es war aber auch nicht selten, daß Kinder bei ihren Großeltern väterlicherseits aufwuchsen[240] oder Großväter väterlicherseits, obwohl sie scheinbar

---

[237] GM III:52; vgl. S. 144.

[238] GM V:404; vgl. S. 138.

[239] Etwa dann, wenn die Mutter der Kinder gestorben war, übersiedelten diese meist nicht zum Vater, sondern blieben bei den Großeltern mütterlicherseits. Historische Beispiele sind etwa die Kinder von Fujiwara no Norimichi mit seiner ersten Frau oder die Kinder von Koichijōin aus seiner zweiten Ehe mit einer Tochter Fujiwara no Michinagas (McCullough 1967:142, 166, A.299). In der Belletristik ist dies der Fall bei Yūgiri, dem Sohn des Prinzen Genji aus dem *Genji monogatari*, der nach dem Tod seiner Mutter nicht bei seinem Vater, der sich in Suma im Exil befindet, sondern bei seinen Großeltern mütterlicherseits aufwächst und bei diesen auch bleibt, nachdem Genji wieder in die Hauptstadt zurückgekehrt und in Amt und Würden eingesetzt worden ist, obwohl ihn Genji durchaus als Sohn anerkennt. Ein weiteres Beispiel eines Kindes, das bei seinen Großeltern und nicht bei seinen Eltern aufwächst, stammt ebenfalls aus dem *Genji monogatari*, und zwar handelt es sich um die wichtige Figur der Murasaki, der späteren Frau des Helden Genji. Sie wächst nach dem Tod ihrer Mutter bei ihrer Großmutter mütterlicherseits auf, obgleich diese Nonne ist, weil die neue Hauptfrau ihres Vaters sie nicht in ihrem Haus dulden will. In beiden Fällen äußern einzelne Figuren Vorbehalte gegen diese Situation, so etwa Yūgiris Großvater, der zu Genji vor dessen Abreise ins Exil nach Suma sagt: „Immer noch trauere ich um meine verstorbene Tochter, ich kann sie nicht vergessen. Wie würde sie, wenn sie noch lebte, diese Welt beklagen, die sich nun so verwandelt hat! Es tröstet mich, daß sie so früh dahinschied und all das Unglück nicht miterleben mußte. Am meisten aber betrübt mich, daß der Kleine hier unter uns alten Leuten (*yowai suginuru naka ni*) aufwachsen muß und so lange von Euch getrennt sein wird" (GM II:15, s.a. Benl 1966a:366). Und auch Murasakis Vater, der Prinz Hyōbu no Kyō, bedauert nachträglich, seine Tochter bei ihrer alten Großmutter aufwachsen haben zu lassen: „Schon seit langem habe ich immer wieder gesagt, es wäre besser, wenn Murasaki, die ja sonst immer nur in Gesellschaft einer ständig kranken Frau, die außerdem ihre Blütezeit schon längst überschritten hatte (*sadasugitaru hito*), lebte, dann und wann zu mir käme, um sich mit den Leuten in meinem Hause anzufreunden; aber sie wollte davon nichts wissen, und dazu kam, daß auch meine Frau nicht recht zustimmte" (GM I:220, s.a. Benl 1966a:176).

[240] Im *Genji monogatari* etwa Kumoi no Kari, um einen Konflikt zwischen dem zweiten Ehemann ihrer Mutter und dessen Kindern zu vermeiden (McCullough 1967: 167, A.320).

normalerweise eine weniger enge Beziehung zu den Enkeln hatten und oft viele Jahre vergingen, bevor sie sie überhaupt zu Gesicht bekamen[241], einzelne Enkelsöhne adoptierten, obwohl die Ehe der Eltern intakt war, wie etwa im fiktiven Fall des jüngeren Sohnes der Heldin aus dem *Ochikubo monogatari*[242]. Obwohl dafür meist familiäre Probleme ausschlaggebend waren, die eine solche Lösung für alle Beteiligten, auch die Kinder, am vorteilhaftesten erscheinen ließen, dürfte hierhinein die allgemeinere Vorstellung von der emotionalen Nähe der Großeltern und Enkel spielen, wie sie in den Texten ja besonders betont wird, und vom Dienst, den sich die ganz Alten und die ganz Jungen in ihrer beiderseitigen eingeschränkten Handlungsfähigkeit leisten konnten. Wie Kuroda Hideo anhand umfangreichen Bildmaterials gezeigt hat, war es zumindest ab dem Mittelalter üblich, daß einerseits den Großeltern – oder zumindest Mitgliedern der ältesten Generation innerhalb einer Familie – die Aufgabe zukam, die kleinen Kinder zu hüten, während andererseits die ‚Arbeit' der kleinen Kinder unter anderem darin bestand, den Großeltern zur Hand zu gehen, etwa indem sie sie beim Gehen stützten.[243] Ein verhältnismäßig frühes und besonders eindrucksvolles Beispiel stellt ein Szene aus dem *emaki Kitano Tenjin engi* aus dem 13. Jh. dar, das zwei kleine Kinder zeigt, die während einer Feuersbrunst die einzigen sind, die einem krummen alten Mann helfen, sich in Sicherheit zu bringen[244]. Während ein solcher gegenseitiger Dienst im Hochadel wohl nur symbolischer Natur war, spricht die Tatsache, daß in den das Leben des einfachen Volkes beschreibenden Legendensammlungen häufig von Paaren die Rede ist, die aus einer sehr alten Frau oder einem sehr alten Mann und einem so kleinen Kind gebildet sind, daß es sich kaum um Eltern und Kind handeln kann[245], dafür, daß ähnliches auch in der Nara- und Heian-Zeit üblich war.

---

[241] Vgl. McCullough 1967:144—145.

[242] Historische Beispiele sind etwa Fujiwara no Saneyori, der den Sohn seines drittältesten Sohnes Tadatoshi, Sanesuke, adoptierte („Einer von Tadatoshis Söhnen wurde von seinem Großvater Saneyori adoptiert, der ihn Sanesuke nannte und ihn ganz besonders liebte. Das Sane in dessen Namen kommt von Saneyoris eigenem Namen. Er ist der gegenwärtige Minister zur Rechten von Ononomiya, eine bedeutende Persönlichkeit" [ŌK:89, s.a. McCullough 1980:109]), der schon erwähnte Kinsue, der seinen Enkel Kinnari adoptierte, und Fujiwara no Tadazane, der von seinem Großvater väterlicherseits Morozane adoptiert wurde (McCullough 1967:167, A.321).

[243] Kuroda 1989:52—57.

[244] Kuroda 1989:54, Abb. 93.

[245] Z.B. NR (1/24):126—129 und KM IV (20/32):195; vgl. S. 306; KM I (3/16):228—230; vgl. S. 257; KM III (17/1):504—505 (s.a. Ury 1979:114—115): „[Ein Mönch betet sein Leben

5.3. Die Stellung betagter nichtverwandter Haushaltsmitglieder

Die Nara- und Heian-zeitlichen Haushalte des Adels wie des gewöhnlichen Volkes bestanden aber nicht nur aus Blutsverwandten und Angehörigen, sondern umfaßten auch eine Reihe nichtverwandter Mitglieder wie Diener und Hauseigene. Während aus den Quellen kaum etwas über das Schicksal der alten Diener und Hauseigenen in den gewöhnlichen Haushalten zu erfahren ist, läßt sich aus den literarischen Quellen doch einiges zur Situation der nichtverwandten Mitglieder der adeligen Haushalte erschließen, zu denen im wesentlichen die Ammen, Dienstboten und Kammerzofen sowie im weitesten Sinn auch die Klientel der Parteigänger der einzelnen Haushalte zählen. So wie sie in der Belletristik beschrieben werden, zeigen die adeligen Haushalte der Heian-Zeit eine deutliche Vorliebe für junge oder jugendliche Gefolgsleute, Gesellschaftsdamen und andere Bedienstete. Das bedeutet nun natürlich nicht, daß sie die im Dienst alt gewordenen Hausinsassen dann einfach auf die Straße gesetzt hätten, sondern nur, daß erstens diese Alten offenbar in den Haushalten eher ein Schattendasein führten und zweitens, daß alte Menschen, die ihren Dienstgeber verloren hatten, wohl die größten Schwierigkeiten hatten, einen neuen zu finden. Über ersteres, nämlich nach langen Jahren des Dienstes zwar geduldet, aber nicht auch wertgeschätzt zu werden, beklagt sich zum Beispiel eine alte Amme aus dem *Utsuho monogatari* in bitteren Worten[246]. Letzteres wird etwa an der Figur der alten Ben no Kimi aus dem *Genji monogatari* mehrfach thematisiert, deren fortgeschrittenes Alter für den Dienstherren offenbar ein Hindernis darstellt, sie noch als Gesellschaftsdame einzustellen:

Ben no Kimi war die Tochter der Amme Kashiwagis. Ihr Vater war der Onkel der Mutter der beiden Schwestern hier gewesen, welcher im Range eines Sachūben gestorben war. Als

---

lang darum, ein einziges Mal den Boddhisattva Jizō zu treffen. Ziellos umherwandernd übernachtet er eines Tages in der Hütte armer Leute.] Eine alte Frau (*toshi oitaru ōna*) lebte da und ein 15-, 16-jähriger Junge, der die Ochsen betreute. Während der Mönch sie beobachtete, kam jemand vor die Hütte und rief den Jungen nach draußen. Etwas später hörte der Mönch den Jungen schreien und weinen, und bald darauf kam dieser, noch immer weinend, zurück. Der Mönch fragte die alte Frau (*ōna*): ‚Warum weint der Junge denn?' und diese erwiderte: ‚Er kümmert sich um den Ochsen des Herrn, und wird deswegen ständig bestraft. Darum weint er. Sein Vater ist gestorben, als er noch ganz klein war, und so hat er niemand, der sich um ihn kümmert. Aber da er an einem 24. des Monats geboren wurde, nennt man ihn Jizōmaro.' [Der Mönch vermutet daraufhin, es könnte sich bei dem Jungen um Inkarnation des Jizō handeln. Als der Junge wie die alte Frau kurz darauf auf mysteriöse Art verschwinden, weiß er, daß er recht gehabt hat]."

[246] UM I:202–204; vgl. S. 141.

sie aus der fernen Provinz in die Hauptstadt zurückgekehrt war, da war die Mutter der beiden Mädchen bereits verstorben, und Ben no Kimis Beziehung zu dem Hause von Kashiwagis Vater waren immer schwächer geworden. Schließlich hatte Hachi no Miya sie bei sich aufgenommen. Sie war zwar von nicht allzu hoher Herkunft und durch ihre langjährigen Dienste schon ein wenig verbraucht (*miyazukae narenitaredo*); aber Hachi no Miya hatte sie für eine verständige Person gehalten und ihr die Sorge um seine beiden Töchter aufgetragen.[247]

Ähnlich verdankt es die auch schon gealterte Ukon nur ihrer ehemaligen Beziehung zu Genjis verstorbener Geliebter Yūgao, bei der sie in Diensten stand, daß er sie trotz ihres fortgeschrittenen Alters bei sich aufnimmt:

Die Dienerin Ukon war zwar keine Frau von besonderen Gaben oder Reizen, doch für Genji verkörperte sie die Erinnerung an Yūgao; er fühlte Mitleid mit ihr, und sie lebte ähnlich vertraut in seinem Haushalt wie die anderen altgedienten Zofen (*furuhito*) auch.[248]

Ebenfalls eher für einen Widerwillen seitens der Dienstgeber, gealterte Gesellschaftsdamen aufzunehmen, sofern auch jüngere zur Verfügung stehen, scheint jene Passage aus dem *Genji monogatari* zu sprechen, in der der Niedergang des Hauses der Suetsumuhana besonders eindringlich dadurch veranschaulicht wird, daß sogar die alten Dienerinnen, die, wie es heißt, kaum noch zu erwarten haben, anderswo aufgenommen zu werden, sie verlassen wollen:

Suetsumuhana war unendlich traurig, daß nun auch Jijū, die so lange und in so leidvoller Zeit bei ihr ausgeharrt hatte, von ihr gegangen war. Zudem begannen jetzt sogar die alten Dienerinnen (*oihito*), die kaum noch anderswo beschäftigt worden wären[249], zu murren: „Ja, ja, man kann Jijū nur allzu gut verstehen! Wie soll man es in einem solchen Haus auch aushalten? Wir können es ja auch kaum noch ertragen!" Da fielen ihnen auch schon diese und jene ein, zu denen sie selbst eine Beziehung hatten, und keine gedachte, noch viel länger zu bleiben. Ihre Herrin hörte es mit Bestürzung.[250]

---

[247] GM IV:363, s.a. Benl 1966b:506. In einer verwandten Passage spricht Ben no Kimi selbst darauf an, wobei allerdings nicht eindeutig ist, inwiefern sie findet, es sei in ihrem Alter nicht mehr üblich, als Gesellschaftsdame aufzuwarten, ob sie sich selbst für zu alt dafür hält und es ihr zu beschwerlich erscheint, oder ob sie meint, so alte Leute wie sie stelle man nicht mehr ein: „Bei Hachi no Miya war ich ja, da mein Vater enge Beziehungen zu ihm unterhielt, von Kindheit an ein und aus gegangen — natürlich, auch mit Kokiden, der Nyōgo Reizei-ins, war ich früher vertraut gewesen und hatte so manches über sie erfahren, und so hätte es eigentlich nahegelegen, sie aufzusuchen, doch war mir dies wegen der Angelegenheit mit Kashiwagi peinlich und daher unterließ ich es — und so kam es, daß ich nun, obgleich ich eigentlich nicht mehr [in einem Alter bin, wo] es üblich ist, in einem Haus aufzuwarten, hier [in Uji] diene und so nutzlos und von der Welt vergessen wie ein vertrockneter Baum (*kuchiki*) tief in den Bergen bin" (GM IV:333, s.a. Benl 1966b:481).

[248] GM II:329, s.a. Benl 1966a:642.

[249] Die Übersetzung folgt der Benls. Der Sinn dieses Abschnittes ist nicht ganz klar, da man *yo ni* entweder im Sinne von *sore igai*, ‚ansonsten‘, wie Benl das tut, interpretieren kann oder, wie GM II:151, A.12, im Sinne von *sukkari*, ‚sehr‘, ‚völlig‘. Eine alternative Übersetzung könnte daher lauten: ‚die eigentlich zu gar nichts mehr zu gebrauchen waren‘.

[250] GM II:150–151, s.a. Benl 1966a:490.

Schließlich dürften aber auch Männer in fortgeschrittenem Alter Schwierigkeiten gehabt haben, noch als Gefolgsleute bei einem neuen Dienstherren Unterschlupf zu finden, wie die folgende Passage aus dem *Makura no sōshi* nahelegt:

[Sei Shōnagon hat geschildert, wie peinlich es ist, gerade im Haus eines Kandidaten für einen Provinzgouverneursposten zu sein, wenn er bei der jährlichen Ernennung leer ausgegangen ist.]
Die Gäste, die das Haus bis unters Dach bevölkert hatten, haben es nun auf einmal eilig: allein oder zu zweien machen sie sich stillschweigend davon. Die Alten (*furuki monodomo*) aber, die ihren Herren nicht einfach verlassen können, schlurfen mutlos im Haus herum und zählen auf den Fingern ab, welche Gouverneursposten im nächsten Jahr zu vergeben sind. Dieser Anblick ist wirklich über alle Maßen desillusionierend.[251]

Es dürfte daher kein Zufall sein, daß Beschreibungen von betagten Gesellschaftsdamen oder alten Bediensteten in den Romanen der Heian-Zeit häufig dort anzutreffen sind, wo es darum geht, den besonderen finanziellen und gesellschaftlichen Niedergang eines Haushaltes zu betonen. Nur in solchen Haushalten ist man so weit auf alte Bedienstete angewiesen, daß sie sich auch zeigen. So begegnen im *Genji monogatari* betagte und darüber hinaus altmodisch wirkende Hausdamen besonders häufig im Hause Suetsumuhanas, von der immer wieder betont wird, wie zurückgezogen von der gesellschaftlichen Welt sie lebt und wie sehr die Not sie zu unkonventionellem Verhalten zwingt. Über die altmodische Erscheinung einer bejahrten Dienerin im ihrem Hause verblüfft beschrieben wird Genji[252], und ein weiteres Mal wird ihr Niedergang deutlich, als Genji am Morgen ihr Haus verlassen will und nur ein alter schwacher Mann zur Stelle ist, um ihm das Tor zu öffnen, was sogleich Genjis besonderes Mitleid erweckt[253]. Auch im *Utsuho monogatari* bleibt der verarmten Tochter des verstorbenen Toshikage nur eine alte Frau als Bedienstete, während alle anderen sie verlassen:

[Nach dem Tod ihres Vaters verarmt Toshikages Tochter mehr und mehr, und alle Bediensteten verlassen sie. Ihre Residenz verfällt mehr und mehr, und sie nimmt eine frühere Bedienstete ihrer Mutter, die in einer armseligen Hütte haust, in ihre Dienste.]
Dem Mädchen, dessen junges Herz die Härten des Lebens noch nicht kennengelernt hatte, erschien alles unendlich traurig, versunken bald in den Anblick von Frühlingsblüten, bald in den von Herbstlaub, ließ sie die Tage verstreichen. Sie nahm nur dann etwas zu sich, wenn die alte Frau[254] ihr etwas brachte, ansonsten war sie's auch so genüge.[255]

---

[251] MS (25: Enttäuschungen):67, s.a. Watanabe 1952:71.

[252] GM I:254–255; vgl. S. 141.

[253] GM I:259; vgl. S. 106.

[254] *Wonna*, ‚Frau', in einigen Varianten auch *ouna*, ‚alte Frau'. Im folgenden wird diese Dienerin noch insgesamt 28 Mal ausdrücklich erwähnt, wobei die Varianten *wonna* (mit

Letztlich trifft das Gesagte auch auf die obenerwähnte alte Gesellschaftsdame Ben no Kimi zu, die ja bezeichnenderweise als Bedienstete des von aller Welt vergessenen Prinzen Hachi no Miya und seiner beiden Töchter auch in einem gesellschaftlich nicht gerade gut situierten Haushalt auftritt. So ist es den beiden jungen Damen, denen sie aufwartet, auch sehr peinlich, daß sie niemanden als diese alte Frau haben, über dessen Vermittlung sie sich mit Kaoru unterhalten könnten:

[Kaoru hat in Uji die beiden Töchter Hachi no Miyas entdeckt und versucht, mit ihnen ins Gespräch zu kommen.]
Als er so mit ihnen sprach, wurden die beiden ganz verlegen, wußten nicht recht, was sie ihm darauf antworten sollten und überließen daher alles Weitere der alten Dienerin (*oihito*), die man vorhin geweckt hatte und die nun endlich erschienen war. Ganz ohne Zurückhaltung redete diese nun drauflos: „Nein, wie schrecklich! Einen so hohen Gast einfach draußen auf der Veranda sitzen zu lassen. Man hätte Euch hereinbitten müssen! Die Jungen wissen scheinbar wirklich überhaupt nicht, was sich gehört!" So schalt sie laut, und auch davon, wie alt (*sadasugitaru*) ihre Stimme dabei klang, waren die beiden jungen Damen höchst peinlich berührt.[256]

Dabei nehmen die alten Ammen, die sehr eng in den Familienverband eingebunden waren und die meist eine starke Zuneigung mit ihren Schützlingen auch weit über deren Kindheit hinaus verband, eine Sonderstellung ein. Auch sie werden oft als lästig empfunden, gleichzeitig hängt man aber auch sehr an ihnen, ähnlich wie an den leiblichen Eltern. So denkt etwa die junge Ukifune aus dem *Genji monogatari*, als sie beginnt, mit Selbstmordgedanken zu spielen, vorrangig daran, was wohl nach ihrem Tod aus ihrer alten Amme werden sollte. Gleichzeitig stellt auch sie mit den Sorgen, die sie sich um diese macht, einmal mehr unter Beweis, daß für die alte Frau wohl außer bei ihr keine passende Stellung mehr zu finden wäre:

„Sie mischt sich zwar immer in alles ein", dachte Ukifune, während ihre Amme so auf sie einredete, aber sie ist mit den Jahren doch recht alt und häßlich geworden (*minikuku oinarite*). Wer sollte sich ihrer wohl nach meinem Tode annehmen? Sie fühlte Mitleid mit ihr und überlegte, ob sie ihr ihren Entschluß nicht doch mitteilen sollte.[257]

Kanji geschrieben), *wouna*, *ohona*, *ouna* (mit Kanji oder Kana geschrieben) vorkommen, insgesamt, aber besonders ab der 23. Erwähnung überwiegen die Varianten *ouna*. Es ist daher möglich, daß der Autor die Bedienstete von vornherein als alte Frau betrachtete, aber auch, daß zunächst nur eine Frau im allgemeinen gemeint war, die allmählich in eine alte Frau umgewandelt wurde. In den letzten sieben Erwähnungen sind die Varianten auf *ouna* und *wouna* beschränkt, sodaß zumindest gegen Ende der Passage die Dienerin wohl ursprünglich als alte Frau gesehen wurde (UM I:465–466, A.101).

[255] UM I:57, s.a. Uraki 1984:14–15.

[256] GM IV:317, s.a. Benl 1966b:467.

[257] GM V:274, s.a. Benl 1966b:834.

5.4. Zusammenfassung

Das konfuzianische Konzept der Vormachtstellung der älteren Generationen in den Familien wurde im Japan der Nara- und Heian-Zeit zwar aus China übernommen und fand Eingang in die Gesetze, die die älteren Familienmitglieder und ihre Machtstellung innerhalb der Familie vor Übergriffen durch Mitglieder der jüngeren Generationen durch zum Teil drakonische Maßnahme absicherten und die Sorge für das Wohl der Betagten in die Hände der jüngeren Familienmitglieder legten. Das darauf basierende Konzept der kindlichen Pietät wurde ebenfalls breit rezipiert, insbesondere in seinem in den „herausragenden Beispielen der kindlichen Pietät" in den Vordergrund gerückten Aspekt der aufopfernden Sorge der Kinder für das materielle Wohl der alten Eltern, und von seiten des Staates durch verschiedenste Vergütungen und Bestrafungen zu befördern versucht.

Doch wurde dieses konfuzianische Konzept einerseits durch den Buddhismus, der der Abkehr von allem Weltlichen den Vorrang vor den weltlichen Verpflichtungen gegenüber den Eltern einräumte, sowie durch das japanische Familiensystem selbst in mancher Weise relativiert. So war die Vormachtstellung der älteren Familienmitglieder war alles andere als uneingeschränkt. Das sich während der Nara- und Heian-Zeit allmählich durchsetzende Einerbenrecht zugunsten eines Sohnes, was das Amt des Familien- oder Klanoberhauptes betrifft, etwa bedingte, daß einzelne ältere Familienmitglieder, zum Beispiel Brüder des früheren Familienoberhauptes, einen niederen Status innehatten als die jungen Erben. Eindrucksvoll sind es in der Belletristik immer wieder diese alten Onkel, die ein Schattendasein gegenüber ihren jungen, mächtigen Neffen führen.

Aber auch die Autorität der betagten Eltern über ihre erwachsenen Kinder war, zumindest soweit sich dies aus der Belletristik erschließen läßt, keineswegs unangefochten. Einerseits waren Machtdemonstrationen ihrerseits offenbar allgemein eher verpönt, und die in der Belletristik durchaus nicht seltene Schilderung von Generationenkonflikten in den Familien läßt wohl darauf schließen, daß die erwachsenen Kinder ihren alten Eltern nicht vorbehaltlos Gehorsam leisteten. In der Belletristik wurden solche Generationenkonflikte offen ausgetragen und endeten oft zugunsten der jüngeren Generation, die physische wie psychische altersbedingte Schwächen scheinbar unbarmherzig ausnutzte. Ob dies der Realität in der Nara- und Heianzeitlichen Gesellschaft entspricht oder dem Wunschdenken eines jungen Leserpublikums entgegenkam, ist schwer zu entscheiden, doch scheinen einige Merkmale des japanischen Familiensystem dafür zu sprechen, daß solche Generationenkonflikte in den Familien nicht unbedingt zugunsten der älteren Generationen ausgehen mußten, bzw. die Autorität der Älteren nicht unumstritten war. Insbesondere scheint die große Aufsplitterung der Kompetenzbereiche und Machtbefugnisse innerhalb der Familien wenig Raum für uneingeschränkte Macht der älteren Mitglieder gelassen zu haben. Da Häuser und Liegenschaften oft in mütterlicher Linie vererbt wurden, hatten die Söhne in dieser Hinsicht oft von ihren Eltern nicht besonders viel zu erwarten und diese wiederum wenig Druckmittel in der Hand, Gehorsam zu ‚erkaufen'. Während die Söhne vielfach auf ihre Väter für ihr politisches Fortkommen angewiesen waren, mußte insbesondere während der Heian-Zeit das Lancieren der Söhne auf der Beamtenkarriereleiter früh genug erfolgen, um sie nicht im allzeit herrschenden Konkurrenzkampf mit anderen Adeligen hoffnungslos ins Hintertreffen geraten zu lassen, sodaß die Söhne, wenn ihre Väter alt geworden waren, bereits hohe Positionen bekleideten und in gewisser Weise von ihren Vätern unabhängig waren[258]. Die Uxorilokalität vieler Ehen zumindest in ihrem Anfangsstadium brachte junge Männer wiederum in eine gewisse Abhängigkeit von ihren Schwiegereltern, die mit der Loyalität den eigenen Eltern gegenüber kollidieren mußte. Schließlich zeigten sowohl die Adelsfamilien als auch die Familien der unteren Schichten eine merkliche Tendenz zur Bildung von um Eltern und Kinder zentrierte Kernfamilien, sodaß Familien, in denen drei oder mehr Generationen tatsächlich zusammenlebten, der Registrierungspraxis zum Trotz wohl eher selten waren und oft nur vorübergehenden Charakter hatten. Schon allein die sich daraus ergebende räumliche Trennung der betagten Eltern und ihrer erwachsenen, verheirateten Kinder, die sich ebenfalls in der Belletristik widerspiegelt, war sicherlich nicht dazu angetan, die Autorität der alten Eltern auf Dauer zu sichern und hatte in den weniger wohlhabenden Schichten unter Umständen auch negative Auswirkungen auf den Lebensunterhalt unbemittelter alter Menschen. Davon, daß dort, wo Lebensmittelknappheit herrschte, auch im Haushaltsverband lebende arbeitsunfähige, betagte Verwandte in den unteren Schichten zumindest von extremer Vernachlässigung, wenn nicht gar vom Ausgesetzt- oder Ausgestoßen-Werden bedroht sein konnten, war ja schon im vorhergehenden Kapitel die Rede gewesen.

Das bedeutet nicht, daß erwachsene Kinder und betagte Eltern nicht auch in Japan eine innige Liebe verbinden konnte, die sich vor allem in der Nara-zeitlichen Lyrik eindrucksvoll widerspiegelt. Auch scheint das besondere Gewicht, das man auf seine Herkunft und Abstammung legte, dazu geführt zu haben, daß man seine Eltern, auffallenderweise weniger den Va-

---

[258] Vgl. dazu Kapitel 7, insbesondere S. 418ff. und 451f.

ter als besonders die Mutter, oft für wertvoller ansah als die eigenen Kinder und für sie zu großen Opfern bereit war. Der Adel verfügte darüber hinaus auch über die Möglichkeit des Abhaltens prunkvoller Feierlichkeiten wie der *sanga* zu Ehren der betagten Familienangehörigen.

Die in der Belletristik des öfteren zu beobachtende Bevormundung der alten Eltern, Mütter wie Väter, durch die erwachsenen Töchter und Söhne mag damit zusammenhängen, daß die Individuen insgesamt wesentlich auf eine Kooperation zwischen den Generationen angewiesen waren, und es ist schwer zu sagen, ob die ältere Generation in dem entsprechenden Austausch von Gütern und Hilfeleistungen eher auf der Gewinner- oder Verliererseite stand. Vielleicht darf aber der von der Figur des alten Vaters aus dem *Sumiyoshi monogatari* wiederholt geäußerte Satz, „die Kinder [würden] ihre Eltern niemals so sehr lieben wie die Eltern ihre Kinder"[259], als paradigmatisch für die herrschenden Situation gesehen werden. Daß aber mit fortschreitendem Alter allgemein gewisse Kompetenzen an die jüngere Generation abgegeben werden konnten oder sollten, legt die Existenz eines institutionalisierten Rücktritts der betagten Klanoberhäupter und/oder Haushaltsvorstände nahe, nach dem die betagten Eltern zwar unter Umständen weiterhin eine gewisse Autorität über ihre erwachsenen Kinder ausübten, ihre Macht jedoch zumindest eine geteilte Macht war. Daß es in der Belletristik vor allem die sozialen Aufsteiger sind, die ihre alten Eltern besonders stark bevormunden oder einengen, spricht wohl dafür, daß, um mit den Worten Borscheids[260] zu sprechen, in den Nara- und Heian-zeitlichen Familien nicht so sehr die Autorität des Älteren als vielmehr die Macht des Stärkeren gewaltet haben dürfte.

Wesentlich harmonischer gestalteten sich offenbar die von innerfamiliären Machtkämpfen noch ungetrübten Beziehungen zwischen Großeltern und kleinen Enkeln, die als äußerst innig beschrieben werden. Darin dürfte sich auch widerspiegeln, daß den alten Menschen in den Familien häufig weniger die Rolle von Autoritätspersonen zugekommen zu sein scheint, als die zeremonielle Funktion von mit der Durchführung verschiedener *rites de passage* für jüngere Familienmitglieder betraute Familienältesten[261].

Nichtverwandte betagte Haushaltsmitglieder wurden dort, wo dies finanziell möglich war, zwar geduldet, aber nicht besonders wertgeschätzt, wiewohl insbesondere den alten Ammen ähnlich innige Gefühle entgegengebracht wurden wie den alten Müttern.

---

[259] SYM:324, 327, 342.

[260] Borscheid 1987:39.

[261] Vgl. auch Murai 1984:14.

6. GESCHLECHTERBEZIEHUNGEN IM ALTER

6.1. Sehnsucht und Norm, bis ins hohe Alter mit dem Partner vereint zu bleiben

Das Takasago-Motiv, die japanische Variante der antiken Philemon und Baucis-Legende, zählt wohl zu den eindringlichsten Themen einer Ikonographie des Alters in Japan. Figurale wie zweidimensionale Darstellungen des gemeinsam in Würde gealterten Paares, wie es abgefallenes Laub unter zwei Bäumen zusammenkehrt, sind noch heute in der Volkskunst allgegenwärtig, und Liedteile aus dem gleichnamigen Nō-Stück, das dieses Paar, das bis ins hohe Alter in Liebe verbunden blieb, als Inkarnationen von Gottheiten besingt, werden nach wie vor auf Hochzeiten gesungen, um dem Wunsch Ausdruck zu verleihen, den Neuvermählten möge ein ähnlich langes gemeinsames Leben beschieden sein[1]. Zwar ist das Takasago-Motiv in dieser Ausformung erst in späteren Epochen der japanischen Geschichte nachweisbar, doch beschäftigte bereits die Autoren der Nara-Zeit die Sehnsucht, mit dem geliebten Partner bis ins hohe Alter vereint zu bleiben, nachdrücklich. Dabei war aufgrund einer hohen Sterblichkeit wohl nur wenigen das Glück beschieden, diesen Wunsch in Erfüllung gehen zu sehen, und so kommt die Sehnsucht nach der physischen Präsenz des Partners im Alter vor allem darin zum Ausdruck, daß man andere beneidet, denen dies doch gegönnt war:

Was für ein mit Glück	*Sakiwai no*
gesegneter Mann	*ikanaru hito ka*
muß das doch sein!	*kurokami no*
Bis seine schwarzen Haare weiß geworden,	*shiroku naru made*
vermag er, die Stimme seiner Frau zu hören.	*imo ga koe wo kiku*[2]

Wie im *Manyōshū* allgemein die körperliche Liebe in den Gefühlsschilderungen der Liebenden häufig im Vordergrund steht, wird auch in jenen Liedern, in denen Autoren den vorzeitigen Verlust des geliebten Menschen beklagen, die Hoffnung, die sie einst hegten, mit diesem bis ins hohe Alter vereint zu bleiben, durch das Bild ihrer beider ergrauten Haare heraufbeschworen, wie sie sich auf dem gemeinsamen Lager vermischen, so etwa in der folgenden Elegie an die zu früh verstorbene Ehefrau:

---

[1] Sieffert 1979b:44.

[2] MYS II (7/1411):267, s.a. MYS 1965:292, Nr.906.

Bis unser schwarzes Haar,	Shirotae no
wenn wir nebeneinander liegend,	sode sashikaete
unsere weißen Ärmel kreuzen,	nabikineru
ganz weiß geworden wäre,	wa ga kurokami no
zusammen in der sich ständig	mashiraga ni
erneuernden Welt zu bleiben,	narinamu kiwami
schworen wir, ich und du,	aratayo ni
deren Lebensfaden,	tomo ni aramu to
wie die Perlenschnur[3],	tama no o no
nicht reißen sollte;	taeji i imo to
wir konnten ihn nicht halten,	musubiteshi
den Schwur;	koto wa hatasazu
unser Wunsch,	omoerishi
er erfüllte sich nicht...	kokoro wa togezu...[4]

Der Schwur, so lange zusammenzubleiben, bis die Haare im Alter weiß geworden wären, der hier anklingt, scheint überhaupt die gängige Metapher für den Wunsch nach einer dauerhaften Beziehung zu einem Partner gewesen zu sein. So umschreibt ein anonymer Autor die Absicht, der Geliebten immer treu bleiben zu wollen, mit demselben Schwur:

Bis meine schwarzen Haare	Kurokami no
weiß geworden,	shirakuru made to
treu zu bleiben, schwor ich;	musubiteshi
weswegen sollt' ich nun	kokoro hitotsu wo
abweichen von diesem Entschluß?	ima tokame ya mo[5]

Diese primäre Sehnsucht, wie sie in den Gedichten des *Manyōshū* so eindrucksvoll zum Ausdruck kommt, überschnitt sich seit der Nara-Zeit mit der Tatsache, daß das gemeinsame Altwerden der Ehepartner, das bis hin zum Letzten, zum Teilen desselben Grabes, gehen sollte, im Konfuzianismus zur Lebensmaxime erhoben und zum integralen Bestandteil eines idealen Lebenslaufes nach konfuzianischem Muster geworden war.[6]

---

[3] *Tama no wo*, wörtl.: ‚Perlenschnur', wird als *makurakotoba* für *inochi*, ‚Leben', und *tayu*, ‚enden', verwendet; vgl. dazu S. 37, FN 86.

[4] MYS I (3/481):225. Von Takahashi no Asomi. Das Gedicht soll 744 verfaßt worden sein (MYS 1965:324), wobei diese Datierung aber kontroversiell ist (MYS I:227, A.1).

[5] MYS III (11/2602):207.

[6] Als solchen stellte es z.B. Kūkai im *Sangō shiiki* dar, wenn der Gelehrte, der in diesem parabelhaften Essay als Vertreter des Konfuzianismus auftritt, die Vorzüge einer konfuzianischen Lebensweise aufzählt und im Zusammenhang mit Heirat und ehelicher Treue hervorhebt: „Aus eurer Verbindung werden Akkorde entstehen, die noch schöner sind als die Harmonien der kleinen und der großen Harfe, und wie eingemeißelt wird der Schwur eurer Treue sein. Gemeinsam werdet ihr alt werden (*kairō*) und auch das Grab teilen...' " (SS:99, s.a. Grapard 1985:51). Der konfuzianische Terminus des *kairō*, des gemeinsamen Altwerdens der Ehepartner, als Ideal für die Gestaltung der Beziehungen zwischen den Geschlechtern, fand denn auch Eingang in die Welt des *Manyōshū*, wenn Ōtomo no Tabito, der ebenfalls den vorzeitigen Tod seiner Frau zu beklagen hatte, in einem in *kanbun* gehaltenen

Sehnsucht und Norm, bis ins hohe Alter vereint zu bleiben   335

Dem eingangs erwähnten idealisierenden Takasago-Motiv vom gemeinsam in Würde gealterten Paar, das bis ins hohe Alter glücklich und zufrieden miteinander lebt, kommen in der gesamten Nara- und Heian-zeitlichen Literatur allerdings nur wenige Figuren nahe, und auch diese wirken eher parodistisch, so die Gestalt des alten Erzählers und seiner betagten Gemahlin aus dem *Ōkagami*. Scherzhaft lehnt es dieser ab, sich noch jemals von seiner Frau zu trennen, könne er sich doch in seinem Alter nicht mehr an eine andere Frau gewöhnen:

[Die Kaiserin Shōshi will Nonne werden, und viele wollen mit ihr zusammen zum Hōjō-Tempel kommen.]
„Als meine Frau das hörte, sagte sie: ‚Zu der Zeit will auch ich meine weißen Haare (*shiraga*) schneiden. Du kannst dagegen gar nichts tun.' ‚Ich werde dich nicht abhalten, aber danach mußt du mir eine junge Frau suchen.' ‚Ich habe eine junge Nichte. Ich will mit ihr sprechen. Es könnte Schwierigkeiten geben, wenn wir jemanden ganz fremden nehmen.' ‚Das wird nicht gehen. Ob jemand Bekannter oder Fremder, in meinem Alter kann ich nicht mit jemandem zusammen sein, den ich nicht gewöhnt bin.' "[7]

Ähnlich wie das Erreichen eines hohen Alters an sich mitunter als Gnade galt, die man sich nur durch besondere Taten in früheren Leben erwerben konnte, wurde auch das lange Zusammenleben dieser beiden als Zeichen ihrer bereits in früheren Leben geknüpfter Bande gewertet[8]. Als ähnlich begnadet wird im *Eiga monogatari* anläßlich des Todes Minamoto no Morofusas das Schicksal seiner Frau Sonshi geschildert, der es gegönnt war, bis über 70 mit ihrem Gatten vereint zu bleiben:

Was muß seine Frau Sonshi gefühlt haben! Sie hatte seit der Zeit, als er noch Mittlerer General war, lange Jahre mit ihm verbracht, bis sie ein Alter von 70 erreicht hatten, und ihre Trauer muß wohl unbeschreiblich gewesen sein. [...] Früher einmal mußte sie es sehr beklagt haben, mit Morofusa verheiratet worden zu sein, da dieser ja nur den Rang eines Mittleren Generals innehatte, während ihre älteren Schwestern alle mit Mitgliedern der kaiserlichen Familie verheiratet waren, drei waren Kaiserinnen, eine die Frau des Kronprinzen und eine die Frau eines Exkaisers gewesen. Aber dann waren die meisten von ihnen gestorben, noch bevor sie das 40. Lebensjahr erreicht hatten, nur noch Jōtōmonin hatte ein langes Leben gehabt (*nagaku owashimashishika*). Wieviel Glück hingegen war Sonshi aber schließlich beschieden, der es gegönnt war, mit ihrem Gatten, dem Minister Morofusa, bis in ein Alter von über 70 Jahren vereint zu bleiben (*nanasoji amari made sashinarabiowashi-*

Nachsatz zum Gedicht 793, in dem er zunächst in stark buddhistisch geprägter Terminologie allgemein die Vergänglichkeit des menschlichen Lebens bedauert, schrieb: „Die geliebte Gestalt ist für immer mit den drei Gehorsamkeiten [in der Kindheit dem Vater, den älteren Brüdern, als Ehefrau dem Ehemann, als Witwe dem Sohn, zu gehorchen] geschwunden, dahin ist für immer die schöne weiße Haut zusammen mit den vier Tugenden. Warum nur war unser Versprechen, gemeinsam alt zu werden (*kairō*), gegen die Bestimmung und warum soll es mir jetzt beschieden sein, meinen halben Lebensweg einsam wie der vom Schwarm getrennte Vogel fliegend zurückzulegen?" (MYS II:57).

[7] ŌK:247, s.a. McCullough 1980:213.
[8] ŌK:264; vgl. S. 29.

mashite), Mutter zahlreicher Kinder zu sein und ein so langes Leben zu haben (*nagaku mitatematsurasetamau*).[9] Allerdings sind Schilderungen einer besonders innigen Beziehung zwischen ältlichen oder gar alten Paaren vergleichsweise selten, ja sie scheinen kein attraktives Thema gewesen zu sein. Mit Ausnahme des erwähnten alten Ehepaares aus der Rahmenhandlung des *Ōkagami* kennt weder die Nara- noch die Heian-zeitliche Prosa gemeinsam alt gewordene Paare, deren gegenseitige Zuneigung sie mehr als nur beiläufig schildern würden.[10] Im *Ochikubo monogatari*, das als einer der wenigen Romane der Beziehung zwischen alten Eheleuten überhaupt einigen Platz einräumt, ist dieses Verhältnis keineswegs ungetrübt, was freilich auf das Fehlverhalten der Frau, das im ganzen Roman auch als solches angeprangert wird, zurückzuführen ist. Diese ist die einzige mir aus der Belletristik dieser Zeit bekannte Figur, die eine solche Verbundenheit oder zumindest, daß sie zu erwarten wäre, verbalisiert, wenn sie daraus ein Anrecht auf das Erbe ihres Mannes ableitet, das dieser einer Tochter mit einer anderen, früh verstorbenen Frau hinterlassen will:

Als seine Frau das hörte, weinte sie. „Ihr tut ja gut daran, Eure Dankbarkeit Eurer Tochter gegenüber zum Ausdruck zu bringen", sagte sie, „aber wie sollte ich Euch nicht grollen, wenn ich mitansehen muß, was Ihr jetzt vorhabt. Ich bin Eure Frau geworden, als ich noch sehr jung war, und nun bin ich über 60 und Ihr seid über 70. All die Zeit über habe ich Euch gedient und fest auf Euch gebaut. Wir haben sieben Kinder miteinander gehabt. Warum überlaßt Ihr dieses Haus nicht mir? Wollt Ihr denn Eure Kinder völlig vernachlässigen, weil sie Euch nicht genügend kindliche Pietät erwiesen haben? Sonst ist es doch so auf dieser Welt, daß Eltern sich ganz besonders um jene ihrer Kinder annehmen, denen das Glück nicht so hold ist."
[Ihr Gemahl bleibt aber hart, und meint, ihre Kinder würden schon ihr Auslangen finden und für sie sorgen.][11]

Tatsächlich räumt sowohl die Lyrik als auch die Prosa der Schilderung eines Abkühlens der Gefühle mit fortschreitendem Alter weit mehr Raum ein als einer etwaigen innigen Verbundenheit alter Ehepaare, die auch sonst nicht weiter idealisiert werden.

---

[9] EM II:523. Bei den erwähnten Schwestern der Sonshi, Tochter Fujiwara no Michinagas, handelt es sich um Shōshi, Kenshi, Ishi, Kishi und Kanshi, respektive Gemahlinnen von Ichijō, Sanjō, Go-Ichijō und Go-Suzaku Tennō sowie von Koichijō-in (McCullough 1980: Tab. 14).

[10] Eher trivial mutet etwa die folgende, kurze Passage aus dem *Genji monogatari* an, in der Genji angesichts seines eigenen Kummers ob des Verschwindens des alten Laienmönchs wie beiläufig den Schmerz dessen langjähriger Gemahlin zu ermessen sucht: „ ‚Seltsam', sagte Genji, ‚je älter ich werde und das Leben besser verstehen lerne, desto mehr sehne ich mich nach dem alten Mönch. Wie erst muß er seiner Frau, die zärtliche Bande mit ihm vereinten, schmerzlich fehlen!' " (GM III:296, s.a. Benl 1966b:85).

[11] OM:211, s.a. Whitehouse und Yanagisawa 1970:226.

6.2. Das Verblassen der Gefühle im Alter und die Entfremdung alter Liebender

Bestand bei den gesellschaftlich sanktionierten Ehen zwar das Ideal des gemeinsamen Altwerdens und schienen die Nara-zeitlichen Dichter in ihren Liedern auch einer tief empfundenen Sehnsucht Ausdruck verliehen zu haben, mit ihren Partnern bis ins hohe Alter vereint zu bleiben, so legen andere Gedichte beredtes Zeugnis von einem Verblassen der Gefühle mit fortschreitendem Alter und zunehmender Verlassenheit, insbesondere der betagten Frauen, ab, so z.B. das folgende berühmte Gedicht der Ono no Komachi aus dem *Kokinshū*:

Nun, da es Herbst geworden	*Ima wa to te*
in meinem Leben,	*wa ga mi shigure ni*
und ich unter seinen Schauern altere,	*furinureba*
da verblassen auch Deine Schwüre	*koto no ha sae ni*
wie von den Stürmen zerzaustes Laub.	*utsuroinikeri*[12]

Ungewiß konnte das Schicksal sein, dem besonders Nebenfrauen oder Konkubinen, aber auch mitunter die Hauptfrauen, der Mitglieder des Hochadels mit fortschreitendem Alter entgegensteuerten. Sofern sie sich nicht der besonderen Zuneigung ihrer Ehepartner erfreuten, nicht die Hauptfrau waren bzw. über keine genügend einflußreichen Verwandten verfügten, deren Zorn man fürchten konnte, liefen sie Gefahr, im Alter ihre Attraktivität zu verlieren und von ihren Ehemännern einfach nicht mehr aufgesucht zu werden. Bereits im *Manyōshū* beklagen Frauen, im Alter von ihren Ehe-

---

[12] KKS (15/782):256, s.a. Rodd und Henkenius 1984:273. Mit leichten Abweichungen entspricht das Gedicht dem in IM (131):183, s.a. McCullough 1968:152, und *Gosenshū* 450. Neben dem Wortspiel zwischen den homonymen *furu*, ‚regnen', und *furu*, ‚alt werden', bedient sich das Gedicht einer Reihe weiterer Doppeldeutigkeiten. Die erste Zeile „Nun, da..." kann sich sowohl darauf beziehen, daß die Dichterin drauf und dran ist, eine alte Frau zu werden, als auch auf die Reaktion des Mannes, nämlich ‚Nun ist es Zeit, [mit ihr zu brechen]'. In den ersten drei Zeilen des Gedichts hat Ono no Komachi die Konvention beachtet, daß ein Gedicht die Gefühle des Autors mithilfe eines gerade anschaulichen Aspektes der Natur auszudrücken hat; in den beiden letzten Zeilen weitet sie dieses Bild auf die Gefühle des Empfängers aus: wörtl. ‚sogar deine Worte haben sich verändert', suggeriert sie durch die Homonymie von *ha*, ‚Worte', und *ha*, ‚Blätter', wie sich das Laub im Herbst verfärbt (McCullough 1968:256). Ebenfalls auf ihr Alter führt es in einer Episode des *Heichū monogatari* eine Frau zurück, daß ihr Geliebter sie vernachlässigt: „[Der Held besucht eine Frau, doch bald erlahmt sein Interesse an ihr. Als er ihr schließlich nach langer Zeit ein Gedicht zukommen läßt, in dem er meint, die ganze Nacht um sie weinend zugebracht zu haben, antwortet sie:] Wie von Tau so naß der Ärmel,/ habt die Nacht Ihr zugebracht,/ aus Sehnsucht nach wem wohl geschah es?/ Denn ich bin für Euch doch wohl [so alt/ wie die Zedern] von Isonokami! (*Shiratsuyu no/ okiite tare wo/ koitsuramu/ ware wa kikiowasu/ Isonokami ni te*)" (HM (9):66, s.a. Sieffert 1979a:139). Zum Ausdruck *isonokami* als *makurakotoba* für *furu*, ‚alt werden', vgl. S. 356, FN 74.

männern vernachlässigt zu werden[13], und auch das *Nihon shoki* enthält eine Passage, in der der Bruder einer Kaiserin sie zum Mord an ihrem Gemahl anstiftet, indem er sie davor warnt, sie würde mit zunehmendem Alter von jüngeren Frauen aus der Gunst ihres Gatten verdrängt werden:

[Der ältere Bruder der Kaiserin, Prinz Saohiko, fragt sie, wen sie mehr liebt, den Tenno, ihren Gemahl, oder ihn. Sie antwortet, sie liebe ihn mehr.]

Darauf verlockte er sie: „Wenn eine einem Mann durch Schönheit dient, verliert sie seine Zuneigung, wenn die Schönheit vergeht[14]. Jetzt gibt es viele schöne Frauen im Reich, sie werden eine nach der anderen kommen und seine Zuneigung suchen. Wie kannst du dich auf die Dauer auf die Schönheit verlassen. Ich möchte daher zur Tenno-Würde aufsteigen und mit dir herrschen... Ich bitte dich, töte den Tenno für mich!"[15]

Gelegenheit zu Variationen dieses Themas bot die Geschichte der Ban Jieyu (Jap. Han Shōyo)[16], ein in China seit der Zeit der Sechs Reiche und auch in japanischen *kanshi*-Sammlungen beliebtes Lyriksujet:

Schwer sind festzuhalten Jugend und Schönheit (*nenshoku*),
allein klagt Shōyo, die Konkubine, über ihren Niedergang.
Im Palast des Kaisers herrscht reges Treiben bei Musik und Tanz,
in ihrem Zimmer allein ist sie aber eingeschlossen.
Umsonst fällt der Mondenschein auf den Vorhang,
der Wind bläst durch das dunkle Laub.
Nicht bekommt sie mehr Silberreif zum Zeichen seiner Liebe,
gewandelt hat sich ihre Schönheit in ewigen Herbst.[17]

Die Heian-zeitliche Belletristik erwähnt solche von ihren Ehemännern im Alter vernachlässigte Ehefrauen durchaus häufig, meist auf ziemlich nüchterne Art. So hat etwa der Held des *Genji monogatari*, als er Vor- und Nachteile der Verehrer Tamakazuras bespricht, an sich nichts dagegen einzuwenden, daß Higekuro, der General zur Rechten, der um Tamakazura

---

[13] So wohl dort, wo eine Frau klagt, ihr Mann sei wohl schon so senil geworden, daß er neuerdings des öfteren vergesse, bei ihr vorbei zu schauen (MYS II (9/1783):405, vgl. S. 136). In einem anderen Gedicht (MYS III (11/2626):211) dürfte ebenso anklingen, wie eine ältliche Frau ihren Mann, der sie offenbar vernachlässigt, warnt, er werde dies noch einmal bitter bereuen, wenn er im Alter selbst allein und verlassen sein wird: „Der sein altes Gewand/ einfach wegwirft,/ wird es, wenn der Herbstwind/ sich brausend erhebt,/ noch bitter bereuen (*Furukoromo/ uchitsuru hito wa/ akikaze no/ tachikuru toki ni/ mono omou mono so*)." Das Gedicht ist konkreter auch so zu verstehen: Wer seine alte, gewohnte Frau/ einfach aufgibt,/ wird es, wenn seine Jugend/ sich dem Ende zuneigt,/ noch bitter bereuen.

[14] Ein dem *Shi ji*, Abschnitt über das Leben des Lü Fuwei nachgebildeter Ausspruch (NS I:262, A.39).

[15] NS I (Suinin 4.9.23):261–262, s.a. Aston 1956/1:170.

[16] Sie war die Geliebte des Kaisers Cheng Di der Han gewesen, aus seiner Liebe aber von einer anderen Frau verdrängt worden, mußte daraufhin den Zhaoyang-Palst verlassen und wartete dann der Kaiserinmutter im Changxin-Palast auf (BSS:248–249 A, KKJ 2:1143).

[17] BSS (2/60):250, von Kuwabara no Haraaka. Ähnlich auch BSS (2/58):248–249, von Saga Tennō.

freit, schon verheiratet ist, seine Frau ihm aber offenbar in der Zwischenzeit zu alt geworden ist; im Gegenteil, dafür scheint Genji durchaus Verständnis zu haben. Kopfzerbrechen bereitet ihm nur der Groll, den deren Verwandte dann unter Umständen gegen seine neue Frau hegen könnten:

„...Den General zur Rechten wiederum verdrießt es wohl, daß seine Frau, mit der er seit vielen Jahren zusammenlebt (*toshihetaru hito*), alt geworden ist (*nebisugitaru*), und daher sucht er sich nun eine junge Frau, doch das wird ihm von deren Verwandten und Freunden übel vermerkt werden..."[18]

Kaum mehr gerührt zeigt sich die Autorin des *Hamamatsu chūnagon monogatari*, als sie erzählt, wie eine der männlichen Figuren ihres Romans sich gerade anschickt, seine Ehefrau zu betrügen, weil sie ihm zu alt geworden ist:

Emon no Kami, Sohn eines früheren Kapitäns der Inneren Palastwache, war der Onkel des Mittleren Rates. Seine Frau, eine Tochter von Prinz Sochi no Miya, war eine distinguierte Dame, doch war sie um vieles älter als er (*koyonaku toshi masarikereba*). Emon no Kami war nie besonders viel an ihr gelegen gewesen, und wie sie allmählich älter wurde (*toshi tsumoru mama ni*), da gab es nur noch sehr wenig, was die beiden verband. Wie seine Zuneigung für sie verblaßte, da begann Emon no Kami sich zu fragen, wie er eine neue Frau finden konnte, der er sich ganz hingeben würde.[19]

Das Gesagte galt natürlich im besonderen Maße für Nebenfrauen. So meint etwa der fiktive Tenno aus dem *Utsuho monogatari*, die Eifersucht seiner Frau auf eine seiner Nebenfrauen, die Dame Jijūden, sei völlig unbegründet, sei diese doch als Mutter zahlreicher Kinder gealtert und könnten seine Gefühle ihr gegenüber nur rein platonischer Natur sein:

[Die Kaiserin wirft dem Tenno vor, den Gefühlen der Dame Jijūden zu viel Aufmerksamkeit zu schenken. Er antwortet:]
„Wie könnt Ihr nur so etwas denken? Wäre sie jung und schön, so könnte man es noch verstehen, doch ist sie eine in Würde gealterte Mutter zahlreicher Kinder (*kamisabinitaru kodomo no haha*) und nur weil unter den zehn Kindern, die sie mir geschenkt hat, einige sind, die ich noch nicht oft zu sehen bekommen habe, statte ich ihr von Zeit zu Zeit einen Besuch ab."[20]

Vernachlässigte alte Ehefrauen finden sich nicht nur in der Fiktion, sondern auch in Chroniken, die von realen Persönlichkeiten erzählen. Als Bokushi, die Frau von Minamoto no Masanobu, überlegt, wem sie ihre Tochter zur Frau geben soll, scheidet sie laut *Eiga monogatari* Fujiwara no Asateru, der ihr als passender Bräutigam erschiene, aus, nicht etwa deswegen, weil dieser bereits eine Frau hat – im Gegenteil, diese ist alt und offenbar so sehr von aller Welt verlassen, daß man nicht einmal mit Sicherheit weiß,

---

[18] GM II:407, s.a. Benl 1966a:707.

[19] HCM:288, s.a. Rohlich 1983:148.

[20] UM III:248, s.a. Uraki 1984:397. Die Dame Jijūden ist der inneren Chronologie des Romans zufolge 40 Jahre alt.

ob sie noch am Leben ist oder nicht – sondern wegen seiner Verbindung zu einer anderen Frau, die sie offenbar fürchtet:

Der General von Kanin hatte eine alte Frau (*kita no kata toshioitamaite*) – man weiß nicht einmal, ob sie noch lebte oder bereits gestorben war – aber wegen seiner geschmacklosen Verbindung mit der Witwe Nobumitsus lehnte Bokushi ihn als Schwiegersohn ab.[21]

Die Situation solcher im Alter verlassener Ehefrauen wird in den Heian-zeitlichen Romanen nicht nur derart nüchtern und gewissermaßen von außen beschrieben, die Angst, es könnte ihnen im Alter ähnliches widerfahren, taucht auch häufig in den in diesen beschriebenen Selbstgesprächen und Überlegungen weiblicher Figuren auf, sodaß sie als ein wichtiger Faktor für die Gestaltung der weiblichen Altersphase erscheint. Die Sorge, ein solches Schicksal könnte auch ihr mit fortschreitendem Alter drohen, quält zum Beispiel im *Genji monogatari* Genjis Frau Murasaki, als er auf das Drängen des Tenno hin eine Prinzessin heiratet, die nicht nur jünger ist, sondern auch auf bei weitem einflußreichere Protektion zählen kann:

Onna San no Miya wurde der Zweite Rang verliehen, und auch ihre Lehen wurden erweitert. So gestaltete sich ihr Leben immer glanzvoller, und Murasaki, die mitansah, wie Onna San no Miyas Ansehen in der Welt im Laufe der Jahre immer mehr wuchs, dachte beunruhigt: „Ich verlasse mich in allem ganz allein auf Genji, und wenn mich auch bis jetzt noch keine andere Frau aus seiner Gunst verdrängt hat, so könnte es doch gut sein, daß seine Zuneigung zu mir allmählich abnimmt, je mehr ich zu Jahren komme (*amari toshi tsumorinaba*). Bevor es erst so weit gekommen ist, sollte ich besser von mir selbst aus dieser Welt den Rücken kehren und Nonne werden!"[22]

Murasaki ist nicht die einzige Heldin eines Heian-zeitlichen Romans, die im Ablegen der religiöse Gelübde den Ausweg aus dem wenig beneidenswerten Schicksal einer im Alter vernachlässigten Frau sieht. In Form eines galanten Austausches von Gedichten spricht auch das in Wirklichkeit noch nicht besonders betagte Paar Kumoi no Kari und Yūgiri aus demselben Roman dieses Verblassen der Liebe im Alter an, und auch Kumoi no Kari trägt sich mit dem Gedanken, anstatt von ihrem Mann vernachlässigt ein bemitleidenswertes Dasein zu führen, lieber Nonne zu werden:

[Yūgiri, der sich in Prinzessin Ochiba verliebt hat und einen Brief an diese vor Kumoi no Kari zu verstecken trachtet, versucht, diese davon zu überzeugen, daß es für sie durchaus ehrenvoll ist, wenn er von Zeit zu Zeit auch andere Frauen aufsucht.]

---

[21] EM I:110, s.a. McCullough 1980:142. Noch im 2. Kapitel des *Eiga monogatari* war Asaterus Frau zwar als jugendlich beschrieben worden, der Ausdruck *chigo no yō* (wie ein Kind) dort kann aber auch als Beschreibung ihrer Persönlichkeit interpretiert werden. Sie war wahrscheinlich etwa 36 Jahre alt, in einem Alter also, das gleichzeitig dem Asaterus im Jahr 987, in dem diese Episode spielt (McCullough 1980:142, A.38), entspricht und in dem Frauen, wie wir gesehen haben, durchaus schon als alt gelten konnten.

[22] GM III:335, s.a. Benl 1966b:118.

Als er so mit geschickten Worten auf sie einsprach, um sie glauben zu machen, er habe den Brief längst vergessen, da lächelte Kumoi no Kari liebreizend und meinte: „Wenn ich Euch so über Ruhm und Ehre sprechen höre, da merke ich erst, wie lästig es Euch sein muß, mit einer so alten Frau (*furinuru hito*) wie mir zu leben. Daß Ihr Euch nun plötzlich so jugendlich frivol gebärdet [und mich betrügt], schmerzt mich um so mehr, als ich derlei von Euch bis jetzt nicht kannte. Ihr wart doch früher nicht so grausam zu mir!"[23]
[Als Yūgiri etwas später zu Ochiba aufbrechen will, sagt Kumoi no Kari:]

„Anstatt zu beklagen,	*Naruru mi wo*
daß zu alt ich ihm geworden,	*uramuru yori wa*
sollt lieber mein Gewand	*Matsushima no*
gegen das einer Nonne	*ama no koromo ni*
ich tauschen!	*tachi ya kaemashi*

Denn so kann ich doch unmöglich weiterleben!"
Yūgiri, der eben hinausgehen wollte, blieb, als er dies vernahm, stehen und erwiderte: „Was habt Ihr doch für ein grausames Herz!

Weil wie das abgetragene Gewand	*Matsushima no*
des Fischers von Matsushima	*ama no nureginu*
ich Euch zu alt geworden bin,	*narenu to te*
habt Ihr's gegen das der Nonne getauscht:	*nugikaetsu te fu*
das wollt Ihr wohl, daß alle glauben!"	*na wo tatame ya wa*[24]

Auch die Furcht von Männern, mit fortschreitendem Alter ihre Attraktivität für ihre Frauen zu verlieren, gehört zum ständigen Repertoire der Heian-zeitlichen *monogatari*-Literatur. So bringt zum Beispiel einer der fiktiven Tennos aus dem *Utsuho monogatari* den längeren Aufenthalt einer seiner Nebenfrauen, Jijūden, bei ihrer Familie sofort mit seinem schon etwas fortgeschrittenerem Alter in Zusammenhang:

„Wie es scheint, wird die Dame Jijūden nicht mehr vor Ende dieses Jahres in den Palast zurückkehren wollen. Sie ist nun schon länger ferngeblieben, als sie es bei ihren eigenen Entbindungen je getan hat. Ob man sie dort zur Amme gemacht hat? Um die Wahrheit zu sagen, möchte ich Euch bitten, sie doch etwas zur Eile anzutreiben. Wo so etwas früher nicht vorkam, zeigen mir die Frauen jetzt im Alter (*sue no yo ni*) die kalte Schulter?"[25]

Auch die Autorin des *Kagerō nikki* legt in der Schilderung ihres eigenen Ehelebens beredtes Zeugnis davon ab, wie die Beziehung zu ihrem Ehemann, die sie allerdings schon in früheren Jahren aufgrund der zahlreichen Beziehungen ihres Gatten zu anderen Frauen mehr enttäuscht als zufriedengestellt hat, noch mehr abstumpft, je älter sie beide werden:

---

[23] GM IV:122, s.a. Benl 1966b:286. Kumoi no Kari ist zu diesem Zeitpunkt in ihrem 31. Lebensjahr, Yūgiri in seinem 29 (GM IV:122, A.1). Sie sind also beide noch recht jung, allerdings ist sie um zwei Jahre älter als er.

[24] GM IV:158, s.a. Benl 1966b:320—321. Das Zeitwort *naru*, das beide Gedichte verwenden, bedeutet ‚alt, welk werden' bzw. ‚seine Frische verlieren'. Ein ähnlicher Ausdruck findet sich auch GM II:139, hier allerdings nur für Gegenstände, und nicht als Metapher für das Altwerden von Menschen, gebraucht (GM IV:488, A.167).

[25] UM II:372—373.

[Von ihrem Mann aufgefordert, ein Gewand, das er bei ihr gelassen hat, zu nähen, läßt die Autorin sich damit Zeit. Von ihm zur Eile gemahnt, teilt sie ihm mit, sie brauche deswegen so lange, weil sie das Gewand an seiner Statt behalten wolle, bevor sie es ihm schickt.]
„Das ist ja ganz wunderschön geworden", ließ er mir sagen. „Nur schade, daß du dich nicht daran gewöhnt hast, es zu tragen!" Das ärgerte mich und ich befand, daß eine Antwort vonnöten war.

Drängst du auch noch so:	Wabite mata
„Schnell, schnell, lös' das Gewand!"	toku to sawagedo
mit solchen alten Dingen,	kai nakute
wie uns und dem Gewand,	hodo furu mono wa
ist's immer so, ist's nicht zu ändern!	kaku koso arikere[26]

Entsprechend fragt sich auch ihr Mann, ob sie ihm nun, da er alt geworden ist, die Treue brechen will:

[An dem Tag, an dem das Mädchen, daß die Autorin adoptieren will, ins Haus gebracht wird, erscheint auch ihr Mann. Obwohl sie versucht, zu verhindern, daß er das Mädchen sieht, bemerkt er doch, was vor sich geht.]
„Schau an", erwiderte da mein Herr Gemahl, „wessen Kind mag das wohl sein? Könnte es sein, daß Ihr Euch nun, da Ihr meint, ich sei alt geworden (*oinitarite*), einem Jüngeren zugewandt habt und von mir gar nichts mehr wissen wollt?"[27]

Nicht nur vernachlässigte ältliche Ehefrauen spielten mit dem Gedanken, Nonne zu werden, oder setzten diesen Entschluß auch in die Tat um. Auch bei aufrechter Ehe legten Paare in fortgeschrittenem Alter mitunter die Gelübde ab und setzten somit ein sichtbares Zeichen für eine Lockerung ihrer Beziehung, wofür die Eltern der Autorin des *Sarashina nikki* als Beispiel dienen mögen, die im Alter nacheinander die Gelübde ablegten und fortan zwar in der gleichen Residenz, aber in verschiedenen Teilen derselben wohnten[28]. Auch sind Fälle belegt, in denen Ehepartner im Alter in verschiedene Residenzen zogen[29], sodaß es offenbar häufig zu einer weitgehenden Auflösung der ehelichen Beziehung in der ‚nachelterlichen Phase' kam[30].

---

[26] KN:255, s.a. Seidensticker 1973:122. Man schreibt das Jahr 971; die Autorin müßte demnach zu dem Zeitpunkt, als sie dieses Gedicht abfaßte, um die 35 Jahre alt gewesen sein. Das Gedicht beruht auf einem Wortspiel zwischen *toku* ‚lösen' und *toku* ‚schnell'.

[27] KN:266, s.a. Seidensticker 1973:129. Die Bemerkung Kaneies ist umso pikanter, als von dem Mädchen angenommen wird, es sei ein uneheliches, nicht anerkanntes Kind von Kaneie selbst, was dieser aber erst später erfahren wird. Man schreibt das Jahr 973, sodaß Kaneie zum Zeitpunkt dieses seines Ausspruchs 44 Jahre alt gewesen sein müßte.

[28] SN:510; vgl. S. 298.

[29] So verließ die Frau Fujiwara no Akimitsus ihren über 70jährigen Mann, um zu ihrer Tochter aus erster Ehe zu ziehen (EM II:27, vgl. S. 450). In der Eintragung für Shōwa 15.10.1 (848) berichtet das *Shoku Nihon kōki* ebenfalls von einem Ehepaar aus der Schicht der Distriktbeamten, das im Alter in getrennte Residenzen zog (Murai 1984:12—13).

[30] Vgl. auch Katsuura 1990:78—79.

6.3. Die Diskriminierung von Kindern alter Eltern

Entsprechend verwundert es auch nicht, daß Vorurteile gegen Kinder alter Eltern bestanden. Die später in zahlreichen Sprichwörtern wie *toshiyori no ko wa samugare, toshiyori no ko wa yowai, rōjin no ko wa kage nashi, gojū no mekusariko* (,Kinder alter Leute frösteln leicht, sind schwach, haben keinen Schatten', ,die triefäugigen Kinder der über 50jährigen')[31] etc. belegten Vorbehalte gegen die Gesundheit und Lebensfähigkeit von Kindern, die Eltern in bereits fortgeschrittenem Alter geboren werden, sind bereits in der Nara- und Heian-zeitlichen Literatur nachweisbar. So führt etwa der alte Vater eines scheinbar mit einer Mißbildung geborenen Mädchens aus dem *Nihon ryōiki* dessen Verkrüppelung darauf zurück, daß seine Frau und er schon zu alt waren, um noch Kinder zu bekommen:

Niu no Atai Otokami war ein Mann des Distrikts Iwata in der Provinz Tōtōmi. Otokami tat das Gelübde, eine Pagode zu erbauen. Lange Jahre verstrichen, ohne daß er imstande gewesen wäre, die Pagode zu erbauen. Er sehnte sich sehr danach, das Gelübde zu erfüllen und empfand im Herzen tiefen Schmerz. Zur erlauchten Zeit der himmlischen Majestät Shōmu, als Otokami in seinem 70., seine Frau in ihrem 62. Lebensjahr war, wurde sie schwanger und brachte eine Tochter zur Welt. Von ihrer Geburt an war ihre linke Hand fest geschlossen. Vater und Mutter wunderten sich und wollten die geschlossene Hand öffnen, doch da schloß sie sie nur noch fester und streckte sie erst recht nicht aus. Vater und Mutter grämten sich sehr und der Vater sprach: „Alte Frau (*ōna*), zur Unzeit hast du ein Kind geboren, es ist nicht mit den sechs Wurzeln ausgestattet. Das wird große Schande bringen. Aufgrund von Missetaten in früheren Leben bist du als unser Kind geboren." Sie wollten dem Kinde aber nicht übel und setzten es nicht aus, sondern zogen es liebevoll auf. [Als das Kind sieben Jahre alt geworden ist, erweist sich, daß es in Wirklichkeit Reliquien in seiner Hand hält, für die eine Pagode errichtet wird, wonach das Kind stirbt.][32]

Ist man geneigt, die Tatsache, daß dieses Ehepaar aus dem *Nihon ryōiki* noch mit über 60 Jahren ein Kind bekommen haben sollte, durchaus als außergewöhnlich zu betrachten und daher vielleicht auch die Vorbehalte gegen dieses späte Kind zu verstehen, so galten aber bereits Kinder von Eltern über 40 Jahren als Gefahr für diese und auch sich selbst. Dabei mag zum einen die Tatsache eine Rolle gespielt haben, daß eine Schwangerschaft, die ja für die Frauen des Heian-zeitlichen Adels überhaupt recht gefährlich war, mit zunehmendem Alter auch eine zunehmende Gefährdung der betroffenen Frau mit sich bringen konnte, wie dies etwa im *Sagoromo monogatari* zum Ausdruck zu kommen scheint:

„ ,Ein Kind im Alter (*oigo*) ist für die Menschen gefährlich', das habe ich gehört. Deshalb wird die Kaiserin sehr leiden," sagte der Tenno. Auch die Menschen waren sehr erstaunt,

---

[31] Fujii 1909:403, 699, 1063.

[32] NR (2/31):268—271, s.a. Bohner 1934:148—149. Ähnlich KM III (12/2):132—133.

als sie von diesem „wirklich Seltenen" hörten. Denn die Gemahlin des Tenno war in dem Jahr 43 oder 44 Jahre alt geworden, und deshalb sollten solche Dinge nicht mehr passieren. Aber sie sah eher wie 30 aus und war sehr hübsch.[33]

Gleichzeitig widersprach es aber offenbar auch einer gesellschaftlichen Norm, mit über 40 Jahren noch ein Kind zu bekommen. So berichtet der fiktive Erzähler des *Ōkagami*, seine Mutter hätte ihn als Baby weggelegt, weil sein Vater zum Zeitpunkt seiner Geburt 40 Jahre alt gewesen sei[34], wohl aufgrund der in späteren Redewendungen wie *shijūni no futatsugo* oder *shijūni no oyatoriko* belegbaren Vorstellung, ein Kind, das geboren wird, wenn seine Eltern 40 sind, sei eine Gefahr für diese, und zwar aufgrund der Homonymie der sinojapanischen Lesungen der Zeichen ‚vier' und ‚sterben', *shi*.[35]

Daß man es aber auch ganz allgemein für nicht recht passend hielt, wenn eine ältere Frau noch ein Kind bekam, obwohl derlei durchaus vorkommen konnte, macht auch Sei Shōnagon in ihrem Kopfkissenbuch deutlich[36]. Überhaupt regte die Mutterschaft älterer Frauen die Heian-zeitliche Phantasie genug an, um Eingang in Rätselgedichte zu finden:

Die Partei zur Rechten fragte: „Was ist das, was ist das? Es wird im Alter (*oite*) geboren und ist das geliebte Kind von Koyaku mumi?

Wenn das einst schwarze Haar	*Mubatama no*
ganz weiß geworden,	*kami wa shirakete*
am Markt geboren, das Kind,	*hazukashiku*
s'ist eine Schande, und doch	*ichi nite mumeru*
wird es geliebt!"	*ko wo zo kanashimu*

[...] Und die Partei zur Linken sagte: „Was geboren wird, wenn man alt ist, ob es wohl ein Kind ist, das jemand zur Welt gebracht hat, der bereits weiße Haare hatte?" und gab als Antwort: „Ist es eine Erdbeere?" und gewann damit.[37]

---

[33] SM:153. Entsprechend schildert die Autorin des *Kagerō nikki*, wie sie in ihrem 36. Lebensjahr beschlossen habe, ein Mädchen zu adoptieren, weil sie zu diesem Zeitpunkt nicht mehr damit rechnen konnte, selbst noch ein Kind zu bekommen (KN:261–262; vgl. S. 23).

[34] „Mein Ziehvater erzählte mir nur: ‚Ich hatte selbst keine Kinder, aber als ich einmal für meinen Herrn auf den Markt ging, hatte ich auch zehn Schnüre meines eigenen Geldes mit. Da sah ich eine Frau mit einem liebenswerten Kind, die sagte: ‚Ich suche jemanden, der sich um dieses Kind kümmert. Es ist mein zehntes Kind, und sein Vater ist 40. Noch dazu ist er im 5. Monat geboren.' Und ich kaufte ihn um mein Geld" (ŌK:37, s.a. McCullough 1980:67)

[35] Fujii 1909:473; ŌK:439, A.10.

[36] MS (45):93; vgl. S. 389.

[37] UAS (7/8):134. *Koyaku mumi* steht für die fünf Arten von Medizinen (aus Kräutern, Bäumen, Insekten, Steinen und Getreide) und die sechs Arten von Geschmäckern, also Dinge von gutem Geschmack, die obendrein auch noch heilkräftig sind (UAS:134 A). Die Lösung ‚Erdbeere' ergibt sich daraus, daß die Blätter vieler Erdbeersorten ebenso wie die unreifen Früchte feine weiße Haare aufweisen, woran offenbar der Vergleich mit den weißen

Dabei klingt hier doch recht deutlich an, daß ein solches spätes Kind nicht nur etwas Außergewöhnliches darstellte, sondern ganz offensichtlich auch eine Schande für seine Mutter war. Auch älteren Männern will man nicht mehr so recht zutrauen, daß sie noch Kinder zeugen können. So zeigt sich der junge Gemahl einer der Töchter des alten Vaters der Heldin aus dem *Ochikubo monogatari* höchst verwundert, als seine Frau ihm weismachen will, das kleine Mädchen, das sie bei sich führt und das in Wirklichkeit ihre Tochter ist, sei ihre Schwester:

Als der Generalgouverneur heimkehrte, [...] fragte er seine Frau, wie alt denn die kleine Schwester sei. „Sie ist gerade elf", antwortete diese, und es war wirklich höchst amüsant, wie ihr Gemahl sich daraufhin wunderte: „Daß Euer Vater, der doch schon so alt aussah (*oitaru to mishi otodo*), noch eine so kleine Tochter hatte!"[38]

Freilich gibt es auch umgekehrt Beispiele dafür, daß die Eltern diese spätgeborenen Kinder besonders innig liebten. So heißt es etwa im *Genji monogatari* von Suetsumuhana, ihr Vater habe sie besonders geliebt, eben weil sie ihm erst in fortgeschrittenem Alter geboren worden sei[39]. Allerdings ist zu bedenken, daß bei dieser besonderen Art der Zuneigung auch Mitleid im Spiel gewesen sein könnte, ist doch Suetsumuhana der Prototyp der häßlichen, unscheinbaren und alles in allem lebensuntüchtigen Frau, zu der Genji sich ja auch nur aus Mitleid hingezogen fühlt.[40]

Haaren eines alten Menschen festgemacht wurde (UAS:134 A). Daß ein solches Rätsel überhaupt aufgegeben wurde, mag damit zusammenhängen, daß möglicherweise zu jener Zeit eine ältliche Frau, die bereits weiße Haare hatte, in aller Leute Mund war, eben weil sie an einem Marktplatz ein Kind zur Welt gebracht hatte.

[38] OM:242, s.a. Whitehouse und Yanagisawa 1970:267. Auch als im *Genji monogatari* dem inzwischen an die 50jährigen Titelhelden vermeintlich noch ein Kind geboren wird, sehen die Beobachter in diesem Spätgeborenen den Beweis für die besonders heftige Liebe Genjis zu seiner jungen Frau: „[Onna San no Miya bringt einen Sohn zur Welt. Genji, der weiß, daß es sich um Kashiwagis Kind handelt, überlegt, ob dies wohl die Strafe für seine frühere Beziehung zur Gemahlin seines eigenen Vaters, Fujitsubo, ist.] Die Leute aber, die von alledem nichts wußten, hielten dieses Kind für den besten Beweis dafür, daß Genji an seinem Lebensabend (*sue ni*) wohl in heftiger Liebe zu dieser Frau von so hohem Stand entbrannt sein mußte, und brachten eifrig ihre Glückwünsche dar" (GM IV:19, s.a. Benl 1966b:199).

[39] GM I:236, s.a. Benl 1966a:188: „Als [Tayū no Myōbu] eines Tages Genji erzählte, daß die Tochter des verstorbenen Prinzen von Hitachi, die jenem erst an seinem Lebensabend (*sue ni mōkete*) geboren und von ihm besonders zärtlich aufgezogen worden war, nun nach dessen Tod ärmlich dahinlebte, war Genji tief gerührt und fragte nach Einzelheiten."

[40] Auch das *Utsuho monogatari* kennt in der Figur der Fünften Prinzessin eine solche Spätgeborene, die von ihrer Mutter zwar unter all ihren Kindern besonders geliebt wird, sonst aber in der Welt gar keinen guten Stand hat: „Da sagte die Kaiserinmutter zum Tenno: ‚Nun da [ich so alt geworden bin, daß] ich schon heute oder morgen sterben könnte, will ich aussprechen, was mir am Herzen liegt, damit mir mein Weg ins Reich des Todes leichter fallen möge... Ihr müßt wissen, daß ich die Fünfte Prinzessin ganz überraschend,

6.4. Die Altersphase an den Antipoden der Liebe

Waren bereits die Beziehungen zwischen verheirateten Paaren im Alter dazu angetan, sich beträchtlich abzukühlen, so nimmt es nicht wunder, daß insbesondere im *Manyōshū*, mit seiner Betonung der körperlichen Liebe das Alter insgesamt als an den Antipoden der Liebe stehend betrachtet wurde. So erfaßt die Menschen schmerzliches Bedauern, wenn sie beginnen, an den Geliebten die Zeichen des Alters auszumachen. Eine anonyme Autorin des *Manyōshū* etwa klagt, daß auch an ihrem einst so strahlenden Geliebten die Zeit nicht spurlos vorübergegangen ist:

Daß du, der du mir	*Ame naru ya*
so teuer wie Sonne und Mond,	*tsukuhi no gotoku*
die am Himmel erstrahlen, bist,	*wa ga moeru*
Tag um Tag alterst,	*kimi ga hi ni ke ni*
tut mir im Herzen weh.	*oyuraku oshi mo*[41]

Eine andere Autorin wiederum beklagt in deutlich erotisch gefärbtem Kontext, sie sei schon zu alt, um dem geliebten Mann noch die Amme zu sein, die er sich ersehnt:

Ach, leider	*Kuyashiku mo*
bin ich alt geworden!	*oinikeru ka mo*
Sonst wollte ich kommen	*wa ga seko ga*
und dir die Amme sein,	*motomuru omo ni*
die du suchst.	*ikamashi mono wo*[42]

Wieder ein anderer Autor kann nur mehr wehmütig an die Geliebten seiner Jugendzeit, die nun für immer entschwunden sind, zurückdenken:

O ihr, mit denen ich schlief,	*Iyu shishi wo*
als ich jung wie das weiche Gras	*tsunagu kawabe no*
entlang dem Fluß, an dem der Fährte	*nikogusa no*
des angeschoss'nen Hirschen ich folgt',	*mi no wakakae ni*
wohin seid ihr entschwunden?	*sa neshi kora wa mo*[43]

---

als ich schon alt war (*oi no nochi ni*), empfangen habe, und unter allen meinen Kindern ist sie mir besonders lieb. Ich bat Euch, gut für sie zu sorgen, doch obwohl Ihr sie zu Eurer Frau gemacht habt, behandelt Ihr sie nicht wie eine solche...' " (UM III:355–356).

[41] MYS III (13/3246):349, s.a. MYS 1965:306, Nr.971. Ähnlich das folgende, in der Sammlung gleich danach aufgeführte Gedicht: „O du Edelstein,/ den ich am Grund/ des Edelsteinflusses gesucht/ und endlich fand;/ den ich endlich aufheben/ und behalten konnte;/ daß du, der du mir so wertvoll bist,/ alterst,/ tut mir im Herzen weh (*Nunakawa no/ soko naru tama/ motomete/ eshi tama ka mo/ hiriite/ eshi tama ka mo/ atarashiki/ kimi ga/ oyuraku oshi mo*)" (MYS III (13/3247):349). Nunakawa, ein fiktiver Fluß, wurde möglicherweise als im himmlischen Takama no hara befindlich gedacht (MYS III:349 A).

[42] MYS III (12/2926):273.

[43] MYS IV (16/3874):159. Die ersten drei Zeilen des Gedichtes dienen als Einleitung für *wakakae ni* (MYS IV:159 A). Eine ähnliche Einleitung enthält das Lied Nr.117 des *Ni-*

Thematisiert wird die Unmöglichkeit einer Liebesbeziehung im Alter auch im Heian-zeitlichen *Kokinshū*, dessen Metapher vom verwelkten Gras, das kein Roß als Äsung will und das keiner schneiden will, für eine alte Frau, die keinen Mann mehr zu reizen vermag, in der Heian-zeitlichen Belletristik eine reiche Nachfolge haben sollte[44]:

Das Gras im Wald	Ōaraki no
von Ōaraki,	mori no shitakusa
ist es erst alt,	oinureba
kein Ross will es als Äsung,	koma mo susamezu
es zu schneiden, findet sich kein Mensch.	karu hito mo nashi[45]

Noch eindringlicher wird das gleiche Thema beschworen, wenn Yamanoe no Okura in seiner berühmten Klage über die Vergänglichkeit alles Menschlichen das mißgeliebte Alter vor allem durch das Bild des alten Mannes heraufbeschwört, der sich endlich eingestehen muß, daß die Zeit, wo er gern in den Schlafzimmern der Schönen empfangen wurde, vorüber ist und er als Liebhaber fortan nur mehr abgelehnt wird.[46] Nicht anders verhält es sich mit dem berühmten Gedicht des alten Bambussammlers, in dem die Jugend im wesentlichen durch ein ständiges Umworbensein, das Alter hingegen als das Abgelehnt-Werden schlechthin, auch und vor allem in erotischem Kontext, charakterisiert wurde.[47] Yanagita Kunio hat

---

hon shoki (Tsuchihashi 1971:203): „*iyushishi wo tsunagu kawae no wakakusa no*", wo der Zusammenhang deutlicher ist, da *wakakusa* durch Homonymie *wakashi* einleitet. Bei *wakakae ni* könnte es sich um eine abgewandelte Form von *wakakue ni* (wie im Gedicht „Hiketa no wakakurusubara wakakue ni*" aus dem *Kojiki*, vgl. S. 349) handeln, dessen Aufbau vielleicht allmählich in Vergessenheit geraten war (MYS IV:492 A).

[44] Vgl. S. 358, 381.

[45] KKS (17/892):281, s.a. Rodd und Henkenius 1984:305—306. Gras, das jemand schneidet, wird oft als Metapher für eine Frau, die geliebt wird, verwendet. Mit Ōaraki könnte der Araki jinja in Uji gemeint sein (KKS:281 A), aber auch allgemein Begräbnisorte der Tenno, die, weil der Zutritt zu ihnen verboten war, meist verwildert waren, und sich somit für einen Vergleich damit, daß es niemanden gibt, der das Gras dort schneiden will, gut eignen würden. *Manyōshū* 7/1349 bedient sich einer ähnlichen Metapher, um der Angst Ausdruck zu verleihen, im Alter bzw. solange man noch nicht alt ist, keinen Partner zu finden (vgl. S. 352, FN 64). Eine allgemeine Feststellung von der Unfähigkeit zur Liebe im Alter findet sich auch im *Ochikubo monogatari*, wenn die Mutter einer Braut, deren neu angetrauter Ehemann es verabsäumt hat, ihr nach der ersten gemeinsamen Nacht einen passenden Liebesbrief zu senden, schreibt: „Die auf ihre alten Tage/ nicht mehr wissen, wie man liebt,/ sie können sich nicht vorstellen,/ was von anderen den heutigen/ Morgen wohl unterscheiden sollt' (*Oi no yo ni/ koi mo shishiranu/ hito wa sazo/ kyō no kesa wo mo/ omoiwakarede*)" (OM:134, s.a. Whitehouse und Yanagisawa 1970:121), und damit wohl andeuten will, von dem jungen Bräutigam hätte man dies sehr wohl erwartet.

[46] Vgl. S. 73.

[47] Vgl. S. 75.

auf die Ähnlichkeit dieser Gedichte mit noch zu seiner Zeit überlieferten Tanzliedern (*odoriuta*) verwiesen[48], und daraus, daß diese bei fröhlichen Anlässen, im Yukiguni etwa zur Zeit der Schneeschmelze, wenn die jungen Männer und Frauen mit Körben am Rücken zu den *yamaasobi* in die Berge aufbrachen, gesungen wurden, die These abgeleitet, es könne in ihnen nicht einfach nur darum gehen, das Alter zu beklagen, sondern sie erfüllten den Zweck der Heiratsvermittlung: in früheren Zeiten hätten alte Leute sie gesungen, um zwischen jungen Männern und Frauen Ehen zu stiften oder sie zu ermuntern, sexuelle Beziehungen zueinander einzugehen, bevor es zu spät dazu ist.[49] Ein im *Nihon shoki* als Kinderlied überliefertes Gedicht scheint auf eine ähnliche Rolle der Alten hinzuweisen[50] ebenso wie

---

[48] Ein Beispiel ist etwa ein *gozaori-uta* (Mattenweblied) aus Okayama (Yanagita 1962: 302—303): „Ach, als ich jung war,/ das Haar schön frisiert,/ trug ich Quasten darin/ zu einem Kimono seidenes Untergewand/ und bestickten Satin als Gürtel,/ den feinsten Haori und weiße Socken... (*Uchi gā wakai toki yā/ ā sandō nare yā/ ohina kamiyuute dandara kakemono/ itobusa kanzashite, kōhachi no kimono ni/ honneru shitagi ni shiyuchin no obi shite/ ichiraku haori de shiratabi haite...)*", in dem die Jugend wie im *Manyōshū*-Gedicht vom alten Bambussammler im prunkvollen Gewand reminiszent wird.

[49] Yanagita 1962:300—307. Diese These steht im Zusammenhang mit der Deutung der *yamaasobi* selbst, die noch heute in manchen Gegenden am 3. Tag des 3. Monats begangen und als Überreste der *utagaki* des Altertums betrachtet werden, Riten, bei denen mithilfe der verschiedensten magischen Praktiken zu Jahresanfang bzw. zu Beginn der landwirtschaftlichen Tätigkeiten eine reiche Ernte beschworen wurde. Die sexuelle Promiskuität, zu der es dabei wahrscheinlich kam, wäre im Zusammenhang mit einem Fruchtbarkeitsritus zu verstehen und dürfte mit einer ursprünglichen Götterhochzeitsvorstellung verbunden sein. Diese wiederum würde den Ursprung der Himmlischen Jungfrauen bilden, wie sie in der Einleitung und den nachfolgenden Gedichten in der *Manyōshū*-Erzählung vom alten Bambussammler auftreten und sich dem alten Mann unterwerfen — ihre Gedichte enden jeweils mit „*ware wa yorinamu*" —, so als sei der alte Mann in einem Wortgefecht Sieger geblieben. Tatsächlich könnte zu den Riten bei den *yamaasobi* auch eine Art Liederwettstreit gehört haben, wie etwa das in Okinawa, Yaeyama, überlieferte *panapana*-Fest nahelegt, bei dem sich junge Männer und Frauen zu Frühjahrsbeginn ein Wortgefecht liefern, dessen Ausgang als Omen für das kommenden Jahr betrachtet wird. Das *Manyōshū*-Gedicht des alten Bambussammlers wäre demnach eine literarische Bearbeitung eines *utagaki*-Liedes eines alten Mannes, der dabei die Funktion gehabt hätte, die jungen Männer und Frauen in den Ritus einzuführen (Mitani 1958).

[50] „Auf dem Felsen/ kochen kleine Affen Reis./ Komm her,/ wenigstens den Reis zu essen,/ Bergziege, du, alter Mann! (*Iwa no e ni/ kosaru kome yaku/ kome dani mo/ tagete tōrase/ kamashishi no oji*)" (NS II (Kōgyoku 2.10.12):249, s.a. Aston 1956/2:181). *Kamashishi* ist dabei *kamoshika*, die Gemse, die ein mit weißen Strähnen durchzogenes Fell und einen Kinnbart hat, und so als Metapher für einen alten Mann dienen kann. Da das hier verwendete Zeitwort *tōru* in *Kojiki* und *Nihon shoki* in der Form *tōre, tōrase* außer in diesem Lied nur noch zwei weitere Male vorkommt und zwar jeweils in einem Kontext, der darauf hinweist, daß es sich um die von einem Mann an eine Frau gerichtete Einladung beim *utagaki* handelt, könnte es sich auch hier um ein *utagaki*-Lied handeln. Bei den *utaga-*

die Gedichte, die Hiketa no Akaiko und der Herrscher über ihre beiderseitige Unfähigkeit zur Liebe im Alter im *Kojiki* austauschen:
[Bei einer Ausfahrt trifft Yūryaku Tennō auf die junge Hiketa no Akaiko und befiehlt ihr, nicht zu heiraten, denn er werde sie zu sich holen lassen.]
So wartete Akaiko auf den Befehl des Tenno und darüber vergingen 80 Jahre. Da dachte Akaiko: „Während ich auf des Tenno Befehl wartete, sind nun schon viele Jahre vergangen. Mein Körper ist abgezehrt und welk (*sugata yaseshibomite*), und es gibt nichts mehr zu hoffen. Wenn ich die Treue, mit der ich wartete, nicht offenbare, werde ich diese Trübsal nicht ertragen." Solches denkend, ließ sie hunderte Tische[51] beladen, begab sich in den Palast und brachte sie dem Tenno dar. Der Tenno, der völlig vergessen hatte, was er gesagt hatte, fragte Akaiko: „Was bist du für eine Alte (*omina*)? Weswegen bist du gekommen?"
Da sagte Akaiko: „In dem und dem Jahr, in dem und dem Monat, habe ich den Befehl des Tenno erhalten und seitdem habe ich auf die erlauchte Botschaft gewartet. So sind bis heute 80 Jahre verstrichen. Nun ist mein Körper alt (*katachi sude ni oite*), und ich habe keine Hoffnung mehr. Aber ich bin gekommen, um meine Standhaftigkeit zu offenbaren." Da war der Tenno sehr überrascht und sagte: „Das ist lange her und ich habe diese Sache ganz vergessen. Aber du bist standhaft geblieben, hast auf meinen Befehl gewartet und damit die besten Jahre deines Lebens (*sakari no toshi*) ungenutzt verstreichen lassen. Das tut mir wahrlich leid!"
Obwohl er in seinem Innersten den Wunsch hatte, sie zu heiraten, war ihm dies doch in Anbetracht ihres hohen Alters nicht möglich und so brachte er ihr ein Lied dar:

Unter den heiligen Eichen	*Mimoro no*
von Mimoro	*itsukashi ga moto*
unter den Eichen	*kashi ga moto*
o wie ehrfurchterregend,	*yuyushiki ka mo*
Mädchen des Eichenwaldes![52]	*Kashiwara otome*
Wieder sang er:	
Junger Kastanienhain	*Hiketa no*
von Hiketa	*wakakurusubara*

---

ki-Festen war es üblich, den Göttern Reis zu opfern, der Rest wurde von den Teilnehmern verspeist, und so scheint der Anfang des Gedichts eine *utagaki*-Szene in den Bergen zu schildern, wobei die kleinen Affen junge Frauen wären, die diesen Reis kochen. Während sich die Jungen direkt mit *yorinete tōre*, *akashite tōre* einluden, wurde den Alten gegenüber offenbar eine Einladung ausgesprochen, die sie gleichzeitig als unwillkommen erscheinen läßt und durch die sie sich gefoppt fühlen müssen, wobei auch in der gegenüber *tōre* ehrenderen Form *tōrase* diese Doppelbödigkeit zum Ausdruck kommt, die ihrerseits aber eben nur unter der Voraussetzung sinnvoll erscheint, daß man dieses Lied tatsächlich als an einen Alten, der wohl in einer ähnlichen wie der beschriebenen Funktion zugegen war, gerichtete Aufforderung bei einem *utagaki*-Fest ansieht (Tsuchihashi 1971:213—214).

[51] *Momotori no tsukueshiro*, der übliche Ausdruck für von Seiten der Frau bei der Heirat dem Mann geschenkte Gegenstände.

[52] Mimoro ist der Berg Miwa und insofern hier sehr passend, als Yūryaku Akaiko zum ersten Mal am Miwa-Fluß gesehen hatte. *Kashiwara no otome* sind die heiligen Jungfrauen von Kashiwara, wie die von Ise etc. Als von der Erzählung unabhängiges Lied, drückt es aus, daß man sich mit diesen nicht einlassen darf, im Zusammenhang mit der Erzählung bedeutet es, daß Yūryaku von einer Vermählung mit Akaiko Abstand nehmen muß, weil sie zu alt ist, was aber im Widerspruch zum Ausdruck *otome* steht (KJ:312, A.1, 4, 5).

Hätte ich mit ihr geschlafen,   *wakakue ni*
als ich jung war!   *inetemashi mono*
Doch nun ist sie alt.[53]   *oinikeru ka mo*
Darauf weinte Akaiko und ihre Tränen benetzten ihre rotgefärbten Ärmel. Als Antwort sang sie:
In Mimoro   *Mimoro ni*
bauten sie einen edelsteinen Zaun: *tsuku ya tamagaki*
Sie bauten nur zuviel.   *tsukiamashi*
An wen sollst du dich wenden,   *ta ni ka mo yoramu*
Dienerin der Götter?[54]   *kami no miyahito*
Und wieder sang sie:
Lotosblüten   *Kusakae no*
Lotose der Bucht   *irie no hachisu*
in der Bucht von Kusaka: *hanabachisu*
Wie seid ihr zu beneiden,   *mi no sakaribito*
deren Körper in seiner Blüte ist![55]   *tomoshikiro ka mo*
Darauf beschenkte [der Tenno] die alte Frau (*omina*) reichlich und schickte sie zurück.[56]

Von einer ähnlichen Geisteshaltung ist nach Mitani auch das Gedicht *Kokinshū* 17/889 mit seiner Anspielung auf den Otokoyama geprägt, dessen Name vielleicht versteckt auf die Potenz im jugendlichen Mannesalter anspielt[57]. Der gleiche Otokoyama spielt auch in jener im *Makura no sō-*

---

[53] *Wakakurusubara* bedeutet ‚junger Kastanienhain', und die ersten zwei Zeilen dienen zur Einleitung von *wakaku* (KJ:312, A.5). *Wakakue ni* könnte eine Abkürzung von *wakaki ue ni* sein, wobei *ue* einen Punkt im Raum oder in der Zeit bezeichnet, an dem man mit etwas in Berührung gekommen ist (MYS IV:492 A) und ‚als ich, sie jung war' bedeuten, oder ‚im Laufe der Jugend', ‚während der Jugendzeit', wobei das *e* die substantivisch gebrauchte Konjunktionalform des einen Prozeß ausdrückenden Zeitwortes *fu* wäre (KJ:312, A.8). Da im Text nirgends ein Subjekt ausdrücklich genannt ist, könnte die letzte Zeile auch ‚Doch nun bin ich alt' lauten (KJ:312, A.9). In dieser Sicht ähnelt das Gedicht dem obenangeführten Gedicht MYS 3874 (vgl. S. 346) und könnte wie dieses ein *utagaki*-Lied eines alten Mannes sein (Tsuchihashi 1971:94).

[54] Da das Zeitwort *tsuku* ‚errichten', ‚verehren', ‚anbeten' bedeuten kann, sind verschiedene Interpretationen der Zeile *tsukiamashi* möglich: ‚Beim Erbauen ließen sie einen Teil unfertig', ‚[Ich bin wie] das übriggebliebene Baumaterial des Zaunbaues', ‚ich habe zu lange angebetet'. Als von der Erzählung unabhängiges Lied würde es das Bedauern einer Priesterin ausdrücken, ihre Blütejahre im Dienst der Götter verbracht zu haben, und jetzt niemanden zu haben, auf den sie sich verlassen kann. Insofern könnte es sich um das Lied einer alten Frau handeln, die ein solches Beispiel heranziehend, junge Frauen ermuntert, nicht zurückhaltend zu sein, sondern zu heiraten (Tsuchihashi 1971:94, Philippi 1977:355).

[55] Zwar hieß Yūryakus Gemahlin Waka-Kusaka-be-no-miko, sodaß das Lied einfach treffend die Eifersucht Akaikos auf die junge Kaiserin ausdrücken könnte. Als von der Erzählung unabhängiges Lied drückt es den Neid eines alten Menschen gegenüber einem jüngeren aus (Philippi 1977:355, A.10). In dieser Hinsicht wäre es als Lied zu verstehen, das bei den *utagaki* in Kusakae, vieleicht die Bucht von Kusaka in der Provinz Kōchi (KJ:313, A.15), von den Alten gesungen wurde (Tsuchihashi 1971:95).

[56] KJ:311—313, s.a. Philippi 1977:353—355.

[57] MS:127, A.34. Vgl. S. 77.

Das Alter an den Antipoden der Liebe   351

shi wiedergegebenen Episode eine Rolle, in der eine alte Nonne und Bettlerin zotige Lieder zum Besten gibt[58]. Freilich spielt diese Geschichte im höfischen Milieu, und es ist keineswegs ein *utagaki* oder ein anderes Fest der Volksreligion, in dem die alte Nonne als Protagonistin auftritt. Doch die Art, wie sie als alte Frau vor die jungen Palastdamen tritt und in diesem Kontext eher unmotiviert zotige Lieder zum Besten gibt, weist eine gewisse Ähnlichkeit mit dem beschriebenen Grundmuster auf.

Interessant ist in diesem Zusammenhang, daß es auch in der Heian-zeitlichen *monogatari*-Literatur häufig die Alten, oft alte Frauen, sind, die in Liebesdingen die Vermittlerrolle übernehmen. So sind dem Shigeno no Masuge aus dem *Utsuho monogatari* gleich zwei alte Frauen bei seiner Werbung um Atemiya behilflich.[59] Auch im *Genji monogatari* sind es immer wieder alte Zofen, die die verschiedenen jungen Heldinnen auffordern, doch auf die Liebesbriefe ihrer Verehrer zu antworten.[60] Umgekehrt treten die Alten, seien es nun die Eltern oder die Ammen oder die alten Zofen natürlich auch häufig als lästige Verhinderer auf, wenn sie sich ihnen unerwünschten Liebesbeziehungen der Jugendlichen in den Weg stellen.[61] Aber auch diese Funktion scheint mit der stereotypen Vorstellung

---

[58] MS (87):126—127; vgl. S. 232.

[59] Vgl. S. 362, 363.

[60] Vgl. z.B. GM IV:343, 400—401, 409. In der Rolle der Heiratsvermittlerin tritt in KM V (30/4):221 ebenfalls eine alte Nonne auf: „[Nach dem Tod ihres Vaters wird eine Frau von ihrem Gemahl und schließlich auch von sämtlichen Bediensteten verlassen.] In der Nähe des Wohnhauses lebte eine alte Nonne (*toshi oitaru ama*), der die Frau sehr leid tat und die ihr, wenn sie Obst oder etwas anderes zu essen hatte, etwas davon brachte. So versorgte sie sie über Jahre, bis eines Tages ein junger Mann, der Sohn eines Distriktbeamten, in die Hauptstadt kam und bei der Nonne übernachtete. Dieser sagte zu der Nonne: ‚Ich habe Langeweile, suche doch du mir eine kleine Dienerin!' Darauf antwortete die Nonne: ‚Ich bin alt und gehe nicht herum (*toshi oite aruki mo seneba*), drum weiß ich auch nicht, wo eine kleine Dienerin zu finden ist. Doch hier im Haus daneben wohnt eine wunderschöne Dame ganz allein!' [Der junge Mann nimmt die Frau nach einer gemeinsamen Nacht, in die sie erst nach mehrmaligem Zureden der alten Nonne einwilligt, in seine Heimat mit, wo sie zur Bediensteten seines Vaters verkommt und, als der Provinzgouverneur, ihr früherer Gemahl, sie erkennt, aus Scham stirbt.]"

[61] Z.B. GM V:241 (s.a. Benl 1966b:805): „[Prinz Niou ist in der Hauptstadt so beschäftigt, daß er nicht einmal dazu kommt, Ukifune, nach der er sich sehnt, ausführlich zu schreiben.] Dort, in Uji, wiederum, war jene aufdringliche, sich in alles einmischende alte Amme (*sawagashiki menoto*) von ihrer Tochter, bei deren Entbindung sie geholfen hatte, zurückgekommen, und so vermochte Ukifune die Briefe des Prinzen gar nicht in Ruhe zu lesen." Ähnlich wird auch im *Heichū monogatari* (HM (27):85, s.a. Sieffert 1979a:155) beschrieben, wie die Mutter, deren Alter besonders hervorgehoben wird, eine Liebesbeziehung zu verhindern sucht: „[Der Held bittet eine Frau, ihm Gelegenheit zu einem Treffen zu geben. Sie ist auch nicht abgeneigt.] Doch ihre Mutter, eine einsame, bösartige, verwelkte alte Frau (*wabishiku*

der alten Frauen als Heiratsvermittler zusammenzuhängen, wie sie in der folgenden Passage des *Genji monogatari* angesprochen wird:

[Kaoru hat die alte Ben no Kimi gebeten, zwischen ihm und Ukifune zu vermitteln. Sie zögert, entschließt sich dann aber doch dazu.]
So antwortete sie: „Ich bin also einverstanden. Sie wohnt ganz in der Nähe des Sanjō-Hauses. Schreibt ihr doch vorher. Es wäre mir peinlich, glaubte man etwa, ich wolle die Vermittlerin spielen, und würde mich vielleicht gar die ‚Alte von Iga'[62] nennen."[63]

Während also bei einer ganzen Reihe von Gedichten, in denen vordergründig die Liebesunfähigkeit im Alter beklagt wird, anzunehmen ist, daß sie im Zusammenhang mit den verschiedensten Festen zu sehen sind, in denen sie von Alten gesungen wurden, um die Jungen zu ermuntern, sexuelle Beziehungen untereinander einzugehen, gibt es auch häufig Gedichte, in denen die Sorge, man würde keinen Partner mehr finden, wenn man dies in der Jugend verabsäumt, zum Ausdruck kommt und bei denen eine verwandte Motivation zu vermuten ist. Dieser Angst verleiht eine anonyme Autorin des *Manyōshū* in dem folgenden Gedicht Ausdruck:

Den Seggehut	*Oshiteru*
aus dem strahlenden Naniwa,	*Naniwa sugakasa*
ist er erst in einer Ecke alt geworden,	*okifurushi*
ein Beliebiger wird ihn tragen.	*ato wa ta ga kinu*
Doch ich bin solch ein Hut nicht.	*kasa naranaku ni*[64]

Von einer ähnlichen Stimmung geprägt ist auch das folgende *Saibara*-Lied Asamuzu, wenngleich es hier ein Mann sein dürfte, der fürchtet, keine Frau mehr zu finden, ist er erst alt geworden:

---

saganaki kuchiōna), war immer auf der Hut und bereit, in lautes Gezeter auszubrechen. [Tatsächlich gelingt es ihr, die Beziehung auf Dauer zu unterbinden.]" Auch im *Sagoromo monogatari* (SM:91) wird ein ähnlicher Konflikt zwischen einer alten Amme und dem jugendlichen Liebhaber beschrieben.

[62] *Iga tōme*. Dieses Wort gilt im allgemeinen als Ausdruck für den Fuchs, *tōme* selbst kann sowohl den Fuchs als auch eine alte Frau bezeichnen. Die Kommentarwerke zum *Genji monogatari* geben die verschiedensten Erklärungen zu diesem Ausdruck, dessen Ursprung nicht geklärt ist. Möglicherweise besteht der Zusammenhang darin, daß eine Parallele zwischen den betrügerischen Machenschaften der Füchse und denen der Heiratsvermittler hergestellt wurde (GM V:466–467, A.288).

[63] GM V:186, s.a. Benl 1966b:757.

[64] MYS III (11/2819):249. *Oshiteru* ist ein *makurakotoba* für Naniwa, das als Erzeugungsgebiet von Segge bekannt war. Auch das folgende Gedicht wurde als das einer Frau interpretiert, die fürchtet, unverheiratet alt zu werden: „Sollte ich wirklich/ auf diese Weise alt werden?/ Obwohl ich doch nicht/ wie das verschneite/ Schilf der Ebene von Ōaraki bin,/ [das keiner schneidet!] (*Kaku shite ya/ nao ya oinamu/ miyuki furu/ Ōarakino no/ shino ni aranaku ni*)" (MYS II (7/1349):255). Zu Ōaraki und der Metapher des Grasschneidens, vgl. S. 347, FN 45.

Auf die Brücke von Asamuzu	*Asamuzu no hashi no*
wieder und wieder	*tokorodokoro to*
tropft und tropft Regen hernieder,	*furishi ame no*
verwittert, alt auch ich:	*furinishi ware wo*
wer wollte da noch	*tare zo kono*
für mich Vermittler sein,	*nakabito tatete*
welche Schöne mir	*mimoto no katachi*
Briefe senden und	*shōsoko shi*
an meiner Seite sein?	*toburai ni kuru ya*
	sakimudachi ya[65]

Neben solchen Gedichten, in denen die Angst zum Ausdruck kommt, bis ins Alter allein zu bleiben und dann keinen Partner mehr finden zu können, beschäftigte auch das Motiv von Frauen, die aus den verschiedensten Gründen bis ins Alter unverheiratet oder unberührt blieben, die Phantasie der Nara- wie Heian-zeitlichen Autoren nachdrücklich[66], wobei in den älteren einheimischen Sagen die Sorge um eine Vergeudung der fruchtbaren Jahre im Vordergrund gestanden zu haben scheint.

---

[65] SB (16):390. Asamuzu liegt in der Provinz Echizen, Distrikt Nibu. Aufgrund der Homonymie von *furu*, ‚Regen fällt‘, und *furu*, ‚alt werden‘, fungieren die ersten drei Zeilen als Einleitung für *furinishi ware wo*, ‚ich, der ich alt geworden bin‘. Die Übersetzung stellt den Zusammenhang auf semantischer Ebene her. Die letzte Zeile ist nur Geträller.

[66] Es durchzieht die bereits angeführte Legende von Hiketa no Akaiko, bleibt aber auch in einer verwandten Legende des *Harima Fudoki* spürbar, deren zentrales Thema die Geschichte einer Frau ist, die unverheiratet blieb, weil keiner ihrer beiden ebenbürtigen Freier, die beiden Prinzen Oke Ō, sich entschließen konnte, sie dem anderen wegzunehmen, bis sie schließlich alt wurde und starb und man ihr aus Trauer über ihr Schicksal ein reich geschmücktes Grab errichtete (FDK:341–343). Daneben bot die von Bo Juyi besungene Figur einer Konkubine des Tang-Kaisers Xuanzong, die noch bevor sie jemals bis zum Kaiser selbst vorgedrungen war, in dessen Gunst von anderen verdrängt worden und somit bis ins Alter unberührt geblieben war, Gelegenheit, das offenbar so faszinierende Thema aufs neue abzuwandeln. Der weit verbreiteten Rezeption ihrer Geschichte in Japan gemäß nahm auch das *Konjaku monogatari* eine Version in eines der China gewidmeten Kapitel auf: „[Die Tochter eines Adeligen wird als junges Mädchen auf den Wunsch des Kaisers hin in den Shangyang-Palast gebracht, um ihm als Konkubine zu dienen. Aufgrund von Intrigen dringt sie aber nie bis zu ihm vor.] Wie sie so ohne den Kaiser auch nur einmal zu Gesicht bekommen zu haben ihre Zeit trauernd zubrachte, da hatte sie im abgelegenen Palast auf einmal schon viele Jahre verbracht (*amata no toshi o tsumorite*); sie hatte sich im Laufe der Jahre (*toshitsuki ni soete*) angewöhnt, immer die Monde der 15. Nacht zu zählen, und so wußte sie, daß sie alt geworden war (*toshi wa sokobaku ni narinikeri*)... Aus ihren einst rosenen Wangen war die Farbe gewichen, in ihrem Haar, daß einst so glänzend gewesen war wie die Blätter der Weide, war keine einzige schwarze Strähne mehr (*kami wa kuroki suji mo nashi*). Drum wollte sie von fremden Menschen nicht gesehen werden und schämte sich. Mit 16 Jahren war sie in den Palast gekommen, nun war sie 60 Jahre alt. Da erst fiel es dem Kaiser ein, daß es sie gab, und sein Bedauern war grenzenlos. ‚Soll ich sie denn überhaupt nie sehen!‘, meinte er und ließ sie rufen, doch sie schämte sich zu sehr und kam nicht. Jene ist es, die man die Frau aus dem Shanyang nennt..." (KM II (10/6):281–282).

6.5. Ideal eines Transzendierens des Alters in Liebesdingen

Umgekehrt enthält das *Manyōshū* eine bemerkenswert große Anzahl von Gedichten, in denen Autoren ihrer Verwunderung darüber Ausdruck verleihen, trotz ihres fortgeschrittenen Alters von Liebe verzehrt zu werden. So wundert sich eine Hofdame in einem Gedicht, das sich als Antrag verstanden haben mag, daß sie als alte Frau ihre Sehnsucht nach dem geliebten Mann nicht unterdrücken können sollte:

Sollte ich, betagte Frau,	*Furinishi*
die ich schon vor langer Zeit	*omina ni shite ya*
gealtert bin,	*kaku bakari*
so in Liebe versinken,	*koi ni shizumamu*
wie ein schwaches Kind!	*tawarawa no goto*[67]

Ähnlich vermag es ein weiterer Dichter nicht zu fassen, daß ihm im Alter eine Liebe begegnet sein soll, wie er sie in seinem bis dahin so zwischenfallslosen Leben noch nicht kannte:

Ohne Zwischenfälle	*Koto mo naku*
verlief mein Leben,	*ikikoshi mono wo*
doch nun, da ich alt bin,	*oinami ni*
einer solchen Liebe	*kakaru koi ni mo*
bin ich begegnet!	*ware wa aeru ka mo*[68]

Dasselbe Motiv ist auch in späteren Gedichtsammlungen wie dem *Kokinshū* noch auszumachen, wenngleich die erotische Komponente dort nur mehr in gemilderter Form in Erscheinung tritt:

Weiß das Haupt,	*Shirayuki no*
als ob Schnee darauf gefallen,	*tomo ni ware mi wa*
alt bin ich, ja,	*furinuredo*
doch mein Herz,	*kokoro wa kienu*
lange noch ist es nicht kalt.	*mono ni zo arikeru*[69]

Hatten in diesen Gedichten die Autoren nur einfach auf ihr fortgeschrittenes Alter verwiesen, kommt es ebenso vor, daß in Gedichten dieser Art auch physische Alterserscheinungen betont werden, insbesondere die weißen Haare:

Bis meine schwarzen Haare	*Kurokami ni*
im Alter	*shirokami kawari*

---

[67] MYS I (2/129):79, s.a. MYS 1965:59, Nr.177. Laut Glosse an Ōtomo no Sukunamaro, Sohn von Yasumaro und späterer Mann von Sakanoue no Iratsume, der 708 in den unteren 5. Rang erhoben, 724 in den unteren 4. Rang erhoben wurde (MYS I:78, A.6), gerichtet.

[68] MYS I (4/559):265, s.a. MYS 1965:187, Nr.564. Von Ōtomo no Momoyo, zu Beginn der Tenpyō-Ära als Beamter im 4. Rang unter Ōtomo no Tabito im Dazaifu beschäftigt, 743 Vizebefehlshaber der Garnison in Kyūshū (MYS 1965:327).

[69] KKS (19/1065):323, s.a. Rodd und Henkenius 1984:363. Von Ōe no Chisato.

Ideal des Transzendierens des Alters in Liebesdingen 355

weiß wurden,	oyuru made
bin ich einer solchen Liebe	kakaru koi ni wa
nicht begegnet.	imada awanaku ni[70]

Die Häufigkeit dieser und ähnlicher Gedichte im *Manyōshū* legt nahe, daß es sich dabei um ein Motiv gehandelt haben muß, daß die Nara-zeitlichen Dichter sehr beschäftigte. Schwer zu beantworten ist allerdings die Frage, wie sie zu verstehen sind. Geht es darum zu betonen, daß die Liebe sich über alle Schranken, auch die des Alters, hinwegsetzt? Oder haben wir es einfach mit alternden Liebenden zu tun, die sich nicht schämen, ihren Gefühlen Ausdruck zu verleihen? Nakanishi, wie die meisten japanischen Autoren, hat diese Art von Gedichten mit solchen in Zusammenhang gebracht, in denen die Unmöglichkeit der Liebe im Alter herausgestrichen wird. So interpretiert er auch das folgende *Manyōshū*-Gedicht, in dem eine Frau ihrem Wunsch Ausdruck verleiht, bis ins hohe Alter, wenn ihre Haare weiß geworden sind, auf den Geliebten warten zu wollen, als Ausdruck einer wilden Entschlossenheit, ihrer Liebe so lange treu bleiben zu wollen, bis sie eigentlich schon ausgeschlossen ist:

Für immer so	*Aritsutsu mo*
will auf dich ich warten	*kimi wo ba matamu*
bis auf mein langes,	*uchinabiku*
wallendes Haar	*wa ga kurokami ni*
der Reif [des Alters] sich legt.	*shimo no oku made ni*[71]

Zusätzlich bestehe auch ein Zusammenhang mit dem Wort *kamusabu* oder *kamubu*, ‚sich göttlich gebärden‘, aber auch ‚alt werden‘,[72] das im *Manyō*-

---

[70] MYS I (4/563):267. Von Ōtomo no Sakanoue no Iratsume. Dieser Gedichttypus war offenbar so verbreitet, daß er wie in Form eines Zitats auch dort verwendet werden konnte, wo es mit größter Wahrscheinlichkeit nur um die Sehnsucht nach einem alten, gutbekannten Freund geht, den man bei seiner längeren Abwesenheit sehr vermissen wird, und sich wundert, im Alter noch einer solchen Sehnsucht fähig zu sein: „Daß es auch wenn das wie dunkle Beeren/ so schwarze Haar im Alter/ schon weiß geworden ist,/ Zeiten gibt, in denen man in heftiger Liebe/ entbrennt, nun fühle ich es! (*Nubatama no/ kurokami kawari/ shirakete mo/ itaki koi ni wa/ au toki arikeri*)" (MYS I (4/573):271, s.a. MYS 1965:122, Nr.383. Laut Glosse von Mönch Mansei verfaßt, als Ōtomo no Tabito [vom Dazaifu] in die Hauptstadt aufbrach, also wohl 730.

[71] MYS I (2/87):63, s.a. MYS 1965:6, Nr.14. Laut Glosse handelt es sich um eines von vier Gedichten, in denen die Kaiserin Iwanohime, die Gemahlin Nintoku Tennōs, die sich aus Eifersucht nach Tsutsuki in Yamashiro zurückgezogen hatte, wo sie fünf Jahre später starb, ohne ihren Mann wieder empfangen zu haben, sich nach dem Tenno sehnt. Nach Aufbau und Stil der Gedichte dürften sie aber wohl nicht wirklich von ihr stammen, sondern anonym tradierte Gedichte sein, die ihr nachträglich zugeschrieben wurden (MYS I:63 A). Daß mit dem Reif, der sich auf die Haare legt, wohl das Weißwerden der Haare im Alter gemeint ist, geht daraus hervor, daß das Zeitwort *aritsutsu* ‚Sein‘ im weitesten Sinn, ein unbestimmtes Fortdauern, bedeutet und sich somit auf das Leben in ferner Zukunft bezieht.

[72] Vgl. dazu S. 461.

shū häufig verwendet werde, um einen Gegensatz zur Liebe herzustellen oder eine Liebesbeziehung abzulehnen.[73] Tatsächlich scheint dies aber in den Gedichten dieser Art nicht so eindeutig zu sein. Eher betonen auch diese Gedichte, daß man zwar trotz des Alters, aber eben diesem zum Trotz, der Liebe nicht abgeneigt ist:

Wie die heiligen Zedern	*Isonokami*
von Furu in Isonokami	*Furu no kamusugi*
so alt,	*kamubinishi*
bin ich nun erneut	*ware ya sarasara*
der Liebe begegnet?!	*koi ni ainikeru*[74]

In diese Reihe gehören auch einige Gedichte, in denen Autorinnen einen Liebesantrag ablehnen, indem sie betonen, es geschehe nicht aufgrund des fortgeschrittenen Alters, wobei meist nicht zu entscheiden ist, ob sie dabei ihr eigenes oder das des Partners *in spe* meinen:

Nicht wegen des Alters	*Kamusabu to*
weis ich dich zurück,	*inabu ni wa arane*
doch es schmerzte, wollt' ich	*akikusa no*
wie Herbstblumensträuße gebund'ne,	*musubishi himo wo*
einst geknüpfte Bande nun lösen.	*toku wa kanashi mo*[75]

Das *Manyōshū* überliefert noch ein zweites, ganz ähnlich aufgebautes Gedicht der Ki no Iratsume sowie das von Ōtomo no Yakamochi darauf verfaßte Antwortgedicht, in dem dieser seinerseits betont, er wolle von der Liebe nicht Abstand nehmen, sei er auch noch so alt. Dabei ist das Bild des Alters, das er heraufbeschwört, nicht etwa nur auf die weißen Haare beschränkt, er ruft weit undelikatere Alterserscheinungen an, um zu betonen, daß auch all dies ihn nicht von seiner Liebe abbringen würde:

Nicht wegen des Alters	*Kamusabu to*
weise ich dich ab,	*inabu ni wa arane*
aber wäre ich	*hata ya hata*
nachher	*kaku shite ato ni*
nicht sehr einsam?	*sabushikemu ka*[...]

---

[73] KNKB 3:85.

[74] MYS III (10/1927):75. Furu ist der Name eines Ortes in Isonokami (heute Tenri-shi, Furu) und wird hier aufgrund der Homonymie mit *furushi*, ‚alt', verwendet. *Kamusugi*, die heiligen Zedern innerhalb des Schreins von Isonokami, waren berühmt. Die beiden ersten Zeilen dienen als Einleitung für *kamubinishi*, ‚der ich alt geworden bin' (MYS III:74 A). Ähnlich lautet ein weiteres Gedicht des *Manyōshū* (MYS III (11/2417):173), das laut Glosse aus der Kakinomoto no Hitomaro-Sammlung stammt: „Wie die heiligen Zedern von Furu in Isonokami/ so alt geworden,/ liebe ich nun/ aufs neue? (*Isonokami/ Furu no kamusugi/ kamusabishi/ koi wo mo ware wa/ sara ni suru ka mo*)."

[75] MYS II (8/1612):337. Laut Glosse von Ishikawa no Kake no Iratsume, von der keine biographischen Daten bekannt sind und nur dieses eine Gedicht überliefert ist.

Ein Gedicht als Antwort des Ōtomo no Yakamochi:
Selbst mit hundert Jahren, *Momotose ni*
schaut auch die Zunge aus zahnlosem Mund[76], *oijita idete*
ist der Rücken auch gebeugt und krumm[77], *yoyomu to mo*
ich würde es nicht scheuen wollen, *ware wa itowaji*
nähme die Sehnsucht gar noch zu! *koi wa masu to mo*[78]

Ähnlich betont auch Saeki no Akamaro in einem Gedicht, mit dem er einer Frau antwortet, die ihn mit Hinweis auf sein fortgeschrittenes Alter als Geliebten zunächst zurückzuweisen scheint, dieses sein Alter solle ihn an der Liebe nicht hindern:

Ein Gedicht, mit dem eine junge Frau Saeki no Sukune no Akamaro antwortete:
Mann, der du dich *Wa ga tamoto*
auf meinen Ärmel *makamu to omowamu*
betten willst, *masurao wa*
besorg dir ein Verjüngungselixier; *ochimizu motome*
dir sind ja schon weiße Haare gewachsen! *shiraga oinitari*
Ein Gedicht, mit dem Saeki no sukune no Akamaro antwortete:
Ohne mir darüber Sorgen zu machen, *Shiraga ouru*
daß mir weiße Haare gewachsen sind, *koto wa omowazu*
will ich auf jeden Fall *ochimizu wa*
das Verjüngungselixier besorgen *ka ni mo kaku ni mo*
und [zu dir] gehen. *motomete yukamu*[79]

---

[76] Wörtl.: ‚kommt auch die Alterszunge hervor'.

[77] Da das *Ruiju myōgishō yoyomu* als Lesung für das Zeichen für ‚schief', ‚schräg', ‚sich gegen etwas lehnen' angibt (MYS I:313 A), wird *yoyomu* im allgemeinen mit ‚der Rücken ist gebeugt' wiedergegeben. Für dieses Gedicht gibt es auch die Theorie, das Wort *yoyomu* würde das undeutliche Sprechen, das Lispeln und Stottern, wenn einem im Alter die Zähne ausgefallen sind, bedeuten, zu allen anderen bekannten Beispielen paßt die Bedeutung des gebeugten Rückens aber besser (NKD 20:218).

[78] MYS I (4/762 und 764):313. Laut Glosse zu den Gedichten *Manyōshū* 643—645 war Ki no Iratsume die Tochter des Kahito und Frau von Aki no Ōkimi (MYS I:286, A.1). Auch in diesem Gedicht ist nicht klar, ob Ōtomo no Yakamochi seine eigenen Alterserscheinungen oder die seiner Geliebten meint. Als direkte Antwort auf das zweite Gedicht der Ki no Iratsume, in dem diese Yakamochi auffordert, doch zuzuwarten, weil sie sich dann vielleicht später einmal näher kommen könnten, könnte es bedeuten, in diesem Fall wolle er wenn nötig so lange ausharren, bis sich die erwähnten Alterserscheinungen einstellen. In dieser Hinsicht könnte das Gedicht ähnlich zu verstehen sein wie *Manyōshū* 2/87, vgl. S. 355, im Sinne einer wilden Entschlossenheit, so lange auf die Geliebte warten zu wollen, bis es für die Liebe eigentlich schon zu spät ist.

[79] MYS I (4/627 und 628):283. Zu Verjüngungselixieren vgl. S. 59ff. Das *Manyōshū* enthält noch weitere Gedichte, in denen ein alter Mensch ausdrücklich sagt, er wolle trotz seines fortgeschrittenen Alters auf den Geliebten warten, sich für diesen wieder verjüngen: „Obwohl ich nun, wie Morgentau/ so vergänglich,/ alt geworden bin,/ will ich wieder jung werden/ und dich erwarten (*Asatsuyu no/ keyasuki wa ga mi/ oinu to mo/ mata ochikaeri/ kimi wo shi matamu*)" (MYS III (11/2689):223). Fast gleich lautet auch das Gedicht MYS III (12/3043):295, dort nur *tsuyushimo* durch *asatsuyu* ersetzt.

Dasselbe Beharren auf der Liebe im Alter ist auch in verschiedenen Heian-zeitlichen Gedichtsammlungen anzutreffen. So enthält das *Honchō monzui* ein Prosagedicht des Minamoto no Shitagō, in dem dieser das Motiv des eben angeführten *Manyōshū*-Gedichtes aufzugreifen scheint:

Über die *ominaeshi*-Blüten
Die Farbe ihrer Blüten ist wie die der gedämpften Kastanien, die Leute nennen sie *jorō*. Als ich den Namen hörte, wollt' gern das Versprechen ihr geben, gemeinsam mit ihr alt zu werden (*kairō wo chigiramu to suredo*), doch wer weiß, ob sie mich wohl zurückweisen wird, weil es ihr nicht gefällt, wie mein Kopf eines alten Mannes aussieht, als wäre er von Reif bedeckt (*suiō ga kashira no shimo ni nitaru*).[80]

Auf dieses Prosagedicht des Minamoto no Shitagō wiederum spielt ein bei einem *utaawase* entstandenes Gedicht an, das scheinbar bewundernd hervorhebt, daß Shitagō trotz seines fortgeschrittenen Alters noch immer für weibliche Reize empfänglich ist:

Mit dem vom Frost	*Shimogare no*
verwelkten Greisengras	*okinagusa to wa*
mag er sich wohl vergleichen,	*nanoredomo*
doch den Frauen, zart wie ominaeshi-Blüten,	*ominaeshi ni wa*
neigt immer noch gerne er sich zu!	*nao nabikikeri*[81]

Auch in der erzählenden Prosa taucht das Motiv der Sehnsucht, in Liebesdingen das kalendarische Alter zu transzendieren und der Liebe trotzdem ihren Lauf zu lassen, immer wieder an. So wundert sich in der folgenden Passage des *Kagerō nikki* die Autorin zunächst darüber, daß ihr Mann ihretwegen noch eifersüchtig sein könnte, ist sie doch schon in fortgeschrittenem Alter:

[Ein junger Mann hält ständig bei der Autorin um ihre Adoptivtochter an und seine dauernden Besuche erregen bei ihrem Gemahl allmählich Eifersucht.]
Ich war verblüfft und schrieb meinem Gemahl: „Es ist mir selbst durchaus auch nicht recht, daß er mich ständig aufsucht. Ich habe ihm schon wiederholte Male gesagt, daß nicht ich es bin, an die er sich wenden sollte. Ich muß mich wirklich gegen Eure Anschuldigungen verwahren. Denn schließlich

Was sollte das	*Ima sara ni*
wohl für ein Pferd sein,	*ikanaru koma ka*
das ich reizen könnte,	*natsukubeki*
bin ich doch verwelkt wie das Gras,	*susamenu kusa to*
das es als Äsung nicht wollt'![82]	*nogarenishi mi wo*

Wie merkwürdig!"

---

[80] HCMZ a:356.

[81] UAS (5/32):115.

[82] Mit diesem Gedicht spielt die Autorin auf das *Kokinshū*-Gedicht 17/892 an, in dem das alte Gras als Metapher für eine alte Frau fungiert, die kein Mann mehr haben will (vgl. S. 347). Die Autorin dürfte zur Zeit, als sie dieses Gedicht verfaßte, 41 gewesen sein.

Doch kaum hat sie diese Zeilen niedergeschrieben, findet sich auch schon ein anonymer Briefschreiber, der ihr gewissermaßen anbietet, gemeinsam das Los des verwelkten Grases zu überwinden:

„Was dachtet Ihr Euch nur bei jenem Gedicht, in dem Ihr nach dem Pferd fragtet?
Ach, wie traurig dünkt mich　　　　　　Shimogare no
das Los des Grases,　　　　　　　　　kusa no yukari zo
das unterm Frost verwelkt.　　　　　　aware naru
Ich wollt' gern mich verjüngen　　　　komakaerite mo
und vertraut bei Euch äsen!　　　　　natsuketeshi gana[83]

Auch im *Utsuho monogatari* meint einer der Hauptakteure, nun da er alt ist, interessierten ihn die Dinge der Liebe nicht mehr so sehr, doch hätte er die Gelegenheit dazu, so würde er sich davor nicht scheuen:

[Nakatada und sein Vater Kanemasa unterhalten sich über Schwierigkeiten zwischen Eheleuten und wer in wen verliebt ist. Da sagt Kanemasa:]
„Was ist es doch für ein Segen, daß ich alt geworden bin *(toshi oinuru bakari no takara wa nakarikeri*. Wäre ich noch jung, würde ich auf all diese Frauen wohl nicht verzichten wollen." „So werdet doch wieder jung *(komagaerasetamaekashi)*!", sagte Nakatada. Darauf Kanemasa: „O ja, hätte ich nur die Möglichkeit dazu[84]!"[85]

An sich scheint es also nicht nur Verachtung für die Liebe im Alter gegeben zu haben. Sie mag zwar manchmal auf die Außenstehenden komisch wirken, ist aber nicht unbedingt verdammenswert. Als etwa im *Utsuho monogatari* der Kanzler Sanetada den 60jährigen Masuge bei einer seiner alten Kammerfrauen, die jenem als Heiratsvermittlerin dient, entdeckt und dahinter scherzhaft eine Liebesbeziehung zwischen den beiden vermutet, ist nichts von Empörung oder gar Tabuisierung spüren:

In diesem Augenblick schaute Kanzler Sanetada auf der Suche nach Hyōe beim Zimmer herein. Verärgert sagte Masuge: „Ist das denn nicht Kanzler Sanetada?" „So ist es. Aber was tut Ihr denn hier? Tonomori hat keinen Gemahl. Solltet Ihr deswegen hier sein?" Masuge verknotete sich die Hände und sagte verstört: „Ach, welche alleinstehende Frau würde sich mit einem Witwer einlassen. Eure Sorge ist wirklich ganz unbegründet."[86]

Genji etwa freut sich sogar, als er erfährt, daß sein Bruder, obwohl an seinem Lebensabend angelangt, den Dingen der Liebe nicht abgeneigt ist:

Als Genji plötzlich auf Briefe des Prinzen Hyōbu no Kyō stieß, der sich, obgleich er sich noch gar nicht so lange um sie bemüht hatte, bereits sehr ungehalten äußerte, mußte er

---

[83] KN:321, s.a. Seidensticker 1973:163.

[84] Wörtl.: ‚Hätte ich nur das Pferd *(koma)* dazu!'. Nach Kōno wohl ein Witz, der auf dem Wortspiel zwischen *komagaeru*, ‚wieder jung werden', und *koma*, ‚Pferd', beruht (UM II:447, A.15). Das *koma* von *komagaeru* gilt als zusammengezogene Form von *komeki*, der *renyōkei* von *komeku*, ‚jung, wie ein Kind aussehen' (UM II:447, A.14).

[85] UM II:446—447, s.a. Uraki 1984:325. Kanemasa ist der inneren Chronologie des Romans zufolge um die 40 Jahre alt.

[86] UM I:214—216, s.a. Uraki 1984:94.

lachen und bemerkte: „Unter meinen Brüdern stand er mir seit je besonders nahe; aber was seine Liebesgeschichten betrifft, so verheimlicht er vieles vor mir und tut nach außen, als interessiere er sich überhaupt nicht für Frauen. Mir gefällt es, daß er sich an seinem Lebensabend (*yo no sue ni*), noch immer verlieben kann, und ich fühle mit ihm...“[87]

Auch in diesem Zusammenhang erweist sich, je höher gestellt eine Person und je mehr Ansehen sie genießt, desto eher ist man geneigt, ihr auch im höheren Alter weiterbestehendes sexuelles Interesse wohlwollend zu betrachten, so etwa wenn von einem Tenno die Rede ist, der trotz seines fortgeschrittenen Alters sein Interesse an Frauen nicht verloren hat:

Obwohl der Tenno schon bejahrt war (*mitoshi nebisasetamainureba*), fesselten ihn die Dinge der Liebe noch immer, selbst für die Ämter der Uneme und Nyo-kurōdo hatte er mit Sorgfalt hübsche und geistreiche junge Damen ausgewählt, an denen er sich erfreute, und so waren an seinem Hofe viele reizende Frauen versammelt.[88]

Die Sehnsucht nach und Fähigkeit zur körperlichen Liebe wird den Alten nicht nur nicht abgesprochen[89], abseits von moralisierenden Schriften, die von der lebensverkürzenden Wirkung der Wollust sprechen[90], galt sexuelle Betätigung an der Schwelle zum Alter mitunter gar als Mittel, sich das Leben zu verlängern, wenn es im *Shin sarugaku-ki* über einen über 40jährigen Mann und seine junge, schöne Frau heißt:

Über den Spott und die Schmähungen der Leute schütteln sie nur den Kopf; vor der Eifersucht der beiden anderen Frauen verstopfen sie sich die Ohren. Als eine Medizin für langes Leben und gegen den Tod (*chōsei fushi no kusuri*), als Rezept für die Verlängerung des Lebens (*karei ennen no hō*) gibt es wohl nichts, was diese junge Frau überträfe.[91]

6.6. Ungleiche Paare
6.6.1. Ungleiche Paare I: der lächerliche alte Freier

Obwohl die geschlechtliche Liebe im Alter nicht tabuisiert wurde, waren altersmäßig allzu ungleiche Paare, wie hier bereits anklingt, häufig

---

[87] GM II:403, s.a. Benl 1966a:704. Der Prinz ist ein jüngerer Bruder Genjis und kann somit zu diesem Zeitpunkt nicht älter als 36 Jahre sein.

[88] GM I:289, s.a. Benl 1966a:235.

[89] Lakonisch heißt es etwa im *Honchō monzui* in der humoristischen Biographie des Herrn Eisenhammer alias Penis: „Es steht geschrieben: Eisenhammer war in allem einfach und von festem Charakter. Er wurde alt (*oite*) und starb dennoch nicht" (HCMZ a:43). Die Alten selber sprechen von ihrer Sexualität als einer Alterssexualität (vgl. S. 293, 362) und verwenden dabei Metaphern wie die vom Baum, der im Alter nochmals erblüht, die in der japanischen Geschichte eine reiche Nachfolge haben sollten (etwa in *karegi ni mo hana saku*, Linhart 1986:274).

[90] Vgl. S. 39.

[91] SSK:137, s.a. Blau 1966:341. Hierbei dürfte es sich um eine volkstümliche Formulierung der Kultivierung der Sexualität des alten Mannes im Taoismus handeln (vgl. Rosenmayr 1990:44; Fukui 1988).

Zielscheiben des Spotts. Zu jenen Figuren, mit denen die Heian-zeitliche Belletristik mitunter grausam und am respektlosesten umging, zählen zweifellos die verliebten alten Männer, die an ihrem Lebensabend nochmals versuchen, ein junges hübsches Mädchen zur Frau zu bekommen. Allgemein machte sich schon Sei Shōnagon über den alten Freier lustig:

Was an vergangene Zeiten erinnert, nun aber zu nichts mehr zu gebrauchen ist [...] Ein erblindeter Maler. Eine ellenlange Perücke, deren Haare ausgeblichen sind. Verblichener Stoff. Ein altgewordener (*oikuzuhoretaru*) Schürzenjäger.[92]

Das *Utsuho monogatari* zeichnete in der Figur des alten Provinzgouverneurs Shigeno no Masuge, der vergeblich um die junge Atemiya freit, den ersten Vertreter eines Typs, der in der Heian-zeitlichen Literatur immer wieder anzutreffen sein sollte. Dabei liefert es von diesem ein besonders ausgeklügeltes und stimmiges Porträt, sodaß seine in den verschiedensten Situationen immer gleichen Verhaltensweisen als eine Art Modellfall eines bestimmten Typs des alten Freiers interpretiert werden können. Freilich könnten einige der Charakteristika seiner Persönlichkeit nur sekundär mit seinem Altsein in Zusammenhang stehen. Gleich einführend zu seiner Freiung um Atemiya wird er wie folgt geschildert:

Shigeno no Masuge, Generalgouverneur von Kyūshū, um die 60 Jahre alt, war niedergeschlagen in die Hauptstadt zurückgekommen, weil er seine Frau und Mutter seiner Kinder auf dem Weg in die Hauptstadt verloren hatte. Eines Tages hörte er von Atemiya und beschloß, daß er sie unbedingt [zur Frau haben wollte.][93]

Wir erfahren daraus gleich eingangs zwei Dinge, die in der weiteren Folge bestimmend für seine Verhaltensweise sein werden: zum einen sein ungefähres Alter und daß er gerade seine Frau verloren hat und somit Witwer und alleinstehend ist, und zum zweiten, daß er Generalgouverneur von Tsukushi ist, und somit der gehobenen Schicht der Provinzgouverneure angehört. Bei seiner Werbung um Atemiya macht Masuge weder aus seinem Alter noch aus seinem Witwerstand ein Hehl, er betont diese im Gegenteil sogar immer wieder:

So gingen die alte Frau und die alte Amme gemeinsam zum Generalgouverneur von Tsukushi. Da sagte dieser: „Alter Mann, der ich bin, scheint es mir einsam, mein Leben als Witwer zu fristen, und drum will ich den Vater der jungen Prinzessinnen bitten, sie mir zur Frau zu geben. Würdet Ihr für mich eine Unterredung mit ihm vermitteln?"
[Die Amme Nagato erklärt sich bereit, einen Brief an Atemiya zu übermitteln.]
„Wie gut", stimmte der Herr ein, und da er einen Brief verfassen wollte, sagte er zu seinem Sohn, dem Wachoffizier: „Ich lebe nun allein als Witwer und werde bald altersschwach sein. So will ich wieder heiraten, doch schriebe ich einen Antragsbrief ohne ein einziges Gedicht, wie würde man verächtlich auf mich herabblicken (*Ware yamome ni te areba, horeboreshiki wo, nyonin motomeshimemu to suru ni, yobaibumi no yamatouta naki wa, hito anazurashi-*

---

[92] MS (163):221, s.a. Watanabe 1952:223.

[93] UM I:202, s.a. Uraki 1984:88.

muru mono nari). Schreib doch bitte du für mich ein Gedicht!"
Wiewohl er das alles reichlich komisch fand, schrieb der Wacheoffizier: „Seid gegrüßt, Ihr, die Ihr bald meine Frau sein werdet. Laßt mich Euch zunächst von meinem Leben erzählen. Meine arme kranke Frau starb auf der Reise, und so habe ich niemanden, mit dem ich mich unterhalten kann. Seht nur, wie es mir ergeht:

Wo nur noch Schilf	*Asaji nomi*
verwächst das Haus,	*shigeru yado ni wa*
und schwerer weißer Tau sich senkt,	*shiratsuyu no*
lebt trostlos und verlassen,	*itodo okina zo*
ein alter Mann.	*sumiukarikeru*

Wollt Ihr nicht kommen, das Schilf zu schneiden?"
„Wie gefällt Euch dies?"
„O ja, sehr schön", sagte Masuge und schrieb den Brief auf feines, duftend farbiges Papier ab. „Darauf muß ich doch eine Antwort kriegen (*Kore kanarazu mikaerigoto torashimete*)!", meinte er, überreichte Nakato den Brief nebst 5 *kan* Geld und gab der alten Nachbarin noch 2 *koku* Reis. Hoch erfreut ging Nakato ihres Wegs.

Die Schicht der Provinzgouverneure, der Masuge angehört, nahm in der Heian-zeitlichen Gesellschaft eine mittlere Stellung zwischen dem Hofadel ein, der ihr eher mit Verachtung gegenüberstand, und dem gewöhnlichen Volk, das voll Bewunderung und Neid zu ihr aufsah. Das wesentlichste Stereotyp, mit dem diese Provinzgouverneure seitens ihrer Zeitgenossen bedacht wurden, war aber, daß sie maßlos reich und entsprechend geldgierig waren.[94] Genau diese Eigenschaften kennzeichnen auch Shigeno no Masuge, den alten Freier. Während die anderen Freier mit ihren Talenten oder der Tiefe ihres Gefühls versuchen, Atemiya zu rühren, glaubt Masuge, dies mit seinem Geld erreichen zu können. Gleich zu Beginn des Kapitels, das seine Freiung beschreibt, wird dem Leser geschildert, wie sein Sohn, ein Wacheoffizier des Kronprinzen, ihn warnt, daß auch der Kronprinz selbst und viele andere hochrangige Personen Atemiya zur Frau haben wollen, doch Masuge meint, er wolle General Masayori, dem Vater Atemiyas, der wegen seines luxuriösen Lebens wohl wenig Erspartes habe, die Einkünfte aus seinen Ländereien schenken und ist überzeugt, Atemiya auf diese Art und Weise gewinnen zu können. Immer wieder zeigt der Autor des *Utsuho monogatari* ihn und nur ihn, wie er die Personen, die zwischen ihm und seiner Angebeteten vermitteln sollen, mit Geld und anderen Wertgegenständen zu mehr Eifer für seine Sache gewinnen will. Einer alten Frau, die in seiner Nähe wohnt, will er, wenn sie als Mittlerin fungierte, viele Rollen Seide schenken, und der herbeigerufenen Amme Nagato aus dem Hause Atemiyas, die einen Brief von ihm an Atemiya übermitteln will, verspricht er ähnliches[95]. Als dieser Versuch, Atemiya, die sei-

---

[94] Vgl. dazu Kobayashi 1979:47—65.
[95] UM I:204, s.a. Uraki 1984:90.

nen Brief nicht einmal liest, zu gewinnen, scheitert, und er, empört, die alte Nachbarin mißhandelt, will er alles wieder gut machen, indem er wiederum mit Geld lockt[96], doch ist die alte Frau zu verschreckt, um weiter etwas mit ihm zu tun haben zu wollen. Danach versucht Masuge es über die alte Kammerfrau Tonomori. Obwohl er selbst schon bemerkt hat, daß sein Einsatz seines Vermögens alle Beteiligten dazu verlockt, ihm das Geld aus der Tasche zu ziehen, auch wenn sie wissen, daß sie ihm seine Wünsche kaum erfüllen werden können, verspricht er auch dieser eine Menge Geld als Gegenleistung für ihre Hilfe:

> Zu dieser Zeit lebte im Hause Atemiyas eine alte Kammerfrau (*furuhito*) namens Tonomori. Diese lud er zu sich und erzählte ihr von seinem Wunsch, [Atemiya zu heiraten].
> „Oh, wie schön", sagte Tonomori. „Wenn Ihr mir helfen wollt, hoch über mein weißes Haupt (*shiroki itadaki no ue ni*) will ich Euch stellen und ehren!", sagte er und gab ihr 10 Rollen Tuch und 20 *kan* Geld.[97]

Als er einige Tage später von dem Gerücht hört, daß Prinzessin Atemiya die Gemahlin des Kronprinzen werden soll, und Tonomori aufsucht, die ihn beruhigt, es könne an dem Gerücht nichts Wahres sein und es werde ihr schon gelingen, sie in sein Haus zu bringen, benutzt er wiederum seine Reichtümer, um sich als Gemahl für Atemiya anzupreisen:

> „Wenn es Euch wirklich gelingt, mich Alten mit ihr zu vermählen, so wird es ihr nie an etwas fehlen. Wo ihre älteren Schwestern doch schon alle vermählt sind, sollte sie nicht länger unverheiratet bleiben; ist sie erst in meinem Haus, will ich, alter Mann, ihr die köstlichsten Speisen kredenzen und ihr die ersten, die besten Stücke überlassen. Alle meine Einkünfte aus meinen Ländereien will ich ihr allein geben, in die prächtigsten Gewänder will ich sie hüllen: an nichts soll es ihr fehlen." Immer mehr ereiferte er sich: „Wenn man sie sieht, wird man meinen, sie stünde der ersten Frau des Landes in nichts nach!"[98]

Was er Atemiya bieten will und kann, sind lauter Dinge, die für Geld zu kaufen sind, und er ist auch willens, all sein Vermögen einzusetzen, um sie glücklich zu machen.[99]

---

[96] UM I:206.

[97] UM I:208, s.a. Uraki 1984:93. Masuge bedient sich hier einer übertriebenen Ausdrucksweise, die außerdem durch die dreifache Wiederholung des Wortes *itadaki* auffällt, um seine Dankbarkeit auszudrücken, und stellt damit einmal mehr idiomatische Eigentümlichkeit unter Beweis (UM I:208 A), auf die noch näher einzugehen sein wird.

[98] UM I:426–428, s.a. Uraki 1984:156–157.

[99] Später, als es bereits fast sicher ist, daß Atemiya die Gemahlin des Kronprinzen werden wird, ist er noch immer überzeugt, daß sein Reichtum ihm dazu verhelfen wird, zu guter Letzt doch selbst Atemiya heimführen zu können: „Shigeno no Masuge, der Generalgouverneur von Kyūshū, rief Tonomori zu sich und sagte zu ihr: ‚Ich möchte Prinzessin Atemiya am 21. Tag des 6. Monats heiraten. Wann paßt es der Prinzessin herzukommen?' ‚Ich weiß das nicht genau. Ihr solltet ihr einen Brief schreiben und sie fragen, wann es ihr recht ist, und dann mit ihrem Einverständnis den Hochzeitstag festlegen',

Mußte auf den Heian-zeitlichen Leser bereits die übermäßige Bedeutung, die Masuge dem lieben Geld zumißt, etwas lächerlich und abstoßend gewirkt haben, so werden die Bemühungen des Autors, ihn in einem schlechten Licht erscheinen zu lassen, noch deutlicher an der ausgeklügelten Art, in der er Masuge merkwürdige Redewendungen und bizarr geformte Sätze in den Mund legt, die ihn wohl einerseits als Provinzler, andererseits als alten Mann charakterisieren und ihn lächerlich erscheinen lassen sollen.[100] Hinzu kommt, daß er die ganze Zeit über so sehr von

---

antwortete Tonomori. ‚Ich denke nicht, daß das nötig sein wird. Ich bin reich und alleinstehend. Gleichzeitig habe ich einen hohen Rang inne. Warum sollte das Fräulein mich wohl nicht mögen wollen?' " (UM I:426—428, s.a. Uraki 1984:156—157). Nicht nur Masuge selbst hält sein Vermögen für sein wichtigstes Atout im Kampf um Atemiya, auch im Mund eines anderen Freiers taucht dieser sein Reichtum und seine Sparsamkeit als Argument auf, das für die Wahl Masuges als Schwiegersohn sprechen soll, UM I:424; vgl. S. 158.

[100] Auffällig sind an Masuges Ausdrucksweise vor allem zwei Dinge: zum einen die Verwendung von Substantiva, die zwar nicht unbedingt falsch, aber für die Art der Rede, die geführt wird, unpassend sind, so z.b. das Wort *yobaibumi* als Bezeichnung für einen Liebesbrief in höfischen Kreisen oder die wiederholte Verwendung des chinesischen Ausdrucks *nyonin*, der zwar allgemein für ‚Frau' stehen konnte, aber eher zum Vokabular eines Mönches oder Gelehrten zu zählen ist als zu dem eines höfischen Freiers, in dessen Rolle Masuge sich in dem Gespräch ja befindet. Zum zweiten ist Masuges Stil durch eine ebenso ungewöhnliche Verwendung des Faktitivsuffixes *-shimu* gekennzeichnet, die umso merkwürdiger gewirkt haben mag, als er dieses Suffix auch noch ständig wiederholt (UM I:205, A. 22). Durch solche sprachliche Inkongruenzen ist der Satz gekennzeichnet, den der Autor Masuge sprechen läßt, um zu sagen, auf diesen seinen Brief wolle er doch unbedingt eine Antwort bekommen (UM I:206), wobei seine Ausdrucksweise hier zusätzlich durch Brüche in der sprachlichen Ebene gekennzeichnet ist, passen doch weder das ehrende Suffix *-shimu* noch das Hauptwort *mikaerigoto* zu dem auf einer niedereren sprachlichen Ebene gelegenen Zeitwort *toru* (UM I:206, A.4), sowie der mit dem er seinen Sohn auffordert, für ihn einen Liebesbrief samt Gedicht zu schreiben, zu diesem sagen lassen (UM I:205). Diese sprachliche Charakterisierung des Masuge hält der Autor auch in der Folge durch, als er ihn einige Kapitel später erneut einen seiner Söhne einen Liebesbrief an Atemiya aufsetzen und ihm sagen läßt: „*mōtotachi no ushiromiseshimemu nyonin mezurashimeitamaubekaramu uta hitotsu tsukurashimemu*", ein Satz, der durch ähnliche Eigentümlichkeiten charakterisiert ist. Wenn kein Zweifel darüber bestehen kann, daß der Autor sich ganz sicherlich bewußt eines solchen Kunstgriffes bediente, um der Figur des Masuge ein bestimmtes Relief zu verleihen, so ist weniger eindeutig, welchen Charakterzug dieser Person er damit besonders hervorheben wollte. Da das Suffix *-shimu*, mit dessen Gebrauch Masuge offensichtlich die größten Schwierigkeiten hat, im Heian-zeitlichen Japanisch vornehmlich als Honorativ-Suffix diente, ist es möglich, daß er so dargestellt werden sollte, als hätte er als Mann aus der Provinz in seinem Bemühen, die höfische Sprache nachzuahmen und besonders vornehm zu wirken, dadurch seine Ungeschliffenheit und Provinzialität erst recht deutlich zu erkennen gegeben. Dies würde nur allzu gut in den Rahmen jener besonders im *Konjaku monogatari* häufigen Erzählungen passen, in denen ihre Unkenntnis der höfischen Sitten und Gebräuche die Provinzgouverneure zum Opfer von Hohn und Spott machen. Auffällig ist aber auch, daß Masuge dieses Suffix nicht nur in seiner honorativen Funktion verwendet, sondern auch als Faktitivsuffix. Bedenkt man, daß *-shimu* in dieser Funktion zwar noch im Nara-zeitlichen

sich eingenommen ist, daß ihm keinen Augenblick lang zu Bewußtsein kommt, daß er bei Atemiya vielleicht keine Chance haben könnte. Vollends der Lächerlichkeit preis gibt sich der alte Masuge aber dann, als er es verabsäumt, wenigstens nachdem er erfahren hat, daß Atemiya schon längst die Frau des Kronprinzen geworden ist, die Sinnlosigkeit seiner Bemühungen einzusehen, und sich zu allem Überdruß so unmöglich benimmt, daß der Tenno ihn schließlich strafweise in eine entfernte Provinz versetzt:

[Shigeno no Masuge,] der Bevölkerungsminister, hatte für Atemiya ein neues Haus bauen und auch sonst alles herrichten lassen, um Atemiya bei sich zu empfangen. An einem glücksverheißenden Tag machte er sich in Begleitung seiner Söhne und Gefolgsleute auf, seine zukünftige Frau zu holen. Auf dem Weg dorthin erfuhr er, daß Atemiya bereits in den Haushalt des Kronprinzen eingetreten war und geriet ganz außer sich vor Enttäuschung und Wut. „Ob Tenno oder hoher Würdenträger, wer wollte es wagen, mir die Frau, um die ich durch so viele Personen gefreit, für die ich ein Haus habe bauen lassen, derer ich geharrt, einfach wegzuschnappen. Ich bin nur ein unbedeutender Mann, doch wie könnte ich es zulassen, daß man mir meine zukünftige Frau einfach wegnimmt. Dies ist ein Zeitalter, in der die Regierung rechtschaffen ist, und so will ich meine berechtigte Klage vorbringen." Umgehend setzte er eine Petition auf und machte sich damit auf den Weg. Alle seine Söhne, vom Konnmandanten angefangen, sagten händeringend: „Wenn wir bei Hof Dienst taten und einen Rang anstrebten, so geschah dies doch alles nur um Euretwillen. Wenn Ihr nun solch Unerhörtes tut, droht Euch die Verbannung. Was soll dann nur werden?" Da zog Masuge sein Schwert, herrschte sie an: „Ich werde euch allen den Kopf abschlagen. Nichts als von meinem Feind gedungene Verräter seid ihr!", fuchtelte wild mit dem Schwert herum, daß es nur so funkelte, und jagte sie von sich fort. Die Kappe hatte er sich verkehrt aufgesetzt, und auch die Überhosen hatte er verkehrt herum angezogen und war mit beiden Beinen in das gleiche Hosenbein geschlüpft. Über eine winterliche Weste hatte er eine Sommeruniform gezogen, und am Rücken trug er einen Köcher, [obwohl er doch keineswegs ein Krieger war.] Statt seines hölzernes Amtsstabes hielt er einen Reislöffel in der Hand und während er an einem Fuß einen Schuh trug, hatte er den anderen in eine Strohsandale gesteckt, deren Fersenteil er an den Zehen trug. Er lief zu Hof − blutige Tränen strömten unter seinem weißen Schopf (*shiroki kamihige no naka yori*) hervor − und legte dem Tenno im Südlichen Palast seine Petition vor. Darin stand viel Absurdes. Der Tenno darob sehr verwundert und zur Strafe wurden Masuge und sein ältester Sohn Kazumasa respektive auf die Posten eines Außerplanmäßigen Gouverneurs der Provinz Izu und eines Außerplanmäßigen Vizegouverneurs der Provinz Nagato zurückversetzt, und einige andere Söhne wurden in lokale Zweigämter abgeschoben[101].

Bemerkenswert ist diese Passage nicht zuletzt deshalb, weil das *Utsuho monogatari* in seiner Schilderung der Charaktere sonst wenig Hang zur Parodie zeigt, sondern im Gegenteil eher zu einer Idealisierung der dargestellten Personen neigt. Mit Ausnahme des vielleicht ebenfalls betagten Freiers,

---

Altjapanisch das bevorzugte Suffix war, in der Heian-Zeit jedoch von *-su/-sasu* in den Hintergrund gedrängt wurde (Lewin 1975:155−156), so drängt sich die Vermutung auf, es sei dem Autor auch darum gegangen, die altmodische Seite am betagten Masuge zu betonen, was nach Kōno erst recht auf den Ausdruck *nyonin* zutreffen könnte (UM I:427, A.17).

[101] UM II:112−114, s.a. Uraki 1984:218−219.

Prinz Kantsuke[102], kennt es keine Figuren, über die der Leser so zu lachen angehalten ist wie über den außer sich geratenen alten Shigeno no Masuge: in der Beschreibung seiner Aufmachung läßt der Autor tatsächlich kein Kleidungsstück am richtigen Platz und damit kein Mittel aus, die Figur so lächerlich wie nur irgend möglich zu gestalten.

Hatte sich das *Utsuho monogatari* in seiner Schilderung des alten Freiers darauf beschränkt, dessen charakterliche Mängel zu unterstreichen und ihn der Lächerlichkeit preiszugeben, so geht das *Ochikubo monogatari* mit der Figur des ältlichen Mannes auf Freiersfüßen noch härter ins Gericht. In seinem Zusammentreffen mit der jugendlichen Heldin des Romans offenbart sich nicht nur seine wenig sympathische Persönlichkeit, er wird auch in seiner ganzen physischen Abstoßendheit porträtiert. Schon allein das böse Ränkespiel, zu dem er sich aus Begierde hergibt, läßt ihn nicht gerade in einem guten Licht erscheinen, soll er doch die schöne junge Heldin Ochikubo auf Geheiß der bösen Stiefmutter, die diese als besseren Dienstboten behandelt, von ihrem jugendlichen, hochrangigen Geliebten entfremden, indem er sie verführt. Vorgestellt wird er dabei dem Leser, als die böse Stiefmutter ihren Plan ausheckt:

„Mein Onkel (*oji*), der hier bei uns lebt, der Tenyaku no Suke, ist zwar arm und schon 60 Jahre alt, aber trotzdem noch immer ganz versessen auf Liebesabenteuer. Ich will sehen,

---

[102] Das Bild, das das *Utsuho monogatari* von diesem entwirft, ist ebenso lächerlich, aber noch bei weitem abstoßender. Gleich einleitend wird bei ihm die ganze Verschrobenheit und Widerwärtigkeit seines Charakters betont: „In jenen Tagen lebte ein alter Prinz (*furumiko*) namens Kantsuke. Dieser Prinz hatte zur Eigenschaft, alle Dinge falsch zu sehen und sie zu verdrehen, und als er hörte, daß eine ganze Reihe von Prinzen von gutem Ruf und Hofadelige hohen Ranges Schwiegersöhne General Masayoris geworden waren, dachte er: ‚Nun bin aber ich an der Reihe', verstieß seine Frau, indem er sprach: ‚Wenn ich nun in das Haus des Generals Masayori einheiraten soll, wäre es doch sicher störend, hätte ich da bereits eine Frau', und wartete. Doch wie weitere Töchter Masayoris heranwuchsen, wurden sie allesamt anderen Männern zur Frau gegeben" (UM I:178, s.a. Uraki 1984:75). Das Wort *furumiko* bedeutet zwar wörtlich ‚alter Prinz', doch wird es vielfach auch verwendet, um auf die Einflußlosigkeit so mancher Nachkommen des Herrscherhauses hinzuweisen, sodaß bei ihm nicht klar ist, ob er als alt zu denken ist, weswegen seine Geschichte hier nur kurz zusammengefaßt werden soll. Auch er beschließt, um jeden Preis Prinzessin Atemiya zur Frau bekommen zu müssen, wird aber von ihr und ihrer Familie immer abgewiesen. Verschiedensten Ratschlägen folgend gibt er ein Vermögen aus, um ans Ziel zu kommen, und als er schließlich versucht, Atemiya zu entführen, wird ihm eine falsche Braut untergeschoben, ohne daß er es merkt (UM I:179—186). Ähnlich wie Masuge macht auch dieser ‚alte Prinz' sich in seiner Freiung um die weit außerhalb seiner Reichweite stehende Atemiya umso lächerlicher, als er es versäumt rechtzeitig einzusehen, daß er nicht die geringste Chance bei ihr hat, und sich in seiner Verblendetheit soweit täuschen läßt, daß er sich mit seiner niemals vollzogenen Heirat mit Atemiya bei Hof brüstet (UM I:238, s.a. Uraki 1984:105—106).

Der lächerliche alte Freier

daß er ihr nachstellt! Die ganze Zeit will ich ihn um sie herum haben." Solche Pläne ausheckend lag sie die ganze Nacht wach.[103]

Nachdem sie ihren Mann durch Verleumdungen dazu gebracht hat, Ochikubo in den Speicher sperren zu lassen, händigt sie dem alten Tenyaku no Suke die Schlüssel zu dem Speicher aus und sagt ihm, er könne Ochikubo als seine Frau betrachten. Ziemlich unschön ist schon die Szene, die der Autor des Romans erfindet, um zu zeigen, wie der alte Mann, voll Vorfreude auf seine Liebesnacht mit der jungen Ochikubo, sich vor deren Dienerin, Akogi, brüstet[104]. Wenig später widmet der Roman mehrere Seiten der Schilderung der Versuche des alten Mannes, die junge Ochikubo zu verführen, wobei der Autor hervorhebt, wie abstoßend dieser der jungen Frau erscheinen mußte und wie lächerlich er sich gleichzeitig macht, indem er sich täuschen und an der Nase herum führen läßt, wie es den beiden jungen Frauen, Ochikubo und ihrer Dienerin Akogi, beliebt:

[Ochikubos Stiefmutter hat Tenyaku no Suke unter dem Vorwand, er sei Arzt, zu Ochikubo gebracht, die unter Schmerzen in der Brust leidet. Diese durchschaut ihr Vorhaben und ist von der Berührung durch den Tenyaku no Suke entsetzt. Sie versucht, ihn hinzuhalten. Akogi kommt hinzu und versucht, den alten Mann abzulenken. Sie schlägt vor, ob Ochikubo nicht einen heißen Stein auf die Brust gelegt bekommen möchte, und bittet den Tenyaku no Suke, einen zu holen.]

Lächelnd sagte darauf der Tenyaku no Suke: „Wenn Ihr es unbedingt wollt. Mir bleibt nicht mehr lange zu leben, doch wenn Ochikubo sich mir schenkt, so will ich gern alles für sie tun, was ich vermag. Berge würde ich für sie versetzen — um wieviel leichter, einen heißen Stein zu holen. Die Glut meiner Liebe wird ihn zum Erglühen bringen!"

„Nun, wenn Ihr den Stein schon holen wollt, dann geht doch bitte schnell", drängte Akogi, und er fragte sich, was er nun wirklich tun sollte, denn einerseits erschien ihm die Bitte doch etwas zu familiär, andererseits wollte er Ochikubo doch seine Zuneigung unter Beweis stellen und so stand er schließlich auf, um den Stein zu holen.

[Entsetzt darüber, wie sich ihr Schicksal immer mehr verschlimmert, will Ochikubo den alten Mann nicht mehr ins Zimmer lassen, doch Akogi meint, es sei besser, ihn einstweilen hinzuhalten.]

Da kam der Alte mit dem eingewickelten heißen Stein zurück. Der Dame Ochikubo schauderte bei dem Gedanken, wie er sie berühren würde, um ihr den Stein auf die Brust zu legen. Wie der alte Mann dann das Gewand lockerte, sich hinlegte und sie an sich zog, da sagte sie: „Ach, Geliebter, tu das doch nicht. Wenn der Schmerz bersonders heftig wird, tut es mir am besten, wenn ich mich aufsetze und mit den Händen flach darauf drücke. Denk daran, daß ich dir bald gehören werde, und für heute leg dich schlafen."

Sie fühlte sich elend und hatte große Schmerzen. Auch Akogi sagte zu ihm: „Ja, es ist ja nur für heute. Außerdem hat die Dame ja heute ihren Meidungstag, so legt Euch einfach schlafen!"

Er glaubte, daß sie ihm die Wahrheit sagten, und meinte nur: „Dann lehnt Euch aber wenigstens hier an mich an!"

---

[103] OM:96, s.a. Whitehouse und Yanagisawa 1970:71.

[104] OM:109—110; vgl. S. 292.

Dann legte er sich vor ihr nieder, und unter Tränen lehnte sie sich an ihn. Auch Akogi fand dies alles schrecklich, doch war sie andererseits auch froh, daß sie dank des alten Mannes die Nacht bei ihrer Herrin verbringen konnte. Dieser war bald eingeschlafen und hatte zu schnarchen begonnen. Die Dame Ochikubo verglich ihn im Geiste mit dem Generalmajor und da erschien er ihr noch abstoßender und häßlicher. Akogi dachte darüber nach, wie sie nur fliehen konnten. Als der Alte dann einmal aufwachte, tat die Dame so, als hätte sie gerade wieder ganz besonders heftige Schmerzen.

„Es ist wirklich ein Jammer. Wie schade, daß Ihr Euch gerade in dieser Nacht, wo ich Alter bei Euch bin, so schlecht fühlt!", sagte er und schlief gleich darauf wieder ein.

Wie glücklich waren die beiden Frauen, als endlich der Morgen zu dämmern begann! Sie weckten den Alten und sagten: „Es ist schon heller Tag. Geht jetzt. Und laßt für einige Zeit niemandem etwas davon wissen[, daß Ihr hier wart]. Wenn Ihr etwas weiter vorausdenkt, werdet Ihr selber einsehen, daß das Beste ist."

„Jaja, der Meinung bin ich auch", sagte er noch ganz verschlafen. Er rieb sich seine ganz verklebten Augen, um sie überhaupt aufzubekommen, und machte sich dann mit gekrümmtem Rücken (*koshi wa uchikagamarite*) davon.[105]

Wenn auch auf andere Weise als im vorher beschriebenen *Utsuho monogatari*, werden auch die amourösen Pläne des alten Tenyaku no Suke vereitelt, indem man ihn hinhält und ihn aktiv täuscht. Er ist – und auch hierin liegt eine Ähnlichkeit mit den Figuren des *Utsuho monogatari* – umso leichter zu täuschen, als er so von sich eingenommen ist, daß er eine solche Absicht nicht im geringsten vermutet, mit einer möglichen Abfuhr keineswegs rechnet. Eine erstaunlich deftige Zuspitzung erfährt die Geschichte seines vergeblichen Liebeswerbens, als er in der nächsten Nacht wieder versucht, zu Ochikubo vorzudringen:

Als alles im Haus still geworden war, nahm er den Schlüssel und wollte aufsperren. [Ochikubo] schnürte es die Kehle zusammen, wie sie wartete, was wohl nun passieren würde. Als er den Schlüssel ins Schloß steckte und versuchte, die Tür zu öffnen, da leistete diese solchen Widerstand, daß er rückwärts taumelte. Akogi lauschte in einiger Entfernung versteckt und so hörte sie, wie er herumsuchte, aber nicht entdeckte, was die Tür so verklemmte.

„Wie merkwürdig! Du hast sie wohl von innen verschlossen. Nur um mich alten Mann (*okina*) zu ärgern! Aber sie haben dich mir zur Frau gegeben, und du kannst dich mir ja doch nicht ewig entziehen", sagte er, doch niemand antwortete ihm. Er hämmerte gegen die Tür, stemmte sich dagegen, aber da sie ja sowohl von außen als auch von innen fest verrammelt war, konnte er sie nicht auch nur einen Deut bewegen. Jeden Moment, so dachte er, würde man sie ihm ja doch öffnen, und so saß er bis spät in die Nacht hinein auf der Veranda. Da es eine eisige Winternacht war, war er bald ganz steif vor Kälte. Schon vor einigen Tagen hatte er sich den Magen verstimmt, und da er außerdem nur leicht bekleidet war, begann es bald in seinem Bauch zu rumoren. „Ach, zu dumm! Mir ist es hier zu kalt", sagte der Alte, und es gurgelte und gurgelte immer lauter in seinen Gedärmen, bis er schließlich Angst bekam, er könnte sich anmachen. Tastend griff er sich mit der Hand an den Hintern, ob es vielleicht gar schon passiert war: Da wollte er nur noch schnell weg von hier, versperrte aber trotzdem noch die Tür und zog den Schlüssel ab, bevor er sich eilends davonmachte.[106]

---

[105] OM:112–114, s.a. Whitehouse und Yanagisawa 1970:93–95.

[106] OM:117, s.a. Whitehouse und Yanagisawa 1970:99–100.

Als ob diese Beschreibung der Darminkontinenz des alten Mannes nicht genügte, schlachtet der Autor in der Folge dieses sein Mißgeschick noch genußvoll aus.[107] Einen letzten Höhepunkt erreicht die Episode, als der alte Tenyaku no Suke sich gegen die Vorhaltungen verteidigt, die Ochikubos Stiefmutter ihm ob seiner Unfähigkeit macht, indem er genau dieses, ihn in den Augen aller endgültig diskreditierende Mißgeschick als Entschuldigung ins Treffen führt[108]. Der alte Mann sollte aber nicht nur sein Ziel nicht erreichen, zu guter Letzt wird, als die Dame Ochikubo und ihr junger Geliebter von einst längst ein glückliches Paar geworden sind, grausam Rache an ihm genommen.[109]

Das Thema des alten Mannes, der sich mithilfe ihrer bösen Stiefmutter an die junge schöne Heldin heranzumachen versucht, beschäftigte in der Heian-zeitlichen Gesellschaft die Menschen genug, um zumindest in noch einem anderen Werk eine recht ähnliche Ausprägung zu erfahren. Das *Sumiyoshi monogatari*, ein kurzer Roman, auf den bereits das *Genji monogatari* anspielt[110] und der somit noch aus dem 10. Jh. stammen dürfte, erzählt

---

[107] Zunächst bleibt dem alten Mann nicht erspart, daß es überall weiter erzählt wird, sehr zur Erheiterung der Zuhörer, selbst wenn diese vom Ernst der Lage erfüllt sind: „[Der Tachihaki erwartet Akogi in ihrer Kammer und befragt sie über den Stand der Dinge. Sie sagt zu ihm:] ‚Es ist alles nur noch schlimmer geworden. Die Tür wird nur einmal am Tag geöffnet, um [der Dame] Essen zu bringen. Und ihre Stiefmutter will sie mit diesem Tattergreis (*imijiki okina*) vermählen! So gab sie ihm auch diese Nacht wieder den Schlüssel, damit er zu ihr gehe, doch wir hatten die Tür von außen und von innen fest verrammelt, und so verbrachte er die Zeit, teils stehend, teils sitzend, wartend davor, bis ihm so kalt wurde, daß er sich anmachte. Seit sie davon weiß, was man [mit ihr und dem Alten] vorhat, schmerzt sie die Brust ganz entsetzlich', sagte Akogi und brach in Tränen aus. Der Tachihaki war über diese Neuigkeiten zutiefst bestürzt, mußte aber doch darüber lachen, daß sich [der Alte] sogar angemacht hatte" (OM:118, s.a. Whitehouse und Yanagisawa 1970:101). Auch läßt es der Autor nicht bei dem unglückseligen Abgang des alten Mannes bewenden, er schildert weiters, wie er in derselben Nacht versucht, die Spuren seiner Schande zu beseitigen, und davon so erschöpft ist, daß er wieder unverrichteter Dinge einschläft: „Der Alte, der feststellen hatte müssen, daß er seine Hakama-Hosen ganz voll gemacht hatte, vergaß darüber seine Liebesgelüste und kaum hatte er sie notdürftig gereinigt, da legte er sich auch schon nieder und schlief ein" (OM:119, s.a. Whitehouse und Yanagisawa 1970:101–102).

[108] OM:122–123; vgl. S. 124.

[109] Vgl. S. 296.

[110] Die Anspielung bezieht sich interessanterweise genau auf jenen Teil der Geschichte, in der die junge Heldin von dem alten Mann entführt werden soll und zeigt deutlich den Abscheu, den dies beim Leser auslöste: „[Tamakazura liest Romane, und vergleicht die traurigen Schicksale, die darin geschildert werden, mit ihrem eigenen.] Die junge Heldin des *Sumiyoshi monogatari* war zweifellos überaus hübsch, ... doch als sie dann von jenem Kazoe no Kami las, der sie hatte rauben wollen, fiel ihr plötzlich ein, wie sehr dies doch der Niederträchtigkeit jenes Tayū no Gen, der ihr selbst nachstellte, glich" (GM II:431, s.a. Benl 1966a:726).

ebenfalls eine Stiefkindgeschichte, in der ähnlich wie im *Ochikubo monogatari* die Stiefmutter sich eines über 70jährigen Greises bedient, um das Glück der Stieftochter zu vereiteln. Von einer Dienerin über die Absicht der Stiefmutter in Kenntnis gesetzt, sie dem alten Mann zur Frau zu geben, flüchtet die junge Heldin nach Sumiyoshi. Die Erzählung schließt mit einem Happy-End, da ihr junger Geliebter sie nicht vergessen kann und schließlich als seine Frau in die Hauptstadt zurückholt.[111] Die kurze Schilderung des alten Mannes läßt auch hier keinen Zweifel an der Verabscheuungswürdigkeit dieser Figur:

> Die Stiefmutter, der dies höchst ungelegen kam, rief eine böse Frau zu sich und sagte zu ihr: „Am liebsten würde ich Himegimi von einem, der viel zu niedrigen Standes für sie ist, entführen lassen." Darauf lächelte die andere und meinte: „Ich Alte (*uba*) habe einen älteren Bruder. Der ist Vizeleiter des Amtes für Rechnungswesen und ein 70jähriger triefäugiger alter Mann (*nanasoji bakari naru okina no me uchitadaretaru ga*), doch das hindert ihn nicht daran, jetzt, da er seine langjährige Frau verloren hat, nichts so sehr zu bedauern als daß er zwar eine neue Frau sucht, aber natürlich keine findet, die ihn erhören wollte. Ich könnte es ja ihm vorschlagen!" Als sie das hörte, da meinte die Stiefmutter: „Wie gut, daß ich mich mit Euch besprochen habe!", und drängte die andere, nur rasch mit jenem zu sprechen. Da begab sich diese zum Kazue no Suke und als sie ihm die Dinge auseinandergesetzt hatte, da strahlte jener über sein ganzes runzeliges, häßliches Gesicht (*shiwagumi nikusage naru kao shite*) und sagte: „Wie wunderbar, wie macht Ihr mich glücklich! Aber wird ihr Vater, der Mittlere Rat, das nicht für ziemlich unsinnig halten?" Da erklärte die andere ihm, daß es sich um einen Plan der Frau des Hauses handelte, und der Kazue no Suke meinte darauf: „Ach so, wie gut. Da will ich mich aber sputen!" Und so machten sie die Sache fest ab.[112]

Obwohl die Geschichte selbst in vieler Hinsicht anders verläuft als die des *Ochikubo monogatari* und auch die Episode mit dem 70jährigen, der die junge Heldin verführen soll, wesentlich knapper gehalten ist, kommt dem alten Mann auf Freiersfüßen auch hier eine ähnliche Rolle zu. Hier wie da löst erst der Versuch der Stiefmutter, die junge Heldin einem alten Mann zur Frau zu geben, den diese offensichtlich höchst verabscheuungswürdig findet, Widerstand von seiten der Stieftochter aus, die sich bis dahin willig in ihr Schicksal gefügt und der Stiefmutter gehorsam und demütig gedient hatte.

Eine ähnliche Figur eines abstoßenden Mannes auf Freiersfüßen, dessen Avancen aber letztendlich erfolgreich zurückgewiesen werden, begegnet auch im *Konjaku monogatari*. Auch dabei handelt es sich um einen dem Hochadel nahestehenden, aber geringeren Beamten, und auch er versucht eine vorteilhafte Ausgangsposition, die ihm allerdings nicht von einer

---

[111] NKBD 3:562–3.

[112] SYM:319.

Der lächerliche alte Freier 371

anderen Person, sondern von der Frau seiner Sehnsüchte selbst, eingeräumt wird, auszunutzen, um sich an eine junge hübsche Frau heranzumachen, von der er sonst wohl nicht einmal träumen dürfte. Auch er wird durch eine List getäuscht und geht letztlich leer und verspottet aus:
[Eine Dame in einem prunkvollen Wagen ist im Haus des Vorstands der Medizinal-Behörde erschienen, ohne sich zu erkennen zu geben.]
Nun war dieser Vorstand der Medizinal-Behörde von Grund auf ein sinnlicher und leicht entflammbarer Greis, und so ließ er einen abgetrennten Eckraum eiligst kehren und säubern, Wandschirme aufstellen und Bodenmatten auslegen, näherte sich darauf dem Wagen und meldete, daß alles bereit sei, worauf die Dame sprach: „Dann tretet bitte zur Seite!"
[Die Dame, die sich als wunderschön entpuppt, zieht sich in ihr Gemach zurück, wo sie den alten Mann von Angesicht zu Angesicht empfängt.]
Der Vorstand dachte, als er sie so sah: „Wie ungewöhnlich und sonderbar!" und „Irgendwie scheint sie von mir zu erwarten, daß ich den ersten Schritt tue", er grinste über sein ganzes zahnloses und außerordentlich eingeschrumpftes Gesicht (*ha mo naku kiwamete shibomeru kao*) und rutschte näher, um sie zu befragen. Müssen wir's noch sagen, daß sich der Vorstand, dem vor drei, vier Jahren seine langjährige alte Gattin gestorben war und der seitdem überhaupt kein Weib mehr gehabt hatte, sehr beglückt fühlte? „Wenn man sich elend fühlt", sprach nun die Frau, „vergißt man in der Angst um sein Leben alle körperliche Scham, deshalb bin ich hierhergekommen, in der Hoffnung, wenigstens mein Leben zu behalten, welches Werk auch immer dafür zu vollbringen sei. Es liegt jetzt in Eurem Ermessen, mich leben oder sterben zu lassen, weil ich mich Euch ganz anvertraue." So sprach sie und weinte unablässig. [Er erkennt, daß sie einen Ausschlag an der Scham hat, beschließt, sie selbst zu pflegen und sie erst heimgehen zu lassen, wenn er wüßte, wer sie ist.]
Als die Dame nun sagte: „Ich habe Euch jetzt meinen merkwürdigen Zustand gezeigt. Ich tat es, weil ich Euch wie einem Vater vertrauen konnte. Aber nun bitte ich Euch, mich bei der Rückkehr in Eurem Wagen zu geleiten. Dann werdet Ihr auch erfahren, wer ich bin. Und ich will Euch auch regelmäßig hier besuchen", da dachte der Vorstand: „Jetzt wird sie noch an die vier, fünf Tage hier bleiben", und ließ in seiner Aufmerksamkeit nach, und als der Abend dämmerte, entfloh die Dame zusammen mit ihrer jungen Dienerin und nur mit einem dünnwattierten Nachtgewand bekleidet. Der Vorstand, der das nicht bemerkt hatte, sagte: „Ich will ihr das Abendessen bringen", ordnete alles auf einem Tablett und brachte es selbst hinein, da war aber niemand. „Gewiß hat sie gerade ein unaufschiebbares Geschäft zu erledigen", dachte er und kehrte mit den Speisen zurück. Mittlerweile war es dunkel geworden und er dachte: „Ich werde zunächst Licht machen", stellte das Öllämpchen auf einen Lichtständer und ging damit hinein, da sah er, daß sie ihre Kleider abgestreift und verstreut hatte, und auch das Kammkästchen lag da. „Was mag sie hinter dem Faltschirm treiben, daß sie so lange verborgen bleibt?", dachte er und sagte: „Was geruht Ihr denn so lange zu tun?" Aber als er hinter den Faltschirm schaute — wie war's nur möglich — war auch ihre junge Dienerin nicht mehr zu sehen. Ihre Kleider lagen da übereinander, wie sie getragen waren, und so lag auch die Rockhose da, allein das eine dünn wattierte Nachtgewand fehlte. „Sie ist wohl nicht mehr da? Es sieht so aus, als ob sie darin geflohen wäre", — der Gedanke schnürte ihm die Brust zu, aber er wußte nicht, was er hätte tun können.

Er verschloß das Tor und ließ alle seine Leute mit Lichtern in der Hand das Innere des Hauses durchsuchen, aber da sie, aus welchem Grund auch immer, nicht zu finden war, sah der Vorstand in der Erinnerung Gesicht und Gestalt der Frau vor sich, und der Schmerz seiner Sehnsucht war grenzenlos. „Hätte ich doch, ohne Rücksicht auf ihre Krankheit, meinen Willen gehabt! Ach, wozu habe ich sie geheilt und gemieden?" So wechselte

Klage mit Verdruß, und er sann zutiefst bekümmert: „Niemand ist hier, vor dem man sich scheuen müßte, und wenn sie eines anderen Weib sein sollte und nicht mein Weib werden mag, so hätte sie mich doch gelegentlich besuchen können und ich hätte ihr manches Ausgefallene geboten." Aber weil er so betrogen und verlassen worden war, schlug er zornig in die Hände, stampfte mit den Füßen und verzog weinend sein schreckliches Gesicht, daß es einer Venusmuschel glich, worüber seine Medizinstudenten insgeheim ungeheuer lachen mußten. Wenn die Leute, die davon gehört hatten, ihn lachend danach fragten, so pflegte er sich ungeheuer zu erregen und mit ihnen Streit zu beginnen.

Mir scheint, das war eine äußerst gewitzte Frau. Sie genas, ohne je erkannt worden zu sein. So hat man es erzählt und überliefert.[113]

Der Typus des alten Mannes, der in bereits fortgeschrittenem Alter eine junge Frau umwirbt, ist also häufig und auch negativ besetzt genug, um dahinter latente soziale, generationale Spannungen vermuten zu können. Es ist anzunehmen, daß Ehen zwischen relativ bejahrten Männern und wesentlich jüngeren Frauen weder in der Nara- noch in der Heian-Zeit eine Seltenheit waren. Einerseits führten hohe Sterblichkeitsraten mit Sicherheit dazu, daß nur wenige Ehen so lange Bestand hatten, bis keiner der beiden Ehepartner mehr Interesse am anderen Geschlecht hatte. Hinzu kommt, daß die Männer sicherlich daran interessiert waren, ihren Haushalt von einer kompetenten Angehörigen ihres Standes geführt zu sehen, sodaß anzunehmen ist, daß Wiederheiraten ältlicher Witwer mit jungen Frauen auf der Tagesordnung standen, was auch dadurch bestätigt wird, daß die meisten der beschriebenen Figuren explizit ihren Witwerstand beklagen beziehungsweise ihm entrinnen wollen. Vorbehalte gegen solche Ehen ergaben sich dabei offenbar aus der Sorge, den Kindern aus erster Ehe könnten durch eine mögliche Gängelung des älteren Mannes durch seine jüngere Frau Nachteile erwachsen. Dies klingt etwa im *Ochikubo monogatari* an, wenn der alte Mittlere Rat von seiner jüngeren Frau so hinters Licht geführt wird, daß er sich zu ungerechten Handlungen gegen seine Tochter aus anderer Ehe hinreißen läßt[114], wird aber noch deutlicher in einer Erzählung des *Konjaku monogatari*[115], in der die jüngere Frau eines alten Witwers, auf das Erbe ihres betagten Gatten hoffend, versucht, dessen Sohn aus erster Ehe töten zu lassen, ein Plan, der nur durch ein Wunder vereitelt wird. Gleichzeitig ist insbesondere im Adel zu vermuten, daß Eltern ihre Töchter oft lieber den ja meist höher gestellten älteren Männern zur Frau gaben, als einem gleichaltrigen Mann, von dem man nicht wissen konnte, ob seine Karriere geradlinig verlaufen würde und ob er

---

[113] KM IV (24/8):287–290; s.a. Naumann 1973:172–175.

[114] Vgl. S. 292.

[115] KM IV (26/5):417–427, s.a. Tsukakoshi 1956:85–103.

Der lächerliche alte Freier

überhaupt lange genug leben würde, um in eine hohe Position aufzusteigen. Auch in der Belletristik klingen solche Überlegungen ja an, wie etwa in der folgenden Passage des *Utsuho monogatari*:

[Der Tenno spricht mit der Dame Jijūden über ihre gemeinsame Tochter, die Erste Prinzessin, weil er sie mit Nakatada vermählen will. Sie ist nicht ganz einverstanden, weil sie meint, er bekleide einen niederen Rang. Darauf sagt der Tenno:] „Warum sollte eine Frau ihre Blütejahre (*sakari*) unnütz verstreichen lassen. Ist kein passender Partner zur Hand, so ist es schlimm genug, doch findet man erst einen so guten Mann, warum sollte man da noch zögern. Sein niedriger Rang tut nichts zur Sache. Das liegt ja nur daran, daß er noch jung ist. Dem Vorwurf wird er sich bald entziehen. Mit der Zeit wird er anderen in nichts mehr nachstehen..."[116]

Es ist daher gut denkbar, daß viele junge Männer die Erfahrung machten, daß eine Frau, die sie begehrten, einem älteren Mann zur Gattin gegeben wurde und sie selbst leer ausgingen: genug Nährboden für eine gute Portion Sexualneid, der sich in den geschilderten Erzählungen wohl ein Ventil suchte. Nicht verschlüsselt in einer Satire über alte Männer auf Freiersfüßen, sondern handgreiflich und konkret thematisiert wird dieser Sexualneid in der folgenden Erzählung des *Konjaku monogatari*, in der ein junger Mann seinem betagten Onkel die junge Frau, um die er ihn im wahrsten Sinne des Wortes ‚beneidet', schließlich einfach wegnimmt:

Es ist nun schon lange her, da lebte ein Mann, den man den Minister zur Linken vom Honin nannte; sein eigentlicher Name war Tokihira. Er war der Sohn des Regenten Mototsune. [...] Des Ministers einzige kleine Schwäche war, daß er der Liebeslust allzu geneigt war. Nun hatte er einen Onkel (*oji*), der war der *dainagon* Kunitsune. Die Frau dieses *dainagon* war die Tochter eines Ariwara. Der *dainagon* selbst war schon 80 Jahre alt (*toshi yasoji ni oyobite*), seine Frau hingegen gerade 20 Jahre und von unvergleichlicher Schönheit. Da sie zudem auch den Dingen der Liebe sehr zugeneigt war, dachte sie nur immer, wie unglücklich sie doch war, mit einem so alten Mann (*oitaru hito ni*) verheiratet zu sein. Sein Neffe, der Minister, der ja sehr liebeslustig war, hatte oft sagen hören, wie wunderschön die Frau seines Onkels, des *dainagon*, doch war, und er hatte Lust bekommen, sie einmal zu sehen, doch verging die Zeit, ohne daß er es bis dahin gewagt hätte. [Er berät sich mit dem berühmten Frauenhelden Heichū, und dieser schildert ihm, wie unglücklich die junge Frau darüber ist, mit einem so alten Mann verheiratet zu sein.]

In seinem Herzen aber wurde der Wunsch, die Frau seines Onkels zu besitzen, indes immer stärker. Von da an begegnete der Minister dem *dainagon*, der ja sein Onkel war, mit größter Ehrfurcht, und dieser empfand größte Dankbarkeit dafür. Er ahnte nicht im mindesten, daß jener plante, ihm die Frau wegzunehmen, und der Minister mußte in seinem Innersten herzlich über ihn lachen.

So wurde es Neujahr, und es geschah, was noch nie geschehen war, der Minister ließ dem *dainagon* bestellen: „Ich komme Euch an einem dieser drei Tage besuchen!" Als der *dainagon* das erfuhr, da ließ er sein Haus auf Hochglanz bringen und bemühte sich nach Kräften, dem Neffen den herzlichsten Empfang zu bereiten. Am dritten Tag der Neujahrsfeierlichkeiten war es dann soweit: mit einem großen Gefolge von Würdenträgern und Höflingen kam der Minister in das Haus des *dainagon*. Die Freude des Dainagon war so gren-

---

[116] UM II:142, s.a. Uraki 1984:227. Nakatada ist zu diesem Zeitpunkt 22 Jahre alt.

zenlos, daß er vor Aufregung an allen Ecken und Enden anstieß. Er bewirtete seinen Gast verschwenderisch, doch das schien allen nur natürlich.

Die Stunde des Affen war schon vorüber gewesen, als der Minister eingetroffen war, und während die Sakeschalen die Runde machten, da brach auch schon die Nacht herein. Man sang und spielte Musik, das Fest war wirklich gelungen. Unter den Anwesenden stach der Minister zur Linken aber durch seine überragende Schönheit ganz besonders hervor, und wie er sang, da hingen alle an seinen Lippen und wurden nicht müde, ihn zu preisen. Die Frau des *dainagon* saß, nur durch einen Vorhang von ihm getrennt, ganz in seiner Nähe, und wie sie ihn sich so aus der Nähe betrachtete, da war sie von allem an ihm, seiner Gestalt, seiner Stimme, seinem Duft, ganz und gar bezaubert und sie beklagte ihr trauriges Los: „Wer mag denn die Frau dieses herrlichen Mannes sein? Und ich Ärmste muß als Frau eines alten, greisen Mannes leben!" Je länger sie den Minister betrachtete, desto trauriger wurde sie. Der Minister wiederum, während er sang und spielte, lugte immerfort nach dem Bambusvorhang, daß es der Frau des *dainagon* schon nachgerade peinlich wurde. Er sieht mich an und lächelt gar, was denkt er sich nur dabei, überlegte sie voll Scham. [Das Fest nimmt seinen Lauf, und bald sind alle Anwesenden reichlich betrunken. Man bringt dem jungen Neffen seinen Wagen, und sein Onkel bietet ihm ehrerbietig zwei Rosse und eine Koto als Geschenke an].

Da sagte der Minister zu dem *dainagon*: „Es ist zwar unhöflich von mir, Euch das zu sagen, wo ich so betrunken bin, aber wenn Ihr Euch wirklich so sehr darüber freut, daß ich aus Ehrfurcht vor Euch, meinem Onkel, zu Euch gekommen bin, dann solltet Ihr mir aber auch ein ganz besonderes Geschenk mitgeben!" Der *dainagon*, der zwar auch schon ziemlich betrunken war, war es doch nicht so sehr, daß er nicht rasch bei sich erwogen hätte, daß er zwar des Ministers Onkel war, aber nur ein *dainagon*, jener hingegen ein Mann von viel höherem Stand, ein Minister. Es freute ihn tatsächlich sehr, daß ein solcher Mann zu ihm als Gast gekommen war, und wenn jener ein besonderes Geschenk wünschte, so wollte er ihm diesen Wunsch schon gerne erfüllen. Es hatte ihn die ganze Zeit über geärgert, wie jener hinter den Bambusvorhang geschielt hatte, und er dachte nun: „Ich will ihm zeigen, was für eine wunderbare Frau ich habe!" Betrunken wie er war, sagte er also: „Hier meine Frau halte ich für ein besonderes Kleinod. Ihr mögt zwar Minister sein, aber eine solche Frau könnt Ihr nicht Euer Eigen nennen. Jaja, solch eine wundervolle Frau habe ich alter Mann zur Gattin. Sie will ich Euch als besonderes Geschenk geben!", faltete den Wandschirm zusammen, griff hinter den Bambusvorhang und zog seine Frau am Ärmel heraus. „Ei, seht, da ist sie!", sagte er, und der Minister sprach: „Ja, es hat sich tatsächlich gelohnt, hierher zu kommen. Nun bin ich restlos glücklich!" Mit diesen Worten trat er auf die Frau des *dainagon* zu und ergriff sie seinerseits am Ärmel. Da zog sich der *dainagon* zurück und bedeutete den verbliebenen Höflingen und Würdenträgern: „Ihr solltet nun auch gehen. Der Minister wird ja wohl noch ein ganzes Weilchen hier bleiben!", doch sie zwinkerten sich zu, und nur einige verließen das Haus, während andere blieben, um zu sehen, wie das ganze weitergehen würde.

Der Minister seinerseits rief nun: „Ich bin wirklich völlig betrunken. Holt meinen Wagen. Es bleibt wohl nicht anderes übrig!", und wie man den Wagen in den Garten brachte, da kamen viele Leute hinzu. Auch der *dainagon* trat näher und hob den Vorhang des Wagens in die Höhe. Da nahm der Minister die Frau des *dainagon* in die Arme, hob sie in den Wagen und stieg dann selber ein. Da blieb nun dem *dainagon* nichts anderes übrig; er sagte: „Ach, Alte, vergiß mich nicht!", und schon hatte der Minister den Wagen fortgefahren.

Der *dainagon* ging ins Haus hinein, legte die Kleider ab und begab sich zu Bett. Er war so betrunken, daß er ganz schwindlig war, und wie betäubt schlief er ein. Als er gegen Tagesanbruch wieder etwas nüchterner erwachte, da erschien ihm alles wie ein böser Traum; er meinte, er hätte sich das alles nur eingebildet, und fragte die Zofe im Zimmer nebenan, wo denn seine Frau sei. Diese schilderte ihm, was sich zugetragen hatte, und da brach ihm fast das Herz. „Ach, ich glaubte, mich besonders glücklich schätzen zu dürfen, da habe ich so etwas Wahnsinniges getan. Ob es noch einen zweiten gibt, der so etwas Verrücktes täte, wie ich es getan habe, und wenn er noch so betrunken ist!", so quälte er sich. Weil er ohnehin keine Möglichkeit hatte, seine Frau zurückzubekommen, dachte er, er hätte das vielleicht gar nur ihr zuliebe getan, außerdem fiel ihm ein, wie sie ihm immer wieder zu verstehen gegeben hatte, wie alt sie ihn fand. Eifersucht, Reue, Kummer und Sehnsucht quälten ihn, vor den Leuten tat er so, als dächte er nicht mehr an sie, doch in seinem Inneren liebte er sie noch immer und sehnte sich nach ihr.[117]

Waren solche und ähnliche Geschichten für ein männliches Leserpublikum unter Umständen also deswegen attraktiv, weil sie ihren Sexualneid in ihnen ausleben konnten,[118] so dürften sie aber auch mit Grund für weibliche Leser genügend Befriedigungen geborgen haben. Gerade im Heianzeitlichen Adel waren ja von den Eltern vermittelte Ehen besonders für die Töchter die Regel. Geht man davon aus, was wahrscheinlich berechtigt ist, daß die älteren Männer oft die besseren Partien waren, so ist es nur zu verständlich, daß junge Frauen sie schon deswegen als Bedrohung empfinden konnten, weil sie das Bild des von den Eltern aufgezwungenen ungeliebten Ehepartners darstellten, selbst wenn deren Alter nicht der einzige und schon gar nicht der wesentlichste Grund dafür war, warum jene sich von ihnen abgestoßen fühlten. Dieses Bild vermittelt etwa das *Yoru no nezame*, das von der Hofdame Nezame erzählt, die sehr jung mit einem viel älteren Mann verheiratet worden war, der zu diesem Zeitpunkt Regent war und somit an der Spitze der höfischen Aristokratie stand, obwohl sie bereits ein Kind von einem mit ihr ungefähr gleichaltrigen, zu diesem Zeitpunkt nur das Amt eines Mittleren Rates innehabenden, aber von ihr geliebten Mann erwartete. In einer Aussprache zwischen ihrem damaligen Geliebten, der inzwischen zum Minister des Inneren aufgestiegen ist, sagt ihr Vater Jahre später, als sie bereits Witwe ist:

„Wirklich, daß die Sache so ist, daran habe ich nicht einmal im Traum gedacht. Und darum habe ich nach meinem Gefühl gehandelt, als ich den Wünschen des Regenten nachgab und sie mit ihm verheiratete. Deshalb war sie also zu Tode verzweifelt! Ich dachte nur: ‚Ist ihr der alte Mann unangenehm (*sadasugitaru hito no itowashiki ka*)?' und tadelte sie... Ich dach-

---

[117] KM IV (22/8):239—242, s.a. Tsukakoshi 1956:24—29.

[118] Wie groß die Versuchung für junge Männer war, Frauen älterer Männer zu verführen, zeigt anschaulich etwa jene Geschichte aus dem *Konjaku monogatari*, in der ein junger Mann, Michinori, die junge Frau eines offenbar wesentlich älteren Distriktvorstandes verführt, dabei aber seinen Penis verliert; als er den Distriktvorstand fragt, wie das nur möglich war, erzählt ihm dieser, ihm sei es in seiner eigenen Jugend auch nicht anders ergangen: „Zu der Zeit, als ich noch jung war, hatte der Vorstand eines Distriktes ganz hinten in der Provinz, der schon alt war (*toshi oitarishi ga*), eine junge Frau, zu der schlich ich mich heimlich und verlor dabei mein Glied, wunderte mich sehr und setzte alles daran, bis ich vom Distriktvorstand den Grund dafür erfuhr. [Der Distriktvorstand bietet Michinori an, ihn auch in diese Kunst einzuweihen.]" (KM IV (20/10):160—163, s.a. Naumann 1973:158—159).

te, daß mein Leben heute oder morgen zu Ende sein kann und war traurig und besorgt, daß ich sterben und sie im Stich lassen könnte, da bat mich der Regent aus ganzem Herzen, ihn als Vater für Nezame zu betrachten und sie mit ihm zu verheiraten. Ich überlegte, wo sie es besser haben könnte, als in meinem bescheidenem Haus, und sagte schließlich zu. Doch der Regent starb..."[119]

Vielleicht tat es auch deswegen gut, von jungen, wunderschönen Heldinnen zu lesen, die diesen von der Verwandtschaft auserwählten Greisen entkamen, um zu guter Letzt auch noch mit einem jüngeren Mann eine viel bessere Partie zu machen, wie im Fall der Dame Ochikubo aus dem *Ochikubo monogatari* oder der Frau des alten *dainagon* aus dem *Konjaku monogatari*, die dessen Neffe, der Minister, entführt.

Es ist in diesem Zusammenhang sicherlich von Bedeutung, daß die jüngeren Rivalen, denen die betagten, lächerlichen Freier unterliegen, ausnahmslos, zumindest was die bearbeitete Stichprobe Nara- und Heian-zeitlicher Literatur betrifft, einen höheren Status innehaben als die ihnen unterlegenen Alten. Im Falle des Provinzgouverneurs Shigeno no Masuge und des alten Prinzen Kantsuke aus dem *Utsuho monogatari* ist es niemand anderer als der Kronprinz selbst, der zuletzt die von ihnen begehrte Atemiya heimführt, im *Ochikubo monogatari* steht dem das wenig bedeutende Amt eines Tenyaku no Suke bekleidenden Alten ein junger Adeliger aus bestem Haus gegenüber, dessen Vater als Minister überhaupt an der Spitze der Hierarchie des Hofadels steht, in der Erzählung des *Konjaku monogatari* raubt der junge Minister und Sohn des Kanzlers seinem Onkel, der als *dainagon* in der Rangleiter der Beamten unter ihm steht, die Frau.

Interessanterweise gehen die Heian-zeitlichen Autoren wesentlich behutsamer mit jenen alten Männern um, die in der Rangordnung über ihren jüngeren Gegenspielern stehen. Dabei ist bemerkenswert, daß diese überhaupt einem völlig anderen literarischen Typus zuzuzählen sind als die weniger gut situierten. Sie werden im allgemeinen nicht lächerlich gemacht, auch wurden bei ihnen die negativen Alterserscheinungen nicht so sehr betont. Dabei ist wichtig, daß diese wohlwollende Behandlung, die ihnen in der Belletristik zuteil wird, im allgemeinen gekoppelt ist mit einer beinahe rührenden Großmut und Nachsicht, die sie ihren jüngeren Ehepartnern gegenüber an den Tag legen. So ist Genji zwar zunächst in seiner Eifersucht sehr ungehalten darüber, daß die junge Utsusemi einen alten Mann wie den Gouverneur von Iyo ihm als Gatten vorziehen könnte, und spart dabei nicht mit bösen Worten gegen den alten Mann[120], doch ist

---

[119] YN:343ff., s.a. Hochstedler 1979:174.

[120] GM I:102, s.a. Benl 1966a:73: „[Genji wirbt um Utsusemi, die Frau des Gouverneurs von Iyo, und bittet ihren jüngeren Bruder um Hilfe.] ‚Ihr könnt es ja kaum wissen, aber

er bald bereit seinen Versuch, die junge Utsusemi ihrem alten Ehemann abspenstig zu machen, zu bereuen:

[Genji, der von Utsusemi nicht erhört wurde, überlegt, wie er sich einer anderen jungen Dame gegenüber verhalten soll, die er in ihrem Haus kennengelernt hat.]
Gerade als er über all dies nachsann, kehrte Iyo no Suke in die Hauptstadt zurück. Er begab sich sofort zu Genji, um ihn zu begrüßen. Weil er mit dem Schiff gereist war, wirkte seine gedrungene Gestalt, die nun abgemagert und von der Sonne gebräunt war, recht häßlich. Doch dank seiner vornehmen Herkunft hatte trotz seines Alters (*nebitaredo*) sein Gesicht etwas Edles, und er sah durchaus nicht gewöhnlich, sondern eher würdig aus. Da er von der ihm unterstellten Provinz erzählte, hätte Genji ihn gerne etwa nach den Wasserbalken in Iyo[121] gefragt, aber es war ihm nicht recht wohl dabei zumute, und mancherlei Bedenken bemächtigten sich seiner. War denn, was er diesem ernsthaften Menschen, der noch dazu sein Senior war (*monomameyaka naru otona*), angetan hatte, nicht töricht und ehrlos? Ja, er hatte sich unverzeihlich gegen ihn vergangen.[122]

Im *Yoru no Nezame* ist zwar das Kapitel, in dem das Zusammenleben der Titelheldin und ihres alten Gemahls, des Regenten, mit dem sie gegen ihren Willen verheiratet wurde, nicht erhalten, doch spricht nichts dafür, daß wir in ihm eine negative oder lächerliche Figur vorgefunden hätten. Im Gegenteil, Jahre später, als er bereits verstorben ist, wähnt sich der inzwischen zum Minister des Inneren aufgestiegene frühere Geliebte der Heldin, ganz im Gegensatz zu den jungen Rivalen der ihnen im Rang nachstehenden Greise, keineswegs so sicher, das Andenken an den alten Regenten, ihren früheren Mann, aus ihrem Herzen verdrängen zu können; er fühlt sich sogar bemüßigt anzuerkennen, daß der Verstorbene trotz oder auch wegen seines Alters menschliche Qualitäten besessen haben könnte, die Nezame weiter an ihn binden:

„Der Regent war alt (*sadasugitamaerishikado*) und rauh, aber gütig und herzlich, und es wird sie wohl auch nicht ganz ungerührt gelassen haben, wie er wohl sicherlich alles versuchte, um ihr Herz zu gewinnen."[123]

---

ich liebte Eure Schwester schon, bevor jener alte Mann (*okina*) von Iyo in ihr Leben trat. Doch sie glaubt, sie könne sich nicht auf mich verlassen, und so beschämt sie mich nun, indem sie diesen grobschlächtigen Menschen zu ihrem Beschützer erwählt hat! Nun, mag das sein, wie es will, aber zumindest Ihr sollet Euch als mein Kind fühlen. Denn jener, auf den die anderen heute noch alle bauen, lange zu leben hat er wohl nicht mehr (*yuku saki mijikakari*)!' "

[121] Anspielung auf ein volkstümliches *Saibara*-Lied über die Wasserbalken (Bretter um die Badetroge) des Quellbades von Iyo, das Genji schon einmal, als er Utsusemi und die junge Nokiba no Ogi beim Go-Spielen beobachtet hatte, eingefallen war (Benl 1966a:80, A.1 und 96, A.1).

[122] GM I:130—131, s.a. Benl 1966a:96.

[123] YN:363, s.a. Hochstedler 1979:195.

Auch den Helden des *Genji monogatari* ereilt in fortgeschritteneren Jahren genau das Schicksal, das er in seiner Jugend so manch betagtem Gatten zugefügt hat, nämlich von seiner jungen Frau, wenn auch nicht ganz bewußt und willentlich, betrogen zu werden. Er reagiert ähnlich wie der betagte Gemahl Nezames aus dem *Yoru no nezame*, indem er das Kind, das aus der illegitimen Beziehung seiner jungen Frau zu ihrem jugendlichen Freier erwächst, als sein eigenes anerkennt, wenn auch nicht ganz gelassenen Herzens. Die folgende Passage macht deutlich, wie die Autorin Murasaki Shikibu ihn darum ringen läßt, sich mit seiner Rolle als altem betrogenen Ehemann auf schickliche Weise abzufinden. Bezeichnenderweise nennt er sich dabei selber einen alten Mann, der der jungen Frau von ihrem Vater aufgezwungen worden ist:

[Exkaiser Suzaku hat seine Tochter Onna San no Miya in einem Brief aufgefordert, trotz der Schwierigkeiten in ihrer Ehe mit Genji geduldig auszuharren.]
„Aus den Worten des Exkaisers ersieht man sofort", bemerkte Genji, „daß er Euer kindliches und unverständiges Herz seit je gut kennt und sich darüber Sorgen macht. Seid daher doch in Zukunft etwas achtsamer! Ich will ja nicht ganz ohne alle Rücksichtnahme zu Euch sprechen, aber der Gedanke, daß dem Exkaiser etwas zu Ohren gekommen sein könnte und er womöglich daraus schließt, ich mißachtete seine Wünsche, bestürzt mich geradezu. [Ihm selber kann ich es ja nicht ausführlich erklären] und so muß ich mich an Euch allein halten. Denn schließlich ist es für mich doch wirklich zu bedauernswert, ja geradezu zutiefst beklagenswert, daß Ihr in Eurem unverständigen Herzen, das nur auf das Gerede wildfremder Leute hört, meint, meine Gefühle für Euch seien kalt und oberflächlich, und daß Ihr mich, der ich inzwischen so unbeschreiblich alt geworden bin (*koyonaku sadasuginitaru arisama*), verachtet und so reizlos wie einen altgewohnten Gegenstand findet! Wenigstens solange der Exkaiser noch am Leben ist, solltet Ihr Euch in Geduld fassen und den alten Mann (*sadasugibito*), den er Euch zum Beschützer zu bestimmen geruhte, nicht schlechter als jenen anderen behandeln!"[124]

Macht Genji hier seiner jungen Frau noch Vorwürfe, so ist er wenig später bereit einzusehen, daß derlei Auseinandersetzungen nicht fruchten können und ihn in ihren Augen nur noch mehr als lästigen alten Mann erscheinen lassen müssen[125]. Waren diese Alten weniger großzügig und eifersüchtig darum bemüht, ihre jungen Frauen allein für sich behalten zu wollen, so wurden sie leicht zur Zielscheibe des Spotts, auch deswegen, weil sie gegenüber ihren jungen Frauen dadurch hoffnungslos ins Hintertreffen gerieten. Auf die Figur eines solchen lächerlichen Alten, der darüber, seine junge Frau zu bewachen, alles andere vergaß, spielt etwa Yūgiri in der folgenden Passage des *Genji monogatari* an:

---

[124] GM III:406—407, s.a. Benl 1966b:181. Genji ist zu diesem Zeitpunkt in seinem 47. Lebensjahr und spielt auf Onna San no Miyas geheime und von ihr auch nicht gewünschte Beziehung zu Kashiwagi an.

[125] GM III:408; vgl. S. 160.

Der lächerliche alte Freier 379

[Kumoi no Kari hat ihrem Mann Yūgiri eine Eifersuchtsszene gemacht. Er sagt dazu:]
„Auch für Euch wäre es nicht gerade besonders ruhmreich, von einem so engstirnigen und pedantischen Mann immer nur eifersüchtig bewacht zu werden... Wollte ich wie jener alte Mann in dem Roman meine junge Frau wie eine Kostbarkeit hüten, wäre ich so kindisch verliebt, müßte ich das um Euretwillen bedauern! Was für ein Ruhm sollte Euch von solch einem Mann erwachsen!"[126]

Alte Männer, die sich an ihrem Lebensabend nochmals auf Freiersfüße begeben, waren auch in der westlichen Literatur eine beliebte Zielscheibe der Kritik und zuweilen Gegenstand beißender Satire. In den Komödien der griechischen Klassik etwa sind die verliebten alten Männer – wie zum Beispiel Aristophanes' Plutus, der mit seinem Alter lügt und sich schminkt, um sich mit einer wesentlich jüngeren Partnerin zu verbinden –, durch ihren unpassenden Anspruch auf Sexualität lächerliche, aber relativ harmlose Figuren, die letztendlich immer Verlierer bleiben. Komisch sind sie zum einen, weil für die Griechen alle menschlichen Leidenschaften bei den betagten Menschen eine groteske Wendung erfahren mußten, da ihnen die Möglichkeit, an den Vergnügungen des Lebens teilzuhaben abgesprochen wurde, zum anderen weil die Häßlichkeit der Alten den bloßen Gedanken an ihren Geschlechtsverkehr widerwärtig machte und somit die Vorstellung, ein Alter könnte noch sexuelles Verlangen verspüren, ausreichte, ihn in den Augen eines Griechen, für den Schönheit, Jugend und Liebe untrennbar verbunden waren, zu diskreditieren.[127] Wesentlich bösartiger und sehr einheitlich stellten die Römer ihre Alten auf Freiersfüßen dar: Ob es sich nun um Stücke des Plautus wie *Der Händler* oder die *Asinaria* handelt oder solche von Terenz, der Inhalt ist kurz zusammengefaßt häufig der gleiche: Der alte, tyrannische Familienvater nutzt seine häusliche Macht, um zu versuchen, seinem Sohn die Frau oder Geliebte abspenstig zu machen, und wird nur um Haaresbreite von seiner ebenfalls betagten Gattin daran gehindert, die ihm auch unmißverständlich klarmacht, wie unangebracht seine Verhaltensweise in seinem Alter ist. Dabei kann die Häufigkeit, mit der die römischen Autoren negativ besetzte Figuren alter Männer auf Freiersfüßen auf die Bühne brachten, wohl als Kompensation für die uneingeschränkte Macht des *pater familias* in der republikanischen Zeit gesehen werden.[128] Der alte Mann auf Freiersfüßen in der Heianzeitlichen Belletristik wird dagegen etwas milder behandelt, wenngleich

---

[126] GM IV:121, s.a. Benl 1966b:286. Die Anspielung bezieht sich vielleicht auf eine solche Gestalt eines alten Mannes im *Zenroku* (GM IV:486, A. 135).

[127] Vgl. dazu Minois 1987:81–84.

[128] Minois 1987:142.

auch er bedrohlich ist. Es wird ihm die Sehnsucht nach Liebe nicht völlig abgesprochen, lächerlich wird er erst dann, wenn er sich eine ihm weit überlegene Partnerin anmaßt bzw. es verabsäumt, der jungen Ehefrau gewisse Freiheiten einzuräumen. Ähnlich wie in der altenverachtenden Kultur des europäischen Spätmittelalters[129] wird die noch wache Liebessehnsucht des alten Mannes aber für ihn zur Bedrohung, unterwirft sie ihn doch den jüngeren Partnerinnen, die er sich erwählt.

6.6.2. Ungleiche Paare II: von der interessanten alten Geliebten zur gefährlichen mannstollen alten Frau

Zum Teil völlig anders geartet ist das Bild, das die Nara- und Heianzeitliche Literatur von verliebten alten Frauen zeichnet: es scheint im Verhältnis zu dem des alten Mannes auf Freiersfüßen stärker von Verständnis und Mitleid gekennzeichnet zu sein. Berühmt ist jene Episode des *Ise monogatari*, in der der Held sich zärtlich einer ältlichen Dame nähert, weil er von ihrem Sohn gehört hat, sie sehne sich nach einem Liebhaber, und das obwohl er selbst sich von ihr nicht unbedingt angezogen fühlt:

Einmal war da eine liebeshungrige Dame, die dachte so bei sich selbst, wie sehr sie sich doch nach einem Kavalier sehnte, der sie so recht von Herzen lieben würde. Offen eingestehen konnte sie dies natürlich nicht, und so beschloß sie, einen dahingehenden Traum zu erfinden. Sie rief ihre drei Söhne herbei und erzählte ihnen diesen. Zwei der Söhne machten beiläufige Bemerkungen und beließen die Sache dabei. Der jüngste jedoch erfüllte sie mit großer Freude, wie er da aus dem Traum zu erkennen meinte, sie werde einen wunderbaren Mann finden. „Die meisten Männer sind zu tiefen Gefühlen nicht fähig. Könnte ich es nur bewerkstelligen, daß sie einem wie jenem Mittleren Kommandeur begegnet", dachte er bei sich. Als er diesen eines Tages bei der Jagd traf, fiel er ihm in die Zügel und sprach: „So und so steht es, ich bitte Euch sehr!". Darauf war jener so gerührt, daß er die Dame aufsuchte und mit ihr die Nacht verbrachte. Weil er sich aber hernach nicht wieder bei ihr zeigte, schlich sie sich eines Tages zu seinem Haus und spähte hinein. Als der Kavalier undeutlich ihrer gewahr wurde, sprach er:

Als ob auf hundert Jahre	Momotose ni
gerade eines ihr noch fehlte,	hitotose taranu
so dünn und wirr ihr Haar,	tsukumogami
wie muß sie sich nach mir sehnen,	ware wo kourashi
daß vor meinen Augen ihr Bild	omokage ni miyu
auftauchen ich sie sehe.	

Sprach's, und schickte sich zum Ausgehen an. Als die Dame das sah, hastete sie, ohne auf die Dornen an den Heckenrosen und Chinamandarinen auf dem Weg zu achten, nach Hause und warf sich auf ihr Lager. Da kam der Kavalier nun seinerseits an ihr Haus, und wie er hineinspähend stand, da dichtete sie gerade liegend unter Seufzern:

---

[129] Vgl. Rosenmayr 1990:115—116.

Einsam die Ärmel   Samushiro ni
auf schmale Matte gebreitet —   koromo katashiki
soll es also sein,   koyoi mo ya
daß ich auch diese Nacht   koishiki hito ni
ohne Geliebten schlafe?   awade nomi nemu

Da ward der Kavalier von Mitgefühl erfaßt, und er verbrachte die Nacht mit ihr. Ja, sonst pflegen die Männer nur zu jenen Damen aufmerksam zu sein, die sie lieben, und sich denen gegenüber, zu denen sie sich nicht hingezogen fühlen, gleichgültig zu verhalten. Er aber hatte ein Herz, das dergleichen Unterschiede nicht machte.[130]

Breiten Raum nimmt eine ähnlich gelagerte Episode im *Genji monogatari* ein, in der der jugendliche Held, von dem es zunächst heißt, er verhalte sich den Hofdamen gegenüber meist kühl und zurückhaltend, sich teils aus Mitgefühl, teils aus Neugier von einer ältlichen Hofdame, die ihm unverblümte Avancen macht, verführen läßt:

Nun war dort eine schon reichlich bejahrte (*toshi itau oitaru*) Naishi no Suke aus gutem Hause, gebildet, edel und auch von der Welt geachtet; aber sie hatte eine etwas frivole Art und gab sich oft leichtsinnig. „Daß sie nicht vernünftiger ist, nun, da sie doch über ihre Blütezeit längst hinaus ist (*sadasuguru made*)", wunderte Genji sich immer wieder aufs neue. Einmal neckte er sie ein wenig, aber sie tat keineswegs überrascht. Ihr kam es gar nicht in den Sinn, daß sie doch gar nicht zu ihm paßte. „Unglaublich", dachte er, doch er fand sie dennoch in gewisser Weise reizvoll und traf sie gelegentlich. Weil er aber fürchtete, ins Gerede zu kommen, weil sie doch schon so alt war (*furumekashiki hodo nareba*), behandelte er sie ziemlich kühl, und das empörte sie natürlich. Eines Tages half sie nun dem Herrscher beim Frisieren; als das beendet war und er dann Dienerinnen rief, die ihm beim Umkleiden behilflich sein sollten, blieb sie, da er sich in ein anderes Gemach begab, allein im Raume zurück. Sie hatte sich noch schmucker als sonst zurechtgemacht, ihre äußere Erscheinung und ihr Haar waren von weichem Liebreiz, ihr Gewand von modischer Pracht, und sie sah lüstern drein. Genji betrachtete sie mit Widerwillen im Herzen und dachte seufzend: „Ach, daß sie es in ihrem Alter noch immer nicht lassen kann, sich wie eine Junge aufzuführen (*furigatau mo*)." Gleichwohl hätte er gerne gewußt, was sie bei allem selber dachte, und so fiel es ihm schwer, wortlos an ihr vorüberzugehen. Er zog, um sie ein wenig zu erschrecken, am Saum ihres Gewandes, und da blickte sie, einen wunderbar bemalten Fächer halb vor dem Gesicht, ihn starr aus schiefen Augen an. Ihre Augenlider waren tiefschwarz und eingefallen, und aus ihrem Haar hingen wirr einzelne Strähnen heraus. Was hatte sie da nur für einen Fächer, der gar nicht zu ihr paßte, dachte er, und als er ihn gegen den seinen austauschte und betrachtete, war da mit Goldleim auf das dunkelrote Papier ein Wald aus hohen Bäumen gemalt, und an der Seite stand in zwar sehr ältlicher (*ito sadasugitaredo*), doch edler Schrift: „Das Gras im Wald von Ōaraki, ist es erst alt..."[131] Da lächelte er, befremdet, daß sie so einen peinlichen Geschmack hatte und gerade so ein Gedicht

---

[130] IM (63):145—146, s.a. McCullough 1968:110, Schaarschmidt 1981:58—60. Dieses Verhalten des Narihira wird als klassisches Beispiel für Empfindsamkeit und Empfänglichkeit für die Gefühle anderer gewertet, das auch Murasaki Shikibus Beschreibung der Anteilnahme beeinflußte, die Genji unglücklichen oder häßlichen Frauen entgegenbrachte. Das Gedicht, das nicht gerade wie ein Kompliment klingt, wurde entsprechend von den Kommentatoren als Ausdruck der Sympathie gewertet (McCullough 1968:227).

[131] Zitat von *Kokinshū* 17/892 (vgl. S. 347).

hatte niederschreiben müssen. „Im Wald scheint aber der Sommer eingekehrt zu sein"[132], sagte er. Es erschien ihm unpassend, sich weiter mit ihr zu unterhalten, auch fürchtete er, von anderen dabei gesehen zu werden. Allein sie kümmerte das nicht und lüstern sagte sie:

„Kommt Ihr zu mir,   *Kimi shi koba*
will Euerm Pferd ich gerne   *tanare no koma ni*
Futter reichen,   *karikawan*
ist's auch nur altes halb vertrocknetes   *sakari sugitaru*
Gras unter den Bäumen!"   *shitaba nari to mo*[133]

Darauf antwortete Genji:
„Schreit' ich durch's Bambusgras,/ man wird mir zürnen,/ ist's doch ein Unterholz im Wald/ wo der Pferde viele/ beisammen stehen.
Das wäre doch gar lästig!"
Damit wollte er sich davon machen, doch sie hielt ihn zurück. „So hat mich noch keiner zurückgewiesen. Was für eine Schande!", sagte sie und weinte laut auf. „Laßt es nur gut sein, ich lasse von mir hören. Ihr seid mir doch nicht gleichgültig", erwiderte Genji, riß sich von ihr los und ging von dannen. Doch sie hängte sich an ihn wie eine Klette und sagte voll Groll: „Ach, so alt zu sein wie der Brückenpfosten!"[134]

Der Tenno war inzwischen mit dem Umkleiden fertig geworden und hatte von der Schiebetür aus alles beobachtet. „Das ist ein Paar, das wahrlich nicht zusammenpaßt!", dachte er belustigt und sagte dann laut: „Immerfort beklagt man sich, Genji sei zu ernsthaft. Aber gerade von dieser da kann er scheinbar gar nicht lassen!"

Da der Herrscher lachte, schämte sie sich; aber sie sagte nichts, um sich zu rechtfertigen, gibt es doch Leute, die um derer, die sie lieben, willen, sogar tränennasse Gewänder tragen. Auch die Palastdamen fanden den Vorfall höchst wunderlich, und so kam der Klatsch darüber auch dem Tō no Chūjō bald zu Ohren. Er wunderte sich nur, daß er selbst, dessen Lust zu Liebesabenteuern doch keine Grenzen kannte, noch nie auf jene Naishi no Suke aufmerksam geworden war. Er spürte plötzlich den Wunsch, sie in ihrem unstillbaren Liebesverlangen einmal selbst kennenzulernen, und so knüpfte er heimlich Bande mit ihr. Nun, auch er war ein Mann von ungewöhnlicher Schönheit, und so war sie gern bereit, sich mit ihm über die Kaltherzigkeit des anderen zu trösten; aber sie dachte wohl dabei, daß sie in Wahrheit nur Genji liebte, und daß sich wohl kein anderer wirklich mit ihm messen konnte. Das war wahrhaftig eine hartnäckige Verliebtheit! Da all dies im verborgenen vor sich ging, fiel Genji nichts weiter auf. Wenn sie ihn sah, warf sie ihm ein paar grollende Worte zu. Und er hatte Mitleid, weil sie schon alt geworden war (*yowai no hodo*), und fühlte sich nicht

---

[132] Genji will damit zum Ausdruck bringen, daß es scheint, die Naishi no Suke habe trotz ihres Alters wohl viele Liebhaber, in Anspielung an ein Gedicht aus der *Saneakira-shū* (GM I:291, A.22 und 435, A.259).

[133] Die alte Naishi no Suke spielt damit auf ihr eigenes fortgeschrittenes Alter an.

[134] Wörtl.: *,hashibashira'*. Das *Koreyuki-shaku*, ein Ende der Heian-Zeit entstandenes Kommentarwerk zum *Genji monogatari*, führt folgendes Gedicht an, auf das hier angespielt würde: „So lang gelebt zu haben/ wie der Name der Brücke/ zu Nagara in Tsu besagt,/ wie bin ich alt geworden/ wie traurig! (*Tsu no kuni no/ Nagara no hashi no/ hashibashira/ furinuru mi koso/ kanashikarikere*)" (GM I:435, A.262). Nach Benl bezieht sich die Anspielung auf ein Gedicht der *Shinchokusenshū*, der 9. offiziellen Anthologie von 1235: „Meine Liebe ist/ unverändert so wie einst,/ doch es betrübt mich,/ daß wie der Nagara-Brücken-Pfosten/ ich alt geworden bin" (Benl 1966a:238, A.1). Die Anspielung basiert auf jeden Fall auf einem Wortspiel zwischen der Brücke Nagara und dem Zeitwort *nagarau*, ‚lange leben', wie es auch in *Kokinshū*-Gedichten, etwa 17/890, vgl. S. 78, verwendet wird.

abgeneigt, sie daher ein wenig zu trösten; doch schließlich fand er es doch zu lästig, und so ging viel Zeit hin, ohne daß er sie traf.
[Eines Abends hört Genji sie aber die Biwa spielen und sucht sie schließlich in ihrem Zimmer auf. Der Tō no Chūjō ertappt Genji dabei und will ihn überraschen.]
Eine Weile geduldete er sich noch, doch als dann der Wind kühl zu wehen begann, und er zu vorgerückter Stunde annehmen konnte, daß die beiden schon eingeschlummert waren, schlich er sich langsam heran. Genji aber lag unruhig und schlaflos da. Als er plötzlich Geräusche hörte, kam er nicht im geringsten auf den Gedanken, es könnte der Tō no Chūjō sein; er hielt den Besucher für den Suri no Kami, der seine frühere Geliebte, die Naishi no Suke, wohl noch nicht vergessen hatte können. Es war ihm äußerst peinlich, in einer für ihn so unpassenden Situation von einem viel älteren Mann (*otonaotonashiki hito*) ertappt zu werden, und so sagte er: „Ach, wie entsetzlich! Ich werde jetzt aufbrechen. Ihr habt ja wohl von Anfang an gewußt, daß jener Euch heute nacht besuchen kommt!" Er griff nach seinem Gewand und schlüpfte rasch hinter den Wandschirm. Der Chūjō verbiß sich mit Mühe das Lachen, trat langsam auf den Wandschirm zu, den Genji aufgestellt hatte, und faltete ihn mit viel Getöse zusammen. Die Naishi, die trotz ihres Alters (*nebitaredo*) der Liebe noch sehr zugeneigt war, hatte Ähnliches sicher schon öfter erlebt, und so hielt sie, obgleich sie sich fürchtete und verwirrt war, den Chūjō mit zitternden Händen fest, hatte sie doch Angst, es könnte jener mit Genji gar arg verfahren. Genji dachte zu fliehen, damit der andere nicht erkenne, wer er sei, doch als er sich vorstellte, wie er in seinem unordentlichen Aufzug, die Amtskappe auf dem Kopf, von hinten aussehen würde, fand er sein Vorhaben töricht und zögerte. Der Chūjō seinerseits achtete darauf, daß Genji nicht erkennen konnte, wer er sei, gab sich, ohne ein Wort zu sagen, ein zorniges Aussehen und zog sein Schwert. Da stürzte die Naishi, „Ich bitte Euch! Ich bitte Euch!" kreischend, vor ihn hin und rang flehentlich die Hände. Bald wäre er in schallendes Gelächter ausgebrochen. Gewiß, sie richtete sich ja sonst aufreizend und jugendlich her, aber wie sie da mit ihren immerhin 57 oder 58 Jahren völlig aufgelöst und außer sich angsterfüllt zwischen diesen beiden bezaubernd schönen Jünglingen stand, das war wirklich ein Anblick ohnegleichen.
[Genji erkennt Tō no Chūjō schließlich und die beiden machen sich wohlgelaunt und über den guten Scherz lachend davon.][135]

Hatte es dem jugendlichen Genji noch Spaß gemacht, sich von der über 50jährigen, erfahrenen Hofdame in die Dinge der Liebe einführen zu lassen, so zeigt er, je älter er selber wird, zunehmend Widerwillen, auf ihre fortgesetzten Avancen weiterhin positiv zu reagieren, und bald findet er es eher peinlich, daß sie nicht aufhören kann, sich wie eine junge verliebte Frau zu benehmen:
[Beim Kamo-Fest steckt eine Dame Genji ein Gedicht zu.]
Als Genji die Handschrift nachdenklich betrachtete, erkannte er sie als die der Naishi no Suke. „Unglaublich, da ist sie nun schon längst zu alt dazu (*furigataku mo*) und kann es doch nicht lassen, sich frivol wie eine Junge zu gebärden", dachte er etwas verärgert.[136]

Bald gedenken die inzwischen selbst erfahrenen reiferen Männer, Genji und sein Freund, der Tō no Chūjō, der alten Hofdame als einer ihrer heiteren Jugenderinnerungen:

---

[135] GM I:290—295, s.a. Benl 1966a:236—241.

[136] GM I:326, s.a. Benl 1966a:273.

Als sie sich der Naishi no Suke entsannen, mußten sie herzlich lachen. „Oh, sie tut mir leid. Verspottet mir die ehrwürdige alte Dame (*oba otodo no ue*)[137] doch nicht so", versuchte Genji seinen Freund zu mäßigen, aber eigentlich hatte er stets seinen Spaß daran.[138] Auch sind die Zeiten, in denen Genji sich aus Neugier noch von ihr hatte verführen lassen, bald vorbei, und als er sie beinahe 20 Jahre später wiedertrifft und sie mit ihren einstweilen über 70 Jahren unverändert liebesbedürftig ist, ergreift er schließlich peinlich berührt die Flucht vor ihr:
[Um Asagao zu sehen, stattet Genji der alten Prinzessin Onna Go no Miya einen Besuch ab. Diese ist aber bald eingeschlafen.]
Freudig wollte er diese Gelegenheit nutzen, um aufzubrechen, da trat schon die nächste hüstelnde alte (*ito furumekashiki shiwabukiuchi shite*) Frau auf ihn zu. „Verzeiht! Ich war so überzeugt, daß Ihr von meinem Hiersein wüßtet, daß ich dachte, Euch zu sehen, doch Ihr zählt mich offenbar nicht mehr zu den Lebenden! Ich bin es, die der verstorbene Tenno einmal lachend die ‚ehrwürdige Großmama' (*oba otodo*)[139] nannte!" Damit gab sie sich zu erkennen, und Genji erinnerte sich ihrer wieder. Er hatte seinerzeit davon gehört, daß sie, die frühere Naishi no Suke, Nonne geworden sei und als deren Schülerin gemeinsam mit der Prinzessin betete, aber er hatte in der letzten Zeit nicht mehr geglaubt, daß sie noch lebe, und so staunte er nun. „Was einst geschah", sagte er dann, „sind für mich Geschichten aus längst vergangenen Zeiten. Es betrübt mich, daß ich mich nur mehr dunkel entsinnen kann, und so beglückt es mich um so mehr, endlich wieder Eure Stimme zu hören! Ich bitte Euch, seht einen verwaisten, kranken Reisenden in mir und steht mir bei!"
Angesichts seiner bezaubernden Gestalt, die nun näher auf sie zutrat, entsann sie sich noch lebendiger der Vergangenheit und gab sich unverändert kokett, wie es wahrhaftig nicht zu ihrem Alter paßte (*furigataku*). Ihrer Stimme hörte man an, daß ihr viele Zähne im Mund fehlten, doch wollte sie ihn aufhalten. Sie begann gar das Gedicht: „Während ich noch davon sprach [, wie gräßlich das Alter sei, da hat es mich selbst auch schon überrascht!][140]" zu zitieren. „Sie tut ja nachgerade so, als hätte sie das Alter erst gestern heimgesucht (*ima shimo kitaru oi no yō ni*)", dachte Genji und schmunzelte seltsam berührt. Aber als er so über sie nachsann, empfand er allmählich auch Mitleid mit ihr. „Von den kaiserlichen Nebenfrauen und Konkubinen, die einst, als sie in der Blüte ihrer Jahre stand, um die Gunst des Herrschers gewetteifert hatten, waren die einen schon längst tot, die anderen vegetierten sinnlos und ärmlich dahin. Wie früh Fujitsubo doch gestorben ist! Aber in dieser Welt, die ich immer als so flüchtig beklage, haben gerade die, denen keiner mehr lange zu leben zugetraut hätte und an denen auch niemandem besonders viel lag, überlebt und dienen nun Buddha ohne Sorgen. Wie unberechenbar ist doch diese Welt!",

---

[137] Genji wählt, um die Ironie zu verstärken, eine besonders höfliche Anrede für die Naishi no Suke.

[138] GM I:344–345, s.a. Benl 1966a:291.

[139] Eine solche Stelle kommt im *Genji monogatari* nicht vor. Genji selbst hatte sie einmal so genannt, vgl. oben.

[140] Es ist unklar, um welches Gedicht es sich handeln könnte. Das *Koreyuki-shaku* führt folgendes Gedicht dazu an: „Wie schrecklich,/ sagte ich gerade noch/ da muß ich schon selber/ mehr als andere noch/ klagen! (*Mi wo ushi to/ iikoshi hodo ni/ ima wa mata/ hito no ue to mo/ nagekubeki kana*)." Doch scheint dies, wenn man den Kontext betrachtet, nicht zu passen (GM II:260, A.14 und 460, A.251). Die Übersetzung folgt den Glossen, wonach gemeint ist: „Während ich noch davon sprach, wie lästig das Altern sei, da bin ich unversehens schon selbst alt geworden".

dachte Genji und geriet in tiefe Erregung. Allein sie glaubte, er sei von Liebe zu ihr ergriffen und so sagte sie aufreizend:

„Wenn auch die Jahre vergehen,	*Toshi furedo*
nie vergeß ich die Bande,	*kono chigiri koso*
die uns einen, die zarten:	*wasurarene*
sogar, daß Großmama Ihr mich nanntet,	*oya no oya to ka*
weiß ich heut' noch als wär's gestern gewesen!"[141]	*iishi hitokoto*

Genji war etwas unheimlich zumute und so erwiderte er:

„Auch im nächsten Leben	*Mi wo kaete*
wartet nur weiter auf mich:	*ato mo machimiyo*
hat man denn je gesehen,	*kono yo ni te*
daß Kinder auf dieser Welt	*oya wo wasururu*
ihre Eltern vergaßen?	*tameshi ari ya to*

Die Bande, die uns einen, sind wirklich solche, auf die man bauen kann. Wir wollen uns bald wieder einmal in aller Ruhe unterhalten." Damit brach er auf.[142]

Beiläufig und auch ohne besondere Abwertung erwähnt die Figur des Kanemasa im *Utsuho monogatari* eine ältliche Geliebte, die er einmal hatte und die offenbar wie die alte Hofdame aus dem *Genji monogatari* aufgrund ihrer Erfahrenheit über den großen Altersunterschied hinweg einen gewissen Reiz auf ihn als jugendlichen Liebhaber auszuüben vermochte:

„Die, die die Orange warf, ist eine jüngere Schwester Chikages, deren Mutter allerdings eine kaiserliche Prinzessin war. Sie war eine Konkubine Saga Tennōs, die man Umetsubo nannte, und wie sie selbst sagte, war sie ganz liebestoll, und so nahm ich sie zur Frau. Von ihrem Alter her gehörte sie allerdings eher zur Generation vor mir und hätte auch meine Mutter sein können..."[143]

Und auch im *Tsutsumi Chūnagon monogatari* scheint ein jugendlicher Freier, als er aus Versehen statt seiner Angebeteten deren ältliche Tante entführt, nur zum Teil über sein Mißgeschick enttäuscht:

[Die Tante] war sehr zierlich wie ihre Nichte, aber als sie alt geworden war (*oitamaite*), war sie Nonne geworden. Deshalb fror sie am kahlen Kopf und hatte ihre Kleider darübergezogen, und so war es natürlich, daß er sie für ihre Nichte hielt. Als der Wagen ankam, rief sie mit ihrer alten Stimme (*furubitaru koe*): „O weh, wer seid Ihr?" Wie lächerlich mußte er sich nachher gefühlt haben, obwohl sie auch unendlich schön war.[144]

---

[141] Das *kono* von *kono chigiri* ist ein *kakekotoba*, das gleichzeitig ‚dieses' und ‚des Kindes' bedeutet und somit als *engo* auch das nachfolgende *oya*, also ‚Mutter', ‚Vater', einleitet (GM II:261, A.22) und das Stichwort für Genjis Antwortgedicht liefert. Ähnlich im Ausdruck *oya no oya* für ‚Großmutter' auch ein Gedicht des *Shūi wakashū*, der dritten, zu Beginn des 11. Jh.s kompilierten offiziellen Anthologie japanischer Gedichte, von der Tante der Kinder Minamoto no Shigeyukis (GM II:460, A.252). Die frühere Naishi no Suke spielt wieder darauf an, daß Genji sie einst *oba otodo*, ‚ehrwürdige Großmutter' genannt hatte.

[142] GM II:260—261, s.a. Benl 1966a:588—590. In einer früheren Episode war die Naishi no Suke 57, 58 Jahre alt gewesen, Genji 20. Da Genji nun in seinem 32. Lebensjahr ist, müßte die Naishi no Suke in dieser Episode um die 70 sein.

[143] UM II:396, s.a. Uraki 1984:308.

[144] TCM:371, s.a. Hirano 1963:9.

Eine ähnliche schlimme Wendung wie im Fall der greisen Männer auf Freiersfüßen erfahren die Dinge bei den ältlichen Geliebten dort, wo diese aufgrund ihres Reichtums und ihres Einflusses auch in der Lage sind, einen gewissen Druck auf die von ihnen begehrten Männer auszuüben. Hier macht sich offenbar ein ähnlicher Sexualneid breit, und solche Figuren werden in der Belletristik ebenso negativ dargestellt wie ihre männlichen Pendants.[145] So dreht sich die ganze Erzählung des Kapitels „Tadakoso" des *Utsuho monogatari* um die Bösartigkeit der Witwe des früheren Ministers zur Linken, die sich über 50jährig in Tachibana no Chikage verliebt, der seiner toten Frau ewige Treue geschworen hat, zum Besten ihres Sohnes Tadakoso, der keine böse Stiefmutter bekommen soll. Dennoch läßt sich Chikage mit ihr ein, obwohl er sich nicht zu ihr hingezogen fühlt, besucht sie aber nicht so oft, wie sie es sich in ihrer Liebessehnsucht erhofft. In der Schilderung dieser Beziehung ist kaum noch etwas von dem Mitgefühl zu spüren, daß bei Ariwara no Narihiras Beziehung zu der alten Witwe oder der Genjis zu der alten Hofdame zumindest zu Beginn vorhanden war. Die alte Witwe aus dem *Utsuho monogatari* wird von vorneherein als abstoßend beschrieben, und der jüngere Chikage fühlt sich weder physisch noch seelisch zu ihr hingezogen; nur durch ihren Einfluß und ihr Vermögen, das sie auch bewußt einsetzt, um ihn zu fesseln, bindet sie ihn an sich:

[Die Witwe fordert Chikage wiederholt auf, ihr Besuche abzustatten.]
Daraufhin besuchte er sie von Zeit zu Zeit. Er war gerade 30 Jahre alt, sie 50, so sahen sie aus wie Mutter und Sohn, und Chikage, der außer der Mutter von Tadakoso, die von wunderschöner Gestalt, eleganter Erscheinung und jung an Jahren gewesen war, mit keiner anderen Frau Umgang gehabt hatte, sie geheiratet hatte und treu zu seinem Schwur sein wollte, konnte nun, da sie dahingeschieden war, nur mit jedem Wind und jedem Regen aufs neue beklagen, wann es ihm nur je wieder vergönnt sein würde, eine auch nur annähernd so schöne Frau zu sehen; als dieser Chikage nun sah, wie die Witwe, die seinem Herzen noch nicht einmal nahestand, schon alt (*toshi oi*) und von häßlicher Gestalt war, da wurde er von heftiger Sehnsucht nach der Vergangenheit ergriffen und nur äußerst selten stattete er ihr einen Besuch ab; nicht ein Mal wurde es ihm leicht ums Herz, und die Witwe gab ein Vermögen aus, ihn zu bewirten.[146]

Entsprechend spart auch ihre Umgebung nicht mit Kritik an ihrem Verhalten, das als unpassend für ihr Alter betrachtet wird:

---

[145] Auch im Fall der wohl als Vernunftehe zu bezeichnenden Verbindung Higekuros mit einer etwas älteren Frau scheint diese von allem Anfang dadurch unter keinem besonders guten Stern zu stehen: „Die Frau Higekuros war die ältere Schwester von Murasaki, also die älteste Tochter des Shikibu no Kyō. Daß sie drei, vier Jahre älter war als ihr Gemahl, war eigentlich kein so besonders großer Makel; aber er nannte sie, vielleicht weil ihm ihr ganzes Wesen nicht recht behagte, nur ‚die Alte' (*ōna*); er fühlte sich bei ihr nicht wohl und hätte sich gern von ihr getrennt" (GM III:112, s.a. Benl 1966a:812).

[146] UM I:125–126, s.a. Uraki 1984:45.

[Die Witwe bewirtet Chikage mit den köstlichsten Speisen, legt die schönsten Kleider für ihn bereit und spielt für ihn Koto und Biwa.]
Er lobte zwar ihr Spiel, doch fand er es eigentlich hauptsächlich schrill und nach nichts stand ihm der Sinn so sehr, als sich möglichst schnell aus ihrer Gegenwart zu entfernen. Sie aber übersah, wie die Diener, die dies alles mitansahen, verächtlich die Münder verzogen: „Was braucht sie sich in ihrem Alter[147] so aufzuführen", und während jene sie nur widerwillig begleiteten, war nur sie, die Witwe, ganz bei ihrer Sache.[148]

Ihre dramatische Zuspitzung erfährt die von Anfang an als eher unschön beschriebene Affäre aber, als die Witwe in ihrem verletzten Stolz versucht, sich an den Sohn Chikages heranzumachen; denn als auch dieser sie zurückweist, beschließt sie sich zu rächen, und läßt Tadakoso zweimal seinem Vater gegenüber verleumden. Dabei bedient sie sich wieder des Einflusses ihres verstorbenen Gemahls und wirkt besonders abstoßend dadurch, daß sie, um sich einen Anstrich von moralischer Integrität zu geben, ihren Helfershelfern gegenüber beteuert, in ihrem Alter ja schließlich mit Männern nichts mehr im Sinn zu haben:

[Die Witwe ruft einen Neffen ihres verstorbenen Mannes zu sich und dieser versichert ihr, er werde nicht weitererzählen, was sie ihm zu sagen hat.]
„Wie schön. Nun, was ich Euch sagen wollte, ist folgendes. Obwohl ich bei mir selbst so dachte: ‚Ich bin nun alt *(toshi mo oinu)* und gedenke nicht, mich wieder zu verehelichen', kam jener Chikage zu mir, vielleicht aus Einsamkeit, aus Langeweile, ich ließ's über mich ergehen. Doch damit nicht genug, da machte mir auch noch sein Sohn, Tadakoso, die unerhörtesten Avancen..."
[Sie verleumdet Tadakoso, indem sie vorgibt, er hätte im Sinn, seinen eigenen Vater verbannen zu lassen, um sie zu gewinnen.][149]

Nach mehrmaligen Verleumdungen äußert Tadakosos Vater schließlich einmal etwas von leichtem Mißtrauen seinem Sohn gegenüber. Tief getroffen wird dieser Einsiedler in Kurama, weswegen sich aus Kummer auch sein Vater in eine Einsiedelei zurückzieht. Die Witwe ihrerseits gerät aufgrund der Ausgaben, in die sie sich wegen dieser Affäre gestürzt hat, in tiefe Armut und taucht in einem späteren Kapitel als alte Bettlerin wieder auf, wobei deutlich wird, daß ihr wirtschaftlicher Ruin die Strafe für ihre unrechten Handlungen ist.[150]

Noch unerbittlicher ist das *Shin sarugaku-ki* in seiner Beschreibung der alten Hauptfrau jenes Mannes, dessen Familie er unter dem Publikum, das

---

[147] Mehrere Varianten: *oioishiki sama shitsutsu* (1) oder *oinishiki* (2), *oiōshiki* (3), *oioshiki* (4), *oihorashiki* (5) und *taitaishiki* (6). (3), (4) und (5) sind ähnlich, jedoch unklar. Ursprünglich dürfte (2) oder (6) die richtige Variante gewesen sein (UM I:487—488, A.201).

[148] UM I:126, s.a. Uraki 1984:47.

[149] UM I:137, s.a. Uraki 1984:53.

[150] UM I:384—386; vgl. S. 231.

sich für eine Vorstellung der volkstümlichen Schaustellkunst der *sarugaku* eingefunden hat, breiten Raum widmet. Sie, deren um einiges jüngerer Mann sie offenbar der Mitgift und des Einflusses ihrer Eltern wegen geheiratet hat, wird mit dem ganzen Ausmaß ihres körperlichen Verfalls geschildert, und der an sich unbeteiligte Autor würde sie am liebsten ins Kloster schicken, um sie und die anderen vor weiteren Unschicklichkeiten, die sie in ihrer ungebrochenen Liebessehnsucht begehen könnte, zu bewahren:

Sie ist die Hauptfrau. Sie ist bereits 60 Jahre alt (*yowai sude ni musoji ni shite*), und so ist das hübsche Rot und all ihre Jugendschönheit allmählich aus ihrem Gesicht geschwunden (*kōgan yōyaku otoroetari*). Ihr Mann ist erst knapp 40 Jahre alt (*wazuka ni gohachi ni oyobite*), und seine Liebesleidenschaft steht in voller Blüte. Früher, als er als junger Mann von 20 Jahren im Staatsdienst stand, da verhalfen ihm das Vermögen und der Einfluß seiner Schwiegereltern zu Reichtum und Macht, doch jetzt, da er älter geworden ist, kann er, wenn er sein Privatleben betrachtet, nur klagen über den großen Altersunterschied (*nenrei no kenkaku*). Betrachtet man ihre Haare, so sind sie weiß wie von Morgenfrost; wendet man sich den Runzeln ihres Gesichtes zu, so sind sie geschichtet wie Wellen in der Abendbrise. Oben und unten fehlen ihr dort und da Zähne, sodaß ihr Gesicht aussieht wie das eines gezähmten Affen. Ihre beiden Brüste hängen schlapp herab wie die erschlafften Hoden der Rinder in der Sommerhitze. Obwohl sie es deswegen natürlich nicht verabsäumt, sich immer feinsäuberlich zurechtzumachen, gibt es doch niemanden, der sich von ihr angezogen fühlt. So kalt wie einer Mondnacht im Dezember gegenüber sind die Gefühle, die man gegen sie hegt. Obwohl sie schmeichelt und kokettiert, gibt es viele, die sie nicht leiden mögen und die sie ermüdet wie die Sonnenglut des Juni. Da sie die Hinfälligkeit ihres alten Körpers (*mi no rōsui*) nicht erkennt, grämt sie sich und klagt darüber, daß das Herz ihres Mannes sich von ihr abgewandt hat. Darum bringt sie der Hauptstatue des Shōten Opfer dar, doch ohne Erfolg; obwohl sie den Gott Dōso des eigenen Hauses anbetet, scheint die Wirkung nur sehr geringfügig zu sein. Auf dem Männerfest des Igatōme auf dem Kitsune-saka schlägt sie die Awabi-Schale[151] zum Tanz, und auf der Liebesfeier des Akoya auf dem Inari-yama bewegt sie mit der Nase die Katsuo-haze[152] zur allgemeinen Freude[153]. Dem Sae-no-kami der Gojō bringt sie 1000 Handmulden voll Opfermochi dar; dem Yasha des Tōji opfert sie 100 Gefäße mit Opfersuppe. Sie fällt auf die Knie in tausend Schreinen und tanzt; sie bringt Hunderte von Opferstäben dar und läuft beschwörend. Doch alles ohne Erfolg. Ihre Augenlider gleichen in ihrer eifersüchtigen Rachsucht dem zerstörerischen Winden giftiger Schlangen, ihr Gesicht gleicht in seinem Zorn dem drohenden Blick böser Dämonen. Die Tränen ihrer Liebessehnsucht verwaschen den weißen Puder auf ihrem Gesicht, und die lodernde Flamme ihres Kummers verbrennt das Rot ihrer Leber. Sie müßte sich eigentlich ihre Haare, die [so weiß] wie Schnee sind, scheren lassen und schnell Nonne werden, aber da sie weiterhin an diesem vergänglichen Leben hängt, wird sie wohl noch zu Lebzeiten den Körper einer großen Giftschlange annehmen. Obwohl sie die verschiedenartigsten Fehler hat, ist sie doch die Mutter zahlreicher Kinder. Wie kommt das wohl?[154]

---

[151] Symbolisiert die Vagina.

[152] Symbolisiert den erigierten Penis, da sich dieser wie *katsuobushi* nach oben biegt.

[153] Oder: und freut sich dabei?

[154] SSK:135—136, s.a. Blau 1966:339—340.

Interessante alte Geliebte und gefährliche mannstolle Alte 389

Ehen zwischen wesentlich älteren Frauen und jüngeren Männern dürften also im Heian-zeitlichen Adel durchaus häufig gewesen sein und wurden ähnlich wie in der europäischen Neuzeit zur Zielscheibe von Kritik. Während man aber etwa im Europa des 16. und 17. Jh. die älteren, reichen Frauen eher mitleidig davor warnte, ihre jugendlichen Freier würden ihre Liebesschwüre nur mit Blick auf den zu erwartenden Reichtum leisten,[155] erscheinen sie in der Heian-zeitlichen Belletristik ebenso bedrohlich oder noch bedrohlicher als die alten Freier, was auf eine machtvolle Position der Frauen in der Heian-zeitlichen Gesellschaft weist.

Daß man Liebesbeziehungen zwischen vom Alter her gesehen ungleichen Paaren zwar an sich nicht unbedingt mißbilligte, Eifersucht von seiten des älteren Partners aber für außerordentlich unangebracht hielt, geht auch daraus hervor, daß das *Makura no sōshi* ein solches Verhalten unter die unpassenden Dinge einreiht:

Wenn Schnee auf das Haus einfacher Leute fällt. Scheint dann auch noch der Mond darauf, ist's wirklich jammerschade darum... Eine alte Frau (*oitaru onna*), die mit einem dicken Bauch einhergeht.[156] Oder wenn so eine alte Frau einen jungen Ehemann oder Geliebten hat und sich eifersüchtig aufregt, er hätte die Nacht bei einer anderen verbracht...[157]

Auf den Punkt bringt es das folgende Gedicht des *Ryōjin hishō*:

Was höchst verachtenswert auf dieser Welt:
... weißhaarige alte Männer (*kashira shirokaru okinadomo*), die den jungen Mädchen
  nachstellen,
eine alte Nonne von Schwiegermutter, die darüber in Eifersucht gerät.[158]

6.7. Zusammenfassung

Während vor allem die Nara-zeitlichen Dichter der Intensität ihrer Gefühle gern durch den Wunsch Ausdruck verliehen, mit der Geliebten bis ins hohe Alter vereint zu bleiben, und dem konfuzianischen Lebensentwurf entsprechend auch ein Ideal vom gemeinsamen Altwerden der Ehegatten in gegenseitiger Treue bestand, weist die Schilderung der Beziehungen zwischen alternden Eheleuten eher auf ein Verblassen der Gefühle im Alter und auf eine Lockerung der ehelichen Bande nach dem Erwachsenwerden der Kinder hin. Diese Lockerung mündete meist nicht direkt in

---

[155] Vgl. etwa Borscheid 1987:74—76.

[156] Als ob sie schwanger ist (MS:93, A.28).

[157] MS (45: Was nicht recht passend erscheint):93, s.a. Watanabe 1952:107, Kaneko 1935: 257—258.

[158] RH (2/384):412.

Scheidung, äußerte sich aber in gegenseitiger Vernachlässigung, manchmal auch räumlicher Trennung oder dem begrenzten Zusammenleben alter Ehepaare als Mönch und Nonne. Gleichzeitig bestanden Vorurteile gegen Kinder alter Eltern: diese wurden einerseits als schwächlich und daher nur begrenzt lebenstauglich, andererseits als Gefahr für ihre Eltern angesehen. Da sich in vielen Gedichten, aber auch in einzelnen Aussagen in der erzählenden Literatur, ein Ideal des Transzendierens des Alters in Liebesdingen ausmachen läßt, das durch die taoistische Kultivierung der Sexualität des alten Mannes gefördert worden sein könnte, scheint die ebenso häufige Betonung der Unmöglichkeit der Liebe im Alter weniger darauf zurückzuführen zu sein, daß Sexualität im Alter insgesamt verpönt war, als darauf, daß das Alter selbst insbesondere in der Nara-Zeit großteils durch sexuelle Unattraktivität und die Unfähigkeit zur Prokreation definiert wurde.

Ein besonders beliebtes literarisches Motiv stellten ungleiche Paare dar. Ehen zwischen altersmäßig sehr unterschiedlichen Gatten waren sicherlich häufig, und ein ausgeprägter Sexualneid junger Rivalen sowie die Angst junger adeliger Frauen, mit einem von der Verwandtschaft ausgewählten Greis vermählt zu werden, bedingten wohl die Häufigkeit von Geschichten, in denen die Heiratsgelüste eines abstoßenden alten Freiers vereitelt werden und er der Lächerlichkeit preisgegeben wird. Hochstehende alte Ehemänner wurden etwas behutsamer behandelt, doch verlangte man von ihnen allem Anschein nach, den jungen Partnerinnen gewisse Freiheiten einzuräumen oder zumindest keine Eifersucht zu zeigen. Ältlichen Geliebten konnte ein gewisser Charme abgerungen werden, doch wurden alte Frauen, die ihren Einfluß und ihren Reichtum dazu nutzten, jugendliche Liebhaber an sich zu binden, als ebenso bedrohlich und abstoßend geschildert wie ihre männlichen Pendants.

7. POLITISCHE ROLLEN ALTER MENSCHEN

Das Japan der Nara- und Heian-Zeit war ein zentralisierter Staat, der aus einem früheren Sippenverbandsstaat unter der Vorherrschaft einer regierenden Sippe hervorgegangen war. Die oberste Macht lag zunächst in den Händen des Tenno als dynastischem Herrscher, der auch eine wesentliche religiöse Funktion zu erfüllen hatte, und seiner Familie sowie einer kleinen Zahl von Hofadelsfamilien, die wie die Tenno-Familie selbst aus den früheren mächtigen Sippen (*uji*) erwachsen waren und deren Mitglieder die wichtigsten Ämter in der Obersten Regierungsbehörde, dem *dajōkan*[1], und den Zentralministerien (*hasshō*) bekleideten. Als solche wurden sie zwar vom Tenno ernannt, doch konnte dieser den Willen der wichtigsten Vertreter der vorherrschenden Familien dabei nicht gänzlich übergehen, zumal diese Ämter nur von Inhabern der höchsten Hofränge bekleidet werden sollten, die ihrerseits weitgehend innerhalb dieser Familien erblich waren. In den einzelnen Provinzen vertraten die Zentralmacht von ihr eingesetzte Provinzgouverneure, die auf lokal rekrutierte Distriktbeamte zurückgreifen konnten. Hatten die mächtigen Sippen zuvor von den Abgaben der in ihrem Herrschaftsgebiet lebenden, in *be* unterteilten Gemeinen gelebt, war mit der Taika-Reform (645) der Boden verstaatlicht worden, und die Adeligen wurden mit Dienst- und Ranganteilfeldern remuneriert. Doch gelang es ihnen im Laufe der Heian-Zeit, sich wieder größeres Privateigentum anzueignen, das ihre politische Macht absicherte. Insbesondere der Familie der Fujiwara gelang es seit der Mitte des 9.Jh.s, neben der Tenno-Familie eine einzigartige Machtposition aufzubauen, und als Regenten (*sesshō kanpaku*) auch die Politik der Tenno weitgehend zu bestimmen. In einem solchen politischen System, in dem Ererbung ein wesentliches Auswahlkriterium für die wichtigsten Positionen darstellt und politische Macht im wesentlichen auf familiärer Macht gründet, kann Alter allein niemals ausschlaggebend sein, doch sind die politischen Führer in solchen Systemen im allgemeinen älter als dort, wo die Nachfolge durch allgemeine Wahlen oder Machtergreifung durch Gewalt sichergestellt wird[2]. Es soll daher in

---

[1] In absteigender Reihenfolge der Kanzler (*dajō daijin*), der Minister zur Linken (*sadaijin*) und zur Rechten (*udaijin*), der *naidaijin*, die *dainagon* (Oberkabinettsräte) und *chūnagon* (Mittleren Räte) sowie die *sangi* (Staatsräte).

[2] Cowgill 1986:140.

der Folge der Frage nachgegangen werden, inwieweit das fortgeschrittene Alter dennoch ein Auswahlkriterium war, bzw. inwieweit es den älteren Generationen gelang, sich wesentliche Anteile der Macht zu sichern.

7.1. In der Vor-Nara-Zeit

7.1.1. Alte Männer als Legitimatoren der Herrscher

Die frühen mythischen Berichte, die das *Nihon shoki* vom Beginn des Menschenzeitalters und von der Reichsgründung durch die mythischen Ahnen des späteren Herrscherhauses gibt, legen die Vermutung nahe, einzelnen alten Männern sei die wichtige Rolle des Legitimierens der Herrschaft zugekommen. Besonders eine – halb-menschliche, halb-göttliche – Figur, die des Shio-tsutsu-no-oji[3], tritt gleich mehrmals in einer solchen Rolle des Legitimierens bzw. Zuweisens der Herrschaft in Erscheinung. Als Hono-ninigi-no-mikoto, der Enkel der Himmlischen Göttin Amaterasu-ōmikami, auf die Erde herabsteigt, findet er zunächst nur ödes Land vor und weiß nicht recht, wohin er sich wenden soll; da begegnet ihm Shio-tsutsu-no-oji, welcher ihm das Land weist, über das er herrschen kann und soll:

Dann durchquerte er auf der Suche nach einem Land Hügel um Hügel das öde Land von Soshishi und kam dann zum Kap Kasasa von Nagaya in Ata. Dort war ein Gott, der sich Koto-katsu-kuni-katsu-Nagasa nannte. Darauf fragte der himmlische Enkel diesen Gott: „Gibt es ein Land hier?" und dieser antwortete: „Es gibt eines. Ich werde es dir, wie du es wünschst, geben." So ließ sich der himmlische Enkel an diesem Ort nieder. Dieser Koto-katsu-kuni-katsu-no-kami ist ein Kind von Izanagi-no-mikoto; sein anderer Name ist Shio-tsutsu-no-oji.[4]

Es bedarf also des alten Shio-tsutsu-no-oji, um dem himmlischen Enkel Land zuzuweisen, über das dieser dann herrschen mag. Eine ähnliche Situation findet sich noch einmal in den Berichten über Jinmu Tennō, den ersten mythischen Herrscher Japans. Als dieser von Südosten zu seinem Eroberungsfeldzug durch Japan aufbrechen will, versammelt er seine Verwandten und Gefolgsleute und begründet ihnen gegenüber sein Vorhaben damit, Shio-tsutsu-no-oji habe ihm Land im Westen zugewiesen, über das zu herrschen sich lohne:

---

[3] Vgl. S. 457. Als alter Mann gekennzeichnet ist dieser Shio-tsutsu-no-oji, von dessen Aussehen keine weitere Beschreibung gegeben wird, nur durch seinen Namen: *oji*, geschrieben mit den chinesischen Zeichen *rōō*, ‚alter Mann' (die Lesung *oji* ist im *Nihon shoki* selbst, NS I:160, angegeben), bedeutet ‚Onkel', häufig aber auch wie hier einfach ‚alter Mann', ohne irgendeine familiäre Beziehung mitanzusprechen und drückt wie etwa ‚altes Väterchen' ebenso Hochachtung wie liebevolle Zuwendung aus (NS I:160, A.2).

[4] NS I:156–157, s.a. Aston 1956/1:87–88.

„...Nun habe ich von Shio-tsutsu-no-oji gehört: ‚Im Osten gibt es ein wunderbares Land, das ringsum von blauen Bergen umgeben ist, und in dessen Mitte gibt es einen, der im himmlischen Felsboot heruntergeflogen kam.' Ich glaube, dieses Land ist ein guter Platz, um die große Aufgabe auszuweiten und zu regieren..."[5]

Noch ein weiteres Mal, wenn auch auf weniger deutliche Art, tritt derselbe Shio-tsutsu-no-oji in ähnlicher Funktion auf, nämlich in den Versionen, die das *Nihon shoki* von der Yama-no-sachi-Mythe gibt. Als Yama-no-sachi, der den Angelhaken seines älteren Bruders ausgeliehen, dann aber verloren hat, verzweifelt am Meeresufer entlanggeht, weil er nicht weiß, wie er den Angelhaken wiederbeschaffen soll, auf dessen Rückgabe der Bruder besteht, begegnet ihm dieser ‚Alte der Gezeiten', der ihn mithilfe eines magischen Korbs auf den Meeresboden versenkt. Dort trifft er auf den Meergott, der ihm, ähnlich wie in anderen Legenden der Jingū kōgō, Flutsinke- und Flutsteigejuwel schenkt. Wieder auf die Erde zurückgekehrt gelingt es Yama-no-sachi mit deren Hilfe seinen älteren Bruder zu unterwerfen[6]. Die Yama-no-sachi-Mythe wird häufig als mythische Schilderung der Unterwerfung eines hauptsächlich von der Fischerei lebenden Volkes durch ein Ackerbauvolk interpretiert. Diese Unterwerfung wird aber erst dadurch möglich, daß es dem Kulturheroen dieses Ackerbauvolkes dank der Vermittlung eben dieses ‚Alten der Gezeiten' gelingt, vom Meergott, also dem Gott des Fischervolkes, als Herrscher anerkannt zu werden.

Deutlicher, dafür aber schon in den Bereich der Träume gerückt, wird diese Rolle alter Männer als Legitimatoren der Herrscher in der ein Gedicht im *Kaifūsō* einleitenden Biographie des Ōtomo no miko, die erzählt, er habe in seiner Jugend im Traum gesehen wie ein rotgewandeter Alter ihm die Sonne überreichte, diese ihm aber dann geraubt wurde:

Früher einmal sah er im Traum, wie sich die Pforte des Himmels öffnete, und ein scharlachrot gewandeter Alter (*shui no okina*) die Sonne emporhebend zu ihm kam und sie ihm gab. Doch da war ein Mann, der kam unter seiner Achsel[7] hervor, raubte die Sonne und verschwand mit ihr. Der Prinz war darüber höchst erstaunt und erzählte dies ausführlich dem *naidaijin* Fujiwara [no Kamatari], [der ihn daraufhin vor drohender Gefahr warnt].[8]

---

[5] NS I (Jinmu, Vorspann):189, s.a. Aston 1956/1:110—111.

[6] Vgl. dazu S. 458.

[7] Aufgrund verschiedener Schreibvarianten ist die ursprüngliche Bedeutung dieser Stelle nicht ganz klar, es könnte auch ‚aus dem kleinen seitlichen Nebentor', oder ‚aus dem hinteren Palast' gemeint sein (KFS:68, A.12).

[8] KFS (Einleitung zu Nr.1 und 2 [Prinz Ōtomos Biographie]):68. Ōtomo no miko, Sohn von Tenji Tennō, war dazu bestimmt gewesen, die Thronfolge anzutreten, wurde dann aber im Jinshin-Erbfolgekrieg 672 von seinem jüngeren Bruder besiegt und beging daraufhin Selbstmord (KFS:507 A).

Deutlich symbolisiert in diesem Traum die von dem alten Mann dargebrachte, dann aber entwendete Sonne den frustrierten Herrschaftsanspruch des Prinzen und wird auch in dem Text von dem Vertrauten und Beschützer des Prinzen, Fujiwara no Kamatari, der daraufhin zur Vorsicht mahnt, als solche interpretiert. Wieder ist es ein alter Mann, der, wenn auch nur im Traum, diesen Herrschaftsanspruch begründet.[9]

7.1.2. Die Rolle der alten Menschen als Berater der Herrscher in den frühen halbmythischen Berichten

Diese Funktion des Legitimierens der Herrscher, in der alte Männer also in den frühen Berichten von Zeit zu Zeit anzutreffen sind, könnte natürlich auch im Zusammenhang mit ihrer Rolle als Schamanen[10] stehen, was ja in einer Kultur, in der weltliche und geistliche Macht nicht klar voneinander getrennt waren und in der den Herrschern wichtige religiöse Funktionen zukamen, durchaus verständlich wäre. Im gleichen Kontext ist auch das übermenschliche Wissen zu sehen, mit dem die Kompilatoren der frühen Chroniken einzelne Figuren alter Menschen ausstatteten, das sie dazu prädestinierte, den Herrscher nicht nur zu legitimieren, sondern ihm auch als ständige Berater zur Seite zu stehen.

Die einprägsamste unter den Figuren, die in einer solchen Rolle in den frühen Chroniken auftreten, ist bemerkenswerterweise die einer Frau, der Okime omina, der ‚alten Frau, die das Auge, den Blick auf den Dingen behält', von der sowohl *Kojiki* als auch *Nihon shoki* ausführlich berichten. Sie tritt auf den Plan, als Kenzō Tennō, der erst nach vielen Wechselfällen die Herrscherwürde erlangte, nach den verschollenen sterblichen Überresten seines ermordeten Vaters sucht.[11] Sie hilft ihm diese zu finden, und aufgrund dieses Verdienstes behält der Tenno sie in seiner Nähe und ruft sie in der Folge häufig zu sich, um sich mit ihr zu beraten:

Als der Tenno zu seinem Palast zurückkehrte, rief er die alte Frau zu sich, belohnte sie dafür, daß sie unentwegt den Platz beobachtet und sich gemerkt hatte, und gab ihr dafür den Namen ‚Im Auge behaltende Alte' (*Okime omina*). So empfing er sie im Palast und lobte sie von ganzem Herzen. Ein Haus zum Wohnen für die alte Frau wurde in der Nähe

---

[9] Fraglich ist, inwieweit diese Gestalt eines scharlachrot gewandeten alten Mannes einer japanischen Vorstellung entspricht oder auf chinesische Vorbilder zurückgeht. Das scharlachrote Gewand war ja im chinesischen Altertum die Kleidung des Kaisers, bevor es später durch Gelb ersetzt wurde (NKD 10:218), und so könnte es sich um einen kaiserlichen Ahnen handeln, der in einem so gefärbten Gewand auftritt, um dem Prinzen das Symbol der Macht zu überreichen.

[10] Vgl. S. 464ff.

[11] Vgl. S. 163.

des Palastes errichtet, und es verging kein Tag, ohne daß der Tenno sie zu sich rief. Deswegen brachte er eine Glocke an der Tür zum Palast an und immer, wenn er die alte Frau zu sich rufen wollte, läutete er diese Glocke.[12]

Während das Prestige, das Okime omina beim Tenno besitzt und ihn dazu veranlaßt, sie immer in seiner Nähe wissen zu wollen und ihren Besuch zu schätzen, auf der Hilfe beruht, die sie ihm geleistet hat, scheint es bei außergewöhnlichen Ereignissen allgemein Brauch gewesen zu sein, daß die Herrscher den Rat alter Menschen einholen, um von ihnen etwas über die Bedeutung des Geschehens zu erfahren. Dies wird deutlich in jener Episode, von der sowohl *Kojiki* als auch *Nihon shoki* erzählen, in der Nintoku Tennō einen bejahrten Staatsmann, den Takeshiuchi no sukune, in dessen Eigenschaft als hochbetagter Mann um Rat fragt, als eine Wildgans ein Ei in Yamato legt[13]:

Ein Mann aus dem Land Kōchi informierte den Tenno: „Am Deich von Mamuta hat eine Wildgans ein Ei gelegt." Noch am selben Tag wurde ein Bote ausgeschickt, um nachzusehen. Er sagte: „Es ist wahr." Da machte der Tenno ein Lied, in dem er Takeshiuchi no sukune fragte:

O Aso von Uchi,	*Tamakiwaru*
vom Edelsteinschneiden[14]	*Uchi no aso*
der du wahrlich	*na koso wa*
ein hochbetagter Mann bist,	*yo no tōhito*
der du wahrlich	*na koso wa*
der Älteste dieses Landes bist!	*kuni no nagahito*
Hast du je gehört,	*Akizushima*
daß eine Wildgans ein Ei gelegt hat,	*Yamato no kuni ni*
in Akizushima,	*kari ko mu to*
im Lande Yamato?	*na wa kikasu ya*

Takeshiuchi no sukune antwortete mit einem Lied:

O mein Herrscher,	*Yasumishishi*
Strahlender,	*ware ga ōkimi*
du tust recht daran,	*ube na ube na*
gerade mich zu fragen.	*ware wo towasu na*
Denn wahrhaftig, noch nie habe ich gehört,	*Akizushima*
daß eine Wildgans ein Ei gelegt,	*Yamato no kuni ni*
in Akizushima,	*kari ko mu to*
im Lande Yamato!	*ware wa kikazu*[15]

---

[12] KJ:329—331; s.a. Philippi 1977:377—379. Im Kontext der Version, die das *Nihon shoki* von den Ereignissen gibt, hat die Glocke eine etwas andere Funktion und zwar die, den Tenno über das Kommen der Okime omina zu informieren (NS I:520, vgl. S. 128). Die Situation hält so lange an, bis Okime den Wunsch äußert, wegen ihrer Altersgebrechen in ihre Heimat zurückkehren zu dürfen, und der Tenno sie ziehen läßt.

[13] Wildgänse brüten normalerweise nicht in Japan.

[14] *Tamakiwaru*. Makurakotoba für Uchi, im *Manyōshū* auch als *makurakotoba* für *inochi* verwendet (KJ:280, A.10).

[15] NS I (Nintoku 50.3.5):410; s.a. Aston 1956/1:294—295. Während sich diese Version der Episode darauf beschränkt, daß der betagte Takeshiuchi no sukune zu beurteilen vermag, ob ein derartiges Ereignis in der Vergangenheit schon einmal dagewesen ist, liegt seine

Diese Stelle wurde häufig als Hinweis auf einen Brauch bewertet, wonach die Herrscher alte Menschen befragten und deren Antworten für ihre Entscheidungsfindung in Fragen der Regierung heranzogen[16]. Dies ist umso wahrscheinlicher, als die Figur des Takeshiuchi no sukune als solche keine historische Authentizität besitzt, sondern eine Schöpfung des späten 7. Jh.s sein dürfte, bei deren Entstehung unter anderem eben die Existenz eines solchen Usus' Pate gestanden haben dürfte[17]. Während die meisten anderen Textstellen, die als weiterer Beleg für einen solchen Brauch herangezogen werden, wie die Order für die Kompilation der *Fudoki*, sich nicht unbedingt auf die Bedeutung des Befragens alter Menschen für politische Entscheidungen beziehen, sondern eher ihrer allgemein gesellschaftlicher Rolle bei der Überlieferung vergangener Geschehnisse und Bräuche entsprechen[18], spricht eine Heian-zeitliche Passage des *Ōkagami* einen derartigen Brauch explizit an und siedelt ihn in der Vergangenheit an[19]. Die alten Chroniken selbst berichten auch aus anderen Anlässen von Herrschern, die sich von Fürsten in fortgeschrittenerem Alter in bezug auf notwendige Maßnahmen beraten lassen und diese dann explizit als der älteren Generation zugehörig bezeichnen, wie um zu unterstreichen, daß sie gerade deswegen auf ihren Rat zählen, so in der folgenden Passage, in der Ankan Tennō dem Ōtomo no Kanamura seine Sorge darüber unterbreitet, noch keinen Thronfolger zu haben:

Der Tenno befahl Kanamura, dem Ōmuraji Ōtomo: „Obwohl ich vier Frauen geheiratet habe, habe ich bis jetzt keinen Erben. Nach zehntausend Jahren[20] wird mein Name erlöschen. Väterchen (*okina*) Ōtomo, was soll dagegen geschehen? Wann immer ich daran denke, kennt meine Besorgnis kein Ende."[21]

Bedeutung in der *Kojiki*-Version derselben Episode (KJ:281—283; vgl. S. 464) zusätzlich darin, daß er die Bedeutung dieses unerhörten Geschehens für die Zukunft ermessen kann.

[16] So etwa KJ:281, A.15, und 357, A. 135, oder Philippi 1977:320, A.6.

[17] Takeshiuchi no sukune spielt zwar in *Kojiki* wie *Nihon shoki* eine wichtige Rolle (dazu wie zu seinem hohen Alter vgl. S. 27), doch ist die Wahrscheinlichkeit, daß er jemals existiert hat, äußerst gering; viele sehen in ihm eine legendäre Gestalt, die ihre Ausprägung erst nach der Mitte des 7. Jh.s am Hof selbst oder zumindest in den Zentren der Macht erhielt, wie auch daraus zu schließen wäre, daß sein Name in den alten *Fudoki* nicht aufscheint. Die sich um ihn rankenden Legenden könnten daher von drei Grundkomponenten ausgehen: 1. einem Minister, der als besonders ergebener Staatsmann einem Herrscher zur Seite stand, 2. einem männlichen Schamanen, der am Hof als Medium diente (zu Takeshiuchi in dieser Rolle vgl. S. 464) und 3. einem besonders betagten Mann (NS I:595, A.3).

[18] Vgl. S. 163ff.

[19] ŌK:39; vgl. S. 170.

[20] Übliche Floskel für ‚nach meinem Tod'.

[21] NS II (Ankan 1.10.15):50, s.a. Aston 1956/2:28. Die Zeichen, mit denen das Wort *okina* wiedergegeben ist, bedeuten eigentlich Onkel. Die Glosse gibt die Lesung *okina*, ‚alter

Zeigen die frühen Quellen alte Menschen verhältnismäßig häufig in der Rolle von Beratern der Herrschenden, so stellt sich die Frage, ob dies zur Ausbildung einer Institution wie den Ältestenräten geführt hat, wie sie ja aus verschiedenen anderen frühen Gesellschaften bekannt sind und wie Bezeichnungen wie *rōjū* (‚alter Begleiter') für die Minister der Zentralregierung oder *tairō* (‚Ältester', ‚überaus alter Mann') für den Obersten Minister in den späteren Zeiten des japanischen Feudalismus[22] sie auch für diese frühen Epochen der japanischen Geschichte nahelegen. Natürlich dürften sowohl Takeshiuchi no sukune als auch Okime omina die Rolle von ständigen Beratern der Tenno, bei denen sie dienten, erfüllt haben. Ob diese Funktion tatsächlich in Japan während der Zeit, die uns hier beschäftigt, je in der Form eines Altenrates institutionalisiert war, läßt sich nicht eindeutig nachweisen. In den besprochenen Fällen, wo eine betagte Person als Berater einer Führungspersönlichkeit auftritt, geschieht dies zumeist auf eher zufällige Art und Weise, der oder die beratende Alte ist plötzlich da, wenn ihr Rat benötigt wird. Hinzu kommt, daß diese beratenden Alten meist, wie im Fall von Takeshiuchi no sukune und Okime omina, ihren begrenzten Einfluß auf die Führungspersönlichkeit, die ihren Rat in Anspruch nimmt, weniger ihrem fortgeschrittenen Alter verdanken als vielmehr ihrem ganz individuellen Verdienst. In der *Nihon shoki*-Version der Okime omina-Episode werden die *furuokina*, aus denen Okime dann hervortritt, allerdings als eine einzige Einheit, im Sinne einer Gruppe von Alten, die möglicherweise mehr ist als nur die Summe ihrer Individuen, vor den Herrscher gerufen.[23] Tatsächlich gibt es ein Beispiel in den frühen schriftlichen Zeugnissen, in dem alte Männer als autoritative Gruppe in der Funktion der Beratung eines Herrschers auftreten. Gemeint ist die Episode aus dem *Nihon shoki*, in der ein koreanischer Prinz von einer nicht näher definierten Gruppe alter Männer vor seinen kriegerischen Absichten gewarnt wird und durch sein Mißachten ihres Rates großes Unglück für sich selbst, seine Familie und sein Land heraufbeschwört:

Als Yoshiyau plante, Silla anzugreifen, rieten ihm die Alten (*okinadomo*) ab und sagten: „Der Himmel steht noch nicht auf deiner Seite. Ein Desaster ist zu befürchten." Yoshiyau sagte: „Ihr Alten (*okinadomo*), warum so ängstlich? Ich diene einem großen Land. Warum sollte es etwas zu befürchten geben?"
[Er dringt in Silla ein, und sein Vater, von Sehnsucht nach ihm erfüllt, folgt ihm und wird von Silla-Truppen gefaßt und getötet. Den Truppen Yoshiyaus gelingt es zwar, nach Paek-

---

Mann'. Ankan Tennō und Ōtomo no Kanamura, von dem keine Lebensdaten bekannt sind, waren nicht miteinander verwandt. „Liebevolle Anrede für Kanamura" (NS II:51, A.18).

[22] Vgl. Nakamura 1979:20.

[23] Vgl. S. 164.

che zurückkehren, doch planen die Silla-Generäle daraufhin die Vernichtung Paekches und zögern nur wegen dessen Verbündung mit Japan. Yoshiyau seinerseits ist so entsetzt über das was er angerichtet hat, daß er sich aus der Welt in die Religion zurückziehen will.] Die Minister und die Untertanen sagten darauf: „Wir haben deinen Wunsch gehört, dich von der Welt zurückzuziehen und der Religion zu leben. Ah, wessen Schuld ist es, daß nicht vorher genügend überlegt wurde und darauf so großes Unheil entstand? Koguryō und Silla haben miteinander gewetteifert, Paekche zu zerstören, seit seiner Gründung bis zum heutigen Tag. Welchem Land könnte man daher die Dynastie anvertrauen? Eigentlich sollte deinem Wunsch entsprochen werden. Hätte man den Worten der Alten (okina) Rechnung getragen, wie hätten wir dann in unsere jetzige Lage kommen sollen. Wir bitten dich, mache deine früheren Fehler wieder gut, aber ziehe dich nicht von der Welt zurück..."[24]

In dieser Episode hat die Gruppe von Alten recht deutlich im Sinne eines Altenrates am Entscheidungsfindungsprozeß des Herrschers teil. Problematisch in ihrer Interpretation hinsichtlich der oben angesprochenen Fragestellung ist sie insofern, als sie nicht in Japan selbst spielt, sondern in Korea, wenngleich der Text durchaus so formuliert ist, als hätte die darin hervorgehobene Norm, der Herrscher hätte auf den Rat hören sollen, den ihm diese Gruppe von Alten gab, auch für Japan Geltung gehabt. Überdies könnte die globale Bezeichnung okinadomo, analog zu den erwähnten jüngeren Ausdrücken rōjū und tairō, einfach ‚hohe Staatsbeamte' meinen[25], die zwar ideell, nicht aber vom kalendarischen Alter her gesehen betagt gewesen wären, sodaß die Frage nach der Existenz eines institutionalisierten Altenrates wohl nicht endgültig zu beantworten ist.

7.1.3. Betagte Männer als wichtige Staatsmänner

Aber auch ohne eine solche Institutionalisierung müssen viele der wichtigen politischen Figuren der vor-Nara-Zeit als Männer in zumindest vorgerücktem Alter gedacht werden, waren sie doch die Oberhäupter mächtiger Sippen, die durch die Verleihung von Rang- und Beamtentiteln seit dem 6. Jh. in die zentrale Verwaltung integriert waren. Die Berichte bezeichnen manchmal solche wichtigen politischen Figuren *expressis verbis* als alte Männer und beschreiben sie als ihre Macht durch die in langen Jahren gewonnene Erfahrung ausübend, so in der mythischen Periode in der Figur des Tagishi-mimi-no-mikoto sogar auf der Ebene der Tenno selbst:

[Jinmu Tennō stirbt und Kami-nunagawa-mimi (der spätere Suizei Tennō) ist gerade 48 Jahre alt.]
Sein älterer Halbbruder einer anderen Mutter, Tagishi-mimi-no-mikoto, war in fortgeschrittenem Alter (toshioite) und hatte lange Erfahrung mit den Staatsgeschäften. Deswegen

---

[24] NS II (Kinmei 15.12 und 16.8) (553–554):111, 116, s.a. Aston 1956/2:73–74, 77–78.
[25] NS II:111, A.19.

wurde er wieder mit der Führung der Geschäfte betraut, und der Tenno brachte ihm liebevolle Zuneigung entgegen. Aber dieser Prinz war von festem Willen und von Grund auf gegen Gerechtigkeit und Barmherzigkeit. Während der Trauerzeit nutzte er selbstherrlich die Macht eines Tenno und, seine Absichten verschleiernd, plante er, seine zwei jüngeren Brüder zu vernichten.
[Die beiden kommen ihm zuvor, töten ihn, und der ältere Kami-yai-mimi überläßt dem jüngeren Kami-nunagawa-mimi, den er für würdiger hält, den Thron.][26]
Ähnlich verhält es sich mit dem wichtigen Staatsmann der 1. Hälfte des 7. Jh.s, Soga no Emishi, von dem das *Nihon shoki* berichtet, wie er sich selbst in Ausübung seiner Macht als alten Mann bezeichnet:
[Zur Zeit des Streits um die Nachfolge Suiko Tennōs sendet Soga no Emishi, zu dieser Zeit Oberster Minister seinem Neffen, Prinz Yamashiro no Ōe, der sich für den von Suiko bestimmten Nachfolger hält, die folgende Botschaft:]
„Seit den Zeiten des Tenno des Palastes von Shikishima [Kinmei Tennō] bis heute, waren die Minister alle weise. Nun bin ich nicht weise, da es eine Zeit ist, in der es an Männern mangelt, stehe ich fälschlicherweise über den Ministern. Deswegen habe ich den Nachfolger noch nicht bestimmen können. Doch dies ist eine wichtige Sache, und man kann sie nicht über Mittelsmänner besprechen. Deswegen werde ich persönlich mit dir sprechen, obwohl mein Alter mir dies schwer macht (*okina itawashi to iedomo*). Dies, damit es keinen Irrtum über die letzten Anordnungen der Kaiserin geben möge, und nicht, weil ich persönlich meinen Willen durchsetzen will."[27]

Damit, daß Soga no Emishi sich selbst als alten Mann bezeichnet, dem es schwerfällt, sich zu dem jüngeren zu begeben, will er natürlich ausdrücken, daß er gegenüber seinem Neffen Yamashiro no Ōe ein älterer Würdenträger ist und damit sowohl politisch als auch innerfamiliär über ihm steht.[28]

Doch müssen wir dabei die Tatsache im Auge behalten, daß eine hohe Sterblichkeit sicherlich dazu führte, daß viele starben, bevor sie das Greisenalter erreicht hatten, und sie damit jüngeren Platz machen ließ, die so keineswegs fern jeder Macht standen. Hinzu kommt, daß diese alten Männer scheinbar nur so lange an der Macht blieben, als sie dazu sowohl die politische als auch die physische Kraft besaßen, wobei weder ihr fortgeschrittenes Alter noch die Erfahrung, die sie diesem zu verdanken hatten, sie davor bewahrten, von jüngeren verdrängt zu werden, sobald sie sie nicht

---

[26] NS I (Suizei, Vorspann):219, s.a. Aston 1956/1:138—139. Im allgemeinen kamen für die Thronfolge, die vom scheidenden Tenno oder durch Beratung der Vasallen bestimmt werden sollte, die verschiedensten Nachkommen der früheren Tenno in Frage, und vor allem in den kriegerischen Zeiten des 3.—5. Jh.s wurde sie häufig wie hier durch Gewalt entschieden und war vom Alter verhältnismäßig unabhängig. Die Rhetorik des *Nihon shoki* führt zwar manchmal das Kriterium der Seniorität an, doch fiel die Wahl häufig auf den jüngeren von zwei Kandidaten, wie in dem eben beschriebenen Fall, aber auch dem von Kenzō Tennō (NS I:516, vgl. S. 176) oder Kinmei Tennō (NS II:63—64, vgl. S. 174).

[27] NS II (Jomei, Vorspann):223—224, s.a. Aston 1956/2:162.

[28] NS II:224, A.2. Das tatsächliche Alter Emishis zu dieser Zeit ist nicht bekannt.

mehr besaßen, sei es nun auf gewaltsame oder auf unauffälligere Art und Weise. Ersteres war offenbar der Fall bei Tagishi-mimi-no-mikoto, dem ältesten Sohn Jinmu Tennōs, dem zwar einerseits aufgrund seines fortgeschrittenen Alters und der im Laufe der Zeit erworbenen Erfahrung bei den Staatsgeschäften zunächst die Macht übertragen wird, dann aber von seinem jüngeren Halbbruder dessen ungeachtet ermordet wird, was als durchaus legitime Vorgangsweise angesichts der Bedrohung, die von ihm ausgeht, dargestellt wird[29]. Weniger brutal, aber nicht weniger effektiv, wurde mit Soga no Emishi verfahren, dessen Sohn Iruka allmählich und zu dessen Lebzeiten die Macht seines Vaters soweit usurpierte, bis dieser nicht mehr in der Lage war, sich ihm bei seinen Vorhaben in den Weg zu stellen, wenngleich dies dem Sohn auch nicht bekommen sollte. Während in der *Nihon shoki*-Version dieser wesentlichen Episode der frühen japanischen Geschichte nur zwischen den Zeilen anklingt, daß der Vater Emishi wohl aus Altersgründen nicht mehr in der Lage war, seinem Sohn etwas vorzuschreiben[30], führt die Version, die das spätere *Konjaku monogatari* davon gibt, explizit Emishis Altersschwäche an, um seinen politischen Machtverlust zu erklären:

Es ist nun schon lange her, da war zur Zeit der Herrschaft der Kaiserin, die man Kōgyoku Tennō nannte, deren kaiserlicher Sohn, der spätere Tenji Tennō, Kronprinz. Zur selben Zeit gab es einen Minister, Soga no Emishi mit Namen, der seinerseits der Sohn des Ministers Umako war. Emishi hatte lange Jahre dem Staat gedient und wie er so allmählich in die Jahre gekommen war (*oi ni nozomikeru wa*), da ward sein Körper stark vom Alter gezeichnet (*mi wa rōmō ni te*), und es kam kaum mehr vor, daß er sich an den Hof begab. So kam es, daß er sich der Staatsgeschäfte annahm, indem er an seiner Statt meist seinen Sohn Iruka an den Hof schickte. Diese Situation ausnützend, lenkte Iruka die Welt nach seinem Gutdünken und führte das Reich, wie es ihm beliebte...
[Die Erzählung schildert Irukas respektloses Verhalten dem Kronprinzen gegenüber, und wie Fujiwara no Kamatari ihn schließlich töten läßt, um das Reich für das Tennogeschlecht zu retten.][31]

7.2. Seniorität und Macht im *Ritsuryō*-Staat
7.2.1. Die Nara-Zeit

Mit der Errichtung des *Ritsuryō*-Staates und der Einbindung der Adeligen in ein System von Hofrängen und -ämtern veränderte sich die Situation

---

[29] Vgl. S. 398. Die Tenno sollen den Berichten von *Kojiki* und *Nihon shoki* zufolge ihre Würde zwar bis in methusalemische Alter ausgeübt haben, vgl. S. 26, doch gehören diese Altersangaben wohl in den Bereich der Legende.

[30] NS II (Kōgyoku 1.1.15):246ff., s.a. Aston 1956/2:171, 181.

[31] KM IV (22/1):226, s.a. Frank 1968:153.

nur wenig. Auf der einen Seite führten Senioritätsregeln, die es den nunmehrigen Beamten erlaubten, die Rangleiter in dem Maße emporzusteigen, als ältere wegstarben und ihre Dienstzeit anwuchs, dazu, daß die höchsten Ämter im Staat von Männern im Alter von zumindest 45 bis 50 Jahren und wesentlich mehr besetzt waren.[32] Im allgemeinen wurde für ein Amt, das durch den Tod oder, worauf später noch näher eingegangen werden soll, den Rücktritt seines früheren Inhabers freigeworden war, eine Persönlichkeit aus den Reihen jener bestimmt, die davor das in der Hierarchie der Ämter unmittelbar darunter liegende bekleidet hatten, wodurch die Beamten damit rechnen konnten, mit fortschreitendem Alter auch immer höher aufzusteigen, sofern sich keine Veränderungen in den Machtverhältnissen ergaben und sie sich auch nichts zuschulden kommen ließen. Doch verliefen diese Karrieren nicht immer parallel und hingen gleichzeitig sehr wesentlich von ihrem Ausgangspunkt ab, der wiederum häufig weniger mit den persönlichen Verdiensten des Betreffenden oder seinem Alter als mit seiner familiären Herkunft zu tun hatte. Der Yōrō-Kodex legte fest, daß der Kandidat für eines der höchsten Ämter im Staat zunächst den dafür notwendigen Hofrang erwerben sollte und erst danach ein diesem Rang entsprechendes Amt anstreben sollte, wobei es genaue Regelungen gab, für welche Ämter ein bestimmter Rang seinen Inhaber qualifizierte. Welcher Hofrang aber einem jungen Mann ursprünglich verliehen wurde, war im wesentlichen von seiner Abstammung abhängig. Die Söhne der höchsten Würdenträger im Staat, also der Inhaber der 5. und höherer Ränge bzw. die Enkel von Inhabern des 3. Ranges hatten das Recht auf einen Hofrang, der dem ihrer Väter und den Umständen ihrer eigenen Abstammung entsprach, zum Beispiel der Sohn eines Mannes im 1. Rang und dessen Hauptfrau auf den Folgenden 5. Rang Unterstufe, der einer Nebenfrau auf den 6. Rang Oberstufe usw.[33], was sie mit einem Schlag in die Gruppe der Mächtigsten im Staat versetzte, wenn auch in die unterste Stufe in deren Hierarchie. Söhne von weniger hochstehenden Persönlichkeiten mußten sich dieses Anrecht erst durch eine entsprechende Ausbildung oder

---

[32] Die Nachfolge der Tenno war weiterhin nicht kodifiziert, und noch während der Nara-Zeit wurden Nachfolger nach den verschiedensten Gesichtspunkten ausgewählt, häufig jene, bei denen am wenigstens Erbfolgekonflikte zu erwarten waren, wodurch auch eine Reihe von Frauen auf den Thron gelangte. Das Alter bei der Thronbesteigung scheint dabei kein wesentliches Kriterium dargestellt zu haben und schwankte erheblich, lag aber auch selten unter 40 Jahren. Als von den anderen deutlich abgehobene Würde wurde die Position des Tenno nicht in die nachfolgende Diskussion einbezogen.

[33] Vgl. McCullough 1980:790—792.

einen vorbereitenden Dienst erwerben. Hinzu kommt, daß dieser für die Übernahme eines Amtes erforderliche Hofrang normalerweise erst nach Vollendung des 25. Lebenjahres verliehen werden sollte, bei den Söhnen der höchsten Würdenträger bereits mit Erreichen des 21. Lebensjahres. Daneben bestand zwar auch ein System von Verdiensträngen, die von der Herkunft verhältnismäßig unabhängig waren, doch konnte man über diesen Nebenweg erst in wesentlich fortgeschrittenerem Alter in hohe Positionen aufsteigen. Auch die Karrieren selbst verliefen nicht gleichmäßig, obwohl mit fortschreitendem Alter im allgemeinen auch mit einem Aufstieg in der Hierarchie zu rechnen war. Alle Beamten, die über bestimmte Zeiträume hinweg ihre Pflichten ordnungsgemäß erfüllt hatten, konnten je nach Position, Laufbahn und Leistung mit einer bis zu einem gewissen Grad regelmäßigen Anhebung ihres Ranges rechnen. Wenn der Beamte eine bestimmte Zahl jährlicher Beurteilungen aufzuweisen hatte, war der Zeitpunkt zur Anhebung des Ranges gekommen. Um eine Beurteilung zu bekommen, mußten die Beamten eine Mindestzahl von Arbeitstagen nachweisen. Die Benotung selber setzte sich aus einer Beurteilung des sittlichen Verhaltens und der Pflichterfüllung zusammen, die eine Note von 1 bis 9 ergab, wobei für jedes Jahr einer Dienstperiode eine Note vorhanden sein mußte und die Höhe der Rangerhebung sich aus diesen einzelnen Noten ergab. Auch hier wurde aber je nach Höhe der Beamten in der Hierarchie unterschieden, da die einzelnen Dienstperioden für niederere Beamte länger waren als für höhere; für diese letzteren betrug eine Dienstperiode zunächst 6, ab 706 4 Jahre; für niederere Beamte wie zum Beispiel die Distriktbeamten war die Dienstperiode länger, zunächst 10, dann 8 Jahre.[34] Während also ein Sohn eines hohen Würdenträgers bereits mit 21 Jahren den 5. Hofrang verliehen bekommen konnte, dessen besondere Position als des niedersten der den Großwürdenträgern gleichgestellten Personen es mit sich brachte, daß Sicherungen gegen das Eindringen von einfachen Würdenträgern vorgesehen waren, die infolge des Beförderungsmechanismus begründeten Anspruch darauf erheben konnten, war dies Männern einfacherer Herkunft, wenn überhaupt, so nur nach ausgesprochen langen Dienstzeiten möglich. So konnte etwa ein Distriktvorsteher, der den Folgenden 8. Rang Oberstufe trug, nach einer Dienstperiode von mindestens 10 Jahren maximal um 3 Stufen befördert werden und mußte somit, wenn er die 11 Stufen bis zum Folgenden 5. Rang Unterstufe überwinden wollte, 40 Jahre ununterbrochen dienstliche Höchstleistungen vollbringen, nach

---

[34] Dettmer 1972:126—133.

Kürzung dieser Fristen immerhin noch 32 Jahre.[35] Für das weitere Fortkommen von Inhabern 5. und höherer Ränge gab es denn auch nicht die formelhaften Regeln, nach denen sich eine fällige Beförderung bei den unteren Rängen errechnen ließ. Die Erhöhung dieser Ränge, mit der auch die amtliche und gesellschaftliche Stellung sowie das Einkommen stiegen, war nach Umfang und Zeitpunkt von einem nur bedingt durch Gewohnheitsrecht beeinflußten Ermessen der zuständigen Stelle abhängig.[36] Diese Großwürdenträger und die ihnen gleichgestellten Personen zählten zwar am Rande auch noch zu den Beamten, deren Führung und Leistung in den jährlichen Beurteilungen festgehalten wurden — für die Kanzler wurden keine Konduitenlisten mehr geführt; die Inhaber 3. Ränge beurteilte der Tenno selbst, die Bewertung der 4. und 5. Ränge trug man ihm vor —, aber die Höhe des ihnen zu verleihenden Ranges wurde nicht rechnerisch durch die sonst übliche Auswertung der Konduitenlisten ermittelt, sondern nach anderen Maßstäben verfügt, um auf die Gliederung der Beamtenschaft an der Spitze der Regierung unmittelbaren Einfluß ausüben zu können. Diese theoretischen Feststellungen, wonach Seniorität zwar eine wichtige Rolle für die Hierarchie innerhalb des Adels spielte, aber insbesondere in den höheren Rängen sicherlich nicht der einzige Machtfaktor war, lassen sich auch empirisch erhärten (siehe S. 404f., Tab. 3, 4, 5).[37]

Danach lag der mittlere Wert des Alters, in dem die Beamten zum hohen Amt des Ministers zur Linken aufstiegen, bei 59 Jahren (Mittelwert 56,7). Für die Minister zur Rechten, also die Stufe in der Hierarchie, die gleich darunter lag, sind die entsprechenden Werte 56 bzw. 57 Jahre, also geringfügig niedriger bzw. was den Mittelwert betrifft, sogar höher. Ähnliches gilt für das Verhältnis zwischen dem Alter bei Ernennung der Oberkabinettsräte, das durchschnittlich bei 55,8 Jahren (mittlerer Wert 55) und somit nur geringfügig unter dem der Minister zur Rechten lag. Es zeigt sich daran zweierlei: zum einen, daß in der Realität das Alter von rund 50 und knapp darüber jenes war, in dem man in die höchsten Positionen im Staat

---

[35] Dettmer 1972:17.

[36] Dettmer 1972:123.

[37] Diesen Tabellen liegen die Eintragungen des *Kugyō bunin* (KGBN:6—73) zugrunde. Die letzte Spalte gibt das Alter des Beamten zu der Zeit an, als er das entsprechende Amt niederlegte. Nachgestelltes † bedeutet, daß die Beamtung entweder durch den Tod des Beamten beendet wurde oder daß er noch im Jahr seiner Amtsniederlegung verstarb; *, daß er von diesem Amt zurücktrat, S, daß er zum Minister zur Linken, U, zum Minister zur Rechten, R zum Regenten, K zum Kanzler ernannt wurde; eines dieser Zeichen in Kombination mit *, daß er wohl von dem betreffenden Amt zurücktrat, ein anderes aber weiter ausübte; und §, daß er wegen eines Vergehens abgesetzt wurde.

aufrückte, und zum zweiten, daß Seniorität nicht unbedingt einen höheren Status in der Hierarchie bedeutete. Diese höchsten Ämter wurden von Männern ein- und derselben Generation, und zwar der ältesten noch lebenden, eingenommen, innerhalb dieses Rahmens waren aber jene, die höhere Ämter bekleideten, nicht unbedingt älter als die nachfolgenden.

Tab. 3 Minister zur Linken, 701–784, nach Alter bei Amtsantritt

Name	Lebensdaten	Amtsantritt		Amtsniederlegung	
		Jahr	Alter	Jahr	Alter
Nagayaō	684–729	724	40	729	45 †
Fujiwara Nagate	714–771	766	52	771	57 †
Fujiwara Muchimaro	680–737	737	57	737	57 †
Tachibana Moroe	684–757	743	59	756	72 *
Fujiwara Uona	721–783	781	60	782	61 §
Fujiwara Tamaro	722–783	783	61	783	61 †
Isonokami Maro	640–717	708	68	717	77 †

Alter bei Amtsantritt: mittlerer Wert 59
Mittelwert 56,7
Differenz zwischen höchstem und niedrigstem Wert 28
Variationskoeffizient 14,3

Tab. 4 Minister zur Rechten, 701–784, nach Alter bei Amtsantritt

Name	Lebensdaten	Amtsantritt		Amtsniederlegung	
		Jahr	Alter	Jahr	Alter
Nagayaō	684–729	721	37	724	40 S
Fujiwara Toyonari	703–765	749	46	765 [38]	62 †
Fujiwara Fuhito	659–720	708	49	720	61 †
Fujiwara Nagate	714–771	766	52	766	52 S
Tachibana Moroe	684–757	738	54	743	59 S
Fujiwara Muchimaro	680–737	734	54	737	57 S
Fujiwara Korekimi	727–789	783	56	789	62 †
Fujiwara Tamaro	722–783	782	60	783	61 S
Fujiwara Tsugutada	727–796	790	63	796	69 †
Isonokami Maro	640–717	704	64	708	68 S
Abe Miushi	635–703	701	66	703	68 †
Ōnakatomi Kiyomaro	702–788	772	70	781	79 *
Kibi Makibi	695–775	766	71	771	76 *

Alter bei Amtsantritt: mittlerer Wert: 56
Mittelwert: 57
Differenz zwischen höchstem und niedrigstem Wert: 34
Variationskoeffizient: 16,6

---

[38] War 757 abgesetzt worden, und 764 neuerlich in das gleiche Amt berufen worden.

Tab. 5 Oberkabinettsräte, 701–784, nach Alter bei Amtsantritt

Name	Amstantritt Jahr	Alter	Name	Amtsantritt Jahr	Alter
Nagaya no Ō	718	35	Fujiwara Korekimi	782	55
Fujiwara no Fuhito	701	42	Fujiwara Tsugutada	783	56
Fujiwara Nakamaro	749	43	Shirakabe Ō	766	57
Fujiwara Toyonari	748	44	Isonokami Maro	701	61
Fujiwara Muchimaro	729	49	Ōtomo Tabito	730	65
Fujiwara Uona	771	50	Funya Ōchi	771	67
Fujiwara Nagate	764	50	Ōnakatomi Kiyomaro	770	68
Fujiwara Matate	766	51	Ishikawa Toshitari	758	70
Isonokami Yakatsugu	780	51	Kibi Makibi	766	71
Tachibana Moroe	737	53	Kose Natemaro	749	79
Ōtomo no Miyuki	701	55			

Alter bei Amtsantritt: mittlerer Wert: 55
Mittelwert: 55,8
Differenz zwischen höchstem und niedrigstem Wert: 44
Variationskoeffizient: 19,3

Entsprechend war es denn auch Anlaß zur Bitterkeit, wenn man im Alter zwischen 40 und 50 Jahren noch nicht zu jenen Ehren und Würden aufgestiegen war, die man sich erhofft hatte. So beklagt sich Fujiwara no Umakai bitter darüber, daß sich bis ins fortgeschrittene Alter noch kein Herrscher gefunden hat, seine besonderen Qualitäten mit dem entsprechenden Amt anzuerkennen:

Der weise Mensch beklagt, daß die Jahre vergehen,
der weise Herrscher hofft, seine Tugend möge sich täglich erneuern.
König Wen Wang nahm den von der Welt zurückgezogenen Alten (*itsurō*) in seine Sänfte,
König Tang Wang fand im Traum seinen Weisen[39].
Die Vögel schlagen zwar alle mit den Flügeln, doch ihre Spannweiten sind verschieden,
nur die selbstvergessen schwimmenden Fische haben alle die gleichen Schuppen[40].
Einer mühte sich in Gefangenschaft die Musik seiner südlichen Heimat zu spielen,
im Norden verging einer im Staub der Barbaren[41].

---

[39] Wörtl. nur ‚Yin fand im Traum seinen Yi'. Gemeint ist der Begründer der Yin-Dynastie, der im Traum Yi Yin (auch Fu Yue) sah, diesen unter Arbeitern wiedererkannte und zu seinem Minister machte (KFS:154 A, KKJ 1:234).

[40] Die beiden letzten Zeilen beziehen sich jeweils auf Aussprüche des Zhuang Zhou.

[41] Diese und die vorhergehende Zeile spielen auf chinesische Erzählungen über unerschütterliche Treue und Loyalität an, gleichzeitig können sie aber auch als Klage des Autors über seinen Einsatz zuerst im Osten als General gegen die Emishi und dann im Westen als Generalgouverneur des Dazaifu betrachtet werden. Beim ersteren handelt es sich um einen Beamten, der von Feinden gefangengenommen worden war, aber weiter unverdrossen die Musik seiner Heimat spielte. Der zweite ist Su Wu, der als Botschafter zu den Barbaren

Ich bin nun gelehrt wie Dong Fangshuo
und jetzt schon älter als Zhu Maichen,
unter meine schwarzen Haare haben sich schon weiße gemischt,
und wohl umsonst bin ich zwischen meinen tausenden von Büchern arm geblieben.[42]

Von dem von Umakai als Beispiel angerufenen Zhu Maichen (Jap. Shubaishin) berichtet das *Han shu*, die offizielle chin. Geschichte der frühen Han-Zeit aus dem 1. Jh.u.Z., daß er aus armen Verhältnissen stammte und es liebte zu lesen. Seinen Lebensunterhalt verdiente er mit dem Sammeln und Verkaufen von Brennholz und während er die Bündel auf dem Rücken trug, hätte er immer gelesen. Seine Frau sei eines Tages sehr zornig darüber geworden, er aber hätte nur gelächelt und geantwortet: „Wenn ich erst 50 bin, werde ich wohlhabend sein. Jetzt bin ich erst etwas über 40." Seine Frau verließ ihn trotzdem, er aber wurde tatsächlich ein hoher Beamter und kehrte wohlhabend und in Ehren in seine Heimat zurück[43].

Fujiwara no Umakai freilich starb bereits im Alter von 43 Jahren, sollte also die von Zhu Maichen als letzten Termin für seine Karriere gesetzten 50 Jahre nie erreichen und kann demnach zur Zeit der Niederschrift seines Gedichts nicht viel über 40 Jahre alt gewesen sein. Daß er dennoch mit Zhu Maichen argumentiert, liegt natürlich einerseits am Genre der *kanshi*, in dem man mit profunden Kenntnissen der chinesischen Klassiker zu brillieren hatte, dennoch dürfte die Anspielung auf ihn doch auch in dem Sinn zu verstehen sein, daß die Vorstellung bestand, mit 40, 50 Jahren – und eher mit 40 als erst mit 50 – hätte man bereits Karriere gemacht haben müssen, sonst sei es wahrscheinlich zu spät.

Die Anspielung auf den von der Welt zurückgezogenen Alten, den Kaiser Wen Wang in seine Sänfte nahm, bezieht sich auf eine weitere Figur des chinesischen Altertums, die auch in Japan stark zu dem Bild des weisen alten Mannes beitrug, der dem Herrscher beratend zur Seite steht und einen beträchtlichen Einfluß auf ihn auszuüben vermag, Tai gong wang (Jap. Taikōbō)[44]. Dieser war ein einfacher alter Mann, den Kaiser Wen Wang der Zhou-Dynastie zu seinem Lehrer machte. Seinen Namen, der ‚auf den der Großvater wartete' bedeutet, erhielt er, weil der Großvater Kaiser Wen Wangs ihn als Weisen vorausgesehen hatte, der ins Land der Zhou kommen und die Dynastie zu voller Blüte bringen würde.

---

im Norden geschickt worden war, dort sofort gefangengenommen wurde und 19 Jahre lang, bis er weiße Haare bekam, festgehalten wurde, ohne sich jemals den Feinden zu unterwerfen (KFS:154 A).

[42] KFS (91: „Klage über das Dasein im Schatten" von Fujiwara no Umakai):154–155.

[43] KFS:468 A.

[44] Seine Geschichte wird im *Shi ji* erzählt (FFS:468 A, KKJ 1:802).

Solchen und ähnlichen Beispielen folgend kam es auch am Nara-Hof vor, daß einzelne Staatsbeamte ihrem fortgeschrittenen Alter zu Ehren in einen höheren Rang erhoben[45] oder, wenn sie zuvor in Ungnade gefallen waren oder sich eines Vergehens schuldig gemacht hatten, begnadigt und wieder in Amt und Würde eingesetzt wurden[46]. Allgemein kam den alten Hofadeligen, sofern sie auch politisch einflußreich waren, der allerhöchste Respekt zu. Wie etwa der folgende Nachruf auf Ōnakatomi no Kiyomaro zeigt, wurden bejahrte Staatsmänner für ihr fortgeschrittenes Alter besonders geschätzt, in einer Art und Weise, die durchaus an die Hochachtung erinnert, derer sich der methusalemische Takeshiuchi no sukune in früheren Zeiten erfreut hatte:

Es verstarb der frühere Minister zur Rechten im Wirklichen 2. Rang, der Asomi Ōnakatomi no Kiyomaro. [Es folgt eine Beschreibung seiner Karriere.] Kiyomaro tat Dienst an mehreren Kaiserhöfen nacheinander. Er war der Nestor des Reichs (*kuni no furuokina* oder *kyūrō*). In vielen Dingen des Hofzeremoniells und der Landesgesetze kannte er sich bestens aus. Wenn er im Amt einen Vorgang prüfte, so war er trotz seines Alters (*toshi oitari to iedomo*) gründlich und sorgsam, und es gab keine Nachlässigkeiten.[47]

7.2.2. Seniorität und Hierarchie

Gleichzeitig war aber Seniorität nicht nur in der Praxis, sondern auch prinzipiell nicht unbedingt ident mit Übergeordnetheit. So machte jener Paragraph der *Ritsuryō*, der die relative Hierarchie von Inhabern des gleichen Hofranges regelte, sie nur für die Träger des 6. Hofranges und darunter von dem jeweiligen kalendarischen Alter abhängig, während für die hö-

---

[45] Dies geht etwa aus folgender Eintragung im *Shoku Nihongi* hervor: „Der Miyatsuko Murakami no Ōtakara im Wirklichen 6. Rang Oberer Klasse wurde in den Folgenden 5. Rang Unterstufe erhoben. Dies geschah, um Ehrerbietung vor seinem hohen Alter (*toshi takaki*) zu erweisen" (SNG (Hōki 2.2.19) (771):388). Auch die politisch-religiöse Würde eines *daihosshi*, des höchsten der vier Rangtitel der buddhistischen Geistlichkeit, konnte unter Umständen aufgrund des fortgeschrittenen Alters der solcher Art geehrten Person verliehen werden: „Der Mönch Sonkyō des Tempels Matsuoyama no tera, der 101 Jahre alt war, wurde in den Palast des Tenno gebeten. Er wurde mit dem Rang eines *daihosshi* ausgezeichnet. Dies geschah, um Ehrfurcht vor seinem hohen Alter (*toshi takaki*) zu erweisen" (SNG (Tenō 2.7.21) (782):486, s.a. MOAG 43:102).

[46] Dies zeigt etwa das Beispiel des Ōtomo no Koshibi: „Es verstarb der Provinzgouverneur von Yamato im Folgenden 3. Rang, der Sukune Ōtomo no Koshibi... Er beteiligte sich am Aufstand des Jahres Shōhō 8 (756) und wurde deswegen nach Tosa verbannt. Der Tenno vergab ihm aber seine Schuld, holte ihn in die Hauptstadt zurück und verlieh ihm, weil er ein hochbetagter Mann (*kyūrō*) geworden war, den Folgenden 3. Rang" (SNG (Hōki 8.8.19) (777):436).

[47] SNG (Enryaku 7.7.28) (788):531, s.a. MOAG 43:220.

heren Ränge die Länge der Zeit seit Verleihung des Ranges maßgeblich sein sollte:

> Die verschiedenen zivilen und militärischen Beamten sowie die Inhaber eines Ranges, die aber kein Amt bekleiden, sollen bei der Ehrerweisung vor dem Tenno ihrer Rangordnung gemäß Aufstellung nehmen. Bei jenen, die den gleichen Rang innehaben, soll vom 5. Rang aufwärts die Seniorität der Verleihung des Ranges für ihre Rangordnung ausschlaggebend sein. Vom 6. Rang abwärts soll das Alter (*yowai*) ausschlaggebend sein.[48]

Die Bedeutung einer solchen Regelung für die Beamten der Zeit darf nicht unterschätzt werden, kam doch durch sie die respektive Position in der Beamtenhierarchie, die das gesellschaftliche Leben des einzelnen wesentlich bestimmte und um die man so wie für kleinste Rangerhöhungen emsig wetteiferte, anschaulich zum Ausdruck. Die Geschichte und weitere Entwicklung dieses Paragraphen, der häufigen Änderungen hinsichtlich der als ausschlaggebend zu betrachtenden Kriterien unterworfen war[49], ist

---

[48] RR (*Kushikiryō* 55 [Über die Rangordnung der Beamten]):396. Allgemein objektivierten die Hofränge, die feinste Abstufungen enthielten, den politischen Status des einzelnen Beamten und damit seine respektive Nähe oder Entfernung zum Herrscher. Während diese Statusunterschiede durch die verschiedensten Methoden, wie etwa die Kleiderordnung, die bestimmte Farben der Hofkleidung je nach dem Rang vorsah, veranschaulicht wurden, traten sie am konkretesten bei jenen Anlässen zu Tage, wenn die Beamten in einer Reihe vor dem Tenno Aufstellung nahmen, wofür dieser Paragraph die Reihenfolge bestimmt. Da die Frage der Rangordnung nicht nur für die Beamtenschaft des *Ritsuryō*-Staates von vorrangigem Interesse war, sondern auch noch nach dessen Verfall für den Hofadel, wird dieser Paragraph in den Aufzeichnungen von Hofadligen der Heian- bis zur Kamakura-Zeit immer wieder zitiert (RR:662–663, A.50).

[49] Zum ersten Mal hatte sich die Frage der Veranschaulichung der Rangordnung der Beamten wohl bereits früher, nämlich bei der Durchführung der Bestimmungen des nicht erhaltenen *Asuka-Kiyomihara-ryō*-Kodex oder *Tenmu-ryō* von 682 gestellt, als die alten Standestitel durch die beamtenstaatlichen Hofränge ersetzt wurden. Für den Berichtszeitraum ein Jahr nach dessen Inkrafttreten enthält das *Nihon shoki* eine Eintragung, die wohl Vorbereitungen für die Verleihung der Rangurkunden widerspiegelt, bei der nicht auszuschließen ist, daß damit auch die Absicht verbunden war, die Reihenfolge bei Zeremonien zu bestimmen und die somit als Vorläufer dieses Paragraphen angesehen werden könnte; sie kennt neben dem Rang nur das Alter als Kriterium der respektiven Hierarchie: „Alle Personen mit Rang wurden herbeigerufen, und die Reihenfolge ihrer Ränge sowie ihr Alter (*yowai*) bekannt gegeben" (NS II (Jitō 4.6.25) (690):502–503, s.a. Aston 1956/2:398). Die entsprechenden Bestimmungen des Taihō-Kodex sind nicht zu rekonstruieren, da Band 35 des *Ryō no shūge*, der diesen Paragraphen enthält, für eine private Aufzeichnung eines einzelnen Rechtsgelehrten gehalten wird und hier das *Koki* sowie andere ältere Kommentare fehlen. Im *Shoku Nihongi* heißt es in einer Eintragung, die in die Zeit der Gültigkeit des Taihō-Kodex fällt: „Zum ersten Mal wurde verfügt, daß die Rangordnung der Beamten gleichen Ranges vom 5. Rang aufwärts nach ihrem höheren oder niedereren Alter (*toshi no hitotonari osanaki*) festgesetzt werden sollte" (SNG (Wadō 6.4.23) (713):52, s.a. Snellen 1937:257). Nimmt man an, daß der entsprechende Paragraph des Taihō-Kodex gleich lautete wie der des Yōrō-Kodex, so hätte dies einer Gesetzesrevision entsprochen. Da aber weder die Aufsätze der Rechtsgelehrten der frühen Heian-Zeit, wie sie im *Hossō ruirin* Bd.

schwer zu rekonstruieren, doch läßt sich mit einiger Sicherheit sagen, daß nicht nur der Rang, sondern auch andere, vom kalendarischen Alter immer unabhängigere Maßstäbe wie Seniorität im Rang oder die relative Höhe des bekleideten Amtes für die Hierarchie innerhalb der hohen und höchsten Beamtenschaft entscheidender waren als das kalendarische Alter, das offenbar im Laufe der Zeit in dieser Hinsicht an Bedeutung verlor.

7.2.3. Die Heian-Zeit
7.2.3.1. Betagte Staatsmänner als Verkörperung der guten Tradition in den Staatsgeschäften

Grundsätzlich wurde auch während der Heian-Zeit an der Norm festgehalten, die höchsten Ämter im Staat seien von betagten Männern zu bekleiden.[50] Dies läßt sich einerseits aus einzelnen verstreuten Bemerkungen in der Belletristik inferieren, wie dort, wo es heißt:

Genji hatte zwar nun schon viele Jahre durchlebt (*ito itau sugushitamaedo*), doch besonders zu seinem hohen Amt wollte [sein noch immer jugendliches Aussehen] gar nicht recht passen.[51]

---

200 aufgenommen sind, noch der diesbezügliche Essay im *Seiji yōryaku* dieses System erwähnen, ist zu vermuten, daß es bald wieder aufgegeben und in den Yōrō-Gesetzen normalisiert wurde. Das *Nihon kiryaku*, Abschnitt Daidō 1.11 (807), enthält eine Passage, die auf ein System hinzudeuten scheint, dessen Prinzip von dem Paragraphen des Yōrō-Kodex insofern abweicht, als für Beamte des gleichen Hofranges offenbar die Höhe des bekleideten Amtes ausschlaggebend für die Rangordnung war, und nicht Anciennität oder Seniorität. Da die *Engishiki* eine Stelle enthalten, nach der die Rangordnung der Beamten vom 6. Rang abwärts sich nicht nach der Höhe des bekleideten Amtes richten sollte, und allgemein angenommen wird, daß diese Norm bereits in den *Kōninshiki* enthalten war, dürfte sich dies auf Beamte vom 5. Rang aufwärts bezogen haben und eine entsprechende Gesetzesrevision bereits zu einem früheren Zeitpunkt stattgefunden haben (RR:662–663, A.50).

[50] Davon ausgenommen blieb weiterhin die Position des Tenno selbst. Besonders seit der Machtergreifung durch die Fujiwara in der mittleren Heian-Zeit und der damit einhergehenden politischen Entmachtung der Tenno waren diese bei ihrer Thronbesteigung häufig noch Kinder — Ichijō etwa war erst 6, Go-Ichijō, Seiwa und Yōzei 8 —, selten aber älter als 30. Dies war gleichzeitig Ausdruck und weitere Verstärkung der Macht der Fujiwara, die so als Regenten die eigentliche Politik bestimmen konnten. Zur Frage des *insei*, der Regierung durch die etwas älteren zurückgetretenen Tenno, vgl. S. 437.

[51] GM II:253, s.a. Benl 1966a:582. Genji ist der Chronologie des Romans zufolge zu diesem Zeitpunkt in seinem 32. Lebensjahr und bekleidet das Amt eines *naidaijin*, das ihm der fiktiven Handlung zufolge deswegen verliehen worden war, weil sonst kein Ministeramt frei gewesen war. Gerade dieses Amt wurde aber, wie unten, S. 422, ausgeführt, während des 10. und frühen 11. Jh.s von verhältnismäßig jungen Männern in ähnlichen Altersstufen wie Genji hier bekleidet. Murasaki Shikibus Bemerkung ist allerdings insofern schlüssig, als das Amt Ministerstatus verlieh und Minister im allgemeinen wesentlich älter waren oder ihrem Verständnis nach zumindest älter sein hätten sollen.

Ähnliches klingt auch an, wenn im *Utsuho monogatari* die Frau des 40jährigen Kanemasa ihrem Gemahl vor Augen hält, er sei durchaus noch nicht in einem Alter, in dem ihm das Amt eines Ministers schon zustünde und brauche sich daher auch nicht übergangen zu fühlen, wenn ältere als er vor ihm in dieses Amt aufrückten:

[Kanemasa hat seiner Frau gegenüber seine Unzufriedenheit darüber geäußert, daß er bei den jährlichen Ernennungen nicht aufgerückt ist. Darauf sagt sie:]
„Warum drückst du dich nicht deutlich aus, sondern sprichst mit spitzer Zunge Böses. Hast du dich an Vergangenes erinnert, das dich verstimmt? Ist es denn nicht eine Freude, einen solchen Sohn zu haben? Dein Rücken ist noch nicht gebeugt (*koshi magaritamawazareba*), sodaß die Zeit noch kommen kann, wo du, wie die andern auch, zu Ehren und Würden kommst."[52]

Gleichzeitig sollte sich ein junger Hofadeliger aus einflußreicher Familie auch keine allzu großen Sorgen über seine Karriere machen brauchen. Getrost sollte er zuwarten können, denn, wie es der fiktive Tenno aus dem *Utsuho monogatari* zum Ausdruck bringt, mit den Jahren würde er schon ganz von selbst zu hohen Ämtern und Würden aufsteigen:

[Der Tenno spricht mit der Dame Jijūden über ihre gemeinsame Tochter, die Erste Prinzessin, weil er sie mit Nakatada vermählen will. Sie ist nicht ganz einverstanden, weil sie meint, er bekleide einen niederen Rang. Darauf sagt der Tenno:]
„Warum sollte eine Frau ihre Blütejahre unnütz verstreichen lassen? Ist kein passender Partner zur Hand, so ist es schlimm genug, doch findet man erst einen so guten Mann, warum sollte man da noch zögern. Sein niedriger Rang tut nichts zur Sache. Das liegt ja nur daran, daß er noch jung ist. Dem Vorwurf wird er sich bald entziehen. Mit der Zeit wird er anderen in nichts mehr nachstehen..."[53]

Wie sehr es einer allgemeinen Vorstellung entsprach, daß die höchsten Würdenträger im Staat Männer in zumindest fortgeschrittenem Alter sein sollten, geht auch aus der Sammelbezeichnung *oikandachime*[54], ‚alte hohe Würdenträger' hervor, die stereotyp zur Bezeichnung der höchsten Staats-

---

[52] UM II:399. Kanemasa, der in der Folge von Nakatadas Vorrücken zum General zur Rechten zum General zur Linken aufgestiegen war, aber keinen Ministerposten erhalten hatte, ist der inneren Chronologie des Romans zufolge zu diesem Zeitpunkt um die 40 Jahre alt und damit um rund 13 Jahre jünger als der von ihm beneidete frühere General zur Rechten Masayori, der zum Minister zur Rechten ernannt worden war, während der frühere Minister zur Linken Sueakira zum Großkanzler, der Minister zur Rechten Tadamasa zum Minister zur Linken aufgestiegen war. Tatsächlich sollte Kanemasa im Jahr darauf, also mit rund 41 Jahren, als durch den Tod des Großkanzlers Sueakira neue Vorrückungen fällig wurden, zum Minister zur Rechten ernannt werden, Tadamasa zum Großkanzler und Masayori zum Minister zur Linken.

[53] UM II:142, s.a. Uraki 1984:227. Nakatada ist zu diesem Zeitpunkt 22 Jahre alt.

[54] *Kandachime* dient als Sammelbezeichnung für die höchsten Würdenträger, der Regent, die Minister zur Linken und zur Rechten, die Oberkabinettsräte und Mittleren Kabinettsräte sowie die Staatsräte (NKD 3:392).

männer verwendet wurde[55]. Auch konnte es weiterhin durchaus vorkommen, daß ein betagter Höfling durch die Verleihung einer zusätzlichen Amtswürde für sein fortgeschrittenes Alter besonders geehrt wurde, wie etwa eine freilich fiktive Episode des *Utsuho monogatari* zeigt[56]. Manchmal wurden bestimmte höhere Ämter allem Anschein nach auch dann an betagte Höflinge vergeben, wenn diese bereits erkrankt waren und wenig Aussicht darauf bestand, daß sie sie lange Zeit ausüben würden, wie etwa aus jenen durchaus nicht seltenen Fällen zu erschließen ist, in denen ein Höfling nur wenige Tage vor seinem Tod noch mit einem höheren Amt betraut wurde. In diesen Fällen scheint ihre Verleihung nicht Ausdruck der Macht dieser betagten Beamten gewesen, sondern dem Wunsch entsprungen zu sein, diese vor ihrem Tod noch einmal zu ehren, ohne daß befürchtet werden mußte, daß sie zu einflußreich würden. Solche Vorrückungen dürften dann ähnlichen Motiven entsprungen sein wie etwa die postumen Rangerhöhungen. Eine solche Ernennung eines betagten Adeligen in ein hohes Amt, gar in das des Kanzlers, kurz vor seinem Tod, gewissermaßen als letzte Ehre, die dem dahinscheidenden Mann erwiesen wird, um ihm eine letzte Freude zu bereiten, zeichnet das *Eiga monogatari* im Fall von Fujiwara no Morofusa auf:

Die Krankheit des Ministers zur Rechten wurde noch schlimmer, und er litt sehr, deshalb waren alle sehr besorgt. Weil sein Zustand am 2. noch schlimmer wurde, zog seine Frau auch in den Kyōkyokuden. Am 17. des 2. Monats wurde er zum Kanzler ernannt. Das war eine große Gnade. Er war der Enkel des Murakami Tennō, Sohn des Prinzen Tomohira und der Tochter des Prinzen Tamehira, er war von unbeschreiblich hoher Stellung.[57]

Eine literarische Aufarbeitung eines solchen Vorgangs bietet das *Ochikubo monogatari*. Als der senile erkrankte Mittlere Kabinettsrat, dessen Machtlosigkeit zunächst des langen und breiten geschildert wurde, einen dahingehenden Wunsch äußert, wird er aus Mitleid zum Oberkabinettsrat ernannt, nicht weil seine Fähigkeiten so geschätzt werden oder er ein solches Prestige besitzt, sondern um ihm einen letzten Wunsch zu erfüllen:

---

[55] So zum Beispiel in einer Episode aus dem *Makura no sōshi* (MS (35):80): „[Sei Shōnagon berichtet von einer Sutrenlesung und davon, wie sie mit einigen Freundinnen versucht, trotz des Gedränges die Feier zu verlassen.] All das verursachte natürlich recht viel Lärm, und sogar die alten Würdenträger (*oikandachime*) machten sich über uns lustig, doch wir achteten einfach nicht darauf, antworteten auch nicht und bahnten uns weiter mit Gewalt unseren Weg nach draußen." Auch in einer Passage des *Genji monogatari* werden die höchsten Würdenträger im Staat mit einer Sammelbezeichnung, die auf ihr fortgeschrittenes Alter hinweist, *oitamaeru kandachimetachi*, bezeichnet (GM III:415; vgl. S. 145). Und in der Legende DNHK (2/65):133 (vgl. S. 481) wird die Figur eines hohen Würdenträgers wie selbstverständlich als alt beschrieben.

[56] UM III:529–530; vgl. S. 155.

[57] EM II:522.

Das Leiden des Mittleren Kabinettsrates wurde allmählich schlimmer, und der General war darüber zutiefst betrübt und ließ Gebete und Beschwörungen vollführen. „Wozu sollte das gut sein", sagte der *chūnagon*, „nun, da es nichts mehr gibt, was ich zu bedauern hätte, brauche ich nicht mehr am Leben zu hängen. Warum laßt Ihr nur so viel für mich beten?" Er spürte, wie er immer schwächer wurde, und so fuhr er fort: „Ich werde nun bald sterben müssen. Wenn es einen Grund gibt, warum ich gern noch etwas länger leben würde, so nur den, daß ich für mein Alter einen recht niedrigen Rang bekleide. Weit jüngere stehen nun über mir, und daß ich selbst nicht höher im Rang gestiegen bin, empfinde ich als große Schmach. Lebte ich nur noch ein ein kleines Weilchen länger, so würde ich wohl sicher, dank des Generals, befördert werden. Müßte ich aber jetzt gleich sterben, so würde man von mir sagen, es sei mein Karma gewesen, nicht zum *dainagon* aufzusteigen. Das ist alles, was ich mir jetzt noch wünsche, *dainagon* zu werden. Niemandem würde ich dann nachstehen in der Ehre, die einem im Alter (*oi no hate*), ja im Tod zuteil werden kann."
[Der General, sein Schwiegersohn, ist darüber zunächst sehr betrübt, weil im Augenblick kein *dainagon*-Posten frei ist. Um seinem Schwiegervater dennoch seinen Wunsch zu erfüllen, tritt er selbst von diesem Amt zurück.][58]

Auch verlieh das höhere Alter den Beamten weiterhin eine Art von Unantastbarkeit, die sie im Fall von Vergehen oder Ungnade zumindest vor härteren Strafen bewahrte, wie die Geschichte von jenem alten Distriktbeamten aus dem *Konjaku monogatari* zeigt, der seiner gerechten Strafe nur deswegen entgeht, weil der Provinzgouverneur davor zurückschreckt, einen so alten Mann zu züchtigen.[59]

Auch in der informellen politischen Organisation außerhalb des Hofadels und der Schicht der Provinz- und Distriktbeamten, etwa auf dörflicher Ebene, dürften einzelnen alten Männern wichtige politische Rollen zugekommen sein, wiewohl die im Rahmen dieser Untersuchung bearbeiteten Quellen wenig darüber zu berichten wissen. Immerhin zeigt das späte *Konjaku monogatari* in der folgenden Erzählung einen Mann in fortgeschrittenem Alter, der die Funktion des Dorfvorstandes auszuüben scheint, auf jeden Fall aber den Schiedspruch im Fall von Streitigkeiten zu sprechen hatte[60]:

[Ein umherwandernder Mönch ist einem Mann durch einen Wasserfall hindurch gefolgt und so in ein ihm völlig unbekanntes Dorf gelangt. Er wird dort freundlich empfangen, doch wundert er sich, warum sich mehrere Männer darum streiten, ihn bei sich behalten zu dürfen. In der Folge wird sich herausstellen, daß das Dorf alljährlich den Göttern ein Menschenopfer darbringt, und er dieses Opfer sein soll. Er enttarnt die angeblichen Götter als gewöhnliche Affen und setzt damit den Menschenopfern ein Ende.]
Auf ihrem Weg kamen immer mehr Menschen aus allen Richtungen geströmt und gesellten sich zu ihnen. Jeder einzelne fragte den Mönch, ob er nicht zu ihm nach Hause kommen wolle. Wie der Mönch sich gerade fragte, was das alles denn nur zu bedeuten haben könnte, da sagte der eine: „Regt Euch doch nicht alle so auf! Wir wollen zum Dorfvorstand gehen

---

[58] OM:208, s.a. Whitehouse und Yanagisawa 1970:222.

[59] Vgl. S. 197.

[60] Wie dies etwa Steenstrup (1991:22) allgemein als Rolle der Alten postuliert.

und er soll entscheiden, was zu geschehen hat!" Die Menschenmenge trug den Mönch mit sich fort, und so gelangten sie schließlich zu einem großen Haus. Aus diesem Haus trat nun ein betagter Greis (*toshi oitaru okina*), der sehr bedeutsam wirkte, und fragte: „Was geht hier vor?" Da sagte der Mann, der vorhin Holz auf seinen Schultern getragen hatte und dem der Mönch durch den Wasserfall gefolgt war: „Ich habe diesen Mann von Japan hierher gebracht, und nun will ihn mir dieser dort wegnehmen!", und er zeigte auf den Mann in dem hellgelben Gewand. Da sprach der betagte Greis (*kono toshi oitaru okina*): „Da gibt es gar nichts zu deuten. Jener soll ihn bekommen!" und teilte den Mönch dem ersten, der gesprochen hatte, zu. Darauf zerstreute sich die Menschenmenge wieder.[61]

Wie alte Menschen allgemein als Bewahrer der Tradition galten, traf dies in ganz besonderem Maße auch auf betagte Staatsmänner in bezug auf die Staatsangelegenheiten zu. So legte etwa Fujiwara no Morosuke im *Kujō ushōjō ikai* seinen Nachkommen nachdrücklich ans Herz, betagte Beamte nach ihren Grundsätzen für die rechte Politik zu befragen:

Wenn Ihr mit betagten Männern (*korō*) oder solchen, die im amtlichen Leben erfahren sind, zusammentrefft, so fragt sie bestimmt nach ihrem Wissen und versucht so, daraus zu lernen.[62]

Besonders beliebt war in diesem Zusammenhang die Anspielung auf die vier weisen Alten des chinesischen Altertums, Dong Yuangong (Jap. Tō Onkō), Qi Liji (Jap. Ki Riki), Xia Huanggong (Jap. Ka Kōkō) und Lu Li (Jap. Rokuri sensei). Ausführlich schildert das chin. *Shi ji*, wie diese vier bejahrten Männer aus Stolz über ihre Weisheit und angesichts der Wirren zur Zeit des Endes der Qin-Dynastie (221–206 v.u.Z.) Zuflucht in den Bergen, am Shangshan, gesucht hatten, um mit den unwürdigen Herrschern nichts zu tun haben zu müssen. Der Begründer der Han-Dynastie, Gao Zu, hätte sie allerdings sehr verehrt und sie immer wieder zu sich gerufen, sie aber hätten sich standhaft geweigert. Erst als sein Sohn sie zu kommen bat, kamen sie aus ihrem Berg hervor und legten vor dem Sohn einen Treueeid ab. Über 80 seien sie zu der Zeit schon gewesen, und Bart und Augenbrauen wären ganz weiß gewesen. Auf die Frage Gao Zus, warum sie ihm nie Folge leisten wollten, sich nun aber seinem Sohn unterworfen hätte, antworteten sie, sie hätten gehört, Gao Zus Sohn, der spätere Wen Di, sei ein ehrbarer Mann, von kindlicher Pietät und Liebe zu den Edlen erfüllt. Da seien sie gerne gekommen, ihm Untertan zu sein. So blieb dem Gao Zu nichts anderes übrig, als diesen seinen Sohn rasch zum Thronfolger zu er-

---

[61] KM IV (26/8):432, s.a. Tyler 1987:275. In völlig unpolitischem Kontext ist es in einer *Konjaku monogatari*-Legende auch ein alter Mann, der als Anführer einer Gruppe von Gespenstern auftritt, vgl. S. 467, FN 41.

[62] KUI:120, s.a. Kluge 1953:185.

nennen.⁶³ Davon, daß diese vier Weisen zu der Zeit, als sie sich Wen Di unterwarfen, schon ganz weiße Haare hatten, leitet sich auch der Name ab, unter dem sie am häufigsten Erwähnung finden, *shikō*, ,die vier Weißhaarigen'. Entsprechend betonen die japanischen *kanshi*, in denen diese vier Alten Erwähnung finden, die Alterserscheinungen, mit denen behaftet sie ihre einflußreiche Stellung an der Seite der Herrscher einnahmen. Voll der Bewunderung ruft das folgende ins *Wakan rōeishū* aufgenommene Gedicht die weißen Haare eines dieser vier Alten an, des Qi Liji, und gesellt ihm einen weiteren großen bejahrten Politiker des chinesischen Altertums zu, dem wir an anderer Stelle bereits begegnet sind, nämlich Tai Gong Wang⁶⁴, an dem ein anderes Merkmal des fortgeschrittenen Alters anschaulich gezeichnet wird, die Falten:

Als Tai Gong Wang den Herrscher traf, der zu seinem Lehrer ihn machte,
da zerfurchten der Falten so viele sein Gesicht, wie Wellen kräuselten am Teich, da er fischte,
und auch als Qi Liji dem ersten Kaiser der Han beratend zur Seite stand,
da ließ das Mondlicht am Shangshan bereits weiß erstrahlen seine Augenbrauen.⁶⁵

Anspielungen auf diese vier Alten waren nicht nur im Genre der chinesischen Gedichte äußerst beliebt, in dem derlei Zitate aus chinesischen Quellen ja zu den vorrangigsten Stilmitteln gehörten, auch die Heian-zeitliche Romanliteratur bediente sich ihrer vielfach. So verweist etwa die Kaiserin aus dem *Utsuho monogatari*, die den Sohn der Fujiwara-Tochter Nashitsubo zum Kronprinzen ernannt werden sehen will, in einem Brief an einen der betroffenen Minister, Kanemasa, darauf, daß dies seit alters her üblich sei, und ruft zur Bekräftigung ihrer Argumente das Beispiel jener vier alten Männer an, die aufgrund ihrer moralischen Integrität dafür gesorgt hatten, daß der Herrscherthron dem rechten Mann zugefallen war:

„Sollte Nakatada sich dem weiter entgegenstellen, so solltet Ihr ihn nicht länger als Euer Kind betrachten. Auch die einflußreichsten sind letzten Endes nichts wert, wenn sie ihre Eltern nicht gebührend behandeln. Gerade weil jener es verstand, sich die vier Alten (*yotari no okina*) zu Freunden zu machen, ward er zum Thronfolger ernannt. Wenn Ihr fünf wie ein einziger Mann meint: ,Seit alters her war es so. Wenn Ihr damit nicht einverstanden seid, so bleibt uns nichts anderes übrig, als uns in die Berge und Wälder zurückzuziehen; da wollten wir nicht mehr länger dem Hofe dienen! Worauf könnten wir uns dann noch verlassen?', dann könnte auch der Tenno selber sich dem nicht länger widersetzen..."⁶⁶

---

⁶³ NKD 9:472, KKJ 1:650 und SS:486, A.103. Auch das *Han shu* schildert, wie diese vier Alten sich erst dann wieder bei Hofe zeigten, als in der Person des Wen Di ein ehrbarer, sittenstrenger Mann den Thron besteigen sollte.

⁶⁴ Vgl. S. 406.

⁶⁵ WR (728):238.

⁶⁶ UM III:270.

Auch im *Genji monogatari* dient das Vorbild der Vier Alten, die als Garanten der guten Traditionen in den Staatsgeschäften erst dann, und sind sie noch so alt, wieder bereit sind, einem Herrscher zu dienen, wenn sich dieser als ehrbarer Mann erwiesen hat, als Hintergrund für die Geschichte des ehemaligen Ministers zur Linken, der zunächst, als die Dinge für Genji und seine Anhänger einen ungünstigen Lauf genommen hatten, zurückgetreten war, den Genji dann aber, als er aus der Verbannung zurückgekehrt ist und auch ein neuer Herrscher den Thron bestiegen hat, als alten Mann zum Regenten macht:

Genji schlug vor, dem ehemaligen Minister zur Linken, der von diesem Amt zurückgetreten war, das Amt des Regenten zu überlassen. Jener lehnte zunächst ab. „Ich bin damals zurückgetreten, weil ich krank war, und nun, mit zunehmendem Alter (*oi no tsumori soite*), mangelt es mir noch mehr an Weisheit." Doch auch in fremden Ländern ist es schon vorgekommen, daß Männer, die sich in verworrenen Zeiten in die Bergeinsamkeit zurückgezogen hatten, dann, als die Welt wieder zur Ruhe gekommen war, ihrem Land aufs Neue gedient hatten, ohne sich ihrer weißen Haare zu schämen (*shirogami mo hajizu*), und daß gerade diese dann ganz besonders verehrt wurden. Wenn er auch für einige Zeit seinen Rang schon aufgegeben hatte, so sollte er doch jetzt wieder in Amt und Würden treten, keiner würde ihn deswegen tadeln, so dachte man allerorts. Und da in der Tat in früheren Zeitläuften schon Ähnliches geschehen war, da konnte er sich nicht mehr länger versagen und wurde Großkanzler. Er war nun 63 Jahre alt. Aus Überdruß an der Welt hatte er sich geraume Zeit von ihr zurückgezogen, doch nun, da die alten Verhältnisse wiedergekommen waren, erblühte seine Macht von neuem, und mit ihm gelangten auch seine Söhne, die bis dahin nur eine ganz untergeordnete Rolle gespielt hatten, zu Amt und Würden.[67]

Insbesondere im Genre der *kanshi* wurden noch weitere Figuren des chinesischen Altertums besungen, die erst in fortgeschrittenem Alter eine einflußreiche Position bei Hof ausübten, und auch sie trugen zur Festigung des Bildes alter Männer als wesentliche Berater der Herrscher bei. Zum einen handelt es sich dabei um die des Shu Suntong (Jap. Shuku Sontsū), dessen Biographie das *Shi ji* 99 erzählt.[68] Bewundernd beschwört das folgende Gedicht das Bild dieser Figur herauf:

Da gelang es einem, an einem Tag vor den Wirren der Qin zu entfliehen,
doch dann an seinem Lebensabend (*bonen*) die Ehre zu haben, den drachengesichtigen Stammvater der Han zu beraten.[69]

Angesichts dieser zahlreichen aus der chinesischen Klassik überlieferten Gestalten alter Männer, die eine besondere Autorität in der Politik ausübten, und der wie bereits geschildert auch in Japan existierenden Norm,

---

[67] GM II:104, s.a. Benl 1966a:451.

[68] Er diente demnach unter den Qin, täuschte diesen vor, als ein Aufstand ausbrach, es handle sich gar nicht um eine Revolte, sondern nur um einfache Diebe, war danach geflohen und erst unter dem ersten Kaiser der Han wieder an den Hof zurückgekehrt, wo er sich außerordentliche Verdienste bei der Festigung der höfischen Sitten und ähnlichem erwarb.

[69] WR (650):216.

die höchsten Ämter seien von betagten Männern zu bekleiden, nimmt es nicht Wunder, daß dort, wo ein Adeliger trotz fortschreitendem Alter nicht ein solches Amt verliehen bekam, wie es ihm vermeintlich zugestanden wäre, dies heftig beklagt wurde. So bringt Mibu no Tadamine in dem Gedicht, das er anläßlich der bei ihm in Auftrag gegebenen Kompilation des *Kokinshū* verfaßte, eindringlich seinen Groll darüber zum Ausdruck, daß er nun dem Hof schon lange Jahre dient und im Dienst alt geworden ist, ohne dafür mit einem entsprechenden Rang und Amt belohnt worden zu sein:

...Obwohl ich einst,	...kaku wa aredomo
der strahlenden Sonne so nah,	teru hikari
als ihr Hüter dienen durfte,	chikaki mamori no
auf wessen Verleumdungen hin,	mi narishi wo
wurde ich dorthin versetzt,	tare ka wa aki no
woher der Herbst kommt;	kuru kata ni
früher selbst ein Schutzwall,	azamukiidete
bewache ich jetzt nur noch	mikaki yori
das Tor von außen	tonoe moru mi no
und kann dies beileibe	mikaki mori
nicht erhebend finden.	osaosashiku mo
Solange in der Nähe	omoezu
meines Herrschers	kokonokasane no
mich aufhalten durfte,	naka ni te wa
noch nicht einmal das Heulen	arashi no kaze mo
des Sturmes vernahm ich,	kikazariki
doch nun, da ich nur noch	ima wa noyama shi
der Wildnis nahe bin,	chikakereba
umhüllt mich	haru wa kasumi ni
im Frühling Nebel,	tanabikare
des Sommers kennt mein Klagen	natsu wa utsusemi
so wenig ein Ende wie das Zirpen	nakikurashi
der Grillen,	aki wa shigure ni
des Herbsts werden meine Ärmel	sode wo kashi
von den langen Regen durchnäßt,	fuyu wa shimo ni zo
und des Winters läßt mich	semeraruru
der Frost erschauern.	kakaru wabishiki
Wo es so traurig bestellt um mich,	mi nagara ni
wollt ich die Jahre zählen,	tsumoreru toshi wo
die sich schon angehäuft,	shiruseba
fünfmal sechs sind es da schon,	itsutsu no mutsu ni
und sollt ich bedenken,	narinikeri
daß schon zuvor	kore mo sowareru
meiner Lebensjahre viele waren,	watakushi no
wie schmerzlich,	oi no kazu sae
so alt und doch	yayokereba
so niedrigen Standes zu sein!	mi wa iyashikute
Immer so fort friste ich mein Leben	toshitakaki
nun schon so lange,	koto no kurushisa
wie sich die Lange Brücke erstreckt,	kaku shitsutsu
muß alsbald	Nagara no hashi no

unter der Flut der Falten	nagaraete
so zahllos wie die Wellen,	Naniwa no ura ni
die auf die Bucht von Naniwa rollen,	tatsu nami no
ertrinken?	nami no shiwa ni ya
Am Leben dennoch	obōren
hänge ich um alles,	sasuga ni inochi
ist mein Haupt auch schon	oshikereba
so weiß geworden,	Koshi no kuni naru
wie der Gipfel des Weißen Berges	Shirayama no
im Lande Koshi,	kashira wa shiroku
so dem Murmeln	narinu to mo
des Otowa-Wasserfalls,	Otowa no taki no
der da ein Elixier verspricht,	oto ni kiku
nicht zu altern, nicht zu sterben,	oizu shinazu no
Glauben will ich schenken:	kusuri mo ga
Euch, mein Fürst, auf ewiglich	kimi ga yachiyo wo
wieder jung werden mitanzusehen!	wakaetsutsu min[70]

Immerhin konnte man sich auch über die Frustration, trotz fortgeschrittenen Alters nicht zu den ersehnten Würden gelangt zu sein, mit einem den chinesischen Klassikern entlehnten Beispiel hinwegtrösten, dem des Yan Si (Jap. Ganshi). Von diesem wird in den Kommentaren zum *Wen xuan* erzählt, er sei unter Wen di Hofbeamter geworden und hätte zur Zeit Wu Dis noch immer, bereits weißhaarig, im selben Amt gedient und sei deswegen von diesem verachtet worden; darauf hätte sich Yan Si mit den Worten gerechtfertigt, Wen Di habe die Literatur geliebt, während er, Yan Si, sich nur aufs Militärische verstand, Jing Di dann habe die Schönheit geliebt, während er das Unglück hatte, häßlich zu sein, und nun erginge es ihm erst recht wieder schlecht, weil der jetzige Herrscher, Wu Di, die Jugend liebe und er inzwischen alt geworden sei.[71] Diesen Yan Si beschwört ein Gedicht des *Wakan rōeishū* herauf, um der gleichen Frustration seines Autors Ausdruck zu verleihen:

Bin zwar noch jünger als Yan Si, habe dennoch drei Herrschern gedient, ohne ihr Lob zu erhalten,
so ist mein Groll wie jener Bo Luans, der nach einem Leben fernab seine fünf Elegien vor den Toren der Hauptstadt sang.[72]

---

[70] KKS (17/1003):309—310, s.a. Rodd und Henkenius 1984:342—344. Ähnlich kann auch Nakao no Ō nur beklagen, daß er im Dienst alt geworden ist, ohne daß sich sein Einfluß auf den Herrscher dadurch vermehrt hätte: „Zehn Jahre der Reisen unter der gnädigen, friedvollen Herrschaft haben alt mich werden lassen,/ tausend Meilen zur See legt' ich zurück bis zur Kaiserstadt,/ doch nicht gelangt ich durch die neun Tore bis zur Audienz,/ hör' vom Zimmer, in dem ich ruhe, den Kuckuck vorm Fenster schreien" (BSS (1/31):222).

[71] WR:246 A.

[72] WR (759):246. Von Minamoto no Masamichi.

7.2.3.2. Zunehmende Altersindifferenz bei der Vergabe hoher und höchster Ämter

Auch dürfte es in der Heian-Zeit mehr und mehr Anlaß zu derlei Klagen gegeben haben. Grundsätzlich blieben zwar die die Anciennität berücksichtigenden Regeln, die in den *Ritsuryō* für die Bestellung der Kandidaten für die hohen und höchsten Ämter im Staat aufgestellt worden waren, in Kraft.[73] Doch wurden sie seit der mittleren Heian-Zeit immer weniger strikt eingehalten. War es in der Nara-Zeit üblich gewesen, den Söhnen der höchsten Würdenträger Hofränge frühestens ab dem 21. Lebensjahr, aber unter Umständen auch erst später, zu verleihen, so kam es in der Heian-Zeit immer häufiger vor, daß die späteren *kugyō* und *tenjōbito* bereits mit um die 15, manchmal sogar noch früher, mit zehn, elf Jahren, ihre Anfangsränge erhielten. So wurden zum Beispiel Michitaka, Michikane und Michinaga, die Söhne des Regenten Fujiwara no Kaneie, bereits mit 14 mit dem Folgenden 5. Rang Unterstufe bedacht; Michitsuna, deren Halbbruder, erhielt den gleichen Rang, als er 15 Jahre alt geworden war, und Yorimichi, der älteste Sohn Michinagas mit seiner Hauptfrau, gar im zarten Alter von 11 Jahren[74]. Dies führte natürlich gleichzeitig auch dazu, daß auch die respektiven Alter dieser früh mit einem Hofrang Bedachten bei deren darauffolgenden Vorrückungen entsprechend sanken.

Gleichzeitig gestaltete sich der Verlauf der einzelnen Karrieren immer uneinheitlicher, vor allem aufgrund der Machtfülle einzelner Fujiwara, die eine immer stärkere Neigung zeigten, ihre eigenen Söhne ohne Rücksicht auf die Gepflogenheiten immer schneller vorrücken zu lassen. Während etwa Fujiwara no Sanesuke, der Erbe eines früheren Regenten, unter der Vorherrschaft von Fujiwara no Kaneie und seiner Söhne sechs Jahre lang

---

[73] Darüber hinaus entwickelten sich bis zur ausgehenden Kamakura-Zeit anscheinend auf Anciennität beruhende Normen zum Beförderungsmodus auch der Inhaber 5. und höherer Ränge. Z.B. sollte ein *shōnagon* nach drei Jahren den Folgenden 5. Rang Oberstufe erhalten, nach weiteren fünf Jahren den Richtigen 5. Rang Unterstufe, und nach abermals drei Jahren den Folgenden 4. Rang Unterstufe. Daß sich inzwischen aus Privilegien und Dienstalter ein verwirrendes Knäuel von bis zu einem gewissen Grad ‚ersitzbaren' Ansprüchen auf die Erhebung in den 5. Rang und darüber ergeben hatte, geht auch daraus hervor, daß die jüngeren Regelbücher zum Hofzeremoniell wie *Saigūki* (1. Viertel des 10. Jh.s), *Hokuzanshō* (frühes 11. Jh.) und *Gōke shidai* (1111) für die Zeremonie der Rangverleihung erwähnen, daß im Sitzungsprotokoll der Grund der Verleihung in einem Nachsatz erläutert wurde, sofern er eben nicht im Dienstalter (*nenrō*) lag, die Ernennung nicht nach der Anciennität (*junshaku*) erfolgte, sondern auf besondere Privilegien zurückzuführen war (Dettmer 1972:114, 116–117).

[74] McCullough 1980:794.

sangi blieb, weitere sechs Jahre *chūnagon* und danach ganze 20 Jahre *dainagon*, sodaß er erst im Alter von 64 Jahren in den Status eines Ministers zur Rechten aufrückte, war Fujiwara no Korechika bereits mit 18 *sangi*, noch im gleichen Jahr außerordentlicher *chūnagon*, ein weiteres Jahr später *dainagon* und zwei Jahre darauf *naidaijin*. Eine noch deutlichere Sprache spricht der Vergleich der Karrieren des Fujiwara no Kintō, eines anderen Sohnes eines ehemaligen Regenten, und des Fujiwara no Yorimichi, des Sohnes von Michinaga. Während der erste unter der Herrschaft Michinagas so lange im Amt eines *dainagon* ausharren mußte, nämlich von 1009 bis 1024, bis er schließlich aus Überdruß 58jährig zurücktrat und Mönch wurde, stieg Yorimichi im Alter von 17 Jahren zum außerordentlichen *chūnagon* auf, zum außerordentlichen *dainagon* mit 21, zum *naidaijin* und Regenten mit 25, bevor er endlich mit 29 Jahren zum bis dahin bei weitem jüngsten Minister zur Linken aufstieg.[75]

Dieser zunächst nur exemplarisch anhand weniger Beispiele dokumentierte Vormarsch der jungen und immer jüngeren in die höchsten Ämter zeigt sich auch, wenn man Aufstellungen der Minister zur Linken und zur Rechten nach ihrem Alter bei Amtsantritt während der Nara- und der Heian-Zeit, insbesondere seit der Monopolisierung der Macht durch die Familie Fujiwara (etwa ab 866), betrachtet (Tab. 6 und 7, S. 420f.).

Daß sowohl das durchschnittliche Alter bei Amtsantritt der Minister zur Linken als auch der mittlere Wert in der späteren Heian-Zeit gegenüber der Nara-Zeit, wo sie 56,6 bzw. 59 Jahre betragen hatten, um an die 8 bzw. 10 Jahre gesunken waren, zeigt, um wieviel sich die Chancen, in dieses hohe Amt aufzusteigen, für die jüngeren verbessert hatten.[76] Gleichzeitig weist der hohe Unterschied von 60 Jahren, also von mehr als zwei, fast drei Generationen, zwischen dem jüngsten und dem ältesten Minister zur Linken während der späteren Heian-Zeit gegenüber nur 28, also rund einer Generation, während der Nara-Zeit, auf die zunehmende Altersindifferenz bei der Vergabe dieses Amtes hin. Dies wird auch bei einem Ver-

---

[75] McCullough 1980:826.

[76] Zu Vergleichszwecken wurden die Zahlen für die Minister der frühen Heian-Zeit (784–866) hier nicht einbezogen, da das Alter bei Amtsantritt dieser Gruppe durchschnittlich zwischen den Werten der Nara-Zeit und denen der späten Heian-Zeit lag und die Unterschiede nur in milderer Form zu Tage treten ließen. Da sich die politische Situation von der ausgehenden Nara-Zeit bis zur frühen Heian-Zeit kaum verändert hatte, würde es sich für den hier angestellten Vergleich darüber hinaus eher angeboten haben, Daten für diese Personengruppe zu denen der Nara-Zeit zuzurechnen. Dadurch ergeben sich für die Periode des frühen Absolutismus Mittelwerte von 53 Jahren (mittlerer Wert: 57) für das Alter bei Amtsantritt der Minister zur Linken und von 53,5 für jenes der Minister zur Rechten. Auch gegenüber diesen Zahlen fällt das Alter bei Amtsantritt in der späteren Heian-Zeit.

Tab. 6 Minister zur Linken, Periode des späten Absolutismus, nach Alter bei Amtsantritt

Name	Lebensdaten	Amtsantritt		Amtsniederlegung	
		Jahr	Alter	Jahr	Alter
Fujiwara Motozane	1143—1166	1160	17	1164	21 R
Fujiwara Motofusa	1144—1230	1164	20	1166	22 R
Fujiwara Tadamichi	1097—1164	1122	25	1128	31 K
Fujiwara Morozane	1042—1101	1069	27	1083	41 *K
Fujiwara Tokihira	871—909	899	28	909	38 †
Fujiwara Yorimichi	992—1074	1021	29	1060	68 *
Fujiwara Yorinaga	1120—1156	1149	29	1156	36 †
Fujiwara Michinaga	966—1027	996	30	1016	50 *
Minamoto Arihito	1103—1147	1196	33	1147	44 *†
Fujiwara Tadahira	880—949	924	44	936	56 K
Fujiwara Tsunemune	1119—1189	1166	47	1189	70 *
Fujiwara Saneyori	900—970	947	47	967	67 K
Minamoto Toshifusa	1035—1121	1083	48	1121	86 *†
Fujiwara Morotada	920—969	969	49	969	49 †
Minamoto Tōru	822—895	872	50	895	73 †
Minamoto Takaakira	914—982	967	53	969	55 †
Minamoto Kaneakira	914—987	971	57	977	63 §
Minamoto Masanobu	920—993	978	58	993	73 †
Fujiwara Saneyoshi?	1096—1157	1156	60	1157	61 †
Fujiwara Nakahira	875—945	937	62	945	70 †
Fujiwara Norimichi	996—1075	1060	64	1069	73 *
Fujiwara Koremichi	1093—1165	1157	64	1160	67 K
Fujiwara Ietada	1062—1136	1131	69	1136	74 †
Minamoto Shigenobu	922—995	994	72	995	73 †
Fujiwara Akimitsu	944—1021	1017	73	1021	77 †
Fujiwara Yoshiyo	823—900	896	73	896	73 *
Fujiwara Arihira	892—970	970	78	970	78 †

Alter bei Amtsantritt: mittlerer Wert: 49
Mittelwert: 48,4
Differenz zwischen höchstem und niedrigstem Wert: 60
Variationskoeffizient: 37

Tab. 7 Minister zur Rechten, Periode des späten Absolutismus, nach Alter bei Amtsantritt

Name	Lebensdaten	Amtsantritt		Amtsniederlegung	
		Jahr	Alter	Jahr	Alter
Fujiwara Motozane	1143—1166	1157	14	1160	17 S
Fujiwara Motofusa	1144—1230	1161	17	1164	20 S
Fujiwara Kanezane	1148—1207	1166	18	1186	38 R
Fujiwara Tadazane	1078—1162	1100	22	1112	34 K
Fujiwara Morozane	1042—1101	1065	23	1069	27 S
Minamoto Arihito	1103—1147	1131	28	1136	33 S

Altersindifferenz bei der Vergabe der Ämter in der Heian-Zeit 421

Fujiwara Michinaga	966—1027	995	29	996	30	S
Fujiwara Michikane	961—995	994	33	995	34	†
Fujiwara Tadahira	880—949	914	34	924	44	S
Fujiwara Mototsune	836—891	872	36	880	44	K
Fujiwara Morosuke	908—960	947	39	960	52	†
Fujiwara Saneyori	900—970	944	44	947	47	S
Fujiwara Tamemitsu	942—992	986	44	991	49	K
Fujiwara Tsunemune	1119—1189	1164	45	1166	47	S
Fujiwara Kinyoshi?	1115—1161	1160	45	1161	46	†
Fujiwara Koremasa	924—972	970	46	971	47	K
Minamoto Akifusa	1026—1094	1083	47	1094	57	†
Minamoto Toshifusa	1035—1121	1082	47	1083	48	S
Fujiwara Morotada	920—969	967	47	969	49	S
Fujiwara Yoritada	924—989	971	47	977	53	S
Fujiwara Kaneie	929—990	978	49	986	57	R
Minamoto Masaru	831—888	882	51	888	57	†
Fujiwara Norimichi	996—1075	1047	51	1060	64	S
Fujiwara Sadakata	873—932	924	51	932	59	†
Minamoto Yoshiari	845—897	896	51	897	52	†
Fujiwara Akimitsu	944—1021	996	52	1017	73	S
Minamoto Takaakira	914—982	966	52	967	53	S
Sugawara Michizane	845—903	899	54	901	56	§
Minamoto Masasada	1094—1162	1150	56	1154	60	*
Minamoto Masazane	1059—1127	1115	56	1122	63	K
Minamoto Hikaru	845—913	901	56	913	68	†
Minamoto Masanobu	920—993	977	57	978	58	S
Fujiwara Nakahira	875—945	933	58	937	62	S
Fujiwara Tsunesuke	879—938	937	58	938	59	†
Minamoto Morofusa	1010—1077	1069	59	1077	67	†
Fujiwara Ietada	1062—1136	1122	60	1131	67	S
Fujiwara Kinsue	956—1029	1017	61	1021	65	K
Fujiwara Toshiie	1019—1082	1080	61	1082	62	†
Fujiwara Ujimune	808—872	870	62	872	64	†
Fujiwara Akitada	898—965	960	62	965	67	†
Fujiwara Sanesuke	957—1046	1021	64	1046	89	†
Fujiwara Yorimune	993—1065	1060	67	1065	72	†
Fujiwara Yoshiyo	823—900	891	68	896	73	S
Minamoto Shigenobu	922—995	991	69	994	72	†
Fujiwara Saneyuki	1080—1160	1149	69	1150	70	K
Fujiwara Munetada	1062—1141	1136	74	1138	76	*
Fujiwara Arihira	892—970	969	77	970	78	S
Fujiwara Munesuke	1077—1162	1156	79	1157	80	K

Alter bei Amtsantritt: mittlerer Wert: 51,5
                                 Mittelwert: 49,7
                                 Differenz zwischen höchstem und niedrigstem Wert: 65
                                 Variationskoeffizient: 31,1

gleich der Streuung des Alters bei Amtsantritt deutlich. Hatten die Minister zur Linken der Nara-Zeit in bezug auf dieses Kriterium mit einem Variationskoeffizienten von 14,3 noch eine relativ homogene Gruppe dargestellt, ist die gleiche Zahl für die spätere Heian-Zeit mit 37 rund doppelt so hoch.

Ähnliches ist auch bei den Ministern zur Rechten (*udaijin*) festzustellen. Auch hier sank der mittlere Wert des Alters bei Amtsantritt von 56 Jahren in der Nara-Zeit auf 51,5 deutlich, mehr noch das durchschnittliche Alter, das nur mehr 49,7 Jahre betrug gegenüber 57 in der Nara-Zeit.

McCulloughs Feststellung, das Alter des typischen *udaijin* und *sadaijin* sei bei 50 bis 70 Jahren und darüber gelegen[77], muß daher dahingehend relativiert werden, daß von den 27 Ministern zur Linken (48 Ministern zur Rechten) der späteren Heian-Zeit immerhin 14 (21), also mehr als die Hälfte (mehr als ein Drittel für die Minister zur Rechten), mit weniger als 50 Jahren in dieses Amt aufgestiegen waren, davon 8 (7), also fast ein Drittel (1/7), sogar mit 30 und weniger, was in der Nara-Zeit überhaupt nicht der Fall gewesen war.

Bezeichnend für diesen Vormarsch der jüngeren ist auch die Tatsache, daß das in den Gesetzestexten nicht fixierte, ursprünglich im 8. Jh. geschaffene Amt des *naidaijin* im Rahmen seiner Revitalisierung durch Fujiwara no Kaneie dergestalt umgewandelt wurde, daß es zu einer Art ‚Übergangsposten' für die jungen Söhne einflußreicher politischer Persönlichkeiten wurde, die dadurch, ohne sofort zu einem der drei höchsten Ministerämter aufzusteigen, doch Ministerstatus erhalten konnten[78]. Entsprechend lag das durchschnittliche Alter der *naidaijin* bei Amtsantritt während der Heian-Zeit mit 39,8 Jahren (mittlerer Wert 41) relativ niedrig und bei weitem unter dem der übrigen Minister (siehe Tab.8).

Eine Domäne, die auch während der Heian-Zeit den älteren Mitgliedern des Hofadels vorbehalten blieb, war hingegen das Amt des Kanzlers. Der Yōrō-Kodex hatte eine deutliche Trennung zwischen diesem und den anderen Ministern gezogen; sein Amt sollte unbesetzt bleiben, so lange es niemanden gab, den sein hervorragender Charakter und seine moralische Lauterkeit dafür qualifizierten, allen anderen Hofbeamten, ja sogar dem Herrscher selber, als Vorbild zu dienen. In der Heian-Zeit veränderte sich dieser Wesenszug des Amtes zwar insofern, als auch hierfür nun die Stellung des potentiellen Anwärters auf dieses Amt innerhalb der Familie Fuji-

---

[77] McCullough 1980:798.

[78] Ebda.

Tab. 8 Naidaijin, Heian-Zeit, nach Alter bei Amtsantritt

Name	Lebensdaten	Amtsantritt		Amtsniederlegung		
		Jahr	Alter	Jahr	Alter	
Fujiwara Yorinaga	1120–1156	1136	16	1149	29	S
Fujiwara Motofusa	1144–1230	1160	16	1169	17	U
Fujiwara Kanezane	1148–1207	1164	16	1166	18	U
Fujiwara Tadamichi	1097–1164	1115	18	1122	25	R
Fujiwara Morozane	1042–1101	1060	18	1065	23	U
Minamoto Arihito	1103–1147	1122	19	1131	28	U
Fujiwara Korechika	974–1010	994	20	996	22	§
Fujiwara Moromichi	1062–1099	1083	21	1099	37	*
Fujiwara Yorimichi	992–1074	1017	25	1021	29	S
Fujiwara Norimichi	996–1075	1021	25	1047	51	U
Fujiwara Michikane	961–995	991	30	994	33	U
Fujiwara Michitaka	953–995	989	36	991	38	R
Fujiwara Kinsue	956–1029	997	41	1017	61	U
Minamoto Masazane	1059–1127	1100	41	1115	56	U
Fujiwara Kanemichi	925–977	972	47	974	49	K
Fujiwara Nobunaga	1022–1094	1069	47	1080	58	K
Fujiwara Kinnori	1103–1160	1157	54	1160	57	†
Fujiwara Saneyoshi	1096–1157	1150	54	1156	60	§
Fujiwara Yorimune	993–1065	1047	54	1060	67	U
Minamoto Masasada	1094–1162	1149	55	1150	56	U
Minamoto Morofusa	1010–1077	1065	55	1069	59	U
Fujiwara Yoshinaga?	1022–1082	1080	58	1082	60	†
Fujiwara Takafuji	838–900	900	62	900	62	†
Fujiwara Koremichi	1093–1165	1156	63	1157	64	S
Fujiwara Munetada	1064–1138	1131	67	1136	72	U
Fujiwara Muneyoshi	1085–1180	1161	76	1164	79	*

Alter bei Amtsantritt: mittlerer Wert: 41
Mittelwert: 39,8
Differenz zwischen höchstem und niedrigstem Wert: 60
Variationskoeffizient: 46

wara ausschlaggebend wurde.[79] Doch wurden immerhin nur solche Persönlichkeiten ausgewählt, die sich zumindest durch ihr reifes Alter auszeichneten. Während es für die anderen höchsten Ämter im Staat möglich geworden war, bereits mit weniger als 30 Jahren bis zu ihnen aufzusteigen, stellten während der ganzen Heian-Zeit ausschließlich zumindest über 30-jährige, meist aber über 40jährige die *dajō daijin*, und auch das durch

---

[79] McCullough 1980:797–798.

schnittliche Alter bei Amtsantritt lag mit 55,8 recht hoch. Dies stellt unter Beweis, wie in der Heian-Zeit an der Norm, die höchsten Ämter im Staat seien von Männern in fortgeschrittenem Alter auszufüllen, zumindest für dieses repräsentativste, wenn auch nicht mit der größten Machtbefugnis ausgestattete Amt festgehalten wurde (siehe Tab. 9).

Tab. 9 Kanzler, Heian-Zeit, nach Alter bei Amtsantritt

Name	Lebensdaten	Amtsantritt		Amtsniederlegung	
		Jahr	Alter	Jahr	Alter
Fujiwara Tadamichi	1097–1164	1128	31 [80]	1129	32*R
Fujiwara Tadazane	1078–1162	1112	34	1113	35 *
Fujiwara Mototsune	836–891	880	44	891	55 †
Fujiwara Morozane	1042–1101	1088	46	1089	47*R
Fujiwara Koremasa	924–972	971	47	972	48 †
Fujiwara Tamemitsu	942–992	991	49	992	50 †
Fujiwara Kanemichi	925–977	974	49	977	52 †
Fujiwara Michinaga	966–1027	1017	51	1018	52 *
Fujiwara Yoshifusa	804–872	857	53	872	68 †
Fujiwara Yoritada	924–989	978	54	989	65 †
Fujiwara Tadahira	880–949	936	56	949	69 †
Fujiwara Nobunaga	1022–1094	1080	58	1088	66 *
Fujiwara Kaneie	929–990	989	60	990	61 †
Fujiwara Kinsue	959–1029	1021	62	1029	70 †
Minamoto Masazane	1059–1127	1122	63	1124	65 *
Fujiwara Saneyori	900–970	967	67	970	70 †
Fujiwara Yorimichi	992–1074	1061	69	1062	70 *
Fujiwara Saneyuki	1080–1160	1150	70	1157	77 *
Fujiwara Norimichi	996–1075	1070	74	1071	75 *
Fujiwara Munesuke	1077–1162	1157	80	1160	83 *

Alter bei Amtsantritt: mittlerer Wert: 55
Mittelwert: 55,8
Variationskoeffizient: 22,2
Differenz zwischen höchstem und niedrigstem Wert: 49

Kennzeichnend für das erwähnte Abdrängen der älteren Adeligen in repräsentative Ämter, während die eigentliche Macht in den Händen jüngerer lag, ist auch die Tatsache, daß die Regenten, die als oberste Zensoren im 10. und 11. Jh. die eigentliche Macht im Staat ausübten, im Durchschnitt um einiges jünger waren als die Minister (siehe Tab. 10).[81]

---

[80] Tadamichi wurde 1149 52jährig nochmals zum Kanzler bestellt und trat ein Jahr darauf zurück.

[81] Die Bezeichnung Regent wird hier für zwei wesensmäßig ursprünglich verschiedene Ämter verwendet, das des *sesshō*, des Regenten für einen noch nicht volljährigen Tenno, und das des *kanpaku*, des Regenten für einen offiziell großjährigen Tenno, ein Amt, das

Tab. 10 Regenten, Heian-Zeit, nach Alter bei Amtsantritt

Name	Lebensdaten	Amtsantritt		Amtsniederlegung	
		Jahr	Alter	Jahr	Alter
Fujiwara Motozane	1143–1166	1158	15	1166	23 †
Fujiwara Motofusa	1144–1230	1166	22	1179	35 *
Fujiwara Tadamichi	1097–1164	1121	24	1158	61 *
Fujiwara Yorimichi	992–1074	1017	25	1068	76 *
Fujiwara Tadazane	1078–1162	1105	27	1121	43 *
Fujiwara Moromichi	1062–1099	1094	32	1099	37 †
Fujiwara Morozane	1042–1101	1075	33	1094	52 *
Fujiwara Michikane	961–995	995	34	995	34 †
Fujiwara Mototsune	836–891	872	36	890	54 *
Fujiwara Michitaka	953–995	990	37	995	42 †
Fujiwara Koremasa	924–972	970	46	972	48 †
Fujiwara Kanemichi	925–977	972	47	977	52 †
Fujiwara Michinaga	966–1027	1015	49	1017	51 K
Fujiwara Yoritada	924–989	977	53	986	62*K
Fujiwara Yoshifusa	804–872	858	54	872	68 †
Fujiwara Tadahira	880–949	936	56	949	69 †
Fujiwara Kaneie	929–990	986	57	990	61 †
Fujiwara Saneyori	900–970	967	67	970	70 †
Fujiwara Norimichi	996–1075	1068	72	1075	79 †

Alter bei Amtsantritt: mittlerer Wert: 37
Mittelwert: 41,7
Differenz zwischen höchstem und niedrigstem Wert: 57
Variationskoeffizient: 39,9

Der angesprochene unregelmäßige Verlauf der Karrieren, der auch innerhalb der vom Rest der Bevölkerung abgehobenen kleinen Schicht des Hofadels dazu führte, daß weder Anciennität noch Seniorität wirkliche Garanten für einen Vorrang bei etwaigen Vorrückungen waren, war auch für die Zeitgenossen offensichtlich genug, um sich in der Belletristik deutlich widerzuspiegeln, so zum Beispiel im *Ochikubo monogatari*, in dem der Vater der Heldin, obgleich in fortgeschrittenem Alter und trotz seiner hohen Position als Mittlerer Kabinettsrat sowie seinem diesem entsprechenden hohen Rang, dem 3., sich und seiner Frau eingestehen muß, daß er gegen den Mittleren Kommandeur nichts vermag, der zwar um vieles jünger ist

---

erst im Laufe des 9. und 10. Jh.s dadurch entstanden war, daß einzelne Fujiwara-Kanzler sich das Recht auf Vorzensur aller Regierungsentscheide von den Tennōs einräumen ließen, welches sie dann als *kanpaku* ausübten. Dies scheint deswegen gerechtfertigt, da aufgrund der Machtfülle des Hauses Fujiwara im 10. und 11. Jh. das jeweilige Oberhaupt dieser Familie als *sesshō* oder *kanpaku* die eigentliche Regierungsgewalt ausübte, wobei der gleiche Mann, der zunächst unter Umständen *sesshō* gewesen war, nach der Volljährigkeit des Tenno dann als *kanpaku* bezeichnet wurde.

als er selbst und auch ein niedrigeres Amt und einen niedrigeren Rang, den Folgenden 4. Unterstufe, bekleidet, dafür aber der Sohn des Ministers zur Linken ist. Verhältnismäßig leidenschaftslos läßt ihn der Autor erwähnen, jener würde ja wohl bald zum Minister ernannt werden, und das obwohl er selbst nicht nur dienstälter ist, sondern auch ein höheres Amt bekleidet und somit prinzipiell einem Ministeramt wesentlich näher steht als sein Gegenspieler:

[Ochikubos Gemahl hat ihre Stiefmutter und deren Gefolgschaft bei einer Pilgerfahrt aus Rache in arge Verlegenheit gebracht und sie gedemütigt und lächerlich gemacht.]
Als sie nach Hause zurückkehrte, erzählte sie diese Vorfälle ihrem Mann, dem Mittleren Kabinettsrat. „Hat denn der Sohn des Generals, der Mittlere Kommandeur, irgendetwas gegen Euch?", fragte sie ihn.
„Nein, bei Hof behandelt er mich immer äußerst zuvorkommend", antwortete er.
„Das ist wirklich merkwürdig. So etwas Unerhörtes ist mir noch nie im Leben passiert. Was er uns ausrichten ließ, als wir den Tempel verlassen wollten! Irgendwie muß ich ihm das heimzahlen", sagte sie empört.
„Ich werde allmählich ziemlich verkalkt (*oishirete*), und mein Gedächtnis läßt nach. Aber jener soll bald Minister werden, und es wird schwer sein, ihm irgendetwas heimzuzahlen. Er muß seine Gründe gehabt haben! Meiner Frau und meinen Kindern, die doch hochstehende Personen sind, so eine Schmach zuzufügen!", sagte der Mittlere Kabinettsrat und schnippte betrübt mit den Fingern.[82]

Später sollte das *Konjaku monogatari* in den Personen des Fujiwara no Tokihira und seines Onkels, des alten Oberkabinettsrates Kunitsune, einen jungen einflußreichen Hofadeligen und einen wesentlich älteren, aber dennoch unterlegenen Gegenspieler zu dessen Nachteil gegenüberstellen und sich genüßlich darüber verbreitern, wie groß die Freude des alten Mannes über einen offiziellen Neujahrsbesuch seines natürlich wesentlich jüngeren Neffen war, der aber dank der Protektion durch seinen Vater, den Regenten Mototsune, als Minister zur Linken in der Hierarchie weit über ihm stand, und wie sehr er sich durch die ihm so zuteil gewordene Ehre geschmeichelt und geehrt fühlte, was umso pikanter ist, als der Besuch ja nur dazu dient, seine junge Frau zu entführen[83]. So scheint die immer mehr um sich greifende Gewohnheit der einflußreichen Staatsmänner, ihre Söhne so sehr zu bevorzugen, daß diese bereits sehr jung zu hohen und immer höheren Ämtern aufstiegen, Kritik von seiten der auf diese Weise benachteiligten auf den Plan gerufen zu haben. Während sich diese Kritik natürlich schon allein aus deren dadurch frustrierten politischen Ambitionen erklären läßt, scheint sie auch dadurch hervorgerufen worden zu sein, daß dadurch gegen das Senioritätsprinzip der Gesetze und gegen die Norm verstoßen wurde, Staatsmänner sollten zumindest reife, wenn schon

---

[82] OM:147, s.a. Whitehouse und Yanagisawa 1970:140.

[83] KM IV (22/8):239—242; vgl. S. 373.

nicht überaus betagte Männer sein. Einem solchen mit Bewunderung gepaarten Ärger scheint der Autor des *Ochikubo monogatari* Luft zu machen, wenn er sich über die übermäßig rasante Karriere seiner fiktiven Figur des Gemahls der Heldin Ochikubo, der dank der Bemühungen seines Vaters bereits in seinen Zwanzigern zu den höchsten Würden gekommen war, nur wundern kann und hervorhebt, wie sehr dadurch der normale Gang der Dinge auf den Kopf gestellt wird und wie die so bevorzugten Söhne schließlich noch an Macht und Einfluß ihre alten Väter überstrahlen, deren Protektion sie doch ihren kometenhaften Aufstieg zu verdanken haben:

Sogar sein Vater, der Kanzler, besprach alles mit seinem Sohn, dem Minister zur Linken. Und wenn dieser sagte: „Nein, das ist nicht gut, laß das lieber", dann verzichtete sein Vater darauf. So hatte der Kanzler sehr oft nicht das getan, was er selbst vorgehabt hatte, während er andererseits mehrmals etwas getan hatte, was er eigentlich nicht wollte, weil sein Sohn ihn darum gebeten hatte. Bei den Allgemeinen Amtsernennungen wurden sogar die kleinsten Ämter dessen Wünschen gemäß vergeben. Dies lag daran, daß er der Onkel des Tenno war, der ihn in höchsten Ehren hielt, zudem Minister zur Linken und daß er einen überragenden Verstand besaß. Es gab keinen einzigen hohen Würdenträger, der den Mut gehabt hätte, sich ihm bei den Regierungsgeschäften entgegenzustellen. Sogar sein Vater, der Kanzler, zollte ihm tiefen Respekt, obwohl jener doch sein Sohn war. Es schien, als hätte der Sohn die Stelle des Vaters eingenommen.[84]

Entsprechend mußten sich auch immer jüngere Männer den Hinweis auf Zhu Maichen[85] und damit darauf, sie hätten für ihr Alter noch keinen besonders hohen Rang inne, gefallen lassen, wie etwa die folgende von Sei Shōnagon erzählte Episode zeigt:

Als mir an einem Tag der Meidung ein Briefchen überbracht wurde, und ich sah, daß es von Nobukata war und las, daß darin geschrieben stand: „Ich wollte Euch besuchen kommen, doch ist heute ein Tag der Meidung. Was würdet Ihr aber von einem ‚Noch ist das 30. Lebensjahr nicht erreicht' halten?"[86], da antwortete ich: „Habt Ihr denn dieses Alter nicht schon längst überschritten? Seid Ihr nicht eher in jenem Alter, von dem Zhu Maichen zu seiner Frau sprach?" Da war er wieder verärgert und erzählte davon sogar dem Tenno, sodaß dieser, als er die Kaiserin besuchte, sagte: „Ja woher weiß sie das denn schon wieder! Stellt Euch vor, Nobukata hat mir erzählt, Zhu Maichen hätte in seinem 39. Lebensjahr seiner Frau erklärt, [er würde, bis er 50 sei, sicherlich noch zu Reichtum und Ansehen kommen], und dann meinte er noch, er hätte das von Sei Shōnagon gelernt." Da dachte ich, Nobukata mußte wirklich ein Mensch sein, der leicht zu begeistern war.[87]

---

[84] OM:221–222, s.a. Whitehouse und Yanagisawa 1970:240.

[85] Vgl. S. 406.

[86] Der Adelige Nobukata, von dem hier die Rede ist, hatte es sich den Schilderungen Sei Shōnagons zufolge zur Gewohnheit gemacht, dieses Gedicht — es handelt sich um jenes des Minamoto no Fusaakira aus dem *Honchō monzui*, in dem dieser darüber geklagt hatte, schon weiße Haare bekommen zu haben, vgl. S. 105 — für sie zu rezitieren, und es genügte fortan, daß er darauf anspielte, damit sie wußte, wer ihr Besucher war.

[87] MS (161):218–219. Der Adelige Nobukata, von dem hier die Rede ist, wird im allgemeinen mit Minamoto no Nobukata identifiziert, laut *Sonpi bunmyaku*, einer Genealogie

Bemerkenswert ist, daß der Adelige Nobukata maximal 27 Jahre alt gewesen sein dürfte, es aber dennoch Sinn machte, ihn darauf anzusprechen, das Amt, das er innehätte, sei in Anbetracht seines Alters nicht sehr hoch, wenngleich Sei Shōnagon auf Zhu Maichen nicht nur deshalb anspielt, sondern vor allem auch um mit ihrer chinesischen Bildung zu protzen und den Mann dadurch zu beschämen. War Fujiwara no Umakai[88] wohl immerhin mindestens an die 40 Jahre alt, als er sich beklagte, kein seinem Alter entsprechendes Amt inne zu haben, muß sich hier bereits ein unter 30jähriger spöttische Bemerkungen über das Mißverhältnis zwischen seinem Alter und dem von ihm bekleideten Amt gefallen lassen.

Wirklich betagte Männer in verhältnismäßig hohen Ämtern schildert die Belletristik dementsprechend mit einer eigentümlichen Mischung aus Verachtung und Respekt: einerseits gehören sie zu jener Gruppe von Personen, die nicht von so hohem Rang waren und auch nicht genügend Protektion besaßen, um bereits in jungen Jahren zu hohen Positionen aufzusteigen. Diesem Aspekt ihres Wesens gilt die leise Verachtung eines Hofadels, dem Rang alles ist. Gleichzeitig haben sie sich ihren Rang durch ihr Verdienst erworben, und dies zusammen mit ihrem fortgeschrittenen Alter flößt denn doch auch Respekt ein. Ein Beispiel dafür ist die Beschreibung, die Murasaki Shikibu im *Genji monogatari* vom Auftritt einiger alter Gelehrter bei einem offiziellen Fest gibt:

[Bei einem bei Hof veranstalteten Kirschblütenfest sind viele verunsichert, vor solch begabten Dichtern wie dem Tenno und dem Kronprinzen Gedichte rezitieren zu müssen.]
Schließlich traten die alten Gelehrten (*toshioitaru hakasedomo*) auf; sie waren von dürftiger Erscheinung und steckten in unansehnlichen Gewändern, aber die sichere Ruhe, mit der sie dichteten, gewann die Herzen, und der Herrscher sah ihnen aufmerksam zu.[89]

7.2.4. Rücktritte betagter Beamter

Gleichzeitig institutionalisierte der *Ritsuryō*-Staat das Ersetzen von Beamten, die zu alt geworden waren, um ihre Pflichten so auszufüllen, wie man es von ihnen erwartete, indem er ein System von Pensionierungen einführte, die sowohl bei Erreichen einer bestimmten Altersgrenze eintreten

---

der wichtigsten Adelsfamilien aus dem 14. Jh., Sohn von Minamoto no Shigenobu und jüngerer Bruder von Michikata, der im Jahr 996, in dem diese Episode spielt, 28 Jahre alt war, und kann somit maximal 27 Jahre alt gewesen sein, sofern nicht doch eine andere Person gemeint ist (Kaneko 1935:768).

[88] Vgl. S. 405.

[89] GM I:303—304, s.a. Benl 1966a:247.

konnten als auch einfach beim Auftreten von Alterserscheinungen. Zum Teil sind die Bestimmungen freilich weniger im Sinne einer Versetzung in den Ruhestand als in dem einer Freistellung von der Dienstpflicht aufzufassen, wie im Fall der einfachen Soldaten:

... Erreicht jemand, während er in der Armee Dienst tut, das 60. Lebensjahr (*toshi musoji ni michinaba*), so wird er vom weiteren Militärdienst befreit. Auch wenn er das 60. Lebensjahr noch nicht erreicht hat (*musoji ni mitazu to iu to mo*), aber körperlich schwach oder lange krank ist und den Militärdienst nicht leisten kann, so soll er entlassen werden.[90]

Schon eher im Sinne einer Pensionierung ist eine ähnliche Bestimmung des Yōrō-Kodex zu verstehen, die sich auf das zum Teil auch eher repräsentativen Zwecken dienende Amt der Palastwachen bezieht:

... Ist einer über 60 Jahre alt (*toshi musoji yori kami naraba*), so soll er aus dem Dienst entlassen werden. Hat er das 60. Lebensjahr auch noch nicht erreicht (*musoji ni mitazu to iu to mo*), ist aber abgezehrt und schwach, lange krank und kann den Wachdienst nicht leisten, oder soll er als Distriktbeamter Dienst tun, so soll dies im Linken und Rechten Palastwachenamt vermerkt werden, und er soll in das Ministerium für Wehrwesen geschickt werden. Stellt sich nach genauer Überprüfung heraus, daß dies alles der Wahrheit entspricht, so soll es dem Tenno gemeldet werden, und die betreffende Person soll aus dem Wachdienst entlassen werden.[91]

Bei anderen niedereren Beamten war eine Entlassung aus dem Amt bei Auftreten von Alterserscheinungen vorgesehen, ohne daß dafür ein bestimmtes kalendarisches Alter ausschlaggebend gewesen wäre, wie etwa im Fall der Vorsteher der Poststationen:

Für jede Poststation soll ein Vorstand ernannt werden... Ist er einmal bestimmt, soll er jeweils für einen möglichst langen Zeitraum im Amt bleiben. Stirbt er, wird alt (*oi*) oder krank oder verarmt seine Familie, sodaß er seinen Pflichten nicht mehr nachkommen kann, soll er ausgewechselt werden.[92]

---

[90] RR (*Gunbōryō* 36 [Über die Entlassung aus der Armee]):328.

[91] RR (*Gunbōryō* 37 [Über die Beurteilung und Beförderung der Palastwachen]):328.

[92] RR (*Kyūmokuryō* 15 [Über die Ernennung der Vorsteher der Poststationen]):416–417. Ebenfalls nur auf das Auftreten von Alterserscheinungen bezog sich die Bestimmung, die die Bestellung und Amtsenthebung buddhistischer Bischöfe regelte, ein Amt, das insofern auch als politisches bezeichnet werden kann, als diese ja von der Obersten Regierungsbehörde in ihrem Amt bestätigt werden mußten und auch die Gemeinschaft der Mönche und Nonnen dieser gegenüber vertraten: „...Ist der Bischof erst einmal ernannt, so kann er nicht leichtfertig wieder abgesetzt werden. Begeht er ein Verbrechen oder wird er alt (*oi*) oder krank und kann seinen Pflichten nicht mehr nachkommen, so soll er nach den obenbeschriebenen Regeln ersetzt werden" (RR (*Sōniryō* 14 [Über die Bischöfe]):219–220). Solche Rücktritte von Bischöfen sind auch belegbar, etwa im Fall von Ganjin, einem aus China gebürtigen einflußreichen Mönch, Gründer der Ritsu-shū, einer der sechs Nara-Sekten mit dem Haupttempel Tōshōdaiji, der genau mit 70 aus dem Amt des *daisōzu* entlassen wurde: „Der Großbischof Meister Ganjin ist überaus rein in seiner Askese, seines weißen Hauptes zum Trotz kam er über den weiten Ozean hierher an meinen Hof. Als Großmeister wird er verehrt und respektiert, doch die vielen Plagen der Verwaltungsgeschäfte sind ihm in

Für die eigentlichen Beamten setzten die *Ritsuryō* eine Entlassung aus dem Dienst bei Erreichen des 70. Lebensjahres fest, wobei aus der Formulierung des entsprechenden Paragraphen nicht eindeutig hervorgeht, ob damit ein zwangsweises Ausscheiden aus dem Amt gemeint war oder nur die Möglichkeit, sich vom Dienst zurückzuziehen, die Kommentare aber eher auf letzteres schließen lassen:

Beamte, die über 70 Jahre alt geworden sind (*toshi nanasoji ijō ni shite*), können vom Dienst zurücktreten (*chiji yurusu*). Beamte im 5. Rang und darüber sollen in diesem Zusammenhang eine Eingabe bei Seiner Hoheit, dem Tenno, machen, Beamte im 6. Rang und darunter bei dem jeweiligen Ministerium.[93]

Zumindest was die hohen und höchsten Staatsbeamten betrifft, dürfte ein Rücktritt vom Dienst bei Erreichen eines bestimmten Alters weit davon entfernt gewesen sein, verpflichtend zu sein. Rücktritte wurden im wesentlichen auch nach Erreichen des Alters von 70 Jahren nur dann vom Herrscher genehmigt und eben nicht angeordnet, wenn der betreffende Beamte selbst darum ansuchte. In der Heian-zeitlichen Belletristik schildert etwa das *Ochikubo monogatari* recht ausführlich die Bemühungen des alten Vaters des Gemahls der Heldin vom Tenno aus seinem Amt als Kanzler entlassen zu werden:

In letzter Zeit hatte sich der Kanzler ziemlich schlecht gefühlt und mehrmals darum nachgesucht, von seinem Amt zurücktreten zu dürfen, doch der Tenno hatte es ihm nicht gewährt. So sagte er nun: „Ich bin nun schon so entsetzlich alt geworden (*ito itau oite haberedo*), und dennoch wäre ich sehr traurig, könnte ich den Tenno nicht mehr sehen. Deswegen bin ich bis jetzt immer weiter an den Hof gekommen. Nun ist aber heuer ein Jahr, in dem ich mich ganz besonders vorsehen muß, und darum denke ich, ich sollte mich zurückziehen. Solange ich dieses mein Amt aber noch bekleide, würde ich es als höchst unpassend empfinden, bei irgendeiner wichtigen Staatsangelegenheit fern zu bleiben. Laßt mich daher von diesem meinem Amt zurücktreten und laßt es statt meiner von meinem Sohn bekleiden. Das wäre doch wirklich nicht schlecht. Er könnte Euch sicherlich viel besser als ich alter Mann (*okina*) mit Rat und Tat zur Seite stehen" und ließ dies sogar durch die Kaiserinmutter dem Herrscher bestellen. So stimmte dieser schließlich mit den Worten: „Nun ja, warum eigentlich nicht. Die Hauptsache ist doch, daß er am Leben bleibt!" zu und bestellte den Minister zur Linken zum Kanzler.[94]

---

seinem fortgeschrittenen Alter nicht zuzumuten (*aete oi wo itawaserarezu*), und so soll er aus seinem Amt als Bischof entlassen werden" (SNG (Tenpyō hōji 2.8.1) (756):252).

[93] RR (*Senjoryō* 21 [Über den Rücktritt vom Dienst]):276. Unsicherheiten bezüglich der Interpretation beziehen sich einerseits auf den Kreis der Beamten, den er betraf, vor allem hinsichtlich der untersten Ränge, sowie auf die Form des Ausscheidens aus dem Amt. Zu dieser für unsere Belange wesentlicheren Frage merkt das *Ryō no shūge* an, daß das hier verwendete Zeichen *yurusu* in den *ryō* im allgemeinen sowohl ein freiwilliges Dürfen als auch zwangsweises Müssen bedeuten könne, in diesem Falle aber ein freiwilliger Rücktritt gemeint sei, die Bestimmung aber insgesamt als eine prinzipielle Regelung anzusehen sei, und ein Rücktritt im Einzelfall durchaus auch verwehrt werden konnte (RSG:495).

[94] OM:245, s.a. Whitehouse und Yanagisawa 1970:271.

Insbesondere stellte das Alter von 70 Jahren mit Sicherheit keine absolute Altersgrenze im Sinne unserer heutigen Pensionssysteme dar, es konnte weit überschritten werden, ohne daß der Beamte aus dem Amt hätte ausscheiden müssen, und es war beileibe nicht so, daß alle oder auch nur die Mehrzahl der betagten Staatsmänner mit Erreichen des 70. Lebensjahres oder später von ihren Ämtern zurücktraten. Ōnakatomi no Kiyomaro etwa blieb bis 77 im Amt, und auch von den Ministern zur Linken der Heian-Zeit traten insgesamt nur drei zurück, während neun in Ausübung des Amtes 70 Jahre und älter wurden. Fujiwara no Akimitsu und Fujiwara no Arihira beispielsweise verblieben bis in ihr Todesjahr mit 77 respektive 78 in diesem Amt, und Minamoto no Toshifusa übte es gar bis ins 86. Lebensjahr aus. Es kam sogar vor, und das gar nicht selten, daß über 70jährige Staatsbeamte, auch nachdem sie um ihren Rücktritt angesucht hatten, im Dienst festgehalten wurden. So erging es zum Beispiel dem Minister zur Rechten Kibi no Makibi, der im Jahre 770 75jährig bereits zum zweiten Mal in der folgenden Petition um seine Entlassung bat und dem dies abermals verwehrt wurde:

Am 7. Tag des neunten Monats vergangenen Jahres bat der Asomi Kibi no Makibi um seinen Rücktritt (*gaikotsu wo koite*): „Ich höre, daß jene, deren Aufgabe ihre Kräfte übersteigt, wenn sie dennoch dazu gezwungen werden, bald aufgeben, und jene, deren Pflichten ihre geistigen Fähigkeiten übersteigen, bald darin nachlässig werden. Ich, Makibi, kann dies aus Erfahrung nur bestätigen. Bereits im Jahr Tenpyō hōji 8 (764) habe ich, Makibi, das Alter von 70 Jahren erreicht (*toshi kazoete nanasoji ni michinu*). Im 1. Monat desselben Jahres habe ich im Dazaifu eine Throneingabe betreffend meinen Rücktritt eingericht. Noch bevor dies den Erlauchten erreichte, erging ein Erlaß der Obersten Regierungsbehörde, der mich zum obersten Aufseher bei der Errichtung des Tōdaiji bestellte. So begab ich mich in die Hauptstadt, doch da ich erkrankte, zog ich mich in mein Haus zurück und gab den Dienst bei Hof auf. Da kam es aber zu Unruhen[95], ich wurde eiligst herbeigerufen und entwarf die taktische Vorgangsweise. Als dies beendet war, und man meine Verdienste bedachte, da ließ man mich immer höher im Amt steigen[96]; zurückzutreten gewährte man mir nicht, und so sind nun schon wieder einige Jahre vergangen. Doch nun wird mein Körper von Alter und Krankheit heimgesucht (*oiyamai mi ni matsuwarite*), und selbst wenn ich mich pflege, werde ich wohl kaum noch einmal gesunden. Die vielen Dienste, die bei Hof zu verrichten sind, dürfen auf keinen Fall vernachlässigt werden. Warum sollte man einem hinfälligen kranken Körper über lange Zeit hinweg die schwierige Aufgabe, die Staatsgeschäfte zu lenken, zumuten, ihm die verschiedensten Pflichten auflasten, wo er bei den tausend Verpflichtungen doch nur versagen kann? Mir meiner Armseligkeit bewußt, habe ich schon manche Schmach auf mich nehmen müssen, ich bin beschämt und habe keinen Ort, mich zu verstecken. So bitte ich auf Knien, laßt mich vom Dienst zurücktreten und mutet mir keinen weiteren Aufstieg zu. Euch bitte ich, laßt jene Tugend des guten Herrschers walten, die da will, daß für die Alten gut gesorgt wird (*oi wo yashinau*), ich selbst

---

[95] Es handelt sich um den Aufstand des Emi Oshikatsu (NST 8:40, A).

[96] Kibi no Makibi war nach *Shoku Nihongi* und *Kugyō bunin* im 1. Monat des Jahres 766 zum *chūnagon* befördert worden, im 3. Monat zum *dainagon* und im 10. zum Minister zur Rechten (NST 8:40 A).

432 Politische Rollen alter Menschen

will erkennen, was dem Gemeinen angemessen ist. So hoffe ich auf allerhöchste Gnade, erbitte mitleidvolles Erbarmen und flehe Euch aus ganzem Herzen an. Ich bitte dies dem Kronprinzen zu Gehör zu bringen."
[Das Rücktrittsgesuch wird abgelehnt und Kibi no Makibi nur von seinem Posten als General der Mittleren Garde enthoben.][97]

Sowohl für die Möglichkeit eines Rücktritts vom Amt mit Erreichen des 70. Lebensjahres als auch für die, daß er dem betreffenden Beamten verweigert wurde, waren die Weichen in China gestellt worden, und zwar bereits im *Li ji*, in dem festgehalten worden war:

Ein hoher Beamter tritt mit Erreichen des 70. Lebensjahres von seinem Amt zurück. Erreicht er diese seine Entlassung aus dem Dienst nicht, so bekommt er auf jeden Fall vom Fürsten das Privileg, Armkissen und Stützstock zu haben, bei dienstlichen Reisen von seiner Frau begleitet und unterstützt zu werden und einen bequemen Wagen zu benutzen, wo immer er sich hinbegibt.[98]

Analog dazu wurde es auch in Japan Tradition, die betagten Beamten durch das Gewähren von Stützstock und Armkissen bzw. des Benützens einer Sänfte besonders zu ehren, wie dies einer Eintragung im *Shoku Nihongi* zufolge etwa beim bejahrten Funya no Kiyomi der Fall war:

Der Mahito Funya no Kiyomi, seines Zeichens *dainagon*, ist alt und schwach (*toshi oite chikara otoroetaru*), und deswegen gestattete der Tenno ihm gütigst, bei Hof einen Fächer zu tragen und sich auf einen Stock zu stützen.[99]

Häufiger scheint es in Japan zu solchen Verleihungen von Stöcken und anderen Attributen des Respekts allerdings offenbar mit umgekehrten Vorzeichen gekommen zu sein, in dem Sinn, daß solche Ehrungen in Japan offenbar eher bei einem Rücktritt vom Amt als bei dessen Verweigerung vorgenommen wurden.[100] Dies hängt damit zusammen, daß auch die chi-

---

[97] SNG (Hōki 1.10.8):385, NST 8:40—41. Ein solches Rücktrittsgesuch wird im *Shoku Nihongi* erstmals für das Jahr Jinki 5 (728) (SNG:114) erwähnt, die Petition des Kibi no Makibi ist aber die älteste im vollen Wortlaut erhaltene (GKH:39 A). Die gleiche Erfahrung, sein Rücktrittsgesuch abgelehnt zu sehen, machte etwa Ōnakatomi no Kiyomaro, der ebenfalls das Amt eines Ministers zur Rechten bekleidete, als er seinerseits im Jahr 774 im Alter von 72 Jahren um seinen Rücktritt nachsuchte (SNG (Hōki 5.11.21):419).

[98] Couvreur 1950:9—10.

[99] SNG (Tenpyō hōji 6.8.20) (762):288.

[100] Etwas unklar ist die Situation noch bei den ersten diesbezüglichen Eintragungen, die sich auf Tajihi no Shima beziehen: „Laut Befehl des Tenno wurde dem Minister zur Linken Tajihi no Mahito Shima ein Stock aus Kopfeibenholz (*reiju no tsue*) und eine Sänfte aus Sympathie mit seinem hohen Alter (*toshitakaki* oder *kōnen*) verliehen" (SNG (Monmu 4.1.13) (700):5, s.a. Snellen 1934:181; das Wort *reiju* im Ausdruck *reiju no tsue* kann sowohl ‚übermenschlich langes Leben' als auch einen Baum der Gattung Kopfeibe, dessen Holz für Gehstöcke verwendet wurde, bezeichnen. Das Verleihen von *reiju no tsue* ist in chinesischen Quellen belegt, etwa im *Han shu*). Das *Nihon shoki* erwähnt einen ähnlichen Sachverhalt zu einem früheren Zeitpunkt, nämlich Jitō 10.10.17 (696) (NS II:531, s.a. Aston 1956/2:

nesische Tradition des Verleihens von Gehstöcken etwa dem *Li ji* zufolge beinhaltete, den Bejahrten ihrem Alter entsprechend zuzugestehen, an immer offizielleren Orten am Stock zu gehen, nämlich ab dem 50. Lebensjahr im eigenen Haus, ab dem 60. im Heimatdorf, ab dem 70. in der ganzen Provinz und erst ab dem 80. auch bei Hof, wodurch für die jeweiligen Altersstufen auch die Bezeichnungen *jōka* (Stock im Haus) und analog gebildet *jōkyō, jōkoku* und *jōchō*[101] gebildet wurden. Auch in Japan konnte das Wort *tsuetsuki*, ‚am Stock Gehender', allein Alte bezeichnen[102], und das Verleihen von Stöcken an Bejahrte durch den Tenno wurde allmählich zur Tradition, sodaß ein eigenes Amt des Stocküberbringers (*tsuetori no tsukai*) entstand[103].

Allgemein endeten mit dem Rücktritt auch nicht jeglicher Einfluß oder Bedeutung, die der Betroffene im Staat hatte. Der Yōrō-Kodex enthielt die Bestimmung, betagte Staatsmänner im Ruhestand seien regelmäßig von Gesandten des Herrschers aufzusuchen und zu ehren[104], und dem wurde

---

421): „Dem Minister zur Rechten, Tajihi no Mahito, wurden eine Sänfte und ein Stock geschenkt. So wurde Mitgefühl mit seinem Rücktritt vom Dienst (*chiji*) gezeigt." Nach *Kugyō bunin*, Absatz Taihō 1 (701), war Tajihi no Shima zur Zeit seines Rücktritts allerdings 77, und tatsächlich folgen auch Eintragungen, die ihn noch im Dienst zeigen. Vielleicht ist mit *chiji* hier nicht der Rücktritt vom Dienst, sondern das Rücktrittsalter von 70 Jahren gemeint, sodaß es scheint, als ob in seinem Fall Sänfte und Stock gewährt worden wären, weil ihm der Rücktritt nicht gestattet wurde. Spätere Eintragungen im *Shoku Nihongi* weisen dann einheitlich darauf hin, daß es in Japan eher üblich wurde, den alten Beamten bei ihrem Ausscheiden Stock und Armstütze zu verleihen, vgl. etwa SNG (Tenō 1.6.23) (781):474 (s.a. MOAG 43:69): „Der Asomi Ōnakatomi no Kiyomaro, Minister zur Rechten im Wirklichen 2. Rang, richtete ein Schreiben an den Thron, in dem er um seinen Abschied bat (*mi wo kou*). Dem wurde auf Geheiß des Tenno stattgegeben. Aus diesem Anlaß verehrte ihm Seine Majestät Armlehne und Stützstock" oder SNG (Enryaku 4.2.30) (785): 506 (s.a. MOAG 43:156) im Fall des Takakura no Fukushin. Analog dazu kam es vor, daß den Bischöfen bei ihrem Rücktritt aus dieser Funktion die gleichen Attribute, Stützstock und Armlehne, verliehen wurden, so etwa im Fall von Kōyō Hosshi (SNG (Enryaku 3.4.11) (784):499, s.a. MOAG 43:136).

[101] KKJ 2:358. So war der Minister zur Rechten Ōnakatomi no Kiyomaro nach japanischer Zählweise genau 80 Jahre alt, als ihm der Tenno anläßlich seines Rücktritts gewährte, sich bei Hof auf Stock und Lehne zu stützen (MOAG 43:69, A.302), vgl. S. 433, FN 100.

[102] NKD 13:636.

[103] Erwähnt etwa im *Masukagami*, einer wohl im 14. Jh. entstandenen Chronik der Jahre 1185—1333, Kap. *Oi no nami* (NKD 13:636).

[104] RR (*Kushikiryō* 56):397: „Wenn kaiserliche Prinzen im 5. Rang und darüber oder hohe Staatsbeamte im 3. Rang und darüber von ihrem Amt zurückgetreten sind, so sollen sie, sofern sie sich in den Inneren Provinzen aufhalten, zu allen vier Jahreszeiten je einmal, im Falle von Staatsbeamten im 5. Rang und darüber, einmal pro Jahr, von einem *udoneri* aufgesucht werden, der dann dem Tenno über ihr Befinden Auskunft erteilen soll."

allem Anschein nach auch entsprochen[105]. Ähnliches geht auch aus den Regelungen bezüglich der Remuneration dieser in den Ruhestand versetzten alten Beamten hervor. Prinzipiell bestand die Remuneration der Staatsbeamten und Höflinge in der Verleihung von Dienstanteilsfeldern, deren Umfang der Höhe des bekleideten Amtes entsprach, sowie von Rangfeldern, deren Größe vom bekleideten Rang abhing, welcher seinerseits an das Amt gebunden war. Während der Rang dem Beamten bei seinem Rücktritt nicht aberkannt wurde, hätte er prinzipiell zu diesem Zeitpunkt doch seine Dienstanteilsfelder dem Staat rückerstatten müssen. In der Praxis wurde dies aber nur einen kurzen Zeitraum lang auch tatsächlich so gehandhabt, und bald zeigten sich Auflösungstendenzen dieses Systems, zunächst in der Form, daß für einzelne außerordentlich verdienstvolle oder in der besonderen Gunst des Herrschers stehende Personen Ausnahmen von der Regel gemacht und ihnen auch nach ihrem Rücktritt ein Teil der Dienstanteilsfelder oder alle gelassen wurden[106], eine Praxis, die dann zur stehenden Regel erhoben wurde[107].

Wie stark darüber hinaus der chinesische Einfluß auf diesen Komplex von Regelungen und Verhaltensnormen war, zeigt sich nicht zuletzt auch an der Terminologie, derer sich sowohl die Antragsteller als auch die Erlasse der Tenno bei Gewährung oder Verweigerung des Rücktritts bedienen. Dies gilt zum einen für die Floskel *gaikotsu wo kou*, die besonders häufig verwendet wurde, um die Bitte um Entlassung aus dem Dienst auszudrücken[108] und die wörtlich ‚den (eigenen) Körper (Gerippe) zurücker-

---

[105] Wie die folgende Eintragung im *Shoku Nihongi* bezeugen mag: „Laut Befehl des Tenno wurden zu den Hochbetagten (*kōnen*) im 5. Rang und darüber, die nicht mehr bei Hof erscheinen können, Gesandte geschickt und in der Reihenfolge ihrer Rangordnung getröstet. Gleichzeitig wurden ihnen Geschenke gemacht, den über 80jährigen 10 *hiki* Flockseide, 20 *moji* Rohseide und 30 *tan* Stoff, den über 70jährigen 6 *hiki* Flockseide, 10 *moji* Rohseide und 20 *tan* Stoff" (SNG (Tenpyō 1.1.21) (729):115).

[106] Ein Beispiel stellt der *dainagon* Funya no Kiyomi dar, für den der Tenno zunächst veranlaßte, auch nach seinem Rücktritt vom Dienst die Hälfte seiner gesamten früheren Besoldung behalten zu dürfen, bevor er ihm sogar gewährte, alles zu behalten (SNG (Tenpyō hōji 8.9.11) (764):304).

[107] Dies geschah anläßlich des Rücktritts des Staatsrates Saeki no Imaemishi, der im Jahr 789 70jährig mit Erfolg um Entlassung aus dem Dienst nachgesucht hatte (vgl. SNG (Enryaku 8.1.9):533, s.a. MOAG 43:225): „Vordem hatte der Sukune Saeki no Imaemishi, Staatsrat im Wirklichen 3. Rang, sein Amt niedergelegt. Als er aber die Lehenshaushalte des Staatsrates aufgab, wurden sie ihm, um die Hälfte verringert, wieder verliehen. Seine Majestät gab Anweisung an das Bevölkerungsministerium, dies zur stehenden Regel zu machen" (SNG (Enryaku 8.8.21):539, s.a. MOAG 43:239).

[108] Vgl. S. 431, FN 129, 131. Analog dazu wurde auch der Ausdruck *mi wo kou*, ‚den Körper erbitten', verwendet, vgl. S. 433, FN 100.

bitten' bedeutet. Es handelt sich dabei um einen Terminus aus der chinesischen Amtssprache, der von der Vorstellung ausgeht, daß der Beamte sich während seiner Dienstzeit dem Fürsten zu eigen gibt[109] und daher, bevor er in den Ruhestand tritt, erst seinen ‚Körper' zurückerbitten muß. Ebenso verhält es sich mit der Wendung *toshi kensha ni mitsu*[110], wörtlich ‚[das Alter des] Wagenaufhängens erreichen'. Sie rührt von jener im *Han shu* überlieferten Erzählung her, nach der ein Beamter der frühen Han-Zeit, als er vom Dienst zurücktrat, den Wagen, den er bei diesem Anlaß vom Herrscher erhielt, an erhöhter Stelle aufhängte und so in Gedenken an die Ehre, die ihm damit zuteil geworden war, seinen Nachkommen vererbte, und bezeichnet in Anlehnung an diese historische Begebenheit das Alter von 70 Jahren, in dem der Rücktritt vom Dienst vorgesehen war[111].

Neben dem starken chinesischen Einfluß auf dieses Kapitel der Geschichte der alten Menschen in Japan, den sie aufzeigen, scheinen diese Ausdrücke, insbesondere der des *gaikotsu wo kou*, auch darauf hinzuweisen, daß es bei diesen Rücktritten weniger darum ging, gealterte Beamte durch jüngere zu ersetzen, als ihnen einen verdienten Ruhestand zu gewähren. In diesem Zusammenhang darf auch nicht übersehen werden, daß die betroffenen Beamten häufig erst dann um ihren Rücktritt baten, wenn sie spürten, daß ihr Lebensende nahte. Rücktrittsgesuche wurden zum Teil nicht lange vor dem Tod des Beamten eingereicht, wie etwa im Fall des Ministers zur Linken Tachibana no Moroe, der bereits im Jahr nach seinem Ausscheiden aus dem Amt verstarb[112], oder des Ki no Iimaro, der laut *Kugyō bunin* noch in demselben Jahr starb, in dem er von seinem Amt als *sangi* zurückgetreten war[113], sodaß diese sich unter Umständen erst angesichts des näherrückenden Todes zu diesem Schritt entschlossen, der ihnen auch die Möglichkeit gab, noch rasch die geistlichen Gelübde abzulegen und auf diese Art und Weise etwas für ihr Seelenheil zu tun. Ein solchen Vorgang ist im *Utsuho monogatari* literarisch nachgebildet:

Zu dieser Zeit trug es sich zu, daß Kanzler Sueakira, weil er schon in fortgeschrittenem Alter war (*mitoshi takaku naritamainikereba*), des längeren krank darniederlag, und wie er dachte, daß er wohl bald sterben würde, da sprach er zu seinen zwei Söhnen Sanemasa und

---

[109] MOAG 43:41, A.181. In dieser Bedeutung wurde die Redewendung etwa im *Shi ji* häufig gebraucht (KKJ 3:1297).

[110] Vgl. S. 443 und S. 443, FN 131.

[111] NKD 7:311. In dieser übertragenen Bedeutung wurde er bereits in chin. Quellen häufig verwendet (KKJ 2:62).

[112] Vgl. S. 404, Tab. 3.

[113] KGBN:42.

Saneyori: [...] „Meine Krankheit wird von Tag zu Tag schlimmer und so denke ich, daß ich wohl nicht mehr lange zu leben habe. Ich bin nicht in einem Alter, wo ich etwas zu bedauern hätte, und beklage es nicht, aus dem Leben scheiden zu müssen. Ich bin es zufrieden, über 70 Jahre alt geworden zu sein (*nanasoji ni amarite*) und dem Hof gedient haben zu können..." [...] So gab Sueakira seinen Söhnen und seiner Tochter Anweisungen in bezug auf sämtliche Familienangelegenheiten, trat von seiner Position als Kanzler zurück, nahm die Tonsur und endete sein Leben.[114]

Ähnliches gilt auch für den berühmtesten Rücktritt, jenen des zu diesem Zeitpunkt 52jährigen Kanzlers Fujiwara no Michinaga, der danach allerdings noch 9 Jahre zu leben haben sollte: erkrankt hatte er sich dem Tode nahe gefühlt und wie durch ein Wunder dann doch überlebt. Allerdings zeigt etwa das Beispiel des Kibi no Makibi, den offenbar keine plötzliche Krankheit mit Todesahnungen erfüllte und der nach seinem Ausscheiden aus dem Amt eines Ministers zur Rechten mit 77[115] immerhin noch 3 Jahre lebte, daß altersbedingte Rücktritte nicht immer nur kurz vor dem Tod des betreffenden Beamten vorgenommen wurden. Das gleiche gilt für einige der wenigen prominenten Heian-zeitlichen Rücktritte wie die Fujiwara no Norimichis und Fujiwara no Yoshiyos, die beide 73jährig vom Amt des Ministers zur Linken zurücktraten und danach noch mehrere Jahre, sechs respektive vier, im ‚Ruhestand' verbrachten, wobei ersterer aber dennoch weitere zwei Jahre im Amt des Kanzlers verblieb, bevor er 75jährig auch auf dieses verzichtet. Ähnlich trat Fujiwara no Yorimichi gar schon 68jährig als Minister zur Linken zurück, übte danach ebenfalls noch zwei Jahre das Amt des Kanzlers aus, bevor er, genau 70jährig, auch von diesem zurücktrat.

Allgemein wurde die zunehmende Sorge um das Seelenheil häufig als Grund für Rücktritte genannt. So schreibt Kaneakira Shinnō in einem Essay, einer Art Zwiegespräch zwischen ihm selbst und seinen früh ergrauten Haaren, wie er sich angesichts des doch nicht aufzuhaltenden Wandels der Zeit damit abfindet, in den Ruhestand zu treten, wenn er erst einmal zu alt geworden ist, um sein Amt noch würdig auszuüben, und letztendlich diesem Lauf der Dinge auch gute Seiten abringen kann, vor allem in der Möglichkeit, die dies ihm bietet, sich statt seinen Amtspflichten dem religiösen Leben zu widmen[116]. Tatsächlich legten ja auch viele der zurückge-

---

[114] UM III:56, 64, s.a. Uraki 1984:335, 338.

[115] Vgl. SNG (Hōki 6.10.2) (775):423−424. Ähnliches gilt für zwei weitere Rücktritte der Nara-Zeit, nämlich des Oberkabinettsrates Funya no Ōchi (vgl. S. 443) und des Ministers zur Rechten Ōnakatomi no Kiyomaro, der 79jährig ebenfalls von seinem Amt zurückgetreten war (vgl. S. 433, FN 100, und S. 442), die nach ihrer Pensionierung weitere 6 bzw. 7 Jahre im Ruhestand verbrachten, bevor sie starben.

[116] HCMZ a:402−403; vgl. S. 110.

tretenen hohen Staatsbeamten die geistlichen Gelübde ab, so etwa Fujiwara no Munetada, nachdem er 76jährig vom Amt als Minister zur Rechten zurückgetreten war.[117] Gleichzeitig lieferte auch der Taoismus Vorbilder für einen Rückzug aus dem weltlichen Leben – und damit der Politik – im Alter im Sinne einer Loslösung von den weltlichen Belangen, die unter Umständen gar das Leben verlängern könnte.[118]

An dieser Stelle ist ein kurzer Exkurs über eine wichtige Sonderform der Rücktritte vonnöten, und zwar die Abdankung der Tenno, eine besonders in der Heian-Zeit häufig geübte Form der Weitergabe des Amtes, bei der man sich die Frage zu stellen hat, ob die dabei auszumachenden Muster nicht in gewisser Weise auch auf die Rücktritte hoher Staatsbeamter zutreffen könnten. Vor allem in der auch als *insei*-Periode oder Zeit der Exkaiser-Regierungen bekannten Zeit von 1087 bis 1185 wurden solche Abdankungen zur Regel; als Motivation wurde im allgemeinen angenommen, daß sich die Tenno durch diesen Schritt von der Bürde der zahlreichen ihnen auferlegten zeremoniellen Verpflichtungen befreien wollten, um danach als Exkaiser (*in*) durch diese unbelastet die eigentliche Macht über eigene Hauskanzleien (*in no chō*) ausüben zu können, die wie die Tenno Edikte herausgeben konnten. Wie Hurst gezeigt hat, entwickelte sich der Brauch der Abdankungen der Herrscher zuerst im 6. und 7. Jh.

---

[117] Iinuma 1990:169.

[118] So besang etwa Saga Tennō einen Zeitgenossen der Vier Weisen Alten, Zhang Liang (Jap. Chōryō), dessen Biographie *Shi ji* 55 und *Han shu* 40 erzählen und der sich demnach im Alter und nachdem er sich große Verdienste am Hof des ersten Han-Kaisers erworben hatte, in die Berge zurückzog, um dort dem Beispiel des legendären Chi Songzi folgend den taoistischen Gesetzen gemäß zu leben (KKJ 1:1248): „Er folgt' seiner Bestimmung und ward des Kaisers Lehrer,/ weiter für ewige Zeiten der Ruhm seines Glanzes./ Versucht' zunächst in südlichen Landen sein Kampfesglück,/ doch selbst durch die Flucht in die Berge wächst seine Einsicht./ Von blendender Schönheit wie der einer Frau,/ ergibt er sich der übermächtigen Gewalt./ Überläßt das Land dem Feind, doch als der Aufruhr vorüber,/ ruft die vier Alten und sichert sein Erbe dem Prinzen./ Läßt ihn die Hauptstadt verlegen, nach dem Rate Liu Jings,/ verzichtet auf des Ministers Amt und empfiehlt statt seiner die Weisheit Xiao Hes,/ selbst von da an folgt dem Beispiel Chi Songzi/ lebt fortan als Einsiedler, fernab der Läufte dieser Welt" (BSS (2/42):230). Interessanterweise wurden auch die Vier Weisen Alten (vgl. S. 413) manchmal weniger dafür gepriesen, daß sie in fortgeschrittenem Alter dem jungen Han-Kaiser dienten und große Autorität auf ihn ausübten, als vielmehr vorbildhaft dafür betrachtet, daß sie, alt wie sie waren, es zunächst vorgezogen hatten, in der Bergeinsamkeit zu leben. So erwähnt sie ein Gedicht im gleichen Atemzug wie jenen taoistischen Weisen des chinesischen Altertums, der sich dadurch ausgezeichnet hatte, daß er, als der Kaiser ihm den Thron anbot, nicht nur ablehnte, sondern sich auch noch beeilte, das Ohr zu waschen, mit dem er dieses Angebot vernommen hatte: „Wenn das Licht des Mondes auf den Shangshan fällt, leuchtet weiß darin der Bart [der vier weisen Alten],/ Wellen kräuseln die Oberfläche des Bachs, ach, sein Ohr sich zu reinigen darin vom Schmutz eines Angebots einer weltlichen Karriere" (WR (550):190).

im Zusammenhang mit den weiblichen Tenno, wobei einerseits der tatsächliche Grund für ihre Inthronisation darin bestand, einen möglichen Konflikt zwischen zwei oder mehreren Thronanwärtern durch die Thronbesteigung der Hauptfrau des gerade verstorbenen Herrschers zu vermeiden, und für ihre Abdankungen entsprechend dem Kronprinzen dann, wenn dies gefahrlos geschehen konnte, durch den Rücktritt den Thron zu überlassen, ohne daß man auf den Tod der zwischendurch regierenden Kaiserin hätte warten müssen.[119] Auch bei diesen Abdankungen wurde häufig das Alter der Rücktrittswilligen in den Vordergrund gestellt, obwohl es wohl nicht den ausschlaggebenden Grund darstellte.[120] Auch während der Heian-Zeit scheint die Abdankung im wesentlichen ein vom Alter unabhängiger politischer Akt geblieben zu sein, dessen Hauptzweck die Weitergabe des Amtes *inter vivos* darstellte, da nur so sicherzustellen war, daß der vom jeweiligen Machthaber, sei es nun vom Tenno selbst oder, im Falle der erzwungenen Abdankungen, von einem der Fujiwara-Regenten gewünschte Mann auch tatsächlich auf dem Thron nachfolgte. Dabei dürften die Exkaiser nur insofern auch nach ihrer Abdankung noch eine gewisse Macht ausgeübt haben, als sie das Oberhaupt der Herrscherfamilie blieben und als solches ein bestimmendes Wort bei den die Herrscherfamilie betreffenden Angelegenheiten zu sprechen hatten: die von den *in no chō* herausgegebenen Edikte stellten keine tatsächliche Nebenregierung dar, sondern betrafen im wesentlichen Familienangelegenheiten der Tenno-Familie.

---

[119] Hurst 1976:47—50.

[120] So zum Beispiel im Edikt, mit dem Genmei Tennō im Jahr 715 54jährig zugunsten von Genshō Tennō abdankte, die ihrerseits 724 im Alter von 44 Jahren zugunsten Shōmu Tennōs abdankte, und in dem es heißt: „...Doch nun beginnt die Blume allmählich zu welken, das hohe Alter naht, Wir sehnen Uns nach Muße, wollen Uns zu den hohen Wolken emporschwingen, die Unannehmlichkeiten hintan zu lassen, den Staub zu vergessen, wie man eine alte Sandale wegwirft..." (SNG Reiki (1.9.2):61, s.a. Snellen 1937:275). Ähnlich betonte auch der erste nicht weibliche abdankende Tenno, Kōnin, in seinem Abdankungserlaß, Alter und Krankheit würden ihn zu diesem Schritt veranlassen: „Seitdem Wir, töricht und zag, nach der himmlischen Erbfolge die Geschäfte des Hohen Thrones übernommen haben, haben sich in langer Zeit die Jahre gehäuft. Indessen mangelte es gar oft am guten Regieren, und Wir vermochten nicht, die Herrschaft über das Reich richtig auszuüben... Da Wir außerdem schon hoch bejahrt sind (*mata toshi mo iya takaku nari*), währt Unser restliches Leben nicht mehr lange (*nokori no inochi ikubaku mo arazu*). So haben Wir Uns jetzt entschlossen, von diesem Thron zurückzutreten, mit dem Wunsche, wenn auch nur für geraume Zeit Unseren Körper gesundzupflegen..." (SNG (Tenō 1.4.3) (781):468, s.a. MOAG 43:53—54). Kōnin war bei seiner Abdankung 72, also tatsächlich ein alter Mann, darüber hinaus aber wohl völlig von den Fujiwara-Ministern beherrscht, die auch für seine Thronbesteigung verantwortlich gewesen waren und nun sicherstellen wollten, daß Prinz Yamabe, der spätere Kanmu Tennō, ihm nachfolgte (Hurst 1976:46).

Entsprechend konnten insbesondere während der Heian-Zeit auch Rücktritte von hohen Beamten, bei denen das fortgeschrittene Alter des Rücktrittswilligen vorgeschützt wurde, in Wirklichkeit taktische Manöver sein mit dem Ziel, andere Familienmitglieder, speziell Söhne, in die jeweilige Position aufrücken zu lassen, während der zurückgetretene Vater dank seiner Autorität über den Sohn auch weiterhin von den Entscheidungen nicht ganz ausgeschlossen war. Auch hiervon liefert das *Utsuho monogatari* eine literarische Wiedergabe:

So meinte Masayori, daß er nun schon alt geworden sei (*toshi mo oinu*), und eingedenk der Tatsache, daß man ihm auch geweissagt hatte, er solle besser zurücktreten, bat er um seinen Abschied als General. Das Abschiedsgesuch wurde an den Tenno herangetragen, doch da es ihm wieder zurückgeschickt worden war, reichte er es nochmals ein. Auch dieses Mal wurde es nicht angenommen. Da rief er den Udaiben Suefusa zu sich und sagte: „Ich habe dies und jenes dem Tenno mitgeteilt, doch er will meiner Bitte um Rücktritt nicht entsprechen. Bitte, schreibt Ihr ein solches Gesuch, daß der Tenno den wahren Stand der Dinge erkennen und meine Bitte erfüllen möge. Denn versteht er erst die Gründe für meinen Rücktritt, wird er sicherlich jemandem aus meiner Familie das Amt des Generals übertragen. Da ich hoffe, dies wäre Nakatada, wünschte ich, man könnte ihm diesen meinen Wunsch so recht verständlich machen." Darauf verfaßte Suefusa ein Schreiben nach Masayoris Wunsch und gab es ihm. „So habe ich es mir gedacht", sagte dieser, und in der Annahme, daß es diesmal wohl angenommen würde, übergab er es dem Tenno. [Tatsächlich wird daraufhin Nakatada zum General zur Rechten ernannt, während Kanemasa vom General zur Rechten zum General zur Linken aufsteigt.][121]

Ähnlich verhält sich auch der Vater des Gatten der Heldin des *Ochikubo monogatari*:

Zu dieser Zeit sprach der Minister zur Linken: „Wie ich allmählich alt werde (*oimote yuku mama ni*), wird mir mein Dienst bei den Leibwachen des Tenno zu schwer. Dazu braucht es einen jungen, energischen Mann!" und überließ sein Amt als General, das er zusätzlich innehatte, dem Oberkabinettsrat, seinem Sohn. Es war eine Zeit, in der alles nach dem Willen dieser Herrschaften geschah. Wer hätte etwas einzuwenden haben sollen?[122]

Die leichte Kritik an dieser Praxis, die hier anklingt, scheint auch im *Eiga monogatari* vorzuliegen, wenn das von ihr abweichende Verhalten des Fujiwara no Saneyori lobend hervorgehoben wird:

Saneyori wurde schwer krank, und sein ernstes Leiden sowie sein fortgeschrittenes Alter (*mitoshi nado mo otoroetamaereba*) gaben Anlaß zu Sorge, obwohl er seine jüngeren Brüder überlebt und so lange sein Leben bewahrt hatte. Er unternahm alle Vorsichtsmaßnahmen, aber weil das Leben so nicht beeinflußt werden kann, starb er trotz aller Bemühungen am 18. Tag des 5. Monats... Er war gestorben, ohne seinem Sohn, dem General zur Linken

---

[121] UM II:335—336, s.a. Uraki 1984:278. Masayori müßte der inneren Chronologie des Romans zufolge zu diesem Zeitpunkt rund 53 Jahre alt sein und bekleidet gleichzeitig das Amt des Ministers zur Rechten, von dem er nicht zurücktritt. Sein Sohn Nakatada ist zu diesem Zeitpunkt 24 Jahre alt und bekleidet bereits das Amt eines *chūnagon*.

[122] OM:203, s.a. Whitehouse und Yanagisawa 1970:215.

Noritada, die Regentschaft übergeben zu haben, eine Einstellung, die sehr bewundernswert ist. Er war in seinem 71. Lebensjahr.[123]

Umgekehrt besteht auch Grund zur Annahme, daß die Motivation der hohen Beamten, um ihre Entlassung zu bitten, oft gar nicht so sehr in ihrem von ihnen vorgeschützten fortgeschrittenen Alter lag, sondern vielmehr in politischen Frustrationen, die sie dazu veranlaßten, keine besonderen Erwartungen mehr in ein Verbleiben im Amt zu setzen. Derartiges ist bei Kibi no Makibi vorstellbar, der just im Jahr 770 um seinen Rücktritt bat, wenige Monate nachdem ihm seine politischen Gegner eine entscheidende Niederlage zugefügt hatten[124]. Während dies natürlich nicht für alle Rücktrittswilligen zutreffen muß, scheint zumindest Kibi no Makibi triftigere Gründe als nur sein Alter gehabt zu haben, um einen Rückzug aus dem Amt für wünschenswert zu halten. Auch während der Heian-Zeit konnten Rücktritte, die in Wirklichkeit nur dadurch motiviert waren, sich angesichts eines verlorenen Machtkampfes nicht länger an zu exponierter Stelle zu halten, als altersbedingt getarnt werden. Als Illustration dafür, wie sehr die Vorstellung eines Machtverlustes aufgrund von Senilität und die eines Machtverlustes aus den verschiedensten anderen Gründen miteinander verschmolzen bzw. jeweils stellvertretend füreinander herangezogen werden konnten, mag folgende Passage aus dem *Genji monogatari* dienen, die den Rücktritt des Ministers zur Linken, des Schwiegervaters Genjis, zum Inhalt hat. Er selbst wie die Beteiligten verhalten sich, als würde er wegen Altersschwäche zurücktreten, während alle gleichzeitig sehr wohl wissen, daß er damit nur dem erstarkten Minister zur Rechten, seinem Feind, den Wind aus den Segeln nehmen möchte:

[Genji ist aus der Hauptstadt verbannt worden und nimmt Abschied von seinen Vertrauten.]
Dann erschien auch der Minister zur Linken und sagte: „Als Ihr Euch so zurückgezogen hieltet, hätte ich Euch gern besucht, um über alte Zeiten mit Euch zu plaudern; aber ich war krank, ging nicht mehr in den Palast, hatte mein Amt aufgegeben, und trotzdem hätte

---

[123] EM I:60, s.a. McCullough 1980:103. Aus dieser Passage allein geht zwar nicht hervor, was an dem Verhalten Fujiwara no Saneyoris so rühmlich gewesen sein soll, ob es die Tatsache war, daß er sein Amt bis zu seinem Tod nicht aufzugeben bereit war, oder die, daß er es nicht direkt an seinen Sohn weitergegeben hatte. Angesichts der sonst aber scheinbar ungebrochen weiterbestehenden Norm, man hätte, entweder bei Erreichen eines bestimmten Alters oder zumindest wenn die Erscheinungen der Seneszenz allzu deutlich wurden, von seinem Amt zurücktreten sollen, dürfte es aber wohl hauptsächlich um letzteres gegangen sein.

[124] Vgl. S. 431. Nach dem Tod Shōtoku Tennōs im 8. Monat des Jahres 770 hatte er laut *Nihon kiryaku* einen Nachfolger aus der Linie des Tenmu Tennō befürwortet und dennoch die Thronbesteigung des von Mitgliedern der Familie Fujiwara unterstützten Shirakabeō (des späteren Kōnin Tennō), der eine ablehnte, nicht verhindern können. Daß er gleich darauf um seine Entlassung bat, mag, wie einige Autoren vermuten, daran gelegen haben, daß er die Gelegenheit nutzen wollte (NST 8:39–41).

Rücktritte betagter Beamter   441

es wohl noch geheißen, für meine Zwecke würde ich ‚meinen krummen [alten] Rücken schon wieder geradebiegen' (*koshi nobete*). Natürlich habe ich ja, da ich mich von der Welt abgekehrt habe, nicht viel zu fürchten; doch wie schnell Gerüchte entstehen, davor kann einem wirklich angst und bang werden. Und wenn ich sehe, was Euch widerfahren ist, da kann ich nur beklagen, so lange gelebt zu haben (*inochi nagaki wa*) und solches miterleben zu müssen. Nun scheint mir wirklich alles gänzlich ohne Wert zu sein", sagte er zu Genji und weinte bitterlich.[125]

Ähnlich bedauerte auch Kaneakira Shinnō, aufgrund von Verleumdungen von seinem Amt als Minister zur Linken abgesetzt worden zu sein, obwohl er ohnehin vorhatte, seinen Lebensabend abgeschieden am Kameyama zu verleben:

Am Fuße des Kameyama setzt' ich durch Orakel meine ruhige Bleibe fest, wollt' aufgeben mein Amt, sucht' Ruhe für meinen Körper und gedachte dort abgeschieden, meinen Lebensabend zu verbringen (*oi wo koko ni oenamu to omoiki*). Als die schilfgedeckte Hütte beinahe vollendet war, da ward ich vom Machthaber ungerechtfertigt eines Verbrechens angeklagt, doch da der Herrscher sich von den Schmeicheleien des Untergebenen täuschen läßt, kann ich nirgends meine Unschuld beteuern. Ach, das muß wohl mein Schicksal sein! Die Menschen der kommenden Generationen werden mir bestimmt eine schlechte Nachrede halten, konnte ich doch meine Absicht nicht erfüllen. Doch auch der Fürst Yin Gong von Lu ließ sich in Tuqiu einen Palast errichten und wollte dort seinen Lebensabend verbringen (*oinamu to omoite*), doch da hinderte ihn sein Sohn daran. Und dennoch hält man in den „Frühlings- und Herbstannalen"[126] seine Absicht für gerecht und preist ihn als weisen Herrscher. So wird es in späteren Zeiten vielleicht auch einen Herrscher geben, dem meine wahren Absichten nicht verborgen bleiben...[127]

Auch Sugawara no Fumitoki spekulierte 977 78jährig in einem ins *Honchō monzui* aufgenommenen Essay darüber, ob er nicht angesichts der Tatsache, daß sein Einfluß ohnehin im Schwinden begriffen war, von seinem Amt zurücktreten sollte, um sich fortan weniger um die weltlichen Belange zu kümmern, als der Religion zu leben, eine Entscheidung, die ihm allerdings nicht leicht zu fallen scheint:

Über die Muße im Alter (*rōkankō*)   Von Sugawara no Fumitoki
Dies dachte ich so bei mir, im Herbst des Jahres Teigen 2 [977], da ich im Alter von 80 Jahren war (*wa ga yowai yasoji*). Insgeheim schrieb ich es nieder.
Tage und Nächte lösen fortwährend einander ab, kaum hat man sich's versehen, ist wieder ein Frühling da, ein Sommer vorbei. Im Herbst werden die Tage kürzer, bald sinkt die Sonne. Bald hat die Uhr ihren Höhepunkt überschritten, tief in der Nacht liegt kalt der Tau über dem Garten, der Himmel wird klar, Nebel legt sich vors Fenster. Die Schüler, sie gehen an meinem Zimmer vorbei, die alten Freunde, sie sind meiner überdrüssig und suchen

---

[125] GM II:13—14, s.a. Benl 1966a:365.

[126] *Chun qiu*, der Tradition nach von Konfuzius kompiliertes und annotiertes Geschichtswerk über den Zeitraum von 770 bis 481.

[127] HCMZ a:334. Kaneakira war aufgrund von Verleumdungen durch Fujiwara no Kanemichi im Jahr Jōgen 2 (977) von seinem Amt als Minister zur Linken abgesetzt worden. Tuqiu, ein Ort in Shandong, war berühmt dafür, daß der Fürst Yin Gong sich an seinem Lebensabend dorthin zurückziehen wollte (KKJ 3:421) und wird etwa im *Zuo chuan*, der Geschichte von Shandong, mehrfach in dieser Hinsicht erwähnt (HCMZ a:492, A.65, 67).

mich nicht mehr auf. Am Boden liegt ein Schriftstück, doch nur flüchtig sehe ich es, das Weinfaß ist leer, und ich werde allmählich wieder nüchtern. Doch den Reichtum, den mir der reine Wind und der klare Mond bedeuten, ich hab' ihn nicht vergessen, bin ich auch alt geworden (*oinu to iedomo*). Dem Lärm der Welt hab' ich den Rücken gekehrt, und hör' ihn doch. Ich kann kein Geschäft daraus machen, Felder zu bewässern oder im Nehr Fische zu fangen, so studiere ich die Koto, lerne Lieder, doch auch damit vermag ich nicht, mein Gemüt aufzuhellen. Sollt' meine Amtskappe ich an den Nagel hängen (*kōburi wo kake*), umherwandern und Ruhe in einsamem Tal und Höhle suchen? Sollt' mein Gewand in der Farbe der Mönchstracht ich färben und in Berg und Wald das Gesetz ich suchen? Es heißt doch, Sima Xiangru sei reich an Schriften gewesen und hauste doch in einer einfachen Hütte. Und auch heißt es, Gong Sunhong sei über 80 Jahre alt gewesen (*hachijun wo hetari*), als er die Beamtenprüfung so hervorragend bestand. Seht die grünenden Grabhügel im Regen über den Bergen! Hört ihr nicht den Herbstwind rauschen in den Trauerweiden ums Grab, wie sie sich deutlich abzeichnen![128].

So fällt auch auf, daß verschiedentlich um eine Versetzung in den Ruhestand besonders dann angesucht und sie auch gewährt wurde, wenn ein Wechsel am Herrscherthron stattgefunden hatte, die Machtverhältnisse sich geändert hatten.[129] Auch im *Genji monogatari* tritt der langjährige Freund und gleichzeitige Konkurrent des Titelhelden, sein Schwager, von einem der höchsten Staatsämter aus Altersgründen just zu dem Zeitpunkt zurück, als ein Wechsel in der Person des regierenden Herrschers eingetreten ist:

[Der fiktive Reizei Tennō ist zurückgetreten, und der Kronprinz tritt seine Nachfolge an.] Nun reichte auch der Kanzler sein Rücktrittsgesuch ein und zog sich in sein Haus zurück. „Da der verehrungswürdige Herrscher aus der Einsicht in die Unbeständigkeit alles Ir-

---

[128] HCMZ a:405—406. Der Ausdruck *kōburi wo kaku*, wörtl. ‚seine Amtskappe [an den Nagel] hängen' für den Rücktritt vom Dienst, weist einmal mehr darauf hin, wie stark die Sitte des Ausscheidens aus dem Amt von chinesischen Vorbildern beeinflußt war. Er geht auf eine Erzählung im *Meng qiu* zurück, wonach ein Beamter, nachdem sein Sohn getötet worden war, zum Zeichen dafür, daß er seinen Dienst quittiere, seine Amtskappe an ein Palasttor gehängt hatte (GM III:547—548, A.502). Gong Sunhong (Jap. Kō Sonkō) war ein konfuzianischer Gelehrter, dessen Biographie *Han shu* 58 und *Shi ji* 112 erzählen. Er war demnach 60, als Wu Di den Thron bestieg und etwas über 70, als er von diesem unter den anderen Gelehrten besonders ausgezeichnet wurde (HCMZ a:406, A.2 und KKJ 1:288). Der Autor, der in dem Jahr der Niederschrift nach westlicher Zählweise 78 Jahre alt war, nach japanischer 79, übertreibt offenbar das Alter des Gong Sunhong, möglicherweise um es seinem eigenen anzunähern.

[129] Einen solchen Zusammenhang stellt das *Shoku Nihongi* selbst in seinem Nachruf auf den ehemaligen Minister zur Rechten, Ōnakatomi no Kiyomaro, dem einem erneuten Ansuchen um Entlassung aus dem Amt just dann entsprochen wurde, als gerade ein neuer Herrscher den Thron bestiegen hatte: „Es verstarb der frühere Minister zur Rechten im Wirklichen 2. Rang, der Asomi Ōnakatomi no Kiyomaro. [Es folgt eine Beschreibung seiner Karriere.] Als er das 70. Lebensjahr erreichte (*toshi nanasoji ni oyobite*), suchte er in einer Throneingabe um seinen Rücktritt nach. In einem wohlwollenden Erlaß Seiner Majestät wurde dem nicht stattgegeben. Als der jetzige Herrscher den Thron bestieg, bat er nochmals um seinen Abschied (*gaikotsu wo kou*). In einem Erlaß des Tenno wurde dem stattgegeben. Als er starb, war er in seinem 87. Lebensjahr" (SNG (Enryaku 7.7.28) (788):531, s.a. MOAG 43:220).

dischen heraus den Thron aufgegeben hat, ist wohl nicht Bedauerliches daran, wenn einer in so fortgeschrittenem Alter (*toshi fukaki mi*) [wie ich] sein Amt zurücklegt (*kōburi wo kakemu*)!", meinte er.[130]

Doch darf weder dies noch die Tatsache, daß Rücktritte auch im Alter von über 70 Jahren häufig verweigert wurden und die Betroffenen selbst darum ansuchten, darüber hinwegtäuschen, daß allgemein die Vorstellung existierte, ein hoher Staatsmann müsse von selbst wissen, wann es für ihn an der Zeit war, den Dienst zu quittieren. Deutlich klingt dies in dem folgenden Erlaß anläßlich der Dienstentlassung des Funya no Kiyomi an, der wohl aus Altersgründen um seinen Rücktritt im Jahre 764 bat und dem er auch gewährt wurde:

„Ich höre nun, Ihr habt dem Hof Ehrerbietung erwiesen und seid in Euer Haus zurückgekehrt. So wisset: Ihr habt das Alter des Abschieds erreicht (*toshi kensha ni michite*), und den Sitten folgend, seid Ihr zurückgetreten. Wenn Wir dies bei Uns bedenken, so erfüllt Uns gleichzeitig Trauer und Freude. Einerseits erfreut es Uns, daß Ihr der Tugend genüge tut und Euren Körper im Ruhestand pflegen könnt, andererseits bedauern Wir, daß Ihr geistig erschöpft und körperlich schwach seid und wieder in Eure Heimat zurückkehrt. Die Alten sagen: Wer es versteht, zum richtigen Zeitpunkt aufzuhören, wird nicht in Gefahr geraten, wer weiß, wann es genügt, bereitet sich selbst keine Schande (*taru wo shireba, hazukashikamerarezu*). Ihr seid der lebende Beweis dafür. Eurem Wunsch ist nichts entgegenzuhalten und so soll Eurer Bitte entsprochen werden und es sollen Euch Armstütze und Stock (*kijō*) nebst 100.000 *mon* Geldes gegeben werden."[131]

Etwas weniger deutlich, aber dennoch erkennbar ist die Vorstellung auch in dem von Funya no Ōchi an den Thron gerichteten Gesuch von 772:

Der Mahito Funya no Ōchi, seines Zeichens *dainagon*, richtete eine Eingabe an den Thron, in der er um seine Entlassung aus dem Dienst bat (*gaikotsu wo koite*) und sprach: „... Nun wird aber meine ohnehin zarte Gesundheit immer schwächer, mein Leben neigt sich seinem Abend zu (*sōyu ni kurenu*[132]). Meine Beschwerden werden immer ärger, bald werde ich ganz erschöpft sein. Drum flehe ich Euch auf Knien an: Laßt mich mein Amt einem Besse-

---

[130] GM III:326, s.a. Benl 1966b:109.

[131] SNG (Tenpyō hōji 8.9.4):303. Eine ähnliche Formulierung findet sich auch in dem Erlaß, der erging, als dem gerade 70jährigen *dainagon* Funya no Ōchi sein Rücktritt gewährt wurde: „Der *dainagon* im Folgenden 2. Rang Funya no Mahito Ōchi bat erneut um seinen Rücktritt (*chiji wo kou*). In einem Erlaß des Tenno hieß es: ‚Ihr habt das Alter des Rücktritts erreicht (*toshi kensha ni oyobite*), klagt über Euer Alter (*oi wo toge*) und wollt Euch zurückziehen. Die Alten sagen: ‚Wer weiß, wann es genug ist (*taru wo shireba*), wird keine Schande auf sich laden, wer weiß, wann er aufhören muß (*tomaru wo shireba*), gerät nicht in Gefahr.' Wir würden Euch gerne zurückhalten wollen, doch entspräche dies nicht der Tugend, den Alten Ehrfurcht zu erweisen (*yūrō no michi ni arazu*). Wenn es Eure Gesundheit jedoch zuläßt, kommt doch trotzdem von Zeit zu Zeit an den Hof.' Aus diesem Grund wurde ihm ein Stock (*mitsue*) verliehen" (SNG (Hōki 5.7.11) (774):417).

[132] *Sōyu*, wörtl. Maulbeerbaum und Zelkove, bezeichnet im Chinesischen außerdem den Ort, wo die Sonne untergeht, sowie den Sonnenuntergang an sich, und dient davon abgeleitet, auch als Metapher für den Lebensabend, das Alter (KKJ 2:602).

444   Politische Rollen alter Menschen

ren abtreten und mein Alter (*oi*) in den hügeligen Gärten des Ruhestandes (*kyūen*)[133] zubringen. Laßt mich aufhören, wann es Zeit ist (*taru ni tomatte*), und so meine letzten Jahre (*yonen*) verbringen, laßt mich dorthin zurückkehren, wo ich begonnen habe, und dort auf mein Ende warten. [...] Lindert die Qual meiner Greisenhaftigkeit (*kyūmai*) und zwingt mich nicht länger, mich bei Hofe einzufinden. So reiche ich diese Eingabe ein und flehe, meine Bitte möge erhört werden."
[Der Eingabe wird nicht stattgegeben.][134]

Interessanterweise ist zwar auch die Ausdrucksweise *taru wo shiru* aus dem Chinesischen übernommen. Berühmt ist Lao-zis Ausspruch, der im Buch *Lao zi* 44 festgehalten ist: „Wer sich selbst besiegt, ist stark, wer weiß, sich zu begnügen, ist reich". Genau die gleiche Formulierung wie in den Rücktrittsgesuchen findet sich in einem weiteren Ausspruch des gleichen *Lao zi* 33[135], von dem sie auch abgeleitet sein dürfte. Doch wird sie im Chinesischen für den Umstand verwendet, daß ein Mensch es versteht, sich mit dem zu begnügen, was er hat beziehungsweise was ihm seinem Stand gemäß zusteht. Es ist daher auffällig, daß er in diesen Rücktrittsgesuchen und entsprechenden Erlassen der Tenno in einer doch etwas anderen Bedeutung verwendet wurde, die dieses Genügen, wie aus dem Kontext nicht anders zu verstehen, eher im Sinne einer zeitlichen Begrenzung meint. Es scheint daher zumindest naheliegend, daß die Vorstellung, in einem gewissen Alter sei es angebracht, an einen Rückzug aus dem öffentlichen Leben und von der Macht zu denken, im Nara- und Heian-zeitlichen Adel durchaus auch unabhängig von dem sonst in dieser Frage spürbaren chinesischen Einfluß existierte.[136] Dies ist umso wahrscheinlicher, als es in den erhaltenen Quellen zumindest ein Beispiel für einen hohen Beamten gibt, dem es scheinbar zum Verhängnis wurde, nicht erkannt zu haben, daß er ein Alter erreicht hatte, in dem die Öffentlichkeit eher zu meiden wäre. Gemeint ist Tajihi no Hirotari, in Zusammenhang mit welchem der folgende Erlaß aus dem Jahr 757 in das *Shoku Nihongi* aufgenommen ist:

---

[133] Wörtl. Hügel und Garten, bzw. Garten auf einem Hügel, davon abgeleitet auch in der Bedeutung ‚Ort, an dem man das *inkyo*, den Ruhestand, zubringt'. In dieser Bedeutung etwa auch im ersten Rücktrittsgesuch des Sugawara no Fumitoki für den Minister zur Linken von Ichijō (Fujiwara no Koremasa) im *Honchō monzui* belegt (NKD 6:80).

[134] SNG (Hōki 3.2.2) (772):400.

[135] KKJ 3:787.

[136] Immerhin hatte bereits Okime omina, die als betagte Frau Kenzō Tennō beratend zur Seite stand, mit Erfolg darum gebeten, aus ihrem Dienst entlassen zu werden und in ihre Heimat zurückkehren zu dürfen, als die Zeichen ihrer Seneszenz allzu deutlich wurden, vgl. S. 128 und S. 395, FN 12, und auch Inishiki-no-mikoto hatte aus Altersgründen von sich aus auf das halb-religiöse, halb-politische Amt verzichtet, den Heiligen Schatz von Isonokami zu bewachen, vgl. S. 471, FN 50.

Der Tenno verlautbarte: „Der Mittlere Kabinettsrat Mahito Tajihi no Hirotari ist in einem Alter, wo er der Senilität entgegenblickt (*toshi masa ni mō naran to nozomi*), er ist geschwächt und reiht sich dennoch in die Prozession ein. Er unterrichtet seine Nachkommen nicht und macht sie zu Verrätern. Warum sollte solch ein Mann in der Beamtenschaft verbleiben? Er soll seinen Posten als Mittlerer Kabinettsrat aufgeben und als *sani* wieder in den Gemeinenstand zurückversetzt werden."[137]

Wenngleich die Tatsache, daß Tajihi no Hirotari offenbar dem guten Ton zum Trotz ungeachtet seiner deutlichen Alterserscheinungen bei Hof erschien, sicherlich nicht das einzige und mit größter Wahrscheinlichkeit auch nicht das schwerwiegendste Vergehen war, für das er sich verantworten mußte, so geht aus der Stelle doch deutlich hervor, daß zumindest auch dies ein Fehlverhalten darstellte. Es kann daher angenommen werden, daß selbst dort, wo Ansuchen um Dienstentlassung vom Beamten selbst gestellt wurden, dies vielleicht nicht immer nur aus freien Stücken geschah, und daß solchen Petitionen unter Umständen in einigen Fällen etwas dem modernen *katatataki*[138] durchaus Vergleichbares vorangegangen war. So scheint die Seneszenz in den meisten Fällen nur ein Vorwand gewesen zu sein: für die Vorgesetzten, um unwillkommene Untergebene loszuwerden, und für die um Rücktritt ansuchenden Beamten selbst, um aus einer Situation auszubrechen, in der sie fanden, daß sie ohnehin nicht mehr den Einfluß auszuüben imstande waren, den sie gerne gehabt hätten. Bemerkenswert ist aber, daß das Altwerden einen solchen politischen Machtverlust auch nicht zu verhindern in der Lage war und daß durch die Pensionierungen betagter Beamter, die nach außen durch die Notwendigkeit gerechtfertigt wurden, sich zu pflegen und sich um seine Gesundheit zu kümmern, dieser Machtverlust *a posteriori* offiziell bestätigt werden konnte.

Während es also durchaus nicht unmöglich war, auch weit über das 70. Lebensjahr hinaus wichtige Ämter auszuüben, und einzelne Staatsmänner dies auch bis in ein sehr fortgeschrittenes Alter taten, bleibt doch, daß das Ideal offenbar darin bestand, in einem Alter, in dem die Zeichen der fortschreitenden Seneszenz akut wurden, von den öffentlichen Ämtern zurückzutreten, was auch die häufige Erwähnung solcher Vorgänge in der Belletristik nahelegt. Was weniger hochrangige Beamte angeht, so scheint ihre

---

[137] SNG (Tenpyō hōji 1.8.2):240. Die genauen Lebensdaten des Tajihi no Hirotari sind zwar nicht gesichert, den Eintragungen des *Kugyō bunin* zufolge soll er allerdings im Jahr 757 im Alter von 77 Jahren zum Rücktritt gezwungen worden und drei Jahre später 80jährig verstorben sein (KGBN:317).

[138] Wörtl. ‚Schulterklopfen', bezeichnet es im heutigen Japan, da es im öffentlichen Dienst kein gesetzlich fixiertes Pensionsalter gibt, den sanften Hinweis an über 55jährige Beamte durch Vorgesetzte, daß die Zeit, in Pension zu gehen, gekommen ist, dem im allgemeinen gefolgt wird (*Das japanische Unternehmen* 1987:299).

Entlassung aus dem Dienst aus Altersgründen noch weniger in ihrem eigenen Ermessen gelegen zu sein und viel eher ihrem Ersetzen durch jüngere gedient zu haben. So scheinen etwa *daigakuryō*-Professoren zu einem Rücktritt gezwungen worden zu sein, weil die Oberste Regierungsbehörde sie für zu alt hielt, um ihren Unterrichtspflichten entsprechend nachzukommen, wie aus der folgenden Eintragung im Shoku Nihongi hervorgeht:

[In einer Throneingabe des Dajōkan wird zunächst um finanzielle Unterstützung der Studenten gebeten. Dann wird darauf eingegangen, daß Medizin und Astronomie für den Staat wichtige Künste sind, worauf es heißt:]
Betrachtet man aber die einzelnen Professoren, so sind sie alt und schwach (*toshi yowai suirō seri*), sodaß sie nicht Unterricht geben können. Sie sollten ihren Dienst aufgeben.[139]
[Die Eingabe ersucht dann weiters um Ernennung anderer Professoren und Zulassung von Schülern. Der Eingabe wurde stattgegeben.]

Auch Distriktbeamte konnten offenbar von ihren Posten enthoben werden, wenn sie 70 Jahre alt geworden waren, eine Regelung, vor deren mißbräuchlicher Anwendung die folgende Bestimmung bewahren sollte:

Es wurde festgesetzt: Distriktvorsteher und Vizedistriktvorsteher sind Ämter, die auf Lebenszeit verliehen werden. Aber es gibt korrupte Provinzbeamte, die Vorurteile haben, das richtig nennen, was falsch ist, sie zwingen zurückzutreten und sie unter falschem Vorwand entlassen. Von nun an darf sich derartiges nicht wieder ereignen. Haben sie das Alter von 70 Jahren erreicht (*yowai jūshin ni oyoi*[140]), oder sind sie geistig oder körperlich schwach, verwirrten Geistes, oder leiden sie lange Zeit an einer Krankheit, ohne daß Hoffnung auf eine Besserung bestünde, geben sie Wirres von sich und können ihren Pflichten nicht nachkommen, so sollen sie untersucht werden, in ihre Heimatdörfer zurückgeschickt und dort gepflegt werden. In Fällen, in denen eine Entlassung bewilligt werden soll, müssen die Umstände den zuständigen Behörden schriftlich gemeldet werden und nach Genehmigung des Berichts muß ein Nachfolger bestimmt werden.[141]

Paradigmatisch für die Gestaltung der verschiedenen Lebensphasen innerhalb eines Menschenlebens nennt ein *kanshi*, das unter der Rubrik „alte Menschen" in das Wakan rōeishū aufgenommen ist, zunächst die Tätigkeit als Beamter als typisch für das Leben in den Jahren des jungen und reifen Erwachsenenalters, das Ablegen der Amtskappe, also den Rücktritt, als charakteristischen Schritt nach dem Eintreten in die Altersphase:

---

[139] SNG (Tenpyō 2.3.13) (730):122.

[140] Der Ausdruck *jūshin* für das Alter von 70 Jahren rührt von einem Ausspruch in den Analekten des Konfuzius her, wonach man mit 70 ganz seinem Herzen folgen kann (KKJ 1:1285, vgl. S. 93). Der Begriff wird allerdings normalerweise mit dem Zeichen KKJ Nr. 4831 geschrieben, und nicht wie hier mit Nr. 12839.

[141] SNG (Wadō 6.5.7) (713):54, s.a. Snellen 1937:257. Da es in diesem Zusammenhang offenbar häufiger zu Problemen kam, indem die Pensionierungsbestimmung die Distriktvorsteher scheinbar der Willkür der Provinzbeamten aussetzte, wurde einige Zeit später allgemein festgesetzt, 70jährige oder ältere Personen sollten erst gar nicht zu Distriktvorstehern ernannt werden (SNG (Tenpyō 6.4.26) (734):134).

Ist die Zeit der purpurnen Blüten vorüber, fallen die gelben Blätter ab,
so kennen Bäume und Gräser die Farben des Frühlings wie die traurigen Töne des Herbstes.
Zuerst knüpft der Mensch als Beamter das Siegelband, später dann legt er die Amtskappe ab,
so löst in einem Menschenleben der Jugend Ungestüm die Langmut des Alters.[142]

7.2.5. Drohender Verlust von Einfluß und Macht im hohen Alter

Es mag daher kein Zufall sein, daß gerade einer dieser Adeligen, die der Norm zum Trotz bis ins Greisenalter immer weiter an ihrem Amt klebten, Fujiwara no Akimitsu, einen üblen Ruf in der Nachwelt haben sollte und daß in der Belletristik gerade solchen Adeligen, die zu lange und trotz ihrer Altersgebrechen an ihrem Amt festhielten, eine Reihe von Mißgeschicken passieren, die sie lächerlich dastehen lassen, oder daß sie als Personen von schlechtem Charakter gezeichnet werden. So berichtet etwa das *Konjaku monogatari* von einem alten Adeligen, der, obwohl zu schwach, um noch sein Haus zu verlassen, weiterhin das Amt eines Stadtvorstehers ausübte und aufgrund des Mißgeschicks eines Untergebenen, der offensichtlich seine Bresthaftigkeit ausnutzt, um sich bei ihm zum eigenen Vorteil einzuschmeicheln und sich unverzichtbar zu machen, letztendlich das Gesicht verliert:

Es ist nun schon lange her, da lebte ein alter Prinz (*furukindachi*), den man den Stadtvorstand der Linken Stadt Soundso nannte. Dieser war alt (*toshi oite*) und überaus senil (*imijiku furumekashikereba*), und so ging er üblicherweise niemals aus, sondern lebte ganz zurückgezogen in seinem Haus in der einsamen Unterstadt. Als Sakan in seinem Amt war zu dieser Zeit ein Mann namens Ki no Mochitsune tätig. Dieser wohnte in Nagaoka. Eben weil er als Sakan im Amt des Stadtvorstandes tätig war, suchte er den Stadtvorstand von Zeit zu Zeit auf und tat ihm schön.

[Als er sich eines Tages gerade im Haus des Fujiwara no Yorimichi aufhält und dort große Menge getrockneten Fischs einlangen, überredet er einen Bediensteten, doch drei solcher Fischrollen für ihn beiseite zu legen. Als er wenig später zum Stadtvorstand kommt und sieht, daß dieser gerade Gäste hat, aber nichts Ordentliches, um sie zu bewirten, bietet er an, die Fischrollen holen zu lassen. Freudig stimmt der Stadtvorstand zu. Als Mochitsune dann unter viel Getue vor den Gästen die Rollen aufschneidet, fallen nichts als alte Sandalen heraus, sodaß die Gäste schließlich die Freude an dem Mahl verlieren und einer nach dem anderen das Haus verlassen.]

Da sprach also der Stadtvorstand: „Daß dieser Mann von Grund auf etwas verrückt war, das wußte ich wohl; doch da er mich ja, weil ich sein Vorgesetzter bin, immer wieder aufsuchte, konnte ich ihn ja nicht gut abweisen, wenngleich ich ihn noch nie besonders mochte. Doch was soll jetzt nach einem solchen Vorkommnis nur geschehen? Hat man erst einmal Pech, dann ergeht es einem beim geringsten Anlaß so! Ach, wenn die Leute erst von dieser

---

[142] WR (726):237. Bereits im *Honchō monzui* 5 in einem von Sugawara no Fumitoki für Fujiwara no Saneyori verfaßten Rücktrittsgesuch erwähnt.

Geschichte erfahren haben werden, wie werden sie dann über mich lachen und bis ans Ende meiner Tage sich darüber die Mäuler zerreißen!" So redete er in einem fort, blickte gen Himmel und seufzte zu Tode betrübt: „Ach, was für eine Schande! In meinem Alter (*oi no nami*)!"[143]

Wie wenig Seniorität und Hierarchie in der Heian-Zeit miteinander zu tun hatten, geht auch deutlich aus der folgenden Passage des *Makura no sōshi* hervor, in der Sei Shōnagon das Treiben im Palast vor den Gouverneursernennungen beschreibt und dabei die selbstsichere Zuversicht der mächtigen jungen Bewerber in Gegensatz zu ihren allseits nach Unterstützung suchenden betagten Gegenspielern stellt. Deutlich zeigt sich daran, daß die betagten Beamten nicht nur nicht mehr, sondern sogar eher weniger Chancen hatten, einen guten Posten zu ergattern:

Wie amüsant ist doch das Treiben im Palast um die Zeit der jährlichen Gouverneursernennungen! Trotz Schnee und Frost kommen und gehen die Kandidaten mit den Bewerbungsschreiben unter dem Arm. Die im vierten oder fünften Rang und jung an Jahren sind, geben sich meist sehr zuversichtlich, doch die Alten (*oite*) und Weißhaarigen (*kashira shiroki nado ga*) bemühen sich allseits um Protektion, sie treten sogar an die Palastdamen heran und tun alles, sich ihnen anzupreisen. Sie erreichen damit zwar nur, daß die jungen Damen sie nachäffen und sich über sie lustig machen, aber wie sollten sie das wissen? „Habt doch die Güte, dem Tenno dies, dem Prinzen jenes zu übermitteln", so reden sie fortwährend, und gelingt es ihnen tatsächlich, [den ersehnten Posten] zu ergattern, so ist's ja gut; doch gehen sie leer aus, so sind sie wirklich arm dran.[144]

Und etwas später beschreibt sie, wie die Gefolgsleute dieser Adeligen aus der Schicht der Provinzgouverneure ebenfalls keine Chance mehr haben, anderswo zu Ehren zu kommen, wenn sie erst einmal im Dienst bei einem Herren alt geworden sind, während dies ihren jüngeren Genossen durchaus möglich ist.[145] Das *Sarashina nikki* schildert wie ein Beamter aus der im Verhältnis zu dem bis jetzt beschriebenen Hofadel niederen Schicht der Provinzgouverneure, der Vater der Autorin, nachdem er das eine ums andere Mal in seinen politischen Ambitionen durch die Zuerkennung von anderen Provinzen als den erhofften frustriert worden ist, im Alter schließlich allgemein aus dem öffentlichen Leben ausscheidet, und zwar, wie zu vermuten ist, weil er nun noch weniger als früher damit rechnen kann, seine Erwartungen erfüllt zu sehen:

[Der Vater der Autorin ist aus der Provinz, in die er als Gouverneur bestellt worden war, zurückgekehrt.]
Noch grenzenloser als damals bei der Trennung, von der mein Vater gemeint hatte, sie sei eine für immer, war nun meine Freude über das lang erhoffte, glückliche Wiedersehen.

---

[143] KM V (28/30):99—102.

[144] MS (3):46, s.a. Watanabe 1952:32—33.

[145] MS (25):67; vgl. S. 328.

Doch mein Vater sagte nur: „Ich stand zwar wohl früher hoch über anderen Menschen, doch nun bin ich alt und verbraucht (*oiotoroete*) und habe eingesehen, daß es keinen Sinn hatte, draußen in der Welt nach Amt und Würde zu streben. So will ich von nun an ganz zurückgezogen leben." Wie er mir so von seinen Gefühlen und wie die Welt ihren Reiz für ihn verloren hatte, erzählte, da war ich ganz niedergeschlagen.[146]

Funya no Yasuhide wiederum drückt in einem Gedicht Verwunderung darüber aus, daß es ihm trotz seines fortgeschrittenen Alters noch gegönnt sein sollte, in der Gunst der Mutter des Kronprinzen zu stehen:

Verfaßt, als die Kaiserin vom Nijō, damals noch Harunomiya no Miyasundokoro genannt, ihm eine aus dem Holz des *medo*[147] geschnitzte Blüte zeigte und ihn ein Gedicht dazu verfassen ließ

S'ist zwar kein blühendes Gehölz,	*Hana no ki ni*
nichts desto trotz erblüht.	*arazaramedomo*
Ob nun die Zeit der Früchte ist,	*sakinikeru*
und ich im Alter noch	*furinishi ko no mi*
zu Ehren komme?	*naru toki mogana*[148]

Daß fortgeschrittenes Alter und damit einhergehende Senilität auch für jene Staatsmänner, die schon oder noch in Amt und Würde waren, zu Einbußen in Einfluß und Macht führen konnten, das legt auch eine Passage des *Ochikubo monogatari* nahe, in der die Verwunderung aller darüber geschildert wird, wie es dem Vater der Heldin, dem alten Mittleren Rat, denn nur gelungen sein könnte, trotz seiner Senilität einen so einflußreichen Mann wie den Oberkabinettsrat zum Schwiegersohn zu bekommen:

„Wie war es dem Mittleren Rat, der doch schon seit Jahren ganz senil geworden ist (*shiimadoitamaeru*), nur möglich, einen so einflußreichen Mann zum Schwiegersohn zu bekommen? Was für ein glücklicher Mann er doch ist!", wunderten sie sich. Wie der Oberkabinettsrat da mit seinen gerade 20 Jahren in prächtiger Aufmachung hoheitsvoll einherging, um sich um allerlei zu kümmern, da ward der Mittlere Rat von Stolz und Glück erfüllt und in seiner Senilität (*oigokochi*) weinte er Tränen des Glücks.[149]

Der alte Mittlere Rat hat in dieser Erzählung nicht nur mitansehen müssen, wie ein wesentlich jüngerer Mann, der von seinem Alter her gesehen auch sein Sohn hätte sein können, bereits eine höhere Stellung als er selbst

---

[146] SN:509, s.a. Hammitzsch 1966:53.

[147] *Medohagi*, ein mehrjähriges Kraut der Familie der Leguminosen. Die Silben *medo* finden sich in *arazaramedomo* im Gedicht wieder, weswegen es auch im Kapitel der Gedichte über ein bestimmtes Wort aufgenommen ist (KKS:195 A).

[148] KKS (10/445):195, s.a. Rodd und Henkenius 1984:176. In *ko no mi* überlagern sich die Bedeutungen von *ko no mi*, ‚Früchte des Baumes', und *kono mi*, ‚ich', wobei sich *furinishi* auf diese zweite Bedeutung bezieht (KKS:195 A). Funya no Yasuhides Lebensdaten sind nicht bekannt, doch müßte das Gedicht zwischen 868 und 876 entstanden sein, da von Miyasundokoro als der Mutter des Kronprinzen, des späteren Yōzei Tennō, die Rede ist.

[149] OM:197–198, s.a. Whitehouse und Yanagisawa 1970:208.

einnimmt. Er muß sich noch glücklich schätzen, einen solchen Mann wenigstens zum Schwiegersohn bekommen zu haben, was ihm aufgrund seiner Senilität keiner mehr zugetraut hätte. Freilich ist auch dieser sein gesellschaftlicher Erfolg in Wirklichkeit gar nicht ihm selbst zuzuschreiben, er verdankt ihn im Gegenteil einzig und allein seiner Tochter, die sich der Oberkabinettsrat ja unabhängig von ihrem Vater und recht eigentlich sogar gegen dessen Willen zur Frau erkoren hat.

Auch die Figur des Kanemasa aus dem *Utsuho monogatari* hat damit zu kämpfen, daß ihm aufgrund seiner Herkunft und seiner persönlicher Qualitäten wohl in seiner Jugend eigentlich eine glänzende Karriere bevorgestanden wäre, er nun aber mit fortschreitendem Alter immer mehr einsehen müsse, daß es mit seiner Macht und seinem Ansehen nicht weit her ist; für ihn hat das fortgeschrittene Alter ebenfalls nicht den politischen Aufstieg gebracht, den er sich in der Jugend erwartet oder erträumt hatte[150]. Das *Eiga monogatari* beschreibt in der Figur des Fujiwara no Akimitsu einen betagten Staatsmann, der obgleich bis in ein sehr hohes Alter immer weiter in Amt und Würde, einem jüngeren Gegenspieler, seinem Vetter Michinaga, unterliegt und nichts mehr weder gegen diesen noch für sich selbst und seine Nachkommen vermag:

Die Trauerperiode verbrachte er traurig und einsam, und Koichijōin fühlte tiefes Mitleid mit ihm. Wenn er kurz seine Trauer vergaß, sah er die Kinder. „Wenn ich an meine Enkelkinder denke, glaube ich, daß ich mein Leben noch verlängern könnte. Sollte ich in meiner Fürsorge für euch Fehler machen?" sagte er in pathetischer Haltung. „Wenn die Trauerzeit vorbei ist, sollen die Kinder zu mir gebracht werden," bestimmte er. Seine Frau war zu ihrer Tochter gezogen, die der Kaiserin diente, und hatte ihr das Erbe übergeben, und so verbrachte er die Tage einsam und traurig. Als die Zeit für den Dienst des 49. Tages kam, traf Koichijōin alle Vorbereitungen. Es war Zeit, die Tributzahlungen einzusammeln, die Akimitsu gefordert hatte, aber gerade jetzt hatte für alle die Buddha-Halle von Michinaga Vorrang, und sie dachten nicht an die Forderungen von einflußlosen Orten. Und so war Akimitsu gänzlich von Koichijōin abhängig und war wie ein Kind – ein bemitleidenswerter Zustand. Die Enkelkinder, die von dem alten, senilen (*oihokete owasuru*) Minister abhängig waren und in ihn ihr Vertrauen setzten, hatten ein trauriges Schicksal und schienen wirklich erbarmenswert.[151]

Natürlich handelt es sich bei Fujiwara no Akimitsu nicht um einen beliebigen alten Staatsmann, dessen Machtverlust hier beschrieben würde. Akimitsu war der direkteste Rivale von Fujiwara no Michinaga, der Akimitsu gern als Dummkopf erscheinen ließ[152] und um dessen Macht und Glanz das *Eiga monogatari* sich zum Großteil dreht. Daß gerade in einem solchen

---

[150] UM III:388; vgl. S. 302.

[151] EM II:27f., s.a. McCullough 1980:519f.

[152] Vgl. S. 209, FN 137.

Werk die Hinfälligkeit und der Machtverlust des Akimitsu breit ausgewalzt wird, mag daher nicht unbedingt mit einer allgemeinen Mißachtung solcher betagter Staatsmänner zu tun haben[153]. Dennoch gilt, daß seine Seniorität und sein fortgeschrittenes Alter Fujiwara no Akimitsu nicht davor bewahrten, seinem jüngeren Rivalen Michinaga zu unterliegen, und daß seine zum Scheitern verurteilten Bemühungen, seinen Einfluß als betagter Mann gegenüber Michinaga geltend zu machen, ihn im Urteil der Zeitgenossen nur noch lächerlicher machten und von den Beobachtern mit seiner Senilität in Zusammenhang gebracht wurden. Die Vorstellung vom alten Staatsmann, der aufgrund seiner Senilität nicht mehr in der Lage ist, den Einfluß auszuüben, den er sich erwünscht, scheint ein durchaus gängiges Motiv gewesen zu sein.

7.3. Zusammenfassung

Das politische System der gesamten uns hier beschäftigenden Periode war sicherlich von vornehrein nicht dazu angetan, Formen einer reinen Gerontokratie hervorzubringen. Politische Macht beruhte im wesentlichen auf familiärer Macht, und nicht primär auf dem Alter einer Person. So stand an der Spitze des Staates der Tenno als das Oberhaupt des Tenno-Klans, der seine Vorherrschaft über die anderen mächtigen Klans des Landes behauptet hatte, und ihm zur Seite als die wesentlichsten Staatsmänner die Oberhäupter eben dieser Klans. Die Macht im Staat gründete sich daher auf die Macht innerhalb dieser einzelnen Familien, wodurch dem Erbrecht eine zentrale Bedeutung für die Bestimmung der Hierarchie zukam. Bis ins 7. Jh. scheint es zumindest teilweise üblich gewesen zu sein, daß jüngere Brüder bei dessen Tod in das Amt des Klanoberhauptes nachfolgten, was eine Abfolge von Männern in zumindest fortgeschrittenem Alter in diesen auch politisch wichtigen Ämtern bedingt haben dürfte. In den Berichten über diese Periode bezeichnen sich die wichtigen Staatsmänner in Ausübung ihres Amtes denn auch häufig als Alte und stehen den Herrschern als Berater auch als Gruppe in der Art von Ältestenräten oder gar als Legitimatoren zur Seite. Als sich aber die Nachfolge durch einen Sohn durchsetzte, der nicht unbedingt der erstgeborene sein mußte, ein Prozeß, der spätestens in der Nara-Zeit abgeschlossen war, aber bereits viel früher eingesetzt hatte, stand der Weg zur Macht auch jüngeren Männern offen. Mit der Einführung der *Ritsuryō* und eines Beamtenstaates nach chinesi-

---
[153] Sieffert 1978:xvii–xviii.

schem Muster wurden die Adeligen zwar einem System von Hofrängen und -ämtern unterworfen, doch blieben diese durch das System der Schattenränge großteils erblich. Dennoch bewirkte der Einfluß, den die Tenno und die oberste Spitze der Regierung auf die Zusammensetzung dieser Beamtenschaft ausüben konnten, daß in die obersten Ämter vorwiegend solche Männer berufen wurden, die über längere Zeiträume hinweg ihre Loyalität und Effizienz bewiesen hatten, sodaß zumindest auf Ministerebene von einer gewissen gerontokratischen Tendenz gesprochen werden kann. Insbesondere während der Heian-Zeit scheint aber das Zusammenspiel zweier Faktoren zu einer zunehmenden Altersindifferenz bei der Vergabe der hohen und höchsten Ämter geführt zu haben, in die immer jüngere Männer vorrückten. Dies war zum einen die Machtfülle der Fujiwara, denen ihre wirtschaftliche Macht erlaubte, die Tenno über weite Strecken zu gängeln und die meisten hohen Ämter unter sich aufzuteilen, und zum anderen die starke Konkurrenz, in der die einzelnen Familien des Hofadels zueinanderstanden, auch wenn sie demselben Klan angehörten. Beides zusammen bewirkte, daß alternde Adelige immer früher einen geeigneten Nachfolger unter ihren Söhnen wählten und diesen in immer jüngeren Jahren auf der Karriereleiter lancierten. Diesem Zweck konnten auch die als altersbedingt ausgegebenen Rücktritte von den höchsten Ämtern im Staat dienen, die in den *Ritsuryō* kodifiziert worden waren. Dem ‚rüstigen' Alten wurde aufgrund der ihm zugeschriebenen Erfahrung und der Kenntnis der geschätzten Traditionen, auch in Anlehnung an chinesische Vorbilder, in der Politik hoher Respekt gezollt, und das bloße kalendarische Alter zwang wohl keinen Adeligen zum Rücktritt. Doch spricht vieles dafür, daß sichtbare Zeichen fortschreitender Seneszenz im Physischen wie im Psychischen als Signal gewertet wurden, daß es an der Zeit sei, sein Amt abzugeben, beziehungsweise daß diese Schwächen sofort von politischen Rivalen zum eigenen Vorteil ausgenutzt wurden. Wenig konnte darüber ausgesagt werden, welche Rolle den alten Menschen in der politischen Organisation außerhalb des Hofadels und der Schicht der Provinz- und Distriktbeamten zukam, etwa auf dörflicher Ebene. Dort, wo es sich um staatliche Ämter handelte, dürften wohl die gleichen Aussagen gelten wie für andere Ämter. Wie die informelle Organisation auf Dorfebene aussah, darüber schweigen die im Rahmen dieser Untersuchung bearbeiteten Quellen beinahe vollends, mit Ausnahme weniger Passagen, die darauf schließen ließen, daß Dorfältesten die wichtige Aufgabe zukam, Streitigkeiten zu schlichten.

8. RELIGIÖSE ROLLEN ALTER MENSCHEN
8.1. Die Nähe der alten Menschen zum Heiligen

Als eine der wichtigsten Ursachen für die hohe Stellung, die die alten Menschen in der traditionellen japanischen Gesellschaft eingenommen hätten, wird im allgemeinen der Ahnenkult genannt, dem sowohl im Shintō als auch im japanischen Buddhismus eine wichtige Rolle zugekommen wäre. Den Ahnen, die als das Leben ihrer Nachkommen beherrschend gedacht worden wären, sei unbedingter Gehorsam zu leisten und ständiger Dienst zu erweisen gewesen. Diese Ehrfurcht vor den Ahnen hätte auch auf die alten Menschen als unter den lebenden Nachfahren diesen Ahnen am nächsten Stehende abgefärbt.[1] In der Folge soll der Frage nachgegangen werden, inwieweit sich eine solche Gottesnähe der alten Menschen in den Nara- und Heian-zeitlichen Quellen feststellen läßt und wie sie zu deuten ist.

8.1.1. Alte Menschen als *kami* in der einheimischen Religion
8.1.1.1. Götter in Gestalt alter Menschen in den frühen Mythen und deren Verbindung zu einzelnen Riten der Volksreligion

Tatsächlich erscheinen in den Mythen der einheimischen Religion alte Menschen als Verkörperungen von Gottheiten, und zwar bereits im theogonischen Teil von *Kojiki* und *Nihon shoki*, in der ersten Begegnung zwischen den Himmlischen Göttern und der Welt der Menschen, in der Mythe von Susanoo und wie er den achtköpfigen Drachen besiegte:

[Susanoo-no-mikoto] wurde verstoßen und stieg an den Oberlauf des Flusses Hi im Land Izumo herab, auf eine Stelle namens Torikami. Da kam ein Eßstäbchen den Fluß heruntergeschwommen. Da er deswegen dachte, daß es stromaufwärts Menschen gab, machte sich Susanoo auf die Suche nach ihnen. Da waren ein alter Mann (*okina*) und eine alte Frau (*omina*), die hatten ein junges Mädchen in ihrer Mitte und weinten. Er fragte sie: „Wer seid ihr?"
Der alte Mann antwortete: „Ich bin ein Kind der Erdgottheit (*kunitsukami*) Ōyama-tsumi-no-kami.[2] Mein Name ist Ashinazuchi. Der Name meiner Frau ist Tenazuchi. Der Name

---

[1] Vgl. etwa Palmore 1975:22—24.

[2] Oder „Ich bin eine Erdgottheit, ein Kind von Ōyama-tsumi-no-kami." Dieser ist eine in der Schöpfungs-Mythe von Izanagi und Izanami geborene Berggottheit (Philippi 1977: 552).

rer Tochter ist Kushinadahime."
[Susanoo] fragte weiter: „Warum weint ihr?"
Da antwortete [der Alte]: „Wir hatten ursprünglich acht Töchter. Aber der achtköpfige Drache von Koshi kam jedes Jahr und fraß sie. Wir weinen, weil jetzt wieder die Zeit ist, da er bald kommen wird."
„Wie sieht er aus?", fragte Susanoo und [der Alte] antwortete: „Seine Augen sind wie rote Hōzuki-Beeren; sein Körper hat acht Köpfe und acht Schwänze; auf seinem Körper wachsen Moos und Zypressen und Zedern. Er ist so lang, daß er acht Täler und acht Berggipfel umspannt. Wenn man seinen Bauch betrachtet, sieht man, daß überall Blut heraussickert."
Darauf sagte Haya-Susanoo-no-mikoto zu dem alten Mann: „Willst du mir deine Tochter geben?"
Dieser sagte: „Ich wage es kaum auszusprechen, doch kenne ich deinen Namen ja nicht."
Darauf sagte er: „Ich bin der Bruder von Amaterasu-ōmikami und bin gerade von den Himmeln herabgestiegen."
Darauf sagten Ashinazuchi und Tenazuchi: „Wenn das so ist, werden wir sie dir voll Ehrfurcht überlassen."
Darauf verwandelte Haya-Susanoo-no-mikoto das Mädchen in einen Haarkamm, den er sich in sein Haarbüschel steckte. Er sagte zu Ashinazuchi und Tenazuchi-no-kami: „Braut einen achtfachen Wein; errichtet einen Zaun und bringt acht Türen an diesem Zaun an. Bei diesen Türen bindet acht Plattformen aneinander und stellt auf jede dieser Plattformen ein Faß Wein. Füllt jedes dieser Fässer mit dem dicken achtfach gebrauten Wein und wartet."
Sie führten diese Vorbereitungen durch, wie er ihnen gesagt hatte, und wie sie warteten, kam der achtschwänzige Drache tatsächlich, wie [der alte Mann] gesagt hatte. Indem er je einen Kopf in ein Faß steckte, trank er den Wein; dann wurde er betrunken, legte sich nieder und schlief. Dann zog Haya-Susanoo-no-mikoto sein zehn Hände langes Schwert, das er an seiner Seite trug, aus der Scheide und hackte den Drachen in Stücke, daß der Hi-Fluß Blut wie Wasser führte.[3]

Viel ist über Etymologie und Bedeutung der Namen der beiden Gottheiten, die hier in Gestalt alter Menschen auftreten, spekuliert worden[4], doch

---

[3] KJ:85—89, s.a. Philippi 1977:88—90.

[4] Geschrieben sind sie mit den Ideogrammen *ashi*, ‚Fuß', *na*, ‚Name', möglicherweise von *nashi*, ‚fehlend', ‚nicht existent'; *tsuchi*, ‚Hammer', ein Element, das in den Namen vieler Gottheiten aufscheint und aus der Genitivpostposition *tsu* und *chi* (‚Geist', ‚elder') gebildet sein dürfte. Eine weitere Interpretation ist *nazu-chi*, ‚streichelnder Alter', also ‚Fußstreichelnder Alter' (Philippi 1977:458—459, 464). Der Name Tenazuchi wäre jeweils analog gebildet. Tatsächlich werden die beiden in der *Nihon shoki*-Version dieser Mythe Kushinadahime streichelnd dargestellt: „Da fand er einen alten Mann (*okina*) und eine alte Frau (*omina*). Zwischen sich hatten die beiden ein junges Mädchen, und sie weinten, während sie es streichelten..." (NS I:121—122, s.a. Aston 1956/1:52—53). Allerdings kommt dieses Streicheln Kushinadahimes nur in dieser einen Variante der Mythe vor, in manchen anderen ist es sogar unmöglich: in Variante 2 (NS I:124) heißt der männliche Gott Ashinazutenazu, und seine Frau Inada-no-miya-nushi-Susa-no-yatsu-mimi geht mit der Tochter, die geopfert werden soll, erst schwanger. In dieser wie in Variante 3 (NS I:126) ist außerdem kein Hinweis auf ein hohes Alter der beiden gegeben. Daniels (1959) meint daher, daß der Kompilator des *Nihon shoki* zwar an die Übereinstimmung der Namen mit der Handlung des Streichelns glaubte, ursprünglich die Bedeutung aber anders war, und der Name Ashinazuchi erst später analog zu einem früheren Namen Tenazuchi gebildet wurde. Diesen Tenazuchi

Götter in Gestalt alter Menschen in den einheimischen Mythen 455

dürften sie insgesamt im Zusammenhang mit einem Fruchtbarkeitsritus zu sehen sein.⁵ Allgemein drängt sich zu dieser Mythe die Assoziation zu gewissen, zum Teil noch heute zu beobachtenden Erntebittriten wie den *taasobi* zu Neujahr oder den *taue matsuri* im Fünften Monat des alten Kalenders auf, bei denen Figuren mit den Masken eines alten Mannes und einer häufig ebenfalls alten Frau prominent in Erscheinung treten und Tänze vollführen, um eine reiche Ernte zu beschwören.⁶ Die Beschreibung eines Heian-zeitlichen dörflichen *taue matsuri* im *Eiga monogatari* setzt eben ein solches Paar, nämlich einen alten Mann und eine diesem zugesellte Frau, als prominente Figuren dieses Festes ein:

---

identifiziert er mit der Gottheit, die im Tenaga jinja in der Provinz Nagano verehrt wird und von der es heißt, sie sei beauftragt gewesen, Wasser- und Speisepflanzen zu sammeln und auf hohen Gipfeln zu opfern. Daraus schließt Daniels, daß Tenazuchi ursprünglich ein göttliches Wesen benannte, das mit der Vorbereitung von Opfergaben betraut war.

⁵ Darauf deutet hin, daß Susanoo, als er kurz darauf in Suga in Izumo einen Palast (Schrein) bauen läßt, eben diesen Ashinazuchi zu sich ruft, ihm den Namen Inada-no-miyanushi-Suga-no-yatsu-mimi-no-kami verleiht und ihn zum Vorstand des Palastes ernennt (KJ: 85 und NS I:123). Sowohl dieser Name, dessen erster Teil etwa ‚Vorstand des Reisfeld-Schreins' bedeutet, als auch der Kushinadahimes (im *Nihon shoki* Kushi-inada-hime), der mit ‚Göttin des wunderbar fruchtbaren Reisfeldes' zu übersetzen wäre, weisen deutlich auf einen Zusammenhang mit einem Fruchtbarkeitskult hin, wie überhaupt die grundlegende Bedeutung der Mythe darin gesehen wird, daß sie einen Ritus widerspiegelt, bei dem durch die Verbindung der Schlange, die als Verkörperung der Erd- und Wassergeister zu sehen ist, und dem jungen Mädchen, das ihr geopfert wird, eine reiche Ernte beschworen werden sollte (NS I:121, A.21). Eine dieser Deutung entsprechende Interpretation der Namen Ashinazuchi und Tenazuchi geben Ueda und Ide: sie halten beide für Reisgötter; Ashinazuchi wäre eine verschliffene Form von *asa-ina-tsu-chi*, mit *asa* als abgewandelter Form von *oso*, ‚spät', ‚stumpf', und Tenazuchi von *to-ina-tsu-chi*, *to* im Sinn von ‚schnell', ‚scharf' (KNKB 1:109), und sie bedeuteten respektive ‚Geist des späten' und ‚des frühen Reises'.

⁶ Yamaori 1984:224. Als Beispiel ist etwa das *yukimatsuri* von Niino, Präfektur Nagano, zu nennen, bei dem zuerst nacheinander drei Götter auftreten, die die Masken von alten Männern tragen, *okina*, *matsukage* und *shōjikkiri* genannt; diese beten für die Fruchtbarkeit der Böden, ein langes Leben und Reichtum. Dann treten zwei weitere Personen mit den Masken eines alten Mannes und einer alten Frau auf, die eine Art erotischen Tanz aufführen. Ähnliches ist beim *taasobi* im Suwa-Schrein in Tōkyō, Itabashi-ku, zu sehen, bei dem ebenfalls zwei Männer auftreten, einer mit einer *okina*-Maske, der *tarōji*, der andere mit der Maske einer alten Frau, die *yasume*, die zum Zeichen einer Schwangerschaft einen dicken Bauch vor sich her trägt. Auch diese beiden zeigen einen erotischen Tanz (Misumi 1979:100—102) (vgl. die *Nihon shoki*-Variante der Mythe, in der Kushinadahime noch nicht geboren ist, sondern Tenazuchi erst mit ihr schwanger geht). Die Figur des *tarōji* dürfte ursprünglich den *taaruji*, den Besitzer des Feldes, die *yasume* eine dem Feldgott dienende Schamanin bezeichnet haben. Dieser *taaruji* stellt in gewisser Weise das volkstümliche Gegenstück zum *kannushi* bei religiösen Schreinzeremonien dar und ist wie dieser gleichzeitig der Leiter der Zeremonien rund um die Fruchtbarkeit der Felder sowie eine Verkörperung des Gottes, der über dieses Feld wacht (Blau 1966:376, A.113).

Da standen aufgereiht nebeneinander 50, 60 gar nicht unansehnliche junge Mädchen, die in weiße Gewänder gekleidet waren und ebenso weiße Schirmhüte trugen; die Zähne hatten sie schwarz gefärbt, und sie waren hübsch rot geschminkt. Der alte Mann (*okina*), der *taaruji* genannt wird, trug ein sehr seltsames Gewand und hatte einen zerrissenen großen Schirm, die Schnur seines Gewandes war nachlässig gelöst, und er trug hohe Geta. Eine seltsame Frau trug ein rotes Seidengewand, das durch sein Alter schwarz schien, und ihre weiße Schminke war fleckig. Auch sie hatte einen Schirm und trug hohe Geta. Dann wurden als *dengaku* von Leuten, die Trommeln um die Hüften trugen, die Flöte bliesen und Sasara dazu spielten, die verschiedensten Tänze aufgeführt und 10 Männer sangen mit stolz geschwellter Brust Lieder.[7]

Eine gottähnliche Figur, die wie der *taaruji* der dörflichen Feste und der Ashinazuchi der Mythe von einem alten Mann verkörpert wurde, begegnet nicht nur in den Erntebittfesten, sondern auch in ihrem Gegenstück, den Erntedankfesten, in einer Form, die ebenfalls Analogien zur Mythe hat. Bei dem innerhalb der shintoistischen Zeremonien der Heian-Zeit eine prominente Stellung einnehmenden *daijōe*, dem ersten Reichserntedankfest nach Inthronisation eines neuen Tenno, tritt ein *ina-no-mi-no-okina*, also ein ‚Alter des Reises', in Erscheinung, dem die *sakatsuko*, die für das Brauen des Opfersake zuständig war, sowie acht *sakanami* (Sakebrauerinnen), junge Mädchen, zugesellt waren. Zusammen mit diesen nahm er am Ausstechen des noch stehenden Reises teil und ging dann nach der *sakatsuko* voran, wenn der Reis für die eigentliche Zeremonie feierlich in die Hauptstadt gebracht wurde, wo ihm innerhalb des heiligen Areals ein Gebäude vorbehalten war[8]. Bemerkenswert ist, wie sehr diese aus *sakatsuko*, *ina-no-mi-no-okina* und *sakanami* gebildete Gruppe, der neben dem Herrscher die wichtigste Rolle bei dieser Zeremonie zukam, Ashinazuchi, Tenazuchi und deren acht Töchtern ähnelt.

---

[7] EM II:111. Bereits in der Heian-Zeit dürfte diese Figur des alten Mannes bei Fruchtbarkeitsriten Eingang in die professionelle Schaustellkunst, etwa die sich gerade entwickelnde *sarugaku*, gefunden haben. Eine Passage im *Unshū shōsoku*, die von einem Inari-matsuri in der Hauptstadt berichtet, schildert den Auftritt einer solchen Figur: „Außerdem gab es eine Darbietung der Sangaku. Unter anderem stellte man die Gestalten eines Ehepaares dar: einer übte einen schwachen Greis (*suiō*) [nachzuahmen] und spielte den Ehemann, ein anderer [eine andere?] stellte eine schöne junge Frau dar und spielte die Ehefrau. Anfangs führten sie lieblich [anzügliche?] Reden, schließlich kam es zur sexuellen Vereinigung. Unter den Zuschauern, Männern und Frauen aus der Hauptstadt, war keiner, der sich nicht [vor Lachen] das Kinn ausgerenkt hätte, dem nicht die Eingeweide zerrissen wären" (Blau 1966:192; Misumi 1979:106). Auch die Erwähnung eines *sakanmai no okinasugata* und einer verführerischen Miko in *Shin sarugaku-ki* (SSK:134, s.a. Blau 1966:337) erinnert an den beschriebenen Auftritt, doch liegen die Dinge hier komplizierter, da einerseits nicht eindeutig ist, ob die beiden gemeinsam oder getrennt auftreten und der Ausdruck *sakanmai no okinasugata* nicht geklärt ist (Blau 1966:211–213).

[8] Bock 1972:34, 35, 47.

Es ist somit sehr wahrscheinlich, daß dem alten Mann der Mythe die Figur eines alten Mannes, der den Gott des Reises verkörperte, bei Fruchtbarkeitszeremonien entspricht. Nicht so eindeutig zu beantworten ist hingegen die Frage, ob es sich dabei um einen realen alten Mann gehandelt hat oder, wie in vielen späteren Riten, um eine Figur, die mit der Maske eines alten Mannes auftrat.[9]

So wie Ashinazuchi und Tenazuchi sich Susanoo zwar als Götter zu erkennen geben, doch in der ganz spezifischen Ausprägung als Irdische Gottheiten und auch auf Erden[10], und nicht etwa im Himmlischen Takamanohara, begegnet ein anderer Irdischer Gott, der offenbar als alter Mann gedacht wurde, häufig im *Nihon shoki* in der Gestalt des Shio-tsutsu-no-oji, der zunächst dem Himmlischen Enkel Ninigi-no-mikoto und später dem Jinmu Tennō Land zuweist, über das er herrschen mag[11]. Dieser Shio-tsutsu-no-oji wird zwar als Kind der Himmlischen Gottheit Izanagi-no-mikoto bezeichnet, doch durch die Art seines Auftretens, das darin besteht, daß er Land zuweist, in dem er wohnt, offenbart er deutlich den Charakter eines Irdischen Gottes, der über einen Landstrich, den Kap von Kasasa, herrscht.[12] Wie aber bereits der Name dieses Gottes, der wohl soviel wie

---

[9] Der Reiskörnergreis des *daijōe* selbst wird in den Heian-zeitlichen Quellen nicht immer als Alter bezeichnet, sondern häufig einfach als *ina-no-mi-no-kimi*, ‚Herr der Reisähren', so im *Engishiki* sowie im *Midō kanpaku-ki*. Als *ina-no-mi-no-okina* findet er im *Gonki*, dem Tagebuch des Fujiwara no Yukinari über den Zeitraum 991—1011, in einer Eintragung für das Jahr 1011 sowie im *Nakatsukasa naishi nikki*, dem Tagebuch einer Kamakura-zeitlichen Hofdame der Jahre 1280—1292, Erwähnung (NKD 2:289). In diesem Werk, das bereits aus der Kamakura-Zeit stammt, wird er wie folgt beschrieben: „Der Reiskörnergreis (*ina no mi no okina*) hatte weiße Schläfenhaare und trug einen Bart lang bis zum Gürtel hinab, er sah aus, als sei er 100 Jahre alt, und trug Hofkleidung. Als ich ihn sah, reimte ich in meinem Herzen: ‚Der Reiskörnergreis,/ ist so ehrwürdig altes/ Schläfenhaar ist weiß./ Des Herrschers tausend Jahre/ sind ihm lange schon bewußt (*Ina no mi no/ okinasabitaru/ bin shiroshi/ kimi ga chitose mo/ kanete shirarete*)' " (Müller 1969:132—133; Text des Gedichtes nach NKD 2:289, Stichwort *ina-no-mi-no-okina*).

[10] Obwohl eine strenge Unterscheidung häufig nicht möglich ist (vgl. etwa Naumann 1988), stehen diese Irdischen Götter (*kunitsukami*) den *amatsukami*, also jenen Göttern, die dem System des Himmlischen Takamanohara angehören und zu denen auch Susanoo zählt, gegenüber als jene Götter, die zum irdischen System gehören (KJ:85, A.13). Verschiedentlich ist von ihnen angenommen worden, daß sie im Gegensatz zu den ‚Himmlischen Göttern', die hauptsächlich vom Yamato-Adel verehrt worden wären, im wesentlichen von den anderen Bewohnern Japans verehrt wurden. In vielen Stellen des *Kojiki* scheint das Wort *kunitsukami* auch ‚Gott des Landes' zu bedeuten, also im Sinne einer regionalen Gottheit oder einer, die in einer bestimmten geographischen Region wohnt und über diese herrscht (Philippi 1977:88, A.2).

[11] NS I:156—157 und 189; vgl. S. 392f.

[12] Yamaori 1984:127.

‚Geist der Gezeiten' bedeuten dürfte[13], besagt, erstreckt sich seine ‚Herrschaft' auch auf das dieses Gebiet umgebende Meer, sodaß er sich auch als Gott der Seewege entpuppt.[14] So ist es der gleiche Shio-tsutsu-no-oji, der in der Yama-no-sachi-Mythe diesem dazu verhilft, zum Gott des Meeres zu gelangen und mit dessen Hilfe seinen Bruder zu bezwingen:

[Ho-no-susori-no-mikoto (Umi-no-sachi) und sein jüngerer Bruder Hiko-ho-ho-demi-no-mikoto (Yama-no-sachi) haben ihre Talente ausgetauscht, doch keiner kann etwas damit fangen. Der ältere gibt dem jüngeren Pfeil und Bogen zurück, doch der jüngere hat den ihm gegebenen Angelhaken verloren, und der ältere will nur diesen, und nicht die neuen, die ihm sein Bruder macht.]
Hiko-ho-ho-demi-no-mikoto wußte nicht, wo er danach suchen sollte und tat nichts als jammern und sich grämen. Als er so ging, kam er an den Meeresstrand. Dort war ein alter Mann (okina), der sich plötzlich zeigte und seinen Namen als Shio-tsutsu-no-oji nannte. Er fragte: „Wer bist du? Warum jammerst du hier?" Hiko-ho-ho-demi-no-mikoto erzählte ihm alles. Der alte Mann (oji) nahm darauf einen Kamm aus dem Sack und warf ihn zu Boden. Darauf verwandelte sich dieser in einen 500-stämmigen Bambuswald. Diesen Bambus schnitt er, machte daraus einen grobmaschigen Korb, setzte Ho-ho-demi-no-mikoto hinein und senkte ihn ins Meer. [Yama-no-sachi gelangt so zum Palast des Meergottes Wata-tsu-mi.][15]

---

[13] *Shio* ist ‚Gezeit'. *Tsutsu* bedeutete ursprünglich Korn, dann Funken, Sternstaub, sodaß Shio-tsutsu einen Gott der Gezeiten und Sterne und damit der Seefahrt meinen könnte. „Daß der Gott der Seefahrt als alter Mann auftritt, liegt vielleicht daran, daß es außer Alten niemanden gab, der über solch ein reiches Wissen verfügte" (NS I:158—159, A.22). Im *Kojiki* heißt er Shiozuchi-no-kami. Zu *tsuchi/zuchi* vgl. S. 454, FN 4.

[14] Wie verbreitet die Vorstellung war, gerade jene Gottheiten, die etwas mit dem Meer zu tun haben, würden in Gestalt alter Männer auftreten, zeigt sich daran, daß sie in nicht religiösem Kontext auftaucht, in der folgenden Passage des *Ōkagami*: „[Als Sukemasa, ein berühmter Kalligraph, in die Hauptstadt zurückkehren will, wird das Wetter schlecht. Im Traum zeigt sich ihm eine Gottheit, die erklärt, sie habe das Wetter beeinflußt, um Sukemasa dazu zu bringen, ein Bild für ihren Schrein zu malen.] Sukemasa fragte, wer er sei, und er sagte: ‚Ich bin der alte Mann (okina), der in Mishima in dieser Bucht wohnt' " (ŌK:86—87, s.a. McCullough 1980:108). Bei dem Schrein handelt es sich um den Hauptschrein der Provinz Iyo (heute Ehime-ken), Ōyamatsumi jinja auf Ōmishima, in dem der Gott Ōyamatsumi-no-kami verehrt wird und der bereits im *Engishiki* erwähnt wird (ŌK:450, A.29). In einer von Imai Jikan im *Manyōi* als Fragment des *Bizen no kuni no fudoki* angesehenen Textstelle des *Honchō jinjakō*, einer Schrift über Schreine in Japan von Hayashi Razan, die sich bereits im Reisetagebuch *Rokuonindono Itsukushima mōde no ki* von 1389 finden soll, von der allerdings fraglich ist, ob sie tatsächlich in dieser Form in dem alten *Fudoki* stand, tritt der Gott von Sumiyoshi am Meer in Gestalt eines alten Mannes auf: „Als das Schiff der Kaiserin Jingū Kōgō auf dem Meer an der Küste von Bizen vorbeifuhr, war da ein großer Stier, der auf sie zukam und das Schiff zum Kentern zu bringen versuchte. Der Gott von Sumiyoshi verwandelte sich darauf in einen alten Mann, packte den Stier bei den Hörnern und warf ihn um" (FDK:486).

[15] NS I:168—169, s.a. Aston 1956/1:96. Die Mythe wird im *Nihon shoki* in einer Reihe von Varianten wiedergegeben, wobei die hier interessierende Passage, die nur dem Anfang der Mythe um Yama-no-sachi entspricht, kaum Unterschiede aufweist.

Kamata Tōji interpretiert diese Erzählung als Schilderung eines Initiationsritus. Shio-tsutsu-no-oji, der Yama-no-sachi zum Palast des Meergottes und damit zu den magischen Schätzen *shiomitsutama* und *shiofurutama* (Flutsinke- und Flutsteigejuwel) verhilft, wird als alter Mann gezeichnet, der einen jungen einen rituellen Tod und eine ebensolche Wiedergeburt vollziehen läßt. Durch die Weisheit und übernatürlichen Kräfte des Alten gelingt es dem Jungen, die Erfahrung der jenseitigen Welt zu machen und von dort mit magischen Kräften ausgestattet zurückzukehren, die es ihm erlauben, im diesseitigen Leben zu bestehen[16].

Das *Nihon shoki* kennt, bereits im Abschnitt der Herrscherannalen, noch zwei weitere Episoden, in denen ein irdischer Gott die Gestalt eines alten Menschen annimmt, wobei allerdings eine Verwandlung vonnöten ist. Während die eine keinen Aufschluß darüber gibt, wie diese Verwandlung von statten geht[17], wird sie in der zweiten durch eine Verkleidung bewirkt. Als Jinmu Tennō auf seinem Vormarsch durch Japan von schein-

---

[16] Kamata 1988:26. Eine ähnliche Struktur weist eine spätere buddhistisch geprägte, märchenhafte Erzählung des *Konjaku monogatari* auf, in der der Drachenkönig Ryūō, der ja eine enge Verbindung zum Meergott und zur Totenwelt hat und in diesem Fall in der Tiefe eines Sees haust, ebenfalls als alter Mann in Erscheinung tritt: „[Ein junger Mann hat eine kleine Schlange freigekauft und bei einem Teich freigelassen. Kurz darauf erscheint eine junge Frau, die sich bei ihm bedankt, ihr das Leben gerettet zu haben. Sie führt ihn auf den Grund des Teichs zu ihrem Vater, dem Drachenkönig Ryūō, der ihm zur Belohnung ein Stück Gold schenkt, das immer wieder nachwächst, wenn man einen Teil abbricht. Das Zusammentreffen mit dem Drachenkönig wird wie folgt beschrieben:] Als [der junge Mann] gerade dachte, er müsse wohl im Paradies angelangt sein, da kam ein überaus würdevoller, ehrfurchterregender, etwas über 60 Jahre alter Mann (*toshi musoji bakari naru hito*) mit langen Haaren in prächtigen Gewändern hervor" (KM III (16/15):452, s.a. Tyler 1987:268). Mit diesen Gottheiten die enge Verbindung vom Wasser und zur Totenwelt teilt der Wassergeist, der sich in einer *Konjaku monogatari*-Legende in Gestalt eines gebrechlichen alten Mannes zeigt, um in den Überresten eines verfallenen Palastes sein Unwesen zu treiben: „[Im ehemaligen Palast des Exkaisers Reizei taucht des Nachts regelmäßig ein alter Mann auf, der über die Gesichter der dort Schlafenden streicht, bevor er in einem Teich verschwindet. Ein Mann beschließt, ihn zu stellen, und es gelingt ihm, ihn zu fesseln.] Da konnte man einen nur etwa drei Fuß hohen kleinen alten Mann (*okina*) erkennen, der in ein hellgelbes Gewand gekleidet war, und nun, da er gefesselt war, aussah, als würde er gleich seinen letzten Atem aushauchen, und wie geblendet blinzelte. [Der Alte bittet um ein Faß mit Wasser, in das er springt. Daran, daß er sich in Wasser auflöst, wird deutlich, daß er ein Wassergeist war]" (KM IV (27/5):483–484, s.a. Tyler 1987:264–265).

[17] Die Stelle lautet: „In Befolgung dieses Befehls nahm Otokimi eine Gruppe Männer mit sich und machte sich auf den Weg nach Kudara. Als er dort angekommen war, da nahm ein irdischer Gott die Gestalt einer alten Frau (*omina*) an und erschien ihm plötzlich auf dem Weg. Otokimi fragte sie, ob das Land Silla weit oder nah sei. Die alte Frau antwortete: ‚Wenn du noch einen Tag weitergehst, wirst du dort ankommen.' Otokimi dachte sich, daß der Weg lang sei und kehrte zurück, ohne Silla angegriffen zu haben" (NS I (Yūryaku 7): 475, s.a. Aston 1956/1:349).

bar unbezwingbaren Feinden gestoppt wird, nimmt Shihinetsuhiko[18] mithilfe einer Verkleidung die Gestalt eines alten Mannes an und verhilft dem Tenno so auf magische Weise zum Sieg:

[Dem Tenno sind im Traum Gottheiten erschienen und haben ihm befohlen, Erde vom Berg Kagu zu holen, dann würde er seine Feinde besiegen können.]
Darauf ließ er Shihinetsuhiko ein schäbiges Gewand, einen Strohhut und einen Regenumhang (*minokasa*) umnehmen und sich so als Alten (*okina*) verkleiden. Dem jüngeren Bruder Ukashi ließ er eine Worfel (*mi*) umnehmen und sich damit als alte Frau (*omina*) verkleiden. Dann sagte er ihnen: „Geht ihr beide bis zum himmlischen Berg Kagu, nehmt heimlich Erde von seinem Gipfel und kehrt damit zurück. An euch werde ich voraussehen, ob mein Vorhaben gelingen wird oder nicht. Tut euer Bestes."
Die Armee des Feindes füllte die Straße und machte ein Durchkommen unmöglich. Da stieß Shihinetsuhiko eine Beschwörung aus und sagte: „Wenn es unserem Herren möglich sein wird, dieses Land zu unterwerfen, so laß sich die Straße, auf der wir gehen müssen, wie von selbst auftun. Wenn nicht, so laß die Banditen uns sicher aufhalten." Nachdem sie das gesagt hatten, gingen sie weiter. Die Feinde lachten laut, als sie sie sahen, und sagten: „Was für unansehnliche Alte (*ana miniku okina omina*)!" Alle auf einmal verließen sie die Straße und ließen sie durch. So konnten sie bis zu dem Berg gelangen, nahmen die Erde und kehrten zurück.[19]

Sowohl der *kasamino* als auch das *mi*, die dazu dienen, die beiden jungen Götter in einen *okina* („alten Mann") und eine *omina* („alte Frau") zu verwandeln, sind Gegenstände, die in der japanischen Folklore in enger Verbindung zu magisch-religiösen Praktiken stehen. Insbesondere das Tragen des *kasamino* rückt diese Episode in enge Nähe zu Riten der Volksreligion, die zu Neujahr abgehalten werden und bei denen mit solchen *kasamino* bekleidete Männer die Häuser der anderen Dorfbewohner aufsuchen, wobei die Worte, die sie sprechen, als heilige Segensworte oder Omina für das bevorstehende Jahr betrachtet werden. Ein solcher Ritus, der in Yakujima zelebriert wird und bei dem die Verkleidung aus besagtem *kasamino* und Masken besteht, die Gesichter alter Männer mit langen weißen Bärten darstellen[20], hat eine noch frappierendere Ähnlichkeit mit der Mythe. Diese Riten sind im allgemeinen in Zusammenhang mit dem Glauben an die *marebito*, Besucher aus dem Jenseits, gebracht worden, die zu bestimmten Anlässen in die Dörfer kämen, um die Lebenden zu segnen. Der Gegenstand, der dazu dient, Shihinetsuhiko in einen *okina* zu verwandeln, der *kasamino*, ist ident mit dem, den Susanoo trug, als er aus Takamanohara

---

[18] Es handelt sich um den als Irdischen Gott bezeichneten Uzuhiko, den Jinmu Tennō bei seinem Vormarsch nach Osten in der Bucht von Watanoura fischend angetroffen hatte und der ihm beim Übersetzen behilflich gewesen war, wofür ihm der Name Shihinetsuhiko verliehen worden war, der also wieder die enge Beziehung zum Meer mit dem erwähnten Shio-tsutsu-no-oji teilt.

[19] NS I (Jinmu, Vorspann):199—201, s.a. Aston 1956/1:120.

[20] Vgl. dazu etwa Mitani 1965:273—274.

in das *nenokuni* oder den japanischen Hades verbannt wurde[21]. Durch den *kasamino* erhielt dessen Träger also eben jenen unirdischen Charakter eines Reisenden aus fernen Regionen, der Welt der Menschen fremd, was gleichzeitig auch darauf hinzudeuten scheint, daß der *okina*, der alte Mann als Verkörperung einer Gottheit, ebenfalls als ein Wesen mit solchen Eigenschaften gesehen wurde.

8.1.1.2. *Kamusabu*: Altwerden als Gottähnlich-Werden und die Nähe der alten Menschen zu den Totengeistern

Diese Wesensverwandtschaft oder Nähe der Alten zu den Totenseelen, wie sie durch den *kasamino* veranschaulicht wird, zeigt sich auch an dem Wort *kamusabu*, verschiedentlich auch *kamubu*, in seiner Verwendung etwa im *Manyōshū*. Wörtlich ‚sich gehaben wie ein Gott' bedeutend, wird es im *Manyōshū* ebenso gebraucht, um den Prozeß der Verwandlung einer Totenseele in einen Gott[22] zu beschreiben, wie als Synonym für das Altern von Menschen und Dingen[23]. Diese lexikalische Verwandtschaft dürfte im Zusammenhang mit dem Glauben des japanischen Altertums bestehen, die Seelen der Menschen würden sich nach deren Tod entweder übers Meer oder in die Berge begeben und dort zu Göttern werden.[24] Innerhalb des Lebenszyklus sind es daher aber Menschen in der Altersphase, die auch aufgrund ihrer Todesnähe den Göttern am nächsten stehen. Der Mensch durchläuft die Stadien der Kindheit, der Jugend, des Erwachsenenalters und reift schließlich bis zum Alter heran, bis er über den letzten Wendepunkt, den der Tod darstellt, hinaus zum *kami* oder Gott wird.[25]

---

[21] Die betreffende Stelle lautet ungefähr so: Als Susanoo-no-mikoto verstoßen wird, regnet es stark, und er flicht grüne Gräser und macht daraus einen Strohhut und Regenumhang *kasamino*. Darauf bittet er die Götter um Unterkunft. Diese lehnen ab. „Seither ist es in der Welt so, daß Leute, die Strohhut und Regenumhang tragen, nicht in die Häuser anderer eintreten dürfen. Daß die, die dagegen verstoßen, diese Schuld begleichen müssen, ist ein altes überliefertes Gesetz" (NS I:118, s.a. Aston 1956/1:50).

[22] So z.B. in MYS I (3/420):201, s.a. MYS 1965:24, Nr. 65; vgl. dazu Mitani 1965:278.

[23] Vgl. MYS I (522, 762):253, 313 (vgl. S. 357), MYS II (1612):337 (vgl. S. 356), MYS III (1927, 2417):75 (vgl. S. 356), 173 (S. 356, FN 74).

[24] In *Manyōshū*-Gedichten etwa wird besungen, wie die Seele der Verstorbenen an einem erhöhten Platz, etwa einem Berg, göttlichen Sitz nimmt. Überall in ganz Japan gibt es daher heilige Berge, von denen viele mit einer Spitze, die etwa den Namen Amida-gatake trägt, und Tälern, die Hölle oder Sai no kawara heißen, eine Art von Mikro-Jenseits darstellen und den Kosmos nach dem Tod symbolisieren (Yamaori 1990:155).

[25] Yamaori 1990:155. Von einer solchen Gottheit, die in den Bergen als alter Mann erscheint, berichtet das *Shoku Nihongi*: „Der Ason im Folgenden 5. Rang Unterstufe berichte-

Vereinzelt ist auch in der Heian-zeitlichen Belletristik von alten Menschen die Rede, die eben aufgrund ihres gealterten Aussehens den jüngeren in einem göttlichen Licht erscheinen, von ihnen als gottähnlich empfunden werden. So ist etwa die Autorin des *Sarashina nikki* von dem uralten Aussehen einer alten Hofdame dermaßen beeindruckt, daß sie sie kurzfristig gar für eine Inkarnation der Göttin Amaterasu-ōmikami hält:

Diese Gelegenheit will ich nutzen, so dachte ich, und der Göttin meine Verehrung erweisen; so begab ich mich im hellen Mondenschein dieses Vierten Monats insgeheim dorthin. Da ich das Glück hatte, mit der Hakase no Myōbu[26] bekannt zu sein, half sie mir dabei, und wie ich sie da so im schwachen Schein der Lampe stehen sah, uralt (*asamashiku oikamusabite*) und Ehrfurcht gebietende Dinge sprechend, da erschien sie mir gar nicht mehr wie ein gewöhnlicher Mensch, nein, ich hatte den Eindruck, als ob die Gottheit selbst geruhte, mir zu erscheinen.[27]

Im selben *Sarashina nikki* ist noch eine weitere Person, ein Höfling, der nach Ise geschickt worden war, um der Schreinprinzessin dort den Gruß des Herrschers zu überbringen, vom Anblick der alten Schreindamen dort dermaßen beeindruckt, daß auch er sie für göttlich hält:

„...Da waren nun jene Damen, die schon zur Zeit des Enyū hierhergekommen waren: sie waren uralt (*ito imijiku kamusabi*) und sahen in ihrem altertümlichen Äußeren (*furumeitaru kewai*) ungemein würdevoll aus; sie erzählten Geschichten aus alten Zeiten und vergossen dabei so manche Träne; und wie man dann noch eine wohlgestimmte Laute hervorholte, da hatte ich längst nicht mehr den Eindruck, dies sei ein Geschehnis von dieser Welt..."[28]

8.1.1.3. Schamanische Rollen alter Menschen

Auch beim Helden des *Genji monogatari* erweckt der Anblick ältlicher Frauen gedankliche Assoziationen zu religiösen Dingen, wenn auch auf we-

---

te: Einst ging Yūryaku Tennō am Berg Katsuragi zur Jagd. Da war ein alter Mann (*okina*), der ihm jedesmal, wenn er etwas erlegt hatte, die Beute streitig machte. Da geriet der Tenno in arge Wut und verbannte jenen nach Tosa. In Wirklichkeit war es aber der Gott der Gegend, die die Ahnen beherrscht hatten, der die Gestalt eines alten Mannes angenommen hatte, den er auf diese Art und Weise ausgewiesen hatte. (Liest man in früheren Schriften nach, so kann man etwas Derartiges nicht finden.) Daraufhin schickte der Tenno Tamori aus, den Gott zurückzuholen und ließ ihn am ursprünglichen Ort verehren" (SNG (Tenpyō hōji 8.11.7) (764):312). Tatsächlich ist eine ähnliche Erzählung in *Nihon shoki*, Yūryaku 4.2. (Aston 1956/1:341–342) enthalten, nach der Yūryaku Tennō auf Jagd am Berg Katsuragi einem großen Mann begegnet, der sich ihm zunächst entgegenstellt, sich dann als der Gott Hitokotonushi-no-kami erweist und mit dem Herrscher Freundschaft schließt.

[26] Vermutlich handelt es sich um eine Palastdame, deren Vater oder älterer Bruder wohl ein Gelehrter war. Manchen Autoren zufolge könnte es sich auch um einen anderen Ausdruck für *joshi*, einen Palastdamenrang, handeln (SN:515, A.11).

[27] SN:515, s.a. Hammitzsch 1966:59.

[28] SN:519, s.a. Hammitzsch 1966:65.

sentlich negativere Weise. Als er im Hause Suetsumuhanas eine besonders alte Dienerin erblickt, die zudem auch überaus altmodisch angezogen ist, ist er belustigt und meint, so etwas könne es doch normalerweise nur im Naikyōbō oder im Naishi-dokoro geben[29], beides Orte im Palast, die eng mit religiösen Zeremonien verbunden waren. Am Naikyōbō einerseits unterrichtete man die *maihime* für die Gosechi-Tänze, im Naishi-dokoro wurde eine der Throninsignien, der Spiegel, aufbewahrt. Daß Genji hier an diese beiden Orte denkt, mag damit zusammenhängen, daß dort besonders die alten Palastdamen Dienst taten[30], was wiederum darauf hinzudeuten scheint, daß diese besonders mit religiösen Pflichten beauftragt wurden.

Diese besondere Nähe alter Frauen zu dem Göttlichen kam bereits in früheren Quellen zum Ausdruck, so in einem Erlaß aus dem Jahr 676, in dem sie von der sonst verpflichtenden, aus China übernommenen neuen Haarmode ebenso wie Priester und Schamanen ausgenommen wurden:

„Frauen im Alter von 40 Jahren oder mehr können ihr Haar hochbinden oder nicht, und rittlings oder quer im Sattel sitzen, so wie es ihnen beliebt. Eine Ausnahme wird für die Priester und Schamanen gemacht, die von der Regel, die Haare hochzubinden, ausgenommen sind."[31]

Daß eine solche Ausnahmeregelung überhaupt getroffen wurde, scheint darauf hinzudeuten, daß diese älteren Frauen unter Umständen wie Priester und Schamanen gewisse religiöse Funktionen zu erfüllen hatten, bei denen man der Tradition treu bleiben wollte und somit auch keine Änderung der Haartracht erzwingen wollte[32]. Worin die religiöse Funktion alter oder älterer Frauen in einem volksreligiösen Kontext bestanden haben mag, darüber gibt andeutungsweise die folgende Passage aus dem *Makura no sōshi* Aufschluß, in der von einer alten Frau die Rede ist, die um Hilfe bei der Herbeiführung des erhofften Kindersegens gebeten wird:

---

[29] GM I:254—255, s.a. Benl 1966a:204—205.

[30] GM I:255, A.22.

[31] NS II (Tenmu 13.4.5):462, s.a. Aston 1956/2:364. Im Abschnitt Tenmu 11.4.23 (674) war ein kaiserliches Edikt ergangen, wonach alle Männer und Frauen ihre Haare hochzubinden hatten und Frauen, im Gegensatz zu früher, nach chinesischer Art rittlings im Sattel sitzen sollten. Im Jahr Shuchō 1 (686) wurde es Frauen dann wieder völlig freigestellt, ihr Haar lose zu tragen (NS II:462, A.9—10).

[32] NS II:462, A.12. Noch deutlicher erscheint dieser Zusammenhang in einer Verordnung ähnlichen Inhalts aus dem Jahr 705, in der die alten Frauen in einem Atemzug mit Schreindienerinnen und Priesterinnen am Ise-Schrein genannt werden: „Allen Frauen im Reich, mit Ausnahme der Schreindienerinnen, der Dienerinnen im Großen Schrein von Ise und der alten Frauen (*omina*) wurde befohlen, ihre Haare hochgebunden zu tragen. (Eine solche Anordnung hatte es schon früher gegeben, sie wurde nun erneut getroffen)" (SNG (Keiun 2.12.19):23, s.a. Snellen 1934:223).

Obergescheites (*sakashiki mono*).
Die heutigen Dreijährigen.
Eine Frau, die um Kinder betet und sich dabei den Bauch reibt. Sie hat sich die für den Ritus notwendigen Dinge ausbedungen und will Gohei anfertigen. Dazu legt sie viele Schichten Papier aufeinander und will sie mit einem ganz stumpfen Messer zerschneiden, dabei sieht es nicht so aus, als könne sie damit auch nur ein einzige Lage durchschneiden; weil es aber doch Gohei werden sollen, da verzieht sie vor Anstrengung den Mund und drückt ganz fest auf, damit sie doch durchkommt, dann nimmt sie eine kleine Säge mit vielen Zähnen, und es bricht ihr auch noch das Bambusstäbchen ab [, an dem sie das Papier befestigen will]. Doch [wenn das Gohei dann endlich doch noch fertig geworden ist,] geht sie ehrfürchtig damit um und schwenkt es beim Beten hin und her. Wie naseweis!
Besonders komisch ist dann aber, wie sie sich bei den Leuten anpreist: „Jaja, bei dem und dem Fürsten, wie krank war da doch das Kind, aber ich habe es im Handumdrehen geheilt, und man belohnte mich reichlich. Ihr selbst habt wohl auch schon diese oder jene herbemüht, doch keine konnte helfen, und so habt Ihr endlich mich Alte (*onna*) gerufen. Habt vielen Dank!"[33]

Einzelne der beschriebenen Vorkommen alter Menschen als Götter scheinen auf ihrer Funktion als Schamanen im weitesten Sinn, als Mittler zwischen dem Diesseitigen und dem Jenseitigen, zwischen den Menschen und den Göttern zu beruhen. Eine solche Funktion erfüllt etwa Takeshiuchi no sukune in jener Episode, in der er zunächst in seiner Eigenschaft als hochbejahrter Mann befragt wird, ob es je vorgekommen sei, daß eine Wildgans ein Ei in Japan legt, was er verneint[34], danach aber dieses unerhörte Ereignis auf schamanische Weise auch hinsichtlich dessen deutet, was es für die Zukunft verheißen mag:

... Als er das gesagt hatte, bekam er eine Koto und sang:
Als Zeichen, daß du, mein Prinz,   *Na ga miko ya*
lange herrschen wirst,   *tsubi ni shiramu to*
scheint die Wildgans ein Ei gelegt zu haben.   *kari wa ko mu rashi*[35]

Diese Passage, in der er die Zukunft mittels einer Koto deutet, deren Verwendung in schamanistischen Trancepraktiken im *Kojiki* mehrfach belegt

---

[33] MS (259):272.

[34] Vgl. S. 395.

[35] KJ:281–283, s.a. Philippi 1977:320–321. Der Sinn des Liedes ist schwer eindeutig festzulegen, da *tsubi ni* sowohl mit *tsubusa ni*, ‚genau‘, als auch mit *tsui ni*, ‚schließlich‘, ‚bis zum Schluß‘, in Zusammenhang stehen könnte, und das Zeitwort *siru* sowohl ‚herrschen‘ als auch ‚wissen‘ bedeutet. *Na ga miko* könnte auch als ‚dein Sohn‘ interpretiert werden, woraus sich die Übertragung ‚daß dein(e) Sohn (Söhne) ewig herrschen werden‘ ergibt, wobei die Wildgans für den Tenno, das Ei für die Söhne stünde (KJ:281, A.22). Die Interpretation ‚daß du schließlich herrschen wirst‘ ist schwierig, da sowohl hier als auch im *Nihon shoki*, dort genauer, nämlich im 50. Regierungsjahr, die Begebenheit in eine Zeit fällt, in der Nintoku schon Tenno war.

ist[36], verweist recht deutlich auf die schamanische Funktion des bejahrten Takeshiuchi no sukune.[37]

Als Mittler zwischen den Menschen und den Göttern erweist sich ein weiterer alter Mann in einer mythischen Erzählung aus dem *Nihon shoki*, wenn er dem Tsunuga Arashito dazu verhilft, einen Gott zu erlangen, den dieser dann nach Japan bringt:

Am Anfang, als Tsunuga Arashito noch in seinem Land war, belud er einen Ochsen mit landwirtschaftlichen Geräten und ging ins Land. Der Ochse verschwand plötzlich und wie er seinen Hufspuren folgte, sah er, daß diese in einem Dorf endeten. Da tauchte ein alter Mann (*okina*) auf und sagte: „Der Ochse, den du suchst, kam ins Dorf. Die Dorfobersten sagten: ‚Mit den Geräten, die der Ochse trägt, laßt ihn uns töten und verzehren. Wenn sein Besitzer kommt, geben wir ihm etwas als Entschädigung.', töteten ihn und aßen ihn auf. Wenn sie dich fragen, was du als Preis für den Ochsen willst, so verlange keinen Schatz. Sag': ‚Ich will den Gott, den das Dorf verehrt.' "

[Arashito tut wie ihm geheißen und erhält so einen Stein, der sich in eine junge Frau verwandelt und gen Osten zieht, nach Japan, wo sie danach als Gottheit der Himegoso-no-yashiro-Schreine verehrt wird.][38]

So wie hier bei dem alten Mann, der genau über Sitz und Art einer Gottheit Bescheid weiß, nicht klar ist, ob er als alter Schamane zwischen dem Gott und einem Menschen vermittelt oder ob er selbst eine Inkarnation dieser Gottheit ist, verschmelzen auch in der bedeutsamen Figur des Shirahige myōjin die eines Irdischen Gottes und eines Schamanen. Dieser Shirahige myōjin oder ‚Weißbart-Gott', der in verschiedenen Regionen Japans unabhängig voneinander verehrt wird[39], wird im allgemeinen mit der Fi-

---

[36] Etwa in Buch 2, Chūai Tennō (Philippi 1977:257), wo sie in Anwesenheit Takeshiuchi no sukunes in eben so einer Praktik benutzt wurde. Indem man auf diesem Instrument spielte, sollten die Geister der Götter dazu veranlaßt werden, herabzusteigen und durch den Mund der Medien zu sprechen. Der Terminus *ame no norigoto* ‚himmlisch sprechende Koto', bedeutet „eine magische Koto, die die Macht hat, die Götter herabzurufen und sie dazu zu bringen, göttliche Worte zu sprechen (*noru*)" (Philippi 1977:409).

[37] In profanerem Kontext deutet im *Ōkagami* eine alte Frau die Zukunft: „Als Tokihime noch jung war, riet ihr jemand, auf die Nijō-Straße zu gehen und sich dort die Zukunft voraussagen zu lassen... Da kam allein eine sehr alte, weißhaarige Frau (*shiraga imijiu shiroki onna*) und sagte zu ihr einfach, bevor sie weiterging: ‚Was machst du hier, möchtest du eine Abendweissagung? Alle deine Wünsche werden erfüllt werden, und dein Reichtum wird größer und länger als diese Straße sein.' Sie war sicher nicht menschlich, sondern brachte eine übernatürliche Botschaft, denke ich" (ŌK:170, s.a. McCullough 1980:164).

[38] NS I (Suinin 2.10):258—260, s.a. Aston 1956/1:167—168.

[39] Einerseits in Shiga, am Fuß des Hiei-san, am Ufer des Biwa-Sees, wo er auch Hira myōjin (vgl. S. 480, FN 66) genannt wird, sich als fischender Alter dem Buddha zur Zeit der Gründung des Hiei-Klosters zunächst als Herrscher über dieses Land entgegengestellt haben soll, bevor er es schließlich überließ, und bei dem es sich demnach ursprünglich um eine Klan-Gottheit der einflußreichen Familien westlich des Biwa-Sees handeln könnte, der neben dem Hauptschrein in Shiga, Komatsu, auch in den Shirahige jinja von Nakagawa,

gur des Sarutabiko identifiziert, der auch als Hauptgott in den meisten der über das ganze Land verstreuten Shirahige jinja verehrt wird. Dieser Sarutabiko, der laut *Kojiki* und *Nihon shoki* als Irdischer Gott dem Ninigi-nomikoto, als dieser auf die Erde herabsteigen will, mehr oder weniger abweisend im Weg steht, dann von Ame-no-uzume, die ihre Brüste und ihre Vagina entblößt, bezwungen wird und daraufhin den Ninigi-no-mikoto nach Takachiho in Hyūga geleitet, kann als alter Schamane gedeutet werden, der versucht, die neuen Götter abzuwehren[40].

Im Zusammenhang mit diesen Figuren alter Schamanen sind wohl auch jene späteren Legenden zu sehen, in denen alten Männern magische Fähigkeiten zugesprochen werden, wie in der folgenden Legende aus dem *Konjaku monogatari*, die schildert, wie ein alter Mann sich auf wundersame Art an Melonenpackern rächte, die ihm eine Melone verwehrten, indem er ihnen durch Magie sämtliche stahl:

[Packer sind mit einer großen Ladung Melonen von Yamato auf dem Weg in die Hauptstadt. In Uji machen sie Rast und verzehren einige der Melonen.]
Da kam ein überaus alter Mann (*toshi imijiku oitaru okina*) — vielleich lebte er in dieser Gegend — in einem rückenlosen Gewand und mit flachen Sandalen auf einen Stock gestützt auf die Melonen Essenden zu. Er fächelte sich schwach mit seinem Fächer Luft zu und sah begierlich auf die Melonen.
Nach geraumer Zeit sagte der Alte schließlich: „Gebt mir doch bitte eine Melone! Ich bin sehr durstig." Doch die Melonenpacker sagten nur: „Diese Melonen gehören nicht uns. Wir würden dir ja gern eine abgeben, aber wir sollen sie alle in die Hauptstadt bringen und so können wir dir leider keine spendieren." Da sagte der Alte: „Ihr seid ja gar unbarmherzige Gesellen! Mit alten Leuten (*toshi oitaru mono*) Mitleid zu haben, ist eine hohe Tugend. Wie soll ich denn so an Melonen herankommen? Na ja, dann werde ich alter Mann sie mir eben selber anbauen und sie dann essen!" Die Melonenpacker dachten, daß er sich nur aufspielte, und fanden das sehr komisch; während sie noch über ihn lachten, nahm der Alte einen Ast, der da neben dem Baum lag, und begann ein kleines Stückchen Boden umzugraben. Unter den verwunderten Blicken der Melonenpacker, die sich fragten, was er da wohl machte, klaubte er einige Melonenkerne, die sie beim Essen verstreut hatten, auf

---

Präfektur Yamagata, in Imajō-mura in der Präfektur Fukui, in Shimonaka-mura und Kinasa-mura in der Präfektur Kanagawa, in der Stadt Kokura in Fukuoka sowie in Nakatsu, Präfektur Ōita, verehrt wird, andererseits aber auch in Musashi mit dem Koma daigū daimyōjin in Saitama, sowie in Tōkyō, Mukōjima (Shimonaka 1939:198—199).

[40] Philippi 1977:138, A.11. Das *Nihon shoki* beschreibt sein Aussehen wie folgt: eine besonders lange Nase, hohe Statur, Licht, das ihm aus Mund und Anus strahlt und riesige rote Augen wie Spiegel (Aston 1956/1:77). Spätere Darstellungen fügen dem regelmäßig einen weißen Bart hinzu (Aston 1956/1:78), und in der Edo-Zeit wurden seine altersbedingten Merkmale besonders unterstrichen, um das Groteske der Gegenüberstellung der jungen schönen Ame-no-uzume, die sich vor ihm entblößt, und dem alten runzeligen, weißbärtigen Sarutabiko zu unterstreichen. Auch im Volksbrauchtum wird er häufig durch eine feuerrote Maske mit langen weißen Haaren rund um eine riesige Nase dargestellt (Kyburz 1987:98 und Tafel 8a).

und pflanzte sie in das kleine Feld, das er gerade vorbereitet hatte. Im Nu begann die Saat auszutreiben, und wie die Melonenpacker immer verwunderter zusahen, da wuchsen und wuchsen die kleinen Melonenpflänzchen, und bald wogte vor ihnen ein Meer von Melonenranken. Da hatten sie auch schon geblüht und überall kleine Melonen angesetzt. Diese wurden größer und größer und waren im Nu zu prächtigen Melonen herangereift.

Die Melonenpacker hatte inzwischen Angst und Schrecken gepackt und sie fragten sich, ob sie nicht vielleicht gar einen Gott vor sich hatten. Da pflückte der Alte eine Melone, verzehrte sie genüßlich und sagte zu ihnen: „Da seht ihr's, die Melone, die ihr mir nicht geben wolltet, jetzt habe ich sie mir eben selber angebaut und verspeist!" Mit diesen Worten begann er auch an die Melonenpacker die Früchte zu verteilen. Weil aber so viele da waren, rief er auch die Leute, die gerade vorbeikamen, hinzu und gab auch ihnen Melonen zu essen. Als alle aufgegessen waren, sagte der Alte: „Nun muß ich aber gehen", stand auf und verschwand, keiner wußte wohin.

[Die Melonenpacker müssen daraufhin feststellen, daß alle ihre Melonen verschwunden sind, und unverrichteter Dinge wieder nach Hause zurückkehren.]

Wäre es den Melonenpackern nicht um die Melonen leid gewesen und hätten sie dem Alten zwei, drei abgegeben, wären ihnen wohl nicht alle weggenommen worden. So aber war es ihnen leid darum gewesen und sie hatten den Alten verärgert; deswegen hatte er das wohl getan. Wahrscheinlich hatte es sich ja auch um ein überirdisches Wesen gehandelt.

Es wußte auch weiterhin niemand, wer dieser Alte eigentlich gewesen war. So ist es erzählt und überliefert worden.[41]

---

[41] KM V (28/40):121—122, s.a. Tyler 1987:3—4. Vgl. dazu auch S. 226, FN 179. Magisches Wesen wird alten Leuten in vielen Legenden bescheinigt, so in einer Legende, in der sich eine weißhaarige alte Frau als Fuchs entpuppt, wenngleich es hier von dem Bild einer alten Mutter überlagert wird, die um ihre verstorbene Tochter trauert: „[Ein junger Edelmann hat eine Nacht mit einer jungen Frau verbracht, die meinte, dies würde zweifellos ihren Tod bedeuten.] Als er sich beim Butokuden umsah, da erschien eine alte, weißhaarige Frau (*kashira shiroki oitaru ōna*), die sich an ihn wandte und haltlos schluchzte. [Sie gibt sich ihm als Mutter der jungen Frau zu erkennen und verschwindet, als hätte sie sich in Luft aufgelöst. Tatsächlich entdeckt er, wo sie ihm sagte, einen toten Fuchs, den er als Leichnam seiner Geliebten der vorigen Nacht identifizieren kann.]" (KM III (14/5):284, s.a. Ury 1979:97). In einer weiteren Legende tritt ein kleiner alter Mann einfach als Anführer der verschiedensten Geister auf und ist unterwürfig bemüht, mit dem neuen Besitzer des Anwesens, auf dem er seinen Spuk treibt, ins Einvernehmen zu kommen, um seine Sippschaft am Leben zu erhalten: „[Miyoshi no Kiyoyuki hat ein altes Anwesen gekauft, obwohl es dort spuken soll. Er verbringt dort allein eine Nacht, und es ereignen sich allerlei grausige Erscheinungen.] Da kam plötzlich aus dem Schatten der Bäume im Garten ein ganz in Hellgelb gewandeter Alter hervor, der einen Brief hervorzog, sich tief vor Kiyoyuki verbeugte und ihm den Brief entgegenhielt. ‚Was hast du mir zu sagen, alter Mann?', brach Kiyoyuki nun das Schweigen, und der Alte antwortete mit rauher, wie gebrochener, kleinlauter Stimme: ‚Ich bin gekommen, Herr, Euch mitzuteilen, daß wir es höchst tadelnswert finden, daß Ihr hier eindringt, wo wir nun schon viele Jahre hindurch wohnen, und heftigen Protest einlegen wollen!' [Kiyoyuki droht dem alten Männlein, sie seien nur eine Horde ungezogener Füchse, und ein paar Hunde würden sie rasch vertreiben. Der Alte, der meint, es sei seine Sache nicht, die Leute zu erschrecken, willigt ein, mit seiner Sippschaft anderswohin zu ziehen.]" (KM IV (27/31):519—521, s.a. Tyler 1987:122—124).

8.1.1.4. Die Ambivalenz der Gottesnähe der Alten in der einheimischen Religion

Zahlreiche Forscher seit Origuchi Shinobu haben aus der Existenz der Mythen, in denen alte Menschen als Verkörperungen von Gottheiten auftreten, und ihrer Ähnlichkeiten zu einzelnen Riten der Volksreligion, in denen alte Menschen darstellende Masken verwendet werden, den Schluß gezogen, die alten Menschen seien im japanischen Altertum als lebende Gottheiten schlechthin betrachtet worden[42]. Diese Hypothese stützt sich im wesentlichen auf eine Stelle des *Nihon shoki*, in der am Ende des *Niimuro no utage no uta* im Abschnitt über Kenzō Tennō der Ausdruck *a ga Tokoyotachi* auftaucht[43], den Origuchi dahingehend interpretierte, er bezeichne die bei dem Fest anwesenden alten Menschen, die noch in diesem Leben zu Göttern von Tokoyo geworden wären. Diese Anschauung basiert ihrerseits auf Origuchis Thesen zu den japanischen *matsuri* schlechthin und zu der Rolle als Besuchergottheiten, die den alten Menschen darin zugekommen wäre.[44] In diesem Zusammenhang werden immer wieder auch Riten aus Okinawa angeführt, in denen den alten Menschen tatsächlich

---

[42] So schreibt etwa Tanigawa (1983:209): „Die Menschen des Altertums idealisierten die Tatsache, ein hohes Alter zu erreichen und eines natürlichen Todes zu sterben. Man dachte nicht nur, daß die alten Menschen, die lange gelebt hatten, nach dem Tod sofort zu Göttern wurden, sondern sie wurden noch zu Lebzeiten als Götter von Tokoyo verehrt."

[43] Vgl. S. 33.

[44] Nach Origuchi (1965 und 1966a) waren ursprünglich die wesentlichen Feste jene, die beim Übergang von Herbst zum Winter und beim Übergang von Winter zum Frühling gefeiert wurden. Bei diesen hätte es sich aber ursprünglich um ein einziges gehandelt, das in der Neujahrsnacht abgehalten und erst später auf die verschiedenen Jahreszeiten aufgeteilt worden wäre. Die späteren Herbstfeste entsprächen einem ursprünglichen Erntedankfest, bei dem am Abend des Festes der jeweilige Hausherr einer Besuchergottheit über die Ernte berichtet hätte. Den späteren *fuyu matsuri* entsprechend hätte in der Nacht die Besuchergottheit dem Hausherren den Segen für die Erhaltung seines Lebens und der Gesundheit gespendet. Diese beiden Feste hätten also aus einem Dialog zwischen Hausherren und Besuchergottheit bestanden. Das Frühlingsfest in der Früh hätte die Bedeutung einer Zeremonie der Erneuerung gehabt, bei dem durch die Segnungen der Gottheit reiche Ernte und die Fortpflanzung der Menschen aufs neue versprochen wurden. Zu den wichtigsten Vertretern dieser Besuchergottheiten hätten die alten Menschen oder das Alter, als Symbole für diesen Besuch aus einer anderen Welt, gezählt. Als sich dieses eine Fest dann auf die verschiedenen Jahreszeiten aufspaltete, hätte auch die Figur des *okina* verschiedene Ausprägungen erfahren. So wäre auch zu verstehen, warum Gedichte mit Klagen über das Alter häufig bei Festen gesungen oder rezitiert wurden, da sich die alten Menschen unter dieser Voraussetzung dadurch besonders eindrücklich als Gottheiten zu erkennen gegeben hätten.

Ambivalente Stellung der Alten in der einheimischen Religion   469

eine solche Rolle zukommt[45]. Allgemein ist aber fraglich, ob zu Beginn unseres Jahrhunderts in Okinawa belegbares Brauchtum unbedingt einem früheren Brauchtum auf den japanischen Hauptinseln gleichzusetzen ist. Nach den eigentlichen Mythen und in der Literatur des Altertums ist die Frage, ob es sich bei diesen alten Männern und Frauen, die in irgendeiner Art und Weise Götter verkörpern, um alte Menschen an sich handelt oder ob dies nur auf einem imitierenden, fiktiven Niveau der Fall ist, überhaupt keineswegs eindeutig zu klären. Es scheint sich in dem Bild von den alten Menschen die Vorstellung vom physiologischen Verfallsprozeß im Alter mit der einer imaginären Reife zu verbinden[46]. Tatsächlich werden ja zum

---

[45] Vgl. etwa Tanigawa (1983:209): „[Daß die alten Menschen als lebende Gottheiten galten] gilt aber nicht nur für so weit zurückliegende Zeiten. Noch bis vor einem halben Jahrhundert gab es in Miyakojima den Brauch, daß in der Früh des Neujahrstages Frauen und Kinder die Alten verehren gingen. Dies nannte man *nentsū-ogami*. Die Alten nahmen jeweils eine Handvoll Salz von einem Tablett und segneten die Menschen, die zu ihnen gekommen waren, indem sie ihnen dieses Salz in den Mund führten. .. In diesem Brauch kommt deutlich zum Ausdruck, daß die Alten als Götter von Tokoyo betrachtet wurden."

[46] Yamaori 1983:129. Eine ähnliche Widersprüchlichkeit läßt sich auch an den bildlichen Darstellungen der einheimischen Gottheiten ablesen. Während es an solchen lange Zeit fehlte, rückte die Blüte der Skulptur, wie sie in Japan unter dem Einfluß des esoterischen Buddhismus mit seinen zahlreichen Götter- und Dämonendarstellungen im 9. Jh. zustandekam, eine solche Darstellung erst in den Bereich des Möglichen. Dabei gab es vorwiegend drei Typen solcher Götterdarstellungen: der eine zeigte die einheimischen Götter in der Gestalt eines Buddha, der zweite in der Gestalt eines Mönchs, und der dritte in der Gestalt eines gewöhnlichen Menschen, dabei vorwiegend eines alten Mannes. Eine wohl aus der Mitte des 9. Jh.s stammende Darstellung des Gottes Matsunoo-no-kami (eines Irdischen Gottes, der zwar in den frühen Mythologien nicht erwähnt wird, ab dem 9. Jh. aber einen wichtigen Platz im Shintō-Pantheon einnahm (Yamaori 1983:139) und laut *Honchō shinsenden* dem Mönch Nichizō als ehrfurchtgebietender alter Mann erschienen sein soll, vgl. S. 482, FN 72), aus dem Besitz des Matsunoo taisha zählt zu den wichtigsten und auch künstlerisch hervorragendsten Vertretern dieses Typs (vgl. Noma 1959:172 und Taf. 84, Yamaori 1983:139—140). Die Holzskulptur bildet diesen Gott recht eindeutig in der Gestalt eines alten Mannes ab, wie an den tiefen Furchen, die sich zwischen seinen Augenbrauen und rund um Nase und Mund ziehen, und seinem langen Bart zu sehen ist. Er trägt die Tracht eines hochrangigen Beamten und hält als zusätzliches Attribut seiner Würde einen Amtsstab in Händen. Der Gesichtsausdruck ist würdig und von einer gewissen Strenge gekennzeichnet. Der Bildhauer bediente sich also sichtlich für die Darstellung des Gottes Matsunoo-kami der Erscheinung eines jener hohen Beamten fortgeschrittenen Alters, die in der Nara- und Heian-Zeit die nach den Tennos höchsten Positionen in der Politik bekleideten. Unter den Götterbildnissen der Heian-Zeit finden sich aber auch solche, die eher die groteske Natur dieser Alten unterstreichen. Bemerkenswert ist in diesem Zusammenhang eine vermutlich aus dem frühen 10. Jh. stammende Holzskulptur im Besitz des Onjōji in der Präfektur Shiga, die den Gott Shinra myōjin, also wörtlich einen Gott von Silla (dem heutigen Korea) darstellt, publiziert in Noma 1959:Taf.87). Von diesem Shinra myōjin heißt es, er sei dem Enchin, einem Mönch des 9. Jh., der durch die Gründung mehrerer Tempel bedeutend wurde, als dieser von China nach Japan zurückkehrte, noch auf See in der Gestalt

Beispiel die beiden als alter Mann und alte Frau verkleideten Götter[47] von den Soldaten aufgrund ihrer Seneszenz nicht besonders verehrt, sondern in einer Mischung aus Ekel und Furcht verlacht, wobei es darüber hinaus von dem *kasamino*, mit dessen Hilfe die Verwandlung in einen alten Mann bewerkstelligt wird, an anderer Stelle im *Nihon shoki* heißt, Susanoo hätte einen solchen getragen, als er, aus den Himmlischen Gefilden verbannt, auf seinem Weg in die Unterwelt auf die Erde herniederstieg, und seither sei es so auf dieser Welt, daß allen, die einen solchen *kasamino* trugen, unter Androhung von Strafe der Zutritt zu den Häusern der Menschen verwehrt sein sollte. Selbst dann, wenn es ganz reale alte Menschen waren, die zu Zeiten als Inkarnationen von Gottheiten betrachtet wurde, wie etwa Origuchi annimmt, so ist daraus nur zu schließen, daß sie zu bestimmten Zeiten als göttlich betrachtet wurden bzw. von ihnen angenommen wurde, aus ihrem Mund spreche ein Gott. Eine allgemeine und dauerhafte Verehrung der alten Menschen im täglichen Leben läßt sich daraus wohl nicht ableiten. Vielfach könnte weniger eine allgemeine Verehrung der alten Menschen zu dieser Form göttlicher Offenbarungen geführt haben, als umgekehrt eine gewisse Ausgrenzung, ein dem Diesseits in gewisser Weise bereits Entrücktsein der alten Menschen die Vorstellung, in ihnen verkörperten sich zu Zeiten Gottheiten, erst ermöglicht haben.

Hinzu kommt, daß auch in den frühen Mythen keineswegs alle Götter sich in alten Menschen verkörpern oder auch nur in der Gestalt alter Menschen gedacht wurden. Gerade die im schintoistischen Pantheon besonders hoch stehenden Gottheiten wie etwa Amaterasu-ōmikami zeigen sich nie als Alte, im Gegenteil, ihr Verhalten entspricht, wenn überhaupt, dem junger Menschen. Nur die spezifische Form der Irdischen Gottheiten, die auch jene sind, die in der Welt der Menschen tatsächlich erscheinen oder eine mittelnde Funktion zwischen der Welt der Götter und der Welt der Menschen erfüllen, offenbaren sich zu manchen Gelegenheiten in der Gestalt alter Menschen. Dies könnte darauf zurückzuführen sein, daß es ursprüng-

---

eines alten Mannes erschienen, hätte sich ihm als den Buddhismus beschützender Gott zu erkennen gegeben und ihm dann späterhin den Ort gewiesen, wo der neue Tempel zu gründen sei (Noma 1959:194). Diese ebenfalls einen Gott in der Gestalt eines alten Mannes darstellende Figur hat groteske Züge, mit langgezogenen nach unten abfallenden Augen, Arabesken, die die Falten in seinem Gesicht ziehen, spitz zulaufendem Bart, langem Oberkörper und elongierten, zugespitzten Fingern. Freilich mag dabei auch eine Rolle gespielt haben, daß der Künstler hier einen ausländischen Gott darzustellen hatte, doch bleibt, daß dieser Gott in seiner Inkarnation als alter Mann offenbar in voller Absicht mit grotesken Zügen ausgestattet wurde.

[47] Vgl. S. 460.

lich hauptsächlich Alte waren, die die verschiedenen Riten leiteten, insbesondere jene, mit denen der Segen der Götter für das Wohl menschlicher Unternehmungen angerufen werden sollte, wie dies ja aus vielen frühen Kulturen belegt ist[48]. Hierbei kamen sicherlich auch älteren Frauen wichtige rituelle Rollen zu[49]. Doch besaßen die Alten in der Nara- und Heian-Zeit längst kein Monopol auf die Ausübung der Riten, und es gibt auch Hinweise darauf, daß sie, wenn die Zeichen ihrer Seneszenz zu deutlich geworden waren, für den Dienst an den Göttern, insbesondere der Himmlischen, als nicht mehr geeignet galten[50].

Obwohl jene Gottheiten, die in alten Menschen verkörpert sein konnten, vielfach eine Verwandtschaft zu Totenseelen aufweisen, haben sie doch niemals Züge von Ahnengottheiten im engeren Sinn, denen im täglichen Leben ständiger Gehorsam zu leisten gewesen wäre oder die das Leben ihrer Nachfahren weitgehend bestimmt hätten. Allgemein ist der Ahnenkult in diesen Jahrhunderten der japanischen Geschichte nur für den Tennō belegbar, und hier auch nicht als familiärer Ahnendienst, sondern als staatliche, chinesischen Vorbildern nacheifernde Institution, nicht aber für den Adel oder das ‚Volk'[51].

---

[48] Vgl. etwa Cowgill 1986:161—168.

[49] Insbesondere solche, die mit ihrer Eigenschaft als nicht mehr menstruierende Frauen verbunden waren (Katsuura 1990:78), etwa im Zusammenhang mit Schwangerschaft und Geburt, wie die Passage aus dem *Makura no sōshi*, vgl. oben, S. 464, nahelegt.

[50] So legte laut *Nihon shoki* etwa Inishiki-no-mikoto das Amt, den heiligen Schatz von Isonokami zu bewachen, zu dem jene Schwerter gehörten, die dem Jinmu Tennō bei seinem Eroberungszug nach Osten aus den Himmlischen Gefilden des Takamanohara zuteil geworden waren, zurück, weil er zu alt geworden war, und betraute damit seine jüngere Schwester Ōnakatsu-hime, die das Amt an die Mononobe weitergab (NS I (Suinin 87.2.5.):276, s.a. Aston 1956/1:184). Einer anderen Passage zufolge könnten es ihre Alterserscheinungen gewesen sein, die eine Priesterin daran hinderten, einer Gottheit zu opfern: „[Der Gott Yamato-no-ōkami hat Suinin Tennō ein langes Leben und Frieden im Reich versprochen, wenn er ihm richtig opfert.] Als der Tennō diese göttlichen Worte gehört hatte, ließ er Kukanushi, den Vorfahren der Nakatomi no Muraji, das Orakel befragen, wer dem Gott opfern sollte. Auf das Orakel antwortete Nunaki-waka-hime-no-mikoto... Aber der Körper dieser Nunakiwaka-hime-no-mikoto war bereits ganz abgezehrt, gebeugt und schwach (*yasakamiyowarite*), und so konnte sie das Opfer nicht darbringen. Deswegen wurde an ihrer Stelle Nagaochi no Sukune, der Vorfahr der Yamato no Atai, mit der Darbringung beauftragt" (NS I (Suinin 25.3):270, s.a. Aston 1956/1:177). Im Wort *yasakami* steht *yasa* für den Wortstamm von *yasu*, ‚abmagern', *kamu* ist die alte Form von *kagamu*, ‚sich krümmen', ‚sich bükken' (NS I:238, A.19). Eine ähnliche Stelle findet sich bereits etwas früher im *Nihon shoki*, NS I (Sujin 6):238, s.a. Aston 1956/1:152.

[51] Naumann 1988:183—185.

8.1.2. Gottesnähe alter Männer im japanischen Buddhismus
8.1.2.1. Alte Menschen als einheimische Offenbarungen buddhistischer Gottheiten

Ähnlich wie die hilfreichen, wegweisenden Gottheiten der Mythen treten mit der Übernahme des Buddhismus in Japan auch in den frühen japanischen Sammlungen buddhistischer Legenden Gottheiten in der Gestalt alter Männer in Erscheinung. So tut etwa in einer *Nihon ryōiki*-Legende eine Buddha-Statue, die von Ameisen zerbissen wird, ihren ‚Schmerz' mit der Stimme eines alten Mannes kund[52], die so das wundersame Zeichen ist, mit dem sich dem Priester ein Geschehen offenbart, das ihm sonst verborgen bliebe. In anderen Legenden derselben Sammlung werden alte Männer, die plötzlich auftreten, um einem Menschen zu helfen, ausdrücklich als Inkarnationen buddhistischer Gottheiten bezeichnet. Eine dieser Legenden handelt davon, wie die von einem Mönch um Hilfe angerufene Kannon sich ihm in der Gestalt eines alten Mannes offenbart, der wieder spurlos verschwindet, nachdem er ihm beigestanden hat:

Der alte Meister (*rōshi*) Gyōzen, seines Laiennamens Katashibe, ward zur erlauchten Zeit der im Palast von Owarida die Welt regierenden Himmlischen Majestät [Suiko Tennō] zum Studium nach Korea gesandt. Da widerfuhr ihm, daß dieses Reich zerschlagen wurde, und er wanderte flüchtig umher. Eines Tags kam er an einen Fluß, die Brücke war zerbrochen, kein Schiff war da und keine Möglichkeit überzusetzen. Auf der abgebrochenen Brücke stehend, rief er in seinem Herzen Kannon an. Da kam ein alter Mann (*rōō*) ihm in einem Boot entgegengefahren, lud ihn in das gleiche Boot und setzte mit ihm über. Nachdem er so den Fluß überquert hatte und aus dem Boot auf die Straße ausgestiegen war, da war der ehrwürdige Alte (*rōkō*) nicht mehr zu sehen; jenes Boot war plötzlich verschwunden. Da überlegte er: „Kannon hat mir in anderer Gestalt beigestanden." Da tat er ein Gelübde, ein Ebenbild zu schaffen und und ihm Verehrung zu erweisen. Schließlich gelangte er nach Groß-Tang, errichtete ein ebensolches Ebenbild und Tag und Nacht erwies er ihm Verehrung. Daher ward er der Meister vom Flußufer genannt. An Langmut war er anderen Menschen überlegen und der Kaiser der Tang schätzte ihn hoch. Gesandten aus Japan folgend, kehrte er im Jahre Yōrō 2 [718] in seine Heimat zurück. Er wohnte im Kōfukuji-Tempel und wurde bis zu seinem Tod nicht müde, jenem Ebenbilde Verehrung zu erweisen. Wahrlich ist zu wissen: Kannons Macht übersteigt unsere Vorstellungskraft. Im Lobgesang heißt es: Der alte Meister (*rōshi*), in weit entfernten Landen studierend, begegnet Not. Auf dem Weg zurück, ist da keine Möglichkeit überzusetzen. Er vertraut sich dem Heiligen an und ruft oben auf der Brücke seine Macht an. Da naht in einen Alten verwandelte Gestalt (*keō*)

---

[52] NR (3/28):400–403, s.a. Bohner 1934–5:203–204: „Zur erlauchten Zeit der himmlischen Majestät Shirakabe [Kōnin Tennō] wohnte ein Laienpriester in diesem Tempel [dem Kishidera]. Da geschahen im Inneren des Tempels Laute, es stöhnte und sprach: ‚Oh, es schmerzt, wie es schmerzt!' Diese Laute waren wie das Stöhnen eines alten Mannes (*okina*). [Der Priester sucht, wer da wohl so stöhnt, und entdeckt, daß der Kopf des großen Miroku Bosatsu-Bildnisses in der Tempelhalle abgefallen ist und auf dem Boden liegend von Ameisen zerbissen wird. Das Bildnis wird daraufhin wieder instandgesetzt.]"

und hilft und schwindet genauso plötzlich nach dem Scheiden. Er aber fertigt ein Ebenbild, immer erweist er ihm Verehrung, ohne jemals darin zu erlahmen.[53]

Ähnlich wie bereits in den Figuren des Uzuhiko oder des Shio-tsutsu-no-oji übernimmt auch in dieser buddhistischen Legende ein alter Mann die Funktion einer schützenden, wegweisenden Gottheit, wobei es sich hier allerdings nicht mehr um einen Gott *a priori* handelt, sondern um eine Inkarnation einer solchen. Die von dem Mönch angerufene Kannon erscheint ihm nicht selbst, sondern nimmt zu diesem Zweck die Gestalt eines alten Mannes an, der plötzlich auftaucht und, als er dem Mönch seine Hilfe hat angedeihen lassen, ebenso plötzlich und auf ebenso mysteriöse Weise wieder verschwindet. In ähnlicher Funktion tritt im *Nihon ryōiki* eine weitere göttliche Figur in der Gestalt eines alten Mannes in Erscheinung, die gleichfalls auf mysteriöse Weise in der Welt der Menschen erscheint, nur um ebenso plötzlich wieder ins Nichts zu verschwinden, nachdem sie eine geheimnisvolle und hilfreiche Spur auf dieser Welt hinterlassen hat:

[Okisome no Omi Tahime, die Tochter der Äbtissin eines Nonnenklosters sieht, wie eine Schlange einen Frosch verschlingen will und errettet ihn, indem sie der Schlange verspricht, ihre Frau zu werden. Sie holt den Rat ihres Lehrers Gyōki ein, der meint, sie könne nichts anderes tun, als sich streng an die Gebote zu halten.]
Da wollte sie sich streng an die drei Glaubensgrundsätze und die fünf Gebote halten und machte sich auf den Heimweg. Des Wegs traf sie einen ihr unbekannten Alten (*okina*), der eine Krabbe bei sich hatte. „Wie heißt du, alter Mann? Ich bitte, laß mir die Krabbe!" Da antwortete der Alte: „Ich komme aus dem Lande Settsu, Distrikt Uhara, und bin der Edohi Nimaro, 78 Jahre alt, und habe weder Kind noch Schwiegersohn und nichts, um meinen Lebensunterhalt zu bestreiten. Ich ging nach Naniwa und da kam ich durch Zufall zu dieser Krabbe. Doch da ich sie schon jemand anders versprochen habe, will ich sie dir nicht überlassen." Da zog die Frau ihr Übergewand aus und gab es ihm als Preis für die Krabbe, doch er wollte sie ihr immer noch nicht lassen. Da zog sie auch ihren Rock aus und gab ihn ihm dafür, da überließ der Alte sie ihr. Da nahm sie die Krabbe, ging wieder zurück, bat den Daitoku Gyōki eine Zeremonie abzuhalten, bei der sie die Krabbe feierlich freiließ.
[Als die Schlange kommt, das ihr gegebene Versprechen einzulösen, vergilt die Krabbe die ihr erwiesene Wohltat, indem sie sie zerstückelt.]
Da [Tahime] nun Wahrheit oder Schein von alledem wissen wollte, erkundigte sie sich nach Namen und Zunamen des Alten, doch da war nichts. Daraus war ohne Zweifel zu wissen, daß der alte Mann eine Inkarnation eines Heiligen war. Das ist wundersames Geschehen.[54]

Auch in dieser Figur erweist sich der alte Mann nicht selbst als Gottheit, er ist eine Inkarnation, von der keine Spur zurückbleibt, hat sie ihre Funktion erst erfüllt.

---

[53] NR (1/6):88–89, s.a. Bohner 1934–5:75. Ähnlich auch KM III (16/1):422–423, und *Fusō ryakki* 6. Diesem und dem *Shoku Nihongi* zufolge fällt die Episode in die Zeit Genshō Tennōs, also rund 100 Jahre später (NR:88, A.4).

[54] NR (2/8):200–203, s.a. Bohner 1934–5:119–120.

Bemerkenswert ist darüberhinaus, wie häufig jene alten Männer als Inkarnationen buddhistischer Gottheiten entweder etwas mit dem Meer zu tun haben oder aber vom Fischen bzw. von Meerestieren leben. Es ist eine Krabbe, die der alte Mann in der eben angeführten Legende der Heldin aushändigt und die sie dann errettet, und es ist ein Fluß, den zu überqueren der Alte als Inkarnation der Kannon dem Mönch in der vorhergehenden hilft. Yamaori hat auf den Zusammenhang zwischen dieser Tatsache und der engen Verbindung zwischen Shio-tsutsu-no-oji, einem der Irdischen Götter in Gestalt eines alten Mannes der frühen Mythen, und dem Meer hingewiesen, so wie überhaupt diese buddhistischen Gottheiten, die in der Welt der Menschen als alte Männer auftauchen, um ebenso plötzlich wieder zu verschwinden, in vielem die Züge von Nachfahren jener frühen mythischen Figur beziehungsweise der Irdischen Gottheiten tragen[55]. Ähnlich wie der alte Mann mit der Krabbe erweist sich in der folgenden Legende ein alter Fischer als Inkarnation einer Gottheit, insofern man darauf aus seinem plötzlichen Verschwinden am Ende der Erzählung sowie aus der Tatsache schließen darf, daß seine Fische sich auf wundersame Weise in Sutrenrollen verwandeln, was die Legende selbst auch tut:

[Vor der Augeneröffnungszeremonie im neuerbauten Tōdaiji im Jahr 752 träumt Shōmu Tennō, er solle den erstbesten Mann, der am Morgen dieses Tages vor dem Tempel auftaucht, dem Gyōki und dem Baramon als Leiter der Zeremonie zur Seite stellen.]

Der Tennō glaubte fest an diese Offenbarung und schickte am Morgen des Tags der Zeremonie einen Boten aus um nachzusehen. Da kam ein betagter Greis, der einen Korb über der Schulter trug, des Wegs. In dem Korb befanden sich Makrelen. Der Bote brachte den betagten Alten vor den Tenno und sagte: „Jener ist es, der als erster vorbeikam." „Dieser Alte soll der Richtige sein?!", wunderte sich der Tenno, ließ ihn aber dennoch in priesterliche Gewänder kleiden und wollte ihn zum Hilfspriester bei der Zeremonie bestellen. Da sagte der Greis: „Ich bin sicher nicht der, den Ihr sucht. Ich lebe davon, Makrelen zu verkaufen!" Doch der Tenno wollte nicht auf ihn hören, und bald war es Zeit, mit der Zeremonie zu beginnen, und man ließ den Alten gleich neben dem Zeremonienleiter auf erhöhtem Sitz Platz nehmen. Den Korb mit den Makrelen stellte man einfach neben ihn. Den Stock, an dem er den Korb getragen hatte, steckte man östlich vor der Tempelhalle in den Boden. Als die Zeremonie beendet war, stieg Baramon von seinem Sitz herunter, der alte Mann aber löste sich einfach in Luft auf.

Da sagte der Tenno zu sich selbst: „So habe ich es mir vorgestellt. Es war mir ja im Traum offenbart worden, und so war das kein gewöhnlicher Mensch!", und als er den Korb betrachtete, da lagen 80 Rollen des Kegon-Sutra darin, obwohl man doch vorher eindeutig Makrelen darin gesehen hatte. Da weinte der Herrscher und warf sich ehrfurchtsvoll zu Boden. „Weil mein Wunsch so aufrichtig war, ist ein Buddha in Person erschienen!"...[56]

So wie hier ein alter Mann, dessen wesentliche Attribute Fische sind, sich als Inkarnation einer buddhistischen Gottheit erweist, tritt ein anderer alter

---

[55] Yamaori 1984:160—161.

[56] KM III (12/7):139—140, s.a. Tyler 1987:34—35.

Mann, der auch von Fischen lebt, in ähnlicher Funktion in einer Legende um den Miidera auf:

[Chishō Daishi sucht nach einem Ort, an dem er seine Lehre verbreiten könnte. Er gelangt zum Miidera.]

Er begab er sich zu den Wohnräumen der Mönche, die es da gegeben hatte, und schaute; doch da war keine Menschenseele. Nur in einem ganz verfallenen Raum befand sich ein überaus alter Mönch (*toshi kiwamete oitaru sō*). Als er näher hinsah, da bemerkte er, daß da am Boden verstreut Fischschuppen und Gräten lagen. Diese stanken über alle Maßen. Als er das gesehen hatte, wandte sich der Meister an den Mönch im danebengelegenen Raum und fragte ihn: „Dieser alte Mönch (*oitaru sō*), was ist das für einer?", worauf der Mönch antwortete: „Ach, dieser alte Mönch ist einer, der es sich seit Jahren zur Aufgabe gemacht hat, die Fische der Bucht zu fangen und sie zu essen. Er hat sonst nichts, wovon er leben könnte." Obgleich der Meister nun solches vernommen hatte, schien ihm der alte Mönch bei genauerem Hinsehen doch höchst verehrungswürdig, was ja, wie er dachte, wohl seinen Grund haben mußte. Er rief daher den alten Mönch heraus und begann, sich mit ihm zu unterhalten.

Der alte Mönch, an den Meister gewandt, sagte: „Seitdem ich hier an diesem Ort lebe, sind nun schon 160 Jahre vergangen. Und seit dieser Tempel hier erbaut wurde, sind nun auch schon so und so viele Jahre vergangen. Dies ist ein Tempel, der erhalten werden muß, bis der Miroku Bosatsu auf die Welt kommt. Doch bislang gab es keinen Mann, der in der Lage gewesen wäre, dies zu tun, doch glücklicherweise seid ja heute Ihr hierher gekommen. Drum überlasse ich Euch nun für immer diesen Tempel. Denn außer Euch, großer Meister, gibt es keinen, der ihn erhalten könnte. Wie glücklich bin ich, nun da ich alt bin (*toshi oite*) und den Mut schwinden fühle, Euch den Tempel übertragen zu können!", und unter Tränen ging er von dannen.

Wie der Meister nun schaute, da kam ein überaus verehrungswürdiger Mann in einem chinesischen Wagen des Wegs, der, als er den Meister erblickte, voller Freude sagte: „Ich bin jener, der das Gelübde abgelegt hat, die buddhistische Lehre in diesem Tempel zu schützen. Doch nun, da dieser Tempel dem Meister übertragen worden ist, und hier die Lehre Buddhas verbreitet wird, will ich mich ganz auf den Meister verlassen." Nachdem er solches gelobt hatte, ging er von dannen. Der Meister wußte nicht, wer das gewesen war. So fragte er denn einen, der sich hier mit ihm befand: „Wer war denn dieser?", und jener antwortete: „Dies war der Gott von Mio." „Ach darum, ich hatte ja gleich den Eindruck, daß dies kein gewöhnlicher Mensch sein konnte!" „Ich will den alten Mönch noch einmal näher betrachten", dachte der große Meister und begab sich zu dessen Raum, doch wo es vorhin noch entsetzlich gestunken hatte, da duftete es nun aufs köstlichste, und wie er so bei sich dachte: „Ach darum also", und sich weiter umsah, da war das, was wie Fischschuppen und Gräten ausgesehen hatte, wunderbare frische Lotosblüten, die man gekocht und verstreut hatte. Verwundert begab sich der große Meister wieder zu dem Mönch im benachbarten Raum und befragte ihn. „Dieser alte Mönch (*oitaru sō*) ist der, den man Kyōdai Oshō nennt. In den Träumen der Menschen erscheint er als der Miroku Bosatsu", antwortete der Mönch. Als der große Meister dies hörte, da ward er noch mehr von Ehrfurcht ergriffen, er legte einst ein tiefes Gelübde ab und kehrte zurück. Danach brachte er die kanonischen Texte und die wahren Lehren dorthin, zog eine Schar von Schülern an und verbreitete die Lehre Buddhas in jenem Tempel. Noch heute steht sie dort in hoher Blüte.[57]

Auffällig ist bei beiden Legenden, daß die Fische einerseits eine Verbindung zu den Gottheiten der frühen Mythen herstellen, andererseits aber

---

[57] KM III (11/18):110–112, s.a. Frank 1968:107–109.

auch, wie in buddhistischen Legenden nicht anders zu erwarten, mit dem Stempel des Unreinen behaftet sind. Es wird nicht nur ihr Gestank sowie das sich damit überschneidende heruntergekommene Aussehen und die ebensolche Wesensart der Alten betont, sondern es verstieß auch der Konsum von Fischen gegen das buddhistische Nicht-Tötungs-Gebot und im Falle eines Mönchs wie jenes vom Miidera auch gegen das Enthaltsamkeitsgebot der Ordensleute. Gerade aus dieser Unreinheit aber ergibt sich die Heiligkeit dieser Alten, ihre Unreinheit ist gewissermaßen die Bedingung für ihre Göttlichkeit.[58] Entsprechend verwandeln sich für den Eingeweihten, der hinter die Oberfläche der Dinge zu blicken vermag, die Fische auch in heilige Sutrenrollen und ähnliches. Gleichzeitig wird an dieser Legende auch das Grundschema deutlich, das für viele solcher Erscheinungen alter Männer als Inkarnationen buddhistischer Gottheiten gilt und darin besteht, daß die alten Männer Verkörperungen shintoistischer Gottheiten (*kami*) sind – hier der Gott von Mio –, die ihrerseits *suijaku* (Erscheinungsformen in Japan) buddhistischer Gottheiten (*honji*) sind – hier der Miroku Bosatsu.[59] Dies war erst durch die Vorstellung des *shinbutsu shūgō* möglich, in dessen Rahmen die einheimischen Götter zunächst vom Standpunkt des Buddhismus aus als empfindende Wesen betrachtet wurden, die noch durch die Wirkung des Karma gebunden sind und auf ihre Erlösung warten. In den Kontext dieser frühen Formen der *honji suijaku*-Vorstellungen[60] gehört die folgende Legende, in der ein Gott der Volks-

---

[58] Yamaori 1986:274–276.

[59] Besonders deutlich wird dies in einer Stelle des *Fusō ryakki*: Demzufolge soll in der Kinmei Ära (539–571) der Shintō-Gott Hachiman daimyōjin in Tsukushi erschienen sein, und zwar habe es bei einem Teich im Distrikt Usa in der Provinz Toyosaki einen alten Schmied (*kaji no okina*) von außergewöhnlicher Gestalt gegeben. Deswegen hätte der Priester des Ortes Körnerfrucht gemieden und drei Jahre lang in Klausur verbracht, *gohei* dargebracht und gebetet: „Wenn du ein Gott bist, so erscheine mir. Daraufhin wäre ein 3jähriges Kind erschienen und hätte gesagt: Als Japaner bin ich der 16. Tennō, Ōjin. Mein Name ist der Schutzgott des Landes Daijizaiō Bosatsu. Ich offenbare mich in den verschiedensten Ländern an den verschiedensten Orten als Gott (*myōjin ni suijaku*)." In dieser Legende ist die wahre Natur des Hachiman die eines Bodhisattvas, doch wenn er sich in der Welt der Menschen zeigt, tritt er als alter Mann auf. Hinter der Erscheinungsform als alter Mann verbirgt sich die Wirkung des *kami* und durch ihn läßt sich die Buddha-Natur des *kami* erst erkennen. Daraus ergibt sich das Schema *honji* (Daijizaiō Bosatsu) -> *suijaku* (Hachiman, Ōjin tennō) -> Verkörperung (der alte Schmied), der alte Mann ist gewissermaßen die Offenbarung der Offenbarung (*suijaku no suijaku*) und gleichzeitig das Medium, durch das die Beziehung zwischen *honji* und *suijaku* erst offenbar wird (Yamaori 1984:143–144).

[60] Legenden, in denen einheimische Gottheiten einem buddhistischen Priester erscheinen, ihm berichten, daß sie aufgrund schlechten Karmas als *kami* geboren wurden und nun buddhistische Unterweisung erbitten, um aus dieser ihrer Geburt erlöst zu werden, waren be-

religion, der Wegegott, der als alter Mann in Erscheinung tritt, durch einen buddhistischen Priester erlöst werden will, diesem also zunächst untergeordnet ist, bevor er sich selbst in einen buddhistischen Nothelfer verwandelt:

[Auf dem Heimweg von Kumano nächtigt der Mönch Dōkō unter einem Baum.] Etwa um Mitternacht kamen 20, 30 Leute zu Pferd und blieben in der Nähe dieses Baumes. Er dachte: „Was mögen das für Leute sein?", da sagte einer: „Ist der alte Mann vom Fuße dieses Baumes da?", und vom Fuße des Baumes her antwortete es: „Der alte Mann ist da." Dōkō hörte das und staunte und wunderte sich: „Sollte sich am Fuße dieses Baumes ein Mensch befinden?" Doch der Reiter sprach weiter: „Komm schnell hervor und gehe mit uns", und wieder ertönte es am Fuße des Baumes: „Ich kann heute nacht nicht kommen. Die Beine meines Pferdes sind nämlich gebrochen und verletzt, und ich kann es unmöglich besteigen, doch morgen werden seine Beine wieder heil sein, oder es wird sich irgendein anderes Pferd finden, dann kann ich kommen. Ich habe schon viele Jahre hinter mich gebracht und bin alt, ich kann nicht zu Fuß gehen." Die Reiter vernahmen dies, und Dōkō hörte, wie sie alle davonzogen. [Am nächsten Morgen entdeckt Dōkō das Standbild eines Wegegottes und repariert das zerbrochene Brettchen mit der Abbildung eines Pferdes. In der Nacht ereignet sich das gleiche wie am Tag zuvor, doch begleitet der Wegegott nun die Reiter.] In der Morgendämmerung, als Dōkō hörte, daß der Wegegott zurückgekehrt war, kam ein alter Mann zu ihm, von dem er nicht wußte, wer er war. Er trat vor Dōkō, verbeugte sich und sagte: „Da der heilige Mann gestern die Beine meines Pferdes geheilt hat, konnte ich alter Mann mich meinen öffentlichen Aufgaben widmen. Diese Wohltat kann ich kaum vergelten. Ich bin der Wegegott hier unter diesem Baum. Die vielen Männer zu Pferd sind Seuchengötter. Wenn sie im Lande herumziehen, brauchen sie mich als Wegfreimacher. Schließe ich mich ihnen nicht an, schlagen sie mich mit Stöcken und schmähen mich mit Worten. Diese Bitternis ist wahrhaftig schwer zu ertragen. Daher möchte ich jetzt diese niedrige Göttergestalt von mir werfen und schnell einen Leib von edler Tugend erlangen. Das kann nur die Kraft des heiligen Mannes bewirken." Dōkō antwortete: „Was Ihr da sagt, ist ganz richtig, aber meine Kraft reicht hierzu nicht aus." Der Wegegott sprach wieder: „Wenn der heilige Mann drei Tage lang unter diesem Baum verweilte und das Lotos-Sutra rezitierte und ich hörte dies, würde ich durch die Kraft des Lotos-Sutra mit einem Mal meinen mühseligen Leib von mir werfen und an einem Ort der Freude wiedergeboren werden", und er verschwand wie ausgelöscht. [Dōkō tut wie ihm geheißen, und am vierten Tag erscheint ihm der alte Mann aufs neue, dank Dōkōs Hilfe wurde er zum Gefolgsmann der Kannon und zum Nothelfer; als Beweis solle Dōkō ein kleines Reisigboot richten, sein hölzernes Standbild hineinsetzen und auf dem Meere dahintreiben lassen. Danach verschwindet der Alte wieder wie ausgelöscht. Dōkō tut wie ihm geheißen, und das Boot fährt gen Süden davon, wiewohl kein Windhauch sich regt. Einem alten Mann träumt wenig später, der Wegegott hätte die Gestalt eines Nothelfers erhalten, Strahlen seien von ihm ausgegangen, und unter wunderbarer Musik sei er weit in die Ferne nach Süden emporgeflogen.][61]

---

sonders in Schriften des ausgehenden 8. und beginnenden 9. Jh. häufig. Nachdem sich eine solche Vorstellung durchgesetzt hatte, wurde es möglich, eine Erleuchtung dieser einheimischen Götter und ihre Erhebung in den Rang eines Buddha oder Bodhisattva in Betracht zu ziehen (Matsunaga 1969:218—220).

[61] KM III (13/34):252—254, s.a. Naumann 1973:147—149. Gleiche Legende schon in DNHK (3/128):215—216, s.a. Dykstra 1983:143—145.

Während in zahlreichen Gründungslegenden buddhistischer Tempel also alte Männer, die in irgendeiner Weise eine Verbindung zum Wasser bzw. zum Meer haben, als Inkarnationen von *kami* auftauchen, von Shintō-Gottheiten, die ihrerseits auf die Anwesenheit einer buddhistischen Gottheit an einem bestimmten Ort aufmerksam machen, erscheinen sie in anderen Legenden in ähnlicher Funktion auch in tiefen Bergen und Wäldern. Besonders deutlich wird das angesprochene Grundschema in der Gründungslegende des Kurama-dera, in der ein alter Mann sich als *kami* (Kibune no myōjin) zu erkennen gibt, der auf den Ort weist, wo die buddhistische Kannon angebetet werden soll:

[Fujiwara no Isebito soll einen Tempel für die Kannon erbauen, doch er weiß nicht wo. Er legt ein Gelübde ab und bittet, die Gottheit möge sich ihm zu erkennen geben.]
Eines Nachts, während er schlief, hatte er folgenden Traum: Im Norden der Hauptstadt liegt ein Berg. Zwischen zwei Bergrücken kommt ein Fluß hervor. Der Berg ähnelt dem Hōrai-san, wie er auf Bildern dargestellt wird, und an seinem Fuß entlang fließt der Fluß. Von dort kommt ein alter Greis (*toshi oitaru okina*) hervor und spricht zu Isebito und sagt: „Kennst du diesen Ort?" Isebito antwortet, daß er ihn nicht kennt. Da sagt der alte Mann (*okina*): „Hör gut zu. Dies ist ein wundersamer Ort, er ist anderen Bergen weit überlegen. Ich bin der Gott dieses Ortes, mit Namen Kibune no Myōjin. Ich halte mich nun schon seit sehr vielen Jahren an diesem Ort auf (*ōku no toshi tsumoreri*). Im Norden liegt ein Gipfel, er heißt Kinukasayama. Davor liegt ein steiler Hügel, er heißt Matsuoyama. Im Westen liegt ein Fluß, dieser heißt Kamogawa." Mit diesen Worten verschwindet [der alte Mann], und Isebito erwacht aus seinem Traum.
[Seinem Pferd folgend gelangt Isebito an den Ort, von dem er geträumt hat, und entdeckt dort eine Statue des Bishamonten. Im Traum erscheint ihm ein Kind, das sich ihm als Begleiter des Tamonten, Zennishi dōji, zu erkennen gibt und ihm die Einheit von Kannon und Bishamonten erklärt. Darauf wird in Kurama ein Tempel errichtet.][62]

Ein weiteres, wenn auch nicht so explizites Beispiel stellt die folgende *Konjaku monogatari*-Version der Gründungslegende des Shigadera dar, in der es ein den taoistischen Unsterblichen[63] ähnlicher alter Mann ist, der die Heiligkeit eines Ortes ausweist, an dem dann ein Tempel errichtet wird:

[Tenji Tennō, der das Gelübde abgelegt hat, einen Tempel zu erbauen, sendet, den Anweisungen eines Traumes folgend, einen Boten zum Berg Sasanami, der dort auf einem Gipfel in einer Höhle einen merkwürdigen alten Mann entdeckt, der auf seine Fragen nicht antwortet. Der Tenno sucht daraufhin selbst den Ort auf.]
Man brachte seine Sänfte so nah wie möglich an die Höhle, dann stieg der Tenno ab und trat noch näher heran. Da war wirklich ein alter Mann, und er sah überaus ehrfurchtsgebietend aus. Er trug einen brokatenen Hut und ein hellviolettes Gewand und sah aus wie ein Gott. Der Tenno trat näher und fragte: „Wer seid Ihr?" Da brachte der Greis seine Ärmel etwas näher aneinander und tat ein klein wenig so, als würde er sich erheben, dann sagte er: „Hier haben seit alters her Unsterbliche gelebt, in Sasanami, am Nagara-Berg!" Sprach's und verschwand, als hätte er sich in Luft aufgelöst. Da sprach der Tenno: „Der

---

[62] KM III (11/35):122. Ähnliche Legende auch im *Fusō ryakki*, Abschnitt Enryaku 15.

[63] Vgl. S. 488f.

Greis ist verschwunden, als er gerade das und das sagte. Daraus ist zu wissen, daß dieser Ort ein überaus heiliger ist. Hier soll der Tempel erbaut werden!" und kehrte in seinen Palast zurück.
[Der Tempel wird erbaut, und der Tenno begräbt darunter einen seiner Finger, der die Macht hat, alle Unreinen, die zum Tempel pilgern, in den Abgrund stürzen zu lassen.][64]

Ebenfalls in der Art eines taoistischen Unsterblichen tritt auch in der ins *Konjaku monogatari* aufgenommenen Gründungslegende des Kiyomizu-dera ein alter Mann in Erscheinung, durch dessen Auftreten der Ort, an dem er sich auf wunderbare Weise offenbart, als heilig ausgewiesen wird und als Platz bestimmt werden kann, an dem der Tempel zu erbauen ist:

[Den Anweisungen eines Traums folgend, gelangt der Mönch Kenshin in die Berge östlich der Hauptstadt, zu einem Wasserfall, und entdeckt eine Klause.]
In der Klause war einer, der war alt (*toshi oite*), hatte weiße Haare (*kashira shiroshi*) und sah auch sonst wie über 70 aus (*sono katachi nanasoji amari nari*). Kenshin trat näher und fragte den Mann: „Wer seid Ihr? Und wie viele Jahre lebt Ihr schon hier? Und wie nennt Ihr Euch?" Der alte Mann (*okina*) antwortete und sprach: „Den Namen meiner Sippe kann ich Euch nicht nennen, doch gemeinhin nenne ich mich Gyōe. Ich lebe hier nun schon seit 200 Jahren. Seit langem warte ich nun schon auf Euch, doch Ihr kamt und kamt nicht. Daß Ihr nun endlich doch erschienen seid, erfüllt mich mit großer Freude. Ich vertraue fest auf die Kraft der Kannon und rezitiere ständig das Mantra der Tausend Hände. Seitdem ich hier fernab der Welt zurückgezogen lebe, sind nun schon viele Jahre vergangen (*ōku no toshi wo tsumeri*)..."
[Der alte Mann verschwindet, als ob er sich in Luft aufgelöst hätte, nachdem er Kenshin aufgetragen hat, an dieser Stelle einen Tempel zu errichten. Einige Zeit später findet Kenshin die Schuhe des alten Mannes, die dieser am Gipfel des Berges zurückgelassen hat. Der Dainagon Sakanoue no Tamuramaro entdeckt ihn eines Tages, und da die Frau Tamuramaros, der für ihre Geburt einen Hirsch erlegt hat, ihren Mann bittet, um diese ihre Schuld zu tilgen, einen Tempel zu errichten, geschieht dies schließlich.][65]

Die Verwandtschaft zwischen den sich als alte Männer inkarnierenden Gottheiten, die in einer Verbindung mit dem Meer oder einem anderen Gewässer stehen, und jenen, die tief in den Bergen erscheinen, wird deutlich an der Figur des fischenden Greises aus der Gründungslegende des Tōdaiji, der seinerseits die Anwesenheit der Kannon markiert:

[Shōmu Tennō läßt für den Tōdaiji eine große Buddha-Statue anfertigen. Da es in Japan kein Gold gibt, um die Statue zu vergolden, wird es in großer Menge aus China importiert, doch reicht dies nicht aus. Mönche raten daraufhin dem Tenno, zu dem Gott des Goldenen Berges zu beten und ihn zu bitten, etwas von seinem Gold nehmen zu dürfen. Der Tenno beauftragt den Mönch Rōben mit den Gebeten.]
Nachdem er sieben Tage und sieben Nächte lang gebetet hatte, hatte Rōben folgenden Traum: Es erschien ein Mönch, der sagte zu ihm: „Das Gold in diesem Berg hat Miroku Bosatsu hierher gelegt, es soll verteilt werden, wenn Miroku in diese Welt geboren wird, und kann daher vorher nicht hergegeben werden. Ich bin nur dazu da, es aufzubewahren. Aber im Distrikt Shiga in der Provinz Ōmi gibt es an einem Ort namens Tagami einen klei-

---

[64] KM III (11/29):112–113, s.a. Tyler 1987:30–31.

[65] KM III (11/32):118–119.

nen, abgelegenen Hügel. Dessen östliche Ausläufer bilden den sogenannten Tsubaki-Kap, und dort befindet sich eine Gruppe aufrechter Felsen. Unter diesen ist auch jener Stein, auf dem sich früher der fischende Alte (*tsuri seshi okina*) aufzuhalten pflegte. Auf diesem Felsen errichte eine Nyoirin Kannon und erbaue eine Tempelhalle für sie und bete darin für das Gold. Wenn du das tust, wirst du sicher das Gold, um das du betest, erhalten." [Rōben folgt den Anweisungen des Traumes, entdeckt die Felsen, läßt darauf eine Halle für Nyoirin Kannon erbauen und betet darin um Gold. Wenig später wird in Mutsu und Shimotsuke Gold entdeckt und der Große Buddha kann fertiggestellt werden.][66]

Im Zusammenhang mit der Nähe der Alten zur Totenwelt steht wohl, daß nach japanischen buddhistischen Jenseitsvorstellungen jene Gestalten, denen die Toten beim Eintritt in die Totenwelt zunächst begegnen, eine alte Frau und ein alter Mann sind. Sieben Tage nach dem Tod erreichen die Toten den *sanzu no kawa*, oder Fluß der Drei Furten, einer seichten, einer tieferen und einer ganz tiefen, den sie überqueren müssen. Die Sündigsten müssen dabei durch die tiefste Furt. Laut *Jizō bosatsu hosshin innen jūō-kyō*, einem wohl Ende der Heian-Zeit in Japan entstandenen apokryphen Sutra, erwartet sie am anderen Ufer ein alter weiblicher Dämon, die Datsueba, um ihnen sodann die Kleider abzunehmen, während ein alter männlicher Dämon, der Keneō, diese an die Zweige eines Baumes hängt. So messen diese zwei Dämonen das Gewicht der Kleider und damit der Sünden der Verstorbenen, bevor sie sie weiter zum Gericht des Königs Yama (oder Enma-Ō) schicken.[67] Besonders die Figur der alten Frau, die den Totenseelen die nassen Kleider abnimmt, ist dabei in Jenseitsbeschreibungen häufig anzutreffen[68]. Als hilfreicher Geist aus der Totenwelt wird

---

[66] KM III (11/13):88, s.a. Tyler 1987:32. Die Legende dürfte auf *Sanbō ekotoba* 3/22 basieren, bzw. auf der im *Tōdaiji yōroku* nach einem „Tagebuch" wiedergegebenen. Der ‚fischende Alte' ist in ähnlichem Kontext in der Entstehungslegende des Ishiyama-dera im *Fusō ryakki* und im *Shoji ryakki* vertreten, in dem er sich als Shintō-Gottheit Hira myōjin zu erkennen gibt (KM III:88, A.21).

[67] Dykstra 1983:92, A.2.

[68] So in der folgenden Legende aus dem *Dainihonkoku Hokekyō kenki*, die in Varianten aber auch in einer Reihe anderer Heian-zeitlicher Legendensammlungen aufscheint: „[Renjū, der eifrig das Lotos-Sutra rezitierte, stirbt.] Nachdem er einen hohen Berg mit tiefen Wäldern überquert hatte, gelangte er an einen furchterregenden tiefen und breiten Fluß. Am nördlichen Ufer des Flusses saß eine alte Frau, ein Dämon (*ōna no oni*). Sie sah häßlich und gemein aus und saß unter einem mächtigen Baum. An den Zweigen dieses Baumes hingen Tausende und Abertausende von Gewändern. Als der Dämon den Mönch sah, fragte er ihn: ‚Nun hör gut zu. Dies ist der Fluß der Drei Furten, und ich bin die alte Frau vom Fluß der Drei Furten (*sanzu no kawa no ōna nari*). Du mußt den Fluß überqueren, deine Gewänder ausziehen und mir geben.' Da kamen vier Himmlische Knaben und sprachen: ‚Du Dämon, alte Frau, warum willst du diesem Mönch die Kleider rauben. Er ist ein Lotossutra-Rezitierer und ein Schützling der Kannon...' [Der Mönch erwacht wenig später wieder zum Leben]" (DNHK (2/70):139, s.a. Dykstra 1983:92). Ähnlich KM III (16/36):495–496.

auch jener nur kurz erblickte alte Mann gedeutet, der einem Priester von den Göttern geschickt worden sein soll, um ihm zur Seite zu stehen[69]. Die Wesensverwandtschaft zwischen den sich in alten Männern inkarnierenden *kami* der frühen Mythen und den ebensolchen späteren buddhistischen Gottheiten zeigt sich auch dort, wo wie in der folgenden *Konjaku monogatari*-Legende ein alter heruntergekommener Bettelmönch gerade als solcher als Inkarnation eines Buddha interpretiert wird. Wie im Fall des Uzuhiko[70] nimmt er eine Gestalt an, die von den anderen Menschen *a priori* verachtet wird, um so erst seine Wunderwirksamkeit zu entfalten, wobei bemerkenswert ist, daß auch seine Aufmachung der des Uzuhiko sehr ähnlich ist:

[Der Mönch Chōzō vom Hiei-san hegt den innigen Wunsch, im Paradies wiedergeboren zu werden. Als er eines Tages diesen Wunsch wieder einmal äußert, dann aber auf den Abort geht, ist er plötzlich verschwunden. Er bleibt mehrere Jahrzehnte lang verschwunden. Sein Schüler, Shōjin Gubu, ist in der Zwischenzeit 60 Jahre alt geworden und Priester des Gouverneurs von Iyo, den er in die Provinz seiner Verwaltung begleitet und der ihm daselbst eine Klause errichtet, von der Shōjin alle, die sich ihm nähern wollen, vertreibt.]

Da trug es sich zu, daß er eines Tages hinter dem Zaun einen alten Mönch (*oihōshi*) sah, der einen ganz schwarzen, ausgefransten Schirm trug, wie man ihn sonst beim Reispflanzen trägt, dazu einen abgetragenen Strohumhang (*mino*), der ihm bis zu den Hüften ging, und darunter noch ein schäbiges Gewand aus grobem Stoff, das so schmutzig war, daß man sich nicht vorstellen konnte, wann man es zuletzt gewaschen hatte; an den Füßen hatte er Strohsandalen, und er stützte sich auf einen Bambusstock.

[Die Wächter wollen ihn vertreiben, doch Shōjin erkennt in dem alten Bettler seinen einstigen Lehrer wieder. Dem verwunderten Shōjin erklärt dieser, daß er einst auf dem Abort die Vergänglichkeit alles Irdischen erkannt habe und daraufhin beschlossen habe, der Welt den Rücken zu kehren und an einem Ort, an dem das buddhistische Gesetz nur ungenügend verbreitet sei, als Bettler sein Leben zu fristen, um für seine Wiedergeburt im Paradies zu beten. Er lebe nun schon seit vielen Jahren als Bettler... Am Ende heißt es, weil er sich um die Menschen in den Landen sorgte und sie ehrte, hatte also in ihm ein Buddha vorübergehend die Gestalt eines Bettlers angenommen.][71]

Die Flüchtigkeit und Irrealität dieser Figuren alter Männer, in denen sich Gottheiten manifestieren, zeigt sich auch daran, daß sie oft als durch asketische Übungen heraufbeschworene Visionen oder Traumbilder er-

---

[69] „[Priester Keijitsu lebt ganz zurückgezogen in einer kleinen Hütte und hält sich streng an die Gebote. Immer wieder ereignen sich rund um ihn wundersame Dinge.] Einmal kam ein alter Adeliger (*oitaru kandachibe*) auf einem reich geschmückten Pferd zu Keijitsus Hütte. Ein anderer Mann sah dies aus einiger Entfernung, näherte sich daraufhin der Hütte, fand aber nur Keijitsu selbst in der Hütte vor. Da fragte er sich, ob es eine Himmlische Gottheit war oder ein Abgesandter der Totenwelt, der gekommen war, um Keijitsu zu dienen und für ihn zu sorgen...“ DNHK (2/65 Priester Keijitsu aus Ubara in der Provinz Settsu):133, s.a. Dykstra 1983:88.

[70] Vgl. S. 460.

[71] KM III (15/15):365.

scheinen. So fastet etwa dem *Honchō shinsenden* zufolge der Mönch Nichizō sieben Tage lang, bevor es ihm gegönnt ist, daß ihm der Gott des Matsunoo-Schreins erscheint und sich in Gestalt eines alten Mannes als der Bibashi Butsu zu erkennen gibt[72], und auch dem Mönch Eikei gibt sich ein Gott in Gestalt eines alten Mannes erst dann zu erkennen und offenbart ihm die karmischen Gründe für gegenwärtiges Geschehen, nachdem er sieben Tage lang gefastet hat[73]. Ebenso als Vision ist das Auftreten des Königs Uten als alter Mann in der *Dainihonkoku Hokekyō kenki*-Legende um den Mönch Chōen zu verstehen, auch wenn hier die Vision nicht durch einmaliges langes Fasten möglich wird, sondern durch ein Leben der Askese[74]. Wenn es sich nicht um durch langes Fasten oder asketische Übungen hervorgerufene Visionen handelt, in denen Gottheiten oder Heilige sich als alte Männer offenbaren, so geschieht dies häufig auch in Träumen, so in jener Legende, in der Subhūti, einer der zehn Schüler Buddhas, dem eingebildeten Mönch Jikon, der auf das Diamanten-Sutra vertraut,

---

[72] „... Einst wallfahrtete er zum Matsunoo-Schrein und wünschte, dessen wahres Wesen zu erfahren. So tat er dreimal sieben Tage und Nächte Übung und sang und betete. Da es nun zum letzten Tag kam, da grollten Donner und Blitz, Sturm krachte, Regen fiel hernieder und ringsum wurde es finster. Da war ein alter Mann (*okina*), der kam und schalt Nichizō. Er schlug Gras und Busch nieder, und der Wind schwenkte der Göttlichen Halle Tür viel hundert Mal hin und her. Nichizō neigte sein Ohr hin und verweilte in der Halle. Da war eine Stimme, die sprach: ‚Ich bin der Bibashi Butsu [der erste der sieben Buddhas der Vergangenheit].‘ Nichizō war erstaunt und sah, da war der alte Mann von vorher" (HSD (29):274—275, s.a. Bohner 1957:151).

[73] „[Als Eikei sich beim Minoo-Wasserfall aufhält, träumen alle Anwesenden, ein alter Hund belle laut. Als sie dem Eikei davon erzählen, will dieser den Grund dafür wissen und fastet sieben Tage lang.] Am siebenten Tag träumte ihm, der Ryūju Bosatsu erscheine ihm als würdiger alter Mönch (*shukurō*) und sage zu ihm: ‚Du warst in deinem früheren Leben dieser große Hund mit den hängenden Ohren...' [Er habe bei einem Lotossutren-Rezitierer gelebt und sei deswegen als Mensch wiedergeboren worden]" (DNHK (2/53):120). Ähnlich KM III (14/21):307.

[74] „[Nach langen Jahren des Glaubens an das Sutra und asketischer Übungen erlangt Chōen Wunderkräfte. Als er etwa einen zugefrorenen Fluß überqueren will, erscheint eine Kuh, die ihm den Weg freimacht.] Ein anderes Mal, als Chōen die Nacht hindurch das Lotos-Sutra rezitierte und es schon sehr spät geworden war, erschien ihm ein alter Mann von tugendhafter und seltsamer Erscheinung (*rōjin no shukutoku kii naru mono*). Dieser hielt ihm ein Schild, das mit seinem Namen beschriftet war, hin und sprach: ‚Ich bin König Uten und gehöre zum Gefolge des Monju vom Godaisan. Ich gebe dir dieses mein Schild aufgrund deiner hohen Tugend und der Verdienste, die du durch das Rezitieren des Sutras erworben hast. Gemeinsam mit Monju werde ich dich in dieser und in den nächsten Generationen beschützen‘ " (DNHK (3/92):173, s.a. Dykstra 1983:115). Ähnlich KM III (13/21): 237—238. Uten ist König Kustana, den seine Frau zum Buddhismus bekehrt hatte und von dem eine Legende im *Zōichiagongyō* 28 schildert, wie er von einer schweren Krankheit genas, weil seine Gefolgsleute ein Buddha-Bildnis anfertigten (Dykstra 1983:115, A.6).

im Traum als alter nach indischer Art gekleideter Mönch erscheint und ihn darüber aufklärt, daß er seinen Reichtum nur dem bescheidenen Jihō zu verdanken hat, der auf das Lotos-Sutra vertraut, worauf Jikon Jihō zu seinem Lehrer macht[75]. Immer wieder erscheinen Buddhas in Träumen in der Gestalt alter Männer, um den Träumenden den über den Schein der Dinge hinausgehenden Sachverhalt näherzubringen[76], beziehungsweise sie über ihr Karma aufzuklären, wobei sie mitunter mit durchaus irdischen Alterserscheinungen dargestellt sein können[77]. Häufig ergeben sich solche Träume nicht von selbst, sondern werden von dem Betroffenen, der sich Aufklärung über ein ihm unverständliches Geschehen erhofft, durch Fasten und religiöse Übungen provoziert, wie in jener Legende, in der die Kannon sich dem träumenden Ezō, der sich auf eine Wallfahrt nach Hatsuse begeben hat, um die Ursache für seine Unfähigkeit zu erfahren, sich bestimmte Zeichen aus dem Sutra zu merken, nach sieben Tagen der religiösen Einkehr als alter Mann offenbart[78].

---

[75] KM III (13/41):263—264, s.a. Tyler 1987:217—218. Frühere Fassung in DNHK (1/17): 74—75, s.a. Dykstra 1983:46.

[76] Etwa in DNHK (3/115):199, s.a. Dykstra 1983:133: „[Ein Provinzgouverneur, der Jahre hindurch zu Kannon gebetet hat, wird eines Tages überfallen und so verletzt, daß alle glauben, er sei tot, er selbst merkt aber keinerlei Verletzungen.] In dieser Nacht träumte der Gouverneur von einem weisen, heiligen alten Mann (*shukutoku no kashikoki hijiri*), der zu ihm sagte: ‚Ich bin die Kannon vom Miidera. Ich habe dich aus deiner Notlage errettet und an deiner Statt zahlreiche Wunden geschlagen bekommen. Wenn du die Wahrheit wissen willst, dann geh und sieh die Kannon vom Miidera.' [Es erweist sich, daß die Statue tatsächlich überall Spuren von Verletzungen aufweist.]" Ähnlich KM III (16/3):424—426.

[77] So in der folgenden Legende der Yakushi Butsu: „[Ein Priester, der auf das Lotos-Sutra baut, möchte den Tempel verlassen und an einen anderen Ort gehen.] In jener Nacht hatte der Priester einen Traum. Da war ein alter Priester (*rōsō*). Als bejahrter, tugendhafter Mann, der er war (*hanahada shikutoku naru wo mote*), erhob jener seine greise Stimme (*oitaru koe*) und sprach: ‚Ich bin der Yakushi Butsu dieses Tempels. Ich will dir die vergangenen Gründe offenbaren und dir erklären...' [Der alte Mann erklärt, der Priester habe früher als Wurm in der Nähe des Tempels gelebt und weil er deswegen oft das Lotos-Sutra rezitieren gehört habe, sei er nun als Mensch wiedergeboren worden. Er solle deswegen den Tempel nicht verlassen. Der Priester befolgt den Rat]" (DNHK (1/30):89, s.a. Dykstra 1983:57). Ähnlich KM III (14/25):311.

[78] „... Nachdem sieben Tage vergangen waren, da träumte Ezō, daß ein alter Mönch (*rōsō*) hinter dem Vorhang vor dem Altar hervorkam und zu ihm sprach: [Er erklärt, Ezō sei im vorherigen Leben als Mensch geboren worden, dessen Eltern noch immer am Leben seien, und daß beim Rezitieren des Sutras die Zeichen, die er nun nicht lesen kann, verbrannten und er sie nicht nachzeichnete. Ezō findet daraufhin seine früheren Eltern wieder]" (DNHK (1/31):90, s.a. Dykstra 1983:58). Ähnlich KM III (14/12): 297—298.

8.1.2.2. Buddha-gleiches Wissen alter Männer

Wenn diese ehrwürdigen alten Männer, die den Menschen im Traum erscheinen, sich nicht immer explizit als Gottheiten zu erkennen geben, so ist ihr Verhalten auch dann noch sehr häufig das einer Gottheit. So ist es zum Beispiel ein alter Mann, der einer Legende des *Dainihonkoku Hokekyō kenki* zufolge, dem Renbō kurz vor seinem Tod im Traum erscheint und ihm verspricht, ihn in der Stunde seines Todes abzuholen und ins Paradies zu geleiten. Dies aber ist die Tat eines Buddhas:

[...] Als er alt geworden und sein Ende gekommen war (*oite nochi nyūmetsu no toki*), da begab er sich Abend für Abend auf einen Hirschstock gestützt (*kasetsue mote koshi wo yasumete*) zur Buddhahalle, brach Eis, um dem Buddha Wasser darbringen zu können und ertrug die Kälte, während er das Lotos-Sutra rezitierte. Da sah er im Traum einen alten Mönch (*oitaru sō*) zu ihm kommen, der sich vor ihm verbeugte und sprach: „Dank des großen Verdienstes, das du dir durch das Rezitieren des Sutra erworben hast, hat sich in die Wunderkräftigkeit der religiösen Übungen offenbart. Du brauchst nicht zu beklagen, wieder in diese Welt geboren zu werden. Wenn die Stunde deines Endes kommt, werde ich da sein, dich zu erretten."[79]

Ähnliches gilt für die zahlreichen Legenden, in denen alte Männer den Träumenden die in vergangenen Leben begründeten Ursachen für scheinbar unverständliche Geschehnisse im jetzigen Leben offenbaren. Solche Offenbarungen, die ja einen Teil des Mysteriums um das Karma einer Person lüften, waren in den indischen buddhistischen Legenden, die als Vorbilder für die japanischen fungierten, ein Privileg der Buddhas selber, die allein über ein solch transzendentes Wissen verfügten. Gerade diese Funktion wurde in dieser Art von Legenden in Japan mit großer Häufigkeit von

---

[79] DNHK (1/20):79, s.a. Dykstra 1983:49—50. Eine ähnliche Gestalt erscheint einem weiteren Priester knapp vor seinem Tod und offenbart ihm ebenfalls auf Buddha-ähnliche Art und Weise, daß er bald im Paradies wiedergeboren werde: „"... Von seiner Jugend bis ins hohe Alter (*rōnen ni itaru made*) hatte Hōju, um den Samen der Buddhaschaft zu legen, Tag für Tag das Sutra rezitiert, ohne jemals darin zu erlahmen. Als er sich bewußt wurde, daß er nicht mehr lange zu leben hatte (*yozen no nokori sukunaki koto*), stärkte Hōju seinen Glauben und seine Frömmigkeit noch mehr. Eines Nachts, als er gerade das Lotos-Sutra rezitierte, träumte ihm gegen Morgengrauen, daß die Kopie des Sutras, die er all die Jahre über gelesen hatte, sich in die Lüfte erhob und in Richtung Westen davonflog. In seinem Traum war Hōju zutiefst betrübt darüber, daß er sein Sutra verloren haben sollte. Da erschien an seiner Seite ein purpurgewandeter alter Mönch (*shie no rōsō*) und sprach: ‚Kränke dich nicht. Die Abschrift des Lotos-Sutra, die du hattest, ist nur einstweilen ins Paradies geschickt worden. In einigen wenigen Monaten wirst du selbst auch dort wiedergeboren werden. Du solltest schnell baden und die für deine Wiedergeburt notwendigen Übungen vollführen.' [Nach diesem Traum legt Hōju seine Gewänder weg, verteilt seine persönliche Habe unter seinen Schülern, und liest und rezitiert Sutren. Trotz Krankheit verliert er den rechten Glauben nicht und stirbt friedlich.]" (DNHK (2/50):117, s.a. Dykstra 1983:77). Ähnlich KM III (13/32):248—249 und SŌD (1/8):294—295.

alten Männern wahrgenommen[80], und das Wissen, das solche alten Männer den Träumenden offenbaren konnten, reichte nicht nur in die Vergangenheit zurück, sondern erstreckte sich auch auf die Erkenntnis der metaphysischen Wirkungen im Hier und Jetzt gesetzter Taten[81]. Zum Teil werden in Träumen von alten Männern den Träumenden auch Dinge offenbart, von denen sie bislang keine Ahnung hatten, als ob ein göttliches Wesen ihnen irgendetwas unbedingt kundtun wollte und diese Gestalt wählte, um es auf besonders einprägsame Art und Weise zu tun[82].

---

[80] Besonders deutlich wird dies dort, wo ein Mönch zwar einem Wahrsager, der ihm von seinem Wesen in einem früheren Leben erzählt, nicht glaubt, dafür aber dem alten Mann, der ihm im Traum erscheint: „[Ein Wahrsager erklärt dem Chōzei, seine helle Hautfarbe und seine laute Stimme rührten daher, daß er in einem früheren Leben ein Schimmel gewesen sei. Chōzei glaubt dem Wahrsager nicht.] Da träumte Chōzei, daß ein alter Priester (*oitaru sō*) zu ihm sprach: ‚Was der Wahrsager dir erklärte, war schon ganz richtig. Die Wirkung der guten und der bösen Taten folgt einem wie ein Schatten...' [Chōzei ist zwar beschämt, in seinem früheren Leben ein Pferd gewesen zu sein, freut sich aber, daß es ihm nun möglich ist, den buddhistischen Gesetzen gemäß zu leben und tut dies auch]" (DNHK (1/36):96, s.a. Dykstra 1983:62). Ähnlich KM III (14/24):309—310. Dieses besonders beliebte Motiv findet sich mit mehr oder weniger austauschbaren Figuren in einer ganzen Reihe weiterer Legenden, wie der folgenden: „[Kakunen nimmt die Tonsur und rezitiert eifrig das Sutra. Drei Zeilen des Textes kann und kann er aber nicht auswendig lernen. Ganz verzweifelt betet er zu Fugen.] Da träumte Kakunen, daß ein alter Priester (*oitaru sō*) zu ihm kam und sprach: [Der alte Mönch im Traum offenbart ihm, daß er in einem früheren Leben ein Bücherwurm gewesen ist und genau jene Zeichen, die er sich nun nicht merken kann, aufgefressen hat; da Kakunen aber nun seine Missetat bereut habe, wolle er, der alte Mann, ihm helfen. Danach ist es Kakunen ganz leicht möglich, sich auch diese Zeilen zu merken.]" (DNHK (2/78):148, s.a. Dykstra 1983:98). Ähnlich KM III (14/13):298—299.

[81] So etwa in der folgenden Legende: „Priester Dōjō war ein Schüler des Tempelvorstands Shōsan des Saimyōbō des Hōdōin am Hiei-Berg. Jahre hindurch lebte er im Hosshōji. Von jungen Jahren an bis er alt geworden war (*rōgo ni itaru made*), war er nicht müde geworden, von Morgen bis Abend das Lotos-Sutra zu rezitieren. [Allerdings gelingt es Dōjō nicht, seinen Jähzorn abzulegen. Eines Nachts träumt er, er gehe in Richtung Hiei-Berg und sähe dort die Gebäude voller Sutrenrollen.] Als Dōjō das gesehen hatte, da wunderte er sich sehr und fragte einen alten Priester (*shukurō*) und sprach: ‚Wer legte denn all diese Sutrenrollen in diese Gebäude?' Und der alte Mönch (*rōsō*) antwortete: ‚Das sind Kopien der Sutren, die du in den vergangenen Jahren rezitiert hast... Aufgrund deiner guten Taten wirst du im Reinen Land wiedergeboren werden.' Als Dōjō das hörte, wunderte er sich sehr. Da flammte plötzlich ein Feuer auf und verbrannte eine Kopie des Sutra. Da fragte Dōjō nach dem Grund dafür; und der alte Mönch antwortete: ‚Du gerätst des öfteren in arge Wut und beschimpfst dann deine Schüler. Das Feuer deiner Wut verbrennt die guten Taten, die du gesetzt hast. Wenn du deinen Jähzorn endlich ablegst, wird sich das Verdienst deiner guten Taten ungemein vermehren und dank deines festen Glaubens wirst du im Paradies wiedergeboren werden.' Als Dōjō von seinem Traum erwachte, legte er vor Buddha ein Gelübde ab und setzte seinem Jähzorn ein Ende..." (DNHK (1/19):78, s.a. Dykstra 1983:48—49). Ähnlich KM III (13/8):219—220, und SŌD (1/29):316.

[82] So erscheint im *Dainihonkoku Hokekyō kenki* ein alter Mann dem Autor selbst im Traum, auf daß jener nicht vergesse auch das Leben des Gyōki in seine Sammlung heraus-

Mitunter überschneidet sich die Rolle alter Menschen als Mittler zwischen den Gottheiten und den Menschen mit ihrer Funktion als Überlieferer des Wissens um vergangene Dinge, sodaß nicht immer zu entscheiden ist, welche Funktion im Vordergrund steht. So verhält es sich etwa in der folgenden, in Indien angesiedelten Legende aus dem *Konjaku monogatari*, in der es ein 120jähriger alter Mann ist, der ein ganzes Land aus einer Notlage dadurch errettet, daß er der einzige ist, der sich noch daran erinnern kann, jemals etwas von dem buddhistischen Gesetz gehört zu haben:

[Ein König liebt ausgefallene Früchte und hat mit dem Drachenkönig ein Abkommen, daß er ihm solche bringt. Doch plötzlich besteht der Drachenkönig darauf, etwas über Buddhas Gesetz zu hören, sonst würde er das Land vernichten. Verzweifelt sucht man nach jemandem, der etwas darüber weiß, kann aber niemanden finden.]

Doch gab es in dem Land einen alten Mann (*okina*), der war über 120 Jahre alt. Diesen rief der König nun herbei und sagte zu ihm: „Du bist doch schon alt (*sude ni toshi oitari*). Vielleicht hast du früher einmal etwas über das Gesetz Buddhas gehört?!" Da antwortete der alte Mann: „Ich habe bis jetzt noch nie etwas von einem Gesetz Buddhas gesehen oder gehört. Aber der Großvater (*ōji*) von mir altem Mann hat mir erzählt: ‚Als ich klein war, da hörte ich einmal, daß es etwas wie ein Gesetz Buddhas gibt.' Außerdem habe ich alter Mann bei mir zu Hause ein überaus seltsames Ding. Es ist ein Pfeiler, der Licht ausstrahlt. Als ich fragte, was das denn sei, antwortete er und erzählte mir: ‚Es ist ein Pfeiler, der zu der Zeit aufgestellt wurde, als es das Gesetz Buddhas gab.'

Da freute sich der König sehr, ließ den Pfeiler bringen und auseinanderbrechen, und da fand man darin ein zweizeiliges Schriftstück. Es hieß „Schrift über die Acht Gebote". Sie glaubten daran, daß das das Gesetz Buddhas sein mußte, und da strahlte der Pfeiler noch stärker Licht aus und gedieh den Menschen zum Wohlergehen. Auch der Drachenkönig freute sich, und seit dieser Zeit ward das Gesetz Buddhas in jenem Land bekannt und erfuhr später eine Blüte. Dem Land ward Frieden beschieden, und das Volk lebte in Eintracht und Wohlstand. So ist es erzählt und überliefert worden.[83]

Oft begegnen sie aber einem Auserwählten nur flüchtig, um ihm eine transzendente Wahrheit, nach der dieser sucht, zu offenbaren, wie etwa wenn in einer *Konjaku monogatari*-Legende der indische Mönch Baramon, der auf der Suche nach dem Monju Bosatsu ist, von einem alten Mann, der ihm plötzlich in China in den Bergen des Wutai-shan erscheint, darüber

---

ragender Verfechter des Lotos-Sutra zu erwähnen: „Ursprünglich war Gyōki nicht in dieses Buch aufgenommen worden, weil eine andere Biographie des Gyōki nicht erwähnte, daß er das Lotos-Sutra rezitiert, kopiert und verbreitet hatte. Aber im Traum sah ich einen tugendhaften alten Mann (*shukurō*), der in einen *naoshi* gekleidet war, das vorliegende Buch in die Hände nahm, es von Anfang bis Ende durchsah und sagte: ‚Gyōki Bosatsu war in ganz besonders gläubiger Anhänger des Lotos-Sutra. In ferner Vergangenheit, als die 20.000 Buddhas der Sonne und des Mondes erschienen und das Sutra vortrugen, da hielt er es als Priester Myōkō hoch. Darum war Gyōki unzählige Kalpa hindurch ein Verfechter des Lotos-Sutra.' Da ward ich von Ehrfurcht vor dem Inhalt dieses Traums erfüllt und nahm die Geschichte von Gyōki in dieses Buch auf" (DNHK (1/2):54, s.a. Dykstra 1983:29).

[83] KM I (5/16):371, s.a. Dykstra 1986b:206.

aufgeklärt wird, dieser sei in Japan als Gyōki wiedergeboren worden[84]. Solche Legenden ähneln von ihrer Struktur her stark jenen, in denen eine angerufene buddhistische Gottheit sich dem Gläubigen in Gestalt eines alten Mannes offenbart. So könnte man die Figur des alten Mannes, der dem Baramon in den Bergen in China erscheint, als dortige Offenbarung des Monju Bosatsu deuten.[85]

Häufig erscheinen in den Legenden auch alte Männer, die Träume hinsichtlich ihrer metaphysischen Bedeutung interpretieren[86], und umgekehrt offenbaren sich in ihren eigenen Träumen göttliche Wahrheiten, die sonst keiner zu erkennen vermag:

[Kōson borgt sich von einem Mann ein Pferd, das in der Nähe von Gion von einem Mann als jenes Pferd wiedererkannt wird, das ihm vor einem Jahr gestohlen wurde. Der Mann bindet daraufhin Kōson, schlägt ihn und läßt ihn angebunden zurück.]
In dieser Nacht träumten drei greise Mönche (*kishuku*) von Gion gleichzeitig, daß dieser Mann den leibhaftigen Fugen Bosatsu gebunden und geschlagen hatte. Als sie von ihrem Traum erwachten, fanden dies überaus merkwürdig, suchten eilends jenen Mann und entdeckten, daß es Kōson war, der gebunden und geschlagen worden war.
[Sie binden Kōson los, und als am nächsten Morgen Häscher auf der Suche nach einem Pferdedieb ausziehen, trifft einer ihrer Pfeile den Mann, der Kōson gefangen genommen hatte, und tötet ihn.][87]

---

[84] KM III (11/7):70, s.a. Tyler 1987:33. Die Legende dürfte als Verselbständigung des zweiten Teils von *Sanbō ekotoba* 2/3 entstanden sein (KM III:70 A).

[85] Das gleiche gilt für jene Legende, nach der dem Dahari, der 676 von Indien nach China kam und sich dort um Sutrenübersetzungen verdient machte, als er darum betete, die wahre Gestalt des Monju möge sich ihm offenbaren, ein alter Mann in den Bergen des Wutai-shan erschienen sein und ihm den Auftrag erteilt haben soll, das Sutra der Wahren Worte aus Indien zu holen, bevor er wieder spurlos verschwand, vgl. KM II (6/10):73.

[86] Damit weisen sie eine gewisse Ähnlichkeit mit jenen Figuren betagter Männer auf, die als Inkarnationen von Buddhas den Gläubigen ihr Karma erklären. Manchmal ist die Struktur solcher Legenden recht kompliziert, wie in der folgenden, in der der den Traum deutende alte Mann selbst eine Traumgestalt ist: „[...] Von seiner Jugend an bis er über 80 Jahre alt geworden war, rezitierte Chōzō nur unentwegt das Lotos-Sutra. [Oft träumt er davon, er würde auf einem weißen Elefanten reiten, tiefe Ozeane und steile Berge überqueren und schließlich auf eine große Ebene gelangen, auf der sich ein wunderbarer großer Tempel befindet. In seinem Traum erzählt er davon einem greisen Mönch (*kinen no sō*), der ihm erklärt, sein Traum sei von guter Vorbedeutung und Chōzō würde im Reinen Land wiedergeboren werden, nachdem er die Meere der Karma-Zyklen und die Berge der Leiden überquert habe]" (DNHK (2/56):123, s.a. Dykstra 1983:82).

[87] DNHK (2/61):129, s.a. Dykstra 1983:85. Ähnlich KM III (13/20):235—237. In einer weiteren Legende träumt einem alten Mönch, er sähe wie ein Buddha den Genshin an seinem Krankenbett besuche und ihm beistehe (DNHK (3/83):161, s.a. Dykstra 1983:106; ähnlich KM III (12/32):178—180), und einem anderen alten Mönch erweist sich im Traum, wie verschiedenste Gottheiten dem Heiligen Mann Dōmei zuhören kommen, wenn er Sutren rezitiert (KM III (12/36):194—195). Die Legende basiert auf DNHK (3/86):164—165, s.a. Dykstra 1983:108—110.

In einer anderen Legende des *Dainihonkoku Hokekyō kenki* vermag erst der Traum einer alten Nonne, in dem ein alter Mönch ihr zu verstehen gibt, sie werde genauso wie Minamoto no Masamichi, der Mittlere General zur Linken, im Reinen Land wiedergeboren werden, einen Zweifelnden davon zu überzeugen, daß jener tatsächlich ins Paradies gelangt ist:

[Masamichi vergißt zwar niemals, Kapitel des Sutra zu rezitieren, doch begeht er in Ausübung seines Amtes viele Sünden. Priester Gyōen ist überzeugt, daß er dennoch im Paradies wiedergeboren wurde. Fujiwara no Michimasa will das nicht glauben.]
Eines Tages, als Michimasa gerade einer Sutrenlesung im Rokuharamitsuji beiwohnte, da waren vor seinem Wagen ein paar alte Nonnen (*rōni*). Eine der alten Nonnen sagte unter Tränen: „Ich bin arm und alt (*toshi oite*), und es gelingt mir nicht, Samen des Guten zu sähen. Wenn ich mein Leben weiter so unnütz verstreichen lasse, werde ich ganz sicher in eine der Drei Niederen Welten fallen. Wie ich so klage und mich gräme und zu den Drei Schätzen bete, da träumt mir letzte Nacht von einem tugendhaften alten Mönch (*shukutoku no rōsō*), der zu mir sagt: ‚Klage du nicht länger. Rufe nur voll Inbrunst den Namen Amida Buddhas an. Dann wirst du sicherlich im Reinen Land wiedergeboren werden, ganz genauso wie Masamichi, der auf das Lotos-Sutra vertraute und deswegen, obwohl er sonst keine guten Taten setzte, im Reinen Land wiedergeboren wurde.' So habe ich im Traum erfahren, daß Masamichi im Reinen Land wiedergeboren wurde." Als Michimasa den Traum der alten Nonne hörte, da begann auch er zu glauben und zweifelte nicht länger.[88]

8.1.3. Die taoistische Vorstellung der Heiligkeit der Langlebigkeit

Wohl unter dem Einfluß des chinesischen Taoismus galt auch in Japan Langlebigkeit an sich als Attribut der Heiligkeit. Vorbildhaft wirkte hierbei die chinesische Vorstellung der Unsterblichen (*hsien jen*, Jap. *sennin*), taoistischer Weiser, die dank der Befolgung der taoistischen Lebensweise, asketischer Übungen oder eines abgeschiedenen Lebens in den Bergen die Unsterblichkeit erlangten[89] und so für ewige Zeiten als göttliche Wesen in Himmlischen Gefilden lustwandeln, aber bereits zu Lebzeiten in der Lage gewesen wären, ihre Lebenskräfte so zu bündeln, daß sie ihre Umwelt wie ihre eigene Körperlichkeit beherrschen. Zu ihren vielfältigen übernatürlichen Fähigkeiten zählt auch die Verlängerung des Lebens weit über das gewöhnliche Maß hinaus, und sie werden daher allgemein als überaus alt gedacht und dargestellt, zumal sie ihre Wunderkräftigkeit erst nach langen Jahren der Übung erreichten[90]. In Anlehnung daran galten auch

---

[88] DNHK (3/102):183, s.a. Dykstra 1983:123.

[89] Oft verschwinden sie aus dieser Welt unter Zurücklassung ihrer Schuhe, die dann als Beweis dafür gesehen werden, daß sie sich in die Lüfte erhoben haben und so in die Unsterblichkeit eingegangen sind, ein Bild, das auch in Japan verwendet wurde, um einzelne Figuren als *sennin* auszuweisen, etwa Takeshiuchi no sukune, vgl. S. 27, FN 54, oder den alten Mann in den Bergen aus *Konjaku monogatari* 11/32, vgl. S. 479.

[90] Vgl. etwa die volkstümliche Version, die das *Konjaku monogatari* von der Geschichte eines dieser *sennin* gibt, die etwas augenzwinkernd auch die kleinen menschlichen Schwä-

in Japan einzelne heilige Männer als *sennin*, und in Werken wie dem *Honchō shinsenden*, die sich eigens der Viten solcher Figuren widmeten, gehören hohes Alter und Langlebigkeit zu den Attributen ihrer Heiligkeit. Vielfach stammen diese noch aus den Mythen eines *Nihon shoki* und tragen schamanische Züge, wie die berühmte Figur des En no Gyōja[91], dessen an Unsterblichkeit grenzende Langlebigkeit neben der Fähigkeit, Geister zu bannen, große Distanzen wie im Flug zu überwinden und ähnlichem nur eine der vielfältigen Weisen ist, in denen seine Macht sich äußert, oder sie sind Repräsentanten der buddhistischen Geistlichkeit, deren magische Fähigkeiten und deren Langlebigkeit weniger taoistischen Praktiken zu verdanken als vielmehr der Lohn für ihre tiefe Religiosität und ihre Befolgung der buddhistischen Gesetze ist[92]. Allerdings fällt auf, daß ihre Heiligkeit häufig auch darin zum Ausdruck kommt, daß sie sich ihrem methusalemischen Alter zum Trotz ein verhältnismäßig jugendliches Aussehen bewahren können[93]. Dies gilt auch für die Figur jenes alten Mannes aus Iyo, dessen Vita das *Honchō shinsenden* kurz erzählt und dessen Aufnahme in dieses Werk ausnahmsweise durch keinerlei andere Wunderwirksamkeit gerechtfertigt erscheint als durch seine außerordentliche Langlebigkeit – er soll bereits sieben Generationen von Enkeln heranwachsen gesehen ha-

---

chen schildert, die dieser Einsiedler sich trotz aller Wunderkräftigkeit noch bewahrt hat: „Es ist nun schon lange her, da lebte in Indien ein Eremit. Mit Namen nannte man ihn Ikkaku, das Einhorn. Auf seiner Stirn wuchs ihm ein Horn. Darum nannte man ihn den Eremit Einhorn. Wie er so tief in den Bergen praktizierte, da hatten sich schon der Jahre viele angehäuft (*toshi ōku tsumorinikeri*). Er ritt auf den Wolken und flog durch die Himmel, versetzte die hohen Berge und unterwarf Fell- wie Federvieh. Doch eines Tages, als es einmal besonders stark regnete und die Wege sehr schlecht geworden waren, da war dieser Eremit – warum war das wohl geschehen? – unvorhergesehenermaßen gerade zu Fuß unterwegs, und da der Berg ja steil war, war er unversehens ausgerutscht und hingefallen. Alt wie er war (*toshi wa oite*), so hingefallen zu sein, ärgerte ihn sehr und er dachte: ‚Jaja, so ist das in der Welt, weil es regnet, werden die Wege schlecht und man fällt nieder. Ganz abgesehen davon, daß es sehr unangenehm ist, jetzt ein ganz durchnäßtes Moosgewand am Körper tragen zu müssen! Und warum fällt Regen? Weil die Drachengötter es regnen machen!' Da fing er sogleich die Drachengötter, und wie er sie allesamt in einen Topf sperrte, da klagten sie und waren über alle Maßen betrübt. [12 Jahre lang regnet es daraufhin nicht, und als allmählich eine verheerende Dürrekatastrophe droht, beschließt man im Reich, den Eremiten von einer jungen Frau verführen zu lassen, um ihn seiner magischen Kräfte zu berauben und so die regenspendenden Drachengötter wieder frei zu setzen, was ihr auch gelingt]" (KM I (5/4):349–352, s.a. Frank 1968:70–74). Vgl. auch S. 46ff.

[91] HSD (3):259, s.a. Bohner 1957:141, beschreibt wie dieser den Göttern befahl und über 100 Jahre, nachdem er aus Japan verschwunden war, in Korea wiedergesehen wurde.

[92] Vgl. dazu auch S. 46ff. und 496.

[93] Vgl. dazu auch S. 64ff.

ben – und eben durch die Tatsache, daß er dennoch nicht älter als maximal 50, 60 Jahre alt aussah[94]. In ihrer Erscheinungsform als überaus betagte Männer geben sie sich vielfach in einem Kontext zu erkennen, in dem es wahrscheinlich ist, daß sie, wie auch die chinesischen Unsterblichen selbst eigentlich nicht mehr von dieser Welt, vorübergehend Kontakt zu den Menschen aufnehmen[95], sodaß auch in diesem Zusammenhang die Assoziation von Alter mit Heiligkeit häufig auf einem eher fiktiven Niveau stattfindet.

8.2. Die alten Menschen in der Geistlichkeit
8.2.1. Ansätze zu einer Hierarchie nach dem Senioritätsprinzip in den buddhistischen Klöstern

Während für die Shintō-Priester keine diesbezüglichen Regelungen bekannt sind, gab es in der buddhistischen Geistlichkeit Ansätze zu einer Hierarchie nach dem Senioritätsprinzip bestanden. Die *Ritsuryō* hatten eine solche Hierarchie zwar nicht ausdrücklich kodifiziert, doch spätestens die *Engishiki* regelten Tätigkeitsbereich, Ernennungs- und Ersetzungsmodalitäten der drei Tempelobersten (*sangō*), des *jōza*, *jishu* und *tsuina*, die bereits von den *Ritsuryō* an die Spitze der Mönchshierarchie im Tempel gestellt worden waren[96] wie folgt: während der *jishu* den wirtschaftlichen Betrieb des Tempels leitete und der *tsuina* mit den allgemeinen Angelegenheiten des Tempels betraut war, sollte das Amt des *jōza* vom jeweils ältesten Mönch im Tempel bekleidet werden.[97]

Neben diesen drei Tempelobersten, von denen nur der *jōza* ausdrücklich nach Alterskriterien ausgewählt werden sollte, waren von den *Ritsuryō*, ähnlich wie die älteren Familienmitglieder vor einer schlechten Behandlung durch die jüngeren,[98] auch alle anderen Mönche, die sich durch ihr fortge-

---

[94] HSD (23):121.

[95] So löst sich der *sennin*, der in KM 11/29 (vgl. S. 478) in den Bergen erscheint und so einen heiligen Platz weist, nach seiner Offenbarung in Luft auf. Auch bei jener Figur eines überaus betagten Mannes, der in der Hauptstadt weiße Bambusstäbchen verkaufte, es liebte sich zu betrinken, und den man bisweilen Jahre, nachdem er dann verschwunden war, tief in den Bergen in einer Höhle Sutren rezitierend erblicken konnte (HSD (15):267–268, s.a. Bohner 1943), bleibt zweideutig, wann er den Zustand der Unsterblichkeit erreichte.

[96] RR (*Sōniryō* 3):216.

[97] RR:542, A.3a.

[98] Vgl. S. 239ff.

schrittenes Alter vor den anderen Tempelinsassen auszeichneten, vor Verunglimpfungen von seiten der jüngeren Mönche im Tempel geschützt:

> Wenn Mönche oder Nonnen Heilige Dinge nehmen und sie Beamten schenken, oder die Gläubigen organisieren und mit ihnen einen Aufstand anzetteln, einen der drei Tempelobersten (sangō) beschimpfen oder die Tempelältesten (chōshiku) hintergehen, so sind sie mit 100 Tagen Strafarbeit zu belegen.[99]

Eine Legende des *Konjaku monogatari* geht ausdrücklich auf die Praxis einer Hierarchie nach dem Senioritätsprinzip ein, verweist auf sie allerdings als auf einen Brauch, der zwar in der Vergangenheit geübt, in der Zwischenzeit aber aufgegeben worden sei:

> Es ist jetzt schon lange her, da lebte ein alter Mönch (*oitaru sō*), der war Abt des Klosters auf dem Kinbusen. Früher wurde als Abt des Kinbusen der älteste und ehrwürdigste Mönch (*ichirō*) des Klosters eingesetzt. In jüngerer Zeit kam man aber davon ab.
>
> Da nun dieser älteste Mönch (*ichirō naru oitaru sō*) lange Jahre Abt war, gab es einen Mönch, der war der nächstälteste (*tsugi no rō naru sō*) und wünschte brennend: „Wenn dieser Abt doch bald sterben würde! Dann würde ich Abt." Aber der Abt war frisch und rüstig und dachte nicht im geringsten daran zu sterben. Deshalb war dieser zweitälteste Mönch (*nirō no sō*) schier verzweifelt, da ging es ihm durch den Sinn: „Dieser Abt ist schon über 80, doch er ist noch rüstiger als ein 70jähriger, und ich bin auch schon 70. Womöglich sterbe ich vor ihm, ehe ich Abt geworden bin. Wenn ich aber diesen Abt umbringen lassen wollte, würde es sich herumsprechen und ruchbar werden, deshalb kann ich ihn nur mit Gift umbringen." Das beschloß er zu tun.
>
> [Der alte Abt erweist sich aber als völlig immun gegen das Gift und beschämt den jüngeren.][100]

Bei den hier zur Bezeichnung der respektiven Seniorität der beiden Mönche verwendeten eigentümlichen Ausdrücken *ichirō* und *nirō* handelt es sich um buddhistische, von dem Wort *rō* abgeleitete Termini; *rō* bezeichnet dabei die spezifische Form der Seniorität, der die Zahl der sommerlichen Klausuren (*geango*)[101] zugrundeliegt, die ein Mönch seit Ablegung der

---

[99] RR (*Sōniryō* 4):216—217. Mit dem Terminus *chōshiku* sind nach *Ryō no gige* die *chōrō shūtoku* gemeint, ein Begriff, der die Ältesten unter den schon lange Übenden bezeichnet (NKD 13:507). *Shūtoku* bezeichnete allgemein Mönche, die, weil sie sich schon lange der religiösen Übung befleißigt haben, als besonders tugendhaft betrachtet wurden, und wegen der notwendigen Dauer dieser Übung im allgemeinen als in fortgeschrittenem Alter gedacht werden müssen; *chōrō*, ‚Älteste', unterstreicht diese Vorstellung. Ließen sich die jüngeren Mönche gar Handgreiflichkeiten gegen diese Tempelältesten zuschulden kommen, so sahen die *Ritsuryō* überhaupt vor, sie wieder in den Laienstand zurückzuversetzen und den diesen entsprechenden Gesetzen gemäß zu bestrafen (RR (*Sōniryō* 5):217).

[100] KM V (28/18):83—84, s.a. Naumann 1973:192—193.

[101] Diese wurden nach dem Vorbild des indischen Buddhismus, der vorsah, daß die Mönche, die sonst umherwanderten, sich während der Sommerregenzeit an einen bestimmten Ort zurückzogen und dort asketischen Übungen nachgingen, auch in Japan bereits bald nach der Übernahme des Buddhismus eingeführt und dienten auch der Abhaltung von Predigten und Sutrenerklärungen.

Mönchsgelübde durchlebt hat. Der *ichirō* ist also jener Mönch einer Mönchsgemeinschaft, der in seinem Mönchsleben bereits die meisten Sommerklausuren erlebt hat, kann aber etwas allgemeiner auch einen Mönch bezeichnen, der sich aufgrund der langen Jahre der Übung, die er schon geleistet hat, besondere Würde und Einsicht erworben hat[102]. Tatsächlich handelt es sich also hierbei um eine Form der Seniorität, die nur sekundär mit dem höheren kalendarischen Alter zu tun hat, primär aber durch die Zahl der Jahre, die ein Mensch als Mönch verlebt hat, bestimmt wird.

Daß aber auch in den Klöstern ein zum Teil sicherlich bestehendes Senioritätsprinzip durch die verschiedensten Gegenströmungen leicht untergraben werden konnte, belegt eindrucksvoll die folgende Legende, in der ein junger Günstling des Abtes ganz offen versucht, einen ehrwürdigen alten Mönch, der ihm an Jahren der Übung weit überlegen ist, zu demütigen, was nur durch den Witz des letzteren vereitelt wird:

Es ist nun schon lange her, da lebte im Mudōji am Hiei-Berg ein Mönch namens Acarya Gisei. Von jungen Jahren an hatte er zurückgezogen im Mudōji gelebt, sich eifrig dem Studium der Wahren Worte gewidmet und sich niemals in die Hauptstadt begeben; wie so die Jahre vergangen waren, da hatte er seine Hütte kaum je verlassen und sah so überaus verehrungswürdig aus, daß er den anderen haushoch überlegen war. Drum meinten alle Leute, nur von ihm und sonst keinem anderen wollten sie ihre Gebete sprechen lassen.
[Die Legende schildert, daß Gisei sich außerdem darauf verstand, witzige Bilder, die jeweils aus nur einem Strich bestanden zu malen.]
Als nun wieder einmal in dem Mudōji die großen Feierlichkeiten für den Frieden im Land abgehalten worden waren und man daran ging, die Opfergaben, die dabei entrichtet worden waren, unter den Mönchen des Tempels zu verteilen und Acarya Gisei sie unter den älteren, höherrangigen Priestern (*jōrō*) verteilte, da war unter diesen auch Kyōhan, der Lieblingsschüler des Abtes Kyōmyō, Sohn des Gouverneurs von Shimotsuke, Fujiwara no Kinmasa. Er war jung und hübsch, und so verhätschelte ihn der Abt, der ihn zärtlich liebte, so sehr, daß Kyōhan sich benahm, als wäre er der Herr aller Dinge. Weil nun Gisei diesem Kyōhan nur gerade eben ein klein wenig von den Reiskuchen zugeteilt hatte, geriet dieser in arge Wut: „Wie konnte dieser Acarya es nur wagen, mir eine so kleine Menge Reiskuchen zu geben? Wie merkwürdig er sich nur benimmt! Was für ein blöder alter Hund (*oi nomi oite haka shiranu kitsune*)! Ein Entschuldigungsschreiben wird er mir schicken müssen. Alt und senil wie er ist (*kakaru rōmō wo ba*), hat er eine solche Strafe verdient. Ich will es den anderen zeigen, was er getan hat!" Wie er so daherredete, da hörte ihn einer der Schüler Giseis, auf den dieser besonders stolz war, er bekam Angst, meinte: „Da wird dem Meister ja womöglich in seinem Alter (*oi no nami ni*) entsetzliche Schande zugefügt!", lief in äußerster Erregung zu Gisei und berichtete ihm, was er gehört hatte. Da machte der Acarya Gisei ein ganz entsetztes Gesicht und geriet in Furcht und Angst. „Was kann ich nur tun", sagte er. „Zu dumm! Ich will ihm, noch bevor er etwas sagen kann, ein Entschuldigungsschreiben geben." Schnell öffnete er sein Schreibkästchen, nahm vier Blatt Papier heraus und schrieb irgendetwas darauf. [Das Ende der Geschichte ist nicht erhalten.][103]

---

[102] KM V:130 A.

[103] KM V (28/36):113–115.

8.2.2. Besondere geistige Kraft alter Priester

Die lange Zeit der Übung, der sich ein alter Priester in seinem langen Leben bereits unterworfen haben kann, führt dazu, daß man in ihnen oft besonders hohe Tugend vermutet. Dabei waren in den literarischen Ausformungen dieses Themas zunächst chinesische Vorbilder ausschlaggebend, wie etwa Bo Juyis Gedicht zu Ehren seines 83jährigen Lehrers Ruman Dashi, das auch über die Kreise der *kanshi*-Literaten hinaus bekannt genug war, um etwa im *Eiga monogatari* zitiert zu werden:

Den Samen der Buddhaschaft für unzählige Kalpa legt er,
dieser Wald an Tugend mit seinen 83 Jahren.[104]

In vielen *kanshi* ist der alte Mönch das Symbol des Menschen, der alles Verlangen nach Weltlichem weit hinter sich gelassen hat, schlechthin, so etwa in dem folgenden Gedicht aus dem *Bunka shūreishū*:

Der Hitze trotzt der Herrscher, bei Muße und Regierungsgeschäften,
sucht des Nachmittags den Tempel, den Sonnenpalast, auf.
Vier, fünf alte Mönche (*rōsō*) empfangen seinen Phönixwagen,
für immer abgetan aus ihren reinen Herzen der Leidenschaften Ringen.
Auf schwingt sich die Brücke und vertreibt die Wolken in den Wipfeln,
es überquert der Steg die dunstverhangenen Gipfel.
Beim Anblick des göttlichen Buddhas lösen sich die Bande an diese Welt,
ob wir gar zu jenem Berg gelangten, da er einst verkündet die Lehre?[105]

In diesem und ähnlichen *kanshi* scheint bereits die Vorstellung von der besonderen Tugend alter Menschen anzuklingen, die ihnen dadurch möglich wird, daß sie die Leidenschaften der Jugend hinter sich gelassen haben, die in späteren Zeiten in dem Wort *kareta* zum Ausdruck kommen sollte, also ‚vertrocknet', allerdings in durchaus positivem Sinn.

Einzelne Figuren betagter Mönche und Gläubiger, die sich einer besonderen geistigen Kraft erfreuen, konnten auch aus dem indischen Legendenrepertoire übernommen werden, wie etwa die des Jōmyō Koji, von dem eine Legende des *Konjaku monogatari* erzählt[106]. Entsprechend wird gera-

---

[104] EM I:450, s.a. McCullough 1980:506. Aufgenommen in WR (589):200. Die Passage basiert auf einer Beschreibung eines *kangakue* aus dem *Sanbō ekotoba*. Kangakue, die jeweils am 14. und 15. Tag des 3. und 9. Monats zielten darauf ab, die Studenten der Universität und literarisch engagierte Mönche von der Sünde, säkulare Literatur zu verfassen, freizusprechen. Die Studenten trafen sich in einem Tempel, sangen die Zeilen des erwähnten Gedichtes, während Mönche vom Hiei-san sie dort mit einer auf dem Lotos-Sutra basierenden Hymne empfingen (McCullough 1980:506).

[105] BSS (2/74):260. Vom späteren Junna Tennō auf Geheiß Saga Tennōs, im Jahr Könin 6 (815) verfaßt (BSS:260 A).

[106] KM I (3/1):204—205, s.a. Dykstra 1986b:3—4.

de in buddhistischen Legendensammlungen immer wieder betont, wie viele lange Jahre der Übung ein bestimmter heiliger Mann bereits hinter sich hatte, bevor sie die verschiedenen Wunder schildern, die sich in seinem Leben ereignen. Insofern bleibt die beinahe stereotype Formulierung, dieser oder jener Mönch habe sich von Jugend an bis ins hohe Alter ständig den religiösen Übungen gewidmet, wie sie in den buddhistischen Legendensammlungen häufig vorkommt[107], keine leere Floskel, sie soll vielmehr die Voraussetzungen für die Heiligkeit oder Ehrwürdigkeit der Person klarlegen. Insbesondere in jenen Strömungen des Buddhismus, in denen das häufige und wiederholte Rezitieren der Sutren ein entsprechendes, mit jeder neuen Rezitation wachsendes Verdienst für den Rezitierenden brachte, spielte das Alter beziehungsweise die Anzahl der Jahre, während derer man sich dieser Praxis bereits gewidmet hatte, eine besondere Rolle, sodaß der Mönch sich mit fortschreitendem Alter auch eines ständig wachsenden religiösen Verdienstes erfreute, wie es in der folgenden Legende auch in dem eigentümlichen Ausdruck *dokuju no yowai tsumoru* deutlich wird:

Wie er so inmitten der Askese alt geworden war (*shugyō no toshi oite*) und sich seine Jahre beim Sutrenrezitieren angehäuft hatten (*dokuju no yowai tsumori*), da wußte er eines Tages, daß seine letzte Stunde gekommen war. Er nahm ein Weihrauchgefäß in die Hände, wandte sich einem Fugen-Bildnis zu, nahm die richtige Haltung ein, während er das Lotos-Sutra rezitierte, konzentrierte sich auf die Wahrheit in seinem Herzen und überschritt so die Grenze zwischen Leben und Tod.[108]

---

[107] Etwa DNHK (2/50):117, vgl. S. 484, FN 79, oder DNHK (1/19):78, vgl. S. 485, FN 81.

[108] DNHK (2/46):112, s.a. Dykstra 1983:73. Auf negative Weise kommt der gleiche Gedanke zum Ausdruck, wenn in der berühmten Dōjōji-Legende ein jung verstorbener Mönch einen alten darum bittet, um seine Erlösung zu beten, denn er selbst habe in seinem kurzen Leben noch nicht lange genug das Lotos-Sutra rezitieren können: „[Eine Frau verliebt sich in einen jungen Mönch. Aus Zorn, von ihm zurückgewiesen worden zu sein, verwandelt sie sich in eine Schlange, die den Mönch beim Dōjōji unter der Glocke, unter der er sich versteckt hat, bei lebendigem Leib verbrennt.] Einige Tage später träumte einem hochrangigen alten Mönch (*jōrō no rōsō*), die große Schlange von vorher käme zu ihm und sagte: ‚Ich bin jener Mönch, der sich unter der Glocke versteckte. Jene böse Frau hat ganz von mir Besitz ergriffen, ich muß nun als ihr Mann leben und habe daher diese unreine Gestalt. Mich aus dieser schmerzlichen Lage zu befreien, übersteigt meine Kräfte. Solange ich noch am Leben war, habe ich zwar von ganzem Herzen auf das Lotos-Sutra vertraut, doch hat mich sein Geist zu wenige Jahre lang durchdrungen (*kunju toshi asaku shite*), und so kann sich seine Wunderkräftigkeit nicht zur Gänze entfalten...' [Er bittet den alten Mann, für ihn eine Abschrift des Sutra anfertigen zu lassen und ihn so zu erlösen. Gerührt tut dieser wie von ihm erbeten, und erlöst damit sowohl den Mönch als auch die Frau]" (DNHK (3/129):217–219, s.a. Dykstra 1983:145–146). Ähnlich KM III (14/3):277–280.

So zählen alte Priester zu den verehrungswürdigen Personen schlechthin[109], und wie in Kapitel 3 bereits angedeutet, erscheinen bei ihnen, auch in der höfischen Romanliteratur, die Merkmale des Alters in einem wesentlich weniger schlechten Licht als bei anderen Personengruppen und können sogar positiv bewertet werden[110]. Verschiedenste Alterserscheinungen, die bei gewöhnlichen Menschen eher als abstoßend oder zumindest nicht gerade erbaulich empfunden wurden, etwa ihre rauhe, zitternde Stimme, werden bei alten Priestern als Zeichen ihrer besonderen geistigen Kraft und Wundertätigkeit gewertet. So ist der Held des *Genji monogatari* bereit, einen alten Priester selbst aufzusuchen, weil er sich von ihm Erleichterung seiner Beschwerden erhofft, obwohl es ihm lieber wäre, sein Haus nicht verlassen zu müssen[111], und seine Mühe lohnt sich, erscheint ihm die geistige Kraft des alten Priesters doch durch seine physische Schwäche geradezu bestätigt und die zittrige Stimme, mit der er die Beschwörungsformeln spricht, als Beweis seiner Wunderkräftigkeit:

Der heilige Mann vermochte kaum noch, sich zu bewegen, doch irgendwie brachte er es doch fertig, das Bitt-Gebet zu Genjis Heil und Schutz zu sprechen. Seine heisere Stimme kam nur stoßweise und wie verzerrt durch die vielen Lücken in seinen Zähnen hervor (*karetaru koe no ito itau sukihigamеru mo*), doch war es ergreifend, wie er so mit all dem Ver-

---

[109] Vgl. etwa GM I:157, s.a. Benl 1966a:120: „[Genji hat Koremitsu beauftragt, sich um Yūgaos Begräbnis zu kümmern. Jener sagt:] ‚Da morgen ein günstiger Kalendertag ist, habe ich mit einem verehrungswürdigen alten Priester (*ito tōtoki rōsō*), mit dem ich befreundet bin, alles Notwendige für das Begräbnis vereinbart.‘ "

[110] So etwa im *Hamamatsu chūnagon monogatari*: „[Am Berg Yoshino entdeckt der Titelheld ein Haus.] Als er eintrat, um nachzusehen, war dort ein Heiliger, der sehr überrascht über sein unerwartetes Kommen aussah. Um ihn herum waren seine Schüler, die für ihn einen Platz säuberten und schöne Kissen und ähnliches brachten. Der Heilige war an die 60 Jahre alt, aber er wirkte, wahrscheinlich weil sein Charakter nicht niedrig war, nicht wie ein nachlässiger alter Mann (*nage no oibito*). Er war durch Askese ausgezehrt und daher nicht abstoßend. Sein Wohnraum war sehr sauber, und auch die Tempelhalle war, wie man sie sich nur wünschen kann" (HCM:264–265, s.a. Rohlich 1983:133). Auch im *Utsuho monogatari* dürfte der Hinweis auf die weißen Haare eines Asketen, dem sich einer der Helden des Romans, Tadakoso, in der Folge als Schüler anschließen wird, hauptsächlich dazu dienen, ihn besonders verehrungswürdig erscheinen zu lassen: „In der Früh des Fünften Tages kam ein Asket, der sich in jungen Jahren nach Kurama zurückgezogen hatte und dessen Haare stellenweise schon weiß waren (*kami tokorodokoro shiraketaru ga*)" (UM I:143, s.a. Uraki 1984:56).

[111] „[Genji ist an Wechselfieber erkrankt und die üblichen Zauber und magischen Riten haben ihm keinerlei Erleichterung gebracht. Man rät ihm, einen frommen Mann am Nordberg aufzusuchen.] Da sandte Genji einen Boten dorthin, um jenen zu sich zu bitten, aber dieser ließ ihm sagen: ‚Ich bin vom Alter gebeugt (*oikagamarite*) und verlasse mein Haus nicht mehr.‘ ‚Was bleibt mir jetzt übrig, als heimlich selber zu ihm zu gehen?‘, meinte darauf Genji. Er nahm nur vier, fünf vertraute Leute mit sich und brach, noch bevor der Morgen dämmerte, dorthin auf" (GM I:177, s.a. Benl 1966a:137).

dienst der langen Jahre religiöser Übung (*gūzukite*) die heiligen Dharani-Worte sprach.[112]

Manchmal wird diesen alten Mönchen auch eine Zauberkraft zugeschrieben, die an die jenes alten Mannes erinnert, der auf wundersame Weise Melonen verschwinden ließ[113]:

[Der Mönch Chitoku, der sich auch als Yin-Yang-Meister betätigt und so alt ist, daß er nur mehr auf einen Stock gestützt zu gehen vermag, trifft an einem Strand auf ein paar Überlebende eines Piratenüberfalls, die ihm den Hergang des Geschehens schildern.]

Zur gleichen Tageszeit brachte Chitoku den Schiffseigner in einem kleinen Boot an genau die Stelle, wo sie von den Piraten überfallen worden waren. Dann schrieb er Dinge auf das Wasser der See und sprach laut einige Worte. Wieder zurück auf dem Festland stellte er Wachen auf, als ob er jemanden gefangennehmen wollte, der tatsächlich zugegen gewesen wäre. Vier, fünf Tage später, also am siebenten Tag nachdem das Schiff überfallen worden war, da driftete ein Schiff wie aus dem Nichts auf sie zu. Viele bewaffnete Männer saßen darin, die Wachen ruderten auf das Schiff zu, doch die Männer, die aussahen, als wären sie schwer betrunken, unternahmen nicht einmal den Versuch zu fliehen. Es waren die Piraten. Alles, was sie geraubt hatten, war noch an Bord, und den Anweisungen des Eigners folgend wurde alles ausgeladen und seinem rechtmäßigen Besitzer zurückgegeben.

Die Einheimischen wollten die Piraten gefangennehmen, doch Chitoku bat, man solle sie ihm überlassen. Er sprach zu ihnen: „Tut so etwas nie wieder! Eigentlich sollte man Euch ja hinrichten, aber das wäre nur wieder die nächste Sünde. Aber vergeßt nie, daß es hier in dieser Provinz einen alten Mönch (*oitaru hōshi*) wie mich gibt!" Damit ließ er sie laufen. Der Schiffseigner war überglücklich, richtete ein neues Schiff her und setzte seinen Weg fort.[114]

8.2.3. Der wunderliche alte Mönch

Häufig liegt der Same der Heiligkeit der alten Mönche auch in ihrer Wunderlichkeit. Deutlich wird dies etwa in der folgenden *Konjaku monogatari*-Legende, die beschreibt, wie Bodhidharma (jap. Daruma) als einziger in von ihren Mitbrüdern verachteten alten Mönchen jene Erleuchteten zu erkennen vermag, die sie in Wahrheit sind:

Es ist nun schon lange her, da gab es einen heiligen Mann, den man den Ehrwürdigen Daruma nannte. Er bereiste ganz Indien, und es gab keinen Ort, an den er nicht gelangt wäre; dabei beobachtete er genau, welche religiösen Praktiken die Mönche betrieben und erzählte dann der Welt davon.

Da gab es einen Tempel, in den er gekommen war, um die Mönche zu beobachten. In diesem Tempel lebten zahlreiche Mönche. In manchen Klausen hatten sie dem Buddha Blüten und Weihrauch dargebracht, in anderen rezitierten die Mönche Sutren. Jeder auf seine Art waren all diese Mönch mit höchst verehrungswürdigen Handlungen beschäftigt. Eine Klause aber sah rein gar nicht so aus, als würde jemand darin leben, sie war von Unkraut überwuchert, und der Staub häufte sich in ihr an. Ganz in der hintersten Ecke ent-

---

[112] GM I:196, s.a. Benl 1966a:153.

[113] Vgl. S. 466.

[114] KM IV (24/19):304—305, s.a. Tyler 1987:83—84.

deckte Daruma dort zwei 80jährige Mönche (*yasoji bakari naru oibiku*), die Go spielten. Kein einziges Buddhabild und auch kein einziges heiliges Buch war dort zu sehen. Es schien, als sei die einzige Beschäftigung der beiden Mönche, Go zu spielen. Als Daruma das gesehen hatte, ging er wieder hinaus. Er traf einen anderen Mönch und sagte zu diesem: „Ich war in dieser und dieser Klause und dort konnte ich nichts anderes entdecken, als zwei alte Mönche (*oibiku*), die Go spielten." Da antwortete der Mönch: „Diese beiden Alten (*okinahito*) haben von Jugend an nichts anderes getan als Go zu spielen, es scheint beinahe so, als ob sie nicht einmal wüßten, daß es so etwas wie die Lehre Buddhas gibt. Deswegen mögen die anderen Mönche sie auch nicht und pflegen auch nicht Umgang mit ihnen. Sie essen ihren Teil von dem, was den Mönchen gespendet wird, ohne je etwas dafür zu tun, und verbringen Jahr und Tag damit, Go zu spielen. Sie benehmen sich eigentlich, als ob sie Ungläubige wären. Ihr solltet sie eigentlich gar nicht mehr weiter beachten."

Daruma dachte, daß es vielleicht doch einen Grund dafür gab, warum sich diese beiden so verhielten, und so machte er kehrt und begab sich wieder in die Klause, wo jene Go spielten. Er ging in das Zimmer, wo sie spielten, setzte sich nieder und sah ihnen zu. Jedes Mal, wenn einer der beiden alten Männer einen Stein plaziert hatte, stand dieser eine auf, während der andere sitzen blieb. Nach geraumer Zeit verschwand dann immer der Alte, der sitzengeblieben war, wie er sich in Luft aufgelöst hätte. Als Daruma dies gerade höchst merkwürdig zu finden begann, da waren sie plötzlich alle beide wieder da. Und verschwanden dann wieder, um nach kurzer Zeit wieder zu erscheinen. Als Daruma das sah, da war er höchst erstaunt und dachte: „All die anderen Mönche hier im Tempel verachten diese beiden hier, weil sie nichts anderes tun als Go spielen, doch dies ist ein großer Irrtum. In Wirklichkeit sind dies zwei höchst verehrungswürdige Männer. Ich will sie nach dem Grund für ihr Verhalten fragen!" und so sagte er zu den beiden Alten: „Wie kommt das nur? Ich habe gehört, daß ihr Jahr und Tag nichts anderes tut als Go zu spielen, und jetzt, da ich euch näher zusehe, da merke ich, daß ihr in Wirklichkeit die Früchte der Erleuchtung euer eigen nennen könnt. Wollt ihr mir dies bitte erklären!"

Da antworteten die beiden Alten: „Seit Jahren tun wir nichts anderes als Go zu spielen. Jedes Mal, wenn Schwarz gewinnt, fühlen wir, wie in uns die Leidenschaften wach werden, und jedes Mal, wenn Weiß gewinnt, spüren wir, wie Langmut und Weisheit in uns wachsen und wie das Weiß dieser Erleuchtung über das Schwarz der Leidenschaften siegt. Bei dieser Gelegenheit meditieren wir auch gleich über den Unbestand aller Dinge, und die Früchte dieses Handelns haben sich gegenwärtig erwiesen und wir sind Erleuchtete geworden." Als Daruma das hörte, da rannen ihm die Tränen über die Wangen und er war über alle Maßen bestürzt. Er sprach: „Da habt ihr euer Verdienst all die Jahre über geheimgehalten; niemandem habt ihr etwas davon gesagt und zugelassen, daß die anderen Mönche des Tempels euch für nutzlose, faule Gesellen hielten. Was für eine edle Gesinnung!" Unter wiederholten Verbeugungen verließ er die Klause; er traf einige andere Mönche und erzählte ihnen, wie die Dinge in Wirklichkeit lagen. Als diese das hörten, da wurden sie von Ehrfurcht ergriffen und bereuten es zutiefst, daß sie in ihrer Dummheit nicht erkannt hatten, daß jene beiden schon längst erleuchtete Arhats geworden waren und daß sie sie verächtlich behandelt hatten.
[Eine weitere Episode betrifft einen 80jährigen Mönch, den alle für verrückt halten, weil er um Hilfe gegen Räuber ruft, es aber in seiner armseligen Hütte rein gar nichts zu stehlen gibt. Daruma erkennt die Heiligkeit auch dieses alten Mannes, der es fertigbrachte, jahrelang nicht zu schlafen und gegen den ‚Räuber' Schlaf ankämpfte. Die Legende schildert schließlich noch eine dritte Episode von einem Mönch, der ununterbrochen sein Verhalten ändert, als wäre er verrückt, dies aber in Wirklichkeit tut, um den Menschen den Unbestand aller Dinge vor Augen zu führen. Von diesem gibt es keine Altersangabe.][115]

---

[115] KM I (4/9):283—285, s.a. Ury 1979:46—49.

Freilich hat das Motiv des von einem irdischen, weltlichen Standpunkt aus betrachtet verrückten, widersinnigen oder gar ekelhaften Benehmens nicht unbedingt mit dem Alter an sich etwas zu tun, sondern damit, daß es in buddhistischer Sicht Ausdruck einer tiefen Erkenntnis werden kann, eben weil es sich nicht mehr nach den Normen des Weltlichen richtet, von denen man sich abgekehrt hat. Auffällig ist aber, daß ein solches Benehmen mit großer Häufigkeit mit alten Menschen assoziiert wurde, mitunter sogar direkt mit – oberflächlich betrachtet – altersbedingten Beschwerden zu tun hat, wie etwa in der folgenden Legende um Jakushin:

[Yoshishige no Yasutane ist als Jakushin Mönch geworden und beschließt, seinen Mitmenschen am besten dadurch dienen zu können, daß er einen Tempel errichtet. Er reist durch die Lande, um Geld zu diesem Zweck zu sammeln, doch als er unterwegs einen Mönch trifft, der, um seinen Lebensunterhalt zu verdienen, seinen Glauben verrät und Yin-Yang-Zeremonien abhält, schenkt er ihm das ganze Geld, weil es ihn genauso gut dünkt, einen einzelnen zu erretten als einen Tempel zu erbauen.]

Später lebte er an einem Nyoi genannten Ort in den Bergen östlich der Hauptstadt, als er plötzlich dringend in den Palast an der Sechsten Straße gerufen wurde. Er borgte sich das Pferd eines Bekannten und brach am nächsten Morgen in aller Frühe auf. Während aber andere Reiter ihre Montur antreiben, ließ er sein Pferd gewähren, wie es ihm beliebte, und es blieb natürlich immer wieder stehen, um zu grasen, während Jakushin geduldig zuwartete. Da das Pferd aber überhaupt nicht weiter gehen wollte und Jakushin auf diese Art und Weise wohl den ganzen Tag an ein und derselben Stelle zugebracht hätte, da wurde es dem Diener, der das Pferd begleitete, allmählich zu dumm und er versetzte dem Pferd einen Schlag auf den Hintern. Da stieg Jakushin ab und ergriff den Diener: „Was denkst du dir nur dabei, so etwas zu tun? Du glaubst wohl, weil es ein alter Mönch (*oitaru hōshi*) ist, der dieses Pferd reitet, daß du es deswegen geringschätzen und schlagen kannst! War denn dieses Pferd in früheren Leben vielleicht nicht immer wieder dein Vater und deine Mutter? Du denkst vielleicht, es war doch nicht mein Vater oder meine Mutter, und deswegen behandelst du es so schlecht. Gerade weil es auch dir immer wieder Vater und Mutter war und dich so sehr liebte, ist es in diesem Leben als Tier wiedergeboren worden! Es hat sogar die zahlreichen Höllen und die Qualen der Hungergeister erduldet. Daß es jetzt ein Tier ist, liegt doch nur daran, daß es seine Kinder, ja, auch dich, so sehr geliebt hat, nur deswegen ist es in dieser Gestalt wiedergeboren worden. Und da hat nun dieses arme, bemitleidenswerte Wesen beim Anblick des frischen grünen Grases nicht widerstehen können, und du mußtest hingehen und es schlagen! Wo ich ihm so dankbar bin für alles, was es in diesen vielen vergangenen Leben schon für mich getan hat... Aber ich bin nun alt (*toshi no oite*), und meine Beine tragen mich nicht mehr so wie ich es möchte, und wenn ich irgendwo hin muß, das nur ein bißchen weiter weg ist, so kann ich nicht zu Fuß hingehen und wieder muß ich das arme Tier ausnutzen und darauf reiten! Wer bin ich denn, daß ich ihm verbieten sollte, Gras zu fressen, wenn ihm gerade danach ist! Du bist ein ganz mitleidloser, brutaler Kerl!", schrie er. Der Diener fand das alles in seinem Innersten zwar reichlich komisch, doch tat es ihm leid, daß der andere weinte und so antwortete er: „Ihr habt ja ganz recht mit dem, was Ihr da sagt. Ich muß verrückt gewesen sein, das arme Tier so zu schlagen. Ich bin ja nur ein armer, gemeiner Diener, wie hätte ich wissen sollen, warum das Pferd als Pferd in diese Welt geboren wurde, und da habe ich es eben geschlagen. Von nun an werde ich es mit dem gebührenden Respekt behandeln und ihm von Herzen dankbar sein!" Da raffte sich Jakushin, noch immer unter Tränen und ständig „Ach, das arme Wesen!" vor sich hin murmelnd, auf, wieder aufzusitzen.

[Jakushin erweist auf dem weiteren Weg jeder einzelnen Grabstele seine Reverenz, sodaß wiederum an ein zügiges Fortkommen nicht zu denken ist, und der Diener, als sie endlich in der Residenz an der Sechsten Straße ankommen, sich schwört, ihn nie wieder zu begleiten.]
Ein anderes Mal, als Jakushin gerade in Iwakura lebte, verkühlte er sich und holte sich dabei einen mächtigen Durchfall. Wie er sich gerade auf dem Abort befand, da hörte der Mönch in der benachbarten Klause von dort ein Geräusch zu ihm dringen, als würde man eine Gießkanne entleeren. Dem Mönch tat es sehr leid, daß es einem so alten Mann (*toshi oitaru hito*) wie Jakushin so schlecht ging, da hörte er, daß der heilige Mann mit jemandem sprach. Er dachte, daß wohl jemand bei ihm sein müsse, und lugte durch ein Loch in der Wand zu ihm hinein.
[Tatsächlich unterhält sich Jakushin mit einem alten Hund, den er bemitleidet. Am nächsten Tag füttert er ihn mit Gemüse, was allerdings auch einen jungen kräftigen Hund anlockt, der dann nicht das Gemüse, sondern zum Entsetzen Jakushins den alten Hund auffrißt. Die Legende endet mit der Bemerkung, Jakushin habe zwar tiefe religiöse Einsichten gehabt, das Herz der Hunde aber wohl nicht so richtig verstanden.][116]

Während die Hypothese, den alten Menschen sei in Japan allgemein große Freiheit gegenüber den für die anderen geltenden Normen und Konventionen zugebilligt worden, für Laien weitgehend eingeschränkt werden mußte[117], scheint sie sich in bezug auf die alten Mönche aber zu bestätigen. Beredtes Zeugnis legt davon nicht zuletzt die Legende vom heiligen Zōga ab, dessen wunderliches, ekelerregendes und geradezu blasphemisches Verhalten einerseits deutlich in Zusammenhang mit seinem Alter gebracht wird und andererseits ebenso viel Empörung wie Bewunderung und Einsicht in seine Außergewöhnlichkeit erweckt:

[Alt geworden, möchte die Kaiserin-Großmutter von Sanjō Nonne werden. Sie läßt den Mönch Zōga bitten, der Nonnenweihe vorzustehen, und dieser willigt wider Erwarten ein.]
Also begab sich Zōga in den Palast von Sanjō und ließ melden, daß er gekommen sei. Ihre Hoheit freute sich, und da es hieß, der heutige Tag sei glücklich für dieses Vorhaben, fand die Nonnenweihe statt. Die höchsten Würdenträger, Mann für Mann, und die angesehensten Mönche stellten sich in großer Zahl ein. Sogar ein Abgesandter aus dem Kaiserpalast war da. Als sie den heiligen Mann vor sich sahen, war sein Auge furchteinflößend und seine Erscheinung ehrwürdig, doch machte er einen leidenden Eindruck. Die ihn sahen, dachten daran, als sehr er von den Menschen gefürchtet wurde. Vor Ihre Hoheit gerufen, begab er sich nahe an ihren Vorhangständer, und die Nonnenweihe nahm ihren Lauf: sie hielt ihr Haar hin und ließ es von dem heiligen Mann abschneiden, während die innerhalb der Bambusvorhänge weilenden Damen zusahen und unaufhörlich weinten. Als der heilige Mann ihr Haupt zu Ende geschoren hatte und sich zum Gehen anschickte, rief er mit lauter Stimme: „Warum bloß habt Ihr gerade mich, Zōga, gerufen und Euch von ihm hier das Haupt scheren lassen? Das ist mir ganz unverständlich. Vielleicht weil Ihr gehört habt, daß sein lüsternes, unreines Ding so groß ist? Es ist ja wirklich größer als das anderer Männer, aber jetzt ist es schlaff geworden wie beschwerte Seide. Und war doch zu seiner Zeit nichts dran auszusetzen! Es ist zu traurig!" Mit ganz lauter Stimme schrie er das. Die nahebei

---

[116] KM IV (19/3):61–64, s.a. Tyler 1987:258–262.
[117] Vgl. S. 236.

innerhalb der Bambusvorhänge wartenden Damen rissen Mund und Augen auf, so maßlos ausgefallen kam es ihnen vor. Und erst Ihre Hoheit! Sie hatte alle Ehrfurcht verloren und fand sein Benehmen unerhört und unglaublich. Den außerhalb der Bambusvorhänge anwesenden Mönchen und Laien brach der Schweiß aus, und es muß ihnen zumute gewesen sein, als ob sie die Besinnung verloren hätten. Der heilige Mann aber machte Anstalten, sich zurückzuziehen, steckte vor dem Verwalter des Palastes Ihrer Hoheit die Hände in die Ärmel und sprach: „Ich bin ein alter Mann (*toshi makarioite*) und schwer erkältet und jetzt plagt mich auch noch dauernd ein Durchfall, deshalb hätte ich eigentlich gar nicht kommen sollen, aber da es ihre Hoheit ganz besonders auf mich abgesehen hatte, als sie mich einlud, habe ich mich eben aufgerafft und dem Ruf Folge geleistet. Aber nun kann ich es nicht länger aushalten und muß mich eiligst zurückziehen." Damit ging er hinaus, hockte sich auf die Galerie des südlichen Vorbaus am Westflügel, raffte seine Kleider hinten hoch und entleerte sich, den Kot verspritzend wie Wasser aus einer Gießkanne. Das Geräusch war unsagbar ekelhaft und drang bis zu Ihrer Hoheit. Die jungen Palastbeamten und Gefolgsleute konnten sich bei diesem Anblick vor Lachen nicht halten. Als der heilige Mann gegangen war, tadelten die reiferen Mönche und Laien bitter den Entschluß Ihrer Hoheit, einen derart Verrückten gerufen zu haben; da es aber nichts mehr nützte, hörten sie bald damit auf. Und Ihre Hoheit huldigte, da sie nun einmal Nonne geworden war, voller Inbrunst dem frommen Wandel. [...] So hat man es erzählt und überliefert.[118]

Von dem gleichen Zōga ist im *Konjaku monogatari* eine Art Biographie enthalten, die ihn als ähnlich wunderlich ausweist und in der ihm am Ende seines Lebens ein Gedicht zugeschrieben wird, in dem er von den besonderen Einsichten im hohen Alter in das scheinbar Unmögliche spricht:

Er war über 80 Jahre alt und so gesund an Körper und Geist wie eh und je, da begriff er eines Tages, daß er in den nächsten zehn Tagen sterben würde. Er rief seine Schüler zusammen und sagte es ihnen. „Endlich wird in Erfüllung gehen, worum ich all die Jahre über gebetet habe! Bald, sehr bald, werde ich diese Welt verlassen und ins Paradies hinübergeboren werden. Wie bin ich glücklich!" Er hielt vor seinen versammelten Schülern eine Sutrenerklärung ab, und ließ sie darüber gelehrte Aufsätze schreiben. Dann ließ er sie über die Hinübergeburt ins Paradies japanische Gedichte verfassen. Er selbst rezitierte folgendes Gedicht:

Mit krummem Rücken und Lücken im Gebiß	*Mizuwasasu*
mit über 80 Jahren	*yasoji amari no*
hab' das Greisenalter ich erreicht:	*oi no nami*
welch Glück nun endlich	*kurage no hone ni*
die Knochen der Qualle gefunden zu haben!	*au zo ureshiki*[119]

Zum Teil konnte die Bewunderung, die manchen alten Mönchen entgegengebracht wurde, auch in ihr Gegenteil umschlagen, besonders dann, wenn sie sich bei näherer Betrachtung nicht als gerechtfertigt erwies; dies lieferte wohl den Nährboden für Legenden wie jene, in der ein paar junge Leute einen alten Mönch, der sehr heilig tut und von sich behauptet, er habe

---

[118] KM IV (19/18):99—101, s.a. Naumann 1973:153—155. Die Kaiserin wurde 997 47jährig Nonne, Zōga wäre demnach zu diesem Zeitpunkt 80 Jahre alt gewesen. Berichte über die Zeremonie wie jener im *Shōyūki* erwähnen Zōga allerdings nicht.

[119] KM III (12/33):183—184, s.a. Tyler 1987:309—310. Zu dem eigentümlichen Ausdruck *mizuwasasu* vgl. S. 115.

schon seit mindestens 50 Jahren keine Körnerfrucht mehr zu sich genommen, als Hochstapler entlarven und ihn daraufhin gröblich schmähen:

Es ist jetzt schon lange her, da lebte an einem Hataki-Berg genannten Ort unter der erlauchten Herrschaft des Montoku Tennō ein heiliger Mann, der sich seit langen Jahren der Körnerfrucht enthielt. Der Tenno hörte davon, lud ihn zu sich ein, ließ ihn im Park der Götterquelle wohnen und glaubte und vertraute ihm über alle Maßen. Da sich dieser heilige Mann für immer der Körnerfrucht enthielt, fristete er sein Leben, indem er die Blätter der Bäume nahm und aß.

Es sprachen aber mehrere junge und übermütige Hofleute, die sich über alles lustig machten: „Auf, laßt uns gehen und den heiligen Mann, der Körnerfrucht meidet, besuchen!" Und sie gingen zu dem Ort, an dem jener heilige Mann wohnte. Als sie sahen, daß der heilige Mann eine ungeheuer ehrwürdige Erscheinung bot, verneigten sich die Höflinge und fragten ihn: „Heiliger Mann, wieviel Jahre ist es her, daß Ihr die Körnerfrucht zu meiden geruht? Und wieviele Jahre geruht Ihr zu zählen?" Der heilige Mann sprach: „An Jahren zähle ich schon 70, und weil ich seit meiner Jugend die Körnerfrucht gemieden habe, sind es nun auch schon mehr als 50 Jahre."
[Beeindruckt beschließen die jungen Höflinge nachzusehen, wie wohl der Kot eines Mannes aussieht, der schon so lange keine Körnerfrucht mehr gegessen hat. Dabei entdecken sie, daß der alte Mönch sehr wohl Reis ißt und ihn unter einer Matte versteckt bei sich hat.]
Als die Höflinge das sahen, dachten sie: „Ja, wenn das so ist...", legten die Matte wie vorher hin und verweilten, bis der heilige Mann zurückkam. Da lächelten die Höflinge, und dann riefen und schrien sie lachend: „Der heilige Reis-Scheißer, der heilige Reis-Scheißer!" Der heilige Mann aber nahm beschämt Reißaus. Wohin er danach gegangen ist, hat niemand je erfahren...[120]

8.2.3. Verachtung des bresthaften Mönchs im buddhistischen Kloster

Alter allein scheint aber in den Klöstern nicht unbedingt nur verehrt worden zu sein, die Legenden zeichnen mitunter sogar ein Bild vom allseits verachteten altersschwachen Mönch. In diesem Zusammenhang muß erwähnt werden, daß das *Nihon shoki* einen Erlaß Tenmu Tennōs aufführt, in dem den Tempeln befohlen wird, sofern sie Alte und Kranke beherbergen, diese außerhalb des eigentlichen Tempelbezirks unterzubringen, um die heiligen Stätten nicht zu verunreinigen:

Alle Mönche und Nonnen sollten normalerweise im Tempel wohnen und die Drei Schätze hochhalten. Aber die, die alt (*oi*) oder krank sind, andauernd in den schmalen Kammern liegen und geraume Zeit an Alter und Krankheit (*oiyamai*) leidend, sich kaum bewegen können, verunreinigen die reinen Plätze. Deswegen sollen von heute an mithilfe deren Verwandter oder gläubiger Menschen an freien Stellen Wohnbauten errichtet werden und dort die Alten (*oitaru mono*) versorgt und den Kranken Medizin gegeben werden."[121]

---

[120] KM V (28/24):92, s.a. Naumann 1973:196–197.

[121] NS II (Tenmu 8.10.):438, s.a. Aston 1956/2:344. Die *Sōniryō* (Regeln für Mönche und Nonnen) enthalten zwar Bestimmungen, wonach das Bettelmönchstum einer behördlichen Genehmigung bedarf und es Mönchen und Nonnen erlaubt ist, unter 16jährige Kinder von Gläubigen aufzunehmen und sie zu ihren Untergebenen zu machen, aber keine besondere Bestimmung über Alte und Kranke (NS II:438, A.12, 16).

Zwar ist nicht auszuschließen, daß es sich bei diesen Alten und Kranken eigens deswegen in die Tempel zur Fürsorge aufgenommene handelte und nicht unbedingt um Mönche und Nonnen im eigentlichen Sinn[122], obgleich der einleitende Satz der Verordnung eher das Umgekehrte nahelegt. Dennoch bleibt, daß bei all der Gottesnähe, die die alten Menschen auszeichnete, ihnen offenbar in der Vorstellung ihrer Zeitgenossen auch häufig etwas Unreines anhaftete, das ihren Zustand in die Nähe der Kranken rückte. Tatsächlich war es ja in vielen der obenbesprochenen Legenden, in denen sich ein alter Mönch in der Folge als Inkarnation einer Gottheit erweist, so, daß er zunächst häufig als unrein, ja ekelerregend, und von den anderen Mönchen verachtet beschrieben wurde.

Besonders deutlich wird die Verachtung für den altersschwachen Mönch in einigen in Indien angesiedelten Legenden des *Konjaku monogatari*, in denen die Bresthaftigkeit als Unreinheit interpretiert wird und dem betroffenen alten Mönch entsprechende Verachtung von seiten der jüngeren zuteil wird:

[Die Legende erzählt von dem indischen Mönch Sōtaku, der zwar in einem Tempel wohnt, aber nichts von den Lehren versteht und auch gegen die Gebote verstößt, sodaß die anderen Mönche ihn verachten. Das bißchen Weisheit, das in ihm steckt, vermittelt ihm aber das Verständnis von der Lehre der Drei Körper Buddhas, in die er sich versenkt.]
Wie sich so Jahre und Monde aneinandergereiht hatten (*yōyaku toshitsuki tsumorinureba*), da wurde Sōtaku alt (*toshi no oikatabukite*), erkrankte und ward bettlägrig. Da behandelten ihn die anderen Mönche im Tempel, ob hoch, ob niedrig, nur umso mehr wie einen Unreinen und verachteten ihn.
[Als dann aber die Stunde seines Todes kommt, erhält er plötzlich ein ansehnliches Äußeres, Buddhas kommen, ihm beizustehen, und er wird im Paradies wiedergeboren.][123]

Von einem anderen Mann, der erst mit 120 Jahren Mönch geworden war, weiß eine weitere *Konjaku monogatari*-Legende zu berichten, wie er von den übrigen Schülern Buddhas verachtet und nur zu den niedrigsten Arbeiten herangezogen wurde, bis er sich gar aus Verzweiflung darüber, daß er sich, alt und schwach wie er war, außerstande sah, seinen Pflichten entsprechend nachzukommen, das Leben nehmen wollte, bevor Buddha sich seiner annahm:

Es ist nun schon lange her, da lebte in Indien ein Mann, der erst im Alter von 120 Jahren ein gläubiges Herz entwickelte; er ging zu Buddha, entsagte der Welt und wurde Buddhas Schüler. Da er ein neuer Schüler war, benutzten die anderen 500 Schüler ihn als ihren Dienstboten. Da er aber alt war (*toshi oite*), bereitete es ihm die größten Schwierigkeiten aufzustehen oder sich niederzusetzen, und so brauchte er ziemlich lang, um den anderen etwa das Wasser für die Hand- und Fußwaschungen zu bringen. Darüber war der

---

[122] Vgl. S. 226.

[123] KM I (4/10):286, s.a. Dykstra 1986b:102—103.

Mönch so betrübt, daß er dachte, er wolle tief in die Berge gehen und sich von dort in die Tiefe stürzen. So machte er sich in die Berge auf. Er bestieg einen hohen Gipfel, sprach: „Es ist nicht, daß ich gegen ein Gebot verstoßen hätte, noch daß ich womöglich dem Buddha nicht dienen wollte, allein, ich bin alt (*wa ga mi oite*), und da ich deswegen mit nichts zurecht komme, will ich mich hinunterstürzen" und sprang.
[Der Buddha hat Mitleid mit dem alten Mann, rettet ihn, erklärt ihm die karmischen Ursachen allen Leids und verhilft ihm so zur Erleuchtung.]¹²⁴

Auch in jener Legende, in der sich ein Tengu in einen alten Mönch verwandelt, um ungestört seine Späße treiben zu können, wird er in dieser Gestalt von den Gefolgsleuten der angesehenen Bischöfe, die seinen Weg kreuzen, völlig unehrerbietig und durchaus unsanft behandelt, wenngleich dies auch daran liegt, daß alle Aufrechten rasch erkennen, daß mit ihm etwas nicht stimmt:

[Ein chinesischer Tengu kommt nach Japan, trifft dort einen japanischen und gemeinsam fliegen sie zu Hiei-san, um mit den Geistlichen ihre Späße zu treiben.]
[Der chinesische Tengu] verwandelte sich auch tatsächlich in einen richtig alten Mönch (*oitaru hōshi*) und blieb mit gebeugtem Rücken (*kagamariori*) neben dem Turm stehen.
[Es kommt ein angesehener Mönch des Wegs, der den Tengu mit einem Feuermantra bannt. In derselben Verwandlung versucht es der chinesische Tengu nochmals.]
Diesmal war es der große Prälat Jinzen auf seinem Weg in die Hauptstadt. Vor seiner Sänfte lief eine Schar von jungen mit Stöcken bewaffneten Gehilfen einher, um den Weg freizumachen. Als sie des alten Mönchs ansichtig wurden, da zauderten sie nicht lange und trieben ihn mit ihren Stöcken vor sich her. Der alte Mönch versuchte, mit seinen Armen seinen Kopf zu schützen und floh. Es sah nicht so aus, als ob es ihm je gelingen könnte, an die Sänfte heranzukommen. Er ließ sich einfach von den Stockschlägen davonjagen.
[Die beiden Tengus gestehen einander schließlich ein, daß die japanischen Mönche zu mächtig für sie beide sind, und der chinesische Tengu fliegt in seine Heimat zurück.]¹²⁵

8.2.5. Altersindifferenz vor dem Glauben im Buddhismus

Letztendlich erweist sich in einer Reihe von Legenden, daß das fortgeschrittene Alter allein kein Garant für die tiefere religiöse Einsicht ist. Entscheidend ist letztlich die Stärke und Tiefe des Glaubens, vor der eine gewisse Altersindifferenz herrscht. Der ältere ist nicht unbedingt der, der von tieferem Glauben erfüllt ist, und so kann ein jüngerer durchaus wertvoller sein als der ältere. So wird in einer Episode des *Konjaku monogatari* ein junger Mönch, der in seiner Not an seinem Glauben festhält, vor einem Dämon errettet, während sein alter Begleiter, ebenfalls ein Mönch, dem es angesichts der drohenden Gefahr offenbar an dem rechten Gottvertrauen gebricht, von diesem verschlungen wird:

---

[124] KM I (1/26):104—105, s.a. Dykstra 1986a:131—134.

[125] KM IV (20/2):145— 149, s.a. Tyler 1987:48—52.

Es ist nun schon lange her, da gab es in einer Gemeinde in einem gewissen Distrikt der Provinz Tajima einen Bergtempel. Seit seiner Gründung waren bereits über 100 Jahre vergangen. In diesem Tempel hausten Dämonen, und so hatte sich ihm lange Zeit kein Mensch mehr genähert.
Da waren aber zwei Mönche, die kamen auf ihrem Weg gerade an diesem Tempel vorbei, als sich der Tag zu Ende neigte. Da sie nichts von all dem wußten, blieben sie, um in dem Tempel zu übernachten. Einer der beiden Mönche war jung und vertraute ganz auf das Lotos-Sutra. Der andere war ein alter Wandermönch (*toshi oitaru shugyōsha nari*). Als es dunkel geworden war, richteten sie sich ihr Lager je östlich und westlich des Altars und legten sich zur Ruhe. Als es um Mitternacht geworden war, hörten sie, wie etwas durch die Wand hindurch zu ihnen hereinkam. Das Wesen stank fürchterlich, und wie es atmete, klang wie das Schnauben eines Stiers. Aber weil es so dunkel war, konnten sie seine Gestalt nicht erkennen. Kaum war es hereingekommen, da machte es sich über den jungen Mönch her. In seiner panischen Angst begann dieser aus ganzem Herzen das Lotos-Sutra zu rezitieren und betete inbrünstig, es möge ihm geholfen werden.
Da ließ das Wesen von dem jungen Mönch ab und fiel nun über den alten Mönch (*oitaru sō*) her. Der Dämon packte und biß ihn, riß an ihm herum und begann, ihn aufzufressen. Der alte Mönch schrie aus voller Kehle, doch niemand kam ihm zu Hilfe, und der Dämon fraß ihn auf.
[Der junge Mönch klettert auf den Altar und hält das Götterbildnis fest umklammert, bis er hört, daß der Dämon zusammensackt. Am nächsten Morgen sieht er, daß es eine Figur des Bishamonten war, die er umarmt hielt, und daß diese den Dämon zerstückelt hat.][126]

Programmatisch formuliert hatte letzten Endes bereits Kūkai im *Sangō shiiki* die angesprochene Altersindifferenz vor dem Glauben, wenn er dort angesichts des ständigen Flusses, in dem sich alle Dinge und Lebewesen befinden, feststellt, das kalendarische Alter eines Menschen mache diesen noch lange nicht zu einem Älteren im Geiste:

[Der kleine Mönch, Verteidiger des Buddhismus, erläutert die Unangemessenheit von Konfuzianismus und Taoismus, die er als aufs Diesseits gerichtet begreift, angesichts der Vergänglichkeit alles Lebens:]
„In den drei Welten ist der Mensch ohne Haus, und unbestimmt ist, in welcher der Sechs Reiche einer wiedergeboren wird. Einmal wohnt er in den Palästen des Himmels, ein anderes Mal nimmt er in der Hölle Wohnung. Einmal bist du Frau oder Kind, ein anderes Mal Vater oder Mutter. Einmal nimmst du dir das Böse zum Lehrmeister, ein anderes Mal suchst du dir den Häretiker zum Freund. Die Hungergeister und die Tiere, sie sind deine und meine Eltern, deine und meine Frau und Kinder. Es gibt keinen Beginn. Was hat schon von allem Anbeginn an Bestand? Rund wie eine Perle ist der Kreislauf der Wiedergeburten in den vier Stadien. Einem Wagenrad gleich ist der Kreislauf der Wiedergeburten in den Sechs Reichen. Nur weil dein Haupt weiß wie Schnee ist (*kami wa yuki no gotoku naredomo*), kommt dir nicht unbedingt die Stelle des älteren Bruders zu. Nur weil meine Locken schwarz wie die Wolken sind, kommt mir nicht unbedingt die des jüngeren Bruders zu. Du und ich, wir beide, werden von Anfang an in ständig neuen Inkarnationen wiedergeboren, und sterben, und werden wiedergeboren; denn nichts ist von Bestand.[127]

---

[126] KM III (17/42):564—566, s.a. Tyler 1987:207—208.

[127] SS:128, s.a. Grapard 1985:77.

8.3. Altersreligiosität der Laien im Buddhismus
8.3.1. Religiöse Einsicht im Alter und zunehmende Sorge um das Seelenheil

Umgekehrt erscheint das Alter als jene Lebensphase, in der der Mensch, wohl auch angesichts des nahenden Todes, begangenes Unrecht allmählich einsieht und versucht, es wieder gut zu machen, bevor es zu spät ist. Ähnliches ist zunächst vornehmlich in den Sammlungen buddhistischer Legenden zu beobachten, so in jener Erzählung vom Falkner, der im Alter das Unrecht begreift, das er von Berufs wegen ein Leben lang Lebewesen zugefügt hat, sein Gewerbe aufgibt und Mönch wird[128]. Überhaupt stellt sich die Altersphase für den japanischen Buddhisten als die religiöse Phase *par excellence* dar. Haben die Menschen erst ein gewisses Alter erreicht, sorgen sie sich in zunehmendem Maße um ihr Seelenheil und beginnen, auch aktiv etwas dafür zu unternehmen. Dies kommt zum einen in den idealisierenden Biographien berühmter Persönlichkeiten zum Ausdruck, so im *Fujiwara no Yasunori-den*:

Im ersten Monat des Jahres Genkei 6 (883) wurde ihm der Nachfolgende Vierte Rang Unterer Klasse verliehen. Er sprach: „Ich bin nun schon alt geworden (*toshi sude ni oitari*). Wie könnte ich da nicht gute Taten setzen und so mein Seelenheil in der nächsten Welt befördern? [Hier] in Sanuki ist man reich an Papier und kundigen Schreibern. Darum sollen überall im Land *Shutara*-Sutren und *Abidon*-Kommentare kopiert werden.[129]

Ebenso gehört die mit fortschreitendem Alter zunehmende Sorge um das Seelenheil zum Standardrepertoire in den buddhistischen Legenden:

... Zu der Zeit, als [der Tendai-Mönch Kyōen] noch jung war, ... da lebte zur selben Zeit an einem Ort namens Yawase ein Distriktbeamter der Provinz Ōmi. Dieser war seit geraumer Zeit ein Anhänger des Kyōen geworden und suchte ihn auf, wann immer das Kloster in finanziellen Schwierigkeiten war. Kyōen, der jung und arm war, freute sich darüber sehr, bis eines Tages der Beamte mit einem Anliegen zu ihm kam. „Was führt Euch zu mir?", fragte er. Da sagte der Beamte: „Seit langem schon hege ich den Wunsch, einen Tempel zu errichten und ihn mit gebührender Würde einzuweihen. Wir haben uns nun schon viele Jahre hindurch kennen und schätzen gelernt, wollt Ihr mir nicht dabei behilflich sein? Ich würde dann alles ganz so vorbereiten, wie Ihr es mich heißen würdet. Da ich nun alt geworden bin (*toshi makarioite habereba*), sorge ich mich um das Leben nach dem Tod!"...[130]

Dabei sind die vielen Todesfälle, die der alternde Mensch im Kreis seiner Lieben immer häufiger zu beklagen hat, zum Teil auslösendes Moment für seine Einsicht in die Vergänglichkeit alles Irdischen und seine zunehmende Abwendung von weltlichen Belangen, ein Motiv, das auch in den weltlichen

---

[128] KM IV (19/8):77, s.a. Tyler 1987:290.

[129] FYD:69–70. Yasunori war zu diesem Zeitpunkt 58 Jahre alt.

[130] KM V (28/7):68–69.

Romanen zu beobachten ist, wie im Fall des Helden des *Genji monogatari*, dem die Autorin die folgenden Überlegungen in den Mund legt:

Ich wurde, überlegte Genji, in so hohem Haus geboren, daß mir in diesem meinem irdischen Dasein fast alle Wünsche in Erfüllung gingen, und die anderen mich wohl um mein Schicksal sehr beneiden mußten. Und doch hat mir Buddha so manche Prüfung auferlegt, an der ich die Flüchtigkeit allen Irdischens hätte erkennen müssen. Aber ich bemühte mich krampfhaft, so zu tun, als verstünde ich seinen Fingerzeig nicht, und so habe ich nun im Alter, wo mein eigener Tod nicht mehr fern ist (*yūbe chikaki sue ni*), ihr Ende[131] miterleben müssen. Jetzt weiß ich, wie nutzlos mein Leben und wie töricht ich war. Doch nun ist auch endlich Friede in mir, an nichts mehr in dieser Welt hangt mein Verlangen.[132]

Wie sehr es in dieser Beziehung einer Norm entsprach, sich im Alter von den weltlichen Dingen abzuwenden, um mehr dem Jenseitigen zu leben, offenbart sich dort, wo ein betagter Mann, Fujiwara no Akimitsu, der trotz eines ähnlich harten Schicksalsschlages, nämlich des Todes seiner Tochter, nicht die Lehre daraus zieht, sich nur mehr dem Religiösen zuzuwenden, sondern weiter Pläne für die Zukunft seiner Nachkommen schmiedet, als lächerlich beschrieben wird:

[Nach dem Tod seiner Tochter macht Akimitsu Pläne für die Zukunft, sieht die Kinder schon als Kronprinzen und sich als Regenten. Es kommt der Tag der Zeremonien zum 49. Todestag.]
Die Mönche, die die Riten vollführten, mußten wohl sehr gelacht haben. Nicht, daß die Kinder etwa lächerlich gewesen wären, aber es war lächerlich, daß ein verkalkter Greis von 70 (*nanasojiyo nite kabakari yorozu wo oboshihorete*) Pläne für die ferne Zukunft machte, statt Amida Butsu anzurufen.[133]

Auch im *Genji monogatari* wird die Norm angesprochen, im Alter habe man sich von den weltlichen Vergnügungen abzuwenden und ganz der Religion zu leben, wenn die alte Mutter eines Bischofs erzählt, sie traue sich nicht mehr die Koto zu spielen, denn ihr Sohn habe es ihr mit Hinweis auf ihr Alter, in dem man nur noch Buddhas Namen anrufen sollte, verboten[134]. Ähnlich zu verstehen ist wohl auch die folgende Passage aus dem *Yoru no nezame*, in der die betagte Exkaiserin meint, in ihrem Alter sei es unpassend, noch Gefallen an derlei weltlichen Dingen wie dem Betrachten von Bildrollen zu finden:

Die Große Kaiserin sagte: „Wenn man mein Alter (*yowai*) bedenkt, wäre nun für mich die Zeit gekommen, in der man sich in das Haus des Grabwächters, das es in alter Zeit gab, zurückziehen sollte und die Menschen einen meiden. Aber daß ich unverändert an diesen Dingen Geschmack finde, ist unpassend."[135]

---

[131] Murasakis Tod

[132] GM IV:198, s.a. Benl 1966b:353. Genji ist in seinem 52. Lebensjahr.

[133] EM II:27–28, s.a. McCullough 1980:519–520.

[134] GM V:374–375, vgl. S. 198.

[135] YN:204. Zum Rückzug ins Haus des Grabwächters, vgl. S. 225.

So ergreift es, wenn sich ein alter Mensch dieser Norm beugt, und auch hier ist zu beobachten, daß Alterserscheinungen, die sonst als peinlich und unangenehm beschrieben werden, in einem solchen Kontext die Ehrwürdigkeit des Geschehens steigern, wenn zum Beispiel die Gebete eines alten Mannes angesichts seiner brüchigen Stimme und der Schwierigkeit, sich zu bewegen, die man ihm anhört, besonders zu Herzen gehen:

> Es war schon kurz vor Morgengrauen. Von nirgendwo her war das Krähen eines Hahnes zu vernehmen, alles, was man hören konnte, war die greise Stimme (*okinabitaru koe*) irgendeines Betenden. Man konnte sich vorstellen, wie schwer es dem Manne fallen mußte, abwechselnd sitzend und stehend den religiösen Übungen zu obliegen. „Was kann er sich in dieser wie Morgentau so vergänglichen Welt denn noch wünschen?", dachte Genji ergriffen, während jener, wohl weil er sich durch Fasten auf eine Pilgerfahrt zum Mitake-Tempel vorbereitete, laut „Gepriesen sei der Herr der künftigen Welt!" betete. „Hört, auch er denkt nicht nur an diese Welt!" sagte Genji tief bewegt.[136]

Auch in den sehr persönlichen Beschreibungen der eigenen Überlegungen und Gedanken, wie sie die Autorinnen der Heian-zeitlichen *zuihitsu*-Literatur niederschreiben, nimmt die mit dem fortschreitenden Alter zunehmende Sorge darum, durch Gedanken und Handlungen womöglich sein Seelenheil zu gefährden, breiten Platz ein. Religiöses Fehlverhalten, das in der Jugend noch verzeihlich gewesen wäre, kann sich der alte Mensch nicht mehr leisten. So erschrickt etwa Sei Shōnagon in ihrem Kopfkissenbuch darüber, daß sie sich durch ihren Witz dazu hat hinreißen lassen, Religiöses unter modischen Gesichtspunkten zu beurteilen, nicht nur wegen des blasphemischen Charakters solcher Überlegungen, sondern auch und vor allem, weil sie sie in bereits fortgeschrittenem Alter anstellt:

> Ein Prediger sollte ein ansprechendes Gesicht haben. Denn blickt man ihn gern und ausgiebig an, so eröffnet sich einem die ganze Erhabenheit dessen, was er predigt, wie von selbst. Schaut man woanders hin, so vergißt man bald auch noch aufs Zuhören, und muß dann ständig Angst vor der gerechten Strafe haben; und das alles nur, weil der Priester eben häßlich ist. Aber ich sollte damit aufhören. In der Jugend[137] mag es ja noch angegangen sein, solch Sträfliches niederzuschreiben, doch in meinem Alter[138] fürchte ich die Strafe des Himmels.[139]

Auch für die Autorin des *Sarashina nikki*, die ihr Leben lang nach weltlicher Anerkennung gestrebt hat und sich selbst und auch andere unter ihrer Unzufriedenheit hat leiden lassen, kein so schillerndes Leben zu führen wie

---

[136] GM I:141, s.a. Benl 1966a:106.

[137] Eigentlich ‚zu einer passenderen Zeit', *sukoshi toshi nado no yoroshiki hodo wa*. Nur ein Manuskript, das *Sakai-hon*, führt genauer *wakaki toki* aus (MS:74, A.2).

[138] Wörtl.: ‚jetzt', *ima wa*. Die Kommentatoren interpretieren einheitlich als ‚nun, da ich alt bin' (MS:74, A.3, Kaneko 1935:173). Sei Shōnagon war, als sie diese Zeilen niederschrieb, wahrscheinlich knapp über 30.

[139] MS (33):73—74, s.a. Watanabe 1952:91—92, Kaneko 1935:172—173.

die besonders Privilegierten, ist im Alter die Zeit der Einsicht gekommen, daß auch das nächste Leben der Sorge wert ist:

[Die Autorin beschreibt den Tod ihres Mannes und ihre Trauer um ihn und bereut, ihr Leben lang den Phantastereien der großen Romane und ihrer schillernden Welt nachgehangen zu haben, anstatt sich mehr aufs Jenseitige auszurichten.]
So erlosch denn auch mein Leben trotz all dem Leid nicht, und es sah so aus, als sollte ich noch eine ganze Weile weiterleben (*nagaraumeredo*). Doch dachte ich voll Sorge, daß sich wohl auch meine Hoffnungen für die nächste Welt nicht erfüllen würden. Dabei hatte ich nur einen einzigen Hoffnungsschimmer.
[Die Autorin beschreibt daraufhin einen Traum, in dem sie Buddha sieht, wie er zu ihr sagt, er werde zurückkehren und sie holen kommen.][140]

Es ist dabei durchaus nicht untypisch, daß, wie hier anklingt, diese Einsicht zu einem Zeitpunkt kommt, zu dem es gerade aufgrund des fortgeschrittenen Alters in zunehmendem Maße unwahrscheinlich wird, daß sich die Wünsche für das Diesseits noch erfüllen könnten. Eine derartige Verknüpfung zwischen der Hinfälligkeit im Alter und einer daraus abgeleiteten Notwendigkeit, sich von den weltlichen Dingen abzuwenden, in denen man ohnehin keine Erfüllung mehr zu erwarten ist, kann dabei durchaus auch buddhistischen Legenden wie denen des *Konjaku monogatari* zum Ausdruck gebracht werden und nicht nur Laien betreffen, sondern auch Menschen, die sich bereits früher dem Mönchsstand verschrieben haben:

Kaikoku hatte bei Hof Dienst getan. Er war ein jüngerer Bruder des Provinzgouverneurs von Chikuzen, Minamoto no Michinari. Er war überaus belesen und auch als Prediger äußerst geschickt. Wie sein älterer Bruder war er ein vollendeter Poet und ein guter Geschichtenerzähler. So waren auch die Laien auf seine Gesellschaft erpicht, und er verbrachte seine Tage auf die unterhaltsamste Art und Weise. Kurzum er war eine Berühmtheit. Jahrelang hatte er als Sutrenleser am Hof des Go-Ichijō Tennō gedient, doch als dieser verstorben war, da hatten sich die Dinge in der Welt verändert, und da er auch nicht wußte, auf wen er sich hätte stützen sollen, da hatte er überlegt „Ich bin nun alt geworden (*toshi wa oinitari*) und habe kaum noch Aussicht auf Erfolg; selbst in den Rang eines Ajari zu kommen, wäre wohl alles andere als leicht, nun da der Herr, mein Beschützer, tot ist. Was sollte es mir da noch nützen, weiter in der Welt auszuharren?" Der Wille, von nun ab nur noch Buddha zu dienen, war damit in ihm erwacht, er begab sich in die Provinz Mino und lebte dort zurückgezogen in einem höchst ehrwürdigen Bergtempel...[141]

Eine weitere Legende aus dem *Konjaku monogatari* schildert auf ähnliche Weise, wie ein alter Dachdecker nach dem Tod seiner Frau begonnen habe, den Namen Amida Butsus anzurufen; diese zwar nicht als heroisch, aber doch als aufrichtig zu bezeichnende Handlungsweise reicht denn auch aus, ihn eine Wiedergeburt im Paradies erreichen zu lassen:

[Während das Dach der „Klause der Großen Weisheit" im Tal östlich der Ostpagode des Hiei-Bergs frisch gedeckt wird, träumt dem dort lebenden Mönch, auf dem Dach der Hütte

---

[140] SN:533, s.a. Hammitzsch 1966:83. Die Autorin ist hier wohl knapp über 50 Jahre alt.

[141] KM IV (20/35):200, s.a. Ury 1979:128.

sei ein goldener Buddha, und dieser hätte sich seine Mütze mit einem Papierband unterm Kinn festgebunden und decke so das Dach.]
„Was ich da für einen merkwürdigen Traum hatte", dachte er, stieg in den Garten hinunter und blickte zum Dach der Klause empor: Da war unter den vier, fünf Dachdeckern einer, ein um die 70 Jahre alter Mann, der sich seinen *ebōshi* mit einem Papierband unter dem Kinn festgebunden hatte und Schindeln verlegte. Der Mönch fand dies seltsam und beobachtete den alten Mann genau. Da bewegte dieser, während er das Dach deckte, die Lippen so, als würde er „Amida-Butsu" sagen. Der Mönch dachte: „Ich will ihn danach fragen", rief den alten Mann herunter und als er ihn fragte, ob denn seine Lippenbewegungen zu bedeuten hätten, daß er den Namen Buddhas anrufe, da sagte der alte Mann: „Ja, so ist es. Ich rufe Buddhas Namen an.", und weil ihn der Mönch weiter fragte: „Seit wann rufst du denn Buddhas Namen an? Und wie oft am Tag tust du dies? Und tust du sonst auch noch etwas, das dir Verdienste um dein Seelenheil erwirbt?", da antwortete der alte Mann: „Da ich arm bin, kann ich nichts tun, um mir Verdienste zu erwerben. Nur, seit meinem 15. Lebensjahr bin ich Dachdecker von Beruf und habe so mein Leben zugebracht, doch seit mir vor 7 Jahren meine alte Frau gestorben ist und mich allein zurückgelassen hat, finde ich das Leben trostlos, und so, wenn ich Fisch esse, spüle ich mir danach den Mund und rufe Buddhas Namen an. Wenn ich keinen Fisch esse, tue ich dies natürlich erst recht. Auch tue ich es nicht eine bestimmte Anzahl von Malen am Tag. Abgesehen von den Zeiten, wo ich meine Bedürfnisse verrichte, oder gerade esse oder schlafe, rufe ich ständig und ohne Unterlaß Buddhas Namen an." Da dachte der Mönch: „Das muß er sein, den ich im Traum gesehen habe", und dem alten Mann erklärte er: „Ich habe das und das geträumt. Rufe nur weiter ohne Unterlaß den Namen Buddhas an. Denn wenn du weiterhin auf diese deine Art und Weise Buddhas Namen anrufst, dann wirst du ohne Zweifel im Paradies wiedergeboren werden." Da faltete der alte Mann die Hände, verbeugte sich vor dem Mönch und stieg dann wieder aufs Dach der Klause und verlegte weiter seine Schindeln.

Bedenkt man dies recht, so war jener alte Mann doch tatsächlich in der Gestalt eines goldenen Buddhas erschienen. So ist es wahrhaftig so, daß es schwer ist, ein aufrichtiges Herz zu erlangen, auch wenn man sich noch so viele Verdienste durch Taten schaffen will. Hingegen sollte man inbrünstig den Namen Buddhas anrufen und aus ganzem Herzen wünschen, im Paradies wiedergeboren zu werden. Man weiß zwar nicht, was letztendlich aus dem alten Dachdecker geworden ist, doch ist er sicherlich, wie im Traum des Mönchs, im Paradies wiedergeboren worden..."[142]

Interessanterweise spielte gerade in diesem Kontext die eigentlich aus dem konfuzianischen Gedankengut übernommene Vorstellung einer mit fortschreitendem Alter zunehmenden Einsicht in die wahre Natur der Dinge eine gewisse Rolle, und Ausdrücke für verschiedene kalendarische Alter in den späteren Lebensphasen, wie sie ursprünglich aus Konfuzius' Beschreibung seiner persönlichen Entwicklung im Laufe seines Lebens entnommen wurden[143], sind im wesentlichen in buddhistisch gefärbten Legenden anzutreffen, wo sie eben dieser zunehmenden religiösen Einsicht mit fortschreitendem Alter Ausdruck verleihen[144].

---

[142] KM IV (19/37):133.

[143] Vgl. S. 93.

[144] So z.B. in der folgenden Passage aus Viten zur Verherrlichung des Lotos-Sutra: „[Priester Enkū ist weithin berühmt und geschätzt für seine wunderschöne Stimme beim

8.3.2. Mönchsgelübde und Rückzug ins Kloster

Die zunehmende religiöse Einsicht im Alter bringt aber viele dazu, der Welt überhaupt zu entsagen und die Mönchsgelübde abzulegen, wie es etwa im *Sarashina nikki* der Vater der Autorin tut[145], der fortan als Mönch lebt, ohne sein Haus je zu verlassen, bis auch die Mutter Nonne wird[146]. Es bestand aber sogar eine Art sozialer Druck, im Alter der Welt zu entsagen und die Mönchsgelübde abzulegen. Diesen sozialen Druck läßt die Autorin des *Sagoromo monogatari* den betagten Vater des Helden zum Ausdruck bringen:

[Sagoromos Vater läßt seinen Sohn suchen, um ihn davon abzuhalten, Mönch zu werden, da dies bedeute, die Eltern im Stich zu lassen. Er wolle es ihm aber nicht ausreden, falls es sein fester Beschluß sei.]
„Doch ich bin jetzt in ein Alter gekommen, in dem mir nicht mehr viel Zeit bleibt (*tada wa ga mi wa nokori naki yowai ni naritaru ni*), und wenn ich auch von dir verlassen werde, macht mir nicht nur das Kummer, sondern ich schäme mich auch, was wohl die Leute denken, wenn sie das hören, [daß ich alter Mann, von meinem Kind verlassen, so an der Welt hänge]. Außerdem ist das, was Buddha deshalb von mir denken muß, eine Sünde, vor deren Verantwortung ich mich nicht drücken kann, und das muß mich traurig machen. Vielleicht hatte er das Ziel, mich dazu zu bewegen, Mönch zu werden, indem er dir diesen Gedanken gab."[147]

Während es also, wie hier erneut anklingt[148], besonders vom konfuzianischen Standpunkt aus durchaus Vorbehalte dagegen gab, daß junge Menschen der Welt entsagten und die Gelübde ablegten, da dieser Schritt sie allem Weltlichen, und damit auch dem Dienst an ihren Eltern, entfremdete, bestand umgekehrt eine Norm, die einen solchen Schritt im Alter verlangte.

Rezitieren des Lotos-Sutra.] Als er das Alter von 50 Jahren, da man das Gesetz des Himmels erkennt, erreicht hatte (*chimei ni itaru no toki*), da entstand in ihm die Einsicht in die Nichtigkeit alles Weltlichen, er warf allen weltlichen Ruhm von sich, ward sich der Vergänglichkeit des Leibes bewußt, begab sich auf den Berg Atago und lebte dort als Einsiedler. [Dort stirbt er, noch immer das Lotos-Sutra rezitierend. Seine Stimme ist noch lange danach an dem Ort zu vernehmen]" (DNHK (1/39):98–99, s.a. Dykstra 1983:64). Ähnlich auch DNHK (3/101):182, s.a. Dykstra 1983:122): „[Takashina no Yoshiomi durchläuft eine Karriere als Beamter.] Als er sein 50. Lebensjahr erreichte (*yowai chimei ni oyobite*), da setzte er sein ganzes Vertrauen auf das Gesetz Buddhas, rezitierte Tag und Nacht das Lotos-Sutra und rief den Namen Amida Butsus an..." Ähnlich KM III (15/34):391, und NŌG (33):37.

[145] SN:509; vgl. S. 448.

[146] SN:510; vgl. S. 298.

[147] SM:343.

[148] Vgl. dazu etwa das schlechte Gewissen, das Kūkai in seinem *Sangō shiiki* diesbezüglich zum Ausdruck bringt, vgl. S. 260.

So scheint es der übliche Gang der Dinge gewesen zu sein, in der Jugend und im reifen Erwachsenenalter dem Staat als Beamter zu dienen, im Alter aber dann die Mönchsgelübde abzulegen, wie es das *Konjaku monogatari* von Yoshishige no Yasutane erzählt:

Es ist nun schon lange her, da lebte unter der Erlauchten Regierung des Tenno Soundso ein kaiserlicher Sekretär namens Yoshishige no Yasutane... Er war von überaus mitleidvollem Wesen und sehr talentiert. Von Jugend an diente er dem Hof als Gelehrter, doch als er allmählich zu Jahren kam (*toshi yōyaku tsumorite*), da wurde in ihm der Wunsch wach, ein religiöses Leben zu führen, und er ließ sich dort und dort die Haare scheren und wurde Mönch.[149]

Für den alternden Beamten bedeutete dieser Schritt das Eintauschen der Amtskappe gegen die Mönchstonsur, wie etwa Kaneakira Shinnō in seinem Essay über das Ausfallen der Haare schrieb[150]. Auch Sugawara no Fumitoki stellte sich in einem Essay die Frage, ob er der Norm entsprechend und alt geworden, Mönch werden sollte. Leicht schien ihm die Entscheidung allerdings nicht zu fallen[151].

Für alleinstehende Frauen des Adels in fortgeschrittenem Alter dürfte es überhaupt die Norm gewesen sein, früher oder später die Gelübde abzulegen. Davon spricht etwa Murasaki Shikibu in ihrem Tagebuch:

[Murasaki Shikibu hat beklagt, daß ihre Kenntnisse über die chinesischen Klassiker immer wieder Anlaß für Tratsch sind.]
Von nun an will ich mir kein Blatt mehr vor den Mund nehmen. Was immer die Leute auch sagen mögen, ich will ganz auf Amida Butsu vertrauen und ohne Unterlaß aus den Schriften lernen. Da die vielen Verdrießlichkeiten dieser Welt mir ohnehin nicht mehr mehr bedeuten als vergänglicher Tau, so sollte ich in meinem Streben nach Heiligkeit auch kein Erlahmen mehr kennen. Doch leider, ich weiß es wohl, selbst in einem von der Welt abgekehrten Leben gibt es auf dem Weg ins Paradies noch so manchen Stolperstein. Drum zögere ich noch. Allerdings komme ich nun allmählich in ein Alter, in dem der Rückzug ins Kloster angebracht ist. Denn bin ich erst noch stärker vom Alter gezeichnet (*itau kore yori oiborete*), so wird mein Augenlicht schwach (*hata mekuraute*) geworden sein, sodaß ich die Sutren nicht mehr lesen kann, und mein Geist abgestumpft (*kokoro mo itodo tayusa masari*); drum denke ich nun, auf die Gefahr hin, man möge meinen, ich äffte die, die wahren Herzens dem Weg des Buddha folgen, nur nach, ständig einzig und allein an diese Dinge.[152]

Aber auch Verheiratete sollten früher oder später diesem Beispiel folgen. Drastisch drückt es Fujiwara no Akihira im *Shin sarugaku-ki* bei der Beschreibung der alten Hauptfrau eines Mannes aus dem Publikum aus, wenn

---

[149] KM IV (19/3):61, s.a. Tyler 1987:258. Yasutane war 986 Mönch geworden, als wohl etwas über 50jährig.

[150] HCMZ a:403; vgl. S. 110.

[151] HCMZ a:405—416; vgl. S. 441.

[152] MSN (1009.1.1.—3.):501—502, s.a. Sieffert 1978:73. Murasaki Shikibu war, als sie diese Zeilen niederschrieb, wohl knapp über 30 Jahre alt.

er meint, ließe diese sich nicht rasch die Haare scheren, um Nonne zu werden, würde sie wohl noch zu Lebzeiten zur Schlange werden[153]. Im *Ochikubo monogatari* wird die Forderung, im Alter die Gelübde abzulegen, sogar verbal an eine der Personen der Handlung herangetragen, wenn die Stieftochter ihre alte Stiefmutter auffordert, doch endlich Nonne zu werden – ein Rat, den die alte Frau allem Anschein nach mit Freuden befolgt – und die entsprechende Zeremonie für sie arrangiert:

> Es schien, als ob es der Wille der Götter und Buddhas gewesen wäre, daß sie nicht früh gestorben war und bis ins Alter von über 70 Jahren gelebt hatte, um noch solch eine Blüte ihrer Familie miterleben zu dürfen. Ihre Stieftochter sagte zu ihr: „Ihr seid nun schon sehr, sehr alt geworden (*ito itaku oitamaumeri*). Denkt an Euer Seelenheil!" und ließ sie in einer überaus prächtigen Zeremonie Nonne werden. Ganz glücklich darüber, sagte ihre Stiefmutter da: „Denkt nur ja nicht schlecht über eure Stiefkinder. Gerade die Stiefkinder sind die besten überhaupt!"[154]

Umgekehrt ist in den Romanen häufig davon zu lesen, wie erschüttert alle Zeugen sind, wenn zur Abwechslung einmal ein junger Mensch die Gelübde ablegt, ergreife dieser Schritt doch schon bei alten Menschen, wenngleich er bei diesen angebracht sei:

> [Die Dame Fujitsubo hat sich nach dem Tod ihres Gemahls, des Exkaisers Kiritsubo, entschlossen, Nonne zu werden. Die Zeremonie wird beschrieben.]
> Als sich ihr Onkel (*mioji*), der Bischof von Yogawa, ihr näherte und ihre Haare kurz schnitt, weinten alle Versammelten laut auf. Selbst wenn ein unbedeutender, altersschwacher Mensch (*oiotoroetaru hito*) den Augenblick für gekommen hält, sich von der Welt zu verabschieden, ergreift dies seltsam, um so mehr erschütterte ihr Entschluß, zumal er völlig unerwartet kam, und der Prinz brach in heftiges Weinen aus.[155]

Entsprechend gilt auch die Abgeschiedenheit, in der Mönche oder Nonnen mitunter leben, als ein Zustand, der zwar von betagten Leuten, nicht aber von jungen, zu ertragen sei, wie etwa Murasaki Shikibu im *Genji monogatari* in ihrer Beschreibung von dem Haus hervorhebt, in dem die junge Ukifune unter Nonnen Zuflucht gefunden hat:

> Da es für junge Frauen schwierig war, sich von der Welt abzukehren, um in einem so einsamen Bergdorf zu leben, hausten hier nur sieben oder acht sehr alte Nonnen (*itaku toshi henikeru ama*). Außer ihnen waren nur noch deren Töchter oder Enkelinnen, die bei Hofe dienten oder sonst Verbindungen dorthin hatten und gelegentlich vorbeikamen, da.[156]

Tatsächlich gibt es in den Heian-zeitlichen Romanen kaum eine weibliche Figur, die nicht früher oder später an ihrem Lebensabend die Gelübde ablegt und Nonne wird. Dies gilt für die Figur der alten Naishi no suke aus

---

[153] SSK:135–136; vgl. S. 388.

[154] OM:247, s.a. Whitehouse und Yanagisawa 1970:273.

[155] GM I:400, s.a. Benl 1966a:344.

[156] GM V:360, s.a. Benl 1966b:906.

dem *Genji monogatari*, die dem Leser noch aufgrund der Avancen, die sie, immerhin bereits 50jährig, dem jugendlichen Genji machte, in Erinnerung ist und die, als sie Genji etwa 20 Jahre später wieder begegnet, bereits Nonne geworden ist[157], ebenso wie für die Gemahlin des früheren Ministers zur Linken und späteren Großkanzlers aus demselben Roman, die eine unbestimmte Zeit nach dem Tod ihres Gemahls Nonne geworden.

Wie sehr dieser Schritt zumindest theoretisch für den alten Menschen ein Sichloslösen von allen weltlichen Belangen mit sich bringen sollte, zeigt sich daran, daß sie ab diesem Zeitpunkt davor zurückschreckt, jemandem zu gratulieren, und nur in ihrem fortgeschrittenen Alter eine Entschuldigung dafür sieht:

Am Tag der Gewandzeremonie traf von Ōmiya ganz heimlich ein Bote ein. Er war ganz plötzlich da und ließ ein Kästchen für Kämme sowie allerlei Glückwunschgeschenke für sie zurück. In dem beigefügten Brief hieß es: „Ich wollte Euch eigentlich nicht schreiben, weil dies Unglück bringen könnte[158]; aber dann tat ich es doch, weil ich hoffte, Ihr würdet es mir meines hohen Alters wegen, das Euch als Vorbild dienen mag (*nagaki tameshi bakari wo*), verzeihen. Da ich doch alles über Euch weiß und Euch sehr liebe, wäre es doch schlecht von mir, wollte ich Euch nicht Glück wünschen! Möge Euch in Eurem Leben alles so gelingen, wie Ihr es Euch erhofft."[159]

An anderer Stelle im selben *Genji monogatari* kommt diese Entfremdung von allem, was mit dem diesseitigen Leben zu tun hat, die die alten Menschen durch ihren Schritt ins Mönchs- oder Nonnentum auf sich zu nehmen hatten, gleich zweifach zum Ausdruck, in dem es einerseits einer alten Nonne peinlich ist, bei der formlosen Hochzeit zweier junger Menschen dabei zu sein, und gleichzeitig eine anwesende Dienerin dies als unheilvoll betrachtet[160]. Auch in stärker religiös ausgerichteten Erzählungen wie etwa den Legenden des *Konjaku monogatari* erscheint das Alter als der richtige Moment, um die Mönchsgelübde abzulegen. Sogar in den eher dogmatischen Legenden rund um Buddhas Leben kann es vorkommen, daß von den Menschen wegen der Einsicht in die Vergänglichkeit alles Irdischen keine sofortige und völlige Absage an alles Weltliche verlangt wird. Ein solcher Schritt wird erst im Alter vonnöten und reicht dann auch aus, um den Betreffenden zu erretten:

[Buddha hört die Stimme eines Prinzen und erkennt daran, daß dieser nur mehr sieben Tage zu leben hat. Er fordert ihn auf, wenigstens für einen Tag in den Mönchsstand einzutreten und die Gelübde einzuhalten, was dieser auch tut, woraufhin Buddha erläutert:]

---

[157] GM II:260–261; vgl. S. 384.

[158] Da sie Nonne ist und somit die Welt verneint.

[159] GM III:85 und Benl 1966a:791.

[160] GM V:193; vgl. S. 146.

„Der Verdienst von nur einem einzigen Tag des Mönchsseins ist derart, daß der Mensch daraufhin für 20.000 Kalpa nicht in die Drei Üblen Welten fällt, sondern in den Himmeln wiedergeboren wird und dort höchstes Glück erfährt. In seiner letzten Wiedergeburt wird der Prinz unter den Menschen geboren werden und mit Reichtümern in Fülle gesegnet sein. Wenn er dann an der Schwelle des Alters stehen wird (*oi ni nozomite*), wird er der Welt überdrüssig werden und Mönch werden; er wird den Weg praktizieren, zum Hyakushi Buddha werden, den man Bitairi nennt, und den Menschen wie den Himmlischen Wesen zum Erlöser werden."[161]

In einer weiteren Legende derselben Sammlung gewährt Buddha beispielhaft einem alten Mann, den alle anderen verjagen wollen, weil er nur deswegen Mönch werden will, weil er alt ist, keinen Besitz hat und ihn alle verlassen haben, sodaß er nicht weiß, wie er sich am Leben erhalten soll, die Gelübde abzulegen und so den ersten Schritt in Richtung seiner Erlösung zu setzen:

Es ist nun schon lange her, da lebte in Indien ein alter Mann (*okina*), dessen Haus war arm und er hatte während seines ganzen Lebens nicht einmal ein Staubkörnchen an Besitztümern ansammeln können. So hatten ihn denn Frau, Kind und Hausgenossen verlassen, niemand war da, ihm zu dienen. Der alte Mann war darüber zutiefst betrübt und dachte so bei sich: „Ich bin arm und habe keine Ersparnisse, um weiter meinen Haushalt zu führen. Was bleibt mir anderes übrig, ich will Mönch werden." So begab er sich denn zum Gionshōja, wo er Śāriputra traf und zu diesem sagte: „Ich will Mönch werden und die Gelübde empfangen."
[Śāriputra meditiert daraufhin über das Karma des alten Mannes und kann keine einzige Tat entdecken, aufgrund derer man es ihm erlauben könnte, der Mönchsgemeinschaft beizutreten, und weist ihn ab. Der alte Mann begibt sich zu Maudgalyāyana und zu Subhūti, die ihn aber ebenso abweisen.]
Als der Buddha das sah, ging auch er durch das Tor hinaus und fragte den alten Mann: „Warum sitzt du hier und weinst? Wenn du irgendeinen Wunsch hast, ich will ihn dir gern erfüllen." Da antwortete der alte Mann: „Ich habe in meinem ganzen Leben nicht einmal ein Staubkörnchen an Ersparnissen angesammelt, es mangelt mir an Kleidung und Nahrung. Meine Frau, meine Kinder und meine Hausgenossen, alle haben sie mich samt und sonders verlassen. Drum wollte ich Mönch und Euer Schüler werden, bin hierhergekommen und bat, Mönch werden zu dürfen, doch Śāriputra, Maudgalyāyana und alle anderen Eurer 500 Schüler, sie sagten nur, es läge nicht in meinem Karma, Mönch zu werden, und jagten mich davon, kein einziger wollte es mir gewähren. Drum sitze ich nun hier bei diesem Tor und weine." Da trat Buddha näher heran, strich dem alten Mann mit seiner goldenen Hand über den Kopf und sprach: „Ich habe ein Gelübde abgelegt und bin ein Buddha geworden, um eben solche Menschen wie dich zu erlösen. Drum will ich dir deinen Wunsch erfüllen." Damit brachte er den alten Mann ins Innere des Gionshōja.
[Buddha erklärt seinen Schülern, der alte Mann habe in einem früheren Leben doch einmal eine gute Tat gesetzt und darum ließe er ihn jetzt Mönch werden.][162]

Dabei kann der Entschluß, den Lebensabend als Mönch zu verbringen, auch dann die ersehnte Erlösung bringen, wenn ein Mensch in seiner Jugend viel Böses getan hat, wie in der folgenden Legende:

---

[161] KM I (1/22):96, s.a. Dykstra 1986a:121.

[162] KM I (1/27):106−107, s.a. Dykstra 1986a:134−136.

[Ki no Mochikata glaubt zwar fest an Jizō, ist aber ein wilder, aufbrausender Mensch. Er bessert sich erst, als er einem Mönch begegnet, der ihm Verehrung erweist und ihn für eine Inkarnation des Jizō hält.]
Als Mochikata dann in die Jahre kam, in denen die Kräfte allmählich nachlassen (*toshi yōyaku katabukite*), kehrte er schließlich allem Weltlichen den Rücken und trat in die religiösen Orden ein. Nachdem weitere zehn Jahre vergangen waren, da wurde er zwar krank, doch litt er keine Schmerzen. Ohne in seinem Glauben je gewankt zu haben, wandte er sich gen Westen, rief Buddhas Namen an und meditierte über Jizōs Namen. Auf diese Weise endete schließlich sein Leben...[163]

Die Verknüpfung zwischen dem Ablegen der Gelübde und der Norm, dies solle besonders in fortgeschrittenem Alter geschehen, zeigt sich auch an der folgenden Legende aus derselben Sammlung, in der einem noch jungen König, als er beschließt, Mönch zu werden, genau zu diesem Zeitpunkt plötzlich die Haare ausfallen, sodaß er uralt aussieht:

[Dank der Bemühungen des tugendhaften Königs Yōshō beschließt König Sendō, der zunächst keine Ahnung von Buddha hatte, schließlich, Mönch zu werden.]
König Yōshō nahm König Sendō hin zu Buddha mit, um diesem dessen Absicht zu erklären, indem er sprach: „Dieser hier will der Welt entsagen." Da sagte Buddha: „Wie gut, daß du gekommen bist." Da fielen König Sendō die Haare ganz von selbst aus, sodaß er im Nu aussah wie ein 100jähriger Mönch. So empfing er die Lehre und wurde Buddhas Schüler. König Yōshō, der dies sah, fand es höchst verehrungswürdig; er erwies Buddha seine Ehrerbietung und ging von dannen.[164]

Dasselbe Motiv hat in einer in Japan angesiedelten und wohl auch hier entstandenen Legende des *Konjaku monogatari* besonders eindrucksvoll Niederschlag gefunden: sie schildert, wie das Ablegen der Gelübde durch einen gebrechlichen, alten Mann von einer so transzendentalen Bedeutung ist, daß dieses Geschehen die verschiedensten Götter anzieht, die es sich nicht nehmen lassen wollen, daran teilzuhaben:

[Ein Mönch hört im Schlaf, wie die verschiedensten buddhistischen wie shintoistischen Gottheiten sich für den nächsten Tag im Muzō-Tempel verabreden, denn ein neuer Buddha werde dort erscheinen.]
Der Mönch hatte zwar etwas anderes vorgehabt, doch dachte er nun: „Um so etwas zu sehen, würde man ja sonstwo hingehen!", und als es schließlich Tag wurde und da der Muzō-Tempel ja in der Nähe lag, ging er hin und sah sich um, doch sah es dort nicht im mindesten danach aus, als ob eine besondere Zeremonie stattfinden sollte, im Gegenteil, es war alles noch stiller als sonst, und weit und breit war kein Mensch zu sehen. Der Mönch dachte, vielleicht würde doch noch etwas passieren, ging vor die Buddhastatue und wartete auf die Stunde der Schlange. Es verging einige Zeit und man näherte sich bald der Stunde des Pferdes. Neugierig darauf, was jetzt wohl passieren würde, blickte der Mönch um sich her, da kam auf einmal ein 70-, 80jähriger alter Mann einher: über seinen Kopf, auf dem kein einziges schwarzes Haar mehr war und auch die weißen schon ganz schütter waren, hatte er tief eine Mütze gezogen, die wie ein Sack aussah, und klein von Wuchs wie er von Natur aus war, ging er ganz krummen Rückens auf einen Stock gestützt. Hinter ihm her

---

[163] KM III (17/2):506, s.a. Ury 1979:116.

[164] KM I (1/23):101, s.a. Dykstra 1986a:128.

ging eine Nonne. Diese trug über dem Arm ein kleines schwarzes Gefäß, in dem sich — der Mönch konnte nicht sehen, was es war — etwas befand. Sie gingen in die Buddhahalle, und der alte Mann begab sich vor den Buddha, verbeugte sich zwei, drei mal und drehte einen Goldregenrosenkranz zwischen seinen Handflächen; die Nonne ihrerseits stellte das Gefäß, das sie mit sich trug, neben den alten Mann, sagte: „Ich werde den Priester holen" und ging weg.

Nach geraumer Zeit erschien ein etwa 60jähriger Mönch. Er verbeugte sich vor dem Buddha, blieb dann ehrfurchtsvoll stehen und fragte den alten Mann: „Aus welchem Grund habt Ihr mich gerufen?" Da antwortete der alte Mann: „Da ich nun [in einem Alter bin, da] ich schon heute oder morgen sterben könnte, will ich mir diese wenigen weißen Haare, die mir noch verblieben sind, scheren und ein Schüler Buddhas werden." Als der Mönch das hörte, da rieb er sich die Augen, meinte: „Fürwahr, wie edel! Dann aber schnell!", und da war es warmes Wasser, was in dem Gefäß gewesen war, und mit diesem Wasser wusch der Mönch dem alten Mann das Haupt und schor ihn. Dann legte der alte Mann die Gelübde ab, verbeugte sich vor dem Buddha und ging von dannen. Sonst ereignete sich nichts mehr.

Da dachte der Mönch: „Da war es also vor Freude darüber, daß dieser alte Mann die Mönchsgelübde ablegt, weswegen ich hörte, daß all die Himmelsgötter und auch die Irdischen Götter sich versammeln wollten und auch die Geister dem Wegegott berichteten, daß ein neuer Buddha erscheinen würde", es dünkte ihn wahrhaftig über alle Maßen verehrungswürdig, und weiter ging er seines Wegs.

Bedenkt man dies recht, so beginnt das Verdienst, das man sich durch das Ablegen der Mönchsgelübde erwirbt, nicht erst jetzt, sondern auch wenn einer alt geworden ist und als Greis, der heute oder morgen sterben könnte, in den Mönchsstand tritt, erfreuen sich sogar die Götter daran. Daran mag man ermessen, wie groß erst das Verdienst desjenigen sein mag, der jung und in der Blüte seiner Jahre ein gläubiges Herz entwickelt und der Welt den Rücken kehrt.

Daß alle, die dies hören, alles aufgeben und der Welt entsagen sollten, ist erzählt und überliefert worden.[165]

Besonders für Frauen bestanden starke Vorbehalte dagegen, sie schon in jungen Jahren Nonnen werden zu lassen. Bereits im indischen Raum war das Ablegen der Gelübde ein Vorrecht der Männer gewesen, Frauen sollten ihre Bestimmung vorwiegend als Mütter erfüllen. So schildert etwa eine ursprünglich indische, ins *Konjaku monogatari* aufgenommene Legende, wie eine Tante des historischen Buddha aufgrund ihres tiefen Glaubens lange Jahre hindurch danach strebte, Nonne zu werden, es ihr aber erst im hohen Alter erlaubt wurde:

[Mahāprajāpatī bittet den Buddha mehrmals, sie Nonne werden zu lassen, doch er verwehrt es ihr.]
Als der Buddha dann ... das Land wieder verließ, da folgte ihm Mahāprajāpatī in Begleitung der anderen alten Frauen (*oitaru onna*), weil sie noch immer den Wunsch hegte, der Welt zu entsagen, und Buddha hielt plötzlich inne. Und wieder bat sie ihn, er möge sie doch der Welt entsagen lassen, doch abermals wollte der Buddha es ihr nicht gewähren. Da ging sie aus der Stadt, setzte sich vor den Toren nieder, und in schmutzige Kleider gehüllt, alt und verbraucht wie sie war (*kaokatachi hanahada otoroete*), weinte und klagte sie. [Ānanda, der Mitleid mit ihr hat, fragt Buddha, warum er es ihr nicht gestatten will, und

---

[165] KM IV (19/12):89—90.

dieser meint, Frauen seien dazu da, Kinder zu gebären und es wäre daher für die Menschheit nicht gut, wenn sie der Welt entsagten. Wohl weil sie alt ist, vordergründig aber weil sie guten Herzens ist, gewährt er ihr schließlich doch ihren Wunsch.]¹⁶⁶
Ähnlich stellt eine Legende des *Dainihonkoku Hokekyō kenki* unter den wenigen Viten von Frauen, die es enthält, besonders die einer Frau als ideal dar, die sich erst dem Religiösen zuwendet, nachdem sie als Ehefrau und Mutter mehrerer Kinder ihre ‚weibliche' Bestimmung erfüllt hat, dann allerdings Kindern und Ehegatten trotzt:

[Eine Frau war verheiratet gewesen und hatte mehrere Kinder zur Welt gebracht.] Als sie in ein Alter gekommen war, in dem sie die Hälfte ihres Lebenswegs bereits zurückgelegt hatte (*kahan no yowai itarite*), da erwachte in ihr ein gläubiges Herz, sie fertigte eine Abschrift des Lotos-Sutra an und vertraute von da an ganz auf diese.
[Sie wendet sich von da an von allem Weltlichen ab und rezitiert dauernd das Lotos-Sutra, obwohl ihr Mann immer wieder versucht, sie davon abzubringen. Als sie stirbt, geht von ihrem Körper ein seltsamer Duft aus, und sie bekehrt so schließlich ihre Familie.]¹⁶⁷

Mit dem Ablegen der Gelübde war es aber noch nicht getan. Mit weiter fortschreitenden Jahren sollte der alternde Mensch sich womöglich so weit von der menschlichen Gesellschaft zurückziehen, daß er seine letzten Lebensjahre im Kloster verbrachte. So schildert Murasaki Shikibu im *Genji monogatari* den Gewissenskonflikt des alternden Exkaisers, der sich zu diesem Schritt noch immer nicht hat entschließen können:

„Ich denke nun schon des längeren, heute oder morgen könnte mein letzter Tag gekommen sein, und doch lebe ich noch immer. Ich fürchtete, ich könnte meinen sehnlichsten Wunsch, Mönch zu werden, womöglich gar nicht mehr ausführen, und so habe ich mich rasch zu diesem Schritt entschlossen. Aber dennoch bleibt mir nicht mehr viel Zeit zu leben (*nokori no yowai naku wa*) und obwohl ich fürchte, daß ich auf diese Art und Weise mich den religiösen Übungen nicht genug widmen kann, rufe ich, statt mich in die Berge zurückzuziehen, einstweilen nur Buddhas Namen an. Daß ich, obwohl von schwächlicher Natur, noch immer auf Erden weile (*yo ni nagarauru koto*), vielleicht liegt es daran, daß Buddha mir angesichts meiner Sehnsucht nach solchen frommen Übungen gnädig das Leben noch etwas verlängern wollte. So erfüllt mich meine Nachlässigkeit diesen Dingen gegenüber mit Scham", sagte der Exkaiser und schüttete so Genji sein Herz aus.¹⁶⁸

Ebenso heißt es im gleichen Roman ganz selbstverständlich von einer alten Frau, sie verbringe ihren Lebensabend in einem Kloster:

[Genji und Koremitsu überlegen, wo sie den Leichnam der toten Yūgao bestatten könnten, ohne Aufsehen zu erregen.]
Koremitsu überlegte eine Weile und fuhr dann fort: „Ich könnte sie auf den Higashiyama bringen, wo eine Frau, die ich seit langem kenne, als Nonne lebt. Sie war die Amme meines Vaters und verlebt dort ihre alten Tage (*mizuwagumite*).“¹⁶⁹

---

¹⁶⁶ KM I (1/19):92, s.a. Dykstra 1986a:115.
¹⁶⁷ DNHK (3/121):205, s.a. Dykstra 1983:137.
¹⁶⁸ GM III:234–235, s.a. Benl 1966b:28.
¹⁶⁹ GM I:154, s.a. Benl 1966a:117. Zu dem Wort *mizuwagumu* vgl. S. 115.

Umgekehrt wird mitunter der Entschluß eines jungen Menschen, sich als Mönch oder Nonne in ein Kloster zurückzuziehen, kommentiert, indem man, ähnlich wie beim Ablegen der Gelübde, betont, daß ein solcher Schritt doch eher für einen alten Menschen passend gewesen wäre, wie es etwa Murasaki Shikibu in ihrem Tagebuch tut:

> Miyagi no Jijū war eine Person, die in jeder Hinsicht vollkommen war. Klein und schlank wie sie war, hätte man wünschen mögen, sie bliebe immer ein Kind; doch sie tat aus eigenem Antrieb, als wäre sie schon alt (*kokoro to oitsuki*) und trat als Nonne in ein Kloster ein: dahin war sie.[170]

Dies förderte in gewisser Weise auch der Staat bei seinen verschiedentlichen Versuchen einer Reglementierung des Mönchs- und Nonnenwesens, indem er eine gewisse Tendenz zeigt, bei den außerplanmäßig ins Tempelleben Übertretenden immer wieder verhältnismäßig hohe untere Altersgrenzen festzulegen.[171]

Während natürlich nicht alle Betagten die Gelübde ablegten oder sich ins Kloster zurückzogen und viele von denen, die es doch taten, sich oft erst im Angesicht des Todes zu diesem Schritt durchringen konnten[172], war doch ein Rückzug von allem Weltlichen im Alter als Norm fest etabliert und wurde zumindest im Adel von Männer wie Frauen auch tatsächlich praktiziert.

---

[170] MSN (1009.1.1.–3.):489, s.a. Sieffert 1978:59.

[171] Das System der *nenbun dosha*, nach dem in jedem Jahr nur eine beschränkte Anzahl von Personen, die dann anteilsmäßig nach fester Quote auf die einzelnen Sekten und Großtempel verteilt wurden, nach Ablegung von Prüfungen die staatliche Erlaubnis erhielt, ins Kloster einzutreten, war unter Kanmu Tennō wirksam geworden (Fischer 1976:382, A.191). Wenn in der Folge auch außerhalb dieser *nenbun dosha* aus verschiedenen Anlässen eine gewisse zusätzliche Anzahl von Personen zum Übertritt in den geistlichen Stand zugelassen wurde, so geschah dies oft, wie etwa aus der folgenden Eintragung aus dem *Shoku Nihongi* hervorgeht, indem der Staat dies nur solchen Personen gewährte, die bereits in fortgeschrittenem Alter waren: „In einem kaiserlichen Edikt hieß es: Jenen Laienpriestern und -priesterinnen, wie den sonst die Lehre Buddhas befolgenden, die dem Gyōki [Priester des Yakushiji-Tempels in Nara, der bei Hof in hohem Ansehen stand und als Begründer des Ryōbu-Shintō gilt] nachfolgen wollen, soll es gestattet werden, in die geistlichen Orden einzutreten, sofern sie, im Fall von Männern, das 61. Lebensjahr, im Fall von Frauen, das 55. Lebensjahr erreicht haben" (SNG (Tenpyō 3.8.7) (731):126). Auch im Jahr 821, als eine Verfügung erging, wonach bei Lücken unter den Mönchen der Provinzialtempel diese mit Leuten aus dem einfachen Volk besetzt werden sollten, geschah dies unter der Einschränkung, diese müßten mindestens 60 Jahre alt sein und ihre aufrichtige Gesinnung seit langem erwiesen haben (Fischer 1976:230).

[172] Wie dies etwa die Figur des Sueakira aus dem *Utsuho monogatari* tut (UM III:56, 64, vgl. S. 435.

8.4. Zusammenfassung

In den Mythen der einheimischen Religion wurden eine Reihe von Gottheiten durch Gestalten alter Menschen verkörpert, insbesondere solche Gottheiten, die sich in irgendeiner Weise hilfreich in der Welt der Menschen manifestieren. Dabei handelt es sich vorwiegend um Mythen, die eine enge Verbindung oder strukturelle Ähnlichkeit zu aus späteren Zeiten bekannten Riten aufweisen, in denen ihre Rolle durch alte Männer oder alte Frauen darstellende Masken erfüllt wird. Dies gilt im besonderen für Fruchtbarkeitsmythen und ihre Entsprechung in Erntebitt- und Erntedankfesten, aber auch für Neujahrsriten. Dabei bleibt unklar, ob diese Alten ursprünglich vielleicht die Leiter der jeweiligen Zeremonien waren, oder ob die Verkörperung der Gottheit von Anfang an durch Maskenträger gewährleistet wurde. In anderen Mythen erscheinen die Alten als schamanische Figuren im weitesten Sinn, die als Medien für das Erscheinen der Gottheit in der Welt der Menschen fungieren. Die Gottesnähe der alten Menschen dürfte sich in diesem Kontext von der Vorstellung hergeleitet haben, die Seelen der Verstorbenen wandelten sich zu einem unbestimmten Zeitpunkt in Gottheiten, weswegen die dem Tode besonders nahestehenden Alten, ebenso wie Kinder, auch eine besondere Verbindung zum Jenseitigen hatten. Häufig ist das Erscheinen einer Gottheit in Gestalt eines alten Menschens daher auch ephemerer Natur, und es ist zusätzlich die Einschränkung zu treffen, daß gerade die übergeordneten Gottheiten eher jung als alt gedacht wurden. Wie allgemein Ahnenverehrung in diesen frühen Perioden der japanischen Geschichte auf die Tenno-Familie und ihr nacheifernde Klans beschränkt blieb und auch dort in Anlehnung an chinesische Vorbilder hauptsächlich dem Unter-Beweis-Stellen dynastischer Kontinuität diente, handelt es sich bei all diesen Gottheiten jedoch nicht um Ahnengottheiten im engen Sinn, denen ständiger Gehorsam zu leisten gewesen wäre. Auch scheint ein dem Diesseitigen-Entrückt-Sein der alten Menschen, das ebenso Ehrfurcht wie Abscheu hervorrufen konnte, zu der Vorstellung ihrer Nähe zum Heiligen beigetragen zu haben.

In direkter Kontinuität dazu erscheinen in buddhistischen Legenden auch zahlreiche alte Männer, die sich als Inkarnationen einheimischer Gottheiten erweisen, die ihrerseits als japanische Erscheinungsformen (*suijaku*) buddhistischer Gottheiten (*honji*) gedacht wurden. Auch sie haben großteils einen ephemeren Charakter, verschwinden meist ebenso überraschend wie sie aufgetaucht sind, oder sie werden als im alltäglichen Leben von ihrer Umgebung wegen ihres Verfalls verachtete Gestalten beschrieben. Die gleichzeitige Nähe zum Heiligen und Entfremdung der Alten aus der Welt der Menschen kommt hier darin zum Ausdruck, daß die Gottheiten sich meist bezeichnenderweise in bettelnden, vagierenden, merkwürdigen oder sonst irgendwie heruntergekommenen Alten inkarnieren. Gottähnliche Figuren waren auch die den taoistischen Unsterblichen nachgebildeten *sennin*, die schon allein deswegen meist als überaus Betagte gedacht wurden, weil es zu den ihnen zugesprochenen magischen Fähigkeiten zählte, die Lebensspanne bis zu einem an Unsterblichkeit grenzenden Maß auszudehnen. Allerdings zeichneten sich auch diese auf ambivalente Weise häufig durch ein besonders jugendliches Aussehen aus und erschienen den Menschen oft dann in der Gestalt überaus Betagter, wenn sie bereits in die Gefilde der Unsterblichkeit eingegangen, also nicht mehr von dieser Welt waren.

Während in der einheimischen Religion alten Menschen mitunter wichtige schamanische oder priesterliche Rollen zukamen, es aber gleichzeitig Hinweise darauf gibt, daß offenkundige Zeichen der Seneszenz sie für den Dienst an den Göttern ungeeignet machten, gab es in der buddhistischen Geistlichkeit Ansätze zu einer auch staatlich geförderten Hierarchie nach dem Senioritätsprinzip, die unter anderem auf der Vorstellung einer durch lange religiöse Übung erworbenen besonderen geistigen Kraft alter Priester basierte. Zudem wurden ein manchmal einfach auf Alterserscheinungen zurückzuführendes wunderliches Verhalten oder die Unangepaßtheit alter Priester oder Mönche als Beweis dafür gesehen, wie weit sie sich bereits von den weltlichen Konventionen entfernt hatten, und galten in dieser Hinsicht als verehrungswürdig, wie allgemein altersbedingte Erscheinungen bei Priestern wesentlich positiver bewertet wurden als bei Laien. Dennoch wurde das Senioritätsprinzip in der buddhistischen Geistlichkeit dadurch untergraben, daß weltliche Statusunterschiede auch in den buddhistischen Schulen ihren Einfluß hatten, und besonders im esoterischen Buddhismus herrschte eine gewisse Altersindifferenz vor dem Glauben. Im Sinne einer wohl etwas zu wörtlich genommenen Interpretation des Glaubenssatzes, der rechte Glaube erspare einem das übliche menschliche Schicksal von Krankheit, Alter und gar Tod, galten jene, die sich trotz hohen Alters ein jugendliches Aussehen erhalten konnten oder zumindest keiner Krankheit anheimfielen, als besonders verehrungswürdig, während den bresthaften, altersschwachen auch in den buddhistischen Klöstern eine gewisse Verachtung entgegengebracht wurde.

Von den buddhistischen Laien wurde allerdings verlangt, sich besonders an der Schwelle zum Alter der Hinfälligkeit alles Weltlichen bewußt zu werden und früher oder später, zumindest aber im Angesicht des Todes, die geistlichen Gelübde abzulegen oder sich ins Kloster zurückzuziehen, eine Praxis, die wenigstens im Adel auch tatsächlich verbreitet war.

9. ZUSAMMENFASSUNG

Das Bild, das die Nara- und Heian-zeitlichen Quellen vom höheren Lebensalter und von den Menschen in diesem Lebensabschnitt entwerfen, könnte widersprüchlicher nicht sein. Gegensätzlichkeiten traten bereits in bezug auf die demographische Situation und deren Einschätzung auf. Da die Sterblichkeit in allen Altersgruppen hoch war, insbesondere aber im Kindes- und Jugendalter, war es sicherlich nur wenigen gegönnt, ein hohes Alter zu erreichen. Dies wurde in Form des *rōshō bujō*, eines Begriffs, der meint, in der Welt der Menschen sei es so, daß die älteren nicht unbedingt vor den jüngeren sterben, bedauert. Dennoch wurde das höhere Lebensalter bereits in diesen frühen Epochen der japanischen Geschichte als von den anderen Lebensabschnitten deutlich abgegrenzter Lebensabschnitt aufgefaßt und sozial definiert. Dieser kulturellen Definition einer Altersphase entsprachen durchaus auch demographische Grundlagen. Während in der Nara- und Heian-Zeit der Altenanteil gemessen an der Gesamtbevölkerung zwar gering war, stellten die Alten doch in Anbetracht des großen Prozentsatzes unter 15jähriger einen nicht unbeträchtlichen Teil der Erwachsenen, selbst wenn man heutige Einteilungsmaßstäbe anlegt und die Altenbevölkerung als Anteil der über 60jährigen definiert, was die Nara- und Heian-zeitlichen Gesetze selbst auch taten. Verbreiteter waren aber Vorstellungen, die den Beginn des Alters bei Männern mit 40, bei Frauen noch früher, ab 30 Jahren, ansetzten, was angesichts schlechter Lebensbedingungen, die den Alterungsprozeß sicherlich beschleunigten, als durchaus realistisch eingeschätzt werden darf. Dabei waren die Chancen, noch wesentlich älter zu werden, hatte man erst das 40. Lebensjahr überschritten, verhältnismäßig gut, und langlebige Personen, die weit über die 80 oder auch 90 Jahre hinaus lebten, waren, insbesondere im Adel, durchaus keine Seltenheit. Entsprechend wurde die Dauer des menschlichen Lebens, trotz des frühen Ansetzens des Beginns der Altersphase, mit 80, 90, ja sogar mit 100 und noch mehr Jahren beziffert.

Ambivalenzen traten auch in den allgemeinen Aussagen zum Alter zutage. Einerseits ersehnte man sich ein langes Leben als überaus erstrebenswertes Gut, dem auf mannigfaltige Weise nachgeeifert wurde. Die verschiedensten magisch-religiösen Praktiken, in denen man sich etwa die Erneuerungsfähigkeit der Natur anzueignen suchte, dienten diesem Zweck, die einheimischen Götter versprachen, den, der ihnen richtig diente, mit dem

Geschenk der Langlebigkeit auszuzeichnen, volkstümliche taoistische Praktiken wie das Durchwachen der *kanoe-tora*-Nächte wurden mit diesem Ziel geübt, und sogar im Buddhismus erblickte man ein Mittel, sich durch gute Taten Langlebigkeit zu ‚erkaufen'. Besonders die Nara-zeitlichen Quellen, auch die frühen buddhistischen Legendensammlungen, betonen diese sehr ‚weltliche' Belohnung eines gesetzestreuen Lebenswandels, während in den späteren dieser Aspekt zwar erhalten bleibt, aber zugunsten jenseitiger Vergütungen und dem Streben nach Erlösung aus dem Zyklus der Wiedergeburten etwas in den Hintergrund tritt. Während in den Nara-zeitlichen Quellen der Wert eines langen Lebens als solchem niemals in Abrede gestellt wird, machen sich in dieser Hinsicht in den Heian-zeitlichen doch Einbrüche bemerkbar. Insbesondere die Vorstellung, Fülle am einen Gut beschwöre einen Mangel am anderen herauf (*eikyo shisō*), bedingte, daß man nur von solchen Menschen annahm, sie vermöchten lange zu leben, die in anderer Hinsicht nicht vollkommen waren. Von dort zu der Ansicht, ein früher Tod zeichne den Menschen aus und ein hohes Alter zu erreichen sei in gewisser Weise eine Schande, war es nicht weit.

Trotz einer allgemeinen Sehnsucht nach einem langen Leben wiesen aber in beiden Perioden diesbezügliche allgemeine Aussagen überwiegend auf eine negative Einstellung dem Alter und dem Alterungsprozeß gegenüber hin und betonten den Abbau von Rollen. Konfuzianisches Gedankengut, in dem eine mit dem Alter einhergehende Zunahme an Weisheit, ein ständiges Wachsen und Fortschreiten, postuliert wird, wurde zwar übernommen und tauchte in einzelnen lexikalischen Redewendungen auf, wurde aber eher als Ideal denn als Istzustand gewertet und konnte keine einschneidende Verschiebung der Werte weg von einem Ideal der Jugendlichkeit bewirken. Dabei erklärt sich die begeisterte Aufnahme des ebenfalls aus China übernommenen Taoismus in der Nara- und Heian-Zeit gerade aus dem Versprechen eines Lebens in zeitloser Jugendlichkeit, das er in sich birgt. In den Nara-zeitlichen Quellen fand dieses Ideal der Jugendlichkeit seinen Niederschlag in einer immer wieder angesprochenen Sehnsucht nach Verjüngung, die auch zur Ausbildung von Jungbrunnenmotiven führte, sowie in Mythen, die das Altern im Sinne eines Dahinwelkens bis zum Tod als Fluch einer Gottheit ob des Mißverhaltens eines Menschen deuten. In den Klagen über das Alter wurden vor allem das Ungemach, das sich aus den verschiedensten körperlichen Verfallserscheinungen ergibt, die einem in diesem Lebensabschnitt zu schaffen machen können, und die sexuelle Unattraktivität bedauert. In der Heian-Zeit avancierte das Klagen über das Alter sogar zu einem lyrischen Genre, in dem nicht mehr nur die Physis, sondern die gesamte Persönlichkeit von dem Verfallsprozeß erfaßt erschienen, den Altern bedeutet haben muß. Im allgemeinen Diskurs schauderte man vor dem Altern, und betagte Figuren beteuerten immer wieder, sich ob ihres Alters zu schämen.

Während Nara-zeitliche Autoren betonten, trotz all des Ungemachs, das das Alter für den Menschen bereithält, dennoch am Leben zu hängen, waren die Heian-zeitlichen Autoren mitunter bereit, ihre Sehnsucht, lange auf dieser Welt auszuharren, über Bord zu werfen, um den Niedergang im Alter nicht erleben zu müssen.

Bestehende Stereotype über Menschen in fortgeschrittenem Alter, wie sie sich aus in der Belletristik hier und da eingeworfenen Bemerkungen und Beschreibungen rekonstruieren lassen, betonen neben den verschiedensten negativen physischen Verfallserscheinungen, die das Altern mit sich bringt, dem Kränkeln und der Bresthaftigkeit, eine Reihe zum überwiegenden Teil ebenfalls negativ bewerteter Charaktereigenschaft, wie sie sich im Alter in dieser Sicht herausbilden. Die Beschreibungen des körperlichen Erscheinungsbildes alter Menschen mit ihrem Akzent auf den schütteren, weißen Haaren, den vielen Runzeln, dem krummen Rücken und allgemeiner körperlicher Häßlichkeit waren zwar vielleicht nicht so derb wie ähnliche etwa des europäischen Mittelalters[1], doch lassen auch sie keinen Zweifel daran, daß der Mensch im Alter nur noch ein fahler Abklatsch dessen ist, was er in seiner Jugend einmal war. Den Alterserscheinungen wurde keinerlei Würde abgerungen, kaum je, mit Ausnahme von davon betroffenen buddhistischen Priestern, wurden sie als Ausdruck von Erfahrung oder Autorität gedeutet, bestenfalls erregten sie Mitleid. Nicht besser bestellt, so meinte man, war es um die geistigen Fähigkeiten der Alten: sie galten als vergeßlich, häufig geistig verwirrt und insgesamt wenig in der Lage, ihre Gefühle im Zaum zu halten, wurden daher für geschwätzig, weinerlich wie die Kinder, verschroben und aufdringlich gehalten.

Dabei kamen den alten Menschen selbst aber in den verschiedensten Lebensbereichen durchaus wichtige Rollen zu. In den sozialen Beziehungen allgemein spielte das konfuzianische Ideal, die Alten zu ehren und auf ihren Rat zu hören, eine gewisse Rolle. Dieses traf sich mit der noch aus der vorschriftlichen Kultur übernommenen Bedeutung der alten Menschen für die Vermittlung von Wissen über vergangenes Geschehen und für die Weitergabe von Wissen und Fertigkeit. Während in den frühen Quellen das Wissen der alten Leute oftmals als überlebensnotwendig erschien, sinken die Alten in der höfischen Gesellschaft allerdings mitunter auf den

---

[1] Siehe etwa Borscheid 1987:13f.

Stand banaler Geschichtenerzähler ab, denen man manchmal gerne zuhörte, die oftmals aber auch gehörig langweilten. Daneben entwickelten sich aus chinesischen Vorbildern Feierlichkeiten zu Ehren alter Menschen, in der höfischen Gesellschaft insbesondere in der Form der *shōshikai*, deren ausdrückliches Ziel es war, den Respekt, der den Alten zu zollen war, plakativ zu veranschaulichen. Ehrwürdigkeit mußten sich die Alten allerdings häufig durch ein besonders zurückhaltendes Verhalten erkaufen. Diesem Zweck diente auch das herabsetzende Betonen des eigenen Alters, mit dem gleichzeitig die beschriebenen Attitüden des Respekts eingefordert wurden.

Dabei durchkreuzten aber in einer geschichteten Gesellschaft wie der Nara- und Heian-zeitlichen andere hierarchische Kriterien wie Schichtzugehörigkeit und Rang das Senioritätsprinzip beträchtlich. Dem Alter wurde höchster Respekt entgegengebracht, wenn es mit Macht und Rang gepaart war. Rangniederere Alte wurden dem konfuzianischen Ideal zum Trotz in der höfischen Schicht oftmals als lästig empfunden, es drohte ihnen Vereinsamung, wenn sie keine Protektion Suchenden anziehen konnten, und sie wurden oft genug zur Zielscheibe des Spotts, wenn sie nicht überhaupt unbarmherzig behandelt oder gar mißhandelt wurden, einer gesetzlichen Reglementierung zum Trotz, die die Betagten, auch wenn sie straffällig geworden waren, vor einer herabwürdigenden Behandlung schützen sollten. Von einer psychologisch schlechten Stellung der alten Menschen zeugte in diesem Zusammenhang auch die Tatsache, daß viele ihrer wichtigen Rollen wie die des Tradierens von Wissen über die Vergangenheit oder des Beratens der Jüngeren in den gängigen Stereotypen negativ als Geschwätzigkeit und Aufdringlichkeit bzw. Rechthaberei umgedeutet wurden.

Insgesamt wurden ja gesellschaftlicher Rang und politische Macht bei weitem nicht wesentlich durch das kalendarische Alter oder die Seniorität bestimmt, sondern basierten großteils auf familiärer Macht. Die neben dem Tenno wichtigen Staatsmänner waren Oberhäupter einflußreicher Klans und als solche in der Zeit vor der Taika-Reform wohl häufig Männer in zumindest fortgeschrittenem Alter, die sich den Nara-zeitlichen Quellen zufolge in Ausübung ihrer politischen Funktionen auch gern als Alte bezeichneten. Allerdings zeigte sich, daß sie in diesen kriegerischen Jahrhunderten aus ihren Machtbefugnissen von jüngeren Rivalen oder auch ihren erwachsenen Söhnen verdrängt werden konnten, wenn sie physisch oder psychisch nicht mehr in der Lage waren, Widerstand zu leisten. Während es in diesen frühen Perioden offenbar noch möglich gewesen war, daß einzelne alte Menschen aus dem gewöhnlichen Volk aufgrund erworbener Verdienste eine wichtige Rolle an der Seite der Herrscher als ihre Berater

Zusammenfassung 525

spielten – beispielhaft sei an die Figur der Okime Omina erinnert – stellten seit der Nara-Zeit nur mehr einige wenige Familien die höheren Staatsbeamten. Der von chinesischen Vorbildern inspirierte Nara-zeitliche Beamtenstaat führte die Norm ein, die jeweils höchsten Ämter seien nach dem Senioritätsprinzip zu vergeben, doch blieben die Ränge und entsprechend auch die Ämter im wesentlichen erblich. Trotz der Privilegien, die die Söhne von hohen Ranginhabern in diesem System besaßen, führte der Einfluß, den die Tenno zunächst auf die Gliederung der obersten Beamtenschaft auszuüben vermochten, dazu, daß nur solche Männer in die höchsten Ämter aufstiegen, die ihre Effizienz und Loyalität über längere Zeiträume hinweg unter Beweis gestellt hatten. Entsprechend wurden während der Nara-Zeit die höchsten Ämter im Staat von betagten Männern bekleidet, meist über 50jährigen, doch war schon hier auch innerhalb des Hofadels Seniorität nicht gleich Übergeordnetheit. Gleichzeitig waren auch Rücktritte aus Altersgründen vorgesehen, die nicht immer nur das volle Einverständnis des Betroffenen zur Bedingung hatten. Zwar war das nominell dafür vorgesehene Alter von 70 Jahren bei weitem keine Altersgrenze im Sinn heutiger Pensionssysteme, doch läßt einiges auf einen gewissen gesellschaftlichen Druck schließen, sich von einem Amt zurückzuziehen, wenn man altersbedingt nicht mehr in der Lage war, dem Staat angemessen zu dienen. Die beiden angesprochenen Normen blieben auch während der Heian-Zeit bestehen, doch scheint die zunehmende Machtfülle der Fujiwara sie allmählich ausgehöhlt zu haben, sodaß ein Vormarsch immer jüngerer Männer in die höchsten Ämter zu beobachten ist, der sich auch in der Belletristik eindrucksvoll widerspiegelt.

Diese im Laufe der Heian-Zeit zu beobachtende Verschiebung der Machtstrukturen zugunsten jüngerer Männer beruhte zu einem guten Teil auf Veränderungen im Familiensystem. Die sicherlich machtvolle Position, die einzelne Mitglieder der ältesten Generationen in den Familien bereits in der vor-Nara-Zeit besessen hatten, wurde in der Nara-Zeit durch die nur leicht verändert aus China übernommene, konfuzianisch inspirierte gesetzliche Reglementierung der familiären Beziehungen gestärkt, die den ältesten Generationen die Macht in den Familien sichern und sie gegen Übergriffe von seiten der jüngeren durch drastische Regelungen schützen sollte. Allerdings ging das Amt des Familienoberhauptes und häufig auch das des Klanoberhauptes nicht wie in China auf den nächstältesten männlichen Verwandten über, sondern spätestens seit der Heian-Zeit in aller Regel auf den Sohn. Dies bedingte, daß auch innerfamiliär einzelne ältere Männer, etwa die Brüder des früheren Familienoberhauptes, eine niederere Stellung innehatten als diese jüngeren neuen Familienoberhäupter.

Das Ideal der kindlichen Pietät wurde übernommen, wobei allerdings manches darauf hindeutet, daß es mitunter keine so absolute Unterwerfung der Kinder gegenüber den Eltern vorsah wie das chinesische Vorbild und Spielraum für einen immer neu auszuhandelnden Generationenvertrag ließ. Dies schloß nicht aus, daß besonders den alten Müttern sehr tiefe Gefühle entgegengebracht wurden und man für sie zu manchem Opfer bereit war. Während den Beziehungen zwischen Großeltern und Enkeln, die in der Belletristik meist als sehr innig geschildert werden, offenbar eine privilegierte Stellung zukam, werden die zwischen betagten Eltern und erwachsenen Kindern als durchaus konfliktreich beschrieben, wobei insbesondere in der Heian-zeitlichen Belletristik die ältere Generation häufig nicht nur von der jüngeren bevormundet wird, sondern Konflikte auch zum Teil offen ausgetragen werden und auch zuungunsten der alten Eltern ausgehen können. Hier scheint das unausgesprochene Ideal, zumindest in der höfischen Gesellschaft, eher in einem zeitgerecht vollzogenen Machtwechsel innerhalb der Familie gelegen zu haben, der dann von der jüngeren Generation durch besondere Zuwendung ausgeglichen wurde, auch in Form der Veranstaltung von verschiedensten Feierlichkeiten zu Ehren der betagten Eltern. Zum Teil bestanden Vorformen des *inkyo* (Rücktritt des Familienoberhauptes), und es scheint, als hätten diese einen ähnlich negativen Einfluß auf die Autorität der betagten Eltern gehabt, wie dies aus anderen Gesellschaften auch bekannt ist.[2]

Sexualität im Alter war zwar nicht durchwegs verpönt, doch bestanden Vorurteile gegen Kinder betagter Eltern, und ein ausgeprägter Sexualneid führte zur Ausbildung eines beliebten literarischen Motivs des lächerlichen alten Freiers, der regelmäßig jüngeren Rivalen gegenüber unterliegt. Ein Rückzug im fortgeschrittenen Alter von den üblichen Erwachsenenrollen zeigte sich auch hier darin, daß die ehelichen Beziehungen insbesondere in der ‚nachelterlichen Phase' eine deutliche Tendenz zur Lockerung oder gar Auflösung aufwiesen.

Dem Bemühen des Nara-zeitlichen Staates zum Trotz, für das materielle Wohlergehen seiner alten Bürger durch Steuererleichterungen und regelmäßige Spenden zu sorgen, gehört in den Nara- wie Heian-zeitlichen Quellen das Bettlertum zu den typischen Daseinsformen alter Menschen. Die verbreiteten Sagen, die gar von einem Aussetzen alter Menschen berichten, dürften zwar keinen allgemein gängigen Brauch widerspiegeln, doch legen sie beredtes Zeugnis von einer gewissen Widerwilligkeit ab, arbeitsunfähi-

---

[2] Vgl. etwa Thomas 1988:61.

Zusammenfassung 527

ge, senile Alte durchzufüttern, denen mitunter zumindest extreme Vernachlässigung drohen konnte.

Sowohl in den frühen Mythen als auch in späteren buddhistischen Legenden erscheinen Götter in der Welt der Menschen vorzugsweise als Alte. Dabei ist allerdings die Einschränkung zu treffen, daß gerade übergeordnete Gottheiten eher jung als alt gedacht wurden, und sich auch diese Nähe der alten Menschen zum Göttlichen hauptsächlich in der mittelnden Funktion des Inkarnierens offenbart. Gleichzeitig verdanken die Alten diese Gottesnähe eigentlich ihrer Entfremdung aus der Welt der Menschen, was auch darin zum Ausdruck kommt, daß die Götter sich bezeichnenderweise meist in bettelnden, vagierenden, merkwürdigen oder sonst irgendwie heruntergekommenen Alten inkarnieren. Wiewohl der Zugang zum Heiligen dieser Alten auch mit ihrer Nähe zum Tod zu tun hat, werden sie nicht als den Ahnen besonders nahestehend verehrt, und es gilt nicht, ihnen dauerhaften Gehorsam zu leisten, wie überhaupt die Ahnenverehrung in der Nara- und Heian-Zeit wenig verbreitet gewesen sein dürfte. Auch im Buddhismus schließen Ansätze zu einer Hierarchie nach dem Senioritätsprinzip und die Vorstellung einer durch lange religiöse Übung erworbenen besonderen geistigen Kraft alter Priester eine gewisse Verachtung für den altersschwachen Mönch nicht aus, wie überhaupt die Strömungen, die in dieser Zeit vorherrschten, Altersirrelevanz vor dem Glauben vertraten. Hingegen wurde die buddhistische Forderung nach Abwendung von allem Irdischen besonders an alte Menschen herangetragen, und es war zumindest im Adel üblich, daß man sich im Alter von den weltlichen Belangen zurückzog und zumindest nach außen hin nur mehr der Religion lebte, häufig auch die geistlichen Gelübde ablegte.

So scheinen viele Ältere zwar machtvolle Positionen bekleidet zu haben und konnten diese ihres kalendarischen Alters ungeachtet solange ausüben, wie sie physisch und psychisch dazu in der Lage waren. Traten jedoch sichtbare Zeichen von Seneszenz auf, so scheinen in den meisten gesellschaftlichen Bereichen, sei es nun in der Familie oder in der Politik, die Weichen auf einen Rückzug von den Machtpositionen gestellt gewesen zu sein.

Insgesamt erscheint Japan, zumindest das der Nara- und Heian-Zeit, nicht als Sonder- oder ‚Modell'-Fall einer Gesellschaft, die ihren betagten Mitgliedern einen besonders hohen Status eingeräumt hätte. Dabei ist hervorzuheben, daß gerade jene Merkmale der japanischen Gesellschaft, die häufig als ausschlaggebend für den vermeintlichen hohen Status der Alten angesehen wurden, für diese Periode der japanischen Geschichte entweder fehlen oder zumindest wenig einflußreich waren. Konfuzianische Vorstellungen einer streng hierarchisch nach dem Senioritätsprinzip gegliederten

Gesellschaft gehörten zwar zum Bildungsinventar der gehobenen Schicht, bildeten vielleicht sogar Maßstäbe eleganten Verhaltens, beeinflußten aber die Menschen in ihrem täglichen Leben offenbar nur begrenzt. Abstammung war wesentlich wichtiger als Seniorität. Beispielhaft sei hier nochmals darauf verwiesen, daß ältere Menschen weit davon entfernt waren, immer nur respektvoll behandelt zu werden, sondern daß sie oft, auch aus nichtigem Anlaß, offen verhöhnt oder ohne dringende Notwendigkeit sehr unsanft behandelt werden konnten. Auch die Ahnenverehrung im engeren Sinn scheint im Japan der Nara- und Heian-Zeit keine besondere Verbreitung gehabt zu haben, konnte entsprechend auch nicht auf die Alten als den Ahnen am nächsten Stehende abfärben. Entsprechend konnte auch der kindlichen Pietät, die in ihrer Bedingungslosigkeit oft aus der Ahnenverehrung hergeleitet wird, keine so allumfassende Bedeutung zukommen.

Es ist nicht ausgeschlossen, daß eben diese als der japanischen Gesellschaft eigen postulierten Merkmale in späteren Epochen der japanischen Geschichte sehr wohl zum Tragen kamen und unter Umständen noch heute weiterwirken. Als integraler Bestandteil der japanischen Kultur können sie jedoch nicht gewertet werden, ebensowenig wie die aus ihnen abgeleitete hohe Stellung der alten Menschen. Der Status der Bejahrten hing oft weniger von ihrem Alter allein ab als von den gesellschaftlichen Möglichkeiten, über die sie verfügten, Machtbefugnisse zu erhalten oder zu bewahren. Entsprechend konnten bereits geringfügige Verschiebungen im Familiensystem oder im politischen System zu erheblichen Unterschieden in der Einstellung zum Alter allgemein führen, wie anhand der beschriebenen Akzentverschiebungen in den Einschätzungen des Alters von der Nara- zur Heian-Zeit gezeigt wurde. Diese waren daher wohl auch in Japan einem erheblichen historischen Wandel unterworfen.

Weit davon entfernt, einen Sonderfall darzustellen, scheint sich das japanische Beispiel gut in das einzufügen, was die neuere Forschung zur Geschichte des Alters allgemein zu berichten weiß. Während einige Zeit die Vorstellung herrschte, die vorindustriellen Gesellschaften stellten eine Art ‚Goldenes Zeitalter' für die Alten dar, zeigen neuere Arbeiten, daß etwa in den mittelalterlichen oder frühneuzeitlichen Gesellschaften Europas zwar die Älteren im reifen Erwachsenenalter eine starke Autorität ausübten und über große Machtfülle verfügten, die ‚alten Alten' aber großteils verachtet und an den Rand der Gesellschaft gedrängt wurden[3]. Nicht viel

---

[3] Vgl. etwa Borscheid 1987, Thomas 1988. Auch in den negativen Seiten des Umgangs mit den Betagten, wie etwa der Altentötung oder -aussetzung, scheint Japan keinen Sonder-

anders scheint es in Japan gewesen zu sein, wiewohl den alten Menschen dort eine gewisse Hochachtung zeremonieller Natur entgegengebracht wurde, wie sie sich etwa in den im Vergleich zur europäischen Situation historisch verhältnismäßig früh einsetzenden Feierlichkeiten zu Ehren betagter Menschen, sei es nun in Form der *shōshikai* oder der Geburtstagsfeierlichkeiten nahestehenden Feiern bei Erreichen eines höheren Lebensalters äußerte, oder daran, daß alte Menschen in vielen Bereichen mit der Durchführung oder Leitung von Zeremonien betraut waren.

Letztlich kommt eine negative Bewertung des Alters oder der alten Menschen in vielen der Nara- und Heian-zeitlichen Quellen einerseits dort zum Tragen, wo sie auf die Mißgunst der jüngeren Zeitgenossen zurückzuführen zu sein scheint, die den älteren manche Vorteile, die diese tatsächlich genossen, neideten, wie etwa am Beispiel der so negativ dargestellten alten Freier gezeigt wurde. Dabei waren die Quellen gleichzeitig insofern widersprüchlich, als sie dort, wo sie stark negativ gefärbte Stereotype in bezug auf alte Menschen in den Vordergrund stellten, konsequent und offenkundig Alter mit Seneszenz verwechselten, obwohl sie Senilität und Invalidität eigentlich selten als Kriterien zur Definition des Alters an sich verwendeten. Genau diese Strukturen, Mißgunst dort, wo die Alten in der Realität doch wichtige Positionen bekleideten, und eine Überbetonung der Verfallserscheinungen im Alter, sind es aber auch, aufgrund derer eine negative Bewertung des Alters im europäischen Mittelalter und der frühen Neuzeit postuliert wird, obwohl sie vielleicht als eine besonders literarischen Quellen eigene Darstellungsweise des Alters interpretiert werden müssen[4].

Frappant hinsichtlich des Defizienz-Modells, das sie für das höhere Lebensalter entwerfen, ist auch die Ähnlichkeit der bildlichen Darstellungen des menschlichen Lebenswegs aus Europa und Japan. Ebenso wie die europäischen ‚Lebenstreppen', die das Menschenleben in Form einer auf- und dann wieder absteigenden Treppe mit Figuren in einer von zehn Altersklassen von zehn bis 100 Jahren zeigen, dabei den Aufstieg bis zum Alter von 50 Jahren und den darauffolgenden Abstieg bis hin zum Tod betonen[5], entwerfen etwa die *Kumano kanjin jikkai mandara* aus dem 15.–16. Jh., die von Nonnen für Predigten verwendet wurden und insgesamt die

---

fall darzustellen, wurden diese doch allem Anschein nach auch in Europa bis ins Mittelalter hinein geübt (Arnold 1979:218–221).

[4] Glascock und Feinman 1981:21.

[5] Schenda o.J.

verschiedenen Wiedergeburtsmöglichkeiten in den buddhistischen Zehn Welten darstellen, oder das wohl aus dem 14. Jh. stammende und der uns hier beschäftigenden Zeit noch näher stehende *Oi no saka-zu*, das einen Berg zeigt, den der Mensch im Laufe seines Lebens zunächst hinaufsteigt, um dann wieder hinuntersteigen zu müssen, ein Modell des menschlichen Lebenswegs, der seinen Zenith im reifen Erwachsenenalter erreicht, über diesen hinaus aber einen Rückzug aus den wesentlichen Erwachsenenrollen und eine Hinwendung zum Jenseitigen verlangt.[6]

In Europa scheint erst im 17. und 18. Jahrhundert Hand in Hand mit einer allgemeinen „Versittlichung der Gesellschaft"[7] auch eine Aufwertung des hohen Alters an sich Platz gegriffen zu haben. Es bleibt weiteren Studien überlassen, zu untersuchen, ob und wann eine ähnliche Entwicklung in Japan festzustellen ist.

---

[6] Vgl. dazu ausführlich Formanek 1992:241—243. Die japanischen Darstellungen legen dabei einen etwas weniger abrupten Wechsel von einer Lebensphase zur anderen insofern nahe, als sie nicht ein Treppenmodell, sondern einen Halbkreis oder in Form des Berges zumindest ein natürliches Ambiente wählen, was nach Morioka auf einen fließenderen Übergang zwischen den verschiedenen Lebensabschnitten hinweist (Morioka 1984).

[7] Borscheid 1987:108f, Borscheid 1989.

LITERATURVERZEICHNIS

a) Primärliteratur

BSS	*Bunka shūreishū.* Annotiert von KOJIMA NORIYUKI. In: *Kaifūsō. Bunka shūreishū. Honchō monzui.* Mit einer Einleitung von KOJIMA NORIYUKI. Iwanami shoten 1970 [1964[1]] (= NKBT 69), 185—317, 473—488.
DNHK	*Dainihonkoku Hokekyō kenki.* Annotiert von INOUE MITSUSADA und ŌSONE SHŌSUKE. In: *Ōjōden. Hoke genki.* Mit Erläuterungen von INOUE MITSUSADA und ŌSONE SHŌSUKE. Iwanami shoten 1974 (= NST 7), 43—220, 409—424.
DNK 2	*Dainihon komonjo 2. Tenpyō 8-nen yori 19-nen ni itaru* {Urkunden Japans 2. Von Tenpyō 8 bis 19 [736—747]}. Hrsg. von Tōkyō teikoku daigaku. Tōkyō teikoku daigaku 1901.
EM I	*Eiga monogatari. Jō.* Eingeleitet und annotiert von MATSUMURA HIROJI und YAMANAKA YUTAKA. Iwanami shoten 1971 [1964[1]] (= NKBT 75).
EM II	*Eiga monogatari. Ge.* Eingeleitet und annotiert von MATSUMURA HIROJI und YAMANAKA YUTAKA. Iwanami shoten 1971 [1965[1]] (= NKBT 76).
FDK	*Fudoki.* Eingeleitet und annotiert von AKIMOTO KICHIRŌ. Iwanami shoten 1971 [1958[1]] (= NKBT 2).
FYD	*Fujiwara no Yasunori-den.* Eingeleitet und annotiert von ŌSONE SHŌSUKE. In: *Kodai seiji shakai shisō* {Schriften des Altertums zu Politik und Gesellschaft}. Iwanami shoten 1979 (= NST 8), 59—73, 281—285, 363—372.
GKH	*Gaikotsu o kou hyō.* Eingeleitet und annotiert von IMAI USABURŌ. In: *Kodai seiji shakai shisō* {Schriften des Altertums zu Politik und Gesellschaft}. Iwanami shoten 1979 (= NST 8), 39—41, 277, 352—353.
GM I	*Genji monogatari 1.* Eingeleitet und annotiert von YAMAGISHI TOKUHEI. Iwanami shoten 1971 [1958[1]] (= NKBT 14).
GM II	*Genji monogatari 2.* Eingeleitet und annotiert von YAMAGISHI TOKUHEI. Iwanami shoten 1971 [1959[1]] (= NKBT 15).
GM III	*Genji monogatari 3.* Eingeleitet und annotiert von YAMAGISHI TOKUHEI. Iwanami shoten 1971 [1961[1]] (= NKBT 16).
GM IV	*Genji monogatari 4.* Eingeleitet und annotiert von YAMAGISHI TOKUHEI. Iwanami shoten 1971 [1962[1]] (= NKBT 17).
GM V	*Genji monogatari 5.* Eingeleitet und annotiert von YAMAGISHI TOKUHEI. Iwanami shoten 1971 [1963[1]] (= NKBT 18).
HCM	*Hamamatsu chūnagon monogatari.* Eingeleitet und annotiert von MATSUO SATOSHI. In: *Takamura monogatari. Heichū monogatari. Hamamatsu chūnagon monogatari.* Iwanami shoten 1971 [1964[1]] (= NKBT 77), 123—516.
HCMZ a	*Honchō monzui. Shō* {Auszüge}. Annotiert von KOJIMA NORIYUKI. In: *Kaifūsō. Bunka shūreishū. Honchō monzui.* Mit einer Einleitung

	von KOJIMA NORIYUKI. Iwanami shoten 1970 [1964[1]] (= NKBT 69), 320—448, 488—504.
HCMZ b	Kōchū Nihon bungaku taikei 23. (Honchō monzui). Hrsg. von KOKUMIN TOSHO KABUSHIKI GAISHA. Kokumin tosho kabushiki gaisha 1927.
HM	Heichū monogatari. Eingeleitet und annotiert von ENDŌ YOSHIMOTO. In: Takamura monogatari. Heichū monogatari. Hamamatsu chūnagon monogatari. Iwanami shoten 1971 [1964[1]] (= NKBT 77), 11—122.
HSD	Honchō shinsenden. Annotiert von INOUE MITSUSADA und ŌSONE SHŌSUKE. In: Ōjōden. Hoke genki. Mit Erläuterungen von INOUE MITSUSADA und ŌSONE SHŌSUKE. Iwanami shoten 1974 (= NST 7), 255—276, 445—465.
IM	Ise monogatari. Eingeleitet und annotiert von ŌTSU YŪICHI und TSUKISHIMA HIROSHI. In: Taketori monogatari. Ise monogatari. Yamato monogatari. Iwanami shoten 1970 [1957[1]] (= NKBT 9), 79—204.
KFS	Kaifūsō. Annotiert von KOJIMA NORIYUKI. In: Kaifūsō. Bunka shūreishū. Honchō monzui. Mit einer Einleitung von KOJIMA NORIYUKI. Iwanami shoten 1970 [1964[1]] (= NKBT 69), 51—183, 449—473.
KGBN	Kugyō bunin. Zenpen. Hrsg. von KEIZAI ZASSHI-SHA. Keizai zasshi-sha 1904 (= Kokushi taikei 9).
KJ	Kojiki. Eingeleitet und annotiert von KURANO KENJI. In: Kojiki. Norito. Iwanami shoten 1971 [1958[1]] (= NKBT 1), 3—361.
KKMS	Kanke monsō. Annotiert von KAWAGUCHI HISAO. In: Kanke monsō. Kanke kōshū. Mit einer Einleitung von KAWAGUCHI HISAO. Iwanami shoten 1971 [1966[1]] (= NKBT 72), 105—469.
KKR	Kenkairon. Eingeleitet und annotiert von ANDŌ TOSHIO und SONODA KŌYŪ. In: Saichō. Iwanami shoten 1974 (= NST 4), 8—156.
KKS	Kokinshū. Eingeleitet und annotiert SAEKI UMETOMO. Iwanami shoten 1971 [1958[1]] (= NKBT 8).
KM I	Konjaku monogatari-shū 1. Eingeleitet und annotiert von YAMADA YOSHIO, YAMADA TADAO, YAMADA HIDEO und YAMADA TOSHIO. Iwanami shoten 1970 [1959[1]] (= NKBT 22).
KM II	Konjaku monogatari-shū 2. Eingeleitet und annotiert von YAMADA YOSHIO, YAMADA TADAO, YAMADA HIDEO und YAMADA TOSHIO. Iwanami shoten 1970 [1960[1]] (= NKBT 23).
KM III	Konjaku monogatari-shū 3. Eingeleitet und annotiert von YAMADA YOSHIO, YAMADA TADAO, YAMADA HIDEO und YAMADA TOSHIO. Iwanami shoten 1970 [1961[1]] (= NKBT 24).
KM IV	Konjaku monogatari-shū 4. Eingeleitet und annotiert von YAMADA YOSHIO, YAMADA TADAO, YAMADA HIDEO und YAMADA TOSHIO. Iwanami shoten 1970 [1962[1]] (= NKBT 25).
KM V	Konjaku monogatari-shū 5. Eingeleitet und annotiert von YAMADA YOSHIO, YAMADA TADAO, YAMADA HIDEO und YAMADA TOSHIO. Iwanami shoten 1971 [1963[1]] (= NKBT 26).
KN	Kagerō no nikki. Eingeleitet und annotiert von KAWAGUCHI HISAO. In: Tosa nikki. Kagerō nikki. Izumi shikibu nikki. Sarashina nikki. Iwanami shoten 1971 [1957[1]] (= NKBT 20), 83—378.
KR 33	Koji ruien. Raishiki no bu 1 { = Bd. 33}. Hrsg. von KOJI RUIEN KANKŌKAI. Yoshikawa kōbunkan 1927.
KU	Kagurauta. Annotiert von KONISHI JINICHI. In: Kodai kayōshū {Sammlung von Liedern des Altertums}. Iwanami shoten 1957 (= NKBT 3), 295—377.

Primärliteratur 533

KUI *Kujō ushōjō ikai.* Eingeleitet und annotiert von ŌSONE SHŌSUKE. In: *Kodai seiji shakai shisō* {Schriften des Altertums zu Politik und Gesellschaft}. Iwanami shoten 1979 (= NST 8), 115—122, 296—297, 385—387.

MMD *Muchimaro-den.* Eingeleitet und annotiert von ŌSONE SHŌSUKE. In: *Kodai seiji shakai shisō* {Schriften des Altertums zu Politik und Gesellschaft}. Iwanami shoten 1979 (= NST 8), 25—38, 273—277, 342—352.

MS *Makura no sōshi.* Eingeleitet und annotiert von IKEDA KIKAN und KISHIGAMI SHINJI. In: *Makura no sōshi. Murasaki shikibu nikki.* Iwanami shoten 1971 [1958[1]] (= NKBT 19), 3—402.

MSN *Murasaki Shikibu nikki.* Eingeleitet und annotiert von IKEDA KIKAN und AKIYAMA KEN. In: *Makura no sōshi. Murasaki shikibu nikki.* Iwanami shoten 1971 [1958[1]] (= NKBT 19), 403—518.

MYS I *Manyōshū 1.* Eingeleitet und annotiert von TAKAGI ICHINOSUKE, GOMI TOMOHIDE und ŌNO SUSUMU. Iwanami shoten 1971 [1957[1]] (= NKBT 4).

MYS II *Manyōshū 2.* Eingeleitet und annotiert von TAKAGI ICHINOSUKE, GOMI TOMOHIDE und ŌNO SUSUMU. Iwanami shoten 1971 [1959[1]] (= NKBT 5).

MYS III *Manyōshū 3.* Eingeleitet und annotiert von TAKAGI ICHINOSUKE, GOMI TOMOHIDE und ŌNO SUSUMU. Iwanami shoten 1971 [1960[1]] (= NKBT 6).

MYS IV *Manyōshū 4.* Eingeleitet und annotiert von TAKAGI ICHINOSUKE, GOMI TOMOHIDE und ŌNO SUSUMU. Iwanami shoten 1970 [1962[1]] (= NKBT 7).

NO *Norito.* Eingeleitet und annotiert von TAKEDA YŪKICHI. In: *Kojiki. Norito.* Iwanami shoten 1971 [1958[1]] (= NKBT 1), 363—463.

NŌG *Nihon ōjō gokuraku-ki.* Annotiert von INOUE MITSUSADA und ŌSONE SHŌSUKE. In: *Ōjōden. Hoke genki.* Mit Erläuterungen von INOUE MITSUSADA und ŌSONE SHŌSUKE. Iwanami shoten 1974 (= NST 7), 9—42, 393—408.

NR *Nihon ryōiki.* Eingeleitet und annotiert von ENDŌ YOSHIMOTO und KASUGA KAZUO. Iwanami shoten 1971 [1967[1]] (= NKBT 70).

NS I *Nihon shoki 1.* Eingeleitet und annotiert von SAKAMOTO TARŌ, IENAGA SABURŌ, INOUE MITSUSADA und ŌNO SUSUMU. Iwanami shoten 1971 [1967[1]] (= NKBT 67).

NS II *Nihon shoki 2.* Eingeleitet und annotiert von SAKAMOTO TARŌ, IENAGA SABURŌ, INOUE MITSUSADA und ŌNO SUSUMU. Iwanami shoten 1971 [1965[1]] (= NKBT 68).

ŌK *Ōkagami.* Eingeleitet und annotiert von MATSUMURA HIROJI. Iwanami shoten 1970 [1960[1]] (= NKBT 21).

OM *Ochikubo monogatari.* Eingeleitet und annotiert von MATSUO SATOSHI. In: *Ochikubo monogatari. Tsutsumi chūnagon monogatari.* Iwanami shoten 1970 [1957[1]] (= NKBT 13), 3—330.

RGG *Ritsu - Ryō no gige.* Hrsg. von KUROITA KATSUMI und KOKUSHI TAIKEI HENSHŪKAI. Yoshikawa kōbunkan 1966 (= Shintei zōho kokushi taikei 22).

RH *Ryōjin hishō.* Eingeleitet und annotiert von SHIDA NOBUYOSHI. In: *Wakan rōeishū. Ryōjin hishō.* Iwanami shoten 1970 [1965[1]] (= NKBT 73), 311—546.

RR	*Ritsuryō*. Eingeleitet und annotiert von INOUE MITSUSADA, TSUCHIDA NAOSHIGE und AOKI KAZUO. Iwanami shoten 1976 (= NST 3).
RSG	*Ryō no shūge. Zenpen. Kōhen*. Hrsg. von KUROITA KATSUMI und KOKUSHI TAIKEI HENSHŪKAI. Yoshikawa kōbunkan 1966 (= Shintei zōho kokushi taikei 23 und 24).
SB	*Saibara, Azuma-uta, Fūzoku-uta, Zōka*. Annotiert von KONISHI JINICHI. In: *Kodai kayōshū* {Sammlung von Liedern des Altertums}. Iwanami shoten 1957 (= NKBT 3), 379—499.
SG	*Shōmangyō gisho*. Annotiert von HAYASHIMA KYŌSHŌ und TSUKISHIMA HIROSHI. In: *Shōtoku Taishi-shū*. Iwanami shoten 1975 (= NST 2), 25—352.
SKRJ	*Shikyō ruijū*. Eingeleitet und annotiert von ŌSONE SHŌSUKE. In: *Kodai seiji shakai shisō* {Schriften des Altertums zu Politik und Gesellschaft}. Iwanami shoten 1979 (= NST 8), 43—48.
SM	*Sagoromo monogatari*. Eingeleitet und annotiert von MITANI EIICHI und SEKINE YOSHIKO. Iwanami shoten 1971 [1965[1]] (= NKBT 79).
SN	*Sarashina nikki*. Eingeleitet und annotiert von NISHISHITA KYŌICHI. In: *Tosa nikki. Kagerō nikki. Izumi shikibu nikki. Sarashina nikki*. Iwanami shoten 1971 [1957[1]] (= NKBT 20), 461—542.
SNG	*Shoku Nihongi*. Hrsg. von KOKUSHI TAIKEI HENSHŪKAI. Ōyashima shuppan kabushiki gaisha 1944 (= Shintei zōho kokushi taikei 2).
SŌD	*Shūi ōjōden*. Annotiert von INOUE MITSUSADA und ŌSONE SHŌSUKE. In: *Ōjōden. Hoke genki*. Mit Erläuterungen von INOUE MITSUSADA und ŌSONE SHŌSUKE. Iwanami shoten 1974 (= NST 7), 277—392, 466—498, 587—625.
SRS	*Henjō hakki seireishū*. Annotiert von WATANABE SHŌKŌ und MIYASAKA YŪSHŌ. In: *Sangō shiiki. Seireishū*. Mit einer Einleitung von WATANABE SHŌKŌ und MIYASAKA YŪSHŌ. Iwanami shoten 1971 [1965[1]] (= NKBT 71), 149—471, 493—540.
SS	*Sangō shiiki*. Annotiert von WATANABE SHŌKŌ und MIYASAKA YŪSHŌ. In: *Sangō shiiki. Seireishū*. Mit einer Einleitung von WATANABE SHŌKŌ und MIYASAKA YŪSHŌ. Iwanami shoten 1971 [1965[1]] (= NKBT 71), 84—148, 473—492.
SSK	*Shin sarugaku-ki*. Eingeleitet und annotiert von ŌSONE SHŌSUKE. In: *Kodai seiji shakai shisō* {Schriften des Altertums zu Politik und Gesellschaft}. Iwanami shoten 1979 (= NST 8), 133—164, 301—307, 392—444.
SYM	*Sumiyoshi monogatari*. Annotiert von INAGA KEIJI. In: *Ochikubo monogatari. Sumiyoshi monogatari*. Iwanami shoten 1989 (= Shin Nihon koten bungaku taikei 18), 295—350.
TCM	*Tsutsumi chūnagon monogatari*. Eingeleitet und annotiert von TERAMOTO NAOHIKO. In: *Ochikubo monogatari. Tsutsumi chūnagon monogatari*. Iwanami shoten 1970 [1957[1]] (= NKBT 13), 331—454.
TM	*Taketori monogatari*. Eingeleitet und annotiert von SAKAKURA ATSUYOSHI. In: *Taketori monogatari. Ise monogatari. Yamato monogatari*. Iwanami shoten 1970 [1957[1]] (= NKBT 9), 3—78.
TN	*Tosa nikki*. Eingeleitet und annotiert von SUZUKI TOMOTARŌ. In: *Tosa nikki. Kagerō nikki. Izumi shikibu nikki. Sarashina nikki*. Iwanami shoten 1971 [1957[1]] (= NKBT 20), 3—82.

Primärliteratur 535

UAS	[*Utaawase-shū*]. Kodai-hen {Altertum}. Eingeleitet und annotiert von HAGITANI BOKU. In: *Utaawase-shū*. Iwanami shoten 1971 [1965[1]] (= NKBT 74), 5—282.
UM I	*Utsuho monogatari 1*. Eingeleitet und annotiert von KŌNO TAMA. Iwanami shoten 1971 [1959[1]] (= NKBT 10).
UM II	*Utsuho monogatari 2*. Eingeleitet und annotiert von KŌNO TAMA. Iwanami shoten 1971 [1961[1]] (= NKBT 11).
UM III	*Utsuho monogatari 3*. Eingeleitet und annotiert von KŌNO TAMA. Iwanami shoten 1971 [1962[1]] (= NKBT 12).
WR	*Wakan rōeishū*. Eingeleitet und annotiert von KAWAGUCHI HISAO. In: *Wakan rōeishū. Ryōjin hishō*. Iwanami shoten 1970 [1965[1]] (= NKBT 73), 3—310.
YM	*Yamato monogatari*. Eingeleitet und annotiert von ABE TOSHIKO und IMAI GENE. In: *Taketori monogatari. Ise monogatari. Yamato monogatari*. Iwanami shoten 1970 [1957[1]] (= NKBT 9), 205—398.
YN	*Yoru no nezame*. Eingeleitet und annotiert von SAKAKURA ATSUYOSHI. Iwanami shoten 1971 [1964[1]] (= NKBT 78).

b) Sekundärliteratur

AMANN 1989	ANTON AMANN, *Die vielen Gesichter des Alters. Tatsachen, Fragen, Kritiken*. Wien: Edition S, Verlag der Österreichischen Staatsdruckerei 1989.
AOKI u.a. 1989	*Shoku Nihongi 1*. Annotiert von AOKI KAZUO, INAOKA KŌJI, SASAYAMA HARUO und SHIRAFUJI NORIYUKI. Iwanami shoten 1989 (= Shin Nihon koten bungaku taikei 12).
ARAI 1981	ARAI YASUO, *Utsukushiku oiru chie. Yonjissai kara no kokoro to karada* {Die Weisheit, in Schönheit zu altern. Körper und Geist nach Vierzig}. Nihon keizai shinbunsha 1981.
ARNOLD 1979	BRUNHILDE ARNOLD, *Die ökonomische Natur des Alters. Eine sozialgeschichtliche Analyse*. Dissertation zur Erlangung des Grades eines Doktors der Wirtschafts- und Sozialwissenschaften der Universität Bremen. Bremen 1979.
ASTON 1956/1-2	*Nihongi. Chronicles of Japan from the earliest times to A.D. 697*. Übs. von W.G. ASTON. Reprint. London: George Allen & Unwin 1956 [1896[1]].
BEAUVOIR 1977	SIMONE DE BEAUVOIR, *Das Alter*. Reinbek/Hamburg: Rowohlt Verlag 1977.
BENEDICT 1946	RUTH BENEDICT, *The Chrysanthemum and the Sword. Patterns of Japanese Culture*. Cambridge, Mass.: Houghton Mifflin Company Boston 1946.
BENL 1966a	*Genji-Monogatari. Die Geschichte vom Prinzen Genji. Altjapanischer Liebesroman aus dem 11. Jahrhundert, verfaßt von der Hofdame Murasaki. Band 1*. Übs. von OSCAR BENL. Zürich: Manesse Verlag 1966 (= Manesse Bibliothek der Weltliteratur, Corona-Reihe).
BENL 1966b	*Genji-Monogatari. Die Geschichte vom Prinzen Genji. Altjapanischer Liebesroman aus dem 11. Jahrhundert, verfaßt von der Hofdame Murasaki. Band 2*. Übs. von OSCAR BENL. Zürich: Manesse Verlag 1966 (= Manesse Bibliothek der Weltliteratur, Corona-Reihe).

BLAU 1966	HAGEN BLAU, *Sarugaku und Shushi. Beiträge zur Ausbildung dramatischer Elemente im weltlichen und religiösen Volkstheater der Heian-Zeit unter besonderer Berücksichtigung seiner sozialen Grundlagen.* Wiesbaden: Harrassowitz 1966 (= Studien zur Japanologie 6).
BOCK 1972	*Engi-shiki. Procedures of the Engi Era. Books VI - X.* Übs. und annotiert von FELICIA GRESSITT BOCK. Tokyo: Sophia University 1972 (= Monumenta Nipponica Monograph).
BOHNER 1934—5	*Nihon ryōiki. Legenden aus der Frühzeit des japanischen Buddhismus. Band 1: Text. Band 2: Anmerkungen.* Übs. und annotiert von HERMANN BOHNER. Tōkyō: Deutsche Gesellschaft für Natur- und Völkerkunde Ostasiens 1934—5 (= MOAG 27a und b).
BOHNER 1943	Vom Alten mit den weissen Stäbchen (Von Chūnagon Haseo no kyō). Übs. und mit einer Vorbemerkung von HERMANN BOHNER. *Monumenta Nipponica* 6 (1943) 262—265.
BOHNER 1957	HERMANN BOHNER, Honcho-shinsen-den. *Monumenta Nipponica* 13/1-2 (1957) 129—152.
BOLITHO 1989	HARORUDO BORAISO {Harold Bolitho}, Oi e no manazashi {Ein Blick auf das Alter}. In YOKOYAMA und FUJII 1989, 138—149.
BORSCHEID 1987	PETER BORSCHEID, *Geschichte des Alters, 16.—18.Jahrhundert.* Münster: F. Coppenrath Verlag 1987 (= Studien zur Geschichte des Alltags 7/1).
BORSCHEID 1989	PETER BORSCHEID, Versittlichung der Gesellschaft und Achtung vor dem Alter. In: *Erfolgreiches Altern.* Hrsg. von MARGARET M. BALTES, MARTIN KOHLI und KARL SAMES. Bern: Huber 1989, 76—80.
BOSSE 1923	*Das Tosa Nikki. Aus dem Japanischen des Ki no Tsurayuki.* Übs von A. VON BOSSE. Potsdam: Müller & Co. Verlag 1923 (= Sanssouci-Bücher 5).
BURKE 1988	PETER BURKE, Vorwort. In THOMAS 1988, 7—10.
CONDOMINAS 1983	GEORGES CONDOMINAS, Ainés anciens et ancêtres en Asie du Sud-Est. *Communications. Ecole des Hautes Etudes en Sciences Sociales, Centre d'Etudes Transdisciplinaires* 37 (1987) 55—67.
CONRAD 1982	CHRISTOPH CONRAD, Altwerden und Altsein in historischer Perspektive. Zur neueren Literatur. *Zeitschrift für Sozialisationsforschung und Erziehungssoziologie* 1/82 (1982) 73—90.
COUVREUR 1913	SÉRAPHIN COUVREUR, S.J., *Li-Ki ou Mémoires sur les bienséances et les cérémonies. Texte chinois avec une double traduction en Francais et en Latin. Tome Premier.* 2. Aufl. Ho Kien Fou: Imprimerie de la Mission Catholique 1913.
COUVREUR 1950	SÉRAPHIN COUVREUR, *Mémoires sur les bienséances et les cérémonies. Tome I. Première Partie.* (= Les Humanités d'Extrême Orient). Paris: Cathasia 1950.
COWGILL 1986	DONALD O. COWGILL, *Aging Around the World.* Belmont, California: Wadsworth Publishing Company 1986.
DANIELS 1959	F.J. DANIELS, The Names 'Asinaduti' and 'Tenaduti' in the Japanese Serpent-Slaying and Sacred-Marriage Myth. *Asia Major* 7/1-2 (1959) 52—58.
Das japanische Unternehmen 1987	*Sachlexikon: Das japanische Unternehmen. Leitfaden für Wissenschaft und Praxis.* Hrsg. von Institut für Japanologie der Universität Wien. Wien: Literas 1987.
DEBON 1979	GÜNTER DEBON, Die väterliche Macht in China. In: *Vaterbilder in Kulturen Asiens, Afrikas und Ozeaniens. Religionswissenschaft — Ethnolo-*

Sekundärliteratur 537

gie. Hrsg. von HUBERTUS TELLENBACH. Stuttgart, Berlin, Köln, Mainz: Kohlhammer 1979, 73—86.

DETTMER 1959   HANS ADALBERT DETTMER, *Die Steuergesetzgebung der Nara-Zeit*. Wiesbaden: Otto Harrassowitz 1959 (= Studien zur Japanologie 1).

DETTMER 1972   HANS ADALBERT DETTMER, *Die Urkunden Japans vom 8. bis ins 10. Jahrhundert. Band 1: Die Ränge. Zum Dienstverhältnis der Urkundsbeamten*. Wiesbaden: Otto Harrassowitz 1972 (= Veröffentlichungen des Ostasiatischen Seminars der Johann-Wolfgang-Goethe-Universität, Frankfurt/Main, Reihe B: Ostasienkunde 3).

DYKSTRA 1983   *Miraculous Tales of the Lotus Sutra from Ancient Japan. The Dainihon hokkekyō kenki of Priest Chingen*. Übs. von YOSHIKO KURATA DYKSTRA. Ōsaka: University of Foreign Studies 1983.

DYKSTRA 1986a   *The Konjaku Tales. Indian Section (I). From a Medieval Japanese Collection*. Übs., annotiert und eingeleitet von YOSHIKO KURATA DYKSTRA. Ōsaka: Intercultural Research Institute, Kansai University of Foreign Studies 1986 (= Kansai University of Foreign Studies, Intercultural Research Institute Monograph Series 17).

DYKSTRA 1986b   *The Konjaku Tales. Indian Section (II). From a Medieval Japanese Collection*. Übs., annotiert und eingeleitet von YOSHIKO KURATA DYKSTRA. Ōsaka: Intercultural Research Institute, Kansai University of Foreign Studies 1986 (= Kansai University of Foreign Studies, Intercultural Research Institute Monograph Series 18).

EBERHARD 1987   WOLFRAM EBERHARD, *Lexikon chinesischer Symbole. Die Bildsprache der Chinesen*. Köln: Eugen Diederichs Verlag 1987 (= Diederichs Gelbe Reihe 68 China).

ECKARDT 1956   HANS ECKARDT, *Das Kokonchomonshū des Tachibana Narisue als musikgeschichtliche Quelle*. Wiesbaden: Harrassowitz 1956 (= Göttinger Asiatische Forschungen 6).

EHMANN 1897   P. EHMANN, *Die Sprichwörter und bildlichen Ausdrücke der japanischen Sprache*. Tōkyō: OAG 1897 (= Supplement 3 der Mittheilungen der Deutschen Gesellschaft für Natur- und Völkerkunde Ostasiens.

FARRIS 1985   WILLIAM WAYNE FARRIS, *Population, Disease and Land in Early Japan, 645—900*. Cambridge, Mass. und London: Harvard University Press 1985 (= Harvard-Yenching Institute Monograph Series 24).

FISCHER 1976   PETER FISCHER, *Studien zur Entwicklungsgeschichte des Mappō-Gedankens und zum Mappō-tōmyō-ki*. Hamburg: Deutsche Gesellschaft für Natur- und Völkerkunde Ostasiens 1976 (= Mitteilungen der Deutschen Gesellschaft für Natur- und Völkerkunde Ostasiens 65).

FORMANEK 1992   SUSANNE FORMANEK, Normative Perceptions of Old Age in Japanese History. A Study Based on Literary Sources of the Nara and Heian Periods. In: *Japanese Biographies: Life Histories, Life Cycles, Life Stages*. Hrsg. von SUSANNE FORMANEK und SEPP LINHART. Wien: Verlag der Österreichischen Akademie der Wissenschaften 1992 (= Beiträge zur Kultur- und Geistesgeschichte Asiens 11; Sitzungsberichte der philosophisch-historischen Klasse 590), 241—269.

FRANK 1968   BERNARD FRANK, *Konjaku monogatari. Histoires qui sont maintenant du passé*. Paris: Gallimard 1968 (= Collection Unesco d'oeuvres représentatives).

FUJII 1909   FUJII OTOO, *Kotowazago daijiten* {Großes Lexikon der Sprichwörter}. Yūhōdō 1909.

FUJII 1980	FUJII JITSUŌ, *Seishi o koete. Rōjin to bukkyō* {Jenseits von Leben und Tod. Die alten Menschen und der Buddhismus}. Kyōto: Mineruva shobō 1980 (= OP sōsho 25).
FUKAZAWA und IMAMURA 1983	FUKAZAWA SHICHIRŌ und IMAMURA SHŌHEI, 'Narayama-bushi kō'. Gespräch über eine Neuverfilmung. *Kagami. Japanischer Zeitschriftenspiegel* NF 10/1 (1983) 1—67.
GLASCOCK und FEINMAN 1981	ANTHONY P. GLASCOCK und SUSAN L. FEINMAN, Social Asset or Social Burden: The Treatment of the Aged in Non-Industrial Soicieties. In: *Dimensions: Aging, Culture, and Health*. Hrsg. von CHRISTINE L. FRY. Brooklyn, New York: Praeger 1981, 13—31.
GRAPARD 1985	*La vérité finale des trois enseignements. Sangō shiiki.* Übs. und annotiert von ALLAN GEORGES GRAPARD. Paris: Poiesis 1985.
HAMMITZSCH 1965	*Erzählungen des alten Japan aus dem Konjaku monogatari*. Hrsg. von HORST HAMMITZSCH. Übs. von INGRID SCHUSTER und KLAUS MÜLLER. Stuttgart: Reclam Universal Bibliothek 1965.
HAMMITZSCH 1966	*Sarashina-Nikki. Tagebuch einer japanischen Hofdame aus dem Jahre 1060*. Hrsg. von HORST HAMMITZSCH. Übs. von ULRICH KEMPER. Stuttgart: Philipp Reclam Jun. 1966 (= Unesco-Sammlung repräsentativer Werke, Asiatische Reihe) (= Universal-Bibliothek 8996).
HARICH-SCHNEIDER 1973	Eta Harich-Schneider, *A History of Japanese Music*. London: Oxford University Press 1973.
HAUER 1928	ERICH HAUER, Erh-shih-se hiao. 24 Beispiele von Kindespflicht. *Mitteilungen des Seminars für Orientalische Sprachen. Erste Abteilung. Ostasiatische Studien* 31 (1928) 60—104.
HAYAMI 1986	HAYAMI AKIRA, Jinsei gojūnen? Tokugawa Nihon no nōmin no shōgai {50 Jahre als menschliche Lebensspanne? Zum Leben der Bauern im Japan der Tokugawa-Zeit}. In: *Jikan. Higashi to nishi no taiwa*. {Zeit. Ein west-östlicher Dialog}. Hrsg. von HŌBU SEIKŌ. Hōbu Seikō 1986, 164—191.
HAYASHIYA 1973	*Kodai chūsei geijutsu-ron* {Schriften zur Kunst aus Altertum und Mittelalter}. Hrsg. von HAYASHIYA TATSUSABURŌ. Iwanami shoten 1973 (= NST 23).
HIRANO 1963	*The Tsutsumi Chūnagon Monogatari. A Collection of 11th-Century Short Stories of Japan*. Übs. von HIRANO UMEYO. Tōkyō: Hokuseido Press 1963.
HOCHSTEDLER 1979	*The Tale of Nezame. Part Three of Yowa no Nezame Monogatari*. Übs. von CAROL HOCHSTEDLER. Ithaca, New York: China-Japan Program, Cornell University 1979 (= Cornell University East Asia Papers 22).
HOZUMI 1978	HOZUMI NOBUSHIGE, *Inkyoron* {Über das Ausgedinge}. Nihon keizai hyōronsha 1978 (Nachdruck der Ausgabe Yūhaikaku 1915).
HURST 1976	G. CAMERON HURST III, *Insei. Abdicated Sovereigns in the Politics of Late Heian Japan 1086—1185*. New York und London: Columbia University Press.
IINUMA 1990	IINUMA YOSHIMORI, Nihon chūsei no rōjin no jitsuzō {Das wahre Bild der alten Menschen im japanischen Mittelalter}. In ŌTŌ u.a. 1990, 159—176.
IKEDA 1971	IKEDA HIROKO, *A Type and Motif Index of Japanese Folk Literature*. Helsinki: Academia Scientiarum Fennica 1971 (= FF Communications 209).

Sekundärliteratur 539

IMHOF 1988	ARTHUR E. IMHOF, *Reife des Lebens. Gedanken eines Historikers zum längeren Dasein*. München: C.H.Beck'sche Verlagsbuchhandlung 1988 (= Beck'sche Reihe 364).
INADA 1989	INADA JUNKO, Kodai Nihon no oya to ko. Kiki Manyō ni miru seikatsu {Eltern und Kinder im Altertum. Das Leben, wie es sich in *Kojiki* und *Nihon shoki* sowie im *Manyōshū* darstellt}. In *Seikatsugaku 1990*. Hrsg. von NIHON SEIKATSU GAKKAI. Domesu shuppan 1989, 61—74.
INOUE 1965	INOUE YASUSHI, Obasute. In: *The Counterfeiter and Other Stories*. Rutland, Vermont und Tokyo: Charles E. Tuttle 1965, 73—96.
ITŌ u.a. 1986a	*Oi no jinruishi* {Menschheitsgeschichte des Alters}. Hrsg. von ITŌ MITSUHARU u.a. Iwanami shoten 1986 (= Oi no hakken 1).
ITŌ u.a. 1986b	*Oi no paradaimu* {Das Paradigma des Alters}. Hrsg. von ITŌ MITSUHARU u.a. Iwanami shoten 1986 (= Oi no hakken 2).
IWANO 1979	*Japanese-English Buddhist Dictionary. Nichiei Bukkyō jiten*. Hrsg. von IWANO SHINYŪ. Tōkyō: Daitō shuppansha 1979 [1965[1]].
Japonica 3	*Encyclopedia Japonica. Dai Nihon hyakka jiten 3*. Tōkyō: Shōgakkan 1972 [1968[1]].
JOHNSON 1979	WALLACE JOHNSON, *The T'ang Code. Volume I. General Principles (T'ang lü shu yi)*. Princeton 1979: Princeton University Press.
JONES 1959	*Ages ago. Thirty-seven Tales from the Konjaku Monogatari Collection*. Übs. von S. W. JONES. Cambridge, Mass. und London: Harvard University Press 1959.
KAMATA 1988	KAMATA TŌJI, *Ōdōron. Kodomo to rōjin no seishinshi* {Über Greise und Kinder. Zur Psychologie der Alten und Kinder}. Shinyōsha 1988 (= Nomado sōsho).
KANEKO 1935	KANEKO MOTOOMI, *Makura no sōshi hyōshaku. Jō. Ge* {Kommentierte Ausgabe des *Makura no sōshi*. Bd. 1 und 2}. Meiji shoin 1935 [1921—1924[1]].
KATSUURA 1990	KATSUURA NORIKO, Josei to kodai shinkō {Die Frauen und die Glaubensvorstellungen des Altertums}. In: *Nihon josei seikatsu-shi 1. Genji, kodai* {Geschichte des Alltagslebens der japanischen Frauen 1. Urgeschichte, Altertum}. Hrsg. von Joseishi sōgō kenkyūkai. Tōkyō daigaku shuppankai 1990, 69—104.
KEENE 1955	The Tale of the Bamboo Cutter. Übs. von DONALD KEENE. *Monumenta Nipponica* 11 (1955) 329—355.
KEENE 1957	DONALD KEENE, Bashō's Journey to Sarashina. *Transactions of the Asiatic Society of Japan. Third Series* 5 (1957) 56—79.
KEENE 1965	DONALD KEENE, Vorwort. In MYS 1965.
KITŌ 1983	KITŌ HIROSHI, *Nihon nisennen no jinkōshi* {Die 2000jährige Geschichte der japanischen Bevölkerung}. Kyōto: PHP kenkyūjo 1983.
KKJ 1—4	MOROHASHI TETSUJI, KAMATA TADASHI und YONEYAMA TORATARŌ, *Kōkanwa jiten. Jō. Chū. Ge. Sakuin* {Großes Chinesisch-Japanisches Zeichenlexikon. Bd. 1, 2, 3, Register}. Taishūkan shoten 1981.
KLUGE 1953	Fujiwara Morosuke und seine hinterlassene Lehre. Übs. von INGELORE KLUGE. *Mitteilungen des Instituts für Orientalforschung* 1 (1953) 181—187.
KNKB 1	*Kojiki*. Hrsg. und annotiert von UEDA MASAAKI und IDE ITARU. Kadokawa shoten 1978 (= Kanshō Nihon koten bungaku 1).
KNKB 2	*Nihon shoki. Fudoki*. Hrsg. von NAOKI KŌJIRŌ, NISHIMIYA KAZUTANI und OKADA SEIJI. Kadokawa shoten 1977 (= Kanshō Nihon koten bungaku 2).

KNKB 3	*Manyōshū*. Hrsg. von NAKANISHI SUSUMU. Kadokawa shoten 1976 (= Kanshō Nihon koten bungaku 3).
KNKB 4	*Kayō 1* {Lieder 1}. Hrsg. von TSUCHIHASHI YUTAKA und IKEDA YASABURŌ. Kadokawa shoten 1975 (= Kanshō Nihon koten bungaku 4).
KOBAYASHI 1979	KOBAYASHI HIROKO, *The Human Comedy of Heian Japan. A Study of the Secular Stories in the Twelfth Century Collection of Tales Konjaku Monogatari*. Tokyo: Center for East Asian Cultural Studies 1979.
KURODA 1989	KURODA HIDEO, *Emaki kodomo no tōjō. Chūsei shakai no kodomozō* {Das Erscheinen von Kindern in den Bildrollen. Zum Bild der Kinder in der mittelalterlichen Gesellschaft}. Kawade shobō shinsha 1989 (= Rekishi hakubutsukan shirīzu).
KYBURZ 1987	JOSEF A. KYBURZ, *Cultes et croyances au Japon. Kaida, une commune dans les montagnes du Japon central*. Paris: Maisonneuve & Larose 1987.
LINCK-KESTING 1981	GUDULA LINCK-KESTING, Alt und Jung im vormodernen China. *Saeculum* 32 (1981) 374—408.
LINHART 1983	SEPP LINHART, *Organisationsformen alter Menschen in Japan. Selbstverwirklichung durch Hobbies, Weiterbildung, Arbeit*. Wien: Institut für Japanologie der Universität Wien 1983 (= Beiträge zur Japanologie 19).
LINHART 1986	SEPP LINHART, Nihon shakai to oi. Enbō {Das Alter und die japanische Gesellschaft. Aus der Ferne betrachtet}. In ITŌ u.a. 1986a, 257—280.
LINHART und WÖSS 1984	SEPP LINHART und FLEUR WÖSS, *Old Age in Japan. An Annotated Bibliography of Western-Language Materials*. Wien: Institut für Japanologie der Universität Wien 1984 (= Beiträge zur Japanologie 20).
MADERDONNER 1987	MEGUMI MADERDONNER, *Old Age in Japan. An Annotated Bibliography of Japanese Books*. Wien: Institut für Japanologie der Universität Wien 1987 (= Beiträge zur Japanologie 25).
MAKITA 1976	MAKITA SHIGERU, *Jinsei no rekishi* {Geschichte des Lebenszyklus'}. Kawade shobō shinsha 1976 (= Nihon no minzoku 5).
MATSUMAE 1983	MATSUMAE TAKESHI, Tsuki to mizu {Mond und Wasser}. In TANIGAWA u.a. 1983, 115—158.
MATSUNAGA 1969	ALICIA MATSUNAGA, *The Buddhist Philosophy of Assimilation. The Historical Development of the Honji-Suijaku Theory*. Tokyo, und Rutland, Vermont: Sophia University, in Zusammenarbeit mit Charles E. Tuttle Company 1969 (= Monumenta Nipponica Monograph).
MCCULLOUGH 1967	WILLIAM H. MCCULLOUGH, Japanese Marriage Institutions in the Heian Period. *Harvard Journal of Asiatic Studies* 27 (1967) 103—167.
MCCULLOUGH 1968	*Tales of Ise. Lyrical Episodes from Tenth-Century Japan*. Übs., annotiert und mit einer Einleitung von HELEN CRAIG MCCULLOUGH. Stanford: Stanford University Press 1968.
MCCULLOUGH 1980	*Ōkagami. The Great Mirror. Fujiwara no Michinaga (966-1027) and His Times*. Übs. von HELEN CRAIG MCCULLOUGH. Princeton und Tokyo: Princeton University Press und University of Tokyo Press 1980.
MCCULLOUGH und MCCULLOUGH 1980	*A Tale of Flowering Fortunes. „Annals of Japanese Aristocratic Life in the Heian Period"*. Übs. von WILLIAM HOYT und HELEN CRAIG MCCULLOUGH. Stanford: Stanford University Press 1980.
MINOIS 1987	GEORGES MINOIS, *Histoire de la vieillesse en Occident de l'Antiquité à la Renaissance*. Paris: Fayard 1987.
MISUMI 1979	MISUMI HARUO, *Matsuri to kamigami no sekai. Nihon engeki no genryū* {Die Feste und die Welt der Götter. Vom Ursprung der japani-

Sekundärliteratur 541

	schen Schaukünste}. Mit Fotos von Watanabe Yoshimasa. Nihon hōsō shuppan kyōkai (= NHK bukkusu karā-han C6).
MITANI 1958	MITANI EIICHI, Taketori monogatari no sozai to kōsei {Quellen und Struktur des Taketori monogatari}. *Kokubungaku kaishaku to kanshō* 23/2 (1958), 2—13.
MITANI 1965	MITANI EIICHI, *Nihon bungaku no minzokugakuteki kenkyū* {Volkskundliche Untersuchungen zur japanischen Literatur}. Yūseidō shuppan kabushiki gaisha 1965 [1960[1]].
MITTERAUER 1980	MICHAEL MITTERAUER, Problemfelder einer Sozialgeschichte des Alters. In: *Der alte Mensch in der Geschichte*. Hrsg. von HELMUT KONRAD. Wien: Verlag für Gesellschaftskritik 1982 (= Österreichische Texte zur Gesellschaftskritik 11).
MOAG 43	*Rikkokushi. Die amtlichen Reichsannalen Japans. Die Regierungsannalen Kammu-Tennō. Shoku Nihongi 36—40 und Nihon kōki 1—13 (780—806)*. Hrsg. von HORST HAMMITZSCH. Eingeleitet, übs. und komm. von BRUNO LEWIN. Tōkyō: Deutsche Gesellschaft für Natur- und Völkerkunde Ostasiens 1962 (= Mitteilungen der Deutschen Gesellschaft für Natur- und Völkerkunde Ostasiens 43).
MORIOKA 1984	MORIOKA KIYOMI, Shigo kannen no henka ni tsuite. Rekishi jinkōgaku-teki kokoromi. {Über Veränderungen in den Jenseitsvorstellungen. Ein historisch-demographischer Versuch}. *Nihon jōmin bunka kiyō* 10 (1984) 79—116.
MORRIS 1969	IVAN MORRIS, *The World of the Shinig Prince. Court Life in Ancient Japan*. New York: Alfred A. Knopf 1969.
MÜLLER 1969	KLAUS MÜLLER, *Das Nakatsukasa no Naishi nikki. Ein Spiegel höfischen Lebens in der Kamakura-Zeit*. Diss. München 1969.
MURAI 1984	MURAI TAKASHIGE, Kodai Nihon no rōjin no kazoku keitai {Familienstand der alten Menschen im japanischen Altertum}. *Rōnen shakai kagaku* 6/1 (1984) 4—14.
MURAO 1964	MURAO JIRŌ, *Ritsuryō zaiseishi no kenkyū* {Untersuchungen zur Finanzgeschichte des Ritsuryō-Staates}. Yoshikawa kōbunkan 1964 [1961[1]].
MYS 1965	*The Manyōshū. The Nippon Gakujutsu Shinkōkai Translation of One Thousand Poems*. Mit einem Vorwort von DONALD KEENE. New York und London: Columbia University Press 1965.
NAKAMURA 1979	NAKAMURA HAJIME, The Significance of 'Aging' in Eastern Thought. In: *Recent Advances in Gerontology*. Hrsg. von HAJIME ORIMO u.a. Amsterdam 1979 (= Excerpta Medica), 18—24.
NAUMANN 1971	NELLY NAUMANN, *Das Umwandeln des Himmelspfeilers. Ein japanischer Mythos und seine kulturhistorische Einordnung*. Tokyo: The Society of Asian Folklore 1971 (= Asian Folklore Studies Monograph 5).
NAUMANN 1973	*Die Zauberschale. Erzählungen vom Leben japanischer Damen, Mönche, Herren und Knechte*. Übs. von WOLFRAM NAUMANN und NELLY NAUMANN. München: Carl Hanser Verlag 1973.
NAUMANN 1983	NELLY NAUMANN, Die webende Göttin. *Nachrichten der Gesellschaft für Natur- und Völkerkunde Ostasiens, Hamburg* 133 (1983) 5—76.
NAUMANN 1988	NELLY NAUMANN, *Die einheimische Religion Japans. Teil 1. Bis zum Ende der Heian-Zeit*. Leiden, New York, Kopenhagen, Köln: E.J.Brill 1988 (= Handbuch der Orientalistik, Fünfte Abteilung, Japan, Vierter Band: Religion, Erster Abschnitt, Teil 1).

542 Literaturverzeichnis

NICHIGAI ASO-SHIĒTSU 1983	*Jinbutsu refarensu jiten 1. Kodai, chūsei-hen* {Personenlexikon. Altertum, Mittelalter}. Hrsg. von NICHIGAI ASOSHIĒTSU. Nichigai asoshiētsu 1983.
NICKERSON 1993	PETER NICKERSON, Kinship, Property, and Politics in Mid-Heian. *Monumenta Nipponica* 48/4 (1993) 429—467.
NISHIO 1957	*Hōjōki. Tsurezuregusa.* Eingeleitet und annotiert NISHIO MINORU. Iwanami shoten 1957 (= NKBT 30).
NISHIZAWA 1936	NISHIZAWA SHIGEJIRŌ, *Obasuteyama shinkō* {Neue Überlegungen zum Obasuteyama}. Nagano: Shinano kyōdoshi hakkōkai 1936.
NKBD 3	*Nihon koten bungaku daijiten 3* {Großes Lexikon zur klassischen japanischen Literatur}. Hrsg. von NIHON KOTEN BUNGAKU DAIJITEN HENSHŪ IINKAI. Iwanami shoten 1984.
NKD 1—20	*Nihon kokugo daijiten 1—20* {Großes Japanisch-Wörterbuch Bd. 1—20}. Hrsg. von NIHON DAIJITEN KANKŌKAI. Shogakukan 1973—1976.
NOMA 1959	NOMA SEIROKU, *Chōkoku* {Skulptur}. Kōdansha 1959 (= Nihon bijutsu taikei 2).
ŌMI und SASAKI 1987	ŌMI GIICHI und SASAKI AKIRA, Jōmon jidai no oi to sono imi. Jōmon jinkō-ron to Nagano-ken Saku-gun Kita-Aiki-mura Tochihara Iwakage iseki {Die Bedeutung des Alters in der Jōmon-Zeit. Bemerkungen zur Bevölkerung der Jōmon-Zeit anhand von Funden in der Präfektur Nagano}. In SHINSHŪ DAIGAKU JINBUNGAKUBU 1987, 37—56.
ORIGUCHI 1965	ORIGUCHI SHINOBU, Okina no hassei {Die Entstehung des *Okina*}. In: *Kodai kenkyū. Minzokugaku-hen 1* {Studien zum Altertum. Volkskunde Band 1}. Hrsg. von ORIGUCHI HAKUSHI KINEN KODAI KENKYŪJO. Chūō kōronsha 1965 (= Origuchi Shinobu zenshū 2), 371—415.
ORIGUCHI 1966a	ORIGUCHI SHINOBU, Daijōsai no hongi {Zur ursprünglichen Bedeutung des Ersten Großen Kostens des Neuen Reises}. In: *Kodai kenkyū. Minzokugaku-hen 1* {Studien zum Altertum. Volkskunde Band 1}. Hrsg. von ORIGUCHI HAKUSHI KINEN KODAI KENKYŪJO. Chūō kōronsha 1966 (= Origuchi Shinobu zenshū 3), 174—240.
ORIGUCHI 1966b	ORIGUCHI SHINOBU, Nihon bungaku no hassei. Josetsu {Zur Entstehung der japanischen Literatur. Eine Einführung}. In: *Kokubungaku-hen 1* {Japanische Literatur Bd. 1}. Hrsg. von ORIGUCHI HAKUSHI KINEN KODAI KENKYŪJO. Chūō kōronsha 1966 (= Origuchi Shinobu zenshū 7), 153—422.
ORIGUCHI 1966c	ORIGUCHI SHINOBU, Uta oyobi uta-monogatari {Lieder und *uta-monogatari*}. In: *Kokubungaku-hen 4* {Japanische Literatur Bd. 4} Hrsg. von ORIGUCHI HAKUSHI KINEN KODAI KENKYŪJO. Chūō kōronsha 1966 (= Origuchi Shinobu zenshū 10), 153—185.
ŌTAKE 1990	ŌTAKE HIDEO, Edo jidai no rōjin-kan to rōgo mondai. {Altersbilder und Probleme der Altersphase in der Edo-Zeit}. In ŌTO u.a. 1990, 177—204.
ŌTANI 1962	ŌTANI YOSHIHIRO. Obasuteyama densetsu-kō {Überlegungen zur Obasuteyama-Überlieferung}. *Minzokugaku kenkyū* 26/2 (1962) 48—49.
ŌTŌ u.a. 1990	*Oi no hikaku kazokushi* {Vergleichende Familiengeschichte des Alters.}. Hrsg. von ŌTŌ OSAMU, SHIMIZU HIROAKI und TOSHITANI NOBUYOSHI. Sanseidō 1990 (= Shīrizu Kazoku-shi 5).
PALMORE 1975	ERDMAN PALMORE, *Otoshiyori. The Honorable Elders. A Cross Cultural Analysis of Aging in Japan.* Durham: Duke University Press 1975.

Sekundärliteratur 543

PHILIPPI 1959	DONALD L. PHILIPPI, *Norito. A New Translation of the Ancient Japanese Ritual Prayers*. Tokyo: The Institute for Japanese Culture and Classics, Kokugakuin University 1959.
PHILIPPI 1977	*Kojiki*. Übs. und annotiert von DONALD L. PHILIPPI. Tokyo: University of Tokyo Press 1977 [1968[1]].
PIERSON 1938	*The Manyôsû. Book V.* Übs. und annotiert von J.L. PIERSON JR. Leiden: E.J.Brill 1938.
PLATH 1988	DAVID PLATH, The Age of Silver. Aging in Modern Japan. Increased Expectations of Longevity Are Redrawing Japanese Standards of Filial and Social Conduct. *The World & I*, März 1988, 505—513.
RODD und HENKENIUS 1984	*Kokinshū. A Collection of Poems, Ancient and Modern.* Übs. und hrsg. von LAUREL RASPLICA RODD und M. C. HENKENIUS. Princeton: Princeton University Press 1984.
ROHLICH 1983	*A Tale of Eleventh Century Japan. Hamamatsu Chūnagon monogatari.* Einl. und Übs. von THOMAS H. ROHLICH. Princeton: Princeton University Press 1983.
ROSENMAYR 1982	LEOPOLD ROSENMAYR, Is the Japanese Family Really Different? Some notes on a changing institution and the consequences for the elderly. *Shakai rōnengaku* 16 (1982) 61—70.
ROSENMAYR 1990	LEOPOLD ROSENMAYR, *Die Kräfte des Alters*. Wien: Edition Atelier, Wiener Journal Zeitschriftenverlag 1990.
SANSOM 1934	G.B. SANSOM, Early Japanese Law and Administration. Part 2. *TASJ* Second Series 11 (1934) 117—149.
SCHAARSCHMIDT 1981	*Das Ise monogatari. Kavaliersgeschichten aus dem alten Japan.* Übs. und kommentiert von SIEGFRIED SCHAARSCHMIDT. Mit Erläuterungen zu den Illustrationen von Irmtraud Schaarschmidt-Richter. Frankfurt/M: Insel Verlag 1981.
SCHENDA o.J.	RUDOLF SCHENDA, Die Alterstreppe - Geschichte einer Popularisierung. In: *Die Lebenstreppe. Bilder der menschlichen Lebensalter* {Katalog einer Ausstellung des Landschaftsverbandes Rheinland, Rheinisches Museumsamt, Brauweiler in den Jahren 1983—1984}. Köln: Rheinland-Verlag o.J. (= Schriften des Rheinischen Museumsamtes 23), 11—24.
SEIDENSTICKER 1973	EDWARD SEIDENSTICKER, *The Gossamer Years (Kagerō Nikki). The Diary of a Noblewoman of Heian Japan.* Tokyo und Rutland, Vermont: Charles E. Tuttle Company 1973 [1964[1]] (= Unesco Collection of Representative Works, Japanese Series).
SEKINE und KOMATSU 1972	SEKINE YOSHIKO und KOMATSU TOMIO, *Nezame monogatari zenshaku.* {Vollständige, kommentierte Ausgabe des *Nezame monogatari*}. Erw. Aufl. Gakutōsha 1972.
SHIMONAKA 1939	*Shintō daijiten 2* {Großes Shintō-Lexikon}. Hrsg. von SHIMONAKA YASABURŌ. Heibonsha 1939.
SHINSHŪ DAIGAKU JINBUN-GAKU-BU 1987	*Oi to sono imi. Jinbun shokagaku kara mita. Tokutei kenkyū hōkokusho.* {Das Alter und seine Bedeutung. Aus dem Blickwinkel der Humanwissenschaften. Sonderforschungsbericht}. Hrsg. von SHINSHŪ DAIGAKU JINBUNGAKU-BU. Shinshū daigaku jinbungaku-bu 1987.
SIEFFERT 1978	RENÉ SIEFFERT, *Les Journaux poétiques de l'époque de Héian. Murasaki-Shikibu. Journal.* Paris: Publications Orientalistes des France 1978 (= Collection Unesco d'oeuvres représentatives, Série japonaise).
SIEFFERT 1979a	RENÉ SIEFFERT, *Contes de Yamato suivis du Dit de Heichû.* Paris: Publications Orientalistes de France 1979.

SIEFFERT 1979b	*Théâtre du Moyen Âge. Nō et Kyōgen. Printemps, été*. Eingeleitet und übs. von RENÉ SIEFFERT. Paris: Publications Orientalistes de France 1979 (= Collection Unesco d'oeuvres représentatives, Série japonaise).
SNELLEN 1934	Shoku Nihongi. Chronicles of Japan, continued, from 697—791 A.D. Books I—III. Übs. und annotiert von J.B. SNELLEN. *TASJ* 2nd Series 11 (1934) 151—239.
SNELLEN 1937	Shoku Nihongi. Chronicles of Japan, continued, from 697—791 A.D. Books IV—VI. Übs. und annotiert von J.B. SNELLEN. *TASJ* 2nd Series 14 (1937) 209—278.
SOEDA 1986	SOEDA YOSHIYA, Gendai Nihon ni okeru rōnenkan {Altersbilder im gegenwärtigen Japan}. In ITŌ u.a. 1986b, 83—110.
SPERLING 1979	ELLIOT SPERLING, Old Age in the Tibetan Context. *Saeculum* 30 (1979) 434—442.
SPROCKHOFF 1979	JOACHIM FRIEDRICH SPROCKHOFF, Die Alten im alten Indien. Ein Versuch nach brahmanischen Quellen. *Saeculum* 30 (1979) 374—433.
STEENSTRUP 1991	CARL STEENSTRUP, *A History of Law in Japan until 1868*. Leiden u.a.: E.J.Brill 1991 (= Handbuch der Orientalistik, Fünfte Abteilung: Japan, Band 6: Staat, Staatsdenken, 2. Abschnitt: Rechtswesen, 1. Teil).
STUCKI 1980	LORENZ STUCKI, *Japans Herzen denken anders*. Bergisch-Gladbach: Lübbe 1980.
TACHIBANA 1975	TACHIBANA KAKUSHŌ, *Oi no tankyū* {Untersuchungen zum Alter}. Seishin shobō 1975 (= human books 16).
TAKANO 1980	TAKANO KIYOSHI, *Rekishi ni manabu oi no chie* {Weisheit des Alters, wie man sie aus der Geschichte lernen kann}. Kyōto: Mineruva shobō 1980 (= OP sōsho 22).
TANIGAWA 1977	TANIGAWA KENICHI, Rōjin to kami to shio {Die Alten, die Götter und das Salz}. In TANIGAWA KENICHI: *Kodaishi to minzokugaku* {Geschichte des japanischen Altertums und Volkskunde}. Japan Paburisshāzu 1977, 235—239.
TANIGAWA 1983	TANIGAWA KENICHI, Kodaijin no kami kannen {Göttervorstellungen der Menschen des Altertums}. In TANIGAWA u.a. 1983, 209—256.
TANIGAWA u.a. 1983	*Taiyō to tsuki. Kodaijin no uchūkan to shiseikan* {Sonne und Mond. Kosmos, Leben und Tod in der Vorstellungswelt der Menschen des Altertums}. Hrsg. von TANIGAWA KENICHI u.a. Shōgakkan 1983 (= Nihon minzoku bunka taikei 2).
TAEUBER 1958	IRENE B. TAEUBER, *The Population of Japan*. Princeton: Princeton University Press 1958.
THOMAS 1988	KEITH THOMAS, *Vergangenheit, Zukunft, Lebensalter. Zeitvorstellungen im England der frühen Neuzeit*. Berlin: Wagenbach 1988 (= Kleine Kulturwissenschaftliche Bibliothek 10).
THOMAS 1991	KEITH THOMAS, *Religion and the Decline of Magic. Studies in Popular Beliefs in Sixteenth- and Seventeenth-Century England*. London u.a.: Penguin Books 1991.
TOBIN 1987	JOSEPH JAY TOBIN, The American Idealization of Old Age in Japan. *The Gerontologist* 27/1 (1987) 53—58.
TSUCHIHASHI 1971	Kojiki kayō, Nihon shoki kayō {Lieder des *Kojiki* und *Nihon shoki*. Annotiert von TSUCHIHASHI YUTAKA. In: *Kodai kayō-shū* {Sammlung von Liedern des Altertums}. Iwanami shoten 1957 (= NKBT 3), 33—214.

Sekundärliteratur

TSUKAKOSHI 1956	*Konjaku monogatari. Altjapanische Geschichten aus dem Volk zur Heian-Zeit*. Übs. von TSUKAKOSHI SATOSHI unter Mitarbeit von NAGANO JŌICHI und MAX NIEHANS. Zürich: Max Niehans Verlag 1956.
TYLER 1987	*Japanese Tales*. Übs. und hrsg. von ROYALL TYLER. New York: Pantheon Books 1987.
URAKI 1984	*The Tale of the Cavern (Utsuho Monogatari)*. Übs. von URAKI ZIRO. Shinozaki shorin 1984.
URY 1979	*Tales of Times Now Past. Sixty-two Stories from a medieval Japanese Collection*. Übs. von MARIAN URY. Berkeley: University of California Press 1979.
WAKAMORI 1972	WAKAMORI TARŌ, Ubasuteyama. In: *Nihon minzoku jiten* {Lexikon der japanischen Volkskunde}. Hrsg. von ŌTSUKA MINZOKU GAKKAI. Kōbundō 1972.
WATANABE 1952	*Das Kopfkissenbuch der Hofdame Sei Shonagon*. Übs. WATANABE MAMORU und illustriert von IWATA MASAMI. Zürich: Manesse Verlag 1952 (= Manesse Bibliothek der Weltliteratur).
WHITEHOUSE und YANAGISAWA 1970	*Ochikubo monogatari. The Tale of the Lady Ochikubo. A Tenth Century Japanese Novel*. Übs. von WILFRID WHITEHOUSE und YANAGISAWA EIZO. London: Peter Owen 1970.
WILSON 1973	WILLIAM RITCHIE WILSON, The Way of the Bow and Arrow. The Japanese Warrior in Konjaku monogatari. *Monumenta Nipponica* 28/2 (1973) 177—233.
WÜLFING 1986	ISABELLA WÜLFING, *Alter und Tod in den Grimmschen Märchen und im Kinder- und Jugendbuch*. Herzogenrath: Verlag Murken-Altrogge 1986 (= Studien zur Medizin-, Kunst- und Literaturgeschichte 11).
YAMAGUCHI 1971	*Izumo Fudoki*. Übs. YAMAGUCHI AOKI MICHIKO. Tokyo: Sophia University Press 1971 (= Monumenta Nipponica Monograph).
YAMAORI 1984	YAMAORI TETSUO, *Kami kara okina e* {Von den Göttern zu den Alten}. Seitosha 1984.
YAMAORI 1986	YAMAORI TETSUO, Rōjuku to okina {Altersreife und der Okina}. In ITŌ u.a. 1986b, 266—283.
YAMAORI 1990	YAMAORI TETSUO, Okina no shisō {Die Geisteswelt des Okina}. In ŌTŌ u.a. 1990, 147—158.
YANAGITA 1962	YANAGITA KUNIO, Minyō no ima to mukashi {Volkslieder einst und jetzt}. In: *Teihon Yanagita Kunio-shū 17*. Hrsg. von YOSHIDA AKIRA. Chikuma shobō 1962, 247—310.
YOKOYAMA und FUJII 1989	*Anteiki shakai ni okeru jinsei no shosō. Rōjin to kodomo* {Aspekte des Lebenszyklus' in einer stabilen Gesellschaft. Alte und Kinder}. Hrsg. von YOKOYAMA TOSHIO und FUJII JŌJI. Kyōto: Kyōto zemināru hausu 1989.

INDEX

„24 Beispiele von Kindespflicht" (siehe auch *Er shi si xiao*) 253, 255-257
Abe no Hironiwa (659—732) 83
Abe no Miushi (635—703) 404
Agatainukai no Tachibana no Michiyo (?—733) 30
Aki no Ōkimi 357
Amaterasu-ōmikami 31, 37, 392, 454, 462, 470
Ame-no-ho-hi-no-mikoto 61
Amida Butsu (Amitābha-buddha) 10, 461, 488, 506, 508-511
Ankan Tennō (436—535, reg. 531—535) 396-397
Ankō Tennō (reg. 453—456) 164
Arima no miko (640—658) 34
Ariwara no Motokata (888—953) 68
Ariwara no Muneyama (spätes 9. Jh.) 103
Ariwara no Narihira (825—888) 8, 69-70, 108, 126, 270-271, 282, 322, 381
Ariwara no Yukihira (818—893) 211, 270, 322
Ashinazuchi-no-kami 453-457
Asuka-Kiyomihara-ryō 408
Atsumichi Shinnō (981—1007) 318
Atsumori (Nō-Stück) 25
Awaji no kuni ōchikara-chō 189

Ban Jieyu (Jap. Han Shōyo) (1. Jh.v.u.Z.) 338
Bao pu zi (Jap. *Hōbokushi*) 41, 49, 59, 122
Bei shi (Jap. *Hokushi*) 167
Bibashi Butsu (Vipaśyin) 40-41, 482
Bizen no kuni no fudoki 458
Bodhidharma (Jap. Bodai Daruma, siehe auch Daruma) 496
Bo Juyi (Jap. Haku Kyoi) (772—847) 72, 133-134, 184-186, 353
Bokushi (Gemahlin Minamoto no Masanobus) 91, 315, 339-340

Bo shi wen ji (Jap. *Hakushi monjū*) 72, 81, 101, 107, 202
Bunka shūreishū 8, 69-70, 82, 114, 338, 417, 437, 493

Cai Yong (Jap. Sei Yō) (132—192) 256
Cheng Di (Jap. Kan no Shōtei) (reg. 86—73 v.u.Z.) 338
Chishō Daishi (siehe auch Enchin) 475
Chi Songzi (Jap. Sekishōshi, legendärer taoistischer Einsiedler) 42, 437
Chōshūki 185
Chūai Tennō (reg. 192—200) 28, 465
Chun qiu (Jap. *Shunjū*) 441
Chūyūki 321

Daibibasharon (*Abbhidharma-mahāvibhāṣā-sāstra*) 24
Daihatsunehangyō (*Mahā parinirvāṇa sūtra*) 126
Daijizaiō Bosatsu 476
Dainihonkoku Hokekyō kenki 53, 65, 308, 411, 477, 480-488, 494, 510, 517
Daruma (siehe auch Bodhidharma) 496-497
Da Tang xi yu ji (Jap. *Daitō seiiki-ki*) 193
Datsueba 480
Dong Yuangong (Jap. Tō Onkō) (spätes 3.—frühes 2. Jh. v.u.Z.) 413
Du Fu (Jap. To Ho) (712—770) 25

Eiga monogatari 9, 22, 25-26, 46, 51, 89-91, 104, 111, 128, 135, 139, 148, 155, 159-160, 183, 209, 303, 306, 315, 321, 323, 335, 339-340, 342, 411, 439, 450, 455, 493
Emi Oshikatsu (706—764) 431
Enchin (814—891) 469
Engishiki 7, 27, 32, 61, 409, 457, 458, 490
Enjumyōkyō 42
Enma-Ō 480
En no Gyōja (634—?) 489

Enra 44
Enyū Tennō (959—991, reg. 969—984) 202, 462
Er shi si xiao (Jap. Nijūshi-kō) (siehe auch „24 Beispiele von Kindespflicht") 253

Fa yuan zhu lin (Jap. Hōon jurin) 21
Feng Mazi (Jap. Fū Bashi) 42
Fubokushū 61
Fudoki 7, 27, 37, 38, 61, 165, 166, 353, 396, 458
Fufuki no toji 55
Fugen Bosatsu (Samantabhadra) 485, 487, 494
Fujiwara no Akihira (989?—1066) 8, 9, 511
Fujiwara no Akimitsu (944—1021) 139, 148, 201, 208-209, 303, 306, 420-421, 431, 447, 450-451, 506
Fujiwara no Akitada (898—965) 421
Fujiwara no Arihira (892—970) 184-185, 420-421, 431
Fujiwara no Asateru (951—995) 339-340
Fujiwara no Atsushige (Mitte 10. Jh.) 127
Fujiwara no Chōshi (?—982) 318
Fujiwara no Fuhito (659—720) 266, 404-405
Fujiwara no Genshi (Tochter Akimitsus) 306
Fujiwara no Gishi (974—1053) 201
Fujiwara no Ietada (1062—1136) 420-421
Fujiwara no Ishi (999—1036) 336
Fujiwara no Jōshi (972—1025) 25
Fujiwara no Kaneie (929—990) 9, 21, 25, 87, 212, 318, 342, 418, 421-422, 424-425
Fujiwara no Kanemichi (925—977) 423-425, 441
Fujiwara no Kanesuke (877—933) 29
Fujiwara no Kanezane (1148—1207) 420, 423
Fujiwara no Kanshi (vor 999?—1025) 336
Fujiwara no Kenshi (994—1027, Tochter Michinagas) 91, 336
Fujiwara no Kenshi (1057—1084, adoptierte Tochter Morozanes) 323
Fujiwara no Kinnari (999—1043) 318-319, 325
Fujiwara no Kinnori (1103—1160) 423

Fujiwara no Kinsue (956—1029) 201, 318-319, 322, 325, 421, 423-424
Fujiwara no Kintō (966—1041) 8, 126, 419
Fujiwara no Kinyoshi (1115—1161) 421
Fujiwara no Kishi (1007—1025) 75, 336
Fujiwara no Kiyosuke (1104—1177) 114, 185-186
Fujiwara no Kiyotsura (spätes 9. Jh.) 45
Fujiwara no Korechika (973—1010) 211, 288, 319, 419, 423
Fujiwara no Korekimi (727—789) 404-405
Fujiwara no Koremasa (924—972) 51-52, 421, 424-425, 444
Fujiwara no Koremichi (1093—1165) 420, 423
Fujiwara no Kunitsune (828—908) 304, 373, 426
Fujiwara no Maro (695—737) 65, 266
Fujiwara no Masamitsu (957—1014) 202
Fujiwara no Matate (715—766) 405
Fujiwara no Michikane (961—995) 418, 421, 423, 425
Fujiwara no Michimasa (993—1054) 319, 488
Fujiwara no Michinaga (966—1028) 9, 25, 157, 159, 170, 201-202, 209, 288, 321, 323, 418-421, 424-425, 436, 450-451
Fujiwara no Michitaka (953—995) 211, 231, 288, 319, 418, 423, 425
Fujiwara no Michitsuna (955—1020) 9, 418
Fujiwara no Moromichi (1062—1099) 304, 423, 425
Fujiwara no Morosuke (908—960) 9, 25, 45, 48, 255, 413, 421
Fujiwara no Morotada (920—969) 420-421
Fujiwara no Morozane (1042—1101) 303, 323, 325, 420, 423-425
Fujiwara no Motofusa (1144—1230) 420, 423, 425
Fujiwara no Mototsune (836—891) 70, 282, 373, 421, 424-426
Fujiwara no Motozane (1143—1166) 304, 420, 425
Fujiwara no Muchimaro (680—737) 8, 177, 404-405
Fujiwara no Munesuke (1077—1162) 421, 424

Fujiwara no Munetada (1062—1141) 185, 321, 421, 423, 437
Fujiwara no Muneyoshi (1085—1180) 423
Fujiwara no Nagate (714—771) 404-405
Fujiwara no Nakafumu (907—978) 79
Fujiwara no Nakahira (875—945) 43, 420-421
Fujiwara no Nakamaro (706—764) 405
Fujiwara no Naritoki (941—995) 155, 323
Fujiwara no Nobunaga (1022—1094) 423-424
Fujiwara no Norikane (1107—1165) 63
Fujiwara no Norimichi (996—1075) 321, 324, 420-421, 423-425, 436
Fujiwara no Okinori (mittlere Heian-Zeit) 116
Fujiwara no Sadakuni (867—906) 21
Fujiwara no Sanenari (975—1044) 318-319
Fujiwara no Sanesuke (957—1046) 203, 325, 418, 421
Fujiwara no Saneyori (900—970) 44, 185, 325, 420-421, 424-425, 436, 439, 447
Fujiwara no Saneyoshi (1096—1157) 420-423
Fujiwara no Saneyuki (1080—1160) 421, 424
Fujiwara no Senshi (961—1001) 288
Fujiwara no Shōshi (988—1074) (siehe auch Jōtōmonin) 91, 320, 335-336
Fujiwara no Sonshi (984—1022) 323, 335-336
Fujiwara no Suetsune (1131—1221) 186
Fujiwara no Sumitomo (?—941) 115
Fujiwara no Tadahira (880—949) 21, 29, 45, 282, 420-421, 424-425
Fujiwara no Tadamichi (1097—1164) 304, 321, 420, 423-424
Fujiwara no Tadanobu (967—1035) 135
Fujiwara no Tadazane (1078—1162) 304, 325, 420, 424-425
Fujiwara no Takafuji (838—900) 423
Fujiwara no Tamaro (722—783) 404
Fujiwara no Tamemitsu (942—992) 421, 424
Fujiwara no Tokihira (871—909) 373, 420, 426
Fujiwara no Toshiie (1019—1082) 421
Fujiwara no Toshiyuki (?—907) 92
Fujiwara no Toyonari (703—765) 404-405

Fujiwara no Tsugutada (727—796) 404-405
Fujiwara no Tsunemune (1119—1189) 420-421
Fujiwara no Tsunesuke (879—938) 421
Fujiwara no Tsuneyuki (836—875) 126
Fujiwara no Ujimune (808—872) 421
Fujiwara no Umakai (694—737) 405-406, 428
Fujiwara no Uona (721—783) 404-405
Fujiwara no Yasunori (825—895) 9, 45, 180, 505
Fujiwara no Yasunori-den 9, 505
Fujiwara no Yorimichi (992—1074) 51, 418-420, 423-425, 436, 447
Fujiwara no Yorimune (993—1065) 421, 423
Fujiwara no Yorinaga (1120—1156) 304, 420, 423
Fujiwara no Yoritada (924—989) 421, 424-425
Fujiwara no Yoshifusa (804—872) 29, 91, 424-425
Fujiwara no Yoshinaga (1022—1082) 423
Fujiwara no Yoshiyo (823—900) 420-421, 436
Fujiwara no Yukinari (972—1027) 25, 46
Funya no Kiyomi (?—770) 432, 434, 443
Funya no Kiyotada (frühes 11. Jh.) 151
Funya no Ōchi (704—780) 405, 436, 443
Funya no Yasuhide (spätes 9. Jh.) 104, 449
Fusō ryakki 308, 473, 476, 478, 480
Fu Yue (Jap. Fu Etsu) (siehe auch Yi Yin) (ca. 16. Jh. v.u.Z.) 405

Gao Chai (Jap. Kōsai) 248
Gao Zu (Jap. Kan no Kōso) (reg. 206—195 v.u.Z.) 413
Ganjin (688—763) 429
Gelber Kaiser (siehe auch Huang Di) 48, 59, 105
Genji monogatari 9, 20, 35-36, 48, 50-51, 53, 66, 84-86, 88-90, 106-108, 112-115, 119-120, 122-123, 125, 129-133, 137, 140-147, 149-150, 151-156, 158, 160, 173, 179-182, 197, 205-206, 208-209, 212, 217, 278, 280-283, 288, 299-300, 309, 312-315, 318, 320, 323-324, 327-329, 336, 338, 340, 345, 351-352, 369, 377-378, 381-382, 384-385, 411, 414,

428, 440, 442, 462, 495, 506, 512-513, 517
Genkoku (siehe auch Yuan Ku) 77, 249
Genmei Tennō (661—721, reg. 707—715) 30, 438
Genshin (942—1017) 10, 285-286, 320, 487
Genshō Tennō (680—748, reg. 715—724) 30, 98, 438, 473
Gionshōja (Jetavana-vihāra) 514
Go-Ichijō Tennō (1008—1036, reg. 1016—1036) 336, 409, 508
Gōke shidai 418
Gong Sunhong (Jap. Kō Sonkō) (200—121 v.u.Z.) 442
Gonijō Moromichi-ki 304
Gonki 457
Gosenshū 116, 211, 337
Go-Shirakawa Tennō (1127—1192, reg. 1155—1158) 8
Goshūishū 113, 216
Go-Suzaku Tennō (1009—1045, reg. 1036—1045) 90, 336
Gumaiki 185
Guo Ju (Jap. Kakkyo) 248, 250
Gyōe (spätes 11.—frühes 12. Jh.) 479
Gyōen (frühes 11. Jh.) 488
Gyōki (668—749) 473-474, 485-487, 518
Gyōzen (Nara-Zeit) 472

Hachiman (daimyōjin) 78, 476
Hamamatsu chūnagon monogatari 9, 339, 495
Han shi wai chuan (Jap. Kanshi gaiden) 257
Han shu (Jap. Kanjo) 406, 414, 432, 435, 437, 442
Haya-Susanoo-no-mikoto (siehe Susanoo-no-mikoto)
Heichū (siehe auch Taira no Sadabumi) 8, 84, 337, 351, 373
Heichū monogatari 8, 84, 337, 351
Henjō (816—890) 281
Higaki (Nō-Stück) 116
Higaki no go (mittlere Heian-Zeit) 115-116
Higaki no ōna-shū 116
Hiketa no Akaiko 98, 349-350, 353
Hikobae 115
Hiko-ho-ho-demi-no-mikoto (siehe auch Yama-no-sachi) 458

Hira myōjin 465, 480
Hitachi Fudoki 61, 165-166
Hitokotonushi-no-kami 462
Hoke gisho 38
Hokekyō (Saddharma-puṇḍarīka-sūtra) (siehe auch Lotos-Sutra) 10, 65, 260, 285
Hokuzanshō 418
Honchō jinjakō 458
Honchō monzui 8, 23, 66, 103, 105-106, 111, 114, 184-185, 214, 358, 360, 427, 436, 441-442, 444, 447, 511
Honchō mudaishi 184
Honchō shinsenden 10, 65, 469, 482, 489-490
Ho-no-ninigi-no-mikoto (siehe auch Ninigi-no-mikoto) 54, 392
Ho-no-susori-no-mikoto (siehe auch Umi-no-sachi) 458
Hossō ruirin 408
Hou han shu (Jap. Gokanjo) 46, 52, 256
Hozumi no Oyu (?—749) 36
Huai nan zi (Jap. Wainanshi) 178
Huang Di (Jap. Kōtei, siehe auch Gelber Kaiser) (legendärer chin. Kaiser der Xia) 18, 48, 59
Huang di nei jing su wen (Jap. Kōtei naikei somon) 18
Hyakurenshō 185

Ichijō Tennō (980—1011, reg. 986—1011) 90, 288, 336
Iki no Komaro (8. Jh.) 18
Imai Jikan (1657—1723) 27, 38, 458
Inaba no kuni no fudoki 27
Inishiki-no-mikoto 444, 471
Isayama no Fumitsugu (frühe Heian-Zeit) 8
Ise monogatari 8, 69-70, 82, 108, 126, 145-146, 211, 233-234, 270-271, 322, 337, 380-381
Ishikawa no Kake no Iratsume 356
Ishikawa no Toshitari (688—762) 32, 405
Isonokami no Maro (640—717) 404-405
Isonokami no Yakatsugu (729—781) 405
Ito Naishinnō (?—861) 270-271
Iwanaga-hime 54
Izanagi-no-mikoto 37, 392, 453, 457
Izanami-no-mikoto 37, 453
Izumi no tsukasa ōchikara-chō 189
Izumo no kuni no fudoki 165, 61, 165

Izumo no kuni shingō rekimyōchō 189
Jātaka 260
Jikaku Daishi (794—864) 49
Jing Di (Jap. Kan no Keitei) (reg. 156—143 v.u.Z.) 417
Jing lü yi xiang (Jap. *Kyōritsu isō*) 259
Jingū Kōgō (reg. 201—269) 26-27, 166, 393, 458
Jinmu Tennō (reg. 660—585 v.u.Z.) 7, 26, 39, 392, 398, 400, 459-460
Jin shu (Jap. *Shinjo*) 252
Jinzen (943—990) 503
Jitō Tennō (645—702, reg. 690—697) 7, 148, 188, 237, 408, 432
Jizō Bosatsu (Kṣitigarbha Bodhisattva) 44, 326, 515
Jizō bosatsu hosshin innen jūō-kyō 480
Jōfugyō Bosatsu (Sadāpaṛibhūta Bodhisattva) 285
Jōtōmonin (988—1074) (siehe auch Fujiwara no Shōshi) 90, 335
Juenkyō 42
Junna Tennō (786—840, reg. 823—833) 279, 493

Kachō yojō 282
Kadono no miko (669—705) 66
Kadono no Kawakatsu (spätes 6.—frühes 7. Jh.) 62
Kagerō nikki 9, 21, 23, 51, 68-69, 71, 83, 87, 125, 212, 341, 344, 358
Kagurauta 8, 31, 109
Kaguyahime 8, 99, 275
Kaifūsō 7, 17-19, 100, 279, 393
Kakaishō 280
Kakinomoto no Hitomaro (Ende 7.—Anfang 8. Jh.) 35, 37, 72, 356
Kakkyo (siehe auch Guo Ju) 250-252, 271-272
Kako genzai inga-kyō (*Kuo chü hsien tsai yin kuo ching*) 57
Kaneakira Shinnō (914—987) 110, 305, 420, 436, 441, 511
Kanjin ryakuyōshū 320
Kanjōgyō (*Mahābhiṣeka-mantra*) 260
Kanke kōsō 8
Kanke monsō 8, 19, 49, 94, 105, 114, 174, 184, 207
Kan-muryōju-kyō (*Amitāyur-dhyāna-sūtra*) 308

Kanmu Tennō (737—806, reg. 781—806) 270, 438, 518
Kannon Bosatsu (Avalokiteśvara) 472-474, 477-480, 483
Keikō Tennō (reg. 71—130) 26-28, 35, 165
Keneō 480
Kengukyō (*Damamūka nidāna sūtra*) 40
Kenkairon 10, 39, 47
Kenpō jūshichi-jō 8
Kenzō Tennō (reg. 485—487) 33, 127-128, 163-164, 176-177, 394, 399, 444, 468
Kibi no Makibi (695—775) 8, 139, 404-405, 431-432, 436, 440
Kibune no myōjin 478
Kingyokushū 79, 81
Kinkafu 233
Ki no Haseo (845—912) 103
Ki no Iratsume (8. Jh.) 356-357
Ki no Mochitsune (spätes 10.—frühes 11. Jh.) 447
Ki no Tomonori (?—905?) 63, 69
Ki no Tsurayuki (872?—946) 9, 80, 103, 146, 216
Kitano Tenjin engi 325
Kiyohara no Motosuke (908—990) 108, 110, 116
Kiyohara no Yoshizumi (ca. 943—1010) 157
Kiyosuke no Ason shōshikai no ki 186
Kōan Tennō (reg. 392—291 v.u.Z.) 26
Kōen (?—1169) 308
Kōgyoku Tennō (594—661, reg. 642—645) 32, 62, 167, 348, 400
Koichijō-in (Atsuakira shinnō) (994—1051) 336
Kojiki 7, 26-28, 30, 34, 54, 98, 163-164, 347-349, 394-396, 400, 453, 457-458, 464, 466
Kokinshū 8, 36, 63, 68, 70, 72, 77-78, 85, 87, 119, 159, 186, 216, 271, 280-281, 337, 347, 350, 354, 358, 381-382, 416
Kokin waka rokujō 70, 82, 88, 211, 216
Kōkō Tennō (830—887, reg. 884—887) 211, 280, 413
Kōnendai ryakuki 184
Kongō hannya-kyō (*Vajra-cchedikā*) 45
Kong Yu (Jap. Kō Yu) (Jin-Zeit) 42
Kong zi jia yu (Jap. *Kōshi kego*) 257
Kōninshiki 237, 409

Kōnin Tennō (709—781, reg. 770—781) 438, 440, 472
Konjaku monogatari-shū 10, 39-41, 43-44, 47-48 53-54, 56-58, 65, 99-100, 106, 108-110, 112-115, 124, 129, 136, 151, 157, 168-170, 172, 177-179, 183, 191, 197, 202-203, 216, 220, 222-224, 226-227, 234-235, 249-254, 257-259, 271-273, 277-278, 284-285, 287-289, 302, 304, 307-308, 310, 319-320, 325, 343, 351, 353, 364, 370, 372-373, 375-376, 400, 412-413, 426, 447-448, 459, 466-467, 473-475, 477-494, 496-497, 499-505, 508-511, 513-516
Konkōmyō saishōō-kyō (Suvarnaprabhāsottama-rāja-sūtra oder Suvarnaprabhāsa-sūtra) 24, 128
Ko-no-hana-no-sakuya-hime 54
'Kopfkissenbuch' (siehe Makura no sōshi)
Kōrei Tennō (reg. 290—215) 26
Koreyuki-shaku 382, 384
koseki (Haushaltsregister) 12, 216, 230, 262
Kose no Natemaro (670—753) 405
Kose no Shikihito (Ende 8. Jh.) 8, 82
Koto-katsu-kuni-katsu-no-kami (siehe auch Shio-tsutsu-no-oji) 392
Kōtoku Tennō (?—654, reg. 645—654) 307
Kōyō Hosshi 433, 432
Kugyō bunin 7, 27-28, 403, 431-433, 435, 445
Kujō ushōjō ikai 9, 45, 48, 255, 413
Kūkai (774—835) 9, 48, 94, 248, 252, 254, 260, 274, 287, 334, 504, 510
Kushinadahime 455
Kuwabara no Haraaka (789—825) 8, 338
Kyōkunshō 20

Lao zi (Jap. Rōshi) 444
Lao zi (Jap. Rōshi) 444
Lie nü chuan (Jap. Retsujoden) 258
Li ji (Jap. Raiki) 65, 94, 105, 174-176, 187-188, 195-196, 255-256, 260-261, 432-433
Liu An (Jap. Ryū An) (179—122) 82, 178
Liu Xiang (Jap. Ryū Kyō) (77?—6 v.u.Z.) 249, 258
Lotos-Sutra (siehe auch Hokekyō) 10, 54, 65, 285, 477, 480, 482-488, 493-494, 504, 509-510, 517
Lu Gong (Jap. Ro Kyō) (späte Han-Zeit) 42
Lu Li (Jap. Rokuri sensei) (spätes 3.— frühes 2. Jh. v.u.Z.) 413
Lun yu (Jap. Rongo) 52, 65, 93, 105

Mahāprajāpatī (Jap. Kyōdonmi) 516
Makura no sōshi ('Kopfkissenbuch' der Sei Shōnagon) 9, 22, 36, 70, 91, 95, 108, 112, 114, 132, 158, 200, 207, 209, 211-212, 217-219, 231-233, 271, 311, 316, 328, 344, 350-351, 361, 389, 411, 427, 448, 463-464, 471, 507
Mansei (frühe bis mittlere Nara-Zeit) 355
Manyōi 27, 458, 27, 458
Manyōshū 8, 30-32, 34-36, 55, 62, 66, 73, 78, 83, 95, 100, 102, 104, 111, 122, 136, 147, 148, 166, 180, 230, 250, 263, 266, 267, 270, 275, 333-334, 337, 346-348, 352, 354-358, 395, 461
Manzairaku (Tanz) 280
Masamochiō (2. Hälfte 9. Jh.) 45
Masukagami 81, 117, 433
Matsunoo-no-kami 469, 482
Maudgalyāyana (Jap. Mokuren) 260, 514
Meng qiu (Jap. Mōgyū) 256, 442
Meng zi (Jap. Mōshi) 177
Mibu no Tadamine (ca. 860—920) 63, 102, 113, 416
Michitsuna no haha (935/36—995) 21
Midō kanpaku-ki 157, 457
Minabuchi no Toshina (9. Jh.) 184-185
Minamoto no Akifusa (1026—1094) 323, 421
Minamoto no Arihito (1103—1147) 420, 423
Minamoto no Fusaakira (frühe Heian-Zeit) 105, 427
Minamoto no Hikaru (845—913) 421
Minamoto no Kaneakira (914—987) (siehe Kaneakira Shinnō)
Minamoto no Masamichi (?—1017) 417, 488
Minamoto no Masanobu (920—993) 339, 420-421
Minamoto no Masaru (831—888) 421
Minamoto no Masasada (1094—1162) 421, 423

Minamoto no Masazane (1059—1127) 421, 423-424
Minamoto no Morofusa (1010—1077) 323, 335, 411, 421, 423
Minamoto no Morotoki (1077—1136) 185
Minamoto no Rinshi (964—1053) 111, 315
Minamoto no Shigenobu (922—995) 420, 421, 428
Minamoto no Shigeyuki (?—1000) 101, 385
Minamoto no Shigeyuki-shū 80
Minamoto no Shitagō (911—983) 106, 135, 358
Minamoto no Takaakira (914—982) 420-421
Minamoto no Takatoshi (1025—1075) 323
Minamoto no Tokiwa (812—854) 55, 87
Minamoto no Tōru (822—895) 233, 348, 420
Minamoto no Toshifusa (1035—1121) 420-421, 431
Minamoto no Yoshiari (845—897) 421
Ming bao ji (Jap. *Meihōki*) 308
Miroku Bosatsu (Maitreya) 472, 475-476, 479
Mizukagami 28
Mokukenren 260
Mokuren (siehe auch Maudgalyāyana) 260
Mong Tsong (Jap. Mōsō) 248, 251
Monju Bosatsu (Mañjuśrī) 94, 482, 486-487
Montoku Tennō (827—858, reg. 850—858) 91, 126, 501
Mōsō (siehe auch Mong Tsong) 251-252
Muchimaro-den 8
Murakami no Ōtakara (8. Jh.) 407
Murakami Tennō (926—967, reg. 946—967) 21, 407, 411
Murasaki Shikibu (978?—1015?) 9, 20-22, 48, 53, 63, 71, 90, 107, 127, 133-134, 136, 141, 149, 201-202, 207-209, 303, 378, 381, 409, 428, 511-512, 517-518
Murasaki Shikibu nikki 9, 22, 64, 71, 107, 127, 134, 201, 209, 511, 518

Nagaya no Ō (684—729) 18, 279, 405
Nakao no Ō (frühe Heian-Zeit) 8, 417

Nakatsukasa no naishi nikki 457
Nenchū gyōji utaawase 323
Nihongi shiki 164
Nihon kiryaku 157, 184, 409, 440
Nihon ōjō gokuraku-ki 10, 38, 510
Nihon ryōiki 10, 43-45, 53, 228-230, 259, 307-308, 310-311, 325, 343, 472-473
Nihon shoki 7, 10, 26-28, 32-33, 35, 37, 62, 97, 127, 163-167, 176, 188, 234, 237, 338, 347-348, 392-397, 399-400, 408, 432, 453-455, 457-459, 462, 464-466, 468, 470-471, 489, 501
Ninigi-no-mikoto (siehe auch Ho-no-ninigi-no-mikoto) 54-55, 457, 466
Ninmyō Tennō (810—850, reg. 833—850) 21, 279, 282
Nintoku Tennō (reg. 313—399) 27-28, 355, 395, 464
Nittō guhō junrei kōki 49
Norito 7, 31, 60
Nunakiwaka-hime-no-mikoto 471

Ochikubo monogatari 9, 30, 92, 109-110, 118, 124-125, 127, 133, 137, 139, 210, 277-279, 281-283, 290-299, 301, 306, 315-317, 325, 336, 345, 347, 366-370, 372, 376, 411-412, 425-427, 430, 439, 449, 512
Ōe no Asatsuna (886—957) 23
Ōe no Chisato (Heian-Zeit) 354
Ōe no Masafusa (1041—1111) 10
Ōe no Tokimune (spätes 10.—frühes 11. Jh.) 151
Ōfube no Ō (7. Jh.) 62, 63
Ōjin Tennō (reg. 270—310) 26-28, 166, 476
Ōjō yōshū 10
Ōkagami 9, 24-25, 28-30, 38-40, 45, 51, 53, 85, 91, 125-126, 128, 137-138, 150, 153-154, 159, 170-172, 288, 318-319, 322, 325, 335-336, 344, 396, 458, 465
Oke Ō (siehe auch Kenzō Tennō) 176
Oke Ō (der spätere Ninken Tennō, reg. 488—498) 164
Okime omina 127-128, 164, 394-395, 397, 444, 458, 465
Ōmikuchi no sukune 37
Ōmononushi-no-kami 37
Ōnakatomi no Kiyomaro (702—788) 404-405, 407, 431-433, 436, 442
Ono no Komachi (ca. 825—900) 186, 337

Ono no Minemori (778—830) 69
Ono no Yoshifuru (884—968) 116
Ōshikōchi no Mitsune (859—907) 78, 159
Ōshō (siehe auch Wang Xiang) 252
Ōtomo no Azumahito (Nara-Zeit) 62
Ōtomo no Kanamura (6. Jh.) 396-397
Ōtomo no Koshibi (695—777) 407
Ōtomo no Kumagori (Nara-Zeit) 267
Ōtomo no Kuronushi (Heian-Zeit) 36, 117
Ōtomo no Miyori (?—774?) 63
Ōtomo no Miyuki (646—701) 352, 405
Ōtomo no Momoyo (mittlere Nara-Zeit) 354
Ōtomo no Sakanoue no Futairatsume (Nara-Zeit) 266, 354-355
Ōtomo no Sakanoue no Iratsume (Nara-Zeit) 266
Ōtomo no Sakanoue no Ōiratsume (Nara-Zeit) 266
Ōtomo no Sukunamaro (Nara-Zeit) 266, 354
Ōtomo no Tabito (665—731) 58, 59, 72, 266, 334, 354, 355, 405
Ōtomo no Yakamochi (718—785) 30, 31, 34, 66, 111, 136, 191, 266, 356, 357
Ōtomo no Yasumaro (?—714) 266, 354
Ōtomo no Yasunoko (spätes 6.—frühes 7. Jh.) 44
Owari no kuni no fudoki 37, 38
Ōyama-tsumi-no-kami 54, 453, 458

Pan Yue (Jap. Han Gaku) (248—300) 105
Peng Zu (legendärer Methusalem des chin. Altertums) 24, 46
Prinz Atsumichi (siehe Atsumichi Shinnō)
Prinzessin Ito (siehe Ito Naishinnō)
Prinz Sadakazu (siehe Sadakazu Shinnō)
Prinz Tametaka (siehe Tametaka Shinnō)

Qi Liji (Jap. Ki Riki) (spätes 3.—frühes 2. Jh. v.u.Z.) 413-414
Qu Yuan (Jap. Kutsu Gen) (343—277) 82

Ranshōshō 184
Reizei Tennō (950—1011, reg. 967—969) 122, 318, 327, 442, 459

Richū Tennō (reg. 400—405) 164
Ritsuryō 7, 15-17, 176, 183, 187, 191, 194-197, 199, 237-248, 254, 261-263, 308, 400, 407-409, 418, 428-430, 433, 451-452, 490-491
Rōben (689—773) 279, 479-480
Rokuonindono Itsukushima mōde no ki 458
Ryōjin hishō 8, 22, 389
Ryōjin kōshō 31
Ryō no gige 7, 183, 199, 244, 247-248, 262, 491
Ryō no shūge 7, 176, 183-184, 188, 199, 244, 248, 262, 408, 430
Ryūju Bosatsu (Nāgārjuna) 482
Ruiju kokushi 279

Sadakata Shinnō (?—930) 421
Sadakazu Shinnō (875—916) 322
Saeki no Akamaro (*Manyōshū*-Dichter) 357
Saeki no Imaemishi (719—790) 434
Saga Tennō (786—842, reg. 809—823) 8, 70, 84, 86, 121, 130, 154-155, 182, 277, 279, 317, 338, 385, 437, 493
Sagoromo monogatari 9, 84, 119, 143, 214, 343-344, 351-352, 510
Saibara 8, 31, 233, 352, 377
Saichō (767—822) 10, 39
Saigūki 418
Saimei Tennō (594—661, reg. 655—661) 308
Saisōrō-Tanz 20, 280
Sanbō ekotoba 308, 480, 487, 493
Sandai jitsuroku 211
Sandaikyaku 16
Saneakira-shū 382
Sangō shiiki 9, 46, 47, 57, 248, 254-256, 260, 274, 287, 334, 504, 510
Sanjō Sanefusa (1147—1225) 185
Sanjō Tennō (976—1017, reg. 1011—1016) 318, 336
Sarashina nikki 9, 142-143, 208, 214-215, 298-299, 342, 448-449, 462, 507-508, 510
Śāriputra (Jap. Sharihotsu) 514
Sarutabiko 466
Seiji yōryaku 139, 409
Seimu Tennō (reg. 131—190) 27-28, 30
Seinei Tennō (reg. 480—484) 164
Seireishū 10, 94

Sei Shōnagon (ca. 966—1025) 9, 22, 36, 70, 91, 108-109, 113-114, 132, 158, 200, 207, 209-210, 212, 218, 220-221, 271, 311, 344, 361, 427-428, 448, 507
Seiwa Tennō (850—880, reg. 858—876) 29, 211, 409
Senjū hyakuengyō (Xuan ji bai yuan jing, Avadāna śataka) 40
Senzaishū 22
Settsu no kuni no ōchikara-chō 189
Shaku Nihongi 38
Shanyang jen (Jap. Shōyō no hito) (Konkubine des Tang-Kaisers Xuanzong) 353
Shen xian chuan (Jap. Shinsenden) 24, 59
Shigeno no Sadanushi (785—852) 8
Shihinetsuhiko 234, 460
Shi ji (Jap. Shiki) 105, 174, 202, 256, 260, 303, 338, 406, 413, 415, 435, 437, 442
Shikyō ruijū 8, 139
Shi ming (Jap. Shakumyō) 114
Shimotsukeno no Atsuyuki (10. Jh.) 289, 302
Shimotsukeno no Kinsuke (spätes 10.— frühes 11. Jh.) 289
Shinchokusenshū 382
Shingō rekimyōchō 188
Shinjikan-gyō (Hṛdayabhūmi-dhyānasūtra) 289
Shinkokinshū 217
Shinmyōchō tōchū 27
Shinra myōjin 469
Shin sarugaku-ki 9, 360, 387, 456, 511
Shinsen wakashū 216
Shinsō hishō 79, 81
Shio-tsutsu-no-oji 392-393, 457-460, 473-474
Shirahige myōjin 465-466
Shirakabe Ō (siehe auch Kōnin Tennō) 405, 440, 472
Shirakawa Tennō (1053—1129, reg. 1072—1086) 304, 323
Shi shuo xin yu (Jap. Sesetsu shingo) 17
Shoji ryakki 480
Shoku Nihongi 7, 49, 61-62, 93, 165, 168, 174, 189-191, 194, 244, 247-248, 254, 263, 270, 407-408, 430-434, 436, 438, 442-446, 461-463, 473, 518
Shoku Nihon kōki 49, 342

Shōmangyō (Śrīmālā-devī-siṃhanādasūtra) 8, 193
Shōmangyō gisho 8, 193
Shōmu Tennō (701—756, reg. 724—749) 229, 279, 310, 343, 438, 474, 479
Shōtoku Taishi (574—622) 8, 38, 165, 193
Shōtoku Tennō (718—770, reg. 764—770) 440
Shōyūki 203, 500
Shubaishin (siehe auch Zhu Maichen) 406
Shūi ōjōden 10, 484-485
Shūi wakashū 79, 81, 385
Shu Suntong (Jap. Shuku Sontsū) (spätes 3.—frühes 2. Jh. v.u.Z.) 415
Soga no Emishi (?—645) 399-400
Soga no Iruka (?—645) 400
Somedono (no kisaki) (Fujiwara no Akirakeiko) (829—900) 29, 91
Sone no Yoshitada (ca. 930—?) 202, 203
Sonpi bunmyaku 427
Sosei (spätes 9.— frühes 10. Jh.) 36, 82
Sou shen hou ji (Jap. Sōshin kōki) 42
Sou shen ji (Jap. Sōshinki) 179
Subhūti (Jap. Shubodai) 482, 514
Śuddhodana (Jap. Jōbonnō) 259
Sugawara no Fumitoki (899—981) 131, 185, 214, 441, 444, 447, 511
Sugawara no Kiyotada (frühe Heian-Zeit) 8
Sugawara no Michizane (845—903) 8, 93, 104, 114, 174, 207, 279, 421
Sugawara no Takasue (spätes 10.—frühes 11. Jh.) 213
Sugawara no Takasue no musume (1008—1063?) 9, 213, 298
Suiko Tennō (554—628, reg. 592—628) 7, 44, 62, 399
Suinin Tennō (reg. 29 v.u.Z.—70 n.u.Z.) 26, 37, 338, 465, 471
Sui shu (Jap. Zuisho) 98
Sujin Tennō (reg. 97—30 v.u.Z.) 26, 37, 471
Sumiyoshi monogatari 332, 369-370
Susanoo (siehe Susanoo-no-mikoto)
Susanoo-no-mikoto 234, 453-455, 457, 460-461, 470
Suwa no kuni ōchikara-chō 189
Su Wu (Jap. So Bu) (?—60 v.u.Z.) 404

Tachibana no Moroe (684—757) 30, 103, 404-405, 435
Tachibana no Toshimichi (11. Jh.) 9, 280
Tagishi-mimi-no-mikoto 398, 400
Tai gong wang (Jap. Taikōbō) (11. Jh. v.u.Z.) 406, 414
Taiki 49
Tai ping guang ji (Jap. *Taihei kōki*) 179
Tai ping yu lan (Jap. *Taihei gyoran*) 63
Taira no Kanemori (?—990) 81, 101
Taira no Korenobu (spätes 10.—frühes 11. Jh.)
Taira no Mareyo (mittlere Heian-Zeit) 45
Taira no Sadabumi (?—923) 8
Tai xuan jing (Jap. *Taigenkyō*) 17-18
Tajihi no Shima (624—701) 432, 433
Tajihi no Hirotari (ca. 680—760) 444-445
Takahashi no Asomi (mittlere Nara-Zeit) 334
Takakura no Fukushin (710—789) 433
Takashina no Naritada (926—998) 128, 159, 183
Takashina no Yoshiomi (?—980) 510
Takeshiuchi no sukune 27, 30, 167, 395-397, 407, 464-465, 488
Taketori monogatari 8, 99, 275
Tametaka Shinnō (977—1002) 318
Tama katsuma 280
Tang lü shu yi (Jap. *Tōristu sogi*) 196
Tang Wang (Jap. In no Tōō) (Begründer der Yin-Dynastie, 16. Jh. v.u.Z.) 405
Teijō zakki 280
Teiō hennenki 27
Tenazuchi-no-kami 454-455
Tenji Tennō (626—671, reg. 662—671) 33, 393, 400, 490
Tenmu Tennō (631—686, reg. 673—686) 55, 167, 193, 408, 440, 463, 501
Tenmu-ryō 408
Ting Lan (Jap. Teiran) 248-249
Tōdaiji yōroku 279, 480
Tokoyo no kuni (auch Land Tokoyo, ‚Ewiges Land ohne Alter und Tod') 62-63, 98, 268-269, 468-469
Tong diang (Jap. *Tsūten*) 183
Tong Yong (Jap. Tōei) (späte Han-Zeit) 256
Torino no Nobuyoshi (8. Jh.) 18
Tosa nikki 9, 146, 273

Tsukimoto no Oyu (Nara-Zeit) 36
Tsuki no Imiki Okina (Nara-Zeit) 36

Uda Tennō (867—931, reg. 887—897) 103, 159, 282
Umi-no-sachi (siehe auch Ho-no-susori-no-mikoto) 458
Unshū shōsoku 456
Urabe Kanekata (Kamakura-Zeit) 38
Urashima Tarō 63, 98, 268-269, 275
Utaawase-shū 8, 79, 81, 135, 344, 358
Utsuho monogatari 8, 36, 51, 63-64, 69, 85-86, 102, 104, 111, 114, 118, 121, 126, 128-130, 134-135, 140, 150, 154, 172, 180-183, 230-231, 235, 253, 274, 276, 279, 282-283, 287, 301, 313-314, 317-318, 321, 326, 328-329, 339, 341, 345, 351, 359, 361-362, 365-366, 368, 373, 376, 385-386, 410-411, 414, 435, 439, 450, 495, 518
Uzuhiko 460, 473, 481

Waka dōmōshō 63
Wakan rōeishū 8, 69, 72-73, 81, 87-88, 100-101, 103-107, 117, 127, 131, 133-134, 144, 212, 414-415, 417, 437, 446-447, 493
Wakan sanzai zue 61
Wang Xiang (Jap. Ōshō) 252
Wang Ziqiao (Jap. Ōshikyō, legendärer taoistischer Einsiedler) 42
Wen Cheng (Jap. Bun Sei) (spätes 2.—frühes 1. Jh. v.u.Z.) 202
Wen Di (Jap. Kan no Buntei) (reg. 179—156 v.u.Z.) 413-414, 417
Wen Wang (Jap. Shū no Bunō) (11. Jh. v.u.Z.) 255-256, 406
Wen xuan (Jap. *Monzen*) 8, 17, 82, 105, 417
Wu Di (Jap. Kan no Butei) (reg. 143—86 v.u.Z.) 202, 417, 442

Xia Huanggong (Jap. Ka Kōkō) (spätes 3.—frühes 2. Jh. v.u.Z.) 413
Xiao jing (Jap. *Kōkyō*) 256-257, 263
Xiao zi chuan (Jap. *Kyōshiden*) 247, 249-250
Xuanzong (Jap. Gensō) (685—762, reg. 713—755) 353
Xu Fu (Jap. Jo Fuku) (spätes 3. Jh. v.u.Z.) 202

Yakushi Butsu (Bhaiṣajya-guru-vaiḍūrya-prabha) 483
Yama (Yama-rāja, König der Totenwelt; siehe auch Enma-Ō) 480
Yamanoe no Okura (wohl 660—733) 23-24, 33, 39, 41-42, 46, 55, 57, 73-75, 83, 98, 101, 122, 181, 264, 267, 347
Yama-no-sachi (siehe auch Hiko-ho-hodemi-no-mikoto) 393, 458-459
Yamashiro no Ōe (frühes 7. Jh.) 399
Yamatohime-no-mikoto (Tochter von Suinin Tennō) 33
Yamato monogatari 8, 115-117, 215-217, 219-220, 225
Yamato-no-ōkami 37
Yamatotakeru 34, 164
Yang Xiang (Jap. Yōkō) 252
Yan Hui (Jap. Gan Kai) (521—490 v.u.Z.) 105
Yan shi jia xun (Jap. *Ganshi kakun*) 52
Yan Si (Jap. Ganshi) (2. Jh. v.u.Z.) 417
Yi jing (Jap. *Ekikyō*) 94
Yi wen lei ju (Jap. *Geimon ruijū*) 168
Yi Yin (Jap. I In) (siehe auch Fu Yue) (ca. 16. Jh. v.u.Z.) 405
Yōi (siehe Yōkō)
Yōkō (siehe auch Yang Xiang) 253
Yoru no nezame 9, 26, 50-51, 66, 123, 132, 225, 318, 375-378, 506
Yoshida no Yoroshi (frühes 8. Jh.) 42, 46, 72
Yoshimine no Moroki (862—?) 29, 33, 54
Yoshishige no Yasutane (934?—1002) 10, 129, 498, 511
Yōzei Tennō (868—949, reg. 876—884) 29, 104, 211, 319, 409, 449
Yuan Ku (Jap. Genkoku) 77, 248-250
Yue Guang (Jap. Gakukō) (?—304) 17
Yūryaku Tennō (reg. 456—479) 26, 97-98, 139, 164, 349, 409, 459, 462
Yu Shun (Jap. Gushun) (legendärer Kaiser des chin. Altertums) 256

Zappō zōkyō (*Saṃyukta-ratna-piṭaka-sūtra, Za bao cang jing*) 219
Zeami (1364—1443) 25
Zeng Zi (Jap. Sōshi) (505—436 v.u.Z.) 256-257
Zhang Chang (Jap. Chōshō) (Han-Zeit) 42
Zhang Liang (Jap. Chōryō) (?—189 v.u.Z.) 437
Zhao Guanghan (Jap. Chō Kōkan) (Han-Zeit) 42
Zheng Dangshi (Jap. Tei Tōji) (frühe Han-Zeit) 17
Zheng Xuan (Jap. Tei Gen) (127—200) 105
Zhi guai ji (Jap. *Shikaiki*) 42
Zhuang zi (Jap. *Sōshi*) 48, 89
Zhuang Zhou (auch Zhuang Zi, Jap. Sōshū) (369—? v.u.Z.) 405
Zhu Maichen (Jap. Shubaishin) (?—109 v.u.Z.) 406, 427-428
Zi Lu (Jap. Shi Ro) (542—480 v.u.Z.) 257
Zōga (917—1003) 124, 499, 500
Zōichiagongyō (*Ekottarāgama*) 482
Zuo chuan (Jap. *Saden*) 441

KURZBIOGRAPHIE

SUSANNE FORMANEK, geboren am 28. September 1959 in Wien. Reifeprüfung abgelegt 1977. Studium der Japanologie und Kunstgeschichte an der Universität Wien. Sponsion zum Mag.phil. 1986 mit einer Arbeit zur „Fortpflanzungskontrolle im vormodernen Japan". Seit 1987 wissenschaftliche Angestellte am Institut für Kultur- und Geistesgeschichte Asiens der Österreichischen Akademie der Wissenschaften sowie Lektorentätigkeit (klassische japanische Schriftsprache) am Institut für Japanologie der Universität Wien. Mitarbeit an einem Projekt zur Kultur- und Sozialgeschichte des Alters in Japan sowie Untersuchungen zu volkstümlichen religiösen Vorstellungen und Praktiken im vorindustriellen Japan. Mitarbeit an *Sachlexikon: Das japanische Unternehmen. Leitfaden für Wissenschaft und Praxis.* Hrsg. von Institut für Japanologie der Universität Wien (Literas 1987). Mitautorin des *Verzeichnis des deutschsprachigen Japan-Schrifttums 1980-1987* (Verlag der ÖAW 1989) und Mitherausgeberin von *Japanese Biographies: Life Histories, Life Cycles, Life Stages* (Verlag der ÖAW 1992).